KARL ALBRECHT SCHACHTSCHNEIDER

Souveränität

Bibliografische Information der Deutschen Nationalbibliothek

Die Deutsche Nationalbibliothek verzeichnet diese Publikation in der Deutschen Nationalbibliografie; detaillierte bibliografische Daten sind im Internet über http://dnb.d-nb.de abrufbar.

Fremddatenübernahme: Konrad Triltsch GmbH, Ochsenfurt
Druck: buchbücher.de gmbh, Birkach
Printed in Germany

ISBN 978-3-428-14683-3 (Print)
ISBN 978-3-428-54683-1 (E-Book)
ISBN 978-3-428-84683-2 (Print & E-Book)

Gedruckt auf alterungsbeständigem (säurefreiem) Papier
entsprechend ISO 9706 ♾

Internet: http://www.duncker-humblot.de

Karl Albrecht Schachtschneider

Souveränität

Grundlegung einer freiheitlichen Souveränitätslehre

Ein Beitrag zum deutschen Staats- und Völkerrecht

Duncker & Humblot · Berlin

Vorwort

Souveränität ist unverändert ein zentraler Begriff der nationalen und internationalen Politik. Die einen kritisieren die Souveränität von Staaten, weil diese der Globalität der Lebenswirklichkeit widerspreche, und bestreiten sie insbesondere für die Mitgliedstaaten in der Europäischen Union. Die anderen verteidigen die Souveränität als Grundprinzip der Staatenwelt. Der Begriff der Souveränität ist aber nicht geklärt. Meist wird von einer Volkssouveränität gesprochen, die aber als Staatssouveränität dogmatisiert wird. Eine Bürgersouveränität, welche der Logik republikanischer Freiheit folgt, wird nur selten bedacht.

Die Souveränitätslehre ist folgenreich für das Staats- und das Völkerrecht, aber auch umgekehrt sind Staats- und Völkerrecht bedeutsam für die Souveränitätslehre. Wenn überhaupt eine Dogmatik der Souveränität als einem Begriff der Staats- und Völkerrechtslehre versucht wird, so wirkt sich jede Veränderung der Begriffe auch auf den Souveränitätsbegriff aus. Jede rechtsdogmatische Verschiebung verändert die politischen Verhältnisse. Demgemäß sind Souveränitätslehren meist politisch geprägt und mangeln der dogmatischen Tiefe.

Ein grundlegender Wandel des Staatswesens bringt auch und gerade eine Änderung des Souveränitätsbegriffs mit sich. Die Souveränität eines absolutistischen ist eine andere als die eines konstitutionalistischen Fürsten. Volkssouveränität im Verbund mit dem monarchischen Prinzip wird zur Staatssouveränität und die Trennung von Staat und Gesellschaft ist rechtsdogmatisch geradezu geboten. Wird dem Staat Eigenstand zugemessen, bleibt dem Volk neben dessen Souveränität allenfalls der pouvoir constituant. In einer Republik, deren politisches Prinzip die gleiche Freiheit der Bürger ist, können nur die Bürger souverän sein, der Staat nur deren Organisation für die gemeinschaftliche Ausübung der Souveränität als der Staatsgewalt.

Der Stand der Souveränitätslehre jedenfalls in Deutschland macht eine freiheitliche und demokratische wie rechtsstaatliche, also eine republikanische Grundlegung der Souveränität notwendig. Darum bemüht sich meine Schrift. Sie ist ein weiterer Beitrag zur Freiheits-, Rechts- und Staatslehre, die das Verhältnis der Staaten und damit die völkerrechtlichen Aspekte einbezieht. Die Überlegungen sind an den Gegebenheiten Deutschlands ausgerichtet.

Nach einer einführenden Orientierung stelle ich im Ersten Teil die Judikatur des Bundesverfassungsgerichts und des Europäischen Gerichtshofs zur Souveränität vor. An letzterer kritisiere ich deren usurpatorischen Impetus.

Im Zweiten Teil erörtere ich die historische Entwicklung der Souveränitätslehre, Jean Bodins staatsbegründende Fürstensouveränität, Thomas Hobbes' Leviathan,

Jean-Jacques Rousseaus und Immanuel Kants aufklärerische freiheitliche Bürgersouveränität, Georg Friedrich Wilhelm Hegels ebenso konstitutive wie restaurative vom Monarchen personifizierte Staatssouveränität, Georg Jellineks am Rechtsstaat orientierte, aber dem Deutschen Reich angepaßte herrschaftliche Souveränität als Eigenschaft des Staates, Carl Schmitts rechtsferne Souveränität der Ordnungsmacht, Hermann Hellers immer noch herrschaftliche, aber stärker rechtsverpflichtete Staatssouveränität und Hans Kelsens auf seiner Reinen Rechtslehre gründenden Souveränitätsleugnung.

Der Dritte Teil behandelt in achtzehn Kapiteln die deutsche Souveränitätsliteratur unter dem Grundgesetz, die von Staatsrechtslehrern und auch von Politikwissenschaftlern, wie Wilhelm Hennis und Peter Graf von Kielmansegg, geschrieben ist. Die Heterogenität der Beiträge, die nicht schlicht die Jellinekssche Staatslehre nachzeichnen, erweist die Defizite der deutschen Staatsrechtslehre. Diese hat trotz der Revolution von 1918 nicht zu einer Republiklehre gefunden, sich nicht von der Herrschaftlichkeit des Staates gelöst und die Freiheit nicht als Bürgerlichkeit des Bürgers zu erfassen vermocht. Die jüngeren Arbeiten versuchen, wenn nicht die Souveränität zu überwinden, so doch diese der europäischen Integration gefügig zu machen, auch Stefan Oeter und Juliane Kokott. Einem Rechtsdogmatiker machen der willfährige Umgang mit den Rechtsbegriffen von Utz Schliesky und die Unbelesenheit von Christian Seiler Schwierigkeiten. Rolf Knieper meint, auch die Souveränität mit marxistischen Positionen von den Produktionsverhältnissen abhängig machen zu können. Ulrich Haltern sieht in der Souveränität immer noch die Religion walten. An Rang ragt allein das Buch von Walter Leisner über das Volk heraus, in dem er untersucht, ob die Souveränität noch Realität oder nicht viel mehr Fiktion ist, eine Fiktion nicht ohne rechtliche Relevanz.

Im Vierten Teil stelle ich meine grundlegenden staatsrechtlichen Begriffe vor, um Mißverständnissen meiner Souveränitätslehre vorzubeugen; denn all die Begriffe sind wegen ihrer großen politischen Bedeutung kontrovers. Meine Grundlage ist ein republikanischer Freiheitsbegriff, der auf der rousseauschen Rechts- und Staatsphilosophie Kants beruht und die Freiheit als praktische Vernunft mit einer Sittlichkeit verbindet, deren Triebfeder als die Moral dem Rechtsprinzip verpflichtet ist. Diese Lehre weist jede Herrschaft zurück. Der politischen Form der Republik genügt demokratische Legitimität nicht, sondern nur bürgerliche Legalität, nur Rechtlichkeit durch Gesetze, die für ihre Richtigkeit Wahrheit voraussetzen. Es gibt eine Verfassung, die mit dem Menschen geboren ist, die vom Verfassungsgesetz materialisiert werden muß. Das Gemeinwesen ist die Bürgerschaft als das Volk der Bürger. Dieses verfaßt seinen Staat als Organisation für die Verwirklichung des gemeinen Wohls durch Freiheit, Gleichheit und Brüderlichkeit. Die existentielle Staatlichkeit der souveränen Bürger steht nicht zur politischen Disposition. Die Europäische Union ist Teil der Organisationen der Mitgliedstaaten, der deren Staatsgewalten gemeinschaftlich ausübt.

Im Fünften Teil untersuche ich, ob Souveränität Macht oder Recht ist. Sie ist ein Rechtsprinzip, deren Wirklichkeit der Macht bedarf, aber als Freiheit nicht von Macht abhängt. Keinesfalls ist Souveränität Herrschaft.

Im Sechsten Teil befasse ich mich mit der Reduzierung der Souveränität auf den pouvoir constituant, gar nur als Quelle der Staatsgewalt. Ich weise auch die auf Carl Schmitt zurückgehende, immer noch herrschende Unterscheidung des Volkes als eigenständiger politischer Einheit vom Volk als die Vielheit der Bürger zurück. Die Bürger sind frei und diese Freiheit ist politisch ihre Souveränität. Die bürgerliche Souveränität findet ihre Wirklichkeit allein in der Rechtlichkeit des gemeinsamen Lebens im Innern des Staates und im Verhältnis ihres Staates zur Staatenwelt.

Der Siebente Teil entfaltet näher die freiheitliche Souveränität, sowohl die innere als auch die äußere, als Ausübung der Staatsgewalt unmittelbar durch die Bürger oder durch deren Vertreter in den Organen und Ämtern des Staates. Er zeigt die Grenzen der Souveränität als die Grenzen der Freiheit auf und behandelt die Verletzungen der der inneren und der äußeren Souveränität anhand einiger Erscheinungsformen von Souveränitätsverletzungen. Der Teil geht auch auf das Selbstbestimmungsrecht der Völker, das von deren Souveränität zu unterscheiden ist, auf den modischen Begriff des offenen Staates, aber auch auf Aspekte des Nationalstaats, des Großstaats und des Weltstaats ein. Genauer wird die Verwirklichung und die Verletzung der Souveränität durch Verträge erörtert.

Im Achten Teil begründe ich die Souveränität der Gliedstaaten im Bundesstaat, die sich mit dem Zentralstaat die Souveränität gemäß ihren Zuständigkeiten teilen. Die Länder sind Völker freier Bürger, die einen Teil ihrer Souveränität durch diese Staaten ausüben.

Im Neunten Teil gehe ich spezifisch auf die Souveränität Deutschlands ein. Deutschland war und ist als Staat identisch mit dem Deutschen Reich, das seit 1871 besteht. Die Verkleinerung des deutschen Staatsgebietes und die Veränderung des Volkes durch die Einwanderung werfen wenig erörterte souveränitätsrechtliche Probleme auf. Auch in der Besatzungszeit waren die Deutschen souverän, weil niemand dem Volk die Souveränität als die Freiheit der Bürger nehmen kann. Die Souveränität der Deutschen war von der Hoheit der Besatzungsmächte überlagert. Diese haben ihre Hoheit schrittweise zurückgenommen und schließlich durch den Zwei-plus-Vier-Vertrag die „volle Souveränität" des wiedervereinigten Deutschlands anerkannt. Die gleiche Souveränität gestehen die Siegermächte Deutschland bisher nicht zu. Die Feindstaatenklauseln der Charta der Vereinten Nationen stehen dem entgegen.

Der Zehnte Teil ist mit den Souveränitätsverletzungen der europäischen Integration befaßt. Rechtsetzung und Rechtsprechung der Europäischen Union sind undemokratisch und verletzen dadurch Freiheit und Souveränität. Die Ermächtigungen der Union sind nicht hinreichend begrenzt, zumal das Herkunftslandprinzip des Binnenmarktes. Die Führung der Union genügt nicht dem Rechtsprinzip, ihre ständige Erweiterung verstärkt das Demokratiedefizit. Insbesondere die einheitliche

Währung, die geradezu als Staatsräson der Union behandelt wird und dadurch als Integrationshebel dienen soll, ist nicht nur ökonomisch untragbar, sondern mit der Souveränität der Mitgliedstaaten unvereinbar.

Meinem langjährigen Verlag Duncker & Humblot, dem Verleger Dr. Florian Simon und auch Regine Schädlich danke ich für die wie immer freundschaftliche und hilfreiche Zusammenarbeit und die Betreuung und Veröffentlichung auch dieses Werkes.

Berlin. im Mai 2015 *Karl Albrecht Schachtschneider*

Inhaltsverzeichnis

Einführung 17

Erster Teil

Rechtsprechung 24

A. Judikatur des Bundesverfassungsgerichts 24

B. Souveränitätsusurpation des Europäischen Gerichtshofs 34

Zweiter Teil

Geschichte der Souveränitätslehren 50

A. Fürstensouveränität 50
I. Bodins puissance souveraine 50
II. Hobbes' Leviathan 55

B. Aufgeklärte Bürgersouveränität 57
I. Jean-Jacques Rousseau 57
II. Immanuel Kant 61

C. Staatssouveränität 64
Einleitung 64
I. Georg Friedrich Wilhelm Hegels nationaler Machtstaat 70
II. Georg Jellineks Souveränität als Eigenschaft der Staats-/Herrschaftsgewalt ... 85
III. Hermann Hellers souveräne Entscheidungs- und Wirkungseinheit 88
IV. Carl Schmitts souveräne Diktatur 99

D. Hans Kelsens souveränitätskritische Reine Rechtslehre 114

Dritter Teil

Souveränitätslehren unter dem Grundgesetz 123

Einleitung 123

A. Wilhelm Hennis ... 125
B. Werner von Simson ... 134
C. Herbert Krüger ... 137
D. Otto Kimminich ... 139
E. Peter Graf Kielmansegg ... 142
F. Rolf Knieper ... 148
G. Martin Kriele ... 159
H. Josef Isensee ... 163
I. Albrecht Randelzhofer ... 165
J. Peter Badura ... 166
K. Reinhold Zippelius ... 168
L. Gerd Roellecke ... 170
M. Stefan Oeter ... 170
N. Juliane Kokott ... 171
O. Utz Schliesky ... 174
P. Christian Seiler ... 198
Q. Walter Leisner ... 208
R. Ulrich Haltern ... 225

Vierter Teil

Staatsrechtliche Vorbegriffe einer freiheitlichen Souveränitätslehre 236

Einleitung ... 236
A. Politische Existenz ... 237
B. Freiheit ... 239
I. Republikanische Freiheit als praktische Vernunft ... 239
II. Äußere Freiheit/Unabhängigkeit ... 240
III. Innere Freiheit/Sittlichkeit ... 242
IV. Moralität/guter Wille ... 245

V. Liberalistische Freiheit . . . 245
VI. Dualistische Freiheitslehre . . . 246

C. Herrschaft . . . 247

D. Legalität versus Legitimation . . . 249

E. Recht . . . 250
I. Begriff des Rechts . . . 250
II. Recht und Wahrheit . . . 251
III. Gerechtigkeit, Rechtlichkeit, Gesetzlichkeit . . . 253

F. Verfassung und Verfassungsgesetz . . . 255

G. Gemeinwesen . . . 257
I. Das Gemeinwesen als Bürgerschaft . . . 257
1. Bürger . . . 258
2. Bürgerschaft . . . 261
3. Gesellschaft . . . 261
4. Zivilgesellschaft . . . 262
II. Das Gemeinwesen als Volk . . . 262
1. Volk . . . 262
2. Deutsches Volk . . . 264
III. Das Gemeinwesen als Staat . . . 265
1. Staat und Staatlichkeit . . . 265
2. Existentielle Staatseigenschaft und existentielle Staatlichkeit . . . 270
3. Integrierte Staatlichkeit der Europäischen Union . . . 271
4. Globale Rechtsgemeinschaft . . . 273

Fünfter Teil

Souveränität 275

A. Souveränität als Recht und als Macht . . . 275
I. Souveränitätsbegriff und politische Lage . . . 275
II. Souveränität als Macht oder als Recht . . . 277
III. Recht über Macht . . . 283
IV. Recht und Zwang . . . 284
V. Grenzen des Rechts der Souveränität . . . 285
VI. Souveränität des Rechts . . . 287
VII. Souveränität als Rechtsprinzip . . . 288

B. Souveränität als Herrschaft oder als Freiheit 289
I. Souveränität als Herrschaft 289
II. Souveränität als Freiheit 298

Sechster Teil

Volks- und Bürgersouveränität 301

Einleitung 301

A. Pouvoir constituant als Souveränität des Volkes 303

B. Volk als Quelle der Staatsgewalt 303

C. Bürgersouveränität versus Souveränität des Volkes als politischer Einheit 307

D. Bürgersouveränität 312
I. Souveränität der Bürger 312
II. Rechtlichkeit als bürgerliche Souveränität 316

Siebenter Teil

Freiheitliche Souveränität 321

A. Die innere Souveränität 321
I. Ausübung der Staatsgewalt als Ausübung der Souveränität 321
II. Grenzen der inneren Souveränität 322
III. Verletzung der inneren Souveränität 329

B. Die äußere Souveränität 341
I. Begriff der äußeren Souveränität 341
II. Grenzen der äußeren Souveränität 347
III. Souveränität der Staaten und Selbstbestimmung der Völker 354
IV. Offener Staat 358
V. Nationalstaat, Großstaat, Weltstaat 367

C. Souveränität und Verträge 376
I. Vertragliche Verwirklichung der Souveränität 376
II. Vertragliche Verletzungen der Souveränität 379
1. Rechtlichkeit als Wirklichkeit der unbeschränkbaren Souveränität 379
2. Freiheit des Volkes als Grenze völkerrechtlicher Vertragsbindung 380
3. Existentielle Staatlichkeit als integrationsfeste Verfassungsidentität 383
4. Existentielle Wirtschaftshoheit 385

5. Existentielle Währungshoheit ... 385
6. Existentielle Sicherheitshoheit ... 387
7. Existentielle Rechtshoheit ... 388
8. Existentielle Budgethoheit ... 390
9. Existentielle Ausbildungshoheit ... 399
10. Zusammenfassende Bemerkung ... 401

Achter Teil

Geteilte Souveränität im Bundesstaat 402

Neunter Teil

Die Souveränität Deutschlands 416

A. Deutschland als Staat ... 416

B. Souveränitätsbeschränkungen der Besatzungszeit ... 418
I. Die Zeit des geteilten Deutschland ... 418
II. Der Zwei-plus-Vier-Vertrag und begleitende Vereinbarungen ... 442
III. Feindstaatenklauseln ... 452

Zehnter Teil

Souveränitätsverletzungen der europäischen Integration 460

A. Allgemeines ... 460

B. Entdemokratisierte Rechtsetzung ... 466
I. Europäisches Parlament ... 466
II. Europäische Kommission ... 474
III. Rat, Europäischer Rat ... 477

C. Souveränitätswidrig entgrenzte Ermächtigungen ... 479

D. Souveränitätswidrige Unionsrechtsprechung ... 484
I. Usurpierte Integrationsmacht des Europäischen Gerichtshofs ... 484
II. Richter ohne demokratische Legalität ... 485
III. Europäischer Gerichtshof kein Gericht eines Volkes ... 487

E. Souveränitätswidriges Herkunftslandprinzip ... 490

F. Führerstaatliche Rechtlosigkeit ... 496

G. Erweiterung der Europäischen Union nach Asien ... 499

H. Souveränitätswidrige Währungsunion ... 501
I. Existentielle nationale Währungshoheit ... 501
II. Währungsunion als Integrationshebel ... 506
III. Euro als souveränitätswidrige Staatsräson der Europäischen Union ... 509

Literaturverzeichnis ... 518

Stichwortverzeichnis ... 553

Besondere Abkürzungen

Die folgenden Abkürzungen benutze ich um der Kürze willen im Text in Klammern mit den Seitenzahlen des Werkes. Die Seitenangaben in Klammern des Textes ohne besondere Werkangabe geben die angeführten Seiten des im jeweiligen Kapitel behandelten Hauptwerkes an, das am Kapitelanfang benannt ist. Die weiteren Klammerhinweise sind aus sich heraus verständlich.

Kant, Immanuel

KrV	Kritik der reinen Vernunft, 1781/1787
Was ist Aufklärung	Beantwortung der Frage „Was ist Aufklärung?" 1783
Idee	Idee zu einer allgemeinen Geschichte in weltbürgerlicher Absicht, 1784
GzMdS	Grundlegung zur Metaphysik der Sitten, 1785/1786
KpV	Kritik der praktischen Vernunft, 1788
Über den Gemeinspruch	Über den Gemeinspruch: Das mag in der Theorie richtig sein, taugt aber nicht für die Praxis, 1793
ZeF	Zum ewigen Frieden. Ein philosophischer Entwurf, 1795/1796
MdS	Metaphysik der Sitten, 1797/1798

Rousseau, Jean-Jacques

Cs	Du Contract Social ou Principes du Droit Politique, 1762, Vom Gesellschaftsvertrag oder Grundsätze des Staatsrechts

Schachtschneider, Karl Albrecht

Rprp	Res publica res populi. Grundlegung einer Allgemeinen Republiklehre. Ein Beitrag zur Freiheits-, Rechts- und Staatslehre, 1994
PdR	Prinzipien des Rechtsstaates, 2006
FridR	Freiheit in der Republik, 2007

Gerichte

BVerfG	Bundesverfassungsgericht mit Urteilsangabe, gegebenenfalls mit Aktenzeichen
BVerfGE	Entscheidungen des Bundesverfassungsgerichts, Amtliche Sammlung
BVerwGE	Entscheidungen des Bundesverwaltungsgerichts, Amtliche Sammlung
BGHZ	Entscheidungen des Bundesgerichtshofs in Zivilsachen, Amtliche Sammlung
BGHSt	Entscheidungen des Bundesgerichtshofs in Strafsachen, Amtliche Sammlung
EuGH	Gerichtshof der Europäischen Union
OVG	Oberverwaltungsgericht

Alle weiteren Abkürzungen sind meist allgemein bekannt. Notfalls bitte ich deren Bedeutung einem allgemeinen oder juristischen Abkürzungsverzeichnis zu entnehmen. Manche Abkürzungen sind auch im Text klargestellt.

Souverän ist, wer frei ist.

Einführung

Der immer schon ebenso folgenreiche wie streitige Souveränitätsbegriff war seit Jahrhunderten mehr ein verfassungspolitischer Kampfbegriff als ein subsumtionsfähiger Verfassungsbegriff, stets mit den politischen Verhältnissen im Wandel, mal die höchste Gewalt, besser Gewaltbefugnis, des Fürsten als Vertreter Gottes auf Erden oder auch als Repräsentant des Volkes (Fürstensouveränität), mal die des Volkes selbst (Volkssouveränität), meist beschränkt durch das Naturrecht, Völkerrecht, Verfassungsrecht oder auch durch Verträge, oft aber auch gänzlich unbeschränkt. Er war aber auch ein Leitbegriff des öffentlichen Rechts, bis in die Weimarer Zeit[1]. Er ist das trotz einer gewissen Vernachlässigung in der deutschen Staatsrechtslehre noch heute, in der ganzen Welt. Manche Deutsche, die wegen des Dritten Reiches in „Europa" eine neue Identität suchen oder auch nur den Deutschen aus zum Teil durchsichtigen, zum Teil undurchsichtigen Interessen diese neue Identität einzureden versuchen, meinen diesen Grundbegriff des Volkes und des Staates, der Freiheit und des Rechts aus dem politischen Diskurs verbannen zu können. Karl Doehring meint resigniert: „Insgesamt haben alle europäischen Staaten ihre Souveränität – im früheren Sinne – aufgegeben; die Deutschen auch emotional, die anderen Staaten eher pragmatisch und mehr aus wirtschaftlichen Gründen und unter stärkerer Wahrung eines nationalen Verbandsinteresses"[2]. Das Souveränitätsbewußtsein ist durch Europäisierung und Globalisierung geschwächt, aber Souveränität darf nicht mit Nationalität, von der Karl Doehring in der Sache handelt, verwechselt werden. Souveränität ist Freiheit der Bürger. Die aber bedarf um ihrer Wirklichkeit willen politischer Form, des demokratischen Rechtsstaates.

Eine umfassende und hilfreiche Darstellung der Geschichte des Souveränitätsbegriffs und damit auch der Geschichte der Souveränität selbst haben Hans Boldt, Werner Conze, Görg Haverkate, Diethelm Klippel und Reinhart Kosseleck im Historischen Lexikon zur politisch-sozialen Sprache in Deutschland, Geschichtliche Grundbegriffe, Band 6, St–Vert, 1990, Stichwort „Staat und Souveränität", S. 1–154, vorgelegt (im Folgenden Geschichtliche Grundbegriffe). Grundlagen hat Helmut Quaritsch, „Staat und Souveränität", Bd. 1, „Die Grundlagen", 1970, gelegt, der noch einmal die Geschichte des Begriffs in „Souveränität. Entstehung und Entwicklung des Begriffs in Frankreich und Deutschland vom 13. Jahrhundert bis 1806", 1986, bearbeitet hat[3].

---

1 P. Häberle, Zur gegenwärtigen Diskussion um die Probleme der Souveränität, AöR 92 (1967), S. 259.

2 Der Mensch in einer veränderten Staatenwelt, ZaöRV 64 (2004), S. 659 ff., 660.

3 Zur „Geschichte der Demokratie" als Geschichte der Volkssouveränität auch P. Badura, Die parlamentarische Demokratie, in: J. Isensee/P. Kirchhof (Hrsg.), Handbuch des Staatsrechts der Bundesrepublik Deutschland (im Folgenden HStR), Bd. I, Grundlagen von Staat und Ver-

Der Begriff der Souveränität hat demgemäß eine wechselreiche Geschichte. Seine Materie ist jeweils an die politische Lage, die Machtlage, aber auch an die Rechtslage gebunden und mit diesen im Umbruch[4]. Die Rechtslehren selbst sind weitgehend den Lebens- und den Machtverhältnissen verpflichtet. Die Paradigmenwechsel der Lebenswelt, ausgelöst durch Religionen, Philosophien, Wissenschaften, Techniken, Politiken, Umstürze oder Revolutionen haben Auswirkungen auch und gerade auf den Begriff der Souveränität. Aber das Recht der Menschheit des Menschen, das Recht, das mit dem Menschen, jedem Menschen, geboren ist, die Freiheit und die mit der Freiheit untrennbar verbundenen Menschenrechte[5], steht über den Gegebenheiten, über der Lage. So wenig es die Wirklichkeit bestimmt, so sehr soll das Recht, diese Idee der Menschheit des Menschen, das Handeln der Menschen, deren Wirklichkeit, leiten. Es ist die ewige Aufgabe der Rechtslehre, allen Menschen zu dienen. Meist aber dient sie den Mächtigen, an deren Macht allzu viele Rechtslehrer gern teilhaben. Souveränität erfaßt begrifflich wie kein anderer Begriff die Verfassungslage menschlicher Gemeinwesen. So haben der Theismus des Christentums und die Jahrhunderte währende gelebte Religiosität mit der geistlichen und weltlichen Macht der Kirche eine andere Souveränitätslehre hervorgebracht als der Atheismus oder auch Deismus der Aufklärung, der die Lebenswelt mehr oder weniger laizistisch gestaltet hat. Zu einem Leitbegriff der Politik und damit der Staatslehre ist der Begriff der Souveränität mit der Entwicklung des Modernen Staates geworden, der durch die Territorialität des politischen Systems im Gegensatz zur Personalität der politischen Verhältnisse gekennzeichnet ist. Demgemäß hat sich die moderne Souveränitätslehre vornehmlich in Frankreich entwickelt, dem ersten eigentlichen durch Territorialherrschaft geprägten Staat nach dem mittelalterlichen Reich der personalen Lehnsherrschaft[6]. Die Befriedung des konfessionellen Bürgerkrieges forderte einen starken Mann, den souveränen Fürsten, den Princeps, Principe oder Prince, der über Recht und Unrecht entscheidet und das Recht, das er

---

fassung, 1987, Rdn. 45 ff.; zur Geschichte der Souveränität auch U. Schliesky, Souveränität und Legitimität von Herrschaftsgewalt. Die Weiterentwicklung von Begriffen der Staatslehre und des Staatsrechts im europäischen Mehrebenensystem, 2004, S. 60 ff.

[4] C. Schmitt, Politische Theologie – Vier Kapitel zur Lehre von der Souveränität, 1922, 2. Aufl. 1934, 7. Aufl. 1996, S. 25 ff.; W. Hennis, Das Problem der Souveränität, 1951, S. 14, 23, 35; J. Kokott, Die Staatsrechtslehre und die Veränderung ihres Gegenstandes, VVDStRL 63 (2004) S. 19 und ff., die den Souveränitätsbegriff (wie auch andere, dazu Dritter Teil) der europäischen Integration gefügig zu machen versucht; auch A. von Bogdandy, Europäische und nationale Identität: Integration durch Verfassungsrecht? VVDStRL 62 (2003), S. 156 ff., 164 f., 190 LS 8 und 9, will „nationale Souveränität" durch den Begriff der „nationalen Identität" ersetzen und damit die rechtliche Wirkung nehmen.

[5] So auch U. Di Fabio, Das Recht offener Staaten. Grundlinien einer Staats- und Rechtstheorie, 1998, S. 61.

[6] Vgl. P. Graf Kielmansegg, Volkssouveränität. Eine Untersuchung der Bedingungen demokratischer Legitimität, 1977, S. 20 ff., der die Konsens- und Rechtsgebundenheit mittelalterlicher Herrschaft herausstellt: „Quod omnes tangit, ab omnibus approbetur", S. 29, 41, 45, 61 (zu Marsilius von Padua). S. 65 ff. (zu Nicolaus Cusanus), auch zu der Standardformel der Legitimation: „maior pars et sanior pars", S. 66.

setzt, durchzusetzen vermag. Die technischen Voraussetzungen territorialer Herrschaft genügten für eine solche Souveränität. Die nationale Bewegung hat in Deutschland des 19. Jahrhunderts bis in das 20. Jahrhundert hinein, zuletzt mit verheerenden Wirkungen, zu einem vom Nationalprinzip bestimmten Verständnis der Souveränität geführt. Die postnationale Gegenbewegung nach der Niederlage des nationalsozialistischen Deutschen Reiches im Zweiten Weltkrieg scheint das Souveränitätsprinzip überwinden zu können, verkennt aber den freiheitlichen Begriffswandel, den Souveränität seit der republikanischen Revolution von 1918, dem Ende des monarchischen Prinzips, erfahren hat und erfahren mußte.

Der einflußreichste Lehrer dieser von dem mörderischen Bürgerkrieg zwischen den Katholiken und den Protestanten in Frankreich bewegten Befriedungslehre ist Jean Bodin mit seinem Werk „Les six livres de la république“, 1576. Seine Lehre bleibt, obwohl sie gegen den politischen Einfluß der Stände, zumal der Kirche, gerichtet ist, religiös gebunden. Grenze der Souveränität als der suprema potestas des Fürsten ist das Naturrecht, das göttliche Recht, und damit auch alle Verträge. Der Fürst muß diese Grenze achten, um nicht der Strafe Gottes anheim zu fallen. Kein Mensch kann ihn zwingen. Gewaltenteilung ist seiner Souveränität zuwider. Mit der Entwicklung der Territorialstaaten in Deutschland nach dem dreißigjährigen Krieg setzt sich die Bodinsche Souveränitätslehre auch in Deutschland und schließlich in ganz Europa durch. Es entsteht der monarchische Absolutismus. Fünfundsiebzig Jahre nach Bodin schreibt 1651 Thomas Hobbes seinen „Leviathan“, wiederum als Antwort auf die Schrecken des Bürgerkrieges in England zwischen Karl I. und dem Parlament und Oliver Cromwell[7]. Sein Werk stützt den Absolutismus vertragsdogmatisch und rechtfertigt vielen bis heute die Herrschaftlichkeit des Staates. Schon Marsilius von Padua hatte, von Aristoteles belehrt, in Defensor Pacis, 1324, dargelegt, daß das Volk „erste und spezifische bewirkende Ursache des Gesetzes“, die causa legis, sei, entweder durch die „universitas civium“ unmittelbar, die „Abstimmung oder Willensäußerung“ in der „Vollversammlung der Bürger“, oder mittels dessen „valencior pars“, durch einen oder einige, denen die Gesetzeserkenntnis durch den primären Gesetzgeber übertragen sei, welcher deren Gesetze bekräftigen müsse, aber auch ändern und aufheben könne[8], also nicht repräsentativ. Nach mittelalterlicher Lehre wurde die weltliche Gewalt nicht von Gott, sondern

[7] Zum „Kampf um die Souveränität in England“ H. Quaritsch, Staat und Souveränität, Bd. 1, Die Grundlagen, 1970, S. 424 ff.

[8] Defensor Pacis, Der Verteidiger des Friedens, übersetzt von Walter Kunzmann, bearbeitet von Horst Kusch, Reclam 1971, Teil I, Kap. XII, § 3, auch Kap. VIII, § 2, XIII; P. Graf Kielmansegg, Volkssouveränität, S. 35, 59 ff., der auch S. 25 ff. darlegt, daß die Herrschaftsgewalt nach allgemeiner Auffassung des Mittelalters ursprünglich beim Volk als Ganzem, als einer subjekthaften Einheit, „universitas populi“, nicht beim populus (?) lag: „Papa habet imperium a deo, imperator a populo“, S. 33, 45 f., 64, 73, 83, 92 f. (für Altusius); auch P. Badura, Die parlamentarische Demokratie, HStR, Bd. I, 1987, Rdn. 46, nach dem die mittelalterliche Staatslehre dem Volk „oberste Herrschaftsgewalt“ zugesprochen habe, abgesehen davon, daß die Staatslehre dieser Zeit, wenn man überhaupt von Staatslehre sprechen kann, in dem langen Mittelalter sehr unterschiedlich und kontrovers war.

vom, freilich in Ständen gegliederten, Volk legitimiert. Subjekt der Souveränität war nach Klaus Stern das Volk, das seine Gewalt zur Ausübung auf den Herrscher übertragen hat, der die Herrschaftsgewalt nicht aus eigenem Recht innehatte[9]. Vielfach wird das bereits als Volkssouveränität verstanden[10]. Klaus Stern nennt Marsilius von Padua den „Urvater der Staatssouveränität“[11]. Niccolo Machiavelli, selbst Republikaner, hatte die mit allen Mitteln behauptete Staatsräson in den Stadtstaaten Italiens mit seinem „Il Principe“, 1513, posthum veröffentlicht 1532, als Notwendigkeit befriedender Herrschaft gerechtfertigt. Der Machiavellismus prägt noch heute die Methoden vieler Politiker.

Das Renascimento, die Renaissance, die Wiedergeburt der Antike und damit der griechischen Aufklärung, geht über in die religionskritische Aufklärung der Neuzeit. Diese lehrt die Freiheit des Menschen und verändert die politische Welt. Die Herrschaft kann nicht mehr auf den Willen Gottes gestellt werden, der Monarch ist nicht mehr der Vertreter Gottes auf Erden, schon bei Hobbes nicht mehr, dessen Leviathan Vertreter des Volkes ist. Mehr und mehr wird das Gemeinwesen freiheitlich als Republik konzipiert. Die großen Lehrer der Freiheit sind Jean-Jacques Rousseau mit seinem „Contract Social“, 1762, und Immanuel Kant mit der „Kritik der reinen Vernunft“, 1781/87, der „Grundlegung zur Metaphysik der Sitten“, 1785/86, der „Kritik der praktischen Vernunft“, 1788, der „Metaphysik der Sitten“, 1797/98, dem „Zum ewigen Frieden“, 1795/96, aber auch den weiteren Kritiken. Aber auch John Locke, „The Second Treatise of Government“, „Über die Regierung“, 1690, und Charles Montesquieu, „De L'esprit des Loix“, „Vom Geist der Gesetze“, 1748, haben wesentlich zur durch Freiheit geprägten Republiklehre beigetragen. Nachdem Napoleon liberté, égalité, fraternité, Freiheit, Gleichheit, Brüderlichkeit in einen neuen Cäsarismus verwandelt und Europa unterworfen hatte, bestanden die Freiheitsidee und das Nationalprinzip in den Befreiungskriegen ihre große Bewährungsprobe.

Aber die Restauration Metternichs und die Romantik drängten die politische Freiheit und mit ihr die Volkssouveränität wirksam zurück. Die zarte Revolution in Deutschland 1848 ist gescheitert. Der Philosoph des restaurativen Konstitutionalismus wird Georg Wilhelm Friedrich Hegel. Seine „Grundlinien der Rechts oder Naturrecht und Staatswissenschaft im Grundrisse“, kurz: Rechtsphilosophie, 1821, lehrt ein geschichtsmetaphysisches Staatsdogma, das den Staat als Wirklichkeit der Vernunft und als Sittlichkeit begreift und von der Gesellschaft als dem System der Bedürfnisse trennt. Der Staat ist nach innen und außen selbstgewisse und selbstbestimmte Herrschaft. Sein Wille ist nicht nur vernünftig, Ausdruck des Weltgeistes,

---

[9] K. Stern, Das Staatsrecht der Bundesrepublik Deutschland, Bd. II (Staatsrecht II), 1980, S. 22.

[10] D. Klippel, Geschichtliche Grundbegriffe, S. 106; H. Rausch, Marsilius von Padua, Der Verteidiger des Friedens, Nachwort der edition Reclam, 1971, S. 233 ff.; P. Graf Kielmansegg, Volkssouveränität, S. 25 ff., 59 ff. (für Marsilius von Padua); auch P. Badura, Die parlamentarische Demokratie, HStR, Bd. I, 1987, Rdn. 46.

[11] Staatsrecht II, S. 21.

sondern auch Recht. Politische Freiheit der Bürger im kantischen Sinne ironisiert Hegel wegen der „Seichtigkeit der Gedanken". Die äußere Souveränität stellt Hegel über das Recht. Über Recht und Unrecht entscheidet der Sieg. Hegel hat der aufklärerischen Freiheitslehre in Deutschland die Wirkung genommen, bis heute, und den Machtstaat ins Recht gesetzt. Das hatte verheerende Folgen, aber Hegel war der Philosoph Deutschlands des 19. und noch der ersten Hälfte des 20. Jahrhunderts. Die Verfassungstexte Deutschlands, schon die Weimarer Reichsverfassung und erst recht das Grundgesetz, aber sind kantianisch. Hegel hat viele Schüler, nach wie vor. Der auffälligste ist Carl Schmitt, dessen Souveränitätslehre nicht nur existentialistisch, sondern herrschaftlich und diktatorisch ist. Seine wichtigste Schrift zur Souveränität ist außer der „Verfassungslehre", 1927 und der „Diktatur", 1923/1927, die „Politische Theologie. Vier Kapitel zur Lehre von der Souveränität", 1922. Der erste Satz dieser Schrift wird viel zitiert: „Souverän ist, wer über den Ausnahmezustand entscheidet". Diese Position ist fern des Rechts. Sie ist der Ordnung verpflichtet, die nur in der normalen Lage eine Rechtsordnung sein könne. Die Freiheit lehnt Schmitt als politisches Formprinzip ab. Carl Schmitt findet auch heute in Deutschland und in der Welt viel Gefolgschaft. Zentrale Begriffe übernimmt die herrschende Staatsrechtslehre noch immer von Schmitt, zumal den herrschaftlichen Begriff der Repräsentation.

Hans Kelsen wendet sich auf der Grundlage seiner „Reinen Rechtslehre" vor allem in „Das Problem der Souveränität und die Theorie des Völkerrechts. Beitrag zu einer reinen Rechtslehre", 1920/1928, aber auch in seiner „Allgemeinen Staatslehre", 1925, gegen die Souveränität als einem Prinzip, das mehr besage als die Rechtsordnung. Auch Hermann Heller hat sich intensiv mit der Souveränität auseinandergesetzt, nämlich „Die Souveränität", 1927, und zuvor schon „Hegel und der nationale Machtstaatsgedanke in Deutschland", 1921. Seine Souveränitätslehre löst sich trotz harscher Kritik nicht von Hegel und bleibt eine Herrschaftslehre. Unter dem Grundgesetz ist keine bemerkenswerte Souveränitätsdogmatik entwickelt worden. Die verschiedenen Schriften sind meist von einem kaum bewußten Hegelianismus bestimmt, jedenfalls durchgehend herrschaftsorientiert. Martin Kriele akzeptiert in seiner „Einführung in die Staatslehre. Die geschichtlichen Legitimationsgrundlagen des demokratischen Verfassungsstaates", 1975/2003, nur die Souveränität des Volkes als pouvoir constituant, weist aber im Verfassungsstaat des pouvoir constitué eine Souveränität zurück, weil er Souveränität nur als Herrschaftsbefugnis ohne Gewaltenteilung erfaßt. Walter Leisner erkennt in der Souveränität des Volkes eine politisch bedeutsame Fiktion. Eine freiheitliche Souveränitätslehre, die Anschluß an Rousseau und Kant sucht, ist bisher nicht entworfen worden. Eine solche hat auch Werner Mäder in „Kritik der Verfassung Deutschlands. Hegels Vermächtnis 1901 und 2001", 2002, und „Vom Wesen der Souveränität. Ein deutsches und ein europäisches Problem", 2007, nicht versucht, der in berechtigter Sorge die Souveränität Deutschlands vornehmlich an den Souveränitätsbegriffen Bodins, Hobbes', Hegels, Hellers und Schmitts mißt und die europäische Integration richtig als Souveränitätsverlust kritisiert. Die deutsche Souveränitätsdiskussion unter dem Grundgesetz wird im Dritten Teil unterbreitet.

Kritiker des Souveränitätsbegriffs haben ihrer Kritik die souveränitätsrechtliche Machtlehre zu Grunde gelegt. Schon Albert Haenel hat den Souveränitätsbegriff in Frage gestellt („leere Abstraktionen in scholastischen Formeln")[12]. Hugo Preuß: „Erste Bedingung, deren Erfüllung allein einen Fortschritt der modernen Staatstheorie ermöglicht, ist die Eliminierung des Souveränitätsbegriffs aus der Dogmatik des Staatsrechts"[13]. Georg Jellinek hat die Versuche, den Begriff der Souveränität aus dem öffentlichen Recht zu eliminieren, als „unhistorisch" zurückgewesen[14], zu Recht. Derartige Versuche mißachten aber auch die Rechtstexte des Völkerrechts.

Das Bundesverfassungsgericht nutzt den Souveränitätsbegriff an sich richtig und materialisiert ihn durch gewisse Souveränitätsvorbehalte, hat aber keinen Versuch gemacht, den Begriff zu definieren. Die gegenwärtige Souveränitätsdebatte leidet

---

[12] Deutsches Staatsrecht, Bd. 1, 1892, S. 114; vgl. auch H. Krabbe, Die Lehre von der Rechtssouveränität. Beitrag zur Staatslehre, 1906, 82 ff., 151 ff., 244 ff.; dazu H. Heller, Die Souveränität. Ein Beitrag zur Theorie des Staats- und Völkerrechts, 1927, in: ders., Gesammelte Schriften, Zweiter Band, Recht, Staat, Macht, hrsg. von Ch. Müller, 2. Aufl. 1992, S. 41 ff.; nachgrundgesetzlich W. Hennis, Das Problem der Souveränität, 1951, S. 1 ff. zur Problemlage, S. 14 ff. zur Auflösung und Formalisierung des Souveränitätsbegriffs, S. 56, 86, 116 f. und durchgehend zu dessen Entbehrlichkeit; R. Smend, Staat und Kirche nach dem Bonner Grundgesetz, ZevKR 1 (1951), S. 4 ff., 12; wenig überzeugend auch W. vom Simson, Die Souveränität im rechtlichen Verständnis der Gegenwart, 1965, S. 44 (Souveränität wesentlich formaler Tatbestand); dazu P. Häberle, Zur gegenwärtigen Diskussion um die Probleme der Souveränität, AöR 92 (1967), S. 259 ff., 272 ff. (Kritik an von Simson); vgl. auch W. Mäder, Vom Wesen der Souveränität. Ein deutsches und europäisches Problem, 2007, S. 35.

[13] Gemeinde, Staat, Reich als Gebietskörperschaften. Versuch einer deutschen Staatskonstruktion auf der Grundlage der Genossenschaftstheorie, 1889/1964, S. 92 ff., 266 ff., Zitat S. 92, auch S. 135, vgl. auch S. 417 ff.; tendenziell auch H. P. Ipsen, Über Supranationalität, in: H. Ehmke u. a. (Hrsg.), FS für Ulrich Scheuner, 1973, S. 211 ff., 214 ff.; zustimmend St. Oeter, Souveränität und Demokratie als Problem in der „Verfassungsentwicklung" der Europäischen Union. Fragen aus Verfassungstheorie und Verfassungsgeschichte an die deutsche Debatte um Souveränität, Demokratie und die Verteilung politischer Verantwortung im geeinten Europa, ZaöRV 1995, S. 659 ff. (http://www. zaoerv.de), S. 704; auch J. Kokott, Die Staatsrechtslehre und die Veränderung ihres Gegenstandes, VVDStRL 63 (2004) S. 17 ff. („Der Souveränitätsbegriff erfüllt im Wesentlichen rhetorische Funktionen", S. 19); dazu W. Hennis, Das Problem der Souveränität, S. 21 ff.; vgl. auch M.W. Hebeisen, Souveränität in Frage gestellt. Die Souveränitätslehren von Hans Kelsen, Carl Schmitt und Hermann Heller im Vergleich, 1995, S. 25 f.

[14] Allgemeine Staatslehre, 1900, 3. Aufl. 1914, Siebenter Neudruck 1960, S. 474; auch U. Di Fabio, Das Recht offener Staaten, S. 122 ff., verteidigt die Souveränität gegen die verschiedenen Anwürfe. Es sieht in der Souveränität „Anfang und Ende des modernen Staates", S. 122, und in der „Souveränität den letzten normativen Ort des Gewaltmonopols", die „Faktizität des Machtmonopols" mitgedacht, S. 124, „Souveränität ist das rechtmäßig ausgeübte, territorial begrenzte Gewaltmonopol", S. 134. Souveränität ist nicht das Gewaltmonopol, sondern die Freiheit der Bürger, die sich auch, keinesfalls nur, in der Staatsgewalt verwirklicht. Ch. Hillgruber, Souveränität – Verteidigung eines Rechtsbegriffs, JZ 2002, 1072 ff., 1073, bringt die Psyche der „Souveränitätsleugner", die sich „pseudoempirischer Beweisführung" bedienen würden, auf den Punkt: „Allmachtsphantasien" führen zu „Ohnmachtsalpträumen".

überhaupt daran, daß nicht hinreichend definiert wird, was unter Souveränität zu verstehen sei. Souveränität ist ein Wort der Polemik geworden. Aber es ist ein Begriff des Rechts, sowohl des Völkerrechts als auch des Staatsrechts, dessen Definition folgenreich ist. Recht kann nur als Wirklichkeit der Freiheit verstanden werden. Demgemäß ist die Souveränität eine Kategorie der Freiheit und zwar der Freiheit der Menschen und Bürger, nämlich die Freiheit des Volkes als Bürgerschaft. Das ist darzulegen, bevor die Grenzen und Verletzungen der inneren und äußeren Souveränität, aber auch die Souveränität Deutschlands erörtert werden.

Nach der Erörterung der großen Lehren der Souveränitätsgeschichte und einiger Schriften und Kommentierungen zur Souveränität in der Gegenwart werde ich wesentliche Unterscheidungen der Souveränitätslehre zur Sprache bringen, nämlich die zwischen Souveränität als Herrschaft und als Freiheit und die zwischen Souveränität als Macht und als Recht, aber auch zwischen einer Volkssouveränität, in der Volk als von den Bürgern unterschiedene politische Einheit verstanden wird, und der Bürgersouveränität.

Um Mißverständnissen meiner Begriffe, deren Worte je nach dem politischen und rechtlichen System, in dem sie gebraucht werden, unterschiedlichen Begriffsgehalte haben und wegen ihres politischen Gewichts vielfach interessiert ideologisiert werden, vorzubeugen, stelle ich die wichtigsten meiner der Verfassung der Menschheit des Menschen entnommenen Rechtsbegriffe vor, auf deren Grundlage ich meine Souveränitätslehre entwickle. Diese meine Begriffe genügen im übrigen dem Grundgesetz, das als das Verfassungsgesetz der Deutschen der menschheitlichen Verfassung genügt und als seinen Verfassungskern der politischen Disposition entzieht.

Erster Teil

Rechtsprechung

A. Judikatur des Bundesverfassungsgerichts

Die Entscheidungen des Bundesverfassungsgerichts und dessen wesentlichen Erkenntnisse in den Entscheidungsgründen binden nach § 31 Abs. 1 BVerfGG alle Verfassungsorgane des Bundes und der Länder sowie alle Gericht und Behörden.

Das Bundesverfassungsgericht legt seiner Rechtsprechung sein Menschenbild zugrunde, auch und gerade der Rechtsprechung zur Souveränität: „Das Menschenbild des Grundgesetzes ist nicht das eines isolierten souveränen Individuums; das Grundgesetz hat vielmehr die Spannung Individuum – Gemeinschaft im Sinne der Gemeinschaftsbezogenheit und Gemeinschaftsgebundenheit der Person entschieden, ohne dabei deren Eigenwert anzutasten" (BVerfGE 4, 7 (15 f.), richtig, das ist der freie Mensch und Bürger, der in seiner Sittlichkeit souverän ist. Dem Menschenbild des Bundesverfassungsgerichts, nämlich dem des autonomen, sozialgebundenen Individuums, gemeinschaftsgebunden und gemeinschaftsverpflichtet[15], entspricht eine vorgesetzliche Materialisierung der Sittlichkeit nicht (FridR, S. 266 ff.; Rprp, S. 267 ff.). Erst die gesetzgeberischen Erkenntnisse des Richtigen für das gute Leben aller in allgemeiner Freiheit, also die Gesetzgebung oder die funktional gesetzgebende Rechtserkenntnis der Rechtsprechung als Verwirklichung der praktischen Vernunft, orientiert an den materialen Leitentscheidungen des Grundgesetzes, schaffen gesetzliche Materialität als Recht. Das Recht ist prinzipiell

---

[15] BVerfGE 4,7 (15 f.); 7, 198 (205); 24, 119 (144) ; 27, 1 (6 f.); 27, 344 (351 f.); 33, 303 (334); 45, 187 (227 f.); 48, 127 (163); 49, 286 (298); 50, 166 (175); 50, 290 (353); 56, 37 (49); 65, 1 (44); 109, 133 (151); eher republikanisch BVerfGE 5, 85 (204 f.); vgl. auch die neue Formulierung in BVerfGE 80, 367 (373 f.), nämlich: „Der Mensch als Person, auch im Kern seiner Persönlichkeit, existiert notwendig in sozialen Bezügen"; i.d.S. D. Suhr, Entfaltung der Menschen durch die Menschen. Zur Grundrechtsdogmatik der Persönlichkeitsentfaltung, der Ausübungseigenschaften und des Eigentums, 1976, S. 87 ff., 105 ff.; R. Marcic, Vom Gesetzesstaat zum Richterstaat. Recht und Maß der Macht. Gedanken über den demokratischen Rechts- und Sozialstaat, 1957, S. 313 ff.; wesentlich P. Häberle, Das Menschenbild im Verfassungsstaat, 2. Aufl. 2001, insb. S. 47 ff.; auch E. Benda, Menschenwürde und Persönlichkeitsrecht, in: E. Benda/W. Maihofer/H.-J. Vogel (Hrsg.), Handbuch des Verfassungsrechts der Bundesrepublik Deutschland (HVerfR), 1983, 2. Aufl. 1994, § 6, S. 161 ff., 163 f.; W. Maihofer, Prinzipien freiheitlicher Demokratie, in: E. Benda/W. Maihofer/H.-J. Vogel (Hrsg.), Handbuch des Verfassungsrechts der Bundesrepublik Deutschland (HVerfR), 1983, 2. Aufl. 1994, S. 427 ff., 494 f.; K. A. Schachtschneider, Staatsunternehmen und Privatrecht. Kritik der Fiskustheorie. Exemplifiziert an § 1 UWG, 1986, S. 98 f. mit Fn. 6.

in Gesetzen positiviert, jedenfalls nicht aus materialen Sittengesetzen ableitbar. Ohne Gesetzgebung jedoch gibt das Recht der Freiheit das Recht auf Recht, insbesondere das auf den Staat, aber auch die Rechte des Menschen als Menschen, insbesondere die materialen Rechte des Menschen, die Menschenrechte, vor allem das, um der Selbständigkeit willen Eigentum zu haben[16] und das, die eigene Meinung in der Politik äußern zu dürfen[17].

Das Bundesverfassungsgericht geht in ständiger Rechtsprechung von der Souveränität oder Volkssouveränität Deutschlands aus und richtet daran seine Erkenntnissen und Entscheidungen aus (etwa BVerfGE 89, 155 (186 f., 188 ff. – Maastricht-Urteil); 111, 307, Rn. 33, 35 f. – EMRK-Urteil); 123, 267, Rn. 223 ff., 231, 247 f., 262 f., 275, 281, 329, 338 ff., 347 – Lissabon-Urteil) und leitet daraus erhebliche Grenzen der Politik, zumal der europäischen Integrationspolitik, her[18]. Das Gericht verbindet, zu Recht, die Souveränität mit dem demokratischen Prinzip und handelt stetig von Volkssouveränität (BVerfGE 123, 267, Rn. 248, 281, 334, 347, 375). Es spricht von „souveräner Staatsgewalt" (BVerfGE 123, 267, Rn. 298 f.). und „souveräner Staatlichkeit" (BVerfGE 123, 267, Rn. 216, 223 f., 275, 343, 361), aber auch von „souveräner Verfassungsstaatlichkeit" (BVerfGE 123, 267, Rn. 226) und „souveräner Staatsgewalt" (BVerfGE 123, 267, Rn. 299). Das Gericht dogmatisiert damit, jedenfalls sprachlich, die Souveränität als Eigenschaft oder Merkmal der Staatlichkeit oder Staatsgewalt, die es demgemäß auch ohne Souveränität geben kann. Das Gericht kennt aber auch den Begriff des „souveränen Staates" (BVerfGE 123, 267, Rn. 249, 262, 287, 298), in dem die Souveränität zur Eigenschaft oder zum Merkmal des Staates erklärt wird. Staat, Staatsgewalt und Staatlichkeit sind allerdings Unterschiede. Auch von „staatlicher Souveränität" ist die Rede (BVerfGE 123, 267, Rn. 247). Das klingt, als gäbe es auch nichtstaatliche Souveränität. Das ist wiederum eine Frage des Souveränitätsbegriffs. Schon 1952, im SRP-Urteil, hat das Bundesverfassungsgericht die „Volkssouveränität" zu den grundlegenden Prinzipien der freiheitlichen demokratischen Grundordnung erklärt (BVerfGE 2, 1 (12 f.)) und das im KPD-Urteil 1956 (BVerfGE 5, 85 (140)), aber auch in weiteren Entscheidungen (BVerfGE 44, 125 (145)) wiederholt. Im Lissabon-Urteil handelt es auch von

---

[16] Dazu K. A. Schachtschneider, Das Recht am und das Recht auf Eigentum, in: J. Isensee/H. Lecheler (Hrsg.), Freiheit und Eigentum, FS Walter Leisner (70.), 1999, S. 743 ff., 755 ff.; auch U. Di Fabio, Das Recht offener Staaten, S. 90 f., der allerdings Eigentum als eine „besondere Freiheitsverbürgung" mißversteht.

[17] Dazu K. A. Schachtschneider, Medienmacht versus Persönlichkeitsschutz, in: ders., Freiheit – Recht – Staat, hrsg. von D. I. Siebold/A. Emmerich-Fritsche, 2005, S. 268 ff.

[18] Kritisch St. Hobe, Der offene Verfassungsstaat zwischen Souveränität und Interdependenz. Eine Studie zur Wandlung des Staatsbegriffs der deutschsprachigen Staatslehre im Kontext internationalisierter Kooperation, 1998, S. 130 ff., der dem Gericht vorwirft, „im Ergebnis" „trotz einiger dynamisch anmutender Passagen das statische Vorstellungsbild von Staatlichkeit, wie es von der Mehrheit der deutschsprachigen Staatslehre portraitiert" werde, zu „reflektieren". Vielleicht bleibt das Bundesverfassungsgericht schlicht näher am Recht als Hobe, dessen Internationalismus, erfaßt im Begriff des „offenen Staates" Freiheit und deren politische Form, die Demokratie, unwichtig zu sein scheinen.

einer „Souveränität eines europäischen Volkes", welche die Europäische Union schon mangels eines europäischen Volkes nicht habe, nämlich keine „Volkssouveränität" (BVerfGE 123, 267, Rn. 280 f.). Weiter bezeichnet das Gericht die Souveränität als „Recht des Volkes" (BVerfGE 123, 267, Rn. 340) und stellt die „Volkssouveränität" der „Souveränität des Staates" gegenüber: „Nach der Verwirklichung des Prinzips der Volkssouveränität in Europa können nur die Völker der Mitgliedstaaten über ihre jeweilige verfassungsgebende Gewalt und die Souveränität des Staates verfügen" (BVerfGE 123, 267, Rn. 375). Das liest sich wie die Unterscheidung des pouvoir constituant, der verfassungsgebenden Gewalt, auf die die Souveränität des Volkes reduziert sei, von dem pouvoir constitué, der Staatsgewalt, der das Volk Souveränität verliehen habe.

In dem Vorlagebeschluß vom 14. Januar 2014 beim Europäischen Gerichtshof zur Vorabentscheidung nach Art. 267 AEUV über die Vertragsmäßigkeit des Beschlusses des Rates der Europäischen Zentralbank vom 6. September 2012 über Technical features of Outright Monetary Transactions, des OMT-Programms, verwendet das Bundesverfassungsgericht die Begriffe „Souveränitätsrechte", die übertragen werden, und „Souveränitätsübertragungen" sowie „souveränitätsbeschränkenden Akten" (BVerfG, 2 BvR 2728, 2729 u. a./13, Rn. 12, 15 f., 24, 30 bzw. 16 bzw. 15, 17). Diese Begrifflichkeit läßt auf ein anderes Verständnis von Souveränität schließen, nämlich auf eine Identifizierung von Souveränität mit der Gesamtheit der Hoheitsrechte, also der Staatsgewalt; denn eine Eigenschaft der Staatsgewalt, der Staatlichkeit oder des Staates kann schlecht übertragen werden.

Nicht einmal für das besetzte Deutschland hat das Bundesverfassungsgericht dessen Souveränität in Zweifel gezogen, sondern deren Beschränkung (Parlamentarischer Rat: „schwere Einschränkungen") festgestellt (BVerfGE 1, 351 (368 f.): „Das Grundgesetz will seinem gesamten Inhalt nach die Verfassung eines souveränen Staates sein". Der Deutschlandvertrag vom 5. Mai 1955 habe die Beschränkungen der Souveränität Deutschlands bis auf die Vorbehalte zugunsten des gesamten Deutschlands, des Deutschen Reiches, aufgehoben und wegen des Beitritts zur NATO auch „verteidigungspolitische Souveränitätsattribute" anerkannt (BVerfGE 30, 1 (4); auch BVerfGE 68, 1 (96)). Durch den Zwei-plus-Vier-Vertrag vom 12. September 1990 habe das vereinigte Deutschland die „volle Souveränität über seine inneren und äußeren Angelegenheiten" (so der Wortlaut des Art. 7 Abs. 2 des Vertrages) wiedererlangt (BVerfGE 95, 39 (47)); dazu Neunter Teil B.I., II.)[19].

Im Grundgesetz steht der Begriff Souveränität nicht. In der Charta der Vereinten Nationen, gewissermaßen das Grundgesetz der gegenwärtigen Völkergemeinschaft, ist in Art. 2 Nr. 1 von der „souveränen Gleichheit" der Mitglieder als Grundsatz der

---

[19] K. Stern, Das Staatsrecht der Bundesrepublik Deutschland, Bd. V, Die geschichtlichen Grundlagen des deutschen Staatsrechts (Die Verfassungsentwicklung vom Alten Deutschen Reich zur wiedervereinigten Bundesrepublik Deutschland (Staatsrecht V), 2000, S. 2033 f., 2040 f., 2061; dazu auch U. Schliesky, Souveränität und Legitimität von Herrschergewalt, S. 132 ff.

Organisation die Rede. Der Begriff der Souveränität ist keinesfalls ohne rechtliche Relevanz. Für die Judikatur des Bundesverfassungsgerichts, das ihn ständig benutzt, ist die Relevanz des Begriffs, der undefiniert mehr verschleiert als klärt, schwer zu bestimmen. Das Bundesverfassungsgericht sieht den „Souveränitätsvorbehalt" „weit zurückgenommen" (BVerfGE 111, 307 (319)) und nimmt mit dem Wort „weit" dem Souveränitätsprinzip so gut wie jede Bestimmtheit. Wie weit und von woher eigentlich? Räumliche Metaphern sind in der Rechtslehre wenig hilfreich. Jedenfalls müßten im Rahmen der „Integrationsverantwortung" dem Deutschen Bundestag „eigene Aufgaben und Befugnisse von substantiellem politischem Gewicht" verbleiben „oder" müsse „die ihm politisch verantwortliche Bundesregierung maßgeblichen Einfluss auf europäische Entscheidungsverfahren auszuüben" vermögen (BVerfGE 123, 267, Rn. 246 unter Berufung auch BVerfGE 89, 155 (207)), damit nicht das Grundrecht des Bürgers auf Demokratie aus Art. 38 Abs. 1 GG verletzt werde, welches in Verbindung mit Art. 146 GG den „unantastbaren Kerngehalt der Identität des Grundgesetzes" (Leitsatz 4 des Lissabon-Urteils, BVerfGE 123, 267, Rn. 218 f., 234 f., 240 f. u.ö.) und damit das Recht zu einem „Identitätswechsel", „wie er durch Umbildung zu einem Gliedstaat eines europäischen Bundesstaates bewirkt werden würde, und die damit einhergehende Ablösung des Grundgesetzes ‚in freier Entscheidung' zu befinden", einschließe (BVerfGE 89, 155 (186, 188, 207); 123, 267, Rn. 179 f.; auch BVerfGE 75, 223 (235, 242); 113, 273 (296)). Zu Randnummer 208 des Lissabon-Urteils führt das Gericht u. a. aus: „Das Wahlrecht begründet einen Anspruch auf demokratische Selbstbestimmung, auf freie und gleiche Teilhabe an der in Deutschland ausgeübten Staatsgewalt sowie auf die Einhaltung des Demokratiegebots einschließlich der Achtung der verfassungsgebenden Gewalt des Volkes", und setzt zu den Randnummern 209 ff. u. a. fort; „Ohne freie und gleiche Wahl desjenigen Organs, das einen bestimmenden Einfluss auf die Regierung und Gesetzgebung des Bundes hat, bleibt das konstitutive Prinzip personaler Freiheit unvollständig". „Das jedem Bürger zustehende Recht auf gleiche Teilhabe an der demokratischen Selbstbestimmung (demokratisches Teilhaberecht) kann auch dadurch verletzt werden, dass die Organisation der Staatsgewalt so verändert wird, dass der Wille des Volkes sich nicht mehr wirksam im Sinne des Art. 20 Abs. 2 GG bilden kann und die Bürger nicht mit Mehrheitswillen herrschen können. Das Prinzip der repräsentativen Volksherrschaft kann verletzt sein, wenn im grundgesetzlichen Organgefüge die Rechte des Bundestages wesentlich geschmälert werden und damit ein Substanzverlust demokratischer Gestaltungsmacht für dasjenige Verfassungsorgan eintritt, das unmittelbar nach den Grundsätzen freier und gleicher Wahl zustande gekommen ist (vgl. BVerfGE 89, 155 <171 f.>)." „Das Recht der Bürger, in Freiheit und Gleichheit durch Wahlen und Abstimmungen die öffentliche Gewalt personell und sachlich zu bestimmen, ist der elementare Bestandteil des Demokratieprinzips. Der Anspruch auf freie und gleiche Teilhabe an der öffentlichen Gewalt ist in der Würde des Menschen (Art. 1 Abs. 1 GG) verankert. Er gehört zu den durch Art. 20 Abs. 1 und Abs. 2 GG in Verbindung mit Art. 79 Abs. 3 GG als unveränderbar festgelegten Grundsätzen des deutschen Verfassungsrechts". Die Identität des Grundgesetzes, die das Gericht durch das grundrechtsgleiche Recht des Art. 38 Abs. 1 GG geschützt sieht, ist die freiheitliche demokratische Grundordnung. Sie ist der unabänderliche Kern der Verfassung Deutschlands. Jede Politik gegen diese Ordnung ist verfassungswidrig und rechtfertigt den Widerstand.

Zur Souveränität und damit zur lediglich „abgeleiteten Gemeinschaftsgewalt“ hat das Gericht im Maastricht-Urteil ausgeführt:

> „Die Bundesrepublik Deutschland ist somit auch nach dem Inkrafttreten des Unions-Vertrags Mitglied in einem Staatenverbund, dessen Gemeinschaftsgewalt sich von den Mitgliedstaaten ableitet und im deutschen Hoheitsbereich nur kraft des deutschen Rechtsanwendungsbefehls verbindlich wirken kann. Deutschland ist einer der ‚Herren der Verträge‘, die ihre Gebundenheit an den ‚auf unbegrenzte Zeit‘ geschlossenen Unions-Vertrag (Art. Q EUV) mit dem Willen zur langfristigen Mitgliedschaft begründet haben, diese Zugehörigkeit aber letztlich durch einen gegenläufigen Akt auch wieder aufheben könnten. Geltung und Anwendung von Europarecht in Deutschland hängen von dem Rechtsanwendungsbefehl des Zustimmungsgesetzes ab. Deutschland wahrt damit die Qualität eines souveränen Staates aus eigenem Recht und den Status der souveränen Gleichheit mit anderen Staaten i.S. des Art. 2 Nr. 1 der Satzung der Vereinten Nationen vom 26. Juni 1945“ (BVerfGE 89, 155 (190))[20].

[20] Für die ständige Freiwilligkeit der Mitgliedschaft im Staatenverbund K. A. Schachtschneider, Aussprache zum Thema: Der Verfassungsstaat als Glied der Europäischen Gemeinschaft, VVDStRL 50 (1991), S. 178; ders., Verfassungsbeschwerde Manfred Brunners vom 18. Dezember 1992 gegen das Zustimmungsgesetz zum Vertrag über die Europäische Union vom 7. Februar 1992 mit Schriftsätzen vom 29. März 1993 und vom 22. Juni 1993, in: I. Winkelmann (Hrsg.), Das Maastricht-Urteil des Bundesverfassungsgerichts vom 12. Oktober 1993, Dokumentation des Verfahrens mit Einführung, 1994, S. 108 ff., 367 ff., 437 ff. (Maastricht-Verfassungsbeschwerde), S. 444 ff.; ders., Die existentielle Staatlichkeit der Völker Europas und die staatliche Integration der Europäischen Union. Ein Beitrag zur Lehre vom Staat nach dem Urteil des Bundesverfassungsgerichts zum Vertrag über die Europäische Union von Maastricht, in: W. Blomeyer/K. A. Schachtschneider (Hrsg.), Die Europäische Union als Rechtsgemeinschaft, 1995, S. 75 ff., 101 f.; ders., Die Republik der Völker Europas, in: R. Gröschner/M. Morlok (Hrsg.), Rechtsphilosophie und Rechtsdogmatik in Zeiten des Umbruchs, ARSP-Beiheft 71 (1997), S. 153 ff., 167 f.; ders./A. Emmerich-Fritsche/Th. C. W. Beyer, Der Vertrag über die Europäische Union und das Grundgesetz, JZ 1993, 758 f.; auch schon H. Krüger, Allgemeine Staatslehre, 1964, 2. Aufl. 1966, S. 767; auch U. Di Fabio, Das Recht offener Staaten, S. 124, Austrittsrecht der „Herren der Verträge“ als Ausdruck der Souveränität. Der Maastricht-Vertrag hatte die Integration entgegen dem Prinzip ständiger Freiwilligkeit der Mitgliedschaft in den Gemeinschaften unumkehrbar festgelegt (vgl. K. A. Schachtschneider/A. Emmerich-Fritsche/Th. C. W. Beyer, JZ 1993, 758 f.) und ist vom Bundesverfassungsgericht auch insoweit verfassungskonform korrigiert worden; P. Kirchhof, Europäische Einigung und Verfassungsstaat der Bundesrepublik Deutschland, in: J. Isensee (Hrsg.), Europa als politische Idee und als rechtliche Form, 1993, S. 63 ff., S. 88 (Zitat in Fn. 288); ders., Verfassungsgerichtlicher und internationaler Schutz der Menschenrechte. Konkurrenz oder Ergänzung? EuGRZ 1994, 16 ff., 27, 35 f.; ders., Der deutsche Staat im Prozeß der europäischen Integration, HStR, Bd. VII, Normativität und Schutz der Verfassung – Internationale Beziehungen, 1992, § 183, Rn. 46, wo er allerdings die Vertragsauflösung durch „actus contrarius“ den Mitgliedstaaten als „Herren der Verträge“ vorbehält, im Widerspruch zur Dogmatik vom nationalen Rechtsanwendungsbefehl als Geltungsgrund der Rechtsordnung der Gemeinschaft (Rn. 45); der Sache nach wie im Maastricht-Urteil allerdings ders., Rechtsschutz durch Bundesverfassungsgericht und Europäischen Gerichtshof, in: D. Merten, Föderalismus und Europäische Gemeinschaften unter besonderer Berücksichtigung von Umwelt und Ge-

Demgemäß dogmatisiert das Gericht als mitgliedstaatlichen Geltungsgrund des Gemeinschaftsrechts einen nationalen „Rechtsanwendungsbefehl" (BVerfGE 45, 142 (169); 52, 187 (199); 73, 339 (367 f., 375); 89, 155 (190); 123, 267, Rn. 242, 333, 335, 339, 343; PdR, 75 ff.)[21] und macht die Geltung des Gemeinschaftsrechts damit von dem Willen des jeweiligen Volkes abhängig (PdR, S. 75).

In der grundrechtsverpflichteten Solange I-Entscheidung aus dem Jahre 1974 hatte das Bundesverfassungsgericht noch ganz anders judiziert, nämlich:

> „Gemeinschaftsrecht ist weder Bestandteil der nationalen Rechtsordnung noch Völkerrecht, sondern eine eigenständige Rechtsordnung, die aus einer autonomen Rechtsquelle fließt (BVerfGE 22, 293 (296); 31, 145 (173 f.)); denn die Gemeinschaft ist kein Staat, insbesondere kein Bundesstaat, sondern ‚eine im Prozeß fortschreitender Integration stehende Gemeinschaft eigener Art', eine ‚zwischenstaatliche Einrichtung im Sinne des Art. 24 Abs. 1 GG'". „Übertragung von Hoheitsrechten an zwischenstaatliche Einrichtungen, das kann nicht wörtlich genommen werden". „Art. 24 Abs. 1 GG ermöglicht es, die Rechtsordnung der Bundesrepublik Deutschland derart zu öffnen, daß der ausschließliche Herrschaftsanspruch der Bundesrepublik Deutschland für ihren Hoheitsbereich zurückgenommen und der unmittelbaren Geltung und Anwendbarkeit eines Rechts aus anderer Quelle innerhalb dieses Hoheitsbereichs Raum gibt" (BVerfGE 37, 271 (277, 279)).

In der Solange II-Entscheidung, in der das Gericht den Grundrechtsschutz gegen Rechtsakte der Europäischen Gemeinschaft deren Gerichtsbarkeit überantwortet hat, hat es den letzten der soeben zitierten Sätze wiederholt (BVerfGE 73, 399 (374)). In beiden Beschlüssen hat es die „Identität" der Verfassung zur Geltung gebracht, die einem „Einbruch in die sie konstituierenden Strukturen" mittels des „Rechtsanwendungsbefehls", der an die Grundrechte gebunden sei, entgegenstehe (BVerfGE 37, 271 (279); 73, 399 (375)).

Das Gericht hat im Lissabon-Urteil zu den Randnummern 248 f. festgestellt:

> „Die vom Demokratieprinzip im geltenden Verfassungssystem geforderte Wahrung der Souveränität im vom Grundgesetz angeordneten integrationsoffenen und völkerrechtsfreundlichen Sinne, bedeutet für sich genommen nicht, dass eine von vornherein bestimmbare Summe oder bestimmte Arten von Hoheitsrechten in der Hand des Staates bleiben müssten. Die von Art. 23 Abs. 1 Satz 1 GG erlaubte Mitwirkung Deutschlands an

---

sundheit, Kultur und Bildung, 1990, S. 109 f.; dazu in richtiger Differenzierung Th. Schmitz, Integration in der Supranationalen Union. Das europäische Organisationsmodell einer prozeßhaften geo-regionalen Integration und seine rechtlichen und staatstheoretischen Implikationen, 2001, S. 294 f, 295 ff., zur ständigen Freiwilligkeit der Mitgliedschaft S. 201 f., 251, 265; ignoriert von Ch. Seiler, Der souveräne Verfassungsstaat zwischen demokratischer Rückbindung und überstaatlicher Einbindung, 2005, S. 262 ff., 258 ff.; Ch. Hillgruber, Souveränität – Verteidigung eines Rechtsbegriffs, JZ 2002, 1076, 1078, Europäische Union hat keinen „unabänderlichen Besitzstand", Mitgliedstaaten „Herren der Verträge", wohl nur gemeinsam, aber einzelne Mitgliedstaaten können nach der clausula rebus sic stantibus gemäß Art. 62 WRK kündigen (das ist zu eng); einengend zum Austrittsrecht D. König, Die Übertragung von Hoheitsrechten im Rahmen des europäischen Integrationsprozesses – Anwendungsbereich und Schranke des Art. 23 des Grundgesetzes, 2000, S. 264 ff., S. 463 ff.

[21] Hinweise in Fn. 828.

der Entwicklung der Europäischen Union umfasst neben der Bildung einer Wirtschafts- und Währungsgemeinschaft auch eine politische Union. Politische Union meint die gemeinsame Ausübung von öffentlicher Gewalt, einschließlich der gesetzgebenden, bis hinein in die herkömmlichen Kernbereiche des staatlichen Kompetenzraums. Dies ist in der europäischen Friedens- und Einigungsidee insbesondere dort angelegt, wo es um die Koordinierung grenzüberschreitender Lebenssachverhalte geht und um die Gewährleistung eines gemeinsamen Wirtschafts- und Rechtsraumes, in dem sich Unionsbürger frei entfalten können (Art. 3 Abs. 2 EUV- Lissabon)".

„Die europäische Vereinigung auf der Grundlage einer Vertragsunion souveräner Staaten darf allerdings nicht so verwirklicht werden, dass in den Mitgliedstaaten kein ausreichender Raum zur politischen Gestaltung der wirtschaftlichen, kulturellen und sozialen Lebensverhältnisse mehr bleibt. Dies gilt insbesondere für Sachbereiche, die die Lebensumstände der Bürger, vor allem ihren von den Grundrechten geschützten privaten Raum der Eigenverantwortung und der persönlichen und sozialen Sicherheit prägen, sowie für solche politische Entscheidungen, die in besonderer Weise auf kulturelle, historische und sprachliche Vorverständnisse angewiesen sind, und die sich im parteipolitisch und parlamentarisch organisierten Raum einer politischen Öffentlichkeit diskursiv entfalten. Zu wesentlichen Bereichen demokratischer Gestaltung gehören unter anderem die Staatsbürgerschaft, das zivile und militärische Gewaltmonopol, Einnahmen und Ausgaben einschließlich der Kreditaufnahme sowie die für die Grundrechtsverwirklichung maßgeblichen Eingriffstatbestände, vor allem bei intensiven Grundrechtseingriffen wie dem Freiheitsentzug in der Strafrechtspflege oder bei Unterbringungsmaßnahmen. Zu diesen bedeutsamen Sachbereichen gehören auch kulturelle Fragen wie die Verfügung über die Sprache, die Gestaltung der Familien- und Bildungsverhältnisse, die Ordnung der Meinungs-, Presse- und Versammlungsfreiheit oder der Umgang mit dem religiösen oder weltanschaulichen Bekenntnis".

Zuvor hat das Gericht in diesem Urteil zu den Randnummern 219 ff. entwickelt:

„Die grundgesetzliche Ausgestaltung des Demokratieprinzips ist offen für das Ziel, Deutschland in eine internationale und europäische Friedensordnung einzufügen. Die dadurch ermöglichte neue Gestalt politischer Herrschaft unterliegt nicht schematisch den innerstaatlich geltenden verfassungsstaatlichen Anforderungen und darf deshalb nicht umstandslos an den konkreten Ausprägungen des Demokratieprinzips in einem Vertrags- oder Mitgliedstaat gemessen werden. Die Ermächtigung zur europäischen Integration erlaubt eine andere Gestaltung politischer Willensbildung, als sie das Grundgesetz für die deutsche Verfassungsordnung bestimmt. Dies gilt bis zur Grenze der unverfügbaren Verfassungsidentität (Art. 79 Abs. 3 GG). Der Grundsatz der demokratischen Selbstbestimmung und der gleichheitsgerechten Teilhabe an der öffentlichen Gewalt bleibt auch durch den Friedens- und Integrationsauftrag des Grundgesetzes sowie den verfassungsrechtlichen Grundsatz der Völkerrechtsfreundlichkeit (vgl. BVerfGE 31, 58 <75 f.>; 111, 307 <317>; 112, 1 <26>; BVerfGK 9, 174 <186>) unangetastet. Die deutsche Verfassung ist auf Öffnung der staatlichen Herrschaftsordnung für das friedliche Zusammenwirken der Nationen und die europäische Integration gerichtet. Weder die gleichberechtigte Integration in die Europäische Union noch die Einfügung in friedenserhaltende Systeme wie die Vereinten Nationen bedeuten eine Unterwerfung unter fremde Mächte. Es handelt sich vielmehr um freiwillige, gegenseitige und gleichberechtigte Bindung, die den Frieden sichert und die politischen Gestaltungsmöglichkeiten durch gemeinsames koordiniertes Handeln stärkt.

Das Grundgesetz schützt individuelle Freiheit – als Selbstbestimmung des Einzelnen – nicht mit dem Ziel, bindungslose Selbstherrlichkeit und rücksichtslose Interessendurchsetzung zu fördern. Gleiches gilt für das souveräne Selbstbestimmungsrecht der politischen Gemeinschaft. Der Verfassungsstaat bindet sich mit anderen Staaten, die auf demselben Wertefundament der Freiheit und Gleichberechtigung stehen und die wie er die Würde des Menschen und die Prinzipien gleich zustehender personaler Freiheit in den Mittelpunkt der Rechtsordnung stellen. Gestaltenden Einfluss auf eine zunehmend mobile und grenzüberschreitend vernetzte Gesellschaft können demokratische Verfassungsstaaten nur gewinnen durch sinnvolles, ihr Eigeninteresse wie ihr Gemeininteresse wahrendes Zusammenwirken. Nur wer sich aus Einsicht in die Notwendigkeit friedlichen Interessenausgleichs und in die Möglichkeiten gemeinsamer Gestaltung bindet, gewinnt das erforderliche Maß an Handlungsmöglichkeiten, um die Bedingungen einer freien Gesellschaft auch künftig verantwortlich gestalten zu können. Dem trägt das Grundgesetz mit seiner Offenheit für die europäische Integration und für völkerrechtliche Bindungen Rechnung. Die Präambel des Grundgesetzes betont nach den Erfahrungen verheerender Kriege, gerade auch unter den europäischen Völkern, nicht nur die sittliche Grundlage verantworteter Selbstbestimmung, sondern auch den Willen, als gleichberechtigtes Glied in einem vereinten Europa dem Frieden der Welt zu dienen. Dies wird konkretisiert durch die Ermächtigungen zur Integration in die Europäische Union (Art. 23 Abs. 1 GG), zur Beteiligung an zwischenstaatlichen Einrichtungen (Art. 24 Abs. 1 GG) und zur Einfügung in Systeme gegenseitiger kollektiver Sicherheit (Art. 24 Abs. 2 GG) sowie durch das Verbot von Angriffskriegen (Art. 26 GG). Das Grundgesetz will die Mitwirkung Deutschlands an internationalen Organisationen, eine zwischen den Staaten hergestellte Ordnung des wechselseitigen friedlichen Interessenausgleichs. In den Zielen der Präambel wird dieses Souveränitätsverständnis sichtbar. Das Grundgesetz löst sich von einer selbstgenügsamen und selbstherrlichen Vorstellung souveräner Staatlichkeit und kehrt zu einer Sicht auf die Einzelstaatsgewalt zurück, die Souveränität als ‚völkerrechtlich geordnete und gebundene Freiheit' auffaßt. Es bricht mit allen Formen des politischen Machiavellismus und einer rigiden Souveränitätsvorstellung, die noch bis zu Beginn des 20. Jahrhunderts das Recht zur Kriegsführung – auch als Angriffskrieg – für ein selbstverständliches Recht des souveränen Staates hielt, wenngleich mit den auf der Haager Friedenskonferenz am 29. Juli 1899 unterzeichneten Abkommen noch unter Bekräftigung des ius ad bellum eine allmähliche Ächtung der Gewalt zwischen Staaten einsetzte" (Randnummern 219–223).

Das liest sich nicht schlecht und stimmt im Großen und Ganzen mit meiner kantianisch geprägten Rechtslehre, die ich im Lissabon-Prozeß wie schon im Maastricht-Prozeß vorgetragen habe, überein. Allerdings hat sich Deutschland, eingebunden in Bündnisse, erneut an Angriffskriegen beteiligt, im Kosovo, in Afghanistan und anderswo. Wie auch viele andere verurteilt Werner Mäder diese vermeintlich humanitäre Intervention: „Zur Verteidigung der Menschenrechte wurde ein Angriffskrieg geführt"[22].

---

[22] Kritik der Verfassung Deutschlands. Hegels Vermächtnis 1801 und 2001, 2002, S. 68 f.; ders., Vom Wesen der Souveränität, S. 63 ff.; zum universellen und regionalen Menschenrechtsschutz St. Hobe, Der offene Verfassungsstaat zwischen Souveränität und Interdependenz, S. 216 ff., zumal zum Interventionsverbot, der diesen Schutz sehr weit zieht und den Betroffenen „(partielle) Völkerrechtssubjektivität" zuspricht (S. 222).

Aber das Gericht hat zusammenfassend zu den Randnummern 298 f. ausgesprochen:

„Die Bundesrepublik Deutschland bleibt auch nach einem Inkrafttreten des Vertrags von Lissabon ein souveräner Staat und damit Rechtssubjekt des Völkerrechts. Die deutsche Staatsgewalt einschließlich der verfassungsgebenden Gewalt ist in ihrer Substanz geschützt (aa), das deutsche Staatsgebiet bleibt allein der Bundesrepublik Deutschland als Rechtssubjekt zugewiesen (bb), am Fortbestand des deutschen Staatsvolks bestehen keine Zweifel (cc). aa) Die souveräne Staatsgewalt bleibt nach den Regeln über die Zuständigkeitsverteilung und -abgrenzung gewahrt (1). Die neuen primärrechtlichen Regelungen über Vertragsänderungen stehen dem nicht entgegen (2). Der Fortbestand souveräner Staatsgewalt zeigt sich auch in dem Recht zum Austritt aus der Europäischen Union (3) und wird durch das dem Bundesverfassungsgericht zustehende Letztentscheidungsrecht (4) geschützt".

Das Austrittsrecht aus der Europäischen Union hat das Gericht schon im Maastricht-Urteil auf meinen Vortrag hin zum Entsetzen aller Europäisten bestätigt, weil Deutschland zu den „Herren der Verträge" gehöre und dadurch die „Qualität eines souveränen Staates aus eigenem Recht" gewahrt sehe (BVerfGE 89, 155 (190). Das Gericht hat übrigens in dem gleichen Urteil, meist übersehen, das Recht (und damit die Pflicht), die Währungsunion „ultima ratio" zu verlassen, ausgesprochen, wenn diese keine „Stabilitätsgemeinschaft" zu sein und bleiben erwarten lasse (BVerfGE 89, 155 (200 ff., 204))[23]. Eine „Kompetenz-Kompetenz" ist das Bundesverfassungsgericht keinesfalls der Europäischen Union zuzugestehen bereit (BVerfGE 89, 155 (181, 192 ff., 199); 123, 267, Rn. 233, 239, 322, 324, 328, 332; auch BVerfGE 58, 1 (37); 104, 151 (210)). Das Subsidiaritätsprinzip des (jetzigen) Art. 5 EUV solle sicherstellen, daß die „nationale Identität" im Sinne des (jetzigen) Art. 4 Abs. 2 EUV, welche die „Unabhängigkeit und Souveränität der Mitgliedstaaten" zu respektieren gebiete (BVerfGE 89, 155 (189, 211), bei der Aufgabenverteilung zwischen dem Mitgliedstaaten und der Europäischen Union gewahrt bleibe.

Irgendeiner Souveränität der Europäischen Union oder irgendeiner Teilhabe derselben an der Souveränität der Mitgliedstaaten im Sinne einer „gemeinsamen Souveränität" oder „pluralen Souveränität", wie sie etwa Utz Schliesky vorträgt (dazu Dritter Teil O.), hat das Bundesverfassungsgericht im Lissabon-Urteil eine klare Absage erteilt (BVerfGE 123, 267, Rn. 232, 278, 293, 334, 347, 349, auch Rn. 179, 216 f., 227 f.; vgl. auch BVerfGE 89, 155 (186)). In den Absätzen der Rn. 232 bis 234 des Lissabon-Urteils hat es ausgesprochen:

„Nach Maßgabe der Integrationsermächtigung des Art. 23 Abs. 1 GG in Verbindung mit der Präambel, Art. 20, Art. 79 Abs. 3 und Art. 146 GG kann es für die europäische Unionsgewalt kein eigenständiges Legitimationssubjekt geben, das sich unabgeleitet von fremdem Willen und damit aus eigenem Recht gleichsam auf höherer Ebene verfassen könnte" (Rn. 232).

„Das Grundgesetz ermächtigt die deutschen Staatsorgane nicht, Hoheitsrechte derart zu übertragen, dass aus ihrer Ausübung heraus eigenständig weitere Zuständigkeiten für die

---

[23] Hinweise in Fn. 1090.

Europäische Union begründet werden können. Es untersagt die Übertragung der Kompetenz-Kompetenz (vgl. BVerfGE 89, 155 <187 f., 192, 199>; vgl. auch BVerfGE 58, 1 <37>; 104, 151 <210>). Auch eine weitgehende Verselbständigung politischer Herrschaft für die Europäische Union durch die Einräumung stetig vermehrter Zuständigkeiten und eine allmähliche Überwindung noch bestehender Einstimmigkeitserfordernisse oder bislang prägender Regularien der Staatengleichheit kann aus der Sicht des deutschen Verfassungsrechts allein aus der Handlungsfreiheit des selbstbestimmten Volkes heraus geschehen. Solche Integrationsschritte müssen von Verfassungs wegen durch den Übertragungsakt sachlich begrenzt und prinzipiell widerruflich sein. Aus diesem Grund darf – ungeachtet einer vertraglich unbefristeten Bindung – der Austritt aus dem europäischen Integrationsverband nicht von anderen Mitgliedstaaten oder der autonomen Unionsgewalt unterbunden werden. Es handelt sich nicht um eine – völkerrechtlich problematische – Sezession aus einem Staatsverband (Tomuschat, Secession and Self-Determination, in: Kohen, Secession – International Law Perspectives, 2006, S. 23 ff.), sondern lediglich um den Austritt aus einem auf dem Prinzip der umkehrbaren Selbstbindung beruhenden Staatenverbund" (Rn. 233).

„Das Prinzip der begrenzten Einzelermächtigung ist deshalb nicht nur ein europarechtlicher Grundsatz (Art. 5 Abs. 1 EGV; Art. 5 Abs. 1 Satz 1 und Abs. 2 EUV-Lissabon; vgl. Kraußer, Das Prinzip begrenzter Ermächtigung im Gemeinschaftsrecht als Strukturprinzip des EWG-Vertrages, 1991), sondern nimmt – ebenso wie die Pflicht der Europäischen Union, die nationale Identität der Mitgliedstaaten zu achten (Art. 6 Abs. 3 EUV; Art. 4 Abs. 2 Satz 1 EUV-Lissabon) – mitgliedstaatliche Verfassungsprinzipien auf. Das europarechtliche Prinzip der begrenzten Einzelermächtigung und die europarechtliche Pflicht zur Identitätsachtung sind insoweit vertraglicher Ausdruck der staatsverfassungsrechtlichen Grundlegung der Unionsgewalt" (Rn. 234).

Zu Randnummer 340 hat es klargestellt:

„Das Grundgesetz erstrebt die Einfügung Deutschlands in die Rechtsgemeinschaft friedlicher und freiheitlicher Staaten. Es verzichtet aber nicht auf die in dem letzten Wort der deutschen Verfassung liegende Souveränität als Recht eines Volkes, über die grundlegenden Fragen der eigenen Identität konstitutiv zu entscheiden. Insofern widerspricht es nicht dem Ziel der Völkerrechtsfreundlichkeit, wenn der Gesetzgeber ausnahmsweise Völkervertragsrecht – allerdings unter Inkaufnahme entsprechender Konsequenzen im Staatenverkehr – nicht beachtet, sofern nur auf diese Weise ein Verstoß gegen tragende Grundsätze der Verfassung abzuwenden ist (vgl. BVerfGE 111, 307 <317 f.>)" … „Es bedeutet in der Sache jedenfalls keinen Widerspruch zu dem Ziel der Europarechtsfreundlichkeit, das heißt zu der von der Verfassung geforderten Mitwirkung der Bundesrepublik Deutschland an der Verwirklichung eines vereinten Europas (Präambel, Art. 23 Abs. 1 Satz 1 GG), wenn ausnahmsweise, unter besonderen und engen Voraussetzungen, das Bundesverfassungsgericht Recht der Europäischen Union für in Deutschland nicht anwendbar erklärt (vgl. BVerfGE 31, 145 <174>; 37, 271 <280 ff.>; 73, 339 <374 ff.>; 75, 223 <235, 242>; 89, 155 <174 f.>; 102, 147 <162 ff.>)".

Zu Randnummer 347 heißt es:

„Insbesondere kann aus der Einführung der Unionsbürgerschaft nicht auf die Begründung bundesstaatlicher Föderalität geschlossen werden. Historische Vergleiche zur deutschen Bundesstaatsgründung über den Norddeutschen Bund von 1867 (vgl. etwa Schönberger,

Unionsbürger, 2005, S. 100 ff.) führen in diesem Zusammenhang nicht weiter. Nach der Verwirklichung des Prinzips der Volkssouveränität in Europa können nur die Völker der Mitgliedstaaten über ihre jeweilige verfassungsgebende Gewalt und die Souveränität des Staates verfügen. Ohne den ausdrücklich erklärten Willen der Völker sind die gewählten Organe nicht befugt, in ihren staatlichen Verfassungsräumen ein neues Legitimationssubjekt zu schaffen oder die vorhandenen zu delegitimieren".

Zu Randnummer 351 hat es weiter erklärt:

„Die neu begründeten Zuständigkeiten sind – jedenfalls bei der gebotenen Auslegung – keine ‚staatsbegründenden Elemente', die auch in der Gesamtschau die souveräne Staatlichkeit der Bundesrepublik Deutschland nicht in verfassungsrechtlich bedeutsamer Weise verletzen".

Das „nicht" in dem Satz irritiert. Vor allem aber ist die Erkenntnis fragwürdig, wie ich im Zehnten Teil ausführen werde.

B. Souveränitätsusurpation des Europäischen Gerichtshofs

In der Rechtssache 6/64 (Costa/E.N.E.L.), Urteil vom 15. Juli 1964 (Slg. 1964/1251) hat der Europäische Gerichtshof S. 1269 ff. ausgesprochen:

„Zum Unterschied von gewöhnlichen internationalen Verträgen hat der EWG-Vertrag eine eigene Rechtsordnung geschaffen, die bei seinem Inkrafttreten in die Rechtsordnungen der Mitgliedstaaten aufgenommen worden und von ihren Gerichten anzuwenden ist. Denn durch die Gründung einer Gemeinschaft für unbegrenzte Zeit, die mit eigenen Organen, mit der Rechts- und Geschäftsfähigkeit, mit internationaler Handlungsfähigkeit und insbesondere mit echten, aus der Beschränkung der Zuständigkeit der Mitgliedstaaten oder der Übertragung von Hoheitsrechten der Mitgliedstaaten auf die Gemeinschaft herrührenden Hoheitsrechten ausgestattet ist, haben die Mitgliedstaaten, wenn auch auf einem begrenzten Gebiet, ihre Souveränitätsrechte beschränkt und so einen Rechtskörper geschaffen, der für ihre Angehörigen und sie selbst verbindlich ist.

Diese Aufnahme der Bestimmungen des Gemeinschaftsrechts in das Recht der einzelnen Mitgliedstaaten und, allgemeiner, Wortlaut und Geist des Vertrages haben zur Folge, daß es den Staaten unmöglich ist, gegen eine von ihnen auf der Grundlage der Gegenseitigkeit angenommene Rechtsordnung, nachträgliche einseitige Maßnahmen ins Feld zu führen. Solche Maßnahmen stehen der Anwendbarkeit der Gemeinschaftsrechtsordnung daher nicht entgegen. Denn es würde eine Gefahr für die Verwirklichung der in Artikel 5 Absatz 2 aufgeführten Ziele des Vertrages bedeuten und dem Verbot des Artikels 7 widersprechende Diskriminierungen zur Folge haben, wenn das Gemeinschaftsrecht je nach der nachträglichen innerstaatlichen Gesetzgebung von einem Staat zum andern verschiedene Geltung haben könnte. Die Verpflichtungen, die die Mitgliedstaaten im Vertrag zur Gründung der Gemeinschaft eingegangen sind, wären keine unbedingten mehr, sondern nur noch eventuelle, wenn sie durch spätere Gesetzgebungsakte der Signatarstaaten in Frage gestellt werden könnten. Wo der Vertrag den Staaten das Recht zu einseitigem Vorgehen zugestehen will, tut er das durch klare Bestimmungen (z. B. Artikel 15, 93 Absatz 3, 223 bis 225). Für Anträge der Staaten auf Ausnahmegenehmigungen sind andererseits Genehmigungsverfahren vorgesehen (z. B. Artikel 8 Absatz 4, 17 Absatz 4, 25, 26, 73, 93 Absatz 3 Unterabsatz 3 und 226), die gegenstandslos wären, wenn die Staaten die Möglichkeit hätten, sich ihren Verpflichtungen durch den bloßen Erlaß von Gesetzen zu entziehen. Der Vorrang des Gemeinschaftsrechts wird auch durch Artikel 189 bestätigt; ihm zufolge ist die Verordnung ‚verbindlich' und ‚gilt unmittelbar in jedem Mitgliedstaat'. Diese Bestimmung, die durch nichts eingeschränkt wird, wäre ohne Bedeutung, wenn die Mitgliedstaaten sie durch Gesetzgebungsakte, die den gemeinschaftsrechtlichen Normen vorgingen, einseitig ihrer Wirksamkeit berauben könnten. Aus alledem folgt, daß dem vom Vertrag geschaffenen, somit aus einer autonomen Rechtsquelle fließenden Recht wegen dieser seiner Eigenständigkeit keine wie immer gearteten innerstaatlichen Rechtsvorschriften vorgehen können, wenn ihm nicht sein Charakter als Gemeinschaftsrecht aberkannt und wenn nicht die Rechtsgrundlage der Gemeinschaft selbst in Frage gestellt werden soll.

Die Staaten haben somit dadurch, daß sie nach Maßgabe der Bestimmungen des Vertrages Rechte und Pflichten, die bis dahin ihren inneren Rechtsordnungen unterworfen waren, der Regelung durch die Gemeinschaftsrechtsordnung vorbehalten haben, eine endgültige Beschränkung ihrer Hoheitsrechte bewirkt, die durch spätere einseitige, mit dem Gemeinschaftsbegriff unvereinbare Maßnahmen nicht rückgängig gemacht werden kann. Infolgedessen ist Artikel 177 ohne Rücksicht auf innerstaatliche Gesetze anzuwenden, wenn sich die Auslegung des Vertrages betreffende Fragen stellen"[24].

In der Rechtsache Internationale Handelsgesellschaft (Rs. 11/70, Slg. 1970, 1125, 1135) hat der Gerichtshof in Rn. 3 explizit die vorrangige Geltung des Gemeinschaftsrechts auf das Verfassungsrecht der Mitgliedstaaten ausgedehnt.

„Die einheitliche Geltung des Gemeinschaftsrechts würde beeinträchtigt, wenn bei der Entscheidung über die Gültigkeit von Handlungen der Gemeinschaftsorgane Normen oder Grundsätze des nationalen Rechts herangezogen würden. Die Gültigkeit solcher Handlungen kann nach dem Gemeinschaftsrecht beurteilt werden, denn dem vom Vertrag geschaffenen, somit aus einer autonomen Rechtsquelle fließenden Recht können wegen seiner Eigenständigkeit keine wie immer gearteten innerstaatlichen Rechtsvorschriften vorgehen, wenn ihm nicht sein Charakter als Gemeinschaftsrecht aberkannt und wenn nicht die Rechtsgrundlage der Gemeinschaft selbst in Frage gestellt werden soll. Daher kann es die Gültigkeit einer Gemeinschaftshandlung oder deren Geltung in einem Mitgliedstaat nicht berühren, wenn geltend gemacht wird, die Grundrechte in der ihnen von der Verfassung dieses Staates gegebenen Gestalt oder die Strukturprinzipien der nationalen Verfassung seien verletzt."

Auch das Gemeinschaftsrecht ist in den Mitgliedstaaten verbindlich. Die Verbindlichkeit beruht auf dem Willen der als Staaten verfaßten Völker, auf deren Verfassungsgesetzen und Gesetzen also[25]. Die Völker sind die Hüter der Gemein-

---

[24] Kritisch richtig Th. Schmitz, Integration in der Supranationalen Union, S. 242; D. König, Die Übertragung von Hoheitsrechten im Rahmen des europäischen Integrationsprozesses, S. 83 ff.

[25] E. Klein, Der Verfassungsstaat als Glied einer europäischen Gemeinschaft, VVDStRL 50 (1991), S. 59, 70 f.; P. Kirchhof, Europäische Einigung und Verfassungsstaat der Bundesrepublik Deutschland, S. 95 ff., 100 f.; ders., Der deutsche Staat im Prozeß der europäischen Integration, HStR VII, § 183, Rn. 46; K. A. Schachtschneider, Die existentielle Staatlichkeit der Völker Europas und die staatliche Integration der Europäischen Union, S. 103 f.; ders., Die

schaft, jedes für sich. Sie sind auch insoweit „Herren der Verträge" (BVerfGE 89, 155 (190, 199); auch BVerfGE 75, 223 (242); 123, 267, Rn. 231, 235, 271, 298, 334)[26]. Jedes Volk ist innerstaatlich verpflichtet, das Gemeinschaftsrecht als Teil der eigenen Rechtsordnung zu verwirklichen (Art. 10 EGV). Der Vorrang und die unmittelbare Anwendbarkeit des Gemeinschaftsrechts in den Mitgliedstaaten, die erst der Gerichtshof kreiert hat[27], in Verbindung mit den aus den Grundfreiheiten, dem Binnenmarktprinzip, folgenden weiten Möglichkeiten, Harmonisierungsinteressen im Klagewege durchzusetzen, welche auch erst der Gerichtshof zu subjektiven Rechten der Unionsbürger[28] entwickelt hat, hat dem Europäischen Gerichtshof eine außerordentliche Gestaltungsmacht gegeben. Die Vorabentscheidungsbefugnis des Gerichtshofs aus Art. 234 EGV (jetzt Art. 267 AEUV) hatte (und hat) dem Gerichtshof zusätzlich weite politische Möglichkeiten verschafft, die ihn zu einem außerordentlich mächtigen Akteur der europäischen Integration hat werden lassen. Diese Befugnis(Macht)erweiterung des Gerichtshofs, der eigentliche, jedenfalls funktionale Wechsel der Europäischen Gemeinschaft von einem völkerrechtlichen Staatenbund zum staatsrechtlichen Bundesstaat, haben die Mitgliedstaaten bei der weiteren Vertragsentwicklung zugrunde gelegt und folglich stillschweigend als gemeinschaftlichen Besitzstand in die Verträge aufgenommen, also akzeptiert. Er war eine souveränitätswidrige Usurpation von Staatsgewalt. Die Souveränitätsver-

---

Republik der Völker Europas, ARSP-Beiheft 71 (1997), S. 165; D. König, Die Übertragung von Hoheitsrechten im Rahmen des europäischen Integrationsprozesses, S. 80ff.

[26] Dazu auch H. Steinberger, Der Verfassungsstaat als Glied einer europäischen Gemeinschaft, VVDStRL 50 (1991), S. 16f. in Fn. 21; E. Klein, Der Verfassungsstaat als Glied einer europäischen Gemeinschaft, VVDStRL 50 (1991), S. 59; P. Kirchhof, Der deutsche Staat im Prozeß der europäischen Integration, HStR, Bd. VII, § 183, Rn. 46, 66; J. Isensee, Nachwort. Europa – die politische Erfindung eines Erdteils, in: ders., Europa als politische Idee und als rechtliche Form, 1993, S. 122ff., 134. Daß die Mitgliedstaaten noch „Herren der Verträge seien", hat vor allem in Frage gestellt U. Everling, Sind die Mitgliedstaaten der Europäischen Gemeinschaft noch Herren der Verträge? 1983, in: ders., Das Europäische Gemeinschaftsrecht im Spannungsfeld von Politik und Wirtschaft, 1985, S. 86ff.; a.A. I. Pernice, Maastricht, Staat und Demokratie, Die Verwaltung 26 (1993), S. 485f., der die Staaten „nicht einzeln, sondern nur ‚zur gesamten Hand' für ‚Herren der Gemeinschaftsverträge'" hält; ebenso Th. Schmitz, Integration in der Supranationalen Union, S. 258, 261; dazu A. Randelzhofer, Staatsgewalt und Souveränität, HStR, Bd. I, Grundlagen von Staat und Verfassung, 1987, § 15, Rn. 33f.; M. Kaufmann, Europäische Integration und Demokratieprinzip, 1997, S. 93, 137ff., 217, 220, 350 u.ö.; K. A. Schachtschneider, Die existentielle Staatlichkeit der Völker Europas, S. 103ff.; ders., Die Republik der Völker Europas, ARSP-Beiheft 71 (1997), S. 165f.

[27] EuGH v. 05.02.1963 – Rs. 26/62 (van Gend & Loos/Niederländische Finanzverwaltung), Slg. 1963, 1 (25f., Rn. 7ff.); dazu K. A. Schachtschneider, Verfassungsbeschwerde gegen den Vertrag von Lissabon vom 13. Dezember 2007 zur Änderung des Vertrages über die Europäische Union und des Vertrages zur Gründung der Europäischen Gemeinschaft, Antrag auf andere Abhilfe, Antrag auf einstweilige Anordnung vom 25. Mai 2008, 2 BvR 1094/08, Homepage: www.KASchachtschneider.de, unter Downloads, Verfassungsbeschwerde Lissabon-Vertrag, namens Dr. P. Gauweiler und im eigenen Namen, 2. Teil, F, I.

[28] Grundlegend EuGH v. 5.2.1963 – Rs. 26/62 (van Gend & Loos/Niederländische Finanzverwaltung), Slg. 1963, 1 (25f., Rn. 7ff.); EuGH v. 15.7.1964 – Rs. 6/64 (Costa/E.N.E.L), Slg. 1964, 1251 (1273).

letzung ist geblieben, weil die Mitgliedstaaten nicht befugt waren und sind, die Völker und deren Staatsorgane durch völkerrechtliche Verträge derart zu entmachten, ohne eine Änderung des Verfassungsgesetzes mit deren unmittelbaren Zustimmung herbeigeführt zu haben.

Der Vorrang des Gemeinschaftsrechts[29], der richtiger Weise auch auf dem nationalen Gesetz beruht, welches das Gemeinschaftsrecht anzuwenden vorschreibt[30], hat jedenfalls Grenzen (PdR, S. 82 ff.)[31], die sich aus der existentiellen Staatlichkeit oder eben der Souveränität der Völker ergeben. Das Maastricht-Urteil des Bundesverfassungsgerichts ergibt fünf Begrenzungen der Geltung von Gemeinschaftsrecht in Deutschland: Rechtsakte der Gemeinschaft können erstens den Wesensgehalt der Grundrechte verletzen und damit den „unabdingbaren Grundrechtsstandard" mißachten, den das Bundesverfassungsgericht in einem „Kooperationsverhältnis" mit dem Europäischen Gerichtshof im Grundrechtsschutz zu verantworten meint (BVerfGE 89, 155 (174 f.); BVerfGE 102, 147 (163))[32]. Der Europäische Gerichtshof

---

[29] Der weitgehende Vorrang des Gemeinschaftsrechts vor dem mitgliedstaatlichen Recht ist so gut wie unangefochten; vgl. EuGH – Rs. 26/62 (Van Gend & Loos), Slg. 1963, 1 ff.; EuGH – Rs. 6/64 (Costa/ENEL), Slg. 1964, 1251 ff.; EuGH – Rs. 11/70 (Internationale Handelsgesellschaft), Slg. 1970, 1125 ff.; BVerfGE 37, 271 (279 ff.); 58, 1 (28); 73, 339 (366 ff.); vgl. auch BVerfGE 89, 155 (182 ff., 190 f., 197 ff.); P. Kirchhof, Der deutsche Staat im Prozeß der europäischen Integration, HStR, Bd. VII, § 183, Rn. 66; E. Klein, Der Verfassungsstaat als Glied einer europäischen Gemeinschaft, VVDStRL 50 (1991), S. 64; H. P. Ipsen, Bundesrepublik Deutschland in den Europäischen Gemeinschaften, HStR, Bd. VII, Normativität und Schutz der Verfassung – Internationale Beziehungen, 1992, § 181, Rn. 58 ff.; vgl. auch Th. Oppermann, Europarecht. Ein Studienbuch, 3. Aufl. 2005, § 6, IV, Rn. 615 ff., S. 228 ff.; A. Bleckmann, Europarecht. Das Recht der Europäischen Gemeinschaft, 6. Aufl. 1997, § 11, S. 361 ff.; D. König, Die Übertragung von Hoheitsrechten im Rahmen des europäischen Integrationsprozesses, S. 80 ff.; K. A. Schachtschneider, Die existentielle Staatlichkeit der Völker Europas, S. 104 ff.; ders./A. Emmerich-Fritsche, Das Verhältnis des Europäischen Gemeinschaftsrechts zum nationalen Recht Deutschlands, DSWR 1999, S. 81 ff., 116 ff.

[30] D. König, Die Übertragung von Hoheitsrechten im Rahmen des europäischen Integrationsprozesses, S. 80 ff., 83 ff. (zur Judikatur des Bundesverfassungsgerichts), S. 417 ff., 428 ff.; i.d.S. auch M. Kaufmann, Europäische Integration und Demokratieprinzip, S. 156 f. („Autonomie" des Gemeinschaftsrechts „letztlich Verfassungswillen der Mitgliedstaaten").

[31] Ausführlich zu den Grenzen der Übertragung von Hoheitsrechten an die Europäische Gemeinschaft bzw. Union D. König, Die Übertragung von Hoheitsrechten im Rahmen des europäischen Integrationsprozesses, S. 416 ff. 462 ff., 523 ff. („Kompensationsprinzip"), die sich für sie aus einem recht offenem Art. 79 Abs. 3 GG ergeben, S. 460 ff., 519 ff., 654 ff.

[32] P. Kirchhof, Gegenwartsfragen an das Grundgesetz, JZ 1989, 453; ders., Rechtsschutz durch Bundesverfassungsgericht und Europäischen Gerichtshof, S. 109 ff., 115 ff., insb. 118; ders., Deutsches Verfassungsrecht und Europäisches Gemeinschaftsrecht, EuR Beiheft 1 (1991), S. 22 ff.; E. Klein, Der Verfassungsstaat als Glied einer europäischen Gemeinschaft, VVDStRL 50 (1991), S. 80 ff.; H. P. Ipsen, Bundesrepublik Deutschland in den Europäischen Gemeinschaften, HStR, Bd. VII, § 181, Rn. 66 ff.; R. Streinz, Bundesverfassungsgerichtlicher Grundrechtsschutz und Europäisches Gemeinschaftsrecht, 1989, S. 304 f. (kritisch); K. Stern (M. Sachs), Das Staatsrecht der Bundesrepublik Deutschland, Bd. III/1 (Staatsrecht III/1), 1988, S. 293 ff.; R. Zuck, Das Gerede vom gerichtlichen Kooperationsverhältnis, NJW 1994, 978 f., mit richtiger Kritik; kritisch auch H. P. Ipsen, Zehn Glossen zum Maastricht-Urteil, EuR 1994, 3 f., 9 f.; vgl. K. A. Schachtschneider, Die existentielle Staatlichkeit der Völker Europas,

soll „den Grundrechtsschutz in jedem Einzelfall für das gesamte Gebiet der Europäischen Gemeinschaften garantieren“, so daß das Bundesverfassungsgericht „sich deshalb auf eine generelle Gewährleistung des unabdingbaren Grundrechtsstandards (...) beschränken“ könne (BVerfGE 89, 155 (174 f.); so schon BVerfGE 73, 339 (387)). Auch 1986 hatte das Bundesverfassungsgericht in seiner Solange II-Entscheidung Vorlagen im konkreten Normenkontrollverfahren nach Art. 100 Abs. 1 GG für unzulässig erklärt, weil und solange der Wesensgehalt der Grundrechte durch die Rechtsprechung des Gerichtshofs der Gemeinschaften generell und im wesentlichen gleich verbürgt werde (BVerfGE 73, 339 (347 ff., 383 ff., 387); vgl. integrationierend BVerfG, BayVBl 2000, 754 ff.)[33]. Zweitens sollen die Rechtsakte die Strukturprinzipien der deutschen Verfassung nicht beeinträchtigen dürfen (BVerfGE 37, 271 (279); 73, 339 (376)), zumal jetzt Art. 23 Abs. 1 S. 1 und 2 GG die Übertragung von Hoheitsrechten nur für die Entwicklung einer Europäischen Union erlaubt, „die demokratischen, rechtsstaatlichen, sozialen und föderativen Grundsätzen“ und im übrigen „dem Grundsatz der Subsidiarität verpflichtet ist und einen diesem Grundgesetz im wesentlichen vergleichbaren Grundrechtsschutz gewährleistet“ (vgl. BVerfGE 89, 155 (187 f.), nicht explizit)[34]. Das Gericht hat im Beschluß vom 14. Oktober 2004 (2 BvR 1481/04, Rn. 36) vom „weit zurückgenommenen Souveränitätsvorbehalt“ nach Art. 23 Abs. 1 GG gesprochen. Es gibt vielfältige Möglichkeiten, die genannten Strukturprinzipien, etwa das weitgefächerte Rechtsstaatsprinzip, zu verletzen. Drittens dürfen die Rechtsakte nicht das Prinzip der

---

S. 104 ff.; ders./A. Emmerich-Fritsche, Das Verhältnis des Europäischen Gemeinschaftsrechts zum nationalen Recht Deutschlands, DSWR 1999, S. 82 ff., 116 f.

[33] H. P. Ipsen, Bundesrepublik Deutschland in den Europäischen Gemeinschaften, HStR, Bd. VII, § 181, Rn. 68 ff.; E. Klein, Der Verfassungsstaat als Glied einer europäischen Gemeinschaft, VVDStRL 50 (1991), S. 80; P. Kirchhof, Der deutsche Staat im Prozeß der europäischen Integration, HStR, Bd. VII, § 183, Rn. 66, sieht auch in dieser Solange II-Dogmatik ein „Kooperationsangebot“; ebenso R. Streinz, Der Vollzug des Europäischen Gemeinschaftsrechts durch deutsche Staatsorgane, HStR, Bd. VII, Normativität und Schutz der Verfassung – Internationale Beziehungen, 1992, § 182, Rn. 73; vgl. schon BVerfG, EuR 1989, 270 (273); dazu K. A. Schachtschneider/A. Emmerich-Fritsche, Das Verhältnis des Europäischen Gemeinschaftsrechts zum nationalen Recht Deutschlands, DSWR 1999, S. 82 ff. (84).

[34] Vgl. P. Kirchhof, Europäische Einigung und Verfassungsstaat der Bundesrepublik Deutschland, S. 96 f., 97 f.; ders., Der deutsche Staat im Prozeß der europäischen Integration, HStR, Bd. VII, § 183, Rn. 58 f., 61 ff.; M. Herdegen, Die Belastbarkeit des Verfassungsgefüges auf dem Weg zur Europäischen Union, EuGRZ 1992, 589 ff., 592 ff.; auch E. Klein, Der Verfassungsstaat als Glied einer europäischen Gemeinschaft, VVDStRL 50 (1991), S. 71, 81 f.; M. Mosler, Die Übertragung von Hoheitsgewalt, HStR, Bd. VII, Normativität und Schutz der Verfassung – Internationale Beziehungen, 1992, § 175, Rn. 65 ff. (zurückhaltend für das Bundesstaatsprinzip); H. P. Ipsen, Bundesrepublik Deutschland in den Europäischen Gemeinschaften, HStR, Bd. VII, § 181, Rn. 9, 67; R. Bernhardt, Verfassungsrecht und völkerrechtliche Verträge, HStR, Bd. VII, Normativität und Schutz der Verfassung – Internationale Beziehungen, 1992, § 174, Rn. 26, akzeptiert als Grenze der Übertragung von Hoheitsrechten nach Art. 79 Abs. 3 GG erst die „vollständige Aufgabe deutscher Staatlichkeit“; K. A. Schachtschneider, Die existentielle Staatlichkeit der Völker Europas, S. 105 f.; D. König, Die Übertragung von Hoheitsrechten im Rahmen des europäischen Integrationsprozesses, S. 417 ff.

begrenzten und bestimmbaren Ermächtigung der Union und der Gemeinschaften mißachten, also ultra vires ergehen[35], so daß „die deutschen Staatsorgane aus verfassungsrechtlichen Gründen gehindert wären, diese Rechtsakte in Deutschland anzuwenden" (BVerfGE 89, 155 (187 ff., 191 ff.; 123, 267, Rn. 241, 339 f., 343)). Die Union und ihre Gemeinschaften würden die ihnen eingeräumten Hoheitsrechte überschreiten, also ihre Befugnisse verletzen, wenn sie viertens das Subsidiaritätsprinzip nach Art. 2 Abs. 2 EUV und Art. 5 Abs. 2 EGV mißachten. Das Subsidiaritätsprinzip hat das Bundesverfassungsgericht für die Union und für die Europäische Gemeinschaft als „verbindlichen Rechtsgrundsatz" erkannt und ihm als Kompetenzausübungsschranke Verbindlichkeit beigemessen (BVerfGE 89, 155 (189, 193, 210 ff.))[36]. Fünftens schließlich hat das Bundesverfassungsgericht das gemeinschaftsrechtliche Mehrheitsprinzip[37] „gemäß dem aus der Gemeinschaftstreue folgenden Gebot wechselseitiger Rücksichtnahme" in die Grenzen der Verfassungsprinzipien und der „elementaren Interessen der Mitgliedstaaten" gewiesen (BVerfGE 89, 155 (184))[38]. Auch dieses Rechtsprinzip, das den dahingehenden Luxemburger Kompromiß von 1966[39] verallgemeinert und verbindlich macht, ist von den Gerichten zu beachten. Die „elementaren Interessen" Deutschlands haben die zuständigen deutschen Organe zu definieren, vor allem also die Legislative. Wenn diese jedoch versagt oder irrt, haben die Gerichte dieses Prinzip wie alle anderen Rechtsprinzipien zu verantworten, weil Deutschland seine elementaren Interessen nicht der mehrheitlichen Disposition der Union oder deren Gemeinschaften überantworten durfte und darum rechtens derart zu handhabende Hoheitsrechte nicht übertragen hat.

Der Europäische Gerichthof hat vielfach souveränitätsverletzende Befugnisanmaßungen judiziert. Besonders folgenreich ist die einer ausschließlichen Befugnis zur Handelspolitik durch die AETR- Judikate[40]. Sie beanspruchen und behaupten für den Handel mit Waren, aber auch weitgehend für den Handel mit Dienstleistungen

---

[35] A. Bleckmann, Europarecht, Rn. 380 ff., S. 149 ff.; E. Klein, Der Verfassungsstaat als Glied einer europäischen Gemeinschaft, VVDStRL 50 (1991), S. 61, 66; P. Kirchhof, Der deutsche Staat im Prozeß der europäischen Integration, HStR, Bd. VII, § 183, Rn. 47, 64; K. A. Schachtschneider/A. Emmerich-Fritsche/Th. C. W. Beyer, Der Vertrag über die Europäische Union und das Grundgesetz, JZ 1993, 751; K. A. Schachtschneider, Die existentielle Staatlichkeit der Völker Europas, S. 96, 106; zum Prinzip begrenzter Einzelermächtigung Hinweise in Fn. 1338.

[36] Vgl. schon E. Klein, Der Verfassungsstaat als Glied einer europäischen Gemeinschaft, VVDStRL 50 (1991), S. 72 f.; K. A. Schachtschneider, Die existentielle Staatlichkeit der Völker Europas, S. 106, 134 ff.

[37] Dazu H. P. Ipsen, Bundesrepublik Deutschland in den Europäischen Gemeinschaften, HStR, Bd. VII, § 181, Rn. 17 f.; weitere Hinweise in Fn. 677, 1403.

[38] K. A. Schachtschneider, Die existentielle Staatlichkeit der Völker Europas, S. 106 f., 124 ff.; W. Hankel/W. Nölling/K. A. Schachtschneider/J. Starbatty, Die Euro-Klage. Warum die Währungsunion scheitern muß, 1998, S. 270 ff.

[39] Dazu M. Kaufmann, Europäische Integration und Demokratieprinzip, S. 390 f., 464.

[40] Dazu näher K. A. Schachtschneider, Verfassungsrecht der Europäischen Union, Teil 2, Wirtschaftsverfassung mit Welthandelsordnung, 2010, S. 445 ff.

die ausschließliche Befugnis (Zuständigkeit), handelspolitische Abkommen mit dritten Ländern auszuhandeln und abzuschließen, und verweigern damit den Mitgliedstaaten die außenwirtschaftliche Befugnis in diesen Bereichen[41]. Weder die Befugnis, über den Handel mit Waren und bestimmten Dienstleistungen Abkommen zu schließen, war im Gemeinschaftsvertrag nachweisbar noch gar eine ausschließliche Zuständigkeit der Gemeinschaft. Der Europäische Gerichtshof hat die ausschließliche Zuständigkeit in ständiger Rechtsprechung auf Art. 133 EGV gestützt und diese integrationistisch mit einem Postulat begründet, nämlich dem, daß die handelspolitischen Außenbefugnisse mit den Innenbefugnissen im Gemeinsamen Markt, insbesondere dem Binnenmarkt, übereinstimmen müßten, damit die Handelspolitik einheitlich und störungsfrei betrieben werden könne[42]. Diese Judikatur ist reine Usurpation von Macht, die mit dem fragwürdigsten aller Argumente, „der Natur der Sache"[43], zu begründen versucht wird. Um eine textabhängige Erkenntnis der Zuständigkeitsordnung in der gemeinsamen Handelspolitik hat sich der Gerichtshof nicht einmal bemüht. Wie üblich sind ihm die Kommentare und Lehrbücher, aber auch fast alle Einzelschriften gefolgt, ohne die prekäre Zuständigkeitsfrage mit Hilfe der Methode der Vertragsauslegung zu klären. Der Fehlgriff des Europäischen Gerichtshofs hat ihn genötigt, seinen Griff zur Macht zu lockern, also

---

[41] EuGH v. 31.03.1971 – Rs. 22/70 (AETR), Slg. 1971, 263, Rn. 15/19, 30/31, auch Rn. 23/29; EuGH v. 14.07.1976 – verb. Rs. 3, 4 u. 6/76 (Kramer u. a.), Slg. 1976, 1279, Rn. 12/14 ff. (30/33); EuGH Gutachten 2/91 vom 19.03.1991 (ILO), Slg. 1993, I-1061, Rn. 7 ff., unter (fragwürdiger) Berufung auf EuGH Gutachten 1/75 v. 11.11.1975 (OECD, lokale Kosten), Slg. 1975, 1355 (1363 f.); auch EuGH v. 15.02.1976 – Rs. 41/76 (Donckerwolke), Slg. 1976, 1921, Rn. 31/37; EuGH v. 18.02.1986 – Rs. 174/84 (Bulk Oil), Slg. 1986, 559, Rn. 30 f.; EuGH v. 17.10.1994 – Rs. C-70/94 (Werner), Slg. 1995, I-3189, Rn. 12; EuGH v. 17.10.1995 – Rs. C-83/94 (Leifer u. a.), Slg. 1995, I-3231, Rn. 12; vgl. EuGH v. 12.07.1973 – Rs. 8/73 (HZA Bremerhaven/Massey-Ferguson), Slg. 1973, 897, Rn. 3 ff., wo eine Regelung der Außenhandelsbeziehung im Bereich der Zollunion noch wesentlich auf Art. 235 EWGV gestützt wurde; auch EuGH v. 26.04.1977 – Gutachten 1/76 (Stillegungsfonds), Slg. 1977, 741, Rn. 3 ff.; M. Nettesheim/J. L. Duvigneau, in: R. Streinz (Hrsg.), EUV/EGV, Vertrag über die Europäische Union und Vertrag zur Gründung der Europäischen Gemeinschaft, 2003, Art. 133 EGV, Rn. 15; R. Mögele, in: R. Streinz (Hrsg.), EUV/EGV, 2003, Art. 300 EGV, Rn. 25 ff.; J. H. Bourgeois, in: v. d. Groeben/Schwarze, EU-/EG-Vertrag, Komm., Bd. 3, 6. Aufl. 2003, Art. 133 EG, Rn. 29, 32; Chr. Vedder/S. Lorenzmeier, in: Grabitz/Hilf/Nettesheim (Hrsg.), Das Recht der Europäischen Union, Bd. II, EUV/EGV, Mai 2008, Art. 133 EGV, Rn. 8 ff. (11); M. Hahn, in: Ch. Calliess/M. Ruffert (Hrsg.), EUV/EGV, Das Verfassungsrecht der Europäischen Union mit Europäischer Grundrechtecharta, Kommentar zu EU-Vertrag und EG-Vertrag, 3. Aufl. 2007, Art. 133 EGV, Rn. 6 ff., 40; Th. Oppermann, Europarecht, § 31, Rn. 11 f., S. 662, § 30, Rn. 19, S. 642; R. Streinz, Europarecht, 7. Aufl. 2005, Rn. 714; D. I. Siebold, Die Welthandelsorganisation und die Europäische Gemeinschaft. Ein Beitrag zur globalen wirtschaftlichen Integration, 2003, S. 229 ff., 233 ff.; A. Emmerich-Fritsche, Vom Völkerrecht zum Weltrecht, 2007, S. 749; dies., Recht und Zwang im Völkerrecht, in: K. A. Schachtschneider (Hrsg.), Rechtsfragen der Weltwirtschaft, 2002, S. 159; Ch. Herrmann/W. Weiß/Ch. Ohler, Welthandelsrecht, 2. Aufl. 2007, S. 69, Rn. 121 f.

[42] Hinweise in Fn. 41.

[43] So M. Hahn, in: Ch. Calliess/M. Ruffert (Hrsg.), EUV/EGV, Art. 133 EGV, Rn. 119.

die ausschließliche Zuständigkeit der Gemeinschaft gegenständlich zu relativieren[44]. Insbesondere muß für die ausschließliche Zuständigkeit der Gemeinschaft (nicht die externe als solche[45]) die interne Zuständigkeit tatsächlich von der Gemeinschaft ausgeübt sein[46]. Dienstleistungen, die im Rahmen des GATS als „Auslandserbringung", „gewerbliche Niederlassung" und „Niederlassung natürlicher Personen" bezeichnet werden, sollen nicht unter die gemeinsame Handelspolitik fallen[47]. Ähnlich hat der Gerichtshof den Begriff der gemeinsamen Handelspolitik für das TRIPS restriktiv an der Nähe zum Warenhandel orientiert[48]. Schlimmer noch, die Mitgliedstaaten als die „bleibenden" „Herren der Verträge" (BVerfGE 75, 223 (242); 89, 155 (190, 199); 123, 267, Rn. 231, 235, 271, 298, 334) haben bei jeder Vertragsänderung seit dem Maastricht-Vertrag den Vertragstext des Art. 133 EGV wesentlich verändert und zu verändern müssen gemeint, um die verfehlte Judikatur des Gerichtshofs zu korrigieren. Das hat freilich nicht zur Klarheit der Kompetenzlage beigetragen. Der Vertrag von Lissabon will in Art. 207 Abs. 3 und 4 AEUV wieder ein wenig mehr Klarheit über die Befugnis des Rates, Abkommen mit dritten Ländern oder internationalen Organisationen zu schließen, schaffen, die bis zum Vertrag von Maastricht durch Art. 114 EWGV bestand, abgesehen von der gewichtigen Frage, ob die Abkommen auf „einheitliche Grundsätze" der gemeinsamen Handelspolitik im Sinne des Art. 113 Abs. 1 EWGV bzw. Art. 207 Abs. 1 S. 1 AEUV beschränkt sind; denn die ausschließliche Zuständigkeit der Union nach Art. 3 Abs. 1 lit. e AEUV für die gemeinsame Handelspolitik wird in Art. 206 f. AEUV materialisiert, so daß der „Umfang der Zuständigkeit der Union und die

---

[44] EuGH v. 15. 11. 1994 – Gutachten 1/94 (WTO), Slg. 1994, I-5267; Rn. 22 ff., 36 ff., 43 ff. (zum Dienstleistungsverkehr, keine „gemeinsame Handelspolitik" bei „Auslandserbringung", „gewerblicher Niederlassung" und „Niederlassung natürlicher Personen", Rn. 47), Rn. 54 ff. (TRIPS, nur „Verbot der Überführung nachgeahmter Waren in den zollberechtigen freien Verkehr", gemeinsame Handelspolitik, Rn. 71), Rn. 73 ff. (geteilte Zuständigkeit zwischen Gemeinschaft und Mitgliedstaaten, Rn. 98), Rn. 99 ff. (geteilte Zuständigkeit zwischen Gemeinschaft und Mitgliedstaaten, Rn. 105); vgl. J. H. Bourgeois, in: v. d. Groeben/Schwarze, EU-/EG-Vertrag, Art. 133 EG, Rn. 30, 31 und auch Rn. 32; M. Nettesheim/J. L. Duvigneau, in: R. Streinz (Hrsg.), EUV/EGV, Art. 133 EGV, Rn. 9, 15; M. Hahn, in: Ch. Calliess/M. Ruffert (Hrsg.), EUV/EGV, Art. 133 EGV, Rn. 13 f., auch Rn. 15 ff., 30 ff.

[45] EuGH v. 26. 04. 1977 – Gutachten 1/76 (Stillegungsfonds), Slg. 1977, 741, Rn. 3 ff.; EuGH v. 24. 03. 1995 – Gutachten 2/92 (OECD), Slg. 1995, I-521, Rn. 32.

[46] EuGH Gutachten v. 19. 03. 1993 – 2/91 (ILO), Slg. 1993, I-1061, Rn. 9; EuGH v. 15. 11. 1994 – Gutachten 1/94 (WTO), Slg. 1994, I-5267, Rn. 76 f., 95, 102; vgl. auch EuGH v. 12. 12. 2002 – Rs. C-281/01 (Energy Star), Slg. 2002, I-12048, Rn. 20 ff. (43 ff.); EuGH Gutachten 2/92 v. 24. 03. 1995 (OECD), Slg. 1995, I-521, Rn. 31; Th. Oppermann, Europarecht, § 30, Rn. 19, S. 642, § 31, Rn. 6, S. 661; M. Nettesheim/J. L. Duvigneau, in: R. Streinz (Hrsg.), EUV/EGV, Art. 133 EGV, Rn. 9; R. Mögele, daselbst, Art. 300 EGV, Rn. 16; R. Streinz, Europarecht, Rn. 715; M. Hahn, in: Ch. Calliess/M. Ruffert (Hrsg.), EUV/EGV, Art. 133 EGV, Rn. 14.

[47] EuGH v. 15. 11. 1994 – Gutachten 1/94 (WTO), Slg. 1994, I-5267, Rn. 47; vgl. M. Hahn, in: Ch. Calliess/M. Ruffert (Hrsg.), EUV/EGV, Art. 133 EGV, Rn. 31; Th. Oppermann, Europarecht, § 31, Rn. 6, S. 661, § 30, Rn. 19, S. 642.

[48] EuGH v. 15. 11. 1994 – Gutachten 1/94 (WTO), Slg. 1994, I-5267, Rn. 54 ff. (71); vgl. M. Hahn, in: Ch. Calliess/M. Ruffert (Hrsg.), EUV/EGV, Art. 133 EGV, Rn. 32.

Einzelheiten ihrer Ausübung“ sich aus dieser Regelung ergeben (Art. 2 Abs. 6 AEUV).

Der Europäische Gerichtshof attestiert der Europäischen Union wie schon den Europäischen Gemeinschaften Supranationalität, also eine übernationale Staatlichkeit, welche sie durch die Übertragung der Hoheitsrechte von den Mitgliedstaaten erlangt haben will. Damit reklamiert sie ein Überstaat oder Oberstaat zu sein; denn wer „Hoheitsgewalt“ hat, ist ein Staat. Den Begriff „supranational“ hatte der inzwischen außer Kraft getretene Vertrag über die Europäische Gemeinschaft für Kohle und Stahl von 1951 in Art. 9 Abs. 5 und 6 benutzt. Diese Bestimmung ist bereits durch den Fusionsvertrag von 1965 aufgehoben worden und die weiteren Gründungsverträge der Europäischen Gemeinschaften haben auf diesen integrationspolitisch strapazierten, aber vor allem souveränitätspolitisch fragwürdigen Begriff verzichtet[49]. Er war auf die Kritik von Charles de Gaulle und Margret Thatcher gestoßen[50]. Thomas Oppermann führt als supranationale Elemente der Europäischen Gemeinschaft/Union auf: „Breite der Aufgabenbereiche“, „Verpflichtung auf gemeinsame politische Grundwerte“, „autonome und intensive Rechtsetzungsgewalt“, „Selbständigkeit der Organe“ mit „Mehrheitsentscheidungen“, „finanzielle Selbständigkeit“, „umfänglicher Rechtsschutz“, „Unvollendetheit und Dauerhaftigkeit“, Marcel Kaufmann im „funktionalen Paradigma“: „relativierte Souveränität“, „Unabhängigkeit der Gemeinschaftsorgane“, verstärkt durch das „Mehrheitsprinzip“, „Autonomie und Effektivität des Gemeinschaftsrechts“[51]. Thomas Schmitz definiert: „Eine Supranationale Union ist eine von mehreren Staaten zum Zwecke der Integration gegründete, auf ständige Fortentwicklung angelegte, konzeptionell für Aufgaben aller Art offene internationale Organisation, welche ihrer Integrationsfunktion vor allem dadurch nachkommt, daß sie im erheblichen Umfang durch Ausübung von Hoheitsgewalt in den Mitgliedstaaten selbst öffentliche Aufgaben wahrnimmt“[52], eine rein deskriptive Definition ohne jede normative Substanz, ein Empirismus, der sich durch Schmitz ganze Schrift zieht. Schmitz folgert aus der „Hoheitsgewalt“ des „Herrschaftsverbandes“ mangels Staatlichkeit der „Supranationalen Union“ deren Staatsähnlichkeit als „supranationaler Organisation“, die eine „rechtlich zu unterscheidende Kategorie“ neben dem Staatenbund und dem Bundesstaat sei, eine „Organisationsform des Überganges“ zur „Vorbereitung der Staatsgründung“, nämlich zum Bundesstaat, doch wohl nur, weil sie das mangels

---

[49] Vgl. H. P. Ipsen, Über Supranationalität, in: H. Ehmke u. a. (Hrsg.), FS Ulrich Scheuner, 1973, S. 211 ff., 216; dazu M. Kaufmann, Europäische Integration und Demokratieprinzip, S. 179 und ff., der es wie die meisten unterläßt, auf die frühe Aufhebung des Artikels mit dem aktivierten Begriff „supranational“ hinzuweisen; Th. Oppermann, Europarecht, § 12, Rn. 6, S. 274, spricht vom „übersteigerten Gebrauch des Supranationalen“.

[50] Th. Oppermann, Europarecht, § 12 Rn. 7, S. 275; M. Kaufmann, Europäische Integration und Demokratieprinzip, S. 108, 198 ff.

[51] Th. Oppermann, Europarecht, § 12, Rn. 8 ff., S. 275 f.; M. Kaufmann, Europäische Integration und Demokratieprinzip, S. 181 ff.; ähnlich V. Epping, Völkerrechtssubjekte (Internationale Organisationen), in: K. Ipsen, Völkerrecht, 4. Aufl. 1999, § 6 II, Rn. 17, S. 76 f.

[52] Th. Schmitz, Integration in der Supranationalen Union, S. 168.

vertraglicher Verfassung als Staat nicht sei und mangels zum Staat verfaßtem Volk von Unionsbürgern nicht sein dürfe, d. h. sich formell nicht als Staat präsentiert und materiell nicht originär durch ein Volk legitimiert ist (in der Dogmatik der herrschenden Lehre)[53]. Demzufolge sei das Unionsrecht „eine dritte Rechtsordnung" neben dem Staatsrecht und dem Völkerrecht, eine „beschränkt autonome Rechtsordnung"[54]. Nein, das Unionsrecht ist Völkerrecht, das freilich der Europäische Gerichtshof mittels seiner umstürzlerischen Doktrin von der unmittelbaren und vorrangigen Anwendbarkeit in den Mitgliedstaaten zu Staatsrecht umfunktioniert hat. Die machtverschiebende Dogmatik hat Hans Peter Ipsen gefördert: Die Gemeinschaften beruhen „nicht auf völkerrechtlichem Vertrag, sondern auf einem lediglich Vertragsformen verwendenden Gesamtakt staatlicher Integrationsgewalt, der die Gemeinschaften verfaßt hat"[55]. Den Integrationisten muß sich regelmäßig Dogmatik dem Zweck beugen. Es gibt viele Beschreibungen der vermeintlichen Hoheitsgewalt der Europäischen Union, die deren Herrschaft mit einem Begriff zu legitimieren versuchen, aber jeden Versuch, diese Herrschaft im Sinne einer Legalität zu rechtfertigen vermeiden, schlicht in der Einsicht, daß das wegen der Freiheit und Souveränität der Bürger und Völker nicht gelingen kann. Die Völker sind die „Herren der Verträge"[56] und auch Herren der Anwendung des Unionsrechts. Die Supranationalität der Europäischen Union ist allgemeine Auffassung der Europäisten[57]. Auch das Bundesverfassungsgericht hat das Wort übernommen und benutzt es ständig (BVerfGE 89, 155 (172, 175, 181, 182, 187; Beschluß vom 14. Oktober 2004, BvR 1481/04, Rn. 36; BVerfGE 123, 267, Rn. 10, 59, 227, 237, 244, 246, 247, 255, 256, 262, 267, 271, 279, 293, 298, 319, 335, 342, 345, 364, 390), ohne freilich die Union als eigenständiges und eigenbeständiges supranationales Herrschaftssystem zu dogmatisieren. Es dogmatisiert vielmehr das Unionsrecht typisch völkerrechtlich, indem es dessen Geltung und Anwendung vom dem nationalen Rechtsanwendungsbefehl im Zustimmungsgesetz abhängig macht (BVerfGE 45, 142 (169); 52,

---

[53] Th. Schmitz, Integration in der Supranationalen Union, S. 137 ff., 169 ff., 198 ff., 215 ff., 220 ff., 231 ff., 237 f., 289 ff., 444 ff.; dazu und eher für diese Dogmatik einer Integrationsdynamik zum Bundesstaat M. Kaufmann, Europäische Integration und Demokratieprinzip, S. 157 f., mit P. Häberle (Verfassungsrechtliche Fragen im Prozeß der europäischen Einigung, EuGRZ 1992, 429 ff., 435, „Vorform des Bundesstaates").

[54] Th. Schmitz, Integration in der Supranationalen Union, S. 219; auch M. Kaufmann, Europäische Integration und Demokratieprinzip, S. 80, 182 ff.; weitere Hinweise in Fn. 1037.

[55] Über Supranationalität, FS Ulrich Scheuner, S. 211 ff., 220 f.; dazu M. Kaufmann, Europäische Integration und Demokratieprinzip, S. 182 f., der immerhin zur „verfassungsrechtlichen Selbstverpflichtung der Mitgliedstaaten" (S. 183 f.), „Selbstbindung" (S. 184) und zur „integrierten Staatlichkeit" (S. 220 ff.) vordringt.

[56] Hinweise zu und in Fn. 26.

[57] Etwa Th. Oppermann, Europarecht, 2. Aufl. 1999, Rn. 891; K. Stern, Staatsrecht I, S. 512 ff.; M. Kaufmann, Europäische Integration und Demokratieprinzip, S. 179 ff., 219 f.; Th. Schmitz, Integration in der Supranationalen Union., S. 289 ff., 293 ff., der allerdings den Begriff „überstaatlich" ablehnt, S. 298, 299 ff.; U. Schliesky, Souveränität und Legitimität von Herrschergewalt, S. 275, 391 ff., 400 ff., 611, 678, 698 ff., 702 ff., 674 ff. (dazu Dritter Teil O.).

187 (199); 73, 339 (367 f., 375); 89, 155 (190); 123, 267, Rn. 242, 333, 335, 339, 343; PdR, 75 ff.), also von dem Willen der jeweiligen Völker, jedenfalls der Deutschen.

Die Europäische Union ist (bisher) kein Staat im existentiellen Sinne verfaßter Bürgerlichkeit, der um des Rechts willen die Gebietshoheit und vor allem die Verfassungshoheit oder auch nur die sogenannten drei Staatsgewalten innehätte[58]. Wegen dieses von der „Souveränität" her definierten Staatsbegriffs (BVerfGE 89, 155 (188 ff.)) hält das Bundesverfassungsgericht daran fest, der Europäischen Union den Staatscharakter abzusprechen (BVerfGE 89, 155 (188); so ständig seit BVerfGE 22, 293 (296))[59], insoweit zu Recht. Demzufolge begreift das Gericht die Europäische Union als „Union der Völker Europas", als „Verbund demokratischer Staaten", kurz und vor allem als „Staatenverbund" (BVerfGE 89, 155 (184, 186, 188 ff.); 123, 267 LS. 1, Rn. 229, 233, 294)[60]. Wenn und soweit der Staatsbegriff wegen des Prinzips der Gesetzlichkeit mit der Befugnis und der Möglichkeit verbunden ist, die Gesetzlichkeit zu erzwingen, ist die Europäische Union und waren die Europäischen Gemeinschaften als solche kein Staat; denn jedenfalls die genannte Befugnis, aber auch die Möglichkeit ist den Mitgliedstaaten (noch) verblieben.

Insofern und insoweit staatliche Gewalt als Befugnis und Möglichkeit zu zwingen begriffen wird (FridR, S. 100 ff.; PdR. S. 118 ff.)[61], begründen die Gemeinschaftsverträge weder eine „von der Staatsgewalt der Mitgliedstaaten deutlich geschiedene, supranationale, öffentliche Gewalt" (BVerfGE 22, 293 (295 f.)), noch eine „einheitliche und originäre, europäische öffentliche Gewalt"[62], noch eine „außer-

[58] K. A. Schachtschneider, Deutschland nach dem Konventsentwurf einer „Verfassung für Europa", in: W. Hankel/K. A. Schachtschneider/J. Starbatty (Hrsg.), Der Ökonom als Politiker – Europa, Geld und die soziale Frage, FS Wilhelm Nölling, 2003, S. 279 ff., 297 ff.

[59] Ebenso P. Kirchhof, Europäische Einigung und Verfassungsstaat der Bundesrepublik Deutschland, S. 89 ff.; der Sache nach ebenso ders., Der deutsche Staat im Prozeß der europäischen Integration, HStR, Bd. VII, § 183, Rn. 57 ff., passim; fast die gesamte Literatur folgt, etwa M. Kaufmann, Europäische Integration und Demokratieprinzip, S. 133 ff.; Th. Oppermann, Europarecht, § 12, Rn. 15 ff., S. 276 ff.; vgl. K. A. Schachtschneider, Die existentielle Staatlichkeit der Völker Europas, S. 92 f.; ders., Die Republik der Völker Europas, ARSP-Beiheft 71 (1997), S. 161 f.

[60] P. Kirchhof, Europäische Einigung und Verfassungsstaat der Bundesrepublik Deutschland, S. 94, 100 f.; ders., Der deutsche Staat im Prozeß der europäischen Integration, HStR, Bd. VII, § 183, Rn. 69, der den „Staatenverbund" (seine Begriffprägung) als eine „Rechts- und Handlungsgemeinschaft von eigenständigen Staaten" definiert; K. A. Schachtschneider, Die existentielle Staatlichkeit der Völker Europas, S. 92 ff.; dazu auch M. Kaufmann, Europäische Integration und Demokratieprinzip, S. 214 ff. ff., S. 103 ff. Bericht über die „Qualifizierung der Europäischen Union", S. 113 ff. zum „föderalistischen Paradigma", S. 161 ff. zum „funktionalistischen Paradigma", S. 188 ff. zum „pluralistischen Paradigma".

[61] G. Jellinek, Allgemeine Staatslehre, S. 429 („Herrschergewalt hingegen ist unwiderstehliche Gewalt. Herrschen heißt, unbedingt befehlen und Erfüllungszwang üben zu können"), auch S. 762 ff.; vgl. K. A. Schachtschneider, Die existentielle Staatlichkeit der Völker Europas, S. 93 f.

[62] So P. Badura, Bewahrung und Veränderung demokratischer und rechtsstaatlicher Verfassungsstrukturen in den internationalen Gemeinschaften, VVDStRL 23 (1966), S. 54 ff., 57, 59; i.d.S. auch H. P. Ipsen, Europäisches Gemeinschaftsrecht, 1972, § 9, 61, S. 232; gegen die

staatliche Hoheitsgewalt“[63] oder eine „Gemeinschaftsgewalt“ (BVerfGE 89, 155 (187))[64], aber auch keine „Hoheitsgewalt“ oder „von der Staatsgewalt der Mitgliedstaaten geschiedene öffentliche Gewalt“ (BVerfGE 89, 155 (175)). Es ist somit auch kein „neuer Hoheitsträger entstanden, der über eigene Hoheitsrechte verfügt“, gar über eine „autonome supranationale Hoheitsgewalt“[65]. Die Verträge verschaffen der Union und verschafften den Gemeinschaften überhaupt keine eigenständige Gewalt, sondern integrieren/ten deren Organe in die Staatlichkeit der Mitgliedstaaten. Sie organisieren die gemeinschaftliche Ausübung der Staatsgewalt in der Weise, daß die Zwangsbefugnisse den Völkern als den existentiellen Staaten, die allein Hoheit haben, verbleiben. Die Unionsorgane sind und die Gemeinschaftsorgane waren staatlich und im institutionellen Sinne Staatsorgane, nämlich gemeinschaftliche Organe der Mitgliedstaaten, Teil von deren staatlicher Organisation. Der Gewaltbegriff in den zitierten Formulierungen kann somit nur die hoheitlichen Funktionen meinen, welche die Union und ihre Gemeinschaften aufgrund der übertragenen Hoheitsrechte wahrnehmen, Funktionen ohne Zwangsrechte. Gemeint ist der funktionale Gewaltbegriff, der auch die Legislative und die Judikative als staatliche Gewalt versteht[66]. Staatsgewalt hat nur ein Volk. Eine Gebietshoheit, welche Zwangsbefugnisse einschließt, hat die Union nach wie vor nicht (vgl. Art. 88 Abs. 3 S. 2 AEUV für Europol). Sie wäre notwendiges, wenn auch nicht hinreichendes Kriterium eines Staates im existentiellen Sinne. Ohne Gebietshoheit im engeren Sinne der Zwangsbefugnis ist die Rechtlichkeit des Gemeinwesens nicht sichergestellt, so daß das Gemeinwesen kein Rechtsstaat und damit kein Staat wäre (Rprp, S. 545 ff.)[67]. Auch Zwangsbefugnisse können gemeinschaftlich ausgeübt werden, wie die militärische Zusammenarbeit, insbesondere die der NATO, zeigt, aber das Verteidigungsbündnis schafft keinen Staat im existentiellen Sinne, dessen Dogmatik vielmehr die normale Lage erfassen muß.

Die gemeinschaftliche Staatlichkeit ist die Staatsgewalt der Mitgliedstaaten, die gemeinschaftlich ausgeübt wird. Hans Peter Ipsen hat die Gemeinschaft als „Zweckverband funktioneller Integration“ charakterisiert[68]. Das Bundesver-

---

Originarität der Rechtsetzungsgewalt P. Kirchhof, Der deutsche Staat im Prozeß der europäischen Integration, HStR, Bd. VII, § 183, Rn. 38.

[63] So Ch. Tomuschat, Kommentar zum Bonner Grundgesetz (Bonner Kommentar), GG, Zweitbearbeitung 1981, Rn. 8 zu Art. 24.

[64] So Th. Oppermann, Europarecht, S. 196, 295, 298; 2. Aufl. 1999, Rn. 615 ff., S. 228 ff. („autonome Gemeinschaftsgewalt“), Rn. 893, S. 337.

[65] D. König, Die Übertragung von Hoheitsrechten im Rahmen des europäischen Integrationsprozesses, S. 61, 566.

[66] K. Stern, Staatsrecht I, S. 792, Staatsrecht II, S. 521 ff.; R. Zippelius, Allgemeine Staatslehre. Politikwissenschaft, 15. Aufl. 2007, S. 306 ff., 308 ff.; dazu K. A. Schachtschneider, Die existentielle Staatlichkeit der Völker Europas, S. 92 ff.

[67] I.d.S. G. Jellinek, Allgemeine Staatslehre, S. 408; K. A. Schachtschneider, Die existentielle Staatlichkeit der Völker Europas, S. 81 ff., 92 ff.

[68] Europäisches Gemeinschaftsrecht, § 8, 24–31, S. 196 ff.; vgl. auch ders., Die Bundesrepublik Deutschland in den Europäischen Gemeinschaften, HStR, Bd. VII, § 181, Rn. 8; vgl.

fassungsgericht spricht davon, daß die Mitgliedstaaten „die Europäische Union gegründet" hätten, „um einen Teil ihrer Aufgaben gemeinsam wahrzunehmen und insoweit ihre Souveränität gemeinsam auszuüben" (BVerfGE 89, 155 (188 f.))[69]. Der Union wird nicht etwa Staatsgewalt oder gar Souveränität übertragen[70], sondern die gemeinschaftliche Ausübung der Hoheitsrechte überantwortet. Trotz des Wortlauts des Art. 23 Abs. 1 S. 2 GG, der es dem Bund erlaubt, „Hoheitsrechte zu übertragen", kann das nur eine Ausübungsbefugnis bewirken, weil die Staatsgewalt als Souveränität die Freiheit der Bürger ist, die schlechterdings nicht veräußert werden kann, schon gar nicht vom Staat. Im übrigen kann ein Mitgliedstaat auch die Union verlassen und damit seine Hoheitsrechte zurücknehmen. Das wäre nicht möglich, wenn er diese auf einen anderen Träger öffentlicher Gewalt gewissermaßen dinglich übertragen hätte. Die Rechtsakte der gemeinschaftlichen Organe sind darum Rechtsakte jedes Mitgliedstaates[71]. Die vornehmlich in den Unionsverträgen formulierte (materiale und funktionale) „Verfassung"[72] der Union ist Teil der Verfassungsordnung jedes einzelnen Mitgliedstaates. Das Unionsrecht, sowohl das primäre als auch das sekundäre, ist Teil der innerstaatlichen Rechtsordnung, jedenfalls nach deutschem Verfassungsrecht, nicht etwa eine eigenständige andere Rechtsordnung[73].

---

jetzt ders., Zehn Glossen zum Maastricht-Urteil, EuR 1994, 7 ff. (kritisch zum Begriff „Staatenverbund"), S. 21; dem folgend K. Stern, Staatsrecht I, S. 540 f.; E. Klein, Der Verfassungsstaat als Glied einer europäischen Gemeinschaft, VVDStRL 50 (1991) S. 60 f.; M. Kaufmann, Europäische Integration und Demokratieprinzip, S. 184 ff.; vgl. auch K. Doehring, Internationale Organisationen und staatliche Souveränität, FG Ernst Forsthoff zum 65. Geburtstag, 1967, S. 105 ff., 131 (Internationale Organisationen sind „Zweckverbände", nicht „Gefühlsverbände", wie wahr vor allem für die Europäische Union); dazu K. A. Schachtschneider, Die existentielle Staatlichkeit der Völker Europas, S. 97 ff.

[69] Zur „Rechtsgemeinschaft" P. Kirchhof, Der deutsche Staat im Prozeß der europäischen Integration, HStR, Bd. VII, § 183, Rn. 69, dessen Begriff der Rechtsgemeinschaft nicht recht klar wird, weil er in Rn. 58 auch von der Öffnung der nationalen Rechtsordnung „für das andere Recht" spricht.

[70] So aber etwa U. Di Fabio, Das Recht offener Staaten, S. 94, wie fast alle, die nicht wissen, was Souveränität ist. Unklar BVerfGE 37, 271 (277 ff.); 73, 339 (374 ff.); klar zur Souveränitätsübertragung BVerfGE 75, 223 (242 ff.), Gemeinschaft „kein souveräner Staat im Sinne des Völkerrechts", auf sie kann „weder die teritoriale Souveränität noch die Gebiets- und Personalhoheit der Mitgliedstaaten übertragen werden".

[71] K. A. Schachtschneider, Die existentielle Staatlichkeit der Völker Europas, S. 97 ff. (S. 100); ders., Die Republik der Völker Europas, ARSP-Beiheft 71 (1997), S. 163 ff.; dazu D. König, Die Übertragung von Hoheitsrechten im Rahmen des europäischen Integrationsprozesses, S. 445 f., 472.

[72] Zum Verfassungscharakter der Gemeinschaftsverträge K. A. Schachtschneider, Die Verträge der Union, in: ders., Verfassungsrecht der Europäischen Union, Teil I, Organisationsverfassung, § 1, II, i. V.

[73] A. A. noch BVerfGE 22, 293 (296); 31, 145 (173 f.); 37, 339 (367); 58, 1 (27); G. Nicolaysen, Europarecht I, 1991, S. 30; vgl. A. Bleckmann, Europarecht, Rn. 1090, S. 380; nicht eindeutig BVerfGE 89, 155 (175), („... Akte einer besonderen, von der Staatsgewalt der Mitgliedstaaten geschiedenen öffentlichen Gewalt einer supranationalen Organisation ..."); P. Kirchhof, Der deutsche Staat im Prozeß der europäischen Integration, HStR, Bd. VII, § 183,

Das Gemeinschaftsrecht hatte nicht etwa eine „autonome Rechtsquelle“[74], sondern war deutsches Recht, weil dessen Verbindlichkeit auf dem Willen des deutschen Volkes beruhte, wie jetzt auch das Unionsrecht. Recht besteht aus Gesetzen, die das, was für das gute Leben aller in allgemeiner Freiheit auf der Grundlage der Wahrheit als richtig erkannt ist, namens des Volkes festlegen; denn das Volk will dieses Richtige als Recht. Die Aufgabe und Befugnis zur Erkenntnis des Richtigen ist in bestimmten Grenzen den gemeinschaftlichen Organen der Völker übertragen, weil das Richtige für die Gemeinschaft nur gemeinschaftlich erkannt werden kann. Der Rechtsetzungswille bleibt aber der der zu Staaten im existentiellen Sinne verfaßten Völker, von denen allein alle Staatsgewalt ausgeht (Art. 20 Abs. 2 S. 1 GG)[75]. Die Union hat kein Volk (BVerfGE 123, 267, Rn. 346 ff.) und damit auch keine originäre Staatsgewalt, weil eine solche nur von einem Volk ausgehen kann (BVerfGE 123,

Rn. 69, spricht von „anderem Recht“; H. P. Ipsen, Bundesrepublik Deutschland in den Europäischen Gemeinschaften, HStR, Bd. VII, § 181, Rn. 58, spricht von „unterschiedlichen Rechtsmassen der nationalen Rechtsordnungen und der Gemeinschaftsordnung verschiedenen Geltungsgrundes“; G. Ress, Staatszwecke im Verfassungsstaat – nach 40 Jahren Grundgesetz, VVDStRL 48 (1990), S. 81, spricht vom „Nebeneinander zweier Rechtsordnungen“; der im Text vertretenen Dogmatik der Gemeinschaftsgewalt als Ausübung deutscher Staatlichkeit öffnet sich vorsichtig H. P. Ipsen, Zehn Glossen zum Maastricht-Urteil, EuR 1994, 12; wie der Text K. A. Schachtschneider, Die existentielle Staatlichkeit der Völker Europas, S. 97 ff. (100 f.); ders., Die Republik der Völker Europas, ARSP-Beiheft 71 (1997), S. 163 ff.; dazu auch Ch. Möllers, Staat als Argument, 2000, S. 393 ff.

[74] So aber BVerfGE 22, 293 (296); 31, 145 (173 f.); 37, 271 (277 f.); EuGH – Rs. 6/64 (Costa/ENEL), Slg. 1964, S. 1251 (1269 ff.); i.d.S. auch Th. Oppermann, Europarecht, Rn. 616, S. 230 („autonome Gemeinschaftsgewalt“); H. Mosler, Die Übertragung von Hoheitsgewalt, HStR, Bd. VII, Normativität und Schutz der Verfassung – Internationale Beziehungen, 1992, § 175, Rn. 17 ff.; Ch. Tomuschat, Die staatliche Entscheidung für die internationale Offenheit, HStR, Bd. VII, Normativität und Schutz der Verfassung – Internationale Beziehungen, 1992, § 172, Rn. 43 ff., räumt in Rn. 45 ein, daß eine „Autonomie der Europäischen Gemeinschaft als selbständiger Hoheitsträger nicht anerkannt wird.“; P. Kirchhof, Europäische Einigung und Verfassungsstaat der Bundesrepublik Deutschland, S. 88, sieht die „Grenze vom Staatenbund zum Bundesstaat überschritten, wenn die bisherigen Mitgliedstaaten unumkehrbar in die Europäische Gemeinschaft eingeordnet und dieser das Recht zur „originären Rechtsetzung und Rechtsgestaltung“ „zugewachsen wäre“; ders., Der deutsche Staat im Prozeß der europäischen Integration, HStR, Bd. VII, § 183, Rn. 38; das Maastricht-Urteil (BVerfGE 89, 155 ff.) enthält den Begriff der „autonomen Rechtsquelle“ nicht mehr; wie der Text K. A. Schachtschneider, Die existentielle Staatlichkeit der Völker Europas, S. 100 f.; ders., Die Republik der Völker Europas, ARSP-Beiheft 71 (1997), S. 164 f.; nicht kritisch D. König, Die Übertragung von Hoheitsrechten im Rahmen des europäischen Integrationsprozesses, S. 83 ff.

[75] K. A. Schachtschneider, Die Staatlichkeit der Europäischen Gemeinschaft, in: M. Vollkommer (Hrsg.), Auf dem Weg in ein vereintes Europa, Atzelsberger Gespräche 1992, Erlanger Forschungen Reihe A, 1994, S. 81 ff., auch veröffentlicht in: M. Brunner (Hrsg.), Kartenhaus Europa? Abkehr vom Zentralismus – Neuanfang durch Vielfalt, 1993, S. 117 ff.; ders., Die existentielle Staatlichkeit der Völker Europas, S. 97 ff.; ders., Die Republik der Völker Europas, ARSP-Beiheft 71 (1997), S. 163 ff.; ders., Deutschland nach dem Konventsentwurf einer „Verfassung für Europa“, FS W. Nölling, S. 279 ff., insb. S. 297 ff.

267, Rn. 232 f., 281, „kein eigenständiges Legitimationssubjekt“), nämlich von den Bürgern in deren Freiheit. Nur ein Volk kann existentieller Staat sein[76].

Es versteht sich, daß die gemeinschaftliche Ausübung der Staatsgewalt der Völker durch Unionsorgane, zumal die gemeinschaftliche Rechtsetzung, auf die Materie der Rechtsakte Einfluß hat. Jeder Mitgliedstaat würde möglicherweise andere Gesetze geben, andere Verwaltungsmaßnahmen treffen, andere Richtersprüche fällen als die Unionsorgane. Die gemeinschaftliche Wahrnehmung der, wenn man so will, Interessen und damit der unionsweite Interessenausgleich, der mit jeder Rechtsetzung verbunden ist (Rprp, S. 617 ff.; FridR, S. 304, 312, 557 ff., 581), ist der Sinn der Zusammenarbeit. Die Annahme aber, der Interessenausgleich ließe sich nicht anders verwirklichen denn durch eine eigenständige, supranationale Hoheitsgewalt, ist abwegig. Jeder Vertrag ist Interessenausgleich, jede Absprache übereinstimmender Rechtsetzung. Die Hoheit bleibt allein den Völkern, die sie auch nur allein, also durch ihre Organe, ausüben können. Art. 20 Abs. 2 S. 2 GG stellt das klar. In und für Deutschland jedenfalls gibt es keine andere Staatsgewalt als die deutsche. Dem muß sich die Dogmatik der Unionshandlungen fügen. Deutsche Staatsgewalt aber muß sich den Grenzen, welche das Grundgesetz zieht und um der Verfassung der Menschheit des Menschen willen ziehen muß, fügen. Demgemäß sind die Unionsorgane deutsche Organe, aber auch französische usw. Sie üben eben die Staatsgewalt der verbundenen Völker gemeinschaftlich aus.

Rechtens kann es in Deutschland keine originäre europäische öffentliche Gewalt geben, aber auch keine europäischen Rechtsakte, die ihre Legalität nicht aus dem Verfassungsgesetz Deutschlands herleiten[77], sondern über dem Recht Deutschlands stehen. Logisch ist die Gemeinschaftsverfassung der Verträge in die Verfassung der Völker, in Deutschland also in das Grundgesetz, integriert[78]. Eine von der Verfassung der Völker unabhängige, also insofern eigenständige europäische Staatsgewalt, ein Staat Europa im existentiellen Sinne also, setzt eine europäische Verfassung voraus,

---

[76] K. A. Schachtschneider, Deutschland nach dem Konventsentwurf einer „Verfassung für Europa“, FS W. Nölling, S. 279 ff., 297 ff., 308 ff., 313 ff.

[77] E. Klein, Der Verfassungsstaat als Glied einer europäischen Gemeinschaft, VVDStRL 50 (1991) S. 59, 70 f.; P. Kirchhof, Europäische Einigung und Verfassungsstaat der Bundesrepublik Deutschland, S. 100 f.; i.d.S. auch ders., Der deutsche Staat im Prozeß der europäischen Integration, HStR, Bd. VII, § 183, Rn. 46; auch J. Isensee, Nachwort: Europa – Die politische Erfindung eines Erdteils, S. 133; K. A. Schachtschneider, Die existentielle Staatlichkeit der Völker Europas, S. 103; ders., Die Republik der Völker Europas, ARSP-Beiheft 71 (1997), S. 165; auch Th. Schmitz, Integration in der Supranationalen Union, S. 295 ff.; auch Ch. Möllers, Staat als Argument, S. 393 ff., soweit er die Souveränität mit der „Rechtseinheit des integrierten Staats“ verbindet und darauf einen Geltungsmonismus stützt.

[78] K. A. Schachtschneider/A. Emmerich-Fritsche/Th. C. W. Beyer, Der Vertrag über die Europäische Union und das Grundgesetz, JZ 1993, 757 f.; K. A. Schachtschneider, Die existentielle Staatlichkeit der Völker Europas, S. 87 ff., 98 ff. (101 ff.), 103 ff.; ders., Die Republik der Völker Europas, ARSP-Beiheft 71 (1997), S. 165; i.d.S. auch P. Kirchhof, Europäische Einigung und Verfassungsstaat der Bundesrepublik Deutschland, S. 94 f., 99, 100 f.; so verstehe ich auch W. Löwer, Zuständigkeiten und Verfahren des Bundesverfassungsgerichts, HStR, Bd. II, Demokratische Willensbildung – Staatsaufgaben des Bundes, 1987, § 56, Rn. 58.

welche nicht nur eine europäische Gesetzgebungs-, Verwaltungs- und Rechtsprechungshoheit sowie eine europäische Gebietshoheit, sondern auch eine europäische Verfassungshoheit schafft und damit die deutschen Hoheiten, insbesondere die deutsche Verfassungshoheit, aufheben oder doch bundesstaatlich einschränken würde[79]. Diese Entwicklung wird vorangetrieben. Ein Verfassungsgesetz der Europäischen Union würde das Grundgesetz als höchstes Gesetz Deutschlands und als das Verfassungsgesetz, das Deutschland zum Staat (im existentiellen Sinne) verfaßt, ablösen oder zumindest einschränken. Deutschland wäre entweder kein Staat (im existentiellen Sinne) mehr oder würde seine existentielle Staatseigenschaft mit der Europäischen Union teilen[80].

Die Europäische Union ist nach wie vor trotz der neuen Verfassungsgrundlage in Art. 23 GG eine zwischenstaatliche Organisation, wie diese Art. 24 GG ermöglicht hatte und weiterhin ermöglicht, also ein internationales Gebilde. Sie verbindet Nationen. Diese Verbindung ist sehr intensiv und hat seit langem funktional die Intensität eines Bundesstaates. Aber die Union ist kein existentieller Staat, vor allem weil sie nicht die Organisation eines Unionsvolkes ist, das sie legitimieren oder besser legalisieren könnte. Sie ist darum nicht souverän und hat auch an der Souveränität der Völker nicht teil. Sie ist in die Organisation der Mitgliedstaaten integriert und ist damit in die Ausübung der Souveränität der Völker der Mitgliedstaaten einbezogen, nicht anders als andere Staatsorgane der Völker, freilich in Gemeinschaft mit den anderen Unionsvölkern. Mittels der Union üben die völkervertraglich verbunden Völker gemeinschaftlich einen Teil ihrer Staatsgewalt aus. Die nationalen Bürgerschaften verwirklichen auf diese Weise im gemeinschaftlichen Interesse ihre Freiheit als ihre Souveränität. Diese Dogmatik wird nicht davon berührt, daß die Befugnisse der Union sowie deren Handhabung weitgehend und tiefgehend die Souveränität der Bürger verletzt. Das hat die politische Klasse der Europäischen Union zu verantworten, der die europäische Integration zu einem zentralistischen Großstaat mit einheitlichen Lebensverhältnissen wichtiger ist als die Freiheit ihrer Bürger. Die gebietet Rechtlichkeit und damit Achtung der Souveränität.

Die Kritik an den Souveränitätsverletzungen der Europäischen Union, zumal durch die demokratieferne Judikatur des Europäischen Gerichtshofs, wird im Zehnten Teil weiter erörtert.

---

[79] U. Di Fabio, Der neue Art. 23 des Grundgesetzes. Positivierung vollzogenen Verfassungswandels oder Verfassungsneuschöpfung? Der Staat 32 (1993), S. 205; i.d.S. P. Kirchhof, Europäische Einigung und Verfassungsstaat der Bundesrepublik Deutschland, S. 97 ff.; ders., Der deutsche Staat im Prozeß der europäischen Integration, HStR, Bd. VII, § 183, Rn. 62; K. A. Schachtschneider, Die existentielle Staatlichkeit der Völker Europas, S. 111 ff. (113); ders., Die Republik der Völker Europas, ARSP-Beiheft 71 (1997), S. 170 ff., 174 ff.; W. Hankel/W. Nölling/K. A. Schachtschneider/J. Starbatty, Die Euro-Klage, S. 249 ff.

[80] Dazu K. A. Schachtschneider, Deutschland nach dem Konventsentwurf einer „Verfassung für Europa“, FS W. Nölling, S. 279 ff.

Zweiter Teil

Geschichte der Souveränitätslehren

A. Fürstensouveränität

I. Bodins puissance souveraine

Jean Bodin (1530–1596)[81], der, selbst katholisch und religiös, aber tolerant[82], der „dritten Partei", den Politiques[83], gewissermaßen der Partei der Vernunft, im französischen Konfessionskrieg zwischen den Katholiken und den Protestanten (genauer den Calvinisten) angehörte, wollte, ganz der Praxis verpflichtet, mit seiner Souveränitätslehre Frankreich nach dem Bürgerkrieg und der mörderischen Bartholomäusnacht befrieden und den „Staatsbegriff entchristlichen"[84]. Er beginnt sein Werk Les six livres de la république, 1576 (Edition Paris 1583, ins Deutsche übertragen und mit Anmerkungen versehen von Bernd Wimmer, Sechs Bücher über den Staat, eingeleitet und herausgegeben von P. C. Mayer-Tasch, 1981/1986; leicht verkürzte Ausgabe von Gérard Mairet, 1993, kursive Seitenangaben), mit dem Satz: „République est un droit gouvernement de plusieurs menages, et de ce qui leur est commun, avec puissance souveraine", frei übersetzt: Die Republik ist ein Rechtsstaat mehrerer Häuser für die gemeinsamen Angelegenheiten, ausgestattet mit höchster

---

[81] Dazu G. Jellinek, Allgemeine Staatslehre, S. 452 ff.; H. Heller, Souveränität, S. 34 ff., der Bodin fälschlich als Hugenotten einstuft, S. 36; H. Quaritsch, Staat und Souveränität, S. 39 ff., 243 ff. umfassend zu „Staat und Souveränität in der Theorie Jean Bodins's"; ders., Souveränität. Entstehung und Entwicklung des Begriffs in Frankreich und Deutschland vom 13. Jahrhundert bis 1806, 1986, S. 46 ff.; D. Klippel, Geschichtliche Grundbegriffe, S. 107 ff.; K. Stern, Staatsrecht V, S. 45 f., 95 ff., 100; W. Mäder, Vom Wesen der Souveränität, 2007, S. 54 ff.; Ch. Seiler, Der souveräne Verfassungsstaat zwischen demokratischer Rückbindung und überstaatlicher Einbindung, S. 18 ff.; U. Schliesky, Souveränität und Legitimität von Herrschaftsgewalt, S. 73 ff., zur Rezeption in Deutschland S. 80 ff.

[82] Nach H. Quaritsch, Staat und Souveränität, S. 284 ff., 288 gegen jede Art des Atheismus, 298 ff., „tiefe Frömmigkeit", wurde das Christentum Bodins in Zweifel gezogen und wurde er „Religions-Verbrechen" bezichtigt; ders., Souveränität, S. 73 f. Bodins Schriften standen bis 1841auf dem Index.

[83] H. Quaritsch, Staat und Souveränität, S. 284 ff., 288, 290 ff.

[84] H. Quaritsch, Staat und Souveränität, S. 288 ff., 293 ff.; ders., Souveränität, S. 48 f., 53; M. Kriele, Einführung in die Staatslehre, Die geschichtlichen Legitimationsgrundlagen des demokratischen Verfassungsstaates, 6. Aufl. 2003, S. 34 ff.; D. Klippel, Geschichtliche Grundbegriffe, S. 107 f.; P. Graf Kielmansegg, Volkssouveränität, S. 80 ff., 86, S. 74 ff., 112 ff. zur politischen Bedeutung der Reformation, insbesondere Calvins, für die „Emanzipation des Individuums".

Gewalt, die „puissance souveraine" oder die suprema potestas. Im französischen Text des Cap. X des 1. Buches der Republik definiert Bodin: „La souveraineté est la puissance absolute et perpétuelle d'une République, que les Latins appellent maiestatem" (I, 8, p. 111)[85], im lateinische Text der De republica libri sex 1586 (Sechs Bücher über die Republik), Buch I, 8, S. 123 (Ausgabe Frankfurt 1594), heißt es: „Maiestas est summa in cives ac subditos legibusque soluta potestas", übersetzt: Majestät (oder eben Souveränität[86]) ist die höchste und von den Gesetzen unabhängige Gewalt über die Bürger und die Untertanen. Das gilt nach Innen und nach Außen. Das „Zu-Höchst-Sein" (Herbert Krüger)[87] definiert Bodin: „Summus est dicitur, qui nec superiorem, nec eiusdem imperii socium habet" (De republica, I, 10, S. 234), übersetzt: Höchster wird der genannt, der weder einen Höheren noch eine gleichen Teilhaber an der Befehlsgewalt hat. Die „puissance publique" des Souveräns ist „absolue, infinie, et par dessus les lois, les Magistrats et les particuliers" (République, III, 5, p. 296), übersetzt: Die öffentliche Gewalt des Souveräns ist absolut, unbegrenzt und unabhängig von den Gesetzen, den Magistraten und den Ständen (Geistlichkeit, Adel, Bürgerschaft, gegebenenfalls auch Bauernschaft). Seine wesentliche Befugnis ist die Gesetzgebung, die für alle, auch die Stände, verbindlich ist. „La première marque de souveraineté est donner loi à tous en general, et à chacun en particuliers" (République I, 10, p. 160, auch p. 161 ff., 221, 223)[88], übersetzt: Das erste Merkmal der Souveränität ist es, das Gesetz für alle allgemein und für jeden Einzelnen zu geben. Diese „begriffliche" „Konzentration der öffentlichen Gewalt", der „Herrschaftsbefugnisse", war der Schritt der Staatslehre aus dem Mittelalter in die Neuzeit, zum „modernen Staat"[89], nach Rolf Knieper notwendig, weil die „neuen (Produktions-)Verhältnisse auf ungleich verteiltem, privatem Eigentum und auf der Verwendung von Verträgen und Geld gründeten". Dafür habe der Staat die rechtlichen, sittlichen und sozialen Voraussetzungen (wieder)herstellen und bewahren müssen[90]. Auch die bis dahin mächtigen Stände[91], die Staat und Bürger

[85] Dazu H. Quaritsch, Staat und Souveränität, S. 265 f.

[86] Vgl. H. Quaritsch, Staat und Souveränität, S. 262 f.

[87] Zum Begriff H. Krüger, Allgemeine Staatslehre, S. 852; ders., Zum Problem der Souveränität. Souveränität und Staatengemeinschaft, Verhandlungen der Tagung der Gesellschaft für Völkerrecht in Frankfurt am 31. März und 1. April 1955, in: Berichte der Deutschen Gesellschaft für Völkerrecht Heft 1, 1957, S. 1 ff.; zu Bodin H. Quaritsch, Staat und Souveränität, S. 255; P. Häberle, Zur gegenwärtigen Diskussion um die Probleme der Souveränität, AöR 92 (1967), S. 262, kritisiert das allumfassende Zuhöchstsein im monarchischen Nationalstaat richtig als ideologieanfällige Übersteigerung des Souveränitätsbegriffs; dazu auch U. Schliesky, Souveränität und Legitimität von Herrschaftsgewalt, S. 129 ff., 143 ff.

[88] H. Quaritsch, Staat und Souveränität, S. 41, 255 f.

[89] H. Quaritsch, Souveränität, S. 46, 50 f.; ders., Staat und Souveränität, S. 39 ff., 255 ff.; vgl. auch U. Di Fabio, Das Recht offener Staaten, S. 17 ff. („Quelle der Souveränität ist nicht Gott (bei Bodin), nicht Kaiser noch Papst, sondern ein kulturell und territorial radiziertes Volk, eine grundumstürzende theoretische Annahme", S. 17).

[90] R. Knieper, Nationale Souveränität. Versuch über Ende und Anfang einer Weltordnung, 1991, S. 67 f.

[91] Zum „spätmittelalterlichen Ständestaat" H. Quaritsch, Staat und Souveränität, S. 178 ff.

mediatisierten (in Preußen im übrigen bis zur Gewerbefreiheit 1810), werden nicht an der Gesetzgebung beteiligt[92].

Bodin weist jede Teilung der Gewalt wegen der Unteilbarkeit der Souveränität und auch eine gemischte Staatsform, estat composé, status mixtus, zurück (vgl. République II, 1, p. 179 ff., 251 ff.)[93]. Der Souverän trifft autonome und absolute Entscheidungen[94]. Alle weiteren Herrschaftsbefugnisse leitet Bodin aus der Gesetzgebungsbefugnis ab, „Kriegserklärung und Friedensschluß, die Ein- und Absetzung der höchsten Beamten, die Entscheidung über die Erkenntnisse der Magistrate, die Auferlegung und den Erlaß von Abgaben, Gnadenerweise und Dispense von der ‚Strenge des Gesetzes', die Bestimmung des Münzfußes und die Forderung des Treueides von jedermann" (République I, 10, p. 162 f., 223 f. und ff.)[95].

Den Prince souverain bezeichnet schon Bodin als l'image de Dieu (République I, 10, p. 155, 215, auch I, 8, p. 156), als Ebenbild Gottes. Aber: Er steht über den Gesetzen, aber unter Gott und dessen Gesetzen und damit auch unter den Naturgesetzen, also unter dem sowohl im Mittelalter als auch in der frühen Neuzeit allgemein anerkannten Recht. Helmut Quaritsch: „Der Souverän ist Herr der Gesetze, nicht Herr des Rechts"[96]. Er ist auch als princeps legibus solutus den „loix divines" oder dem „loy de Dieu et naturelles" oder „de nature" unterworfen (République I, 8, p. 133, *122*; III, 4, p. 413 ff., *286*)[97], als „echter Rechtspflicht"[98]. Bodin meint vor-

---

[92] H. Quaritsch, Staat und Souveränität, S. 262 ff., 269; ders., Souveränität, S. 54 f.; vgl. auch R. Knieper, Nationale Souveränität, S. 66 („Kampfmittel gegen die Repräsentanten der alten, feudalen Gesellschaft", „nämlich gegen den Kaiser und den Papst").

[93] H. Quaritsch, Staat und Souveränität, S. 259, 264 f., 269 zur Einheit der Staatsgewalt, aber Dezentralisierung der Gewaltausübung, S. 306, 445 gegen Mischformen; ders., Souveränität, S. 57 f., 59 f.; P. Graf Kielmansegg, Volkssouveränität, S. 86.

[94] H. Quaritsch, Staat und Souveränität, S. 265 f., 267; ders., Souveränität, S. 54 ff.

[95] H. Quaritsch, Staat und Souveränität, S. 256; ders., Souveränität, S. 46; vgl. M. W. Hebeisen, Souveränität in Frage gestellt, S. 421 ff.; R. Knieper, Nationale Souveränität, S. 65 f., 67 f.

[96] Souveränität, S. 53; ders., Staat und Souveränität, S. 356 f., 383 ff.; so für das frühere Mittelalter P. Graf Kielmansegg, Volkssouveränität, S. 18 ff., aber anders und fragwürdig für das Spätmittelalter wegen der zunehmend durchdringenden „Idee des Gesetzes" S. 42 f., auch für Bodin S. 87 f., dessen Gebundenheit an das höhere Recht er aber sieht; so auch J. Kokott, Die Staatsrechtslehre und die Veränderung ihres Gegenstandes, VVDStRL 63 (2004) S. 18; R. Knieper, Nationale Souveränität, S. 64 ff., 68, 195; Ch. Seiler, Der souveräne Verfassungsstaat zwischen demokratischer Rückbindung und überstaatlicher Einbindung, S. 20, 58, 104, der den Positivismus Bodins überbewertet.

[97] H. Quaritsch, Staat und Souveränität, S. 372, 383 ff.; M. W. Hebeisen, Souveränität in Frage gestellt, S. 35 f.; P. Graf Kielmansegg, Volkssouveränität, S. 88; H. Steiger, Geht das Zeitalter des souveränen Staates zu Ende, Der Staat 41 (2002), S. 335; völlig verkannt von R. Knieper, Nationale Souveränität, S. 37, der ohne Beleg aus den Werken Bodin denunziert, er habe „in seinem Lebenswerk die furchtbaren okzidentalen Rationalitäten der gewaltsamen Bevölkerungspolitik und der Gewalt legitimierenden Souveränität begründet".

[98] H. Quaritsch, Staat und Souveränität, S. 383 f.

nehmlich den Dekalog[99]. Die Quelle des göttlichen Rechts und des Naturrechts, das den Menschen angeboren sei, sind gleich[100]. Zur Gesetzgebungshoheit des Souveräns sagt Rolf Knieper richtig: „Das für Bodins Zeit Ungeheuerliche ist heute das Triviale“[101].

Bodin entzieht dem Souverän auch die Erbfolgegesetze, die zu den leges imperii gehören (De Republica I, 8, p. 139; République I, 8, p. 137, *124f.*)[102], bindet ihn wegen der Vertragstreue als Fundament der Gerechtigkeit, vornehmlich aber aus pragmatischen Gründen, an Verträge mit anderen Fürsten[103] und das ius gentium als die gemeinsamen Rechtsgrundsätze der Völker, des ius humanum, nicht etwa das Völkerrecht im heutigen Sinne[104], sowie auch an seine Verträge mit den Untertanen oder Fremden (République I, 8, p. 152 f., *132f.*; V, 6, p. 802 ff., *474ff.*) und behält ihm das Eigentum, von dem die Familien leben, vor (Steuerbewilligungsrecht der Stände)[105].

Gesetze gegen das göttliche Recht und das Naturrecht sind nichtig, „fausse et nulle“ (République I, 8, p. 133, 149, 150, 152, 156; III 4 p. 413, 414)[106]. Freilich gibt es über dem Souverän außer Gott, „Dieu, qui est seigneur absolu de tous les Princes du Monde“, übersetzt: Gott, der unumschränkter Herrscher über alle Fürsten der Welt ist (République I, 8, p. 152, *133*), keinen Hüter des Rechts, nicht einmal ein Widerstandsrecht der Untertanen oder auch der Stände, allenfalls Flucht oder Gehorsamsverweigerung auf eigenes Risiko als „passiven Widerstand“. Der Amtswalter hat nur ein Remonstrationsrecht[107], ein Widerstandsrecht hätte den inneren Frieden bedroht. Der Fürst aber soll sich selbst beherrschen und der Vernunft das Befehlen überlassen, den Trieben das Gehorchen[108]. „Et auparavant qu'on puisse bien commander aux autres, il faut apprendre à commander à soi-même, rendant à la raison la puissance de commander, et aux appétits l'obéissance“ (République I, 3, p. 19 f., 75), frei übersetzt: Und bevor jemand Andere gut zu befehligen befähigt ist, muß er

---

[99] H. Quaritsch, Staat und Souveränität, S. 385.

[100] H. Quaritsch, Staat und Souveränität, S. 386 f.

[101] Nationale Souveränität, S. 66; vgl. auch O. Beaud, Föderalismus und Souveränität. Bausteine zu einer verfassungsrechtlichen Lehre der Föderation, Der Staat 35 (1996), S. 61.

[102] H. Quaritsch, Staat und Souveränität, S. 347 ff.

[103] H. Quaritsch, Staat und Souveränität, S. 375 f.

[104] H. Quaritsch, Staat und Souveränität, S. 368 ff.

[105] H. Quaritsch, Staat und Souveränität, S. 385 f., 389 (Konfiskation, Ausplünderung armer Leute).; ders., Souveränität, S. 51 ff.; H. Heller, Souveränität, S. 37 ff., 51 f.; M. Kriele, Einführung in die Staatslehre, S. 44 f.; R. Knieper, Nationale Souveränität, S. 65, 70; Ch. Seiler, Der souveräne Verfassungsstaat zwischen demokratischer Rückbindung und überstaatlicher Einbindung, S. 20 f.; zum Widerstand gegen unrechtmäßige Herrschaft P. Graf Kielmansegg, Volkssouveränität, S. 80 ff. zu den Monarchomachen.

[106] H. Quaritsch, Staat und Souveränität, S. 387 f.

[107] H. Quaritsch, Staat und Souveränität, S. 389, 391; ders., Souveränität, S. 54.

[108] Vgl. R. Knieper, Nationale Souveränität, S. 68, der aus der vom ihm genutzten Ausgabe von P.-C. Mayer-Tasch, 1981/86, Übersetzung von B. Wimmer, I/115 zitiert.

lernen, sich selbst zu befehlen, während er der Vernunft die Macht zu befehlen überträgt, den Neigungen das Gehorchen.

Bodin ist der Lehrer des souveränen Fürstenstaates und damit des monarchischen Absolutismus, obwohl er auch l'etat populaire, den Volksstaat, und Aristocratique, die Aristokratie, als république légitimes behandelt (République VI, 4 p. 937 ff., *521* ff.)[109]. Aber den Ständen macht er die weltliche Herrschaft streitig, zumal der Kirche, die im Zuge der Säkularisierung im 16. und 17. Jahrhundert, die den Staat als weltliche Gewalt erst möglich gemacht hat, auf die geistliche Gewalt beschränkt wird[110]. Die Steuererhebung aber bleibt von der Zustimmung des Volkes oder der drei Stände abhängig (République VI, 2, p. 880 f., *510 f.*). Dieses „Steuerparadoxon" sollte vor allem der Korrumpierung des Königtums vorbeugen[111].

Die Hugenottenverfolgung wurde nach der Aufhebung des die Hugenottenkriege befriedenden Edikts von Nantes von Heinrich IV., 1598, welche die katholische Konfession zur Staatsreligion erklärte, aber die Bürgerrechte der Protestanten schützte, durch das Revokationsedikt von Fontainebleau von 1685 durch Ludwig XIV. mit der Macht der absoluten Monarchie mittels der nicht weniger mörderischen Kriminalisierung der calvinistischen und auch reformierten Protestanten fortgesetzt und damit der Fehler des Absolutismus exemplarisch vor Augen geführt. Martin Kriele spricht zu Recht von der Fortsetzung des Bürgerkrieges mit Polizeimitteln[112]. Die „Politiker" wie Jean Bodin wollten mit der Souveränität des Staates die Anarchie der Religionskämpfe unterbinden[113].

Im Verhältnis zu anderen Staaten ist die Souveränität ebenfalls ein Rechtsprinzip, unabhängig von der faktischen Macht. Wilhelm Hennis legt dar, daß für Bodin in Gefolgschaft zur κοινωνία αὐτάρκμς des Aristoteles (Politik, I 1252 b, 28 ff.) die „materiellwirtschaftliche Autarkie Wesensvoraussetzung des souveränen Staates" ist[114], wenn auch höchster Zweck des Staates für Bodin das sittliche Leben seiner Bürger ist[115]. Äußere Souveränität ist die rechtliche Weisungsunabhängigkeit von anderen Mächten, auch vom Pontifex, in den Grenzen der allgemeinen Rechts-

---

[109] H. Quaritsch, Staat und Souveränität, S. 175, 309, 310 ff., auch S. 316 ff. zu den „Formen souveräner Herrschaft", die „Seigneurie" und die „Tyrannei".

[110] Dazu W. Hennis, Das Problem der Souveränität, S. 82; richtig E.-W. Böckenförde, Die Entstehung des Staates als Vorgang der Säkularisation, 1967, in: ders., Recht, Staat, Freiheit, 2006, S. 92 ff., auch in: ders., Der säkularisierte Staat. Sein Charakter, seine Rechtfertigung und seine Probleme im 21. Jahrhundert, Carl Friedrich von Siemens Stiftung, 2007, S. 43 ff.; auch D. Murswiek, Die verfassungsgebende Gewalt nach dem Grundgesetz für die Bundesrepublik Deutschland, 1978, S. 20 f.; R. Knieper, Nationale Souveränität, S. 66.

[111] H. Quaritsch, Staat und Souveränität, S. 256, Fn. 51; ders., Souveränität, S. 60 f.

[112] M. Kriele, Einführung in die Staatslehre, S. 38 ff.

[113] H. Quaritsch, Staat und Souveränität, S. 288 ff., 327 f., 332.

[114] Das Problem der Souveränität, S. 82 ff., nicht anders als für Johannes Althusius und Hugo Grotius, S. 85 f.; vgl. auch R. Knieper, Nationale Souveränität, S. 74.

[115] H. Quaritsch, Staat und Souveränität, S. 278 ff.

grundsätze, zumal des Vertrags- und des Gewohnheitsrechts (République V, 6, p. 802 und ff., *474f.*; I, 7, p. 104 ff., 109)[116].

Bodin hat den Begriff „souverain" nicht eingeführt, aber sein Werk hat, weil es die Nöte seiner Zeit abzuhelfen geeignet war, geschichtliche und historische Wirkung entfaltet und ist ein Meilenstein in der Entwicklung des neuzeitlichen Staates[117].

II. Hobbes' Leviathan

Thomas Hobbes (1588–1679)[118] hat mit seinem Leviathan 1651 ebenfalls auf einen Bürgerkrieg, den zwischen Karl I. und dem Parlament, geführt von Oliver Cromwell, reagiert. Auch Hobbes akzeptiert Aristokratie und Demokratie als politische Formen, aber hält die Monarchie, die Fürstensouveränität, wie Bodin für die beste Staatsform (Leviathan II, 19, S. 167 ff.[119]). Die Souveränität hält auch er für „indivisible, incommunicable, inseparable", für unteilbar, unübertragbar, untrennbar (II, 18, S. 164 f.; II, 29, S. 271).

Hobbes hat, von vielen nicht recht berücksichtigt, den Staat vertraglich konzipiert, in welchem dem „großen Leviathan", dem „sterblichen Gott" (II, 17, S. 155), die „höchste Gewalt" zum Zwecke des Friedens und des Schutzes von Leben und Eigentum vom Volk als Befugnis übertragen wird, die er als Vertreter „eines jeden einzelnen" (S. 155), des Volkes also, ausübt, also ersichtlich als ein Rechtsinstitut (II, 17, S. 151 ff.). „Viertens, weil in einem Staat, welcher freiwillig errichtet wurde, jeder von denen, die dem einen die höchste Gewalt übertrugen, sich als den Urheber aller der Handlungen dieses ansehen muß, ist klar, daß der Oberherr/Souverän keinem von diesen Unrecht tun kann: denn was er tut, tun sie selbst. Sich selbst aber kann niemand Unrecht zufügen" (II, 18, S. 160, vgl. auch II, 21, S. 190, 194, 196 f.). Dieser Schlüsselsatz moderner Staatslehre ist zwar regide Vertretungsdogmatik, aber sie stellt nicht Macht über das Recht.

Wenn auch Hobbes dem Leviathan weitgehende Befugnisse zum Schutz vor dem Bürgerkrieg einräumt, wie um der Wahrheit der Lehren willen die Aufsicht über die Meinungen (II, 18, S. 161), rät er doch, die Gewissensfreiheit, also die Bekennt-

---

[116] H. Quaritsch, Staat und Souveränität, S. 251 ff.; ders., Souveränität, S. 62 ff.; H. Steiger, Geht das Zeitalter des souveränen Staates zu Ende, Der Staat 41 (2002), S. 335.

[117] H. Krüger, Allgemeine Staatslehre, S. 251 f.; H. Quaritsch, Staat und Souveränität, S. 39 ff.; zur Begriffsgeschichte in Frankreich vor Jean Bodin H. Quaritsch, daselbst, S. 249 ff.; ders., Souveränität, S. 13 ff.

[118] Dazu G. Jellinek, Allgemeine Staatslehre, S. 458 ff.; D. Klippel, Geschichtliche Grundbegriffe, S. 110 f.; W. Mäder, Vom Wesen der Souveränität, S. 60 ff.; Ch. Seiler, Der souveräne Verfassungsstaat zwischen demokratischer Rückbindung und überstaatlicher Einbindung, S. 21 ff.

[119] Die Zitate sind der Reclamedition in der Übersetzung der lateinischen Ausgabe von 1668 von Jacob Peter Mayer, 1970, entnommen, die eingestreuten englischen Zitate aber der englischen Fassung.

nisfreiheit, zu respektieren[120]. Gegen den Souverän sieht Hobbes das Eigentum nicht geschützt, sondern nur durch diesen gegen alle anderen Bürger (II, 29, S. 271). Dabei geht es ihm um die Finanzierung des Schutzes nach innen und außen, also um die Steuerhoheit. Als „Fundamentall Law" akzeptiert Hobbes ausschließlich, daß alle Bürger dem jeweiligen Souverän Gehorsam leisten müssen (II, 26, S. 242).

Hobbes zieht dem Leviathan deutliche Grenzen des Rechts, etwa die „Gleichheit der Untertanen (the Subjects) in Gegenwart des Stellvertreters des Staates" (II, 18, S. 165). Selbst der Souverän ist in eigenen Angelegenheiten an sein Gesetz gebunden (II, 21, S. 196), sonst nicht (II, 21, S. 196 f.; II, 29, S. 271). Insbesondere endet die Gehorsamspflicht, wenn der Souverän nicht mehr imstande ist, die Bürger zu schützen. Dann verfällt der Staat wieder in den Naturzustand des Krieges aller gegen alle, des bellum omnium contra omnes (II, 17, S. 151 ff.). „Der Zweck des Gehorsams ist Schutz" (II, 21, S. 197)[121]. Aber: „Es ist gewiß, daß alles, was dem Naturgesetz nicht zuwiderläuft, von der höchsten Gewalt zu einem bürgerlichen Gesetz gemacht werden kann" (II, 27. Kap., S. 242). Folglich ist das „Naturgesetz", das „göttliche Gesetz", Grenze der Gewalt des Leviathans (II, 31, S. 295), die der Untertan freilich nicht durchsetzen kann[122]. Aber er wäre von der Gehorsamspflicht entbunden, wenn ein Handeln den göttlichen Gesetzen zuwiderliefe (daselbst). Die christliche lex aurea ist Leitfaden der Hobbesschen Rechtslehre (etwa I, 15, S. 142; II, 17, S. 151; II, 26, S. 232; II, 29, S. 270). Hobbes erörtert die „natürlichen Gesetze", welche die Vernunft lehrt, im 14. und 15. Kapitel des Ersten Teils (S. 118 ff.) und die „Gesetze Gottes" des „natürlichen Reiches Gottes", die durch natürliche Vernunft, durch Offenbarung und durch Wunderwerke den Menschen bekanntgemacht würden und die Verehrung Gottes aufgeben, im 31. Kapitel des Zweiten Teils seines Leviathan (S. 295 ff.).

---

[120] Kritisch zu diesem „unausrottbaren individualistischen Vorbehalt", „der inneren, privaten Gedanken- und Glaubensfreiheit" C. Schmitt, Der Leviathan in der Staatslehre des Thomas Hobbes. Sinn und Fehlschlag eines politischen Symbols, 1938, S. 84 ff., vgl. auch S. 118; vgl. M. Kriele, Einführung in die Staatslehre, S. 46 f.

[121] Vgl. H. Krüger, Allgemeine Staatslehre, S. 769.

[122] Vgl. D. Klippel, Geschichtliche Grundbegriffe, S. 111; H. Welzel, Naturrecht und materiale Gerechtigkeit, 4. Aufl. 1990, S. 114 ff. zur Naturrechtslehre Hobbes', S. 120 zur Relevanz des Naturrechts bei Hobbes; auch Ch. Seiler, Der souveräne Verfassungsstaat zwischen demokratischer Rückbindung und überstaatlicher Einbindung, S. 22 („Naturrechtler Hobbes"); verkannt von K. Stern, Staatsrecht, Bd. II, S. 22; D. Murswiek, Die verfassungsgebende Gewalt nach dem Grundgesetz für die Bundesrepublik Deutschland, S. 22; M. W. Hebeisen, Souveränität in Frage gestellt, S. 36.

B. Aufgeklärte Bürgersouveränität

I. Jean-Jacques Rousseau

Die republikanische und im freiheitlichen Sinne demokratische Lehre von der Volkssouveränität hat wegweisend Jean-Jacques Rousseau, der geniale Lehrer der politischen Freiheit, begründet[123].

Jean-Jacques Rousseau definiert den Einzelnen als Bürger, der „Glied des Souveräns" ist, teil hat an der Souveränität, und zugleich als Untertan den Gesetzen des Staates unterworfen ist. Die „Gesamtheit" der Mitglieder der Republik trägt „den Namen Volk" (Contract social, I, 6. und 7. Kap, S. 18 f.). Rousseau hat die Souveränität republikanisch und bürgerlich konzipiert: „Ich behaupte deshalb, daß die Souveränität, da sie nichts anderes ist als die Ausübung des Gemeinwillens, niemals veräußert werden kann und daß der Souverän, der nichts anderes ist als das Gemeinwesen, nur durch sich selbst vertreten werden kann; die Macht kann wohl übertragen werden, nicht aber der Wille" (Cs, II, 1. Kap., S. 27). Der „Souverän", „die politische Körperschaft oder der Souverän, der sein Sein nur aus der Heiligkeit des Vertrages empfängt, kann sich niemals – auch nicht gegenüber Dritten – zu etwas verpflichten, was gegen diesen ursprünglichen Akt verstößt, wie z. B. die teilweise Veräußerung seiner selbst oder die Unterwerfung unter einen anderen Souverän" (Cs, I, 7. Kap., S. 20). „Wenn daher das Volk einfach verspricht, zu gehorchen, löst es sich durch diesen Akt auf und verliert seine Eigenschaft als Volk; in dem Augenblick, in dem es einen Herrn gibt, gibt es keinen Souverän mehr, und von da an ist der politische Körper zerstört" (Cs., II, 1, S. 28). Diese Erkenntnis ist zentral in der republikanischen Philosophie.

Auch Rousseau sieht in der Souveränität die „unumschränkte Gewalt der politischen Körperschaft über all ihre Glieder", die vom „Gemeinwillen geleitet" ist (Cs. II, 4. Kap., S. 32). Der Gemeinwille „muß von allen ausgehen, um sich auf alle zu

---

[123] Dazu U. Schliesky, Souveränität und Legitimität von Herrschergewalt, 209 ff., der Rousseau weitgehend mißversteht; nicht anders M. Kaufmann, Europäische Integration und Demokratieprinzip, S. 39 f., der S. 40 meint, Rousseau verstehe „Herrschaft als Selbstbestimmung" und S. 43 Rousseau die „Transformation der individuellen in kollektive Autonomie" (auch S. 69 f.) wegen der „Einheit der Gesellschaft" als einem „gemeinschaftlichen Ich" (Cs. I 6, der allerdings von einer „sittlichen Gesamtkörperschaft", „corps moral et collectif", einer „öffentlichen Person", die er „Republik" oder „staatliche Körperschaft", „Staat" nennt, welche „Glieder", Bürger" bzw. „Untertanen" hat) nachsagt sowie die volonté générale als „unfehlbar" mißversteht. Kaufmann weiß nicht, was Autonomie meint. Es gibt keine „individuelle Autonomie", also auch keine „kollektive", Vielmehr gibt es nur eine Autonomie des Willens, welche im Gemeinwesen durch die volonté générale materialisiert wird, möglicher weise irrig, wie Rousseau bestens weiß. Das „gemeinschaftliche Ich", „moi commun", ist der Staat, was sonst. Rousseau formuliert damit die Identität der Bürgerschaft mit ihrer Organisation des Gemeinwohls, die zur Persönlichkeit jedes Bürger gehört, ganz im Sinne der Parole: Wir sind der Staat. Richtig P. Badura, die Parlamentarische Demokratie, HStR Bd. I, § 23, Rn. 50 f. („Rousseaus volonté générale ist ein normative Richtschnur, der man allerdings nur mit Hilfe des Mehrheitsprinzips habhaft werden kann", Rn. 51, besser wäre Mehrheitsregel).

beziehen". Die Verpflichtungen sind gegenseitige „Akte der Souveränität", sind „Akte des Gemeinwillens", also „nützliche Übereinkünfte", die „kein anderes Ziel haben als das gemeine Wohl". „Der beständige Wille aller Glieder des Staates ist der Gemeinwille; durch ihn sind sie Bürger und frei" (Cs, IV, 2. Kap., S. 116). Damit „gehorchen die Untertanen niemanden außer ihrem eigenen Willen" „Der Souverän hat niemals das Recht, einen Untertanen stärker zu belasten als einen anderen, weil er nicht mehr zuständig ist, sobald eine Angelegenheit eine besondere ist" (Cs. II, 4. Kap., S. 32 ff.). Die Akte des Gemeinwillens, also die Akte des Souveräns, sind die Gesetze, die personell und materiell allgemein sind. „Von selbst will das Volk immer das Gute, aber es sieht es nicht immer von selbst". „Der Gemeinwille ist immer richtig, aber das Urteil, das ihn leitet, ist nicht immer aufgeklärt" (Cs, II, 6. S. 42). Das Gute ist das Recht; denn das Recht ist die Sittlichkeit. Nichts anderes ist für das Volk gut. Darum bedarf es des Gesetzgebers (Cs, II, 6. Kap, S. 41 f.). Der Gesetzgeber darf keine Sonderinteressen haben und muß der Vernunft verpflichtet sein. Deshalb muß er außerhalb des Volkes stehen (Cs, II, 7. Kap, S. 43 ff.).

Das Amt des Gesetzgebers ist „ein besonderes und höheres Amt, das nichts mit menschlicher Herrschaft gemein hat" (Cs, II, 7. Kap., S. 44). Das heißt in der Sache: Der Gesetzesvorschlag muß Erkenntnis dessen sein, was der Gemeinwille ist, die freilich vom Souverän als Gesetz beschlossen wird[124]. Es kommt somit in der Praxis zumal großer Staaten, in der ständig neue Gesetze gegeben werden und wegen der Veränderungen der Lage auch gegeben werden müssen, darauf an, daß die Besten die Gesetzgebungsarbeit leisten, die zudem gewährleisten, ihre Interessen größtmöglich

[124] Das verkennt P. Graf Kielmansegg, Volkssouveränität, S. 148 ff., der meint, Rousseau habe ein „Paradoxon" lösen müssen, „wie Menschen organisiert miteinander leben und doch all nur dem eigenen Willen unterworfen sein können", S. 149. Das gelingt in allgemeiner Freiheit als der Sittlichkeit, die Graf Kielmansegg aus seiner demokratischen Legitimitätslehre gänzlich ausblendet, weil er sich Staatlichkeit nur als Herrschaft vorstellen kann. „Die Gesamtheit der Bürger" ist bei Rousseau nicht „*ein* Subjekt mit *einem* Willen", S. 150. Vielmehr erfordert die volonté générale Erkenntnis, die Graf Kielmansegg ebenfalls nicht in seine Überlegungen einbezieht. Demgemäß versteht er auch die Logik des Irrtums der Minderheit bei Rousseau nicht, S. 152, die darin liegt, daß Erkenntnisse irrig sein können, nicht Entscheidungen, aber eine Regel bestehen muß, welche bei differierenden Erkenntnissen die Entscheidung bestimmt, die Mehrheitsregel also. Die Kritik Graf Kielmanseggs an Rousseaus Staatslehre nährt sich von seiner Ignoranz der Sittlichkeit, die der freilich fragile Baustein der Republik ist; auch, Kielmansegg folgend, Ch. Seiler, Der souveräne Verfassungsstaat zwischen demokratischer Rückbindung und überstaatlicher Einbindung, S. 31 f., der wie viele und mit Kielmansegg (a.a.O. S. 233), die Rousseau nicht verstehen, die „Gefahr eines demokratischen Totalitarismus" im Republikanismus Rousseaus wittert; nicht anders Ch. Möllers, Evangelisches Staatslexikon, Neuausgabe, hrsg. von W. Heun/M. Honecker/M. Morlock/J. Wieland, 2006, Sp. 2175; genauso U. Schliesky, Souveränität und Legitimität von Herrschergewalt, S. 209 ff., 212 f. mit Fn. 430, der Rousseau eine Legitimationskonzeption unterschiebt, die der Rousseauschen Freiheitsphilosophie widerspricht; fragwürdig auch E.-W. Böckenförde, Demokratie als Verfassungsprinzip, HStR Bd. I, Grundlagen von Staat und Verfassung, 1987, § 22, Rn. 3, 38, der meint, daß „mit Rousseau" „das Autonomieprinzip von den einzelnen auf das Volk übergeht" und zur „kollektiv autonomen Freiheit des Volkes insgesamt", das „Volkssouveräns", führe; das ist Kelsens Irrtum (dazu D.).

auszublenden[125] oder jeder Korruption abholt sind. Parteigänger sind dafür gänzlich ungeeignet. Auch Rousseau weist wie alle Aufklärer „Parteiungen“ zurück (Cs. II, 3. Kap., S. 31). Jedem ist klar, daß die Auswahl der Amtswalter, welche die Aufgabe haben, die Gesetze zu erarbeiten, das große Dilemma der Politik ist. Es darf keinesfalls die Negativauslese des Parteienstaates sein. Wegweisend ist Rousseaus Unterscheidung zwischen der Erkenntnis des Gesetzes als des gemeinen Willens und der Entscheidung über das Gesetz, also dem Beschluß über dessen Verbindlichkeit, wenn man so will, dem „Rechtsanwendungsbefehl“ im Sinne des Bundesverfassungsgerichts[126]. Rousseau legt diese in verschiedene Hände und prägt damit die Gesetzgebung durch Volksabstimmung. Rousseaus Souveränitätslehre ist eine Freiheitslehre[127].

Rousseau befürwortet nicht etwa ein Mehrheitsprinzip (dazu Rprp, S. 105 ff.; FridR, S. 150 ff.), das dazu führen kann, daß die Mehrheit die Minderheit totalitär unterdrückt[128], sondern die, wenn viele abstimmen, unausweichliche Mehrheitsregel (näher dazu Rprp, S. 119 ff.; FridR, S. 163 ff.). Erkenntnisse können irrig sein und die Gesetzgebung erfordert Allgemeinheit. Sie kann nur mittels der Mehrheitsregel erreicht werden. Die volonté générale ist das durch die Abstimmung beschlossene Gesetz, aber nur weil es sittlich, praktisch vernünftig ist. Wer den Kognitivismus Rousseaus wie auch später transzendentalphilosophisch Kants nicht versteht und zu einer dezisionistischen Dogmatik der Mehrheitswillkür verzerrt, muß geradezu zu dem Totalitarismusvorwurf kommen. Daß repräsentative Gesetzgebungsverfahren weniger totalitätsanfällig sind als plebiszitäre Verfahren, für die Rousseau zudem die kleine Einheit voraussetzt (Cs. III, 4, S. 73), ist unerfindlich. Rousseaus Mehrheitsregel erweist im übrigen, daß er die Gesetzgebung in die Hand der Bürger als „Teilhaber an der Souveränität“ gelegt hat, in die Hand der „Gesamtkörperschaft“, früher die „Polis“, heute die „Republik“, „die aus ebenso vielen Gliedern besteht, wie die Versammlung Stimmen hat“. Gerade die „öffentliche Person“, die aus dem „Zusammenschluß aller zustande kommt“ und „aktiv ist“, wird „Souverän genannt“ (Cs. I, 7, S. 18 f.). Die Bürger „gehorchen nur dem eigenen Willen“ (Cs. II, 4, S. 35, auch I, 6 S. 17). Das ist keine Fiktion. Gesellschaftsvertrag und Volkssouveränität

---

125 Prononciert H. Krüger, Allgemeine Staatslehre, S. 250 ff., der richtig den Wähler als „öffentliche Person“, „als repräsentative Figur“, mit Kant als „Noumenon“, nicht als „Phainomenon“ erkennt, der sich seinen „natürlichen, beruflichen und weltanschaulichen Determinanten innerlich befreien“ müsse; i.d.S. auch E.-W. Böckenförde, Demokratie als Verfassungsprinzip, HStR, Bd. I, § 22, Rn. 78 ff.; P. Badura, Die parlamentarische Demokratie, HStR, Bd. I, 1987, Rn. 50 f.; so auch K. A. Schachtschneider, Grenzen der Religionsfreiheit am Beispiel des Islam, 2. Aufl. 2011, S. 38 ff., für die Religion.

126 Hinweise zu und in Fn. 828 f.

127 Das erkennt sogar U. Schliesky, Souveränität und Legitimität von Herrschergewalt, S. 209 ff., 214, der diese Lehre aber zu einer Herrschafts- und Legitimationslehre verzerrt und sich nicht zur Untersuchung eines freiheitlichen Paradigmas der Souveränität anregen läßt.

128 So die perennierende Rousseaukritik, etwa U. Schliesky, Souveränität und Legitimität von Herrschergewalt, S. 211, 215.

sind nicht lediglich zur Legitimation einer „Herrschaftsorganisation“, gar einer „totalen“, „autoritären“, degradiert[129].

Ganz im Sinne Rousseaus und auch Kants, im Sinne eines Bürgerstaates, hat der Abbé Emmanuel J. Sieyès, der Konstrukteur der französischen Revolutionsverfassung, in der wegweisenden Schrift Qu'est-ce que le tiers-état die Nation definiert, nämlich: „Qu'est-ce qu'une nation ? Un corps d'associés vivant sous une loi commune et représentés par la même législature“, zu deutsch: Was ist die Nation? „Eine Körperschaft vereinigter Menschen unter einem gemeinsamen Gesetz und vertreten durch dieselbe gesetzgebende Gewalt“[130]. Die so verstandene Nation ist der Souverän, der Inhaber der souveraineté nationale, im Sinne des Art 3 der Déclaration („Le principe de toute Souveraineté réside essentiellement dans la Nation. Nul corps, nul individu ne peut exercer d'autorité qui n'en émane expressément“, zu deutsch[131]: Das Prinzip jeder Souveränität ruht wesentlich in der Nation. Keine Körperschaften, kein Einzelner kann eine Autorität/Gewalt ausüben, die nicht ausdrücklich von ihr ausgeht.) und ausweislich Art. 3 Abs. 1 der Constitution de la République française vom 4. Oktober 1958, nämlich: „La souveraineté nationale appartient au peuple qui l'exerce par ses représentants et par la voie du référendum“, zu deutsch: Die nationale Souveränität steht dem Volk zu, das sie durch seine Vertreter oder im Wege des Referendums ausübt. Auch der Souverän der Französischen Republik ist nicht, wie es auch vertreten wird, das Volk als über den Bürgern, den citoyens, stehende politische Einheit. Sieyès, mit Kant im Briefkontakt, jedenfalls hat die Nation ganz rousseauisch und kantianisch verstanden (MdS, S. 464). Art. 3 mit Art. 4, 5 und 6 der Deklaration der Rechte des Menschen und des Bürgers verfassen die Bürgersouveränität im Sinne Rousseaus[132], das heutige Weltrechtsprinzip (dazu Vierter Teil, B.).

---

[129] So aber U. Schliesky, Souveränität und Legitimität von Herrschergewalt, S. 209 ff., 212, 214, 216.

[130] Qu'est-ce que le tiers-état? Was ist der dritte Stand? hrsg. und übersetzt von O. Brandt, 1924/1988, S. 40; Johann Gottfried Ebel hat 1796 übersetzt: „Eine Gesellschaft, welche unter einem gemeinschaftlichen Gesetz lebt und durch ein und dieselbe gesetzgebende Versammlung vertreten wird.“, vgl. O. Dann (Hrsg.), Emmanuel Joseph Sieyès, Was ist der Dritte Stand, 1988, S. 34.

[131] Es versteht sich, daß die Übersetzungen höchst streitig sind. Eigentlich sind sie nicht möglich, weil in der Sprache die Politik des Autors in seiner Zeit verborgen ist, Verfassungstexte aber meist viele Autoren haben, deren Verständnis so gut wie nicht bekannt ist. Der Gehalt der weltpolitisch bedeutsamen Sätze ist auch in Frankreich hoch streitig.

[132] So auch Ch. Seiler, Der souveräne Verfassungsstaat zwischen demokratischer Rückbindung und überstaatlicher Einbindung, S. 33, der S. 35 richtig darauf hinweist, daß die „moderne Demokratie in ihrem geschichtlichen Werden untrennbar mit dem Nationalstaat verbunden“ sei, sonst zu Rousseau und zur „französischen Revolution“ eher fragwürdig (S. 30 ff.).

II. Immanuel Kant

Souveränität ist die Freiheit der Bürger in ihrer Gesamtheit, der Bürgerschaft oder eben des Volkes. Kant hat, belehrt von Rousseau, die Souveränität des Volkes als der Bürgerschaft klar konzipiert. Er unterscheidet das Volk als die Masse der Untertanen und als den Souverän, den Gesetzgeber (etwa MdS, S. 431, 450 f.).

Er begründet die Lehre vom Verfassungsstaat und lehrt ein „wirkliches Rechtsgesetz der Natur", das „Recht auf eine bürgerliche Verfassung" (MdS, S. 366, 374). Im Streit der philosophischen Fakultät mit der juristischen führt Kant aus:

> „Die Idee einer mit dem natürlichen Rechte der Menschen zusammenstimmenden Konstitution: daß nämlich die dem Gesetz Gehorchenden auch zugleich, vereinigt, gesetzgebend sein sollen, liegt bei allen Staatsformen zum Grunde, und das gemeine Wesen, welches, ihr gemäß durch reine Vernunftbegriffe gedacht, ein platonisches Ideal heißt (respublica noumenon), ist nicht ein leeres Hirngespinnst, sondern die ewige Norm für alle bürgerliche Verfassung überhaupt und entfernt allen Krieg. Eine dieser gemäß organisierte bürgerliche Gesellschaft ist die Darstellung derselben nach Freiheitsgesetzen durch ein Beispiel in der Erfahrung (respublica phaenomenon), und kann nur nach mannigfaltigen Befehdungen und Kriegen mühsam erworben werden; ihre Verfassung aber, wenn sie im großen einmal errungen worden, qualifiziert sich zur besten unter allen, um den Krieg, den Zerstörer alles Guten, entfernt zu halten; mithin ist es Pflicht, in eine solche einzutreten, vorläufig aber (weil jenes nicht so bald zu Stande kommt) Pflicht der Monarchen, ob sie gleich autokratisch herrschen, dennoch republikanisch (nicht demokratisch) zu regieren, d. i. das Volk nach Prinzipien zu behandeln, die dem Geist der Freiheitsgesetze (wie ein Volk mit reifer Vernunft sie sich selbst vorschreiben würde) gemäß sind, wenn gleich dem Buchstaben nach es um seine Einwilligung nicht befragt würde" (Streit der Fakultäten, S. 364)[133].

> „Ein jeder Staat enthält drei Gewalten in sich, d. i. den allgemein vereinigten Willen in dreifacher Person (trias politica): die Herrschergewalt (Souveränität), in der des Gesetzgebers, die vollziehende Gewalt, in der des Regierers (zu Folge dem Gesetz) und die rechtsprechende Gewalt (als Zuerkennung des Seinen eines jeden nach dem Gesetz), in der Person des Richters (potestas legislatoria, rectoria et iudicaria), ..." (MdS, S. 431). „Die gesetzgebende Gewalt kann nur dem vereinigten Willen des Volkes zukommen. Denn, da von ihr alles Recht ausgehen soll, so muß sie durch ihr Gesetz schlechterdings niemand unrecht tun können. Nun ist es, wenn jemand etwas gegen einen anderen verfügt, immer möglich, daß er ihm dadurch unrecht tue, nie aber in dem, was er über sich selbst beschließt (denn volenti non fit iniuria). Also kann nur der übereinstimmende und vereinigte Willen aller, so fern ein jeder über alle und alle über einen jeden ebendasselbe beschließen, mithin nur der allgemein vereinigte Volkswille gesetzgebend sein" (MdS, S. 432)[134].

---

[133] Dazu im Sinne „republikanischer Verfassung" folgend A. Somek, Rechtssystem und Republik. Über die politische Funktion des systematischen Rechtsdenkens, 1992, S. 44 ff.

[134] Auch J. Habermas, Volkssouveränität als Verfahren, Faktizität und Geltung. Beiträge zur Diskurstheorie des Rechts und des demokratischen Rechtsstaates, 1992, S. 610 f. stützt seine Überlegungen zur Volkssouveränität auf diese rousseausche Lehre Kants. Seine Diskurstheorie ist auf Herrschaftslosigkeit ausgerichtet; dazu kritisch P. Graf Kielmansegg, Volkssouveränität, S. 193 ff.; in den Ansätzen auch M. Kaufmann, Europäische Integration und Demokratieprinzip, S. 40 ff., der daraus nicht die gebotenen Folgerungen zu ziehen weiß.

Kant hat in der Schrift Zum ewigen Frieden die „Form der Beherrschung (forma imperii)“ der „Form der Regierungsart (forma regiminis)“, die Möglichkeiten, Staatsformen zu unterscheiden, entgegengestellt. Wenn „die Herrschergewalt“, „die oberste Staatsgewalt“, „alle zusammen, welche eine bürgerliche Gesellschaft ausmachen, besitzen“, spricht auch Kant von einer „Demokratie“, „der Volksgewalt“ (ZeF, S. 206 f.). Herrscher sind die Bürger, die über sich selbst herrschen, also frei sind (FridR, S. 194). Er hat sie als „notwenig ein Despotism“ abgewiesen und die Republikanität von der Gewaltenteilung und der vertretungsmäßigen Repräsentation des Volkes abhängig gemacht (ZeF, S. 206 f.; MdS, S. 464), aber doch nur, soweit er die Demokratie als ausschließlich unmittelbare Entscheidungsgewalt des Volkes verstanden hat (anders MdS, S. 432, 436, 462, 464; FridR, S. 188 ff.). Souveränität hat damit die Autonomie des bürgerlichen Willens, die nicht etwa, wie Michael W. Hebeisen, selbst dem Kantischen Autonomieprinzip zugetan, meint[135], ein Gegensatz sind.

„Das allgemeine Oberhaupt“ kann, „nach Freiheitsgesetzen betrachtet, kein anderer als das vereinigte Volk selbst sein“. „Die vereinzelte Menge ebendesselben“ sind die „Untertanen“, die den Gesetzen Gehorsam schulden. Der Mensch hat die „wilde gesetzlose Freiheit“ durch den nur gedachten „ursprünglichen Vertrag“ „gänzlich verlassen, um sein Freiheit überhaupt in einer gesetzlichen Abhängigkeit, d. i. in einem rechtlichen Zustand unvermindert wieder zu finden; weil diese Abhängigkeit aus seinem eigenen gesetzgebenden Willen entspringt“ (MdS, S. 434). Die Regierung kann nicht zugleich Gesetzgeber sein. Das wäre „despotisch“ (daselbst). Die Staatsbürger als die „zur Gesetzgebung vereinigten Glieder einer solchen Gesellschaft (societas civilis), d. i. eines Staates“ müssen „die gesetzliche Freiheit, die bürgerliche Gleichheit und die bürgerliche Selbständigkeit“ haben (MdS, S. 432). Kant bindet aber den Souverän an den gedachten Willen des Volkes: „Was das Volk (die ganze Masse der Untertanen) nicht über sich selbst beschließen kann, das kann auch der Souverän nicht über das Volk beschließen“ (MdS, S. 450). Das gilt aber nur für die Monarchie und die Aristokratie, nicht für die Demokratie. Diese, die „allerzusammengesetzteste“, muß „den Willen aller zuerst vereinigen, um daraus ein Volk, dann den der Staatsbürger, um ein gemeines Wesen zu bilden, und dann diesem gemeinen Wesen den Souverän, der dieser vereinigte Wille selbst ist, vorzusetzen“ (MdS, S. 462). Das ist immer noch der Weg zur Republik, in der das Volk souverän ist. „Was die Handhabung des Rechts im Staate betrifft, so ist freilich die einfachste auch zugleich die beste; aber was das Recht selbst anlangt, die gefährlichste fürs Volk, in Betracht des Despotismus, zu dem sie so sehr einladet. Das Simplifizieren ist zwar im Maschinenwerk der Vereinigung des Volkes durch Zwangsgesetze die vernünftige Maxime; wenn nämlich alle im Volk passiv sind, und Einem, der über sie ist, gehorchen; aber das gibt keine Untertanen als Staatsbürger“ (daselbst). So ist es. In aller Klarheit spricht Kant, nachdem er sich für den Rechtsstaat eingesetzt hat,

---

[135] M.W. Hebeisen, Souveränität in Frage gestellt, S. 653 f., 659 ff.; richtig I. Maus, Zur Aufklärung der Demokratietheorie. Rechts- und demokratietheoretische Überlegungen im Anschluß an Kant, 1992, S. 62 ff., 148 ff., insb. S. 172 ff., 191 ff.

nämlich: „Dies ist die einzige bleibende Staatsverfassung, wo das Gesetz selbstherrschend ist, und an keiner besonderen Person hängt;" schließlich aus:

„Alle Republik ist und kann aber nichts anders sein, als ein repräsentatives System des Volkes, um im Namen desselben, durch alle Staatsbürger vereinigt, vermittelst ihre Abgeordneten (Deputierten) ihre Rechte zu besorgen. Sobald aber ein Staatsoberhaupt, der Person nach (es mag sein König, Adelsstand, oder die ganze Volkszahl, der demokratische Verein) sich auch repräsentieren läßt, so repräsentiert das vereinigte Volk nicht bloß den Souverän, *sondern es ist dieser selbst* (Hervorhebung von mir); denn in ihm (dem Volk) befindet sich ursprünglich die oberste Gewalt, von der alle Rechte des einzelnen, als bloßer Untertanen (allenfalls als Staatsbeamten), abgeleitet werden müssen, und die nunmehr errichtete Republik hat nun nicht mehr nötig, die Zügel aus den Händen zu lassen, und sie denen wieder zu übergeben, die sie vorher geführt hatten, und die nun alle neuen Anordnungen durch absolute Willkür wieder vernichten könnten" (MdS, S. 464 f.).

Das hat seinen Grund im folgenden menschheitlichen Prinzip:

„Das Recht der obersten Gesetzgebung im gemeinen Wesen ist kein veräußerliches, sondern das allerpersönlichste Recht. Wer es hat, kann nur durch den Gesamtwillen des Volks über das Volk, aber nicht über den Gesamtwillen selbst, der der Urgrund aller öffentlichen Verträge ist, disponieren" (MdS, S. 465).

Kant lehrt den Frieden.

„Man kann sagen, daß diese allgemeine und fortdauernde Friedensstiftung nicht bloß einen Teil, sondern den ganzen Endzweck der Rechtslehre innerhalb der Grenzen der bloßen Vernunft ausmache; denn der Friedenszustand ist der allein unter Gesetzen gesicherte Zustand des Mein und Dein in einer Menge einander benachbarter Menschen, mithin die in einer Verfassung zusammen sind; deren Regel aber nicht von der Erfahrung derjenigen, die sich bisher am besten dabei gefunden haben, als einer Norm für andere, sondern die durch die Vernunft a priori von dem Ideal einer rechtlichen Verbindung der Menschen unter öffentlichen Gesetzen überhaupt hergenommen werden muß, weil alle Beispiele (als die nur erläutern, aber nichts beweisen können) trüglich sind, und so allerdings einer Metaphysik bedürfen, deren Notwendigkeit diejenigen, die dieser spotten, doch unvorsichtiger Weise selbst zugestehen, wenn sie z. B., wie sie es oft tun, sagen: ‚Die beste Verfassung ist die, wo nicht die Menschen, sondern die Gesetze machthabend sind'" (MdS, S. 479).

„Die Idee des Völkerrechts setzt die Absonderung vieler voneinander unabhängiger benachbarter Staaten voraus, und, obgleich ein solcher Zustand an sich schon ein Zustand des Krieges ist (wenn nicht eine föderative Vereinigung derselben dem Ausbruch der Feindseligkeiten vorbeugt): so ist doch selbst dieser, nach der Vernunftidee, besser als die Zusammenschmelzung derselben, durch eine die andere überwachsende, und in eine Universalmonarchie übergehende Macht; weil die Gesetze mit dem vergrößerten Umfange der Regierung immer mehr an ihrem Nachdruck einbüßen, und ein seelenloser Despotism, nachdem er die Keime des Guten ausgerottet hat, zuletzt doch in Anarchie verfällt. Indessen ist dieses das Verlangen jedes Staats (oder seines Oberhaupts), auf diese Art sich in den dauernden Friedenszustand zu versetzen, daß er, wo möglich, die ganze Welt beherrscht. Aber die Natur will es anders. – Sie bedient sich zweier Mittel, um die Völker von der Vermischung abzuhalten und sie abzusondern, der Verschiedenheit der Sprachen und der Religionen, die zwar den Hang zum wechselseitigen Hass, und Vorwand zum Kriege bei sich führt, aber doch, bei anwachsender Kultur und der allmählichen Annäherung der Menschen zu größerer Einstimmung in Prinzipien, zum Einverständnis in einem Frieden leitet, der nicht, wie jener Despotism (auf dem Kirchhofe der Freiheit), durch Schwächung aller Kräfte, sondern durch ihr Gleichgewicht, im lebhaftesten Wetteifer derselben, hervorgebracht und gesichert wird" (ZeF, S. 225 f.).

Kant wendet sich damit gegen die nur „als Despotie denkbaren einzigen Weltstaat"[136].

„Für Staaten, im Verhältnis untereinander, kann es nach der Vernunft keine andere Art geben, aus dem gesetzlosen Zustande, der lauter Krieg enthält, herauszukommen, als daß sie, eben so wie einzelne Menschen, ihre wilde (gesetzlose) Freiheit aufgeben, sich zu öffentlichen Zwangsgesetzen bequemen, und so einen (freilich immer wachsenden) Völkerstaat (civitas gentium), der zuletzt alle Völker der Erde befassen würde, bilden. Da sie dieses aber nach ihrer Idee vom Völkerrecht durchaus nicht wollen, mithin, was in thesi richtig ist, in hypothesi verwerfen, so kann an die Stelle der positiven Idee einer Weltrepublik (wenn nicht alles verloren werden soll) nur das negative Surrogat eines den Krieg abwehrenden, bestehenden, und sich immer ausbreitenden Bundes, den Strom der rechtscheuenden, feindseligen Neigung aufhalten, doch mit beständiger Gefahr ihres Ausbruchs" (ZeF, S. 212 f.).

Damit ist das zur Souveränität gesagt, was die Freiheit des Menschen gebietet.

C. Staatssouveränität

Einleitung

Auch die Lehre von der Staatssouveränität, der lange Zeit befriedende Kompromiß zwischen Fürstensouveränität und Volkssouveränität[137], ist meist der Herrschaftsdoktrin verpflichtet. Aufklärung und Französische Revolution, vor allem aber Napoleons entkirchlichende oder säkularisierende Umwälzung Europas (Reichsdeputationsschluß vom 25. Februar 1803) haben die Fürstensouveränität des Absolutismus legitimatorisch unmöglich gemacht; denn sie konnte nur von Gottes Gnaden bestehen. Friedrich Wilhelm I., der Soldatenkönig, konnte noch 1716 in einer Randbemerkung notieren: „Ich komme zu meinem Zweg und stabiliere die

[136] W. von Simson, Die Souveränität im rechtlichen Verständnis der Gegenwart, S. 115 ff., Zitat, S. 118; H. Seubert, Der Deutsche Idealismus, in: M. Stahl (Hrsg.), Deutschland 1813–2013. Deutsche Identität am Beginn der Moderne und in der Gegenwart, 2013, S. 52 ff., S. 62, zu Kant und Fichte.

[137] W. Hennis, Das Problem der Souveränität, 1951, S. 12; H. Quaritsch, Staat und Souveränität, S. 487 ff., 499; W. Leisner, Das Volk. Realer oder fiktiver Souverän? 2005, S. 125; St. Hobe, Der offene Verfassungsstaat zwischen Souveränität und Interdependenz, S. 65 f.; Ch. Seiler, Der souveräne Verfassungsstaat zwischen demokratischer Rückbindung und überstaatlicher Einbindung S. 27; dazu auch U. Schliesky, Souveränität und Legitimität von Herrschergewalt, S. 96 ff.

souverenitet und setze die Krone fest wie einen rocher von bronze ...“[138]. Eine Volkssouveränität im freiheitlichen Sinne, welche dem Volk nicht nur die Legitimation der Souveränität so gut wie folgenlos zuspricht, sondern auch die Ausübung beläßt, widersprach den Machtverhältnissen, zumal denen der Restauration. Emar de Vattels Dogmatik von der Staatssouveränität, die die Staatsphilosophie Christian Wolffs in einem völkerrechtlichen Handbuch popularisierte (Le droit des Gens ou Principes de la loi neturelle. Appliqués à la conduite et aux affaires des Nations et des Souverains, 1758), hat die Lehre und Praxis schon der Zeit Napoleons und noch mehr die Restaurationszeit Metternichs bestimmt[139]. Er wie auch Hugo Grotius (De jure belli ac pacis, 1625) und Samuel Pufendorf (De jure naturae et gentium libri octo, 1672) haben, wenn auch von Kant als „lauter leidige Tröster“ belächelt (ZeF, S. 210), immerhin den Fürsten und Führern jener Zeit Argumente für ihr außenpolitisches Handeln gegeben und dazu beigetragen, daß dieses Handeln wenigstens begründet werden mußte. Ob die Souveränität im Staat demokratisch, aristokratisch oder monarchisch ausgeübt wurde und wer somit der handelnde Souverän war, ließ er offen. Das paßte zu den unterschiedlichen Herrschaftsverhältnissen in Europa nach dem Ancien Régime.

Seit Carl Friedrich von Gerber wird die Souveränität meist nicht mit der Staatsgewalt identifiziert, sondern als eine Eigenschaft letzterer verstanden[140]. Der

[138] Beleg in Acta Borussica, Die Behördenorganisation und die allgemeine Staatsverwaltung Preußens im 18. Jahrhundert, Bd. 2, Berlin 1898, S. 352, Digitalisat; Hinweis auch von H. Preuß, Gemeinde, Staat, Reich als Gebietskörperschaften, S. 100, der das Zitat leicht abgeändert hat.

[139] H. Quaritsch, Staat und Souveränität, S. 475; ders., Souveränität, S. 103 ff.

[140] C. F. von Gerber, Grundzüge eines Systems des deutschen Staatsrechts, 3. Aufl. 1880, S. 22; G. Jellinek, Allgemeine Staatslehre, S. 435 ff., 481; gewissermaßen auch H. Kelsen, Der Wandel des Souveränitätsbegriffs, 1931, in: Hanns Kurz (Hrsg.), Volkssouveränität und Staatssouveränität, 1970, S. 173 ff., 175; aber ders., Allgemeine Staatslehre, 1925, S. 102 f. („Eigenschaft des Rechts, weil Eigenschaft des Staates“); ähnlich ders., Das Problem der Souveränität und die Theorie des Völkerrechts. Ein Beitrag zu einer reinen Rechtslehre, 1920, 2. Aufl. 1928, S. 53 ff. („Souveränität als wesentliches Merkmal des Staates“); kritisch zu Jellineks Doktrin H. Quaritsch, Staat und Souveränität, S. 408 ff., 410; für die Eigenschaftsdoktrin weiter H. Steiger, Staatlichkeit und Überstaatlichkeit. Eine Untersuchung zur rechtlichen und politischen Stellung der europäischen Gemeinschaften, 1966, S. 20; P. Dagtoglou, Souveränität, Ev StaatsLex, 3. Aufl. 1987, Sp. 3155 ff., 3160; vgl. A. Randelzhofer, Staatsgewalt und Souveränität, HStR, Bd. I, 1987, § 15, S. 691 ff., Rn. 21, auch Rn. 3, 35; H. Krüger, Allgemeine Staatslehre, S. 851 ff., auch S. 186 f.; K. Doehring, Internationale Organisationen und staatliche Souveränität, S. 109 („Souveränität der Staatsgewalt“); auch P. Häberle, Zur gegenwärtigen Diskussion um die Probleme der Souveränität, AöR 92 (1967), S. 261; M. W. Hebeisen, Souveränität in Frage gestellt, S. 50; W. Hennis, Das Problem der Souveränität, S. 13 u. ö.; zustimmend auch St. Hobe, Der offene Verfassungsstaat zwischen Souveränität und Interdependenz, S. 60 f., 434, 439; M. Kaufmann, Europäische Integration und Demokratieprinzip, S. 43; Ch. Seiler, Der souveräne Verfassungsstaat zwischen demokratischer Rückbindung und überstaatlicher Einbindung, S. 44, 106 ff. („Eigenschaft des Staates“); abwehrend J. Kokott, Die Staatsrechtslehre und die Veränderung ihres Gegenstandes: Konsequenzen von Europäisierung und Internationalisierung, VVDStRL 63 (2004), S. 7 ff., 17 ff., 24, um der Europäischen Union Teilhabe an der Souveränität zusprechen zu können, S. 21 ff., 23.

Grund ist eine fragwürdige Bundesstaatslehre, welche den Ländern als Gliedstaaten eines Bundesstaates keine Souveränität zugesteht[141] (dazu unten im Achten Teil). Die Souveränität ist aber keine Eigenschaft der Staatsgewalt, sondern wäre allenfalls Eigenschaft des Staates, wenn man dem Staat Eigenschaften zubilligen könnte. Das ist eine fragwürdige Personalisierung, wenn man auch so zu sprechen pflegt[142]. Eine Organisation oder Institution hat kein Eigenes, weil sie kein Sein, keine Existenz hat, kein Mensch ist (PdR, S. 97)[143]. Sie hat einen Zweck, hat Aufgaben, Befugnisse, Mittel. Ihre jeweiligen Besonderheiten, die ihrem Zweck usw. zuwider seien können, erfährt sie durch die Menschen, die in ihr, der Organisation, tätig werden. Die Menschen haben Eigenschaften, insbesondere Neigungen, nämlich Habsucht, Ehrsucht, Machtsucht, für die sie ihre Möglichkeiten in der Organisation nutzen. Ein gutes Beispiel bieten die staatlichen Organe, die mittels der Parteien als den Bündnissen der Vorteilsnahme im Widerspruch zu ihrer Aufgabe, an der Willensbildung des Volkes mitzuwirken (Art. 21 Abs. 1 S. 1 GG), weitgehend ihren Zweck verfehlen, aber deswegen nicht schon als Institutionen ungeeignet sind. Wie die Freiheit, die mit dem Menschen geboren ist, das transzendentale Wesen des Menschen ist, so ist das auch die Souveränität des Bürgers. Freiheit und Souveränität sind zugleich Rechte des Menschen und des Bürgers, weil sie als Rechte nicht nur in den Verfassungsgesetzen stehen oder aus diesen folgen, sondern vor allem, weil sie die naturgegebene Verfassung der Menschen sind, die Menschheit des Menschen. Die Freiheit ist nicht empirisch nachweisbar, also nicht Natur des Menschen im empirischen Sinne, sondern transzendentale Idee der Menschheit des Menschen (KrV, S. 324, 335 ff., 426 ff., 495 ff., 674 ff., 697; GzMS, S. 82 ff., 89 ff., 94 ff., 98 f.; KpV, S. 107 ff., 120 f., 141 f., 155 ff.,161, 193, 218 ff., 230 ff., 265; MdS, S. 326 ff., 333, 347, 361; dazu Rprp, S. 254 ff. u. ö.; FridR, S. 36 ff.; PdR, S. 50 ff.; näher Vierter Teil B.I.) und als solche Natur des Menschen.

Die Souveränität ist schon gar nicht eine Eigenschaft der Staatsgewalt. Die Staatsgewalt sind die rechtlichen und faktischen Möglichkeiten des als Staat organisierten Volkes[144], den Staatszweck, das gute Leben aller in allgemeiner Freiheit, zu verwirklichen. Solche Möglichkeiten haben oder sind keine Eigenschaften. Die Befugnisse und Mittel des Staates sind sicher für die Verwirklichung seines Zweckes

---

[141] Etwa A. Randelzhofer, Staatsgewalt und Souveränität, HStR, Bd. I, § 15, Rn. 35; meinungsbestimmend G. Jellinek, Allgemeine Staatslehre, S. 496 ff., 502 ff.; vgl. auch kritisch H. Kelsen, Das Problem der Souveränität und die Theorie des Völkerrechts, S. 59 ff., 280 ff., der allerdings den Gliedstaaten sowohl im Bundesstaat wie im Staatenbund, die nur einen Gradunterschied ausmachen würden, die Souveränität gemäß seiner Lehre vom Primat des Völkerrechts abspricht: auch ders., Der Wandel des Souveränitätsbegriffs, S. 176 f.

[142] Zur schwankenden Wortwahl des Bundesverfassungsgerichts, die eine unsicheres Begriffsverständnis sichtbar macht, Erster Teil A.

[143] So auch G. Dürig, Der deutsche Staat im Jahre 1945 und seither, VVDStRL 13 (1955), S. 38 (keine „Realexistenz kollektiver Persönlichkeiten", diese haben nur „Einzelmenschen").

[144] So auch, allerdings in Kritik an der Enumeration der „Souveränitätsrechte", die dazu führe, Souveränität mit Staatsgewalt und „objektivem Völkerrecht" zu identifizieren, H. Kelsen, Allgemeine Staatslehre, S. 110 f.; ders., Der Wandel des Souveränitätsbegriffs, S. 173 ff.

und seiner Aufgaben von großer Bedeutung, aber sie sind keine Eigenschaften. Die Befugnisse und Mittel sind wie die Aufgaben in dem Verfassungsgesetz und den Gesetzen geregelt. Der Staat ist nicht souverän, sondern die Bürger sind souverän, nämlich frei. Sie haben die suprema potestas, nach innen und außen, wie weit diese auch gehen mag. Der Staat ist die Organisation, mittels derer die Bürger gemeinschaftlich ihre Souveränität als Staatsgewalt ausüben. Im Sinne der Staatssouveränität dogmatisiert Hermann Heller die „Souveränität als Wesensmerkmal des Staates“[145]. Aber sie ist keine Eigenschaft. Rechtsprinzipien haben keine Eigenschaften, sondern formulieren begrifflich Handlungsmaximen. Sie folgen aus der Idee der Freiheit, sind also Imperative, Sätze des Sollens, verbindliche Erkenntnisse der praktischen Vernunft. Rechtliche Erkenntnisse können richtig und falsch sein. Eigenschaften sind empirische Phänomene, nicht aber normative Sätze. Macht, persönliche Macht, sei sie die Macht eines Einzelnen oder einer Gruppe, mag man als Eigenschaft ansehen, zumal sie immer unterschiedlich ist. Das zeigt der Satz: Er ist mächtig, oder: Er hat Macht. Aber die Souveränität ist nicht wesentlich Macht. Sie folgt aus der transzendentalen Idee der Freiheit. Sie ist gewissermaßen die Logik der Freiheit, die aber ist mit Selbständigkeit und damit mit Möglichkeiten zu handeln verbunden. Souveränität kann auch als Herrschaft begriffen werden und wird das meist. Das ist dann aber die Herrschaft von Menschen über Menschen.

Spätestens Paul Laband hat die von Hegel begründete Staatssouveränität zur staatsbestimmenden Doktrin Deutschlands gemacht[146]. Der einheitlichen Staatsperson stellt er die einheitliche Staatsgewalt zur Seite, die unteilbar ist und ihr Subjekt allein im Staat hat[147]. Die Subjektivierung des Staates als juristischer Person war der Ausdruck des fast das ganze 19. Jahrhundert währenden Kampfes gegen die Fürstensouveränität von Gottes Gnaden, die das monarchische Prinzip des Art. 57

---

[145] Die Souveränität, S. 133 ff.

[146] P. Laband, Das Staatsrecht des Deutschen Reiches, Bd. 1–3, 1876–1882, Bd. 1, 1883, 5. Aufl. 1911, S. 94 ff., „Subjekt der Staatsgewalt ist der Staat selbst“, nicht der Monarch, nicht das Volk; denn der Staat ist „juristische Person“, „Subjekt von obrigkeitlichen Herrschaftsrechten“; „Das Subjekt der Reichsgewalt ist nur das Reich selbst als selbständige ideale Persönlichkeit“ (S. 94 f.), S. 200 ff.; H. Quaritsch, Staat und Souveränität, S. 471 ff., 481 ff., 487 ff., 504; vgl. St. Hobe, Der offene Verfassungsstaat zwischen Souveränität und Interdependenz, S. 61; W. Hennis, Das Problem der Souveränität, S. 18; auch A. Fischer-Lescano, Globalverfassung. Die Geltungsbegründung der Menschenrechte, 2005, S. 199 f.

[147] P. Laband, Das Staatsrecht des Deutschen Reiches, Bd. 1, S. 62 ff., gegen Souveränitätsteilung zwischen Gesamtstaat und Einzelstaaten (führend vertreten von G. Waitz, Grundzüge der Politik nebst einzelnen Ausführungen, 1862, S. 166, im Anschluß an A. Tocqueville, „Souveränität steht dem Gesamtstaat (der Centralgewalt) und dem Einzelstaat (der Einzelstaatsgewalt), jedem innerhalb seiner Sphäre, zu“, keine „Untertänigkeit von Staaten“, „nur der Umfang, nicht der Inhalt von Souveränität ist beschränkt, und jener für die eine Staatsgewalt so gut wie für die andere“), wieder Laband „Souveränität gehört wesentlich zum Begriff des Staates“, S. 64, zur Herrschaftlichkeit des Staates, S. 66 f., „Herrschen ist das Recht, freien Personen Handlungen, Unterlassungen und Leistungen zu befehlen und sie zur Befolgung derselben zu zwingen“, S. 68, S. 94 ff., „Kaiser übt als ein Organ des Reiches die dem letzteren zustehenden Souveränitätsrechte aus, soweit die Verfassung oder Gesetze des Reiches ihn dazu berufen“, S. 218.

der Wiener Schlußakte zu retten versucht hatte[148]. Notwendig war dafür die „Trennung von Innehabung und Ausübung der Staatsgewalt". „Menschen sind danach allemal nur als ‚Organe' der juristischen Person Staat denkbar, und der so begriffene Staat ist Inhaber und Subjekt der Staatsgewalt"[149]. Der Fürst wurde zum Organ des Staates degradiert, wenn auch mit souveränen Rechten ausgestattet[150]. Helmut Quaritsch: „Erst mit den ‚Grundzügen eines Systems des deutschen Staatsrechts' von Carl Friedrich v. Gerber (1. Aufl. 1865) und den Werken Jellineks trat die Lehre vom Staat als juristischer Person und Subjekt der Staatsgewalt ihren Siegeszug an"[151]. Laband hat Staatszwecke aus dem Staatsbegriff verdrängt und damit die Staatssouveränität formalisiert. Seine Lehre ist bis heute wirksam, wenn nicht leitend. Georg Jellinek hat die formale Staatslehre und damit die formale Souveränitätslehre, die Staatszwecke ausklammert, mit seinem von dem „sozialen" Staatsbegriff geschiedenen „juristischen Staatsbegriff" der drei Elemente Gebiet, Volk, Herrschaft[152], die heute noch das Bundesverfassungsgericht leitet (BVerfGE 123, 267, Rn. 198; PdR, S. 60), völker- und staatsrechtlich mit nationaler und internationaler Wirksamkeit verfestigt[153]. „Als Rechtsbegriff ist der Staat demnach die mit ursprünglicher Herrschermacht ausgerüstete Körperschaft eines seßhaften Volkes oder, um einen neuerdings gebräuchlich gewordenen Terminus anzuwenden, die mit ursprünglicher Herrschermacht ausgestattete Gebietskörperschaft"[154]. Er ist „Rechtssubjekt", „juristische Persönlichkeit", die mit dem Menschen zu identifizieren „naiv" wäre[155]. Wie aber soll der Staat herrschen, wenn er kein Mensch ist? Allemal herrschen Menschen. „Herrschen heißt aber die Fähigkeit haben, seinen

[148] H. Quaritsch, Staat und Souveränität, S. 483, 489 ff.

[149] H. Quaritsch, Staat und Souveränität, S. 471, unter Hinweis auf Eduard Albrecht, Rezension über Maurenbrechers Grundzüge des heutigen deutschen Staatsrechts, 1837, Gött. Gel. Anz. 1837, S. 1492 ff., 1512 ff., S. 482, 483.

[150] Dazu H. Quaritsch, Staat und Souveränität, S. 471 ff., 487 ff., der die wesentlichen Beiträge von Johann Ludwig Klüber, S. 481 ff., und Eduard Albrecht, der zu den Göttinger Sieben gehört, dieser gegen Romeo Maurenbrecher, S. 487 ff., darstellt, zur Organschaft des Fürsten S. 472 ff., auch S. 487 ff.

[151] Staat und Souveränität, S. 497.

[152] G. Jellinek, Allgemeine Staatslehre, S. 174 ff., 182 f., 394 ff.; vgl. W. Hennis, Das Problem der Souveränität, S. 18; H. Quaritsch, Staat und Souveränität, S. 22 ff., kritisch; kritisch auch R. Knieper, Nationale Souveränität, S. 27 u.ö., vom ökonomistischen Standpunkt aus; dazu auch, insgesamt kritisch, U. Schliesky, Souveränität und Legitimität von Herrschaftsgewalt, S. 25 ff., durchgehend, S. 311 ff. zu Auflösungserscheinungen; vgl. auch Ch. Möllers, Staat als Argument, S. 17 ff.

[153] G. Jellinek, Allgemeine Staatslehre, S. 475 ff.; W. Hennis, Das Problem der Souveränität, S. 14 ff.; St. Hobe, Der offene Verfassungsstaat zwischen Souveränität und Interdependenz, S. 62 ff., 132 ff.

[154] G. Jellinek, Allgemeine Staatslehre, S. 183, auch S. 180 f., ähnlich S. 71; vgl. kritisch R. Knieper, Nationale Souveränität, S. 52, der die Nomaden bedauert, weil sie keinen Staat hätten; unkritisch Ch. Seiler, Der souveräne Verfassungsstaat zwischen demokratischer Rückbindung und überstaatlicher Einbindung, S. 46 und ff., der durchgehend Jellinek folgt.

[155] G. Jellinek, Allgemeine Staatslehre, S. 183, auch S. 180 f., ähnlich S. 71.

Willen anderen Willen unbedingt zur Erfüllung auferlegen, gegen andern Willen unbedingt durchsetzen können"[156]. Das ist das Gegenteil der „Freiheit als der Unabhängigkeit von eines anderen nötigender Willkür" (MdS, S. 345; FridR, S. 67 ff., 83 ff.). Der Wille kann, notwendig transzendental begriffen, nur frei sein und sich politisch im allgemeinen Gesetz verwirklichen. Wesentlich sind die Grenzen der Freiheit, also die Sittlichkeit, wie im Vierten Teil B. skizziert wird, und damit die Grenzen der Souveränität, die mit der politischen Freiheit der Bürger als dem Souverän verbunden sind, aber nicht aus einem formalen Herrschaftsbegriff hergeleitet werden können.

Auch in Frankreich, dem Mutterland der Souveränität, ist der Kampf um den Souveränitätsbegriff, der das Staatswesen tief beeinflußt, nach wie vor nicht beendet. Es stehen die Begriffe „souveraineté national" und „souveraineté populaire" gegeneinander. Walter Leisner hat diese Kontroverse bestmöglich dargelegt[157]. „Staat ist somit die juristische Seinsform der revolutionären ‚Nation'" (S. 156). Die Trägerschaft der Nation ist „kein individueller oder kollektiver Gewaltträger", sondern eine „abstrakte, geistige Wesenheit", „Personifizierung der Bürgergesamtheit" (S. 155). Organe derselben üben die Souveränität aus (S. 155). Der Dogmatiker der Nation war Caré de Malberg (S. 155 ff.). Seine „Nation" ist nichts anderes als der „Staat" der „deutschen Staatstheorie" (S. 159), eine „moralische", juristische Person (S. 160). Volk ist die „Gesamtheit der singuli" (S. 160). Für Emmanuel Sieyès seien Volk und Nation identisch gewesen (S. 165). Der Verfassungsentwurf der Gironde hat die „Nation" durch „Peuple" ersetzt und damit hätte Rousseau über Montesquieu gesiegt (S. 166). Das Volk habe den pouvoir constituant gewonnen, die Kompetenz-Kompetenz (S. 167). In der Jakobinerverfassung, die sich gegen die Aufspaltung des Volkes in Klassen und Stände, gegen Separatismus und Föderalismus gerichtet habe (S. 170 f.), seien die Bürger Souveränitätsträger geworden, wegen des Volksbegriffs teilbar, nicht der Staat, nicht die Nation. Die Directoire-Verfassung des Jahres III blieb dabei (S. 172). Das Volk habe die Verfassung mit Mehrheit gegeben (S. 168 f.). Die volonté générale Rousseaus als „addierte Mehrheit" sei in „allgemeinen Willen" umgeschlagen. Nicht das Volk als „fraktionierte Souveränitätsträger (Bürger)", sondern als „natürliche Einheit", „mehrheitlich", aber „geeint" sei Souverän (S. 170). Die Bürger als citoyens, nicht als Menschen hätten die Souveränität gehabt (S. 174). Die Verfassung des Jahres VIII habe zur „cäsarischen Komponente" des revolutionären Volkes geführt (S. 175). Die „individualistische Volksidee" sei aufgegeben worden: Le pouvoir souveraine réside essentiellement dans le peuple répresénté". Sieyès: „La représentation est partout" (S. 171). Richtig kommt Walter Leisner zu der Einsicht, die volonté générale sei der „Wille aller, nicht ‚mystisch', unpersönlich" (S. 177).

---

[156] Daselbst, S. 180.

[157] Volk und Nation als Rechtsbegriff der französischen Revolution. Zur „tradition révolutionaire", in ders., Staat, Schriften zur Staatslehre und Rechtsstaat, 1957–1991, hrsg. von J. Isensee, 1994, S. 150 ff.

I. Georg Friedrich Wilhelm Hegels nationaler Machtstaat

Hegel hat die Souveränität nach innen und außen als überlegene Macht konzipiert und das Recht der Menschen und Bürger wie das Recht der Völker und Staaten der Macht untergeordnet[158]. Seiner Lehre von der Staatssouveränität (Rechtsphilosophie[159], § 278 f., S. 270 ff.) als Gegensatz zur Volkssouveränität und gewissermaßen auch zur Fürstensouveränität ist Deutschland bis heute trotz verbaler Bekenntnisse zur Volkssouveränität aufgesessen[160] Die Staatssouveränität wird je nach dem Verfassungsgesetz, dem lex imperii, als Organsouveränität, etwa des Fürsten, verwirklicht[161], wie das der Staatsrechtslehre der Restauration, dem staatsrechtlichen Positivismus, allgemein entsprach[162], und damit die Organschaft im Grundsatz verkannt. Die organschaftliche Fürstensouveränität hat nicht nur in dem Bekenntnis Friedrich des Großen: „Ich bin der erste Diener meines Staates“[163], Ausdruck gefunden, sondern auch und wesentlich im Allgemeinen Landrecht für die Preußischen

---

[158] Dazu grundlegend H. Heller, Hegel und der nationale Machtstaatsgedanke in Deutschland. Ein Beitrag zur politischen Geistesgeschichte, 1921, in: ders., Gesammelte Schriften, Erster Band, hrsg. von Ch. Müller, 2. Aufl. 1992, S. 21 ff.; nach W. Hennis, Das Problem der Souveränität, S. 93 f. Fn. 68, geht der „völkerrechtliche Begriff der Souveränität“ auf Hegel, Rechtsphilosophie (Fn. 159), § 322, zurück. Kant hat in der Metaphysik der Sitten, §§ 53 ff. (S. 466 ff.) und im Ewigen Frieden im Zweiten Definitivartikel (S. 208 ff.) ein Friedensvölkerrecht unter den Staaten gegen einen Naturzustand des Krieges derselben entwickelt („Föderalism freier Staaten) und damit das Problem der äußeren Souveränität erörtert; er hat dabei den älteren Begriff der „Majestät“ des Staates benutzt (S. 209), wie andere vor ihm, aber Hennis kennt Kant nicht hinreichend.

[159] Grundlinien der Philosophie des Rechts oder Naturrecht und Staatswissenschaft im Grundrisse, Bd. 2, Rechtsphilosophie, 1821, ed. K. Löwitz/M. Riedel, 1968.

[160] Etwa H. A. Zachariä, Deutsches Staats- und Bundesrecht, Bd. 1, 3. Aufl. 1865, S. 68; J. K. Bluntschli, Allgemeines Staatsrecht, Bd. 2, 4. Aufl. 1868, S. 9 f.; C. F. von Gerber, Grundzüge eines Systems des deutschen Staatsrechts, 3. Aufl. 1880, S. 19, 22; G. Jellinek, Die Lehre von den Staatsverbindungen, 1882, S. 25; auch W. von Simson, Die Souveränität im rechtlichen Verständnis der Gegenwart, S. 120 ff. und durchgehend in seiner Bewußtseinssoziologie; vgl. auch H. Quaritsch, Souveränität im Ausnahmezustand. Zum Souveränitätsbegriff im Werk Carl Schmitts, Der Staat 35 (1996), S. 1 ff., 20 ff.; dazu ders., Staat und Souveränität, S. 471 ff., 481 ff., 493, der freilich keinen Gegensatz zwischen Staat, Staatsorganen und Staatsbürger formuliert; ähnlich J. Isensee, Staat und Verfassung, HStR, Bd. I, Grundlagen von Staat und Verfassung, 1987, § 13, Rn. 87 f.; A. Randelzhofer, Staatsgewalt und Souveränität, HStR, Bd. 1, Grundlagen von Staat und Verfassuung, 1987, § 15, Rn. 1 ff., 20 ff., 35 ff.; H. Boldt, Geschichtliche Grundbegriffe, S. 142 ff.; vgl. W. Hennis, Das Problem der Souveränität, S. 12 ff.; P. Häberle, Zur gegenwärtigen Diskussion um die Probleme der Souveränität, AöR 92 (1967), S. 265 (Kompromißformel des monarchischen Prinzips, vom Positivismus übernommen); St. Hobe, Der offene Verfassungsstaat zwischen Souveränität und Interdependenz, S. 65, für das 19. Jahrhundert; Ch. Seiler, Der souveräne Verfassungsstaat zwischen demokratischer Rückbindung und überstaatlicher Einbindung, S. 69 ff., auch S. 40 f. (dazu Dritter Teil, P.).

[161] G. Jellinek, Die Lehre von den Staatsverbindungen, S. 25.

[162] H. Quaritsch, Souveränität, S. 105 ff.; vgl. auch P. Pernthaler, Allgemeine Staatslehre und Verfassungslehre, 1986, 2. Aufl. 1996, S. 33 f.

[163] Das Politische Testament von 1752, S. 53.

Staaten von 1794, das Gesetz Friedrichs, dessen Verabschiedung er freilich nicht mehr erlebt hat. § 1, Dreyzehnter Titel des Zweyten Theils, lautet: „Alle Rechte und Pflichten des Staats gegen seine Bürger und Schutzverwandten vereinigen sich in dem Oberhaupte derselben". Hegel hat dieses Verfassungsgesetz in seiner Rechtsphilosophie ergebenst dogmatisiert.

Hegel hat die Staatssouveränität idealisiert und zum Prinzip der konstitutionellen Monarchie erhoben, während er der „Volks-Souverainetät verworrene Gedanken, denen die wüste Vorstellung des Volkes zu Grunde liegt", nachsagt. Ohne seinen Monarchen sei das Volk kein Staat mehr, sondern „formlose Masse". „In einem Volk" „als eine in sich entwickelte, wahrhaft organische Totalität, ist die Souverainetät als die Persönlichkeit des Ganzen, und diese in der ihrem Begriffe gemäßen Realität, als die Person des Monarchen" (§ 279, S. 273). Den durch die Gewaltenteilung bestimmten Rechtsstaat lehnt Hegel nicht anders als eine geschriebene Verfassung ab[164] Bei „Selbständigkeit" der Gewalten ist, „wie man dies auch im Großen gesehen hat, die Zertrümmerung des Staats gesetzt, oder, insofern der Staat sich wesentlich erhält, der Kampf, daß die eine Gewalt die andere unter sich bringt, dadurch und so allein das Wesentliche, das Bestehen des Staats rettet" (§ 272, S. 264).

Der Geist des gesamten Volkes garantiere die Staatsverfassung[165]. Grundrechte wie das Recht der freien Meinungsäußerung oder der Preßfreiheit dürfen nicht genutzt werden, um den Fürsten, die Regierung, die Behörden oder auch nur Beamte und die Gesetze verächtlich zu machen ((§§ 316, 319, S. 300, 302 ff.). Das seien Verbrechen oder Vergehen, nicht aber „die Wissenschaften", die nicht unter die „Kategorie" der „öffentlichen Meinung" fallen würden (§ 319, S. 304, auch § 270. S. 257 f.).

Das direkte, das allgemeine und gleiche Wahlrecht der Bürger weist Hegel der Sache nach zurück (§§ 307 f., S. 294 f.). Die „Subjektivität, welche als Auflösung des bestehenden Staatslebens in dem sein Zufälligkeit geltend machen wollenden, und sich ebenso zerstörenden Meinen und Raisonnieren, ihre äußerlichste Erscheinung hat, hat ihre wahrhafte Wirklichkeit in ihrem Gegentheile, der Subjektivität, als identisch mit dem substantiellen Willen, welche den Begriff fürstlicher Gewalt ausmacht, und welche als Idealität des Ganzen in dem Bisherigen noch nicht zu ihrem Rechte und Daseyn gekommen ist" (§ 320, S. 305). Die Meinungen der Bürger, der „Bourgeois", „die politische Nullität, nach der Mitglieder dieses Staats Privatleute sind"[166], eigentlich der Untertanen, sind somit bedeutungslos, wenn nicht

---

[164] H. Heller, Hegel und der nationale Machtstaatsgedanke in Deutschland, S. 126 ff.

[165] Encyklopädie der philosophischen Wissenschaften im Grundriß, Teil III (die Philosophie des Geistes), in: Werke, Bd. 7, Abt. II (hrsg. von L. Boumann, 1845), § 544, S. 418; vgl. H. Heller, Hegel und der nationale Machtstaatsgedanke in Deutschland, S. 126 f.

[166] Über die wissenschaftlichen Behandlungsarten des Naturrechts, seine Stelle in der praktischen Philosophie, und sein Verhältniß zu den positiven Rechtswissenschaften, 1802, in: Gesammelte Werke, hrsg. im Auftrag der Deutschen Forschungsgemeinschaft von H. Buchner und O. Pöggeler, Felix Meiner Verlag Hamburg, Bd. 4, 1968, S. 417 ff., 458, 13.

schädlich für den Staat. Das ist das Gegenteil des republikanisch wesentlichen politischen Diskurses der Bürgerschaft.

Für die politische Vertretung kommen nur die Stände der bürgerlichen Gesellschaft in Betracht, die „zugleich Stütze des Thrones und der Gesellschaft" sind, zumal der Stand der Grundbesitzer, „auf das Natur-Prinzip der Familie gegründet", „ohne die Zufälligkeit einer Wahl" „durch die Geburt dazu berufen und berechtigt (§ 307, S. 295, mit § 306, S. 294 f.). Hermann Heller bewertet: Diese Freiheiten seien allenfalls Modifikationen der Macht des Staates und fallen in die Sphäre der bürgerlichen Gesellschaft. Hegel habe um des Organismus willen „es gewagt, gegen den Zeitgeist für das alte deutsche Korporationswesen eine Lanze zu brechen", entgegen der von Rousseau, Kant und Fichte gelehrten Unmittelbarkeit zwischen dem „souveränen Individuum", nach Hegel „eine Menge von zersplitterten Atomen" (§ 290, S. 283), und dem „souveränen Staat"[167].

Im Gegensatz zu Bodin und Hobbes hat Hegel den Staat und damit dessen Souveränität nicht in die Grenzen des göttlichen Rechts, des Naturrechts[168], und in die Schranken der Verträge mit anderen Staaten gewiesen. Nein, viel etatistischer ist ihm der Staat höchste Sittlichkeit, die ihrem Begriff nach keiner äußeren Bindung bedarf. Das Positive der absoluten Sittlichkeit ist „daß die absolute sittliche Totalität nichts anderes als ein Volk ist", das „absolut Sittliche, nemlich das Angehören einem Volke; das Einsseyn mit welchem der einzelne im Negativen, durch die Gefahr des Todes allein auf eine unzweideutige Art erweist"[169]. Der Einzelne hat keinerlei politische Existenz. Vielmehr existiert nur das Volk, die Nation. „Der Begriff der Sittlichkeit ist in ihre Objektivität, die Aufhebung der Einzelheit gelegt worden. Dieses Vernichtetseyn des subjektiven im Objektiven, das absolute aufgenommensein des Besonderen ins Allgemeine ist"[170]. In dieser aufzugehen, dieser zu dienen ist die Sittlichkeit des Menschen. „Absolute Sittlichkeit" ist „das absolute Leben im Vaterland und für das Volk; sie ist die absolute Wahrheit". „Dessen Feind kann für das

---

[167] H. Heller, Hegel und der nationale Machtstaatsgedanke in Deutschland, S. 127 ff. Vgl. auch kritisch zur „romantischen" Organismuslehre ders., Staatslehre, 1934, 2. Aufl. 1961, S. 190 ff.

[168] Hobbes, Leviathan, II, 17. Kap., S. 151 ff. u. ö.; Bodin, République I, 8, p. 133; III, 4, p. 413 ff.; dazu H. Heller, Souveränität, S. 202, der „das neuzeitliche Naturrecht als säkularisierte Theologie" auszeichnet, richtig, die Theologie hat in Zeiten der Herrschaft Gottes durch die weltliche Herrschaft der Fürsten religiöse Grenzen gezogen, die spätestens seit der Aufklärung Sache des Rechts, der praktischen Vernunft, ist.

[169] Über die wissenschaftlichen Behandlungsarten des Naturrechts, S. 449, 21, 28 ff.

[170] System der Sittlichkeit, Reinschriftentwurf, 1802/3, in: Gesammelte Werke Bd. 5, Schriften und Entwürfe (1799–1808), hrsg. in Verbindung mit der Deutschen Forschungsgemeinschaft von der Nordrhein-Westfälischen Akademie der Wissenschaften unter Mitarbeit von Th. Ebert von M. Baum und K. R. Meist, Werke, Bd. 5. Felix Meiner Verlag Hamburg, 1998, S. 277 ff., 327, 54 a, 19 f.; zur Sittlichkeit bei Hegel A. Somek, Rechtssystem und Republik. S. 571 ff.

Sittliche nur ein Feind des Volkes, und selbst nur ein Volk sein"[171]. Hermann Heller meint: Das Sittliche des Staates ist die Macht, der nationale Machtwillen, „die machtvolle Existenz des Vaterlandes"[172]. Die „Tapferkeit" im Kampf für die Macht des Staates ist die „Tugend an sich"[173].

Die Sittlichkeit besteht in den Sitten des Volkes und im „System der Gesetzgebung" und die Gesetze müssen „als Gott des Volkes angeschaut und angebetet werden"[174]. Die staatliche Sittlichkeit war Hegel die Vernunft selbst; denn: „Was vernünftig ist, das ist wirklich; und was wirklich ist, das ist vernünftig", philosophiert Hegel (Rechtsphilosophie, Vorrede, S. 39), seine zentrale dialektische und geschichtsphilosophische Aussage. Hegels Staatslehre ist in seinen Historizismus[175] eingebettet: Die Weltgeschichte ist der „vernünftige, nothwendige Gang des Weltgeistes" (Vorlesungen über die Philosophie der Geschichte, 1805/06; 1816/17–1831/32 S. 12//12/22, Ausgabe E. Gans, 1840, S. 14). „Das Recht ist etwas Heiliges überhaupt, allein weil es das Daseyn des absoluten Begriffes, der selbstbewußten Freiheit ist". „Jede Stufe der Entwicklung der Idee der Freiheit hat ihr eigentümliches Recht, weil sie das Daseyn der Freiheit in einer ihrer eigenen Bestimmung ist" (§ 30, S. 70).

Sich für die Macht des Staates aufzuopfern, vor allem durch Tapferkeit im Krieg[176], ist die Freiheit des Volkes als Dienst am Weltgeist, nachdem der Weltgeist den preußischen Staat erreicht hat, die Vollendung der Geschichte. „Nur das Recht des Weltgeistes ist das uneingeschränkt absolute" (§ 30, S. 71). „Die wahre Tapferkeit gebildeter Völker ist das Bereitseyn zur Aufopferung im Dienste des Staates, so daß das Individuum nur Eines unter Vielen ausmacht. Nicht der persönliche Muth, sondern die Einordnung in das allgemeine ist hier das Wichtige" (§ 327, S. 309). „Der Gehalt der Tapferkeit als Gesinnung liegt in dem wahrhaften absoluten Endzweck, der Souverainetät des Staates;" (§ 328, S. 309). Daraus macht Rolf Knieper: „Insofern ist in der Tat der Imperialismus der ‚Zwillingsbruder' der Souveränität"[177]. Hermann Heller sieht im Hegelschen Weltgeist „den derzeit höchsten Entwick-

171 System der Sittlichkeit, 1802/3, Gesammelte Werke, Felix Meiner Verlag Hamburg, Bd. 5, Schriften und Entwürfe (1799–1808), S. 277 ff., 328, 55 a, 26 f., 23 f.

172 H. Heller, Hegel und der nationale Machtstaatsgedanke in Deutschland, S. 101 ff., 102.

173 System der Sittlichkeit, 1802/3, Gesammelte Werke, Felix Meiner Verlag Hamburg, Bd. 5, Schriften und Entwürfe (1799–1808), 1998, S. 277 ff., 328, 56 a, 27–29, Zitat kurzgefaßt.

174 Über die wissenschaftlichen Behandlungsarten des Naturrechts, S. 396; vgl. auch H. Heller, Hegel und der nationale Machtstaatsgedanke in Deutschland, S. 136.

175 Scharfe Kritik von K. R. Popper, Die offene Gesellschaft und ihre Feinde I, Der Zauber Platons II, Falsche Propheten, Hegel, Marx und die Folgen, 6. Aufl. 1980; ders., Das Elend des Historizismus, 1965, 5. Aufl. 1979, 7. Aufl. 2003, insb. S. 5 ff., 83 ff., 112 ff. zu den historischen Wissenschaften, 125 f.; nicht unkritisch der Hegelianer H. Heller, Souveränität, S. 200.

176 H. Heller, Hegel und der nationale Machtstaatsgedanke in Deutschland, S. 143 ff.

177 Vgl. R. Knieper, Nationale Souveränität, S. 37, 86, unter Berufung auf H. Kelsen, Das Problem der Souveränität und die Theorie des Völkerrechts, S. 318, der Hegel nicht richtig zitiert, der das nicht auf die „äußere Souveränität" bezogen hat.

lungsstand der bestimmten Nation, die ihn durch das geistige und materielle Produktionsmittel der Macht erreicht hat". „Jedes noch so schrankenlose Nationalmachtstreben" erhalte „den denkbar höchsten Sinn; denn subjektiver Machtwille des Staates und objektiver Weltzweck fallen zusammen, ..."[178]. „Der Weltgeist habe in einer Nation allein seinen Thron aufgeschlagen", in der „‚ausgewählten' Nation", der deutschen, ironisiert und kritisiert Hans Kelsen Hegels Nationalismus als Imperialismus[179].

Hegels ethische Begriffe dürfen trotz ihrer Herkunft und verbalen Ähnlichkeit nicht als die Kants gelesen werden. Sie sind nicht imperativische Sollensbegriffe, sondern verstehen sich als empirische Seinsbegriffe. Sie sind durch seine dialektische Geschichtsphilosophie bestimmt, nach der der absolute Geist, eine Art Gott, sich im Staat verwirklicht, spezifisch im preußischen Staat. Der Staat in seiner „abstrakten Wirklichkeit oder Substantialität", als „der Geist, der in der Welt steht", ist „göttlicher Wille, als gegenwärtiger, sich zur wirklichen Gestalt und Organisation einer Welt entfaltender Geist" (§ 270, S. 250 f.). Der Staat „beruht auf Religion", nämlich „die Prinzipien des Staates müssen als an und für sich geltend betrachtet werden, und sie werden dies nur, insofern sie als Bestimmungen der göttlichen Natur selbst gewußt sind. Wie daher die Religion beschaffen ist, so der Staat und seine Verfassung; er ist wirklich aus der Religion hervorgegangen und zwar so, daß der athenische, der römische Staat nur in dem spezifischen Heidentum dieser Völker möglich war, wie eben ein katholischer Staat einen andern Geist und andre Verfassung hat als ein protestantischer"[180]. Hermann Heller schließt, Hegel sei „für die preußisch-protestantische Einheit von Kirche und Staat eingetreten, weil er die Religion als Stütze des Staates und als seine höchste Bestätigung betrachtet" habe, in der Tat (§ 270, S. 258 f.)[181].

Hegels Dialektik hebt mit der Unterscheidung von Sein und Sollen, der Humeschen Disjunktion, das Rechtsprinzip auf. Freilich ist das für Hegel die wirkliche Freiheit des sittlichen Staates. Dieser dem Naturrecht entgegengesetzte Freiheitsbegriff[182] wendet sich gegen den kantianischen Dualismus des homo phaenomenon, des Menschen mit seinen Neigungen, also Schwächen, und des homo noumenon, den Menschen als Vernunftwesen (FridR, S. 31 ff., 36 ff. u. ö.). Hegel will Freiheit und Macht versöhnen und sieht in Beschränkungen der natürlichen Freiheit durch den Staat „schlechthin die Bedingung, aus welcher die Befreiung hervorgeht, und Gesellschaft und Staat sind die Zustände, in welcher die Freiheit vielmehr verwirklicht

[178] Hegel und der nationale Machtstaatsgedanke in Deutschland, S. 145.

[179] Das Problem der Souveränität und die Theorie des Völkerrechts, S. 318; vorsichtige Kritik an der nationalen Entwicklung des Weltgeistes auch W. von Simson, Die Souveränität im rechtlichen Verständnis der Gegenwart, S. 128 ff.

[180] Vorlesungen über die Philosophie der Geschichte, in: Werke, hrsg. von E. Gans, 1848, 3. Aufl. (besorgt von Karl Hegel), S. 61.

[181] Hegel und der nationale Machtstaatsgedanke in Deutschland, S. 107.

[182] H. Heller, Hegel und der nationale Machtstaatsgedanke in Deutschland, S. 121 f.

wird"[183]. Weit entfernt von Rousseau und Kant ist dieser Satz als solcher im Gegensatz zu Hegels Freiheitsbegriff als das Aufgehen des Menschen im sittlichen Staat anders, als es Hermann Heller sieht, nicht; denn in der Gesetzlichkeit und Staatlichkeit verwirklicht sich die Freiheit als Autonomie des Willens und somit als Sittlichkeit (dazu Vierter Teil B.III., IV.). Die Wirklichkeit ist jedoch nicht als solche vernünftig. Die praktische Vernunft ist vielmehr dem Menschen aufgegeben. Die Sittlichkeit zu verwirklichen ist stetige Pflicht des Menschen. Sich um sie zu bemühen ist Moralität. Das gebietet der kategorische Imperativ, das Sittengesetz, das Liebesprinzip der Christen und anderer Religionen. Dieses Sittengesetz ist das Rechtsprinzip.

Nach Hegel dagegen hat das „Rechtsgebot" „der abstrakten Grundlage des abstrakten und daher formellen Rechts", „sey eine Person und respektire die anderen als Personen", das die gegenseitige Achtung der menschlichen Würde ausmacht und die kantische Selbstzweckformel des kategorischen Imperativs anspricht, „einen praktisch unbrauchbaren Inhalt"[184], denn die „als bloße Abstraktion Person" habe „schon im Ausdruck etwas Verächtliches" (§§ 35, 36, S. 76 f.). Die Rechtlichkeit des gemeinsamen Lebens ist Praxis der Vernunft, die Vernunft aber nicht der absolute Geist, der sich im Staat verwirklicht, sondern sittliches Handeln jedes Menschen in jeder Lage. Immer ist das Recht eine Herausforderung, Pflicht, immer sind die Neigungen, nämlich Habsucht, Ehrsucht und Herrschsucht, zu bändigen. Der Kampf um das Recht, die Suche nach Gerechtigkeit, hört niemals auf. Nur die „Annäherung zu dieser Idee" der Freiheit und damit des Rechts sei uns „von der Natur auferlegt"; denn „aus so krummen Holze, als woraus der Mensch gemacht ist, kann nichts ganz Gerades gezimmert werden" (Idee, S. 41)[185] Dem Sein kann durch nichts das Sollen abgewonnen werden (KrV, S. 324 ff., 498 ff., 701; GzMdS, S. 33 ff.; Rprp, S. 172 ff., 520 ff., 540 ff.; FridR, S. 32 f.). Das Sollen ist vielmehr eine Frage der Ethik, deren Grundidee die Freiheit ist. Für Hegel jedoch ist der Staat als solcher in seiner jeweiligen Wirklichkeit sittlich (Rechtsphilosophie, §§ 257–360, S. 237 ff.).

Hegel definiert: „Der Staat ist die Wirklichkeit der sittlichen Idee, – der sittliche Geist, als der offenbare, sich selbst deutliche, substantielle Wille, der sich denkt und weiß und das was er weiß, und insofern er es weiß, vollführt" (§ 257, S. 237), und: „Der Staat ist als die Wirklichkeit des substantiellen Willens, die er in dem zu seiner Allgemeinheit erhobenen besonderen Selbstbewußtseyn hat, das an und für sich Vernünftige. Diese substantielle Einheit ist absoluter unbewegter Selbstzweck, in welcher die Freiheit zu ihrem höchsten Recht kommt, so wie dieser Endzweck das höchste Recht gegen die einzelnen hat, deren höchste Pflicht es ist, Mitglieder des Staats zu seyn" (§ 258, S. 237 f.).

[183] Vorlesungen über die Philosophie der Geschichte, S. 52, dazu H. Heller, Hegel und der nationale Machtstaatsgedanke in Deutschland, S. 121 f.

[184] So H. Heller, Hegel und der nationale Machtstaatsgedanke in Deutschland, S. 112 f.

[185] Dem folgt W. Maihofer, Legitimation des Staates aus der Funktion des Rechts, ARSP, Beiheft Nr. 15, 1981, S. 39.

Der Wille, in allen Rechts- und Staatslehren der Schlüsselbegriff und darum jeweils systemisch definiert, ist die „... vollkommen konkrete Objektivität“, „die Persönlichkeit des Staates ist, seine Gewißheit seiner selbst“ (§ 279, S. 272)[186]. Man muß den Staat „wie ein Irdisch-Göttliches verehren“ (§ 272, S. 264). Daneben kämen die Sittlichkeitsforderungen der Religionen nicht in Betracht, meint Hermann Heller[187]. Den Willen erklärt Hegel zum „Prinzip des Staates“, zum „an und für sich seyenden Göttlichen und dessen absolute Autorität und Majestät“. „Es ist der Gang Gottes in der Welt, daß der Staat ist: sein Grund ist die Gewalt der sich als Wille verwirklichenden Vernunft“ (§ 257, S. 237, § 258, S. 237 ff.)[188]. „Der Staat ist die Verwirklichung der Freiheit, nicht nach subjektivem Belieben, sondern nach dem Begriff des Willens, d. h. nach seiner Allgemeinheit und Göttlichkeit“ (§ 260, S. 243). Der allgemeine Wille ist für Hegel nicht der gemeinschaftliche Wille der Einzelnen und damit der Vielen, sondern das an und für sich Vernünftige.

Den Staat sieht Hegel als „die Objektivität des Vernunftbegriffs“ (§ 132, S. 144). „Der Staat an und für sich ist das sittliche Ganze, die Verwirklichung der Freiheit, und es ist absoluter Zweck der Vernunft, daß die Freiheit wirklich sey“ (§ 258, Zusatz, S. 241). Die Vernünftigkeit besteht in der „durchdringenden Einheit der Allgemeinheit und der Einzelnheit“, in der „Einheit der objektiven Freiheit d. i. des allgemeinen substantiellen Willens (sc. des Staates) und der subjektiven Freiheit als des individuellen Wissens und seines besondere Zwecke suchenden Willens“ (§ 258, S. 238). „Diese Idee ist das an und für sich ewige und nothwendige Seyn des Geistes“ (§ 258, S. 238). In Napoleon, der Europa blutig seinem Willen unterwarf, erkannte Hegel die „Weltseele“ oder den „Weltgeist zu Pferde“. Die Idee erscheint als objektiver Geist, die im Willen Wirklichkeit wird, im Willen des Staates. Der Staat ist die „selbstbewußte sittliche Substanz“ (Enzyklopädie der philosophischen Wissenschaft im Grundriß, § 535), der vernünftige, göttliche Wille, der sich so organisiert hat, als eine Persönlichkeit (vgl. §§ 257 ff., S. 237 ff., § 270, S. 250 ff.). „Der Staat ist göttlicher Wille als gegenwärtiger, sich zur wirklichen Gestalt und Organisation einer Welt entfaltender Geist“ (§ 270, S. 251).

Hegel distanziert sich explizit von dem „allgemeinen Willen“, wie ihn Rousseau entwickelt und Kant fortgeführt und transzendentalphilosophisch gegründet hat, weil er nicht das „an und für sich Vernünftige des Willens, sondern nur das Gemeinschaftliche, das aus diesem einzelnen Willen als bewußtem hervorgehe, fasse“. Der Rousseausche allgemeine Wille habe „ihre (sc. der einzelnen Willen) Willkür, Meinung und beliebige, ausdrückliche Einwilligung zur Grundlage“ (§ 258, S. 238). Den kategorischen Imperativ, der die Bürger zur Sittlichkeit durch Moralität verpflichtet, die Autonomie des Willens, das christliche Liebesprinzip, das die Kultur der Freiheit ausmacht, blendet Hegel geradezu höhnisch aus („Pflicht selbst nur

---

[186] Dazu H. Heller, Hegel und der nationale Machtstaatsgedanke in Deutschland, S. 134 f.

[187] Hegel und der nationale Machtstaatsgedanke in Deutschland, S. 105 f.

[188] Dazu H. Heller, Hegel und der nationale Machtstaatsgedanke in Deutschland, S. 137 ff.; auch H. Quaritsch, Staat und Souveränität, S. 29.

abstrakte Allgemeinheit" mit „inhaltsloser Identität", „leerer Formalismus", „Rednerei der Pflicht um der Pflicht willen", „perennierendes Sollen", gegen das Kriterium der Widerspruchslosigkeit, § 135, S. 146 ff.)[189], weil er anders die Machtkultur als die Wirklichkeit der Freiheit und als Sittlichkeit des im Staat aufgehenden Volkes und daraus folgend das monarchische Prinzip des Konstitutionalismus nicht aufrechterhalten kann[190]. Die Sittlichkeit der politischen Freiheit, der Autonomie des Willens als der Selbstgesetzgebung, die Bürgerlichkeit des Bürgers, vermag Hegel, der romantisierende Restaurator des herrschaftlichen Machtstaates, nicht zu akzeptieren. „Das sittliche Sollen" ist „das nationale Machtsein", fast Hermann Heller zusammen und weist auf den späteren Satz Heinrich von Treitschkes hin: „Die Moral muß politischer werden, wenn die Politik moralischer werden soll, d. h. es müssen die Moralisten erst erkennen, daß man das sittliche Urteil über den Staat aus der Natur und den Lebenszwecken des Staates und nicht des einzelnen Menschen schöpfen muß"[191]. Das ist der Gegensatz zur Menschheit des Menschen Kants.

„Die Ausbildung des Staates zur konstitutionellen Monarchie ist das Werk der neuen Welt, in welcher die substantielle Idee die unendliche Form gewonnen hat" (§ 273, S. 265 und ff.). Die konstitutionelle Monarchie ist die Wirklichkeit des sittlichen, also göttlichen Staates und die „Persönlichkeit des Staates ist nur als eine Person, der Monarch, wirklich" (§ 279, S. 272). Das Vorbild Hegels, der den Absolutismus aufgegeben hatte, nachdem der ‚Weltgeist zu Pferde' seinen Ritt beendet hatte, ist der König der Preußen. Er begründet philosophisch den „preußisch-konservativen Nationalstaatsgedanken", den nach ihm wirkungsmächtig Bismarck zur Grundlage seiner preußischen Großmachtpolitik gemacht ist[192]. Die „lebendige Individualität des Volkes" als „der organischen Totalität" verteidigt Hegel gegen „die Leerheit der Rechte der Menschheit und der gleichen Leerheit eines Völkerstaats und der Weltrepublik", ... „das gerade Gegenteil der sittlichen Lebendigkeit"[193]. Der Monarch als der Herrscher wird durch „die Idee der Staatspersönlichkeit" der „Inhaber aller Souveränität", faßt Hermann Heller richtig die Staatsphilosophie Hegels zusammen[194].

---

[189] Vgl. H. Heller, Hegel und der nationale Machtstaatsgedanke in Deutschland, S. 107 f.; den Vorwurf des bloß Formalen teilt H. Seubert, Der Deutsche Idealismus, S. 67.

[190] Relativierend H. Heller, Hegel und der nationale Machtstaatsgedanke in Deutschland, S. 137.

[191] Hegel und der nationale Machtstaatsgedanke in Deutschland, S. 109; H. von Treitschke, Politik, Vorlesungen, 1897–1898, gehalten an der Universität zu Berlin, hrsg. von Max Cornicelius, 2 Bde, Bd. 1, 1897, S. 105.

[192] H. Heller, Hegel und der nationale Machtstaatsgedanke in Deutschland, S. 99 ff., 203 ff. („Die Tradition des Machtstaatsgedankens von Hegel zu Bismarck"); auch K. Doehring, Internationale Organisationen und staatliche Souveränität, S. 113, „absoluter Wert der Nation" im souveräner Nationalstaat Hegels; „Nationalstaat der klassischen Epoche Machtstaat".

[193] Über die wissenschaftlichen Behandlungsarten des Naturrechts, S. 484. 29 ff.; auch in: Werke in 20 Bänden, suhrkamp, Band 2, Jenaer Schriften 1801–1807, 1986, S. 408 f., 411, 415 f.; vgl. H. Heller, Hegel und der nationale Machtstaatsgedanke in Deutschland, S. 132.

[194] H. Heller, Hegel und der nationale Machtstaatsgedanke in Deutschland, S. 143.

Hegels geschichtsphilosophische Spekulationen sind Fiktionen, welche den jeweiligen Machtverhältnissen den Glanz der Wirklichkeit des absoluten Geistes, der Vernunft, der Freiheit an und für sich, des Göttlichen, geben wollen, den stumpfen Glanz seiner Philosophie, seiner dienerischen Irrungen. Der tiefere Grund für diese Staatslehre ist Hegels Philosophie des Geistes, nach der sich in der Wirklichkeit der absolute Geist als das sich dialektisch entwickelnde Selbstbewußtsein Gottes zeigt. Diese Wirklichkeit, „zumal der sittliche Staat", ist der „unmittelbare Ausdruck des Göttlichen"[195]. Damit ist die Moralität als Tugendpflicht auch des Bürgers aufgegeben.

Hegels Lehre der absoluten Souveränität bindet diese und damit den Staat an kein höheres Recht, auch nicht wie vor ihm alle Lehren der relativen Souveränität, zumal die Bodins, die die summa potestas des Staates an das Naturrecht als den Ausdruck der ordnenden Weisheit Gottes, die lex aeterna des Augustinus, die sich den Menschen als lex naturalis offenbart, binden[196]. Nein, die Sittlichkeit ist die Rechtlichkeit, für die der Staat zur größten Gefahr werden kann, wie die Geschichte, vor allem die deutsche Geschichte, beweist. Der Staat ist nicht Selbstzweck, sondern dient den Menschen zur Verwirklichung des guten Lebens aller in allgemeiner Freiheit, des gemeinen Wohls, und damit des Rechts (FridR, S. 60 ff., 143 ff., 484 ff., u. ö.; PdR, S. 19, 20, u.ö).

Hegel aber hat die Macht über das Recht gestellt[197] und die Jahrhunderte langen Bemühungen, die Wirklichkeit von Herrschaft von Menschen über Menschen und von Staaten über Staaten rechtlich zu bändigen, geradezu zertrümmert. Im Streit um das Recht entscheide die Macht. „Das Volk als Staat ist der Geist in seiner substantiellen Vernünftigkeit und unmittelbaren Wirklichkeit, daher die absolute Macht auf Erden; ein Staat ist folglich gegen den anderen in souverainer Selbständigkeit" (§ 331, S. 311). „Der besondere Wille des Ganzen aber nach seinem Inhalt sein Wohl überhaupt" … (sc. das Wohl des besondern Staates als Individuum) ist „das höchste Gesetz in seinem Verhalten zu anderen" (§ 336, S. 313). Gegen Kants Friedensprinzip des Völkerbundes (ZeF, 208 ff.) stellt Hegel die Sätze: „Der Streit der Staaten kann deswegen, insofern die besonderen Willen keine Übereinkunft finden, nur durch Krieg entschieden werden" (§ 334, S. 313); denn „es gibt keinen Prätor, höchstens Schiedsrichter und Vermittler zwischen den Staaten, und diese nur zu-

---

[195] W. Weischedel, Hegel oder Der Weltgeist in Person, in: ders., Die philosophische Hintertreppe, 1975, 11. Aufl. 1984, S. 209 ff. (219); scharfe Kritik von H. Heller, Staatslehre, S. 329.

[196] A. Verdross, Völkerrecht, 5. Aufl. 1964, S. 6 ff., der auf Schubert, Augustinus lex aeterna, 1924, hinweist; auch K. Doehring, Allgemeine Staatslehre. Eine systematische Darstellung, 3. Aufl. 2004, S. 268 („nemo contra deum nisi deus ipse").

[197] Dazu umfassend H. Heller, Hegel und der nationale Machtstaatsgedanke in Deutschland, S. 21 ff., insb. S. 111 ff.; zur Machtlehre Hegels auch W. Mäder, Vom Wesen der Souveränität, S. 117 ff.

fälligerweise, d. i. nach besonderen Willen" (§ 333, S. 313)[198]. „Der höhere Prätor ist allein der allgemeine an und für sich seyende Geist, der Weltgeist" (§ 339, S. 315). Dem folgt noch 1911 Erich Kaufmann: „Das Wesen des Staates ist die Machtentfaltung". „Der siegreiche Krieg ist die Bewährung des Rechtsgedankens, letzte Norm, die darüber entscheidet, welcher Staat das Recht hat"[199]. Karl Doehring kommentiert: „Aus dem Können folgt das Dürfen"[200].

Den wirklichen Praetor gibt es noch immer nicht, aber das Gewaltverbot, das freilich von denen, die die Macht haben, gebrochen zu werden pflegt. Insoweit war Hegel realistisch, Kant aber hat rechtlich gedacht. Mit dem Absolutismus der Souveränität, beeindruckt vom napoleonischen Imperialismus[201], stellt Hegel die Rechtlichkeit der Staatenverhältnisse in Abrede. Der Krieg, „der Zustand der Rechtlosigkeit, der Gewalt und Zufälligkeit" (§ 338, S. 314), dient nicht eigentlich der Verteidigung des Landes, und dürfe nicht als „Aufopferung des Staates nur als bürgerliche Gesellschaft, und als sein Endzweck nur die Sicherung des Lebens und des Eigentums der Individuen" betrachtet werden (§ 324, S. 306), sondern ist „die Nothwendigkeit zum Werke der Freiheit, einem Sittlichen", sprich der nationalen Macht, konkret der Macht Preußens[202]. Hermann Heller: „Tatsächlich ist von niemand eine kühnere Metaphysik des nationalen Imperialismus entworfen worden als von Hegel"[203]. Das ist eine sehr vornehme Bemerkung über Hegels Machtwahn, dessen Weltgeist Heller als „Ausdruck für die sittliche Berechtigung der nationalistischen Weltmacht" erklärt, ohne „die allergeringste Spur von einem völkerverbindenden Universalismus"[204]. Hegel hält es für nötig, daß „die Regierung sie, die Bürger, in ihrem Innern von Zeit zu Zeit durch Kriege erschüttert" … und „in jener auferlegten Arbeit (sc. den Krieg) ihren Herrn, den Tod, zu fühlen zu geben", damit das Streben nach Macht, also Weltgeistverwirklichung, nicht aufhöre. Der Frieden lasse die Bürger verknöchern und in ihrer Sittlichkeit, nämlich dem Dienst an der Macht des Staates, erlahmen (vgl. § 324, S. 306 ff.)[205]. Diese wiederum gegen Kants

---

[198] Dazu H. Heller, Hegel und der nationale Machtstaatsgedanke in Deutschland, S. 153; ders., zustimmend Souveränität, S. 180.

[199] Das Wesen des Völkerrechts und die clausula rebus sic stantibus, 1911, S. 135, 153, auch S. 146; vgl. K. Doehring, Allgemeine Staatslehre, S. 270; ders., Internationale Organisationen und staatliche Souveränität, FG Ernst Forsthoff zum 65. Geburtstag, 1967, S. 105 ff., 114; zum „‚absurden' Völkerrechtsnihilismus" des 19. Jahrhunderts Ch. Hillgruber, Souveränität – Verteidigung eines Rechtsbegriffs, JZ 2002, 1074 f.

[200] Internationale Organisationen und staatliche Souveränität, FG Ernst Forsthoff, 1967, S. 114.

[201] So H. Heller, Hegel und der nationale Machtstaatsgedanke in Deutschland, S. 130 f., 155.

[202] H. Heller, Hegel und der nationale Machtstaatsgedanke in Deutschland, S. 146 ff.

[203] Hegel und der nationale Machtstaatsgedanke in Deutschland, S. 155.

[204] Hegel und der nationale Machtstaatsgedanke in Deutschland, S. 157.

[205] Hegel, Phänomenologie des Geistes, in Werke, Bd. 2, hrsg. von J. Schulze, 1832, S. 339; vgl. H. Heller, Hegel und der nationale Machtstaatsgedanke in Deutschland, S. 148 f.

Friedensbund gerichtete Position Hegels wird jedem Kriegstreiber gefallen und hat in Deutschland geschichtsmächtige Zustimmung gefunden.

Das Gewaltverbot des Art. 2 Nr. 4 UN-Charta hat gegen Hegel (und auch gegen Georg Jellineks Souveränitätsbegriff) entschieden[206]. Nach Hegel bestimmt der, was Recht ist, der die Macht hat, der Staat und unter den Staaten der siegende Staat, nicht die Erkenntnis von Wahrheit und Richtigkeit (Rprp, S. 588, 604, 608 ff, 1095 ff, 1159 ff, auch S. 156 ff., 799 ff.; PdR, S. 143 ff.; FridR, S. 94, 164 ff., 202, 207, 432)[207]. Trotz aller Zweifel an dem Rechtscharakter des Völkerrechts, das „nicht die mindeste gesetzliche Kraft hat, oder auch nur haben kann (weil die Staaten als solche nicht unter einem gemeinschaftlichen äußeren Zwange stehen)", hat Kant den Krieg als Mittel, wie Staaten ihr Recht verfolgen, zurückgewiesen. Durch den Sieg werde das Recht nicht entschieden. „Die Vernunft" verdamme „schlechterdings, vom Throne der höchsten moralisch gesetzgebenden Gewalt herab, den Krieg als Rechtsgang", mache „dagegen den Friedenszustand zur unmittelbaren Pflicht". Der könne nur durch einen möglichst weltweiten Friedensbund/foedus pacificum) gestiftet und gesichert werden (ZeF, S. 210 f.). Der Weltfrieden hat inzwischen eine Institution gefunden, die diesen zwar nicht hinreichend sichert, aber doch fördert, die Vereinten Nationen. Diesen Fortschritt hat Kant eingeleitet. Hinzu kommen Staatenverbünde wie die Europäische Union, welche den regionalen Frieden, der sie ermöglicht hat, zu stabilisieren bemüht sind.

Die Lehre vom absoluten Staat liegt der ebenso herrschaftlichen wie republikwidrigen Lehre von der Trennung oder Unterscheidung von Staat und Gesellschaft zugrunde (kritisch Rprp, S. 159 ff.; FridR, S. 207 ff.), die demgemäß auch Hegel trotz seiner Unterwerfung unter die Realität der konstitutionellen Monarchie begründet hat (§§ 182–256, S. 192 ff., auch § 258, S. 237 f.)[208]. Hegel zerreißt, weil er die Sittlichkeit als Imperativ des Bürgers verloren sieht, die republikanische und demokratische Einheit von civitas, πόλις, Staat und societas civilis, κοινωνία πολιτική, bürgerliche Gesellschaft und erklärt, durchaus im Fahrwasser der restaurativen Staatslehre, trotz aller Kritik an deren führenden Vertreter Carl Ludwig von Haller (§ 258, S. 239 f.)[209], den Staat als solchen zur sittlichen Anstalt. Er erkennt das entwickelte Volk „als eine in sich entwickelte, wahrhaft organische Totalität", „als

---

[206] K. Doehring, Allgemeine Staatslehre, S. 269.

[207] Karl Jaspers, Vom Ursprung und Ziel der Geschichte, 1949, S. 197 ff.; näher K. A. Schachtschneider, Der Rechtsbegriff „Stand von Wissenschaft und Technik" im Atom- und Immissionsschutzrecht, in: W. Thieme, Umweltschutz im Recht, 1988, S. 105 ff.

[208] Dazu grundlegend M. Riedel, Der Begriff der „Bürgerlichen Gesellschaft" und das Problem seines geschichtlichen Ursprungs, 1962/1969, in: E.-W. Böckenförde (Hrsg.), Staat und Gesellschaft, 1976, S. 77 ff.; ders., Bürgerliche Gesellschaft. Eine Kategorie der klassischen Politik und des modernen Naturrechts, 1969, hrsg. von H. Seubert, 2011, S. 239 ff.; kurz auch Ch. Seiler, Der souveräne Verfassungsstaat zwischen demokratischer Rückbindung und überstaatlicher Einbindung, S. 40 f.

[209] C. L. von Haller, Restauration der Staats-Wissenschaft oder Theorie des natürlich-geselligen Zustandes; der Chimäre des künstlich-bürgerlichen entgegengesetzt, Bd. 1–6, 1816–1834.

die Persönlichkeit des Ganzen", als ganzheitlichen sittlichen und politischen einem Lebewesen gleichen Organismus[210], nicht als die Vielheit der Bürger, die er „in einem willkürlichen und unorganischen Zustande" sieht (§ 279, S. 273), und schafft damit die noch heute bestimmende Lehre von Volk und Staat als eigenständiger politischer Einheit[211], deren einflußreichster Propagandist im 20. Jahrhundert Carl Schmitt werden wird: Das Volk als politischer Einheit hat den „Willen zur politischen Existenz", diese ist eine höhere und gesteigerte, intensivere Art Sein" des „als politischer Einheit existierenden Volkes gegenüber dem natürlichen Dasein einer irgendwie zusammenlebenden Menschengruppe"[212]. Gerhard Leibholz, der zwanzig Jahre als Richter des Bundesverfassungsgerichts dessen politische Rechtsprechung geprägt hat, hat diesen Volksbegriff Schmitts übernommen: „Die Repräsentation geht „stets der Idee nach vom Volk als Einheit und nicht als Vielheit aus"[213]. Die Gegenüberstellung des „Volkes als Einheit" und des „Volkes als Vielheit" hat auch Herman Heller herausgestellt[214].

Die den Bürgern aufgegebene Sittlichkeit als allgemeine, also einheitliche Gesetzgebung, die nur durch allseitige Moralität erreicht werden kann, die sowohl naturrechtliche wie aufklärerische Lehre vom Staatsvertrag, weist Hegel krass zurück: „Die Form eines solchen untergeordneten Verhältnisses, wie der Vertrag ist, hat

[210] H. Heller, Hegel und der nationale Machtstaatsgedanke in Deutschland, S. 115ff., 123ff., 141; ders., Staatslehre, S. 190ff.; zur Organismuslehre St. Hobe, Der offene Verfassungsstaat zwischen Souveränität und Interdependenz, S. 57ff.; insb. O. von Gierke, Das Wesen der menschlichen Verbände, 1902; ders., Das deutsche Genossenschaftsrecht, Bd. 1, Rechtsgeschichte der deutschen Genossenschaft, 1868, Nachdruck der 1. Ausgabe, 1954; ders., Die Grundbegriffe des Staatsrechts und die neuesten Staatsrechtstheorien, 1915/1973, S. 96ff.; vgl. Ch. Seiler, Der souveräne Verfassungsstaat zwischen demokratischer Rückbindung und überstaatlicher Einbindung, S. 47.

[211] Dazu M. Riedel, Bürgerliche Gesellschaft, S. 241ff.; dem folgt etwa F. Battaglia, Die Souveränität und ihre Grenzen, 1938/39, in: H. Kurz, Volkssouveränität und Staatssouveränität, 1970, S. 195ff., 201ff.; O. von Gierke, Das deutsche Genossenschaftsrecht, Bd. 1, S. 830 (rechtlich eine „Gesamtpersönlichkeit").

[212] C. Schmitt, Verfassungslehre, 1928, S. 3, 91, 205, 213, 235 u.ö.; unter Hinweis auf H. Triepel, Die Hegemonie. Ein Buch von führenden Staaten, 1938, 2. Aufl. 1943, S. 66ff., wo die zitierte Position nicht zu finden ist, aber bemerkenswert Erster Teil, Neudruck, hrsg. von G. Leibholz, 1961, S. 12ff.: „Der führende Mensch", eine ausführliche Führerlehre (wegen „Sein des Staates Einzigkeit der Staatsgewalt"); gegenwärtig K. Stern, Staatsrecht I, S. 962 u.ö.; ders., Staatsrecht II, S. 37ff.; E. Forsthoff, Zur heutigen Situation der Verfassungslehre, in: H. Barion/E.-W. Böckenförde/E. Forsthoff/W. Weber (Hrsg.), Epirrhosis, FG Carl Schmitt zum 80. Geburtstag, 1968, S. 185ff., S. 196; U. Scheuner, Das repräsentative Prinzip in der modernen Demokratie, in: M. Imboden/R. Bäumlein/K. Eichenberger (Hrsg.), Verfassungsrecht und Verfassungswirklichkeit, FS Hans Huber zum 60. Geburtstag, 1961, S. 222ff., S. 227; sogar M. Kriele, Einführung in die Staatslehre, S. 235f.; kritisch H. Heller, Staatslehre, S. 158ff.; kritisch K. A. Schachtschneider, Res publica res populi, S. 104, 143, 730f., 735f.

[213] G. Leibholz, Das Wesen der Repräsentation und der Gestaltwandel der Demokratie im Zwanzigsten Jahrhundert, 1929, 3. Aufl. 1966, S. 142, 167, 183, 4. Aufl. 1974 unter dem Titel: Die Repräsentation in der Demokratie.

[214] H. Heller, Souveränität, S. 75; ders., Hegel und der nationale Machtstaatsgedanke in Deutschland, S. 135, zu Hegels „organischem Prinzip", S. 120f.

sich in die absolute Majestät der sittlichen Totalität eingedrängt"[215]. Der in seinem Machtstreben sittliche Staat, dem wegen dieser ihm begrifflich zugesprochenen Sittlichkeit jede Macht und Gewalt weltgeistlich oder religiös zusteht, die Herrschaft über die Gewaltunterworfenen, deren Geschick es ist, eins zu sein mit dem Volk als Staat, wie der Krieg gegen andere Staaten, ist die sittliche Totalität und absolute Majestät. Der Bürger ist in diesem Staat nicht Politiker, sondern „das Individuum kommt darin zu seinem Recht, daß es Bürger eines guten Staates ist" (§ 153, S. 174). „Indem er (sc. der Staat) objektiver Geist ist, so hat das Individuum selbst nur Objektivität, Wahrheit und Sittlichkeit, als es Glied desselben ist". „Die Vernünftigkeit besteht, abstakt betrachtet, überhaupt in der sich durchdringenden Einheit der Allgemeinheit und der Einzelnheit, …" (§ 258, S. 238).

Die rousseausche volonté générale, „die Vereinigung der einzelnen im Staat" erklärt Hegel „zu einem Vertrag, der somit ihre Willkür, Meinung und beliebige, ausdrückliche Einwilligung zur Grundlage hat, und es folgen die weiteren bloß verständigen, das an und für sich seyende Göttliche und dessen absolute Autorität und Majestät zerstörende Konsequenzen". „Gegen das Princip des einzelnen Willens ist an den Gegenbegriff zu erinnern, daß der objektive Wille das an sich in seinem Begriffe Vernünftige ist, ob es von Einzelnen erkannt und von ihrem Belieben gewollt werde oder nicht; – …" (§ 258, S. 239). „Bei der Freiheit muß man nicht von der Einzelnheit, vom einzelnen Selbstbewußtsein ausgehen, sondern nur vom Wesen des Selbstbewußtseins, denn der Mensch mag es wissen oder nicht, dieß Wissen realisiert sich als selbständige Gewalt, in der die einzelnen Individuen nur Momente sind: es ist", das sei wiederholt, „der Gang Gottes in der Welt, daß der Staat ist: sein Grund ist die Gewalt der sich als Wille verwirklichenden Vernunft" (§ 258, S. 241). „Die Sitte („die Gewohnheit") ist das dem Geist der Freiheit Angehörende" (§ 151, S. 171).

Hegel kennt nur die „Volksfreiheit", nicht die „Individualfreiheit"[216], die Freiheit des Menschen als Bürger. „Der Mensch hat durch das Sittliche insofern Rechte, als er Pflichten, und Pflichten insofern er Rechte hat" (§ 155, S. 174), aber diesem Rechte fehlt „das Moment der Subjektivität" und es hat somit „keine Wirklichkeit" (§ 141, Zusatz, S. 167). Es sind folglich keine wirklichen Rechte. „Die Individuen sind als Bürger dieses Staates Privatpersonen, welche ihr eigenes Interesse zu ihrem Zwecke haben" (§ 187, S. 195), also nicht Politiker, nicht citoyens, schlicht Untertanen. So war und ist die Wirklichkeit, in Hegels Zeit die gebildeten Bürger eher weniger als heute, so soll es aber nicht sein.

Hegel hatte die Befreiungskriege gegen Napoleons Diktatur erlebt und schrieb seine Rechtsphilosophie im Berlin des Vormärz. Das ist die Flucht aus der Verantwortung für das gemeinsame Leben. Heute ist der politische Leitsatz der meisten, auch der studierten, Menschen: Ich kann ja nichts tun, und sie wenden sich ihren

[215] Über die wissenschaftlichen Behandlungsarten des Naturrechts, S. 405; dazu H. Heller, Hegel und der nationale Machtstaatsgedanke in Deutschland, S. 113 f., 13.

[216] H. Heller, Hegel und der nationale Machtstaatsgedanke in Deutschland, S. 111 f.

eigenen Angelegenheiten zu. Die von Hegel als vernünftig erklärte Wirklichkeit ist oft, wenn nicht meist, nichts als Unrecht. „Was sind denn Staaten, wenn ihnen die Gerechtigkeit fehlt, anderes als Räuberbanden", sagt Augustinus in De Civitate Dei[217]. Damit hat Hegel Sittlichkeit als praktische Vernunft aufgegeben.

Hegels Sätze sprechen für sich. Die Menschheit des Menschen, seine politische Freiheit, nur unter Gesetzen zu leben, die er sich selbst, freilich mit allen anderen Bürgern gemeinsam, gegeben hat, ist nicht die Freiheit, die Hegel als Sittlichkeit philosophiert. Hegels allgemeiner Wille ist nicht der Wille aller, wie bei Kant. Es ist der Wille Gottes, nicht anders als der Wille Allahs im Islam. Sein sittlicher Staat ist der Gottesstaat und der Monarch ist Gottes Werkzeug. Harald Seubert: „Wenn ein Staat für Hegel gerechtfertigt erscheinen soll, dann muß er religiös gerechtfertigt werden oder er ist überhaupt nicht zu rechtfertigen"[218]. Aber Hegels Staatsphilosophie ist bis heute die einflußreichste Rechtfertigung staatlicher und damit elitärer Herrschaft und war und ist es vor allem in sozialistischen Staatskonzeptionen bis hin zur Europäischen Union, die sich nur vorläufig kapitalistisch gebärden dürfte. Volk ist für Hegel wie später für Carl Schmitt und alle ihre Schüler nicht die Bürgerschaft, sondern eine existentielle politische Einheit, unabhängig von den Menschen und Bürgern. Den Bürgern werden klägliche Grundrechte zugesprochen, aber sie sind nicht Politiker. Das Volk als Staat hat die Macht und damit um seiner Existenz willen das Recht, diese Grundrechte zu ignorieren. Dieses Denken bestimmt die gegenwärtige Integrationspolitik. Im Nationalsozialismus gipfelte dieser pervertierte Hegelianismus in dem Satz: „Du bist nichts – Dein Volk ist alles"[219]. Dagegen hat der Entwurf des Grundgesetzes von Herrenchiemsee den Leitgedanken formuliert: „Der Staat ist um der Menschen willen da, nicht der Mensch um des Staates willen". Das gebietet die Menschenwürde. Dennoch ist der herrschaftliche Staatsbegriff, wie gesagt, bis in die Gegenwart herrschende Lehre, die Lehre der Herrschenden. Aber er ist gegen die politische Freiheit, gegen die Bürgerlichkeit des Bürgers, gegen die Würde des Menschen gerichtet[220]. Letztere aber sind das Weltrechtsprinzip, das auch

---

[217] De Civitate Dei, hrsg. von H. U. Baltasar, 1960, IV, 4–6, S. 115.

[218] H. Seubert, Jenseits von Sozialismus und Liberalismus. Ethik und Politik am Beginn des 21. Jahrhunderts, 2011, S. 199 ff., 203, der zu Recht vertritt, daß Theokratien, welche die Menschen knechten, wie die islamischen, nicht Hegels sittlicher Staat sein können, sondern nur der christliche Staat, weil ein Rückfall hinter die Aufklärung für Hegel nicht in Betracht gekommen sei.

[219] Vgl. I. von Münch, Grundgesetz, Kommentar, Bd. I, 3. Aufl. 1985, Art. 1, Rn. 2; H. Seubert, Jenseits von Sozialismus und Liberalismus, S. 190 ff., der Hegels Lehre vom sittlichen Staat, dessen Voraussetzung die christliche Religion sei, Preußen vor Augen, als europäische Entwicklung von zweieinhalb Jahrtausenden begrüßt, weist eine Verantwortung Hegels für die nationalsozialistische Sentenz zurück (S. 198), eine unmittelbare Verantwortung sicher zu Recht.

[220] Dazu K. A. Schachtschneider, Die Bürgerlichkeit des Bürgers. Der Kampf um den Freiheitsbegriff, in: H. Seubert/J. Bauch (Hrsg.) Deutschland und Europa in einer veränderten Welt, Weikersheimer Dokumentation, Bd. I (XXXV), 2013 S. 23 ff.; ders., Bürgerlichkeit und deren Gefährdungen, i. E.; richtig gemäß dem zitierten Leitgedanken W. Maihofer, Prinzipien freiheitlicher Demokratie, HVerfR, 2. Aufl. 1994, S. 490.

die Staatslehre der freiheitlichen Gemeinwesen, der Republiken, leiten muß. Deren Gedankengebäude hat Kant aufgebaut, der Vollender des Naturrechts als Vernunftrecht. An ihn muß die Staatslehre anschließen, wenn sie dem Grundgesetz gerecht werden will. Herrschaft hat, „wer seine Willen notfalls auch gegen den Willen anderer durchzusetzen die Möglichkeit hat, gleichviel worauf diese Chance beruht", lehrt Max Weber[221]. Herrschaft und Freiheit sind somit unvereinbar. Nach der liberalistischen Freiheitslehre bleibt der Bürger Untertan.

Hegel zerreißt die Einheit der πόλις und trennt, wie gesagt, Staat und Gesellschaft. Die hegelsche bürgerliche Gesellschaft ist das System der Bedürfnisse (§§ 182 ff., S. 192 ff.). „In der bürgerlichen Gesellschaft ist jeder sich Zweck, alles Andere ist ihm nichts. Aber ohne Beziehung auf andere kann er den Umfang seiner Zwecke nicht erreichen: diese Andern sind daher Mittel zum Zweck des Besonderen" (§ 182, S. 192). Diesen Antagonismus hat Kant nicht anders gesehen: „Dank sei der Natur für die Unvertragsamkeit, für die mißgünstig wetteifernde Eitelkeit, für die nicht zu befriedigende Begierde zum Haben, oder auch zum Herrschen". „Ohne sie würden alle vortrefflichen Naturanlagen in der Menschheit ewig unentwickelt schlummern. Der Mensch will Eintracht; aber die Natur weiß besser, was für seine Gattung gut ist: Sie will Zwietracht" (Idee, Bd. 9, S. 38 f.). Der Antagonismus hat in der Markt- und Wettbewerbsordnung seine Institution gefunden[222]. Hegel erhöht diesen zum „Prinzip der Besonderheit", die gebunden sei an die Allgemeinheit (§§ 182 ff., 186, S. 192 ff.)[223], zur „Wirklichkeit des Geistes (§ 156, S. 174 f.). Das ist gegen Kants oben zitierte Selbstzweckformel des kategorischen Imperativs gerichtet, nach der niemand zum Zweck eines anderen erniedrigt werden soll. In Hegels „entzweiter" Bürgerlichkeit geht die Sittlichkeit des Gemeinwesens gerade verloren. Die globalisierte Wirtschaft der Gegenwart zeigt das in aller ihrer Niedrigkeit. Hegel ist realistisch, aber eben nicht freiheitlich im republikanischen Sinne. Seine bürgerliche Gesellschaft ist liberalistisch. Darum setzt sie im substantiellen Sinne einen Staat voraus, der ein anderes Sein hat als die verfaßte Bürgerschaft, nämlich die „Wirklichkeit der sittlichen Idee", die „Wirklichkeit des substantiellen Willens", das „an und für sich Vernünftige", des „objektiven Geistes", „das ewige und notwendige Seyn des Geistes", „das an und für sich seiende Göttliche und dessen absolute Autorität und Majestät" (§§ 257 f., S. 237 ff.).

Hegel kennt die Freiheit des Menschen nicht, sondern nur die Freiheit des Staates. Der Staat ist jedoch nicht frei; denn er ist kein Mensch, kein μακροάνθρωπος. Freiheit ist für Hegel nicht wie für Kant der stete Imperativ des Menschen, der sie als homo

---

221 M. Weber, Staat und Gesellschaft. Grundriß der verstehenden Soziologie, ed. J. Wickelmann, 1946, 5. Aufl. 1972, S. 28 ff., 542.

222 Zu Hegels weitsichtiger Erkenntnis der entfremdeten; „entzweiten" wirtschaftlich orientierten bürgerlichen Gesellschaft tiefgehend H. Seubert, Jenseits von Sozialismus und Liberalismus, S. 145 ff.; ders., Der Deutsche Idealismus, S. 67; zum Wettbewerb als Faktum und Prinzip K. A. Schachtschneider, Wirtschaftsverfassung mit Welthandelsordnung, S. 262 ff.

223 Zur Einheit der Besonderheit und der Allgemeinheit bei Hegel J. Bauch, Motiv und Zweck. Studien zum Verhältnis von Individuum und bürgerlicher Gesellschaft, 1981, S. 112 ff.

noumenon durch seine Sittlichkeit verwirklichen muß, aber als homo phaenomenon auch verfehlen kann, sondern die Wirklichkeit des Staates als absoluter, göttlicher Geist. Hegels Staatsbegriff hebt die Freiheit des Menschen auf. Freiheit ist für Hegel nicht Autonomie des Willens des Bürgers, sondern Heteronomie des allgemeinen Willens und damit des Staates. Kants Staatslehre ist freiheitlich und menschheitlich, Hegels autoritär, ja totalitär. Hegel überläßt die Verwirklichung der allgemeinen Freiheit nicht den Bürgern, was deren Sittlichkeit mittels Moralität erfordert, sondern unterwirft diese dem Staat, näherhin dem Monarchen. Hegels Staatsfreiheit dementiert die Freiheit des Menschen, der nichts als Untertan, „nur Moment" „der selbständigen Gewalt" „des Wesens des Selbstbewußtseins" des Staates als des objektiven Geistes (§ 258, S. 241) ist und sich in das Staatliche, das er nicht bestimmt, einzufügen hat. Arthur Schopenhauers Spott gegen Hegel ist wohl begründet[224]. Die tiefgreifenden Wirkungen der hegelschen Philosophie, sowohl die des Machtstaates als auch die des wesentlich auf Hegel gestützten Marxismus und Sozialismus[225] haben Deutschland und Europa schmerzlich zu spüren gekriegt. Die Europäische Union entwickelt sich wiederum entgegen dem kantianischen Grundgesetz zu einer hegelianischen Staatlichkeit totalitärer Autorität. Hegels die politische Freiheit des Menschen verheerender Begriff der bürgerlichen Gesellschaft oder gar der des Staates dürfen zudem nicht mit der aristotelischen κοινωνία πολιτική verwechselt werden, die man als bürgerliche Gesellschaft in anderem Sinne, nämlich als Republik im rousseauschen und kantianischen Sinne, als freiheitlichen Staat verstehen kann und muß[226].

II. Georg Jellineks Souveränität als Eigenschaft der Staats-/Herrschaftsgewalt

Georg Jellinek hat seine Souveränitätslehre vor allem in seiner Allgemeinen Staatslehre (Dritte Auflage, 1913) S. 435 ff. unterbreitet. Sie ist eingebettet in seine Herrschaftslehre (S. 427 ff. u. ö.). „Herrschaftsgewalt hingegen ist unwiderstehliche Gewalt. Herrschaft heißt unbedingt befehlen und Erfüllungszwang üben können" (S. 429). „Herrschen ist das Kriterium, das die Staatsgewalt von allen Gewalten unterscheidet" (S. 430). „Wesentliches Merkmal des Staates ist Dasein einer Staatsgewalt. Staatsgewalt ist aber nicht weiter ableitbare Herrschergewalt, Herrschergewalt aus eigener Macht und daher zu eigenem Recht" (S. 489 f.). Demgegenüber stellt das Grundgesetz in Art. 20 Abs. 2 klar, daß „alle Staatsgewalt vom Volke ausgeht" und sogar „vom Volke … ausgeübt wird". Die apodiktische Klarheit Jellineks täuscht und täuscht noch immer die meisten Staatsrechtslehrer. „Der Staat ist seiner rechtlichen Seite nach die mit ursprünglicher Herrschermacht ausgerüstete

---

[224] Dazu W. Weischedel, Die philosophische Hintertreppe, S. 209 ff., 221 ff.

[225] H. Heller, Hegel und die deutsche Politik, 1924, in: Gesammelte Schriften, hrsg. von Ch. Müller, Bd. 2, 2. Aufl. 1992, S. 241 ff.

[226] M. Riedel, Bürgerliche Gesellschaft, S. 13 ff.; H. Seubert, Was wir wollen können. Bürgerliche Identität im 21. Jahrhundert, 2011, S. 57 ff.

Körperschaft eines seßhaften Volkes" (S. 433). Der Souveränität mißt Jellinek einen „formalen Charakter" bei (S. 475 ff.). Er versteht sie mit Carl Friedrich von Gerber als eine Eigenschaft der Staatsgewalt (S. 473 f., 481)[227]. „Souveräne Staatsgewalt ist daher eine Gewalt, die keine höhere über sich kennt; sie ist daher zugleich unabhängige und höchste Gewalt. Das erste Merkmal zeigt sich überwiegend nach außen, das zweite nach innen, im Vergleich mit den ihm eingeordneten Persönlichkeiten. Beide Merkmale sind aber untrennbar miteinander verbunden" (S. 475). „Die Souveränität ist ein Rechtsbegriff" (S. 476). Sie ist aber nicht „eine unbeschränkte und unbeschränkbare Gewalt schlechthin", nicht „absolut, weil niemand ihr Schranken auferlegen könne, auch nicht sie selbst", wie das „die naturrechtliche Theorie" gelehrt habe, die „nur „faktische oder moralische Schranken für den Staat, niemals aber rechtlicher Natur" anerkannt habe (S. 476). Die „souveräne Gewalt" stehe nicht „über dem Recht" (S. 476 und ff.)[228]. Dem Staate sei „wesentlich, eine Rechtsordnung zu besitzen" (S. 477). Alles Recht wird zu solchem nur dadurch, daß es nicht nur den Untertanen, sondern auch die Staatsgewalt bindet" (S. 478).

„Der Staat, der in der völkerrechtlichen Staatengemeinschaft lebt, erkennt sich als durch das Völkerrecht gebunden an, ohne sich deshalb einer höheren Gewalt zu unterwerfen". „Auch im Völkerrecht bleibt rechtlich der Staat nur seinem eigenen Willen unterworfen" (S. 479). „Der gewaltige Fortschritt, den die ethische Erkenntnis seit Kant gemacht hat, ..., besteht in der Erkenntnis der autonomen Sittlichkeit als höchster Form des Ethos". „Die Selbstgesetzgebung der Vernunft hätten die politischen und naturrechtlichen Schriftsteller der vorkantischen Epoche ebenso unmöglich gefunden wie die Selbstbindung des Staates an seine Gesetze" (S. 480). Völlig richtig, nur will zu dieser Erkenntnis die perennierende Herrschaftslehre Georg Jellineks gar nicht passen. „In dem Begriff der staatlichen Selbstverpflichtung liegt daher so wenig ein Widerspruch wie in dem der sittlichen Autonomie" (S. 481). „Auf Grund dieser Erkenntnis erst ist es möglich, die irreführende Vorstellung der Schrankenlosigkeit aus dem Souveränitätsbegriff zu verbannen und ihn demgemäß zu einem unserer Rechtsauffassung entsprechenden Rechtsbegriff umzugestalten." „Souveränität ist nicht Schrankenlosigkeit, sondern Fähigkeit der ausschließlichen Selbstbestimmung und daher Selbstbeschränkung der durch äußere Mächte rechtlich nicht gebundenen Staatsgewalt auf dem Wege der Aufstellung einer Rechtsordnung, auf Grund derer allein die Tätigkeit des Staates einen rechtlich zu wertenden Charakter erhält. In eine kurze Formel zusammengefaßt, bedeutet daher Souveränität die Eigenschaft einer Staatsgewalt, kraft deren sie die ausschließliche Fähigkeit rechtlicher Selbstbestimmung und Selbstbindung hat" (S. 481). Durchaus richtig, wenn der Staat als Organisation der Bürgerschaft begriffen wird und die Moralität, aus der

[227] Grundzüge eines Systems des deutschen Staatsrechts, S. 22.

[228] Kritik von H. Preuß, Gemeinde, Staat, Reich als Gebietskörperschaften, 1889/1964, S. 133, weil Jellinek Unvereinbares in einem Begriff verbinden wolle, nämlich: „Unbeschränkbarkeit, als welche das Wesen der Souveränität ist, und die Beschränkung, als welche das Wesen des Rechts ist". Die Kritik beruht auf dem hegelianischen Machtbegriff des Souveränität, den Preuß ad absurdum führen will, S. 135, 417 ff.

Sittlichkeit erwächst, hinzugedacht wird, Moralität, die allein eine dem Recht verpflichtete Haltung des Bürgers ist. „Souveränität hat demnach für den modernen Staat eine zweifache Richtung. Nach der negativen Seite hin, ursprünglich die einzige erkannte, bedeutet sie die Unmöglichkeit, durch irgendeine andere Macht gegen den eigenen Willen rechtlich beschränkt werden zu können, sei diese Macht nun staatlicher oder nichtstaatlicher Art. Faktische Beschränkungen der souveränen Staatsmacht sind zwar möglich, zu rechtlichen können sie aber nur durch deren eigenen Willen werden.

Nach der positiven Seite aber besteht die Souveränität in der ausschließlichen Fähigkeit der Staatsgewalt, ihrem Herrscherwillen einen allseitig bindenden Inhalt zu geben, nach allen Richtungen hin die eigene Rechtsordnung zu bestimmen. Schrankenlos ist die souveräne Gewalt nur in dem Sinne, daß keine andere Macht sie rechtlich an der Änderung der eigenen Rechtsordnung verhindern kann. Souveräne Gewalt ist demnach nicht staatliche Allmacht. Sie ist rechtliche Macht und daher durch das Recht gebunden. ... So wenig aber der absolut beschränkte, so wenig existiert rechtlich der absolut schrankenlose souveräne Staat“ (S. 481 f.). Fragwürdig vertritt Jellinek, „alle Staatsmacht“ könne „nur auf Kosten der individuellen Freiheit bestehen“ (S. 482), obwohl doch die Gesetze des Rechts die Freiheit verwirklichen. Aber: „Ausnahmslose Gleichstellung von Souveränität mit voller Rechtsmacht über die Kompetenz ist aber unzutreffend. An der Anerkennung der Einzelpersönlichkeit hat unter allen Umständen staatliche Kompetenz ihre Grenze“ (S. 483).

Jellinek unterscheidet scharf Staatsgewalt von Souveränität (S. 484 ff.). Der Souveränitätsbegriff sei „rein formaler Natur“, aus „dem gar nichts für den Inhalt der Staatsgewalt folge“ (S. 485). „Weil die Staatsgewalt Gesetzgebung, Gerichtsbarkeit, Begnadigungsrecht, Beamtenernennung, Münzrecht usw. übte, wurden sie in die Souveränität hineingelegt“, nach der „historischen Forschung“ zu Unrecht (S. 484). „Wie weit die Staatsgewalt sich zu betätigen habe, um souverän zu sein, ist eine gar nicht zu beantwortende Frage“ (S. 485). „Souveränität“ sei „kein wesentliches Merkmal der Staatsgewalt“ (S. 486 ff.)[229]. Mit dieser These gerät Jellinek spätestens in die Falle seiner Lehre von der Souveränität eines herrschaftlichen Staates. Der Bürger jedenfalls ist frei und damit souverän, der Staat nur die Organisation zur Verwirklichung dieser Freiheit und Souveränität des Bürgers. „Der mittelalterliche Staat“ sei „noch nicht souverän“ gewesen (S. 487). Die Frage ist, ob die (durchaus unterschiedlichen) Herrschaftsgebilde des Mittelalters Staaten im Sinne der Souveränitätslehre, wie sie Jean Bodin begründet hat, waren. Das muß hier nicht geklärt werden[230]. Jellinek geht es um die Souveränität im Bundesstaat (S. 486, 497, 502 ff.), die er, wie im Deutschen Reich der Kaiserzeit vorherrschend, nur dem Reich zuzugestehen bereit war, nicht jedoch den Fürstentümern und städtischen Republiken.

[229] Kritisch H. Quaritsch, Staat und Souveränität, S. 408 ff., 410.

[230] Zu den „Verfassungsfragen des Mittelalters“ präzise und bestens belegt H. Quaritsch, Staat und Souveränität, S. 45 ff., zur „Herrschafts-Pluralität als mittelalterliches Verfassungsprinzip“ S. 196 ff., zum „Untertanen und Untertanenverband“ S. 202 ff., zu „Treue und Gehorsam“ S. 220 ff.

Die Fürsten aber waren souverän und diese Städte auch. Die Souveränitätsfrage war die große Machtfrage des Deutschen Reichs dieser Zeit. Eine „geteilte Souveränität" oder „halbsouveräne Staaten" hat Jellinek abgelehnt, überhaupt eine „geteilte, fragmentarische, geminderte, beschränkte, relative" (S. 486, 489. 496). Wie die Staatsgewalt durch „Einheit und Unteilbarkeit" gekennzeichnet sei so auch die „souveräne Staatsgewalt" (S. 496).

Die „Souveränität ist eine Eigenschaft, und zwar eine solche, die weder einer Mehrung noch einer Minderung fähig ist. Sie ist logisch ein Superlativ, der sich niemals spalten läßt, sondern nur gleichartige Größen derselben Gattung neben sich duldet" (S. 496). Das ist für die Freiheit und die freiheitlich verstandene Souveränität richtig. „Es gibt demnach zwei Gattungen von Staaten: souveräne und nichtsouveräne" (S. 489 und ff.). „Die Fähigkeit zur Selbstorganisation und Autonomie" seien die Eigenschaften souveräner Staatsgewalt (S. 489). Aber diese Fähigkeit haben nur Menschen, nicht Staaten. Die Personifizierung der Staaten ist das Dilemma der Lehren von der Staatssouveränität, auch der Georg Jellineks (S. 502 f.). Der Staat ist durchaus eine Organisation zur Ausübung der Staatsgewalt, aber es ist die Staatsgewalt des Volkes. Die „Selbstorganisation der Herrschergewalt" versteht Jellinek als „Autonomie" (S. 493). Bei Kant kann er das nicht gelesen haben. Aber dem Autonomiebegriff hat er damit einen bleibenden Tort angetan. Autonomie bedeutet nicht, wie Jellinek meint, „eigene Gesetze zu haben" (S. 493). Das ist Selbstverwaltung. Autonomie des Willens besagt vielmehr, jedenfalls bei Kant, daß der Wille sich selbst Gesetz ist. Das ist das Prinzip der Freiheit (GzMdS, S. 81 f.; FridR, S. 67 ff., 83 ff.).

III. Hermann Hellers souveräne Entscheidungs- und Wirkungseinheit

Hermann Heller, der sich an Hegels imperialistischen Machtlehre, wie im Hegelkapitel herausgestellt, gerieben hat, findet zu keiner klaren Entscheidung zwischen Macht- und Rechtslehre der Souveränität, obwohl er diese als Rechtsbegriff versteht (Souveränität, S. 127), und schon gar nicht zwischen Volks- und Staatssouveränität. In seiner ambitionierten Abhandlung „Die Souveränität" wendet er sich aber auch gegen die durchaus fragwürdige Reine Rechtslehre Hans Kelsens[231], dessen „Rechtsrationalismus", weil diese neben den „Normen" den „Willen" ausblende und „eine Rechtssouveränität ohne Recht" lehre (S. 74 ff., 78, 141 ff.)[232]. „Souverän ist die auf ihrem Gebiet universale Entscheidungs- und Wirkungseinheit. Wer nicht auch über die das Recht garantierenden Machtmittel verfügt, ist niemals souverän. Das positive Recht aber kann nie Souverän sein, sowohl deshalb, weil es zu seiner Existenz oder Positivität eines oder mehrerer Rechtssetzer, zu seiner end-

---

[231] Dazu W. Hennis, Das Problem der Souveränität, S. 49 ff., zur Kritik Kelsens S. 52; M. W. Hebeisen, Souveränität in Frage gestellt, S. 329 ff., 424 ff.

[232] Kritik auch von W. Hennis, Das Problem der Souveränität, S. 52.

gültigen Garantie aber auch eines Rechtsdurchsetzers bedarf" (S. 150). Eben: Nur Menschen können souverän sein, allein oder verbunden, insbesondere verbunden als Staat. Heller sieht die Staatsgewalt als souverän und den Staat als den Souverän, das Subjekt der Souveränität, den Fürsten oder das Volk als den Träger des Souveränität (S. 81 ff., 92 ff.). Heller trennt „klar" „zwischen Subjekt und Träger der Souveränität". „Souverän ist die Organisation, der die Macht über sich selbst immanent ist, die die Verwendung der Organisationsgewalt grundsätzlich selbst zu bestimmen in der Lage ist". „Die Ausdrücke Volks- oder Fürstensouveränität bezeichnen den Träger der Souveränität in der Staatsorganisation"[233]. „Die Staatsgewalt ist souverän, d. h. sie ist auf ihrem Gebiet oberste, ausschließliche, unwiderstehliche und eigenständige Macht. Staatssouveränität bedeutet also Souveränität der Staatsorganisation als oberste und ausschließliche Gebietsordnungsgewalt"[234]. Damit sind der Sache nach die Amtswalter des Staates in der jeweiligen gewaltenteiligen und hierarchischen Organisation souverän, obwohl sie Vertreter des Volkes, dessen Diener sind.

Hellers Willenslehre bleibt dialektisch dunkel, schon weil er einen „Staatswillen" zu erfassen versucht, der sich in irgendeiner Weise vom konkreten Willen der Bürger unterscheidet (S. 99 ff., 111 ff., auch S. 129)[235]. Es gibt nur den Willen von Menschen. „Das zentrale Problem aller Rechtstheorie, die Frage nach dem Verhältnis von Wille und Norm ist also für die souveräne Rechtsetzung nur dadurch zu lösen, daß der Staatswille auch wirklichkeitswissenschaftlich als dialektische Einheit beider verstanden wird"[236]. „Der Satz, daß der Staatswille es sei, der das positive Recht setzt und sichert, ist dann richtig, wenn eingesehen wird, daß der Staatswille sowohl seine eigene Rechtfertigung wie Macht aus überpositiven Rechtsgrundsätzen schöpft. In diesem Sinne ist das Recht die ethisch notwendige Erscheinungsform des Staates"[237]. „Die Positivität des Rechts gründet somit einerseits in der Idealität von Rechtsgrundsätzen, andrerseits in der gesellschaftlichen Faktizität einer letztlich entscheidenden Willenseinheit, welche der Rechtssatz positiviert, d. h. ihn aus dem Reich der nur durch jene Rechtsgrundsätze beschränkten, nichtsdestoweniger un-

---

233 Staatslehre (nach G. Niemeyer), S. 358.

234 H. Heller, Staatslehre, S. 358; M. W. Hebeisen, Souveränität in Frage gestellt, S. 435 ff.; vgl. auch W. Hennis, Das Problem der Souveränität, S. 15 f., der in dem Begriff der Staatssouveränität „Ansätze für den Verlust eines willensbegabten Souveränitätssubjekts liegen." sieht.

235 Auch ders., Staatslehre, S. 345 ff.; nicht recht verstanden, wie auch viele der sonstigen Positionen Hellers, übernommen von Ch. Seiler, Der souveräne Verfassungsstaat zwischen demokratischer Rückbindung und überstaatlicher Einbindung, S. 94 ff.

236 H. Heller, Staatslehre, S. 298; dazu kritisch W. Hennis, Das Problem der Souveränität, S. 66 f., dessen Willensbegriff wenig klar ist; M. W. Hebeisen, Souveränität in Frage gestellt, S. 447 ff.; knapp auch St. Hobe, Der offene Verfassungsstaat zwischen Souveränität und Interdependenz, S. 79 ff.

237 H. Heller, daselbst; ders., Der Begriff des Gesetzes in der Reichsverfassung, VVDStRL 4 (1928), S. 98 ff., 118 ff.; zu den „Rechtsgrundsätzen und Rechtssätzen" bei Heller W. von Simson, Die Souveränität im rechtlichen Verständnis der Gegenwart, S. 112 ff.; auch W. Hennis, Das Problem der Souveränität, S. 52 f., 56 f.

zähligen Rechtsmöglichkeiten in das der einzigartigen Rechtswirklichkeit überführt. Die Verpflichtungskraft des positiven Rechts ist nur zu verstehen aus der Verpflichtungskraft einer Gemeinschaftsautorität" (S. 72 f., auch S. 144). „Die Legitimität der staatlichen Normsetzungsinstanz ist dann gegeben, wenn und soweit die Normadressaten daran glauben, daß bestimmte, den Staat und sein Recht transzendierende und sie eben damit fundierende, ethisch verpflichtende Rechtsgrundsätze es sind, welche der Rechtssetzer zu Rechtssätzen positiviert"[238]. „Nein, die Einheit des Rechtssystems ist ausschließlich als Ausdruck einer herrschaftlichen Willenseinheit zu verstehen" (S. 113).

Das führt Heller zur Personifizierung des Staats als lebendige, reale Willenseinheit, die „nicht nur Träger, sondern auch Schöpfer von Rechten und Pflichten" sei (S. 122)[239], also zur hegelianischen Staatssouveränität. „Die notwendige Erscheinungsform der Herrschaft ist die gesellschaftliche Ordnung; jede Herrschaft präsentiert sich von unten als Ordnung" (S. 58 f., auch S. 57 ff.)[240]. „Herrschen heißt Gehorsam finden ..." (S. 57)[241]. „Herrschen bleibt aber immer eine Relation zwischen zwei Willen, Motivation des einen Willens durch einen anderen; ..." (S. 57), mißachtet somit die äußere Freiheit. Diese Sätze sind nicht nur schwer verständlich, sie sind auch trotz mancher Nähe zu rousseauschen Gedanken[242] irrig, weil Heller dabei bleibt, den herrschaftlichen Staat als souveräne Person von der beherrschten Gesellschaft, den Bürgern also, zu trennen. Der allgemeine Wille der Bürgerschaft, wenn man so will, der Staatswille, findet weder Rechtfertigung noch Macht aus überpositiven Rechtsgrundsätzen, sondern einzig in dem Willen der Bürger, mit einander im Recht zu leben.

Heller findet nicht zu einer Lehre des Verhältnisses von Wille und Gesetz, das der Ethik als der Lehre von der Freiheit und damit des Rechts genügt. Eine solche haben Rousseau und Kant entwickelt, unwiderlegt und schwerlich widerlegbar. Auch die Rechtsordnung, die nur der Freiheit erwachsen kann, ist im übrigen Ordnung. Aber Heller hat sie nicht ernsthaft studiert. Heller verharrt in der Herrschaftslehre[243] und faßt eine freiheitliche Staatslehre nicht einmal ins Auge. Das demokratische Prinzip fließt trotz seines repräsentationsdogmatischen Bekenntnisses zur Volkssouveränität (S. 92 ff.)[244] in seine Souveränitätslehre nicht ein. „Willensvereinheitlichung durch

---

[238] H. Heller, daselbst S. 297; ders. auch, Staatslehre, S. 332 ff.; vgl. W. Hennis, Das Problem der Souveränität, S. 53.

[239] Dazu M. W. Hebeisen, Souveränität in Frage gestellt, S. 455 ff., 458 ff., 462 ff.; gegen eine Personifizierung des Staates richtig R. Knieper, Nationale Souveränität, S. 199.

[240] Dazu W. Hennis, Das Problem der Souveränität, S. 53 f.

[241] Auch H. Heller, Staatslehre, S. 357, für jede „gesellschaftliche Macht": „oboedientia facit imperantem".

[242] Zu Hellers empiristischen Verzagen an der volonté générale M. W. Hebeisen, Souveränität in Frage gestellt, S. 515 ff.

[243] Dazu nicht unkritisch W. Hennis, Das Problem der Souveränität, S. 53 f., 59, auch S. 65, 69; M. W. Hebeisen, Souveränität in Frage gestellt, S. 410 ff.

[244] Vgl. W. Hennis, Das Problem der Souveränität, S. 55.

Majoritätsprinzip und Repräsentation sind also die technischen Mittel, durch welche das Volk als Einheit über das Volk als Vielheit herrschen, durch die das Volk Subjekt der Souveränität werden kann (S. 97)[245], wohlgemerkt nicht ‚eine Vielheit von ‚Menschen' (S. 103). Mit der „Herrschaft des Volkes als Einheit über das Volk als Vielheit" „ist jede Art von Organsouveränität ausgeschlossen, Staats- und Volkssouveränität sind identifiziert" (S. 99). „Voraussetzung beider ist aber die reelle Existenz einer volonté générale, die auch die Minderheit schließlich allein dazu veranlassen kann, sich dem durch die Mehrheit bestellten Repräsentanten zu fügen" (S. 97, auch S. 99)[246]. „Daß es eine objektive Erkenntnis des jeweiligen Inhalts der volonté générale nicht gibt, ist ein ebenso billiger wie richtiger Einwand; eben deshalb ist ja die Vorstellung, wir lebten nicht unter der Herrschaft von Menschen, sondern von Rechtssätzen so töricht" (S. 98). So wird die Demokratie meist gesehen, aber das bleibt Herrschaft, die mittels des Begriffs „Volk als Einheit" demokratisch legitimiert werden soll. So lehrt das auch Carl Schmitt. Aber Heller weiß auch um das naturrechtlich fundierte Postulat von Gleichheit und Freiheit[247], das so nicht verwirklicht werden könne. Aber das interessiert ihn nicht wirklich. Herrschaft der Mehrheit ist mit der Freiheit der Minderheiten unvereinbar. Freiheit verlangt nach Erkenntnis des Rechts, des praktisch Vernünftigen, und diese ist möglich[248].

Auch „in der Demokratie" müsse „ein ‚Herr', eine wirksame Entscheidungseinheit vorhanden sein". „Denn auch in jeder Herrschaft wird ein Minimum an Befehlsentscheidung, die Grundgestalt der Herrschaft, welche in allen Konkretisierungen nachwirkend erhalten bleiben muß, nur durch den Herrn bestimmt". „Die Einheit der Herrschaft ist die Einheit im Willen des Herrn" (S. 62, 139). „Herrschen heißt Gehorsam finden, wirksam befehlen" (S. 40)[249]. Befehl und Bürger sind jedoch ein Widerspruch. Moralität ist Selbstzwang (MdS, S. 508 ff., 511 ff., 520 ff., 527 ff.; FridR, S. 72, 317 f.). Heller aber versteht Herrschaft als Befehl und Zwang, als Durchsetzung des Willens des Herrschenden gegen den Willen des Gehorchenden (S. 57 ff.)[250]. Schließlich identifiziert Heller Staats- und Volkssouveränität (S. 99), aber derart, daß Herrschaft als Repräsentation der volonté générale „real gewollt und vereinheitlicht, aber auch real präsent" gedacht wird.

Die „repräsentative Instanz" verwirklicht den Staat. So „gelangen wir zu einem brauchbaren Subjekt der Souveränität" (S. 99, 119), sicher nicht. Dieses Subjekt

---

245 Vgl. W. Hennis, Das Problem der Souveränität, S. 55.

246 Vgl. W. Hennis, Das Problem der Souveränität, S. 55 f.

247 Politische Ideenkreise der Gegenwart. IV Der demokratische Ideenkreis, V Der liberale Ideenkreis, in: Gesammelte Schriften, hrsgg von Ch. Müller, Bd. I, 2. Aufl. 1992, S. 309 ff., insb. S. 311 ff. (Rousseau, Kant), 316 (Fichte), 333 ff.; vgl. auch W. Hennis, Das Problem der Souveränität, S. 51.

248 Dazu Vierter Teil E.

249 Auch H. Heller, Staatslehre, S. 357; vgl. W. Hennis, Das Problem der Souveränität, S. 54.

250 Auch Staatslehre, S. 358 f. („Monopol legitimer physischer Zwangsgewalt, der ultima ratio jeder Macht").

können nur die Bürger sein, die Heller überhaupt nicht sieht. Es gibt keine herrschaftliche Freiheitslehre. Hellers in keiner Weise hinterfragte Herrschaftsdoktrin hat der Rechtsentwicklung nicht weniger geschadet als die geradezu provokative Herrschaftsverherrlichung Carl Schmitts, gerade weil Heller kein Nationalist war wie Schmitt, sondern Sozialdemokrat. Er wird somit auch vom Bundesverfassungsgericht zitiert und von vielen Autoren gern als Autorität herangezogen[251]. Heller hat die „ausschließlich historisch-nationale und diesseitige Idee", die „Macht", die Hegel der „Gewissens- und politischen Freiheit" und den „zeitgenössischen deutschen Weltbürgerträumen" entgegengestellt hat, zu Recht kritisiert[252], bleibt aber selbst dem Hegelianismus verpflichtet: „Immer bewahrheitet sich der Satz, daß die wirkliche Verfassung in den tatsächlichen Machtverhältnissen liegt". „Für die Herrschaftsordnung des modernen Staates gibt es keine juristische Positivität ohne Souveränität" (S. 170, 186)[253]. Dieser Satz ist nur richtig, wenn Souveränität freiheitlich konzipiert wird, weil danach alles staatliche Handeln Ausübung der Souveränität, nämlich der Staatsgewalt, des Volkes, ist. Wenn der Satz wie bei Heller besagt, daß die Gesetze und die Gesetzlichkeit von einer außer- oder übergesetzlichen Souveränität hervorgebracht werden, nämlich dem Herrscher, der über dem Recht steht, so ist er falsch.

Den ordre naturel oder die Rechtsgrundsätze, „echtes Naturrecht", welche Heller nur „als ethische Konstitutionsprinzipien des Rechts" für verbindlich erachtet (S. 61, 69 ff., 151), erkennt er jedoch nicht als Recht, das den Souverän positiv bindet, nicht als positives Recht (S. 70). Sie würden der Positivierung durch Entscheidung des Souveräns bedürfen (S. 61, 69 ff., 186). „Recht ist überall durch menschliche Willensvorgänge gesetzt, getragen und vernichtbar" (S. 71, auch S. 72), mitnichten im Sinne des herrschaftlichen Willensbegriffs Hellers. Recht besteht entgegen dem empiristischen Hohn Hellers (S. 98) objektiv in jeder Lage und bedarf entgegen Heller (S. 117) der Erkenntnis. Heller argumentiert, wenn es ihm paßt, empirisch, soziologistisch, so wie er die rechtsferne Welt erlebt, anstatt normativ, ideengerecht, dem Sollen gemäß. Er vermag den homo noumenon nicht vom homo phaenomenon zu unterscheiden, den notwendigen Dualismus einer freiheitlichen Rechtslehre.

---

[251] Auch von W. Mäder, Kritik der Verfassung Deutschlands. Hegels Vermächtnis 1801 und 2001, 2002, S. 40 ff.; ders. Vom Wesen der Souveränität, S. 135 ff.; durchgehend von Ch. Seiler, Der souveräne Verfassungsstaat zwischen demokratischer Rückbindung und überstaatlicher Einbindung, S. 60 ff.

[252] H. Heller, Hegel und der nationale Machtstaatsgedanke in Deutschland, S. 72 f.; vgl. auch ders., Souveränität, S. 68 ff.; dazu. W. Mäder, Kritik der Verfassung Deutschlands, S. 40 ff.; ders. Vom Wesen der Souveränität, S. 135 ff.; den Traum setzt J. Habermas unverdrossen fort in: Staatsbürgerschaft und nationale Identität, 1990, Faktizität und Geltung, S. 632 ff., 659: „Weltbürgerstatus, der heute schon in weltweiter politischer Kommunikation Gestalt annimmt", als ob es die weltweite Kommunikation nicht seit eh und je gibt.

[253] Auch H. Quaritsch, Staat und Souveränität, S. 36 ff., 39 ff., verbindet in Anlehnung an Jean Bodin den Staatsbegriff mit der Souveränität; so auch M. W. Hebeisen, Souveränität in Frage gestellt, S. 484 für Hellers Verständnis des Verhältnisses von Sollen und Sein, auch S. 486 ff., 528 f.; nicht unkritisch W. Hennis, Das Problem der Souveränität, S. 57, 59.

Heller bleibt dem Gesetzespositivismus verhaftet. „Ein Rechtsgrundsatz allein verpflichtet nur sittlich, nicht rechtlich; das autoritäre Machtgebot kann zwar durch Furcht und Zwang Gehorsam finden, für sich allein aber nicht verpflichten. Jede Vereinseitigung nach der Seite der Idealität oder Faktizität verfälscht das Problem der Rechtspflicht" (S. 73). „Rechtsgrundsätze geben nur die allgemeinen Richtlinien an, auf Grund deren der Rechtszustand unter den Rechtsgenossen hergestellt werden soll; eine Entscheidung für den konkreten Fall geben sie nicht. Dazu fehlt es ihnen noch an Entschiedenheit, d. h. es bedarf immer erst einer Entscheidung darüber, was in dieser zeitlichen, örtlich und persönlich bestimmten Interessenlage jenen Grundsätzen entsprechend rechtens sein soll"[254]. Sittliche Rechtsgrundsätze würden auch für die völkerrechtliche Vertragsordnung gelten, Rechtssätze aber nur insoweit, als sich die Völker diesen „im Wege stillschweigender oder ausdrücklicher Verträge" unterwerfen (S. 141 ff., 151 ff.)[255]; denn der Geltungsgrund auch des Völkerrechts könne (mit Heinrich Triepel) nur der Wille, also der Gemeinwille der Völker sein (S. 144 ff., 151 f.). Das ist allemal richtig, soweit die Völker über ihr Verhältnis zu anderen Völkern disponieren können, also für die völkerrechtlichen Verträge, und es ist für die allgemeinen Regeln des Völkerrechts, das (vermeintliche) Völkergewohnheitsrecht, besser das zwingende Völkerrecht, richtig, wenn der Wille mit Kant als transzendentale Kategorie der Freiheit verstanden wird, denn wer frei ist, will das Recht, im Volk und unter den Völkern. Heller sieht „das Wesen allen Rechts als eine intersubjektive normative Willensbindung", auch „die objektive Geltung des Völkerrechts" (S. 145), genauer im Sinne Kants wäre es, im Willen zu sagen; denn der Wille ist praktische Vernunft, also frei und damit rechtsgebunden. Darum sind die allgemeinen Regeln des Völkerrechts, wie im Siebenten Teil zu B. dargelegt wird, Grenzen der äußeren Souveränität. „Ein Völkerrecht ohne souveräne Staaten aber ist denkunmöglich" (S. 140).

Die Sittlichkeit ist die Rechtlichkeit. Richtig ist, daß die Rechtssätze, wie offen diese auch seien, der Materialisierung bis zu dem fallentscheidenden Rechtssatz im Einzelfall bedürfen. Das ist nicht nur Sache des Gesetzgebers, sondern vor allem Sache der Verwaltung und Rechtsprechung. Heller bezieht eine Verfassungsgerichtsbarkeit, welche den Rechtsgrundsätzen Wirkung zu verschaffen vermöchte, nicht in seine Staatslehre ein[256]. Sie dient aber durch Verwirklichung des Rechts der Verwirklichung der Freiheit und ist nicht herrschaftliche Entscheidung eines Souveräns, sondern Erkenntnis dessen, was Recht ist. Freilich bleibt Hellers Sicht des Verhältnisses der Rechtsgrundsätze zu den positiven Gesetzen trübe, weil er den

[254] H. Heller, Staatslehre, S. 332 ff.; dazu M. W. Hebeisen, Souveränität in Frage gestellt, S. 480 ff.; zu den Grundrechten als politischen Leitentscheidungen K. A. Schachtschneider, Res publica res populi, S. 819 ff.

[255] Kritisch, weil Heller kein „Koordinationsrecht" kenne, welches die „Staaten zur Zusammenarbeit verpflichte", W. Hennis, Das Problem der Souveränität, S. 62.

[256] Dazu M. W. Hebeisen, Souveränität in Frage gestellt, S. 531; I. Maus, Heller und die Staatsrechtslehre der Bundesrepublik, in: Chr. Müller/Ilse Staff, Staatslehre der Weimarer Republik, Hermann Heller zu ehren, 1985, S. 194 ff., S. 206.

Willen nicht als Vernunftkategorie erfaßt, sondern letztlich als Willkürakte, „individuelle Willensentscheidungen" (S. 61). Heller lehrt einen „engen Zusammenhang von Positivität und Souveränität" (S. 73 f.). Die Erkenntnis des Willens ist aber nicht individuell, sondern allgemein, wenn auch persönlich, nämlich in Moralität. „Dieses (positive) Recht ist immer ein Stück historisch-individueller Wirklichkeit, besitzt überall und immer nur empirische Geltung". „Vor allem anderen aber: der Rechtssatz wendet sich an den Willen, der logische Satz an die Erkenntnis" (S. 69). Die Dichotomie von Sein und Sollen, Grundlage jeder Rechtlichkeit, macht dem Soziologismus in Hellers Staatslehre augenscheinlich Schwierigkeiten (insbesondere S. 100 ff.). Es gibt keine empirische Geltung von Rechtssätzen, sondern eine empirische Publizität der Gesetzesbeschlüsse und eine empirisch erfaßbare Wirksamkeit der Gesetze usw. Das Recht gilt, weil es der Wille des Volkes als der vielen Bürger ist. Dieser transzendentale Wille aber ist die praktische Vernunft, die das Volk unmittelbar oder mittelbar erkannt und um der Praktikabilität willen beschlossen hat. Heller fehlen für eine freiheitliche Lehre schlicht die Kantstudien, obwohl er sich, wenn es ihm paßt, auch auf Kant beruft (S. 144).

Insbesondere hat er Rousseaus volonté générale, an deren „Realität die Staatslehre der Gegenwart nicht mehr zu glauben vermag" (S. 86), nicht verstanden. Die volonté générale ist keine Realität, sondern eine, wenn man so will, Idealität, nicht die reale volonté de tous, sondern eine Idee, die Idee des Rechts. Heller aber müht sich um das Verhältnis von „Natur und Geist, von Wille und Norm", will den Idealismus hinter sich lassen und die „soziale Realität" erfassen (S. 100 ff., 102, 144, 186), nur weiß er nicht, wie er ohne Brüche zum Recht finden soll. Er schreibt Sätze, deren logisches Defizit er verschleiert, indem er Definitionen und Ableitungen tunlichst vermeidet.

Der Staat ist eine Einrichtung des Volkes für die Rechtlichkeit des gemeinsamen Lebens, wenn man so will, eine Notwendigkeit des Rechts, aber nicht dessen Voraussetzung. Er hat gegenüber dem Recht keinen Eigenstand. „Alle Kontrollen können letztlich nicht das Problem lösen: quis custodet custodem?", wie wahr, aber richtig? Die Rechtskraft hat ihren Grund in der letztlich verborgenen Wahrheit, die schon Heraklit, der Vorsokratiker, gelehrt hat (Fragment 123)[257]. Die Kritikabilität folgt aus der wesensmäßigen Irrtumsmöglichkeit von Erkenntnissen. Die Verbindlichkeit des unanfechtbaren Richterspruchs (formelle Rechtskraft), der auf Erkenntnis beruht, ist Verwirklichung des Rechts, nicht machtausübende Herrschaft, vorausgesetzt der Rechtsschutz genügt rechtsstaatlichen Anforderungen und die Gerichte haben noch das Vertrauen des Volkes, in dessen Namen sie Recht sprechen. „Rechtskraft ist ein Prinzip der durch die Gesetzlichkeit verwirklichten Gerechtigkeit" (PdR, S. 143; i.d.S. auch BVerfGE 2, 380 (403)). Hans Kelsen hat in seiner

[257] Dazu K. A. Schachtschneider, Neubescheidung nach Rechtskraft im Sozialrecht und im allgemeinen Verwaltungsrecht, Verwaltungsarchiv 63, 1972, S. 306 ff.; ders., Prinzipien des Rechtsstaates, 2006, S. 142 ff.

Reinen Rechtslehre Hermann Heller energisch widersprochen[258]. Gesetze und Verträge gelten, d. h. sind verbindlich, weil Menschen das wollen, weil Menschen dadurch verbunden werden.

Hermann Heller stellt den Staat über das Recht: „Souveränität ist die Eigenschaft einer universalen Gebietsentscheidungs- und Wirkungseinheit, kraft welcher sie um des Rechts willen sich gegebenenfalls auch gegen das Recht absolut behauptet" (S. 185 als „Resultat seiner Arbeit", auch S. 65 f., 125, 186 u. ö.)[259]. Oder: „Mit Souveränität bezeichnen wir die Eigenschaft der absoluten Unabhängigkeit einer Willensmacht von einer anderen wirksamen universalen Entscheidungseinheit: positiv drücken wir damit aus, daß die betreffende Willenseinheit höchste universale Entscheidungseinheit in dieser bestimmten Herrschaftsordnung ist" (S. 120, auch S. 65, 125, 150)[260]. „Der Staat ist souverän, bedeutet, daß er nach innen und außen wirksame universale Gebietsentscheidungseinheit ist. Die potentielle Universalität der Gebietsentscheidung impliziert sowohl sein juristisches Zuhöchst- wie Unabhängigsein." „Ist ein Staat souverän, so ist er universale Entscheidungseinheit auf seinem Gebiet; diese Existentialität der Entscheidungseinheit verbietet die Zerreißung der Souveränität in eine staatsrechtliche und in eine verschiedene völkerrechtliche" (S. 140 und ff.). Diesen Sätzen ist zuzustimmen. Aber: „Unmöglich sind aber zwei souveräne Entscheidungseinheiten auf dem gleichen Gebiet; sie würden das Gegeneinanderwirken zweier höchsten Willenseinheiten bedeuten, die Einheit des Staates aufheben und endgültig Bürgerkrieg zur Folge haben" (S. 133 f.). Das ist richtig, soweit die Souveränität nicht bundesstaatlich geteilt ist, richtet sich bei Heller aber auch gegen die Souveränität der Gliedstaaten im Bundesstaat (S. 133 ff.), wohl weil er die Souveränität mit der Allzuständigkeit verbindet. „Das Dilemma zwischen absoluter Souveränität des Staates und absoluter Geltung des Völkerrechts" bedeute nicht, daß ein Staat aus völkerrechtlichen Gründen seine Existenzberechtigung verlieren könne (S. 142 f.). „Die souveräne Entscheidungseinheit entsteht und vergeht also mit ihrer Existenz als soziale Machtatsache; ..." (S. 176). „Das Wesen der Souveränität" ist „die Fähigkeit, höchste, die Gemeinschaft bindende Rechtssätze zu positivieren". „Über sich hat die souveräne Willenseinheit notwendig nur noch Rechtsgrundsätze, Rechtssätze aber nur insoweit, als sie sich ihnen grundsätzlich unterwirft" (S. 152). Als Gemeinwesen freier Bürger ist sie, freiheitlich gedacht, dem Recht in den nicht dispositiven Materialisierungen unterworfen. „Für die Herrschaftsordnung des modernen Staats gibt es keine juristische Positivität ohne Souveränität" (S. 79). „Auch im gewaltenteiligen Rechtsstaate, erst recht in anderen

---

[258] Dazu M. W. Hebeisen, Souveränität in Frage gestellt, S. 157 ff., zur Methode Kelsens S. 169 ff., 179 ff.

[259] Staatslehre, S. 336 („gegen das positive Recht", !); dazu W. Hennis, Das Problem der Souveränität, S. 50 ff., 56 f.; eher zustimmend berichtend W. Mäder, Vom Wesen der Souveränität, S. 135 ff., der sich Heller S. 53 anschließt; vorsichtig folgend H. Krüger, Allgemeine Staatslehre, S. 855 f.; dazu auch M. W. Hebeisen, Souveränität in Frage gestellt, S. 432 ff.

[260] Dazu W. Hennis, Das Problem der Souveränität, S. 54; M. W. Hebeisen, Souveränität in Frage gestellt, S. 438 ff.

Staatsformen, betätigen sich Akte von rechtsschöpferischer Qualität sowohl praeter legem wie contra legem, die dem Staat und doch keiner positiven Rechtsnorm zuzurechnen sind" (S. 123, bei Heller kursiv). „Die Geltung einer Norm setzt denjenigen normalen Allgemeinzustand voraus, für den sie berechnet ist, und ein völlig unberechenbarer Ausnahmezustand kann auch nicht normativ bewertet werden"[261].

„Der heutige Staat muß sogar, das größere gegen das geringere Interesse abwägend, auch gegen das Recht entscheiden. Und diese Fälle sind es, die uns zeigen, daß die summa potestas als universale Entscheidungseinheit auch heute noch unter Umständen legibus absolutus ist und bleiben wird, solange es nicht gelingt, die Menschen und die Geschichte völlig berechenbar zu machen" (S. 126, kursiv bei Heller, S. 143). Die Kanzlerin der Alternativlosigkeit wird das gern zur Kenntnis nehmen. Kant hat derartiger Argumentation den Satz entgegengestellt: „Fiat iustitia, pereat mundus", und den so übersetzt: „Es herrsche Gerechtigkeit, die Schelme in der Welt mögen auch insgesamt daran zugrunde gehen" (ZeF, S. 241)[262]. Kant fordert „eine nach reinen Rechtsprinzipien eingerichtete innere Verfassung des Staats, ...". „Die Welt wird keineswegs dadurch untergehen, daß der bösen Menschen weniger wird" (ZeF, S. 241 f.). Interessen, meist Neigungen der Herrschsucht, Habsucht und Ehrsucht, können den von Heller gutgeheißenen Rechtsbruch keinesfalls rechtfertigen. Vielleicht hatten Kant wie Heller die Finanzoligarchie im Blick, als sie ihre entgegengesetzten Maximen aufgestellt haben. Von Carl Schmitts Souveränitätsbegriff, wonach souverän sei, wer über den Ausnahmezustand entscheide, ist Hellers Souveränslehre des Normalzustandes, der den Ausnahmezustand, in dem „gegebenenfalls contra legem entschieden werde (S. 127 f., bei Heller kursiv), einschließt, nicht weit entfernt[263]. „Dadurch, daß „rechtswidrigen Staatsakten die Anerkennung des Gemeinschaftswillens zuteil wird" und daß diese nicht angefochten werden können oder daß die Gerichte entgegen dem Recht entscheiden, wird Unrecht entgegen Hellers Argumenten (S. 123 f., 129) nicht zu Recht. Die materielle ist zugunsten der formellen Rechtskraftlehre aufgegeben. Ein fehlerhaftes Urteil ändert weder das Gesetz noch die Verfassung (PdR, 143 ff., 146 ff.)[264]. Es kann je nach Prozeßordnung revidiert werden. Auch ein wortreiches Plädoyer überzeugt nicht, wenn die Argumente juristisch falsch sind.

Subjekt der Souveränität sei in Deutschland nach herrschender Lehre seit Hegel der Staat (S. 81 und ff.), den Heller aber für ein „blutleeres" Konstrukt als Souveränitätssubjekt nicht recht akzeptieren will (S. 81 ff., 92), ohne mit seiner „Ent-

---

[261] H. Heller, Staatslehre, S. 368; folgend M. Kaufmann, Europäische Integration und Demokratieprinzip, S. 48 (nicht bei „revolutionärer Verfassungsneuschöpfung").

[262] Zu Hegels Ablehnung von dieser Deutung Kants H. Heller, Hegel und der nationale Machtstaatsgedanke in Deutschland, S. 110.

[263] Dazu M. W. Hebeisen, Souveränität in Frage gestellt, S. 442 ff.

[264] Dazu K. A. Schachtschneider, Neubescheidung nach Rechtskraft im Sozialversicherungsrecht und allgemeinen Verwaltungsrecht, VerwArch 62 (1972), S. 112 ff., 277 ff., insb. S. 306 ff., 313 ff.

scheidungs- und Wirkungseinheit"[265] viel anderes als einen empiristischen Begriff des Staates an die Stelle zu setzen. Er nennt sie selbst „Staatswille und Staatsgewalt" (S. 103). Der „Staatswille", „die herrschaftliche Willenseinheit" wird zum eigentlichen Souverän (S. 103 ff., 111 ff., 113). Heller personifiziert die Entscheidungs- und Wirkungseinheit als die reale volonté générale und nennt sie nicht nur den Staat, sondern behandelt sie als Staat, als „souveräne Staatsperson" (S. 120 ff.), als „willensbegabte souveräne Staatspersönlichkeit" (S. 124). Er mißt der souveränen Persönlichkeit Staat als „reales Substrat" „Substanz" bei (S. 122), obwohl er die „in keiner Einzelrepräsentation lokalisierbare Souveränität in ihrem Wesen" auch wieder „das begriffliche Symbol für die in positives Recht nicht auflösbare Einheit der das Recht und die Macht einer gebietsuniversalen Entscheidung konstituierenden Willensakte" nennt und sich dafür auf Hegel beruft und gegen Kelsens „Rechtssouveränität ohne positives Recht und Staatslehre ohne Staat" polemisiert (S. 128 ff.).

Heller bietet eine nüchterne empirische Funktionsbestimmung des Staates: „Die Funktion des Staates besteht also in der selbständigen Organisation und Aktivierung des gebietsgesellschaftlichen Zusammenwirkens, begründet in der geschichtlichen Notwendigkeit eines gemeinsamen status vivendi für alle Interessengegensätze auf einen sie alle umgreifenden Erdgebiet, das, solange es keinen Weltstaat gibt, durch andere Gebietsherrschaftsverbände gleicher Art begrenzt wird"[266]. Hellers Rechtfertigung des Staates ist am Rechtsprinzip ausgerichtet: „Die staatliche Institution wird also gerechtfertigt dadurch, daß auf einer bestimmten Stufe der Arbeitsteilung und des gesellschaftlichen Verkehrs die Sinn- und Vollstreckungsgewißheit des Rechts den Staat erforderlich machen". ... „Die Staatsinstitution ist also sanktioniert als Rechtssicherungsorganisation und nur als solche"[267]. „Nicht weil der Staat ‚irgendeine' gebietsgesellschaftliche Ordnung sichert, sondern nur sofern er eine gerechte Ordnung erstrebt, sind seine ungeheuren Ansprüche gerechtfertigt. Nur durch Beziehung der Staatsfunktion auf die Rechtsfunktion ist die Sanktion des Staates möglich". ... „Ohne Scheidung von Recht und Unrecht ist keine Rechtfertigung des Staates möglich. ... Unter Recht verstehen wir hier in erster Linie die die positiven

[265] Staatslehre, S. 339 ff.; das Wort benutzt, weil es modisch ist, sich auf Heller zu berufen, für den Staat ständig Ch. Seiler, Der souveräne Verfassungsstaat zwischen demokratischer Rückbindung und überstaatlicher Einbindung, S. 75, 95 ff. u. ö., obwohl er sich von Heller mit „anders" gänzlich unsubtantiiert abgrenzt, Fn. 70, wohl weil er den Staat auch als „juristische Person" dogmatisiert, obwohl auch Heller die „Staatsperson", also den Staat, als „Rechtssubjekt" und „juristische Person" erörtert (etwa Staatslehre, S. 232, auch Die Souveränität, S. 120 ff.) und im übrigen Organisation eines Verbandes vielfach oder meist in der Form der juristischen Person erfolgt; vgl. auch U. Schliesky, Souveränität und Legitimität von Herrschaftsgewalt, S. 114 ff.; zu Hellers „Hinwendung zu den Sozialwissenschaften, gegen Hans Kelsen, aber auch abweichend von Rudolf Smend, Ch. Möllers, Staat als Argument, S. 84 ff., S. 88 ff. zum Staat als „Entscheidungs- und Wirkungseinheit".

[266] H. Heller, Staatslehre, S. 305 ff., Zitat S. 310; dazu M. W. Hebeisen, Souveränität in Frage gestellt, S. 507 ff.

[267] H. Heller, Staatslehre, S. 333; M. W. Hebeisen, Souveränität in Frage gestellt, S. 512 ff.

Rechtssätze fundierenden Rechtsgrundsätze"[268]. Heller setzt sich für ein „sittliches Widerstandsrecht des Rechtsgewissens angesichts der ungeheuer gesteigerten Rechts- und Machttechnik des modernen Staates" ein, sieht aber in der „Legalisierung eines Widerstandsrechts" „die Legalisierung der Anarchie"[269]. Das Grundgesetz hat (im Zuge seiner Novellierung durch die Notstandsverfassung) in Art. 20 Abs. 4 anders und so, wie es die Verfassung der Menschheit des Menschen gebietet, entschieden. Widerstand ist Grundrecht und sittliche Pflicht. Es ist eine Frage der verhältnismäßigen Ausübung des Widerstandes, daß dieser Anarchie und Bürgerkrieg zu vermeiden sucht, und es ist vor allem Sache des Bundesverfassungsgerichts, ihn zu moderieren. Wenn jedoch der Staat im Unrecht versinkt, ist gewaltsamer Widerstand im rechten Maß geboten; denn auf die „Stiftung einer bürgerlichen Verfassung" gibt es „ein wirkliches Rechtsgesetz der Natur" (MdS. S. 336, 374). Die Verbrechen des Hitlerismus sind unvergeßlich.

„Staat heißt die auf einem bestimmten Gebiet universale, deshalb notwendig einzigartige und souveräne Entscheidungseinheit" (S. 133, 140). „Erst der souveräne Staat ist nur nach unten Herr und nach oben nicht mehr Untertan" (S. 139). So möchten es gern die ‚Politiker', die meinen, sie seien allein der Staat. Nein, über dem Staat steht das Recht, das mit den Menschen geboren ist, die Freiheit und alles Recht, das mit der Freiheit untrennbar verbunden ist, zumal die Menschenrechte sowie Rechtstaat und Demokratie republikanischer Art. Dieser Staat steht nicht über allem, über dem Recht und über den Menschen. Und sogar: „Wie jede Individualität ist dieser Staatswille im Kern irrational und mit noch so vielen konzentrischen Begriffsbestimmungen nicht durchzurationalisieren – und deshalb nicht zu relationieren!" (S. 116). Die Irrationalität des Staates hat Deutschland dann auch hinreichend durchlebt. Dieser Staat ist für Heller die Voraussetzung der Rechtsordnung und damit ganz hegelianisch, aber auch kantianisch zu begründen die „Selbsterhaltung des Staates", „Emanation eines höchsten Rechtsgrundsatzes" (sic!), „Voraussetzung allen Rechts" und „immanente Schranke für die Geltung allen Rechts" (S. 186, 188 ff., auch S. 143[270]). „Im Existenzfall muß der Staat legibus soluta potestas bleiben", jedenfalls solange die civitas maxima, der „Weltstaat als universale Gebietsentscheidungs- und Wirkungseinheit" nicht bestehe (S. 197). Aber schließlich nimmt Heller „einen souveränen europäischen Bundesstaat" in den Blick, ein Ziel, das „eine politische Agitation bedingt, die auf Zersetzung der nationalstaatlichen Souveränität ausgeht" (S. 201). Das hat er fraglos richtig gesehen. Die Integrationspolitik folgt seinem naheliegenden Rat.

---

[268] H. Heller, Staatslehre, S. 327, 332; vgl. W. Hennis, Das Problem der Souveränität, S. 56 f.; auch Ch. Möllers, Staat als Argument, S. 91 f. zu Hellers „Verhältnis von Staat und Recht".

[269] Staatslehre, S. 336 ff.; vgl. W. Hennis, Das Problem der Souveränität, S. 57.

[270] Hegel und der nationale Machtstaatsgedanke in Deutschland, S. 155 („absolutes Grundrecht des Staates auf eigenen Erhaltung"); dazu M. W. Hebeisen, Souveränität in Frage gestellt, S. 474 ff.

Ohne den Staat finden das Recht und damit die Freiheit keine Wirklichkeit, aber der Staat ist eine Einrichtung der Menschen, um mittels des Rechts ihre Freiheit zu verwirklichen. Der Staat bringt nicht das Recht hervor, sondern die Bürger die Gesetze, wenn es gut geht, als Materialisierung des Rechts. Der Staat hat gegenüber dem Recht keinen Eigenstand. Hellers Lehre hat Nähe zu der Carl Schmitts. Es gibt keinen Staat, der über dem Recht steht[271] oder unabhängig vom Recht besteht. Der Staat muß um des Rechts und der Freiheit willen bestehen und geschützt werden. Die notwendigen Vorkehrungen gehören zum Recht und müssen dem Recht gemäß gehandhabt werden. Vielleicht meint Heller das Gleiche. Nur zeugt sein Satz, daß die Gebiets- und Wirkungseinheit sich auch gegen das Recht durchsetzen können müsse, von einem nicht hinreichend durchdachten Begriff freiheitlichen Rechts und eines freiheitlichen Staates. Hermann Heller, der die Staatslehre als Wirklichkeitswissenschaft betrieben hat, hat mit sich gekämpft, aber letztlich die Souveränität als Macht hingestellt[272]. Seine Staatslehre verzweifelt empiristisch an der Unterscheidung von Sein und Sollen und ist damit trotz mancher weiterführenden Einsichten in das Wirken des Staates nicht zufriedenstellend. Kant hat der Kritik an Hellers Staats- und Rechtslehre vorgegriffen: „Eine bloß empirische Rechtslehre ist (wie der hölzerne Kopf in Phädrus' Fabel) ein Kopf, der schön sein mag, nur schade! daß er kein Gehirn hat" (MdS, S. 336).

IV. Carl Schmitts souveräne Diktatur

Carl Schmitts ebenso rechtsferne wie machtnahe Sentenz: „Souverän ist, wer über den Ausnahmezustand entscheidet", mit der er seine Politische Theologie 1922, 1933 einleitet (S. 11)[273], ist wesentlich eine Machtlehre der Souveränität[274]. Zugleich lehrt sie eine eigenwillige Art der Staatssouveränität; denn Schmitts Souverän ist dem

---

[271] Dazu richtig G. Jellinek, Allgemeine Staatslehre, S. 476 ff., der den Staat auch an das (zweiseitige) Recht gebunden sieht, S. 478, richtig, aber ohne Begründung.

[272] Vgl. M. W. Hebeisen, Souveränität in Frage gestellt. S. 413 ff.

[273] C. Schmitt, Politische Theologie. Vier Kapitel zur Lehre von der Souveränität, 2. Aufl. 1934, S. 11; dazu kritisch W. Hennis, Das Problem der Souveränität, S. 37 ff. („rechtlose Konsequenzen"); H. Steiger, Staatlichkeit und Überstaatlichkeit, S. 23, 25 f.; M. Kriele, Einführung in die Staatslehre, S. 105; H. Hofmann, Legitimität gegen Legalität. Der Weg der politischen Philosophie Carl Schmitts, 4. Aufl. 2002, S. 55 ff.; U. Schliesky, Souveränität und Legitimität von Herrschaftsgewalt, 108 ff.; nicht unkritisch W. Mäder, Vom Wesen der Souveränität, S. 138 ff.; eher zustimmend W. von Simson, Die Souveränität im rechtlichen Verständnis der Gegenwart, S. 145 f.; St. Hobe, Der offene Verfassungsstaat zwischen Souveränität und Interdependenz, S. 83 ff. interessiert vornehmlich die späte Schmittsche Raumlehre; zustimmend U. Di Fabio, Das Recht offener Staaten, S. 123.

[274] W. von Simson, Die Souveränität im rechtlichen Verständnis der Gegenwart, S. 155 ff.; H. Ehmke, Grenzen der Verfassungsänderung, 1953/1981 (Beiträge zur Verfassungstheorie und Verfassungspolitik, S. 21 ff.) S. 33 ff., zu „Kelsens Normlogismus und Carl Schmitts Dezisionismus" („Das Endergebnis ist das gleiche: die Identifizierung von Recht und Macht bzw. von Macht und Recht", S. 33).

Staat, der „Einheit und Ordnung", der „Verfassung" als „konkreter politischer Existenz"[275] verpflichtet, nicht dem Gesetz, der „Norm". Schmitt selbst sieht in der Souveränität als „Verbindung von faktisch und rechtlich höchster Macht das Grundproblem des Souveränitätsbegriffs, aber diesen auch als „Grundbegriff der Jurisprudenz" (S. 26), nicht zu Unrecht. Wer die Kompetenz oder auch nur die Macht oder „die Vermutung der nicht begrenzten Macht für sich" habe, den Ausnahmezustand auszurufen und das tue, sei der Souverän (S. 17 f.). Er ermögliche die weitere Existenz des Staates, nämlich Sicherheit und Ordnung, die über dem Recht stehe (S. 15 f.). „Im Ausnahmefall suspendiert der Staat das Recht, kraft eines Selbsterhaltungsrechtes, wie man sagt". Ordnung und Recht treten auseinander (S. 18 f.)[276]. Zum Ausnahmezustand „gehört vielmehr eine prinzipiell unbegrenzte Befugnis, das heißt die Suspendierung der gesamten bestehenden Ordnung. Ist dieser Zustand eingetreten, so ist klar, daß der Staat bestehen bleibt, während das Recht zurücktritt" (S. 18). Der Souverän allein entscheide, „ob der normale Zustand wirklich herrsche". Das ist die „Lehre vom Staat als Nicht-Recht" resümiert Hasso Hofmann[277].

Der Ausnahmezustand, der „höchstens als Fall äußerster Not, Gefährdung der Existenz des Staates oder dergleichen bezeichnet" werden könne, sei seinem Begriff nach nicht vorhersehbar und könne nicht „tatbestandsmäßig umschrieben werden". „Die Ausnahme ist das nicht Subsumierbare". Sie offenbare „eine spezifisch-juristisches Formelement, die Dezision, in absoluter Reinheit". Die Ordnung, die normale Situation, müsse hergestellt werden, damit die Rechtsordnung einen Sinn habe[278]. „Die Autorität beweist, daß sie, um das Recht zu schaffen, nicht Recht zu haben braucht" (Zitate S. 13 f., 19). „Für Kant ist das Notrecht überhaupt kein Recht mehr", meint Schmitt ohne Zitat (S. 20), aber Kant hat sich zum ius necessitatis klar und richtig geäußert, nämlich: „Der Sinnspruch des Notrechts heißt: ‚Not kennt kein

---

[275] Verfassungslehre, S. 3 ff., S. 4: „Der Staat ist Verfassung"; vgl. Ch. Möllers, Staat als Argument, S. 60 ff.

[276] Auch C. Schmitt, Verfassungslehre, S. 107; ders., Die Diktatur. Von den Anfängen des modernen Souveränitätsgedankens bis zum proletarischen Klassenkampf, 1921, 3. Aufl. 1964, S. 193 ff.; dagegen P. Häberle, Zur gegenwärtigen Diskussion um die Probleme der Souveränität, AöR 92 (1967), S. 281 (Souveränität ist nicht Herrschaft über das Recht); richtig ablehnend auch A. Somek, Rechtssystem und Republik, S. 560 f., der meint, Schmitt habe die „Fürstensouveränität zum Paradigma der Souveränität schlechthin erhoben", Fn. 596 mit Hinweis auf C. Schmitt, Verfassungslehre, S. 275, aber es verändert die Souveränität im Wesen, wenn an die Stelle des Fürsten das Volk tritt, wie Schmitt das S. 275 erörtert. Somek selbst stützt seine Souveränitätsverständnis auf H. Heller, S. 560 ff., und begreift Souveränität als „Verrechtlichung des Herrschens und der herrschaftlichen Determination der Rechtsauslegung in der souveränen staatlichen Gewalt", S. 563, sowie als „Chiffre für das dialektische Ineinander und Gegeneinander von Geltung und Wirkung", S. 562, also im Rechtssystem des gewaltenteilenden Verfassungsstaates.

[277] H. Hofmann, Legitimität gegen Legalität, S. 46, auch S. 38 ff.

[278] Kritisch W. Hennis, Das Problem der Souveränität, S. 39 f.; vgl. Ch. Seiler, Der souveräne Verfassungsstaat zwischen demokratischer Rückbindung und überstaatlicher Einbindung, S. 53.

Gebot (necessitas non habet legem)'; und gleichwohl kann es keine Not geben, welche, was unrecht ist, gesetzmäßig machte" (MdS, S. 343)[279].

Carl Schmitt, der „alle prägnanten Begriffe der modernen Staatslehre für säkularisierte theologische Begriffe" hält, analogisiert den „Ausnahmezustand für die Jurisprudenz" mit dem „Wunder für die Theologie" (S. 43)[280]. Wunder gibt es nicht, nach Schmitts Analogie somit auch nicht den Ausnahmezustand, jedenfalls nicht für eine Rechtslehre der Aufklärung, der praktischen Vernunft. Schmitt selbst: „Der Rationalismus der Aufklärung verwarf den Ausnahmezustand in jeder Form" (daselbst). Hinter die Aufklärung gibt es kein Zurück.

Schmitts Souverän stelle sich über die Verfassung und erst recht über das Recht. Schmitt wollte den „Hüter der Verfassung", den Reichspräsidenten, zur Diktatur bewegen, um Ordnung in die chaotische „Weimarer Demokratie" zu bringen, die er in einem permanenten wirtschaftlichen, finanziellen und politischen Ausnahmezustand sah[281]. Schmitts Formel hat viele Politiker fasziniert, Adolf Hitler hat sie mit der ‚Machtergreifung' praktiziert. „Die Revolution war legal, d. h. gemäß der früheren Verfassung formell korrekt. Sie war es aus Disziplin und deutschem Sinn für Ordnung". Nach der Machtergreifung: „Die Weimarer Verfassung gilt nicht mehr"[282] Aber auch viele Staatsrechtslehrer und Politikwissenschaftler wissen ihr nichts entgegenzusetzen[283]. Jetzt wird sie erneut in der Euro-Rettungspolitik genutzt, als wäre der Euro oder als wäre die Europäische Union von existentieller Relevanz für Deutschland oder einen anderen Mitgliedstaat der Union. Der Satz: „Scheitert der

---

[279] Zu weitgehend W. Hennis, Das Problem der Souveränität, S. 43, nach dem „in Fällen äußerster Not das geltende Recht vor der Notwendigkeit der Erhaltung der staatlichen Einheit zurücktreten" könne.

[280] Zur Entwicklung des Begriffs des Ausnahmezustandes H. Boldt, Ausnahmezustand, necessitas publica, Belagerungszustand, Kriegszustand, Staatsnotstand, Staatsnotrecht, Geschichtlichen Grundbegriffe, Bd. 1, S. 343 ff.

[281] Der Hüter der Verfassung, 1931, S. 71 ff., zu „Pluralismus, Polykratie und Föderalismus", S. 115 ff., 131, S. 133 ff., zum „Reichspräsidenten als Hüter der Verfassung"; so W. Hennis, Das Problem der Souveränität, S. 40, 44.

[282] C. Schmitt, Staat, Bewegung, Volk. Die Dreigliederung der politischen Einheit, 1933, S. 8 bzw. S. 5.

[283] Kritisch H. Hofmann, „Souverän ist, wer über den Ausnahmezustand entscheidet", Der Staat 44 (2005), S. 171 ff., 182 ff.; H. Boldt, Geschichtliche Grundbegriffe, Bd. 1, S. 372 f.; zustimmend, wenn auch mit wesentlichen Abwandlungen, E.-W. Böckenförde, Der verdrängte Ausnahmezustand. Zum Handeln der Staatsgewalt in außergewöhnlichen Lagen, NJW 1978, 1881 ff.; eher zustimmend H. Quaritsch, Souveränität im Ausnahmezustand. Zum Souveränitätsbegriff im Werk Carl Schmitts, Der Staat 35 (1996), S. 16 ff. („hintergründigste, aber zugleich raffinierteste Definition der deutschen Rechtssprache", S. 16); schon P. Häberle, Zur gegenwärtigen Diskussion um die Probleme der Souveränität, AöR 92 (1967), S. 270, S. 272 ff. gegen W. von Simson, Die „Souveränität im rechtlichen Verständnis der Gegenwart, 1965, S. 31, 44, 46, 72, 78, der ganz schmittianisch in der Souveränität ein von der Rechtsordnung nicht erfaßbares Willenselement, ein Willkürgebot der jeweils existentiellen Ordnung, welche die Rechtsordnung erst ermögliche und in ihr wirke, sieht; nicht unkritisch, aber offen W. Mäder, Vom Wesen der Souveränität, S. 138 ff.; dazu auch M. Schröder, Staatsrecht an den Grenzen des Rechtsstaates, AöR 103 (1978), S. 121 ff.

Euro, scheitert Europa", der jede Anstrengung rechtfertigen soll, um den Euro zu erhalten, nimmt angesichts des Unrechts und der Unvernunft der Einheitswährung mit dem Wort „alternativlos" den Ausnahmezustand und damit eine derartige Souveränität in Anspruch. Die Rechtlosigkeit der Rettungsversuche ist jedem klar, aber die Richtigkeit des Vertrags- und Verfassungsbruchs wird aus deren Zweck, die Währung zu retten, hergeleitet, gänzlich unberührt von der sicheren Erfolglosigkeit der Maßnahmen. Die Euro-Rettungsmaßnahmen sind ein Staatsstreich, Verbrechen gegen die Souveränität des Volkes[284].

Den nicht geregelten Ausnahmezustand gibt es im Verfassungsstaat, jedenfalls unter dem Grundgesetz, nicht[285]. Das verkennt auch Ernst-Wolfgang Böckenförde[286]. Peter Häberle: „Im normalen Gang des Verfassungslebens verwirklicht sich Souveränität", „im täglichen staatlichen Handeln"[287]. Entgegen dem Diktum von Gerhard Anschütz hört das Staatsrecht hier nicht auf[288]. Erstens gibt es die Notstandsverfassung in den Artikeln 12 a Abs. 6, 35 Abs. 2 und 3, 80 a, 115 a ff. GG, wie auch schon die der Weimarer Reichsverfassung in Art. 48 Abs. 2, der die Notstandsmaßnahmen in die Hand des Reichspräsidenten legte, deren Bestand aber durch Absatz 3 der Kontrolle des Reichstages unterwarf[289]. „Der Reichspräsident kann, wenn im Deutschen Reiche die öffentliche Sicherheit und Ordnung erheblich gestört oder gefährdet wird, die zur Wiederherstellung der öffentlichen Sicherheit und Ordnung nötigen Maßnahmen treffen, erforderlichenfalls mit Hilfe der bewaffneten Macht einschreiten". Nur bestimmte Grundrechte durften vorübergehend ganz oder teilweise außer Kraft gesetzt werden. Das sind Verfassungsregelungen besonderer Lagen, die über polizeiliche Störungen hinausgehen, insbesondere Störungen der Wirtschaft einschließen[290], aber kein ungeregelter Ausnahmezustand. Diese Ver-

---

[284] K. A. Schachtschneider, Die Rechtswidrigkeit der Euro-Rettungspolitik. Ein Staatsstreich der politischen Klasse, 2011; ders., Euro-Rettungspolitik – unvernünftig, rechtlos und staatswidrig, in: W. Lachmann (Hrsg.), Die Zukunft des Euro. Zerbruch der Gemeinschaftswährung oder Aufbruch zur politischen Union? Marktwirtschaft und Ethik, Band 16, 2012, S. 90 ff.; ders., Die Aushöhlung der Demokratie durch Europäische Union und Währungsunion, in: H. H. von Arnim (Hrsg.), Systemmängel in Demokratie und Marktwirtschaft, 2011, S. 134 ff.; aber BVerfGE 129, 124 (176 ff.).

[285] P. Häberle, Zur gegenwärtigen Diskussion um die Probleme der Souveränität, AöR 92 (1967), S. 270, 280 (Souveränität vom Grenzbegriff, Ausnahmebegriff zum Normal- und Normativbegriff geworden).

[286] Der verdrängte Ausnahmezustand, NJW 1978, 1881 ff.

[287] Zur gegenwärtigen Diskussion um die Probleme der Souveränität, AöR 92 (1967), S. 270, 281.

[288] G. Meyer/G. Anschütz, Lehrbuch des deutschen Staatsrechts, 7. Aufl. 1919, S. 359, 906.

[289] Dazu C. Schmitt, Die Diktatur des Reichspräsidenten nach Artikel 48 der Weimarer Verfassung, Anhang zur Schrift, Die Diktatur, 1921, 3. Aufl. 1963, S. 213 ff., auch VVDStRL 1 (1924), S. 63 ff.

[290] Vgl. G. Anschütz, Die Verfassung des Deutschen Reiches vom 11. August 1919, 14. Aufl. 1933, zu II, S. 275 ff.

fassung des Notstandes war und ist eine Einrichtung der Republik, also der Freiheit, wie schon die römische Diktatur[291].

Dem wegen der Verbrechen der RAF (Rote Armee Fraktion) in den späten 70iger Jahren als Institut des Ausnahmezustandes viel diskutierten übergesetzlichen Notstand begegnet Ernst-Wolfgang Böckenförde zu Recht skeptisch, weil er eine „perfekte, offene Generalklausel“ böte, welche die „Grundstrukturen einer rechtsstaatlichen Verfassung“ auflösen würde[292].

Aber es gibt zweitens das Widerstandsrecht „jedes Deutschen gegen jeden, der es unternimmt, diese Ordnung“, nämlich die Verfassungsordnung, „zu beseitigen, wenn andere Abhilfe nicht möglich ist“ aus Art. 20 Abs. 4 GG, ein Grund- und Menschenrecht. Die Widerstandslage, die Böckenförde gänzlich ausblendet, ist der innere Ausnahmezustand. Aber dieser Ausnahmezustand ist der Zustand des Unrechts, in dem das Recht verletzt ist, nicht wie der Ausnahmezustand Schmitts der Zustand, der nicht geregelt ist, der Lücke im Recht. Das Grundgesetz trifft eine Regelung, welche die Volkssouveränität zur Geltung bringt. Jeder Bürger ist Souverän und hat das Recht und die sittliche Pflicht, den Staat in seiner republikanischen Verfassung zu verteidigen. In der Ausnahmelage und im Widerstandsrecht zeigt sich das Recht auf die bürgerliche Verfassung, das mit jedem Menschen geboren ist[293]. Daneben gibt es keine andere Souveränität. Auch in den Staatsorganen agieren Bürger. Auch sie sind zum Widerstand und damit zur Verwirklichung des Rechts berechtigt und verpflichtet, in ihrem Amt ohnehin in besonderer Verantwortung. Rechtsschutz ist freilich von Verächtern des Rechts nicht zu erwarten. Wenn der Staat als die Organisation der Bürgerschaft für die Verwirklichung der allgemeinen Freiheit durch Rechtlichkeit versagt, hat vor allem der Bundeskanzler versagt. Daraus erwächst ihm nicht das Recht, sich über das Recht zu stellen und die Macht zu usurpieren. Er ist Organ des Volkes und bleibt es. Er hat keinerlei Existentialität für das Volk und den Staat, sondern eine begrenzte dienende Aufgabe. Eine Politik, welche die Verfassung mißachtet, ist Unrecht und nicht höhere existentielle Befugnis, sondern schlicht Machtmißbrauch.

Böckenförde empfiehlt eine Ordnung des Ausnahmezustandes. Der Bundestag oder notfalls der Bundespräsident sollen diesen, der eine unvorhersehbare Lage sein müsse, förmlich feststellen und die Bundesregierung soll unter „scharfer Kontrolle“ die Maßnahmen treffen, die erforderlich sind, um die Normallage wiederherzustellen, in der die Normen, die für die Normallage geschaffen seien, wieder gelten

---

[291] Dazu C. Schmitt, Die Diktatur, S. 1 ff.

[292] Der verdrängte Ausnahmezustand, NJW 1978, 1882 ff.

[293] H. Krüger, Allgemeine Staatslehre, S. 30 f., sieht im „Notrecht“ den „Rückgriff auf das natürliche Recht gegen das positive Recht“, dem eine „Blankovollmacht“ belassen werden müsse. Das Notstandsrecht des Grundgesetzes hat das genauer zu regeln vermocht. Das Widerstandsrecht hat allerdings bisher keine nähere Regelung gefunden.

und wirken könnten[294]. Er beruft sich dafür nicht auf Carl Schmitt, sondern auf Hermann Heller[295], das ist korrekter, nämlich sozialdemokratisch. Richtig ist, daß Schmitt den Souverän ermächtigt sah, im Ausnahmezustand neues Recht zu verfügen, um den Staat zu retten, Böckenförde erlaubt nur, dem bestehenden Recht durch Ausnahmemaßnahmen wieder zur Geltung zu verhelfen. Böckenfördes Verfahren wird nicht hilfreich sein. Die Gefahr geht von den Staatsorganen aus, die in der Parteienoligarchie die eigentliche Gefahr für die Bürger und deren Staat sind, wie die gegenwärtige Staatskrise erweist. Wenn die Staatsorgane rechtstreu bleiben, gibt es keine Gefahr für das Recht. Freilich gleitet der Rechtsstaat allmählich in den Unrechtsstaat über, wie wir das erleben. Das ist nicht erst die Politik der Regierung Angela Merkel, sondern entwickelt sich seit dem allzu langen Regime Helmut Kohls. Er hat wie kein anderer seine Partei korrumpiert und mit ihr Deutschland entdemokratisiert. Vor allem die Europapolitik ist die Politik des Unrechts. Sie wurde von allen Regierungen fortgesetzt und der Integrationsdynamik gemäß verbösert. Angela Merkel hat die Führungsrolle im System Kohl, das durch Negativauslese der Parteifunktionäre bestimmt ist, an sich gerissen und handhabt effizient die republikwidrige Parteienoligarchie.

Helmut Quaritsch, Kenner sowohl der Souveränitätslehren wie auch der Lehren Carl Schmitts, sieht „im Normalzustand" richtig die Souveränität als „geregelte Staatsgewalt", im „existentiellen Notfall" aber den Staat als „Reservegewalt" mit „virtueller Allzuständigkeit" und „höchster und zugleich umfassender Handlungsbefugnis, seit 400 Jahren Souveränität genannt"[296]. Wer aber ist der Staat, jedenfalls der Verfassungsstaat, in dem es keine „Organsouveränität" gibt[297]? Das sind die Bürger in ihrer Gesamtheit, das Volk, jeder einzelne und alle zusammen, sonst niemand. Die haben das Widerstandsrecht und die Widerstandspflicht. Das ist die Verfassung des Ausnahmezustandes. Auch Quaritsch will den Ausnahmezustand den Verfassungsorganen überantworten, Regierung, Parlament, Bundesrat, zumal dem Verfassungsgericht[298], ausgerechnet den Organen, die das Unrecht verantworten. Freilich wird die politische Klasse, die sich weitgehend von den Bürgern emanzipiert hat, ihre Machtmittel nutzen, um das Unrecht durchzusetzen. Die Eurokrise ist ein

294 Der verdrängte Ausnahmezustand, NJW 1978, 1884 f, 1889; ähnlich F. Ermacora, Allgemeine Staatslehre – Vom Nationalstaat zum Weltstaat, 1970, Bd. 1, S. 373.

295 Der verdrängte Ausnahmezustand, NJW 1978, 1884; H. Heller, Staatslehre, 1934. S. 184 ff.

296 Souveränität im Ausnahmezustand., Der Staat 35 (1996), S. 20 ff.; auch O. Beaud, Föderalismus und Souveränität, Der Staat 35 (1996), S. 61.

297 H. Quaritsch, Souveränität im Ausnahmezustand., Der Staat 35 (1996), S. 25; H. Hofmann, „Souverän ist, wer über den Ausnahmezustand entscheidet", Der Staat 44 (2005), S. 179; St. Oeter, Souveränität und Demokratie als Problem in der „Verfassungsentwicklung" der Europäischen Union, S. 671 f.; K. Doehring, Allgemeine Staatslehre, S. 261; M. Kaufmann, Europäische Integration und Demokratieprinzip, S. 43; abwägend R. Herzog, Allgemeine Staatslehre, 1971, S. 238 ff.; dazu auch P. Pernthaler. Allgemeine Staatslehre und Verfassungslehre, 2. Aufl. 1996, S. 14 f.

298 Souveränität im Ausnahmezustand., Der Staat 35 (1996), S. 28 f.

Schulbeispiel. Alle anderen Lagen sind näher geordnet, nur eben das große Unrecht des Staates nicht.

Im übrigen gibt es einen Weg des Rechts, mit der Eurokrise fertig zu werden, die Anwendung der Verträge und des Grundgesetzes, die Beendigung des Euro-Abenteuers, indem Deutschland den Euroverbund verläßt[299]. Das Widerstandsrecht gibt die Verfassungsgrundlage und das Bürgerrecht auf „andere Abhilfe" durch das Bundesverfassungsgericht gegen Unrechtspolitik des Staates[300]. Das bietet immerhin ein geordnetes und befriedendes Verfahren, das alle nötigen Maßnahmen zu treffen erlaubt (§ 35 BVerfGG). Wenn nur das Verfassungsgericht den Primat des Rechts hochhält, sich um der Vernunft willen des Verstandes bedient und sich nicht vom Herzen verführen läßt, das, wie das des gegenwärtigen Präsidenten, „für Europa schlägt" (Mündliche Verhandlung in der Eilsache 2 BvR 1421/12 u. a. vom 10. Juli 2012). Ohne strenge Dogmatik ist Rechtserkenntnis nicht möglich.

Carl Schmitts ebenso existentialistische wie dezisionistische Souveränitätslehre, die er vor allem in seiner schon mehrfach zitierten Politische Theologie und in Die Diktatur, 1927, 3. Aufl. 1964, unterbreitet hat, setzt die Trennung von Staat und Recht voraus. Schmitts Souverän handelt, um den Staat, den er mit sich identifiziert, genauer also seine Macht zu erhalten oder die Macht zu erobern, und schafft zu diesem Zweck durch seine Entscheidung neues Recht. Staat und Recht sind für Schmitt keine Einheit. Den Souverän stellt er wie den Staat nicht nur über das Gesetz, sondern über das Recht. Das dementiert die Bindung an das jeweilige Recht, die Bodin und auch Hobbes respektiert haben. Der Souverän schafft, wenn er es für nötig hält, neues Recht. Ein höheres Recht, das unverfügbar ist, bindet ihn nach Schmitt nicht. Seine Macht gibt dem Souverän die ‚Befugnis', besser: die Möglichkeit, nicht ein Rechtsatz. „Was als politische Größe existiert, ist, juristisch betrachtet, wert daß es existiert"[301]. Das ist empiristischer Hegelianismus, aber ohne Christentum (Kritik Rprp, S. 735 ff., insb. S. 748 ff.). „Die Entscheidung ist, normativ betrachtet, aus dem Nichts geboren[302]. Die rechtliche Kraft der Dezision ist etwas anderes als das Resultat der Begründung" (S. 37 f.). Sie folgt keinen Maßstäben der „normativen Richtigkeit" (S. 38) als denen der „Sachgemäßheit", „Zweckmäßigkeit", „Nützlichkeit", „situationsbestimmten Angemessenheit"[303], die Schmitt nicht als judiziable Rechtsmaßstäbe einzustufen scheint, im Gegensatz zum grundgesetzlichen Hüter der Verfassung, dem Bundesverfassungsgericht, das mit dem differenzierten Willkürverbot eine Sachlichkeitsmaxime judiziert (PdR, S. 329 ff., 337 ff., 342 ff., 370). Carl

---

[299] Dazu K. A. Schachtschneider, Die Rechtswidrigkeit der Euro-Rettungspolitik, S. 109 f.; ders., Ausstiegsrecht, Ausstiegspflicht und Ausstiegsverfahren, in: W. Hankel/W. Nölling/K. A. Schachtschneider/J. Starbatty, Die Euro-Illusion. Ist Europa noch zu retten? 2001, S. 320 ff.

[300] K. A. Schachtschneider, Die Rechtswidrigkeit der Euro-Rettungspolitik, S. 247.

[301] Verfassungslehre, S. 22; kritisch H. Ehmke, Grenzen der Verfassungsänderung, S. 52 f.; W. von Simson, Die Souveränität im rechtlichen Verständnis der Gegenwart, S. 155 ff.

[302] C. Schmitt, Die Diktatur, S. 23.

[303] W. Hennis, Das Problem der Souveränität, S. 41.

Schmitt präferiert den Dezisionismus als eine, seine Art des „rechtswissenschaftlichen Denkens“ (S. 8, 36 ff., 59 ff.)[304], vor der „normativistischen“ und neben der „institutionellen“. Auch die Rechtsordnung beruhe, wie jede Ordnung, auf einer Entscheidung und nicht auf einer Norm“ (S. 16), mitnichten, sie gründet in der Menschheit des Menschen, in dem Recht, das mit uns geboren ist. Was wirkt, ist nicht schon Recht. Schmitts Dezisionismus ist keine Rechts-, sondern eine Machtlehre. Wer die Macht hat, ist zu Recht der Herr (?). „Autoritas non veritas facit legem“, zitiert Schmitt Hobbes (S. 39; Leviathan, II, Kap. 26, S. 234 f.), unter freien Bürgern gilt anders: Veritas et auctoritas facit legem[305]. Im englischen Original heißt es: yet it is by the Soveraigne Power that it is Law. Das besagt, nicht allein die Vernunft, der Hobbes die Gesetzgebung verpflichtet, genügt. Das Gesetz muß auch durch die Staatsgewalt Verbindlichkeit erhalten. Schmitts Beleg greift daneben. Wilhelm Hennis: „Es ist ein Bild hemmungsloser Willkür, das Schmitt hier zeichnet“[306].

---

[304] Recht wohlwollend zu C. Schmitts Diktaturlehre wegen des Dezisionismus („hochbedeutsamer Versuch“) H. Heller, Souveränität, S. 88 ff., aber letztlich ablehnend, weil Schmitt die „Willenseinheit nicht als Souveränitätsobjekt“ erkannt habe; dazu W. Hennis, Das Problem der Souveränität, S. 36, 37 ff., 40 ff.; H. Ehmke, Grenzen der Verfassungsänderung, S. 33 ff.; M. W. Hebeisen, Souveränität in Frage gestellt, S. 338 ff., 440 ff., zur „souveränen Diktatur“ bei C. Schmitt S. 364 ff.; weitgehend folgend auch W. von Simson, Die Souveränität im rechtlichen Verständnis der Gegenwart, S. 186 ff., S. 194: „Die Souveränität – … – beruht auf einer Entscheidung“; vgl. O. Beaud, Föderalismus und Souveränität, Der Staat 35 (1996), S. 61; vgl. auch knapp St. Hobe, Der offene Verfassungsstaat zwischen Souveränität und Interdependenz, S. 83 ff.; kritisch Ch. Seiler, Der souveräne Verfassungsstaat zwischen demokratischer Rückbindung und überstaatlicher Einbindung, S. 104 f.

[305] Auch C. Schmitt, Der Leviathan in der Staatslehre des Hobbes, S. 110 ff.; folgend J. Isensee, Gemeinwohl und Staatsaufgaben im Verfassungsstaat, HStR Bd. III, 1988, 2. Aufl. 1996, § 57, S. 3 ff., Rn. 90, Ch. Seiler, Der souveräne Verfassungsstaat zwischen demokratischer Rückbindung und überstaatlicher Einbindung, S. 82; dazu J. Habermas, Strukturwandel der Öffentlichkeit. Untersuchungen zu einer Kategorie der bürgerlichen Gesellschaft, 1962, 9. Aufl. 1978, S. 159; zum Kognitivismus richtig ders., Theorie des kommunikativen Handelns, Bd. 2, 1981, S. 141 ff.; ders., Moralbewußtsein und kommunikatives Handeln, 1983, S. 82 f.; ders., Treffen Hegels Einwände gegen Kant auch auf die Diskursethik zu?, 1986, in: ders., Erläuterungen zur Diskursethik, 1991, S. 9 ff., S. 11 ff., 28; ders., Erläuterungen zur Diskursethik, daselbst, S. 120 ff., der richtig Moral als Unparteilichkeit definiert (S. 13 f., bzw. S. 124 f., 138, 145); ders. auch, Vom pragmatischen, ethischen und moralischen Gebrauch der praktischen Vernunft, daselbst, S. 105; ders., Faktizität und Geltung, S. 135 ff., 151 ff., 166 ff., 187 ff., 272 ff., 292 ff., 301 ff., 324, 516 ff.; ders., Die Einbeziehung des Anderen, Studien zur politischen Theorie, 1996, S. 277 ff., 293 ff. (deliberativistisch); damit scheint H. Quaritsch, Staat und Souveränität, S. S. 117 ff. Fn. 331 f., Schwierigkeiten zu haben. Er weist auf Georg Lukácz, Geschichte und Klassenbewußtsein, 1922, S. 265, 268, hin, der diese Sicht dem Revolutionär zuspricht, „solange er nicht selbst die Hebel der Gesetzesmaschinerie bedient“; fragwürdig auch M. Kriele, Einführung in die Staatslehre, S. 42, 79 (ohne Zitat); G. Geismann, Kant als Vollender von Hobbes und Rousseau, Der Staat 21 (1982), S. 161 ff.; K. A. Schachtschneider, Res publica res populi, S. 571 ff.; dazu auch zu Fn. 636 ff., Vierter Teil E.II.

[306] W. Hennis, Das Problem der Souveränität, S. 42, der S. 46 Schmitt in eine „romantische Tradition“ und die „Aufgeregtheit, die man romantischem Denken seit je nachgesagt hat“, rückt.

Nein, das Recht muß erkannt werden. Die Erkenntnis muß begründbar sein und begründet werden. Die Methode der Erkenntnis ist der Diskurs oder die Diskussion. Richtig leitet das Bundesverfassungsgericht aus dem Willkürverbot das Gebot der Begründbarkeit ab (BVerfGE 55, 72 (88); st. Rspr.; PdR, S. 329 ff.). Die freiheitliche Republik ist ein Gemeinwesen der praktischen Vernunft, der Sachlichkeit, also der Wissenschaftlichkeit. Wissenschaft muß nicht nur unabhängig sein, sondern begründen (FridR, S. 415)[307]. Schmitt, der Gegner des freiheitlichen Rechtsstaates, plakatiert: „Diktatur ist der Gegensatz von Diskussion“ (S. 67). Das Kriterium, das zwischen Herrschaft und Freiheit unterscheidet, ist die Erkenntnishaftigkeit des Rechts, der freiheitliche Kognitivismus im Gegensatz zum herrschaftlichen Dezisionismus.

Schmitts Lehre ist nicht einmal dem monarchischen Prinzip des Absolutismus verpflichtet; denn der Monarch von Gottes Gnaden hat die Herrschaft Gottes anerkannt, wenn auch nicht immer beachtet. Er war ein Christ, nicht der ‚Antichrist‘, dem Carl Schmitt nolens volens die Steigbügel hält. Im Konstitutionalismus besteht das ohnehin oktroyierte Verfassungsgesetz aus Selbstbeschränkungen des Monarchen. Alle Staatsgewalt verbleibt in der Hand des Monarchen (Art. 57 der Wiener Schlußakte des Deutschen Bundes vom 25. November 1819, in Kraft getreten am 8. Juni 1820)[308]. Der Monarch ist nicht, wie Hobbes das gelehrt hat, der Stellvertreter der Untertanen, sondern für das Staatliche der Repräsentant des theistischen Gottes, nachdem er noch in der Staatslehre des 17. Jahrhunderts nach Schmitt mit Gott identifiziert wurde (S. 51 f.).

Der Transzendenz Gottes gegenüber der Welt entspreche die Transzendenz des Souveräns gegenüber dem Staat in der Staatslehre des 17. und 18. Jahrhunderts, meint Schmitt und scheint das im frühen 20. Jahrhundert in der freilich atheistischen Diktatur des Führers[309] wiederbeleben zu wollen. Er sah seine Souveränitätslehre, die er als Diktaturdoktrin dem demokratischen Staat ohne Monarchen angepaßt hatte, ausweislich der Vorbemerkung zur 2. Auflage seiner Politischen Theologie vom November 1933 bestätigt.

---

[307] K. R. Popper, Objektive Erkenntnis. Ein evolutionärer Entwurf, 4. Aufl. 1984, S. 270 ff. (u. ö.); auch K. A. Schachtschneider, Der Rechtsbegriff „Stand von Wissenschaft und Technik“, S. 111 ff.; zur Begründbarkeit als Vernunftaspekt auch G. Dürig, in: Maunz/Dürig, GG, Kommentar, Rn. 339 zu Art. 3 Abs. I.

[308] Zum monarchischen Prinzip G. Jellinek, Allgemeine Staatslehre, S. 470 ff.; K. A. Schachtschneider, Res publica res populi, S. 11 ff.; E. R. Huber, Deutsche Verfassungsgeschichte seit 1789, Bd. I, Reform und Restauration 1789 bis 1830, 1957, S. 651 ff., S. 656 f., zu den Landständischen Verfassungen 1814–1848; auch R. Bartlsperger, Das Verfassungsrecht der Länder in der gesamtstaatlichen Verfassungsordnung, HStR, Bd. VI, Bundesstaat, 3. Aufl. 2008, § 128, Rn. 11,13, zum monarchischen Prinzip „souveräner Fürsten“, Staatenbund von 1815, „ständisch repräsentativen Gesetzesvorbehalt für „Eingriff in Freiheit und Eigentum“, Grundrechten und Ministerverantwortlichkeit in fast allen konstitutionellen Verfassungen.

[309] Dazu kurz U. Schliesky, Souveränität und Legitimität von Herrschaftsgewalt, S. 117 ff.

Wie Schmitt selbst weiß, ist dieser dezisionistische Souveränitätsbegriff in einer Republik, in der alle Staatsgewalt vom Volke ausgeht, untragbar. Er vertritt ihn trotzdem in der Weimarer Republik, weil er die Grundlage der Republik, die Freiheit, als „politisches Formprinzip" zurückweist[310]. Nur die substantielle Gleichheit, die Homogenität, sei ein demokratisches Prinzip, Freiheit ein liberales nur des Rechtsstaates[311]. Schmitt reißt Rechtsstaat und Demokratie auseinander und konzipiert damit eine demokratistische Herrschaftslehre, welche durch rechtsstaatliche Elemente besänftigt ist. Das ist heute entgegen dem Grundgesetz und einer Verfassung der Menschenwürde die herrschende und praktizierte ebenso parteienstaatliche wie liberalistische Doktrin.

Damit stellt Schmitt sich essentiell gegen die Republik[312]. Er kennt nur rechtsstaatliche Freiheiten, Abwehrrechte gegen den Staat, die dessen Herrschaft erträglich machen sollen, nicht die politische Freiheit, nicht die Bürgerlichkeit des Bürgers (Rprp, S. 454 ff.; FridR, S. 343 ff.). Auch das ist heute die ganz allgemeine Lehre, von der sich das Bundesverfassungsgericht nur in kleinen Schritten entfernt (dazu Vierter Teil B. VI.). Freiheit gibt es nur durch Recht, das der Staat verwirklichen muß. Freiheit, Recht und Staat sind eine notwendige Einheit. Weil die Bürger frei sind, steht das Recht über dem Staat. Handeln des Staates darf ausschließlich Verwirklichung des Rechts sein. Sonst wird der Staat zum Latrocineum, zur Räuberbande (Augustinus). Folglich ist Staatlichkeit, wie schon gesagt, kognitivistisch, Erkenntnis des Rechts und der Vollzug der Erkenntnisse. Auch das Volk, die Bürgerschaft, muß erkennen, was Recht ist. Stellvertretend für das Volk nehmen diese Aufgabe die Organe des Staates wahr (Rprp, S. 637 ff., 707 ff.), soweit nicht das Volk unmittelbar abstimmt. Entscheidungen der Mehrheit schaffen kein Recht, wenn die Entscheidungen keine Erkenntnisse des immer schon bestehenden Rechts in der jeweiligen unterschiedliche Gesetze erfordernden Lage beschließen. Nur Erkenntnis des Richtigen für das gute Leben des ganzen Volkes auf der Grundlage der Wahrheit

---

[310] Verfassungslehre, S. 125 ff., 224 f.; kritisch K. A. Schachtschneider, Freiheit in der Republik, S. 136 ff. (139 f.).

[311] Verfassungslehre, S. 223 ff., 231 ff., 236 („nationale Homogenität"); „soziale Homogenität" befürwortet H. Heller, Politische Demokratie und soziale Homogenität, 1928, in: ders., Gesammelte Schriften, Bd. 2, 2. Aufl. 1992, S. 421 ff., 429; folgend BVerfGE 89, 155 (184 ff.), mit Bezug auf H. Heller; vgl. auch BVerfGE 123, 267 (358 f., Rn. 219, 235, 240 f.) zur Verfassungsidentität; E.-W. Böckenförde, Demokratie als Verfassungsprinzip, HStR, Bd. I, 1987, § 22, Rn. 47 f., 63 ff. („relative Homogenität"); kritisch zur Homogenität (wie viele) W. Hennis, Das Problem der Souveränität, S. 64 mit Fn. 185, S. 68 f. („moderne klassengespaltene Gesellschaft, in der auch die religiöse Wertgemeinschaft aufgelöst ist, aber weiter entfernt denn je"); kritisch auch R. Grawert, Homogenität, Identität, Souveränität, Der Staat 51 (2012), S. 189 ff.; a.A. J. Habermas, Volkssouveränität als Verfahren, Faktizität und Geltung, S. 612 („moderne Gesellschaften sind nicht homogen"); K. F. Gärditz, Der Bürgerstatus im Lichte von Migration und europäischer Integration, VVDStRL 72 (2013), S. 49 ff., 108 ff. mit Fn. 202 (vielfältige, wenn auch unvollständige Hinweise).

[312] U. Di Fabio, Das Recht offener Staaten, S. 24, Schmitt „einer der scharfzüngigsten Feinde der parlamentarischen Demokratie".

ist im freiheitlichen Sinne demokratisch (FridR, S. 267, 415, 423, 427, 432; PdR, S. 19, 20, 55 ff.).

Demgegenüber ist die Demokratielehre Schmitts eine dezisionistische Herrschaftslehre des Führertums, legitimiert als „konkrete Ordnung"[313]. Das Volk, freilich als politische Einheit, Staat[314], nicht als Bürgerschaft, wird, weil Gott den Staat nicht mehr zu legitimieren vermag, auf die Legitimation des Führertums durch das Volk als pouvoir constituant beschränkt (S. 55)[315]. Ob der Vertreter Gottes oder der des Volkes den Ausnahmezustand beherrscht, ist Schmitt nicht wichtig (S. 16). Sonst bleibt dem Volk, dem Führer zu akklamieren und Gefolgschaft (Rprp, S. 43 f., 589 ff., 602 ff., 691 ff., 741 ff. 754 ff., 1074, 1121)[316]. Das ist noch heute die Praxis, die unmögliche Versammlung des Volkes auf der Agora umgewandelt in statistische Umfragen, Politbarometer. In der „öffentlichen Meinung" sieht Carl Schmitt die „moderne Art der Akklamation"[317]. Der Repräsentant ist in Schmitts Demokratielehre nicht wie der Vertreter des Volkes in der Republik Diener des Volkes, sondern dessen Herr (Rprp, S. 735 ff.)[318]. „In der Gestalt des souveränen Führers repräsentiert sich ihm (sc. Carl Schmitt) wenig später die Einheit des konkreten Volkes", schlußfolgert Wilhelm Hennis[319].

Carl Schmitt: „Gesetz in einer Demokratie ist der Wille des Volkes: lex est quod populus iussit". Der Wille dieses politischen Gesetzesbegriffs ist „konkreter Wille und Befehl" und Akt der Souveränität"[320] Für Carl Schmitt ist „der Wille existentiell vorhanden, seine Macht und seine Autorität liegt in seinem Sein". „Der Wille des

---

313 C. Schmitt, Über die drei Arten des rechtswissenschaftlichen Denkens, 1933/34, 3. Aufl. 2006, S. 13, 22 f.; vgl. M. W. Hebeisen, Souveränität in Frage gestellt, S. 338 ff., 364 ff.; dazu kritisch H. Hofmann, Legitimität gegen Legalität, S. 178 ff. (rassische Legitimität); mit kritischem Verständnis W. von Simson, Die Souveränität im rechtlichen Verständnis der Gegenwart, S. 170 ff.; zur Ordnungsmetapher J. H. Kaiser, Konkretes Ordnungsdenken, in: Helmut Quaritsch (Hrsg.), Complexio Oppositorum – Über Carl Schmitt, 1988, S. 319 ff.; zum konkreten Ordnungsdenken kritisch W. Hennis, Das Problem der Souveränität, S. 38 f.

314 Verfassungslehre, S. 3 ff., 209 ff.; Der Begriff des Politischen, 1932, 1963, Vorwort von 1963, S. 30 ff.; G. Leibholz, Das Wesen der Repräsentation, S. 142, 167, 183; gegenwärtig K. Stern, Staatsrecht I, S. 962 u.ö; ders. Staatsrecht II, S. 37 ff., folgend, ohne das Schmittsche Freund-Feind-Schema einzubeziehen; W. von Simson, Die Souveränität im rechtlichen Verständnis der Gegenwart, S. 151 ff.; Ch. Möllers, Staat als Argument, S. 61 ff.; vgl. Ch. Seiler, Der souveräne Verfassungsstaat zwischen demokratischer Rückbindung und überstaatlicher Einbindung, S. 53.

315 Zum pouvoir constituant bei C. Schmitt M. W. Hebeisen, Souveränität in Frage gestellt, S. 360 ff. („Souveränität des Verfassungsgebers" „Diktatur der völkischen Einheit"); auch W. Hennis, Das Problem der Souveränität, S. 38.

316 Verfassungslehre, S. 243, 244 f.; vgl. W. Leisner, Das Volk, S. 118.

317 Verfassungslehre, S. 83 f., 233 ff., 243, 246, 346 f., 350 f.; vgl. auch W. Leisner, Das Volk, S. 171.

318 Verfassungslehre, S. 204 ff., insb. 209 ff., auch S. 235 f.

319 Das Problem der Souveränität, S. 38; C. Schmitt, Staat, Bewegung, Volk, 1933, insb. S. 32 ff. zum „Führertum" des „starken Staates".

320 C. Schmitt, Verfassungslehre, S. 146; ebenso ders., Legalität und Legitimität, S. 26 ff.

deutschen Volkes, also etwas Existentielles, begründet, ..., die politische und staatsrechtliche Einheit". Der „politische Wille" mache „all die Normen überhaupt erst zu Verfassungsgesetzen"[321]. Der Wille des Volkes als unsichtbarer politischer Einheit wird wie Gottes Wille (Vaterunser: „Dein Wille geschehe wie im Himmel so auf Erden") von der Kirche und dem Stellvertreter Christi, dem Papst, durch die Repräsentanten, die Herren sichtbar gemacht, repräsentiert [322], bis zur Perversion des Führerwillens[323]. Carl Schmitt sieht in den politischen und verfassungsrechtlichen Begriffen säkularisierte Begriffe der Theologie[324]. In der Praxis wird ein solcher nicht wirklicher Wille der wirkliche Wille derer, die den Willen zu erkennen das Amt haben und in Gesetzen oder Befehlen materialisieren, die Repräsentanten, die Machthaber. Diese entscheiden in der Schmittschen Doktrin und geben ihre Entscheidungen als den Willen des nicht in die politische Willensbildung einbezogenen und als unsichtbare, also nicht wirkliche, politische Einheit auch nicht einbeziehbaren Volkes aus.

Carl Schmitt: „Die Idee der Repräsentation beruht darauf, daß ein als politische Einheit gedachtes Volk gegenüber dem natürlichen Dasein einer irgendwie zusammenlebenden Menschengruppe eine höhere und gesteigerte, intensivere Art Sein hat"[325]. „Repräsention ist kein normativer Vorgang, kein Verfahren und keine Prozedur, sondern etwa Existentielles. Repräsentieren heißt, ein unsichtbares Sein durch ein öffentlich anwesendes Sein sichtbar machen und vergegenwärtigen"[326]. Diese Ideologie distanziert sich von der Freiheit des Menschen als Menschen[327]. Schmitt

---

321 C. Schmitt, Verfassungslehre, S. 9 f., 15, 21, 146; dazu M. W. Hebeisen, Souveränität in Frage gestellt, S. 352 ff.

322 C. Schmitt, daselbst, S. 209 f., 213; folgend K. Stern, Staatsrecht II, S. 37 f., Staatsrecht I, S. 961; kritisch K. A. Schachtschneider, Res publica res populi, S. 735 ff.; kritisch auch A. Somek, Rechtssystem und Republik. Über die politische Funktion des systematischen Rechtsdenkens, 1992, S. 506 f. mit Fn. 348.

323 U. Haltern, Was bedeutet Souveränität? 2007, S. 55 ff.

324 C. Schmitt, Politische Theologie, S. 49; vgl. auch ders., Römischer Katholizismus und politische Form, 2. Aufl. 1925/1984, S. 14, 49 ff.; folgend U. Haltern, Was bedeutet Souveränität? S. 1 ff., 5 ff., 24 ff., 52 ff.

325 C. Schmitt, Verfassungslehre, S. 209 f.; vgl. St. Hobe, Der offene Verfassungsstaat zwischen Souveränität und Interdependenz, S. 82, bei Schmitt ist nicht „der Staat substantielle Einheit", sondern das Volk; zustimmend M. Kaufmann, Europäische Integration und Demokratieprinzip, S. 72 f.

326 C. Schmitt, Verfassungslehre, S. 209.

327 Kritik von W. Mantl, Repräsentation und Identität, Demokratie im Konflikt. Ein Beitrag zur modernen Staatsformenlehre, 1975; V. Hartmann, Repräsentation in der politischen Theorie und Staatslehre in Deutschland. Untersuchung zur Bedeutung und theoretischen Bestimmung der Repräsentation in der liberalen Staatslehre des Vormärz, der Theorie des Rechtspositivismus und der Weimarer Staatslehre, 1979; M. Kaufmann, Recht ohne Regel? Die philosophischen Prinzipien in Carl Schmitts Staats- und Rechtslehre, 1988, S. 46 ff. zur „Freund-Feind-Theorie" Schmitts, kritisch, S. 327 ff., durchgehend; H. Hofmann, Legitimität gegen Legalität, S. 38 ff., 87 ff., durchgehend; M. W. Hebeisen, Souveränität in Frage gestellt, S. 368 u. ö.; K. A. Schachtschneider, Res publica res populi, S. 732 ff., 735 ff.

selbst bezeichnet die Lehre des Abbé Sieyès von „der Repräsentation des Volkswillens durch die verfassungsgebende Nationalversammlung“ als „antidemokratisch“. Der „verfassungsgebende Wille des Volkes kann nicht repräsentiert werden, ohne daß die Demokratie sich in eine Aristokratie verwandelt“[328]. Schmitt hat den „aristokratischen Grundcharakter“ auch für die „bürgerliche ‚Repräsentativverfassung‘“ herausgestellt, der aber verlorengegangen sei, seit der „Abgeordnete abhängiger Agent von Wähler- und Interessenorganisationen“ geworden sei[329]. Das hat der Parteienstaat erwiesen. Gerhard Leibholz, der Vordenker des bundesdeutschen Parteienstaates: Die Repräsentation geht „stets der Idee nach vom Volk als Einheit und nicht als Vielheit aus“[330]. Rudolf Smend hat demgegenüber mehr beschreibend als dogmatisierend die Integration des Staates zur „politischen Einheit“, sein Leben als „dauernde Herstellung seiner Wirklichkeit als souveräner Willensverband“, „seine Wirklichkeit als die seines Integrationssystems“ gelehrt[331]. Eine solche politische Einheit ist um des Zusammenhalts des Gemeinwesens willen stete Aufgabe der Bürger und ihrer Amtswalter[332]. Sie macht die Nation aus.

Schmitt wechselt vom Monarchen zum Führer, wobei ihm die Unterschiede sehr bewußt sind. Folglich entwickelt er anstelle der in der Republik als freiheitlicher Demokratie ohne politische Freiheit der Bürger/des Volkes unhaltbaren Souveränitätslehre eine Lehre von der Diktatur. „Die souveräne Diktatur beruft sich auf den pouvoir constituant, der durch keine entgegenstehende Verfassung beseitigt werden kann“[333]. Auf die Diktatur laufen die staatswissenschaftlichen Anstrengungen Carl Schmitts weitestgehend hinaus[334]. Das begründet seine Gefolgschaft bei allen Faschisten, seien diese links oder rechts. Der Diktator schütze den Staat und damit die

[328] Verfassungslehre, S. 80.

[329] Daselbst, S. 217.

[330] G. Leibholz, Das Wesen der Repräsentation, S. 142, 167, 182.

[331] Verfassung und Verfassungsrecht, 1928, in: Staatsrechtliche Abhandlungen, 1955, 2. Aufl. 1968, S. 119 ff., 171; gewissermaßen folgend U. Scheuner, Das Wesen des Staats und der Begriff des Politischen in der neueren Staatslehre, in: Staatsverfassung und Kirchenordnung, FG Rudolf Smend, 1962, S. 225 ff.; vgl. W. von Simson, Die Souveränität im rechtlichen Verständnis der Gegenwart, S. 163 ff., 165 ff.; dazu auch M. W. Hebeisen, Souveränität in Frage gestellt, S. 384 ff.; St. Hobe, Der offene Verfassungsstaat zwischen Souveränität und Interdependenz, S. 76 ff.; Ch. Möllers, Staat als Argument, S. 100 ff.; kurz auch Ch. Seiler, Der souveräne Verfassungsstaat zwischen demokratischer Rückbindung und überstaatlicher Einbindung, S. 51 f.

[332] U. Scheuner, Das Wesen des Staats und der Begriff des Politischen in der neueren Staatslehre, S. 255; zum Amtsgedanken bei Calvin, P. Graf Kielmansegg, Volkssouveränität, S. 79 f., bei Altusius, selbst Calvinist, S. 93 f.

[333] C. Schmitt, Die Diktatur, S. 138 f., auch S. 75 ff., 79, 84; so noch heute die überwiegende Lehre, etwa M. Jestaedt, Demokratieprinzip und Kondominialverwaltung – Entscheidungsteilhabe Privater an der öffentlichen Verwaltung auf dem Prüfstand des Verfassungsprinzips Demokratie, 1993, S. 157 f., 162, der vertritt, daß der pouvoir constituant nicht bindbar sei, und die Verfassung der Menschheit des Menschen übersieht; weitere Hinweise in Fn. 915.

[334] Insbesondere: Die Diktatur, 1921, 3. Aufl. 1963.

Ordnung. Die Ordnung stehe über dem Recht (S. 16, 18 f. u. ö.)[335]. „Die Ordnung muß hergestellt werden, damit die Rechtsordnung einen Sinn hat" (S. 19). Peter Schneider: „Im Ausnahmezustand herrscht Ordnung, im Normalzustand Rechtsordnung. Rechtsordnung bedeutet ein Minimum an Entscheidung, Ordnung ein Maximum"[336]. Nein: Nur Rechtlichkeit ist Ordnung. Die Verfassung, die für die Demokratie entschieden habe, verwirkliche er, der Diktator, durch seine Maßnahmen, durch ein anderes Verfahren, als im Verfassungsgesetz geregelt.

Ein über der Entscheidung stehendes Recht, nämlich das Recht, das mit den Menschen geboren ist, kennt Carl Schmitt nicht. Den „Naturzustand", im dem Schmitt die „verfassungsgebende Gewalt immer" wähnt[337], gibt es nicht. Das gemeinsame Leben der Menschen ist wegen der Wirkung allen Handelns auf andere, auf alle anderen, immer politisch und damit ein Rechtsverhältnis, das an das Recht gebunden ist, auch ohne Gesetze. Schmitts Satz nach dem „Röhm Putsch" im Juni/Juli 1934: „Der Führer schützt das Recht"[338] ist in seiner Diktaturlehre angelegt. Michael W. Hebeisen kritisch: „Der Staat ist nurmehr ein Organ des Führers der (nationalsozialistischen) Bewegung"[339]. Schmitts Dezisionismus stützt durchaus die gegenwärtige Praxis des Unrechts in der Europäischen Union. Aber die Schmittsche Lehre von der „souveränen Diktatur" des Ausnahmezustandes[340] ist fern jeder freiheitlichen Lehre des Rechts und des Staates. Die Republik ist Rechtsstaat und muß in freiheitlicher Weise demokratisch sein. Eine solche Republik benötigt eine Notstandsverfassung, aber keine Diktatur. Diktatur, wie Carl Schmitt sie gelehrt hat, ist Unrecht und durch nichts zu rechtfertigen.

Die Staatlichkeit in Schmitts Sichtweise des Staates als politischer Einheit, die Freund und Feind zu unterscheiden vermochte und darin politisch war, sprich: gewesen sein soll[341], war längst zu Ende gegangen, als er seine prophetisch ambitio-

[335] Zum Verhältnis der Ordnung zur Rechtsordnung bei C. Schmitt P. Schneider, Ausnahmezustand und Norm – Eine Studie zur Rechtslehre von Carl Schmitt, 1957, S. 259 ff.; zum Vorrang der Ordnung M. W. Hebeisen, Souveränität in Frage gestellt, S. 338 ff., 368 ff. (S. 368).

[336] P. Schneider, Ausnahmezustand und Norm, S. 262 f.

[337] Verfassungslehre, S. 79; vielfach vertreten, etwa M. Kaufmann, Europäische Integration und Demokratieprinzip, S. 43 f., gestützt auf E. Sieyès, Was ist der dritte Stand?, S. 92 ff. (S. 77 ff., 82 f. in der von O. Dann besorgten Veröffentlichung), nach dem die „Nation außerhalb von Staat und Verfassung stehe, nämlich in „Naturzustand", und keinen Vorschriften unterliege.

[338] Deutsche Juristen-Zeitung, 39, 1934, S. 945 ff. http://de.wikipedia.org/wiki/R%C3%B6hm-Putsch – cite_ref-8.

[339] M. W. Hebeisen, Souveränität in Frage gestellt, S. 366, unter Hinweis auf C. Schmitt, Über die drei Arten rechtswissenschaftlichen Denkens, S. 66 f.

[340] Die Diktatur, S. 130 ff.; kritisch H. Boldt, Geschichtliche Grundbegriffe, S. 140 f.

[341] Der Begriff des Politischen, S. 26 ff., 28 ff.; kritisch H. Hofmann, Legitimität gegen Legalität, S. 94 ff.; E.-W. Böckenförde, Der Begriff des Politischen als Schlüssel zum staatsrechtlichen Werk von Carl Schmitt, in: Helmut Quaritsch (Hrsg.), Complexio Oppsitorum – Über Carl Schmitt, 1988, S. 283 ff.; M. W. Hebeisen, Souveränität in Frage gestellt, S. 343 ff.; U. Di Fabio, Der Verfassungsstaat in der Weltgesellschaft, 2001, S. 123 ff.; für „nach wie vor

nierten Sätze schrieb: „Die Epoche der Staatlichkeit geht jetzt zu Ende. Darüber ist kein Wort mehr zu verlieren“[342]. Das betrübt Schmitt, weil ihm der Staat über alles geht. Schon in seiner Habilitationsschrift „Wert des Staates und die Bedeutung des Einzelnen“, 1914, hat Schmitt seine geringe Wertschätzung des Einzelmenschen mit „seiner egozentrischen Gebärde“ gegenüber der Idee des Staates als Manifestation des Objektiv-Sittlichen ausgebreitet: Nur im Staat bekomme der Mensch vom Staat her einen Sinn und Wert. Nicht der Staat sei eine Konstruktion, die die Menschen sich gemacht hätten, „er macht in Gegenteil aus jedem Menschen eine Konstruktion“ (S. 93)[343]. Der Leitgedanke des Grundgesetzes, der nach dem Entwurf von Herrenchiemsee dessen erster Satz sein sollte, ist: „Der Staat ist um der Menschen willen da, nicht der Mensch um des Staates willen“[344]. Der Rechtsstaat, der, freiheitlich konzipiert, allein dem Staatsbegriff genügt (PdR, S. 25 ff., 50 ff.), war im Dritten Reich vernichtet worden, aber er ist nach dem Zusammenbruch dieses Unrechtsgebildes wieder errichtet worden. Jetzt ist er erneut geschwächt und es gilt, ihn gegen den europäischen und globalen Integrationismus zu verteidigen. Carl Schmitt hat ihn nie vertreten, sondern einen Macht- und Führerstaat. Solange Freiheit und Recht die bestimmenden Prinzipien des gemeinsamen Lebens sind, wird es einen Staat und Staatlichkeit geben. Der Rechtsstaat ist Gebot der Menschheit des Menschen. Kant ist der moderne Lehrer des Rechts und des Staates: „Politik ist ausübende Rechtslehre“ (ZeF, S. 228 ff.). Schmitts Freund-Feind-Schema[345] hat viele Faschisten und Imperialisten fasziniert, zu einer Rechtslehre hat es nie gehört, genausowenig wie sein Ordnungsdezisionismus. Feindschaft ist dem Recht, abgesehen von gewissen Regelungen des Kriegsvölkerrechts, ebenso fremd wie Freundschaft, von gewissen Freundschaftsverträgen im Völkerrecht abgesehen[346], meist ein anderes Wort für

---

grundlegend“ hält diese Unterscheidung W. von Simson, Die Souveränität im rechtlichen Verständnis der Gegenwart, S. 208, Fn. 29.

[342] Der Begriff des Politischen, S. 10.

[343] W. Hennis, Das Problem der Souveränität, S. 68; vgl. zu dieser vermeintlich neukantianischen Schrift auch Ch. Möllers, Staat als Argument, S. 59 f.

[344] Deutscher Bundestag, der Parlamentarische Rat: 1948–1949, Akten und Protokolle, Band 2, S. 580. Diesen Leitgedanken legt auch W. Maihofer, Rechtsstaat und menschliche Würde, 1968, S. 9 ff.; ders., Legitimation des Staates aus der Funktion des Rechts, ARSP, Beiheft Nr. 15, 1981, S. 19 ff.; ders., Prinzipien freiheitlicher Demokratie, HVerfR, S. 490, 536; ders., Realität der Politik und Ethos der Republik, in: K.-O. Apel/M. Kettner, Zur Anwendung der Diskursethik in Politik, Recht und Wissenschaft, 1992, 2. Aufl. 1993, S. 84 ff., 108, seiner Lehre zugrunde; vgl. auch Ch. Seiler, Der souveräne Verfassungsstaat zwischen demokratischer Rückbindung und überstaatlicher Einbindung, S. 53 mit Fn. 387.

[345] Der Begriff des Politischen, S. 26 ff.; vgl. auch W. Leisner, Das Volk, S. 146, 186; richtige Kritik A. Emmerich-Fritsche, Vom Völkerrecht zum Weltrecht, S. 55 f.

[346] Der meist sogenannte Deutsch-Französische Freundschaftsvertrag vom 22. Januar 1963, der Elysée-Vertrag, heißt „Vertrag der Bundesrepublik Deutschland und der Französischen Republik über die deutsch-französische Zusammenarbeit“ und enthält das Wort Freundschaft nicht. Der deutsch-sowjetische Grenz- und Freundschaftsvertrag vom 17. September 1939 war alles andere als die Begründung einer Freundschaft, nämlich diente der Vorbereitung der beiderseitigen Überfälle auf Polen und andere Staaten.

Unterwerfungsverträge[347] oder Verträge, die wenig freundschaftliche Zwecke verfolgen. Es gibt unter Menschen Freunde, aber diese Freundschaft ist rechtlich irrelevant. In den von mir eingesehenen Lehrbüchern des Völkerrechts finden sich der Begriffe Freund oder Freundschaft in den Stichwortverzeichnissen nicht. Das Recht ist eine Ordnung des Friedens unter Feinden und Freunden.

D. Hans Kelsens souveränitätskritische Reine Rechtslehre

Hans Kelsen, der sich Hugo Krabbes Lehre von der „Rechtssouveränität"[348] trotz grundsätzlicher Kritik an Krabbes Unterscheidung von Staat und Recht für verpflichtet erklärt[349], hat in seiner auf seine Reine Rechtslehre gestützten Souveränitätslehre[350] den Staat und dessen Souveränität mit der Rechtsordnung, mit dem Recht schlechthin, in beliebiger Positivität, identifiziert[351]. „Als politische Organisation ist

---

[347] Die deutsch-sowjetische Freundschaft gehörte zur agitatorischen Propaganda der ideologischen Sowjetisierung der DDR.

[348] Krabbe, Hugo, Die Lehre von der Rechtssouveränität. Beitrag zur Staatslehre, 1906; dazu W. Hennis, Das Problem der Souveränität, S. 24 ff.

[349] Das Problem der Souveränität und die Theorie des Völkerrechts. Ein Beitrag zu einer reinen Rechtslehre, 1920, 2. Aufl. 1928, S. 22 ff.; zu Krabbe C. Schmitt, Politische Theologie, S. 29 f.; berechtigte Kritik an Kelsens Inanspruchnahme von Krabbe W. Hennis, Das Problem der Souveränität, S. 25 Fn. 69, S. 28; M. W. Hebeisen, Souveränität in Frage gestellt, S. 224 ff.

[350] Dazu C. Schmitt, Politische Theologie, S. 26 ff.; W. von Simson, Die Souveränität im rechtlichen Verständnis der Gegenwart, S. 54 ff., 61 ff.; M. W. Hebeisen, Souveränität in Frage gestellt, S. 221 ff., alle kritisch.

[351] Das Problem der Souveränität und die Theorie des Völkerrechts, S. 9 ff. (11 f.), 53 ff., 85 ff., 204 f., 241 ff.; ders., Allgemeine Staatslehre, 1925, S. 16, 71, 102 f., auch S. 119 ff.; ders., Der soziologische und der juristische Staatsbegriff. Kritische Untersuchung des Verhältnisses von Recht und Staat, 1922, 2. Aufl. 1928, S. 86 ff.; zum Verhältnis von Recht und Staat ders., Reine Rechtslehre. Einleitung in die rechtswissenschaftliche Problematik, 1934, 2. Aufl. 1960 S. 283 ff., zur Identität von Staat und Recht, sprich Rechtsordnung S. 289 ff.; aber wirklichkeitsunterworfen und herrschaftlich ders., Vom Wesen und Wert der Demokratie, 2. Aufl. 1929, S. 53 ff. zum „Majoritätsprinzip", S. 9 f., S. 78 ff. zur „Führerauslese"; dazu kritisch H. Heller, Souveränität, S. 42 ff., 157 ff. und durchgehend; kritisch H. Haug, Die Schranken der Verfassungsrevision. Das Postulat der richtigen Verfassung als normative Schranke der souveränen verfassungsgebenden Gewalt (Betrachtungen zum Wiederaufbau einer materialen Rechtslehre), 1947, S. 71 ff. (vgl. Fn. 409); auch W. Hennis, Das Problem der Souveränität, S. 28 ff.; W. von Simson, Die Souveränität im rechtlichen Verständnis der Gegenwart, S. 237 ff.; K. A. Schachtschneider, Res publica res populi, S. 116 ff.; M. W. Hebeisen, Souveränität in Frage gestellt, S. 42 ff., 179 ff., 271 ff., 283 ff. („demokratietheoretische" Kritik); knapp St. Hobe, Der offene Verfassungsstaat zwischen Souveränität und Interdependenz, S. 75 f.; noch knapper, wenn auch mit Heller u. a. kritisch, Ch. Seiler, Der souveräne Verfassungsstaat zwischen demokratischer Rückbindung und überstaatlicher Einbindung, S. 51, 96 f.; auch U. Schliesky, Souveränität und Legitimität von Herrschaftsgewalt, S. 104 ff.; kritisch auch Ch. Möllers, Staat als Argument, S. 36 ff., 55 ff.

der Staat eine Rechtsordnung“[352]. Richtig ist, daß der Staat die Organisation der Bürger zur Verwirklichung der allgemeinen Freiheit durch Rechtlichkeit des gemeinsamen Lebens ist, aber Staat und Recht sind zu unterscheiden. „Souveränität ist Eigenschaft des Rechtes, weil Eigenschaft des Staates“[353]. Adolf Merkl: „Wie Recht und Staat, so sind auch Souveränität und Positivität von Staat und Recht (sc. bei Hans Kelsen) identische Begriffe“[354]. Kelsen sieht die Geltung der Gesetze einzig in Normen, letztlich in einer fiktiven Grundnorm, einer „Ursprungsnorm“, einem „Ursprungsrechtssatz“ begründet[355]. Einen materialen Geltungsgrund des Rechts, der nur in der Menschheit des Menschen liegen kann und durch den allgemeinen Willen, die volonté générale, materialisiert wird, benötigt Kelsens Reine Rechtslehre nicht, schon gar nicht eine freiheitliche Grundlegung des Rechts. Die Beliebigkeit seiner Rechtsgeltungsgrundnorm ohne Materie führt ihn zu der zweifelhaften Erkenntnis, daß „jeder Staat ein Rechtsstaat“ sei[356].

Die gewissermaßen fingierte Grundnorm hat Kelsen selbst als „vorausgesetzte“, „gedachte Norm“ vorgestellt, deren „Funktion“ „die objektive Geltung einer positiven Rechtsordnung“ sei[357]. Carl Schmitt hat diese Rechtslehre zu Recht als „monistische Metaphysik“ kritisiert[358]. Hans Kelsen meinte, die „Wissenschaft vom Recht“ durch eine Reine Rechtslehre entpolitisieren zu können, ohne deren „Gegenstand, das Recht“, entpolitisieren zu wollen[359] oder auch nur, wie er wußte, zu

---

352 Reine Rechtslehre, S. 289.

353 H. Kelsen, Allgemeine Staatslehre, S. 102 f.; a.A. K. Doehring, Internationale Organisationen und staatliche Souveränität, S. 117 („unbegrenzte Souveränität kein notwendiges Merkmal des Staatsbegriffs“).

354 A. J. Merkl, Kelsens System einer reinen Rechtslehre, AöR 41 (1921), S. 171 ff., 175 ff., Zitat S. 178; siehe H. Kelsen, Allgemeine Staatslehre, S. 103 f.; vgl. M. W. Hebeisen, Souveränität in Frage gestellt, S. 238 ff.

355 Das Problem der Souveränität und die Theorie des Völkerrechts, S. 27, 93, 105, u. ö.; ders., Der soziologische und der juristische Staatsbegriff, S. 94; ders., Allgemeine Staatslehre, S. 104, 126 ff.; ders., Reine Rechtslehre, S. 206 ff., 221 ff., zur Lehre von Geltungsgrund S. 196 ff.; inkonsequent folgend Ch. Seiler, Der souveräne Verfassungsstaat zwischen demokratischer Rückbindung und überstaatlicher Einbindung, S. 98; ablehnend W. von Simson, Die Souveränität im rechtlichen Verständnis der Gegenwart, S. 238; nicht unkritisch M. W. Hebeisen, Souveränität in Frage gestellt, S. 199 ff., 270 ff.

356 Das Problem der Souveränität und die Theorie des Völkerrechts, S. 26; auch Allgemeine Staatslehre, S. 109; Kritik von M. Wenzel, Der Begriff des Gesetzes in der Reichsverfassung, VVDStRL 4 (1928), S. 136 ff., 141 ff., 146 f., Aussprache S. 204 f.; W. Hennis, Das Problem der Souveränität, S. 29 ff.

357 Allgemeine Staatslehre, S. 102 ff. („Hypothese“, „hypothetische Norm“); Reine Rechtslehre, S. 205, 222 ff.; kritisch W. Hennis, Das Problem der Souveränität, S. S. 30 f.; vgl. M. W. Hebeisen, Souveränität in Frage gestellt, S. 200, 217, 237.

358 Politische Theologie, S. 27 ff. (Zitat S. 28), 35 f.

359 Was ist die Reine Rechtslehre? in: Demokratie und Rechtsstaat, FG für Zaccaria Giacometti zum 60. Geburtstag, 1953, S. 143 ff., S. 152 f.; kritisch W. Hennis, Das Problem der Souveränität, S. 30 f.; M. W. Hebeisen, Souveränität in Frage gestellt, S. 304 ff.

können. Politik ist „ausübende Rechtslehre“, hat Kant uns belehrt[360]. Es ist abwegig, die Lehre, also, wenn man so will, die Wissenschaft, von ihrem Gegenstand zu trennen. Gegenstand der Rechtslehre ist das richtige Recht, also das Recht. Kelsens Rechtspositivismus interessiert sich nicht für das positive Recht, ist eine Art Rechtslehre ohne Recht, geht erklärtermaßen „Hand in Hand mit Relativismus“[361], ein Glasperlenspiel. Der Relativismus der Werte und damit des positiven Rechts, wonach das jeweilige Rechtssystem legitim sei, weil es existiere, wie auch das regide demokratiedogmatische Mehrheitsprinzip[362] rücken Kelsen in die Nähe von Carl Schmitt[363]. Kelsen will die Frage nach der Gerechtigkeit, ihrem „Wesen nach ein absoluter Wert“, eigentlich nicht stellen, weil diese auf der „Annahme eines höchsten Wertes“ beruhe und damit „auf einem emotional-subjektiven Werturteil“. „Das Absolute allgemein, absolute Werte im besonderen liegen jenseits rational wissenschaftlicher Erkenntnis“[364].

Die Fähigkeit des Menschen zur Moralität, d. i. die Fähigkeit, dem Handeln das Rechtsprinzip als die Sittlichkeit des gemeinsamen Lebens in Freiheit zugrunde zu legen, zieht Kelsen nicht in seine „Wissenschaft“ ein. Moralität zielt auf Sittlichkeit und damit Rechtlichkeit als Wirklichkeit der allgemeinen Freiheit, ist aber keine „soziale Ordnung“ neben der Rechtsordnung, wie Kelsen im Sinne einer materialen Moral vertritt[365].

Kelsens Staatslehre führe zu einem Staatsrecht ohne Staat, wird entgegnet[366]. Jedenfalls ist Kelsens civitas maxima ein Weltstaat als Rechtsordnung ohne Bürger, gegen die Freiheit und gegen deren politische Form, die Demokratie. Kelsens Reine Rechtslehre, die alle Geltung von Gesetzen und Verträgen aus einer Grundnorm ohne Materie, einem „Grund-Satz“, „aus dem als einem Ursprunge ein System von

---

360 Zum ewigen Frieden, S. 228 ff.

361 Was ist die Reine Rechtslehre, S. 153, zu Kelsens und R. Dahrendorfs Relativismus P. Graf Kielmansegg, Volkssouveränität, S. 208 ff.

362 Vom Wesen und Wert der Demokratie, S. 9 f., 53 ff.

363 H. Ehmke, Grenzen der Verfassungsänderung, S. 33 ff., zu „Kelsens Normlogismus und Carl Schmitts Dezisionismus“ („Das Endergebnis ist das gleiche: die Identifizierung von Recht und Macht bzw. von Macht und Recht“, S. 33); C. N. Starcke, Bemerkungen zum Souveränitätsgedanken, in: Hanns Kurz (Hrsg.), Volkssouveränität und Staatssouveränität, 1970, S. 109 ff., S. 125 f.; i.d.S. auch H. Hofmann, Legitimität gegen Legalität, S. 36 f., 38 ff. zu „Schmitts Staatsphilosophie und Kelsens Staatsrechtslehre, auch S. 46 ff.; vgl. M. W. Hebeisen, Souveränität in Frage gestellt, S. 322 f.

364 Was ist die Reine Rechtslehre? S. 153.

365 Reine Rechtslehre, S. 64 f.; vgl. M.W. Hebeisen, Souveränität in Frage gestellt, S. 317 ff., der freilich Moralität auch material (miß)versteht.

366 W. Mäder, Kritik der Verfassung Deutschlands, S. 44, Kelsen treibt eine Staatstheorie ohne Staat; Ch. Möllers, Staat als Argument, S. 56, zitiert Herrmann Hellers Wort, Die Krisis der Staatslehre, ASSP 55 (1926), S. 289 ff., 308, auch in: ders., Gesammelte Schriften, Zweiter Band, Recht, Staat, Macht, hrsg. von Ch. Müller, 2. Aufl. 1992, S. 23: „Wie Kelsens Staatslehre ohne Staat, so ist auch sein Positivismus ohne Positivität“.

Normen erzeugt" werde, dem „vorausgesetzten" „Ursprungsrechtssatz", ableitet[367], kennt keine personale Trägerschaft des Rechts und ist darum ein Gedankending ohne menschliche Substanz. Die Einheit des Normensystems wird ihm zur souveränen Ordnung. „Der Ausdruck dieser Einheit (sc: „einer Ordnung") ist die Souveränität des Staates"[368]. Der Grund der Geltung von Normen könne nur eine Norm sein. „Aus irgendeiner Seinstatsache kann keine Sollgeltung einer Norm abgeleitet werden"[369]. „Denn Recht kann nur wieder aus Recht erzeugt werden, d. h. logisch abgeleitet werden."[370]

Richtig ist, daß Sein und Sollen unterschieden werden müssen, aber das Sollen ist mit dem Sein innig verbunden, „Recht und soziale Wirklichkeit notwendig aufeinander bezogen", „Norm und Normlage" in „korrelativer Zuordnung", sagt Ernst-Wolfgang Böckenförde[371]. Die praktische Vernunft gebietet eine Maxime des Handelns, die dem Rechtsprinzip genügt. Der Fall birgt sein Recht in sich. Dieses will im Rahmen der Verfassung und der Gesetze erkannt und gelebt werden. Die Freiheit und damit das Recht sind die Idee der Menschheit des Menschen, sie sind mit dem Menschen geboren und damit dessen Sein. Folglich folgt das Sollen allgemein aus dem Sein des Menschen, das jeweilige Sollen aus den Sollenssätzen, den Gesetzen, welche den Willen der Bürger, im Recht zu leben, materialisieren. Den „Willen" will Kelsen im Gegensatz zu den meisten Rechtslehrern und, füge ich hinzu, Philosophen, zumal Kant den Willen des homo noumenon, nicht als „Quelle" des Rechts gelten lassen, allenfalls im Sinne eines „Soll-Satzes"[372]. Richtig ist, daß „vom Willen die Gesetze ausgehen" (MdS, S. 332), also die Sollenssätze. Die transzendentalphilosophische Willenslehre der Freiheit als praktischer Vernunft greift der ‚Kantianer' Kelsen nicht auf. Recht wird nicht aus Recht abgeleitet, allenfalls subjektive Rechte aus einem Gesetz. Das ist Materialisierung im Einzelfall. Gesetze können auch an höherem Recht auf ihre Rechtmäßigkeit hin gemessen werden.

---

[367] Das Problem der Souveränität und die Theorie des Völkerrechts, Vorrede, S. VII und VIII, S. 25, 93, 105 u. ö.; Reine Rechtslehre, S. 224; dazu kritisch M. W. Hebeisen, Souveränität in Frage gestellt, S. 199 ff.; dazu A. Emmerich-Fritsche, Vom Völkerrecht zum Weltrecht, S. 256 ff.

[368] Allgemeine Staatslehre, S. 105; Reine Rechtslehre, S. 209 ff.; kritisch C. Schmitt, Politische Theologie, S. 28.

[369] Das Problem der Souveränität und die Theorie des Völkerrechts, S. 90, 105; Allgemeine Staatslehre, S. 127; Reine Rechtslehre, S. 5 f., 16 ff., 19 Fußn., S. 215 ff. (zum Verhältnis von Sein und Sollen); dazu H. Hofmann, Legitimität gegen Legalität, S. 38 ff., gegen Schmitts „Unvereinbarkeit des Gegensatzes von Recht und Tatsache", S. 41.

[370] Das Problem der Souveränität und die Theorie des Völkerrechts, S. 25.

[371] Der verdrängte Ausnahmezustand, NJW 1978, 1884 mit Fn. 29 explizit gegen H. Kelsen.

[372] Das Problem der Souveränität und die Theorie des Völkerrechts, S. 106, 135, 206 ff.; auch Allgemeine Staatslehre, S. 113; kritisch W. Hennis, Das Problem der Souveränität, S. 30 f.; auch Ch. Seiler, Der souveräne Verfassungsstaat zwischen demokratischer Rückbindung und überstaatlicher Einbindung, S. 110 u. ö.

Es gibt ein Rechtssystem und damit eine Einheit der Rechtsordnung, die dem Satz vom Widerspruch verpflichtet ist, aber kein Recht im Sinne eines Rechtssatzes wird aus einem anderen Rechtssatz „erzeugt“. Das bedarf jeweils einer eigenständigen Rechtsetzung. Ein Gesetz findet seine Geltungsgrund nicht in einem höheren Gesetz, schließlich in einer Grundnorm, sondern im Willen der Bürger, also in deren Freiheit. Ein Urteil gilt nicht, weil es aus dem Gesetz abgeleitet wird. Es wird im Namen des Volkes gesprochen und ist Willensakt des Volkes, dessen Gewaltausübung. Freilich darf es nicht dem Gesetz widersprechen, weil das Gesetz ebenfalls Wille des Volkes, Ausübung dessen Staatsgewalt ist, und zwar vorrangig. Höherrangige Vorschriften, die ebenfalls Materialisierung der Freiheit sind, ordnen die Gesetzgebung und ziehen ihr materiale Grenzen. Der Vorrang des Gesetzes ist Verfassungswille des Volkes.

Kelsens mehr oder weniger neukantianische Rechtslehre ist leer des Rechts, zumal ihr das Wesentliche fehlt, die materiale Sittlichkeit, das Liebesprinzip. Kelsens Souveränitätslehre ist wie seine Reine Rechtslehre allgemein auf einen Irrweg geraten, weil er die inneren und äußeren Grenzen der Souveränität nicht als begriffsimmanent erkannt hat oder um seiner Kritik willen nicht erkennen wollte, zumal nicht die Bindung des Staates als der freien Bürgerschaft an das Völkerrecht, das die anderen Völker in deren Freiheit schützt. Grund ist das Mißverständnis der Souveränität als Herrschaft des Staates, welche solche Grenzen begrifflich im Gegensatz zur Freiheit nicht kennt. Die souveräne Rechtsordnung ist eine „nicht weiter ableitbare Herrschergewalt, Herrschergewalt als eigene Macht und daher zu eigenem Recht“[373]; nein Souveränität ist Freiheit der Bürger. Der Begriff, den Kelsen umzustoßen versucht hat, bleibt hegelianisch. Er hat entgegen seinem Selbstverständnis nicht zu Kant gefunden. Der Geltungsgrund der Gesetze ist der Wille der Bürger, im Frieden miteinander zu leben, die praktische Vernunft (als transzendentaler Kategorie).

Kelsen definiert: „Die Staatsgewalt ist die Geltung einer effektiven staatlichen Rechtsordnung“. „Die Macht des Staates ist nichts anderes als die Wirksamkeit der staatlichen Rechtsordnung“[374]. Nein, die Staatsgewalt sind die Befugnisse des Staates als der als Staat organisierten Bürgerschaft, die der Handlungsmöglichkeiten, wenn man so will, der Macht, bedürfen, das durch die Gesetze materialisierte Recht durchzusetzen. Die Macht des Staates verhilft der staatlichen Rechtsordnung zur Wirksamkeit. Diese verfehlt der Staat trotz und auch wegen seiner Macht vielfach, gegenwärtig in erschreckender Weise. Wenn das Recht nicht verwirklicht wird, büßt weder das Recht seine Geltung noch der Staat seine Macht ein. Kelsens Identifizierungen besagen, der Staat ist das Recht und das Recht ist der Staat. Es ist Ziel und Aufgabe, daß der Staat das Recht verwirklicht, aber immer nur ein Imperativ, nie

[373] Das Problem der Souveränität und die Theorie des Völkerrechts, S. 56; trotz durchaus kantischem Freiheitsbegriff („Politisch frei ist, wer zwar untertan, aber nur seinem eigenen, keinem fremden Willen untertan ist.“), Allgemeine Staatslehre, S. 321 f., zur „Staatsgewalt als Herrschaft“ S. 98 f.; vgl. M. W. Hebeisen, Souveränität in Frage gestellt, S. 230 f., 234 f.

[374] Reine Rechtslehre, S. 292 f.

uneingeschränkte Wirklichkeit; denn auch der Staat ist eine Veranstaltung von Menschen in ihrem Dualismus von Gut und Böse.

Kantianer ist Kelsen jedenfalls nicht. Ausgerechnet der Reine Rechtslehrer leugnet die (freilich lagebedingte) Objektivität des materiellen Rechts. Die Leugnung des Natur- oder Vernunftrechts[375] führt so oder so zum rechtlosen Positivismus der Gesetze derer, die die Macht haben, ihre Gesetze durchzusetzen, unabhängig davon, ob ein Geltungsgrund der Rechtsordnung fingiert wird. Die Würde des Menschen als dessen Menschheit oder eben dessen Vernunftnatur (im Sinne des kantianischen Dualismus) und in den Menschenrechtserklärungen wie im Grundgesetz anerkannt, ist dessen Freiheit als Autonomie des Willens, also dessen politische Freiheit. Das ist, wenn man so will, die Grundnorm des Rechts, aber nicht lediglich als Rechtserkenntnis oder hypostasierter Rechtssatz, sondern als menschheitliches Prinzip des gemeinsamen Lebens, als Recht, das mit dem Menschen geboren ist, als das Rechtsprinzip schlechthin. Daß Recht unter Menschen gilt, lehrt die Ethik als die Lehre von der Freiheit (GzMdS, S. 11). Es ist das Ethos des gemeinsamen Lebens, also des Ethos des Friedens, daß Recht gilt. Demgemäß ist Gegenstand der Rechtsordnung das Richtige für das gute Leben aller in allgemeiner Freiheit.

Bemerkenswert weist Kelsen darauf hin, daß sein „Begriff der Grundnorm oder der Verfassung im rechtslogischen Sinn bis zu einem gewissen Grade dem für die Naturrechtstheorie so bedeutsamen Begriff des den Staat allererst konstituierenden Urvertrages oder Gesellschaftsvertrages“ entspreche. „Aus dem gleichen theoretischen Bedürfnis nach einer einheitlichen Voraussetzung, von der aus, …, die faktischen Machtverhältnisse als Rechtsbeziehungen begriffen werden können“, die ihn „notwendig zur Grundnorm“ führe, komme die „Naturrechtstheorie zum Grundvertrag“[376]. Der Grundvertrag ist aber die Logik der allgemeinen Freiheit und steht gegen jede Art von Herrschaft. Kelsens Grundnorm läßt die Freiheit in der Souveränität des Staates untergehen. Auch der Grundvertrag, eine Fiktion, ist kein Herrschaftsvertrag, wie Kelsen meint, sondern verpflichtet als Idee der allgemeinen Freiheit zur Erkenntnis dessen, was in der Lage Recht ist.

Kelsens vermeintlich neukantianische Lehre von der Normenhierarchie als eine Lehre von der ‚Souveränität‘ des Rechts hat wegen ihres relativistischen Formalismus[377], der Kant hinreichend mißverstanden hat, zum mehrheitsdemokratischen, ebenso freiheitsfernen („Unmöglichkeit der Freiheit des Individuums“, sondern „Freiheit des sozialen Kollektivums) wie parteienführerschaftlichen (Rprp, S. 4, 37,

[375] H. Kelsen, Das Problem der Souveränität und die Theorie des Völkerrechts, S. 86 f., wenig klar S. 206 ff.; ders., Allgemeine Staatslehre, S. 30, 36, 41, 72 f., 250 ff.

[376] Allgemeine Staatslehre, S. 250 und ff.; in: Was ist die Reine Rechtslehre? S. 154, wendet sich Kelsen gegen die Naturrechtslehre, die „die transzendente Gerechtigkeit“ suche.

[377] H. Kelsen, Allgemeine Staatslehre, S. 107, 109; ders., Der Wandel des Souveränitätsbegriffs, S. 173 ff.; vgl. M.W. Hebeisen, Souveränität in Frage gestellt, S. 229 ff., 240 ff.; 304 ff.; mehr als knapp Ch. Seiler, Der souveräne Verfassungsstaat zwischen demokratischer Rückbindung und überstaatlicher Einbindung, S. 51.

689, 691, 786; FridR, S. 150 ff.)[378] Rechtspositivismus beigetragen, der die Weimarer Republik rechtsdogmatisch wehrlos gegen den Umsturz Hitlers gemacht hat. „Die für die Staatsrechtslehre grundlegend gewordene Personifikation des Staates hat zweifellos ihre Wurzel auch in der Ideologie der Demokratie". „An die Stelle der Freiheit des Individuums tritt die Souveränität des Volkes oder, was dasselbe ist: der freie Staat, der Freistaat als grundsätzliche Forderung. Das ist die letzte Stufe in dem Bedeutungswandel des Freiheitsgedankens. Der freie Staat ist jener, dessen Form die Demokratie ist, weil der Wille des Staates oder die Rechtsordnung von denjenigen selbst erzeugt wird, die dieser Ordnung unterworfen sind". „Absolut frei, weil Endpunkt der Zurechnung, ist nur die Gesamtperson des Staates, der souveräne Staat. Die Idee der Freiheit der Person geht nicht im Bereiche des Rechtes verloren; nur schiebt sich an die Stelle der Freiheit der Individualperson die Souveränität des Staates"[379].

Das Staatsrecht ordnet Kelsen monistisch dem Völkerrecht, das er als Weltrecht, als „durch das Völkerrecht konstituierten Verband" einer „civitas maxima" begreift, zu, wenn nicht unter[380]. „Das Völkerrecht: das sind die Normen, die der Staat kraft eigenen Willens für sein Verhalten nach Außen gelten läßt. Das „Völkerrecht ist äußeres Staatsrecht", faßt Kelsen den völkerrechtlichen Primat des Staatsrechts „vom Standpunkt der Souveränität des Staatsrechts aus" und damit der dualistischen Völkerrechtsdogmatik, zusammen[381]. Der traditionelle Dualismus von Staat und Recht habe ideologische Funktion[382]. Richtig ist die Erkenntnis, daß das Völkerrecht äußeres Staatsrecht ist, weil alles Recht die Freiheit der Bürger verwirklicht, aber der Wille der Bürger ist nicht Willkür, sondern sittliche Pflicht. Er ist der Geltungsgrund des Völkerrechts, wie überhaupt des Rechts, nämlich die Freiheit. Auch der umgekehrte Monismus dogmatisiert das Völkerrecht gewissermaßen als äußeres Staatsrecht, weil er den Geltungsgrund des Völkerrechts in der Freiheit der Menschen als der Bürger der Staaten der einen Welt sieht[383].

---

[378] Vom Wesen und Wert der Demokratie, S. 78 ff.

[379] Allgemeine Staatslehre, S. 108, Zitate S. 72 f., 325 f. („Personifikation des Staates"); auch, Vom Wesen und Wert der Demokratie, S. 11: „Die, im Grunde genommen, unmögliche Freiheit des Individuums tritt allmählich in den Hintergrund und die Freiheit des sozialen Kollektivums in den Vordergrund", S. 13: „An die Stelle der Freiheit des Individuums tritt die Souveränität des Volkes, oder was dasselbe ist: der freie Staat, der Freistaat als grundsätzliche Forderung"; vgl. M. W. Hebeisen, Souveränität in Frage gestellt, S. 244 ff.

[380] Das Problem der Souveränität und die Theorie des Völkerrechts, S. 102 ff., 204 ff., 241 ff.; Allgemeine Staatslehre, S. 119 ff., 123 ff.; Der Wandel des Souveränitätsbegriffs, S. 165 ff.; kritisch W. von Simson, Die Souveränität im rechtlichen Verständnis der Gegenwart, S. 63 ff.; vgl. M. W. Hebeisen, Souveränität in Frage gestellt, S. 250 ff., 261, 271 ff.

[381] Das Problem der Souveränität und die Theorie des Völkerrechts, S. 151 ff., insb. S. 154 ff., 168 ff.; Allgemeine Staatslehre, S. 121 ff., Zitate S. 122; Der Wandel des Souveränitätsbegriffs, S. 167 und ff.; dazu auch ders., Reine Rechtslehre, S. 288 ff., 321 ff., 328 ff. (Einheit von Völkerrecht und staatlichem Recht).

[382] Reine Rechtslehre, S. 288 ff.

[383] Hinweise in Fn. 826.

Kelsen plädiert für eine „Existenz einer objektiven, von aller ‚Anerkennung' unabhängigen, über den Einzelstaaten stehenden Völker-, richtiger Weltrechtsordnung, eben einer civitas maxima", „einen Weltstaat", freilich als Rechtsordnung begriffen, und eine „Überwindung des Dogmas von der Souveränität des Einzelstaates". „Die Souveränität des einen, des eigenen Staates, ist mit der Souveränität des Völkerrechts sowie mit der Souveränität jedes anderen Staates unvereinbar"[384]. Kelsen greift einen Souveränitätsbegriff an, der keine Grenzen kennt, einen Begriff, den es nie gab, nicht einmal bei Hegel, für den Souveränität Wirklichkeit der Sittlichkeit ist. Freiheitliche Souveränität impliziert die Grenzen der Freiheit, nämlich die Sittlichkeit, die sich in der Rechtlichkeit verwirklicht und verwirklichen muß. Die civitas maxima hatte schon Christian Wolff entworfen[385]. Kelsen sieht in der Souveränitätslehre den Ausdruck des „imperialistischen Machtstaatsdenkens", das er wie keinem sonst Hegel anlastet[386], zu Recht. Den Primat des Völkerrechts dagegen verbindet er mit dem pazifistischen, gegen den Imperialismus gerichteten Ideal einer Weltrechtsordnung[387]. Die Grundnorm des Völkerrechts sei, daß die Staaten die jeweiligen durch „Staatengewohnheit" „als rechtserzeugenden Tatbestand" „erzeugte Normen" und dessentwegen auch ihre Verträge respektieren[388]. Das Völkerrecht sei „objektiv" und hänge „in seiner Geltung nicht einmal von dem Willen des Einzelstaates ab"[389]. Kelsen erkennt einen „positiven Rechtssatz" „in jener Norm des Völkerrechts, die bestimmt, unter welchen Bedingungen ein Staat als solcher rechtlich existent sei", welcher den Primat des Völkerrechts begründe und welcher den „tatsächlichen Herrschaftsakten" des Staates den „Rechtscharakter verleihe"[390]. Die Verbindlichkeit der völkerrechtlichen Verträge stützt Kelsen auf eine Rechtsnorm, den „Vertragsrechtssatz", wie die Verbindlichkeit der privaten Verträge auf

---

[384] H. Kelsen, Der Wandel des Souveränitätsbegriffs, S. 168 und ff.; ders., Allgemeine Staatslehre, S. 119ff.; ders., Reine Rechtslehre, S. 336 (Primat der Völkerrechtsordnung, S. 124); insoweit übereinstimmend mit H. Krabbe, Die Lehre von der Rechtssouveränität, S. 305ff.; kritisch Ch. Seiler, Der souveräne Verfassungsstaat zwischen demokratischer Rückbindung und überstaatlicher Einbindung, S. 51, 211f. u.ö.

[385] Ius gentium methodo scientifica pertractatum, 1749, Praefatio; Institutiones iuris naturae et gentium, 1754, § 1090.

[386] Das Problem der Souveränität und die Theorie des Völkerrechts, S. 154f., 318.

[387] Das Problem der Souveränität und die Theorie des Völkerrechts, S. 317ff., 320; vgl. H. Boldt, Geschichtliche Grundbegriffe, S. 151f.; vgl. M.W. Hebeisen, Souveränität in Frage gestellt, S. 250ff., 261.

[388] Das Problem der Souveränität und die Theorie des Völkerrechts, S. 206ff.; Reine Rechtslehre, S. 221ff.; vgl. M.W. Hebeisen, Souveränität in Frage gestellt, S. 263; im Ergebnis, keinesfalls in der Begründung ähnlich schon H. Triepel, Völkerrecht und Landesrecht, 1899, der wie überhaupt die Rechtsgeltung (S. 26ff., 31) auf den Willen, die Geltung des Völkerrechts auf den Gemeinwillen stellt (S. 74ff.); richtig G. Jellinek, Allgemeine Staatslehre, S. 479f. in Fn. 1.

[389] Das Problem der Souveränität und die Theorie des Völkerrechts, S. 134ff. (gegen die dualistische Lehre H. Triepels, Völkerrecht und Landesrecht, S. 26ff., 82ff., 169ff.), S. 206ff.

[390] Allgemeine Staatslehre, S. 126f.

einen Satz des Privatrechts, der die Privatautonomie einräume[391]. Beides überzeugt nicht. Die Vertragsverbindlichkeit folgt, freiheitlich dogmatisiert, aus dem Rechtsprinzip, das unabhängig von Gesetzen gilt[392]. Kelsen hat keinen Zugang zu einer freiheitlichen Rechtslehre.

Michael W. Hebeisen: „Die Reine Rechtslehre erweist sich als juristischer Pantheismus in dessen kosmologischen Variante“[393], weniger vornehm: als wirklichkeitsferner Logismus, also ohne Sinn. Kelsen letztlich: „Die Souveränitätsvorstellung freilich muß radikal verdrängt werden“[394]. Richtig hat Adolf Merkl festgestellt: „Kelsens Souveränitätslehre hat mit den bisherigen Theorien der Souveränität den Terminus, aber nicht den Begriff gemeinsam“[395].

---

[391] Der Wandel des Souveränitätsbegriffs, S. 169 f.

[392] K. A. Schachtschneider, Freiheit in der Republik, S. 508 ff.; fragwürdig auch Ch. Seiler, Der souveräne Verfassungsstaat zwischen demokratischer Rückbindung und überstaatlicher Einbindung, S. 83 f.

[393] M. W. Hebeisen, Souveränität in Frage gestellt, S. 296.

[394] Das Problem der Souveränität und die Theorie des Völkerrechts, S. 320; vgl. M. W. Hebeisen, Souveränität in Frage gestellt, S. 274; Ch. Seiler, Der souveräne Verfassungsstaat zwischen demokratischer Rückbindung und überstaatlicher Einbindung, S. 51 Fn. 366.

[395] Kelsens System einer reinen Rechtslehre, S. 174.

Dritter Teil

Souveränitätslehren unter dem Grundgesetz

Einleitung

Viele, wenn nicht die meisten Autoren, die sich unter dem Grundgesetz zur Souveränität geäußert haben, vermochten sich nicht zu entscheiden, ob sie die Macht des Souveräns in den Vordergrund stellen oder das Recht desselben erläutern sollen[396]. Sie verharren in der Tradition Hegels, von Gerbers, Jellineks Lehren von der Staatssouveränität[397], meist ohne die Volkssouveränität in Abrede zu stellen. Sie verbinden unspezifisch Macht und Recht, Staat und Volk. Das durchgehende Defizit ist, abgesehen von meist philosophischer Unbekümmertheit, eine Dogmatik der politischen Freiheit. Werner Mäder schreibt in der Zusammenfassung seines Werkes über das Wesen der Souveränität: „Souveränität ist in ihrem Kern ‚Macht, ‚Herrschaft', die in die Form des Rechts gegossen ist. Denn der Kern von Souveränität ist die Macht" (S. 161). Noch einmal Carl Schmitt: „Die Verbindung von faktisch und rechtlich höchster Macht ist das Grundproblem des Souveränitätsbegriffes"[398]. Die Souveränitätslehren tendieren zur Staatssouveränität, weil sie es aber nicht wagen, die Volkssouveränität zurückzuweisen, reduzieren sie letztere auf die Legitimation staatlichen Handelns durch das Volk als pouvoir constituant und messen dem Staat

---

[396] Etwa P. Saladin, Verantwortung als Staatsprinzip – Ein neuer Schlüssel zur Lehre vom modernen Rechtsstaat, 1984, S. 92 ff.; W. von Simson, Die Souveränität im rechtlichen Verständnis der Gegenwart, 1965 (dazu B.); G. Haverkate, Verfassungslehre – Verfassung als Gegenseitigkeitsordnung, 1992, etwa, S. 27, 33; J. Isensee, Staat und Verfassung, HStR, Bd. I, § 13, S. 591 ff., Rn. 71; R. Grawert, Homogenität, Identität, Souveränität, Der Staat 51 (2012), S. 201 ff.; W. Leisner, Das Volk, S. 15 ff. und durchgehend, eher machtorientiert, aber als Recht verstanden (S. 23 ff.; dazu Q); auch W. Mäder, Vom Wesen der Souveränität, S. 53, 111; Recht und Macht seien beide nur Mittel zum Zweck der Souveränität des Staates, so fragwürdig H. Nawiasky, Allgemeine Staatslehre, Bd. 1, 1945, S. 36 ff.; aus der Sicht Österreichs P. Pernthaler. Allgemeine Staatslehre und Verfassungslehre, S. 14 ff., 33 f. („Souveränitätsschwund").

[397] W. von Simson, Die Souveränität im rechtlichen Verständnis der Gegenwart, S. 236 ff., durchgehend; auch F. Battaglia, Die Souveränität und ihre Grenzen, 1938/39, S. 195 ff., handelt nur von der Staatssouveränität, mit vielen Hinweisen auch auf die italienische Literatur, und verbindet synkretistisch die gängigsten Verständnisse; H. Quaritsch, Staat und Souveränität, S. 471 und ff. zu: „Die Souveränität und die Rechtspersönlichkeit des Staates", S. 487 ff. zu „Staatssouveränität und konstitutionelle Monarchie"; M. Kaufmann, Europäische Integration und Demokratieprinzip, S. 32 ff., durchgehend; weitere Hinweise in Fn. 137 und in den Erörterungen der Souveränitätslehren der Geschichte und der Gegenwart.

[398] Politische Theologie, S. 26.

entweder Souveränität zu oder erklären den Begriff der Souveränität für überholt[399]. Durchgehend finden sie nicht zu einer freiheitlichen Dogmatik der Souveränität. Bei Peter Häberle zeigen sich Ansätze[400]. Eine freiheitliche Souveränitätslehre, wie sie der grundgesetzlichen Republik gemäß ist, hat bislang kein Staatsrechtslehrer auszuarbeiten unternommen. Für derartige Grundfragen vertraut man lieber der monarchischen Lehre Georg Jellineks[401] und läßt sich, trotz seines Nationalismus, Katholizismus und Etatismus, von den einerseits hegelianischen und andererseits existentialistischen, jedenfalls freiheitsfernen, herrschaftsversessenen Irrungen Carl Schmitts faszinieren, meist ohne diesen wegen seines Nationalsozialismus offen zu zitieren, zumal auch der, weil Sozialdemokrat, politisch korrekte Hermann Heller, immer wieder vom Bundesverfassungsgericht zitiert, hegelianisch geblieben ist. Zu einer rousseauisch-kantianischen Dogmatik, die allein dem Freiheitsprinzip der Verfassung der Menschheit des Menschen, dem Verfassungsgesetz der Deutschen, nämlich dem Grundgesetz, und dem Weltrechtsprinzip der Allgemeinen Erklärung der Menschenrechte genügt, hat sich niemand aufgemacht. Kantstudien würden wohl die meisten überanstrengen. Eine der wenigen Ausnahmen war Werner Maihofer, vor allem ausweislich seines Beitrags zu den „Prinzipien der freiheitliche Demokratie" im Handbuch des Verfassungsrechts der Bundesrepublik Deutschland" von 1983/1994, der sich aber nicht mit der Souveränität befaßt hat. Eine besondere Position nimmt auch Martin Kriele ein, der freiheitlich und demokratisch denkt, aber die Souveränität herrschaftlich versteht und darum aus der Staatslehre zu verdrängen sucht, wie unten dargelegt wird. Die Revolution von 1918 wird von der deutschen Staatsrechtslehre der Nachkriegszeit dogmatisch ignoriert. Die größte Nähe zum Recht hat immer noch das Bundesverfassungsgericht, freilich ohne insgesamt das Recht zu erreichen. Dafür bleibt seine Rechtsprechung zu wenig dogmatisch, d. h. zu wenig begriffsscharf und zu wenig prinzipiengerecht. Das Gericht hält sich allzuviel Möglichkeiten offen, der jeweiligen Politik entgegenzukommen. Die Kompetenz-Kompetenz aufzugeben wäre für das Bundesverfassungsgericht allerdings mit der Souveränität nicht mehr zu vereinbaren (BVerfGE 89, 155 (181, 187 f., 192 f., 198 f.); 123, 267, Rn. 233, 239, 322, 324, 328, 332); vgl. auch BVerfGE 58, 1 (37);

---

[399] Dagegen Ch. Seiler, Der souveräne Verfassungsstaat zwischen demokratischer Rückbindung und überstaatlicher Einbindung, S. 205 ff., auch S. 60 ff. und durchgehend, S. 208 ff. kritisch zu Überlegungen einer „Souveränität der Vereinten Nationen", S. 210 f. ebenso kritisch zur „Souveränität der internationalen Gemeinschaft" oder, S. 211 f. zur kelsenschen „Souveränität des Völkerrechts", S. 212 ff. zur „Verdoppelung oder Teilbarkeit der Souveränität, S. 215 ff. zur „funktionellen Souveränität", S. 217 f. zur „Relativität der Souveränität", aber S. 219 ff. für „Entwicklungsoffenheit des Souveränitätsprinzips" (?), S. 222 f. für deren „Übertragbarkeit", alles freilich ohne die Freiheit als das Wesen der Souveränität in Betracht zu ziehen.

[400] Zur gegenwärtigen Diskussion um die Probleme der Souveränität, AöR 92 (1967), S. 259 ff., insb. S. 269 f., 280 f., 284 f.

[401] Typisch etwa Ch. Seiler, Der souveräne Verfassungsstaat zwischen demokratischer Rückbindung und überstaatlicher Einbindung, S. 50, 68 f.

zum NATO-Vertrag BVerfGE 104, 151 (210))[402]. Die gängigen Völkerrechtslehrbücher widmen der Souveränität lediglich einige belanglose Sätze ohne Versuche, deren Materie und Relevanz zu erfassen. Sie wird als Eigenschaft der Staatsgewalt, nicht des Staates verstanden und vom Selbstbestimmungsrecht der Völker unterschieden (dazu Siebenter Teil B.III.)[403]. Volk und Staat werden auseinandergerissen, so daß die Erkenntnis der Freiheit als Souveränität versperrt ist.

A. Wilhelm Hennis

Wilhelm Hennis hat sich 1950 in seiner Göttinger von Rudolf Smend erstbegutachteten Dissertation[404] literaturgeschichtlich mit dem „Problem der Souveränität" auseinandergesetzt. In seiner knappen, aber belesenen Schrift, die vor allem im 2. Teil die „politikwissenschaftliche Problematik" eher feuilletonistisch behandelt, kommt er zu der Schlußfolgerung, daß „im Völkerrecht für den Souveränitätsbegriff als oberster Interpretationsmaxime kein Raum mehr" sei. „Die Souveränität des Staates ist auch in dieser Hinsicht eine dialektische: dem Eigenwert des Einzelstaates steht das umfassende Ganze der Völkergemeinschaft gegenüber. Ihre Grenze findet die Souveränität des Staates an den Ansprüchen der Völkergemeinschaft nicht nur in dem Sinne, daß das Völkerrecht die Kompetenzhoheit der Einzelstaaten begrenzt und ihnen verbietet, über ihren Bereich hinauszugehen. Diese Relativierung der Souveränität ist etwas Selbstverständliches. Sondern der souveräne Staat kann in keiner Hinsicht sich selbst das Höchste sein, so problematisch seine Entwertung auch ist". Der alte souveränitätsrechtliche „Anspruch auf Unabhängigkeit und ausschließliche

---

402 Vgl. Ch. Seiler, Der souveräne Verfassungsstaat zwischen demokratischer Rückbindung und überstaatlicher Einbindung, S. 68 („Kerngehalt der staatlichen Souveränität"), auch S. 70 u. ö.; auch, nur berichtend, U. Schliesky, Souveränität und Legitimität von Herrschergewalt, S. 135 ff.; M. Kaufmann, Europäische Integration und Demokratieprinzip, S. 148 ff.; Ch. Hillgruber, Souveränität – Verteidigung eines Rechtsbegriffs, JZ 2002, 1076 („territorial radizierte Allzuständigkeit"), 1077 f.; zur Kompetenz-Kompetenz Ch. Möllers, Staat als Argument, S. 401 f., der diese richtig von der „staatlichen Souveränität", diese freilich mißverstanden als „Unabgeleitetheit der Staatsgewalt", unterscheidet.

403 W. Hennis, Das Problem der Souveränität, Ein Beitrag zur neueren Literaturgeschichte und gegenwärtigen Problematik der politischen Wissenschaften, 1951, Neudruck 2003, S. 13 u. ö.; V. Epping, Völkerrechtssubjekte, in: K. Ipsen, Völkerrecht, 4. Aufl. 1999, § 5, Rn. 7, S. 57; H.-J. Heintze, Träger des Selbstbestimmungsrecht der Völker, daselbst, § 28, Rn. 1, S. 355, auch § 27, Rn. 1 ff., S. 41 ff.; W. Graf Vitzthum, Begriff, Geschichte und Quellen des Völkerrechts, in: ders., Völkerrecht, I, Rn. 45 f., S. 33 f., Rn. 73, S. 47 f.; K. Hailbronner, Der Staat und der Einzelne als Völkerrechtssubjekte, daselbst, III, Rn. 69 ff., S. 206 f., Rn. 96 ff., S. 214 f.; vgl. auch A. Emmerich-Fritsche, Vom Völkerrecht zum Weltrecht, S. 366 ff.; Ch. Seiler, Der souveräne Verfassungsstaat zwischen demokratischer Rückbindung und überstaatlicher Einbindung, S. 69, der Souveränität mit innerem und äußerem Selbstbestimmungsrecht gleichsetzt; Th. Schmitz, Integration in der Supranationalen Union, S. 189 f., versteht Souveränität im Völkerrecht als „Selbstbestimmung des im Staat vereinten Volkes".

404 Das Problem der Souveränität. Ein Beitrag zur neueren Literaturgeschichte und gegenwärtigen Problematik der politischen Wissenschaften, 1951, Neudruck 2003.

Selbstbestimmung" müsse allein schon wegen des „Verlustes wirtschaftlicher Autarkie" aufgegeben werden und Platz machen für „Integration, Koordination und Kooperation" (S. 115 f.). „Die soziologische Grundlage" sei nicht mehr die autarke Unabhängigkeit, sondern das gegenseitige Aufeinanderangewiesensein". „Eine Rückkehr zu antikem Staatsdenken ist der modernen Welt verwehrt" (S. 116). Einen solchen Souveränitätsbegriff, wie ihn Hennis verabschiedet, hat es allenfalls vereinzelt gegeben, in gewisser Weise bei Hegel, gelebt wurde er nie. Hennis hat den Souveränitätsbegriff, den er kritisiert, nicht rechtswissenschaftlich entfaltet.

Zur inneren Souveränität meint Hennis: „Der materiale Begriff der innerstaatlichen Souveränität der staatlichen Gewalt, der hier dem Staatsrecht aufgegeben ist, wird nur im Zusammenhang einer allgemeinen Infragestellung der herrschenden Auffassung von Wesen des öffentlichen Rechts erarbeitet werden können. Das Monopol der öffentlichen Gewalt des Staats ist dahin" (S. 116 f.). Diese Thesen hat Hennis zuvor allenfalls beiläufig begründet. Sie sind ebenso wenig präzise wie richtig. Unter den Rechtsbegriffen hat der der Souveränität im Völkerrecht niemals den Rang der „obersten Interpretationsmaxime" eingenommen. Ein solche gibt es überhaupt nicht. Nur Hegel kann eine Überspitzung der Souveränität nachgesagt werden, aber für Hegel ist Souveränität keine Interpretations-, sondern ein Handlungsmaxime des souveränen Staates, den er nach außen nicht rechtlich gebunden sieht. Eine „Kompetenzhoheit" von Staaten im Bereich anderer Staaten war niemals Gegenstand der Souveränität, welche die suprema potestas, die höchste Gewalt im Staat, sei diese Herrschaft oder Freiheit, bezeichnet. Diese hat wegen der Staatenvielheit logisch Außenwirkung, nämlich die Unabhängigkeit von anderen Staaten, das Selbstbestimmungsrecht, aber auch die gegenseitige Achtung dieser Unabhängigkeit, also die Bindung an das Völkerrecht. Hegels Souveränitätslehre hat den Staat als „sich selbst das Höchste" herausgestellt. Aber Hegels Staatsvergottung ist in Hegels Überzeichnung nicht praktisch geworden. Verbrecherische Auswüchse haben keine souveränitätsdogmatische Relevanz. Nie auch hatte der Staat ein Monopol öffentlicher Gewalt. Das hat keine ernstzunehmende Souveränitätslehre reklamiert. Alles Handeln ist Gewaltausübung, mehr oder weniger öffentlich. Der Staat hat den Zweck und die Aufgabe, das Recht als das höchste Prinzip des Gemeinwesens zu verwirklichen. Dafür hat er die erforderlichen, mit der nötigen Macht ausgestatteten Befugnisse, die ihn befähigen (sollten), sich gegen jede besondere Person durchzusetzen, aber auch das Gemeinwesen nach außen zu schützen. Das Wort Gewaltmonopol ist ohnehin ein unpassender ökonomistischer Begriff für die Befugnisse des Staates. Er geht auf Max Weber zurück, der vom „Monopol legitimen physischen Zwanges" und vom „Monopolcharakter des staatlichen Gewaltherrschaft" gesprochen hat[405], freilich in Zusammenhängen, die seine Aussagen zu tragen vermögen. Aber seine Soziologismen werden, zudem verkürzt auf Schlagworte, von der Staatsrechtslehre mangels tragfähiger Dogmatik gern als Rechtserkenntnisse und Rechtsbegriffe genommen. Besser spricht Hermann Heller vom „Zwangsmono-

[405] Wirtschaft und Gesellschaft, Bd. 1, S. 29 f.

pol"[406]. Hennis orientiert sich an Souveränitätsvorstellungen, die so nie gelehrt oder gar gelebt wurden. Eine Definition der Souveränität oder eine Identifikation des Souveräns versucht Hennis nicht. Er orientiert seine Problemdarstellung an einer „unbegrenzten Macht" des Staates (S. 19), die so niemals vertreten wurde, nicht einmal von Hegel, dessen innere Grenze der Souveränität des Monarchen die christlich verstandene Sittlichkeit des Staates ist, des Staates, der zudem konstitutionell verfaßt war. Mit seiner Vorstellung kritisiert Hennis Georg Jellinek, der die Souveränität der Staatsgewalt in die Grenzen des Rechts weist, welches der Staat freilich selbstbestimmt feststellt[407], was sonst? „Denn wenn das ‚Grundproblem des Souveränitätsbegriffs die Verbindung von faktisch und rechtlich höchster Macht ist'", zitiert Hennis Carl Schmitt[408], „so ist in einem ‚reinen Staat', dessen Aufgaben sich auf Polizei- und Schiedsfunktionen beschränken, und damit typisch in allen liberalen Staatstheorien für den Souveränitätsbegriff nur wenig Raum. Jedenfalls für einen inhaltlichen Begriff. Denn mit dem Aufgehen des Staates im Recht soll er aufhören, eine höchste Gewalt im Sinne einer auch faktisch höchsten Gewalt zu sein" (S. 32). An den Sätzen ist alles falsch. Alle Souveränitätslehren verbinden die rechtliche mit der faktischen höchsten Gewalt, wie im Fünften Teil zu A näher dargelegt ist, in gewisser Weise selbst die Machtlehre Schmitts, der im Ausnahmezustand dem, der um der Ordnung willen entscheidet, die Souveränität über das Recht zuspricht. Im übrigen gibt es keinen derart „liberal" in den Aufgaben beschränkten Staat und es gab nie einen solchen. Hennis möchte sein Vorurteil bestätigen und hat sich denn auch der Politikwissenschaft zugewandt, nicht der Rechtslehre.

Hennis begrüßt die calvinistische „Theorie der relativen und dialektischen Souveränität" von Hans Haug[409] (S. 70 ff.): „Weder das Volk, noch der Staat sind souverän, sie beide stehen unter einem Gesetz, das sie bindet, das ihnen ihr Recht begrenzt. Souveränität kommt einzig Gott zu"[410]. „An der Selbst- und Letztwertigkeit des Menschen als eines Geschöpfes Gottes breche sich die Souveränität", zitiert Hennis Haug frei (S. 60 f., 73 f.). Auch Haug vertritt die Notwendigkeit von Herrschaft, die durch den „zerstörenden Einbruch der Sünde in die Ordnungen" ge-

[406] Die Souveränität, S. 125.

[407] Allgemeine Staatslehre, S. 476 ff., 481 f.

[408] Politische Theologie, S. 26, 1. Aufl., von W. Hennis zitiert, S. 20.

[409] Die Schranken der Verfassungsrevision, ohne Seitenangaben; Haug trägt S. 42 ff., einen „dialektischen Souveränitätsbegriff", eine „absolute", gestützt auf Hobbes, Rousseau, Hegel, Carl Schmitt und Othmar Spann, S. 50 ff., und eine „relative Souveränität", S. 58 ff., eines „totalen" oder „subsidiären Staates", vor, setzt sich aber auch mit der Lehre von der „Souveränität des Rechts" Krabbes und kritisch („Absurdität", S. 74, „Omnipotenz des Staates". „Die Rechtsidee ist preisgegeben", S. 75) vor allem Kelsens, S. 71 ff., und der „Souveränität im Bundesstaat", S. 76 ff., auseinander.

[410] H. Haug, Die Schranken der Verfassungsrevision, S. 60 f., auch S. 67, durchgehend, gestützt auf E. Brunner, Gerechtigkeit. Eine Lehre von den Grundgesetzen der Gesellschaftsordnung, 1943, S. 88.

rechtfertigt sei[411] (S. 71 f.). „Sünde ist die Loslösung des Menschen von Gott, und aus der Loslösung des Menschen vom Quell des Lebens folgt das Auseinander und damit das Gegeneinander der Einzelnen“[412]. Recht und staatliche Herrschaft müßten durch Organisation dialektisch zusammenfließen[413] (S. 71). Die Souveränität des Staates, „der im Recht begründeten Herrschaft“, „des Hüters der gerechten Ordnung“, „der höchsten Rechtsautorität“, „völkerrechtlich gebunden“ erfordere höchste „Mächtigkeitskonzentration“ und „rechtliche Fundierung“[414] (S. 72). Wer souverän sei, sollte „relativ“ mächtiger im Sozialen sein als alle anderen, aber nicht allmächtig (S. 72 f.). Die Herrschaft müsse legitim und gerecht sein[415] (S. 72 ff.). Die Gerechtigkeit müsse aus dem Reich des Idealen in das des Sozialen überführt werden (S. 73). Die religiöse Komponente dieser Lehre paßt in die christliche Erneuerung der Nachkriegszeit nach der Erschütterung Europas durch den „Antichristen“ Hitler. Staatsrechtlich kann eine Lehre von der Souveränität Gottes nach der Säkularisation des Staates und des Staatlichen[416] keinen Bestand haben. Im übrigen hat die Lehre Hans Haugs Nähe zu einer kantianisch geprägten Freiheitslehre, die er aber nicht aufgreift. Sie ist eine Lehre des Liebesprinzips als des kategorischen Imperativs und somit tragfähig.

Wilhelm Hennis hat bereits am Beginn der europäischen Integration infragegestellt, ob der „Einzelstaat als souveräner Willensverband“ Bestand haben könne und nicht vielmehr die „Übertragung der Souveränität auf höhere Verbände heute das eigentlich aufgegebene politische Problem“ sei, ohne gänzlich die Gefahren von „Bundes- und Weltstaatsplänen“ für die Freiheit zu verkennen (S. 77 ff., 80). Die Übertragung der Souveränitätsrechte hat er „formalrechtlich“ als „kein wesentlich größeres Problem als die Übertragung eines Aktienpaktes“ gesehen (S. 78) und damit gezeigt, daß er von der Souveränität freier Bürger nichts versteht. Er hat vor allem gefragt, ob „die Vielheit souveräner Einzelstaaten noch oder nicht mehr ein sinnvolles politisches System sein“ könne (S. 78 ff.). Um das Problem zu erfassen bedenkt Hennis „drei Kategorien“, nämlich 1. „den Begriff der ‚Autarkie‘ des Staates als soziale äußere Unabhängigkeit des souveränen Staates, 2. den Begriff der ‚Ein-

[411] H. Haug, Die Schranken der Verfassungsrevision, S. 34, 61, durchgehend.

[412] H. Haug, Die Schranken der Verfassungsrevision, S. 33, Zitat Haugs von M. Huber, Grundlagen nationaler Erneuerung, 1934, nicht von Hennis zitiert.

[413] I.d.S. H. Haug, Die Schranken der Verfassungsrevision, S. 33 ff., Hennis zitiert S. 37 f., 41.

[414] H. Haug, Die Schranken der Verfassungsrevision, S. 43 63, 68 ff., 70, Zitate zur Charakterisierung des Staates von mir ergänzt, auch S. 42 ff., 85 ff.

[415] H. Haug, Die Schranken der Verfassungsrevision, S. 35, auch S. 42 ff. zur „legitimen Souveränität“, S. 64, weil die „Rechtsnorm (im Gegensatz zur autonomen Sittennorm) heteronom“ sei, „die von einem fremden Willen getragene inhaltliche Sollvorschrift an die ‚Wirklichkeit des äußeren Seins‘ heranzutragen“ sei, S. 36. „Die Vorstellung der rechtlichen Selbstorganisation, mit anderen Worten der Selbstlegalisierung einer schon errichteten Herrschaft, ist also ein Widerspruch in sich selbst“, S. 36. Hennis zitiert auch S. 69 f., 72.

[416] Dazu K. A. Schachtschneider, Grenzen der Religionsfreiheit am Beispiel des Islam, S. 66 ff.

heit' des Staates als Ausdruck seiner geistigen Individualität" und 3. „den Begriff der ‚Staatsgesinnung' zur Verdeutlichung der Beziehungen von demokratischer Staatsform und Lokalisierung der Souveränität" (S. 81).

Hennis beruft sich für die souveräne Autarkie vor allem auf Aristoteles[417], Jean Bodin, Johannes Althusius, Hugo Grotius und Carl Schmitt (S. 83 ff.)[418]. Die Vereinigten Staaten betreiben wie früher das britische Empire mit militärischen und monetären Mitteln eine Autarkiepolitik im Schmittschen Sinne des Interventionsverbots für raumfremde Mächte. Daß sie Konsumgüter auch aus asiatischen Ländern, allem voran China, importieren, ändert daran nichts. Eine Utopie krasser Selbstgenügsamkeit des Gemeinwesens hat Johann Gottlieb Fichte 1800 in seinem „Geschlossenen Handelsstaat" vorgestellt[419]. Der Diktator Nicolae Ceausescu hat Rumänien mit einer sozialistischen Autarkiepolitik ruiniert, gegenwärtig betreibt die Militärdiktatur der Demokratischen Volksrepublik Koreas (Nordkorea) seit den „Führern" Kim Il-sung, dessen Sohn Kim Jong il und jetzt dessen Sohn Kim Jong un eine solche. Georg Jellinek hat Autarkie als Voraussetzung der Souveränität zurückgewiesen, zu Recht, und darauf hingewiesen, daß auch Aristoteles gewisse Abhängigkeiten für tragfähig gehalten habe[420]. Richtig ist, daß die wirtschaftliche Unabhängigkeit die Souveränität stützt und um der Freiheit willen gefördert werden sollte. Jedenfalls muß der Freihandel, der von Industrie und Kapital geradezu zu einer Wirtschaftsreligion stilisiert worden ist, in den Grenzen bleiben, welche der Schutz der Volkswirtschaft erfordert. Das Für und Wider von Freihandel und Protektion müssen in praktischer Vernunft bedacht werden[421]. Die europäische Handelspolitik

---

[417] Politik, I 1252 b, 28 ff., κοινωνία αὐτάρκμς, VII, 4, 1326 b 2 ff., 9, 24, 29 (von Hennis nicht zitiert); vgl. H. Rabe, Autarkie, Geschichtliche Grundbegriffe, Bd. 1, A-D, 1972, S. 377; G. Jellinek, Allgemeine Staatslehre, S. 436 ff., weist eine „Verwandtschaft" aristotelischer Autarkie mit der „modernen" „Souveränität" zurück.

[418] Vgl. auch R. Knieper, Nationale Souveränität, S. 74, gestützt auf J. Bodin, République, I, 102 (nicht feststellbar); J. Altusius, Politica methodice digesta, 1603, 1614, Kap. 32 §§ 70, 71, hrsg. von C. J. Friedrich, Altusius, Politica methodice digesta, Harvad Political Classics II, 1932 (zitiert nach W. Hennis); H. Grotius, De jure belli et pacis libri tres in quibus jus naturae et gentium, item juris publici praecipua explicantur, MDCIC, I 1 § 14, „coetus perfectus liberorum hominum" (von Hennis nach G. Jellinek, S. 397 (438) zitiert, nicht im Literaturverzeichnis; im lateinischen Original S. 79); C. Schmitt, Völkerrechtliche Großraumordnung mit Interventionsverbot für raumfremde Mächte. Ein Beitrag zum Reichsbegriff im Völkerrecht, 1941/1991, ohne Seitenangaben; auch St. Hobe, Der offene Verfassungsstaat zwischen Souveränität und Interdependenz, S. 413, 419, 420, 435 f., 438 f., 440 u. ö., argumentiert mit dem Autarkie/Insuffizienzargument, um seine Doktrin vom offenen Staat zu begründen; ähnlich R. Knieper, Nationale Souveränität, S. 75 ff., 78 ff. (zu F. List), 80 ff., 83 ff., der den Weltstaat postuliert, damit die Politik der Ökonomie endlich folge (S. 86); zur Begriffsgeschichte der Autarkie H. Rabe, Autarkie, Geschichtliche Grundbegriffe, Bd. 1, S. 377 ff.

[419] Der geschlossene Handelsstaat. Ein philosophischer Entwurf als Anhang zur Rechtslehre und Probe einer künftig zu liefernden Politik, 1800, 7. Kapitel, in Fichtes Werke, hrsg. von F. Medicus, Dritter Band, Schriften von 1797–1801, 1922, S. 54 ff.

[420] Allgemeine Staatslehre, S. 436 ff. mit Überblick über die Geschichte des Arguments.

[421] K. A. Schachtschneider, Wirtschaftsverfassung mit Welthandelsordnung, S. 430 ff., 624 ff.; ders., Europäischer Binnenmarkt – Grundfehler der Integration. Wider die Freihan-

sollte wie die chinesische von Friedrich List lernen, der die Abwägung zwischen Freihandel und Schutz der eigenen Wirtschaft in praktischer Vernunft gelehrt und bereits die „ewigen Deklamationen über die unermeßlichen Vorteile der absoluten Handelsfreiheit und die Nachteile des Zollschutzes" ironisiert hat[422]. Eine sachgerechte Schutzpolitik halten aber auch Paul R. Krugman und Maurice Obstfeld für notwendig[423]. Nicht jede internationale Deregulierung läßt sich mit dem Argument komparativer Vorteile rechtfertigen. Vielfach geht es um einseitige absolute Vorteile und zu Lasten der Volkswirtschaften, etwa durch kostensteigernde Arbeitslosigkeit. Aber Autarkie ist nicht Voraussetzung der Souveränität als der Freiheit. Für eine Machtlehre der Souveränität mag anderes gelten.

Der Staat sei eine „gesellschaftliche Einheit". Seine „Individualität" mache ihn zu einem „wahren, souveränen Staat" (S. 89 f.)[424]. Für Platon und Aristoteles müsse diese Einheit die angemessene Größe, eine „angemessene materielle Grundlage" haben, in „der alles vorhanden ist und nichts vermißt wird"[425] (S. 90) und weiterhin nach Aristoteles die Aufgaben des Staates erfüllt werden könnten, bei Platon nicht mehr als 5.o4o Bürger („Wohnstätten") und ihre Familienangehörigen (dazu gehört der ganze Hausstand mit den Sklaven)[426]. Um der Einheit willen müsse der Staat religiös mehr und mehr neutral werden, habe wie schon Jean Bodin Carl Schmitt vertreten (91)[427] Bodin habe dem König zur religiös toleranten Ausübung der Majestätsrechte geraten. Schließlich sei mit dem Nationalismus die „Aushöhlung der Einheit der Staaten selbst" abgewehrt worden, weil „der Mensch die Einheit und Besonderheit seiner Nation will und vielleicht auch braucht, um bereit zu sein, ihr zu

---

delsdoktrin, Zeit-Fragen Nr. 11/2013 vom 11. März 2013, S. 3 f.; ders., Freihandel. aber vernünftig, Junge Freiheit Nr. 12/13 vom 15. März 2013, S. 22 (Forum).

[422] Das nationale System der politischen Ökonomie, 1841, 3. Aufl. 1920, S. 415 ff.; dazu K. A. Schachtschneider, Wirtschaftsverfassung mit Welthandelsordnung, S. 434 ff.; der Listschen Vision „einer weltweiten, alle Nationen umspannenden Universalunion" zuneigend, aber sonst gegenüber der „Alternative Freihandel oder Schutzzoll" eher neutral, R. Knieper, Nationale Souveränität, S. 78 ff., 82, 83 ff.

[423] Internationale Wirtschaft. Theorie und Politik der Außenwirtschaft, 7. Aufl. 2006; S. 193, 195, 198, 288; nicht anders, wohl noch gewichtiger, als P. A. Samuelson, Where Ricardo and Mill Rebut and Confirm Arguments of Mainstream Economists Supporting Globalization, in: The Journal of Economic Perspectives, Vol. 18, Nb. 3, Summer 2004, Page 135 ff.

[424] Unter Berufung auf H. Krüger, Die geistigen Grundlagen des Staates, 1940, ohne Seitenangaben (Krüger spricht vom „geistigen Band des Gemeinwesens, S. 164 u. ö.) und M. Huber, Gesellschaft und Humanität, Vermischte Schriften, Bd. III, 1948, Soziologische Grundlagen des Völkerrechts, S. 49 ff., 119 sowie Aufgaben der Schweizer Schule gegenüber dem Staat, S. 297 ff., 314.

[425] Aristoteles, Politik, VII, 4, 1326 28 f. („...; denn alles zu besitzen und nichts zu entbehren bedeutet eben Autarkie").

[426] Platon, Politik IV, 2. 423 a; ders., Nomoi/Gesetze, übersetzt von H. Müller, ed. W. F. Otto/E. Grassi/G. Plamböck, Platon, Sämtliche Werke, Rowohlts, 1959, V, 8. 737 e, 9. 740 d; Aristoteles, Politik VII, 4, 1325 b 37, 1326 a 1 ff.

[427] J. Bodin, Republique, I, 10; C. Schmitt, Das Zeitalter der Neutralisierungen und Entpolitisierungen, 1931, in: ders., Der Begriff des Politischen, 1932, 1963, S. 79 ff.

dienen" (S. 97). Die Souveränität sei „ein Problem der politischen Ethik, der Staatsgesinnung" (S. 97), sicher der Ethik als der Lehre von der Freiheit, von der Wilhelm Hennis wenig weiß.

„In jedem Staate wird ‚geherrscht', jeder Staat setzt gewisse außerstaatliche Integrationsfaktoren voraus, und jeder Staat verlangt von seinen Bürgern Gehorsam und wenigstens ein gewisses Maß an Kollaborationsbereitschaft" (S. 98). Für die „modernen europäischen Staaten mit demokratischer Verfassung" seien „aktive verantwortungsbewußte Staatsgesinnung ihre Bürger eine Voraussetzung des Bestandes ihrer Einheit", „ein Höchstmaß an ‚politischer Tugend'", „ἀρετή" (S. 98 ff.). Diese politische Tugend sieht Hennis schon im Hellenismus und erst recht im Christentum verloren (S. 100). Kants Freiheitslehre habe sie wieder essentialisiert. Die Sittlichkeit als die Rechtlichkeit ist der Baustoff der Republik. Aber die Wirklichkeit ist anders. Folglich muß man schließen, daß diese „modernen europäischen Staaten" keine „demokratische Verfassung" haben, jedenfalls nicht in der Verfassungswirklichkeit. Sie sind vielmehr führerschaftliche Parteienstaaten[428], gehören also zu den „Obrigkeitsstaaten" in Hennis Kategorisierung, „in denen die Einheit durch herrschaftliches Machtgebot ‚von oben' gewährleistet wird", wie Hennis es selbst für möglich hält (S. 98 ff.). Die spezifische Ethik „beschränkt ihre Relevanz" also „auf den kleinen Kreis der ‚Herrschenden und ihren Anhang'" (S. 98). Das ist die Parteiräson. Die Untertanen werden auf zunehmend bedeutungslose Wahlen und Abstimmungen (in Deutschland nur in Ländern) begrenzt und ansonsten mit ‚Brot und Spielen', d.h. gegenwärtig außer mit Lebensmitteln mit ‚Sex' und Fußball versorgt und unterhalten. Der Empiriker Hennis hat auch Illusionen. So meint er, daß die „zukünftige Staatsform, sei es die des nationalen Einzelstaates, eines souveränen europäischen Bundesstaates oder gar des ‚Weltstaates', nur eine demokratische sein soll" (S. 99). Seine Ansprüche an diese Staatsform sind offensichtlich sehr bescheiden. Für Europa und die Welt ist die Demokratie gänzlich ausgeschlossen. Diese Einheiten sind dafür zu groß. Die Ethik des Pufendorfschen „Vernunftnaturrechts" allerdings, das vom „Niemanden schädigen", „Jeden anderen als gleichberechtigt ansehen", „Soviel wie möglich dem anderen nützen"[429] geprägt sei (S. 101 f.), Parolen, die unschwer die Trias Freiheit, Gleichheit, Brüderlichkeit erkennen lassen, verkennt Hennis. Sie sind nicht nur Pflichten von Mensch zu Mensch (S. 102), sondern ausgesprochene „Gemeinschaftspflichten", die auch politisch, vor allem in der Gesetzgebung, verwirklicht werden müssen. Montesquieu weiß um die Grundlage der Republik, nicht „Demokratie", wie Hennis verfälscht,

---

[428] K. A. Schachtschneider, Der republikwidrige Parteienstaat, in: D. Murswiek/U. Storost/H. A. Wolff (Hrsg.), Staat – Souveränität – Verfassung, FS Helmut Quaritsch (70.), 2000, S. 151 ff.; weitere Hinweise in Fn. 726.

[429] s. von Pufendorf, De officio hominis et civis, 1673 (bei Hennis ohne nähere Angaben, insbesondere ohne Seitenzahlen), Über die Pflicht des Menschen und des Bürgers nach dem Gesetz der Natur, hrsg. und übersetzt von Klaus Luig, 1994, Kap. 6 § 2, Kap. 7, 1, Kap. 8, 1, S. 163, 168, 171.

nämlich die „vertu“, „die Liebe zur Republik“[430] (S. 102). Kants Ethik, also Freiheitslehre, deren Kern Sittlichkeit und Moralität sind, erwähnt Hennis nicht. Das scheint ihm zu viel. Dann aber sollte man eine Abhandlung zur „aktiven staatsbürgerlichen Gesinnung“ gleich lassen. Dafür weist er auf Hegel hin, der, wie im Zweiten Teil zu C.I. angesprochen, „ein sittliches Leben des Individuums“ nur „als Glied“, sprich Untertan, des begrifflich als „Wirklichkeit“ des „objektiven“ oder „absoluten Geistes“ des „sittlichen Staates“, personifiziert durch den Monarchen, für möglich hält (S. 102). Hennis ist mehr als skeptisch, daß die Menschen „nach den nationalistischen Auswüchsen der jüngsten Vergangenheit“ Sittlichkeit im Staat zu verwirklichen können meinen, hält es aber für eine alte Erfahrung, daß der Mensch erst „in der Verantwortung stehend, auch frei im sittlichen Sinne wird“ (S. 104). Das Grundgesetz unterwirft das gemeinsame Leben dem „Sittengesetz“, weil das Definiens der Freiheit ist. Diese Freiheit ist die Souveränität des Bürgers. Hennis mag das geahnt haben, nicht aber begriffen.

Hennis sieht in seinen Folgerungen nicht den Weltstaat, sondern den souveränen Einzelstaat, von dem man bei der „Lokalisierung der Souveränität“ heute noch ausgehen müsse, in Frage gestellt (S. 104). Bundesstaatliche und höhere staatenbündische Lösungen lehnt er ab, weil die „föderativen Glieder“ zu „einer souveränen Eigenstaatlichkeit zurückstreben“ würden (S. 105). Dennoch hält er für ein demokratisches Gemeinwesen eine „gewisse soziale Homogenität, Stabilität und aktive staatsbürgerliche Gesinnung“ für erforderlich (S. 105 f., 115), die „zurückzugewinnen“ (?) „in einem wesentlich größeren Rahmen als den gegenwärtigen Nationalstaaten er „im höchsten Grade für unwahrscheinlich“ erachtet, wie das „Mißtrauen der englischen Arbeiterklasse und der deutschen Sozialdemokraten gegenüber der Beteiligung an einem europäischen Bundesstaat“ erkläre (S. 105 f.). „Die bestehenden Gemeinsamkeiten würden jedenfalls nirgendwo hinlangen, um ein souverän-staatliches Gemeinschaftsleben zu begründen“ (S. 106), wenn auch der „moderne souveräne Nationalstaat gewiß etwas Geschichtliches“ sei, „das einmal anderen Formen Platz machen“ werde (S. 115). „Die abendländische oder atlantische Kulturgemeinschaft der modernen Staaten bleibt eine vage These“ (S. 106). Das ist nach wie vor richtig, trotz des Geredes von der „Wertegemeinschaft“, die Hennis nicht sieht (S. 107). Dennoch ist der „Administrationsstaat“ errichtet worden, der Wilhelm Hennis „ausgeschlossen“ erschienen ist. „Gemeinsame Angst vor einem möglichen Angriff“ sei kein „durchschlagendes Argument für einen europäischen Bundesstaat“ und „innereuropäische Kriege“ würden „seit der Niederlage Deutschlands, soweit Westeuropa in Betracht komme, schon aus psychologischen Gründen“ nicht möglich sein. Die modernen Formen politischer und militärischer Zusammenarbeit, die im Kriegsfall einer zentralen Leitung Platz machen können, würden zur Vorbereitung der Abwehr eines außereuropäischen Angreifers genügen (S. 106). Die NATO hat diese Aufgabe bewältigt. Auch daß die Integration Europas um des Friedens willen notwendig sei, das letzte Argument der Integrationisten, überzeugt weniger denn je. Ganz

---

[430] Vom Geist der Gesetze, 1748, ed. Weigand, 1965, Reclam V, 2, S. 138.

ausgeschlossen erscheint Hennis, daß „eine über die bestehenden Staaten hinausgehende Einheit Gegenstand echter integrierender Staatsgesinnung sein könnte“ (S. 107). Allemal fehle es an der „Überschaubarkeit der Formen der politischen Willensbildung“, die dem „sozial isolierten, institutionell uneingefaßten Menschen“ angesichts der „desintegrierenden, der Gegenwart immanenten, die soziale Stabilität und Sicherheit infragestellenden Kräften“ „seit Beginn der Industrierevolution“ „in einer unberechenbar gewordenen Welt“, in der „Wohlfahrtsstaat, Planwirtschaft, Politik der Vollbeschäftigung und sozialer Sicherheit die epochebestimmenden Wertbegriffe“ geworden seien, im „‚Pluralismus‘“ also, Halt geben könnten, so daß „die Übertragung der Souveränität auf höhere Einheiten“ „die unsere Zeit immanenten Auflösungstendenzen nur verstärken“ würde. Die „relative Sicherheit der Erwartungschancen“ würde „noch weniger als heute durch Institutionen verbürgt werden können“. „Die Unverbindlichkeiten“ würden nur noch gesteigert werden. Man dürfe den „in erbärmlicher sozialer Unsicherheit lebenden Bürger nicht seiner Zugehörigkeit zu einer großen nationalen Gemeinschaft berauben“, indem man dem „‚Nationalismus‘“ alle „internationalen Spannungen und Reibungen in die Schuhe schieben will“ und diesen als „bequemen Blitzableiter für die vielen sozialen Spannungen“ benutze. „Der Nationalismus“ sei Produkt tieferliegender Spannungen“ (S. 107 ff.). „Selbstverwaltung“ genüge „als technische Dezentralisierung“ der „Selbstverantwortung“ nicht, sondern nur „einzelstaatliche Souveränität“, sowenig der Staat auch autark sein mag (S. 113 f.). „Große Verbände“ würden ihre „Grenze an Räumen finden, die über jedes Vorstellungsvermögen und über jede erlebbare Verantwortungsmöglichkeit hinausgehen“. „Jahrhundertelange absolute Herrschaft“ habe „den kontinentalen Menschen dem Eigenwert des Politischen entfremdet“ „Der souveräne Überstaat kann – da kein demokratischer – nur ein rein obrigkeitsstaatlicher sein“. „Die Herstellung von ‚Ordnung‘ und ‚Rechtssicherheit‘ wäre für ihn kein Problem, sondern eine Frage der tatsächlichen Macht, doch Freiheit, die immer eine gefahrvolle ist, und Gerechtigkeit, gäbe es in ihm nicht“ „Ein „Mindestmaß sozialer Homogenität“ und von „politischer Verantwortung“ sind „Voraussetzungen einer demokratisch-freiheitlichen Staatsform“ (S. 114 f.). „Daß die Werte, die ihn (sc. den Staat) binden und ihm zugleich seinen Sinn geben, die der menschlichen Person sind, daß er nie in sich selbst Erfüllung finden kann, bleibt nach innen und außen das Problem der Souveränität“ (S. 116).

Die zunehmende Verstaatlichung der europäischen Union erweist die Richtigkeit dieser Einsichten Wilhelm Hennis'. So kritikwürdig seine souveränitätsdogmatischen Aspekte sind, so wertvoll ist dieses Plädoyer für die souveräne kleine Einheit. Großstaatsdogmatiker sind keine freiheitlich gesonnen Demokraten. Souveränität ist Freiheit der Bürger. Auf diesem Fundament muß sich die Souveränitätsdogmatik entfalten. Es läßt nur die kleine Einheit zu, ganz unabhängig von wirtschaftlicher Globalisierung und deren (vermeintlichen) ökonomischen Zwängen, die sowohl von den Kapitalisten als auch von den Sozialisten begrüßt werden, beides Internationalisten, die einen aus Aviditismus (Geldgier), die anderen aus Moralismus, beide ignorant gegenüber der Freiheit des Menschen und praktischer Vernunft.

B. Werner von Simson

„Alle rechtlich organisierten Herrschaftsverhältnisse beruhen auf Souveränität. Sie ist eine der Grundbedingungen, unter denen eine rechtliche Ordnung möglich ist. Sie bedeutet, …, auf ein bestimmtes Territorium bezogen, das Vorhandensein eines identifizierbaren Systems von Befehl und Gehorsam mit einem gewissen Maß von effektiver Unabhängigkeit nach außen und effektiver Herrschaft nach innen. Sie ist ein Ausdruck der Tatsache, daß jede irdische Ordnung an irgendeiner Stelle nicht mehr von einer höheren, umfassenden Ordnung abhängt, sondern von dort an auf sich selbst, d. h. auf dem durch sie verkörperten Willen, beruht“, umreißt von Simson im üblichen Sinne Souveränität (S. 19, 207[431]) Die Souveränität sei durch Vereinzelung gekennzeichnet (S. 19 ff., 45, 207 u. ö.), ja, aber „jede staatliche Einheit muß, um sich zu erhalten und zu entwickeln, in größere Zusammenhänge eintreten und den dort gegebenen Bedingtheiten entsprechen“. Die „gebildeten Gruppen“ würden „Souveränitätsaufgaben“ wahrnehmen, „deren Erbringung für den souveränen Staat lebensnotwendig und damit eigentlich ein Souveränitätsakt ist“ (S. 227 ff., Zitate S. 229). „Für den Westen können wir sagen, daß ein Teil der Souveränität des im übrigen auf eigener Souveränität beruhenden Staates in den Händen einer oder mehrerer, je nach der Natur des Leistungsaufgabe gebildeter Staatengruppen liegt“ (S. 229)[432]. Dogmatische Stringenz ist, durchgehend, nicht Sache Werner von Simsons, der einen narrativen Stil pflegt.

„Souveränität in abstracto ist das faktisch einer jeden Rechtsordnung zugrunde liegende und diese Rechtsordnung in sich aufnehmende, von der Rechtsordnung selbst aber nicht erfaßbare Willenselement“[433]. Richtig ist der Wille als die praktische Vernunft des freien Menschen das Rechtsprinzip schlechthin. Von Simson definiert schließlich: „Die Souveränität ist – so formulieren wir abschließend – das Maß an Willkür oder weiterbestehender vergangener Willkür, welches in einer tatsächlich bestehenden, rechtlich geordneten und politisch handelnden kollektiven Einheit wirksam ist. In Demokratien tendiert dieses Maß, auf ein nicht zu entbehrendes Minimum herabgedrängt zu werden, indem der Willkür nur insoweit Rechtsqualität beigemessen wird, als sie zur Durchsetzung des Rechts und seiner Voraussetzungen unentbehrlich ist. Aber diese Einschränkung des Ausmaßes der Souveränität ist eine Frage ihrer konkreten Erscheinung und betrifft nicht die allgemeine, zeitunabhängige Definition. Diese bleibt als Rechtsbegriff notwendig“ (S. 237). Von Simson nennt den Willen das Allgemeine der Souveränität, begreift diesen allerdings als „Willkür“, „Beliebigkeit“, „willkürliche Macht“ (S. 41, 44 ff., 52, 66, 253, 255, 257), nicht etwa als dem Rechtsprinzip verpflichtete Sittlichkeit.

---

[431] W. von Simson, Die Souveränität im rechtlichen Verständnis der Gegenwart, 1965.

[432] In Fn. 8 weist er auf die richtige Unterscheidung des Internationalen Gerichtshofs zwischen Souveränität und deren Ausübung hin, etwa Advisory Opinion on the International Status of South-West Afrika, ICJ Reports 1950, S. 132.

[433] Daselbst, S. 31 und ff. zum „abstrakten“ Souveränitätsbegriff.

Ganz im Gegenteil: Die Souveränität „kann dem Recht entgegentreten, es aufheben und durch anderes Recht ersetzen“ (S. 20). Das stimmt für die Gesetze, nicht für das Recht. Eine „Identifizierung von Souveränität und Wahrheit“, etwa religiöser Wahrheit, komme nicht mehr in Betracht (S 90 ff.), aber ganz ohne Vernunft kämen eine rechtlich geregelte Ordnung und der regelnde Wille nicht aus (S. 98 ff.). Das führe zur Souveränität nach Konventionen, wofür sich von Simson auf die Souveränitätsformel Talleyrands beim Wiener Kongreß, aber auch auf den Augsburger Religionsfrieden und die öffentliche Meinung stützt (S. 100 ff., 207 ff.)[434], aber auch zur „Identifizierung des Staates mit dem Recht“, orientiert auf die Gleichberechtigung der „Massengesellschaft“ (S. 217 ff., 220 ff.).

Mit Carl Schmitt hält von Simson die „Ordnung“ für eine „Voraussetzung des Rechts, „sie muß als ‚normale Situation geschaffen werden‘, und ‚souverän ist derjenige, der definitiv darüber entscheidet, ob dieser normale Zustand wirklich herrscht‘“ (S. 37, 145)[435]. Zum Staat würden „einerseits faktische Gegebenheiten, wie ein Territorium und ein Volk, und andererseits ein historisches Geschehen, eine bestimmte Formgebung, eine Einsetzung von Institutionen, eine Wahl zwischen verschiedenen Ordnungsmöglichkeiten“ oder „Grundkonzeptionen“ gehören (S. 39)[436]. Aber „erst mit dem Entstehen einer Rechtsordnung, … ist von Souveränität die Rede“. „Gewalt werde erst durch Ordnung zur Souveränität“ (S. 41, 58). Die Ausrichtung auf die Rechtsordnung unterscheide die Souveränität von Gewalt (S. 40, 47). In der Souveränität würde ein „Resultat des Zusammentreffens von Willkür und Recht sichtbar werden“, „Rechtsverwirklichung durch die willkürliche Macht“ (S. 52, 66 und ff., allemal ein Widerspruch). „Souveränität, allgemein gesprochen, ist danach: auf das Recht hin artikulierte Macht oder, wie man auch sagen kann, rechtsbezogene, rechtlich organisierte Macht“, „rechtsformender, selbst nicht rechtlich gebundener Wille“, „theoretisch unbeschränkt“ (S. 42, 70).

„Wesensmäßig zur Souveränität“ würden „als qualitative Eigenschaften“ der „den Willen verwirklichenden Einheit“, „vollständige Unabhängigkeit nach außen, ausschließlich Herrschaft nach Innen“ gehören, die aber einer „Einschränkung“ bedürfen würden (S. 236). „Die handelnde, den Willen verwirklichende Einheit ist zwar in allen wesentlichen Beziehungen noch der Staat. Es werden aber Züge des politischen Lebens sichtbar, die es zum mindesten denkbar erscheinen lassen, daß gewisse Aufgaben der souveränen Existenz in Zukunft auf direkt handelnde überstaatliche Gebilde übergehen könnten. Sicher ist, daß die Formulierung und Planung wichtiger Souveränitätsaufgaben bereits heute gruppenweise von mehreren Staaten gemeinsam wahrgenommen wird, wenn auch die Ausführung in den meisten Fällen noch des einzelstaatlichen Handelns bedarf. Das alte Bild der Einheitlichkeit des

---

[434] „Geistige Bindungen“, Wissenschaft, S. 209 ff., Glaubensinhalte, S. 211 f., Gewissensentscheidungen, S. 213 ff., Gerechtigkeit des Krieges, S. 215 ff.

[435] Zitate von C. Schmitt, Politische Theologie, S. 19 f.

[436] S. 39 ff. zur „staatlichen Rechtsordnung“, S. 140 f., 227 ff. „Bild der drei Ordnungsstufen“, S. 71 ff. „drei Stufen der Ordnung“.

souverän Wollenden und dessen, der diesen Willen ausführt, ist nicht mehr zu bewahren" (S. 236 f.). Von Simson beschreibt somit Souveränität als Faktum, ohne einen Rechtsbegriff der Souveränität zu entwickeln. Die Grenzen der Souveränität im Innern und nach außen, die sich aus dem Freiheitsbegriff ergeben, schaffen kein unentwirrbares Souveränitätsgemisch und Verletzungen der Souveränität ändern deren Begriff nicht. Ohne Begriff, der die empiristischen, eher sozialwissenschaftlichen Erwägungen von Simsons, welcher dieser als „für die Erfassung des Souveränitätsbegriffs notwendige ‚Anthropologie'" gemäß der „gegenwärtigen geistigen Lage des Westens" reklamiert (S. 147, 262, durchgehend), nicht irritiert, kann man einem Rechtsprinzip nicht näher kommen, auch und gerade nicht dem der Souveränität.

Geradezu anthropomorph sieht von Simson in der Souveränität die mehr oder weniger durch den menschenrechtlichen Zeitgeist und die jeweilige politische Einbindung in größeren Einheiten der (damals) in den demokratischen Westen und den diktatorischen Osten determinierte Entwicklung einer „Gesamtpersönlichkeit" oder „Staatspersönlichkeit", die einer „Entscheidung" im Carl Schmittschen Sinne bedürfe (S. 142 ff., 234 f., 252 ff., 256 f., 263). „Der Staat selbst ist damit nicht das Entscheidende; er ist das Resultat der Entscheidung eines hinter ihm stehenden, der verschiedensten staatlichen Artikulation fähigen Bewußtseins", der Menschen, welche eine „Gesamtpersönlichkeit", eben „einen Staat" bilden, des „‚Wir'" als „Sitz des Staatsbewußtseins", durchaus an „Mythen" gebunden (S. 149, 254, 256). „Die Souveränität – … – beruht auf einer Entscheidung".

Von Simson meint den politischen Lagern mit „gruppenweiser Bindung" seiner Zeit gemäß „zwei Nomoi" zu erkennen, den des „totalitären Machtdenkens" und den der „‚offenen Gesellschaft'" (S. 194 f., 198 f., 202 ff., 205 ff.). Er „glaubt den negativen Inhalt der Souveränität als absolute Wahrheit und Schranke beobachten zu können", als „Konvention", als „faktische Beschränkung der Willkür" um der „Legitimation" und „Ordnungskraft" willen (S. 246 ff., 255, 259). Solche Beobachtungen drängen sich auf, wenn man davon ausgeht, daß die Souveränität als Willkür, Beliebigkeit und das Recht dazu sei. Ein solcher Souveränitätsbegriff ist aber nicht nur nicht mit der aufklärerischen Verfassungskultur vereinbar, sondern auch nicht mit dem menschenrechtlichen Selbstbestimmungsrecht der Völker[437] und der darauf gegründeten gleichen Souveränität der Mitglieder der Vereinten Nationen. „Den Sitz der Souveränität und damit die Untersuchung ihrer Bedingtheit" würden wir „in die ungeformte, von Carl Schmitt bezeichnete Grundsubstanz des Staates verlegen, in das willensfähige Bewußtsein der politischen Einheit" („Einheitsbewußtsein" auch ohne „eine dem Staat vorgegebene Wahrheit", „Kollektivwillen") (S. 147 f., 151 ff., 240, 241).

---

[437] Vgl. D. Murswiek, Die verfassungsgebende Gewalt nach dem Grundgesetz für die Bundesrepublik Deutschland, S. 26 ff. (objektives Völkerrecht, S. 28); Th. Schmitz, Integration in der Supranationalen Union, S. 189 f.

Die „Personifizierung des Gesamtgeistes, als welche sich der Staat dem einzelnen und anderen Staaten gegenüber souverän, d. h. nur auf seine eigene Existenz bedacht und angewiesen, darstellt", gewissermaßen des Staates als politischer Gemeinschaft (S. 109 ff., Zitat S. 111), ist der Hegelianismus auch Werner von Simsons, der sich fleißig der Philosophie Hegels wie der Verfassungslehre und „Soziologie der Souveränität" Carl Schmitts bedient[438]. Wer der Souverän sei, der Staat, die politische Klasse, die Bürger oder wer sonst, interessiert von Simson nicht, auch nicht, welches Rechtsprinzip die Souveränität begründe, wenn auch ein freiheitlicher und demokratischer Grundton seinem Erwägungen nicht abzusprechen ist[439]. Aber er sucht nach „der Bestimmung des Maßes an Unfreiheit, welches nötig ist, um die Freiheit erhalten zu können", was auch „für das Verhältnis der Staaten zueinander maßgebend geworden" sei (S. 264). Damit ist Freiheit verkannt. Die Freiheit läßt keinerlei Einschränkung zu. Sie ist freilich eine Freiheit in der menschlichen Gemeinschaft, die sich im Recht und damit mittels des Staates in der Gemeinschaft mit den Staaten der anderen Völker verwirklicht.

C. Herbert Krüger

Herbert Krüger hat in seiner Allgemeinen Staatslehre richtig darauf hingewiesen, daß die Souveränität als ein „Rechtsinstitut" „im besonderen Maße auf eine Entsprechung in der Welt der Tatsachen angewiesen" sei, weil „ein Auseinanderklaffen zwischen Recht und Wirklichkeit sich als besonders folgenreich erweisen" würde (S. 853 ff.). Souveränität befinde sich auf der „Grenze zwischen Recht und Wirklichkeit", aber nicht nur Staaten mit Atombomben seien souverän[440]. Aber er sagt auch nicht zu Unrecht: „Sie (sc. die Souveränität) steht in ganz besonderem Maße unter dem Gesetz, nichts anderes als die Vollmacht zum freien Finden und Verwirklichen des Richtigen zu sein. Insbesondere ist sie am allerwenigsten imstande, sich hierbei der Gebundenheit an die Werte zu entwinden, unter denen alle staatliche Tätigkeit steht" (S. 256). Er erörtert die Souveränität im Rahmen seiner Staat und Recht richtig verbindenden Lehre eher beiläufig im Respekt vor der großen Begriffsgeschichte der Souveränität als Eigenschaft von Staatsgewalt und Staat (S. 851 ff.). Herbert Krüger hat im bodinschen Sinne die Lehre von der „Einzigkeit", das „Zu-Höchst-Sein", d. h. „keinen anderen Herrn seines inneren und äußeren Verhaltens zu dulden"[441], und „Einseitigkeit" der Staatsgewalt entwickelt (S. 847 ff.,

---

438 S. 120 ff., 147 ff.; 243 ff. (Hegel), S. 142 ff., 252 ff. (Carl Schmitt) und durchgehend.

439 Etwa S. 136 f. („Freiheit des Denkens und der Gewissensentscheidung"), 138 f., 242, 259 ff.

440 H. Krüger, Zum Problem der Souveränität. Souveränität und Staatengemeinschaft, S. 1 f.

441 Auch H. Krüger, Zum Problem der Souveränität, S. 1 f., 22; folgend M. Kaufmann, Europäische Integration und Demokratieprinzip, S. 37 f.; dazu U. Schliesky, Souveränität und Legitimität von Herrschergewalt, S. 129 ff.

879 ff.)[442], die nicht recht überzeugen kann (dazu O.) und wenig Klarheit schafft, zumal sie die Materie der Staatsgewalt nicht klärt und deren Identität mit der Freiheit der Bürger außer Acht läßt.

Die Souveränität begründe, entwickelt Krüger in dem Vortrag zur „Souveränität und Staatengemeinschaft“[443], keine „internationale Anarchie“, in der anstelle „internationalen Gemeinwohls“ „Willkür“ herrsche (S. 2, 3 ff., 8, 16 ff.). Souveränität, im „inneren Subordination“, sei „nach außen das Gegenteil“, „Gleichheit und Freiheit“ (S. 3). Freiheit sei nicht Willkür (S. 16). Der souveräne Staat sei „nicht Feind des Friedens“ (S. 21). Alle hätten gelehrt, „Souveränität“ sei „an göttliches oder natürliches Recht gebunden“ (S. 19 Fn. 37). „Norm und Befehl des Staates“ seien „Wille des Bürgers“. Das gelte auch im Völkerrecht (S. 3 f.). „Wie die Ordnung der Marktwirtschaft in jedem Augenblick sich selbst aufhebendes Chaos“ sei, so auch die Außenpolitik mit dem „Zwang zur zwanglosen Verständigung“ (S. 6, 8). Die „Institutionalisierung der Staatengemeinschaft“ verspreche „Ordnung statt Anarchie, Frieden statt Krieg, Gerechtigkeit statt Macht“ (S. 8 ff.), aber Krüger äußert „Zweifel an der Verrechtlichung der hochpolitischen Beziehungen“. Institutionen seien nicht besser als Verträge (S. 12 ff.). Im Staat sei Selbsthilfe mittels des Gewaltmonopols unterbunden, aber ein Gewaltmonopol der Institutionen der Staatengemeinschaft könnte zum Einsatz von Atombomben führen. Das sei kein Fortschritt (S. 14 ff.). Die Kritiker des völkerrechtlichen Vertragswesens würden „nicht nur verbindliches, sondern vor allem auch richtiges Völkerrecht“ wollen (S. 17). Dafür fehle es aber an der Homogenität. Es gebe kein „Gemeinwohl der Staaten“, „allenfalls gewisse gemeinsame Interessen“. Aber „wer entscheidet“? Das „Veto ist unvermeidlich“ (S. 18). Kein Staat dürfe „andere moralisch oder juristisch“ „beurteilen oder gar verurteilen“. Das widerspräche der „souveränen Gleichheit“. Die Intervention in die „inneren Angelegenheiten: Religion, Weltanschauung, Verfassung, Wirtschaftsordnung“ sei verboten (S. 20 und ff.). Die Souveränität und „gerechter Krieg“ seien unvereinbar“ (S. 23 f.)[444]. Das Recht zur Selbstverteidigung bleibe das Recht zum Kriege. Es berge die Gefahr des Einsatzes von Atombomben. Die Geschichte kenne nur Verteidigungskriege (S. 19, Fn. 37, S. 24). Einer „Weltordnung“ steht Krüger skeptisch gegenüber. Es mangele am „Gemeinsinn, Gemeinwohl, Gemeinzweck“. „Zwei Überstaaten“ (sc. damals die USA und die UdSSR) seien weit gefährlicher als „Vielstaaterei“ (S. 24 ff.).

---

[442] Dazu St. Hobe, Der offene Verfassungsstaat zwischen Souveränität und Interdependenz, S. 122 f., der kritisiert, daß Krüger „im Kern“ am „Bild des abgeschlossenen Verfassungsstaates“ festhalte.

[443] H. Krüger, Zum Problem der Souveränität, S. 1 ff.

[444] Unter Hinweis auf die Lehren von Ch. Wolff, Jus Gentium Methodo Scientifica Pertractatum, 1764, §§ 888; E. Vattel, Le droit des Gens ou principes de la loi neturelle. Appliqués à la conduite et aux affaires des Nations et des Souverains, 1758 ((Das Völkerrecht oder Grundsätze des Naturrechts, angewandt auf das Verhalten und die Angelegenheiten der Staaten und Staatsoberhäupter, hrsg. von W. Schätzel, 1959), 3. Buch, § 40.

Herbert Krüger widerlegt vorgreifend all die moralistischen europäistischen und globalistischen Dementierungen des Souveränitätsprinzips oder Versuche, eine integrationistische Souveränitätsdogmatik zu etablieren (dazu M., O, Siebenter Teil B.IV.). Diese Lehren sind, wenn nicht nur opportunistisch, durchgehend von dem Wahn getrieben, eine Elite könne die Welt zu einer gerechten Ordnung führen und verdrängen die vormundschaftliche, meist diktatorische Realität zentralistischer Großstaaten, die sich den Interessen der jeweils Mächtigen nicht entziehen können. Fehlentwicklungen der kleineren Einzelstaaten schaden der Menschheit weitaus weniger als die von Großstaaten und lassen sich leichter beheben. Die wichtigste Gewaltenteilung ist die Vielheit der Völker und Staaten. Sie ist geradezu Bedingung der Demokratie als der politischen Form der Freiheit. Wie im Privaten, zumal der Unternehmenswirtschaft, wird in der Gemeinschaft der Staaten der Vertrag der Vielfalt des Lebens besser gerecht als das Gesetz. Freilich darf der Vertrag nicht zu Lasten Dritter gehen. Die Rechtlichkeit der Verträge muß das Gesetz sicherstellen. Das leisten die allgemeinen Regeln des Völkerrechts, das Völkergewohnheitsrecht.

D. Otto Kimminich

Otto Kimminich behandelt in seiner Schrift „Die Souveränität der Bundesrepublik Deutschland", 1970, die „Souveränität" (S. 11 ff.), „die Deutschen und die Souveränität", „Deutschland nach dem 8. Mai 1945" (S. 30 ff.), das „Besatzungsregime" (S. 38 ff.), die „Bundesrepublik unter dem Besatzungsstatut" (S. 52 ff.), dessen „Abbau bis zum Deutschlandvertrag" (S. 66 ff.) und das „versteinerte Besatzungsrecht" (S. 73 ff.) sowie die „Vorbehalte des Deutschlandvertrages" (S. 83 ff.) und „Deutschland als Ganzes und die Anerkennung der DDR" (S. 96 ff.), „Berlin" (S. 104 ff.), die „Truppenstationierung" (S. 114 ff.) und die „Rüstungsbeschränkung" (S. 122 ff.). Die besatzungsrechtlichen Erörterungen Kimminichs sind im Neunten Teil zu B.I. einbezogen, der sich mit den „Souveränitätsbeschränkungen der Besatzungszeit" in „Die Zeit des geteilten Deutschlands" befaßt. Hier geht es um die souveränitätsrechtlichen Positionen Kimminichs.

Kimminich beginnt mit der Feststellung, daß „Staat und Souveränität keine untrennbar zusammenhängende Begriffe" seien und begründet das mit dem Hinweis auf „die bundesstaatlichen Verfassungen". Die Länder seine „wirklich ‚Staaten'", aber nicht souverän. Das „wesentliche Kriterium der Souveränität" sei „darum im Bereich des Völkerrechts und nicht in dem der allgemeinen Staatslehre zu suchen" (S. 11). Die „Ursprünge der Souveränität" seien „nur zu verstehen im Zusammenhang mit der Herausbildung des nationalen Königtums und der Emanzipation der weltlichen Gewalt von der geistlichen" (S. 12, 16), in Frankreich und England deutlich früher, in Deutschland, lange noch „völlig im Bann der römischen Kaiseridee, die seit der Christianisierung des Imperiums von der Idee der Einheit des christlichen Abendlandes verklärt wurde", erst „auf der Ebene der Reichsfürsten" (S. 11 f., 26 f.), später auch nach innen gegen Feudalherren und Stände gerichtet

(S. 16). Der Westfälische Frieden schließlich habe die Souveränität der deutschen Fürsten, „etwa dreihundert Territorien des Deutschen Reiches", ausdrücklich bestätigt (S. 13, 27)[445]. Für Deutschland habe das „auf der Ebene der Zersplitterung Ohnmacht und Schwäche bedeutet" (S. 27). Die Souveränität sei eine „Eigenschaft der als Landesherrn regierenden Fürsten" gewesen, „eben der Souveräne" (S. 13). „Deutschland" sei „mit arger Verspätung in den Sog der nationalstaatlichen Souveränität" geraten und sei in der Ruf einer „‚verspäteten Nation'" gekommen (S. 27 f.).

Der „Verkehr der Souveräne" sei durch „Rechtsregeln" beherrscht worden, die irrtümlich als „‚Völkerrecht'" bezeichnet worden seien (S. 13). Die „souveränen Fürsten" hätten sich „als Repräsentanten ihrer Völker" gefühlt (S. 13). Als „oberste Gewalt im Innern" und als „völlige Unabhängigkeit nach außen" hätte die Souveränität „nur ein Recht zwischen Gleichen" sein können, „dem jede Normsetzung durch ein übergeordnetes Organ" gefehlt habe und „in dem der Normvollzug weitgehend der Selbsthilfe überlassen" geblieben sei (S. 13). Sie war durch das ius ad bellum gekennzeichnet (S. 13). Jeder Krieg war rechtens, nicht nur der „gerechte Krieg" (S. 13). Die Zeit des „‚klassischen Völkerrechts'", der „Souveränitätsanarchie" (S. 14, 19), die mit dem Westfälischen Frieden begonnen habe, sei durch den ersten Weltkrieg, eine „Weltkatastrophe", beendet worden (S. 13, 19 f.)[446]. Den Vorschlägen zur Rüstungsbegrenzung aus Kostengründen auf den Haager Friedenskonferenzen 1899 sei der deutsche Vertreter fassungslos begegnet, weil die „Wehrpflicht von den Deutschen als heilige und vaterländische Pflicht betrachtet" würde (S. 28). Die Völkerbundsatzung habe ein „partielles Kriegsverbot" ausgesprochen, im Briand-Kellog-Pakt hätten die Staaten auf „den Krieg als Mittel der nationalen Politik" verzichtet und jeden Angriffskrieg verurteilt (S. 13). Deutschland sei, „die nationalistischen Kräfte" „begünstigt durch die Haltung der Siegermächte", „für ein halbes Jahrhundert Schlachtfeld der Ideen des Nationalismus und des Internationalismus" geworden (S. 28). Das habe sich nach dem Zweiten Weltkrieg wegen „Schuldgefühlen und Einsicht" der Deutschen, aber auch wegen der Unterbindung einer „Wiederbelebung des deutschen Nationalismus" durch die Siegermächte, gründlich geändert. Deutschland habe „eine echte Abkehr vom Nationalismus vollzogen", wie die „Begeisterung" erweise, „mit der in Deutschland die Europaidee aufgenommen" worden sei (S. 29). „Schmälerungen der Souveränität im Rahmen der europäischen Integration hinzunehmen" sei für Deutschland leicht gewesen (S. 29), weil die Gleichstellung mit anderen an dem europäischen Unternehmen beteiligten Staaten keine Preisgabe von Souveränitätsrechten, sondern sogar ein enormer Souveränitätsgewinn bedeuten würde" (S. 29). Dogmatisch sind das gänzlich unpräzise Äußerungen.

---

[445] Dazu K. Stern, Staatsrecht V, S. 85 ff., 95 ff.

[446] So auch K. Doehring, Allgemeine Staatslehre, 267 ff.; ähnlich ders., Internationale Organisationen und staatliche Souveränität, S. 111.

Die Satzung der Vereinten Nationen verbiete darüber hinaus nicht nur jeden Krieg, der nicht „Verteidigungs- oder Sanktionskrieg" sei, sondern jede „Gewaltanwendung oder Drohung mit Gewalt" (S. 13 f., 20). Das Gewaltverbot sei noch nicht hinreichend wirksam, habe aber den Notwendigkeiten der Zerstörungsmöglichkeiten vorausgegriffen (S. 14). Das „Souveränitätsdenken" sei „im Abbau" begriffen, rechtlich, aber „in der „Praxis können zumindest die mächtigen Staaten noch immer tun, was sie wollen" (S. 23), wohl wahr. Die „Zügelung der Macht der Superstaaten beruhe nicht auf Rechtsprinzipien, sondern auf Kriegsfurcht", auf „dem Gleichgewicht des Schreckens", dem „Risiko eines nuklearen Vernichtungsschlages" (S. 23 f.). Zahlreiche Probleme könnten nur noch durch „verstärkte internationale Zusammenarbeit" gelöst werden (S. 14). Die „moderne „Wirtschaft" fordere „großräumige Entfaltungsmöglichkeiten" und „intensiviert die Integrationstendenzen in vielen Teilen der Welt" (S. 14). Im Hinblick auf eine „„schrumpfende Welt'" sei von „‚Weltinnenpolitik', ‚Weltgesellschaft' und ‚Globalisierung'" gesprochen worden (S. 14, 21). Das habe „Begriff und Inhalt der Souveränität" stark gewandelt und zunehmend werde behauptet, „im Grunde genommen sei heute kein Staat mehr souverän" (S. 14 f., 25). Gegenläufig habe die Sorge für „einer Hegemonie der Supermächte", gerade in den Entwicklungsländern, „paradoxer Weise" „zu einem neuen Bewußtsein des nationalstaatlichen Eigeninteresses" und zur „Betonung des Interventionsverbotes" geführt (S. 15). „Am besten" sei es, „wenn die sich zuspitzende internationale Konkurrenz durch ein System der internationalen Gerechtigkeit geregelt werden könnte" (S. 15). „Aber noch" seien die „Nationalstaaten die Grundeinheiten des internationalen Systems und prinzipiell die einzigen Völkerrechtssubjekte" (S. 15, 21 f.), wie das auch Art. 2 Abs. 1 der Satzung der Vereinten Nationen mit dem „Grundsatz der souveränen Gleichheit aller ihrer Mitglieder" zugrundelege (S. 15, 21). Das „System" sei „keineswegs mehr die Souveränitätsanarchie des klassischen Völkerrechts, sondern ein System der gebändigten und disziplinierten Souveränität, dem das wichtigste Attribut, das Recht zum Kriege völlig fehlt", ein System der „‚Souveränitätskonkurrenz'" (S. 15). Immer noch werde der Einzelne im Völkerrecht durch den Staat mediatisiert. Eine Ausnahme mache die Konvention über die Rechtsstellung der Flüchtlinge (S. 22).

Die Souveränität als „Eigenschaft der Monarchen" habe sich zur „Eigenschaft des Staates oder der Staatsgewalt" entwickelt (S. 16). Die Lehre Bodins habe die Souveränität „zum Grundpfeiler des modernen Staates" gemacht (S. 16), der „christlichen Souveräne" (S. 17). Das Völkerrecht wurde zum „ius publicum europaeum", das es schon lange nicht mehr ist, vielmehr das Recht der Staaten dieser Welt, der „zivilisierten Staaten" (S. 17 f.). Durch die Französische Revolution wurde „aus der Fürstensouveränität die Volkssouveränität", wie das nur durch den „tiefer greifenden Wandel der Fürstensouveränität zur Staatssouveränität" möglich geworden sei, den Bodin vorbereitet habe (S. 16). Der Souveränitätsbegriff sei „in eine allgemeingültige Definition des Staates eingedrungen" (S. 17). „Der nationalstaatliche Gedanke, der im 19. Jahrhundert immer mächtiger geworden" sei, habe „den Souveränitätsbegriff mit einem neuen, aggressiven Inhalt erfüllt" (S. 17). „Die Souveränität des Nationalstaates wurde mit allen ihren Attributen zum Heiligtum eines jeden Volkes“ (S. 17)[447]. Nach den Weltkriegen aber hat sich der „übernationale Gedanke“ in Europa entfaltet. Die Schmälerung der Souveränität des eigenen Staates, wie dies „die Übertragung von Hoheitsrechten der Bundesrepublik Deutschland auf zwischenstaatliche Einrichtungen“ nach Art. 24 Abs. 1 GG „zweifellos bewirkt“, gilt nicht mehr als „Hochverrat“ (S. 20). Sie sei als „Legalisierung des Hochverrates“ bezeichnet worden (S. 20). Wer keine Zweifel hat, irrt meist. Dennoch gewinne die Souveränität als das „Selbstbestimmungsrecht“ wieder an Bedeutung, gerade als von den „blockfreien Staaten ängstlich gehütete Grundlage ihrer Außenpolitik“. Die „internationale Zusammenarbeit“ sei durch sie „ein ständiges Nehmen und Geben“, nicht „diktatorische Weltregierung“ (S. 25 f.).

Otto Kimminich hat in der skizzierten weniger rechtsdogmatischen, vielmehr geschichtlichen und machtpolitischen Schrift keine eigene Souveränitätslehre entwickelt, weder eine Lehre der Staats-, noch eine solche der Volks- und erst recht keine der Bürgersouveränität, sondern sich an der herkömmlichen national und staatlich geprägten völkerrechtlichen Praxis orientiert. Seine Begriffe der „Souveränitätsschmälerung“ und das „Souveränitätsgewinns“ durch die europäische Integration sind so gut wie ohne rechtliche Aussagekraft, sprechen aber für ein wesentlich von Macht, nicht vom Recht bestimmtes Souveränitätsverständnis. Demgemäß sind seine souveränitätsrechtlichen Einschätzungen der Besatzungszeit Deutschlands auch mehr als ungewiß.

E. Peter Graf Kielmansegg

Peter Graf Kielmansegg hat unter dem Titel „Volkssouveränität“ die „Bedingungen demokratischer Legitimation“ untersucht[448]. Er verharrt, obwohl Freiheit als Autonomie sein leitendes Prinzip der die Demokratie begründenden Volkssouveränität ist, bei einer Dogmatik staatlicher Herrschaft. Daß der Widerspruch unauflöslich ist, will er nicht wahrhaben. Ausgangspunkt der Souveränität des Volkes als „das begründende Prinzip aller legitimen staatlichen Herrschaft“ sei „die Idee des autonomen Individuums – Autonomie verstanden als das uneingeschränkte, allen gesellschaftlichen Abhängigkeiten vorausgehende Verfügungsrecht eines jeden Menschen über sich selbst“ (S. 230)[449]. Die Entwicklung dieser Idee hat Graf Kielmansegg in seinem „historischen Versuch“ aufgezeigt, auf der „mittelalterlichen Grundlage“ selbstverständlicher Volkslegitimation der Herrschaft (S. 25 ff.) mit

[447] K. Doehring, Internationale Organisationen und staatliche Souveränität, S. 113, „absoluter Wert“ der Nation im Nationalstaat der klassischen Epoche.

[448] P. Graf Kielmansegg, Volkssouveränität. Eine Untersuchung der Bedingungen demokratischer Legitimation, 1977.

[449] Zur „Inthronisation des autonomen Individuums“ durch die „rationalistische Naturrechtsphilosophie“ daselbst S. 99 ff., zumal Samuel Pufendorfs S. 100, zur Englischen Revolution des 17. Jahrhunderts, S. 117 ff. (121).

Wurzeln im römischen Staatsrecht „auf dem Weg in die Neuzeit“ das „autonome Individuum“ zu „inthronisieren“ (S. 16 ff., 25 ff., 59 ff., 99 ff.). „Volkssouveränität ist die gesellschaftliche Erscheinungsform jener ursprünglichen Autonomie; Herrschaft, die ihre Rechtmäßigkeit von der Autonomieprämisse herleiten will, kann nur ‚Herrschaft des Volkes‘ sein“ (S. 230, auch S. 234 ff., 247). Der Autonomieprämisse sagt Graf Kielmansegg „anarchistische Konsequenzen“ nach (S. 231, 243, auch S. 192 f.), und erweist damit seinen philosophisch begrenzten Zugang zu dem Begriff der Autonomie. Aber richtig erkennt er: „Aus der Autonomieprämisse, die das rationalistische Naturrecht zugrunde legt, folgt die prinzipielle Unvereinbarkeit von Herrschaft und Freiheit, die für das politische Denken, zumal das Demokratieverständnis der letzten zweihundert Jahre, bestimmend geworden ist“ (S. 236 f.)[450], na also. Legitim sei Herrschaft allenfalls, wenn sie auf Zustimmung beruhe (S. 100, 204)[451], nein, nicht einmal dann. Die Verwirklichung der allgemeinen Freiheit bedarf keiner Rechtfertigung. Sie ist das Rechtsgebot schlechthin, das freilich nur in der Republik, die demokratisch ist, Wirklichkeit haben kann[452]. Die „Demokratietheorie“ sei zu „der Sisyphusarbeit gezwungen“ worden, „Herrschaft von Ideal der Herrschaftslosigkeit her zu legitimieren“. Fragwürdig jedoch: „Und wenn Volkssouveränität und Herrschaftslosigkeit nicht geradezu, wie bei Rousseau, in eins gesetzt werden, wird die nach der Maxime der Volkssouveränität konstruierte Demokratie doch jedenfalls als die äußerste Annäherung an das Ideal der Herrschaftslosigkeit vorgestellt“. „Die Idee der Volkssouveränität verwandelt die ursprüngliche Autonomie der Individuen in die Souveränität der Gesamtheit“ (S. 231)[453], mitnichten. Es gibt nur die Souveränität des Bürgers, die freilich staatlich organisiert ausgeübt wird, aber keine „Souveränität des Kollektivs als Prinzip der Organisation von Herrschaft“, wie Graf Kielmansegg meint (S. 232)[454].

Graf Kielmansegg identifiziert aber „Entscheidung“ mit „Herrschaft“ (S. 235, 256 ff. u.ö). Er kennt durchaus das „aufklärerische Grundpostulat von der Harmonie zwischen Freiheit und Vernunft oder Freiheit und Tugend“, die zu einem „Konsens über das Allgemeinwohl führen“ würden (S. 232 f.)[455]. „Erkenntnis und nicht Entscheidung ist demnach die konstitutive Kategorie im Prozeß der Politik“, richtig, was sonst, wenn es um Freiheit geht. Er folgt dem aber nicht, weil „anachronistische Elemente der Idee, ein Mangel an Modernität, wenn man so will, sichtbar“ würden (S. 233). Wer kein Argument hat, reklamiert für seine Meinung Modernität. Modern ist somit die ewige Herrschaft, welche die Aufklärung gerade zu überwinden unternommen hat. Deren Botschaft aber, nämlich den „Willen“ als „Einsicht“ zu

---

[450] Auch daselbst S. 137 ff., S. 139 ff. zu J. Locke.

[451] Daselbst, S. 100, zu Cusanus und Pufendorf, S. 204 zu R. A. Dahl.

[452] Kritik am Legitimitäts- und Legitimationspostulat in der Republik zu Fn. 624.

[453] Daselbst auch S. 156 für Rousseau (irrig), zu J. Habermas kommunikativer Diskurstheorie kritisch S. 193 ff.

[454] Anderes berichtet er S. 122 ff. von den Levellern im revolutionierten Parlament Englands, die von der „naturgegebenen Gleichheit und Freiheit aller Menschen“ ausgingen.

[455] Daselbst zum bonum commune des Thomas von Aquin S. 38.

konzipieren, wirft Graf Kielmansegg vor, „Eckstein des Fundaments totalitärer Systeme geworden" zu sein, ohne Begründung, allenfalls mit Hinweis auf den Mißbrauch der aufklärerischen Konzeption durch autoritäre Organisation der Erkenntnis des „objektiv Richtigen und Notwendigen" (S. 233), die übliche Abwehr der republikanischen Freiheitslehre.

Graf Kielmansegg hat die Autonomie des Individuums gewissermaßen auf die äußere Freiheit reduziert und damit den Begriff der Autonomie gründlich verkannt. Autonomie ist Gesetzlichkeit und zwar Gesetzlichkeit aus dem Begriff des Gesetzes selbst, also aus der praktischen Vernunft. Diese Gesetzlichkeit ist durch Allgemeinheit und Notwendigkeit definiert, also Erkenntnis des Richtigen für das gute Leben aller in allgemeiner Freiheit auf der Grundlage der Wahrheit. Ein Individualismus, der das Allgemeine und damit die Allgemeinheit nicht einbezieht, ist nicht freiheitlich (dazu unten im Vierten Teil B.). Graf Kielmansegg sieht richtig, daß alles Handeln im Regelfall Wirkung auf andere (S. 234 f., 236), ja viele oder alle hat, aber daraus vermag er nicht zu folgern, daß das Gesetz, unter dem die Freiheit des einen Wirklichkeit findet, das Gesetz auch des durch dessen Handeln betroffenen anderen, ja aller um deren Freiheit willen, sein muß. Anders ist Gesetzgebung freiheitlich nicht zu begründen. Anders gibt es keine Legitimation von Politik. Politische ‚Legitimation' erwächst allein aus dieser freiheitlichen Legalität.

Individualismus, wie ihn Graf Kielmansegg zugrundelegt, ist nicht einmal eine Idee der Freiheit, allenfalls ein liberalistischer Rechtfertigungstopos für die Herrschaft der Mehrheit über die Minderheit, welche mit Freiheit nichts zu tun hat. „Selbstbestimmung ist immer auch Fremdbestimmung" (S. 196 ff.)[456]. Diese „einfache Formel" ist eben „unrichtig". Handeln ist nur legal, wenn es allgemeiner Selbstbestimmung genügt. „Selbstbestimmung" oder „Volkssouveränität" verwirklicht sich nicht in der „Summe vieler Autonomien", nicht in der volonté des tous, sondern durch die volonté générale, den allgemeinen Willen, nach Kant die „Autonomie des Willens" (GzMS, S. 63 ff., 74 ff., 81 ff.; KpV, S. 144 ff.)[457]. Dabei ist der Wille die praktische Vernunft selbst, die freilich erkannt werden muß. Graf Kielmansegg reduziert den Begriff der Autonomie des Willens auf den einer Autonomie, den er wie viele mit egoistischer Selbstbestimmung verwechselt. In der kantischen Autonomielehre ist der Wille, eine transzendentale Kategorie, „aus sich selbst heraus Gesetz" (GzMS, S. 74, 81). Das Gesetz ist aber seinem Begriff nach allgemein, also das Gesetz aller und jedes einzelnen. Das schließt Fremdbestimmung aus. Gesetzlichkeit ist im eigentlichen Sinne auch nicht Selbstbestimmung, sondern Handeln in praktischer Vernunft, deren Prinzip das Wohl aller, das Gemeinwohl ist, dessen Maßstab ist das neminem laedere, die Achtung der Freiheit aller anderen Menschen.

---

[456] Daselbst S. 207 ff. (zu G. Radbruch und H. Kelsen), S. 223 ff. (zu A. Etzioni) S. 235, auch S. 236, 244 f.; folgend Ch. Seiler, Der souveräne Verfassungsstaat zwischen demokratischer Rückbindung und überstaatlicher Einbindung, S. 125.

[457] Ganz so E.-W. Böckenförde, Demokratie als Verfassungsprinzip, HStR Bd. I, § 22, Rn. 35 f.

An der Erkenntnis der richtigen Gesetze sind freilich alle Bürger beteiligt, weil anders nicht erkannt werden kann, ob jemand durch ein Gesetz verletzt wird.

Wenn die einen für die anderen „entscheiden", ist das allerdings Fremdbestimmung, Herrschaft. Repräsentation darf nicht als Herrschaft konzipiert werden, sondern ist Vertretung in der Erkenntnis der praktischen Vernunft, in der Sittlichkeit[458]. Graf Kielmansegg hat sich und seinem Fach, die politische Wissenschaft, das Studium Kants, zumal dessen Transzendentalphilosophie, nicht zugemutet und darum nicht zum Begriff der Autonomie des Willens und damit der Freiheit gefunden, der ein Rechtfertigungspotential des Rechts und des Staates in sich birgt. Kant kommt in seinem Literaturverzeichnis nicht vor. Er ist mit einer Fußnote (158) zur Subjektformel des kategorischen Imperativs bedacht. Der Versuch, demokratische Legitimation zu begründen, mußte folglich mißlingen. Äußere Freiheit ist eine Einheit mit der inneren Freiheit, der Sittlichkeit als dem Handeln nach dem Rechtsprinzip.

Ohne Sittlichkeit, die für Graf Kielmansegg keinerlei Relevanz hat[459], ist eine Demokratie beliebige Herrschaftsordnung, ausgeliefert der Beliebigkeit von Mehrheiten, genauer Mehrheiten in der politischen Klasse, repräsentiert durch die jeweiligen Mehrheiten im Parlament. Kollektivismus, den Graf Kielmansegg mit der Volkssouveränität verbindet, mag auf die von ihm trotz mancher Skepsis in der Demokratie als „Prinzip egalitärer Partizipation" favorisierte, „mühelos aus Volkssouveränität und Gleichheit abzuleitende", „Mehrheitsregel", die bei ihm das Mehrheitsprinzip ist, hinauslaufen (S. 196 ff., 223, 236, 244 f., 246, auch ff., 249 ff., 265, näher S. 168 ff.), aber nur, wenn die bürgerliche Sittlichkeit ausgeblendet wird. Bürger sind ihm wie vielen Demokratietheoretikern der 70iger Jahre „Betroffene", denen „Teilhabe am Prozeß der Politik, Mitentscheidung als Befreiung aus der Situation der Betroffenheit" zustehe, ohne daß dadurch die „Betroffenheit jedes einzelnen aufgehoben" würde (S. 262 ff.)[460]. Der Mensch bleibe auf Herrschaft angewiesen, auf verbindliche Entscheidungen (S. 263). Ja, wenn diese in praktischer Vernunft Erkenntnisse beschließen, ist das die Wirklichkeit der Sittlichkeit und damit Freiheit, nicht Herrschaft. Graf Kielmansegg aber stellt sich auf den Standpunkt, daß

---

[458] Näher K. A. Schachtschneider, Res publica res populi, S. 153 ff., 637 ff., 707 ff., 772 ff., 810 ff., 872 ff., 885 ff.; ders., Freiheit in der Republik, S. 209, 266, 627; skeptisch auch zur ökonomisch rationalen Demokratiebegründung J. M. Buchanans und G. Tullocks P. Graf Kielmansegg, Volkssouveränität, S. 224 ff., im Ergebnis zu Recht.

[459] Vgl. etwa daselbst, S. 236.

[460] Daselbst S. 38 ff. zur Teilhabe als politischer Freiheit bei Aristoteles und Thomas von Aquin; zur bloßen Betroffenenbeteiligung zu Recht kritisch Ch. Seiler, Der souveräne Verfassungsstaat zwischen demokratischer Rückbindung und überstaatlicher Einbindung, S. 125, 126 f.; gestützt auf E.-W. Böckenförde, Demokratie als Verfassungsprinzip, HStR, Bd. I, § 22, Rn. 26 ff.; M. Jestaedt, Demokratieprinzip und Kondominialverwaltung, S. 215 ff.; anders für die Wahl der Europäischen Parlaments durch die Unionsbürger um der „ergänzenden Legitimation" der Europäischen Union willen M. Kaufmann, Europäische Integration und Demokratieprinzip, S. 468 ff., 480, ein vergeblicher Rettungsversuch.

Herrschaft „Rechtsschöpfung“ sei, nicht mehr Rechtsverwirklichung (S. 138). Er erweist sich als Schmittianer, wohl ohne es auch nur zu wissen oder zu offenbaren.

Den Zweck der Souveränität sieht Graf Kielmansegg darin, daß die „Notwendigkeit und die Möglichkeit der Anwendung von Gewalt bei der Austragung innergesellschaftlicher Konflikte aufgehoben wird und um die Gesellschaften zum Subjekt ihrer selbst zu machen“. Diese Ziele könnten nur erreicht werden, „wenn die Befugnis und die Fähigkeit, soziale Konflikte abschließend-verbindlich zu entscheiden, monopolisiert sind“ (S. 237). Die Staatsgewalt, die sich gegen jede andere Gewalt durchzusetzen vermag, ist eine Notwendigkeit des Friedens unter den Menschen und damit eine Notwendigkeit der allgemeinen Freiheit[461]. Diese Erkenntnis, die nach den Bürgerkriegen in Frankreich und England bestimmend geworden ist, klärt jedoch nicht, wer der Souverän ist und wie Souveränität gestaltet werden soll. Das sind die entscheidenden Fragen des politischen Systems, die Fragen nach Herrschaft oder Freiheit, die Frage des Rechtsstaates. Dieser muß das Recht achten, das erkannt werden will. Das Friedensprinzip hat nicht zur Folge, daß das Recht „nicht mehr vorgefunden werden“ könne, sondern „durch Entscheidung hervorgebracht“ werden müsse, wie Graf Kielmansegg meint, um seinem Herrschaftstheorem Entscheidung, nicht Erkenntnis des Rechts, eine Grundlage zu verschaffen. Damit „souveräne Herrschaftsgewalt nicht schrankenlos“ werde, müßten ihr „Grenzen gezogen und Zwecke vorgegeben sein“. „Souveränität bedeutet demnach, kurz gesagt, daß Bindung herrschaftlicher Gewalt in einem Rechtssinn immer nur als Selbstbindung möglich ist“ (S. 238 f.).

Sittlichkeit ist Selbstbindung des Bürgers als Souverän. Graf Kielmansegg meint aber den herrschaftlichen Staat. Der ist an das Recht gebunden, seit eh und je, auch im Mittelalter, wie Graf Kielmansegg ausführlich darlegt (S. 18 ff.), es sei denn, er wird Unrechtsstaat, latrocinium, wie die meisten Staaten auch in der Gegenwart. So bleibt auch Graf Kielmansegg „letzten Endes doch bei der – prinzipiell in jedem Augenblick aktualisierbaren – Allkompetenz eines Herrschaftsträgers, des Souveräns“ (S. 239). Das ist die Souveränitätsdoktrin Carl Schmitts[462]. Graf Kielmansegg meint, daß von der Souveränität nicht auf den Souverän geschlossen werden könne, weil vor allem die modernen Verfassungssysteme keine Allkompetenz eines Souveräns kennen würden, sondern differenzierte Kompetenzsysteme (S. 240 ff.). Solche Aussagen lassen lediglich ein Mißverständnis von Souveränität erkennen, welches Souveränität mit alleiniger Allkompetenz, mit „einer höchsten Herrschaftsgewalt“, verbindet. Die Organisation der Ausübung der Souveränität der Bürger, also die Organisation des Staates, ändert nichts an der Souveränität des Souveräns, der Bürger, jedes einzelnen und aller zusammen. Nur daß die Bürger der Souverän sein könnten, ist Graf Kielmansegg nicht eingefallen, im Gegensatz zu Rousseau und

[461] J. Isensee, Staat und Verfassung, HStR, Bd. I, § 13, Rn. 62 ff.; dazu K. A. Schachtschneider, Res publica res populi, S. 9, 545 ff.; ders., Prinzipien des Rechtsstaates, S. 57, ders., Der Anspruch auf materiale Privatisierung. Exemplifiziert am Beispiel des staatlichen und kommunalen Vermessungswesens in Bayern, 2005, S. 276 ff.

[462] Dazu oben Zweiter Teil C.III.

Kant. So kommt er auf eine Souveränität ohne Souverän (S. 239 f.), ein Nonsens[463]. Carl Schmitt hat richtig die „Frage nach dem Subjekt der Souveränität" mit der Frage nach der „Souveränität überhaupt" gleichgestellt[464].

„Die Figur des Souveräns gehöre nicht wirklich in die demokratische Legitimationsargumentation". „Kollektive Entscheidungsgewalt kann nicht als die Summe individueller Autonomien begriffen werden" (S. 243, 245). Das begründet Graf Kielmansegg mit irrigen Identifikationen Carl Schmitts: „Identität von individueller Selbstbestimmung und Souveränität des Kollektivs" „läßt sich unter keiner Bedingung herstellen" (S. 243). Richtig, aber diese Identifikation war nie mehr als Ideologie. Souveränität setze Personalität des Trägers der Herrschergewalt voraus und diese Personalität müsse das Kollektiv als Souverän haben, also als „homogene" „Einheit" „organizistisch" gedeutet werden (S. 243 f.)[465]. Mit dem Wort Homogenität will Graf Kielmansegg abschrecken; denn das ist eine Kernkategorie Schmittscher Volksdoktrin. In der Personalität des Bürgers als Souverän, gemeinsam mit den anderen Bürgern, hat die von Graf Kielmansegg geforderte Vielfalt und Pluralität der „Meinungen und Interessen" des Souveräns Wirklichkeit. Die „Herrschaftsgewalt" des Souveräns müsse dessen „ursprüngliches ‚Eigentum'" sein. Das ist die Freiheit des Bürgers, die mit ihm geboren ist. Sie ist die Souveränität. Richtig sieht Graf Kielmansegg, daß die „rechtmäßige Herrschaft" auf Grund von „Vollmacht" in „Ämtern" geübt werden muß (S. 244, 250, 266), vermag das aber nicht als Ausübung von Souveränität zu begreifen. „Ein Souverän ist niemandem Rechenschaft schuldig" (S. 244) – abwegig; so war es nie. Der Fürst war Gott, der Politiker ist dem Volk, der Bürger seinem Gewissen Rechenschaft schuldig.

Das Naturrecht, das Graf Kielmansegg durch „Inthronisation des autonomen Individuums" durch den Rechtspositivismus abgelöst sieht (S. 99 ff., insb. 102 f.), bewahrt auch in der Aufklärung seinen unverrückbaren Stand. Nur will das Recht erkannt, nicht herrschaftlich gesetzt werden. Auch die transzendentalphilosophisch gegründete Rechtslehre Kants steht in der Tradition des Naturrechts, ja hat naturrechtliche Fundamente, vor allem die Freiheit, „dieses einzige, ursprüngliche, jedem Menschen, kraft seiner Menschheit, zustehende Recht", das „jedermann von Natur zukommt" (MdS, S. 345). Das ist nach wie vor die bestimmende Philosophie und Rechtslehre, wie Art. 1 der Allgemeinen Erklärung der Menschenrechte beweist. Wie sollten die Verfassungsgerichte die Gesetze am Recht messen, wenn letzteres nicht als mit den Menschen geboren gedacht wird, als Naturrecht, nicht von Men-

---

463 M. Kriele, Einführung in die Staatslehre, S. 63, 65, 101 ff., 105, 237, für den „Verfassungsstaat" (dazu G.); auch Ch. Hillgruber, Souveränität – Verteidigung eines Rechtsbegriffs, JZ 2002, 1073, 1074, vertritt, daß es „in der gewaltenteiligen Demokratie" keinen Souverän gebe, weil die „Staatsgewalt aufgegliedert, verteilt" sei; weitere Hinweise in Fn. 479 f.

464 Politische Theologie, S. 14.

465 Daselbst auch S. 156 für Rousseau, wo er gar dieses „personale Subjekt" im „Begriff des Volkswillens, der ‚volonté générale'" ausmacht; ähnlich verkannt von E.-W. Böckenförde, Demokratie als Verfassungsprinzip, HStR Bd. I, § 22, Rn. 3.

schen gesetzt, sondern erkannt, naturgemäß von Menschen[466]. Im Laufe der Geschichte hat sich die Befugnis, das Recht verbindlich zu erkennen, geändert, insbesondere von den Priestern zu den Richtern (zurück)verlagert, aber auch um der allgemeinen Freiheit willen den Gesetzgeber einbezogen. Das sind für die Lebenswirklichkeit wesentliche institutionelle Entwicklungen, aber kein Paradigmenwechsel des Rechtsprinzips. Naturrecht kann nur ein Paradigma sein, das von Menschen verwirklicht wird. Notwendig verlagert es die Macht auf die Rechtsgelehrten, zumal die Richter, auf die, welche zur Rechtserkenntnis befugt sind. Nur diese Befugnis haben auch die Parlamentarier[467]. Ihre Aufgabe ist nicht anders als die der Richter, Erkenntnis des Rechts, nicht rechtsetzende Entscheidung. Carl Schmitt hat den Unterschied gekannt, sich aber für einen extremen Positivismus, die „Entscheidung" des Führers, entschieden. Graf Kielmansegg erkennt die Bedeutung des Unterschieds nicht. Das Wesen des Rechts hat sich seit Menschengedenken nicht geändert, mit oder ohne einen Gott.

Graf Kielmansegg ist ein Herrschaftsdoktrinär, wenn auch brüchig. „Bei der Suche nach den Bedingungen demokratischer Legitimität geht es um die Rechtfertigung, nicht um die Aufhebung von Herrschaft und Legitimierung von Herrschaft bedeutet Rechtfertigung von Institutionen" (S. 257 und ff.). Herrschaft ist nicht legal und nicht legitimierbar. Zu einer Freiheitslehre ist Graf Kielmansegg nicht vorgedrungen, obwohl er sich die Selbstzweckformel des kategorischen Imperativs zu Eigen macht (S. 258 ff.). Das geht eben ohne vertiefte Kantstudien nicht.

F. Rolf Knieper

Rolf Knieper versucht in seinem Buch „Nationale Souveränität. Versuch über Ende und Anfang einer Weltordnung", 1991, Lehre und Praxis der „souveränen Territorialstaaten" in die Vergangenheit zu verabschieden, ganz dem sozialistischen Zeitgeist des ausgehenden 20. Jahrhunderts gemäß. Der Bremer Wirtschaftsrechtler, lange Zeit beratend in der Entwicklungshilfe tätig, kritisiert, nicht zu Unrecht, den Wechsel der „befreiten" Kolonien in gemäß der Charta der Vereinten Nationen rechtlich souveräne Staaten, der deren ökonomischen Lage in keiner Weise gerecht werde (S. 27 ff., 47, 48 ff., 109 ff., 213 ff.). Deren Staatsgebiete seien von den ehemaligen Kolonialmächten im Zuge der Dekolonisation entgegen den ethnischen Gegebenheiten willkürlich zugeschnitten worden, so daß jede Art von Homogenität fehle, welche eine Nationalität, ein „„Wahnbild"", begründen könnte (S. 55 ff., 109 ff.). Vor allem aber würde die Trennung von Ökonomie und Politik, Gesellschaft

---

[466] Zur Objektivität des Rechts K. A. Schachtschneider, Eine „mataphysikfreie" Moral? Eine Erwiderung auf Christian Müller. Zugleich Bemerkungen zur Nähe der päpstlichen und der kantianischen Rechtslehre, in: Wirtschaft und Ethik, 22. Jg. Nr. 2, Dezember 2011, S. 12 ff.; auch ders., Res publica res populi, S. 640 ff., 718 ff.

[467] K. A. Schachtschneider, Res publica res populi, S. 637 ff., 718 ff., auch 963 ff.

und Staat (S. 84, 86, 157 f., 197), der die „integrierte Weltökonomie" (S. 109 ff., 216) und auch die vermeintlichen Entwicklungsländer bestimmenden „kapitalistischen Produktionsweise" widersprechen (S. 59 f., 61 ff., 73 ff., 119, 159, 167, 175, 195). Diese habe die vom Bodeneigentum bestimmte Produktion abgelöst (daselbst). „Herrschaft heißt Verfügung über und Zugriff auf Boden. Wer mehr Herrschaft will, muß mehr Land unter seine Kontrolle bringen" (S. 61, auch S. 196). Nur zum Bodeneigentum, die sie auch hervorgebracht habe (?), habe die nationale Souveränität gepaßt, nicht aber zur dem Wesen des internationalistischen Kapitals entsprechenden weltweiten Wirtschaftseinheit (S. 58 ff., 61 ff., 82, 216 f.). „Dreh- und Angelpunkt meiner Argumentation ist, daß die Periode der territorialen Begrenzungen und der nationalen Zusammenfassungen des kapitalistischen Produktionsverhältnisses vorüber ist und daß auch die territorialen Grenzen des Staates ihren Sinn verlieren. Damit hat die ebenso kurze wie gewaltsame Episode des Nationalismus ausgespielt" (S. 159 und ff.). „Solange der Anachronismus der souveränen Territorialstaaten als Ordnungsprinzip der Weltpolitik nicht aufgegeben" sei, hätten „die Vereinten Nationen die Verpflichtung, die Eigenständigkeit auch der überschuldeten Staaten funktionstüchtig zu halten", auch durch „substantielle Entschuldungen", etwa im Rahmen des Pariser und des Londoner Clubs (S. 202). „Sie können aus (völker-)rechtlichen Gründen nicht durch Austeritätspolitiken ersetzt werden, die den Sozialschutz bestimmter, durch Territorialgrenzen ausgesonderter Teile der Weltbevölkerung schleifen und/oder die Herstellung und Unterhaltung allgemeiner Produktionsbedingungen unmöglich machen". „Den Preis zahlt die Masse der Armen in den Staaten der Dritten Welt" (S. 202 f.). Augenscheinlich hinkt die zögerliche Entwicklung der europäischen Schuldenunion ihren Pflichten unverantwortlich hinterher (!?). „Die Souveränität" sei „nicht nur faktisch in die Öffnung zur Weltökonomie relativiert", „nicht nur die Finanzierung, sondern auch die Konzeption, Standardisierung und Ausführung" werde „von ‚Gebern' besorgt" (S. 178 f.). „Das Beharren auf Souveränität", die „kaum substantielle Kraft" habe, „hat nicht Unabhängigkeit zur Folge, sondern Geheimniskrämerei. Die Aufrechterhaltung des Scheins technisch-professioneller Verhandlungen verhindert demokratische, öffentlich-politische Entscheidungsprozesse" (S. 179). Das dürfte die allseitige Korruption der „Dauerklienten" (S. 215) erleichtern. „Einer denationalisierten Ökonomie aber muß eine denationalisierte Politik entsprechen, die Beibehaltung nationaler Politiken, nationaler Gesetze wird nicht nur zunehmend wirkungslos, sondern kontraproduktiv" (S. 86, 205 f.). Die „Transnationalisierung der Produktion" mache die „Aufhebung des Völkerrechts im Weltrecht notwendig", weil „das alte System des europäisch begründeten Völkerrechts und der Weltordnung die heutige Welt weder ordnen noch beherrschen kann" (S. 194 ff.)[468]. „Es ist deshalb an der Zeit, die Integration der Weltökonomie aufzunehmen und ihr integrierte Wirtschafts-, Währungs-, Fiskal-, Sozial-, Regionalpolitiken an die Seite zu stellen" (S. 217), die „anationale Weltordnung" (S. 225). „Die Erde" sei „inzwischen zusammengeschrumpft" (S. 217), eine erstaunliche Erkenntnis. Die europäische Währungsunion

[468] Dazu umfassend A. Emmerich-Fritsche, Vom Völkerrecht zum Weltrecht, 2007.

begrüßt Knieper als „Etappe zu einem wahrlich anationalen Weltgeld“ (S. 216 f., 218). „Keine der vielen ‚Nationen, ob groß oder klein‘ (sc.: Anspielung auf die Präambel der Charta der Vereinten Nationen), kann heute noch eine national autarke Währungs- und Wirtschaftspolitik betreiben“ (S. 217). Solche Aussage würde freilich einer genauen Darlegung bedürfen.

„Der Territorialstaat ist nur denkbar als Teil der warenproduzierenden Gesellschaft“ (S. 160, 175, 194 ff.). Es „bedarf einer Instanz, die außerhalb der Konkurrenz, außerhalb des unmittelbaren Zwanges zur Rentabilität steht“. Nur eine solche Instanz „kann den Schutz des Eigentums aller übernehmen, kann Sozialausgaben bestreiten, unrentable, aber nützliche Infrastrukturen herstellen, kann das gesellschaftlich Notwendige, aber partikular nicht Profitable durchsetzen, kann das Allgemeininteresse vertreten“ (S. 197 f.), also doch der Staat, der aber deswegen nicht wie ein „selbständiges, unabhängiges, biologisches Wesen, mit eigenen Organen ausgestattet und mit einem Willen begabt, den er autonom zu äußern berechtigt und imstande wäre“, „zum willensbegabten, leidens- und liebesfähigen Wesen“, gar „wie im 19. Jahrhundert zum Mann“ „personifiziert“ werden dürfe (S. 199, auch S. 203)[469], richtig. Den Schutz des Eigentums, also von Kapital und Arbeitskraft, sollen aber die „supranationalen Institutionen“, u. a. Weltbank und Internationale Währungsfonds (IWF), übernehmen, auch die „Schaffung und Erhaltung des Weltgeldes“ und „Festlegung der Wirtschaftspolitiken“, „Weltsteuern“ (S. 218 f.). Knieper visioniert die Politiken, die in der Europäischen Union inzwischen gescheitert sind, für die Welt und meint, das rechtlich untermauern zu können. Ein Weltstaat müßte die Instanz, nichts anderes als der Leviathan Hobbes’, doch allenfalls sein, wenn die nationalen, also demokratischen, Politiken nicht auf die wirtschaftliche Globalisierung abgestimmt sind. Sie müssen dafür nicht der Kapitalverwertung jedes Hindernis aus dem Weg räumen und müssen nicht die Schutzzäune ihrer Völker einreißen.

Derartige „ökonomische Zwänge“ (S. 92 ff., auch S. 130 ff.) löst die kapitalistische Produktionsweise nur aus, wenn die Politik ihrem profitorientierten Internationalismus keine Grenzen zieht oder gar wie der Europäismus die Grenzen schleift. Die afrikanischen und auch einige asiatische Staaten sind für die Verführung der letztlich ruinösen Kapitalimporte in der bisher vergeblichen Hoffnung, dadurch die Armut zu besiegen, und mehr noch wegen der Korruption der Führungen, die Knieper nicht in Frage stellt (S. 156, 170, 185 u. ö.), besonders empfänglich. Die Experten nicht nur der Entwicklungsinstitutionen, sondern auch aus „kommerziellen Bezie-

---

[469] Gestützt auf G. Jellinek, Allgemeine Staatslehre, S. 136 ff., Jellinek weist die „Identifizierung der Person mit dem Menschen“, welche zu vielen Irrtümern über den Staat als juristischer Person führe, S. 183, zurück; so auch K. A. Schachtschneider, Res publica res populi, S. 174 f.; ders., Freiheit in der Republik, S. 627; vgl. H. Kelsen, Das Problem der Souveränität und die Theorie des Völkerrechts, S. 16 ff.; in Kritik an BVerfGE 39, 334 (347 ff.), das vom „Beamtenkörper spräche und Treue und innerliche Verbundenheit und warme Gefühle gegenüber dem Staat wie gegenüber einer geliebten Person fordere“, letzteres von Knieper frei erfunden. Im übrigen: Ein wenig Empörung darf in einem in die Zukunft drängenden Buch aus Bremen nicht fehlen.

hungen" würden für ihre „Ratschläge, Auskünfte, Bedingungen, Ankündigungen, Informationen" an die „Klientel-Staaten" nach „dem Scheitern von Projekten" nicht haften (S. 184 f.). „Polemisch ließe sich sagen, daß die Hauptaufgabe eines afrikanischen oder auch eines osteuropäischen Staatschefs darin besteht, ungleiche und unfaire Arbeitsbedingungen zu Ungunsten seiner Landsleute aufrechtzuerhalten. Damit ist der Kern der nationalen Souveränität beschrieben" (S. 135).

In der Europäischen Union zwingt entgegen Kniepers ökonomistischer Doktrin die „Transnationalität des Kapitals" keinesfalls zur „Transnationalität" und „Überwindung territorialstaatlicher Souveränität" (S. 92 ff., auch S. 118 ff., 194 ff., 205 f. u. ö.). Die Internationalität der Wirtschaft ist die Politik der Staatengemeinschaft. Sie bedarf aber keines Weltstaates, sondern der geeigneten Verträge unter den Völkern, wie sie denn auch in großer Zahl geschlossen wurden, insbesondere im Rahmen der Welthandelsorganisation[470].

Die Produktionsverhältnisse würden auch die „Rationalitäts- und Herrschaftsverhältnisse" verändern (S. 63, auch S. 92 ff., 194 ff.). Aber wegen der „unzeitgemäßen Auffassungen" wurde der den „kapitalistischen" „Produktionsverhältnissen angemessenen Herrschaft eine zusätzliche, rein politische Herrschaft übergestülpt" (S. 62 f.). „Die gesellschaftlichen Verhältnisse" würden „nicht durch das besondere Verhältnis zum Boden, über politisch-ökonomische Herrschaft und Verfügungsbefugnis über ihn bestimmt, sondern durch politische Herrschaft im Staat und ökonomische Verfügungsbefugnis über Kapital" (S. 77, 197). „In der Absicht, den nationalen Kapitalismus aufzubauen, müßte der Staat das nationale Kapital an seiner Funktionsnormalität hindern, es also entweder zerstören oder subventionieren; dazu dürfte er bald – selbst bei härtester Besteuerung der Nicht-Kapital-Eigner – kaum in der Lage sein. Im übrigen widerspricht ein solches Verhalten der Idee der absoluten Souveränität. Diese bezieht ihre Daseinsberechtigung gerade daraus, privates Eigentum zu schützen und zu fördern" (S. 84). Wohl kaum, es geht jedenfalls der Republik um Frieden und Freiheit. Dazu gehört um deren Selbständigkeit willen ein hinreichendes Eigentum der Bürger. Eine „Idee der absoluten Souveränität" gibt es nicht, sondern eine durch das Recht begrenzte Souveränität im Innern und nach außen. Der internationale Kapitalismus ist weder mit dem demokratischen noch mit dem sozialen Prinzip vereinbar[471]. Demgemäß muß sich die Kapitalverkehrsfreiheit, der „weltweit integrierte Finanz- und Kapitalmarkt" (S. 86), Einschränkungen und Regelungen im einzelstaatlichen Interesse gefallen lassen (kritisch Knieper S. 96 ff.). Das Recht und dessen unverrückbare Prinzipien stehen nicht zur Disposition kapi-

---

[470] Dazu K. A. Schachtschneider, Wirtschaftsverfassung mit Welthandelsordnung, S. 478 ff.

[471] K. A. Schachtschneider, Grenzen der Kapitalverkehrsfreiheit, in: ders. (Hrsg.), Rechtsfragen der Weltwirtschaft, 2002, S. 253 ff.; ders., Demokratische und soziale Defizite der Globalisierung, in: H. Neuhaus (Hrsg.), Der Mensch in der globalisierten Welt, Atzelsberger Gespräche 2003, 2004, S. 9 ff., auch in: ders., Freiheit – Recht – Staat, hrsg. v. D. I. Siebold/ A. Emmerich-Fritsche, 2005, S. 668 ff.; ders., Wirtschaftsverfassung mit Welthandelsordnung, S. 624 ff.

talistischen Profits. Das ist auch kaum das Anliegen des marxistisch inspirierten Autors. Aber (vermeintlich) ökonomische Gesetze verschaffen ihm wegen ihrer Unerbittlichkeit die denunziatorischen Argumente für den Internationalismus, wohl in der Erwartung, daß der internationale Kapitalismus mittels der Politik in den erwünschten internationalen Sozialismus der weltweiten „einheitlichen Lebensverhältnisse" (S. 44 f., 120, 163, 169, 212, 220) umgewandelt werden könne. Daß der entgrenzte und grenzenlose Kapitalismus (S. 97) in die unvermeidliche, sich im neuen Jahrhundert auch mehr und mehr abzeichnende, Krise geraten wird, die der sozialistischen Internationale zugleich die Chance bietet, die Welt in ihrem Sinne zu gestalten, ist die berechtigte, wenn auch nicht klar ausgesprochene Hoffnung des Marxisten. Deswegen halten die Sozialisten zum Schaden aller Völker stur am europäischen und globalen Internationalismus fest.

Rolf Knieper erwartet „endlich einen Weltstaat, auf den Kelsen und andere zu früh als Mittel der Überwindung des Imperialismus gehofft hatten und den wieder andere für ganz undenkbar halten" (S. 86, 194 f., 203), oder wenigstens eine „Weltregierung", „denationalisierte Staatlichkeit und Weltordnung" (S. 188). Was wäre der Unterschied? Freiheit der Menschen verheißt das weltweite Imperium nicht, sondern allseitige Unterdrückung durch eine moralistische Elite, sei die Wirtschaft kapitalistisch oder sozialistisch organisiert. „Das Kapital" habe „die historischen Fesseln der Nationalität und damit der Territorialstaatlichkeit abgestreift" (S. 93, auch S. 108, 118 ff.), „Geldsouveränität und nationale Souveränität" würden sich entgegen den Souveränitätslehren seit Bodin „immer weniger decken" (S. 98 ff.), frohlockt Knieper, wohl in Erwartung der nächsten ‚historisch notwendigen' Entwicklung, der zum globalen Sozialismus. An der Übertragung der geldhoheitlichen Befugnisse der nationalen Zentralbanken, auch der Bundesbank, auf die Europäische Zentralbank gemäß Art. 88 S. 2 GG, wird aller Voraussicht nach die Europäische Union scheitern[472].

Die fragwürdige, in „juristischen Texten beschworene", aber „nicht herstellbare", „Verwirrung stiftende" Souveränität (S. 112 ff.) und „eurozentrische" souveräne Territorialstaatlichkeit perpetuiere auch mittels der Korruption die krassen Unterschiedlichkeiten der Arbeitsverhältnisse, welche neoliberal und monetaristisch von den transnationalen Unternehmen ausgebeutet würden (S. 112 ff., auch S. 118 ff., 130 ff.). Das „Beharren auf nationaler Souveränität" bewirke, „daß für einen großen Teil der Menschheit nur die Zwänge der kapitalistischen Produktion, nicht aber die

---

[472] Das Bundesverfassungsgericht entscheidet in Sachen 2 BvR 1421/12//2 BvR 2729/13 nach der Vorabentscheidung der Europäischen Gerichtshofs (C-62/14) über die Rechtmäßigkeit der Staatsfinanzierung nach dem OMT-Programm durch die Europäische Zentralbank; dazu näher K. A. Schachtschneider, Die Rechtswidrigkeit der Euro-Rettungspolitik, S. 145 ff.; ders., Verfassungsbeschwerde der Professoren Dres. W. Hankel, W. Nölling, K. A. Schachtschneider, J. Starbatty und Dr. B. Bandulets gegen die Zustimmungsgesetze zu Art. 136 Abs. 3 AEUV, ESM und Fiskalvertrag, Maßnahmen der EZB und die sechs Rechtsakte zur Einführung der Wirtschaftsregierung vom 29. Juli 2012, 2 BvR 1421/12 u. a., nachlesbar in meiner Homepage: www KASchachtschneider. de, unter Downloads.

Freiheiten der zu ihr gehörigen bürgerlichen Gesellschaft realisiert" würden (S. 206). Welche Illusion, daß ein weltweiter Staat die Freiheit, Gleichheit und Selbständigkeit der Weltbevölkerung verwirklichen würde. Im Gegenteil wäre die globale Tyrannis zu erwarten, deren wichtigstes Hindernis die territoriale Gewaltenteilung durch die vielen souveränen Staaten ist, ein Aspekt, der dem „Zivil- und Wirtschaftsrechtler" Knieper gänzlich fern liegt. Wegen der Unterschiedslosigkeit der kapitalistischen Produktion, Kniepers wesentlicher, wenn nicht einziger Gedanke, alles andere sind Gravamina und Postulate, seien alle sonstigen Unterschiede der „Eigentümer von Arbeitskraft", wie „Rasse, Hautfarbe, Geschlecht, Sprache, Religion", die er wie auch seine anderen Aspekte ständig wiederholt, belanglos (etwa S. 119, 169, 207 f.) und ohne jede politische Rechtfertigungskraft. Demgemäß müßten die, die „ihre Arbeitskraft gegen Lohn verkaufen", in aller Welt in gleicher Weise entlohnt werden (S. 187, auch S. 208 f.). Knieper droht wegen der „vaterlandslosen und flexiblen Arbeitskraft" mit „Migration" wegen des „Wohlstandsgefälles" (S. 187 f.). „Die Unterschiedlichkeit" sei nicht mehr durch den „legitimierenden Boden der nationale Souveränität" begründet (S. 220).

Sein extremer Egalitarismus, typisch sozialistisch, den er mit den unausweichlichen Zwängen des Kapitalismus zu legitimieren versucht, führt Knieper zum Postulat „einheitlicher Lebensverhältnisse" um „gleicher Produktionsbedingungen, um der Gewährleistung der Flüssigkeit von Kapital und Arbeit" willen (S. 169), nicht nur in Deutschland, nicht nur in Europa, sondern in der ganzen Welt (S. 44 f., 120, 163, 169, 212, 220); denn diese sei ein Wirtschaftsgebiet. „Die leitenden Vorstellungen sind, daß es weltweite Interdependenz gibt, daß eine Verpflichtung aller Staaten besteht, Vor- und Nachteile der Weltwirtschaft gleich zu verteilen und daß die Entwicklungsniveaus aller Staaten einander angenähert werden müssen" (S. 44). Knieper empfiehlt anstelle von Krediten (S. 176 ff.) weltweiten Finanzausgleich, wie unter den Ländern Deutschlands (was sonst in einem Bundesstaat?), „strukturpolitische Zuwendungen und Subventionen" (S. 179, 214), „Solidarität und Kooperation" als „Rechtstechnik", nicht als „moralische Obertöne" (S. 163 ff., 178, 214), mehr Unterstützung wie Stabex- und Sysmin-Systeme (System zur Stabilisierung der Exporterlöse von Entwicklungsländern bzw. System zur Stabilisierung von Erlösen im Bergbaubereich für die mit der EU assoziierten AKP-Entwicklungsländer – AKP-EWG-Stabilisierungssysteme, Grundpfeiler der europäischen Entwicklungspolitik; S. 133 ff., 181). In der Europäischen Union wird dieser Finanzausgleich bereits praktiziert, dessen Ansätze in der Europäischen Gemeinschaft Knieper schon anspricht (S. 165 ff.).

„In dem Maße, in dem die (kapitalistische) Warenproduktion sich ‚mondialisiert', muß sich dieser Sozial- und Menschenschutz ‚mondialisieren'", nämlich „soziale Sicherheit, Erziehung, Ausbildung, Krankenschutz, Altersversorgung und freiheitliche Lebensäußerung" (S. 186, 187 f. u. ö.), eben, wie das in Europa selbstverständlich ist oder besser: wieder werden sollte. Er ist den „politischen Regimen abzutrotzen, die meinen, Warenproduktion ohne den Schutz der Arbeitskraft betreiben lassen zu können, oder die noch von der traditionellen familiär organisierten sozialen Sicherheit zehren" würden (S. 120 f., 186). Dem ist zuzustimmen. Jedenfalls dürfte entgegen der Menschheit des Menschen hergestellte Ware, „illegale Ware", in Staaten, die sich dem Schutz der Menschenrechte verpflichtet haben, zumal in Deutschland, nicht eingeführt werden[473]. Davon ist die deutsche und europäische von den Interessen des Kapitals bestimmte Politik weit entfernt. Aber die Haftung der Unternehmen und vor allem des Kapitals ist begrenzt, rügt Knieper zu Recht. Nichts habe den Kapitalismus mehr Dynamik verleihen als die Haftungsbegrenzung (S. 126 f.). Die jüngste Entwicklung hat darüber hinaus das Risiko des Kapitaleinsatzes sozialisiert und in der Europäischen Union gar im vermeintlichen Interesse der einheitlichen Währung (Euro) fremde Völker mit den staatlichen und privaten Schulden belastet, nicht gerade in Achtung der Souveränität, wie im Zehnten Teil H.III. angesprochen werden wird. Das ist die Wirklichkeit der von Knieper geforderten „Denationalisierung der Volkswirtschaft" (S. 165).

Tatsächlich hätten sich „die Ungleichheiten vertieft" (S. 45 und ff.), auch und wesentlich auf Grund „ungleicher Austauschbedingungen", der „terms of trade", „zwischen landwirtschaftlichen und Fertig-Erzeugnissen, Rohstoffen und Investitionsgütern" (S. 130 ff., Zitat, S. 132). „Die Aufteilung der Welt in Territorialstaaten" habe „dort, wo sie nicht unschädlich gemacht wird, Risiken unangemessen verteilt und Elend akzentuiert" (S. 125 ff.). Den Einrichtungen der Entwicklungshilfe, seien diese national oder international, zumal denen der Vereinten Nationen, der Weltbank und ihrer Unterorganisationen und dem Internationalen Währungsfonds (dazu auch kritisch S. 189 ff., 217 f.) hält er vor, durch die („aussichtslos") konditionierten Kredite den Entwicklungsländern (S. 152 ff., 216), denen nach der Entfremdung durch die Kolonisation die an europäische Verhältnisse angelehnte territoriale Staatlichkeit und politische Formen der Herrschaft die tradierte mit der Umwelt verträgliche Wirtschaftsweise und die indigene Kultur endgültig genommen habe, unter die Zins- und Besteuerungszwänge zu nötigen, welche die Menschen in diesen Ländern in bittere Armut und unüberwindbare Überschuldung (S. 137 ff., 176 ff.) geführt hätten und den profitorientierten transnational agierenden Unternehmen als billige Arbeitskräfte ausliefern würden (S. 130 ff., insb. S. 135). Knieper ist auch klar, daß die Kredite so gut wie nie zurückbezahlt werden (S. 180).

„Mit der Entwicklungspolitik" würden „die staatlichen Aufgaben in der Einen Weltökonomie erfüllt, aber nicht neue Staaten noch Dritte Welt noch Gesellschaften entwickelt". „Die Entwicklungsprojekte" würden „weltweit Standards setzen und sich politisch als globale Infrastrukturerstellung entpuppen" (S. 145 ff., 170 ff., 178), „Integration in den Weltmarkt" (S. 171), „in Geschenk, Subvention, Hilfe umgeschwindelt" (S. 170). „Gefordert sind Uniformierung, Öffnung der Grenzen, der Wille zur Modernität und, mit immer deutlicherem Nachdruck, eine effiziente und gute Verwaltung der Territorien, nicht im Sinne der Ausübung von Souveränität, sondern im Sinne der Exekution des weltweit Notwendigen und international Fi-

[473] K. A. Schachtschneider, Verantwortlichkeit der multinationalen Unternehmen, 2002, in: ders., Freiheit – Recht – Staat, hrsg. von D. I. Siebold/A. Emmerich-Fritsche, 2005, S. 655 ff.

nanzierten“ (S. 150). „Die *eine* Welt(-Ökonomie)“, die auch im „Strom“ der Migration Realität sei (S. 212), verlange „nach der substantiell *einen* Politik“ (S. 171), „Unterordnung und (Teil-)Preisgabe der nationalen Souveränität, wie „in der regionalen (europäischen) Gemeinschaft“ (S. 172), ja Unterordnung unter einer kapitalistischen wie sozialistischen globalen Führungselite, am besten vielleicht einer „marxistisch-leninistischen Partei“, wie einst in der DDR (Art. 1 der Verfassung vom 6. April 1968), das Ende jeder Freiheit. „Entwicklungsprojekte zielen häufig auf die Herstellung des neuen Menschen im Sinne von ‚human capital‘, was auch ‚weiches‘ Ziel genannt wird“ (S. 148), wie alle Moralismen, vor allem die der Sozialisten, füge ich hinzu. Das alles geißelt Knieper (S. 109 ff.), auch weil der Mangel an „Integration“ und „kultureller Kohäsion“ zu „Gewalt, zu Bürgerkrieg und Krieg“ neige (S. 109). „Freiheit in Souveränität ist dann reine Deklamation“ (S. 171).

„Nicht jedes Herrschaftsverhältnis und jede ‚Konglomeration‘, die (im Sinne der „Drei-Elemente-Lehre der Staatlichkeit“ (S. 185)) Staat genannt werden, sind auch Staaten“ (S. 138, 158). Knieper definiert den Staat eigenwillig: „Jenseits der formalen Bezeichnung ist dann Staat diejenige Institution, die dem substantiellen Kriterium der Verfügung über (öffentliche) Einnahmen genügt und mit der Definitions- und Handlungsmacht zur Tätigung partikular unrentabler, gesellschaftlich nützlicher Ausgaben ausgestattet ist“ (S. 138). „In den neuen Territorialstaaten existieren mehrere Gesellschaften, ohne mit ihm identisch zu sein, und einige dieser Gesellschaften werden zu Abgaben gezwungen, mit denen Schulden an (ausländische) Banken, Staaten, Entwicklungsorganisationen beglichen werden, die wiederum zum größten Teil Projekte ohne Nutzen für die Steuerzahler finanziert hatten“ (S. 144). „Die erste Notwendigkeit für viele Menschen in der Welt, einem Geldeinkommen nachzujagen, besteht in dem Zwang, öffentliche Abgaben zahlen zu müssen“ (S. 144, 215). Diese berechtigte Kritik paßt in mancherlei Hinsicht für die europäischen Staaten, jedenfalls das europäisierte und internationalisierte Deutschland, nicht weniger.

An der Entwicklungspolitik, deren missionarisch „schönes Gefühl der eigenen Überlegenheit und Güte“ er als Moralismus verhöhnt (S. 170, 175), läßt Rolf Knieper kein gutes Haar (S. 168 ff., 214 f., durchgehend). Sie ist auch schweres Unrecht an den Völkern jedenfalls in Afrika, etwa „nomadische Gesellschaften aus territorialstaatspolitischen Gründen in die Seßhaftigkeit zu zwingen oder egalitären, geld- und staatenlos lebenden Gesellschaften über Steuern und Abgaben für soziale Dienste Monetarisierung aufzudrängen“ (S. 214 f.). Allerdings hatte bereits der Kolonialismus deren Kulturen zerstört, aus reinem Eigennutz der europäischen Kolonialstaaten. Mir ist kein Weg bekannt, wie das wiedergutgemacht werden könnte. Die Afrikaner müssen ihren Weg allein finden, aber vor der Ausbeutung, Unterdrückung und Erziehung durch ‚Entwicklungshelfer‘ von den Vereinten Nationen geschützt werden. Das ist leicht gesagt, aber sicher schwer getan. Wegen seiner eindringlichen und aufschlußreichen Schilderung der Verhältnisse in den Entwicklungsländern ist Knieper hier ausführlich zur Sprache gekommen, aber auch weil sein Internationalismus die erklärte Gegenposition zur von mir verteidigten Souveränität als der

Freiheit ist. Seine Kritik der Übertragung der in Europa über Jahrhunderte gewachsenen Formen der Politik, des Territorialstaates und dessen Souveränität, auf die afrikanischen Menschen und Völker überzeugt. Für die asiatischen und südamerikanischen Staaten, die auch als Entwicklungsländer zur Dritten Welt gehören oder jetzt als Schwellenländer gehörten, wäre das eigenständig und wohl anders zu beurteilen. Aber die Verallgemeinerung der internationalistisches Attacken gegen den Territorialstaat und die Souveränität, „in Mitten deren Auflösung, nicht als Verwirklichung eines universalistischen Menschheitstraumes, sondern als Antwort auf die Notwendigkeiten der Weltökonomie, wir stehen" (S. 162, 216 ff., 221), findet in der mit den afrikanischen Verhältnissen begründeten Kritik keine Rechtfertigung.

„Menschen" würden „durch den Verlust der nationalen Souveränität gewinnen" (S. 172 ff.). Volk und Staat seien „eine Konstruktion, die Träger unterschiedlicher, antagonistischer Interessen zusammenschließen" (S. 172), „mit der Nation sei kein Staat mehr zu machen, d. h. keine homogene Gesellschaft mehr vorzustellen" (S. 173). „Nationale, religiöse und rassische Identitäten" würden sich gegen den „weltlichen Universalismus" des kapitalistischen Produktionsverhältnisses nicht durchsetzen können (S. 203 ff.). Mit diesem habe sich die „Säkularisierung des Rechts im territorial begrenzten Gesetzespositivismus" mit „Stoßrichtung gegen religiösen Universalismus" durchgesetzt (S. 205). Das war wohl eher der friedlose Religionspluralismus, der gestärkt durch die Aufklärung den souveränen Staat und dessen Säkularität hervorgebracht hat[474].

Dem Bremer Professor genügen einige politisch korrekte antinationale Vorurteile für seinen weltrechtlichen und weltstaatlichen mit vermeintlich ökonomischer Gesetzlichkeit rationalisierten Internationalismus. Er benötigt keine Begriffe, etwa einen Begriff der Souveränität oder einen solchen des Staates. Um seine Rechtsauffassungen zu untermauern, genügen ihm fragwürdige Empirismen. Eines steht für ihn fest, das Politische folgt dem Ökonomischen und muß diesem folgen. Nachdem der Kalte Krieg zwischen Ost und West, zwischen Kommunismus und Kapitalismus, zugunsten des kapitalistischen Westens (jedenfalls vorläufig) entschieden war, war es opportun, das als Faktum zu nehmen und darauf die dem Kapitalismus ebenso wie dem Sozialismus dienliche Forderung nach weltweiter Ordnung des Wirtschaftslebens zu erheben, zumal diese ohnehin auf der Agenda der Weltwirtschaftspolitik standen, zumal die Welthandelsorganisation, die ihren jetzigen Entwicklungsstand 1994 mit Abschluß der Uruguay-Runde gefunden hat[475]. Das egalitaristische Postulat der einheitlichen Lebensverhältnisse in der ganzen Welt akzeptiert die Hochfinanz bereitwillig, wird es doch wegen der unvermeidlichen Verarmung aller Arbeitnehmer und Verbraucher gut zu finanzieren sein und der Herrschaft der Hochfinanz alle

---

[474] Dazu E.-W. Böckenförde, Der säkularisierte Staat. Sein Charakter, seine Rechtfertigung und seine Probleme im 21. Jahrhundert, 2006, S. 11 ff.; ders., Die Entstehung des Staates als Vorgang der Säkularisation, 1967, in: ders., Der säkularisierte Staat. Sein Charakter, seine Rechtfertigung und seine Probleme im 21. Jahrhundert, 2006, S. 43 ff.; auch U. Haltern, Was bedeutet Souveränität? S. 24 ff., 27.

[475] K. A. Schachtschneider, Wirtschaftsverfassung mit Welthandelsordnung, S. 478 ff.

Hindernisse aus dem Weg räumen, vor allem nämlich die selbstbewußte Freiheit der Bürger in gut entwickelten Industriestaaten.

Die Volkswirtschaften will Knieper zugunsten einer Weltwirtschaft, die nicht mehr bloßer „Welthandel", sondern „über transnationale Unternehmen und Banken integrierte Weltmarkt" sei (S. 93, 160 u. ö.), auch ordnungspolitisch überwunden sehen und demgemäß die Staatlichkeit der Einzelstaaten auf die Aufgaben reduzieren, die nicht produktionsrelevant sind. Produktionsrelevant sind aber für ihn, nicht ganz zu Unrecht, fast alle Politiken, zumal die ganze Sozialpolitik, die er demgemäß vereinheitlicht sehen will, was um der Wettbewerbsgleichheit willen auch richtig wäre. Das alles soll weltrechtlich geregelt werden (S. 194 ff.), also fast die gesamte Staatstätigkeit. „Es mag ja sein, daß die zum Abschütteln der Kolonialherrschaft notwendige und nützliche Universalisierung des Souveränitätsbegriffs seine generelle Überholtheit verdeckt und zu seiner kostspieligen Lebensverlängerung geführt hat, anstatt der fälligen ‚Weltrechtsordnung' Platz zu machen – dies nicht im Sinne einer weiteren Etappe auf dem Wege der Fortschritts der Menschheit, sondern im Sinne einer neuen, gesellschaftliches Überleben für eine Welt sichernden Formel des Weltgemeininteresses unter historisch spezifischen Bedingungen" (S. 47, auch S. 57 f., 91, 108, 194 ff., skeptisch S. 118)[476].

Knieper vergißt nicht, die Demokratisierung des internationalen Ordnungsgefüges, auch und vor allem der Weltbank und des IWF (S. 191 ff.), deren inneren, in gewisser Weise korruptiven, Strukturdefizite Knieper skizziert (S. 189 ff.), anzumahnen. Er weiß um die „Undurchführbarkeit eines Weltparlamentarismus" (S. 220) und hält seine Demokratieanforderungen mehr als bescheiden. Er kritisiert, daß (abgesehen von Ausnahmen) nur Staaten Völkerrechtssubjekte und etwa nach Art. 34 IGH-Statut ausschließlich Staaten parteifähig sind (S. 196 ff., 210, 219), und plädiert um der Demokratisierung willen dafür, daß „die supranationalen Institutionen der UNO-Familie" (S. 218), vor allem aber alle Menschen „als Eigentümer von Kapital oder Arbeitskraft" Völkerrechtssubjekte werden (S. 57, 121, 194 f., 200, 206 ff. (209), 219) und Beschwerdemöglichkeiten wegen Verletzung des „positiven Völkerrechts", vor allem der Allgemeinen Erklärung der Menschenrechte, haben (S. 219 f.). Wenn die Diskriminierung, Unterbeschäftigung und unzureichende Realeinkommen rechtlich unterbunden und die „demokratische Öffnung der Debatte über Expertenzirkel hinaus" erreicht werde, „die es erleichtere, daß das breite Spektrum von begründeten und interessengeleiteten Auffassungen von (Wirtschafts-)Politik für die Formulierung der Programme relevant" werde, sei die Demokratie, „die sich nicht im Parlamentarismus erschöpfe", hinreichend verwirklicht (S. 198, 220). Er sieht Möglichkeiten, „die Machtmonopole wenigstens zu relativieren" (S. 220). Das ist die Herrschaft, von Knieper „Neubestimmung" genannt, der habermasschen Zivilgesellschaft, die Knieper „Experten" und „dem Ausgang von Konflikten, Dialogen und Diskussionen überlassen" zu können meint, „sofern

[476] Wieder unter Berufung auf H. Kelsen, Das Problem der Souveränität und die Theorie des Völkerrechts, S. 320, Kelsen, der Mentor einer Weltrechtsordnung.

Prozeduren und Grundorientierungen zu Verfügung stehen, die das Ergebnis zu einer politischen Entscheidung in allgemeinverbindlicher Form bündeln" (S. 198). Immerhin würden „kanalisierende demokratische Prozesse zu Recht in hohem Ansehen stehen, nachdem die Hoffnung auf die technokratische Rationalität neutraler Sachverständiger" u. a. „wegen dauerhafter Fehlerhaftigkeit in Diagnose, Prognose und Therapie stark gelitten hat" (S. 198 f.). Daß die Demokratie die politische Form der allgemeinen Freiheit ist, kommt dem Sozialisten nicht in den Sinn. Aber Literaturrecherchen und -belege oder gar Gegenargumente sind nicht die Sache des Bremer Weltordners. Die Internationalisten sind nun einmal keine Demokraten. Ohne die Teilung der Welt in Völker und Staaten gibt es keine Demokratie und damit weder Freiheit noch Recht.

Der weltrechtliche Impetus, der Sache nach der weltstaatliche, obwohl Knieper das abstreitet (S. 220, anders aber S. 108, 194 ff.), verbindet Kapitalismus und Sozialismus. Die Kapitalisten wollen ihr Geschäft sichern. Die Sozialisten erhoffen den Sieg, den ihnen die nicht zu umgehenden Wahlen, auf welcher Ebene auch immer, wegen der Verarmung der Weltbevölkerung (außer den ‚Eliten' der Finanzen, der Politik und der Experten) bringen wird, die allein mit Polizeigewalt, selbst wenn die Polizei militarisiert ist, nicht ruhig gestellt werden könne, irgendwann bringen werden. Zudem können die sozialistischen Kader mit Führungspositionen rechnen, mit denen sie von der Hochfinanz korrumpiert werden können und oft auch wollen. Eine unheilige Allianz.

Bedenkenswert ist, daß die Entwicklung der Kolonien zu Staaten der Souveränität der Menschen in den Gebieten, die einstmals in Stämmen, großen Familien, lebten, nicht gerecht geworden ist. Diesen Menschen war die Souveränität durch die Kolonisierung genommen, faktisch hatten sie keine Freiheit, aber rechtlich kann niemand einem anderen Menschen die Freiheit nehmen. Er kann sie nur verletzen. Das sind die Normalität der Menschheit und der Grund des ewigen Kampfes um das Recht als der Verwirklichung der allgemeinen Freiheit. Ob die Stammesverhältnisse nach der ‚Zivilisierung' wieder herstellbar waren, ist mehr als zweifelhaft, aber die Verstaatlichung war auch mehr als fragwürdig. Darin ist Rolf Knieper zuzustimmen. Der nationale Staat hat sich als die bestmögliche Form der Verwirklichung der Souveränität als der Freiheit der Menschen und Bürger in Europa bewährt. Er ist damit nicht die einzig mögliche Form der Freiheitsverwirklichung. In Afrika waren es die großen Familien, die Stämme, die über lange Zeiten das Leben gestaltet haben, gut oder weniger gut, wer mag das bewerten. Ihre Verfassung war Sache dieser kleinen Völker. Gegen die eigenständige, afrikanische Freiheit war die Stammeskultur nicht gerichtet. Europäer haben in die Freiheit eingegriffen und den Kontinent in ihrem Interesse erobert, wie andere Kontinente auch. Sie haben schließlich ihre Staatsform oktroyiert und damit gegen das Prinzip verstoßen, das 1945 endgültig zum Leitprinzip des Völkerrechts wurde, das Selbstbestimmungsrecht der Völker. Die Souveränität der verstaatlichten Menschen und Völker wurde durch diese Verstaatlichung nicht verwirklicht, sondern mißachtet. Entwicklungshilfe ist, staatsrechtlich betrachtet, Unrecht. „Das National-‚Gefühl'" „trägt den Staat nicht"

(S. 87). Richtig, nur wer behauptet das? Es stärkt die für das Gemeinwesen unverzichtbare Solidarität des Volkes. Der Staat ist um der Freiheit der Menschen, seiner Bürger, willen notwendig, und zwar der jeweilige Einzelstaat, der in Europa mehr oder weniger Nationalstaat ist, gegen den Knieper erklärtermaßen „anrennt", sogar gegen die „Pflege der Regionalsprachen" (S. 89 ff., auch S. 147 und durchgehend). „Da aber nicht nur die Existenz des Nationalstaates fingiert, sondern er auch zum Inbegriff von Modernität und Fortschritt verklärt wurde, galt es bald als schlimm und neo-imperialistisch, an ihm zu zweifeln" (S. 147). Es gibt andere Gründe für die Nationalstaaten als die Produktionsverhältnisse. Aber die Freiheit hat Rolf Knieper aus seinem Plädoyer für den Weltstaat ausgeblendet. Wer die Freiheit der Menschen verwirklichen will, muß das Projekt Weltstaat zurückweisen.

G. Martin Kriele

Martin Kriele hält eine Souveränität für unvereinbar mit dem demokratischen Verfassungsstaat, ein gründlicher Irrtum, weil er den Souverän, den Bürger, nicht erkennt. Er begrenzt die Souveränität des Volkes auf den pouvoir constituant, die verfassungsgebende Gewalt.

Martin Kriele verbindet in seiner Einführung in die Staatslehre[477] den Begriff der Souveränität, ganz an den Lehren von Bodin und Hobbes orientiert, durchgehend mit dem Absolutismus oder mit der absoluten Monarchie (S. 41 ff.). Er kritisiert diese Souveränität mit berührenden Schilderungen des Unrechts absoluter Herrscher, insbesondere am Beispiel der Revokation des Ediktes von Nantes von 1585 durch Ludwig XIV im Jahre 1685. Souveränität versteht er als Autorität oder Macht, auctoritas, die über dem Recht stehe, beliebig Recht setzen könne und dürfe, nicht einmal an das selbst gesetzte Recht gebunden sei und keinem Widerstand ausgesetzt werde und werden dürfe (S. 42 f.). Er zitiert Hobbes, den einflußreichsten Lehrer des Absolutismus, mit dem schon erörterten[478] Satz: „Auctoritas, non veritas facit legem" (S. 42). Eine freiheitliche Lehre der Souveränität hat er nicht ins Auge gefaßt. Er stellt das Konzept des demokratischen Verfassungsstaates gegen das der Souveränität. „Im Verfassungsstaat kann es also keinen Souverän geben" (S. 63, 65, 101 ff., 105, 237)[479]. „Demokratie setzt einen Verfassungsstaat voraus, in dem es keinen

---

[477] M. Kriele, Einführung in die Staatslehre, 6. Aufl. 2003, S. 8 ff.,32 ff., 50 ff., 133 ff., 237 ff.

[478] Zu Fn. 305, 306.

[479] Ähnlich schon Hugo Preuß, Gemeinde, Staat, Reich als Gebietskörperschaften, S. 89 ff., 92 ff., 111 f., 135, der als Vertreter der organischen Staatslehre im engem Verbund mit seinem Lehrer Otto von Gierke den „absoluten Staat", die „persona ficta", mit dem „romanischen" Begriff und Wort Souveränität identifiziert hat, das aber für das „aus dem germanischen Recht entwickelten Grundprinzip des liberalen Rechtsstaates" „ein völlig heterogenes und incommensurables Begriffselement", zudem „inhaltsleerer Schematismus", sei; dazu W. Hennis, Das Problem der Souveränität, S. 21 ff.; vgl. M. W. Hebeisen, Souveränität in Frage gestellt, S. 25 f.;

Souverän gibt" (S. 239). Volkssouveränität erkennt er nur als pouvoir constituant des Volkes und als Trägerschaft des Volkes der Staatsgewalt (S. 65, 103, 241). „Im Verfassungsstaat kommt ein Souverän nicht in Betracht, weil die verfaßte Gewalt, der pouvoir constitué rechtlich gebunden sei". Es gebe Kompetenzen, aber keine souveränen Gewalthaber[480]. Diese Sätze folgen dem auf Herrschaft, gar absolute Herrschaft, fokussierten Souveränitätsbegriff. Die Souveränität ist begrifflich die höchste Gewalt, die suprema potestas, wie bei Bodin und bei Hobbes, so auch bei Kriele, aber nicht notwendig Herrschaft. Herrschaft ist der Widerspruch zur Freiheit. Herrschaft ist Rechtlosigkeit, Freiheit Rechtlichkeit. Insoweit ist Kriele, der das freilich nicht so plakativ sagt, zuzustimmen. Aber es gibt auch die freiheitliche Souveränität, wie noch näher dargelegt werden wird. Kriele erkennt den „Staat, das Gesamt der Staatsorgane und des Staatsrechts gegenüber der Gesellschaft als souverän", aber „innerhalb des Verfassungsstaates keinen Souverän" (S. 102)[481]. Damit löst er sich nicht von der irrigen Trennung von Staat und Gesellschaft und der Herrschaft des Staates über die Gesellschaft (kritisch FridR, S. 207 ff.; Rprp, S. 159 ff.). Wenn es Souveränität gibt, gibt es logisch auch einen Souverän, nämlich in der Republik das Volk. Das Volk sind die Bürger und die Bürger sind, abgesehen von der Bevölkerung, die nicht zum Volk gehört, auch die sogenannte Gesellschaft. Der Unterschied besteht in der Staatlichkeit und der Privatheit des Bürgers (FridR, S. 612 ff.)[482], die aber keinesfalls im Hegelschen Sinne zwei getrennte Körperschaften sind. Die Dualität von citoyen und bourgeois ist in der Republik aufgehoben. Es gibt nur den politisch freien citoyen, der freilich wie ein bourgeois auch ein Eigentum haben muß, um selbständig zu sein (FridR, S. 537 ff.). Martin Kriele hat Wesentliches zum demokratischen Verfassungsstaat gesagt, aber keine republikanische Freiheitslehre entwickelt.

Die Freiheit ist, wenn man so will, die Herrschaft des Menschen über sich selbst. Sie ist allgemein nur als Rechtlichkeit denkbar. Volkssouveränität ist Wirklichkeit des Rechts. Das ist der revolutionierte Souveränitätsbegriff. Einen Herrscher, gar einen absoluten Herrscher, der ex definitione legibus absolutus regiert, kann es im freiheitlichen Gemeinwesen, in der Republik, nicht geben. Insofern ist Martin Kriele uneingeschränkt zuzustimmen. Souveränität des Volkes verwirklicht sich im Verfassungsstaat, besser: im Rechtsstaat als der Wirklichkeit der Freiheit. Nicht einmal der pouvoir constituant ist rechtlich ungebunden, anders als Kriele meint: „Die verfassungsgebende Gewalt des Volkes ist zwar tatsächlich die ungeteilte, unbe-

---

ökonomistische Kritik am Souveränitätsdogma K. Marx, Das Elend der Philosophie. Antwort auf Proudhons „Philosophie des Elends, 1847, Marx Engels Werke, Bd. 4, 1977, S. 109; zur „Souveränitätskritik der Sozialisten und Anarchisten, Marxisten und Pluralisten, getragen vom Glauben an das Absterben des Staates" H. Boldt, Geschichtliche Grundbegriffe, S. 147 ff.

480 So auch H. Steiger, Geht das Zeitalter des souveränen Staates zu Ende, Der Staat 41 (2002), S. 336 („kein personaler Träger der Souveränität" (?))

481 Folgend Ch. Möllers, Evangelisches Staatslexikon, 2006, Sp. 2178; Ch. Hillgruber, Souveränität – Verteidigung eines Rechtsbegriffs, JZ 2002, 1073 f.

482 Näher K. A. Schachtschneider, Der Anspruch auf materiale Privatisierung, S. 40 ff.

dingte, unbeschränkte Macht, Recht zu 'durchbrechen und Recht zu schaffen" (S. 103)[483], mitnichten, die Verfassungsgebung steht nicht über dem Recht. Sie hat vielmehr Gesetze des Rechts, zu denen das Verfassungsgesetz gehört, zu schaffen. Nur unter solchen Gesetzen ist das Volk frei. Das Verfassungsgesetz hat die Verfassung der Menschheit des Menschen, die mit den Menschen geboren ist, zu verwirklichen. Dazu gehört eine freiheitliche Verfassung des Volkes. Das gebietet nach Kant „ein wirkliches Rechtsgesetz der Natur" (MdS, S. 366, 374; auch Streit der Fakultäten, ed. Weischedel Bd. 9, S. 364). Die Souveränität des Volkes ist die Freiheit der Bürger, nicht die Willkür des Volkes, sprich der Mehrheit oder derer, die sich als die Repräsentanten der Mehrheit ausgeben, meist eine revolutionäre Avantgarde oder ein umstürzlerische Clique, wie noch näher dargelegt werden wird. Darum kann der Volkssouverän nicht, wie Kriele besorgt, „die Realbedingungen der individuellen Freiheit durchbrechen oder aufheben" wie der monarchische Souverän (S. 103 f., 241, auch S. 245 f.). Die Freiheit ist Rechtlichkeit. Würde sie durch eine Entscheidung des Volkes, die nur eine Mehrheitsentscheidung sein könnte, aufgehoben, wäre das kein Akt des Souveräns, nämlich kein Akt der praktischen Vernunft, kein Akt des Rechts, sondern ein Akt der Willkür, des Unrechts. Die Mehrheit würde nicht als Souverän handeln, sondern als Usurpator den Souverän, das Volk, verletzen. Die Rechtlichkeit oder eben die praktische Vernunft ist dem Begriff der Volkssouveränität immanent[484].

Kriele liest Art. 20 Abs. 2 GG nicht richtig, wenn er meint, daß abgesehen von bestimmten Kompetenzen, nämlich den Wahlen und Abstimmungen u. a., die Staatsgewalt nicht vom Volk ausgeübt werde, sondern von verschiedenen Verfassungsorganen und lediglich vom Volke ausgehe (S. 240). Satz 2 dieses Absatzes formuliert, daß die Staatsgewalt „vom Volke in Wahlen und Abstimmungen und durch besondere Organe der Gesetzgebung, der vollziehenden Gewalt und der Rechtsprechung ausgeübt" werde. Sie wird also durchgehend vom Volk ausgeübt, wenn auch weitgehend mittels der genannten Organe. Die Organe handeln namens des Volkes, als dessen Vertreter, wie es Art. 38 Abs. 1 S. 2 GG für die Abgeordneten expliziert, die „als Vertreter des ganzen Volkes" definiert werden (dazu Rprp, S. 707 ff.). Ein Defizit der gängigen Argumentation ist die mangelhafte staatsrechtliche Organ- und Vertretungsdogmatik[485].

Freilich scheint das Wort ‚ausgehen' im Satz 1 „Alle Staatsgewalt geht von Volke aus" das Volk nur als Inhaber der Souveränität anzusprechen[486]. Das könnte die verbreitete und auch Krieles Auffassung stützen, daß die Staatsgewalt zwar vom Volke herkomme, nämlich dem pouvoir constituant, aber woanders hingehe, nämlich

---

[483] Ebenso die herrschende Lehre, Hinweise in Fn. 915, etwa M. Kaufmann, Europäische Integration und Demokratieprinzip, S. 43 f., 46 f.

[484] Dem folgt Th. Fleiner-Gerster, Allgemeine Staatslehre, 1980, S. 178.

[485] Unbedacht auch Ch. Seiler, Der souveräne Verfassungsstaat zwischen demokratischer Rückbindung und überstaatlicher Einbindung. S. 71 mit Fn. 53.

[486] Zu den Vorläufern dieser Formel H. Boldt, Geschichtliche Grundbegriffe, S. 134, Fn. 37.

zum pouvoir constitué (S. 237 ff.). Aus diesem Satz ist schon vielfach die Beschränkung der Volkssouveränität auf die bloße Legitimation der Herrschaft des Staates durch das Volk, aber über das Volk herausgelesen worden[487]. Das wäre kaum ein praktischer Unterschied zu einer religiösen Legitimation staatlicher Herrschaft. Der Satz 2 jedoch klärt die umfassende Souveränität des Volkes einschließlich der Ausübung derselben. Die Unterscheidung des pouvoir constituant vom pouvoir constitué hat Abbé Sieyès, der Architekt der Revolutionsverfassungen Frankreichs 1791, 1793, 1795, in die Verfassungslehre eingebracht, um die Teilung der Gewalten zu ermöglichen, die in der Aufklärung das Kriterium der Republik im Gegensatz zur Despotie war und ein Repräsentativsystem notwendig macht[488] (vgl. auch Kant, MdS, S. 431, ZeF, S. 206 f.; auch PdR, S. 168). Aber davon hängt die stete Souveränität des Volkes nicht ab, sondern von der unmittelbar und mittelbar demokratischen Verwirklichung der Freiheit. Das Volk ist frei. Es bildet eine Republik, einen Freistaat. Es besteht aus Bürgern, deren Charakteristikum die politische Freiheit ist. Heute dient die Unterscheidung nach wie vor der Entmachtung des Volkes.

Volkssouveränität wäre ein Widerspruch in sich, wenn Souveränität als Herrschaftsmacht verstanden würde, argumentiert Kriele richtig (S. 237 ff.)[489], weil ein beherrschtes Volk nicht aus Bürgern, sondern aus bloßen Untertanen bestünde. „Demokratie als politische Selbstbestimmung des Volkes hängt ab von der Selbstbestimmung der Mitglieder des Volkes. Wer von Selbstbestimmung der Völker spricht, ohne das bürgerliche und politische Selbstbestimmungsrecht der Menschen einzuschließen und vorauszusetzen, betrügt sich und andere. Er meint dann in Wirklichkeit die Fremdbestimmung des Volkes durch die Parteiführung oder sonstige Herrschaftselite, die sich als Repräsentantin des Volkes ausgibt, ohne dazu demokratisch legitimiert zu sein“ (S. 238).

---

487 Vgl. H. Boldt, Geschichtliche Grundbegriffe, S. 131 ff., 140, zur Souveränität des Volkes und noch mehr zur Souveränität der Nation, die später zur Herrschaft des Volkes als politischer Einheit, nicht als Vielheit der Bürger wird, und zur alten Unterscheidung von Innehabung und Ausübung der Souveränität; i.d.S. auch W. Mäder, Vom Wesen der Souveränität, S. 61; Ch. Hillgruber, Souveränität – Verteidigung eines Rechtsbegriffs, JZ 2002, 1073 f.; auch Ch. Möllers, Evangelisches Staatslexikon, 2006, Sp. 2175; zu Recht weitergehend E.-W. Böckenförde, Demokratie als Verfassungsprinzip, HStR, Bd. I, 1987, § 22, Rn. 3 f., 8.

488 E. Sieyès, Meinung über die Grundverfassung der Konvention, 1795, Politische Schriften, hrsg. von C. Oelsner, Bd. 2, 1796, S. 375 f.; ders., Qu'est ce que le Tiers Etat, cap. 5, Was ist der Dritte Stand, in: O. Dann (Hrsg.), 1924/88, S. 29 ff.; vgl. H. Boldt, Politische Grundbegriffe, S. 131; dazu auch C. Schmitt, Die Diktatur, S. 140 ff., der der Verfassungsentscheidung keinerlei menschheitliche Grenzen zieht.

489 Auch Hegel, Rechtsphilosophie, § 278 ff., S. 270 ff., akzeptiert eigentlich nur die monarchische innere Souveränität als Einheit des Willens in einer Person: Das Volk ist „der Theil der Mitglieder eines Staats“, „der nicht weiß, was er will“ (§ 301, S. 290), und kritisiert die „Volks-Souverainetät“, sofern das mehr sagen soll als das ein Volk einen eigenen Staat hat (§ 279, S. 272 f.).

H. Josef Isensee

Josef Isensee schreibt in seinem Handbuchbeitrag zu Staat und Verfassung: „Der moderne Staat ist seinem Wesen nach organisierte Macht, und zwar höchste Macht, die im Innern allen gesellschaftlichen Kräften überlegen und nach außen unabhängig ist[490]. Das ist ein wesentliches Merkmal der Souveränität, mit der der moderne Staat in die Geschichte eingetreten ist als „‚summa in cives ac subditos legibusque soluta potestas‘ (Bodin)“ (Rn. 71)[491], übersetzt: höchste Gewalt über Bürger und Untertanen und unabhängig von den Gesetzen. Noch deutlicher zur inneren Souveränität: „Sie ist kein Rechtstitel, sondern eine Kategorie der Macht. Sie läßt sich nicht allein mit Hilfe von Normen garantieren. Die Verfassung will gerade die höchste Macht ihrem rechtlichen Anspruch unterwerfen; sie baut darauf, daß die Souveränität dem Staat nicht entgleitet und auf unverfaßte Mächte übergeht“ (Rn. 88). „Das spezifische Instrument, mit dessen Hilfe der Staat die Einheit schafft und wahrt, ist das Gewaltmonopol, dem das Gewaltverbot für Private korrespondiert“ (Rn. 63 f., 74 ff.). Aber Isensee mißt der Macht die Rolle des Knechtes gegenüber dem Herren, dem Recht, zu. Die Sprache verrät die dogmatische Unsicherheit. Empirisch gibt es keine „höchste“ Macht, sondern allenfalls die größte. Also redet Isensee doch von einem Recht, welche über den Rechten anderer rangiert. Das ist freilich auch falsch, weil der Staat kein höchstes Recht hat. Das haben die Menschen in ihrer Freiheit, dem einzigen Recht, das mit dem Menschen geboren ist und auf dem alles Recht gründet. Der Verwirklichung dieses Rechts, der Freiheit also, dient der Staat. Überlegenheit und Unabhängigkeit sind wiederum empirische Kriterien. Ein Recht ist nicht überlegen, sondern hat gegebenenfalls Vorrang. Isensee bleibt Hegelianer, wie sich in der von ihm vertretenen essentiellen Unterscheidung von Staat und Gesellschaft zeigt (Rn. 49, 51, 153)[492], hält das aber nicht durch, weil er auch von Kant weiß und

---

[490] Auch J. Isensee, Staat und Verfassung, HStR, Bd. I, § 13, Rdn 71 ff. („Machteinheit“); so auch wie viele G. Jellinek, Allgemeine Staatslehre, S. 475; kritisch Ch. Seiler, Der souveräne Verfassungsstaat zwischen demokratischer Rückbindung und überstaatlicher Einbindung, S. 118 mit Fn. 271.

[491] J. Isensee, Staat und Verfassung, HStR, Bd. I, § 13, Rdn 71, Zitat J. Bodin, De Republica libri sex, 1586, F. 8 (?), richtig: Buch I, I, 8, S. 132.

[492] Näher J. Isensee, Subsidiaritätsprinzip und Verfassungsrecht. Eine Studie über das Regulativ des Verhältnisses von Staat und Gesellschaft, 1968; ders., Der Dualismus von Staat und Gesellschaft. Subsidiaritätsprinzip und Verfassungsrecht, 1968, in: E.-W. Böckenförde (Hrsg.), Staat und Gesellschaft, 1976, S. 317 ff.; H. Steiger, Staatlichkeit und Überstaatlichkeit, S. 17 ff.; auch wie fast alle Abschreiber Ch. Seiler, Der souveräne Verfassungsstaat zwischen demokratischer Rückbindung und überstaatlicher Einbindung, S. 150; U. Di Fabio, Das Recht offener Staaten, S. 65, 85, 89, 95 f., 100, 112; M. Jestaedt, Demokratieprinzip und Kondominialverwaltung, S. 184 ff.; Kritik K. A. Schachtschneider, Res publica res populi, S. 159 ff.; ders., Freiheit in der Republik, S. 207 ff.; nicht unkritisch Ch. Möllers, Staat als Argument, S. 229 ff., auch S. 297 ff., 348 f., insb. S. 305 ff. zur Grundrechtsverpflichtung und -berechtigung „intermediärer Institutionen“ und damit zur Fiskusdoktrin, S. 334 ff. zur (vermeintlichen) Staatsferne und Staatsfreiheit der Parteien, S. 102 f. zu Rudolf Smends Integrationslehre, der eine Trennung von Staat und Gesellschaft in der Einheit des Staates zurückgewiesen hat, Verfassung und Verfassungsrecht, S. 148 ff.; auch, Bürger und Bourgeois im deutschen

im hegelianischen „Staat als Wirkeinheit der sittlichen Idee“ mit Recht eine Gefährdung der „Verfassung der Freiheit“ erkennt (Rn. 59).

Bereits Isensees ‚Ontologie‘, daß „der Staat die vorgegebene Materie, die Verfassung die Form“ sei, wie seine ‚staatsrechtliche Erkenntnis‘, daß „Staat und Verfassung im Verfassungsstaat eine integrale und spezifische Einheit bilden“ würden (Rdn 8 und 3), sind typisch Isenseesche Rhetorik ohne Dogmatik. Die Verfassung ist dem Menschen eigen und berechtigt und verpflichtet, durch Verfassungsgesetz den Staat als Einrichtung der Rechtlichkeit zu schaffen. „Der Staat ist Wirklichkeit. Als solcher liegt er aller Begrifflichkeit voraus“ (Rn. 27). Isensee zitiert den Satz von Adam Müller, dem Lehrer der metternichschen nachnapoleonischen Restauration[493]: „Vom Staate aber gibt es keinen Begriff“ (Rn. 26)[494]. Weder den Staatsbegriff Hegels nennt Isensee bei seiner Begriffssuche noch gar den Begriff Kants, der immerhin den Staatsbegriff einer Republik entwickelt hat. Aber nicht falsch versteht er an anderer Stelle den „Staat als Selbstorganisation der zum Volk vereinten Bürger“, „als Zweckschöpfung der politischen Vernunft“ (Rn. 49, 56), also als Verfaßtheit der Bürger.

Unabhängig von dem Verfassungsgesetz gibt es auf einem Gebiet Menschen, die eine Verfassung in sich haben, die Verfassung der Menschheit des Menschen. Um der Freiheit der Menschen willen bedarf es des Staates, der das Recht verwirklicht, ohne welches die Freiheit aller Menschen, die enger aufeinander einwirken, also die Gleichheit in der Freiheit keine Wirklichkeit hat[495]. Das ist die Botschaft Thomas Hobbes', der die Schrecken des Bürgerkrieges überwinden wollte, dessen Leviathan die Menschen „sich zu unterwerfen sich entschließen“, „um aus dem elenden Zustande des Krieges aller gegen alle gerettet zu werden“ (Leviathan, II, 17. Kap. S. 151). „Der moderne Staat ist die institutionelle Überwindung des Bürgerkrieges“, sagt Isensee richtig (Rn. 62). Nach Kant gibt es ein „wirkliches Rechtsgesetz der Natur“, das „Recht auf eine bürgerliche Verfassung“ (MdS, S. 366, 374). Die Verfassung der Menschheit des Menschen ist, wenn man so will, die Voraussetzung des Staates, nicht etwa der Staat Voraussetzung der Verfassung[496].

Die Menschen, die zusammenleben und sich (in unterschiedlicher Solidarität) zusammengehörig fühlen, haben von Natur aus eine mehr oder weniger stabile Ordnung. Wesentlich ist allein, daß sie derart intensiv aufeinander einwirken können, daß sie einer befriedenden Ordnung bedürfen. Das ist immer anzunehmen, wenn sie

Staatsrecht, 1933, Staatsrechtliche Abhandlungen und andere Aufsätze, 2. Aufl. 1968, S. 309 ff., 314 ff.

[493] Zu Adam Müller C. Schmitt, Politische Romantik, 1919, 1924, 3. Aufl. 1968, S. 50 ff., auch biographisch.

[494] A. Müller, Elemente der Staatskunst, 1809, ed. Jakob Baxa, 1. Halbbd. 1922, S. 20.

[495] So auch J. Isensee, Staat und Verfassung, HStR, § 13, Rn. 59, nicht „die Wirklichkeit der sittlichen Idee“ nach Hegel.

[496] J. Isensee, Staat und Verfassung, HStR Bd. I, § 13, Rn. 26 ff., Rn. 27: „Der Staat ist Wirklichkeit. Als solche liegt er aller Begrifflichkeit voraus“ (?): dazu kritisch Ch. Möllers, Staat als Argument, S. 256 ff., 271.

auf einem nicht im Innern, aber nach außen abgegrenzten Gebiet mit gewisser Nähe zusammenleben. Dadurch werden diese Menschen zur Schicksalsgemeinschaft. Keiner dieser Menschen kann sich um des Friedens willen von dem Recht aller anderen, eine gemeinsame bürgerliche Verfassung zu schaffen, ausnehmen. Ohne Rechtlichkeit setzen sich die Starken, im Zweifel Verbrecher, durch. Wer nicht dazugehören will, muß das Land verlassen. Existentiell ist das gemeinsame Leben auf einem abgegrenzten Gebiet, das um der Sicherheit willen der Ordnung bedarf, nicht die wirkliche oder gar rechtliche Verfaßtheit dieser Menge von Menschen als Staat. Die Ordnung soll die Freiheit verwirklichen, das vermag nur eine Rechtsordnung, wenn und weil das Recht dem Freiheitsprinzip als dessen innere Seite, die Sittlichkeit, immanent ist. Das Recht ist, wie gesagt, mit der Befugnis zu zwingen verbunden. Das gewährleistet die Sicherheit, vorausgesetzt die Gesetze sichern „Freiheit und Eigentum", das gute Leben aller Menschen im Lande, wie es Zweck der Rechtsordnung ist. Das Verfassungsgesetz, das sich die Menschen eines Landes geben, organisiert zur Verwirklichung des Rechts den Staat. Dieses Verfassungsgesetz macht sie zu den Bürgern ihres Staates, und damit zum Staatsvolk[497], unabhängig davon, ob sie nach anderen Kriterien, insbesondere ethnischen ein Volk sind. Auch all die, die nach Maßgabe der Gesetze rechtens Bürger des Staates werden, also die Staatsangehörigkeit erlangen, gehören zum Staatsvolk, selbstverständlich die Kinder des Volkes. Das alles weiß Josef Isensee sicher auch, bezieht es aber nicht in seine Lehre ein.

I. Albrecht Randelzhofer

Albrecht Randelzhofer, der den Beitrag „Staatsgewalt und Souveränität" in dem Handbuch des Staatsrechts verfaßt hat, ist nicht weniger unsicher: „Die Souveränität steht auf der Grenze zwischen Recht und Wirklichkeit". Souveränität könne „mit dem Rechtsbegriff nicht voll erfaßt werden"[498]. Es gibt keine „Grenze zwischen Recht und Wirklichkeit", auf der etwas stehen könnte. Die Wirklichkeit umfaßt alles

---

[497] Zum Begriff des Staatsvolkes M. Jestaedt, Demokratieprinzip und Kondominialverwaltung, S. 204 ff., der das Volk der „Volkssouveränität" von dem Staatsvolk „als das personale Substrat der Herrschaftsverbandes ‚Staat'" unterscheidet und damit in Satz 1 und Satz 2 des Art. 20 Abs. 2 GG unterscheidbare Dimensionen des an sich identischen Volksbegriffs zu erkennen meint (auch S. 162 f.); Grund dürfte seine verengte Sicht der sogenannten Volkssouveränität nach Art. 20 Abs. 1 S. 1 GG sein. Volk im Sinne des Art. 20 Abs. 2 GG sei die „Gesamtheit aller (stimm- und wahlberechtigten) Deutschen: der Staatsangehörigen- (Satz 1) bzw. Staatsbürgerverband (Satz 2)", a. a. O. S. 210. Richtigerweise gehören auch die nicht stimm- und wahlberechtigten Deutschen, etwa die Kinder, zum Deutschen Volk und damit zum Volk im Sinne des Art. 20 Abs. 2 GG. Jestaedt folgend M. Kaufmann, Europäische Integration und Demokratieprinzip, S. 44 ff., 349, der sogar vier Volksbegriffe aufzählt: vorstaatliches Volk, Konstitutionseinheit, Legitimationseinheit, Wirkungseinheit.

[498] A. Randelzhofer, Staatsgewalt und Souveränität, HStR, Bd. I, § 15, Rn. 3, 31; übernommen von H. Krüger, Souveränität und Staatengemeinschaft, S. 1; C. Schmitt, Politische Theologie. Vier Kapitel zur Lehre von der Souveränität, 2. Aufl. 1934, S. 11; folgend W. Mäder, Vom Wesen der Souveränität, S. 28.

Leben, das Recht aber auch. Es gibt kein Handeln als Änderung der Wirklichkeit, das nicht vom Recht erfaßt wäre, sei es als Gebot, sei es als Verbot, sei es als Erlaubnis. Recht und Wirklichkeit, Sollen und Sein sind zu unterscheiden, stoßen aber nicht aneinander, so daß sie gar eine gemeinsame Grenze hätten. Die Wirklichkeit kann dem Recht widersprechen und tut das vielfach, wenn nicht meist. Sein und Sollen gehört zum Leben, dessen Wirklichkeit das Recht ordnet. Auch die Ehe ist ein Rechtsinstitut mit Rechten und Pflichten, aber hat eine in allen Ehen unterschiedliche Wirklichkeit, die oft nur wenig mit dem Rechtsinstitut gemein hat. Etwas Prinzipielles zur Souveränität sagt Randelzhofer mit seinem Satz nicht. Mit örtlichen Metaphern kann man schlechterdings keine Aussagen zum Recht machen. Wer es versucht, bleibt unklar. Die Staatsgewalt sieht Randelzhofer kraft der Souveränität richtig als „nach innen die rechtliche höchste Gewalt“ an, „die über allen anderen steht“, mit Herbert Krüger die „Einzigkeit“ und „Einseitigkeit“ der Staatsgewalt (Rdn 35)[499], also deren Vorrangigkeit; denn sie ist die Gewalt des Volkes. Diese aber sind die Handlungsmöglichkeiten, rechtlich und faktisch, aller Bürger in ihrer Gesamtheit.

J. Peter Badura

Peter Badura[500] sieht in dem Satz: „Alle Staatsgewalt geht vom Volke aus“ in Art. 20 Abs. 2 S. 1 GG „mit der überkommenen Formel das Prinzip der Volkssouveränität ausgesprochen, auf dem in der Staatsform der Demokratie (zur Ideengeschichte Rn. 45 ff.) die Legitimation der Staatsgewalt und die rechtliche Organisation staatlicher Herrschaft“ beruhe (Rn. 27). Die Kritik solcher Dogmatik von „Staatsgewalt“ als „staatlicher Herrschaft“ und deren „Legitimation“ durch das Volk ist in der Erörterung der Lehre von Utz Schliesky zu O. näher unterbreitet. „Jedes Organ staatlicher Gewalt und jede Ausübung der Staatsgewalt muß danach seine Grundlage in einer Entscheidung des Volkes finden. Die Verfassung als Staatsgrundgesetz ist bei Einhaltung der demokratischen Grundsätze zur Verfassungsgebung ein Werk der verfassungsgebenden Gewalt des Volkes. Die Einrichtung der parlamentarischen Volksvertretung, die periodisch nach demokratischen Grundsätzen gewählt wird, vermittelt ihrerseits im Rahmen der gewaltenteilenden Verfassungsordnung nach den Regeln des Parlamentarismus und des parlamentarischen Regierungssystems (vgl. Rn. 1 ff., 10 ff.) die demokratische Legitimation der Gesetzgebung, der Regierung, der Verwaltung und Rechtsprechung“ (Rn. 27). „Das Prinzip der Volksvertretung setzt das ‚Volk‘ als eine ideelle oder normative zugleich reale und in bestimmten Äußerungen und Verfahren wirksame Größe voraus. Von dem „Willen“ des Volkes kann nur in einem metaphorischen, die Analogie zur natürlichen Person suchenden Sinn die Rede sein“ (Rn. 28). Die Unkenntnis des

[499] H. Krüger, Allgemeine Staatslehre, S. 847 ff., 879 ff.

[500] Die parlamentarische Demokratie, HStR, Bd. I, Grundlagen von Staat und Verfassung, 1987, § 23, S. 953 ff.

rechtlich zentralen Willensbegriffs leitet die weitere mehr als fragwürdige herrschaftsbestimmte Dogmatik Baduras ein. Das Volk als Gesamtheit der Bürger hat keinen Willen, aber jedem Bürger ist wegen seiner Würde als seiner Freiheit zuzugestehen, daß er den vereinigten Willen des Volkes, also das richtige Gesetz, zu erkennen vermag. Darin wird er wie alle Bürger von den Organwaltern in den Organen des Staates vertreten, die das als richtig Erkannte als Willen des Volkes verbindlich zu machen die Befugnis haben. Eine Vertretungslehre ist freilich bei Badura zu vermissen. Vielmehr verdreht er freiheitliche „Volksvertretung" zur herrschaftlichen „parlamentarischen Repräsentation" (Rn. 1 ff., 34 ff.), die „institutionell auf die Mitwirkung der Parteien an der politischen Willensbildung des Volkes angewiesen sei" (Rdn, 9, 39, 55 ff.), durchaus zweifelhaft, und zum parteienstaatlichen neuen Dualismus von Regierung und Opposition (Rprp, S. 796 ff.; PdR, S. 178 ff.)[501] geführt habe, der „ein größeres Gewicht habe als des institutionelle Gegenüber von Parlament und Regierung" (Rn. 18), richtig, eine Folge des republikwidrigen Parteienstaates (dazu Rn. 55 ff.), für Badura „notwendig in der parlamentarischen Demokratie" und „innere Logik der parlamentarischen Repräsentation" (Rn. 55), welche wesentlich zur Entmachtung des Parlaments als der wichtigsten Volksvertretung beiträgt. Sei der Parteienstaat mit Gerhard Leibholz doch das „plebiszitäre" „Surrogat der unmittelbaren Demokratie im Flächenstaat" (S. 57, ohne Zitat, vgl. Rprp, S. 763 f. mit Zitat[502]). „Die parlamentarischen Repräsentation ist ein die Verwirklichung der Volkssouveränität näher bestimmendes Verfassungsprinzip" (Rn. 36). „Eine rechtliche Beziehung zwischen Wählern und Gewählten oder zwischen Volk und Volksvertretung" drücke „der Gedanke der parlamentarischen Repräsentation nicht aus" (Rn. 36). Das Grundgesetz spricht von „Vertretung", nicht von Repräsentation. Vertretung ist eine Rechtsbeziehung, die vom Grundgesetz ihrer Eigenart gemäß ausgestaltet ist. Den „Willen des Volkes" sieht Badura als „Staatsgewalt". „Ein einheitlicher, präexistenter Volkswille, den die staatlichen Organe nur identitär zu registrieren hätten, ist im Prinzip der Volkssouveränität nicht zum Subjekt der Staatsgewalt gemacht" (Rn. 29). Wie sollte ein Volkswille „präexistent" sein, wie „Subjekt" der Staatsgewalt? Derartige Sätze sind nicht nachvollziehbar, klingen aber tiefschürfend. Ein Wille ist nicht Subjekt der Staatsgewalt; das kann nur eine Person oder können nur Personen, nämlich die Bürger oder gemäß dem monarchischen Prinzip ein Fürst, sein. Der „vereinigte Wille

[501] Dazu C. Schmid, Die Opposition als Staatseinrichtung, 1955, in: H.-G. Schumann (Hrsg.), Die Rolle der Opposition in der Bundesrepublik Deutschland, 1976, S. 59 ff.; K. Stern, Staatsrecht I, S. 1022 ff.; N. Gehrig, Parlament – Regierung – Opposition, Dualismus als Voraussetzung einer parlamentarischen Kontrolle der Regierung, 1969, S. 65 ff., 103 ff., 140 ff., 178 ff., 203 ff.; E. Schütt-Wetschky, Gewaltenteilung zwischen Legislative und Exekutive?, in: Aus Politik und Zeitgeschichte, B 28/2000, S. 5 ff., insb. S. 10; K. A. Schachtschneider, Das Hamburger Oppositionsprinzip. Zum Widerspruch des entwickelten Parteienstaates zur republikanischen Repräsentation, Der Staat 28 (1989), S. 173 ff.

[502] G. Leibholz, Die politischen und juristischen Hauptformen der Repräsentation, 1956, in: ders., Verfassungsstaat – Verfassungsrecht, 1973, S. 48 ff., Zitat S. 58 f.; auch ders., Das Wesen der Repräsentation und der Gestaltwandel der Demokratie im Zwanzigsten Jahrhundert, S. 117 ff., 225 ff., 258 f.

des Volkes" (MdS, S. 432) will erkannt und im Gesetz beschlossen sein. Dann ist er existent. Vorher ist es das (transzendentale, ideenhafte) Prinzip der allgemeinen Freiheit, daß das Handeln dem materialisierten Willen des Volkes als Verwirklichung des Rechtsprinzips genügt (FridR, S. 49 ff., 67 ff., 83 ff., 274 ff.). Richtig sieht Badura, daß die „demokratischen Institutionen und Verfahren diesen freien Prozeß der Meinungs- und Willensbildung sichern" (Rn. 29, auch Rn. 30, 42). „Der Verweis auf den Volkswillen bedeutet im demokratischen Gemeinwesen die Bezeichnung der Quelle der Legitimierung politischer Entscheidung", zitiert Badura Ulrich Scheuner[503] (Rn. 30) und macht damit dem Volk die freiheitliche Ausübung der Staatsgewalt streitig. Richtig stützt Badura die Demokratie auf „die politische Freiheit von jedermann in einer politisch verfaßten, aber freien Gesellschaft" und auf die „staatsbürgerliche Gleichheit" (Rn. 2, 32). Freilich klingt in dem Satz die republikwidrige Unterscheidung von Staat und Gesellschaft an, die einer freiheitlicher Lehre der Demokratie im Weg steht. Demokratie sei „Organisationsform politischer Herrschaft", heißt es auch zu der nächsten Randnummer (33). Demgemäß erklärt Badura „die repräsentative, mittelbare oder parlamentarische Demokratie zur Staatsform der Bundesrepublik" (Rn. 34). „Die vermeintliche Selbstregierung des Volkes in der unmittelbaren Demokratie ist der Idee nach die Aufhebung von politischer Herrschaft, der Sache nach die Ersetzung der staatlich verfaßten politischen Herrschaft durch eine der Bindung an institutionelle Verkehrungen ledige Oligarchie" (Rn. 40), als wäre der Parteienstaat nicht auch und gerade Oligarchie. Das Unverständnis republikanischer Politik als Erkenntnis des Richtigen und der Vertretung des Volkes in der Erkenntnis, wenn nicht wegen des Gewichts der Sache das Volk unmittelbar erkennen und beschließen soll, ist der Schlüssel zu den demokratistischen Herrschaftsdoktrinen. Richtig sieht Badura die „parlamentarische Demokratie" als „egalitäre Selbstregierung des Volkes" und als „verfassungsrechtliche geordnete Selbstorganisation der Gesellschaft" (Rn. 39). Herrschafts- und die damit verbundene Repräsentationsdoktrin, von der grundgesetzlichen Republikverfassung durch die Parteienstaatsdoktrin noch weiter entfernt, bestimmen die politische Praxis, nicht im Interesse der Bürger und deren Freiheit und Souveränität. Lehren wie die Peter Baduras dienen der Apologie.

K. Reinhold Zippelius

Für Reinhold Zippelius, der in seiner „Allgemeinen Staatslehre" die Staatsgewalt auch herrschaftlich begreift[504], „bedeutet Souveränität völlige, Organsouveränität weitgehend Freistellung von rechtlicher Bedingtheit und Beschränkung der Entscheidungsmacht" (S. 51). „Konsolidierte Staatsgewalt ist nicht nur ein machtpoli-

[503] Verantwortung und Kontrolle in der demokratischen Verfassungsordnung, in: FS Gebhard Müller (70.), 1970, S. 379 ff., 380.

[504] Allgemeine Staatslehre. Politikwissenschaft, 15. Aufl. 2007, S. 44 ff., 93 ff.

tischer Tatbestand, sondern sie ist zugleich eine zu einem System rechtlicher Regelungsbefugnisse ausgeformte, ‚rechtlich organisierte politische Macht'" (S. 49)[505]. Zippelius erörtert mannigfache Bindungen der äußeren Souveränität durch die internationale Ordnung (S. 51 ff., 54 ff.). Es sei „souverän, wer definitiv und effizient über den Kompetenzkonflikt entscheidet" (S. 53). Das sagt Zippelius zu „Kompetenzkonflikten zwischen staatlicher und supranationaler Regelungsgewalt". „Die Letztentscheidungskompetenz" sei Prüfstein dafür, ob die Souveränität bei den Mitgliedstaaten verblieben oder bereits abgewandert ist" (S. 52). Diese Aussage zu den „supranationalen" Kompetenzfragen stimmt mit dem eigenen Souveränitätsbegriff von Zippelius nicht mehr überein. Zippelius unterscheidet nämlich die Souveränität als die verfassungsgebende Gewalt, den pouvoir constituant, von der Organsouveränität (S. 49 ff.)[506]. Der pouvoir constituant „sind jene Kräfte, die faktisch die Macht haben, auch die rechtlichen Fundamente der Verfassungsordnung einzureißen und durch andere zu ersetzen. Sie legen den „Grund der Verfassung" und „anerkennen keine rechtlichen Schranken" (S. 50). Wer der „Souverän" ist, klärt Zippelius trotz seiner Erörterung der „demokratischen Rechtfertigung des Staates" (S. 103 ff.) also nicht. Dieser Empirismus ist eine reine Machtlehre, die verkennt abgesehen von den eigenen Widersprüchen, daß die Freiheit und damit das Recht auf Recht mit dem Menschen geboren sind. Die Machtlehre, die Reinhold Zippelius vertritt, ist noch radikaler als die Carl Schmitts.

Im Rahmen des Verfassungsgesetzes, des Grundgesetzes, und damit der vermeintlichen „Organsouveränität" entscheiden den Kompetenzkonflikt Bund und Länder durch Änderungen des Grundgesetzes mit Zweidrittelmehrheiten im Bundestag und Bundesrat (Art. 79 Abs. 1 und 2 GG). Sie sind aber an das Bundesstaatsprinzip und im übrigen an Art. 1 und Art. 20 GG durch Art. 79 Abs. 3 GG gebunden, stehen also nicht über dem Recht im Sinne des Souveränitätsbegriffs von Zippelius. Die Entscheidung über die Kompetenz bestimmt auch nur das vermeintlich souveräne Organ, nicht die Materie der Souveränität. Eine neues Verfassungsgesetz, welches die bundesstaatliche Kompetenzordnung grundlegend ändert oder gar die Eigenstaatlichkeit von Bund und Ländern und damit Deutschlands in der Europäischen Union aufgehen läßt, kann gemäß Art. 146 GG nur das Volk geben, das nicht nur den pouvoir constituant hat, sondern als Bürgerschaft die unaufhebbare Souveränität. Zippelius beschränkt die Souveränität entgegen dem Machtprinzip auf die Verfassungsgesetzgebung. Richtigerweise folgt diese aber auch dem Rechtsprinzip, also ist sie keine „völlige Freistellung von rechtlichen Bedingtheit und Beschränkung der Entscheidungsmacht". Das wäre auch das Ende der Freiheit, dem Zippelius sicher nicht das Wort reden will. Wer bewußt oder unbewußt Hegel folgt, gibt es auf, sich um die Rechtlichkeit der Lebensverhältnisse zu bemühen. Wer Souveränität als Macht vorstellt, diese aber rechtlich einzuhegen versucht, hat zudem

[505] Unter Berufung auf H. Heller, Staatslehre, S. 243.

[506] So auch D. Murswiek, Die verfassungsgebende Gewalt nach dem Grundgesetz für die Bundesrepublik Deutschland, S. 21, Fn. 94; M. Kaufmann, Europäische Integration und Demokratieprinzip, S. 43 f.

nicht bedacht, daß damit logisch die Macht zur begrenzten Befugnis wird, also ein Recht. In einer freiheitlichen Lehre kann Souveränität nur ein Recht sein.

L. Gerd Roellecke

Gerd Roellecke[507], der sich von Bodin, Hegel und Carl Schmitt nicht recht zu lösen vermag, phantasiert „das Volk als Ganzes", „mit Hegel als Göttliches, als Unbeobachtbares", das „Volk als Ganzes, das souverän, aber unsichtbar ist", das durch die Wahlen „wie die Stimme Gottes aus der Wolke, unüberhörbar und gebieterisch aber dunkel und unbestimmt ruft", werde durch die Wahlen und Abstimmungen, in welchen die wählenden und stimmende Privatpersonen als Bürger das Volk repräsentieren, sichtbar gemacht. Eine Souveränität der Mehrheit will Roellecke entgegen Bodin nicht akzeptieren, weil das „Wahlvolk nicht das Staatsvolk" sei, das zu Recht. Die Volkssouveränität ist ihm nur noch „legitimierende Kraft" aus „dem Dunkel", „Rechtfertigungsprinzip". Aber was wird gerechtfertigt, jede Art von Politik derer, die in die Ämter gewählt sind?

Dunkel ist Roelleckes Staatslehre. Was bleibt nach der „gleißenden Klarheit der Wahlergebnisse"? Die Herrschaft der Parteienoligarchie, die Herrschaft derer, die mit Carl Schmitt „Entscheidungen" treffen, Entscheidungen, die das Recht ändern. Das sagt Roellecke, der Positivist, aber nicht mehr. Er weiß nicht, daß das Recht die Verfassung der Menschen, die Menschheit des Menschen, materialisiert und nicht beliebig, positivistisch ist. Doch die Souveränität als Rechtfertigungsprinzip aus dem Dunkel verliert jede Substanz, jede Kraft, das Unrecht der Politiker zu begrenzen, solange überhaupt gewählt wird; denn das Wahlsystem sichert die Besetzung des Parlaments, mit wem auch immer.

M. Stefan Oeter

Es versteht sich, daß der Souveränitätsbegriff die stört, deren politischen Ziele an der Souveränität auf Grenzen stoßen, derzeitig vor allem die europäischen Integrationisten. Sie pflegen sich die Kritik dadurch zu erleichtern, daß sie einen substantiellen Souveränitätsbegriff vermeiden, im Zweifel, weil sie einen solchen nicht haben, typisch etwa Stefan Oeter, der der Souveränität Genüge getan sieht, wenn in einem Mehrebenensystem die Kompetenzen geordnet und beachtet werden, und das

---

507 G. Roellecke, Souveränität, Staatssouveränität, Volkssouveränität, in: D. Murswiek/U. Storost/H. A. Wolff, Staat – Souveränität – Verfassung, FS Helmut Quaritsch (70.), 2000, S. 15 ff., 26 ff.

demokratische Prinzip, welches Souveränität als Freiheit der Bürger einzuhalten gebietet, auf Transparenz und Kontrolle, also Verantwortlichkeit, reduziert[508].

Den Bürger blendet Oeter aus, Freiheit als die Substanz von Souveränität kommt ihm nicht in den Sinn. Es ist aber die Freiheit der Bürger, welche der postnationalen Integrationspolitik entgegensteht, nicht ein überkommener Begriff der Staatsrechtslehre, den schon Otto von Bismarck ignoriert haben soll, welch fragwürdige historische Rechtfertigung. Geschichtlichkeit hat diese nicht für sich. Der Weg in die Diktatur ist wahrlich nicht mit Freiheit gepflastert. Oeter stützt sich auch auf Hans Kelsen. Dessen Staatslehre ist „reine" Rechtslehre ohne Materie, Oeter hat erst gar keine Rechtslehre. Eine solche könnte auch die Ideologie nur behindern. Er postuliert, die „staatstheoretischen Prämissen" „den Anforderungen der Zeit" anzupassen (S. 706). Vielleicht sollten umgekehrt die Politiken dem Recht unterworfen werden.

Die Entwicklung des Unrechts vermag die Prinzipien des Rechts nicht zu ändern, des Rechts, das mit dem Menschen geboren ist. Darum bemüht sich jedenfalls eine freiheitliche Souveränitätslehre, wie sich die absolutistische Souveränitätslehre um ein Staatsrecht bemüht hat, das Gott den Menschen gegeben hat. Die Integration Europas hat keinen Eigenwert, jedenfalls nicht die Europäische Union. Sie müßte den Menschen in Europa dienen. Das aber kann sie nur, wenn sie das Recht achtet, das Recht der Menschen. Die auf Art. 24 GG gestützte Integrationsoffenheit des Grundgesetzes (etwa BVerfGE 123, 267, Rn. 240 f.; S. 700 ff.) hebt die existentielle Staatseigenschaft Deutschlands nicht auf, eliminiert nicht das Deutsche Volk aus Verfassung und Verfassungsgesetz, relativiert die Freiheit der Bürger nicht und damit nicht die demokratisch zu verwirklichende Souveränität Deutschlands aus der Politik.

N. Juliane Kokott

Juliane Kokott spricht von „diffuser Souveränität", von einer „weit fortgeschrittenen" „Entwicklung geteilter Souveränität in der EU", von „Souveränitätsmodifikation". „Souveränitätselemente" würden sowohl „nach oben, zu „supra- und internationalen Organisationen, als auch nach unten, zu Regionalkörperschaften und anderen unter- und nichtstaatlichen Gruppen, einschließlich von Nichtregierungsorganisationen" wandern[509]. Diese integrationistischen Tendenzen kann sie nur be-

---

[508] Souveränität und Demokratie als Problem in der „Verfassungsentwicklung" der Europäischen Union. Fragen aus Verfassungstheorie und Verfassungsgeschichte an die deutsche Debatte um Souveränität, Demokratie und die Verteilung politischer Verantwortung im geeinten Europa, ZaöRV 1995, S. 659 ff. (http://www. zaoerv.de), S. 700 ff.; kritische Bemerkungen gegen die nachmonarchische Souveränität „jenseits des Völkerrechts" schon ders., Integration und Subsidiarität im deutschen Bundesstaatsrecht. Untersuchungen zur Bundesstaatstheorie unter dem Grundgesetz, 1998, S. 381 ff.

[509] J. Kokott, Souveräne Gleichheit und Demokratie im Völkerrecht, ZaöVR 64 (2004), S. 517 ff., 522 f.; auch dies., Die Staatsrechtslehre und die Veränderung ihres Gegenstandes, VVDStRL 63 (2004) S. 21 ff.; kritisch zu einer geteilten Souveränität in der Europäischen

grüßen, weil sie, wohl wegen der von ihr angesprochenen „(Um)Definitionsversuche", wie „Souveränität sei heute Mitwirkungsbefugnis" oder „Fürsorge des Staates für die Bevölkerung"[510] oder gar, „die internationale Gemeinschaft delegiere Souveränität an die einzelnen Staaten", in der „Umbruchsituation im Völkerrecht", die sie trotz begrifflicher Kritik als „angemessen" insinuiert, keinen Begriff der Souveränität hat, jedenfalls trotz ihres Gegenstandes die Identität von Freiheit, Demokratie und Souveränität nicht sieht, welche es ausschließt, die Souveränität vom Volk als der Bürgerschaft zu trennen. Nichtregierungsorganisationen können mächtig sein, Souveränität haben sie keinesfalls und sie steht ihnen auch nicht zu. Wenn Kokott mit Regionalkörperschaften die deutschen Länder meint, hat sie Recht, aber nur weil die Länder Staaten ihrer Völker sind (dazu Achter Teil).

Demokratie ist die politische Form der Souveränität der Bürger. Kokott aber sieht die Demokratie zur Völkerrechtsnorm erstarken. Weil die Demokratie die Achtung der Menschenwürde voraussetze, sei „quasi logische Folge ein völkerrechtliches Demokratiegebot". Als soft law sei dieses opinio iuris (S. 525 ff.). Kokott beruft sich vornehmlich auf Thomas M. Frank[511], aber auch auf völkerrechtliche Texte, etwa der OSZE und Erkenntnisse der Interamerikanischen Menschenrechtskommission[512], und Praktiken der Europäischen Union, der Weltbank und des Weltwährungsfonds, Hilfestellungen für Entwicklungsländer von good governance[513] und Einhaltung wesentlicher Menschenrechte abhängig zu machen. Die Konditionalisierung der Hilfe wirft gerade das Souveränitätsproblem auf, vermag aber nicht, den Souveränitätsbegriff zu ändern.

Das Recht der Völker auf Selbstbestimmung erwächst der Souveränität deren Bürger, die sich als Freiheit nur demokratisch verwirklicht, aber kann nicht, entgegen Kokott (S. 530 ff.) als Rechtsgrundlage von Interventionen dienen, ganz im Gegenteil. Sie aber vertritt: „Ob ein Staat die Menschenrechte und damit auch die politischen Partizipationsrechte seiner Bevölkerung achtet, gehört nicht zu den inneren Angelegenheiten" (S. 531). Der Einzelne wird durch das Demokratiegebot

---

Union U. Di Fabio, Der Verfassungsstaat in der Weltgesellschaft, S. 92, wegen des Souveränitätsbegriffs.

510 Auch J. Kokott, Die Staatsrechtslehre und die Veränderung ihres Gegenstandes, VVDStRL 63 (2004) S. 26, 31 ff.

511 T. M. Franck, The Emerging Right to Democratic Governance, AJIL, Bd. 86 (1992), 46 ff.; J. Kokott auch, Die Staatsrechtslehre und die Veränderung ihres Gegenstandes, VVDStRL 63 (2004) S. 29.

512 Charta von Paris für ein neues Europa v. 21. 11. 1990, Kapitel „Ein Neues Zeitalter der Demokratie, des Friedens und der Freiheit", Unterkapitel „Menschenrechte, Demokratie und Rechtsstaatlichkeit", EuGRZ 1990, 517; s. auch Art. 2 a) Charter der OAS (vertragliche, aber weich formulierte Verpflichtung) und Art. XX der Amerikanischen Menschenrechtserklärung; Document of the Copenhagen Meeting of the Conference on the Human Dimension of the CSCE, ILM, Bd. 29 (1990), 1306 (1308 ff.), z. B. Ziff. (3), (5.2) und (7); Inter-American Commission on Human Rights, Ten Years of Activities, 1971 – 1981 (1982), 333 ff.

513 Auch J. Kokott, Die Staatsrechtslehre und die Veränderung ihres Gegenstandes, VVDStRL 63 (2004) S. 31 f.

auch nicht Subjekt des Völkerrechts, wie Kokott meint (S. 527, 530 f.)[514]. Er ist, wenn man so will, Subjekt der Souveränität, nämlich des Staates, den er mit den anderen Bürgern zusammen bildet. Aber Subjekte des Völkerrechts sind im Prinzip nur die Staaten. Ansonsten wird das Völkerrecht zum Staatsrecht, genauer zum Weltrecht eines Weltstaates. Damit kokettiert auch Juliane Kokott (S. 529 ff.).

Konsequent kritisiert Kokott im Anschluß an Frank das völkerrechtliche Prinzip der Staatengleichheit, das dem mediatisierten Einzelnen sehr unterschiedliches politisches Gewicht im Staatenverkehr gibt, weil das demokratiewidrig sei (S. 528 f., 532 f.). In dem Maße, in dem das materielle Recht durch völkerrechtliche Verträge geschaffen wird, ist die Kritik berechtigt. Das aber ist die Politik der sogenannten supranationalen Organisationen wie vor allem der Europäischen Union. Dies sind richtigerweise institutionell und funktional Staaten, deren Rechtsakte der demokratischen Legitimation und erst recht freiheitlicher Legalität entbehren, gerade weil sie die Gleichheit der Bürger zwangsläufig mißachten. Demgemäß ist diese politische Organisationsform souveränitäts-, nämlich demokratiewidrig, wie ich das seit langem in den europapolitischen Verfassungsprozessen zur Sprache gebracht habe.

Die Souveränität läßt sich eben nicht im postnationalen Interesse überspielen. Sie ist substantiell. Das Völkerrecht schützt sie durch sein Gleichheitsprinzip, das die inneren Verhältnisse der Staaten prinzipiell nicht berücksichtigt. Wenn die Staaten gleiches Recht setzen wollen, müssen sie dieses von ihren Völkern in deren jeweiligen Organisationen beschließen lassen. Mittels des Demokratieprinzips läßt sich die schicksalhafte Staatseigenschaft des Volkes nicht überwinden. Die Integration der Regionen und gar der Welt ist kein Selbstzweck, der jede Dogmatik rechtfertigt. Vielmehr muß sie die Grenzen der Souveränität achten, den Souveränitätsvorbehalt, wie es das Bundesverfassungsgericht sagt (BVerfGE 111, 307 (319)). Wer um der Menschlichkeit willen Interventionen empfiehlt, rechtfertigt den Krieg, „den Zerstörer alles Guten" (Streit der Fakultäten, S. 364). Er ist die schwerste Verletzung der Menschen, jedes einzelnen. Das ist der Grund der Staatssouveränität, in der sich die Bürgersouveränität nach außen verwirklicht. Deswegen ist der Einzelne nicht Völkerrechtssubjekt. Als Bürger hat er die Pflicht, sein Recht auf eine bürgerliche Verfassung durchzusetzen. Deswegen hat er das Widerstandsrecht. Deswegen dürfen Staaten nicht so groß sein, daß die Bürger keine Chance haben, das Unrecht abzuwehren.

Die Rechtfertigung der weltherrschaftlichen Interventionspolitik der Vereinigten Staaten von Amerika, deren sich Juliane Kokott auch dadurch befleißigt, daß sie den Staaten mit mehr Einwohnern, mit mehr Leistungskraft und mit good governance entgegen der souveränen Gleichheit mehr Gewicht im Völkerrechtsverkehr zuspricht, löst die Souveränität als die Freiheit der Bürger ausgerechnet namens der

[514] Ebenso R. Knieper, Nationale Souveränität, S. 219; a.A. M. Kaufmann, Europäische Integration und Demokratieprinzip, S. 344 f. („Mediatisierung des Einzelmenschen im Völkerrecht").

Demokratie auf. So kann man Begriffe umdeuten, um Politiken zu legitimieren. Juliane Kokott kommt zu folgenden Ergebnissen:

„(1.) Souveränität als höchste, unteilbare und nur territorial begrenzte Macht stellt kein sinnvolles Völkerrechtskonzept (mehr) dar[515].

(2.) Moderne Definitionen souveräner Gleichheit im Sinne von Mitwirkungsbefugnissen in Internationalen Organisationen oder als Metapher für die angemessene Kompetenzverteilung zwischen den Staaten und internationalen Organisationen sprengen den Souveränitätsbegriff, wie er sich geschichtlich entwickelt hat.

(3.) Die ‚souveräne Gleichheit' der Mitglieder der Vereinten Nationen muss ‚staatsrechtlich' im Sinne der Volkssouveränität verstanden werden. Volkssouveränität entspricht dem Demokratieprinzip, souveräne Gleichheit der Staaten widerspricht ihm.

(4.) Staaten – mit effektiver und legitimer Staatsgewalt – sind und bleiben die Exekutive des Völkerrechts. Wesentlicher Legitimitätsmaßstab ist die Achtung der Menschenrechte und good governance" (S. 533).

Die Freiheit steht dann zur Disposition der mächtigen Staaten oder der „einzigen Weltmacht", den USA. Das ist das Gegenteil der Souveränität der Völker.

O. Utz Schliesky

Utz Schliesky hat es in seiner Kieler Habilitationsschrift „Souveränität und Legitimität von Herrschaftsgewalt", 2004, unternommen, „Begriffe der Staatslehre und des Staatsrechts im europäischen Mehrebenensystem weiterzuentwickeln". Das ist ihm gründlich mißlungen. Bereits der Titel seines Buches enthält zwei Begriffe, die der Souveränität nicht gerecht werden, nämlich „Legitimität" und „Herrschaftsgewalt". Von diesen beiden Begriffen und deren Verhältnis handelt die ganze Schrift. Der „Zentralbegriff" „Souveränität" (S. 481) ist in Schlieskys System nicht wirklich relevant, zumal er keinen Souverän zu nennen weiß, sondern die Souveränität als „Eigenschaft" der Herrschaftsgewalt" (S. 547) wie der Staatsgewalt (S. 37 f., 138) hinstellt. Er will aber diesen Leitbegriff der Politik und des Staats- und Völkerrechts nicht aufgeben, sondern seinem Europäismus gefügig machen. Ihm genügt, daß die „Individuen" (S. 272) oder auch die Völker (S. 140, 275) „Legitimationssubjekte" der mehreren Ebenen im „europäischen Mehrebenensystem" (dazu S. 472 ff.)[516]

---

[515] Ebenso J. Kokott, Die Staatsrechtslehre und die Veränderung ihres Gegenstandes, VVDStRL 63 (2004) S. 21: „Der Begriff der Souveränität paßt nicht in die neue Struktur des konvergierenden Staats- und Völkerrechts", und ff.

[516] Vgl. U. Di Fabio, Das Recht offener Staaten, S. 139 f., der die Souveränität nicht in Frage stellt, S. 122 ff., und sich realistisch zu den Möglichkeiten eines „großräumigen" „Machtstaates", „die volonté générale zu bilden, mit imperativen Mitteln Wohlstand zu sichern und womöglich der Weltgesellschaft Bedingungen zu diktieren", äußert, S. 139, aber das „Zeitalter der modernen Nationalstaaten – ob groß, ob klein – für beendet erklärt und sich für den Staatenverbund, „zumindest für eine Zwischenzeit" ausspricht, S. 140 f.; St. Hobe, Der offene Verfassungsstaat, S. 390 ff.; D. König, Die Übertragung von Hoheitsrechten im Rahmen des

sind. Den Staat degradiert er zum „Akteur im Mehrebenensystem", als eine von dessen „Integrationsebenen" (S. 479 ff.).

„Herrschaftsgewalt" erscheint ihm als Überbegriff von Staatsgewalt begrifflich geeignet. Staatsgewalt steht ihm für die Legitimität und Legitimation der „supranationalen" Europäischen Union im Wege, weil er nicht wagt, die Union entgegen der herrschenden Lehre als Staat einzustufen (S. 136 f.); denn diesem würde in traditioneller „monistischer" Dogmatik (S. 586, 600, 659, 698 ff. u. ö.; BVerfGE 83, 60 (72 f.)) auch seiner Meinung nach die demokratische Legitimation fehlen (S. 611, 702 ff.). Ein solches Ergebnis läßt sein apologetischer Impetus nicht zu. Also wird der grundgesetzliche Begriff der „Staatsgewalt", immerhin Teil der Verfassungsidentität Deutschlands, durch einen anderen Begriff, den der „Herrschaftsgewalt" ersetzt, der schon ohne jede staatsrechtliche Konnotation geradezu nach „Legitimität" und „Legitimation" schreit[517]. Daß das Bundesverfassungsgericht den Begriff „Herrschaftsgewalt" für die Befugnisse der Europäischen Union nicht verwendet, sondern den der „Hoheitsgewalt" (BVerfGE 89, 155, Rn. 61, 63, 70, 79, 98, 100, 103, 104, 153; 123, 267, Rn. 177, 258, 272, 289, 293, 295, 343, 344; „Herrschaftsgewalt" nur am Rande und nicht für die Unionsbefugnisse BVerfGE 123, 267, Rn. 231, 344), ist nicht gerade rechtsklärend. Staatsgewalt ist aber keine Herrschaftsgewalt, wenn auch Staatlichkeit noch so sehr als Herrschaft hingestellt wird (BVerfGE 2, 1 (12 f.; 83, 37 (52); 83, 60 (72); 95, 1 (15); 89, 155 (188 ff.); 123, 267, Rn. 213, 217 ff., 250, 263, 268, 270, 272, 280, 294; 129, 124, Rn. 98). Das wird im Vierten Teil zu C. näher ausgeführt.

Schliesky will die Begriffe der Staatslehre und des Staatsrechts „an den verfassungsrechtlichen und politischen Realitäten" (S. 586, sic!)[518] weiterentwickeln, vermag aber die gebräuchlichen Begriffe nicht im System des Verfassungsgesetzes und schon gar nicht im System der Verfassung derart zu erfassen, daß er sie einer

europäischen Integrationsprozesses, S. 274 f., 534 f.; St. Oeter, Integration und Subsidiarität im deutschen Bundesstaatsrecht. Untersuchungen zur Bundesstaatstheorie unter dem Grundgesetz, 1998, S. 559 ff.; a.A. zu Recht M. Kaufmann, Europäische Integration und Demokratieprinzip, S. 31, 69 f., 425 ff., 469 f., 473, 471 ff. (ausschließlich die Staatsvölker), der das Parlament als „Legitimationsvermittler" vorstellt, S. 78 f.

517 Die herrschaftliche Legitimationsdoktrin ist fast Allgemeingut der Demokratiedogmatik; so E.-W. Böckenförde, Demokratie als Verfassungsprinzip, HStR Bd. I, § 22, Rn. 3, 11 ff., 26 ff.; U. Di Fabio, Das Recht offener Staaten, S. 26, 27 ff.; M. Jestaedt, Demokratieprinzip und Kondominialverwaltung, S. 158 f., 204 ff., gestützt auf Art. 20 Abs. 2 GG, und durchgehend; M. Kaufmann, Europäische Integration und Demokratieprinzip, S. 31 ff., 224 ff., 404 ff.; Ch. Möllers, Staat als Argument, S. 194 ff., 407 u. ö., obwohl er nicht ständig von Herrschaft redet, aber S. 407; differenzierter J. Isensee, Staat und Verfassung, HStR Bd. I, § 13, Rn. 101, der auf die „Legitimationskraft der Verfassung" und die „Legitimation aus den Werten des Friedens und der Effizienz", aber „wo die Inhalte fehlen" trete „der Wille des Volkes als Legitimationsgrund ein, der über Kompetenzen und Verfahren vermittelt wird"; das geht schon in die Richtung Legitimation durch Legalität.

518 Ebenso, wenn auch weniger aggressiv, J. Kokott, Die Staatsrechtslehre und die Veränderung ihres Gegenstandes, VVDStRL 63 (2004) S. 11 ff., die Staatselemente Staatsvolk, Staatsgebiet und Staatsgewalt.

begriffsgerechten Kritik unterziehen könnte. Immerhin geht nach Art. 20 Abs. 2 S. 1 GG „alle Staatsgewalt vom Volke aus“, also kraft der Gebietshoheit der Deutschen „alle Staatsgewalt“, die in Deutschland ausgeübt wird. Eine andere Staatsgewalt darf in Deutschland nicht ausgeübt werden, auch nicht, wenn man diese „Herrschaftsgewalt“ nennt. Diese Regelung ist Kern der deutschen Verfassungsidentität und steht nicht zur Disposition der europäischen Integrationspolitik (BVerfGE 89, 155 (188 ff.); 123, 267, LS. 1, Rn. 298 ff.; PdR. S. 66 ff.; a.A. S. 607 ff.)[519]. Wie sollte eine weitere „Herrschaftsgewalt“ jedenfalls in Deutschland legitim sein können? Aber das „alle“ ignoriert Schliesky in seinem apologetischen Eifer.

Er versucht sogar, für seinen Weg notwendig, die sogenannte Unabänderlichkeitsklausel des Art. 79 Abs. 3 GG als „normativ ausschließlich an der deutschen Vergangenheit orientierter Sichtweise“ (S. 454, auch S. 398 f., 448 ff.) aus dem Weg zu räumen, indem er den Grundsatz der Volkssouveränität des Art. 20 Abs. 2 GG entgegen dem Bundesverfassungsgericht (BVerfGE 89, 155 (109); jetzt BVerfGE 123, 267, Rn. 219, 223, 228, 247 f., 263, 275, 329, 334, 338 ff., 347, 375) zu irgendeiner Art demokratischer Herrschaftsgewalt, deren „Legitimationssubjekt“ irgendein Volk oder irgendwelche Individuen sind, aufweicht, anstelle der Staatsgewalt „Herrschaftsgewalt“ genügen läßt und insbesondere bestreitet, daß das „Volk, von dem alle Staatsgewalt ausgehen“ muß, das Deutsche Volk ist (S. 607 ff., 609, auch S. 265 ff., 271, 274 f., 448 ff.). „Das deutsche Staatsvolk ist nicht mit der deutschen Nation identisch“, und „das Volk als Legitimationssubjekt gerade im Hinblick auf supranationale Herrschaftsgewalt ist nicht zwingend das deutsche Staatsvolk“ (S. 275, 678).

Das Demokratieprinzip habe im Grundgesetz Prinzipien-, nicht Regelcharakter (S. 616 ff., 618 ff.), könne also zugunsten anderer Prinzipien, wie das Integrationsprinzip der verbindlichen (S. 463 f.; jedenfalls das Wiedervereinigungsgebot BVerfGE 5, 85 (127 f.); 12, 45 (51 f.); 36, 1 (17 ff., 24); 77, 137 (149 ff.)) Präambel und des Art. 23, aber auch der Art. 24, 25, 26 und 88 GG, relativiert und müsse „in einem Optimierungsprozeß“ mit den „gleichrangigen Verfassungsprinzipien“ mittels eine „Abwägungsvorganges“ „praktischer Konkordanz“ zugeführt werden (S. 271, 611 ff., 616 ff., 618 ff., 620 ff., auch S. 448 ff., 454 f., 461 ff.)[520]. Es versteht sich, daß die einfachgesetzliche Verwirklichung des Demokratieprinzips, allem voran des Wahl-, Parteien- und Parlamentsrechts, weitgehend offen ist und von vielfältigen politischen Erwägungen abhängt (S. 621 f.; vgl. BVerfGE 89, 155 (182 ff., 207 ff.)) Letztlich ist die gesamte Rechtsordnung von demokratischer Re-

---

[519] K. A. Schachtschneider, Die existentielle Staatlichkeit der Völker Europas und die staatliche Integration der Europäischen Union, S. 79 ff., 97 ff.; ders., Deutschland nach dem Konventsentwurf einer „Verfassung für Europa, FS W. Nölling, S. 308 ff., 317 ff.; richtig M. Kaufmann, Europäische Integration und Demokratieprinzip, S. 424 ff., klar Fn. 70, S. 428; U. Di Fabio, Der neue Art. 23 des Grundgesetzes, Der Staat 32 (1993), S. 200 f.

[520] So auch M. Kaufmann, Europäische Integration und Demokratieprinzip, S. 21 („Erosion der Rechtsbegriffe politische Einheit, Souveränität, Verfassung“), für Kompensation der demokratischer Defizite durch das Integrationsprinzip S. 440, 464 f., 473, 481.

levanz, zumal die Prinzipien des Rechtsstaates und die Sozialordnung. Auch die (vermeintlichen) Herrschaftszwecke und -ziele, um deretwillen der Staat geschaffen ist, die Staatszwecke also, müssen verwirklicht werden, wenn der Staat, wenn man so will, nicht seine Legitimität einbüßen soll, besser: seine in den gesetzlichen Materialisierungen der Staatszwecke formulierte Legalität[521]. Aber das erlaubt nicht, das demokratische Prinzip abwägend gegen andere Verfassungsprinzipien zu relativieren. „Das demokratische Prinzip ist nicht abwägungsfähig; es ist unantastbar" (vgl. BVerfGE 89, 155 (182); so BVerfGE 123, 267, Rn. 216). Vielmehr muß das Demokratierecht bestmöglich der Lage gerecht werden. Das ist nicht dasselbe und trägt keinesfalls eine „output-Legitimation, das unten zu erörternde Hauptanliegen Schlieskys. Die alexysche Dichotomie von Prinzip und Regel, auf die sich Schliesky stützt (S. 621 ff. u. ö.), ist für diese Art der Entdemokratisierung dogmatisch unergiebig. Jedenfalls überzieht Schlieskys Argumentation die Anpassungsfähigkeit des demokratischen Prinzips bei weitem.

Die genannten Vorschriften ergeben nichts für Schlieskys Thesen, wie seine insofern knappen Untersuchungen auch erweisen. Sie sind vielmehr geradezu selbstverständlicher Ausdruck der Zugehörigkeit Deutschlands zur Völkergemeinschaft. Art. 88 S. 2 GG, der die „Aufgaben und Befugnisse" der Bundesbank, nicht etwa die Währungshoheit, wie Schliesky meint (S. 135, 469 f.), „im Rahmen der Europäischen Union der Europäischen Zentralbank" zu übertragen erlaubt, wie das entgegen der Souveränität und der ökonomischen Vernunft, zumal entgegen dem verfassungsrangigen Stabilitätsprinzip (BVerfGE 89, 155 (200 ff., 205); 97, 350 (369, 370 ff.; 129, 124 (181 f.); 132, 195 (243); Beschluß vom 14. Januar 2014, 2 BvR 2728 ff./13, abgetrennt von BvR 1421/12 u. a., Rn. 43), mittels der Europäischen Währungsunion geschehen ist, belegt keinesfalls einen Wandel des Staatsprinzips, sondern ist Ausdruck (fehlgeleiteter) europäischer Integration, wie im Zehnten Teil H.III. näher dargelegt wird. Eine Währungsunion eines optimalen Währungsraumes würde keine, jedenfalls geringere staatsrechtliche Bedenken auslösen.

Schliesky ist fremd, daß die Volkssouveränität (als Bürgersouveränität) zur Verfassung gehört, die mit den Menschen, in Deutschland mit den Deutschen, geboren ist, und als Verfassung in diesem Sinne nicht zur Disposition der Politik steht, solange nicht die Deutschen sich durch Referendum für die Verfassung eines neuen Volkes, etwa des Unionsvolkes, geöffnet haben, wie das das Bundesverfassungsgericht im Lissabon-Urteil klargestellt hat (BVerfGE 123, 267, Rn. 179, 226 f.). Keinesfalls schließt Art. 79 Abs. 3 GG die „Befassung des Volkes mit den in dieser Vorschrift genannten Grundsätzen aus" (S. 457). Er sperrt diese lediglich für den verfassungsändernden Gesetzgeber, nicht für die „verfassungsgebende Gewalt" des Volkes (BVerfGE 89, 155 (180); 123, 267, Rn. 179, 226 f.; von Schliesky verkannt S. 466). Es ist die menschheitliche Verfassung, welche der Politik Grenzen zieht (PdR S. 86), wegen der „Universalität von Würde, Freiheit und Gleichheit", wie das

[521] Dazu nicht falsch Ch. Möllers, Staat als Argument, S. 192 ff., 205 ff., 213.

Bundesverfassungsgericht formuliert (BVerfGE 123, 267, Rn. 217, offengelassen; aber nach der Radbruchschen Formel BVerfGE 3, 225 (232 f.) zu nationalsozialistischem Unrecht; E 23, 98 (106 f.); 84, 90 (121) „grundsätzliche Gerechtigkeitspostulate" zur sog. Bodenreform in der SBZ und DDR; E 95, 96 (133) zum Strafunrecht der DDR). Diese schließt fraglos die „internationale Zusammenarbeit" und die „Völkerrechtsfreundlichkeit" ein (BVerfGE 31, 58 (75 f.); 123, 267, Rn. 219, 225, 340; st. Rspr.: BVerfGE 31, 58 (75 f.) 111, 307 (317); 112, 1 (26)); S. 468 f.). Diese sind menschheitliche Pflicht jedes Volkes.

Grundsätzliche Studien des Rechts hat Schliesky freilich vermieden. Ergebnisbestimmte Jurisprudenz ist wertlos. Auch Verfassungstradition kann im Recht begründet sein und muß nicht aus „staatstheoretischen Ideal- oder Wunschbildern" bestehen (S. 456). Das vermag nur zu entdecken, wer Zugang zum Recht hat und sich nicht mit den wenig stringenten Argumenten, auch die „Begriffe Staat, Souveränität und Legitimität bzw. Legitimation" unterlägen einem „Bedeutungswandel" (S. 455, zur Veränderung des Staatsbegriffs S. 447 ff., 472 ff., 482 ff.) und „Art. 79 Abs. 3 GG" dürfe „ein statisches Modell des Staates nicht unter ‚Denkmalschutz' stellen" (S. 456, 462), auf die Propagierung der jeweiligen Lage, sprich der „realen ‚Verfassungsidentität'" des „dynamischen Gemeinwesens" (S. 456), als zukunftsweisenden „Verfassungswandel" im „offenen Verfassungsstaat" und damit als richtig einläßt (S. 444 ff., 461 ff., 470 ff., 482 ff.)[522]. „Starres Festhalten an bestimmten Inhalten von Begrifflichkeiten" setze sich „dem Vorwurf der ‚Begriffsjurisprudenz' aus" (S. 440). Die Beliebigkeit der Begriffsinhalte jedoch ermöglicht politische Willkür. Begriffe müssen gemäß ihrer sprachlichen und geschichtlichen Konnotation, vor allem aber im System des Rechts, richtig interpretiert werden. Rechtsbegriffe dienen der rechtlichen Beurteilung einer Lage und können darum nur sehr zurückhaltend von der Lage beeinflußt werden, wenn der Interpret nicht, wie Schliesky, in eine empiristische ‚Rechtslehre' abgleiten will. Es gibt keine Rechtslehre ohne bestimmte und bestimmende Begriffe. „Veränderungen des Normbereichs müssen somit zu einer Veränderung des Norminhalts führen" (S. 458 und ff., 470 ff.), doch wohl nur, wenn die Lage eine Änderung der Politik erfordert, die im richtigen Verfahren zu bewirken ist, mit Zurückhaltung auch durch die Verfassungsrechtsprechung, aber doch nicht, um die Mißachtung der Normen zu rechtfertigen, wie das Schliesky betreibt. Ihm scheint es unmöglich zu sein, die Entwicklung der Integration als Rechtsbruch zu erkennen. Er will vielmehr die Rechtsbegriffe, zumal den Souveränitätsbegriff, an die „politischen Realitäten orientiert weiterentwickeln" (S. 586), koste es was es wolle, dazu beitragen, den „vielleicht einmal existenten souveränen Nationalstaat, den ein pouvoir constituant dezisionistisch und statisch festgelegt" habe (S. 460, auch S. 462 f., 465 ff., 470 ff. u. ö.), zu überwinden.

---

[522] Gestützt u. a. auf D. König, Die Übertragung von Hoheitsrechten im Rahmen des europäischen Integrationsprozesses, S. 524 ff., 530 ff.; St. Hobe, Der offene Verfassungsstaat, S. 137 ff., 380 ff. (dazu Siebenter Teil B.IV.); P. M. Huber, Europäisches und nationales Verfassungsrecht, VVDStRL 60 (2001), S. 194 ff. (ohne nähere Seitenangabe), der sich gegen derartige Relativierungen wendet, etwa S. 222 ff.

„Der Begriff des Staates bzw. der Staatlichkeit ist damit selbst offen“ und sei im „Wandel“ begriffen (S. 461, 470 ff.), das „Grundgesetz“ gehe „deutlich von der Wandelbarkeit des Inhalts staats- und verfassungsrechtlicher Begriffe aus, die den im Gefolge der Anwendung der genannten Verfassungsbestimmungen auftretenden Veränderungen staatsrechtlicher Kategorien Rechnung tragen“ (S. 470). Was ist, wenn diese „Anwendung“ den Begriffen widersprach, also verfassungswidrig war, wie weitgehend die Entwicklung der Europäischen Union? Die Anpassung der „Verfassung“ an die „veränderte Verfassungswirklichkeit“ (S. 460) ist das Programm des Unrechtsstaates. Die ‚Verfassungsentwicklung‘ des Dritten Reiches sollte auch die nachgeborenen ‚Staatsrechtslehrer‘ darin belehrt haben. Den „Bedeutungswandel“ erweist die Begriffsgeschichte, aber deren Feststellung klärt durch nichts die Richtigkeit dieser oder jener Dogmatik. Diese hängt vielmehr von der Rechtslage ab (so für die Rundfunkverfassung BVerfGE 73, 118 (154 f.); 74, 297 (350 f.)), die zu klären methodische Verzerrungen wenig beitragen.

Schlimmer noch: Herrschaft läßt sich unter freien Menschen, Bürgern, überhaupt nicht legitimieren, erst recht nicht „Herrschaftsgewalt“. Freiheit unter Menschen und Herrschaft von Menschen über Menschen sind unvereinbar, ein Gegensatz (Rprp, S. 71 ff.; FridR, S. 115 ff.). Die Freiheit ist die Würde des Menschen. Sie ist die einzig denkbare Grundlage des Rechts. Ich habe das mehrfach abgehandelt, vor allem in „Res publica res populi“, 1994 und in „Freiheit in der Republik“, 2007. Die Lehre wird unten im 4. Teil zu B skizziert. Utz Schliesky legt seiner Konzeption des „Legitimationssubjekts“ (S. 265 ff.) selbst das „Individuum“ zu Grunde (S. 272, 625, 658, 682 ff. u. ö.), nicht das „Volk im Sinne eines Staatsvolkes oder einer Nation“ (S. 677 ff., 678 ff.), aber nur um sich von der Volkssouveränität in seinem (Miß) Verständnis zu distanzieren. Diese läßt die Legitimation auf mehreren Ebenen der Herrschaftsgewalt nicht zu, sondern auf jeder Ebene nur ein jeweiliges Volk (als Bürgerschaft), etwa auf Bundes- und auf Länderebene (dazu Achter Teil zum Bundesstaat). Das „Individuum“ aber könne mehrere Herrschaftsebenen in einer „Pluralität von Legitimationssubjekten“ in „Legitimationszusammenschlüssen“ (S. 658, 682 ff., 688 ff.; dagegen klar BVerfGE 123, 267, Rn. 232, 278, 293, 334, 347, 349) durch „Akzeptanz“ im „möglichst breiten“„Grundkonsens“ (S. 642 f.) legitimieren. „„Plurale Legitimationssubjekte“‘ wie in den nicht territorialen, sondern „personenbezogenen, vielfach verflochtenen, lehnsrechtlichen“ Herrschaftsverhältnissen im Mittelalter“ hält Schliesky gar für die „Herrschaftsstrukturen des europäischen Mehrebenensystems“ für bedenkenswert (S. 682, 713).

Eine „stabile Legitimationsbasis“ (S. 643) und die „Integration zu einem Volk oder einer Nation“ (S. 679 f.) wird ihm gar zur Herrschaftsaufgabe, zur Folge einer den Staat auch ohne Voraussetzungen wie Homogenität oder Identität begründenden Verfassung. Die Verfassung des Deutschen Reiches 1871 habe das durch die Bildung des Nationalstaates geleistet (S. 680). Das ist grobe Geschichtsfälschung. Die deutsche Nation haben die deutsche Sprache, der nationale Idealismus und die Befreiungskriege gegen Napoleon geschaffen. Die integrationistische, teure Propaganda der Europäischen Union für ihre Herrschaft, der Schliesky erlegen ist und an der er sich beteiligt, versucht augenfällig, die Union zu einer Nation zu entwickeln, zumal durch ihre staatsgemäße Verfassung. Nach Kräften sucht sie ihre Herrschaft zu festigen und zu erweitern, noch immer in den Völkern mit mäßigem Erfolg. Die Notwendigkeit der Union, ein ‚Eliten'projekt[523], für die Lösung der Gegenwartsprobleme (S. 643 ff.) ist wenig glaubhaft und durch das Scheitern des Einsatzes radikaler Hebel zum existentiellen Unionsstaat wie die Währungsunion, vor allem mittels deren erwartbaren und wohl erwarteten Scheiterns und der scheinbar „alternativlosen" bundesstaatsmäßigen Eurorettungspolitik, widerlegt. „Das ‚Volk' ordnet sich der jeweiligen Herrschaftsordnung erst zu" (S. 681). Künstliche Großreiche vieler Völker haben sich, gerade in jüngster Zeit, in ihre Völker aufgelöst, wenn sie nicht mehr mit eiserner Hand zusammengehalten wurden. Schliesky sublimiert Hoffnungen zu fragwürdiger Dogmatik. Die Geschichte widerlegt ihn schon empirisch. Karrieristen fällt es freilich leichter, an die als „Herrschaft für das Volk" „output-Legitimation" schaffende (S. 649 f.) Richtigkeit (S. 645 ff.) ihrer Mitwirkung an dem machtvollen, viele Pfründen versprechenden Projekt, der „Realisierung der Herrschaftszwecke" der Union, zu glauben.

Schliesky spricht sogar vom Bürger, meint aber die „Herrschaftsunterworfenen" (S. 602, 689, 692 u. ö.), die aus Legitimitätsglauben Gehorsam leisten (S. 636 ff.). Daß der Bürger aber durch Freiheit definiert ist, die keinerlei Herrschaft zuläßt, scheint im fremd zu sein, auch mangels Studiums der einschlägigen Literatur freiheitlicher Rechtslehre und aufklärerischer Philosophie. Bei allem Bemühen um die Rechtfertigung der Europäischen Union, ein rechtsvergessener Trend der von Schliesky reichlich in den Belegen angeführten Nachwuchsrechtslehrer, deren jeder mehr noch als der andere um geflissentliche Rechtfertigung der Macht und der Mächtigen bemüht ist, werden die überkommenen, nun wirklich überholten Dogmen erneut abgeschrieben, allem voran die Lehren Georg Jellineks (S. 25 ff. und durchgehend), die ja auch von der älteren Staatsrechtslehrerschaft angenommen und weitergegeben worden sind. Daß Jellineks Lehren dem monarchischen Prinzip verhaftet waren, dessen Legitimität von Gottes Gnaden wahrhaft eine Glaubensfrage war und nach der republikanischen Revolution von 1918 mit ihrer Glaubhaftigkeit ihre Richtigkeit endgültig eingebüßt hat, wird schlicht ignoriert. Altehrwürdige Dogmatik und gegenwärtige Macht- oder, wenn man so will, Herrschaftsverhältnisse verschaffen dem Wort „Weiterentwicklung" Chancen der Akzeptanz. Die Republik ist eine Staatsform der Aufklärung, der praktischen Vernunft, der Freiheit. Bürger folgen den Gesetzen entweder in Freiheit, weil es ihre Gesetze sind, oder weil sie diese zu befolgen durch Sanktionen gezwungen werden. Das letztere ist Gehorsam in Unfreiheit.

„Herrschaftsgewalt" als „Legitimationsobjekt" (S. 691 ff.)[524] versteht Schliesky, der so fortschrittlich sein will, in den monarchischen Kategorien Georg Jellineks:

---

[523] Dazu grundlegend H. P. Raddatz, Mastermind – Masse, Macht und Magie der Moderne, i. E.

[524] M. Kaufmann, Europäische Integration und Demokratieprinzip, S. 70 f. (Staatsgewalt).

„Die Herrschaftsgewalt ist ursprüngliche und unwiderstehliche Gewalt, sie ist die Staatsgewalt". „‚Herrschen' wird somit zum Kriterium, das die Staatsgewalt von allen anderen Gewalten abhebt; es bedeutet, unbedingt befehlen und Erfüllungszwang über können, wobei der Gehorsam der gesamten Gewaltunterworfenen die notwendige Ergänzung der Staatsgewalt ist, ohne die sie nicht existieren kann" (S. 36, G. Jellinek, Allgemeine Staatslehre, S. 426, 429 f.). „Herrschaftsgewalt kann zeitgemäßer als Tätigkeit der Herrschaftsorgane zur Realisierung von Herrschaftszwecken, -zielen und -aufgaben bzw. zur Annäherung an diese Herrschaftszwecke, -ziele und -aufgaben begriffen werden (S. 692)[525]. Für die Herrschaftskonzeption, mit der sein ganzes Plädoyer steht und fällt, erspart sich Schliesky eine Begründung, die auch schwer zu leisten wäre. Sie ist in der Staatsrechtslehre ganz überwiegende Meinung und auch ständig vom Bundesverfassungsgericht formuliert. Das scheint zu genügen. Ein Schlüsselsatz Schlieskys ist insofern: „Wie der Staat eine Herrschaftsorganisation ist und vor allem durch eine als Staatsgewalt bezeichnete Herrschaftsgewalt charakterisiert wird, so ist auch das „europäische dynamische Mehrebenensystem", vermeintlich ein „Verfassungsverbund" (S. 502 ff., auch S. 571 ff., 707) und eine „Rechtsgemeinschaft" (S. 707)[526], „eine Herrschaftsorganisation, die zur Erfüllung ihrer Aufgaben über eine eigene Herrschaftsgewalt verfügt" (S. 481)[527], mitnichten. Aus dem Begriff „Staatsgewalt" läßt sich nicht auf „Herrschaftsgewalt" schließen. Das Walten des Staates, nämlich des als Staat organisierten Volkes, das die Staatsgewalt ausübt, also die Verwirklichung der allgemeinen Freiheit, und das Walten, gegebenenfalls mittels Zwanges, eines Herren oder einer Herrschaft sind krasse Unterschiede, ja Gegensätze. Das „europäische dynamische Herrschaftssystem" verfügt auch nicht über eine eigene „Herrschaftsgewalt". Die Union als ein Teil derselben übt im Rahmen der ihr übertragenen Hoheitsrechte die Staatsgewalten der Völker, deren „Souveränität", gemeinschaftlich aus (BVerfGE 89, 155 (188 f.)), ist somit an der gemeinsamen Verwirklichung der Freiheit der Völker beteiligt.

Zur Republikwidrigkeit von Legitimation und auch Legitimität, beides Begriffe des monarchischen Prinzips, wird im Vierten Teil D Stellung genommen. Der Idee und dem Prinzip der Freiheit genügt allein Legalität. Diese gründet auf Verfassung, Verfassungsgesetz und Gesetzen und wird entweder unmittelbar durch das Volk als die Bürgerschaft bewerkstelligt oder mittelbar namens des Volkes durch Vertreter des Volkes in den Organen des Staates. Aber Schliesky kennt diese Vertretung nicht.

---

[525] Gestützt auf M. Jestaedt, Demokratieprinzip und Kondominialverwaltung, S. 233 ff., 263, der „Staatsgewalt im materiellen Sinne" als „Wahrnehmung von Staatsaufgaben", nicht aber Herrschaftsgewalt erörtert.

[526] Verfassungsverbund: I. Pernice, Europäisches und nationales Verfassungsrecht, VVDStRL 60 (2001), S. 148 ff., 163 ff. u. ö.: D. König, Die Übertragung von Hoheitsrechten im Rahmen des europäischen Integrationsprozesses, S. 564, 571; P. M. Huber, Europäisches und nationales Verfassungsrecht, VVDStRL 60 (2001), S. 194 ff., 208 f.; Rechtsgemeinschaft: EuGH, Slg. 1986, 1357 (1365); Slg. 1990 I-3365 (3372); Slg. 1991, I-6102 Rn. 21; vgl. auch BVerfGE 123, 267, Rn. 340.

[527] Gestützt auf Th. Schmitz, Integration in der Supranationalen Union, S. 289 ff.

Schliesky beschreibt Souveränität ebenso „klassisch", wie er es nennt (S. 375), wie fragwürdig als „Eigenschaft der Staatsgewalt" (S. 138 ff.), als deren „Zuhöchstsein" oder „Suprematie", insbesondere mit der Kompetenz-Kompetenz (S. 143 ff., 366 ff.), deren „Einseitigkeit" (S. 22, 144 ff., 375 ff.), „Einzigkeit" (S. 145 f., 383 f.) und „Einheitlichkeit" (S. 146 f., 385 f.), mit der „Kernbefugnis zur Rechtsetzung und Rechtsdurchsetzung" (S. 147 ff., 386 f.), „rechtlich gebunden an die Demokratie als Staatsform" (S. 138 ff.), als „Volkssouveränität" (S. 140 ff.), „verfassungsrechtlich konturiert" (S. 142 f.).

Die Souveränität ist keine Eigenschaft der Staatsgewalt, sondern eine Eigenschaft des Souveräns, also der Bürger in deren Gemeinschaft als Volk. Nicht die Staatsgewalt ist „zuhöchst", summum imperium, keiner anderen Gewalt unterworfen (S. 143 f.), sondern das sind die Bürger. Der Staat steht nicht über den Bürgern, die nicht dessen Gewalt unterworfen sind, schon gar nicht die Staatsgewalt. Vielmehr sind die Bürger frei und ihre Freiheit verwirklicht sich in der Gesetzlichkeit, soweit diese dem Recht genügt.

Die Bürgerschaft hat freilich in den Grenzen des Rechts die Souveränität, nicht nur die Europäische Union zu verlassen, das Austrittsrecht (BVerfGE 89, 155 (190, 205); auch BVerfGE 123, 267, Rn. 233, 299, 329 f.; PdR, S. 79 f.), sondern auch die innerstaatliche Geltung und Anwendung der Gründungsverträge einzuschränken; denn der Rechtsanwendungsbefehl liegt im Zustimmungsgesetz, das jederzeit aufgehoben oder auch geändert werden kann (PdR, S. 75 f.)[528]. Das Bundesverfassungsgericht verbindet das mit der Kompetenz-Kompetenz als Kern der Souveränität (BVerfGE 89, 155 (181, 192 ff. 194, 197 f.); 123, 267, Rn. 233, 239, 322, 324, 328, 332; auch BVerfGE 58, 1 (37); auch E75, 223 (242); 104, 151 (210); S. 143), zu Recht. Schliesky versucht die Kompetenz-Kompetenz der Staaten zu relativieren, um der vermeintlichen Herrschaftsgewalt der Union Substanz zu verschaffen (S. 130 ff., 135 ff., 261 f., 334 ff., 368 ff., 555 f.), wenig überzeugend. Die Staatsgewalt ist insofern „einzig", summa potestas (S. 145 f.), als auf dem Staatsgebiet im Kompetenzbereich der jeweiligen staatlichen Körperschaft keine andere Staatsgewalt ausgeübt werden darf. Meist wird fragwürdig vom „Gewaltmonopol" gesprochen (S. 145; kritisch PdR, S. 118, 120)[529]. Die jeweiligen Befugnisse sind ausschließlich.

Die Staatsgewalt ist nicht „einseitig" in dem Sinne, daß die Staatsgewalt gegenüber dem Bürger als Gewaltunterworfenen ohne dessen Einverständnis Entscheidungen treffen (S. 22, 144 f., 375)[530], diesen also beherrschen könnte. Die Subordinationsdogmatik, die Schliesky durch „Koordinationsverhältnisse" moderiert sieht („einseitiger Befehl" sei nicht mehr „kennzeichnend für Maßnahmen der Herrschaftsgewalt", S. 692), ist selbst im Verwaltungsprozeßrecht überwunden. Sie

---

[528] I.d.S. D. König, Die Übertragung von Hoheitsrechten im Rahmen des europäischen Integrationsprozesses, S. 80 („potentielle Allzuständigkeit des Staates bleibt erhalten").

[529] Hinweise in Fn. 770.

[530] Gestützt u. a. auf insoweit unspezifischen H. Krüger, Allgemeine Staatslehre, S. 879 ff.; auch M. Kaufmann, Europäische Integration und Demokratieprinzip, S. 37.

widerspricht der Würde der Bürger in deren Freiheit. Sie ist wiederum ein herrschaftliches Kriterium der Fürstensouveränität, das auf eine ebenso herrschaftliche Staatssouveränität übertragen wurde und wird.

Auch die Formen der Herrschaft, der „Maßnahmen" und deren Hervorbringung im „Meinungsbildungs-, Willensbildungs- und Entscheidungsprozeß" (S. 693 ff.), sind für die Herrschafts‚kultur' nicht unwichtig. Die „Verantwortungszurechnung zu den maßgeblichen Legitimationssubjekten" in den entgegen dem „Kettenmodell" „auszudifferenzierenden" „pluralen Legitimationssträngen" (S. 696 f., 698 ff., 702 ff., 707 ff., 717 ff.) sieht Schliesky sich der „supranationalen Herrschaftsgewalt" großzügig anzupassen genötigt (S. 702 ff.). Die in einem Mehrebenensystem unzureichende „input-Legitimation" aus „personeller Legitimation" „durch das Volk" (S. 702 ff.) müsse zu einem „Verantwortungs-, Zurechnungs- und Kontrollzusammenhang" ausgedehnt werden (S. 709 ff.), zu einer Legitimation aus „Vertrauen", „Verantwortung" (S. 700, 709 ff., auch S. 535 ff.), „Transparenz" (S. 701), das übliche Gerede, zu einer „sachlich-inhaltlichen Legitimation" „für das Volk" (S. 707 ff., 718), verbunden mit einer „institutionellen und funktionellen Legitimation" (S. 708 ff.), und was noch einfällt (S. 721 ff.), um das demokratische Legitimationsdefizit wegzureden[531].

Die sanfte Despotie ist beständiger als die harte. Das eigentliche Skandalon ist die Herrschaftsdogmatik als solche. Der Bürger ist nicht „gehorsam" (S. 145)[532], sondern sittlich und macht als Bürger darum die Rechtlichkeit zur Maxime all seines Handelns. Das ist die Bürgerlichkeit des Bürgers, nicht die Neigung des Untertanen. Die Staatsgewalt besteht in der allgemeinen Gesetzlichkeit als der Achtung der Gesetze aller Bürger. Sie ist somit allseitig und wird als der allgemeine Wille des Volkes vom Volke unmittelbar oder mittelbar durch dessen Vertreter und somit im Einverständnis jedes Bürgers ausgeübt.

Die herrschaftliche Staatsgewalt soll „einheitlich" im Sinne von „Unteilbarkeit[533] (dazu Achter Teil) und Unveräußerlichkeit" sein (S. 146 f; i.d.S. BVerfGE 83, 60 (75), „auf allen Ebenen"). Für die Fürstensouveränität war dieses Kriterium wesentlich, weil die Souveränität in einer Hand, der des Fürsten, lag, der seine Sou-

---

[531] Zu den „Möglichkeiten von Verantwortungszurechnung in offenen politischen Systemen" U. Di Fabio, Der Verfassungsstaat in der Weltgesellschaft, S. 100 ff., insbesondere zur notwendigen Bestimmtheit von „Adressaten", „Umfang" und „Konsequenzen" der Verantwortung, auch zu dem „Grenzen staatlich gelenkter Kooperation" von „Staat und Bürgern", S. 113 ff., und zu „Nähe und Ferne" von „Freiheit und Verantwortung", S. 117 ff.

[532] Gestützt auf H. Krüger, Allgemeine Staatslehre, S. 862 f., der dort nichts dazu sagt, vielmehr den „Untertan und seinen Gehorsam" S. 940 ff. abhandelt.

[533] Ebenso M. Kaufmann, Europäische Integration und Demokratieprinzip, S. 31, 426; Th. Schmitz, Integration in der Supranationalen Union, S. 190 f.; kritisch zum monarchischen Kriterium der Unteilbarkeit im nicht-monarchischen Staat St. Oeter, Integration und Subsidiarität im deutschen Bundesstaatsrecht, S. 382 ff.; D. König, Die Übertragung von Hoheitsrechten im Rahmen des europäischen Integrationsprozesses, S. 266 ff.; weitere Hinweise in Fußnoten 1140 ff.

veränität auch nicht aufgeben konnte, ohne sein Fürstentum zu verlieren. Die Staatsgewalt der Bürger ist Teil deren Freiheit. Diese ist als solche unteilbar und unveräußerlich. Das sind auch für die republikanische Souveränität aussagehaltige Kriterien. Souveränität ist als Freiheit nicht übertragbar.

In einem anderen Sinne von Einheitlichkeit ist das Kriterium unrichtig, weil die Souveränität der Bürger vielfältig verwirklicht wird, je nach der Kompetenzordnung gewaltenteilig. Sie teilt sich in die Staatsgewalt des Bundes, der Länder, der Kommunen und die der vielen Körperschaften und Anstalten des öffentlichen Rechts und gewissermaßen auch in die staatlichen Ausübungsbefugnisse der Europäischen Union. Diese sind aber keine „Herrschaftsbefugnisse", welche nicht zur Staatsgewalt des Volkes gehören, wie Schliesky meint (S. 385 f.), sondern sind in die Ausübung der Staatsgewalt des jeweiligen Volkes integriert. Jeder Bürger ist im übrigen eine staatliche Figur. Er ist nicht nur Gesetzgeber, sondern vollzieht mit seinem Handeln die Gesetze, durchaus mit Wirkung auf andere, eigentlich alle Menschen. So gesehen gibt es im Innern keine „suprema potestas" eines Staatsorgans oder gar eines Menschen[534]. Die suprema potestas hat die Bürgerschaft als Staat in den Grenzen von Freiheit, die nach innen und außen als Einheit handelt[535]. Freilich muß die Einheit der Rechtsordnung, deren Widerspruchslosigkeit, gewahrt sein. Richtig ist es, „Rechtsetzung und Rechtsdurchsetzung" als den „Kern", besser als den Gegenstand der Souveränität zu bezeichnen.

Die Demokratie ist die politische Form der allgemeinen Freiheit, nicht notwendig die von Souveränität, wie die Geschichte lehrt, ebensowenig von „Volkssouveränität". Immer war der Souverän rechtlich gebunden, jedenfalls dem Rechtsprinzip verpflichtet. Der Bürgerstaat hat eine Verfassung, nicht notwendig aber der monokratische Staat.

Schliesky hat Kriterien zusammengestellt, die er in der Literatur aufgefunden hat, ohne diese zu durchdenken, letztlich genauso unverstanden wie sein Herrschaftskonstrukt. Seine „Begriffsmerkmale der Souveränität" mögen greifen, wenn Staatsgewalt Herrschaftsgewalt ist. Nur ist das jedenfalls in Deutschland seit 1918 vorbei, die Zeit der Rechtlosigkeit Adolf Hitlers ausgenommen. Sein Versuch, „Auflösungserscheinungen" der Souveränität, so wie er diese beschrieben hat, (S. 361 ff.) nachzuweisen, um den Weg zu einer neuen integrationistischen Souveränitätslehre zu ebenen, ist ohne Substanz, weil er von Begriffen ausgeht, die längst nicht mehr richtig sind und der Souveränität im freiheitlichen Gemeinwesen nicht gerecht werden. So sei das „Monopol des Staates" „zur einseitigen Rechtsetzung" „nicht nur durch den Anwendungsvorrang des Gemeinschaftsrechts stark relativiert worden, sondern in den Fällen ausschließlicher Gemeinschaftskompetenzen" sei „den Mitgliedstaaten jegliche Kompetenz zur Rechtsetzung oder Vornahme sons-

---

[534] K. Doehring, Allgemeine Staatslehre, S. 262 f.

[535] Nicht nur nach außen im Völkerrecht, wie K. Doehring, Allgemeine Staatslehre, S. 261 ff., 265, meint.

tiger eigenständiger Handlungen genommen" (S. 386 f.)[536]. Wenn auch die Übertragung der Hoheitsrechte auf die Europäischen Union viel zu weit geht und mit dem Prinzip der begrenzten Ermächtigung entgegen der Souveränität der Völker nicht mehr vereinbar ist (dazu im Zehnten Teil C), so ist doch der dogmatische Ausgangspunkt für Schlieskys These der Auflösung der Souveränität grob falsch. Erstens löst die Verletzung der Souveränität durch die Unionsverträge die Souveränität nicht auf. Die Verletzung kann und muß geheilt werden und diese Souveränität bleibt den Völkern. Zweitens beruht der Anwendungsvorrang auf dem gesetzgebenden Willen der Völker (BVerfGE 123, 267, Rn. 343), ist somit deren Rechtsetzung, ganz davon abgesehen, daß der Europäische Gerichtshof diesen vertragswidrig 1963 dekretiert hatte[537], wie unten im Zehnten Teil D.I. dargelegt werden wird. Vor allem aber ist die Unionsrechtsetzung, auch die auf Grund ‚ausschließlicher' Kompetenzen, gemeinschaftliche Ausübung der Staatsgewalt der Mitgliedstaaten, also der souveränen Bürgerschaften, und nicht etwa Ausübung fremder eigenständiger Hoheitsgewalt der Union. Die Rechtsakte der Union sind in den Mitgliedstaaten nur verbindlich, weil das der Wille der Völker ist, jedes einzelnen, das seinen Willen auch wieder ändern kann[538]. Richtig spricht das Bundesverfassungsgericht von der „umkehrbaren Selbstbindung" der Mitgliedstaaten (BVerfGE 123, 267, Rn. 233, auch Rn. 329 f.), deren Souveränität sie zum „gegenläufigen Akt" befugt, sogar zum Austritt aus der Union, wie schon das Maastricht-Urteil (BVerfGE 89, 155 (190); PdR, S. 75 f.), welches Schliesky nicht nur kennen, sondern verstehen sollte, klargestellt hat (auch das Lissabon-Urteil BVerfGE 123, 267, Rn. 233, 299, 329 f.). Mangelhafte Dogmatik ist durchgehend die Grundlage des Plädoyers Schliesky für seine „pluralistische Souveränität".

Ebenso falsch ist es, wenn Schliesky meint, die „Souveränität unter dem Blickwinkel der Währungshoheit steht nicht mehr den Mitgliedstaaten, sondern der Gemeinschaft zu" (S. 387). Er redet in Fn. 427 gar von einer „Unumkehrbarkeit" des Schrittes in die dritte Stufe der Wirtschafts- und Währungsunion, von der die Integrationspolitiker und deren Apologeten phantasiert haben, erwähnt aber, wohl mangels hinreichender Urteilslektüre, nicht, daß das Bundesverfassungsgericht bereits im Maastricht-Urteil festgestellt hat, daß Deutschland ultima ratio auch aus

[536] Gestützt u. a. auf Ch. Calliess, in: ders./M. Ruffert, EUV/EGV, Kommentar, 1999, Art. 5 EGV Rn. 25, 27; jetzt 4. Aufl. 2010, Art. 2 AEUV, Rn. 10 („Der Kompetenzverlust der Mitgliedstaten ist also vollkommen"; „Mitgliedstaaten haben ihre Zuständigkeit in den Bereichen der ausschließlichen Unionszuständigkeit danach unumkehrbar auf die Union übertragen", mitnichten).

[537] EuGH v. 5.02.1963 – Rs. 26/62 (van Gend & Loos/Niederländische Finanzverwaltung), Slg. 1963, 1 (25 f., Rn. 7 ff.); EuGH v. 15.7.1964 – Rs. 6/64 (Costa/ENEL), Slg. 1964, 1251 (1273).

[538] D. König, Die Übertragung von Hoheitsrechten im Rahmen des europäischen Integrationsprozesses, S. 80; M. Kaufmann, Europäische Integration und Demokratieprinzip, S. 425 f.; Th. Schmitz, Integration in der Supranationalen Union, S. 295 ff.

der Währungsunion ausscheiden könne, wenn diese keine Stabilitätsgemeinschaft zustande bringe (BVerfGE 89, 155 (200 ff., 204 f.))[539] .

Schliesky kommt zum Ergebnis, „bleibt man strikt dem Maßstab der klassischen nationalstaatlichen Souveränität verhaftet, so kann der Staatsgewalt angesichts der Abhängigkeit von der supranationalen Herrschaftsgewalt Souveränität nicht mehr zuerkannt werden“ (S. 388 f.)[540]. Folglich müsse, „wenn man am Begriff der Souveränität festhalten wolle“ „bei den Elementen der Staatlichkeit an einer Weiterentwicklung des Begriffs gearbeitet“ werden und „im Ergebnis eine gemeinsame Souveränität zwischen den Mitgliedstaaten und der Europäischen Union aufgeteilt werden“ (S. 388 f., 507 ff.), sein „souveränitätstheoretischer Paradigmenwechsel“ (S. 546; sic!). So einfach kann mit wohlbegründeten Begriffen nicht umgesprungen werden, schon gar nicht, wenn der als unzureichend kritisierte Begriff nichts mit der Rechtslage zu tun hat.

Die Souveränität ist Eigenschaft des Souveräns, eines oder mehrerer Menschen. Ohne Souverän läßt sich Souveränität nicht denken. Carl Schmitt hat das begriffen: „Souverän ist, wer über den Ausnahmezustand entscheidet“ (dazu Zweiter Teil C.IV.). In der Republik ist der Bürger souverän, wie im Sechsten Teil D ausgeführt wird. Schliesky kommt nicht einmal auf den Gedanken, daß der Bürger der Souverän sein könnte, obwohl er seine Legitimitäts-/Legitimationslehre auf die Individuen und deren Menschenwürde, den „präexistenten Menschen“, nicht das Volk (S. 682), als „Legitimationssubjekte“ zu stützen versucht (S. 272, 602, 625, 679 f., 682 ff.), auch die „Herrschaftsgewalt“, deren Eigenschaft die Souveränität sein soll (S. 540 ff.). Aber: „‚Das Volk‘ – monistisch gedacht – kann nicht ‚Souverän‘ sein; denn das ‚Volk‘ und ‚Herrschaftsgewalt‘ können nicht gleichgesetzt“ werden. Das wäre mit „der Trennung von Herrschaftsorganisation und Gesellschaft“ nicht zu vereinbaren, deren Dogmatik wegen des Freiheitsschutzes nicht aufgeben werden könne (S. 541, auch S. 558 ff.)[541]. Das Volk „als Summe der Individuen“ könne weder „aktueller Träger der Souveränität“ und „schon auf Grund fehlender kollektiver Handlungs-

---

[539] Dazu K. A. Schachtschneider, Die Rechtswidrigkeit der Euro-Rettungspolitik, S. 109 f.; ders., Ausstiegsrecht, Ausstiegspflicht und Ausstiegsverfahren, S. 320 ff.; auch D. König, Die Übertragung von Hoheitsrechten im Rahmen des europäischen Integrationsprozesses, S. 496, liest die Passage des Urteils richtig.

[540] Gestützt auf U. Di Fabio, Das Recht offener Staaten, S. 123, der einen ganz anderen Souveränitätsbegriff in Frage gestellt hat, nämlich einen „unvermittelten Machtanspruch einer staatlichen Zentralinstanz“, zu Recht, und eindeutig an der Souveränität als Recht festhält, S. 124 f.; ähnlich Schliesky J. Kokott, Die Staatsrechtslehre und die Veränderung ihres Gegenstandes, VVDStRL 63 (2004) S. 21 ff., die einen „Funktionswandel des Staates“ durch die „mit der Europäischen Einigung“ bezweckte „Entsouveränisierung“ zu erkennen meint, S. 23.

[541] Gestützt auf die ebenso verbreitete wie irrige hegelianische Argumentation E.-W. Böckenfördes, zitiert aus Art. Staat und Gesellschaft, Staatslexikon, Görres-Gesellschaft, Sp. 228, nicht im Literaturverzeichnis aufgeführt, wohl 7. Auflage, 1989/95, Bd. 5, 228–235; H. H. Rupp, Die Unterscheidung von Staat und Gesellschaft, HStR Bd. I, Grundlagen von Staat und Verfassung, § 28, Rn. 26 ff., auch nicht im Literaturverzeichnis; vgl. kritisch K. A. Schachtschneider, Freiheit in der Republik, S. 207 ff., 226 ff.

fähigkeit" auch nicht „aktueller Träger der Herrschaftsgewalt" sein (S. 541), obwohl es „ursprünglicher Träger der Herrschaftsgewalt" gewesen sei (S. 541). Es gehe um Legitimation und die Legitimationssubjekte (S. 541, 542 ff.). Das Volk sei die „Zusammenfassung individueller Legitimationssubjekte" „zum Zweck der Legitimation von Herrschaftsgewalt" (S. 686) und im Mehrebenensystem seien „Legitimationszusammenschlüsse" der verschiedenen „Legitimationssubjekte" für das „hinreichende Legitimationsniveau" erforderlich (S. 688 f., 700 f.). Demokratie wird ihm zur „Herrschaftsform", zur „Herrschaftsorganisationsform", „Herrschaft für das Volk" (S. 542 ff.), natürlich gestützt auf die ungebildete Übersetzung von Demokratie als „Volksherrschaft" (S. 542; Vittorio Hösle hat das widerlegt; vgl. Fünfter Teil B.I.2.), obwohl sie die politische Form der Freiheit ist. Die Sentenz von Abraham Lincoln, die sogenannte Gettysburg-Formel; „government of the people, by the people, for the people" (S. 544, 618, 620, 624, 718 u. ö.), mißversteht er gründlich und verfälscht deren Botschaft so gut er kann. Allein schon Government ist nicht Herrschaft. Noch niemals wurde gubernare als herrschen übersetzt, sondern vornehmlich als steuern, lenken. Tragfähig ist das Verständnis als regieren. Zudem muß die Sentenz in ihrer Einheit verstanden werden, die Herrschaft ausschließt. Schliesky hat keine Ahnung von der staatsrechtlichen Vertretung des Volkes. Er schafft es, der Republik und deren demokratischen Prinzip die Grundlagen zu entziehen, nur um eine souveräne Herrschaftsgewalt auch der Europäischen Union zu rechtfertigen, die fraglos verfassungswidrig und souveränitätswidrig wäre. Schliesky vermag Bürgerlichkeit nicht in Dogmatik umzusetzen. Die Bürger oder gar Unionsbürger sind lediglich „Legitimationssubjekte" der jeweiligen Herrschaftsgewalt (S. 265 ff.). Die hat für ihn faktischen Eigenstand und sie hält er für souverän (?).

Wer sollte der Träger der „Herrschaftsgewalt" sein, die souverän ist? Das könnte, wenn man eine Staatssouveränität oder eine daran orientierte Organisationssouveränität zu Grunde legt, nur der Staat oder/und der Staatenverbund oder Bundesstaat der Europäischen Union sein, deren Herrschaft Schliesky zu legitimieren unternimmt. Abgesehen davon, daß sich weder Herrschaft noch gar Herrschaftsgewalt legitimieren lassen, weil sie der Freiheit zuwider sind, sind weder der Staat noch die Europäische Union als Organisationen ohne Persönlichkeit der Souveränität fähig. Sie sind zwar zu juristischen Personen erklärt, aber das hat lediglich rechtstechnische Gründe. Daseinsmäßige Eigenschaften haben sie nicht. Sie sind kein Makroanthropos. Souveränität ist eine Eigenschaft allein von natürlichen Menschen. Nur diese sind als Bürger ihres Staates souverän, weder ihr Staat noch ihr Volk als solches, als politische Einheit. Schliesky zitiert (S. 682) richtig den fast kantianischen Satz des Bundesverfassungsgerichts: „Weil er der freien Selbstbestimmung aller unter Gewährleistung von Frieden und Ordnung einen institutionellen Rahmen verbürgt, kommt dem Staat Hoheitsgewalt, d. h. die Macht zu, Akte zu setzen, die für alle verbindlich sind, insbesondere Recht zu schaffen und Herrschaftsorgane einzusetzen" (BVerfGE 44, 125 (142)). Nur das Wort „Herrschaftsorgane" stört. Aber Schliesky zieht keine Schlüsse daraus, weil er zur Idee der Freiheit trotz zaghafter Hinweise auf Rousseau und Locke (S. 682) keinen Zugang hat. Er spricht vom

Bürger (S. 683), entmachtet, ja entrechtet diesen aber. Er gesteht dem ‚Bürger' lediglich ein Recht auf „Rechtfertigung" der „ausgeübten Herrschaftsgewalt", der „Herrschaftsordnung" zu, deren Legitimation und Legitimität (S. 683 f.). Ein Bürger jedoch läßt sich nicht beherrschen, sondern ist frei. Wer Bürger sagt, muß auch Bürgerschaft sagen, also Volk im freiheitlichen, republikanischen Sinne. Bestand und Gestalt des Staates hängen vom Volk als der Bürgerschaft ab. Das ist nicht gerade Ausdruck von Souveränität, von suprema potestas des Staates. Auch das Volk als politische Einheit ist nicht souverän. Es existiert nicht einmal. Es ist schlicht die Vielheit der Bürger. Deswegen gibt es keine Volkssouveränität, die sich von der Souveränität der Bürger unterscheiden könnte. Das Volk hat keinen Eigenstand gegenüber den Bürgern. Souverän, als Eigenschaft, sind ausschließlich Menschen und zwar als Bürger ihres Staates die Staatsbürger. Sie sind frei und bleiben auch im Staat frei. Solange Menschen keinen Staat verfaßt haben, sind die Menschen souverän, nämlich frei, jeder für sich. Freilich ist das ein reines Gedankenspiel. Im Staat üben die Menschen ihre Souveränität gemeinschaftlich als Bürgerschaft oder mittels der Organe des Staates aus.

Souveränität im Staat ist Staatsgewalt, allem voran Gesetzgebungshoheit, wie das schon Jean Bodin gelehrt hat und es gegenwärtig allgemeine Auffassung ist (auch S. 147 f., 386)[542]. Diese haben die Bürger nur gemeinsam, weil das Gesetz allgemein ist; denn es verwirklicht die allgemeine Freiheit, welche es notwendig macht, daß alle, die um ihrer Freiheit willen unter dem eigenen Gesetz leben wollen und müssen, eines allgemeinen Gesetzes bedürfen, das seinem Begriff nach für alle identisch ist und das Einverständnis aller mit allen Handlungen der Mitbürger verbindlich macht. Aus der höchsten Verbindlichkeit der Gesetze, wenn diese dem Recht genügen, folgt die Gesetzlichkeit und damit die Befugnis vor allem des Staates zur Rechtsdurchsetzung (S. 147 f.)[543]. Die Beschränkung des Geltungsbereichs auf ein Staatsgebiet folgt anderen Notwendigkeiten, zum einen der geschichtlichen Entwicklung der Völker, die auf einem Gebiet leben, und zum anderen dem Prinzip der kleinen Einheit, das notwendig ist, um der Souveränität der Bürger die praktische Möglichkeit zu geben, die eine lebendige Demokratie erfordert[544], welche die notwendige politische Form der allgemeinen Freiheit ist. Der Staat dient somit als Organisation der Bürgerschaft der notwendig gemeinschaftlichen Ausübung der Souveränität der Bürger. Er besteht aus Organen und agiert durch Vertreter der Bürger, des ganzen Volkes als der Bürgerschaft. Utz Schliesky sind diese republikanischen Argumente

---

[542] Gestützt auf G. Haverkate, Verfassungslehre – Verfassung als Gegenseitigkeitsordnung, 1992, S. 28; A. Randelzhofer, Staatsgewalt und Souveränität, HStR Bd. I, §15, Rn. 39.

[543] Vgl. J. Isensee, Staat und Verfassung, HStR Bd. I, § 13, Rn. 39, 74, 77, 87; A. Randelzhofer, Staatsgewalt und Souveränität, HStR Bd. I, §15, Rn. 40; U. Di Fabio, Das Recht offener Staaten, S. 124, 137.

[544] Zu den Voraussetzungen einer lebendigen Demokratie M. Kaufmann, Europäische Integration und Demokratieprinzip, S. 58 ff.; dazu auch U. Di Fabio, Das Recht offener Staaten, S. 47 ff.; BVerfGE 89, 155, Ls. 3 b, Rn. 100, 165 (171 f., 213).

alle fremd geblieben, weil er die politische Freiheit der Bürger überhaupt nicht in seine Überlegungen einbezogen hat, mangels Lektüre des einschlägigen Schrifttums.

Die Bürger können aber ihre Souveränität nur mittels ihrer Staaten ausüben. Das schließt ein, daß sie Bürger mehrerer zur gemeinsamen Lebensbewältigung organisierter Staaten sein können, wie Bund und Länder in Deutschland oder auch zusätzlich der Europäischen Union, wenn diese denn ein Staat der Unionsbürger wäre. Das ist sie nicht, weil ein Unionsvolk sich nicht verfaßt hat (BVerfGE 123, 267, Rn. 179, 224, 263, 346 ff.). Ein Mehrebenensystem, wie es Schliesky ständig propagiert, kommt durchaus in Betracht. Nur muß dieses freiheitlich gestaltet sein. Dahin ist Schlieskys Dogmatik einer souveränen Herrschaftsgewalt auf mehreren Ebenen nicht vorgedrungen. Sowohl der Bund als auch die Länder Deutschlands sind Körperschaften, in denen Bürger ihre Souveränität ausüben, wie im Achten Teil näher dargelegt wird. Sie haben teilidentische Völker. Die Kompetenzen der Souveränitätsausübung sind geteilt. Als dritte Ebene könnte die Europäische Union hinzukommen, wenn sie denn als solche verfaßt wäre. Dann müßte sie als Staat der Unionsbürger verfaßt sein, welcher einen Teil deren Souveränität auszuüben die Kompetenz hat. So agiert die Union, aber ohne Recht; denn trotz aller institutionellen und funktionalen Staatlichkeit, die sogar Befugnisse existentieller Staatlichkeit einschließt, vertritt sie kein Unionsvolk, weil ein solches sich nicht verfaßt hat und nicht verfassen darf, solange zur Verfassungsidentität der Mitgliedstaaten, jedenfalls Deutschlands, gehört, daß „alle Staatsgewalt vom Volk ausgeht" und zwar in Deutschland vom Deutschen Volk (BVerfGE 83, 37 (51 f.); 123, 267, Rn. 179, 216 f., 227 f.; a.A. S. 608)[545]. Dazu gehört auch die Staatsgewalt, welche die Union ausübt.

Die Union übt im Rahmen der „übertragenen Hoheitsrechte" die Staatsgewalt der verschiedenen Völker der Mitgliedstaaten gemeinschaftlich aus (BVerfGE 89, 155 (188 f.), keinesfalls eine eigenständige „Herrschaftsgewalt", die irgendwie legitimiert werden, besser: legalisiert sein müßte, wenn sie das denn könnte, gar durch Effizienz ihrer Aktivitäten, sprich ihrer demokratiefernen Herrschaft, in der Schliesky vornehmlich ihre Legitimität sieht. Eine von den Unionsbürgern abgeleitete Legitimation nämlich hat sie mangels hinreichend demokratisch gewählten Parlaments mit hinreichend demokratischen Status nicht. Die unter Bund und Ländern geteilte Ausübung der Staatsgewalt und damit der Souveränität der Bürger ist demgegenüber in dem Identitätskern des Verfassungsgesetzes der Deutschen verankert; denn die Bundesrepublik Deutschland ist ein Bundesstaat. Eine solche Teilung der Ausübung von Staatsgewalt und Souveränität leistet Art. 23 Abs. 1 GG nicht und kann er nicht leisten, weil die Staatsgewalt, welche die Europäische Union ausübt, nicht allein vom Deutschen Volk ausgeübt wird, sondern von allen Mitgliedstaaten der Union. Das kann somit nur gemeinschaftliche Ausübung der Staatsgewalten und Souveränitäten der Völker aller Mitgliedstaaten sein. Das Bundesverfassungsgericht hat das klar erkannt und schon im Maastricht-Urteil ausgesprochen. Utz Schliesky hat das nicht verstanden und die Übertragung der

545 M. Jestaedt, Demokratieprinzip und Kondominialverwaltung, S. 207 ff.

Hoheitsrechte so dogmatisiert als würde dadurch eine neue Staatsgewalt begründet[546], die er Herrschaftsgewalt nennt (S. 332 ff.), um nicht mit der allseitigen Ablehnung der existentiellen Staatseigenschaft der Union in Konflikt zu geraten. Zugleich mißt er aber dieser Herrschaftsgewalt Souveränität zu, augenscheinlich von der Schwierigkeit der Problematik überfordert und von dem Eifer übermannt, die Union als eine Ebene souveräner Herrschaft zu rechtfertigen.

Die „gemeinsame Souveränität" (S. 507 ff., 546 ff.) behandelt Schliesky wiederum als „Eigenschaft der Herrschaftsgewalt", rechtlich gebunden (S. 547 ff.) und rechtlich im Mehrebenensystem durch „zahlreiche Kompetenzbestimmungen" koordiniert und „zugleich ein ‚System kooperativer Gewaltenteilung'" (S. 550 f.), dem „Grundsatz bundesfreundlichen Verhaltens[547] und dem Prinzip der Gemeinschafts- bzw. Unionstreue"[548] verpflichtet (S. 551 ff.).Wiederum mißt Schliesky dieser gemeinsamen Souveränität das „Zuhöchstsein der Herrschaftsgewalt", die Suprematie, mit der Kompetenz-Kompetenz (welche die Union nicht hat), vor allem wegen des Anwendungsvorranges, verbunden mit einer „Letztverantwortung für verbindliche Entscheidungen" (welche der Union auch nicht zusteht) zu (S. 554 ff.), erklärt die Herrschaftsgewalt „subordinationsrechtlicher" Konzeption und damit fragwürdig für „einseitig" (S. 556 ff.) und „einzig" „in der Auswirkungsdimension", also „rechtlich höchste Gewalt" auf ihrem Gebiet, suprema potestas im Interesse von Sicherheit und Frieden, im Mehrebenensystem „arbeitsteilig ausgeübt" (S. 561 ff., 562 f., 563 ff.), trotz des (vermeintlichen) „‚Kooperationsverhältnisses' „zwischen Bundesverfassungsgericht und Europäischen Gerichtshof" (565 ff.), sowie für „einheitlich" im Sinne der „Einheit und der Widerspruchsfreiheit der Rechtsordnung" und der „Kohärenz", des „Zusammenhaltes" wegen der „Optimierung" des Zusammenhanges des Mehrebenensystems (S. 570 ff., 575 ff., 580 ff.), der „gemeinsamen Herrschaftsordnung des europäischen Mehrebenensystems" (S. 571). Diese Positionen sind, abgesehen von der einer „Herrschaftsgewalt" der Union, der gleichen Kritik ausgesetzt wie die Kriterien der Souveränität als Eigenschaft der Staatsgewalt.

Schliesky weiß, daß das „monistische Legitimationskonzept" des „Nationalstaates", welches das „herrschende Legitimationskonzept" sei, nicht genügt, um das Demokratiedefizit der Europäischen Union als „supranationaler Verfassungsebene" oder eben deren „Herrschaftsgewalt" im Mehrebenensystem zu beheben (S. 391 ff., 400 ff., 611, 698 ff., 702 ff., 674 ff., auch S. 474 ff., 601), zumal auch die Gewal-

---

[546] So auch D. König, Die Übertragung von Hoheitsrechten im Rahmen des europäischen Integrationsprozesses, S. 59 ff.; Th. Schmitz, Integration in der Supranationalen Union, S. 293 ff.

[547] BVerfGE 92, 203 (230); auch BVerfGE 12, 205 (255); 14, 197 (215); 43, 291 (348 f.); 61, 149 (205); 73, 118 (197); 81, 310 (337 f.); 86, 148(211 f.); 98, 106, 118 ff.); st. Rspr.

[548] EuGH, Slg. 1983, 255, Rs. 230/81, Luxemburg/Parlament, Rn. 38, S. 287 („Pflicht zur loyalen Zusammenarbeit"); ebenso EuGH Slg. 1986, 89, Rs. 52/84, Kommission/Belgien, Rn. 16, S. 105; EuGH Slg. 1990, I-3365, Rs. C-2/88, Zwartfeld, Rn. 17 f. S. I-3372; EuGH Slg. 1991, I-2797, Rs C-251/89, Athanasopoulos, Rn. 57, S. I-2848; EuGH Slg. 1996, I-3331 (3333 Ls. 5), Rs. C-50/94, Griechische Republik/Kommission, Rn. 39 S. I-3368.

tenteilung gemäß „nationalstaatlichen Standards“ durch die Union „im Abbau“ begriffen sei (S. 405 ff.). Ein „europäisches Volk“, durch das die „input-Legitimation“ nach dem „Modell eines Staatsvolkes“ ausreichen könne, existiere nicht (S. 675). Das ist doch das ganze von Schliesky freilich in Abrede gestellte (S. 675) Dilemma der demokratiefernen Europäisten. Wenn die „nationalen Staatsvölker“ die „maßgebliche Legitimationssubjekte“ sein sollen, wie es das Bundesverfassungsgericht konzipiere (BVerfGE 89, 155 (182 ff.); vgl. auch BVerfGE 123, 267, Rn. 232 f., 281), würde das „zwangsläufig zu einem Legitimationsdefizit“ führen (S. 392 ff., 394 ff., 400 ff.), durchaus richtig, aber unheilbar. Allein schon die Dogmatik der Supranationalität der Europäischen Union, gar noch als „Herrschaftsordnung“ oder „Herrschaftsgewalt“ (S. 444 ff., 479 ff., 481 ff.), ist fragwürdig[549]. Sie ist ein integrationistischer Kunstgriff ohne eine irgendwie begründbare Herleitung. Schliesky begnügt sich damit, daß die „supranationale Herrschaftsgewalt nicht zu leugnen“ sei (S. 447). Darum entwirft er zur „rechtlichen Koordinierung der Herrschaftsgewalt“ (S. 511 ff., 547 ff.) ein „plurales Legitimationskonzept“ (S. 588 ff., 656 ff., 673 ff.), welches „output- und input-Legitimation“ zusammenführe (S. 715 ff.) und das erforderliche demokratische „Legitimationsniveau“ (S. 302 ff., 604, 608 ff., 621 f., 658, 672, 702, 713 f., 715 ff. u. ö.; BVerfGE 83, 60 (72 f.); 93, 37 (66); 123, 267, Rn. 262 f., 274 ff., 294, 317, 319)[550], ein allzu wenig bestimmter Begriff (anders S. 715 ff.)[551], die „Legitimität“ der „Herrschaftsgewalt“ mehrerer Ebenen zu erreichen vermöge.

Die allseits akzeptierte „input-Legitimation“ der „ununterbrochenen Legitimationskette“ von der Wählerschaft über das Parlament zu den Amtswaltern, gegebenenfalls über die Regierung, die „hierarchische“, „monokausale“, „formale“ Legitimation (S. 279 ff., 281 ff., 290 ff., 600, auch S. 673 ff.), zeige nicht nur aber vor allem wegen des „Hinzutretens der supranationalen Herrschaftsgewalt“ „Auflösungserscheinungen“ (S. 389 ff., 439 ff.), innerstaatlich (S. 417 ff.) und auch in der Europäischen Union (S. 389 ff., 423 ff.). Diese Legitimationsform sei „nicht haltbar, weil realitätsverfehlend“ (S. 709, auch S. 716). Ebenso sei die „für eine Vorstellung einer Willenstransformation essentielle hierarchische Weisungsmöglichkeit“ und „erst recht deren Gebrauch“ „in vielen Erscheinungsformen der Herrschaftsgewalt fernab jeglicher Realität“ (S. 709 f.), richtig. Integrationsunrecht gibt es jedoch für Schliesky nicht. Die Europäische Union ist eben in ihrer Gestalt unverbesserlich rechtswidrig. Der unerschütterliche Integrationswille hilft darüber nicht hinweg. Die „Verantwortungszurechnung“ soll alle Defizite der „input-Legitimation“ heilen (S. 709 ff.). Aber auch Schliesky weiß um die „‚oganisierte Verantwortungslosigkeit‘“ (S. 714). Der ‚Erfolg‘ des unionalen Verantwortungssystems zeigt sich in dem

549 Dazu ausführlich Th. Schmitz, Integration in der Supranationalen Union, S. 289 ff.

550 Dazu M. Kaufmann, Europäische Integration und Demokratieprinzip, S. 430 ff.; berechtigte Kritik von O. Lepsius, Steuerungsdiskussion, Systemtheorie und Parlamentarismuskritik, 1999, S. 23 ff.

551 So O. Lepsius, Steuerungsdiskussion, Systemtheorie und Parlamentarismuskritik, S. 25 f.

ausgeuferten Lobbysystem und in der grassierenden Korruption. Das Amtsprinzip versagt wegen der allzu großen Macht der Amtswalter in der Kommission und der nicht überwindbaren Bürgerferne.

Schliesky stellt darum der „input-Legitimation" eine „ergebnisorientierte" „output-Legitimation" der „effizienten Herrschaftsgewalt" (S. 659 ff.) an die Seite. Auf einem „vorrechtlichen", aber rechtlich verbindlichen (S. 632 ff.) gemeinsamen „Grundkonsens" (S. 634 ff.), auf einen den „Gehorsam" erzeugenden, aber „wandelbaren" (S. 640 ff.) „(kollektiven) Legitimitätsglauben"[552] (S. 636 ff., 640 ff., 655 u.ö; das leisten nach der Erfahrung am besten Religionen, aber der Europäismus hat auch religionshafte Züge) würden „überpositive" (S. 626 ff.) „Herrschaftszwecke und -ziele" (S. 623 ff., 661 ff.) der „Legitimationssubjekte" beruhen. Der Grundkonsens schaffe die Legitimation der Herrschaftsgewalt durch die „Herrschaftsunterworfenen", die Legitimität der Herrschaft (S. 632 ff., 634 ff.), ein wahrhaft Hobbesscher Leviathanismus. Die „gelungene Verwirklichung" der Herrschaftszwecke und -ziele begründe eine „materielle" Legitimität (S. 600 ff., 632 ff.) der „Herrschaftsgewalt", mißverstanden als „Herrschaft für das Volk" (S. 599 ff., 605). Sie solle mittels „empirischer Methoden" (S. 670 ff.) an dem „Mehrwert der Herrschaftsbetätigung für die Legitimationssubjekte" gemessen werden, ganz gleich, „wer den maßgeblichen Willen für dies Ergebnis gefaßt habe" (S. 662). Der Europäismus sucht nach der Legitimation der Diktatur.

Als maßstäbliche (S. 661 ff.) Herrschaftszwecke und -ziele führt Schliesky auf: „(äußerer) Frieden, (innere) Sicherheit, Freiheit, soziale Wohlfahrt" (S. 626, 628), aber auch die Menschenwürde und die Menschenrechte (S. 627), zusammengefaßt „Gemeinwohl" und „Gerechtigkeit" (S. 627), zu Recht, wenn er es Staatszwecke nennen würde. Das Sozialprinzip, das im Verfassungsgesetz steht, ist insoweit mehr als ergiebig. Wer mit der Aufzählung beginnt, kann schlecht aufhören. Es ist richtigerweise die Rechtlichkeit des gemeinsamen Lebens und damit die praktische Vernunft der Politik. Die Materien des guten Lebens aller in Freiheit, den Staatszweck als formales Prinzip, zu verwirklichen, dient das demokratische Prinzip. Es ist das große Verfahrensprinzip, das im Sinne prozeduraler Gerechtigkeit zwingend aus der allgemeinen Freiheit folgt, und als solches gerade nicht zur Disposition materialer Prinzipien steht. Es läßt spezifisch nur die „input"-, gerade nicht die „output-Legitimation" zu (a.A. S. 650 f., 656 ff.).

Als Herrschaftszwecke und -ziele der Europäischen Union fügt Schliesky zur „Freiheit als Achtung der Menschenwürde" (sic! So könnte das auch ein islamischer Imam formulieren, der die Menschenrechte unter den Vorbehalt des Korans stellt[553]) beflissen die „Grundfreiheiten", also das Binnenmarktprinzip, „die Solidarität,

---

[552] Gestützt u. a. auf M. Weber, Wirtschaft und Gesellschaft I, S. 157, 159; Th. Würtenberger (jun.), Legitimität, Legalität, Geschichtliche Grundbegriffe, Bd. 3, 1982, S. 677 ff., 678 f.

[553] Dazu K. A. Schachtschneider, Grenzen der Religionsfreiheit am Beispiel des Islam, S. 102 ff.

wirtschaftlichen und sozialen Fortschritt sowie (innere und äußere) Sicherheit" hinzu. Wenn diese internationalistischen Maximen der Union das demokratische Prinzip im Interesse effizienter Verwirklichung relativieren dürfen, ist die Demokratie, wie die Entwicklung der Union zeigt, so gut wie abgeschafft. Was etwa den Binnenmarkt, also die sozial- und gesundheitspolitisch verheerende radikale Deregulierung, als Herrschaftszweck rechtfertigen können soll, ist unerfindlich.

Ein „Legitimationsstrang" erreiche das geforderte Legitimationsniveau nicht, beide müßten „gemeinsam vorliegen, „kumulativ, nicht alternativ" (S. 588 ff., 604, 673 ff.). Schliesky sieht die „output-Legitimation" gar im Grundgesetz und mehr noch im Primärrecht der Europäischen Union[554], nämlich „Art. 2, 6, 7 EUV und Art. 2, 3, 4, 6 EGV", und im Subsidiaritätsprinzip des Art. 5 Abs. 2 EGV, angelegt (S. 603). Er beruft sich fragwürdig auf die deutsche Rechtsprechung (BVerfGE 83, 60 (72 f.); 93, 37 (67); BVerwGE 106, 64 (74), zum demokratischen Legitimationsniveau), weil von „hinreichend effektivem Gehalt an demokratischer Legitimation" die Rede war (BVerfGE 89, 155 (182)). Davon kann keine Rede sein. Sein Hinweis auf das Widerstandsrecht des Art. 20 Abs. 4 GG (S. 602 f.) für eine „output-Legitimation ist abwegig. Art. 20 Abs. 2 GG steht vielmehr einer „output-Legitimation" klar entgegen (a.A. S. 668), ganz abgesehen von weiteren Argumenten der Freiheitslehre. Irrläufer in der Judikatur des Bundesverfassungsgerichts, etwa die ausnahmehafte Rechtfertigung der Unabhängigkeit der Europäischen Zentralbank durch ihren Sachverstand, welcher interessengeleiteter Geldpolitik der Regierung nach der Erfahrung vorzuziehen sei (BVerfGE 89, 155 (207 ff.); S. 660 f., 662)[555], können kein allgemeines Prinzip einer demokratischen Legitimation durch Effizienz der Herrschaft begründen. Das ist eher eine oft erprobte und meist mit großem Schaden, wenn nicht mit politischen Katastrophen beendete Effizienz von Diktaturen (vgl. i.d.S. S. 604 f.; BVerfGE 5, 85 (204 f.)). Schon die Republik Roms kannte die durch das Effiziensprinzip begründete Diktatur, freilich strikt auf ein halbes Jahr begrenzt. Im Ausnahmezustand wird üblicher Weise der demokratische Standard auf ein Minimum abgesenkt. Die Notstandsverfassung des Grundgesetzes bleibt insofern sehr zurückhaltend. Aber ein allgemeines Prinzip Herrschaft rechtfertigender Effizienz gibt es nicht. Es wäre eine empfindliche, nicht hinnehmbare Relativierung der Freiheit. Darum geht es Schliesky denn auch, der keinen anderen Weg sieht, die freiheitswidrige Herrschaft der Europäischen Union zu legitimieren. Das ist die Botschaft seiner Schrift. Auf den Gedanken, die Union derart umzugestalten, daß sie mit der Freiheit der Völker verträglich ist, kommt er in seinem politisch korrekten

---

[554] Vgl. dazu auch M. M. Böhner, Integration und Legitimität in der Europäischen Union (Über Prozesse des Legitimationserwerbs. Ein Beitrag im Lichte der Theorie von Karl W. Deutsch), 1998, S. 20 ff.

[555] Kritisch K. A. Schachtschneider, Die existentielle Staatlichkeit der Völker Europas und die staatliche Integration der Europäischen Union, S. 129 ff.; kritisch zur Expertokratie als Legitimationsweise durch Sachverstand auch M. Kaufmann, Europäische Integration und Demokratieprinzip, S. 477.

Eifer nicht. Entsprechende fachliche Überlegungen nimmt er erst gar nicht zur Kenntnis.

Um seine „output-Legitimation“ zu etablieren nutzt er verschiedene Mißdeutungen. Die Unabhängigkeit der Amtswalter, der Parlamentarier, der Beamten, der Richter (S. 286), haben unterschiedliche demokratische und rechtsstaatliche, jeweils republikanische, Gründe. Es wird von „funktioneller und institutioneller Legitimation“ gesprochen (BVerfGE 49, 89 (125); S. 286, 299 ff.)[556]. Die Mitbestimmung im öffentlichen Dienst und besondere Formen öffentlicher Verwaltung wie vor allem die öffentlichen Unternehmen (S. 287 f.), gar in Privatrechtsform, haben andere, eher fragwürdige Gründe. Die kommunale Selbstverwaltung hingegen ist weitestgehend wohlbegründet und durch das Gemeindevolk getragen und legitimiert (PdR, S. 229 ff.; a.A. S. 288, 291, 419). Deren Erörterung würde hier zu weit gehen[557]. Die Abgeordneten sind unabhängig, weil sie Vertreter des ganzen Volkes sind. Wenn das Volk ihnen Weisungen geben wollte, müßte es selbst abstimmen. Die Beamten sind mehr oder weniger im Sinne „einer sachlich-inhaltlichen demokratischen Legitimation“ „hierarchisch“ weisungsgebunden (S. 285 ff., 295 ff.). Ihre sachliche Unabhängigkeit ist mit dem republikanischen Amtsprinzip verbunden und folgt aus der spezifischen Amtskompetenz (ähnlich, aber als legitimatorischer Notbehelf S. 705, 713). Die Unabhängigkeit der Richter ist Gebot ihrer Neutralität gegenüber den Streitparteien. Für alle Amtswalter erwächst die Unabhängigkeit aus ihrer Erkenntnisaufgabe. Erkenntnisse sind wissenschaftlich zu gewinnen. Die Unabhängigkeit gehört zur Wissenschaft.

Der Staat als die Organisation für die Verwirklichung des gemeinen Wohls ist auf bestmögliche Leistung dieser Aufgabe, seines Zwecks, eingerichtet, also auf Effizienz der Aufgabenbewältigung. Er ist gut, wenn er seine Aufgaben gut bewältigt. Dabei kommt es auf jeden Amtswalter an. Der Erfolg, die Effizienz der Aufgabenerfüllung, stabilisiert ihn und das Gemeinwesen. Das schafft Zufriedenheit der Bürger mit ihrem Staat und führt gegebenenfalls zur Wiederwahl der Abgeordneten und der Regierung usw. Das schafft Anerkennung, die man als Legitimität bezeichnen mag (vgl. 604). Aber spezifisch demokratische Legitimation oder demokratische Legitimität ist das nicht. Ganz davon abgesehen, daß Herrschaftseffizienz Herrschaft zu stabilisieren und durch Stabilität gewissermaßen zu legitimieren vermag, nicht aber Freiheit, eher im Gegenteil Freiheit geradezu delegitimiert, ist die Ordnungsleistung der Herrschaft deren Zweck, wie auch Schliesky weiß. Die „Herrschaftsgewalt“ ist, wenn sie nicht reine Usurpation von herrschaftlicher Macht ist, dafür eingerichtet, nicht anders als die freiheitliche und demokratische Staatlichkeit. „Legitimiert“ werden könnte, wenn andere als freiheitliche Legalität überhaupt legitimierungsfähig wäre, somit nur die Institution, nicht aber die je-

[556] E.-W. Böckenförde, Demokratie als Verfassungsprinzip, HStR Bd. I, § 22 Rdn. 15.

[557] Zu den öffentlichen Unternehmen kritisch K. A. Schachtschneider, Staatsunternehmen und Privatrecht, 1986; auch ders., Der Anspruch auf materiale Privatisierung, S. 190 ff., 300 ff.; Prinzipien des Rechtsstaates, S. 238 ff.

weiligen Herrschaftsakte. Zweckverwirklichung ist Pflichterfüllung jeder Organisation, Zweckverfehlung Pflichtverletzung. Pflichterfüllung legitimiert nicht als „‚Legitimation durch Bewährung'", ex ante und ex post (S. 663 ff., 670 ff., 716 ff.)[558].

Der Legitimation bedarf der Amtswalter in seinem Amt, die aber nicht durch die Effizienz seiner Amtswaltung bewirkt wird, sondern ausschließlich ex ante durch die Auslese unter den Bewerbern. Diese muß demokratisch sein. Demokratische Vertretung des ganzen Volkes als der Bürgerschaft, die allein den Staat, ihren Staat, zu tragen vermag, weil der Staat die Freiheit jedes Bürgers ist, freilich nur der Staat des Rechts, der Rechtsstaat. Dieser ist essentiell für die Wirklichkeit der allgemeinen Freiheit. Um die bestmögliche Verwirklichung des Gemeinwohls zu erreichen, müssen die Besten die Ämter im Staat innehaben. Deren Auslese muß den jeweiligen Ämtern gemäß, aber immer demokratisch geregelt sein. Sonst können die Amtswalter nicht Vertreter des ganzen Volkes sein. Darum gibt es nur ein demokratisches „Legitimationsprinzip", wenn man so will die „input-Legitimation". Das Prinzip der Bestenauslese soll die Effizienz der Amtswaltung gewährleisten. Die Bestenauslese mißlingt im parteienstaatlichen Wahlsystem geradezu systemisch, aber das verfassungswidrige Verhältniswahlsystem mit der Sperrklausel, typisch für Parteienstaaten, dementiert nicht das demokratische Prinzip der Republik als des Gemeinwesens freier Bürger. Wenn das Handeln des Amtswalters legal und dem Gemeinwohl dienlich ist, ist es nach irgendeinem Maßstab effizient, aber nicht im höheren Maße legitim als wenn der Amtswalter, der nach dem Prinzip der Bestenauslese mit dem Amt betraut wurde, nach diesem Maßstab versagt. Auch sein Handeln war legal, aber der Maßstab der Effizienz ist beliebig.

Schliesky sieht den Maßstab in der „Problemlösungsfähigkeit" (S. 601, 603)[559] und in der „Kongruenz der Willen der Legitimationssubjekte mit der Betätigung der Herrschaftsgewalt", „unter zu Hilfenahme des Mehrheitsprinzips" (S. 600, auch S. 652 ff., 690)[560], ein rein formales Kriterium. Adolf Hitler ist dem in den Augen der großen Mehrheit des deutschen Volkes lange gerecht geworden, so daß seine

---

[558] A. Peters, Elemente einer Theorie der Verfassung Europas, 2001, S. 580 ff., gar als „ex post-Legitimation", breit angelegt, aber sie stützt fragwürdig ihre Argumentation auf K. R. Poppers Erkenntnistheorie der Vermutung und Bewährung, die für Theorien, also Erkenntnisse des Seins, entwickelt und als solche überzeugend, aber für die Richtigkeit einer Politik gänzlich ungeeignet ist. Politik mag sich bewähren, aber worin erweist sich die Bewährung – im Frieden, im Sieg, im Wohlstand, in der Sittlichkeit und in welcher, im Bestand des Staates, in dem der Europäischen Union? Es gibt keinen Maßstab der Bewährung als den der Rechtlichkeit. Diese aber ist die formelle und materielle Legalität.

[559] Gestützt auf u. a. M. Böhner, Integration und Legitimität in der Europäischen Union, S. 20.

[560] U. Schliesky, Souveränität und Legitimität von Herrschergewalt, S. 652, verkennt Rousseaus Irrtumslehre gründlich, wenn er Rousseau unterstellt, seine Mehrheitsentscheidung sei nicht der „objektiven Richtigkeit" verpflichtet gewesen. Rousseau ging es um Erkenntnis des Wahren und Richtigen, deren Verbindlichkeit freilich eines Beschlusses bedarf, bei dem der Mehrheit die Entscheidung zufallen müsse. Was sonst? Das ist die Mehrheitsregel, nicht ein Mehrheitsprinzip (FridR, S. 163); zum Mehrheitsprinzip Hinweise in Fn. 677.

(mörderische) „Herrschaftsgewalt" nicht nur, wie Schliesky irrig meint (S. 605), „input-Legitimation", sondern nach Schlieskys Konzept „output-Legitimation" hatte, „Herrschaft für das Volk" war. Nein danke! Die Gemeinwohlverwirklichung über die Legalität hinaus ist schlechterdings mangels gesetzlichen Maßstabes nicht meßbar. Sie mag unterschiedliche Bewertung erfahren, kann aber nicht ins Unrecht gesetzt, also delegitimiert werden. Allein schon die Maßstablosigkeit der Effizienzbewertung schließt eine Effizienzlegitimation als „output-Legitimation" aus. Die ganze Argumentation ist eine hilfloses Konzept, um eine nicht demokratisch legitimierte und nicht legitimierbare „Herrschaftsgewalt" zu rechtfertigen, die Europäischen Union. Das Effizienzkriterium kann erfüllt werden oder auch nicht. Das wird ex post bewertet. Damit ist Legitimation durch Effizienz ausgeschlossen. Nur „legitimierte" Amtswalter sind demokratisch tragfähig. Die „Legitimation" muß vor der Amtsausübung gesichert sein, sonst ist diese schlicht rechtswidrig.

Wie oben angesprochen, geht es in der Republik nicht um Legitimation, sondern um freiheitliche Legalität[561]. „Nach dem Grundgesetz bedeutet verfassungsmäßige Legalität zugleich demokratische Legitimität" (BVerfGE 62, 1 (43)). Diese ist unausweichlich von der legalen Vertretung des ganzen Volkes abhängig. Anders kann der Staat keine Verbindlichkeit erzeugen. Anstelle der „output-Legitimation" hätte Schliesky die Rechtlichkeit allen staatlichen und im übrigen auch privaten Handelns setzen sollen. Daraufhin ist der Rechtsstaat, der demokratisch sein muß, mit vielfältigen Vorkehrungen, zumal dem Gerichtswesen, eingerichtet. Die Legalität mag die Legitimität des Staats stärken. Sie verschafft den Organen, Behörden und Amtswaltern keine zusätzliche oder gar Defizite der „input-Legitimation" ausgleichende Legitimation. Sie ist Pflicht aller, die handeln, insbesondere der Amtswalter des Staates. Dafür sind sie im Amt. Jede Mißachtung des Rechts verletzt die Freiheit der Bürger, deren Souveränität. Amtliche Pflichterfüllung schafft keine Legitimation. Sie nimmt die durch die Berufungsakte legitimierte, besser vom Volk ermächtigte Vertretung des Volkes wahr und wird dem Vertrauen gerecht, das in den Amtswalter gesetzt wurde. Pflichterfüllung begründet nicht Legitimität, sondern ist erwartete Amtlichkeit. Deren Enttäuschung ist rechtswidrig und wird sanktioniert.

Output-Legitimation ist ein ‚demokratietheoretischer' Fehlgriff, ein Griff in den Werkzeugkasten der Herrschaftslegitimation, welche die Mißachtung der Freiheit, deren Wirklichkeit auf die demokratische Form angewiesen ist, zu verschleiern versucht. Eine effiziente Demokratie kann die Europäische Union schon als Großstaat nicht sein. Dafür fehlen ihr, wenn man so will, die „vorrechtlichen Voraussetzungen" (S. 408 ff.), insbesondere die hinreichende kulturelle, wirtschaftliche und soziale Homogenität oder auch die „kollektive Identität"[562], die Schliesky freilich als „untaugliches normatives Kriterium" der demokratischen Legitimation zurückweist

---

[561] Richtig K. Doehring, Internationale Organisationen und staatliche Souveränität, S. 110, zur Volkssouveränität: als Herrscher bedarf das Volk „keiner Rechtfertigung", wie das Gottesgnadentum des Fürstentums.

[562] I.d.S. M. Kaufmann, Europäische Integration und Demokratieprinzip, S. 284 f., 330 (kein „großer Nationalstaat"), auch S. 337 f.

(S. 412 ff.)[563]. Das Prinzip der kleinen Einheit ist im Siebenten Teil B.VI. näher erörtert.

Schliesky ignoriert das Grundgesetz größtmöglich, orientiert sich an Begriffen vergangener Verfassungsdogmatiken, vornehmlich monarchischer Legitimitätslehren, und meint, diese „weiterentwickeln" zu können. Zunächst hätte er die Begriffe des Grundgesetzes text- und vor allem systemgerecht, also freiheitlich, dogmatisieren sollen, bevor er dieses Verfassungsgesetz mit zudem fragwürdigen Legitimitätsansätzen einer europäischen Integration gefügig zu machen versucht. Meine in Res publica res populi, 1994, vorgetragene staatsrechtliche Vertretungslehre (S. 637 ff.) hätte ihm Hilfestellung gegeben, aber diese Lehre wäre seinem Apologieversuch nicht dienlich gewesen. Bei Georg Jellinek und all denen, deren Dogmatik über Jellineks Allgemeine Staatslehre nicht hinauskommt, konnte er eine republikgerechte Vertretungsdogmatik nicht finden, weil der Monarch genausowenig wie der herrschaftliche Staat in ihrer Souveränität Vertreter des Volkes waren. Wer (irrig) den Staat gegen die Gesellschaft stellt, wie mit der fast allgemeinen Lehre auch Schliesky (S. 148 u. ö.), ist immer noch tief im 19. Jahrhundert verfangen, den Blick von Hegels Staatsvergottung getrübt, hat aber weder die Weimarer Republikverfassung noch gar das Grundgesetz verstanden, wenn auch nur verstehen wollen. Man kann es auch so sagen: Er konnte eine den republikanischen Verfassungsgesetzen gemäße Dogmatik nicht aus den Schriften der herrschenden Lehre abschreiben. Freilich liegt es angesichts der republikwidrigen Herrschaft der Europäischen Union nahe, eine das Unrecht rechtfertigende Dogmatik der „Herrschaftsgewalt" nachzureichen. Darum bemühen sich viele, vergeblich, und empören sich, wenn sie auf Widerspruch des Bundesverfassungsgerichts stoßen, dessen Rechtsprechung eine weitaus größere Nähe zur Freiheit, nämlich zum Selbstbestimmungsrecht des Volkes, hat als der Großteil „Staatsrechtslehrer", die, wenn auch spät, entdeckt haben, daß die europäische Integration die politische Wirklichkeit ausmacht, der sie nun das Recht anzupassen bemüht sind. Die apologetische Neigung der Staatsrechtslehrer ist uralt, aber nicht jede Entwicklung läßt sich rechtfertigen.

Schlieskys Argumente sind empiristisch und damit als Rechtslehre ungeeignet. Durch nichts überzeugt eine empirische Rechtlehre, welche das Recht der rechtswidrigen Wirklichkeit unterwerfen will. Kant hat die „Hirnlosigkeit" solcher Rechtslehre ironisiert (MdS, S. 336). Alte Souveränitätslehren sind in Jahrhunderte langen Auseinandersetzungen, bis hin zu Bürgerkriegen, verändert worden, aus guten Gründen, weil die Souveräne revolutionär oder auch umstürzlerisch wechselten, vor allem vom Fürsten zum Volk. In Deutschland blieb die Trägerschaft der Souveränität fast zwei Jahrhunderte unentschieden und hat zu der folgenschweren Dogmatik von der Staatssouveränität geführt, welche die Souveränität nicht mehr zu personalisieren wagte, übrigens entgegen Hegel, der noch, wenn auch schon brüchig, den konstitutionellen Monarchen als die Personifizierung des Staates vorgestellt hat (Rechtsphilosophie, § 279). Es ging und geht soweit, daß eine Souveränität ohne

[563] Gestützt u. a. auf J. Habermas, Die Einbeziehung des Anderen, S. 191.

Souverän propagiert wurde. Das ist abwegig. Aber diesem Irrweg folgt auch Utz Schliesky, der die Souveränität als Eigenschaft der Herrschaftsgewalt versteht. Herrschaftsgewalt läßt sich beschreiben, aber sie hat kein Eigenes (dazu im Vierten Teil zu C).

Schliesky hätte es sich einfach machen können und auf den wirtschaftlichen Aufstieg Chinas unter der Diktatur der Kommunistischen Partei hinweisen können. Das ist das gegenwärtige Vorzeigeprojekt erfolgreichen Einsatzes des Effizienzprinzips, bestaunt und zunehmend der Nachahmung empfohlen. Aber wie lange es noch ohne weiter verstärkten Einsatz von polizeilicher und militärischer Gewalt, sprich von Gewehrläufen, Bestand haben wird, steht dahin. Freiheitlich ist es nicht. Schlieskys Bemühungen um einen „souveränitätstheoretischen Paradigmenwechsel“ haben ihn fachlich überfordert. Das Bundesverfassungsgericht hat der Dogmatik eines eigenständigen Legitimationsstranges der Europäischen Union oder eines eigenständigen Legitimationssubjekts derselben im Lissabon-Urteil eine klare Absage erteilt (BVerfGE 123, 267, Rn. 232, 278, 293, 334, 347, 349) und hat das mit dem „klassischen“ Souveränitätsprinzip begründet.

Die Kritik an Schlieskys europäistischen Legitimationskonzept der Unionsherrschaft mag für die Kritik all der Autoren stehen, die mit ähnlichen apologetischen Argumenten die Integration der Europäischen Union in der Form der Gründungsverträge zu verteidigen versuchen.

P. Christian Seiler

Christian Seiler hält an der herkömmlichen Souveränitätslehre fest[564]. Er übernimmt den Souveränitätsbegriff von Georg Jellinek, verwendet aber auch Positionen und Begriffe von Hermann Heller, Hans Kelsen, Ernst-Wolfgang Böckenförde, Josef Isensee und Paul Kirchhof, neben manchen Zitaten jüngerer Staatsrechtslehrer und Beiwerk aus der Geschichte der politischen Begriffe. Die „unteilbare“ und „ausschließliche“ (S. 70 f., 105 f., 212 ff., 380) Souveränität definiert Seiler mit Georg Jellinek als „die Eigenschaft der Staatsgewalt“ (oder auch „des Staates“, S. 69, 106), „auf Grund derer der Staat negativ formuliert von keiner anderen Macht gegen seinen Willen gebunden werden kann und die ihm positiv gewendet die ausschließliche, aber nicht schrankenlose Fähigkeit rechtlicher Selbstbestimmung und Selbstbindung vermittelt“ (S. 50, 68). Sie sei „die ursprüngliche und umfassende Zuständigkeit zur rechtlichen Bindung“ und „folglich ein Rechtstitel“, ein „rechtsgeprägtes Prinzip“ und zwar nicht durch das Recht begrenzt, aber „in das Recht eingebunden“ (S. 102, 105, 162), ein klarer Widerspruch, und „als solches erster Bestandteil der positiven Rechtsordnung“ (S. 102), „nicht identisch mit der Staatlichkeit, sondern eine die Staatlichkeit konstituierende Beschaffenheit derselben“ (S. 68). Die Definition wäre

[564] Der souveräne Verfassungsstaat zwischen demokratischer Rückbindung und überstaatlicher Einbindung, 2005, Habilitationsschrift Heidelberg 2003, betreut von Paul Kirchhof.

tragfähig, wenn Seiler den Staat im weiteren Sinne, die Organisation der Bürgerschaft für die Verwirklichung des Rechts als des gemeinen Wohls, meint, aber seine Unterscheidung zwischen dem Volk, das Träger der Staatsgewalt und damit der Souveränität (als „Eigenschaft des als juristische Person definierten, also abstrahierten Staates“ (S. 71, 75, 89 ff., 106 f., 134) sei, und dem Staat, der die Staatsgewalt und damit die Souveränität inne habe[565], sowie den Staatsorganen, welche die Staatsgewalt und damit die Souveränität ausüben würden (S. 71 f., 91 f., 125), läßt daran Zweifel aufkommen. Seiler stellt den Staat gegen das Volk als „Gemeinwesen“ (S. 77 f., auch S. 108 u. ö.), was auch in der Logik seiner Herrschaftsdoktrin liegt, und stellt schließlich klar, daß er vom Staat „im engeren, institutionellen Sinne“ handelt (S. 77 f.), den er, wie üblich, im Sinne der Drei-Elemente-Lehre definiert (S. 79 f., auch S. 73 ff., 223 f.).

Auch seine freiheitswidrige Auffassung, daß „die Souveränität nach innen ein prinzipielles Verhältnis der Über- und Unterordnung begründe, in dem der Staat einseitig und verbindlich Recht setzen könne“ (S. 68), und ebenso die von der Trennung, dem „Dualismus“ von Staat und Gesellschaft (S. 77, 150 ff., 163 („Kernfrage“), auch S. 40 ff., 369, 372) zeigen, daß er den Obrigkeitsstaat des monarchischen Prinzips (dazu S. 44 f.) im Auge hat, vielleicht ohne es zu merken, wie das so ist, wenn ein Autor unverstandene Erkenntnisse aneinanderreiht, die in anderen Zeiten Substanz gehabt haben mögen. Die „Gesellschaft“ sei der „Inbegriff des Freiheitlichen“, der „Staat“ „die Sphäre der Demokratie“ (S. 153, auch S. 155). Seiler trennt somit die Demokratie von der Freiheit und verfehlt damit die Identität des Grundgesetzes im Grundsätzlichen, nämlich die freiheitliche demokratische Grundordnung, obwohl er in seiner Widersprüchlichkeit neben die „grundrechtliche Freiheit und Gleichheit“ auch die „staatsbürgerliche Freiheit und Gleichheit“ stellt, deren beider „Garant und potentieller Widersacher der Staat“ sei (S. 162, 227 f.). Der „parlamentarische Gesetzgeber repräsentiert im Gesetz die staatsbürgerliche Freiheit, deren Zugriff auf die Individualsphäre durch einklagbare, gerichtlich zu definierende Grundrechte begrenzt wird“ (S. 163). Das Grundgesetz verbinde „beide Seiten der Freiheit sowie formelle und materielle Rechtsstaatlichkeit“ (S. 59), der dualistische Freiheitsbegriff also. Eine solche Freiheit schützt ausweislich Art. 2 Abs. 1 das Grundgesetz nicht; denn die Grenze der Freiheit ist durch „die Rechte anderer“, „die verfassungsmäßige Ordnung“, und durch „das Sittengesetz“ bestimmt. Diese Vorschrift und die unterschiedlichen Dogmatiken der grundgesetzlichen Freiheit kann und sollte ein Staatsrechtslehrer einmal genau gelesen und im grundgesetzlichen Zusammenhang zu verstehen versucht haben. Alle drei Begrenzungen stehen einer „Freiheit“, sprich einem Handeln, entgegen, welche Grundrechte mißachtet. Seiler gelingt es nicht, die Verfassung des Grundgesetzes als die Einheit zu erfassen, die sie ist, die freilich ohne Bruch nur die republikanische

[565] Im Anschluß an G. Jellinek, Allgemeine Staatslehre, S. 457 f., 552 ff., der den Staat als Träger der Staatsgewalt, das Volk aber als Organ des Staates, dogmatisiert, und H. Heller, Staatslehre, S. 245 f., der Subjekt und Träger der Souveränität oder Staatsgewalt unterscheidet.

Dogmatik ermöglicht, die er ausgeblendet hat. Er schließt von seinen irrigen Begriffen auf Dualismen (S. 155 u. ö.), die das Grundgesetz verfehlen.

Die Freiheit ist das Fundamentalprinzip der vom Grundgesetz verfaßten Republik. Das herrschaftliche Schema von Über- und Unterordnung ist für die Begriffsbildung des öffentlichen Rechts überwunden und geistert nur noch in den Köpfen vornehmlich der Leitautoren Seilers herum (Rprp, S. 76 f., 83 ff.; FridR, S. 128 ff., 147, 179 ff., 194, 200 ff.). Die Menschen sind in der Freiheit gleich und zudem gleichberechtigt. Wie sollte ihre Organisation der Verwirklichung des gemeinsamen Wohles, der Staat, der sie selbst in ihrer Vielheit sind, ihnen übergeordnet sein?

Auch die hegelianische Trennung oder auch nur Unterscheidung von Staat und Gesellschaft verkennt die Freiheit (Rprp, S. 159 ff.; FridR, S. 207 ff.). In gewissem Anschluß an Hermann Heller ‚klärt' Seiler ganz unklar: „Souveränität ist unmittelbar der Rechtspersönlichkeit Staat zuzuordnen und erst vermittelt über sie ihrer faktischen Grundlage, der vielschichtigen willensbildenden und -betätigenden Entscheidungs- und Wirkungseinheit" (S. 107, auch S. 53, 132, 135 f., 364 ff.). „Das Volk kann, weil es zwar eine politische Größe ist, sich aber nicht zu einer eigenständigen Persönlichkeit verdichten läßt, nicht selbst souverän sein (auch S. 133, „mangels Personalität"), sondern bedarf umgekehrt der von ihm getragenen souveränen Institution, um die Idee der gemeinschaftlich ausgeübten Selbstbestimmung verwirklichen zu können", der „Rechtspersönlichkeit des Staates" als der „rechtstechnischen Begleiterscheinung" der organisierten Entscheidungs- und Wirkungseinheit" (S. 132 f., auch S. 134 f.). „Auch im Verfassungsstaat ist die rechtliche Souveränität eine Eigenschaft des Staates, nicht des Volkes (S. 133, auch S. 136). Das dementiert die Souveränität des Volkes und macht dessen Souveränitätsträgerschaft zum „ideell aufgeladenen" Feigenblatt (S. 30 ff. zur Geschichte der Volkssouveränität, vgl. auch S. 133 ff. zur „legitimierenden Funktion der Volkssouveränität", S. 135, und S. 135 f. zu deren „ideellen Vorgaben für das Demokratieprinzip"). Voraussetzung der Irrlehre ist die Trennung von Volk und Staat, obwohl Seiler durchaus in die Nähe eines Staatsverständnisses rückt, welches den Staat als Organisation des Volkes erkennt und Volk und Staat so identifiziert. Danach überraschen die folgenden Sätze nicht mehr: „Insbesondere blendet ihr formaler Charakter die Frage nach dem legitimen Herrscher aus. Deswegen bleibt sie Souveränität ohne Souverän". „Auch die Demokratie verlangt, weil der Staat, nicht das Volk das Recht setzt und durchsetzt, keine – dem originär vernunftrechtlichen Vertragsdenken zugehörige – ‚Volkssouveränität' im technischen-juristischen Sinne, sondern begründet lediglich das Gebot demokratischer Legitimation souveräner Staatsgewalt" (S. 108, näher S. 125 ff., auch S. 58, 132 ff., 159 ff., 231 ff.). Volkssouveränität „stiftet Legitimität, nicht Legalität und ist ein das Recht anleitender, gleichwohl metarechtlicher und nicht rechtsdogmatischer Begriff" (S. 133, auch S. 370)[566].

[566] Dazu M. Jestaedt, Demokratieprinzip und Kondominialverwaltung, S. 156 ff., der zwischen dem pouvoir constituant und der „verfassungsrechtlichen Volkssouveränität" im

Auch so kann man versuchen, die Verfassung (nicht nur das Verfassungsgesetz) auszuhebeln. Im Grundgesetz steht jedoch, daß alle Staatsgewalt nicht nur vom Volke ausgeht, sondern auch vom Volke ausgeübt wird[567]. Der Autor hat das nicht begriffen. Er verheddert sich in der ohnehin nicht begründbaren Staatssouveränität, die in der demokratischen Republik nicht dogmatisierbar ist. Immerhin will er dem Volk die verfassungsgebende Gewalt lassen (S. 135 f., 370).

Seiler sucht nach einer Rechtfertigung des Staates, dessen „Legitimität", weil dieser „Herrschaft über Menschen" ausübe, mittels „allgemeinverbindlicher Befehle" (S. 60 ff., 79, 82 f., 108). In „einem dem Staat vorausliegenden Staatszweck" vermag er diesen nicht zu finden, aber anerkennt, „daß der Staat um des autonomen Individuums willen bestehe" und „daß Freiheit und Gleichheit der nicht isolierten, sondern gemeinschaftsbezogenen Menschen den Staat gleichermaßen legitimieren und begrenzen" (S. 62)[568]. Nicht um des Allgemeinwohls willen bestehe der Staat, sondern um mittels des „Gewaltmonopols das im Staat zu konkretisierende gemeine Beste zu verwirklichen" (S. 63). Das Gemeinwohl ist ein formaler Begriff wie auch der der Staatlichkeit (S. 64 f.), aber was soll der Unterschied zum „gemeinen Besten" sein? Aber Formalität hat einen Gegenstand oder Zweck, der der Staatlichkeit wie der des Gemeinwohls den der bestmöglichen Verwirklichung des guten Lebens der Bürger in allgemeiner Freiheit durch Rechtlichkeit. Die Materialisierung erfolgt durch das Verfassungsgesetz im Rahmen der Verfassung der Menschheit des Menschen und durch die Gesetze (Rprp, S. 819 ff.; PdR, S. 256 f., 326, 374; FridR, S. 92, 486 f., 500 ff., 632[569]).

Die Souveränität sei die „Kehrseite" des „Gewaltmonopols", dessen Funktion die „Gewährleistung von Frieden und Sicherheit" (S. 66 ff., 148 f., 294, 363 f. u. ö.), die mit der „Allzuständigkeit" des Staates verbunden sei (S. 66 ff., 100 ff., 111, 112, 113, 115 u.ö), moderiert durch ein wenig durchgreifendes Subsidiaritätsprinzip (S. 155 ff., 320 ff., 324 ff., 372, 385 f.), im Europarecht vornehmlich als „Kompetenzausübungsschranke", weniger als „Kompetenzzuweisungsschranke" (S. 329 ff., 344 ff., 354, 385 ff.)[570], wie das allein Art. 23 Abs. 1 S. 1 GG genügt. „Gewaltmonopol und Souveränität" seien die „essentialia der Staatlichkeit" (S. 111, 113, 150

Sinne des Art. 20 Abs. 2 S. 1 GG unterscheidet. Es ist immer das Volk, das seine Souveränität ausübt, das Volk, das seine Zusammensetzung, seine Bürgerschaft, naturgemäß ändert. Die einen sterben, die anderen werden geboren und leben begrenzte Zeit. Das Volk bleibt, solange es sich als ein solches verfaßt.

[567] Klar und richtig E.-W. Böckenförde, Demokratie als Verfassungsprinzip, HStR, Bd. I, 1987, § 22, Rn. 8.

[568] Unter Berufung auf eine Sentenz von P. Graf Kielmansegg, Volkssouveränität, S. 258, der Kants Selbstzweckformel zu einem Handlungsgebot für den Staat verzerrt, der „die Menschheit in jeder einzelnen Person als Zweck und nicht bloß als Mittel behandeln" solle; Kant spricht aber von „brauchen". Das ist ein folgenschwerer Unterschied. Natürlich hat Seiler Kants Grundlegung zur Metaphysik der Sitten nicht eingesehen.

[569] K. A. Schachtschneider, Staatsunternehmen und Privatrecht, S. 236 ff., 242 ff., 247 ff., 253 ff.; ders., Der Anspruch auf materiale Privatisierung, S. 40 ff., 271 ff., 306 ff., auch S. 45 ff.

[570] Zum Subsidiaritätsprinzip Hinweise in und zu Fn. 1044.

u. ö.) und damit des „Verfassungsstaates" (S. 121). Seiler will die Souveränität deswegen auch nicht „ersatzlos aufgeben" (S. 205 ff.). Der Staat hat weder ein Monopol der Gewalt noch ist er allzuständig. Gewalt übt jeder Mensch aus; denn alles Handeln ist gewissermaßen Gewaltausübung, weil es die Welt verändert (Rprp, S. 218 ff., 318 ff., 480 f., 858 ff.; FridR, S. 460, 634; PdR, S. 119 ff.)[571]. Die Zuständigkeiten des Staates finden ihre Grenze in den Grundrechten als negativen Kompetenzvorschriften (anders S. 123, 150 „Kompetenzausübungsschranken"). Der Staat im engeren Sinne hat auch nicht die Kompetenz-Kompetenz (S. 136, 363, 364, 367, 371 u. ö.). Diese sei der „Kerngehalt der staatlichen Souveränität" (S. 49, 68, 70, 72, 89, 103, 121, 123 u. ö.). Diese hat allein das Volk als Staat im weiteren Sinne, also mit Seiler die „Institution Staat" als die „Organisationsform eines überfamiliären Personenverbandes (S. 66). Es übt diese mittels des Verfassungsgesetzes aus, welches in Grenzen den Gesetzgeber zur kompetenzordnenden Verfassungsänderung befugt.

Nach Seiler kann die „Souveränität mit Georg Jellinek als solche theoretisch kraft Selbstverpflichtung bis zu einem ‚nudum ius' entleert werden" (S. 49 Fn. 351, S. 136, 367), ungeheuerlich, d. h. die Bürger geben ihre Freiheit auf. Das sieht das Bundesverfassungsgericht anders. Es führt im Lissabon-Urteil (BVerfGE 123, 267, Rn. 219 ff., 249) eine Fülle von Aufgabenbereichen an, welche den Mitgliedstaaten der Europäischen Union trotz der „Europarechtsfreundlichkeit des Grundgesetzes" und dessen „Integrationsauftrages" um der „Verfassungsidentität", also der Souveränität des Volkes als dessen Selbstbestimmungsrecht, willen vorbehalten sind (Souveränitätsvorbehalt, BVerfGE 111, 307 (319)). Immerhin will Seiler die legitimierende Funktion der Volkssouveränität mittels des Demokratieprinzips, wenn auch nur „als formales und inhaltsoffenes Organisationsprinzip", (S. 136, 318 f., 369) verwirklichen (S. 132 ff., insb. S. 135 ff., 228 ff., auch S. 313 ff.). Das „demokratiefähige Legitimationssubjekt" müsse „ein zur einheitlichen Willensbildung und -betätigung befähigter Personenverband" sein, der einen „Volkswillen" haben könne, er müsse eine „reale politische Größe" sein (S. 137), also doch. Seit der „Aufklärung" und der „französischen Revolution" sei die „Nation Grundlage der demokratisch organisierten Gemeinwesen" (S. 137, auch S. 140 zum Begriff der Nation)[572]. Die Nation, ein „entwicklungsoffener Begriff" wie das Staatsvolk (S. 141), setze im Anschluß an Hermann Heller „ein gewisses Maß an sozialer Homogenität", ein „Wir-Gefühl", voraus (S. 138 ff., 223, 279 ff., 371)[573]. Sie sei

---

[571] K. A. Schachtschneider, Der Anspruch auf materiale Privatisierung, S. 274 ff., 284 ff., 289 ff. (294 f.); vorsichtig und richtig zur Gewalt des Staates H. Heller, Staatslehre, S. 358 f.

[572] Gestützt auf (u. a.) E.-W. Böckenförde, Demokratie als Verfassungsprinzip, HStR, Bd. I, § 22, Rn. 47, deutlicher Rn. 3 zur „Souveränität der Nation"; R. Grawert, Staatsvolk und Staatsangehörigkeit, HStR, Bd. I, § 14, Rn. 1 ff. (genauer Rn. 10); auch J. Isensee, Das Volk als Grund der Verfassung, 1995, S. 91 f.

[573] H. Heller, Demokratie und soziale Homogenität, S. 427 f.; wiederum vornehmlich gestützt auf E.-W. Böckenförde, Demokratie als Verfassungsprinzip, HStR, Bd. I, § 22, Rn. 63 ff., der von „relativer Homogenität innerhalb der Gesellschaft" als Voraussetzung der „politischen

„demos, ohne ethnos sein zu müssen", d.h. durch „den Willen zur Staatlichkeit definiert" (S. 140, 371), nicht falsch (Rprp, S. 1186).

Die demokratische Legitimation entfalte sich auf „mehreren Ebenen", wie im Bundesstaat auf Bundes- und Landesebene (S. 141 f., auch S. 48 f., 371, 380 f.), aber wegen ihrer „Unteilbarkeit" könne die „Souveränität – als juristisch Staats- wie als legitimierende Volkssouveränität – nur einer Ebene zugewiesen werden" (S. 142, 212 ff., 371, 380), ein augenscheinlicher Widerspruch dazu, daß „die Menschen ihrem Selbstverständnis nach mehreren Legitimationssubjekten angehören" könnten (S. 142), richtiger ihre Freiheit verwirklichen können. Die „Staatsgewalten von Bund und Ländern" könnten „nicht beide originärer Natur sein, nur einer von ihnen" könne „die Kompetenz-Kompetenz haben". „Zwischen beiden Ebenen der Staatlichkeit" müsse „ein Verhältnis der Abhängigkeit bestehen" (S. 144, auch ff., 371). „Der Gliedstaat" sei „eben kein dem Staat im engeren Sinne vergleichbares eigenständiges Subjekt" (S. 146, 371). „Staat im engeren Sinne ist allein der Bund" (S. 371). Alles ohne Begründung und alles falsch, wie im Achten Teil dargelegt werden wird. Das Bundesverfassungsgericht hat die Staatseigenschaft der Länder nie in Frage gestellt (BVerfGE 1, 14 (34); 36, 342 (360 f.); 72, 330 (388); 81, 310 (334); 82, 272 (282); 86, 148 (275); 87, 181 (196); 96, 345 (366)).

Das positive Recht (S. 80 ff.) und dessen „Einheit" (S. 113 ff., 117), dessen „Ursprung und letzter Geltungsgrund die Souveränität" sei (S. 100 f., 113, 367, 370), könne „entweder aus sich heraus kraft inhaltlicher Richtigkeit" „oder auf einen rechtserzeugenden Willen gestützt" „Verbindlichkeit" erlangen (S. 80, auch S. 94, 105, 110). Zu diesem Satz zitiert er gar Kant, natürlich gleich das ganze Werk zu den Metaphysischen Anfangsgründen der Rechtslehre ohne Seitenangabe, sonst hätte er das Werk ja studieren müssen. Kants Rechtslehre läuft Seilers Gegensatz diametral zuwider. Der Wille ist die Fähigkeit des homo noumenon zur praktischen Vernunft (FridR, S. 83 ff.), also des Handelns auf Grund des als richtig erkannten und beschlossenen Gesetzes (FridR, S. 318 ff.). Gerade wegen der im Vierten Teil zu B. skizzierten Sittlichkeit des Willens ist die Willensbildung dem Volk überantwortet. Das ist das demokratische Prinzip der Republik. Seiler aber stellt der „politischen Willensbildung des Volkes" (Art. 21 Abs. 1 S. 1 GG), dem „natürlichen Willen einzelner Menschen", einen „Staatswillen", eine Staatswillensbildung entgegen (S. 95 ff., 114, 125, 128 ff., 132, 369 u.ö.)[574], die das Grundgesetz nicht kennt (a.A.

Demokratie" handelt; auch BVerfGE 89, 155 (186), unter Mitwirkung Böckenfördes; weitere Hinweise zum Homogenitätsprinzip in Fn. 968.

[574] Unter Berufung auf BVerfGE 8, 104 (113), wo das Bundesverfassungsgericht die Formel „Bildung des Staatswillens" „in amtlicher Form" aus der „vom Volk selbst als Staatsorgan wahrgenommen Staatsgewalt" gemäß Art. 20 Abs. 2 GG im Gegensatz zur „Willensbildung des Volkes" nach Art. 21 Abs. 1 GG ableitet, ohne jeden textlichen Anhaltspunkt, in Verkennung der Identität von Volk und Staat; fragwürdig auch M. Jestaedt, Demokratieprinzip und Kondominialverwaltung, S. 184 ff., der gar S. 185 in Fn. 26 anregt, statt der „mißverständlichen und mißverstandenen Chiffre der ‚politischen Willensbildung des Volkes' (Art. 21 Abs. 1 Satz 1 GG)" von „‚Gesellschaftswillensbildung' bzw. ‚Willensbildung in der Gesellschaft'" im Gegensatz zur ‚Staatswillensbildung' zu sprechen", weil er die Grundlage der bürgerlichen Ver-

BVerfGE 8, 104 (113, 115); 20, 56 (98 f.); 44, 125 (140 f.), das Volks- und Staatswillensbildung unterscheidet) und als republikanisches Verfassungsgesetz nicht kennen kann, weil es eine besondere Willensbildung des Staates nicht gibt. Der Staat ist keine willensfähige Persönlichkeit, wie einst der Monarch, der sich mit dem Staat identifiziert hat. Das sieht Seidel ähnlich, der „eine eigene körperliche Substanz" des Staates als „organisches Gebilde" ablehnt (S. 94), aber die Dichotomie von Sein und Sollen und damit den Begriff des Willens nicht recht zu erfassen vermag (S. 94, 101). Willensbildung des Volkes ist entweder Willensbildung des Staates im weiteren Sinne oder des Staates im engeren Sinne der Organe und Behörden des Staates. Sie ist immer politisch und zielt auf die Rechtlichkeit des gemeinsamen Lebens. Volkswillensbildung ist Willensbildung der Bürger in ihrer Staatlichkeit oder politischen Freiheit. Erst in öffentlichen Rechtsakten der Bürger und in Rechtsakten der Organe und Behörden werden die Willensakte, die ausschließlich Akte der Bürger, entweder unmittelbar oder mittelbar, sind, verbindlich.

Schließlich findet Seiler zu „einem aus Einzelwillen gebündelten eigenen Willen" des Staates, den „Staatswillen" (S. 96, 113, auch S. 369 u. ö.)[575], ein augenscheinlicher Nonsens, wenn der Staat kein „Organismus" ist, der einen Willen haben könnte. Die „Zustimmungsfähigkeit" gemäß dem kantischen Probierstein (MdS, S. 450, auch Über den Gemeinspruch, S. 162 u. 153, Was ist Aufklärung? S. 58; Rprp, S. 417) „transformiere den Volkswillen annäherungsweise in den Staatswillen" (S. 130 mit Fn. 339, S. 132, 134 f.). Das ist mehr als schief. Der Probierstein: „Was ein Volk über sich selbst nicht beschließen kann, das kann der Gesetzgeber auch nicht über das Volk beschließen" (Über den Gemeinspruch, S. 162, MdS, S. 450: „Souverän", Was ist Aufklärung?, S. 58 f.: „Monarch"), ist negatives Ausschlußkriterium gegen Beschlüsse des „Souveräns" oder des „Gesetzgebers" oder des „Monarchen" und geht davon aus, daß nicht das Volk der Souverän, Gesetzgeber oder Monarch ist und gar keinen Willen bildet. Nach dem Grundgesetz bildet aber das Volk einen Willen. Das kann nur der Staatswillen sein; denn nur als Staat ist das Volk eine willensbildende Einheit. Die Willensbildung des Volkes ist eine Willensbildung der vielen Bürger, die zu einer verbindliche Erkenntnis der volonté générale, des allgemeinen Willens, im Gesetz findet, beschlossen durch die jeweils zuständigen Organe des Volkes, wenn nicht durch das Volk unmittelbar, also mittels des Staates. Der sogenannte Staatswille ist nichts anderes als der Wille des Volkes, also der Wille im transzendentalen Sinne (verkannt von BVerfGE 8, 104 (113); folgend Seiler, S. 128 ff.). Dieser ist die Freiheit als die praktische Vernunft oder die

---

fassung, die politische Freiheit, in seiner Demokratielehre verkennt und der Doktrin von der Trennung von Staat und Gesellschaft aufsitzt, es versteht sich: Das Grundgesetz ist falsch formuliert; der Dogmatiker kann sich nicht irren (?); nicht unkritisch Ch. Möllers, Staat als Argument, S. 341, 343; vgl. auch W. Leisner, Das Volk, S. 117, 156; M. Kaufmann, Europäische Integration und Demokratieprinzip, S. 75 ff.

[575] Unter Berufung auf H. Heller, Die Souveränität, S. 106 ff. (auch S. 111 ff.), der freilich den Staat, wenn auch als Entscheidungs- und Wirkungseinheit in gewissem Sinne personalisiert hat (S. 108).

Sittlichkeit. Nur deswegen kann er einheitlich sein, weil die Freiheit ihrem Begriff nach allgemein ist und die praktische Vernunft für alle Bürger identisch, also „schlechterdings notwendig", ist (MdS, S. 332 f.). Die Organisation der als Gesetz verbindlichen Erkenntnis ist der Staat, der selbst mangels organischer Personenhaftigkeit keinen Willen hat. Staat ist nur ein Wort für die organisierte Bürgerschaft. Der Staat ist, wie im Vierten Teil zu G.III. ausgeführt werden wird, die Organisation des Volkes für die Verwirklichung des Rechts als des gemeinen Wohls. Das Volk handelt, wenn nicht durch Abstimmungen unmittelbar, so mittelbar durch Organe, die durchgehend das Volk vertreten (Rprp, S. 637 ff.). Es handelt somit immer das Volk, selbst wenn es schlecht vertreten wird. Aber die Vertretungsdogmatik kennt Seiler nicht.

Seiler meint gar, „der gemeinsame Nenner der verschiedenen juristischen Bedeutungsgehalte" des Positivismus sei es, „die Geltung des Rechts von ethischen Kriterien zu lösen" (S. 81) und macht dafür wieder Kant verantwortlich. Kant aber hat die Ethik als die Lehre von der Freiheit bezeichnet (GzMdS, S. 11), die ist jedoch eine Lehre vom Recht. Seiler vermag den Begriff der Moral nicht von dem der Ethik zu unterscheiden, abgesehen davon, daß es nach Kant keine Sittlichkeit ohne Moralität gibt und damit auch keine Rechtlichkeit. Den „Entstehungsgrund des positiven Rechts" erkennt Seiler in der „Dezision" und den Geltungsgrund gewissermaßen mit Hans Kelsen in einer Grundnorm (S. 81, 98 ff., 100 f., 105, 127, 365) oder mit irriger Berufung auf Kant[576] „als Postulat der Vernunft" wegen der „Friedensfunktion" (S. 99, 113). Was denn nun? Es versteht sich, daß er auch den von Carl Schmitt geradezu vorsätzlich mißverstandenen Satz Hobbes': „autoritas, non veritas, facit legem", irgendwo zur Stütze seines nur schwach naturrechtlich („letzte juristische Glaubenssätze", S. 85) relativierten Positivismus (S. 80 ff., 84 f.) abschreibt (S. 82, auch S. 22 Fn. 142), den Hobbes keinesfalls als dezisionistische Absage an die Vernunft verstanden hat, wie der Kontext klar macht[577].

Seiler meint, Gewaltmonopol, Säkularisation, Souveränität, Staat und positives Recht würden geschichtlich „gleichzeitig und gleichursprünglich" sein (S. 87 f., 89 ff., 99, 100, 101 f., 106, 155, 366 f. u. ö.), und bestreitet einen Vorrang des Staates oder des Rechts (S. 87). „Staatlichkeit und Rechtlichkeit" seien „inhaltlich entleert und ethisch neutralisiert" (S. 88). Recht gab es unter den Menschen in dieser oder jener Weise immer, auch positives Recht, wie auch immer es Verbindlichkeit erlangt hat. Auch die Erkenntnis des Gottes- oder des Naturrechts ist dessen jeweilige Positivierung durch den, der die legitime Autorität zu dessen verbindlicher Erkenntnis oder auch nur illegitime Macht zu dessen Fiktion und deren Durchsetzung hatte oder

---

[576] Kant hat an der zitierten Stelle der Metaphysik der Sitten, S. 331 eine „äußere Gesetzgebung", „die lauter natürliche (Akademieausgabe, von Seiler zitiert, wenn auch nicht im Schriftenverzeichnis aufgeführt: „positive") Gesetze enthielte, alsdann aber müßte doch ein natürliches Gesetz vorausgehen, welches die Autorität des Gesetzgebers (d. i. die Befugnis, durch seine bloße Willkür andere zu verbinden) begründete", zurückgewiesen. Sie wäre seiner Freiheitsphilosophie entgegengesetzt.

[577] Dazu zu Fn. 305 f., 636, 637.

hat, etwa die Kirche mit deren hierarchisierter Priesterschaft und Kirchenfürsten. Ähnlich ist heute noch die islamische Praxis, in der Korangelehrte mit unterschiedlicher Autorität die Weisungen der Scharia bestimmen, also im Einzelfall, aber mit mehr oder weniger allgemeiner Wirkung positivieren. Jede Anwendung von Recht ist dessen Positivierung mit zumindest präjudizieller und damit gesetzeshafter, nämlich allgemeiner, Wirkung. Dennoch ist Seilers Einschätzung für den nachmittelalterlichen Modernen Staat (S. 15 ff., 18 ff.), der sich zuerst in Frankreich entwickelt hat, als der eigentliche Staat im modernen Verständnis, zumal in Deutschland seit dem 18. und verstärkt, ja im Übermaß im Gefolge Hegels ideologisiert im 19. Jahrhundert (S. 104)[578], nicht falsch. Der Moderne Staat bezweckt und leistet Ordnung und Befriedung großer Territorien vornehmlich mittels Souveränität, Gewaltmonopol und positivem, für alle auf dem Gebiet lebenden und auf dieses einwirkende Menschen verbindliches, Recht (S. 105 f., 366 f.). Konkurrierende Souveränität auf einem Territorium sei „unmöglich" (S. 105 f.), richtig. Es wäre aber fragwürdig, wollte man die römische Republik, die res publica, trotz aller Unterschiede nicht als Staat und deren leges nicht als positives Recht einstufen, nicht anders als die griechische πόλις als κοινωνία πολιτική und deren νόμοι, jedenfalls seit dem 5. Jahrhundert vor Christi und soweit letztere θέσμοι sind (i.d.S. Seiler selbst S. 159, auch S. 8 f., nicht „moderner Staat", S. 10 f. für Rom als „Staat")[579].

Die Formalität, zu der im Vierten Teil zu B.IV. und im Fünften Teil zu A. kurz Stellung genommen ist, versteht Seiler mangels hinreichender Kantstudien nicht. Sie ist die Logik der Ethik als Freiheit, welche in der sittlichen Rechtlichkeit materialisiert wird. Seiler versteigt sich zu dem Satz: „Ohne Recht existiere kein Staat, auch kein ‚Machtstaat'". Das gelte selbst für Diktaturen (S. 89). Sicher benötigen diese um ihrer Ordnung willen Vorschriften, aber das sind Mittel des Unrechts, nicht des Rechts. Dem „Sicherheitszweck", dem sie nach Seiler zu genügen vermögen (S. 137, auch S. 148 ff. zum „Staatsfundamentalzweck" Sicherheit), ist das genaue Gegenteil von Sicherheit, nämlich Rechtlosigkeit. Sicherheit, das lehrt das Polizeirecht, ist die Wirklichkeit von Recht und Gesetz. Die Diktaturen sind völkerrechtlich Staaten, eben Unrechtsstaaten, aber keine Rechtsstaaten (vgl. auch S. 142 f.). Insoweit jedenfalls fallen Rechtlichkeit und Staatlichkeit auseinander.

Die innere und die äußere Souveränität würden wegen des Gewaltmonopols eine Einheit bilden (S. 108 ff.), das Völkerrecht, ohne daß das große Unterschiede bewirke, habe einen im „Willen" begründeten gemäßigt dualistischen, nicht einen vom Naturrecht oder der Reinen Rechtslehre vertretenen monistischen Geltungsgrund

---

[578] Dazu R. Koselleck, Staat und Souveränität, Vorbemerkung, Geschichtliche Grundbegriffe, Bd. 6, 1990, S. 1 ff.; W. Conze, Staat und Souveränität, I–II, daselbst, S. 5 ff.; H. Krüger, Allgemeine Staatslehre, S. 1 ff., 5 ff., 32 ff.; grundlegend O. Brunner, Land und Herrschaft, 4. Aufl. 1959.

[579] Dazu H. Seubert, Polis und Nomos. Untersuchungen zu Platons Rechtslehre, 2003, S. 35 ff., 72 ff., 547 ff.; auch R. Grawert, Gesetz, II, Geschichtliche Grundbegriffe, Bd. 2, 1975, S. 864 ff.; auch H. Heller, Staatslehre, S. 311, der den Staat als „die entwickelste Form der Polis" sieht.

(S. 108 ff., 116 f.). Auf wessen Willen es ankommt, verschweigt Seiler, wohl der des Staates, den es nicht gibt, nicht der des Volkes. Den umgekehrten Monismus kennt er nicht.

Auch Seiler weiß, daß die „faktische Macht" keines Staates unbegrenzt ist (S. 117 ff.), daß davon aber die Souveränität nicht abhängt, solange er „überhaupt Recht erzeugen und durchsetzen" könne (S. 118). Zu Recht wendet er sich, gestützt auf Hermann Heller, gegen die Machtlehre der Souveränität, insbesondere von Carl Schmitt und Josef Isensee (S. 118, Fn. 271).

„Das Recht der internationalen Gemeinschaft wie auch das Europarecht" seien „letztlich nach wie vor auf die Souveränität der Staaten zurückzuführen" (S. 313, 378 f.), die Mitgliedstaaten würden „Herren der Verträge" bleiben (S. 379), richtig, aber „zugleich" „verblaßt in einer zunehmend polyzentrisch organisierten Institutionenordnung" „die politische Relevanz der Souveränitätsfrage" (S. 113). „Im Normalfall der Ausübung bereits ausgestaltetes Kompetenzen", immer noch bedeutsam für die „Souveränität als verrechtlicher Größe", „bleibe der juristische Souveränitätsbegriff folgenlos" (S. 313), die brave, empiristische Anpassung an die politische Praxis vor allem Deutschlands, die sich aber von der Praxis anderer Staaten, etwa der USA, Chinas, Rußlands und auch Großbritanniens und Frankreichs auffällig unterscheidet. „Völker-, Europa- und Verfassungsrecht, insbesondere ihre individualschützenden Inhalte" würden „sich annähern" (S. 313 ff., 319). Für die „Ein- und Rückbindung" müßten, um die „durch eine immer intensivere Integration beständig geschwächte Demokratie maßvoll zu verstärken", „Möglichkeiten des Ausgleichs" gesucht werden (S. 319 ff., 384 ff.). „Um der sachangemessene Aufgabenwahrnehmung" (S. 318, 319 ff.) und um der Vorzüge der überstaatlichen Einbindung" willen müßten „gewisse Einbußen an demokratischer Legitimation hingenommen werden" (319). Diese ohnehin weiche, also unbestimmte Dogmatik ist mit dem Demokratieprinzip, auch soweit dieses wegen Art. 79 Abs. 3 GG nicht vom verfassungsändernden Gesetzgebers relativiert werden kann (vgl. BVerfGE 89, 155 (Ls. 1, 172, 181, 182; Rn. 62, 90 f.)), unvereinbar; denn sie ignoriert die politische Freiheit, die nicht zur Disposition von Effizienzerwägungen steht. Seiler aber vermag kein Demokratiedefizit auszumachen (S. 271 ff., 292 ff., 294 ff., 297 ff., 315 ff., 329 ff., 383). Vielen ist die bürokratische Diktatur, zu der sich die Europäische Union Schritt für Schritt entwickelt, besonders aufgabengerecht, sprich effizient. China hat mit einer solchen Staatsform viel bewunderte Erfolge.

„Die Souveränitätsfrage" sei „zwar weiterhin aktuell und bedarf zu jedem historischen Zeitpunkt neuer Überprüfung. Gleichwohl ist sie nicht die zentrale Frage" (S. 314, 386 f.). Wenn Seiler verstanden hätte, daß Souveränität Freiheit der Bürger ist, hätte er sie wohl nicht in die Bedeutungslosigkeit zu verabschieden gewagt.

Eigenständige Überlegungen hat Christian Seiler zu seiner ‚narativen' Dogmatik, deren Begriffen er nicht auf den Grund gegangen ist, dafür aber ständig wiederholt, nicht beigetragen. Die Widersprüche seiner Ausführungen hat er mangels Begriffsverständnisses wohl nicht bemerkt. Sein Defizit ist, daß er das Schrifttum nur insoweit nutzt, als der eingeschliffene Zugriff keine gedankliche Mühe bereitet, vor allem aber, daß ihm die Freiheitslehre Kants trotz zweiseitiger (!) Skizze zu dessen Rechtslehre (S. 37 ff.) mit Zitaten, Fehlern[580] und Verzerrungen, wie dem „autonomen Menschen", von dem Kant nie gesprochen hat, und mehrfacher Hinweise auf Nebenbemerkungen Kants verschlossen bleibt. Folglich hat er auch keinen Zugang zum heutigen philosophischen Diskurs des Politischen, der durch und durch von Kants Rechtslehre bestimmt ist. Wolfgang Kersting kennt er nicht. Jürgen Habermas kommt nur in einer wenig substantiellen Nebenschrift zur Geltung, nicht aber mit seiner kantisch geprägten Freiheitslehre. Selbst Werner Maihofers großer Beitrag zu den „Prinzipien freiheitlicher Demokratie" im Handbuch des Verfassungsrechts 1983/1994 fehlt, von meinem „Res publica res populi" ganz zu schweigen. Ein Beispiel seines mangelnden Studiums ist die Verwechslung der Autonomie des Willens mit der „Autonomie" des „Individuums" (S. 366, 361, auch S. 369), ein Ausdruck, der für die Selbstverwaltung benutzt wird, aber mit der sittlichen Gesetzgebung nichts zu tun hat. Um die Freiheit als Autonomie des Willens zu verstehen, muß man freilich die Transzendentalphilosophie Kants studiert haben. Dennoch habe ich Christian Seilers § 2: „Der souveräne Verfassungsstaates und sein Recht" recht genau abgehandelt, vielleicht zu genau, weil seine prominent (Paul Kirchhof) betreute Habilitationsschrift deutlich macht, daß von der gegenwärtig herrschenden Staatsrechtslehre der Anschluß an den philosophischen Diskurs und an die republikanische Verfassung (seit 1918) nicht zu erwarten ist. Die Arbeit erweist im Gegenteil den Niedergang der deutschen Staatsrechtslehre. Die unzureichend belesene Habilitationsschrift erweist, welchen Schaden allzu eilige und flüchtige ‚Wissenschaft' anrichten kann.

Q. Walter Leisner

Walter Leisner hat 2005 in „Das Volk" die Frage gestellt, ob das Volk „realer oder fiktiver Souverän" sei. Er hat die Frage im letzten Sinne beantwortet und selbst diese rechtlich bedeutsame Fiktionalität der Souveränität des Volkes (S. 31 ff., 34 ff., 38, 104 f., 182 f. und ständig), „diese wahrhaft mächtige Fiktion", noch in Frage gestellt (S. 253 ff., 267 f.). Fiktion versteht Leisner „nicht als einen abwertenden, sondern als einen guten Begriff des Rechts" (S. 22), spricht von „Macht der Fiktion" als „einer Wirklichkeit, und sei es auch nur eine verbale Realität" (S. 254 f., 256), bedenkt aber doch das „entlegitimierende Überschreiten der ‚Fiktionsschwelle'" (S. 34 ff.) und die „entlegitimierenden Folgen einer Volkssouveränität als ‚reiner Fiktion'" (S. 36 ff.,

580 So ordnet er in Fn. 249, S. 37, um den Topos vom „autonomen Menschen" zu belegen, § 38 der Rechtslehre, der vom Leihvertrag handelt, zur Tugendlehre der Metaphysik der Sitten und zitiert einen Satz, der gegenständlich in die Selbstzwecklehre der Grundlegung zur Metaphysik der Sitten paßt, aber so von Kant nicht formuliert ist, sondern (wohl S. 66) sehr viel präziser im Gefüge der transzendentalen Sollenslehre Kants. Das macht nicht den Eindruck, daß Seiler jemals ein Werk Kants aufgeschlagen hätte.

102 ff., 268 und ständig). Die „große Fiktion der Volkssouveränität baue sich letztlich in drei Stufen“: „Es gibt dieses Volk“, „es wirkt dieses Volk überall und souverän“, „das geführte Volk wird nicht geleitet, es spricht in dieser seiner Führung spontan“ (S. 255). „Volkssouveränität ist eben doch eine Norm, also lösen ihre Fiktionen Normwirkungen dieser selben Qualität aus“ (S. 255), das Ergebnis des Staatsrechts des Fiktionalen Walter Leisners (S. 256 f.). „Im Sinne Hegels erreicht die Volkssouveränität damit die Ebene des Staates als des geistig Höchsten, in der reinen und allmächtigen Vergeistigung der Souveränität als Fiktion“ (S. 257), nur schade, daß der Weltgeist genauso wenig Wirklichkeit hat wie Gott. Aber der Glaube versetzt Berge, warum nicht auch die Rechtsdogmatik?

Leisner sucht in seinem einsamen Selbstgespräch freilich nach dem „natürlichen Volk“ (S. 42 ff., 46 ff., 95, 98 f., 102 ff., 182, 253 f. und ständig), der „natürlichen Einheit“ (S. 88, 104 und ständig), der „Volkseinheit“ (S. 83 f., 85 f. u. ö.), dem „souveränen Volk“ (S. 132, 269 u. ö.), die es geben müsse, wenn „Volkssouveränität“ „Realität“ haben solle und nicht nur systemlegitimierende „Fiktion“ sei, „verbreitete Verfassungsillusion“ (S. 21, 103 ff.) oder „gar nur mehr eine metajuristische Ideologie“ (S. 247). Der „inexistente Souveränitätsträger“ werde durch andere Begriffe wie den der „Solidarität“ ersetzt, „rechtsstaatswidrig schlechthin unbrauchbar, weil „völlig unbestimmt“, in dem „die totale, grundsätzliche Leugnung der Freiheit, aller Freiheiten“ liege (S. 89), der „geradezu mit allumfassender Wirksamkeit und einer an Souveränität erinnernden Intensitätskraft gebraucht“ werde (S. 88). Eine (vermeintliche) Fiktion wird durch eine andere ersetzt, jetzt um dem wirtschaftlichen und politischen Internationalismus Legitimation zu verschaffen.

Dieses „natürliche Volk“ „der Aufklärung“ (?), das „natürliche Volk des Nationalstaats“ (S. 55 ff.) denkt Leisner unausgesprochen als politische Einheit, die er „natürliche Einheit“ nennt (S. 53 ff.), nicht als die ihm geläufige Vielheit der Bürger, also als Bürgerschaft, obwohl selbst das bei Leisner anklingt (S. 36 f., 220), freilich eher ironisch. So sieht er „in Parteiverdrossenheit letztlich nichts als Reaktion des ‚Volkes‘ gegen seine Volkssouveränität“ (S. 36 f.), vergißt aber zu sagen, daß die Parteienoligarchie eine tiefe Wunde in der Souveränität der Bürger ist, die zur „Demokratieverdrossenheit“ führt. Das Ergebnis seiner Suche ist: „Das Volk als Souveränitätsträger – eine rechtliche Fiktion“ (S. 19, 104 f., 253 ff. und ständig), ja selbst das Volk ist allenfalls „als rechtliche Fiktion“ „rechtliches Volk“ (S. 103 f.).

Das Volk als Einheit, das sich von der Bürgerschaft als die Menge der Bürger unterscheidet, der Leitbegriff der demokratischen Repräsentationslehre Carl Schmitts und all seiner Epigonen auch in der gegenwärtigen deutschen Staatsrechtslehre, war immer eine Fiktion. Es ist wie Gott unsichtbar (S. 255) und muß darum durch seine Repräsentanten wie Gott durch die Priester sichtbar gemacht werden. Auch Leisner sieht das Volk als den fiktiven Ersatz des unsichtbaren Gottes, „mit Allwissen und Allgüte“ ausgestattet (S. 18), im Sinne von „vox populi vox dei“ (S. 55), der die Herrschaft der Fürsten legitimiert hat wie das Volk die Herrschaft der politischen Klasse, als „letzten Irrationalismus im Staatsrecht“ (S. 268 f.), „vergleichbar nur dem Glauben an die Allmacht des Schöpfergottes" (S. 256). „Volksanzweiflung ist Sakrileg; sie verdient den Scheiterhaufen der Ketzerei" (S. 255).

Mit Hans Kelsen sieht Leisner „an der Spitze dieser Pyramide" (einer „rationalen Ordnung") „eine formale, inhaltsleere Grundnorm, welche sich in einem Imperativ des Sollens erschöpft", „nach Überzeugung vieler der rechtlich verbindliche Wille des souveränen Volkes", nach Leisner „allenfalls ein fiktiver Weg zur Grundnorm der Freiheit" (S. 268). „Die Volkssouveränität bleibt letztlich rational unfaßbar; ...", als einer „weithin in Staatsangehörigkeit und Wahlrecht ausgeschliffenen" „Kraft des Politisch-Irrationalen" (S. 268). Das beschreibe das „Wesen der Volkssouveränität als der irrationalen Spitze des Staatsrechts, welches alle Ziele unter den Vorbehalt der Freiheit stellt" (S. 268 f.). „Jenseits aller rechtlichen Bedenken, ..., bleibt in der Gegenwart und wohl abzusehenden näheren Zukunft der Glaube an dieses souveräne Volk und seinen Willen als den einer herrschaftsbegrenzenden und nur darin herrschaftslegitimierenden Macht. Glaubenssätze wie dieser dürfen irrational bleiben und in sich gegensätzlich. Das Credo quia absurdum der frühen christlichen Dogmatik setzt sich fort in einem solchen Prinzip des Ius quia absurdum. Das Recht tritt nicht mit dem Anspruch der Nützlichkeit auf, sondern der Geltung. Diese Geltung aber kommt im Letzten aus einer Irrationalität, welche Legitimation verleiht, weil sie mit rationalen Einwänden nicht zu widerlegen ist, auch nicht mit denen, welche die vorliegenden Betrachtungen ergeben haben" (S. 269). Aber die „Volkssouveränität" stellt Leisner „als Staatsgrundnorm der Demokratie" hin, als „Rechtsprinzip" (S. 23 ff.), gewissermaßen zu Recht, wenn sie als Bürgersouveränität verstanden wird.

Seine Betrachtungen versteht Leisner „als eine juristische Untersuchung" (S. 23), meint das aber hervorheben zu müssen, weil das Rechtliche als das Sollen von der „politologischen, ökonomischen, philosophischen und historischen Kategorik", vom Empiristischen methodisch fragwürdig verdrängt wird. Die Souveränität als Rechtsprinzip, die Freiheit der Bürger nämlich, kann verletzt werden, wird dadurch aber nicht aufgelöst oder gar Fiktion. Leisner aber forscht nach „‚natürlichen' Herrschaftsträgern und Herrschaftsformen" (S. 31 ff., 34, 51 f., 106, 140 f. und ständig), sieht aber auch die „Verfassungsorgane" als die „Herrschenden" (S. 155).

Genauso sucht Walter Leisner, erwartungsgemäß vergeblich, nach einer „souveränen Willensbildung des Volkes – in Natürlichkeit" (S. 106 ff.), nach „‚natürlichen Handlungsformen' des Volkes als Legitimation der Volkssouveränität" (S. 107 f.), nach einer „völkischen Natürlichkeit", findet aber allenfalls einen „herrschaftsbestimmten Volksouverän", einen „Souveräns nach Herrschaftswillen" (S. 94, 100, 103 f., 106), „ein Volk nach Herrschaft" (S. 47 f., 51 ff.), eigentlich nur eine Souveränitätsfiktion, und „eine Fiktion" der „Volks-Willens-Bildung" (S. 182 f.), zumal in den Wahlen (S. 182 f.). Das „Volk als Verfassungsorgan" (S. 246 ff.), das „Verfassungsorgan-Wahlvolk", das „in enge Zuständigkeiten eingegrenzte Volk als Staatsorgan" (S. 247) ist nicht das Volk, das Leisner sucht (S. 42 ff.), richtig. Er sieht es als „Geschöpf des einfachen Gesetzgebers" (S. 42), das

„zur Disposition der jeweils Herrschenden, etwa auch der Mehrheit“ steht (S. 47 f.). „Das Volk: Produkt und Träger zugleich souveränen Herrschens?“ fragt Leisner (S. 51 ff.). „Aus der Existenz eines Volkes als einer beherrschten Vielzahl von Menschen wird abgeleitet, dass eben diesen die Herrschergewalt, das Herrschaftsrecht notwendig zukommen müsse. Diesen Satz empfindet Leisner als „geradezu paradoxe Umkehr eines Gedankenganges“ (S. 51), aber eben eines irrigen. Würde er an die Stelle von Herrschaft Freiheit setzen, wäre die Paradoxie beseitigt.

Leisner hält wie fast alle die Mehrheitsentscheidung für die „notwendige Ausdrucksform des Volkswillens“, welche zugleich die „Auflösung der Volkseinheit“ (S. 117 ff., 121, 122 ff.) und deren „natürliche Elemente“, „ethnisch-rassische Zusammengehörigkeit“, „Religion“, „Sprache“, „gemeinsame Kultur“, „gemeinsamen Wirtschaftsraum“, „gemeinsame Geschichte“, Nationalität, wie sie die Jakobiner mit der „Gleichsetzung von Souverän und Bürgermasse“ proklamiert hätten (S. 66 und ff. zur französischen Nation), des „Volkes“ also, mit sich bringe (S. 42 ff., 53 ff., 57 ff., 117 ff., 122 ff.). Aber auch in „Völkerwanderungen“ hätten sich die „natürlichen Völker“ aufgelöst, Migrationen hätten Minderheiten geschaffen, „Subvölker“, „soziale Unterschichten“ würden „in den Volkskörper transportiert“ (S. 97). „Dynamische Minderheiten“ hätten „erstmals das Problem der Integration“ gestellt (S. 97). „Nichts als Formen modernen Sklavenkaufs stellen ja auch die Anwerbungen und Schleppungen von Wirtschaftsflüchtlingen dar, die heute Massenbewegungen der Immigrationen tragen“ (S. 98). Die „multikulturelle Gesellschaft“ löst den Rest an „natürlicher Volkseinheit“ auf und führt „zu einem durch staatliche Herrschaft zusammengehaltenen Völkergemisch“ (S. 98). Die Entwicklung in Europa sei offen. „All diese Entwicklungen“ würden „angesichts der großen und wirklich globalen Gefahren, welche hier vor allem aus einer Globalisierung der Weltwirtschaft erwachsen“ „aus politischen Gründen in ihrer Notwendigkeit nicht gesehen, verniedlicht oder gar ignoriert, wie wahr, und die „Problematik der Volkssouveränität verdrängt“ (S. 99 f.). Es gehe um „das Höchste im Staat, nimmt man die Volkssouveränität ernst: um die Zusammensetzung des Volkssouveräns selbst“ (S. 99). Freilich könnten Migrationen neue „natürliche Völker“ entstehen lassen, einen „natürlichen Volkssouverän als ein zusammengesetztes Volk“ (S. 101 f.). Fazit Leisners ist die Feststellung der „Auflösung der natürlichen Volksbasis und die rechtliche Fiktion des Souveränitätsträgers ‚Volk‘“ (S. 102 ff.).

Die „‚ausländischen Mitbürger‘“ würden mehr und mehr zum „‚natürlichen Volk‘“ gehören (S. 49 ff.). Das ist aber nur für die fragwürdigen Begrenzungen des Wahlrechts richtig, das auf alle Bürger unabhängig vom Alter ausgedehnt werden müßte. Für die Kinder und Jugendlichen müßten die Eltern das Stimmrecht ausüben, ein altes immer wieder vergeblich wiederholtes Postulat. Dennoch bleibt das Wahlrecht der Kern der Demokratie und damit der politischen Freiheit und ist somit nicht von der wie auch immer gearteten Volkssouveränität zu trennen.

Es gibt das Volk, es ist eine politische Einheit, freilich nicht natürlich, niemals die versammelte Bürgerschaft wie der griechische δῆμος, der römische populus oder der germanische Thing, jeweils die freien Männer[581]. Dafür ist die Menge der Menschen, die Vielen, zu zahlreich. Das Volk sind die Bürger, alle in ihrer besonderen Persönlichkeit, in ihrer Freiheit, als Bürgerschaft mehr oder weniger gut organisiert zu einem Staat. Diese Bürger sind als Menschen sehr real. Sie sind frei, also souverän. Sie sollen herrschen, aber nur über sich selbst. Leisners Prämisse eines Volkes als natürlicher Einheit, das diese Bürgerschaft als Souverän transzendiert, ist seine Fiktion, deren Realität er vergeblich nachspüren mußte. Die Fiktion des natürlichen Volkes will die politische Freiheit der Bürger nicht wahr haben und imaginiert diese mit dem Volk als Einheit in die Irrationalität. Dort gehört das Volk als natürliche Einheit im Schmittschen Sinne des Volkes als politische Einheit, das etwas anderes sein soll als das Volk als Menge der Bürger, auch hin. Demgemäß hat Leisners Prämisse keinen Standort im Staatsrecht.

Das war Aufklärern immer schon klar. Staatslehre ist keine Religion. Gott und ein Gottessurrogat im Volk, „Volkssouveränität als eine Form ‚außerirdischer' Gewalt" (S. 231), ist nach Leisner eine Sache des Glaubens, also keine Sache der Wissenschaft und damit auch nicht des Rechts. Es ist sinnlos, die Wirklichkeit auf Elemente geglaubter Irrationalitäten abzusuchen. Die Wissenschaft kann und soll als scientia die Wirklichkeit, das Sein, erfassen oder als prudentia das Sollen, das Recht und die Sittlichkeit, bedenken, nicht aber den Glauben an einen Gott oder an ein natürliches Volk, das so nicht existiert. Existenz haben die vielen Menschen, die „Vielen", „ein Haufen von Vielen" (S. 108 f.), die durch den Staat zu Bürgern dieses Staates werden. Sie sind durch ein wirkliches Rechtsgesetz der Natur, eben um als Menschen leben zu können, verpflichtet, sich eine bürgerliche Verfassung zu geben (MdS, S. 366, 374), soweit sie auf einem Gebiet miteinander leben. Welches Gebiet das ist und welche Menschen in das Gemeinwesen aufgenommen werden, ist eine Frage der Politik. Walter Leisner hätte bei Kant einen Begriff des Volkes lesen können und sollen, der ihm die mühsame Untersuchung erspart hätte, nämlich: „Volk, d. i eine Menge von Menschen, ..., die im wechselseitigem Einflusse gegen einander stehend, des rechtlichen Zustandes unter einem sie vereinigenden Willen, einer Verfassung (constitutio) bedürfen, um dessen, was Rechtens ist, teilhaftig zu werden" (MdS, S. 429). Dieser Begriff hat nichts Irrationales. Aber Kants Rechtslehre hätte ihn von den geliebten Absurditäten abgelenkt, von der Möglichkeit zu glauben. Es ist ausgeschlossen, rein empirisch, ohne Ethik als der Lehre des Sollens, besser der Lehre der Freiheit (GzMdS, S. 11), Staatsrecht zu betreiben. Niemals wird die politische Wirklichkeit dem Recht genügen, immer muß sie der rechtlichen Kritik ausgesetzt werden, immer werden die Nutznießer des Unrechts dieses als Recht ausgeben. Der Kampf ums Recht hört nie auf und darf niemals einschlafen. Deswegen muß man nicht im Irrationalen behaglich verzagen. Vielmehr ist die harte Arbeit stetig anzupacken, in Verantwortung für die Republik, für deren Bürgerschaft im Innern und für die Menschen im Äußeren, die Welt, die Republik der Republiken.

---

[581] F. Gschnitzer, Volk, Nation II, in: Brunner/Conze/Koselleck (Hrsg.), Geschichtliche Grundbegriffe, Band 7, Verw – Z, 1978, S. 155 ff.

Fraglos regelt das Staatsangehörigkeitsrecht mit der Staatsangehörigkeit die Bürgerschaft und damit das Volk[582] und steht damit der Entwicklung eines irgendwie verstandenen (S. 57 ff.) „natürlichen Volkes" entgegen (S. 46 ff., 51 ff., 236, 246 und ständig). Leisner spricht von einem „Volk nach Herrschaft" (S. 47 f., 51 ff.). Aber zum einem ist jede Zugehörigkeit zum Volk ein Gegenstand der Politik, sei diese Recht oder Unrecht. Deutschland hat insoweit eine verbrecherische Geschichte, aber auch der Mädchenmord im Mutterleib, in China und anderswo, wie überhaupt die Abtreibung ist eine Verweigerung natürlicher Zugehörigkeit; denn was sollte natürlich an der Entwicklung des Volkes sein, wenn nicht die Zugehörigkeit der Nachkommen der Mitglieder des Volkes gemäß dem ius sanguinis. Aber auch das ius loci hat wegen des Gebietsbezuges die Natur für sich. Zum anderen hat die Willkür des Staatsangehörigkeitsgesetzgebers Grenzen. So darf er wegen der Präambel und wegen Art. 20 des Grundgesetzes das Deutsche des Deutschen Volkes, was immer das sei, nicht beseitigen. Die Bundesrepublik muß Deutschland bleiben. Deutschland ist vor allem eine Sprachnation, aber Deutschland ist auch und wesentlich religionspluralistisch und damit politisch säkularistisch. Deutschland ist zudem demokratisch, ein Rechts- und ein Sozialstaat, aber auch ein Bundesstaat. Zu dem Volk, das als Bürgerschaft souverän ist, gehören somit alle Menschen, welche die deutsche Staatsangehörigkeit haben, so fragwürdig deren Naturalisation auch sei, solange diese nicht aus Rechtsgründen für nichtig erklärt oder aufgehoben ist. Staatsangehörigkeit kann wegen des Status, den sie gibt, nicht schwebend unwirksam oder schwebend wirksam sein. Sie muß formalisiert sein.

„‚Souveränes Organ' – das ist ein Widerspruch in sich" (S. 43), auch richtig, weil ein Souverän Person, natürliche Person sein muß, nicht dessen Organ. In Frage kommen nur Monokratien, in denen ein Fürst oder ein Führer souverän ist, oder Aristokratien aus souveräner Aristokratie oder eben Volks-, besser Bürgersouveräne der Demokratie, besser Republik. Das schließt an die klassischen Staatsformen an. Leisner schließt als „rechtliche Erkenntnis" die Souveränität in Anlehnung an die „Stellvertretung des omnipotenten Schöpfergottes auf Erden, mit gleicher Vollgewalt in dieser Welt betraut wie jener im Jenseits", an die „Vollgewalt eines Rechtsträgers" an, die nicht „gegenständliche Organkompetenz" sein können und die eigentlich das „Recht zum Kriege" haben müßten, wie das „Hegel und seine neuhegelianischen Nachfolger" noch dogmatisiert hätten (S. 43). Das nimmt den Begriff der Freiheit als die Souveränität nicht in die Dogmatik auf, die Freiheit, die durch die Allgemeinheit der Freiheit eingeschränkt ist, wie im Fünften Teil B.II. und im Sechsten Teil D. dargelegt werden wird. Gottesgnadentum kann man seit der Aufklärung auch souveränitätsrechtlich nicht mehr dogmatisieren. Keine Politik, kein Recht kann in Europa oder gar Deutschland auf den Glauben gestellt werden. Das lassen die Religionsgrundrechte nicht zu, welche der notwendigen Allgemeinheitlichkeit des Rechts entgegenstehen. Erst recht kommt eine religiöse oder auch nur religionsnahe Dogmatik grundlegender Rechtsbegriffe nicht in Betracht. Das Mehrheitsprinzip

[582] K. F. Gärditz, Der Bürgerstatus im Lichte von Migration und europäischer Integration, VVDStRL 72 (2013), S. 109 ff., selbst positivistisch.

gehöre zur „Willensbildung unter ‚Gleichen'" (S. 117 ff., auch S. 70), mitnichten; das ist die Mehrheitsregel. Ein „Allgemeiner Wille" sei widersinnig (S. 120 ff.). Auch der Volkswille sei Fiktion und demgemäß ein Problem für die ‚natürliche Volkssouveränität'" (S. 124 f., 156), zumal das „Mehrheitsaxiom, das Mehrheitswille mit Volkswille gleichsetzt" (S. 156), richtig. Leisner bedenkt die verschiedenen Formen, den Volkswillen zum Ausdruck zu bringen, die Wahlen (S. 125 ff.), die Abstimmungen, insbesondere das „‚Plebiszit'" (S. 144 ff., 146 ff.), die Meinungsumfragen (S. 157 ff.), „volkssouveräne Bürgerinitiativen", das „‚Spontanvolk'" mit der „Demonstrationsfreiheit" als „volkssouveränes Handeln en miniature", als „ein Beginn von Revolution", „höchste Stunde des natürlichen Volkswillens" (S. 175), sowie dem „Widerstandsrecht" und „Widerstand als Volkssouveränität im Notstand" (S. 166 ff., 169 ff., 171, 172 f., 174 f.), die „‚Allgemeinen Anschauungen'" mit der „egalitären Grundprägung der Volkssouveränität" gegen den Ständestaat, „der in der Gleichheitsfeindlichkeit des Feudalismus endet", und den „Gefahren des „‚gesunden Volksempfindens'" und dem „stummen Volk", dem „schweigenden Souverän" (S. 176 ff., 179 180 f.), und erkennt alle entweder als Fiktion oder aus anderen Gründen als inadäquat für eine Volkswillensbildung. Sein „Fazit: Volks-Willens-Bildung – eine Fiktion" (S. 182 ff.). Das Ergebnis war angesichts der Begriffe der Fragestellung vorauszusehen. Eine natürliche Willensbildung eines Volkes kann es nicht geben, weil das Volk als (ohnehin selbst nach Leisner nicht reale, sondern nur fiktionale) natürliche Einheit keinen Willen haben kann; denn es ist kein willensfähiger Mensch. Eine solche Frage diskreditiert den republikanischen Willen des Volkes, den allgemeinen, nämlich den vereinigten Willen desselben, die volonté générale und kann nichts anderes bezwecken. Rousseau und Kant haben die republikanische Willensbildung des Volkes unübertroffen gelehrt und das Grundgesetz ist dieser freiheitlichen Rechtslehre gefolgt. Im Vierten Teil zu B ist die freiheitliche Willensbildung skizziert. Unten ist die Willensbegriff Leisners kurz kritisiert.

Die „‚Politische' Demokratie" sieht Walter Leisner als „‚geleitetes Volk'", als „das geführte Volk" (S. 185 ff., 240 ff.). „Demokratie ist wesentlich das geleitete leitende Volk" (S. 186, 240 f.). In der „Volksleitung" wird der „individuelle Wille", der „Wille der Leitung" zum „Volkswillen" (S. 186 f., 190, 191 ff., 247), „durch Individualwillen gebündelter Kollektivwille", „was die Demokratie so wahrhaft ‚furchtbar vereinfachend' den Volkswillen nennt, in einer globalen sozio-politischen Fiktion", die sich zur Realität wandelt, „mit aller Macht der Wirklichkeit" (S. 187, 190, 194), „Volkswille als ein Alibi eigenen Herrschaftswillens" (S. 189), „‚Volkswille' des ‚als ob'" (S. 189 ff.), „‚Volkswille als eines Willens der zahllosen Gleichen'" (S. 212). Walter Leisner raunt mit dialektischen Sätzen Wahrheiten des realen parteienstaatlichen Demokratismus. „Die demokratische Aufgabe: Leitung der Vielen, nicht Beratung" (S. 187 ff., 191 ff.), durch Vorschläge, möglichst ohne Alternativen (S. 192 f.), mediale „Einpeitschung zur Entscheidung" (S. 193), als „Technik der Volksführung": „Einfachheit" (S. 211 ff.), die „am Ende den Willen nicht des Volkes, sondern den Willen der Demagogen zum Ausdruck bringe" (S. 213), „Schwerpunktbildung" (S. 213 f.), „Wiederholung" „in einem Schein geführter, in Wahrheit pervertierter Diskussion“, „Gegenargumente ignorierend“ im Sinne von „stat pro ratione voluntas“ (S. 215 f), „große Worte – gelassen ausgesprochen“, die das Volk „bewegen“ (S. 216 ff.), „wesentlich unrealisierbare Versprechungen“, irrational, unrealisierbar (S. 216), mit der „beglückenden Kraft der Illusion“ (S. 217), „Leidenschaftlichkeit des Führerwillens, übergehend auf den Volkssouverän“ (S. 218 ff.), „Bereitschaft von Märtyrern“, notfalls beim Gang des „Volkstribuns aufs Schafott“ (S. 220), „Volksschmeichelei“, „überall“, „die dunkelste Seite der Demokratie“, in der die „Meinung“, „jenes höchste Gut gerade demokratischer Freiheit“, „mit ihm die Freiheit zum Verbrechen wird“, letztlich „Selbstschmeichelei der Demagogie“ (S. 224 ff.). „Der Volkssouverän hat immer Recht, Souverän ist nur, wer Recht hat“ (S. 216). „Alles Öffentliche Recht ist und bleibt fremdbestimmtes Befehls-, nicht autonomes Überzeugungsrecht“, „Selbstbefehl des Volkes“ (S. 222, 227), „bis zur tyrannischen Form“ auch und gerade im „Volksführertum“, wie die Französische Revolution gezeigt habe (S. 221). Die Demagogie sei „wahrheits-und richtigkeitsneutral“, ziele auf „Utilitarismus“, „nicht notwendig orientiert an ‚höheren‘ Werten“ (S. 222 f.). „Souverän ist nicht nur, wer über den Ausnahmezustand entscheidet, sondern auch wer über die Wahrheit entscheiden darf“. „Irrtum ist das rechtliche Privileg der Souveränität“ (S. 223).

Eine Theorie demokratischer Führung hat Walter Leisner schon 1983 in „Der Führer. Persönliche Gewalt – Staatsrettung oder Staatsdämmerung?“ beschäftigt. Es war und ist mutig und geboten, den Begriff der Führung aufzugreifen, nachdem ein ‚Führer‘ Deutschland in die größte verbrecherische Katastrophe seiner Geschichte geführt hat. Führung gehört zu jedem Miteinander von Menschen, im Kleinen und Großen. Es bestimmt die Parteien, die Unternehmen, die Vereine, auch die Religionen, vor allem aber das Gemeinwesen und dessen Staat (S. 185). Selbst wenn die Politik republikanisch auf die verbindliche Erkenntnis des Richtigen für das Gemeinwesen auf der Grundlage der Wahrheit ausgerichtet wird, bedarf sie der Führung, der geistigen Führung, führender Erkenntnisse. So ist es hilfreich, daß Walter Leisner erneut seine Einsichten des Führungsverhältnisses von Volksführung und geführten oder auch verführtem Volk, seine Theorie der Demagogie (S. 108 ff., 195 ff., 211 ff., 228 f., 229 ff.), aber auch die passive oder auch aktive (S. 244) Mitwirkung des Volkes an der Führung unterbreitet. In der „Führung des Volkssouveräns“, in der „Figur des Volksführers“ (S. 203 ff.), erkennt er die „Rückkehr Persönlicher Gewalt“ (S. 196, 237, 243 f.).

„Politik als Beruf ist Realität“, „man sollte eher von der Karriere des Volksführers sprechen“ (S. 205), „als Spiegelbild (eines Durchschnitts) des Volkes“, „„etwas über Durchschnitt – ma non troppo …““, mit dem „Mittelmaß als Ideal“ (S. 206 f.), aber möglichst mit „Charisma“ (S. 210, 237). Intellektuelle würden sich als „unfähig zur Volksführung“ erweisen und könnten nur Berater sein (S. 208 f.). Die Techniken der Demagogie (dazu S. 108 ff., eher traditional S. 211 ff.) haben sich im (sogenannten) Zeitalter der Kommunikation verfeinert und vervielfältigt, im Parteienstaat der sanften Despotie. Die Volksverführung verdrängt die „verfassungsrechtlich nicht institutionalisierte“ (S. 229 ff., 247) Volksführung, „in der Realität durchbricht die

Demagogie die Institutionen" (S. 232 ff.) und wird gewissermaßen durch „dauernde Übung", „Konvention", ja „Verfassungsgewohnheit" „wegfingiert" (S. 235 f., 241 f.). „Volkssouveränität in ihrer ‚geleiteten Form' könnte als ein oberstes Prinzip auch im gegenwärtigen Staatsrecht erscheinen" (S. 235). Jedenfalls wird sie von den Bürger genannten Untertanen hingenommen.

Demgemäß bedenkt Leisner eine „kollektiv-organisatorische Volksführung" (S. 236 ff.), für die es keine Verfassungsentscheidung gebe, auch nicht für „Parteien-Koalitionen" (S. 237 f.), und „Organisationen als Volksführer", durch die Funktionäre, Parteisoldaten in Funktionen von Volksführern gelangen, durch „Demagogie-Organisationen", „Parteien, Medien, Verbände" (S. 241), deren Zusammenwirken „wirklich ein Instrument des Willens des souveränen Volkes" sein könne (S. 238 ff., 241). Das alles, was Walter Leisner überzeugend in resignierender Bitterkeit schildert, verletzt, trotz seiner Sicht der Dialektik von Führung der Führer durch die Geführten (S. 189 ff., 191 ff., 244 f.), die Souveränität der Bürger zutiefst. Deren Substanz ist der Diskurs um Wahrheit und Richtigkeit, wenn man so will, als „Volkswillen als Kombination von Beiträgen aller, in virtueller Approximation" (S. 115 ff.), der keinerlei Täuschung verträgt. Die „Parteiführer" sind „die Volksführer", die „Volks(ver)führer" (S. 195 ff., 233), „ein „Großeinbruch der Demagogie in die demokratischen Institutionen", die Demagogen, „eine regimeübergreifende staatsrechtliche Figur" (S. 197 ff.), „einheitliche Erscheinung auf allen Ebenen der Staatlichkeit" (S. 204 ff.). Den Parteien ist die Lüge Lebensprinzip. „Der Parteiführer als Regierungschef" „betreibt ‚Demagogie als Amtsgeschäft'" (S. 233). „Die Parteiendemokratie hat die Demagogie nun auch wirklich zur Verfassungsinstitution erhoben" (S. 233). Der Demagoge, durch die „athenische Sophistik" klassisch (S. 198 ff., 200 ff.), „baut ab, vermeidet Volkswiderstand" und verstärkt „Herrschaftsakzeptanz" (S. 197). Die Demagogen würden „stillschweigend als die Führer des Volkswillens geachtet", „als die fiktiven Organe des Volkssouveräns wie dieser selbst eine Fiktion darstellt", des Volkes, das „als allgegenwärtig vorgestellt" werde, „in alle Verfassungsgewalten hinein wirkend" (S. 254).

Die fest gefügten Parteien passen nicht in die Republik, obwohl sie nach Art. 21 Abs. 1 S. 1 GG an der politischen Willensbildung des Volkes mitwirken dürfen und sollen. Sie haben aber die politische Willensbildung im Staat weitgehend an sich gerissen, auch dadurch, daß sie fast alle Organe des Staates besetzen. „Von der Schattengewalt zum unsichtbaren Staat" beschreibt Walter Leisner in einer anderen Schrift zur Spätdemokratie die Parteiendemokratie, in der die Oppositionspartei „am Parteien-Geheimnis" teilnimmt, verstärkt durch die „Parteien-Kryptogewalt in die Gesellschaft hinein"[583]. Das ist vielleicht die schwerste Verletzung der Souveränität der Bürger, der Freiheit. Wahlen machen aus der „Volkssouveränität" nicht eine „Parlamentssouveränität" (S. 126 ff., auch S. 157) und „Repräsentation" macht nicht aus dem Volkssouverän das „„Volk im Kleinen"", das Parlament (S. 128 ff.), sondern

[583] Der unsichtbare Staat. Machtabbau oder Machtverschleierung, 1994, S. 270 ff., 274 ff., 276 ff.

ist ein verwirrender Begriff für die Vertretung des Volkes, die nichts mit einer „vorbehaltlosen Machtübertragung", wie diese im „Wesen der Volksouveränität" liege (S. 130, auch S. 204), zu tun hat. Es geht um Vertretung in der Erkenntnis des Rechts, dessen Wirklichkeit der allgemeine Wille des Volkes ist (Rprp, S. 637 ff., auch Leisner, S. 133)), eine Dogmatik, die Leisner anstelle der zivilistischen Kritik der „grundsätzlich unvollziehbaren" „Repräsentationstheorie" (S. 132) hätte ins Auge fassen können, als allein mögliche „politische Willensbildung des Volkes", von der die Verfassung ersichtlich ausgeht (S. 140).

Aber: „Das Volk äußert keine Willen, es bestellt lediglich Willensträger" (S. 132 f.), nein, Amtswalter der Erkenntnis, durchaus ein Akt des Vertrauens (S. 134 f., 135 ff.) oder eben der „aufgestauten Unzufriedenheit" (S. 138 ff.), nicht aber Bildung „inhaltlichen Volkswillens" (S. 135 ff.), wie das der Wählerschaft in den Wahlkämpfen vorgegaukelt wird. Willensträger bleibt allein die Bürgerschaft als das Volk, das im übrigen in Abstimmungen auch material entscheiden kann (entgegen S. 132 ff.). Die „‚Zurückführbarkeit' der Willensäußerungen der Vertreter auf den Vertretenen, das souveräne Volk" hält Leisner für „eine einzige große, rechtliche Fiktion, nichts anderes" (S. 133, auch S. 231). Von einem „‚Willen des Volkssouveräns' sollte nicht gesprochen werden" (S. 133). Damit ist die Demokratie dementiert. „Fazit: ‚Wahl-Volkswille': weithin Willens-Fiktion, allenfalls Freiheitswille gegen Herrschaft" (S. 141 ff.). Walter Leisners Lehre krankt an dem empiristischen Willensbegriff, einem „natürlichen Willen" des Volkes (S. 247 und ständig) als „oberstem Gesetz, dem mißtraut werde, zu Recht, weil es diesen nicht gibt. Der Wille des Volkes ist die Wirklichkeit praktischer Vernunft, als ein transzendentaler Wille, gerade kein „natürlicher" im Sinne einer Willkür. Aber: „Alles ist nunmehr Wille, nichts mehr Erkenntnis, und Wille allein der Vielen" (S. 194).

Leisner stellt die Freiheit in einen Gegensatz zur fiktionalen Volkssouveränität (S. 41, 103, 257 ff.), vor allem aber spricht er von einer „volksauflösenden Freiheit" (S. 69 ff.), ohne, ganz in Leisnerscher Dialektik, die Vision zu verschweigen, daß sich „jenseits der Volkssouveränität" „ein freies Zusammenleben" entfalten könne (S. 262 ff.) als „Volkssouveränität mit einem Kern von Freiheitsgehalt, als ein Weg zur Freiheit" (S. 266). Volkssouveränität sei „immer wieder vom Ideal einer kollektiven Persönlichkeit ‚freies Volk' ausgegangen, von den attischen Ursprüngen über die Französische Revolution bis in die Vorstellungen von einer ‚freien Welt' der Gegenwart. Volksouveränität sei „als Organisationsprinzip dieser Freiheit, gegen äußere Feinde der in ihr verfaßten freiheitlichen Bürgerschaft erschienen" (S. 266). Darin habe sich „dieser als höchstes Staatsprinzip programmierte Grundsatz eben doch nicht als eine Spitzennorm der Demokratie, sondern im Letzten als ein Instrument, gerichtet auf die Verwirklichung der eigentlichen Grund-Norm dieser Staatsordnung, der Bürger-Freiheit gezeigt" (S. 267). „In dem Programm ständigen weiteren Herrschaftsabbaus, wie es die Volkssouveränität proklamiert", liege „letztlich die Wandlung von der Volks-Freiheit zur Bürger-Freiheit. Das ‚Volk' wandelt sich zum Bürger, es ist Diener seiner Freiheit. Darin bleibt Volkssouveränität Fiktion – gerichtet aber auf die Realität einer Freiheit von Bürgern" (S. 267). Die

Bürgerfreiheit ist die Verfassung der Menschheit des Menschen und das Verfassungsgesetz Deutschlands. Aber eine kollektive Volksfreiheit, so oft diese gelehrt wurde, etwa von Hans Kelsen[584], war nie Verfassungsgesetz und immer gegen die Freiheit der Menschen und Bürger gerichtet. Sie war weder attisch noch ausweislich der Deklaration von 1789 das Verfassungsprinzip der Französischen Revolution. Sie ist die demokratistische Gefahr für die Freiheit und damit für die freiheitliche Demokratie.

Wer aber Demokratie als Volksherrschaft (miß)versteht (S. 41, 46 ff.), wenn auch nur als Fiktion (S. 31 ff.), und durch die fiktionale Volkssouveränität (S. 38 ff., ständig) Herrschaft von Menschen über Menschen ideologisiert und dadurch legitimiert sieht, wie Walter Leisner durchgehend geradezu als Axiom seines Räsonnements, kann nur dem Volk insgesamt als politischer Einheit ‚Freiheit' zugestehen, nicht den Bürgern. Diese Volksfreiheit ist dann nichts anderes als Herrschaft der Repräsentanten des unsichtbaren Volkes über die sogenannten Bürger als Untertanen. Carl Schmitt hat eine solche Volksherrschaft am klarsten vorgetragen und sogar mit seiner Identifizierung von Herrschern und Beherrschten viel Gefolgschaft gefunden (dazu Zweiter Teil C.III.)[585]. Walter Leisner: „Herrschaft wird und muß es geben, aus Ordnungsnotwendigkeit heraus, auch unpopuläre, belastende Macht" (S. 265), „stets ging es und geht es auch heute um die einseitige, letztlich unwiderstehliche Macht" (S. 15), die „nur als eine zentralbezogene gedacht werden kann" (S. 17), mitnichten: Ordnung ja, Herrschaft nein. Wirklichkeit des Rechts ist Wirklichkeit der Freiheit und Wirklichkeit von Ordnung. Es gibt keine Souveränität des Volkes als kollektiv konzipierter politischer Einheit, eine solche ist, insoweit ist Walter Leisner die genaue empirische Analyse zu danken, fiktionale Legitimation von Herrschaft, gegenwärtig der politischen Klasse, vor allem der Parteienoligarchie, durch Wahlen notdürftig legitimiert.

Wenn schon der Souverän nicht beherrscht wird, das ist immer der Kern der Souveränität gewesen, so ist er frei. Diese Freiheit haben alle Menschen als Bürger ihres Staates. Im freiheitlichen Gemeinwesen, in der Republik, können nur die Bürger souverän sein, wie selbst Leisner als Frage zuläßt (S. 41) und schließlich als Vision vorträgt (S. 266 ff.). Freiheit ist wirklich nicht mit der Volkssouveränität vereinbar, so wie Leisner diese untersucht. Aber eine solche Volkssouveränität hat nie dem Volk als der Vielheit der Bürger Rechte oder gar Macht gegeben, abgesehen von den Wahlen, deren politische Relevanz nicht überschätzt, wenn auch nicht unterschätzt werden darf. Aber die Wahlen haben als Kern des demokratischen Prinzips Eigenstand. Die von Leisner klar herausgestellte ideologische und dadurch Herrschaft der Herren legitimierende Kraft ist der eigentliche Sinn der Doktrin von der Volkssouveränität. Leisner hat auch die liberalistische Freiheit, die Abwehrrechte

---

[584] Vom Wesen und Wert der Demokratie, S. 11 ff.; kritisch K. A. Schachtschneider, Res publica res populi. S. 691.

[585] Verfassungslehre, S. 234 ff.; etwa K. Doehring, Internationale Organisationen und staatliche Souveränität, S. 110 („Volkssouveränität" heißt „das Volk beherrscht sich selbst", ja, wenn sich jeder Bürger selbst beherrscht, also sittlich handelt).

des „Bürgers“ gegen den Staat, im Sinn (S. 70f.), „Freiheit als ein ‚natürliches Recht‘“ mit „ihrem wesentlichen Abwehrcharakter“ (S. 54), wenn er erklärtermaßen gegen die „noch herrschende Verfassungslehre“, die die „grundsätzliche Einheit von Volkssouveränität und Freiheit“ zu einem „Verfassungsaxiom in der Demokratie verdichtet“ habe (S. 69), unter Berufung auf das Terror-Regime der Jakobiner (S. 70) Freiheit und Volkssouveränität gegeneinander stellt (S. 41, 69ff. u.ö.). Wie freilich Freiheit, genauer die „verfassungsrechtlichen Freiheitsrechte“ die „natürliche Volkseinheit“, das Volk, das „Volk als Machtträger der Demokratie“, „mehr als ein demagogisch-verbaler Zurechnungspunkt“ (S. 18), auflösen soll (S. 69ff., 71ff.), bleibt mir schleierhaft. Gegen einen Souverän, herrschaftlich konzipiert, von dem „‚alle Gewalt ausgehen‘ soll“, hält sie (sc. die Freiheit) eben ‚alle ihre Freiheiten‘ entgegen“ (S. 71). Die „grundrechtlichen Freiheiten“ würden „‚das Volk rechtlich‘ desintegrieren“, was Leisner für die Vereinigungsfreiheit, die Meinungsfreiheit, die Religionsfreiheit (die es so nicht gibt), das Eigentum Privater, in gewisser Weise auch die Gleichheit, insbesondere aber für die Freizügigkeit und die Ausreisefreiheit, das bis zum Sezessionsrecht gesteigert werden könne, zu explizieren sucht (S. 72ff., 77f.). Diese Grundrechte schützen die Freiheiten um der Freiheit willen. Sie integrieren die Bürgerschaft gerade dadurch, daß sie Staatsgewalt nicht zur Despotie oder gar zum Tyrannis verkommen lassen und notfalls den freien Zug oder die Sezession erlauben.

„Gewalt, nicht Freiheit“, „eine Gemeinschaft der Gewalt“, der „‚geborene Gegner aller Freiheitsrechte‘“ (S. 72). Welch Mißverständnis des Gewaltbegriffs[586]. Soweit das Gesetz mittels Zwanges durchgesetzt werden muß, ist das auch Gewaltausübung im Rahmen des umfassenden Begriffs der Staatsgewalt, der alles Handeln des Staates umfaßt. Dieser Zwang ist Freiheitsverwirklichung (MdS, S. 338f.; FridR, S. 100ff.).

Keinesfalls sind „alle gegenwärtigen Verfassungsgrundstimmungen auf Freiheit, nicht auf Volkssouveränität gerichtet“ (S. 78ff.). Das Gegenteil erweisen die Präambel, die von der „verfassungsgebenden Gewalt“ des Deutschen Volkes“ und von der „freien Selbstbestimmung“ der „Deutschen in den Ländern ...“, Art. 146 GG, der von einer „Verfassung“ spricht, „die von dem deutschen Volk in freier Entscheidung beschlossen worden ist“, vor allem aber Art. 20 Abs. 2 S. 1 GG, der klarstellt, daß „alle Staatsgewalt vom Volke ausgeht“, also die Volkssouveränität als Souveränität der Bürger festschreibt. Den zitierten Satz kann nur sagen, wer Souveränität nicht als Freiheit versteht. Wenn aber Leisners Eindruck ist, daß alle Verfassungsgrundstimmungen auf Freiheit gerichtet seien, hätte er auch schließen können, ja müssen, daß die Souveränität Freiheit ist. Aber die Herrschaftsdoktrin ist für fast alle Staatsrechtlehrer verbindlicher als das Grundgesetz, genauso wie die liberalistische Doktrin einer Eigenständigkeit der Gesellschaft, die Leisner als „Trägerin des Volkes – in Fluktuation mit Tendenzen zur Auflösung“ bedenkt, die sich jedenfalls entgegen dem geradezu rigorosen, auf Hegel zurückzuführenden, herrschenden Dogma von

586 Dazu K. A. Schachtschneider, Der Anspruch auf materiale Privatisierung, S. 281ff., insbes. S. 286f.

der Trennung von Staat und Gesellschaft auch für Leisner eher als Einheit mit dem Staat, aber doch wegen der die Gesellschaft konstituierenden Freiheit als volksauflösend, zumal die „Zwischengewalten", Adel, Kirchen, Korporationen, Zünfte, darstellt, jedenfalls nicht die „natürliche Volkseinheit" hervorbringe (S. 80 ff.).

Das „Ende ‚gemeinsamer Werte'", von denen mehr denn je gesprochen werde, weil sie „auf der staatlichen Ebene zu verdämmern beginnen", gerade wegen der „Rezeption gesellschaftlicher Natürlichkeiten in die herrschaftsbestimmte Staatsordnung hinein" (überzeugend), sei das „Ende der natürlich-volkskonstitutiven Gesellschaftseinheit" (S. 85 ff.). Die Smendsche Integrationslehre habe „im Namen von Verfassungswerten" „aus der Gesellschaft heraus und ihren Werten" durch gesellschaftlichen „Konsens" „aus einem tiefen protestantischen Überzeugung von der Kraft des Bekennens, das mit seinem Glauben Berge versetzt – und damit auch Völker schaffen" könne, (vermeintlich) „ein kantisches Postulat", die „Volkseinheit bilden wollen". Der „Wertekonsens" sei ein Wort geblieben, „in dem sich Natürliches als rechtlich Wirksames selbst bestätigen wollte", „bis zum heutigen Tag rechtlich undefinierbar", allenfalls „auffindbar im Wirken einer eigenartigen neuen Gewalt, der der Medien, die ihn durch Lautstärke hervorbringen" (S. 85 f.), scharf beobachtet. Der Werteverlust folge aus der Zerstörung oder raschen Auflösung der „typischen historischen Werte-Träger" und vor allem aus der „allgemeinen Freiheit des Denkens" (?!), welches „alle Werte-Integration auf Dauer auflösen muß" (S. 87). Es wäre wohl besser, wenn ausschließlich der Papst ex kathedra verkündet, was gedacht werden darf. Schon Hobbes hat dem Leviathan zugestanden, die „Meinungen und Lehren" zu beurteilen, weil „sie nicht selten Grund und Ursprung von Uneinigkeit und Bürgerkrieg sind" (Leviathan, II, 18. S. 161). Im übrigen haben die Medien die priesterliche Aufgabe, die political correctness durchzusetzen, angenommen und erfüllen sie mit Eifer. Ich bleibe bei Marquis de Posa aus Friedrich Schillers Don Carlos: „Geben Sie Gedankenfreiheit, Sire".

Umgekehrt sei „die Auflösung der Volkssouveränität eine Freiheitschance" (S. 257 ff.), „in jeder Hinsicht, auch in der eines gesellschaftlichen Sozialzwanges (S. 257). Darin zeige sich „ein grundsätzlicher Antagonismus von Bürgerfreiheit und einem Volk, das eben letztlich nur als Souverän gedacht werden kann, als ein Träger der Allgewalt". Das Volk als ein solches sei der „geborene Feind der Freiheit". Es bestelle „seine Vertreter als Herrschende" oder lasse „sich von Demagogen leiten, die nichts anderes anstreben als solche Herrschaft" (S. 257), richtig, das ist der Freiheit entgegengesetzt, aber nicht das Recht des Souveräns, der Bürgerschaft. Leisner verbindet seine Herrschaftsdoktrin typisch mit der „ewigen Frage ‚Freiheit gegen Gleichheit'", so daß „ernst genommene Volkssouveränität nichts anders letztlich bedeuten würde als Gleichheitssouveränität" (S. 258), aber auch diese Antinomie ist falsch. Es gibt nur die Gleichheit in der Freiheit (FridR, S. 405 ff.).

Eine „staatstheoretische Möglichkeit" sei auch „Staatlichkeit ohne Souveränität" (S. 259 ff.). „Mit ‚Staat' wurde nie ein ‚natürlicher' Machtträger angesprochen", so nicht „noch im 19. und beginnenden 20. Jahrhundert in der ‚Staatssouveränität' der deutschen Staatslehre, in der „Periode des Konstitutionalismus", wie sie auch in Frankreich gesehen wurde", als „‚Nation'" „als begriffliche Überhöhung über Volk und Monarch". Der Staat sei „doch stets nur ein geistiger, sogar irgendwie fiktiver Zurechnungspunkt" gewesen (S. 259). Leisner fragt, ob der Staat „als eine überhöhende Fiktion" die „Fiktion der Volkssouveränität gewissermaßen ‚von oben', staatsgrundsätzlich tragen und systematisch zusammenordnen" könne, wenn „das allein als sein natürlicher Träger verbliebene Volk sich entweder unauffindbar verliere oder sich real auflöse" (S. 259), oder ob doch gelte: „Ende der Volkssouveränität – Auflösung der Staatlichkeit?" (S. 260). „Dieser selbe Staat sei eben, schon seit geraumer Zeit, in seiner Einheit in Gefahr" (S. 260). Es gebe „dann nurmehr Individuen und Gruppen, darüber nichts, kein Volk, keinen Souverän, keinen Staat". „Die Devise einer vergangenen Zeit, ‚ein Volk, ein Reich, ein Führer', wird sozusagen von ihrem Ende her aufgerollt: nach dem Ende des Führers, dem Ende des Reiches, nun auch das Ende des Volkes – in vielen kleineren Machttechniken für Muftis und Demagogen" (S. 260 f.). Nein, diese Sorgen rühren von einem letztlich herrschaftlichen, führerschaftlichen, vielleicht im Innersten monarchischen, Staatsverständnis her. Sie versuchen nicht, den Bürgerstaat, die Republik zu verstehen, die ein Gemeinwesen des Rechts und damit der Freiheit sein soll und zu sein bemüht ist, offen für eine friedliche Welt von Republiken. Sie verweigern sich einer Dogmatik der Revolution als der Befreiung zum Recht.

Leisner wähnt gar eine „Ende des Öffentlichen Rechts", ein „Sterben des Staatsrechts, das „ohne Staatslehre nicht zu überleben vermöge", richtig. Es habe bereits „seine lebendigen Verbindungen zu Theologie und Philosophie verloren" und „sich von den Wirkkräften seiner geistigen Geschichte getrennt". „Dem öffentlichen Recht bliebe nichts als platter Positivismus" (S. 261). Das ist weitgehend die klägliche Wirklichkeit des öffentlichen Rechts, wie die Besprechung der Habilitationsschrift von Christian Seiler gezeigt hat, aber es ist nicht die Substanz der Lehre vom Öffentlichen Recht, die immer nur von wenigen ‚Gehirnen' wie einem Walter Leisner begriffen und geformt wurde, immer umgeben von hohlen Köpfen, die nicht mehr können als geordnet und, oft irrig, zusammengefaßt abzuschreiben.

Leisner sieht „ein freies Zusammenleben jenseits der Volkssouveränität" (S. 262 ff.). Nach der Volkssouveränität als „Staatsform eines ‚Es ist erreicht' im „wilhelminischen Pathos" könne „Volkssouveränität als ‚offener Begriff'" im Sinne einer „‚offenen Verfassung'" „selbst neue Lebensformen in der Gemeinschaft" öffnen, in „ungeahnten organisatorischen Formen staatlichen Zusammenlebens, in der Überwindung von Nationalstaaten und, das sei hier betont, von nationalen Völkern" (S. 262 f.). Leisner räumt ein, daß der „Volksbegriff der volkssouveränen Demokratie", der die „Bürgergesamtheit als ein Organ verstehe", „in dem zweiten Weg der geführten Volkssouveränität" für „noch gar nicht absehbare Formen" geöffnet habe (S. 263). Er sieht eine „‚Verwahlrechtlichung' der Staatsorganisation, nach Schweizer Vorbild" kommen, um „(noch) mehr Demokratie zu wagen", eine „Verfassungsreform, welche ‚die hergebrachten Grundsätze des Berufsbeamtentums' aufhebt", die „Volkswahl des Staatsoberhaupts", den „Ausbau direkter Demokratie in Volksbegehren und Volksabstimmungen“, auch „gegen den parlamentarischen Willen“, u.a.m. kommen, das dem „Herrschaftsabbau“ bewirke, in der das „wenig überzeugende Dogma gelte, daß Wahl gleich Wille sei“, in „immer rascheren Kreisläufen von freiheitlich-liberalen Strukturen zum Gleichheitsstaat, von dort in demokratische Anarchie, um schließlich in Formen autoritärer Führung ihr Heil zu suchen, und wieder zurückzukehren zu freiheitlichen Ausgangspunkten“ (S. 263 ff.). Mit all diesen Visionen spricht Leisner Titel seiner Schriften zur Spätdemokratie an[587].

„Volkssouveränität mit einem Kern von Freiheitsgehalt, als ein Weg zur Freiheit“, „als ein großer dynamischer Vorbehalt der Freiheit“ (S. 268), „von der Volksfreiheit zur Bürger-Freiheit“ (S. 266 f.), „ein fiktiver Weg zur Grund-Norm der Freiheit“ (S. 268). Warum so kleinlaut, warum so zögerlich? Das ist längst die Verfassungslage, nur verschließt die deutsche Staatsrechtslehre davor die Augen, weil sie es nicht bei Georg Jellinek abschreiben kann. Das ist die Verfassung der Menschheit des Menschen, die Freiheit, die mit uns geboren ist, die Souveränität der Bürger, die freilich der staatlichen Organisation bedarf, um der Freiheit willen in kleinen, demokratiefähigen Einheiten, offen, weil verpflichtet, zur Zusammenarbeit mit den anderen, brüderlichen, Bürgerschaften der einen Welt. Herrschaftliche Volkssouveränität ist allerdings wenn eine Fiktion (nochmals S. 268), dann entgegen der Verfassung und entgegen dem Verfassungsgesetz, rechtlich und politisch über Walter Leisner hinaus oder doch mit ihm ein Unding.

Was vermag schon eine Revolution, die von 1918, gegen die herrschenden Rechtsirrtümer? Katholizismus, christliche Religion, die „„ein Volk Gottes‘“ kennt, wie „alle großen monotheistischen Religionen, und Sozialismus sind internationalistisch, und würden, gestützt durch die „radikale Ablehnung des Nationalsozialismus“, einer „natürlichen Einheit Volk“, einem „natürlichen Volk“, „einem völkischen Denken“ entgegenstehen (S. 79 f.).

Als „Verfassungsgewalt“ vermag Walter Leisner das Volk nicht zu erkennen (S. 248 f.), obwohl doch „alle Staatsgewalt vom Volke ausgeht“ (Art. 20 Abs. 2 S. 1 GG), nicht wie Leisner meist schreibt „alle Gewalt“ (etwa S. 18, 26 f., 39, 150, 249, 250), ein relevanter Unterschied, oder gar „alle Macht“ (S. 26, 138). „Souveränität: keine Verfassungsgewalt“ (S. 249), weil „„alle Gewalt vom Volk ausgeht‘“, verstanden „als Quelle aller Verfassungsgewalt“ (S. 249). Nein, die Souveränität ist die Staatsgewalt der Bürger, real nicht fiktiv, und damit zunächst die Verfassungsgewalt, wie die Präambel des Grundgesetzes und Art. 146 GG bestätigen. Überhaupt sieht Leisner ein „Ende der Gewaltenteilung“ durch „Auflösung und Zerfall der Verfassungsgewalten“ (S. 250 ff., 267 f.) wie durch „Auflösung des Volkssouveräns“ (S. 250 ff.), „Zerfall von Volks-Kompetenzen“ (S. 250). Es bleiben „„Gewalttrümmer‘“, welche sich zur „Souveränität im Kleinen“ „zahllose Autonomien“ bis hinein

[587] Der Gleichheitsstaat – Macht durch Nivellierung (1980); Die demokratische Anarchie – Verlust der Ordnung als Staatsprinzip? (1982); Der Führer – Persönliche Gewalt: Staatsrettung oder Staatsdämmerung? (1983).

zu „Selbstverwaltungen von Volksschulen, Universitäten, medizinischen Zentren" „aneignen" können würden (S. 252 f.), „Funktionsteile" „in kaum mehr entwirrbarem Gemenge (S. 17). Es ist richtig, daß die Verwirklichung der Freiheit als die Souveränität vielfältig, je nach Gebot der Sache einschließlich der involvierten Grundrechte, gestaltet sein kann und muß. Jeweils entstehen unabhängige Gewalten, nämlich Verwaltungen oder Bereiche des Waltens, des Handelns, in denen die Amtswalter verbindlich entscheiden und der Rechtsschutz durch die ihrerseits unabhängigen, wenn man so will, souveränen (richtiger: die Souveränität der Bürgerschaft ausübende) Gerichte begrenzt ist. Wer das letzte Wort hat, ist souverän, frei, nämlich unabhängig von eines anderen nötigender Willkür, aber dem Sittengesetz, also dem Recht, verpflichtet. Das ist nicht weniger für den Privaten richtig, dessen Privatheit durch die Freiheit definiert ist, welche er alleinbestimmt, aber der Sittlichkeit verpflichtet ausübt.

Richtig verbindet Leisner „alle rechtliche Selbstbindung" mit „Autonomievorstellungen", aber gänzlich unpräzise, so daß er den Bruch zu seiner „Herrschaftssouveränität" (S. 51 f.) nicht bemerkt. Eine „‚Herrschaft über Menschen', eine autonome, von den Herrschaftsobjekten akzeptierte, von ihnen selbst getragene", die „zentrale, vielleicht die entscheidende Überzeugung der Demokratie" (S. 52), ist Leisners Grundposition, seine Herrschaftsdoktrin, die politische Freiheit nicht wahr haben will. Das freiheitliche „Verbot jeder Fremdbestimmung", die Freiheitslehre Kants, des Grundgesetzes und des Weltrechts endet ihm in „Anarchie" (S. 52), als seien Freiheit und Ordnung, Freiheit und Recht ein Widerspruch, sein liberalistischer Irrtum.

Eine knappe Kritik an Leisners Begriffen ist geboten: Der Wille ist transzendentalphilosophisch und damit freiheitlich die praktische Vernunft oder als die Sittlichkeit die Wirklichkeit des Rechts, die Rechtlichkeit des gemeinsamen Lebens. Dieser Wille muß erkannt und beschlossen werden. Er geht auf die Richtigkeit des Sollens auf der Grundlage der Wahrheit als der erkannten Wirklichkeit. An der Erkenntnis wirken in ihrer jeweiligen Weise und bei ihren jeweiligen Handlungen alle Bürger mit. Bürgerliche Handlungen schließen die Politik ein, nämlich die Gesetzgebung (FridR, S. 78 ff., 311 ff., 632 ff.). Wer eine Republiklehre leisten will, die jeder, der in einer Republik lehrt, zu leisten zu versuchen verpflichtet ist, muß die zentrale Stelle in der Metaphysik der Sitten kennen und studieren, die vom Willen handelt. Sie ist der Schlüssel zum Begriff des Volkswillens als Bürgerwillen. Wer diese Philosophie meint ignorieren zu dürfen, handelt von einer politischen Lage, die es jedenfalls in Deutschland nicht gibt; denn zur Politik gehört vorrangig das Recht: „Von dem Willen gehen die Gesetze aus; von der Willkür die Maximen. Die letztere ist im Menschen eine freie Willkür; der Wille, der auf nichts anderes, als bloß auf Gesetze geht, kann weder frei noch unfrei genannt werden, weil er nicht auf Handlungen geht, sondern unmittelbar auf die Gesetzgebung für die Maxime der Handlungen (also die praktische Vernunft selbst) geht, daher auch schlechterdings notwendig und selbst keiner Nötigung fähig ist. Nur die Willkür also kann frei genannt werden" (MdS, S. 332). Wer die Willensbildung des Volkes begreifen will, darf den Willen nicht als Willkür kritisieren. An der Willensbildung wirken Bürger gegebenenfalls durch Schweigen mit, weil sie denen vertrauen, die sprechen, vor allem denen, die zu sprechen gewählt sind. Sonst sind sie gehalten, selbst zu sprechen. Ihre Moralität führt die Bürger zur Sittlichkeit, d. h. zur Rechtlichkeit mittels allgemeiner Gesetze. Die Erkenntnis ist Sache aller Bürger, aber wegen der praktischen Unmöglichkeit eines Verfahrens, welches eine unter allen Bürger übereinstimmende unmittelbare Willensäußerung zur Wahrheit und Richtigkeit sicherstellt, also einen Konsens (S. 122 f.), ist einerseits eine Vertretung der Bürgerschaft, „des ganzen Volkes", eingerichtet und andererseits eine Entscheidungsregel gegeben, die Mehrheitsregel. Die Minderheit will das, was die Mehrheit erkannt hat; denn sie hat sich geirrt. Das ist die geniale willensphilosophische Erkenntnis Rousseaus, die regelmäßig verkannt wird, auch von Walter Leisner, der sich vom „Widersinn des ‚Allgemeinen Willens' als Wille eines Volkssouveräns" „als rein rechtlich fingierter Zuordnung" abwendet (S. 70, 120 ff.), aber nicht berücksichtigt, daß der allgemeine Wille die Logik der allgemeinen Freiheit ist. „Von selbst will das Volk immer das Gute, aber es sieht es nicht immer von selbst". „Der Gemeinwille ist immer richtig, aber das Urteil, das ihn leitet, ist nicht immer aufgeklärt" (Cs, II, 6. S. 42).

Walter Leisner greift die „gewiß nicht nur von kleinen Geistern wiederholte Skepsis auf: „Vernunft ist stets bei wenigen nur gewesen, das Volk könne eben nicht rational handeln, entscheiden" (S. 108), das Volk sei mit Platon „ohne Regierungs-Techne", ohne „staatsrechtliche Regierungsfähigkeit", ohne „Souveränitätsfähigkeit", ohne „Techne der Volksführung, der Demagogie" (S. 109 und ff., auch S. 211 ff.). Auch die Politologie sei diese „Demokratie-Techne", nicht (S. 112 f. und S. 113 ff.), der „spätperikleische Elitarismus" sei nicht überholt, die „wahre Macht der Medien" noch nicht auf „die geistige Ermöglichung der dann auch rechtsrichtigen Entscheidung durch die Vielen gerichtet" (S. 113). Es ist nicht zu bestreiten, daß, wenn es wie meist, im Parteienstaat systemisch und entgegen der republikanischen Verfassung, mißlingt, die Besten in die Ämter zu wählen, „die geistig Schwächeren die geistig Stärkeren beherrschen" (S. 111). Aber: „Demokratie kennt keine Dummen, sie kennt nur Bürger" (S. 114). Ja, aber begreifen kann das nur, wer die kantische Unterscheidung des homo phainomenon und des homo noumenon mitträgt und nicht ein langes Buch lang diesen republikanischen Dualismus empiristisch zu dementieren sucht, indem er einen vermeintlich „natürlichen Willen des Volkes" sucht, den er nicht finden kann, weil es ihn nicht gibt. Der Wille des Volkes ist Sache wissenschaftlicher Erkenntnis, die man schlecht als natürlich bezeichnen kann. Es versteht sich, daß die politische Praxis sich dieser freiheitlichen Willensbildungslehre allenfalls annähert, aber diese ist die Rechtslage. Das Recht wird nie so verwirklicht, wie es ist; denn das setzt Sittlichkeit aller Bürger, vor allem ihrer Vertreter in den Organen des Staates, voraus, die schlechterdings nicht erzwungen werden kann und darf, sondern von deren Moralität abhängt (FridR, S. 83 ff.). Der Parteienstaat ist geradezu auf unsittliche Interessenverwirklichung ausgerichtet, eben Verfallsform der Republik. Aber das rechtfertigt nicht eine empirische Rechtslehre. Eine solche, wie sie Walter Leisner betreibt, ist nach Kant ohne Idee der

Freiheit „(wie der hölzerne Kopf in Phädrus' Fabel) ein Kopf, der schön sein mag, nur schade, daß er kein Gehirn hat" (MdS, S. 336). Aufgabe jedes Bürgers ist es, sich selbst zu beherrschen, d. h. in seiner Dualität als Vernunftwesen zu handeln. Dessen ist er fähig, jedenfalls ist das ausweislich Art. 1 der Allgemeinen Erklärung der Menschenrechte und ausweislich Art. 1 des Grundgesetzes das Credo der Republiken, nämlich die Logik der Freiheit. Der Mensch kann das, weil er es soll. Wer freilich die politische Freiheit leugnet und in den Kategorien von Herrschaft denkt (S. 140 f., 173 und ständig), kann Souveränität nicht erfassen; denn diese ist nichts als die Freiheit der Bürger.

Der letzte Absatz des räsonierenden Werkes: „Die Theologie hat geistiges Leben mit dem Irrationalen gelehrt, welches für sie nur das Überrationale ist: Es wird erreicht in Glaube, Hoffnung und Liebe. Für das Recht, den Ausdruck der Souveränität, gilt das Gleiche. Die Volkssouveränität kann gerade deshalb Gegenstand eines politischen Glaubens sein, weil sie in Irrationalität verdämmert; Hoffnung trägt sie in sich, gerade dort, wo sie noch nicht verwirklicht erscheint. Und es muß ein Volk, will es an die Stelle des Schöpfergottes treten auf Erden, ein Gegenstand der Liebe sein, nicht der Furcht vor dem Tyrannen, der mit unzähligen Händen alles nehmen will – alle Freiheit. Die Kirche hat das schöne Wort geprägt vom Volk Gottes. Säkularisiertes Staatsrecht setzt das Volk als Gott ein. Etwas vom Volk Gottes aber sollte sein und bleiben im Volkssouverän, etwas von Gott im Volk" (S. 269).

Walter Leisner malt bestmöglich ein realistisches Bild des nicht legitimierbaren, geschweige denn legalen Parteienstaates, ein großer Beitrag des deutschen Staatsrechtslehrers, der es sich wie kein anderer nie hat nehmen lassen, selbst zu beobachten, selbst zu beurteilen, selbst zu denken. Er hält seine normativen Einsichten im Hintergrund, läßt diese nur kurz aufscheinen und zeichnet seine durchgehend richtigen Beobachtungen der politischen Wirklichkeit in Deutschland in grellen Farben. Ich ergänze den empirischen Realismus Walter Leisners durch einen normativen Idealismus eines Bürgerstaates, einer Republik, in dem die Souveränität die Freiheit der Bürger ist, wohl wissend, daß dieses Ideal unter den „aus krummen Holz gemachten" Menschen (Idee, S. 41) nie erreicht werden wird und Deutschland sich zur Zeit mehr und mehr von diesem Ideal und damit von seiner Verfassung entfernt. Aber die Idee der Freiheit muß gelehrt werden, damit sie als Prinzip des Rechts nicht völlig in Vergessenheit gerät. Sie muß darüber hinaus in der politischen Praxis verteidigt werden. Die Idee der Freiheit ist die philosophische und damit rechtsdogmatische Grundlage des Rechts und der Rechtlichkeit. Es gibt keine andere, seit Gott nicht mehr geglaubt wird.

R. Ulrich Haltern

Ulrich Haltern hat sich 2007 die Frage gestellt: „Was bedeutet Souveränität?". Die Frage: Was ist Souveränität, beschäftigt ihn nicht. „Souveränität ‚ist' keine Tatsache, sondern eine Idee; als solche hat sie eine „Bedeutung“ (S. VII). Als wenn Recht eine Tatsache wäre. Es ist Materialisierung von Ideen, aus denen Prinzipien erwachsen. Es nimmt also nicht Wunder, daß Halterns um Tiefe bemühten Betrachtungen sich mit einem Gegenstand befassen, dem er keine Normativität zugesteht, wenn er ihm auch die praktische Relevanz nicht abspricht. Eine solche hat jede wirkungskräftige Idee. Freilich legt Haltern undefiniert einen Gegenstand zugrunde, den es jedenfalls in der Gegenwart nicht gibt. Seine Souveränitätsvorstellung – um einen Begriff bemüht er sich nicht – orientieren sich an einer Staatssouveränität, deren Elemente mehr oder weniger bei Jean Bodin abgeschaut sind. Nur die ans Absurde grenzende Originalität rechtfertigt überhaupt, seine Schrift in den Bericht über die deutschen Souveränitätslehren der Gegenwart einzubeziehen. Haltern meint, in der Souveränität sei „viel religiöses Gedankengut sedimentiert, das durch die Aufklärung hindurchgereicht wurde und nach wie vor unsere Vorstellung formt“ (S. 2, 10, 113 f.), vielleicht seine. Haltern will eine „politische Theologie des Souveränitätsbegriffs“ schreiben (S. 10), nach Carl Schmitts berühmtem Werk zur „‚Offenbarungstheologie‘“ (S. 55 ff.) ein mutiges Unterfangen. Als Glaubenssache, als entweder katholische oder protestantische „Imagination“ (S. 13, 69 f., 88 f. u. ö.), habe die Souveränität politische Relevanz (S. 10 ff.). Recht und Religion hält Haltern für „(Glaubens-)systeme“ (S. 3, 24 ff., 40, 52 ff.). Das mag für Islam und Scharia richtig sein, nicht aber für das (mehr oder weniger) aufklärerische Recht. Dabei soll die Gleichursprünglichkeit von Religionen und Recht und die Jahrtausende währende und durchaus heute noch anhaltende „Verschraubung“, wie sie Haltern nennt, von „Religion und politischer Herrschaft“ nicht in Frage gestellt werden (S. 24 ff., 28 f., Zitat S. 29). Ohne religiöse Rechtfertigung, ohne das, wenn man so will, „Heilige“ kommt Herrschaft, die sich als solche nicht verleugnen, sondern legitimieren will, nicht aus. Heinrich Triepel hat dem zur Recht entgegengesetzt: „Heilig ist nur das Recht“[588].

Haltern unterscheidet eine katholische Souveränitätsdoktrin (S. 24 ff.) von einer protestantischen (S. 52 ff.). Seine religionswissenschaftlichen Anstrengungen sollen und müssen hier nicht nachgezeichnet werden. Sie tragen zur Klärung einer freiheitlichen Souveränitätslehre, die Haltern nicht ins Auge faßt, nicht bei, allenfalls zum Verständnis gewisser Irrtümer, die freilich die Entwicklung der Republiken zu freien Gemeinwesen nach wie vor behindern. Den Status eines Rechtsprinzips erreicht die Souveränität bei Haltern nicht, eine Definition sei „logisch“ nicht zu „entziffern“, so daß es verwundere, daß sich „sowohl die Wissenschaft vom Staat als auch diejenige der internationalen Beziehungen nach wie vor von diesem Begriff aus denken und sich an ihm abarbeiten“ (S. 10). Andere Staatsrechtslehrer haben damit weniger Schwierigkeiten als Ulrich Haltern, vielleicht weil sie mehr vom Staats- und Völkerrecht verstehen. Für „obsolet“ will Haltern die Souveränität noch nicht erklären (S. 11, 23). Halterns Glaubensgenealogie „des Übergangs vom religiösen zum säkularen Verständnis politischer Ordnung und des Überganges vom Verständnis des Monarchen zum Verständnis des Volkes als Souverän“ (S. 11 ff., 23, 24 ff., 36 ff., 71,

[588] H. Triepel, Streitigkeiten zwischen Reich und Ländern, Beiträge zur Auslegung des Art. 19 der Weimarer Reichsverfassung, FG Kahl, 1923, S. 93.

113 f.) hat Nähe zur leisnerschen Fiktionalität (S. 110) der Souveränität, in Walter Leisner: Das Volk. Realer oder fiktiver Souverän? (dazu soeben Q.), die zwei Jahre vor Halterns Abhandlung erschienen ist. Die enge Verbindung der Souveränitätslehre des Modernen Staates mit der Säkularisation (S. 24 ff.) hat Ernst-Wolfgang Böckenförde herausgestellt[589]. Haltern sieht „den Staat als Körper des Souveräns" so wie „die Kirche der Körper Christi" sei (S. 30, 85, anders der Protestantismus S. 52). Heute sei „der Körper des Königs unter das Volk verteilt; das Wesen des Staats ist im Körper des Volkssouveräns verkörpert" (S. 85). „Als symbolische Form vermittelt der Souverän die Möglichkeit, die eigene Endlichkeit zu transzendieren. Die Souveränität konnotiert sowohl die Überwindung des Todes (le roi ne meurt jamais, dignitas non moritur) als auch die Allgegenwärtigkeit und Allmacht. Der Souverän befindet sich damit außerhalb unserer normalen Kategorien von Zeit und Raum. So wie Christus eine Konvergenz von Göttlichem und Historisch-Menschlichem ist, ist auch der Souverän die Gleichzeitigkeit von Unendlichem und Endlichem, von Omnipotenz und Entzogenheit. In diesem Sinne ist Souveränität immer ein Wunder" (S. 31 f.). Auch so kann man das Rechtsprinzip der Souveränität, das zwingend aus der Freiheit folgt, diffamieren und zu ruinieren versuchen. Für die Entwicklung des „internationalen Verfassungsrechts" stört ihn eine Souveränität, aus der Rechtsfolgen hergeleitet werden (S. VII f.). Und noch abstruser: „Der Moment der Gnade – die Offenbarung – ist nun die Selbstoffenbarung des Volkssouveräns. In der Politik des Nationalstaates ist der Wille des Volkssouveräns die Quelle der Staatsformung; dieser Wille offenbart sich selbst." (S. 33, zur Offenbarung auch S. 34 f., 55 ff., 68 ff., 86 f.). Wie das Volk unmittelbar oder mittelbar seine Souveränität ausübt, ist im Sechsten Teil zu D und im Siebenten Teil dargelegt. „Der Revolution und dem Heiligen ist die Idee der Offenbarung gemeinsam (S. 32 f., 34 f., 58 f.), die einen neuen Begründungsmaßstab vorhält und Geschichte neu fundiert." „Revolution ist Politik in der Form der Metaphysik des Willens" (S. 33, auch S. 40, 41 u. ö.). In „Revolutionen spricht der Volkssouverän" (S. 33, 58), mitnichten: Revolution ist Befreiung zum Recht, nicht Umsturz in die Willkürherrschaft.

Haltern versucht Carl Schmitts sehr weit gehende Erkenntnis, daß „alle prägnanten Begriffe der modernen Staatslehre säkularisierte theologische Begriffe" seien (S. 56 f.)[590], umzusetzen und schießt lächerlich weit über das Ziel hinaus. Haltern sieht das „Christentum als das wichtigste Modell für die politische Macht einer Ideologie" (S. 34), aber mit seiner Analogie für die „westlichen Nationalstaaten" (S. 34) kann er die Souveränität nicht zur Ideologie abstempeln, nur weil er deren republikanischen Gegenstand nicht kennt. „Mit anderen Worten ist Souveränität die Schnittstelle von Kirche und Staat, von Religion und Politik. Aus dem gemeinsamen Glauben an die Letztbedeutung erwächst sowohl der Kirche als auch

[589] Die Entstehung des Staates als Vorgang der Säkularisation, 1967, in: ders., Der säkularisierte Staat. Sein Charakter, seine Rechtfertigung und seine Probleme im 21. Jahrhundert, 2006, S. 43 ff., auch in: ders, Recht, Staat, Freiheit. Studien zur Rechtsphilosophie, Staatstheorie und Verfassungsgeschichte, 1991, S. 92 ff.

[590] Politische Theologie, S. 43.

dem Staat die Kraft, die Glaubensgemeinschaften zukommt" (S. 35). „Souveränität ist damit nach Herkunft und Bedeutung unhintergehbar religiöser Natur" (S. 40). Nein, das liest sich bei Jean Bodin und Thomas Hobbes durchaus anders (dazu Zweiter Teil A). „Die Souveränität Gottes wird zur Souveränität des Königs, die zur Souveränität des Volkes wird und schließlich zur Souveränität des Menschen" (S. 40). Der „Charakter der Souveränität ist" nicht „transzendent" (S. 40). Vielmehr ist die Freiheit transzendentale Idee. Die „Letztbedeutung", sprich die Grundlage des Rechts, ist die Freiheit als die Souveränität der Bürger. Wie Gott die „Quelle aller Erscheinungen" sei (S. 35, zu Quelle und Erscheinung auch S. 41 f., 46, 60 f., 73, 78 f. u. ö.), so der Volkssouverän die Quelle des Staates, der „den Staat in seine Existenz spreche" (S. 39 ff.). Staat und Recht würden die Ouelle „autoritative Souveränität" repräsentieren, kraft „eines Sprunges des Glaubens" jedes Bürgers, der „Teil der politischen Identität" sei (S. 39, 41 ff.). Dieser Glaube zeige sich in jeder Auslegung, welche die „volksouveräne Offenbarung für die gegenwärtige Zeit zu operationalisieren" bemüht sei (S. 44 f., 55 ff.). Vielleicht ist man so mit dem Führerwillen umgegangen, den die Deutschen (nicht alle) als Offenbarungen des Volkssouveräns geglaubt haben dürften, jedenfalls höchste Verbindlichkeit beigemessen haben (S. 56 ff.), bis zum bitteren Ende. „Hitler ist das Volk, er ist der Souverän", die „Präsens des Heiligen" „als Echo christlicher Offenbarung und Erlösung", das „Heilsversprechen eines Sieges über den Tod" (S. 60, 61). Welch Blasphemie, die Haltern dem deutschen Protestantismus antut. Von der Bekennenden Kirche weiß er nichts. Spätestens seit der Katastrophe des Glaubens im Dritten Reich, eigentlich einer Ideologie, ist jede religiöse Staatslehre dementiert und politische Theologie ist Reminiszenz, ohne dogmatische Relevanz (ähnlich S. 62 ff.). „Carl Schmitt wird exorziert" (S. 62). Haltern hört mit seiner Mystifizierung nicht auf. Aber richtig: „Glaube ist persönlicher Glaube und ein privatum". „Dem gemeinsamen Wahn wird Vernunft entgegengesetzt, der menschenverachtenden Willkür des sich selbst offenbarenden Souveräns ein System der Rechte". „Die deutsche Vorstellung des Politischen" zieht sich in den Diskurs von Vernunft und Interessen zurück, …" (S. 62 f., 110 f.). Nur ist das nichts Neues, nichts Revolutionäres in Deutschland, sondern die Fortsetzung der aufklärerischen Entwicklung von zwei Jahrhunderten. Endlich setzt sich Kant gegen Hegel durch. Das Grundgesetz ist ein durch und durch kantianisches Verfassungsgesetz. „Das Heilige im Text: die Menschenwürde" (S. 65 ff., 88 ff.). Begriff und Sache stammen von Kant und erfassen die Freiheit als Autonomie des Willens, nicht, wie Haltern insinuiert „die Seele des Einzelnen" (S. 66 zu Kants Vernunftreligion S. 70 mit Fn. 119). Haltern kann auf das Heilige, auf die Kirche nicht verzichten: „In der Folge dieser Reformation wird der neue deutsche Staat eine Kirche des Redens und Auslegens", mit „dem Zwang zum besseren Argument" (S. 67), schön wär's, im Laufe der Zeit wohl eher ein Tempel des Moralismus, aus dem Jesus deren Priester, heute Redakteure, herausgetrieben hätte. Gesetze werden von der Bürgerschaft oder deren Vertretern als Erkenntnisse des Richtigen auf der Grundlage der Wahrheit beschlossen und lege artis ausgelegt. Man sieht, zu welchen Auswüchsen, man kann auch sagen Hirngespinsten, die Quellenmetapher (dazu Sechster Teil B.) führt. „Der corpus mysticus des Staates ist nun der Volkssouverän". „Der Souverän ist gegenüber der Summe der Individuen immer etwas Überschießendes" (S. 40). Die Kritik ist berechtigt. Souverän ist der Bürger, gemeinsam mit allen anderen Bürgern. Das konnte man schon bei Kant lesen (dazu Zweiter Teil B.II.). Haltern doktert an der Doktrin der Staatssouveränität, die längst überholt ist, wenn es auch nicht alle schon gemerkt haben. Seine Kritik kommt ein Jahrhundert zu spät. Eine christliche Doktrin rechtsbegründender Werte kann auf das Opferprinzip nicht verzichten, freilich ein „mysterium tremendum", das der „Transsubstantiation", die „als Opfer die Wiedergeburt im Tod" verspreche (S. 47 ff., insb. S. 49, auch S. 54, 61, 67, 87). Das leistet die „Entdeckung des totalen Krieges", der von jedem das Opfer des Lebens verlangt, ganz im Sinne der Volkssouveränität.

„Im Protestantismus" könne „Religion nicht Wahrheit sein, sondern nur Wahrheit repräsentieren" (S. 53). Das mag reformiert sein, das Gegenteil ist lutherisch: Das ist mein Leib und das ist mein Blut, ... heißt es beim heiligen Abendmahl, dem Sakrament des Altars. Est, nicht sit. „Ich bin der Weg, die Wahrheit und das Leben; niemand kommt zum Vater denn durch mich." (Johannes 14, 6). Von den christlichen Religionen scheint Haltern auch nicht mehr zu verstehen als vom Recht. Er tut nur so. Wer vom Protestantismus handelt, kann sich nicht vornehmlich an Zwingli orientieren. „Erlösung" verspreche „nicht der Glauben allein, sondern die Tat" (S. 54), wieder entgegengesetzt Martin Luthers Lehre von der Rechtfertigung allein durch den Glauben (nicht durch die Werke), Luthers iustificatio Dei sola fide. Den Protestantismus sieht Haltern durch den Katholizismus und die Aufklärung bedrängt, durch Offenbarung und Vernunft (S. 68). „Am Ende dieser Entwicklung" stehe die „Moral des Liberalismus" (S. 71). „So eine Person Vernunft besitzt, ist sie Ebenbild Gottes; sie besitzt Würde. Es gibt also eine religiöse Genealogie hinter der liberalen Säkularisierung" (S. 71). Das mag überzeugen, wer an Gott glaubt. Ohne einen Gottesglauben ist das alles ohne Sinn. Die Würde des Menschen speist sich nicht aus einem Gottesbild, das ohnehin nur eine Projektion des Menschen auf Gott ist und sein kann. Das säkulare Denken ist kein Gegensatz zum religiösen Denken. Es ist allemal menschliches Denken und demgemäß, abgesehen von den spezifischen Unterschieden, die sich aus dem Gottesglauben ergeben, konvergent.

Die „Universalität der Vernunft" habe „sich als praktisch illusionär herausgestellt" (S. 72). Es mangele an Bemühungen, aber auch an Einrichtungen, welche die praktische Vernunft stützen. „Wir haben Würde, weil es dort steht" (S. 72, 88). Die Würde des Menschen ist fundamentales Rechtsprinzip, ganz unabhängig vom Handeln des Menschen, und darum steht sie am Anfang des Grundgesetzes. „Alle Menschen sind gleich geschaffen und wurden von ihrem Schöpfer mit bestimmten unveräußerlichen Rechten ausgestattet" (S. 73), nein, das sind wiederum Rechtsprinzipien, die aus der Freiheit des Menschen folgen. Die aber ist allen Menschen gleich, weil sie Menschen und als solche hinsichtlich der Freiheit ohne Unterschied sind. Diese Egalität ist ein Ergebnis der durchaus christlich fundierten Aufklärung, aber eben substantiell aufklärerisch. Ohne Glauben seien „Rechte und ihre Betätigung Ausdruck nackter Präferenzen", mit „dem Markt verwandt" (S. 73, auch S. 95 ff.). Haltern vermag Glauben und Ideen nicht zu unterscheiden. Recht gründet auf Ideen der Ethik, welche die Wirklichkeit des gemeinsamen Lebens zu bewältigen versuchen. Wenn die Menschenwürde der Abwägung ausgesetzt werde, breche „der Rest Transzendenz in sich zusammen", seien wir „wirklich säkularisiert". „Es gibt nichts Heiliges mehr". Doch das Recht, aber nicht als Religion im transzendenten Sinne, sondern als Menschheitlichkeit. Haltern will auch die Unverbrüchlichkeit des Rechts erhalten und sucht im Glauben den Schutz. Aber das Recht hat als Ethik Eigenstand. Es hat lange die Religion gebraucht, um seine Verbindlichkeit zu festigen. Das ist nach der Aufklärung nicht mehr nötig, nicht einmal mehr möglich.

Haltern denunziert gern: „Je ausgefeilter das rechtliche Instrumentarium zur Regulierung des Einsatzes militärischer Gewalt durch Staaten wird, desto gewalttätiger wird die Staatenpraxis. Das 20. Jahrhundert war sowohl das Jahrhundert der umfassenden Verrechtlichung internationaler Beziehungen als auch das Jahrhundert unvorstellbarer zwischenstaatlicher Gewalt." (S. 7 und ff., auch S. 80 f., 85, 111 f.). Er spricht von „Fortschrittserzählungen" (S. 15 ff.) als ob es keine Realitäten gibt. Haltern scheint von den Völkermorden in früheren Jahrhunderten nichts gelesen zu haben. Es dürfte die Entwicklung der Vernichtungstechnik sein, welche das Tötungspotential der Kriege erhöht hat. Das wiederum hat umgekehrt zu völkerrechtlichen Befriedungsbemühungen geführt, etwa den Atomwaffensperrverträgen. Neben dem Recht als „Instrumentarium" von „Gerechtigkeit und Vernunft" meint Haltern auch „andere Werte" zu erkennen, weil wir auf „Opferansprüche reagieren würden" (S. 8). Damit will er das Religiöse in die Überlegungen einbringen und mit dem Religiösen die Gewalt erklären. Die „Rechtserzählung" (?) weiche von der „politischen Erzählung" ab (S. 8 f.). Haltern kennt kein Recht, sondern, jedes Modewort aufgreifend, nur „Erzählungen" vom Recht (S. 14 ff., 110 u. ö.) oder „Narrationen" vom „humanitären Völkerrecht" (S. 82 ff.). Aber das „Recht erscheint ihm als „das Vernünftige innerhalb des Politischen" (S. 16), richtig. Nur: „Recht ist immer die Folge einer politischen Handlung des Souveräns; es ist und bleibt die Stimme des Souveräns" (S. 112). Anders ist es richtig: Der Souverän (er unmittelbar oder mittelbar seine Vertreter) spricht aus, was er als Recht erkannt hat. „Politik ist ausübende Rechtslehre", sagt Kant (ZeF, S. 228 ff.). Haltern vermutet „mehrere normative Strukturen" und meint im „Begriff der ‚Souveränität' kristallisiere sich ein guter Teil dieses seltsamen Querstandes", einerseits als „Volkssouveränität moderne Demokratie und Verfassungsstaat" und andererseits scheitere an der Souveränität „eine effektive Umsetzung des Völkerrechts" (S. 9). Das Völkerrecht setzt die Souveränität voraus. Es ist um den Frieden bemüht, freilich wegen der Rechtsferne derer, die die Macht haben, mit mäßigem Erfolg (dazu S. 15 ff.). Eine „‚Globalverfassung'" einer „‚Weltgesellschaft'", „eine lex humana des postmodernen ius gentium und eine ‚heterarchisch' organisierte Weltjudikative, in welcher der ‚Weltbürger' den Staatsbürger ablöse", von der Andreas Fischer-Lescano, Günther Teubner und Otfried Höffe ‚philosophieren'[591] (S. 21) ist Utopie, gefährliche Utopie,

---

[591] A. Fischer-Lescano, Globalverfassung, S. 100 ff., 247 ff., 258 ff., der u. a. in „Menschenrechtsdiskursen" einer „globalen Zivilgesellschaft", in „globalen Öffentlichkeiten, epistemischen Gemeinschaften", aus der ein „autopoietisches, politisch unterstütztes Welt-

weil sie das Ende der Freiheit sein würde, wie Kant schon klar gesehen hat (ZeF, S. 225). Haltern zweifelt selbst daran (S. 21 ff.). Ohne Souveränität mag es ein Weltrecht geben, aber kein Völkerrecht. „Souveränität ist damit ein Träger des Fortschritts in der Vernunft und zugleich dessen größtes Hindernis" (S. 9).

Haltern will „das Denken in Souveränitäten relativieren" (S. 75 ff.). Es muß nicht erneut entdeckt werden, daß das Völkergewohnheitsrecht oder die Grundsätze des Völkerrechts weitestgehend Menschheitsrecht ist, Recht, daß mit dem Menschen geboren ist, seine „erste Strategie". Deswegen ist es auch zwingendes Völkerrecht, insbesondere der Kern der Menschenrechte (vgl. S. 75 ff.)[592], deren „Narration" und geringe Wirkung angesichts der Gewalt in der politischen Praxis als bloßer Rhetorik, „moralisch Ausdruck von Scheinheiligkeit" (S. 92), er nachzeichnet (S. 91 ff.). Es hat nie eine Souveränität gegeben, die nicht an das Recht gebunden war, lange das göttliche Recht oder das Naturrecht (vgl. S. 76 f.), heute die allgemein anerkannten Rechtsgrundsätze, zumal die Menschenrechte, „auf die Erfahrung von Schmerzen gegründet" (S. 95), die in vielen Völkerrechtstexten manifestiert sind. Haltern macht insofern einen Widerspruch zur Souveränität einer „imaginierten politischen Gemeinschaft" aus. Das ist sein Problem, keine wirklich ernst zu nehmende Frage. Seine „zweite Strategie" ist es, die „Souveränität auf der transnationalen Ebene zu lokalisieren", in „einem Willenspostulat jenseits des Staates" (S. 77). Dann sei es leichter, „eine zusammenrückende ‚Weltgesellschaft' zu postulieren, deren Willen eine ‚lex humana'" entspreche. Diese sei im „Status der Utopie" geblieben (S. 77) und wird es um der Menschheit willen hoffentlich bleiben. Mit dem „Willen" hat Haltern wie viele Schwierigkeiten, weil er keinen Begriff bildet. Jedenfalls ist der Wille immer transzendentaler Begriff der praktischen Vernunft, die sittliche Pflicht des einzelnen Menschen ist, im kantianischen Sinne die des homo noumenon (GzMdS, S. 74 ff., 81 ff.; FridR, S. 67 ff., 83 ff.). Eine „Weltgesellschaft" hat als

recht" sich „in einer Globalverfassung invisibilisiert" erkennt, hätte sich seine „Geltungsbegründung" einfacher machen können als mit durchgängig Luhmannschen systemtheoretischen und häufig Habermasschen kommunikationstheoretischen und mancherlei weiteren Argumentationsbausteinen oder auch nur -bruchstücken, auch einigen Kantzitaten, wenn er die Ethik Kants ernsthaft studiert und (mit Jürgen Habermas) die Kognitivität des Rechts begriffen hätte. Rechtserkenntnis und Rechtsverwirklichung ist ein weltweiter und dauerhafter Prozeß, der, stets von wirtschaftlichen und politischen Interessen, von, kantianisch formuliert, „Neigungen" gestört, stetig geleistet werden muß und zu weltweiten Einsichten vom Recht führen kann, die in nationalen und internationalen Rechtstexten und Rechtspraktiken verwirklicht werden können. Das ist Ausdruck der Menschheit des Menschen und Erkenntnis der Verfassung, die mit dem Menschen geboren ist. Neu oder postmodern ist das nicht. Aber man kann eine Sprache pflegen, mit der man sich wenigstens selbst interessant vorkommt, wenn man es denn nötig hat. G. Teubner, Globale Zivilverfassungen: Alternativen zur staatszentrierten Verfassungstheorie, ZaöRV 63 (2003), S. 1 ff., 27, „Weltgesellschaft", „Weltstaat", „gesellschaftliche Teilverfassungen", weil „politische Gesamtverfassungen" nicht zu erwarten; O. Höffe, Wirtschaftsbürger, Staatsbürger, Weltbürger – Politische Ethik im Zeitalter der Globalisierung, 2004; auch U. Di Fabio, Das Recht offener Staaten, S. 2 f., 131.

[592] Dazu A. Emmerich-Fritsche, Vom Völkerecht zum Weltrecht, S. 470 f.; A. Fischer-Lescano, Globalverfassung, S. 228 ff.

Körperschaft keinen Willen, genausowenig wie ein staatliches Gemeinwesen, sondern kann einen allgemeinen Willen bilden, nach gewissen Willensbildungsregeln. „Als Folge symbolischer Defizite" werde „die Normativität prekär", gemeint ist die des Völkerrechts, weil die „(mythische, zugleich aber wundersame) Quelle, welcher die Vorschrift entspringt und welche sie mit Bedeutung" versieht", fehle (S. 77 ff.). Einen „‚Souverän' wie im nationalen Recht gebe es auf völkerrechtlicher Ebene nicht" (S. 79). Eine Lehre der Verbindlichkeit des Völkerrechts hat Haltern nicht. Auch diese ist der Willen der Menschen in ihren Völkern und Staaten als der Souveräne jeden Rechts (umgekehrter Monismus, PdR, S. 61, 125[593]), soweit nicht das Recht der Menschheit des Menschen greift, die Verfassung, die mit jedem Menschen geboren ist. Haltern kennt diesen Ansatz nicht. Er beobachtet vielmehr eine „Verwandtschaft von Markt und Recht", deren „Kooperation" im „Liberalismus" (S. 96 f.), eine „Ökonomie der Menschenrechte" (S. 91 ff., 96). Neben einer „staatlichen" kennt Haltern auch eine „völkerrechtliche Imagination" (S. 80 ff.), deren Unterschied so groß sei, daß er im Völkerecht „normativ aufbricht" (S. 80). Das Gewaltverbot des Art. 2 Ziff. 4 der UN-Charta und das Selbstverteidigungsrecht des Art. 51 der Charta, beide ius cogens, sind ihm ein Widerspruch (S. 80 ff.). Es sind Grundprinzipien des Rechts. Das Selbstverteidigungsrecht sichere das „Überleben des Staates als letztem Wert" und darum würden die Staaten „von ihren Bürgern letzte Opfer" fordern (S. 80). Das ist vielfach so, aber es dient der Verteidigung des Lebens und der Freiheit der Bürger und ist Zweck des Staates als Organisation der Bürger für die Verwirklichung ihrer Freiheit. Die „Verrechtlichung" sei „noch kein Garant für Frieden" (S. 80), sicher nicht, auch sonst nicht unter den Menschen, denn „aus so krummen Holze, als woraus der Mensch gemacht ist, kann nichts ganz Gerades gezimmert werden" (Idee, S. 41). „Im Kern der Idee des modernen Staates liegt die Idee unendlichen Wertes" „des sich selbst liebenden Staates". „Nichts kann das Überleben des Staates aufwiegen" (S. 81, 112). Er werde auch gegen das Recht mit Gewalt verteidigt. „Ausnahmesituationen ereignen sich häufig im Bereich des Völkerrechts, so daß die Normativität des Völkerrechts auch viel stärker leidet als die Normativität des nationalen Rechts" (S. 112 f.). Carl Schmitt scheint unüberwindlich, vor allem für ‚politische Theologen'. Verteidigung gegen Aggression ist kein Rechtsbruch. Sonst ist Gewalt gegen andere Völker nicht zu rechtfertigen. Es gibt keinen „Raum der Souveränität jenseits des Rechts" (S. 113). Haltern aber sieht den Souverän im „modernen demokratischen Verfassungsstaat" als „Stimme und als Körper, als Recht und als Gewalt" auftreten (S. 113). Wie schön sind doch Bilder, wenn man keine begriffliche Argumentation zu leisten vermag. „Der Staat nimmt (im „katholischen Souveränitätskonzept", S. 94) eine sakrale Natur an, die es zu schützen gilt" (S. 86, auch S. 94). Wo und in welcher Zeit lebt Ulrich Haltern? Der Staat hat eine Funktion, keinen Wert. Haltern phantasiert Imaginationen, um diese ins Lächerliche zu ziehen. Er beruft sich auf Christian Tomuschat[594], auch solch ein

---

[593] Hinweise in Fn. 826.

[594] Völkerrechtliche Aspekte bewaffneter Konflikte, Leviathan 31 (2003), S. 450 ff., 461, nicht nachvollziehbar, Tomuschat rügt zu Recht den Völkerrechtsbruch der USA durch den

„leidiger Tröster" (vgl. ZeF, S. 210). Jeder „Nomos" müsse durch eine „Narration" gestützt werden, auch der „Nomos des (humanitären) Völkerrechts von einer Begleitnarration", die Haltern am Beispiel von Rotkreuzabkommen und Haager Landkriegsordnung, an denen sich die Völker „seit 100 Jahren abarbeiten" würden, nachzuerzählen versucht (S. 82 ff.). Die „dominante politische Narration der letzten 100 Jahre" habe sich in die Gegenrichtung bewegt" (S. 82 ff.). „Das 20. Jahrhundert war das Jahrhundert der Nuklearwaffen" (S. 84). Die gegenseitige Abschreckung dürfte einen neuen Weltkrieg verhindert haben (vgl. S. 86). Immer habe sich politisch die Gewalt durchgesetzt (auch S. 91 ff.). „Verfassungen überleben Kapitulationen nicht" (S. 86). Aber sie kommen wieder, wie die Weimarer Reichsverfassung mit dem Grundgesetz, mit einigen Änderungen. Die „Staatsgewalt" werde „sakralisiert", vor allem von den Deutschen (S. 87 f.), dieses „mysterium tremendum" heiße „‚Souveränität'" (S. 87). Das will der späte ‚Aufklärer' Haltern (S. 89) überwinden, nur leider mit Geschwätz, an der Sache vorbei. Er frohlockt selbst: „Als Glaubenssystem scheint das Recht ausgedient zu haben", wenn es jemals ein solches war und der Glaube, die Religion, nicht immer nur dem Machterhalt diente, gegen welche das Recht mühsam durchgesetzt werden mußte und werden muß. Haltern hofft auf den Fortschritt durch „Verrechtlichung" (S. 88), aber warum die unsachliche Attacke gegen die Souveränität, anstatt diese als Prinzip der Freiheit zu dogmatisieren, wohl weil sein eigentliches Anliegen die „Weltgesellschaft, der Weltbürger, die internationale Zivilgesellschaft, die säkulare Rationalität, der Humanismus und die internationale Gouvernanz" (S. 88), die „globale Rechtsordnung" (S. 93) ist. „Die moderne Lektüre des Völkerrechts ist der Verzicht auf die Souveränität"[595]. Die völkerrechtliche Imagination ist weder katholisch noch reformiert, sondern atheistisch. „Der Glauben als solcher ist prekär" (S. 90). Das wissen wir spätestens seit der Aufklärung. Auch für Deutschland erwartet er aber weiter die „Präsens des Heiligen", der „katholische Imagination" (S. 88 ff.). „Ebenso besitzt in Deutschland die Menscenhwürde ihren Kontakt zum Heiligen durch den performativen Akt des Glaubens" (S. 89).

Der „Reformationsprozeß" des Politischen in der europäischen Integration verheißt Haltern „die Liquidierung des Souveräns" (S. 98 ff., auch S. 104 ff.). „Auch die Europäische Union wird aus einer Katastrophe geboren". Aus den „physischen und moralischen Verwüstungen des Zweiten Weltkrieges lernen die Nationalstaaten Europas die Schrecken eines erotischen Begriffs des Politischen" (S. 98 ff.). In Europa bilden sich damit Ansätze einer post-politischen Ordnung, die ohne An-

---

Krieg gegen den IRAK, den es als Selbstverteidigung ausgegeben hat, ohne angegriffen worden zu sein, S. 459 ff.; die Versuche, der US-amerikanischen und europäischen Politik, auch mit dem Namen Carl Schmitt als Argument das völkerrechtliche Gewaltverbot aufzuweichen, kritisiert zu Recht A. Fischer-Lescano, Globalverfassung, S. 217.

[595] Nur ist die Souveränität als die Freiheit der Bürger unverzichtbar, auch U. Di Fabio, Der neue Art. 23 des Grundgesetzes, Der Staat 32 (1993), S. 206; für „verzichtbar", „vertraglich abdingbar", „nicht einseitig widerholbar", hält auch K. Doehring, Internationale Organisationen und staatliche Souveränität, S. 116 f.

bindung an den Volkssouverän auskommt" (S. 98). Sowohl die angesprochene Integrationsgeschichte als auch die neue Ordnung sind Wunschvorstellung. Das geostrategische Machtinteresse der Vereinigten Staaten von Amerika im Ost-West-Konflikt hat die wirtschaftliche Integration der wichtigsten westlichen Staaten Europas im Verbund mit der NATO als militärischer Arm bestimmt. Das ist nach wie vor die Triebfeder, auch die für die tendenziell diktatorische Zentralisierung der Politik dieses großen amerikanischen Protektorats. Post-politisch ist an der Union nichts, erotisch (auch S. 100, 106) allerdings auch nicht. Die Souveränität ist nach wie vor das wichtigste Rechtsprinzip des (sogenannten) Staatenverbundes (dazu Neunter Teil B.III.). Alles andere ist Propaganda. Die Dogmatik der Supranationalität der Europäischen Union einschließlich unmittelbarer Anwendbarkeit des Unionsrechts und des Anwendungsvorranges (S. 99 f.) ist nicht das Ende „zwischenstaatlichen Rechts", sondern ein Versuch des Umsturzes, der trotz mancher verbaler Anpassung am Bundesverfassungsgericht und an anderen Verfassungsgerichten der Mitgliedstaaten scheitert, auch dank meiner Bemühungen. Die Souveränität ist in der Gemeinschaft nicht „‚geteilt', ‚gepoolt' oder ‚fragmentiert', erodiert oder ganz abgeschafft" (S. 100), sondern uneingeschränkt den Völkern der Mitgliedstaaten verblieben. „Europa" (?) ist keine Erfolgsgeschichte ohne Vorbild (S. 100), sondern der Niedergang der europäischen Kultur, des europäischen Europas im Interesse der „einzigen Weltmacht" und noch mehr im Interesse des globalen Kapitalismus. Das „Europa des Marktes" anstelle des „Europas der Souveränität" (S. 100) ist das Unglück der Völker, die dadurch in Rezession, Deflation, Arbeitslosigkeit und Unfreiheit geraten sind. Die Grenzenlosigkeit des Marktes (S. 103 f.), der Grundfreiheiten, ist das Vehikel der Ausbeutung vieler Völker. Haltern, dem ökonomische Einsichten fernzuliegen scheinen, begrüßt sie wie die Grenzenlosigkeit der „in der europäischen Integration so wichtigen Vernunft" (S. 103). „Vernunft und Markt" hätten den Nationalstaat gezähmt (S. 105 f.), ein Traum der Europäisten. Wenn man davon nur etwas merken würde. „Das Politische verliere seine dämonische Kraft". „Integrierte sich eine politische Gemeinschaft zuvor durch identitätsumwölkte, mythische, manipulierte und dennoch geglaubte Arkana, integriert sie sich nun durch den gemeinsamen Dialog" (S. 106, auch S. 113), welche Verkennung der Völkergeschichte und welche Illusion der ‚Post-Moderne'? „Im Zentrum stehen Texte und Gespräche – Kommunikation also, die eine Vielzahl von Interpretationsgemeinschaften erzeugen" (S. 106, 108 f., 116). Da will ein Staatsrechtslehrer des Nachwuchses Jürgen Habermas zu Munde reden. Die Realität sind Agitation und Propaganda, Irreführung und Bestechung, etwa durch übermäßige Besoldung der Amtswalter, nichts als Hofschranzen. Der Verfassungsvertrag sei von den Franzosen und den Niederländern mit großer Mehrheit abgelehnt worden, obwohl „natürlich die besseren Argumente" für diesen gesprochen hätten (S. 107). Das Verfassungsgerichtsverfahren um den Lissabon-Vertrag und das Urteil des Bundesverfassungsgerichts vom 30. Juni 2011 (BVerfGE 123, 267 ff.) hat Haltern hoffentlich ein wenig nachdenklich gemacht. Haltern wähnt in dem „Konsumismus" „die Umstellung vom Abendmahl auf Geld als Leitmedium" (S. 101 ff.). Nicht erst die europäische Integration hat dem Geld mit dessen eigenem Gesetz die Macht gegeben. Aber Haltern

‚philosophiert' auch noch über das Geld. Sein kritischer Geist durchdringt alle Fragwürdigkeit von Gott und der Welt. So ist „Geld vergeßlich" (S. 103), hat somit einen Verstand, was ich noch nicht wußte. Immerhin weiß Haltern um das europäische Demokratiedefizit und die „gleichgültige bis ablehnende Haltung der Unionsbürger", vor allem wegen des „Defizits sozialer Legitimation" (S. 104 f.). Nicht alle teilen die neue ‚Religion' des Europäismus, die wie alle Religionen/Ideologien bislang sich mit Gewalt durchzusetzen versuchen, jetzt weniger mit dem Schwert als mit usurpierter Rechtsmacht. Aber auch die „Europäische Ikonographie mit Symbolen wie der Flagge, der Hymne, dem Europatag, wird eingesetzt", mit wenig Erfolg, auch eine „aggressive Kulturpolitik mit dem Ziel der Erfindung von Traditionen" (S. 105), wie dem peinlichen Aachener Karlspreis[596], der denn sogar dem Euro zugesprochen wurde, durchaus ein Symbol des Scheiterns der Europäischen Union. Eine „europäische Solidarität" hat auch die vermeintliche „europäische kollektive Identität" nicht bewirkt (S. 108), schlicht, weil es letztere nicht gibt; aber wem das Glück der neuen antinationalen und damit per se vernünftigen Politik die Tränen der Rührung in die Augen treibt, sieht das nicht. Schließlich regen sich auch bei Ulrich Haltern zarte Zweifel. „Europa muß gewahren, daß sein eigenes Modell des Politischen (welches eigentlich?) nicht das Modell der Welt ist (S. 109). „Freunde und Feinde" bleiben denkbar, „die eigentlich schlechte Nachricht für ein fortschrittlich gestimmtes Europa" (S. 109). „Das Politische ist nicht das Moralische" (S. 113), nein, das Sittliche, die Verwirklichung der Freiheit durch Rechtlichkeit. Die „Erfahrung von Identität" mache die „Zugehörigkeit zum Staat aus (S. 113). Am Schluß ein Stück Einsicht. „Recht und Gewalt" bleiben, auch als die „zwei Seiten der Souveränität des modernen Verfassungsstaates" (S. 111, 117).

Ulrich Haltern hat versucht, Bedeutendes zur Bedeutung der Souveränität zu sagen. Es wird mir niemand verübeln, daß ich auch eine seltsame Stimme habe zu Wort kommen lassen.

[596] Karl hat die Macht des Frankenreichs und, gestützt durch die Römische Kirche, das christlich ideologisierte Herrschaftsgebiet mit jährlichen mörderischen Beutezügen derart ausgedehnt, daß er der Große genannt wurde. Sein Mittel war das Schwert. Die Sachsen hat er auszurotten versucht, ein Völkermord. Das gereicht all den europäistischen Trägern des Karlspreises zur ‚Ehre'.

Vierter Teil

Staatsrechtliche Vorbegriffe einer freiheitlichen Souveränitätslehre

Einleitung

Um die Souveränitätsproblematik zu erfassen müssen einige grundlegende Begriffe des Staatsrechts und des Völkerrechts geklärt werden. All diese Begriffe sind wegen ihrer weitreichenden politischen Konsequenzen streitig.

Grundlegend für jede staats- und völkerrechtliche Rechtsklärung sind die Begriffe Freiheit und Recht, Volk und Staat; denn es gibt kein Recht ohne Staat und kein Recht ohne Freiheit. Der Staat aber organisiert eine Menge von Menschen als Volk und ein Volk hat das Selbstbestimmungsrecht (Art. 1 Nr. 2 der UNO-Charta) und die Souveränität, die es als Staat ausübt. Die Souveränität einer Republik, wie das Deutschland ist, kann nur freiheitlich begriffen werden, obwohl sie meist herrschaftlich definiert wird. Die Dichotomie Herrschaft oder Freiheit führt in fundamentale Gegensätze der Staats- und Völkerrechtslehre. Allerdings wird der Gegensatz meist verwischt. So spricht das Bundesverfassungsgericht stetig von Herrschaft, ist aber bemüht, eine freiheitliche Dogmatik der Selbstbestimmung des Volkes und der Souveränität zu entfalten, freilich mittels eines unzureichenden und zudem wenig klaren Freiheitsbegriffs. Typisch ist der folgende Satz des Lissabon-Urteils im Absatz Rn. 233:

> „Auch eine weitgehende Verselbständigung politischer Herrschaft für die Europäische Union durch die Einräumung stetig vermehrter Zuständigkeiten und eine allmähliche Überwindung noch bestehender Einstimmigkeitserfordernisse oder bislang prägender Regularien der Staatengleichheit kann aus der Sicht des deutschen Verfassungsrechts allein aus der Handlungsfreiheit des selbstbestimmten Volkes heraus geschehen".

Der Widerspruch findet sich schon in der Definition der freiheitlichen demokratischen Grundordnung im SRP-Urteil BVerfGE 2, 1 (12):

> „So läßt sich die freiheitliche demokratische Grundordnung als eine Ordnung bestimmen, die unter Ausschluß jeglicher Gewalt- und Willkürherrschaft eine rechtsstaatliche Herrschaftsordnung auf der Grundlage der Selbstbestimmung des Volkes nach dem Willen der jeweiligen Mehrheit und der Freiheit und Gleichheit darstellt".

Eine „Herrschaftsordnung" kann nicht „rechtsstaatlich" sein, weil Herrschaft dem Begriff nach rechtlos ist. Recht kann, wie dazulegen sein wird, nur als Wirklichkeit von Freiheit gedacht werden. Der Widerspruch setzt sich in dem Hinweis auf die

„Selbstbestimmung des Volkes“ fort. Sie ist wiederum die Freiheit, wie das Gericht ja auch mit dem Aspekt der „Freiheit und Gleichheit“ selbst sagt. Allgemeine Freiheit, also Gleichheit in der Freiheit, verwirklicht sich im allgemeinen Willen, nicht im „Willen der jeweiligen Mehrheit“[597]. Abgesehen davon, daß der Wille der Mehrheit niemals festgestellt wird, würde dessen Verbindlichkeit die Freiheit der Minderheit aufheben. Im KPD-Urteil hat das Gericht den Satz nicht wiederholt, aber im Lissabon-Urteil (BVerfGE 123, 267, Rn. 212), welches das Mehrheitsprinzip wie kein anderes Urteil ausbreitet und ausweitet und gar die Entscheidung der Parlamentsmehrheit mit der Mehrheitsentscheidung des Volkes identifiziert (Rn. 212 ff.). Die widersprüchlichen Gedanken ziehen sich durch die gesamte Rechtsprechung des Bundesverfassungsgerichts, die nie zu einem freiheitlichen Freiheitsbegriff gefunden hat.

Ebenso können die Begriffe Staatsgewalt und existentielle Staatlichkeit wie auch Staatlichkeit, die ich verwende, nur als Modi zur Verwirklichung der Freiheit erfaßt werden.

Die im Folgenden vorgestellten Begriffe sind durchgehend in meinen Schriften erörtert und vielfältig belegt. Auf Res publica res populi. Grundlegung einer Allgemeinen Republiklehre. Ein Beitrag zur Freiheits-, Rechts- und Staatslehre, 1994, Prinzipien des Rechtsstaates, 2006 und Freiheit in der Republik, 2007, alle bei Duncker&Humblot, Berlin, erschienen, ist in den Klammern hingewiesen, nämlich Rprp, PdR, FridR. Um den Umfang dieses Buches nicht ins Uferlose wachsen zu lassen, habe ich diese Kurzform gewählt. Das aber ist nötig, weil sonst meine republikanische Dogmatik von all denen, die die herkömmliche, vornehmlich liberalistische Dogmatik gewohnt sind, kaum verstanden werden würde.

A. Politische Existenz

Politische Existenz hat nur der Mensch, nämlich ein Dasein. Bei den alten Griechen hatten nur die Hausherren, die δεσπόται, politische Existenz. Nur sie waren πολιτικάι, also Bürger. Das Christentum hat die Gleichheit aller Menschen gelehrt; weil alle Menschen durch ihre Gottesebenbildlichkeit (Imago Dei; 1. Mose 1, 27) die gleiche Würde haben[598]. Die Gleichheit aller Menschen in der Freiheit (FridR, S. 405 ff.) ist durch die Aufklärung und schließlich durch die Menschenrechtserklärung zum Weltrechtsprinzip geworden und, wenn auch nicht wirklich gelebt, doch als Menschenbild anerkannt. Demgemäß läßt sich die politische Existenz jedes

[597] So aber E.-W. Böckenförde, Demokratie als Verfassungsprinzip, HStR, Bd. I, § 22, Rn. 3 f.

[598] H. Seubert, Jenseits von Sozialismus und Liberalismus, S. 68; W. Elert, Das christliche Ethos. Grundlinien der lutherischen Ethik, 2. Aufl. 1961, S. 43 ff.; zum Streit des Sozialismus mit dem Liberalismus auch J. Habermas, Volkssouveränität als Verfahren, Faktizität und Geltung, S. 616 ff.

Menschen nicht mehr leugnen. Karl Jaspers hat bald nach dem sittlichen Zusammenbruch Deutschlands die existentielle politische Freiheit des Menschen und die Notwendigkeiten ihrer Verwirklichung in Rechtsstaat und Demokratie in gültigen Sätzen dargelegt[599]. Freilich ist die politische Freiheit noch längst nicht zu einem Prinzip erstarkt, welches die Verfassungswirklichkeit durchdringt. Ganz im Gegenteil, ihre Wirkkraft läßt im parteienstaatlichen Internationalismus zunehmend nach. Sie wird, wie gesagt, in Deutschland nicht als Grundrecht anerkannt und die Staatsgewalt wie die Souveränität werden als Herrschaft verstanden, obwohl sie nichts anderes seien können als Einrichtungen der allgemeinen und gleichen Freiheit. Lediglich Ausschnitte der politischen Freiheit, wie „ein grundsätzliches Recht der freien politischen Betätigung aus dem Grundrecht der freien Meinungsäußerung" im Rahmen der durch „Art. 5 garantierten freien Bildung der öffentlichen Meinung (BVerfGE 8, 104 (112); BVerfGE 5, 85 (134 f.); 20, 56 (98)) hat das Bundesverfassungsgericht anerkannt, abgesehen von dem im Maastricht-Urteil entwickelten und im Lissabon-Urteil ausgeprägten Recht auf Demokratie aus Art. 38 Abs. 1 GG (BVerfGE 89, 155 (171 f.); 123, 267, Rn. 167 ff.; auch BVerfGE 129, 124, Rn. 100 f.).

Existenz hat die Realität, die Wirklichkeit, nicht das Gedachte (anders das Denken), nicht die Ideen. Das haben Platon und noch Hegel anders gesehen. Die Freiheit ist Idee. Sie führt zum Staat, weil sie durch Rechtlichkeit verwirklicht wird, die des Staates bedarf (PdR, S. 50 ff.). Den Staat kann niemand sehen, niemand empirisch vermessen, genausowenig wie das Volk als politische Einheit. Kant hat in der dritten Antinomie klargemacht, daß die Freiheit nicht empirisch erweisbar ist. Der Schmittsche Existentialismus der Politik, augenscheinlich von der Existenzphilosophie der Weimarer Zeit[600] und deren zentralen Begriff der identitätsstiftenden Entscheidung affiziert, verleugnet die Ideenhaftigkeit und damit Normativität des Rechts. Nach Sören Kierkegaards explizit gegen Hegels Wesensphilosophie gerichteten Existenzphilosophie hat nur das „unableitbare und individuelle Leben des Menschen" Existenz. Dem folgt der Existentialismus Karl Jaspers und in anderer Weise Martin Heideggers Daseinsanalyse[601].

Die Existenz Gottes ist eine Glaubenssache. Sie bestimmt für viele Menschen, insbesondere islamgläubige Muslime, die Politik uneingeschränkt. Aber im freiheitlichen Gemeinwesen, in der Republik, müssen allein schon wegen des Religionspluralismus Politik und Religion getrennt gelebt werden[602]. Spätestens seit der neuzeitlichen Aufklärung ist die Säkularisation des Politischen vom Religiösen richtig. Sie wurzelt trotz der politischen Geschichte der Kirche im Wesen des

[599] Vom Ursprung und Ziel der Geschichte, 1949, S. 197 ff., 202 ff.

[600] M. Heidegger, Sein und Zeit, 1927; K. Jaspers, Existenzerhellung, 1932.

[601] Vgl. H.-L. Nastanzky, Existenzphilosophie, in J. Mittelstraß (Hrsg.), Enzyklopädie Philosophie und Wissenschaftstheorie, Bd. 1, 1995, S. 620 f.

[602] Ganz so K. Jaspers, Vom Ursprung und Ziel der Geschichte, S. 209 ff.; auch U. Haltern, Was bedeutet Souveränität? S. 27.

Christentums: Jesus Christus spricht: Ich bin nicht von dieser Welt (Johannes 8, 21–30). Der Bürger einer Republik muß sich in der Politik innerlich säkularisieren und akzeptieren, daß seine Religion Privatsache ist. Die Religionsgrundrechte geben keine politischen Rechte. Die Republik als politische Form der allgemeinen Freiheit stellt ausschließlich auf das Diesseits, die erste Welt, ab. Das Jenseits, die zweite Welt, ist in der Politik auszublenden. Das fällt nicht leicht. Auch die πόλις war den Göttern verpflichtet, nicht anders als die res publica, zu deren wichtigsten Ämtern das des Pontifex Maximus gehörte, das noch immer besteht und heute ohne weltliche Gewalt, ohne potestas oder gar imperium, auskommen muß, aber mit großer und nicht unberechtigter auctoritas des Papstes auch weltliche Macht ausübt. Aber die allgemeine Freiheit, die Gläubige, Andersgläubige und Ungläubige gleichermaßen haben, läßt religiöse Maximen als Maximen des Rechts, nur weil sie religiöse Verbindlichkeit haben, nicht zu. Selbstverständlich können religiöse und politische Maximen übereinstimmen. Ein freiheitliches Gemeinwesen ist keine Organisation der religiösen Vorstellungen, der, rechtlich gesehen, Beliebigkeit des auf das Jenseits, der Zweiten Welt, bezogenen transzendentalen Fürwahrhaltens, in der jeweilige Mehrheiten die Politik bestimmen, sondern ein Staat des Rechts, ein Rechtsstaat[603].

B. Freiheit

I. Republikanische Freiheit als praktische Vernunft

„La liberté consiste à pouvoir faire tout ce qui ne nuit pas à autrui. Ainsi, l'exercice des droits naturels de chaque homme n'a de bornes que celles qui assurent aux autres membres de la société la jouissance de ces mêmes droits. Ces bornes ne peuvent être déterminées que par la loi", frei übersetzt: „Freiheit aber heißt, man darf tun und lassen was man will, wenn man einem anderen nicht schadet. Die Ausübung der natürlichen Rechte jedes Menschen hat also nur die Grenzen, die den übrigen Mitgliedern der Gesellschaft den Genuß eben dieser Rechte sicherstellt. Diese Grenzen dürfen nur durch das Gesetz bestimmt werden". wie das die Déclaration des Droits de l'Homme et du Citoyen vom 26. August 1789 in Art. 4 definiert hat. Das Gesetz hat nur das Recht, solche Handlungen zu unterbinden, die für die Gemeinschaft schädlich sind. Das Gesetz ist Ausdruck des allgemeinen Willens „La Loi n'a le droit de défendre que les actions nuisibles à la Société. La Loi est l'expression de la volonté générale" (Art. 5 Satz 1 und Art. 6 Satz 1 der Déclaration). Dieser Freiheitsbegriff ist der des Weltrechtsprinzips des Art. 1 der Allgemeinen Erklärung der Menschenrechte, nämlich:

> „Alle Menschen sind frei und gleich an Würde und Rechten geboren. Sie sind mit Vernunft und Gewissen begabt und sollen einander im Geiste der Brüderlichkeit begegnen."

---

[603] Dazu K. A. Schachtschneider, Grenzen der Religionsfreiheit am Beispiel des Islam, 2. Aufl. 2011.

Eine Freiheit, sich zu Lasten anderer auszuleben, etwa andere auszunutzen, schützt das Grundgesetz genausowenig wie irgendeine andere Rechtsordnung. Freiheit ist nicht das Recht, seinen Neigungen (Habsucht, Herrschsucht und Ehrsucht) zu folgen, sondern Freiheit ist das Prinzip der praktischen Vernunft, also die Unabhängigkeit von determinierenden Kausalitäten, aber auch nötigender Willkür anderer, somit die Idee der „Kausalität der Freiheit", erwiesen durch das „Faktum des Sollens", wie Kant das unübertroffen gelehrt hat (KrV, S. 324, 335 ff., 426 ff., 495 ff., 674 ff., 697; GzMS, S. 82 ff., 89 ff., 94 ff., 98 f.; KpV, S. 107 ff., 120 f., 141 f., 155 ff.,161, 193, 218 ff., 230 ff., 265; MdS, S. 326 ff., 333, 347, 361; dazu FridR, S. 36 f.).

„Alle Menschen denken sich dem Willen nach als frei" (GzMS, S. 91). Wegen der Determiniertheit des Menschen, welche durch die Hirnforschung zunehmend bestätigt wird, weiß die Transzendentalphilosophie nur um die Idee der Freiheit. Aber: „Ein jedes Wesen, das nicht anders als unter der Idee der Freiheit handeln kann, ist eben darum, in praktischer Rücksicht, wirklich frei, …" (GzMS, S. 83). Die Freiheit ist praktisch die Fähigkeit des Menschen zu handeln, dessen Spontaneität. Trotz aller Determiniertheit menschlichen Seins vermag der Mensch der Idee der Freiheit nach zu handeln, d.h. die Welt nach seiner freien Willkür zu gestalten. Die Idee der Freiheit ist ein notwendiger Standpunkt der Ethik. Die Hirnforschung, welche empirisch den freien Willen des Menschen in Frage stellt, bestätigt den kantianischen Dualismus der dritten Antinomie, die Differenz von Sein und Sollen. Diese dritte Antinomie (KrV, S. 426 ff.; KpV, S. 242 ff.) ist kein existentieller Widerspruch, sondern ein Unterschied des Standpunktes der Erkenntnis. Das Ding an sich kennen wir nicht (KrV, S. 30 f., 75 ff.; GzMS, S. 87). Die Freiheit erweist sich im Faktum des Sollens (KrV, S. 426 ff., 495 ff., 674 ff.; GzMS, S. 82 ff., 89 ff., 94 ff.; MdS, S. 326 ff., 347, 361). „Der Begriff der Freiheit ist ein reiner Vernunftbegriff, …" (MdS, S. 326).

II. Äußere Freiheit/Unabhängigkeit

Die äußere Freiheit ist die „Unabhängigkeit von eines anderen nötigender Willkür". Sie ist „dieses einzige, ursprüngliche, jedem Menschen, kraft seiner Menschheit, zustehende Recht, sofern sie mit jedes anderen Freiheit nach einem allgemeinen Gesetz zusammen bestehen kann" (MdS, S. 345)[604]. Die innere Freiheit

[604] Scharfe Kritik von Hegel wegen der „Seichtigkeit der Gedanken" Kants, Rechtsphilosophie, § 29, S. 79, festgemacht an dem Satzteil über die Freiheit: „die Beschränkung meiner Freiheit oder Willkür, daß sie mit Jedermanns Willkür nach einem allgemeinen Gesetz zusammen bestehen könne". Dieser Begriff der Freiheit laufe „auf die bekannte formelle Identität und den Satz des Widerspruchs hinaus" und „das Vernünftige" komme „freilich nur als Beschränkung für diese Freiheit, so wie auch nicht als immanent Vernünftiges, sondern nur als ein äußeres, formelles Allgemeines heraus". Hegel unterstellt Kant, die Freiheit mit Willkür (dazu § 15, S. 61 ff.) zu identifizieren, schlimmer noch, den Satzteil gibt es bei Kant nicht. Es ist ein Fehlzitat. Die „Dialektik des Begriffes", der „Wirklichkeit hat und zwar so, daß er sich diese selbst giebt" (§ 1, S. 43), „die Entwicklung und das immanente Fortschreiten" „der eigenen

ist die Sittlichkeit, deren Triebfeder die Moralität ist. Das Gesetz der Freiheit als der Autonomie des Willens (GzMdS, S. 63 ff.; KpV, 144 ff.) ist das Sittengesetz, der kategorische Imperativ (GzMdS, S. 43 ff.; KpV, 142 ff.)[605]. Es gibt keine innere Freiheit ohne äußere Freiheit, aber die äußere Freiheit findet ohne innere Freiheit, d. h. Sittlichkeit und Moralität, keine Wirklichkeit (FridR, S. 67 ff., 83 ff.). Weil Freiheit die Unabhängigkeit von der Natur des Menschen ist, nämlich eine Kategorie der Vernunft, ist der Wille aus sich selbst heraus Gesetz und somit Freiheit nichts anderes als die Autonomie des Willens (GzMdS, S. 74 ff., 81 ff.).

Freiheit verwirklicht sich durch allgemeine Gesetzlichkeit, Rechtlichkeit (FridR, 49 ff., 281 ff., 420 ff.). Nur wer unter dem eigenen Gesetz lebt, das logisch zugleich ein Gesetz all derer sein muß, die zusammen leben, ist frei, nämlich unabhängig von eines anderen nötigender Willkür (FridR, S. 67 ff., 274 ff.). Das haben schon John Locke und Jean-Jacques Rousseau so konzipiert[606]. „Von dem Willen gehen die Gesetze aus; …" (MdS, S. 332), so daß nur der allgemeine Wille gesetzgebend sein kann. Das folgt aus der „… Idee der Würde eines vernünftigen Wesens, das keinem Gesetze gehorcht, als dem, das es zugleich selbst gibt" (GzMdS, S. 67)[607]. Das de-

---

Seele des Inhalts", „diese Entwickelung der Idee als eigener Thätigkeit ihrer Vernunft, weil „der Gegenstand für sich selbst vernünftig" sei, hier „der Geist der Freiheit, die höchste Spitze der selbstbewußten Vernunft, die sich Wirklichkeit giebt und als existirende Welt erzeugt" (§ 31, S. 71), mag überzeugen, wer an derartigen Spekulationen Gefallen findet. Dem Menschen läßt sie keine Freiheit, sondern hat sie der Herrschaft des vermeintlich „sittlichen Staates", des Staates als „der Wirklichkeit der sittlichen Idee, – …" (§ 257, S. 237) ausgeliefert (näher oben Zweiter Teil C.I. zu Hegels historizistischer Machtstaatsdoktrin). „Die Wissenschaft hat nur das Geschäft, diese eigene Arbeit der Vernunft der Sache zum Bewußtsein zu bringen" (§ 31, S. 71). Es gibt keine Vernunft der Sache und keine Dialektik eines Begriffes oder einer Idee. Es gibt Menschen, die denken können und mit Verstand und Vernunft begabt sind. Die Souveränitätsproblematik nötigt, auf die Philosophie Hegels einzugehen, weil diese nicht nur großen Schaden angerichtet hat, sondern noch heute in den Köpfen geistert und den Weg zum Recht erschwert, wenn nicht vielen versperrt.

605 Auch Ch. Seiler, Der souveräne Verfassungsstaat zwischen demokratischer Rückbindung und überstaatlicher Einbindung, S. 122, sieht die Grundrechte in „Würde, personalem Eigenwert, Freiheit und Gleichheit", „christlicher Lehre vom Menschen als je einzigartigem Abbild Gottes (imago dei) sowie der aufklärerischen Erkenntnis der Autonomie des vernunftbegabten Individuums, seiner Fähigkeit zur sittlichen Selbstgesetzgebung" als der „Würde des Menschen" im „Bekenntnis des Verfassungsstaates" gegründet, versteht aber seine zusammengeklaubten Sätze augenscheinlich nicht; denn zur Sittlichkeit als der praktischen Vernunft und zur Moralität, den Bedingungen des Rechts, weiß er nichts zu sagen, vgl. sein Kantkapitel S. 37 ff.; ähnliches wiederholt er für das Demokratieprinzip, S. 124 und ff.

606 J. Locke, Über die Regierung, 1690, IV, 22, S. 18, VII, 87, 88, 89, S. 65 ff., VIII, 95, S. 73, XI, 134, 135, S. 101 ff. (freilich mit dem Mehrheitsprinzip); J.-J. Rousseau, Contract Social, Vom Gesellschaftsvertrag oder Grundsätze des Staatsrechts, 1762, II, 6, S. 39 ff. (gegen das Mehrheitsprinzip, aber mit Mehrheitsregel); zu John Locke H. Quaritsch, Staat und Souveränität, S. 446 ff.

607 Eine schöne Bestätigung hat Kants republikanische Freiheitslehre durch Lorenz von Stein gefunden, Geschichte der sozialen Bewegung in Frankreich von 1789 bis auf unsere Tage, Bd. 3: Das Königtum, die Republik und die Souveränität der französischen Gesellschaft seit der Februarrevolution 1848 (1850), hrsg. von Gottfried Salomon, 1921, S. 124 ff.: „Aller reinen

mokratische Prinzip, mittels dem die Freiheit der Bürger verwirklicht wird, hat darum seine Grundlage in der Würde des Menschen. So sieht das auch das Bundesverfassungsgericht (BVerfGE 123, 267 (341), Rn. 211); BVerfGE 129, 124 (177), Rn. 101: „Der Anspruch auf freie und gleiche Teilhabe an der öffentlichen Gewalt ist in der Würde des Menschen (Art. 1 Abs. 1 GG) verankert". Zu den elementaren Bestandteilen des Demokratieprinzips zählt das Bundesverfassungsgericht nicht nur die Wahlen, sondern auch die Abstimmungen (BVerfGE 123, 267 (341), Rn. 211). Diese werden den Bürgern auf Bundesebene entgegen Art. 20 Abs. 2 S. 2 GG vorenthalten. Dadurch werden die Freiheit der Bürger, die Würde des Menschen und die Souveränität des Volkes verletzt.

III. Innere Freiheit/Sittlichkeit

Das Gesetz der Sittlichkeit als der inneren Freiheit und damit bestimmendes Prinzip der Freiheit ist der kategorische Imperativ, das Sittengesetz. So steht das in Art. 2 Abs. 1 GG: „Jeder hat das Recht auf die freie Entfaltung seiner Persönlichkeit, soweit er nicht die Rechte anderer verletzt und nicht gegen die verfassungsmäßige

---

Theorie nach ist die wahrhaft freie Form des Staats, der wahrhaft vollendete Ausdruck der Staatsidee nur derjenige, in welcher vermöge seiner Verfassung jenes Zusammenfassen aller Einzelwillen zum persönlichen allgemeinen Willen durch den feien Akt der Selbstbestimmung jedes einzelnen geschieht. So beruht die Vollendung der Staatsidee darauf, daß der persönliche Staat gleichsam in jedem Einzelnen ruht, aus jedem einzelnen durch einen selbsttätigen Willensakt mit allen anderen gemeinsam in jedem Augenblicke, wo er als Wille auftreten soll, geboren werde, und daß auf diese Weise die ganze Herrlichkeit des Staats von jedem einzelnen als seine Schöpfung, als sein Kind und Inhalt seines innersten, persönlichsten Lebens gesetzt erscheine". … „Das einzige Allgemeine, was der einzelne aus sich heraus allein bilden, beherrschen, genießen zu können scheint, ist der allgemeine Wille. Hier wenigstens, in diesem Willen seines Willens, scheint er seiner Bestimmung entsprechen, scheint er, aus sich heraustretend, dennoch seiner Selbstbestimmung das Allgemeine unterworfen, wirklich ein allgemeines Leben als sein eigenes zu seinem Inhalt gemacht zu haben. Und daher eben kommt es, daß die Teilnahme am Staatswillen, je unmittelbarer, je kräftiger, je inniger sie ist, dem ganzen Dasein des einzelnen einen Stolz und einen Schwung verleiht, den ihm keine persönlichen Genüsse geben können. Das Gefühl der Identität seines individuellen Wollens und Tuns mit dem allgemeinen, gesetzt durch den eigenen Willen, die durch den Staat als Gesetz, Recht und Pflicht zu den einzelnen wiederkehrende höchste eigene Selbstbestimmung ist eben deshalb wie Licht und Luft, das Element der eigenen, höchsten, freiesten Selbstentwicklung. Und so beruht die Vollendung der Idee der individuellen Persönlichkeit gleichfalls darauf, daß der Staat verfassungsmäßig gerade so geordnet sei, daß er in jedem einzelnen, durch jeden einzelnen sein Leben habe. Dies ist die Form, und diese ist das innerste Wesen der Republik" … „Das staatliche Ideal aber ist allein die Republik". „Ein Volk, in dem niemand an die Republik glaubt als an die Bestimmung des Staates in der Menschheit, ist ein geistig träges Volk, ein Volk, zu arm an jugendlicher Kraft, um nicht dem Alter seiner Geschichte zu erliegen". Das ist bester Kantianismus und bester Republikanismus. In gewisser Weise folgend E.-W. Böckenförde, Demokratie als Verfassungsprinzip, HStR, Bd. I, § 22, Rn. 36, der auf Lorenz von Stein, a. a. O., Nachdruck 1959, S. 124, hinweist, der das nicht wie Böckenförde zu einer „kollektiv autonomen Freiheit" verzerrt, Rd. 38, sondern die individuelle Sittlichkeit als Baustein der Republik erkennt.

Ordnung oder das Sittengesetz verstößt". Im mit „soweit" eingeleiteten Satzteil stehen keine Schranken der Freiheit, keine Schrankentrias, wie das Bundesverfassungsgericht meint (BVerfGE 6, 32 (36 ff.); 90, 145 (171); 113, 88 (103); st. Rspr.) und damit das Grundgesetz folgenreich verändert, sondern darin wird die Freiheit in der Republik, dem freiheitlichen Gemeinwesen, definiert (FridR, S. 256 ff., 266 ff.).

Sittlichkeit ist die praktische Vernunft, die unparteiliche Sachlichkeit. In einem Gemeinwesen, dessen politische Grundlage die Idee der Freiheit ist, also die der Gleichheit aller Menschen in der Freiheit, ist diese Sittlichkeit die Logik der Ethik und damit des Rechtsprinzips. Das Sittengesetz ist das Gesetz des Sollens (KrV, S. 701). Das Sittengesetz hat drei Formeln, nämlich: die deontische Formel: „...: handle nur nach derjenigen Maxime, durch die du zugleich wollen kannst, daß sie ein allgemeines Gesetz werde" (GzMdS, S. 51), oder: „Handle so, daß die Maxime deines Willens jederzeit zugleich als Prinzip einer allgemeinen Gesetzgebung gelten könne" (KpV, S. 140), die Naturgesetzformel: „...: Handle so, als ob die Maxime deiner Handlung durch deinen Willen zum allgemeinen Naturgesetze werden sollte" (GzMdS, S. 51), die Selbstzweckformel: „...: Handle so, daß du die Menschheit, sowohl in deiner Person, als in der Person jedes andern, jederzeit zugleich als Zweck, niemals bloß als Mittel brauchest" (GzMdS, S. 61). „Maxime ist das subjektive Prinzip des Wollens; das objektive Prinzip (d. i. dasjenige, was allen vernünftigen Wesen auch subjektiv zum praktischen Prinzip dienen würde, wenn Vernunft volle Gewalt über das Begehrungsvermögen hätte) ist das praktische Gesetz" (GzMdS, S. 27), oder: „Maxime aber ist das subjektive Prinzip zu handeln, was sich das Subjekt selbst zur Regel macht (wie es nämlich handeln will)" (MdS, S. 332).

Das Bundesverfassungsgericht hat sich die Selbstzweckformel zu eigen gemacht und mit dieser die Menschenwürde interpretiert, nämlich: „..., der einzelne soll nicht Objekt der richterlichen Entscheidung sein, ..." (BVerfGE 9, 89 (95)), oder: „Es widerspricht der menschlichen Würde, den Menschen zum bloßen Objekt im Staat zu machen" (BVerfGE 27, 1 (6), Mikrozensus). Im Urteil zur lebenslangen Freiheitsstrafe (BVerfGE 45, 187 (228)) hat das Gericht hinzugefügt: „Der Satz ‚der Mensch muß immer Zweck an sich selbst bleiben' gilt uneingeschränkt für alle Rechtsgebiete; denn die unverletzbare Würde des Menschen als Person besteht gerade darin, daß er als selbstverantwortliche Persönlichkeit anerkannt bleibt." Wie schon zitiert: „Der Anspruch auf freie und gleiche Teilhabe an der öffentlichen Gewalt ist in der Würde des Menschen (Art. 1 Abs. 1 GG) verankert" (BVerfGE 123, 267 (341), Rn. 211; auch BVerfGE 129, 124 (177), Rn. 101). Dem entspricht auch der folgende Satz des Gerichts: „Der Staat des Grundgesetzes ist der Entscheidungs- und Verantwortungszusammenhang, vermittels dessen sich das Volk nach der Idee der Selbstbestimmung aller in Freiheit und unter Anforderung der Gerechtigkeit seine Ordnung, insbesondere seine positive Rechtsordnung als verbindliche Sollensordnung setzt" (BVerfGE 44, 125 (142)).

Somit ist die Staatsform der Republik, die demokratisch sein muß[608], durch die unantastbare Menschenwürde geboten; denn nur in dieser Staatsform bleibt der Mensch „Zweck an sich selbst" (Rprp, S. 1 ff., 234 ff.; PdR, S. 25 f. 28 ff., 35 ff., 86 ff., 94 ff.; FridR, S. 4 f.)[609]

Das Sittengesetz ist als Ethos des gemeinsamen Lebens in gleicher Freiheit das Prinzip der Brüderlichkeit, also das der Solidarität, nämlich das Sozialprinzip (Rprp, S. 234 ff., FridR, S. 636 ff.)[610]. Das Sittengesetz folgt gerade darin der Logik der allgemeinen Freiheit. Das Sittengesetz als der kategorische Imperativ ist die universalisierte Fassung der biblischen lex aurea (GzMdS, S. 25; KpV, S. 113; MdS, S. 586 ff.). Es ist die politische Formulierung des ethischen, zumal christlichen, Liebesprinzips: „Du sollst deinen Nächsten lieben wie dich selbst; denn ich bin der Herr" (3. Mose 19,18). Darin kommt die Einheit von Freiheit, Gleichheit und Brüderlichkeit zum Ausdruck. Das Sittengesetz ist das Rechtsprinzip (FridR, S. 83 ff., 424 ff.).

Die Sittlichkeit bedarf der Materialisierung in Gesetzen, die nur Gesetze des Rechts (Rechtsgesetze) sind, wenn sie praktisch vernünftig, nämlich unparteilich und sachlich, sind, also dem kategorischen Imperativ genügen.

---

[608] Staats- und Regierungsform ist nicht die Demokratie, so aber K. Stern, Staatsrecht I, S. 599 ff.; E.-W. Böckenförde, Demokratie als Verfassungsprinzip HStR, Bd. I, § 22, Rn. 1, 8, 9 ff.; folgend wie viele M. Jestaedt, Demokratieprinzip und Kondominialverwaltung, S. 171 ff.

[609] W. Maihofer, Prinzipien der freiheitlichen Demokratie, HVerfR, S. 536, bzw. 508; ders., Legitimation des Staates aus der Funktion des Rechts ARSP, Beiheft Nr. 15, 1981, S. 16 in Fn. 3; P. Häberle, Die Menschwürde als Grundlage der staatlichen Gemeinschaft, HStR, Bd. I, § 20, Rn. 54 ff., 61 ff., 67 ff., 3. Aufl. 2004, Bd. II, § 22, Rn. 54 f.; auch E.-W. Böckenförde, Demokratie als Verfassungsprinzip HStR, Bd. I, § 22, Rn. 35 ff.; K. A. Schachtschneider, Frei – sozial – fortschrittlich, in: Verfassungsauftag und administrative Implementation, Symposium zu Ehren von Werner Thieme, Hamburg, 24. Juni 1988, 1989, S. 6 ff., 17; J. Rawls, Eine Theorie der Gerechtigkeit, 1975, S. 264, erwartet „Freundschaft zwischen den Bürgern" … „als Ethos der politischen Kultur", das er als Brüderlichkeit i.S. seines „Unterschiedsprinzips" (S. 95 ff.) begreift, in der „wohlgeordneten Gesellschaft" (S. 21) im Sinne der Idee des „Reichs der Zwecke" Kants (GzMdS, S. 66 f.); dazu folgend A. Somek, Rechtssystem und Republik, S. 412 ff., auch S. 37 ff., 44 ff.

[610] Scharfe, bedenkenswerte Kritik am „völlig unbestimmten, daher rechtstaatswidrigen" Begriff der Solidarität, in dem „die totale Leugnung der Freiheit, aller Freiheiten" liege, übt W. Leisner, Das Volk, S. 88 ff., der befürchtet, daß die Solidarität im „totalen Kommunismus" endet, zumal der Begriff ungeklärt lasse, „wer zu wem Solidarität empfinden solle", in welchen etwa „kleineren Einheiten"; im übrigen zwinge „Herrschaft zur Solidargemeinschaft", indem sie Solidarsteuern erhebe.

IV. Moralität/guter Wille

Die Moral besteht kantianisch nicht aus materialen Vorschriften, wie sie die guten Sitten als Teil der Rechtsordnung enthalten[611], auch nicht aus Vorschriften der kirchlichen Lebensordnung, deren Verbindlichkeit religiös fundiert ist, oder gar in der (sogenannten) political correctness, deren Verbindlichkeit dem Zwang der öffentlichen Meinung erwächst. Das wäre der von Kant ebenso wie von der Weltrechtsordnung und dem Grundgesetz zurückgewiesene Moralismus (ZeF, S. 233). Vielmehr ist die Moralität ein formales Prinzip, welches keine materialen Vorschriften in sich trägt. Moral bezeichnet die Triebfeder des guten Handelns. Moral bewirkt den Selbstzwang (MdS, S. 511 ff., 525 ff.; Rprp, S. 130 ff., 279 ff.; FridR, S. 67 ff.), dessen Imperativ lautet: „Handle pflichtmäßig, aus Pflicht" (MdS, Tugendlehre, S. 521, 523). Die Pflichten folgen entweder aus den Gesetzen des Rechts, sind also Rechtspflichten, oder aus den Gesetzen der Tugend und sind damit Tugendpflichten. Die Rechtspflichten sind äußerlich und damit erzwingbar (MdS, S. 511 ff., 525 ff.); denn „das Recht ist mit der Befugnis zu zwingen verbunden" (MdS, S. 338 f., 527). Die Tugendpflichten sind material; denn sie machen Zwecke verbindlich. Tugendpflichten sind aber nicht erzwingbar, sondern unterliegen dem Selbstzwang und sind darum bloß innerlich (MdS, S. 508 ff.). Legalität ist nach Kant sowohl die Beachtung der Rechtspflichten als auch der Tugendpflichten (MdS, S. 318 f., 323 ff.). Die Moral verpflichtet auch zur Achtung des ius, der Rechtspflichten also, nicht nur, den Tugendpflichten zu folgen (MdS, S. 512). Moralität schließt somit Legalität ein. Tugendpflichten können Rechtspflichten nicht aufheben. Keinesfalls rechtfertigt die Gewissensfreiheit aus Art. 4 Abs. 1 GG einen Rechtsverstoß (Rprp, S. 420; unklar BVerfGE 12, 45 (55)).

Kant benutzt das Wort Moral verschiedentlich auch für das Wort Sittlichkeit und auch für die Worte Recht und Rechtslehre (etwa ZeF, S. 248 ff.). Im Folgenden wird es nur für das, wenn man so will, Pflichtgefühl im Sinne des guten Willens benutzt. Moral gebietet nicht nur Legalität des Gesetzesvollzugs, sondern auch und vor allem die Beachtung des Sittengesetzes bei allen Handlungen, auch bei der Gesetzgebung. Zum Handeln gehört die Gesetzgebung für die Maximen des Handelns, die Maximenbildung selbst, welche die Zwecksetzung einschließt, und schließlich der Zweckvollzug (FridR, S. 311 ff.).

Entgegen der Ethik dieses Freiheitsbegriffs gibt es kein Recht, sondern nur Unrecht.

V. Liberalistische Freiheit

Im Gegensatz zu dem republikanischen Begriff der Freiheit als Autonomie des Willens steht der liberalistische Begriff der Freiheit, der bestimmte, meist grund-

---

[611] Dazu K. A. Schachtschneider, Staatsunternehmen und Privatrecht, Kritik der Fiskustheorie, exemplifiziert an § 1 UWG, 1986, S. 363 ff.

rechtlich geschützte, Freiheiten (Grundrechte) umfaßt, die der Untertan der Obrigkeit entgegenhalten kann, um die Obrigkeit konstitutionalistisch einzuschränken (dazu Rprp, S. 441 ff., FridR, S., 343 ff.). Das sind Abwehrrechte des Bürgers gegen den Staat (BVerfGE 7, 198 (204)). Der Mensch bleibt nach der liberalistischen Konzeption Teil einer vom Staat zu unterscheidenden Gesellschaft. Er wird zwar Bürger genannt[612], ist aber Bürger allenfalls insoweit, als er durch Wahlen die Ausübung der Staatsgewalt ‚legitimiert', wenn nicht Abstimmungen der Bürger ermöglicht sind. Typisch unterscheidet Christian Seiler das Verhältnis des Bürgers zum Staat danach, ob er als „Staatsbürger oder als Grundrechtsträger" „berührt" sei[613], als wenn es keine politische Grundrechte gäbe, ja als wenn nicht alle Grundrechte, zumal die Freiheit, nicht politisch, ja hochpolitisch wären. Im Verhältnis zum Staat ist der Bürger nicht privat, sondern staatlich, Subjekt des Staats- und Verwaltungsrechts. Privat ist er nur gegenüber anderen Privaten[614], denen gegenüber er sich im Prinzip gerade nicht auf Grundrechte berufen kann, allenfalls mittelbar[615].

VI. Dualistische Freiheitslehre

Die dualistische Freiheitslehre kennt neben der politischen Freiheit im republikanischen Sinne eben diese liberalistische Freiheit (Rprp, S. 501 ff., FridR, S. 391 ff.). Die Praxis in Deutschland hat die politische Freiheit als fundamentales Recht der Menschen bisher nicht anerkannt, sondern nur in Ausschnitten akzeptiert, insbesondere im Recht der Meinungsäußerung (etwa BVerfGE 5, 85 (134, 199, 206 f.); 69, 315 (342 ff.); st. Rspr.; Rprp, S. 588 ff.) und im Recht auf Volksvertretung oder Demokratie (insb. BVerfGE 89, 155 (171 ff.), Maastricht-Urteil; 123, 267, Rn. 167 ff., Lissabon-Urteil; BVerfGE 129, 124 (177), Rn. 100 f.). Der Bayerische Verfassungsgerichtshof hat eine politische Freiheit als Grundrecht explizit zurückgewiesen (BayVerfGH, BayVBl. 1999, 719 ff. (726)).

---

612 Dazu K. A. Schachtschneider, Die Bürgerlichkeit des Bürgers. Der Kampf um den Freiheitsbegriff, in: H. Seubert/J. Bauch (Hrsg.) Deutschland und Europa in einer veränderten Welt, Weikersheimer Dokumentation, Bd. I (XXXV), 2013 S. 23 ff.; auch homepage www.KASchachtschneider.de, unter Downloads; ders., Bürgerlichkeit und deren Gefährdungen, in: R. Breuninger, Der erschöpfte Bürger. Ambivalenzen der Demokratie, Bausteine der Philosophie, 33, 2014, S. 25 ff.

613 Der souveräne Verfassungsstaat zwischen demokratischer Rückbindung und überstaatlicher Einbindung, S. 151, auch ff. und S. 36 zum Liberalismus, in den er fragwürdig den Utilitarismus einbezieht, dessen Prinzip Klugheit, nicht Vernunft ist und der auf das demokratistische Mehrheitsprinzip hinausläuft, nicht wie der Liberalismus Freiheit und Eigentum durch den Staat gewährleistet sieht.

614 K. A. Schachtschneider, Der Anspruch auf materiale Privatisierung, S. 40 ff.

615 Umgekehrt Ch. Seiler, Der souveräne Verfassungsstaat zwischen demokratischer Rückbindung und überstaatlicher Einbindung, S. 152, der schlechterdings nicht zu einer Rechtslehre der Republik findet.

C. Herrschaft

Die repräsentative Ausübung der Staatsgewalt wird vom Bundesverfassungsgericht (BVerfGE 2, 1 (12 f.); 83, 37 (52); 83, 60 (72); 95, 1 (15); 89, 155 (188 ff.); 123, 267, Rn. 213, 217 ff., 250, 263, 268, 270, 272, 280, 294; 129, 124, Rn. 98) und fast der gesamten Staatsrechtslehre[616] als Herrschaft (Kritik Rprp, S. 71 ff.; FridR, S. 115 ff.) oder gar Herrschaftsgewalt hingestellt. So führt das Gericht im Lissabon-Urteil zu Randnummer 231 aus:

„Die Ermächtigung zur Übertragung von Hoheitsrechten auf die Europäische Union oder andere zwischenstaatliche Einrichtungen erlaubt eine Verlagerung von politischer Herrschaft auf internationale Organisationen".

Das ist ein Satz, der weder mit der Freiheit noch mit der Souveränität des Volkes, welche das Gericht stetig hervorhebt, vereinbar ist. Der Staat ist kein Herrschaftsgebilde. Diese unter dem Grundgesetz niemals begründete Behauptung ist eine folgenreiche Verzerrung der Republik als freiheitlichem Gemeinwesen, der politischen Form der Freiheit. Daß sich der Parteienstaat oft, wenn nicht meist, herrschaftlich, ja diktatorisch gebärdet, wie gegenwärtig zunehmend die der Europäischen Union verpflichtete Bundesrepublik Deutschland, ändert nichts an der Dogmatik des freiheitlichen Staates, der Republik. Das ist vielmehr Mißbrauch der Vertretungsbefugnis der Amtswalter, welche die Bürger nicht hinnehmen dürfen. Die Freiheit ist mit dem Menschen geboren. Sie ist nicht irgendeiner änderbaren Politik zu danken. Vielmehr muß der Staat die Verfassung der Freiheit durch sein Verfassungsgesetz und seine Gesetze bestmöglich der Lage gemäß verwirklichen (dazu Rprp, S. 71 ff., FridR, S. 115 ff.).

---

[616] Etwa (sehr einflußreich) E.-W. Böckenförde, Die Zukunft politischer Autonomie. Demokratie und Staatlichkeit im Zeichen von Globalisierung, Europäisierung und Individualisierung, in: ders., Staat, Nation, Europa, Studien zur Staatslehre, Verfassungstheorie und Rechtsphilosophie, 2. Aufl. 2000, S. 103 ff., 107; ders., Demokratie als Verfassungsprinzip, HStR, Bd. I, 1987, § 22, Rn. 9 ff.; H. Steiger, Staatlichkeit und Überstaatlichkeit, S. 19, 20, 22 ff. u. ö., wie fast alle nach der Definition Max Webers, S. 24; H. Quaritsch, Staat und Souveränität, S. 35, 506, durchgehend; P. Badura, Die parlamentarische Demokratie, HStR, Bd. I, Rn. 27, 33, 35; für die jüngere Staatsrechtslehre U. Di Fabio, Das Recht offener Staaten, S. 26, 130, durchgehend; M. Jestaedt, Demokratieprinzip und Kondominialverwaltung, S. 178 ff. und ständig, dessen wenig bedacht übernommene Herrschaftsdoktrin seine um Originalität bemühte Demokratielehre durchgehend weit vom Grundgesetz und dessen Menschenwürde- und Freiheitsprinzip entfernt; nicht anders Th. Schmitz, Integration in der Supranationalen Union, S. 64 ff., 137 ff., 160 ff., 189 ff., durchgehend; auch M. Kaufmann, Europäische Integration und Demokratieprinzip, S. 45, 50, 69 f., 71, 73, durchgehend, im Widerspruch zu seinem (freilich nicht recht verstandenen) autonomierechtlichen Ansatz, S. 40, 69 f., 390, 426. 468; J. Kokott, Die Staatsrechtslehre und die Veränderung ihres Gegenstandes, VVDStRL 63 (2004) S. 11, 29, unvereinbar mit der von ihr gutgeheißenen Souveränität des auf Grund seiner Menschwürde selbstbestimmten „einzelnen", S. 17 Fn. 53; für die politische Wissenschaft etwa P. Graf Kielmansegg, Volkssouveränität. Eine Untersuchung der Bedingungen demokratischer Legitimität, 1977, durchgehend, auch historisch; calvinistisch, aus der Sünde folgend, H. Haug, Die Schranken der Verfassungsrevision, S. 33 ff., 35 ff., 42 ff., durchgehend, dazu in und zu Fn. 410 ff.

Carl Friedrich von Gerber hat 1865 die Staatsgewalt mit der Beherrschung identifiziert[617]. Georg Jellinek definiert 1900: „Herrschergewalt hingegen ist unwiderstehliche Gewalt. Herrschen heißt unbedingt befehlen und Erfüllungszwang über können" „Herrschen ist das Kriterium, das die Staatsgewalt von allen anderen Gewalten unterscheidet"[618]. Hermann Heller folgt: „Herrschen heißt Gehorsam finden und zwar ohne Rücksicht darauf, ob der Gehorchende den Befehlen innerlich zustimmt oder nicht, vor allem unabhängig von der vom Gehorchenden vorgestellten Interessenförderung". „Herrschaft bleibt aber immer eine Relation zwischen zwei Willen, Motivation des einen Willens durch den anderen; ..." „Herrschen heißt: mit eignen Mitteln Fügsamkeit finden, gegebenenfalls den Gehorsam mit eignen Mitteln erzwingen können"[619]. Fast alle orientieren ihren Herrschaftsbegriff, wenn sie überhaupt einen nennen, an Max Webers Begriff: „Herrschaft soll heißen die Chance, für einen Befehl bestimmten Inhalts bei angebbaren Personen Gehorsam zu finden"[620]. Carl Schmitt hat die Entscheidung der Weimarer Verfassung für die Demokratie als Entscheidung für die Herrschaft des Volkes, nicht freiheitlich, sondern gleichheitlich, d.h. durch Führer und Akklamation, die liberal-rechtsstaatlich, also bürgerlich, durch den Schutz einer privaten Sphäre gemäßigt sei, verstanden[621]. Die deutsche Staatsrechtslehre schreibt, wenn nicht von Georg Jellinek, dann von Carl Schmitt ab, anstatt Immanuel Kant, den wegweisenden Freiheits- und Rechtslehrer und geistigen Vater des Grundgesetzes, und dessen besten Schüler Karl Jaspers zu studieren. Die Herrschaftsideologie hat im Modernen Staat Hegel nicht nur begründet, sondern tief in das Denken und Fühlen deutscher Eliten eingesenkt, mit verheerenden Wirkungen. Oboedientia facit imperantem ist die soziologisch richtige Erkenntnis. Aber ein Bürger gehorcht nicht, sondern folgt dem Gesetz; denn das ist auch sein Wille. Die rechtliche Gesetzlichkeit des gemeinsamen Lebens ist das Ethos der Freiheit. Dagegen etwa Heinhard Steiger: „Wer Recht setzt, übt Herrschaft aus"[622]. Es gibt keine Legitimation von Herrschaft (dazu D.); denn alle Menschen sind frei geboren[623].

---

[617] Grundzüge des deutschen Staatsrechts, 2. Aufl. 1869, S. 1 ff., 7 ff.; vgl. W. Hennis, Das Problem der Souveränität, S. 13.

[618] Allgemeine Staatslehre, S. 429 f., 489 ff. unter Bezug auf von Gerber und Laband.

[619] Die Souveränität, S. 57 f.; vgl. W. Mäder, Kritik der Verfassung Deutschlands, S. 38; auch St. Hobe, Der offene Verfassungsstaat zwischen Souveränität und Interdependenz, S. 62 ff.

[620] Wirtschaft und Gesellschaft, S. 38.

[621] Verfassungslehre, 1928, S. 224 f.

[622] H. Steiger, Staatlichkeit und Überstaatlichkeit, S. 25, auch S. 48, „Staatliche Rechtsetzung ist Ausübung von Herrschaft, autoritativ", die aber im zwischenstaatlichen Bereich nicht möglich sei, in dem das Recht auf Vereinbarung beruhe.

[623] P. Graf Kielmansegg, Volkssouveränität, sucht nach der Legitimation von Herrschaft, die meist nicht einmal bedacht wird, vergeblich. Für das Mittelalter stellt er heraus, daß Herrschaft der Natur der Menschen widerspricht, S. 25 ff., 59 ff., näher etwa S. 75, aber auch das Naturrecht geht von der angeborenen Freiheit des Menschen aus, S. 99 ff., 137 ff. auch die Leveller der Englischen Revolution, S. 125 ff., wie eigentlich jede dem Menschen verpflichtete Rechtslehre seit Menschengedenken, freilich überlagert von der Herrschaft Gottes.

D. Legalität versus Legitimation

„Legitimität“ und „Legitimation“ sind Begriffe, die nicht in eine Republiklehre passen. Eine Rechtslehre von Republiken muß republikanisch sein. Der Republik genügt nur Legalität. Sie verwirklicht die Freiheit. Nur Herrschaft bedarf der Legitimation. Das Bundesverfassungsgericht nutzt das Wort „Legitimation“ ständig, in seinen Gründen des Lissabon-Urteils 25 mal (etwa BVerfGE 123, 267, Rn. 175, 177, 179, 228, 229, 232, 262 f., 274 ff. 347 ff.). Freiheit der Menschen als Bürger entfaltet sich ausschließlich in Republiken. Auch Deutschland ist eine Republik, nämlich eine Bundesrepublik. Der Staat ist die Organisation der Bürger zur Verwirklichung der allgemeinen Freiheit. Er ist dafür notwendig. Das ist, wenn man so will, seine Rechtfertigung als Institution. Auf die „Stiftung einer bürgerlichen Verfassung gibt es ein wirkliches Rechtsgesetz der Natur“, sagt Kant (MdS, S. 366, 374). Diese bürgerliche Verfassung verfaßt das Gemeinwesen, die Republik, als Staat. Die Staatsgewalt des Volkes, welche in der Republik Wirklichkeit findet, bedarf keiner Legitimation oder Legitimität[624]. Sie besteht aus den Befugnissen der Bürgerschaft, welche deren Verfassungsgesetz zur Verwirklichung der allgemeinen Freiheit gestaltet. Das sind vor allem Befugnisse, das Recht durch Gesetze zu materialisieren, und diese Gesetze gesetzesgemäß, also rechtsstaatlich, zu vollziehen. Rechtliche Gesetzlichkeit ist Staatlichkeit, deren Organisation ist der Staat, in der das Volk seine Gewalt, die Staatsgewalt, unmittelbar oder mittelbar ausübt. Diese Staatlichkeit ist Freiheit der Bürger, die notwendig mit Handlungsmöglichkeiten verbunden ist. Freiheit aber bedarf keiner Legitimation. Sie ist mit dem Menschen geboren, sie ist die Menschheit des Menschen, dessen Würde. Legitimität und Legitimation sind Begriffe monarchischer Herrschaft, auch erst, seit diese nicht mehr fraglos war und nicht mehr recht als von Gottes Gnaden geglaubt wurde.

Die vermeintliche Legitimation der Herrschaftsgewalt ist der Sache nach die Legalisierung der Ausübung der Staatsgewalt durch die Organe des Staates, welche das Volk als die Bürgerschaft in der Gesetzgebung, vollziehenden Gewalt und Rechtsprechung vertreten, soweit das Volk nicht unmittelbar handelt. Jedenfalls soll sie das sein. Immer ist es der Wille des Volkes, der durch die Organe verwirklicht wird. Die Organwalter, die namens des Volkes den Willen desselben erklären, sind dessen Vertreter, deren Aufgabe und Befugnis es ist, zu erkennen, zu beschließen und zu erklären, welche Gesetze, Verwaltungsakte und Richtersprüche das Recht verwirklichen. Vertreter sind nicht spezifisch durch den vertretenen Willensträger legitimiert, sondern ermächtigt. Nur im Rahmen der Ermächtigung wird der Wille des Volkes von dessen Vertretern ausgeübt und werden die Beschlüsse verbindliche Materialisierung der Staatsgewalt. Das ist Legalisierung, nicht Legitimation; denn es ist das Volk, das nach Art. 20 Abs. 2 S. 2 GG „durch besondere Organe der Gesetzgebung, der vollziehenden Gewalt und Rechtsprechung“ die Staatsgewalt ausübt,

---

[624] Richtig K. Doehring, Allgemeine Staatslehre, S. 260, weil das Volk die „Quelle“ der Staatsgewalt sei.

also handelt. Das Volk aber bedarf für seine Handlungen, seine Verwirklichung des Rechts, keiner Legitimation. Freiheitsverwirklichung ist die Menschheit des Menschen und bedarf genausowenig wie das Leben der Menschen einer Legitimation, einer Rechtfertigung. Staatsrechtliche Vertretung steht klar im Grundgesetz, explizit in Art. 38 Abs. 1 S. 2, steckt aber auch im Begriff des Organs in Art. 20 Abs. 2 S. 2, wie in verschiedenen weiteren Vorschriften.

E. Recht

„Das Recht (nicht das Gesetz) ist heilig" (Heinrich Triepel[625]).

I. Begriff des Rechts

Kant definiert das Recht als den „Inbegriff der Bedingungen, unter denen die Willkür des einen mit der Willkür des anderen nach einem allgemeinen Gesetze der Freiheit zusammen vereinigt werden kann" (MdS, S. 337). Allgemeine Gesetze sind der allgemeine Wille als der Wille aller Bürger, also des Volkes. Die Allgemeinheit des Willens, die praktische Vernunft oder die Sittlichkeit also (GzMdS, S. 41 ff., 58 ff., 81 ff.; FridR, S. 67 ff., 83 ff.), wahrt die Allgemeinheit der Freiheit; denn jeder lebt unabhängig von anderer nötigender Willkür und somit äußerlich frei (MdS, S. 345), weil auch sein Wille das Gesetz gibt (Willensautonomie). Die Freiheit als die Autonomie des Willens schafft die Gesetze des Rechts (FridR, S. 274 ff.; PdR, S. 30 ff., 50 ff.)[626]. Die Allgemeinheit des gesetzgebenden Willens verwirklicht (der Idee nach) zugleich die Brüderlichkeit, das Sozialprinzip, also bestmöglich das gute Leben aller im Gemeinwesen. Die Gesetze müssen Gesetze auch der inneren Freiheit als der Sittlichkeit sein. Sie müssen die Menschheit des Menschen wahren (GzMdS, S. 63; MdS, S. 345 f., 381 f.; Rprp, S. 446), vor allem die Freiheit selbst, das jedem Menschen angeborene Recht (MdS, S. 345)[627]. Der Rechtsbegriff Kants ist auf die allgemeine und gemeinsame Freiheit hin definiert, die durch die allgemeinen Gesetze ermöglicht und verwirklicht wird. Wie Freiheit, Gleichheit und Brüderlichkeit eine Einheit bilden, so auch die (im freiheitlichen Sinne) liberale mit der sozialen Dimension des Rechts.

---

[625] Streitigkeiten zwischen Reich und Ländern. Beiträge zur Auslegung des Art. 19 der Weimarer Reichsverfassung, FG Kahl, 1923, S. 93.

[626] I.d.S. auch H. Krüger, Allgemeine Staatslehre, S. 856.

[627] Dem schließt sich an U. Di Fabio, Das Recht offener Staaten, S. 62, auch S. 84 f. zum „positiven Freiheitsbegriff" „seit Kant und Hegel", aber die „Idee der Grundrechte lebt von negatorischen, vom reinen Freiheitsbegriff; die Grundrechte sichern zuvörderst Distanz zwischen Staat und Gesellschaft und individuelle Freiräume gegen kollektiv verbindliche Entscheidungen", fragwürdig, Freiheit ist durchgehend Sittlichkeit, also positiv.

Hobbes hat den Zweck des Souveräns, des Leviathan, richtig benannt. Er soll gegen „die Leidenschaften, Zorn, Stolz und Begierden aller Art" „alles, was die natürlichen Gesetze fordern, wie z. B. Gerechtigkeit, Billigkeit und kurz, andern das zu tun, was wir wünschen, daß es uns von anderen geschehe" mittels der „Furcht vor Strafe" durchsetzen (Leviathan, II, 17. Kap., S. 151). Die lex aurea, das Liebesprinzip, die Sittlichkeit unter den Menschen eines Landes ist der Zweck des Staates.

Darin ist ihm Kant wie alle Aufklärer, die als solche dem Naturrecht verpflichtet waren[628], gefolgt. Kants Definition der Rechts ist somit nicht liberalistisch oder gar insozial, sondern republikanisch, also sozial im Sinne der gemeinschaftlichen Verantwortung der Bürger für das gute Leben in gleicher Freiheit, das nur in Brüderlichkeit, Solidarität, gelebt werden kann. Kants prozeduraler Begriff kann, ohne in der Sache abzuweichen, material formuliert werden, nämlich: Recht ist das Richtige für das gute Leben aller in allgemeiner Freiheit auf der Grundlage der Wahrheit, das in Gesetzen demokratisch beschlossen wird (vgl. Rprp, S. 567 ff., 573 ff., 978 ff., 990 ff. (996); FridR, S. 274 ff., 405 ff.; PdR, S. 20 ff., 55 ff.). Das gute Leben aller ist die bestmögliche Wirklichkeit der Menschenrechte, sowohl der liberalen (1. Generation) als auch der sozialen (2. Generation) und der ökologischen (3. Generation). Im Rechtsprinzip sind alle Aspekte des guten Lebens aller in allgemeiner Freiheit erfaßt, auch und insbesondere die Brüderlichkeit im Sozialprinzip. Nur der Wohlfahrtsstaat ist Rechtsstaat[629].

Recht ist nicht (positivistisch) identisch mit jeder Materie der Gesetze, sondern nur mit einer Gesetzesmaterie, welche der Menschheit des Menschen, insbesondere den Menschenrechten, und dem Sittengesetz, dem kategorischen Imperativ, entspricht, also mit „Rechtsgesetzen" (MdS, 338). Die Rechtsprinzipien sind die Verfassung jedes menschlichen Gemeinwesens und bedürfen keiner Gesetze. Aber die Gesetze einschließlich der Verfassungsgesetze dürfen diesen nicht widersprechen. Schon Aristoteles hat in der Nikomachischen Ethik im 10. Kapitel des V. Buches gelehrt: „Von dem politischen Rechte ist das eine natürlich, das andere gesetzlich. Das natürliche hat überall dieselbe Autorität und hängt nicht von der Meinung der Menschen ab; beim gesetzlichen kommt es ursprünglich nicht darauf an, ob es so ist oder anders; …" (1134 b 19 ff., Übersetzung Olof Gigon).

II. Recht und Wahrheit

Es gibt kein Recht ohne Wahrheit, die Theorien von der Wirklichkeit (Rprp, S. 567 ff., 598 ff., 1103 f.; i.d.S. auch BVerfGE 49, 89 (143); 53, 30 (58 f.)), die

---

[628] Kant, Metaphysik der Sitten, S. 346, spricht selbst vom „System des Naturrechts (sofern es das angeborene angeht)".

[629] Ganz so H. Krüger, Allgemeine Staatslehre, S. 796 ff.; als das wesentliche Ethos, welches das Recht um der Gerechtigkeit willen leitet, sieht auch H. Haug, Die Schranken der Verfassungsrevision, S. 220 ff., Emil Brunner folgend, das christliche Liebesgebot: „Liebe Gott und deinen Nächsten", S. 221, calvinistisch.

theoretische Vernunft also; denn die Gesetze sollen das gemeinsame Leben regeln, wie es ist, nicht wie man sich wünscht, daß es sei, auf der Grundlage von Ideologien etwa. Die Tatbestände der Rechtssätze erfassen die Wirklichkeit, das Sein; die gesetzlichen Rechtsfolgen schreiben ein Handeln (oder, wenn man so will, auch ein Unterlassen) vor, ein Sollen, um die Wirklichkeit zu beeinflussen. In manchen Rechtssätzen wird aus guten Gründen auf den Schein von Tatsachen abgestellt, die auch ein Faktum sind (Rechtsscheinsprinzip[630]).

„Aus Tatsachen lassen sich keine Normen herleiten" (Karl-Otto Apel[631]). Das Sollen folgt zwar nicht aus dem Sein, ist aber der Wirklichkeit verpflichtet (Rprp, S. 138 f., 522 f., 540 ff., 757 f.)[632]. Die Wahrheitlichkeit ist ein Imperativ der Ethik, genauer: der Sittlichkeit, ein kategorischer Imperativ[633], weil nur richtig im Sinne der Freiheit sein kann, was auf Wahrheit beruht (Rprp, S. 569; PdR, S. 143 f.[634]). Unwahrheit behindert die Erkenntnis des Rechts, also die Freiheit[635]. Wahrheitlichkeit ist eine Grundpflicht der Republik, wie jeden Rechtsstaates. Veritas, non auctoritas facit legem, nicht, wie das Hobbes, der trotz des Satzes: „autoritas, non veritas, facit legem" veritas und auctoritas gleichrangig verbunden hat[636], nachgesagt wird, nur oder auch nur wesentlich auctoritas, gar gemeint als Macht[637]. Von der Wahrheit, die ihrem Wesen nach verborgen ist (Heraklit, Fragment 123), kann die Verbindlichkeit des Gesetzes nicht abhängen. Vielmehr bedarf die Erkenntnis des Vernünftigen der autoritativen Bestätigung, also des Beschlusses des autorisierten Gesetzgebers[638].

---

[630] Dazu grundlegend *C.-W. Canaris*, Die Vertrauenshaftung im deutschen Privatrecht, 1971, S. 9 ff.

[631] Das Apriori der Kommunikationsgemeinschaft, 2. Aufl. 1984, S. 363 ff. (378).

[632] Dazu ontologisch R. Marcic, Vom Gesetzesstaat zum Richterstaat, Recht und Maß der Macht. Gedanken über den demokratischen Rechts- und Sozialstaat, 1957, S. 154 ff. (158); katholisch J. Piper, Über das christliche Menschenbild, 6. Aufl. 1955, S. 23 f., 27; aristotelisch und kantianisch H. Arendt, Wahrheit und Politik, in: dies., Wahrheit und Lüge in der Politik, 2. Aufl. 1987, S. 59 ff.; richtig G. Dürig, Der deutsche Staat im Jahre 1945 und seither, VVDStRL 13 (1955), S. 27 ff., 33.

[633] Kant, Über ein vermeintes Recht aus Menschenliebe zu lügen, ed. Weischedel, Bd. 7, S. 637 ff.

[634] K. Jaspers, Vom Ursprung und Ziel der Geschichte, 1949, S. 197 ff.; K. A. Schachtschneider, Der Rechtsbegriff „Stand von Wissenschaft und Technik" im Atom- und Immissionsschutzrecht, in. W. Thieme (Hrsg.), Umweltschutz im Recht, 1988, S. 105 ff.

[635] Auch Hegel sieht die Aufgabe des Gesetzgebers in der „Erkenntniß des Inhalts in seiner bestimmten Allgemeinheit", „das Recht muß denkend gewußt werden, es muß ein System in sich selbst sein, und nur als solches kann es in gebildeten Nationen gelten" (Rechtsphilosophie, § 211, S. 209 ff.).

[636] Leviathan, S. 228 ff., 234 f.

[637] Dazu zu Fn. 305, 306; etwa J. Isensee, Gemeinwohl und Staatsaufgaben im Verfassungsstaat, HStR Bd. III, 1988, § 57, S. 3 ff., Rdn.90 und ff., S. 40 f.

[638] Richtig D. Schotte, Auctoritas, non veritas, facit legem! Zur angeblichen Politischen Theologie in Thomas Hobbes' *Leviathan*, DZPhil, Akademie Verlag, 57 (2009) S. 709 ff.; insoweit tragfähig auch Ch. Seiler, Der souveräne Verfassungsstaat zwischen demokratischer Rückbindung und überstaatlicher Einbindung, S. 22 Fn. 142.

Hobbes' Satz wendet sich gegen ein Recht, das sich unmittelbar aus der Wahrheit, etwa der der Heiligen Schrift, herleitet, ohne diese Wahrheit in Frage zu stellen. Das ist ein Lehre, welche die Positivierung des Rechts um der Bestimmtheit und vor allem um der Öffentlichkeit des Gesetzes willen befürwortet, aber keine Lehre, welche das Postulat der praktischen Vernunft der Gesetzgebung leugnet. Ganz im Gegenteil hat Hobbes im siebenten Leitsatz klar ausgesprochen, daß das Gesetz nicht vernunftwidrig sein dürfe. Dann muß es die Wahrheit zu Grunde legen. Carl Schmitt mißbraucht wie viele Hobbes' Leviathan für die Herrschaftsdoktrin, zu Unrecht[639]. Die praktische Vernunft setzt somit die theoretische Vernunft voraus. Daraus leitet sich das Sachlichkeitsprinzip her (BVerfGE 3, 58 (135 f.); 76, 256 (329); st. Rspr.), das Willkürverbot (PdR, S. 329 ff.). Die Sache ist die Wirklichkeit und die dieser angemessene Gesetzlichkeit. Dem kommt die Formel nahe, die Ulrich Penski vorgeschlagen hat: „Auctoritas facit legem, principia auctoritatem“[640].

III. Gerechtigkeit, Rechtlichkeit, Gesetzlichkeit

Es ist nicht richtig, daß es keine Gerechtigkeit gebe. Sie ist nur durch Sittlichkeit zu verwirklichen und daran fehlt es meist. Der Rechtsstaat zielt auf Gerechtigkeit (BVerfGE 7, 89 (92)). Gerechtigkeit im Staat ist die Rechtlichkeit durch Gesetzlichkeit. Gesetze schaffen nur Recht, wenn sie sittlich sind. Sie können nur sittlich sein, wenn der Gesetzgeber (das ist das ganze Volk) sich bei der Gesetzgebung vom Sittengesetz leiten läßt. Die gesetzgeberische Moral ist der gute Wille des Gesetzgebers. „Von dem Willen gehen die Gesetze aus;“ (MdS, S. 332). Er ist ein guter Wille, wenn er den kategorischen Imperativ achtet. Die Republik braucht den „moralischen Politiker, nicht den politischen Moralisten“ (ZeF, S. 233). Folglich müssen die Vertreter des ganzen Volkes, die Abgeordneten (Art. 38 Abs. 1 GG), oder das Volk selbst bei der Erkenntnis der Gesetze und deren Beschluß, also bei der Gesetzgebung, moralisch gehandelt, das Sittengesetz beachtet haben (Rprp, S. 279 ff., 519 ff., 637 ff.; FridR, S. 83, 405 ff.).

Gesetzlichkeit heißt, daß alle Rechtsvorschriften materieller und prozeduraler Art unverletzt bleiben. Gerechtigkeit besteht gleichrangig aus materialer Gerechtigkeit und Rechtssicherheit. Beide Prinzipien haben den Verfassungsrang des Rechtsstaatsprinzips (BVerfGE 2, 380 (403); 7, 89 (92); 49, 304 (308); 82, 6 (12)). Der Gesetzgeber habe zu entscheiden, welche Maßnahmen er um der Rechtssicherheit willen zu Lasten der materiellen Gerechtigkeit treffen wolle, pflegt das Bundesverfassungsgericht zu erklären (BVerfGE 2, 380 (403 ff.); 3, 225 (237); st. Rspr.).

---

[639] C. Schmitt, Der Leviathan in der Staatslehre des Hobbes, S. 110 ff., stellt Hobbes als „Theoretiker des positiven Rechtstaates hin, richtig; vgl. aber auch ders., Die geistesgeschichtliche Lage des heutigen Parlamentarismus, S. 54; dazu K. A. Schachtschneider, Res publica res populi, S. 571 f.

[640] U. Penski, Staatsraison und Widerstandsrecht bei Hermann Heller, in: Ch. Müller/Ilse Staff (Hrsg.), Der soziale Rechtsstaat, GS Hermann Heller 1891–1933, 1984, S. 603 ff.

Materielle Gerechtigkeit und Rechtssicherheit sind Zwecke der Gesetze, die insgesamt das gute Leben in allgemeiner Freiheit verwirklichen und darum nicht relevant nach den beiden Zwecken unterschieden werden können. Rechtsstaatlichkeit zielt auf bestmögliche materiale Gerechtigkeit. Ein wesentliches Instrument der rechtssichernden Gerechtigkeit ist die Rechtskraft, welche der Unsicherheit des materiellen Rechts mittels eines Verfahrens ein Ende setzt und dadurch gerechte Rechtssicherheit schafft (PdR, S. 142 ff.). Der Vorwurf, das Gesetz sei nicht Recht, ist sittlich. Sittlich ist die praktische Vernünftigkeit, also die durch Unparteilichkeit gewährleistete Sachlichkeit der Gesetze. Gustav Radbruch, der dem Rechtspositivismus verpflichtet war, hat das Verhältnis von Gesetz und Gerechtigkeit wie folgt definiert (vgl. PdR, S. 21 f.):

> „Der Konflikt zwischen der Gerechtigkeit und der Rechtssicherheit dürfte dahin zu lösen sein, daß das positive, durch Satzung und Macht gesicherte Recht auch dann den Vorrang hat, wenn es inhaltlich ungerecht und unzweckmäßig ist, es sei denn, daß der Widerspruch des positiven Gesetzes zur Gerechtigkeit ein so unerträgliches Maß erreicht hat, daß das Gesetz als unrichtiges Recht der Gerechtigkeit zu weichen hat" (Radbruchsche Formel)[641].

Diese Definition wird vom Bundesverfassungsgericht für die Bestimmung des Verhältnisses von „Gesetz und Recht" in Art. 20 Abs. 3 GG aktiviert (BVerfGE 3, 58 (119); 3, 225 (232 f.); 6, 132 (198); 23, 98 (106 f.); 54, 53 (67 f.); 84, 90 (121); 95, 96 (133 ff.); st. Rspr.). Nach Auffassung des Gerichts hält die „Formel" in Art. 20 Abs. 3 GG das Bewußtsein aufrecht, daß sich Gesetz und Recht zwar faktisch im Allgemeinen, aber nicht notwendig und immer decken. Das Gericht leitet aus dem Wort „Recht" die Befugnisse des Richters zur schöpferischen Rechtsfindung her, welche verfassungsmäßige Wertvorstellungen, die in den Texten der geschriebenen Gesetze nicht oder nur unvollkommen Ausdruck erlangt haben, ohne Willkür nach den Maßstäben der praktischen Vernunft und den fundierten allgemeinen Gerechtigkeitsvorstellungen der Gemeinschaft verwirklicht (BVerfGE 9, 338 (349); 34, 269 (286 ff.)). Das Gericht lehnt damit einen „engen Gesetzespositivismus", wie Art. 97 Abs. 1 GG, der die Richter an die Gesetze bindet, mißverstanden werden könnte, ab und löst den Richter von der Bindung an Gesetze, welche nicht dem Recht genügen und darum keine Verbindlichkeit begründen (Rprp, S. 870 ff.).

Die Verantwortung für die Sittlichkeit/praktische Vernünftigkeit der Gesetze hat zunächst der Gesetzgeber, hat aber auch die Rechtsprechung, vornehmlich das Bundesverfassungsgericht (FridR, S. 420 ff.), welches das dem Gewaltenteilungsgrundsatz abgewonnene Zurückhaltungsgebot (Rprp, S. 955 f., FridR, S. 428) zunehmend überzieht und offenkundiges Unrecht des Gesetzgebers, wie die Euro-Politik, nicht zurückweist.

---

[641] Rechtsphilosophie, 4. Aufl. 1950, S. 347 ff. (353), 8. Aufl. 1973, S. 339 ff. (345); BVerfGE 3, 225 (232 f.); 95, 96 (134 f.); BGHSt 39, 1 (15 f.), Mauerschützen; K. Stern, Staatsrecht V, S. 2119 f.; zustimmend A. Fischer-Lescano, Globalverfassung, S. 268, für die Überprüfung „lokaler Rechtssysteme" am „Globalverfassungsrecht"; kritisch zur Radbruchschen Formel K. A. Schachtschneider (O. Gast), Sozialistische Schulden nach der Revolution, Kritik der Altschuldenpolitik. Ein Beitrag zur Lehre von Recht und Unrecht, 1996, S. 9 ff., 15 ff.

F. Verfassung und Verfassungsgesetz

Verfassung und Verfassungsgesetz sind zu unterscheiden (Rprp, S. 446 ff.; PdR, S. 86 ff.)[642].

Die Verfassung ist mit dem Menschen geboren, nicht aber im Sinne von Carl Schmitt „eine Gesamtentscheidung über Art und Form der politischen Einheit" durch „einen Akt der verfassungsgebenden Gewalt"[643]. Sie steht nicht zur Disposition der Politik (Rprp, S. 446 ff.)[644]. Sie ist die Freiheit des Menschen (MdS, S. 345) und alle von der Freiheit untrennbaren Rechte, insbesondere die Gleichheit in der Freiheit und damit die Gleichberechtigung, die Selbständigkeit, „sein eigener Herr, sui iuris" zu sein, aber auch als „unbescholtener Mensch, iusti" zu gelten, weiterhin das Recht der freien Rede, die Glaubens-, Bekenntnis- und Gewissensfreiheit, u. a.m., insgesamt die Würde des Menschen. Dazu gehören aber auch essentiell die Gewährleistung des Eigentums, ohne welches der Mensch nicht selbständig ist, sowohl das Recht am

---

642 C. Schmitt, Verfassungslehre, S. 20 ff.; folgend etwa M. Kaufmann, Europäische Integration und Demokratieprinzip, S. 99 f.; K. A. Schachtschneider (O. Gast), Sozialistische Schulden nach der Revolution, S. 29 ff., 50 ff.

643 Verfassungslehre, S. 20 ff.

644 Entgegengesetzt C. Schmitt, Verfassungslehre, S. 79: „Auf der verfassungsgebenden Gewalt beruhen alle verfassungsmäßig konstituierten Befugnisse und Zuständigkeiten. Sie selbst aber kann sich niemals verfassungsgesetzlich konstituieren. Das Volk, die Nation, bleibt der Urgrund alles politischen Geschehens, die Quelle aller Kraft, die sich in immer neuen Formen äußert, immer neue Formen und Organisationen aus sich herausstellt, selber jedoch niemals ihre politische Existenz einer endgültigen Formierung unterordnet." Aus calvinistischer Sicht kommt zu einer ähnlichen Lehre wie ich H. Haug, Die Schranken der Verfassungsrevision, S. 84 ff., der die „Verfassung als Wertbegriff" versteht („Erst das Wissen um den Seinscharakter und die Rangordnung, die Ewigkeit und Zeitlichkeit der im Verfassungsrecht verwirklichten Werte vermag eine Aussage über die Schranken der Revisionsgewalt zu begründen", S. 84 f.), S. 92 ff. „Wert der Staatsform", S. 97 ff. „Wert der Gewaltenteilung", S. 102 ff. „Wert der Staatsstruktur", S. 108 ff. zu den Grundrechten als „Schöpfungsrechten", den Freiheiten, S. 117 ff., „Institutsrechte", insb. „Ehe und Familie", S. 121 ff. „Eigentum" und S. 126 ff. zu dem „Wert der Grundrechtsgarantien", S. 132 f. „Wert des Prinzips der Gesetzmäßigkeit", S. 133 ff. „Wert des Rechtsgleichheitssatzes", S. 139 ff. „Wert der übrigen Rechtsgarantien", S. 140 ff. „keine Grundrechtsqualität der wirtschaftlichen Freiheit" (Vertrags-, Handels- und Gewerbefreiheit, nur „ökonomisches Prinzip), S. 143 f. „nur relativer Wert der politischen Freiheit", S. 144 ff. keine „Grundrechte auf staatliche Leistungen" im Sinne „sozialer Freiheit", S. 149 ff. zum „Begriff der Verfassungsrevision", S. 169 ff. zum „Problem der Schranken der Verfassungsrevision", insb. zur „These von der Unabänderlichkeit der Revisionsbestimmungen", S. 178 ff. zu „ausdrücklichen Schranken der Verfassungsrevision", S. 184 ff. „Kritik der Lehre Carl Schmitts von den Schranken der Verfassungsrevision", S. 190 ff. zu den „Schranken der Verfassungsrevision" („Werte der formalen, S. 192 ff., und materialen Richtigkeit der Verfassung", S. 203 ff., insb. S. 215 ff. zur materialen Wertethik Nicolai Hartmanns und Max Schelers und S. 220 ff. zur theologischen Sozialethik Emil Brunners, dessen „protestantisch-christlicher Lehre von der Gerechtigkeit" („Liebe als das Prinzip des Sittlichen", S. 222), aber Distanz vom Naturrecht, S. 229 ff. kritisch zu Schmitts „Lehre von der Schranken der Verfassungsrevision", S. 184 ff., S. 232 ff. „Folgerungen", u. a. S. 233: „Die Sphäre der Werte ist die höchste, ist souverän im letztgültigen Sinne, obwohl und weil sie nicht ist, sondern sein soll".

Eigentum als auch das Recht auf Eigentum. Vor allem gehört zur Verfassung der Menschheit des Menschen das Recht auf einen Staat, auf die „bürgerliche Verfassung", wie Kant sagt, auf deren „Stiftung es ein wirkliches Rechtsgesetz der Natur" gibt (MdS, S. 366, 374; auch Gemeinspruch, S. 143 ff.; ZeF, S. 203). Dieser Staat muß alle unverzichtbar für einen Staat, der das gute Leben aller in allgemeiner Freiheit verwirklichen soll, notwendigen Befugnisse haben, also die existentielle Staatlichkeit oder eben die wesentlichen Hoheitsrechte.

Das Verfassungsgesetz materialisiert die Verfassung gemäß der Lage des jeweiligen Staates. Die Verfassung darf der Verfassungsgesetzgeber nicht beschädigen. Ein solches Verfassungsgesetz ist das Grundgesetz. Seine Geltung als Verfassungsgesetz hängt nicht von dem Zustandekommen 1949 ab, sondern von der Anerkennung durch das Volk und die langjährige Praxis[645]. Art. 79 Abs. 3 GG, die Unabänderlichkeitsklausel, schützt die Verfassung vor dem verfassungsändernden Gesetzgeber, nämlich außer bestimmten Prinzipien des Bundesstaates, welche die existentielle Staatseigenschaft und Staatlichkeit der Länder sichern, die „in den Artikeln 1 und 20 niedergelegten Grundsätze". Artikel 1 des Grundgesetzes schützt die Menschenwürde und die Menschenrechte, übrigens „als Grundlage jeder menschlichen Gemeinschaft, des Friedens und der Gerechtigkeit in der Welt", also den Primat der Grundrechte. Artikel 20 des Grundgesetzes erklärt in Absatz 1 Deutschland zu einer Bundesrepublik, welche ein „demokratischer und sozialer Bundesstaat" ist (sein soll). Absatz 2 verankert das demokratische Fundamentalprinzip: „Alle Staatsgewalt geht vom Volke aus", meist Volkssouveränität genannt[646], und die unmittelbare[647] und mittelbare demokratische Ausübung der Staatsgewalt durch das Volk, nämlich durch Wahlen und Abstimmungen (welche dem Volk auf Bundesebene von der politischen Klasse verweigert werden) einerseits und „durch besondere Organe der Gesetzgebung, der vollziehenden Gewalt und der Rechtsprechung", also durch Vertreter des Volkes, meist irreführend Repräsentanten genannt, andererseits. Absatz 3 verankert den umfassenden Primat des Rechts, nämlich „die Gesetzgebung ist an die verfassungsmäßige Ordnung, die vollziehende Gewalt und die Rechtsprechung sind an Gesetz und Recht gebunden". Dieses Rechtsprinzip wird in jüngerer Zeit um der Europäisierung Deutschlands willen systematisch gebrochen. Rechtsschutz wird dagegen nur mehr als begrenzt gewährt. Absatz 4 räumt „gegen jeden, der es unternimmt, diese Ordnung zu beseitigen, allen Deutschen das Recht zum Widerstand ein, wenn andere Abhilfe nicht möglich ist". Auch das Widerstandsrecht ist mit dem Menschen geboren und unaufhebbar; denn immer

---

[645] K. Stern, Staatsrecht V, S. 1971 ff.; kritisch und für die Abstimmung der Bürger als des Souveräns W. Maihofer, Abschließende Äußerungen der Herausgeber, HVerfR, 2. Aufl. 1994, Rn. 77 ff., S. 1722 f.

[646] E.-W. Böckenförde, Demokratie als Verfassungsprinzip, HStR, Bd. I, § 22, Rn. 2; P. Badura, Die parlamentarische Demokratie, HStR, Bd. I, Rn. 27; i.d.S. auch W. Leisner, Das Volk, S. 27.

[647] Zur unmittelbaren Demokratie sehr kritisch etwa P. Badura, Die parlamentarische Demokratie, HStR, Bd. I, Rn. 40 f.

haben die Menschen das Recht auf Recht, das Recht, in einer bürgerlichen Verfassung zu leben, in einem Rechtsstaat als Staat des Rechts. Das Widerstandsrecht ist zudem ein grundrechtsgleiches Recht (Art. 93 Abs. 1 Nr. 4 a GG).

Die Verfassung steht auch nicht zur Disposition der europäischen Integration. Das legt Art. 23 Abs. 1 S. 1 GG, der Integrationsartikel, der an Art. 20 und Art. 1 angeseilt ist, klar. Mag das Unionsrecht vorrangige Anwendbarkeit vor der nationalen Rechtsordnung beanspruchen (PdR, S. 82 ff.), wie das die Judikatur, erzwungen durch umstürzlerische Judikate des Europäischen Gerichtshofs[648], stetig praktiziert (BVerfGE 31, 145 (174); 123, 267, Rn. 343, auf Grund des Rechtsanwendungsbefehls des Zustimmungsgesetzes). Die Grenze des Vorrangs ist die Verfassung, die mit den Menschen geboren ist, und damit das Recht auf Recht, das Recht auf einen eigenständigen Staat, die Souveränität des Deutschen Volkes, mit dem Bundesverfassungsgericht der unabänderliche Kern des Verfassungsgesetzes, den Art. 79 Abs. 3 GG als Verfassungsidentität verfassungsgesetzlichen Änderungen entzieht (BVerfGE 89, 155 (174 f., 184, 187 ff., 191 ff., 210 ff.); 123, 267, Rn. 219, 235, 240 f.).

G. Gemeinwesen

I. Das Gemeinwesen als Bürgerschaft

Das Gemeinwesen als die Rechtsgemeinschaft der Bürger ist als Staat im weiteren Sinne (Rprp, S. 100; PdR, S. 58 f.) eine, die wichtigste, res publica, die Republik. Eine res publica ist jede Veranstaltung, welche dem öffentlichen Wohl dient, aber die staatliche Republik, die demokratisch sein muß (Rprp, S. 14 ff.), ist die Republik im meist gebrauchten Sinne des Wortes. Für diese gebietliche Republik gilt der Satz Ciceros: „Est igitur … res publica res populi, populus autem non omnis hominum coetus quoquo modo congregatus, sed coetus multitudinis iuris consensu et utilitatis

[648] EuGH – Rs. 26/62 (Van Gend & Loos), Slg. 1963, 1 ff.; EuGH – Rs. 6/64 (Costa/ENEL), Slg. 1964, 1251 ff.; EuGH – Rs. 11/70 (Internationale Handelsgesellschaft), Slg. 1970, 1125 ff.; st. Rspr.; BVerfGE 37, 271 (279 ff.); 58, 1 (28); 73, 339 (366 ff.); wesentlich BVerfGE 89, 155 (182 ff., 190 f., 197 ff.); 123, 267, Rn. 240, 331 f., 335, 339, 341 ff.; K. A. Schachtschneider, Die existentielle Staatlichkeit der Völker Europas, S. 104 ff.; St. Hobe, Der offene Verfassungsstaat zwischen Souveränität und Interdependenz, S. S. 348 f., hält die „‚Normenhierarchie‘ im wesentlichen für unstreitig“ und mißt dem „europäischen Recht gegenüber dem nationalen Recht herausgehoben Geltungsanspruch“ zu und sieht S. 356 ff. „das nationale Recht durch die europäische Rechtsetzung überformt“, ohne nach der Legitimation oder gar nach der Legalität zu fragen, ohne jede Dogmatik des Anwendungsvorranges, der auf dem Willen des Volkes der Mitgliedstaaten beruht und demgemäß dessen stetiger Souveränität unterliegt (PdR, S. 66 ff., 82 ff.), wieder nur empiristisch; schon H. Steiger, Staatlichkeit und Überstaatlichkeit, S. 112 ff., der mit gewissen zumal grundrechtlichen Einschränkungen einen „Verfassungsrang“ des Gemeinschaftsrechts, gestützt auf Art. 24 Abs. 1 GG, vertreten hat, S. 116 ff., obwohl dieses durch einfaches Gesetz begründet und transformiert wurde, der aber einen „Anwendungsvorrang des Gemeinschaftsrechts vor den staatlichen Verfassungen“ abgelehnt hat. S. 120 f. (dazu Erster Teil B.).

communione sociatus" (De re publica, Liber primus, 25), übersetzt: Es ist also das Gemeinwesen die Sache des Volkes, ein Volk aber nicht jede irgendwie zusammengescharte Ansammlung von Menschen, sondern die Ansammlung einer Menge, die in der Anerkennung des Rechtes und der Gemeinsamkeit des Nutzens vereinigt ist. Eine als Rechtsgemeinschaft der Bürger, als „iuris societas civium" (Cicero, Liber primus, 32), ein als „civitas", als Staat verfaßtes Volk ist eine Republik. Kant definiert den Staat, die „civitas", ähnlich Cicero, als die „Vereinigung einer Menge von Menschen unter Rechtsgesetzen" (MdS, S. 431; Rprp, S. 519 ff.; PdR, S. 56; FridR, S. 183, 211, 327, 599)[649]. Sie ist die κοινωνία πολιτική des Aristoteles, die politische Gemeinschaft der Bürger zum Zwecke eines guten Lebens, des εὐ ζῆν[650].

Weil das Handeln der Menschen die Welt verändert und damit Einfluß auf alle Menschen hat, ist die Welt ein Gemeinwesen, das einer alle befriedenden Rechtsordnung bedarf, die bestmöglich als Republik der Republiken gestaltet ist (PdR, S. 45 f., 60 f., 66 ff.), als „Föderalism freier Staaten", wie ihn Kant konzipiert hat (ZeF, S. 208 ff.). Als Rechtsgemeinschaft muß die Welt bestmöglich die Staaten als bürgerliche Gemeinwesen durch Verträge befrieden.

1. Bürger

Die Bürger sind die zentralen Figuren des Staates (Rprp, S. 211 ff.; FridR, S. 612 ff.). Die Gesetze sind der Wille der Bürger, und die Bürger verwirklichen funktional die Staatlichkeit und damit das Gemeinwohl durch die Legalität ihres Handelns. Der Bürger ist durch Freiheit, Gleichheit in der Freiheit und Selbständigkeit definiert. Ohne diese Attribute ist er zur Autonomie des Willens, welche die Republikanität des gemeinsamen Lebens ausmacht, nicht befähigt. Die allgemeine, gleiche Freiheit bringt die Gleichberechtigung der Bürger mit sich, welche das Grundgesetz in Art. 3 Abs. 1 auf alle Menschen ausdehnt. Die Selbständigkeit erlangt der Bürger durch Bildung und Besitz. Darum gibt es ein Bürgerrecht auf Bildung und eines auf Eigentum, Menschen- und Grundrechte (FridR, S. 537 ff., 599 ff.)[651]. Die Selbständigkeit der Bürger vor allem wirtschaftlich zu fördern, damit sie Bürger sein können, verpflichtet das Sozial(staats)prinzip den Staat (FridR,

---

[649] Folgend, auf die Menschenwürde gestützt, P. Häberle, Die Menschwürde als Grundlage der staatlichen Gemeinschaft, HStR, Bd. I, § 20, Rn. 65; W. Maihofer, Legitimation des Staates aus der Funktion des Rechts, ARSP, Beiheft Nr. 15, 1981, S. 22 ff.; ders., Prinzipien freiheitlicher Demokratie, HVerfR, S. 449 ff., 461, 462 ff., 468, u.ö; W. Kersting, Wohlgeordnete Freiheit. Immanuel Kants Rechts- und Staatsphilosophie, 1984, S. 258 ff.; i.d.S. ebenso Montesquieu, Vom Geist der Gesetze, XI, 3, S. 210; i.d.S. auch Locke, Über die Regierung, S. 76.

[650] Dazu grundlegend M. Riedel, Bürgerliche Gesellschaft, S. 13 ff., auch P. Graf Kielmansegg, Volkssouveränität, S. 36 ff., 37.

[651] Näher K. A. Schachtschneider, Die Bürgerlichkeit des Bürgers. Der Kampf um den Freiheitsbegriff, S. 31 ff.; ders., Das Recht am und das Recht auf Eigentum, in: J. Isensee/ H. Lecheler (Hrsg.), Freiheit und Eigentum, FS W. Leisner (70.), 1999, S. 743 ff.

S. 636 ff.)[652]. Die Bürger handeln funktional staatlich, soweit sie, ihrer Pflicht gemäß, ihr Handeln an den Gesetzen ausrichten, ohne institutionell zum Staat im engeren Sinne zu gehören. Als Gesetzgeber, sei es unmittelbar oder mittelbar, sind die Bürger Amtswalter des Staates im engeren Sinne. Die Bürger sind funktional privat, soweit sie (im Rahmen der Gesetze) alleinbestimmt ihr Glück suchen (Rprp, S. 370 ff.; FridR, S. 449 ff.). Diese Privatheit rechtfertigt nicht ein Leben nach Neigungen, nach Habsucht, Ehrsucht, Herrschsucht (MdS, S. 332 f.), nicht den individualistischen Egoismus des homo oeconomicus. Zur Bürgerlichkeit der Bürger, also zur Republikanität, gehört vielmehr die Sittlichkeit der privaten Maximen (FridR, S. 458 ff.). In der Republik ist der Bürger immer citoyen (FridR, S. 612 ff.)[653]. Das bürgerliche Ethos ist schwach. Die demokratischen Institutionen zumal des Parteienstaates stützen die Bürgerlichkeit der Bürger nicht und der Ökonomismus mit seiner Wettbewerbsideologie scheint die egoistische Interessenverfolgung ins Recht zu setzen[654].

Wenn die freiheitliche Bürgerlichkeit im Staat gelebt werden können soll, müssen die Menschen, die zusammenleben, die Bürgerschaft, ein wirkliches Volk sein, eine Nation, das durch seine Sprache, Geschichte, Schicksal, Kultur oder in anderer substantiellen Weise eines andere ausgrenzenden Wir-Bewußtseins[655], vor allem durch den Willen zur Nation oder mit Ernst-Wolfgang Böckenförde als „Bewußtseinsgesamtheit" durch das nationale Selbstbewußtsein[656] seinen Zusammenhalt und damit Solidarität gewährleistet (Rprp, S. 1177 ff.)[657]. Ernest Renan: „L'existence d'une nation est une plébiscite de tous les jours, comme l'existence de l'individu est une affirmation perpétuelle de la vie", frei übersetzt: Das Dasein einer Nation ist ein tägliches Plebiszit, wie das Dasein des Einzelnen einen ständige Bejahung des Lebens ist. Dem Surrogat des Verfassungspatriotismus (Rprp, S. 961 f., 1190)[658], einem

---

652 H. Krüger, Allgemeine Staatslehre, S. 810 f.

653 I.d.S. E.-W. Böckenförde, Demokratie als Verfassungsprinzip, HStR, Bd. I, § 22, Rn. 74 ff. („demokratisches Ethos" – „Ethos der Partnerschaft").

654 Dazu K. A. Schachtschneider, Die Bürgerlichkeit des Bürgers. Der Kampf um den Freiheitsbegriff, S. 39 ff., 41 ff.; ders., Bürgerlichkeit und deren Gefährdungen, S. 25 ff.

655 I.d.S. E.-W. Böckenförde, Die Nation – Identität und Differenz, 1995, in: ders., Staat, Nation, Europa, Studien zur Staatslehre, Verfassungstheorie und Rechtsphilosophie, 2. Aufl. 2000, S. 34 ff., 40 ff.; ders., Demokratie als Verfassungsprinzip, HStR, Bd. I, § 22, Rn. 47 f., 63 ff.; auch O. Kimminich, Die Souveränität der Bundesrepublik Deutschland, S. 50; R. Bernhardt, Die deutsche Teilung und der Status Gesamtdeutschlands, HStR I, Grundlagen von Staat und Verfassung, 1987, § 8, Rn. 48; dazu soziologisch J. Bauch, Der lange Abschied vom Nationalstaat. Anmerkungen zur Destruktion der Nation, in: M. Stahl (Hrsg.), Deutschland 1813–2013. Deutsche Identität am Beginn der Moderne und in der Gegenwart, 2013, S. 97 ff.

656 Die Nation – Identität und Differenz, S. 34 ff., 37 f., 44 f., 47 f., 54 f., der sich vornehmlich auf E. Renan, Qu'est-ce qu'une nation? 1882, bezieht.

657 Dazu i.d.S. E.-W. Böckenförde, Die Nation – Identität und Differenz, S. 34 ff.; M. Kriele, Einführung in die Staatslehre, S. 73 ff., zurückhaltend.

658 D. Sternberger, Verfassungspatriotismus, in: ders., Schriften, hrsg. von P. Haungs, Bd. X, 1990, S. 13 ff., 17 ff.; J. Habermas, Faktizität und Geltung, S. 632 ff., insb. 642, 651,

Versuch der Aberziehung des Nationalbewußtseins, als Deutschland geteilt war, steht Böckenförde mit Recht skeptisch gegenüber[659]. Die Einheit Deutschlands war deutlich vom gemeinsamen Nationalbewußtsein der Deutschen in beiden deutschen Staaten getragen. Die nationale Homogenität gibt der demokratischen Willensbildung die erforderliche Chance[660]. Dieses Prinzip hat mit dem Begriff Deutsches Volk, der in der Präambel des Grundgesetzes steht und in Art. 20 GG, der außer Art. 1 GG die fundamentalen Strukturprinzipien Deutschlands formuliert, zum Ausdruck kommt, unabänderlichen Verfassungsrang. Diese Prinzipien würden auch gelten, wenn sie nicht im Grundgesetz stünden; denn die Deutschen sind ein Volk, das, wenn auch nicht ganz, auf einem Gebiet zusammenlebt und eine Verfassung hat, die mit den Deutschen geboren ist. Darum kann niemand in der Welt den Deutschen die Hoheit oder eben die Souveränität über ihr Leben geben oder nehmen.

Die „Bürger“ der Europäischen Union haben demgegenüber entgegen permanenter Propaganda der politischen Klasse der Union und der Mitgliedstaaten keinerlei europäisches Nationalbewußtsein[661]. Die Unionsbürger sind eben kein Volk, nicht einmal ein Unionsvolk (BVerfGE 123, 267, Rn. 346 ff.) und niemand erwartet, daß sie es werden. Das haben lediglich die Integrationisten in den Verträgen zu etablieren versucht. So handelt Art. 9 S. 1 EUV von dem „Grundsatz der Gleichheit ihrer (sc.: der Union) Bürgerinnen und Bürger“ und Art. 10 Abs. 2 EUV von den „Bürgerinnen und Bürgern“, die „auf Unionsebene unmittelbar im Europäischen Parlament vertreten“ seien. Mangels eines Volkes hat die Union keine Bürger im substantiellen Sinne und werden solche Bürger auch nicht unmittelbar vom Europäischen Parlament vertreten. Die sogenannten Unionsbürger, welche Art. 20 Abs. 1 AEUV völkerrechtlich bedenklich einführt, sprich: den Bürgern der Völker oktroyiert, sind Staatsbürger der Mitgliedstaaten, die von ihren Abgeordneten in ihren nationalen Parlamenten vertreten werden. Das Europäische Parlament ist im eigentlichen Sinne kein Parlament, sondern eine Versammlung (so noch Art. 137 EWGV) der „Vertreter der Völker“ (so noch Art. 189 Abs. 1 EGV; i.d.S. das Lissabon-Urteil BVerfGE 123, 267, Rn. 280 ff., 286)[662] und hat auch keine demokratische hinreichende Legitimationskraft (BVerfGE 89, 155 (186); 123, 267, Rn. 262, 276 ff., 280 ff., 289 ff. insb. Rn. 262, 271). Der Euro fördert das Wir-Bewußtsein in der Union nicht, sondern vertieft wieder die Trennung der Völker, auch wenn pe-

kritisch P. Kirchhof, Der deutsche Staat im Prozeß der europäischen Integration, HStR, Bd. VII, § 183, Rn. 14, S. 862; K. Stern, Staatsrecht V, S. 1431; W. Leisner, Das Volk, S. 219.

[659] Die Nation – Identität und Differenz, S. 56 f.

[660] Ganz so P. Brandt, Demokratisch, patriotisch, kulturell verankert. Die nationale Identität der Deutschen zu Beginn des 21. Jahrhunderts, Forschung und Lehre, 10/2011, S. 754 f.; die „relative Homogenität“ sieht als Voraussetzung der Demokratie E.-W. Böckenförde, Demokratie als Verfassungsprinzip, HStR, Bd. I, § 22, Rn. 47 f., 63 ff.; weitere Hinweise in Fn. 968.

[661] Skeptisch auch E.-W. Böckenförde, Die Nation – Identität und Differenz, S. 57 f.; ders., Welchen Weg geht Europa? 1997, in: ders., Staat, Nation, Europa, Studien zur Staatslehre, Verfassungstheorie und Rechtsphilosophie, 2. Aufl. 2000, S. 68 ff., 92 ff.

[662] Dazu K. A. Schachtschneider, Verfassungsbeschwerde Lissabon-Vertrag, 3. Teil J I; näher J. Ott, Das Europäische Parlament als Parlament, Diss. Erlangen-Nürnberg, i. E.

netrant von „unserer Währung“ gesprochen wird. Diese Währung ist ein Oktroy und schadet allen beteiligten Völkern[663]. Aber auch die Unionsorganisation wird als Fremdherrschaft der Brüsseler Bürokraten empfunden, die sie mangels demokratischer Legitimation, geschweige denn Legalität auch ist.

2. Bürgerschaft

In einer Republik kann der Begriff der Gesellschaft neben dem des Staates keine politische Funktion beanspruchen. Die Bürger sind nicht Untertan der Obrigkeit, sondern als Gesamtheit, in Freiheit vereint, nämlich als Bürgerschaft, der Staat im weiteren Sinne, die Republik oder der Bürgerstaat (Rprp, S. 14 ff.; FridR, S. 612 ff.)[664].

3. Gesellschaft

Gesellschaft ist (abgesehen von den privatrechtlichen Gesellschaften wie den Aktiengesellschaften) ein soziologischer Begriff, der als solcher auch den Staat im weiteren und engeren Sinne umfaßt und vielfache Facetten hat[665]. Als politischer Begriff war die Gesellschaft im deutschen Konstitutionalismus des 19. Jahrhunderts (1815–1918) der Gegenbegriff zum Staat und erfaßte die Bürger in ihrer Privatheit, die Bourgeoisie, im Gegensatz zu den Bürgern als Untertanen der Obrigkeit. Der Konstitutionalismus hat in der Logik des monarchischen Prinzips und der liberalistischen Freiheit Staat und Gesellschaft getrennt (Rprp, S. 159 ff.). Nach dem monarchischen Prinzip hatte der Fürst die Staatsgewalt inne[666]. Er durfte diese im Konstitutionalismus aber nicht zu Lasten von Freiheit und Eigentum der Bürger, die Leitformel des Liberalismus (FridR, S. 234 f.)[667], nutzen, wenn deren Vertretung, die landständischen Parlamente, dem nicht durch Gesetz zugestimmt hatten (konstitu-

---

[663] Näher K. A. Schachtschneider, Die Aushöhlung der Demokratie durch Europäische Union und Währungsunion, S. 99 ff.; ders., Die Rechtswidrigkeit der Euro-Rettungspolitik. Ein Staatsstreich der politischen Klasse, 2011.

[664] So auch H. Krüger, Allgemeine Staatslehre, S. 782.

[665] Dazu Th. Tiefel, Von der offenen zur abstrakten Gesellschaft, 2003.

[666] C. Schmitt, Verfassungslehre, 1928, 8. Aufl. 1993, S. 55.

[667] C. Schmitt, Verfassungslehre, S. 147 ff.; D. Jesch, Gesetz und Verwaltung. Eine Problemstudie zum Wandel des Gesetzmäßigkeitsprinzips, 1961, 2. Aufl. 1968, S. 47 ff., 145, 149 ff.; H. H. Rupp, Grundlagen der heutigen Verwaltungsrechtslehre. Verwaltungsnorm und Verwaltungsrechtsverhältnis, 1965, 2. Aufl. 1991, S. 113 ff.; Ch. Starck, Der Gesetzesbegriff des Grundgesetzes. Ein Beitrag zum juristischen Gesetzesbegriff, 1970, S. 77 ff.; E.-W. Böckenförde, Gesetz und gesetzgebende Gewalt. Von den Anfängen der deutschen Staatsrechtslehre bis zur Höhe des staatsrechtlichen Positivismus, 1958, 2. Aufl. 1981, insb. S. 323 ff.; vgl. E. R. Huber, Das Kaiserreich als Epoche verfassungsstaatlicher Entwicklung, HStR, Bd. I, 3. Aufl. 2003, § 4, Rn. 30 ff., 55 ff.; R. Wahl, Die Entwicklung des deutschen Verfassungsstaates bis 1866, HStR, Bd. I, 3. Aufl. 2003, § 2, Rn. 21 ff. (62); Ch. Seiler, Der souveräne Verfassungsstaat zwischen demokratischer Rückbindung und überstaatlicher Einbindung, S. 45.

tioneller Gesetzesvorbehalt[668]). Die Republik läßt eine Dogmatik der Trennung oder auch nur Unterscheidung von Staat und Gesellschaft nicht zu (Rprp, S. 159 ff.; FridR, S. 207 ff.)[669]. Sie ist Ausdruck der demokratiefernen Herrschaftsdogmatik.

4. Zivilgesellschaft

Die Zivilgesellschaft, ein Wort, das neuerdings gern benutzt wird, meint Menschen und nationale und international organisierte Gruppen, die, ohne in die Ausübung der Staatsgewalt in besonderer Weise integriert zu sein, auf die Politik vor allem mit dem Mittel der Meinungsäußerung Einfluß nehmen, etwa und vor allem die Nicht-Regierungsorganisationen[670], meint aber nicht etwa die „Privatrechtsgesellschaft" im Sinne von Franz Böhm[671], auch nicht die konstitutionalistisch begriffene bürgerliche Gesellschaft[672], schon gar nicht die Bevölkerung (so aber, scheint es, Teil I, Art. 46 Abs. 2 Entwurf des Verfassungsvertrages der Europäischen Union).

II. Das Gemeinwesen als Volk

1. Volk

„Volk" ist nach Kant „eine Menge von Menschen, ..., die im wechselseitigem Einflusse gegen einander stehend, des rechtlichen Zustandes unter einem sie vereinigenden Willen, einer Verfassung (constitutio) bedürfen, um dessen, was Rechtens ist, teilhaftig zu werden" (MdS, S. 429). In der Republik ist das Volk die Bürgerschaft als die Vielheit der Bürger. Bürger ist, wer zum Staat, dem Gemeinwesen, gehört, der Staatsangehörige (BVerfGE 83, 37 (50 f.); 83, 60 (76, 81); 107, 59 (87); 123, 267, Rn. 229), aber jeder Mensch, der dauerhaft in einem Gemeinwesen lebt, muß Bürger sein, weil sonst seine Würde, nämlich seine Freiheit als Ausdruck des sittlichen Willens, verletzt ist (Rprp, S. 207 ff., 1201 ff.).

Volk ist ein Begriff der Ethik, also des Rechts, genauer: des Staatsrechts. Eine Ethnie ist nur dann ein Volk, wenn das Staatsrecht das Volk ethnisch definiert. Wenn der Volksbegriff menschheitlich verfaßt sein soll, muß er dem weltrechtlichen

---

[668] Dazu D. Jesch, Gesetz und Verwaltung, S. 117 ff., 141 ff.; kurz Ch. Seiler, Der souveräne Verfassungsstaat zwischen demokratischer Rückbindung und überstaatlicher Einbindung, S. 43 ff.

[669] Hinweise in Fn. 492.

[670] Etwa J. Habermas, Faktizität und Geltung, S. 349 ff., 399 ff.; J. Nida-Rümelin, Zur Philosophie einer globalen Zivilgesellschaft, in: Ch. Chwaszcza/W. Kersting (Hrsg.), Politische Philosophie der internationalen Beziehungen, 1998, S. 223 ff.

[671] Privatrechtsgesellschaft und Marktwirtschaft, ORDO XVII, 1966, S. 75 ff.; i.d.S. auch M. Weber, Wirtschaft und Gesellschaft, S. 399 („Kontraktgesellschaft").

[672] Dazu M. Riedel, Bürger, Staatsbürger, Bürgertum, in: Brunner/Conze/Koselleck (Hrsg.), Geschichtliche Grundbegriffe, Bd. 1, 1972/79, S. 672 ff.

Prinzip der Freiheit, Gleichheit und Brüderlichkeit genügen. Zum Volk gehören danach grundsätzlich alle Menschen, die dauerhaft auf einem Gebiet wohnen. Das entspricht mehr dem französischen Begriff der Nation. Der deutsche Nationenbegriff ist eher durch das heute weitgehend durchbrochene ius sanguinis ethnisch geprägt (Rprp. S. 1186 ff.). Beide Nationenbegriffe konvergieren in der Praxis[673]. In den meisten Staaten, auch in Deutschland, lebt nicht nur eine Ethnie, sondern leben Menschen unterschiedlicher Herkunft, zumal in den Einwanderungsländern. Den offenen Volksbegriff gebietet das Friedensprinzip. Für den Volksbegriff ist nur ein Kriterium tragfähig, nämlich die Gebietszugehörigkeit eines Menschen (PdR, S. 59 f.)[674]. Die territoriale Rechtsgemeinschaft muß prinzipiell alle Menschen erfassen, die ein Gebiet bewohnen, um mit dem Recht den Frieden zu gewährleisten. Neben dem Volk kann eine Bevölkerung von Menschen ohne Staatsangehörigkeit dauerhaft nicht geduldet werden.

Das Gebiet, auf dem eine Menge von Menschen als Volk lebt, solange dieses sich nicht zum Staat verfaßt und die Volkszugehörigkeit durch die Staatsangehörigkeit geregelt hat, kann sich verändern. Jede Staatsgründung durch Gebietsveränderung (relevanten Umfanges) schafft ein neues Volk mit originärer Staatsgewalt. Diese Verfassung des jeweiligen Volkes zum Staat verlangt um der Freiheit willen des Einverständnisses der betroffenen Menschen, meist Völker oder Teilvölker, mit dem neuen Staat und dem neuen Volk. Aber meist sind die Staaten und ihre Völker in anderer Weise gebildet worden, vielfach gewaltsam. Die Entwicklungen der Geschichte stellen die Existenz des Volkes als Volk und die seines Staates nicht in Frage, wenn deren Verfaßtheit anerkannt ist, im Innern und von Außen. Insoweit entfaltet die Faktizität normative Kraft, Recht[675]. Die Staaten pflegen ihren Bestand zu schützen, auch das Grundgesetz, wie Art. 21 Abs. 2 GG und der strafrechtliche Schutz Deutschlands als Staat durch § 81 Abs. 1 Nr. 1 StGB, Strafbarkeit des Hochverrats, erweisen. Regelmäßig ist das Gebiet eines Volkes unstreitig. Wenn allerdings die Entwicklung nicht abgeschlossen ist, besteht weder das neue Volk noch der neue Staat.

Um der allgemeinen Freiheit, die sich demokratisch in der Republik verwirklicht, eine Chance zu geben, muß das Volk hinreichend homogen sein (Rprp, S. 1177 ff.)[676].

---

[673] E.-W. Böckenförde, Die Nation – Identität in Differenz, S. 34 ff.; ders., Staatsbürgerschaft und Nationalkonzept, 1995, in: ders., Staat, Nation, Europa, Studien zur Staatslehre, Verfassungstheorie und Rechtsphilosophie, 2. Aufl. 2000, S. 59 ff.

[674] Kritisch zum Gebietsprinzip R. Knieper, Nationale Souveränität, S. 51 ff. u. ö., für den das Kapital die staats- und souveränitätsbegründende Funktion des Bodens abgelöst hat.

[675] Vgl. G. Jellinek, Allgemeine Staatslehre, S. 337 ff.; W. Leisner, Das Volk, S. 23, 32 („ex facto oritur ius"), 34, 159; dazu Ch. Möller, Staat als Argument, S. 15 f.

[676] E.-W. Böckenförde, Die sozialen und politischen Ordnungsideen der Französischen Revolution, in: ders., Staat, Nation, Europa, Studien zur Staatslehre, Verfassungstheorie und Rechtsphilosophie, 2. Aufl. 2000, S. 11 ff., 22; ders., Der säkularisierte Staat, S. 11 ff., 25 ff.; ders., Die Entstehung des Staates als Vorgang der Säkularisation, S. 43 ff., 69 f.; ders., Demokratie als Verfassungsprinzip, HStR, Bd. I, § 22, Rn. 47 f., 63 ff. („relative Homogenität); Ch. Seiler, Der souveräne Verfassungsstaat zwischen demokratischer Rückbindung und

Sonst droht die Unterdrückung der Minderheiten durch eine heterogene Mehrheit mittels des parteienstaatlichen (republikwidrigen) Mehrheitsprinzips (BVerfGE 123, 267, Rn. 210, 212 f.; vgl. Rprp, S. 105 ff.; FridR, S. 150 ff.)[677]. Heterogenen Bevölkerungsgruppen ermangelt die notwendige innere Solidarität. Eine heterogene Bevölkerung wird keine Bürgerschaft im freiheitlichen Sinne, sondern zu Untertanen einer elitären Obrigkeit. Eine Ethnie hat die notwenige Homogenität, aber die meisten Völker oder Nationen sind nicht auf Ethnien beschränkt[678]. Die sprachliche Homogenität ist unverzichtbar, wenn alle Menschen eines Staates in Freiheit leben können sollen, sowohl privat und beruflich, als auch und vor allem staatlich als Bürger, die an der politischen Willensbildung teilhaben. Religiöse Heterogenität ist nur hinnehmbar, wenn die Religionsausübung hinreichend privatisiert ist und grundsätzlich auf Einwirkung auf die Politik verzichtet. Das Staatliche muß streng säkularisiert sein. Es gibt keine Religionsfreiheit, die ein Recht gäbe, die Gesetze am Glauben oder an einer Heiligen Schrift auszurichten. Jeder Bürger muß sich innerlich säkularisieren und seinen Glauben von seiner Politik trennen. Sonst kann er nicht an der Erkenntnis des allgemein Richtigen für das gute Leben aller teilhaben[679]. Bestmöglich wird die allgemeine Freiheit durch allgemeine Aufgeklärtheit aller Bürger gewährleistet.

2. Deutsches Volk

Das Grundgesetz verfaßt das Deutsche Volk zu einem Staat, nicht irgendeine Bevölkerung. Das folgt aus der Präambel und aus dem Widerstandsrecht des Art. 20 Abs. 4 GG[680]. Die „Deutschen" im Sinne der Präambel und des Art. 20 Abs. 4 GG

überstaatlicher Einbindung, S. 139 ff., 142 („soziale Homogenität"); zu verschiedenen Aspekte der notwendigen Homogenität Th. Schmitz, Integration in der Supranationalen Union, S. 301 ff.

[677] Für das Mehrheitsprinzip, das er mit der Freiheit und der Gleichheit begründet und durch die Chance des Wechsels der Minderheit in die Mehrheit rechtfertigt, E.-W. Böckenförde, Demokratie als Verfassungsprinzip, HStR, Bd. I, § 22, Rn. 54 ff., der auch „äußere und innere Grenzen der Mehrheitsentscheidung" aufzeigt, aber nicht berücksichtigt, daß jedenfalls Parlamentsmehrheiten trotz aller Parteienvielfalt stetig sein können, während die bevormundeten Minderheiten niemals die „potentielle Mehrheit" sind, wie gegenwärtig in der Europapolitik Deutschlands, gerade wegen des Parteienwahlrechts mit den Sperrklauseln und der staatlich unterstützten Propaganda der politischen Klasse; nicht anders P. Badura, Die parlamentarische Demokratie, HStR, Bd. I, Rn. 31; für parteiendemokratisches Mehrheitsprinzip auch P. Graf Kielmansegg, Volkssouveränität, S. 169 ff. (mit Schumpeter, Kapitalismus, Sozialismus und Demokratie, 1942, u. a.), S. 255 ff.; auch M. Jestaedt, Demokratieprinzip und Kondominialverwaltung, S. 165; Ch. Seiler, Der souveräne Verfassungsstaat zwischen demokratischer Rückbindung und überstaatlicher Einbindung, S. 125, 139 f.; vgl. auch W. Leisner, Das Volk, S. 117 ff., als Prinzip der „Willensbildung unter ‚Gleichen'"; M. Kaufmann, Europäische Integration und Demokratieprinzip, S. 51, 74, 462 ff.

[678] Dazu E.-W. Böckenförde, Die Nation – Identität in Differenz, S. 34 ff.; ders., Staatsbürgerschaft und Nationalkonzept, S. 59 ff.; B. Ziemske, Die deutsche Staatsangehörigkeit nach dem Grundgesetz, 1995, S. 291, zum ius sanguinis.

[679] Dazu K. A. Schachtschneider, Grenzen der Religionsfreiheit am Beispiel des Islam. 2. Aufl. 2011; vgl. auch ders., Res publica res populi, S. 1196 ff.

[680] M. Jestaedt, Demokratieprinzip und Kondominialverwaltung, S. 207 ff., 210.

sind die deutsche Ethnie. Zwar ist die Staatsangehörigkeit durch das Staatsangehörigkeitsrecht formalisiert, aber sie darf nicht beliebig zugesprochen werden, so daß das Deutsche des Deutschen Volkes verlorengeht. Naturalisation ist ihrem Prinzip nach eine Ausnahme aus familiären oder auch beruflichen Gründen. Das Deutsche ist durch die Herkunft und eine christlich fundierte, aufklärerische kulturelle Identität bestimmt. Deutschland ist als Kulturnation vor allem aus der Spracheinheit der Menschen in der Mitte Europas entstanden (Rprp, S. 1194), ein „Nationalstaat"[681]. Das Grundgesetz verfaßt Deutschland nicht als Einwanderungsland (dazu Siebenter Teil A.III.3.). Das Prinzip des Deutschen steht nicht zur Disposition des Gesetzgebers, auch nicht des verfassungsändernden Gesetzgebers (Art. 79 Abs. 3 GG).

III. Das Gemeinwesen als Staat

1. Staat und Staatlichkeit

Das Verständnis von Staat und Staatlichkeit erfordert Unterscheidungen, nämlich die zwischen dem Staat im weiteren und den im engeren Sinne, die zwischen der existentiellen und der funktionalen Staatseigenschaft und die zwischen der existentiellen und der funktionalen Staatlichkeit oder Staatsgewalt. Zudem ist der staatsrechtliche vom völkerrechtlichen Staatsbegriff zu unterscheiden.

Kant definiert den Staat staatsrechtlich wie folgt:

„Der Staat (civitas) ist die Vereinigung einer Menge von Menschen unter Rechtsgesetzen" (MdS, S. 431)[682]. Diese Definition des Staates im weiteren Sinne, der Bürgerschaft oder des verfaßten Volkes, staatsrechtlich verstanden, muß eine freiheitliche Lehre vom Staat leiten.

Der Staat ist die Einrichtung der Menschen eines begrenzten Gebietes (Territoriums) zur Verwirklichung der Freiheit, Gleichheit und Brüderlichkeit, kurz der allgemeinen Freiheit, durch die allgemeine, dem Recht gemäße Gesetzlichkeit. Jeder Mensch hat aus seiner angeborenen Freiheit ein Recht auf Recht, ein natürliches

---

[681] E.-W. Böckenförde, Die Nation – Identität in Differenz, S. 47; H. Quaritsch, Über Gegenwart und Zukunft des deutschen Nationalstaats, in R. Morsey u. a. (Hrsg.), Staat, Politik, Verwaltung in Europa, GS Roman Schnur, 1997, S. 83 ff.; vgl. H. Seubert, Der Deutsche Idealismus, S. 60 ff., insbesondere zu Johann Gottlieb Fichte, S. 61: „Sprache begreift Fichte als Medium von Freiheit".

[682] In der Sache nicht anders Ch. Montesquieu, Vom Geist der Gesetze, 1748, ed. Weigand, 1965, S. 210 („Staat, das heißt eine mit Gesetzen ausgestattete Gesellschaft"); i.d.S. auch J. Locke, Über die Regierung, S. 76; das übernimmt W. Maihofer, Prinzipien freiheitlicher Demokratie, HVerfR, 2. Aufl. 1994, S. 427 ff., S. 454, 461, 465, zu Recht für die freiheitliche Demokratie des Grundgesetzes, die er als Republik, Freistaat, Bürgerstaat versteht, S. 449 ff., 462 ff., passim; in der Sache schon Aristoteles, Politik, S. 49 ff.; zu Kants Staatsbegriff W. Kersting, Wohlgeordnete Freiheit, S. 258 ff.; K. A. Schachtschneider, Res publica res populi, S. 519 ff., ders., Prinzipien des Rechtsstaates, S. 55 ff.; zum Begriff der civitas A. Emmerich-Fritsche, Von Völkerrecht zum Weltrecht, S. 631 ff.; zum Staatsbegriff und dessen Lehren G. Jellinek, Allgemeine Staatslehre, S. 136 ff.

Recht auf eine „bürgerliche" Verfassung, ein Recht auf einen Staat (MdS, S. 365 f., 430 f.; Rprp, S. 290 ff., FridR, S. 44 ff., 288 ff.). Kant lehrt: „Recht und Befugnis zu zwingen bedeuten also einerlei" (MdS, S. 338 ff., 340)[683]. Der um der Gesetzlichkeit willen notwendige Zwang findet seine letzte Rechtsgrundlage in der allgemeinen Freiheit der Bürger. Die Freiheit erfordert die Zwangsbefugnis; denn der Zwang ist die „Verhinderung eines Hindernisses der Freiheit" (MdS, S. 338). Der Zwang verwirklicht die Gesetzlichkeit. Er kann aber nur Recht sein, wenn er freiheitlich begründet ist, d. h. auf allgemeinen Gesetzen beruht. Die Menschen, die sich zum gemeinsamen Leben mittels eines Verfassungsgesetzes vereinigt haben, schaffen um des Friedens und damit um der Freiheit willen Zwangsmöglichkeiten gegen die, welche die Gesetze der Freiheit mißachten.

Weil der Zweck des Staates, das gute Leben aller in allgemeiner Freiheit, ohne Zwang nicht verwirklicht werden kann, zugleich aber die friedliche Durchsetzung der Gesetzlichkeit die unwiderstehliche Zwangsmöglichkeit des Volkes als des (existentiellen) Staates (im weiteren Sinne) in einem Gebiet erfordert, ist allein ein Staatsbegriff freiheitlich, der auf die gesicherte Gesetzlichkeit des gemeinsamen Lebens und damit auf die grundsätzlich alleinige Zwangsbefugnis des Staates abstellt. Das begründet das Prinzip der Gebietshoheit des Staates[684] und das Prinzip der Einzigkeit dessen unwiderstehlicher Gewalt[685] in einem Gebiet oder der Ausschließlichkeit der Staatsgewalt im Staatsgebiet[686]; denn weil der Staat um des Friedens willen das Recht durchsetzen können, also die suprema potestas die Gebietshoheit, beanspruchen muß (Rprp, S. 545 ff.), kann es auf einem Territorium nur einen Staat im existentiellen Sinne geben (PdR, S. 58 ff.). Die Gebietshoheit ist nichts anderes als die Staatsgewalt des Volkes (PdR, S. 58 ff.)[687].

Daraus folgt die republikanische Einheit der Gebietshoheit mit deren freiheitlicher Legalität, d. h.: Die Gebietshoheit darf um der Freiheit willen nur der Staat (i. e. S.) haben, dessen Staatsgewalt vom Volk ausgeht. Staatlichkeit, die nicht demokratisch legalisiert ist, ist mit der Menschheit des Menschen und demgemäß mit Art. 20 Abs. 2 GG unvereinbar. Die Gebietshoheit darf umgekehrt auch nur so weit

---

683 Dazu i.d.S. H. Krüger, Allgemeine Staatslehre, S. 721 ff.

684 Zum Begriff der Gebietshoheit, der von dem der territorialen Souveränität unterschieden wird, A. Verdross, Völkerrecht, 5. Aufl. 1964, S. 266 ff.; ebenso W. Graf Vitzthum, Staatsgebiet, HStR, Bd. I, 1987, § 16, Rn. 4; Ch. Raap, Die Souveränität der Bundesrepublik Deutschland unter besonderer Berücksichtigung des militärischen Bereichs und der deutschen Einheit, 1992, S. 22 ff.; zum Territorialprinzip im Unterschied zum Personalitätsprinzip H. Krüger, Allgemeine Staatslehre, S. 858 ff.

685 H. Krüger, Allgemeine Staatslehre, S. 847 ff.; K. A. Schachtschneider, Die existentielle Staatlichkeit der Völker Europas, S. 81 ff.

686 M. Kriele, Einführung in die Staatslehre, S. 68 f.

687 B. Grzeszick, in: Maunz/Dürig, Grundgesetz, Art. 20 II, 2010, Rn. 89 ff., 90, 95 ff., unterscheidet irrig die Staatsgewalt, die unabhängig von Rechts- und Handlungsformen bestehen würde, von der Hoheitsgewalt, die enger sei; dagegen K. A. Schachtschneider, Der Anspruch auf materiale Privatisierung, S. 45 ff., 190 ff.; ders., Prinzipien des Rechtsstaates, S. 58 f., 199, 239 ff. gegen die Fiskusdoktrin.

reichen wie das Legalitätsgebiet[688]. Territoriale Grenzen der existentiellen Staatlichkeit sind darum im Begriff des existentiellen Staates genauso angelegt wie die Staatsangehörigkeit. Die Drei-Elemente-Lehre des Völkerrechts definiert insofern richtig den Staat als die Einheit von Gebiet, Volk und Gewalt (PdR, S. 60)[689]. Günter Dürig hat auf dem „Boden der ontologisch-phänomenologisch orientierten Philosophie" vor allem Nikolai Hartmanns vorgeschlagen, ein viertes entscheidendes Element in die völkerrechtliche Staatsdefinition aufzunehmen, nämlich die „objektive geistige Tradition" als das „Schöpfungs- und Erhaltungsmoment jeder sozialen Einheit" und auch des Staates[690]. Er führt für diese Tradition des „objektiven Geistes" die „biologisch-organische" und die „räumliche Zusammengehörigkeit", die Sprache, die Geschichte und das Recht auf, Elemente der „nationalen Einheit" und des „Nationalbewußtseins", welche den Bestand des Staates auch über Zeiten des organisatorischen Niedergangs, wie Deutschland nach 1945, bewahren. Für den Willen des Volkes, ein Staat und damit ein Volk zu bleiben, ist das wesentlich und hat das Wiedervereinigungsgebot getragen, das freilich vor der nicht mehr erwarteten Wende der Weltlage 1989 in den großen Parteien bereits wenn nicht zurückgewiesen so doch aufgegeben war[691]. Das Bundesverfassungsgericht hat es vor allem im Urteil zum Grundlagenvertrag bekräftigt (BVerfGE 36, 1 (17 ff.); auch BVerfGE 40, 141 (171 ff.))[692] und sich damit durch die Verteidigung der Verfassung der Deutschen um Deutschland verdient gemacht. Die Verfassungsklage gegen den Vertrag und damit

688 K. A. Schachtschneider, Die existentielle Staatlichkeit der Völker Europas, S. 83.

689 G. Jellinek, Allgemeine Staatslehre, S. 174 ff., 394 ff.; H. Kelsen, Reine Rechtslehre, S. 290 ff.; ders., Allgemeine Staatslehre, S. 95 ff., 137 ff., 149 ff.; A. Verdross/B. Simma, Universelles Völkerrecht, 1976, S. 201 ff.; O. Kimminich, Einführung in das Völkerrecht, 1976, 6. Aufl. 1997, S. 134 f.; kritisch H. Nawiasky, Bundesstaat als Rechtsbegriff, 1920, S. 8 ff. (wesentlich Staatsgewalt); R. Smend, Verfassung und Verfassungsrecht, S. 127 f.; M. Kriele, Einführung in die Staatslehre, S. 60 ff.; Ch. Seiler, Der souveräne Verfassungsstaat zwischen demokratischer Rückbindung und überstaatlicher Einbindung, S. 73 ff., 79 f.; kritisch (Smend folgend) auch H. Krüger, Allgemeine Staatslehre, S. 145 f.; R. Knieper, Nationale Souveränität, S. 31, 57 u. ö.; vgl. auch K. A. Schachtschneider, Die existentielle Staatlichkeit der Völker Europas, S. 82 f.

690 G. Dürig, Der deutsche Staat im Jahre 1945 und seither, VVDStRL 13 (1955), S. 34 ff., 37 ff.

691 Zur Entwicklung des Wiedervereinigungszieles K. Stern, Staatsrecht V, S. 1842 ff., zur Rechtsprechung S. 1843 ff., zur Wiedervereinigungspolitik der Bundesregierung seit 1989 S. 1854 ff., zur deutsch-deutschen Währungsunion S. 1877 ff., zu den „deutsch-deutschen" Verträgen und Rechtsakten zur Wiedervereinigung Deutschlands S. 1884 ff.; zum Einigungsvertrag S. 1930 ff. („staatsrechtlich-völkerrechtlicher" Vertrag „sui generis", auf Grund dessen ein Staat, die DDR, Teil eines anderen Staates, der Bundesrepublik Deutschland geworden" sei, S. 1975 ff.(?); richtiger Weise hat sich die Einheit des Deutschen Reiches verwirklicht, in dessen Identität das Grundgesetz als vorläufiges, jetzt endgültiges Verfassungsgesetz gegeben war), zu den „völkerrechtlichen Rechtsakten zur Wiederherstellung der Deutschen Einheit" S. 1980 ff.

692 Dazu R. Bernhardt, Die deutsche Teilung und der Status Gesamtdeutschlands, HStR I § 8, Rn. 23 f.

gegen die „‚neue‘ Ostpolitik“ der Regierung Brandt/Genscher[693], der die Einheit Deutschlands so, wie er geschrieben war, beendet hätte, hatte der Freistaat Bayern unter Franz Josef Strauß erhoben, ein geschichtsbedeutsamer Schritt.

Die Gesetzlichkeit verwirklicht das Volk, das die Staatsgewalt innehat (Abs. 20 Abs. 2 S. 1 GG), entweder durch Abstimmungen oder mittels besonderer Organe der Gesetzgebung, der vollziehenden Gewalt und der Rechtsprechung, deren Vertretung vom Volk durch Wahlen legalisiert sein muß und welche die Staatsgewalt des Volkes namens des Volkes ausüben (Art. 20 Abs. 2 S. 2 GG). Diese Organisation des Volkes ist der Staat im engeren Sinne. Sie dient dem Gemeinwesen der Bürger, der Republik als dem Staat im weiteren Sinne zur Verwirklichung des guten Lebens aller in allgemeiner Freiheit als dem Rechtszweck (Rprp, S. 519 ff., PdR, S. 19 ff.). Das Prinzip der Gesetzlichkeit bedarf der Gesetzgebung durch die Legislative, des Vollzugs der Gesetze durch die Exekutive und der Klärung des Rechts durch die Judikative. Diese Staatlichkeit ist ein fundamentales Prinzip des gemeinsamen Lebens in Freiheit, weil die bürgerliche Freiheit sonst nicht gesichert ist. Die Legalität (im Sinne der rechtlichen Gesetzlichkeit) des gemeinsamen Lebens erfordert die Staatlichkeit, welche als Einrichtung der die Freiheit, Gleichheit und Brüderlichkeit verwirklichenden rechtlichen Gesetzlichkeit ihren Begriff findet. Die Staatlichkeit muß um der Freiheit willen auf einem Verfassungsgesetz beruhen, welches die Verfassung der Menschheit des Menschen, die Verfassung, die mit uns geboren ist und die nicht zur Disposition der Politik steht, verwirklicht.

Der existentielle Staat muß Verfassungsstaat sein (Rprp, S. 28 f., 40, 545 ff., 932 ff.; PdR, S. 15, 86 ff., 92, 209)[694]. Das ist nur die Republik als Gemeinwesen der Freiheit, Gleichheit und Brüderlichkeit. Diese muß demokratisch und rechtsstaatlich sein, insbesondere eine Verfassungsgerichtsbarkeit haben[695].

---

693 Dazu K. Stern, Staatsrecht V, S. 1122 ff., 1846 f., 2020 f.

694 Ch. Link, Staatszwecke im Verfassungsstaat – nach 40 Jahren Grundgesetz, VVDStRL 48 (1990), S. 28 ff.; J. Isensee, Staat und Verfassung, HStR, Bd. 1, Rn. 121 ff., der den Verfassungsstaat für „gleich bedeutend“ mit der „grundgesetzlichen Formel“ der „freiheitlich-demokratischen Grundordnung“ erachtet, Rn. 125, eine Formel, die so nicht im Grundgesetz steht; M. Kriele, Die demokratische Weltrevolution. Warum sich die Freiheit durchsetzen wird, 1987, S. 33 f., 79, 166: K. A. Schachtschneider, Die Republik der Völker Europas, ARSP-Beiheft 71 (1997), S. 154 ff.; ders., Deutschland nach dem Konventsentwurf einer „Verfassung für Europa“, FS W. Nölling, S. 279 ff., 289 ff.; Ch. Seiler, Der souveräne Verfassungsstaat zwischen demokratischer Rückbindung und überstaatlicher Einbindung, S. 120 ff. („Verfassungsstaat als legitimer Staat“, nein Rechtsstaat, legaler Staat).

695 „Verfassungsstaat“ ist ein Leitbegriff der gegenwärtigen herrschaftsversessenen Staatsrechtslehre, ohne daß diese zu einer materiellen Republiklehre vorgedrungen wäre, etwa (schon in der Nähe) J. Isensee, Staat und Verfassung, HStR, Bd. 1, Rn. 121 ff. („Herrschaft ausschließlich nach den Maßstäben und in den Formen des Rechts“, Rn. 126, das kann freilich nicht Herrschaft sein, Rn. 126; entfernt P. Kirchhof, Europäische Einigung und der Verfassungsstaat der Bundesrepublik Deutschland, S. 63 ff.; weit entfernt sein Schüler Ch. Seiler, Der souveräne Verfassungsstaat zwischen demokratischer Rückbindung und überstaatlicher Einbindung, 2005, S. 60 ff., 120 ff., durchgehend; auch St. Hobe, Der offene Verfassungsstaat zwischen Souveränität und Interdependenz, 1998.

Wegen der freiheitlichen Willensbildung des Staates als des organisierten Volkes, also wegen des demokratischen Prinzips (Rprp, S. 14 ff., 637 ff.), muß der Staat gebietlich derart begrenzt sein, daß eine Mitwirkung des Volkes an der Willensbildung des Staates Wirklichkeit hat. Sonst geht die Staatsgewalt nicht wirklich (substantiell) im Sinne von Art. 20 Abs. 2 S. 1 GG vom Volke aus. Um der Freiheit willen muß es eine tragfähige Nähe zwischen den Bürgern und den Amtswaltern des Staates geben, weil diese sonst nicht freiheitlich (demokratisch) legitimiert sind. Das Prinzip der kleinen Einheit ist durch die Freiheit geboten (PdR, S. 90 f.)[696]. Großstaaten sind keine Republiken. Sie sind obrigkeitlich und degradieren die Bürger zu Untertanen. Die Organisation des Staates muß der Verwirklichung der allgemeinen Freiheit durch die Rechtlichkeit allgemeiner Gesetze eine reale Chance geben. Darum gilt nicht nur das republikanische Prinzip der kleinen Einheit, sondern auch das ebenso republikanische Prinzip der Teilung der Ausübung der Staatsgewalt des Volkes, der Gewaltenteilung (MdS, S. 431 ff., ZeF, S. 206 ff.; Rprp, S. 168 ff.; PdR, S. 167 ff.).

Das Recht ist eine Notwendigkeit der Freiheit, ja Freiheitlichkeit ist Rechtlichkeit, und der Staat ist eine Notwendigkeit des Rechts; denn das Recht bedarf der Gesetzgebung, der vollziehenden Gewalt und der Rechtsprechung, wie Art. 20 Abs. 2 S. GG zeigt. Diese Gewalten, wie man sagt, sind Einrichtungen, mittels derer das Volk seine Staatsgewalt ausübt. Die Staatsgewalt dient der Verwirklichung der allgemeinen Freiheit durch Rechtlichkeit. Die allgemeine Freiheit ist, wie noch näher dargelegt werden wird, die Souveränität des Volkes. Für eine Freiheitslehre gilt die Formel: Ohne Staat kein Recht und ohne Recht keine Freiheit. Der Staat dient dem Recht und die Rechtlichkeit ist die Wirklichkeit der Freiheit. Daraus folgt: Der Staat steht nicht über dem Recht, sondern ist eine Einrichtung der Menschen und Bürger, um mittels des Rechts in Freiheit miteinander zu leben. Nur das genügt der Würde des Menschen. Der Staat ist somit Rechtsstaat und Freistaat, Republik (i.d.S. MdS, S. 337 f., 345 u.ö; Rprp, S. 14 ff., 519 ff.; PdR, 19 ff., 50 ff.; FridR, S. 379). Stellt er sich über das Recht, wird er zur rechtlosen Macht[697], zum Unrechtsstaat, zum latrocinium, zur Räuberbande, wie schon der Kirchenvater Augustinus gelehrt hat: „Was anders sind also Reiche, wenn ihnen Gerechtigkeit fehlt, als große Räuberbanden“[698].

Dieser, wenn man so will, postulatorische Staatsbegriff[699], wird im Völkerrecht nicht genutzt, weil der völkerrechtliche Staatsbegriff im Interesse des Friedens die Verhandlungs- und Vertragsfähigkeit aller faktischen politischen Einheiten mit Volk,

---

[696] Rousseau, Vom Gesellschaftsvertrag, III, 4, S. 77, III, 15, S. 103, 105; K. A. Schachtschneider, Die Republik der Völker Europas, ARSP-Beiheft 71 (1997), S. 173; ders., Die Aushöhlung der Demokratie durch Europäische Union und Währungsunion, S. 99 ff., S. 128 ff.

[697] Dazu M. Kriele, Einführung in die Staatslehre, S. 10 ff.

[698] De Civitate Dei, hrsg. von H. U. Baltasar, 1960, IV, 4–6, S. 115; darauf beruft sich auch H. Steiger, Geht das Zeitalter des souveränen Staates zu Ende, Der Staat 41 (2002), S. 336.

[699] So M. Kriele, Einführung in die Staatslehre, S. 58, 72; richtig G. Jellinek, Allgemeine Staatslehre, S. 407 f. (Sklavenstaat kein Staat).

Gebiet und Ordnung (meist ist von Herrschaft die Rede) akzeptieren muß und diese als Völkerrechtssubjekte und damit völkerrechtsfähige Staaten akzeptiert[700]. Aber Kant hat die Republikanität der Staaten als Voraussetzung des ewigen Friedens genannt, zu Recht (ZeF, S. 204 ff.).

2. Existentielle Staatseigenschaft und existentielle Staatlichkeit

Die verfaßte Bürgerschaft in ihrer Gesamtheit ist der Staat im weiteren Sinne, der existentielle Staat oder auch das Volk[701]. Die Bürgerschaft besteht aus allen Bürgern. Diese Bürgerschaft ist die meist gewachsene, wesentlich aber willentliche, also verfaßte, Schicksalsgemeinschaft, das Volk, welches die (nicht übertragbare) Hoheit hat, das Volk, von dem nach Art. 20 Abs. 2 S. 1 GG alle Staatsgewalt ausgeht (Rprp, S. 14 ff., 637 ff.; PdR, S. 58 ff.)[702]. Die Bürger in ihrer Gesamtheit sind der existentielle Staat. Die Hoheit des Volkes sind die gemeinsamen (militärischen, polizeilichen, wirtschaftlichen, finanziellen, wissenschaftlichen, verwaltungsmäßigen usw.) Handlungsmöglichkeiten, die Macht der Bürger insgesamt, der Bürgerschaft, die nach Maßgabe der Verfassungsgesetze und der Gesetze vom Staat im engeren Sinne ausgeübt werden (Rprp, S. 519 ff., 545 ff.)[703], die Staatshoheit oder die Souveränität[704]. Sie ist, wie gesagt, mit der Befugnis zu zwingen verbunden. Richtig spricht Hermann Heller von „rechtlich organisierter politischer Macht“[705]. Udo Di Fabio sieht „Staatlichkeit, Demokratie und Souveränität als verfassungsrechtlich durch Art. 20 II gewollte Einheit“[706]. Der Staat als die Einrichtung der Bürgerschaft für die Verwirklichung der allgemeinen Freiheit handelt ausschließlich nach staatlichen, d. h. allgemeinen, Vorschriften. Er hat keinerlei Privatheit[707].

---

[700] Dazu A. Verdross, Völkerrecht, 5. Aufl. 1964, S. 191 ff.; ders./ B. Simma, Universelles Völkerrecht, 3. Aufl. 1984, S. 223 ff.; V. Epping, Völkerrechtssubjekte, in: K. Ipsen, Völkerrecht, 4. Aufl. 1999, S. 58; H. Heller, Souveränität, S. 172 ff.; A. Emmerich-Fritsche, Vom Völkerrecht zum Weltrecht, S. 59 ff.; zur Politik der Friedenssicherung St. Hobe, Der offene Verfassungsstaat zwischen Souveränität und Interdependenz, S. 183 ff.

[701] G. Jellinek, Allgemeine Staatslehre, S. 426, der lehrt, daß ein „Volk im Rechtssinne außerhalb des Staates gar nicht denkbar“ sei; i.d.S. auch BVerfGE 83, 37 (50 ff.); 83, 60 (71 f.); 89, 155 (184 ff.); 123, 267. Rn. 229 (alle Staatsangehörigen); K. A. Schachtschneider, Die existentielle Staatlichkeit der Völker Europas, S. 76 f.

[702] K. A. Schachtschneider, Die existentielle Staatlichkeit der Völker Europas, S. 75 ff.

[703] K. A. Schachtschneider, Die existentielle Staatlichkeit der Völker Europas, S. 75 ff., 79 ff.; ders., Der Anspruch auf materiale Privatisierung, S. 264 ff.

[704] Zur begrifflichen Identifizierung von Staatshoheit und Souveränität vgl. K. Stern, Staatsrecht V, S. 58.

[705] Staatslehre, S. 243.

[706] Der neue Art. 23 des Grundgesetzes, Der Staat 32 (1993), S. 201.

[707] K. A. Schachtschneider, Staatsunternehmen und Privatrecht, S. 173 ff., 261 ff., 322 ff., 438 ff.; ders., Res publica res populi, S. 370 ff.; ders., Der Anspruch auf materiale Privatisierung, S. 40 ff., 45 ff., 190 ff., 306 ff.

Zur existentiellen Staatlichkeit gehört die Verfassungshoheit, der pouvoir constituant, die wesentliche Gesetzgebungs-, Vollzugs- und Rechtsprechungshoheit, aber auch die Wirtschafts-, die Sozial- und auch die Währungshoheit, sowie die Finanzhoheit, die Verteidigungshoheit u. a.m.[708].

3. Integrierte Staatlichkeit der Europäischen Union

In die Staatlichkeit als der Ausübung der Staatsgewalt der Mitgliedstaaten der Europäischen Union sind die Organe der Europäischen Union (Europäisches Parlament, der Europäische Rat, der Rat, die Europäische Kommission, der Gerichtshof der Europäischen Union, die Europäische Zentralbank und der Rechnungshof (Art. 13 EUV)), integriert. Sie gehören zur jeweiligen einzelstaatlichen Organisation und stehen dieser nicht als originäre Hoheitsgewalt gegenüber, weil eine solche nur ein Volk hat (PdR, S. 60 ff., 77 ff., 80 ff.). Zu dieser Dogmatik zwingt das demokratische Prinzip, weil alle Staatsgewalt vom Volke ausgeht (Art. 20 Abs. 2, S. 1 GG), die Europäische Union aber kein Volk verfaßt. Die Staatsgewalt (die Souveränität) der mitgliedstaatlichen Völker wird, soweit der Europäischen Union Hoheitsrechte übertragen sind (Art. 23 Abs. 1 S. 2 GG), gemeinschaftlich ausgeübt (BVerfGE 89, 155 (188 f.); PdR, S. 74 f., 77 ff.)[709]. Das Bundesverfassungsgericht spricht vom Staatenverbund (BVerfGE 89, 155 (184,186, 188 ff.); 123, 267, Rn. 229, 233, 294), in dem die Mitgliedstaaten „Herren der Verträge" (BVerfGE 89, 155 (190, 199); 123, 267, Rn. 231, 235, 271, 298, 334)[710] bleiben, also die Souveränität (BVerfGE 89,155, (189); 123, 267, Rn. 298 f., 351 u. ö.) wahren. Den Staatenverbund definiert das Bundesverfassungsgericht im Leitsatz 1 des Lissabon-Urteils (BVerfGE 123, 267 ff.) wie folgt:

> „Der Begriff des Verbundes erfasst eine enge, auf Dauer angelegte Verbindung souverän bleibender Staaten, die auf vertraglicher Grundlage öffentliche Gewalt ausübt, deren Grundordnung jedoch allein der Verfügung der Mitgliedstaaten unterliegt und in der die Völker – das heißt die staatsangehörigen Bürger – der Mitgliedstaaten die Subjekte demokratischer Legitimation bleiben".

---

[708] Dazu K. A. Schachtschneider, Die existentielle Staatlichkeit der Völker Europas und die staatliche Integration der Europäischen Union, S. 75 ff.: ders., Deutschland nach dem Konventsentwurf einer „Verfassung für Europa", FS W. Nölling, S. 279 ff.; dazu W. Mäder, Vom Wesen der Souveränität, S. 63 ff., der diese Materien an der Souveränitätslehre Hobbes' mißt; St. Hobe, Der offene Verfassungsstaat zwischen Souveränität und Interdependenz, S. 370 ff., sieht die Währungsunion als wichtigen Teil zukünftiger „offener Staatlichkeit"; vgl. auch R. Knieper, Nationale Souveränität, S. 150.

[709] K. A. Schachtschneider, Die existentielle Staatlichkeit der Völker Europas und die staatliche Integration der Europäischen Union, S. 97 ff., 100; ders., Die Republik der Völker Europas, ARSP-Beiheft 71 (1997), S. 163 ff.; i.d.S. auch Th. Schmitz, Integration in der Supranationalen Union, S. 238 ff.

[710] Zur Kontroverse um diesen Begriff, ob nämlich nur alle Mitgliedstaaten gemeinsam oder jeder Mitgliedstaat allein unter den Begriff zu subsumieren sei, Schmitz, Thomas, Integration in der Supranationalen Union, S. 258, 261.

Die Union ist aber ein Staat im institutionellen Sinne, weil ihre Organisation Staatsgewalt oder Hoheitsgewalt (gemeinschaftlich) ausübt, wenn auch eine solche, die von den Mitgliedstaaten auf Grund der Übertragung der Hoheitsrechte (zur gemeinschaftlichen Ausübung) abgeleitet ist[711]. Sie verfügt über Staatlichkeit im funktionalen Sinne, sogar (zu Unrecht) über Befugnisse existentieller Staatlichkeit wie insbesondere die Währungsgewalt, aber nicht über originäre Staats- oder Hoheitsgewalt (PdR, S. 80 ff.)[712], ist somit nicht souverän. Sie ist ein Staat im institutionellen und funktionalen Sinne, aber ohne Legitimation für einen Großteil ihrer Aufgaben und Befugnisse, weil sie keine existentielle Staatseigenschaft hat.

Spätestens der Vertrag von Lissabon hat die Union vom Staatenverbund zum Bundesstaat im funktionalen, nicht im existentiellen Sinne entwickelt, obwohl das letzte Recht der Mitgliedstaaten, das Recht, die Union zu verlassen[713], respektiert wird (Art. 50 EUV). Auf Grund dieses Vertrages teilen die Völker der Europäischen Union ihre existentielle Staatlichkeit, also die Ausübung existentieller Aufgaben und Befugnisse der Staatsgewalt mit einer solchen der Europäischen Union[714]. Dieser europäische Staat hat ein unüberwindliches demokratisches Defizit[715]. Die Entwicklung der Union zum Bundesstaat bedarf der Zustimmung der Völker, die ihre existentielle Staatlichkeit und damit ihre Souveränität weitgehend aufgeben sollen, in jeweils unmittelbar demokratischen Akten, jedes Volk für sich, und weiterhin eines konstitutionellen Aktes der Unionsbürger als pouvoir constituant als dem durch diesen Akt verfaßten Volk der Europäer, ebenfalls durch Referendum. Die Staats-

---

[711] Dazu ohne eigenständige Dogmatik B. Grzeszick, in: Maunz/Dürig, Grundgesetz, Art. 20 II, Rn. 101 ff.; Th. Schmitz, Integration in der Supranationalen Union., S. 293, meint, „die zusätzliche Gewalt“ sei „von den Gründerstaaten geschaffene („supranationale“, „eigenständige“) öffentliche Gewalt“, die nicht „im eigentlichen Sinne ‚abgeleitet‘“ sei. Was eigentlich sonst? Die Staatsgewalt bleibt ausschließlich Sache der Völker der Mitgliedstaaten. welche ausschließlich diese ausüben, in der Union gemeinschaftlich.

[712] K. A. Schachtschneider, Die existentielle Staatlichkeit der Völker Europas und die staatliche Integration der Europäischen Union, S. 97 ff., 103; ders., Die Republik der Völker Europas, ARSP-Beiheft 71 (1997), S. 165.

[713] Weichenstellend, meiner Verfassungsbeschwerde folgend, BVerfGE 89, 155 (190); näher K. A. Schachtschneider, Prinzipien des Rechtsstaates, S. 79 f.; ders., Das Recht und die Pflicht zum Ausstieg aus der Währungsunion, in: W. Hankel/W. Nölling/K. A. Schachtschneider/J. Starbatty, Die Euro-Illusion. Ist Europa noch zu retten? 2001, S. 314 ff.; auch Th. Schmitz, Integration in der Supranationalen Union, S. 248, 257 ff., 264 ff., wie von mir auf die „ständige Freiwilligkeit der Mitgliedschaft“ gestützt (S. 201 f., 265); der mir und meinen Mitautoren eine gegenteilige Ansicht in Fn. 60 S. 258 unterstellt, augenscheinlich weil er den zitierten Aufsatz nicht eingesehen hat; immer noch abwehrend etwa Ch. Seiler, Der souveräne Verfassungsstaat zwischen demokratischer Rückbindung und überstaatlicher Einbindung, S. 258 ff., 262.

[714] Vgl. K. A. Schachtschneider, Die existentielle Staatlichkeit der Völker Europas und die europäischen Integration, S. 75 ff.; ders., Die Aushöhlung der Demokratie durch Europäische Union und Währungsunion, S. 99 ff.

[715] Dazu K. A. Schachtschneider, Verfassungsbeschwerde gegen den Vertrag von Lissabon, Homepage unter Downloads; auch ders., Die Aushöhlung der Demokratie durch Europäische Union und Währungsunion, S. 99 ff.; weitere Hinweise Fn. 1055.

organe sind jedenfalls im Rahmen des Grundgesetzes nicht befugt, die Integration der Union zum Bundesstaat zu betreiben. Das hat das Bundesverfassungsgericht im Lissabon-Urteil vom 30. Juni 2009 geklärt (BVerfGE 123, 267, Rn. 179, 226 ff., auch Rn. 346 ff.).

4. Globale Rechtsgemeinschaft

Die Welt ist in Staaten geteilt, die wegen der Einzigkeit der jeweiligen Staatsgewalt territorial bestimmt sind. Das globale Leben gebietet um des Friedens willen eine globale Rechtsordnung. Die globale Rechtsgemeinschaft kann aber kein Weltstaat sein, wenn die demokratische Republikanität der Lebensverhältnisse gewahrt oder ermöglicht werden soll; denn Republikanität gibt es nur in kleinen Einheiten, weil nur kleine oder ihren Aufgaben angemessen große Einheiten[716] im freiheitlichen Sinne demokratisch und dadurch Rechtsstaaten sein können (PdR, S. 45, 58, 90 f.,171, 229). Ein staatliches Gemeinwesen als Republik ist wegen des Prinzips der kleinen Einheit auf ein begrenztes Gebiet beschränkt (PdR, S. 59 ff.), welches das gemeinsame Leben all der Menschen gestaltet, die auf dem Gebiet leben, aber offen ist für die Welt und verpflichtet, die gemeinsame (globale) Welt nach Prinzipien des Rechts, aber vor allem den Menschenrechten gemäß zu ordnen. Man spricht von der offenen Staatlichkeit (dazu Siebenter Teil B.IV.)[717].

Die globale Rechtsgemeinschaft bedarf der völkerrechtlichen Verträge und der völkerrechtlich begründeten Republiken und auch der Republik der Republiken. Dahin entwickeln sich die Vereinten Nationen, wenn deren Entwicklung nicht den Interessen der „einzigen Weltmacht“[718] geopfert wird. Die Vereinten Nationen verfügen über die Mittel, um den Weltfrieden zu sichern, wenn die Vereinigten Staaten von Amerika die notwendige Unterstützung geben, und können ihre Mittel verstärken. Erfolg verspricht allein der allmähliche Wandel aller Staaten dieser Welt in Republiken, das Friedens- und folglich Rechtsprogramm der Weltgemeinschaft (ZeF, S. 204 ff.). Fordernde und fördernde Hilfe bei der republikanischen Entwicklung der Völker und Staaten ist gerechtfertigt und geboten, nicht aber der Angriffskrieg, der das Gewaltverbot des Art. 2 Ziff. 4 UN-Charta ebenso verletzt (PdR, S. 125 ff.), wie er das Gebot der Nichteinmischung des Art. 1 Ziff. 2 und Art. 2

---

[716] Platon, Politik IV, 2. 423 a; Gesetze, V, 8. 737 e, 9. 740 d; vgl. W. Hennis, Das Problem der Souveränität, S. 90.

[717] U. Di Fabio, Das Recht offener Staaten, 1998, der sich auf, abgesehen von einigen Nebenbemerkungen, auf knapp drei Seiten in dem 158 Seiten umfassenden Schrift mit dem „Recht offener Staaten“ befaßt, ansonsten seine „Grundlinien einer Staats- und Rechtstheorie“ als ein langes von Luhmannismen durchsetztes Feuilleton, in dem kaum ein großer Name fehlt, aber ohne nähere Auseinandersetzung, unterbreitet; so schon K. Vogel, Die Verfassungsentscheidung des Grundgesetzes für eine internationale Zusammenarbeit. Recht und Staat in Geschichte und Gegenwart, 292/293, 1964, S. 33 f., 42 ff., im Gegensatz zu Fichtes „geschlossenen“ ein „offener“, „weltoffener“ Staat, S. 33, „‚offene‘ Staatlichkeit“, S. 24, 44.

[718] Z. Brzezinski, Die einzige Weltmacht, Amerikas Strategie der Vorherrschaft, 2. Aufl. 1999.

Ziff. 1 dieser Charta (Gleichberechtigung und Selbstbestimmungsrecht der Völker und deren souveräne Gleichheit, auch Art. 55 und Art. 78 der Charta) mißachtet[719].

Jede Staatlichkeit rechtfertigt sich aus dem Freiheitsprinzip, das wegen der Allgemeinheit der Freiheit mit dem republikanisch, also freiheitlich, verstandenen Demokratieprinzip (Rprp, S, 14 ff., PdR, S. 50 ff.) verbunden ist. Demokratie als Form des Politischen, wenn man so will, als Staats- und Regierungsform, kann nur in kleinen Einheiten verwirklicht werden (PdR, S. 90 f.)[720]. Große Reiche, wie es etwa die Europäische Union als existentieller Staat wäre, sind nicht demokratiefähig und verletzen darum das Freiheitsprinzip. Die Organisation des Weltfriedens durch Staatenverbünde als Republiken von Republiken oder auch als Republik von Republiken, d.h. mehrfach gestuft, bestmöglich föderalisiert, ist ein demokratisches Postulat aus dem Freiheitsprinzip[721]. Ein nicht durch existentielle Staaten föderalisierter Weltstaat wäre freiheitswidrig, also Despotie.

---

[719] Dazu, um des Menscherrechtsschutzes willen relativierend, M. Kriele, Einführung in die Staatslehre, S. 55 ff.; richtig, W. Mäder, Vom Wesen der Souveränität, S. 65.

[720] J. J. Rousseau, Vom Gesellschaftsvertrag. Contract social (Cs), III. Buch, 4. Kap., S. 73 („einen sehr kleinen Staat“); K. Lorenz, Der Abbau des Menschlichen, 2. Aufl., 1983, S. 222 f.; K. A. Schachtschneider, Die Republik der Völker Europas, ARSP-Beiheft 71 (1997), S. 173; i.d.S. auch E.-W. Böckenförde, Demokratie als Verfassungsprinzip, HStR, Bd. I, § 22, Rn. 36 ff. (unter Berufung auf Kant), der freilich in der Demokratie eine Vermittlung von Freiheit und Herrschaft sieht.

[721] Dazu K. A. Schachtschneider, Die Republik der Völker Europas, ARSP Beiheft 71, S. 153 ff.

Fünfter Teil

Souveränität

A. Souveränität als Recht und als Macht

I. Souveränitätsbegriff und politische Lage

Alle Souveränitätslehren verfolgen einen politischen Zweck. Die Souveränität ist darum ein geschichtlicher Begriff, der seine Materie im Laufe seiner Geschichte geändert hat und ändern mußte[722]. Der Souveränitätsbegriff ist, wenn nicht die Souveränität des Fürsten angesprochen wird, eng mit dem Begriff des Staates als des Modernen Staates verbunden und wird entweder als Begriffsmerkmal des Staates oder als Eigenschaft nicht jeden, nämlich (zu Unrecht) nicht der Gliedstaaten im unechten Bundesstaat (dazu Achter Teil), aber doch des (vermeintlich) eigentlichen Staates dogmatisiert[723]. Die Souveränitätsdogmatik hat der Entwicklung des Modernen Staates das Feld bereitet. Umgekehrt soll die Leugnung von Souveränität dem Nationalstaat zugunsten postnationaler Ordnung, von global governance, den Garaus machen. Aber auch schon am Ende des Absolutismus und des Konstitutionalismus wurde der Begriff der Souveränität für überholt gehalten. Entweder spiegelt der Souveränitätsbegriff die jeweilige Verfassungslage des Staates wider, wie der Georg Wilhelm Friedrich Hegels, oder er versucht diese zu ändern, sei es reaktionär, wie der der Restauration, oder revolutionär, wie der der Aufklärung. Gegenwärtig trotten die

[722] Dazu R. Koselleck/W. Conze/J. Haverkate/D. Klippel/H. Boldt, Staat und Souveränität, Geschichtliche Grundbegriffe, Bd. 6, 1990. S. 1 ff.; F. Battaglia, Die Souveränität und ihre Grenzen, 1938/39, S. 195 ff., 226 f., der verschiedene ganz unterschiedliche Souveränitätsbegriffe, wie die, Souveränität sei nichts als Macht des Staates, sie sei identisch mit der Rechtsordnung (Kelsen) kritisiert, um zu einer Hegelianismus und Kantianismus verbindenden, sprich, beide verkennenden Lehre von der Souveränität des Wollens, S. 230 ff., und einer Stufenfolge des souveränen Wollens, S. 242, zu gelangen; W. von Simson, Die Souveränität im rechtlichen Verständnis der Gegenwart, 1965, S. 25 ff., 88 f.; K. Doehring, Internationale Organisationen und staatliche Souveränität, S. 108 („Kampfbegriff im internationalen Recht, „Propaganda", „Demagogie"); P. Häberle, Zur gegenwärtigen Diskussion um die Probleme der Souveränität, AöR 92 (1967), S. 265, 279 (geschichtlich polemischer Kampfbegriff); W. Mäder, Vom Wesen der Souveränität, S. 110 ff.; R. Grawert, Homogenität, Identität, Souveränität, Der Staat 51 (2012), S. 212.

[723] G. Jellinek, Allgemeine Staatslehre, S. 435 ff., 481; O. Kimminich, Die Souveränität der Bundesrepublik Deutschland, 1970, S. 16 ff.; richtig H. Nawiasky, Bundesstaat als Rechtsbegriff, S. 46 ff., 118, 248 ff.; weitere Hinweise in Fn. 140.

deutschen Souveränitätslehren hinter der Verfassungsentwicklung des Grundgesetzes hinterher.

Grund ist die überwiegende Leugnung der politischen Freiheit der Bürger als verfassungsbestimmender Grundbegriff des gemeinsamen Lebens. Fast durchgehend werden der Staat als Herrschaftsgebilde und die Souveränität demgemäß als Herrschaft verstanden[724]. Die republikanische Revolution von 1918 hat die Staatsrechtslehre nach fast hundert Jahren ganz überwiegend noch nicht nachvollzogen[725]. Die Wirklichkeit des Parteienstaates ist oligarchisch und will gerechtfertigt werden. Regelmäßig wird das mit dem Argument versucht, daß „die parlamentarische Demokratie notwendig ein Parteienstaat" sei[726], mitnichten. Parteien bilden sich in jedem System. Es sind Netzwerke, Bündnisse, die nun einmal Macht anstreben und verschaffen. Dieses Machtinteresse muß keinesfalls den Staat den Parteien ausliefern. Es ist eine Frage der Gesetze, welche Macht die Parteien erlangen. Die vom parteiennahen Bundesverfassungsgericht gestützte, ja geförderte Gesetzlage Deutschlands ist insofern mit dem Grundgesetz und erst recht mit der Verfassung der Deutschen unvereinbar. Die Parteien sind im Wahlrecht privilegiert, das Parlamentsrecht ist auf die Parteien ausgerichtet, sie werden weitgehend vom Staat finanziert, ihnen mangelt die innere Demokratie, zumal der innere Grundrechtsschutz, sie betreiben strafbar Ämterpatronage, sie unterlaufen die Gewaltenteilung, sie bewirken eine Negativauslese in den Ämtern des Staates, sie verbünden sich mit den Mächtigen in der Wirtschaft und in den Medien und vieles mehr[727]. Das kann und muß alles nach Kräften entparteilicht werden. Notwendig ist das Recht, nicht die Macht besonderer Bündnisse, welche die Freiheit der Bürger, deren Souveränität, leerlaufen läßt. Alle Aufklärer haben die Parteiungen zurückgewiesen. Der Parteienstaat ist ein herrschaftliches Machtsystem, das die Erkenntnis der richtigen Politik nicht republikanisch organisiert. Untragbar wird der Parteienstaat, wenn er keine

---

[724] Ch. Hillgruber, Souveränität – Verteidigung eines Rechtsbegriffs, JZ 2002, 1073, gar als „Eigenschaft politischer Herrschaft" und: „Souveränität bringt normativ begründetes, nicht real begründetes Herrschaftsverhältnis auf den Begriff". In welchem Rechtssatz ist nur die Herrschaft begründet, in keinem findet sich das Wort Herrschaft.

[725] So auch W. Hennis, Das Problem der Souveränität, S. 36 mit Fn. 93, zum „großen Umschwung zur Volkssouveränität" durch Art. 1 Abs. 2 WRV.

[726] So P. Badura, Die parlamentarische Demokratie, HStR, Bd. I, Rdn. 55, selbst nicht gänzlich unkritisch, Rdn. 56 ff.; „zur ausschließlich parlamentarischen Demokratie" des Grundgesetzes und zum „Parlamentsprimat" M. Jestaedt, Demokratieprinzip und Kondominialverwaltung, S. 306 ff., der auf die Mediatisierung des Volkes durch die Parteien nur am Rande (etwa S. 202) eingeht.

[727] Dazu K. A. Schachtschneider, Res publica res populi, S. 1045 ff.; ders., Der republikwidrige Parteienstaat, S. 151 ff.; ders., Prinzipien des Rechtsstaates, S. 45 ff., 176 ff.; H. H. von Arnim, Ämterpatronage durch politische Parteien, 1980; ders., Entmündigen die Parteien das Volk? Parteienherrschaft und Volkssouveränität, in: Aus Politik und Zeitgeschichte B 21/1990, S. 25 ff.; ders., Staat ohne Diener. Was schert die Politiker das Wohl des Volkes? 1993; ders., Das System, Die Machenschaften der Macht, 2004; R. Wassermann, Die Zuschauerdemokratie, 1986/1989; vgl. schon M. Weber, Wirtschaft und Gesellschaft, S. 839 ff. („reine Stellenjägerorganisation").

wirkliche Opposition hat, wie gegenwärtig jedenfalls in der europäischen Integrationspolitik. Der Parteienstaat ist weder demokratisch noch gar ein Rechtsstaat. Das Recht, das auf Freiheit gründet und seit der Aufklärung nur auf Freiheit gründen kann, steht jeder Art von Herrschaft entgegen. Die Richtigkeit der Souveränitätslehre hängt somit nicht nur und nicht einmal wesentlich von ihrer Praktikabilität in der Innen- und in der Außenpolitik ab, sondern davon, daß sie dem Recht gerecht wird. Das Recht ist praktische Vernunft und darum allein praktisch. Alles Abweichen vom Recht will Interessen verwirklichen, Neigungen, nämlich Herrschsucht, Habsucht, Ehrsucht. Der Kampf um die Souveränität ist heute der Kampf um die Freiheit. Er entscheidet die weitere Geschichte Deutschlands, Europas und der Welt.

II. Souveränität als Macht oder als Recht

1. Souveränität ist nach allgemeiner Auffassung die höchste Gewalt im Staat. Sie berechtigt zu einer Macht, die sich gegenüber jeder anderen Gewalt durchzusetzen vermag. Sonst vermag der Souverän seiner eigentlichen Aufgabe, das Gemeinwesen zu befrieden und zugleich dasselbe vor Feinden zu schützen, nicht zu genügen. Macht sind die Möglichkeiten des Handelns. Souveränität ist somit ein Recht, genauer eine Befugnis[728]. Unabhängig davon, ob diese Befugnis in einem Rechtssatz geschrieben steht, ergibt sie sich aus dem Status des Souveräns, wer immer das sei, der Fürst, der Staat, das Volk, die Partei, der Diktator oder der/die Bürger. Wer die unwiderstehliche Macht hat und ausübt, ohne legitimer, besser legaler Souverän zu sein, handelt ohne Recht, begeht Unrecht, es sei denn, er ist, besser war Stellvertreter Gottes, imago dei[729]. Bodin: „... que le Prince que nous avons posé comme l'image de Dieu, ...“[730]. Gott, wenn es ihn denn gibt, bedarf keines Rechts. Er ist allmächtig und steht über dem Recht. Nur wer glaubt noch an Gott? Nur eine Wirklichkeit Gottes in der Souveränität eines Fürsten oder auch des Staates, wie sie im Mittelalter geglaubt, in Zeiten der Aufklärung machtvoll verteidigt und ebenso verspätet wie wirkungs-

[728] G. Jellinek, Allgemeine Staatslehre, S. 476 und ff.; E. R. Huber, Deutsche Verfassungsgeschichte seit 1789, Bd. I, Reform und Restauration 1789 bis 1830, 1957, S. 666; H. Quaritsch, Staat und Souveränität, S. 43; P. Häberle, Zur gegenwärtigen Diskussion um die Probleme der Souveränität, AöR 92 (1967), S. 269; U. Di Fabio, Das Recht offener Staaten, S. 124; Th. Schmitz, Integration in der Supranationalen Union, S. 189 ff., der richtig faktische und rechtliche, bei ihm fragwürdig „Kompetenzhoheit“, unterscheidet; auch M. Kaufmann, Europäische Integration und Demokratieprinzip, S. 37 f. („inhaltsleer“); Ch. Seiler, Der souveräne Verfassungsstaat zwischen demokratischer Rückbindung und überstaatlicher Einbindung, S. 101 ff.

[729] Klar J. Maritain, The Concept of Sovereingty, Der Begriff der Souveränität, 1950, in: H. Kurz, Volkssouveränität und Staatssouveränität, 1970, S. 244 ff., insb. S. 255 ff., der konsequent die Souveränität als Begriff zurückweist und das Staatswesen auf Autonomie gründet, richtig, wenn man Souveränität von Gott ableitet.

[730] De la République, 1. Buch, Kap. 8, S. 122, Kap. 10 p. 155.

mächtig Hegel, restaurativ und in seiner Weise romantisch[731], philosophiert hat, vermag eine Souveränität als Faktor[732] und Macht über den Menschen und über dem Recht, aber rechtsetzend, zu begründen. Hugo Preuß hat ganz hegelianisch die Souveränität als „negativen Rechtsbegriff", als „Negation des Rechts für den ‚souveränen' Willen des allmächtigen Staates" hingestellt, aber nur, um die „Souveränität aus Politik und Recht zu verdrängen[733].

2. Noch in Zeiten starker aufklärerischer Befürwortung der Volkssouveränität und der an Hobbes anknüpfenden Vertragsdoktrin der Souveränität[734] auch der Fürsten restauriert der Wiener Kongreß die Fürstensouveränität von Gottes Gnaden[735]. Der Sieger über die bereits zum Cäsarismus Napoleons entarteten republikanischen Revolution Frankreichs waren die Monarchen Europas, politisch geführt vom österreichischen Kanzler Fürst Metternich, der kaum ein Romantiker war, sondern ein ausweislich der Karlsbader Beschlüsse von 1819 repressiver Machtpolitiker. Mit seinem Sturz 1848 ging die Zeit der monarchischen Souveränität von Gottes Gnaden zu Ende, obwohl der Konstitutionalismus sich wegen des Scheiterns der Revolution von 1848 und der Reichsverfassung der Paulskirche vom 28. März 1949 und dank des späteren Fürsten Bismarck, preußischer Ministerpräsident und Reichskanzler, in Deutschland bis 1918 behauptete.

Der Staat wurde vergöttlicht. Auch der große Friedrich sah sich, absoluter Monarch, nicht als ersten Diener des Volkes, seiner Untertanen, sondern als „ersten Diener des Staates", also im Dienste Gottes. Im Testament von 1752 schreibt er, der vornehmlich französisch sprach: „Le souverain est le premier serviteur de l'État". Das ist weniger eine persönliche als eine staatsrechtliche Aussage[736]. Hegel bringt das mit seinem Begriff des sittlichen und für ihn christlichen Staates antiaufkläre-

---

[731] H. Heller, Hegel und der nationale Machtstaatsgedanke in Deutschland, S. 21 ff., 102, 115 ff., 130 ff. u. ö.; auch ders., Staatslehre, S. 329.

[732] Betont X. S. Combothecra, La Conception de la Souveraineté, Der Begriff der Souveränität, 1897, in: H. Kurz, Volkssouveränität und Staatssouveränität, 1970, S. 1 ff., insb. S. 7, 17 („reines Faktum"), 19, 24, der die zahlreichen Souveränitätslehren des 19. Jahrhunderts aufführt und dessen Position typisch für das ausgehende 19. Jahrhundert ist. Auf Gott stützt die Herrschaft des Staates noch 1955 F. A. von der Heydte, Vom Heiligen Reich zur geheiligten Volkssouveränität, 1955, in: H. Kurz, Volkssouveränität und Staatssouveränität, 1970, S. 351 ff.; auch D. Blumenwitz, Der Vertrag vom 12.9.1990 über die abschließende Regelung in bezug auf Deutschland, NJW 1990, 3041 ff., 3047, meint fragwürdig, Souveränität ergebe sich „nicht aus Erklärungen", sondern aus dem „Faktum seiner effektiver Unabhängigkeit", gemeint ist Deutschlands Unabhängigkeit; ebenso ders., Die Souveränität der Bundesrepublik Deutschland, in: P. Badura/R. Scholz (Hrsg.), Wege und Verfahren des Verfassungslebens, FS Peter Lerche (65), 1993, S. 385 ff., 389; richtig demgegenüber E.-W. Böckenförde, Demokratie als Verfassungsprinzip, HStR, Bd. I, § 22, Rdn. 7, 10.

[733] H. Preuß, Gemeinde, Staat, Reich als Gebietskörperschaften, 1889/1964, S. 133 (Zitat), 135, 417 ff.

[734] Dazu P. Graf Kielmansegg Volkssouveränität, S. 102 ff., 105 ff.

[735] Vgl. H. Boldt, Geschichtliche Grundbegriffe, S. 153 ff.

[736] Es gibt verschiedene Fassungen dieser Sentenz, vgl. insbesondere den Antimachiavel. in: Œuvres. Bd. 8, S. 66; dazu H. Quaritsch, Souveränität, S. 94.

risch wieder zur Sprache und Wirkung[737] (dazu im Zweiten Teil C.I.). Der Repräsentant macht „ein unsichtbares Sein durch ein öffentlich anwesendes Sein sichtbar und vergegenwärtigt" dieses, theologisiert Carl Schmitt sein politisches Formprinzip oder Strukturelement neben der Identität in der Verfassungslehre. „Repräsentation ist kein normativer Vorgang, kein Verfahren und keine Prozedur, sondern etwas Existentielles", „Erscheinung einer höheren Art des Seins"[738]. Es sollte zu denken geben, daß die Vertretung des Volkes von der deutschen Staatsrechtslehre fast durchgehend als Repräsentation begriffen wird[739]. Diese Lehre ist noch nicht in der Republik angekommen.

Politisch hat Gott in den größten Teilen der Welt seine Wirklichkeit und damit seine Macht verloren, nicht die christliche Kultur. Unter Menschen gibt es nur Recht oder Unrecht, aber keine Macht und kein Handeln außerhalb der Menschheit und außerhalb der Rechtsordnung. Aber die Entsakralisierung und Säkularisierung der Souveränität erübrigt nicht den Souveränitätsbegriff.

3. Fast alle Lehren der Souveränität lehren ein Recht der Souveränität, jedenfalls Bodin und Hobbes, die großen Meister der Souveränität. Beide unterwerfen die Souveränität auch dem Recht, nicht anders als später mit der herrschenden Lehre Georg Jellinek[740]. Die Bodinsche Formel, daß der Souverän legibus solutus, also nicht an die Gesetze gebunden sei, besagt nicht, daß er nicht an das Recht gebunden ist. Der Souverän steht über den Gesetzen, aber nicht über dem Recht[741]. Ganz im Gegenteil. Er ist souverän, um das Recht zu verwirklichen. Frieden nach innen und außen ist Verwirklichung des Rechts. Nicht einmal Hegels spätreligiöse Souveränitätslehre macht davon eine Ausnahme; denn der Souverän ist der sittliche Staat, personifiziert durch den Monarchen[742]. Dessen Wille hat als göttlicher Wille Wirklichkeit und setzt damit Recht. Ein Grenzfall einer ebenso profanisierten wie rechtsrelativistischen Machtlehre ist die von Carl Schmitt, der dem Souverän zu-

---

[737] Dazu H. Seubert, Jenseits von Sozialismus und Liberalismus. S. 190 ff.

[738] Verfassungslehre, S. 209 f.; folgend G. Leibholz, 20 Jahre Richter des Bundesverfassungsgerichts, Das Wesen der Repräsentation und der Gestaltwandel der Demokratie im Zwanzigsten Jahrhundert, 1929, 3. Aufl. 1966, S. 28; vgl. M. Kaufmann, Europäische Integration und Demokratieprinzip, S. 73; dazu K. A. Schachtschneider, Res publica res populi, S. 708 ff., 735 ff.

[739] E.-W. Böckenförde, Demokratische Willensbildung und Repräsentation, HStR, Bd. II, 1987, § 30, Rdn. 12 ff.; K. Stern, Staatsrecht II, S. 38; ders., Staatsrecht I, S. 960; kritisch M. Jestaedt, Demokratieprinzip und Kondominialverwaltung, S. 165 ff., der es vorzieht von „mittelbarer Demokratie" zu handeln, weil „Repräsentation" nicht „verfassungsjuristisch" sei.

[740] Allgemeine Staatslehre, S. 467 ff., 481 f.; schon ders., Die Lehre von den Staatenverbindungen, 1882, S. 30 ff.; folgend Ch. Seiler, Der souveräne Verfassungsstaat zwischen demokratischer Rückbindung und überstaatlicher Einbindung, S. 102 f.; etwa U. Di Fabio, Das Recht offener Staaten, S. 124 f.

[741] Vgl. J. Bodin, République I, 8, p. 133, p. 152 f.; III, 4, p. 413 ff.; V, 6, p. 802 ff.; Th. Hobbes, Leviathan I, 15, II, 17, 18, 21, 26, 29, 31; das verkennt P. Graf Kielmansegg, Volkssouveränität, S. 42 f.

[742] Rechtsphilosophie, §§ 257 f., 279.

gesteht, die Art und Weise des Rechts zu entscheiden, also anderes Recht zu setzen, um das Volk und den Staat zu bewahren. Es gibt zwar eine Vielfalt von Politiken eines Gesetzgebers, aber, seit Gott tot, weil unglaubwürdig ist (Friedrich Nietzsche), nur eine Art von Recht, das Recht, das mit den Menschen geboren ist, die Freiheit mit allen Rechten, die aus der Freiheit und um der Freiheit willen folgen. Nach Carl Schmitt ist Souverän, wer über den Ausnahmezustand entscheidet, der, der es tut[743]. Das ist Faktizität, die nach keiner Befugnis fragt, also im Wesentlichen eine Machtlehre der Souveränität[744]. Aber sie ist unhaltbar.

Dennoch ist wegen der Bürgerkriege für die wegweisenden Lehrer der Souveränität, nämlich Jean Bodin im späten 16. Jahrhundert in Frankreich und Thomas Hobbes Mitte des 17. Jahrhunderts in England die Macht des Souveräns das eigentliche Anliegen. Der Souverän sollte durch seine überlegene Macht das Gemeinwesen befrieden können. Wie auch immer legitimiert, bei Bodin religiös durch Gott, bei Hobbes rational durch die schutzbedürftigen Untertanen, aber doch unter Gottes Schutz, wird die notwendige Macht zu einem Recht, der Befugnis, das zu tun, was für das friedliche Zusammenleben nötig ist, entwickelt, zur summa potestas, zur höchsten Gewalt. Diese wird mit der Souveränität des Souveräns verbunden, als dessen Status bei Bodin, als Vertretungsmacht bei Hobbes.

4. Die Souveränitätslehren haben wesentlich die Entwicklung des Modernen Staates bestimmt und kennzeichnen geradezu den Wechsel vom feudalistischen Ständestaat des Mittelalters zum Staatswesen der Neuzeit[745]. Rolf Knieper sieht das Wesentliche in der allmählichen Ablösung des Feudalismus, in dem der Begriff der Souveränität schon bekannt war, aber unterschiedliche Arten von Herrschaft bezeichnete, durch den Kapitalismus[746]. Der Moderne Staat ist souverän, welche Grenzen und Schranken die Souveränität auch haben mag, wer immer der Souverän sei, der Fürst, das Parlament, das Volk als politische Einheit oder die Bürgerschaft, und wie die Souveränität des Souveräns auch legitimiert oder deren Ausübung legalisiert sein mag, sei es von Gott oder sei es vom Volk oder durch die Bürger. Der Staat hat die Staatsgewalt[747], die es ihm rechtlich ermöglicht, sich im Innern des Staates durchzusetzen und nach außen den Staat zu schützen. Um dieses Recht

---

[743] Politische Theologie, S. 11, 17 f.; dazu im Zweiten Teil C.III.

[744] H. Ehmke, Grenzen der Verfassungsänderung, S. 33 ff., insb. S. 44 ff., 48 ff.; W. von Simson, Die Souveränität im rechtlichen Verständnis der Gegenwart, S. 155.

[745] G. Jellinek, Allgemeine Staatslehre, S. 323 ff., zum Lehnswesen und Ständestaat, S. 320 ff., 446 ff.; auch H. Quaritsch, Staat und Souveränität, S. 32 ff. zum „Staat als dem ‚modernen' Staat", auch S. 36 ff. zur Souveränität als Kriterium des Staates, S. 202 ff. zum „Untertanen und Untertanenverband", S. 220 ff. zur „Treu und Gehorsam", S. 230 ff. näher zum Lehnswesen, alles im Mittelalter; näher O. G. Oexle, Stand, Klasse, Geschichtliche Grundbegriffe, Bd. VI, St–Vert, 1990, S. 183 ff. (Stände und Ständelehren im Mittelalter); zur „Geschichte des modernen Staates" auch Ch. Möllers, Staat als Argument, S. 214 ff., 225 ff.

[746] Vgl. R. Knieper, Nationale Souveränität, S. 58 ff.

[747] Zur Unterscheidung der Staatsgewalt von der Landesgewalt, die aus enumerierten Herrschaftsbefugnissen, Regalien, bestand, H. Krüger, Allgemeine Staatslehre, S. 823 ff.

ausüben zu können, wird ihm die erforderliche Macht gegeben. Die Staatsgewalt entwickelt sich über die Landeshoheit hinaus zur „Generalvollmacht", ja „Blankovollmacht", den Zweck des Staates, Schutz und Frieden, die Sicherheit im weitesten Sinne mit allen dafür notwendigen Mitteln zu verwirklichen[748]. Nach wie vor ist die Souveränität ein unverzichtbares Element des Staates. Demgemäß ist die Souveränität ein Grundprinzip der Staatenwelt und somit des Völkerrechts. Die innere, aber auch die äußere Souveränität wird jedenfalls in Deutschland mit dem Begriff der Staatsgewalt erfaßt[749].

5. Wäre Souveränität nur Macht, wäre sie kein Rechtsprinzip, ja würde das Recht (nicht die Gesetzlichkeit) aufheben. Hegel hat den Machtstaat über den Rechtsstaat gestellt[750], und die deutsche Staatslehre und die deutsche Politik sind ihm wie auch andere Staaten darin gefolgt[751], bis in die Gegenwart, meist mangels eigener Freiheits-, Rechts- und Staatslehre, aber auch in Kenntnis dessen, was sie tun, zumal Carl Schmitt und seine große Schülerschaft, die Freiheit als politisches Prinzip abgelehnt haben und noch immer ablehnen[752], auch das Bundesverfassungsgericht bis zum heutigen Tage, wenn auch mit gewissen Zugeständnissen an politische Freiheitsrechte. Friedrich Nietzsche hat den „Willen zur Macht" gedacht[753], den der Nationalsozialismus, eher im Mißverständnis Nietzschescher Philosophie, verhängnisvoll ins Werk gesetzt hat. „Stets hat der Stärkere das Recht, seinen Willen durchzuset-

---

[748] H. Krüger, Allgemeine Staatslehre, S. 827 ff.; K. A. Schachtschneider, Res publica res populi, S. 545 ff.; W. Conze, Sicherheit, Schutz, in: Geschichtliche Grundbegriffe, Bd. 5, 1984, S. 831 ff.; Ch. Link und G. Ress, Staatszwecke im Verfassungsstaat – nach 40 Jahren Grundgesetz, VVDStRL 48 (1990), S. 7 ff., 27 ff. bzw. S. 56 ff., 83 ff.

[749] I.d.S. H. Quaritsch, Staat und Souveränität, S. 39, 408 ff. zur Souveränitätsproblematik des Bundestaates und die daraus folgende Doktrin der Trennung von Staatsbegriff und Souveränität als „Eigenschaft" des Staates; K. Doehring, Internationale Organisationen und staatliche Souveränität, S. 109.

[750] K. Doehring, Internationale Organisationen und staatliche Souveränität, S. 113, zu Hegel: „Nationalstaat der klassischen Epoche Machtstaat"; gestützt auf E. R. Huber, Nationalstaat und supranationale Ordnung, in: ders., Nationalstaat und Verfassungsstaat, Studien zur Geschichte der modernen Staatsidee, 1965, S. 272 ff., 276, der S. 275 ff., die Entwicklung vom „Nationalkrieg zum Vernichtungskrieg", letzterer seit dem Ersten Weltkrieg, darlegt, S. 274 ff. zur „Krise des Nationalstaatsprinzips". Der Nationalkrieg habe das Existenzrecht des militärischen Gegners nicht in Frage gestellt. Zum (vermeintlich) im „neuzeitlichen (voluntaristischen) Souveränitätsbegriff" angelegten „Machtsstaat" des „staatsrechtlichen Positivismus", gegen den sich der „Rechtsstaat" richte, Th. Vesting, Die Staatsrechtslehre und die Veränderung ihres Gegenstandes: Konsequenzen von Europäisierung und Internationalisierung, VVDStRL 63 (2004), S. 41 ff., 42 ff., der „die Souveränität des Nationalstaates schon im 19. Jahrhundert als eine ‚Fiktion'" in Frage stellt, die jetzt auf dem „Nullpunkt" angelangt sei.

[751] Dazu O. Koellreutter, Die Staatslehre Oswald Spenglers. Eine Darstellung und eine kritische Würdigung, 1924, S. 23 ff.; dazu K. A. Schachtschneider, Die Rechts- und Staatslehre Oswald Spenglers, 2014, i. E.

[752] C. Schmitt, Verfassungslehre, S. 125 ff., 224 f.

[753] Mehrfach angesprochenes und zum Teil entworfenes Werk „Wille zur Macht"; zum Streit um diesen Plan D. Fuchs: Der Wille zur Macht: Die Geburt des „Hauptwerks" aus dem Geiste des Nietzsche-Archivs in: Nietzsche-Studien 26 (1997), S. 384–404.

zen", das sei das Gesetz der Natur, proklamiert Adolf Hitler zugleich sozialdarwinistisch. Die Übermenschen, die Herrenmenschen befehlen über die Untermenschen, die Sklaven, die nur gehorchen können oder auch getötet werden[754]. Wer den Staat als Herrschaftsgebilde versteht, wie fast alle Staatsrechtslehrer und das Bundesverfassungsgericht (BVerfGE 123, 267, Rn. 213, 217 ff., 250, 263, 268, 270, 272, 280, 294 u. ö.; ständige Judikatur)[755], muß sich geradezu zur Machtlehre der Souveränität verirren, weil Herrschaft nun einmal kein Rechtsprinzip für sich hat, gar keines, und nichts als Machtausübung ist.

Wäre souverän, wer die Macht hat, wären gegenwärtig die Hochfinanz und damit die Männer, welche diese steuern, der Souverän. Siegfried Landshut hat vertreten, daß die öffentliche Meinung der Souverän sei[756]. Das ist reine Machtlehre. Sie ist auch als solche fragwürdig, so mächtig die Medien sind, deren Auffassungen keinesfalls mit der öffentlichen Meinung identifiziert werden dürfen. Die Medien sind jedenfalls weitgehend in der Hand der Finanzoligarchie und der ebenfalls von dieser nicht unabhängigen Parteienoligarchie. Es gibt ein komplexes Machtgefüge[757]. Das aber ist nicht der Souverän. Ähnlich fragwürdig meint Jürgen Habermas „die Umdeutung des Prinzips der Volkssouveränität" „unter diskursiven Bedingungen … eines differenzierten Meinungs- und Willensbildungsprozesses" zu erkennen[758]. „Die vollends zerstreute Souveränität verkörpert sich … in jenen subjektlosen Kommunikationsformen, die den Fluß der diskursiven Meinungs- und Willensbildung so regulieren, daß ihre falliblen Ergebnisse die Vermutung der praktischen Vernunft für sich haben. Eine subjektlos und anonym gewordene, intersubjektivistisch aufgelöste Volkssouveränität zieht sich in die demokratischen Verfahren und in die anspruchsvollen kommunikativen Voraussetzungen ihrer Implementierung zurück …"[759].

Es gibt keinen freiheitlichen Diskurs, sondern einen weitgehend propagandistisch gesteuerten Desinformationsprozeß. Die bürgerliche Souveränität bedarf des öffentlichen Diskurses, den Habermas als „vermittelnde Instanz zwischen Vernunft und Wille" auszeichnet, um die richtige Politik, aber das ist ein freiheitlicher Imperativ. Jedenfalls ist ein solches Verfahren nicht die Souveränität, die sich nicht entsubjektivieren läßt. Sonst könnte das allgemeine Wahlrecht abgeschafft werden, das auch denen eine Stimme gibt, die sich an der öffentlichen Kommunikation, an der

---

[754] Dazu E. Tugendhat, Der Wille zur Macht. Macht und Anti-Egalitarismus bei Nietzsche und Hitler – Einspruch gegen den Versuch einer Verharmlosung, Zeit Online, 14. 09. 2000, Die Zeit 38/2000.

[755] Umfangreiche Hinweise K. A. Schachtschneider, Freiheit in der Republik, S. 115 ff.; etwa J. Isensee, Staat und Verfassung, HStR, Bd. I, § 13, Rdn. 41; Hinweise in Fn. 616.

[756] Volkssouveränität und öffentliche Meinung, 1953, in: H. Kurz, Volkssouveränität und Staatssouveränität, 1970, S. 301 ff.

[757] Dazu Hans-Peter Raddatz, Mastermind – Masse, Macht und Magie der Moderne, durchgehend.

[758] Volkssouveränität als Verfahren, 1988, Faktizität und Geltung, S. 600 ff., 612.

[759] J. Habermas, Volkssouveränität als Verfahren, S. 626.

Zivilgesellschaft, wie sie Habermas versteht, nicht beteiligen, der schweigenden Mehrheit der Bürger. Mit der Demokratie der freien und in der Freiheit gleichen Bürger hat Habermas elitäre Bevormundung Schwierigkeiten, nämlich: „Souveränität des Volkes" könnte sich „in die kulturelle Dynamik meinungsbildender Avantgarden verlagern sollen"[760]. Das erleben wir zurzeit, nicht im Interesse der Bürger, des Souveräns.

III. Recht über Macht

Mächte ist im Völkerrecht ein anderes Wort für Staaten, aber es schießt an die Macht an, als wäre die äußere Staatlichkeit durch Macht gekennzeichnet[761]. Wenn Macht mit Max Weber als die Möglichkeit, andere fremdzubestimmen[762], „die Möglichkeit, den eigenen Willen dem Verhalten anderer aufzuzwingen", verstanden wird, ist Macht eine Gefahr für die Freiheit als „Unabhängigkeit von eines anderen nötigender Willkür" (MdS, S. 345). Macht aber ist ein Faktum, ein empirisches Phänomen, und steht als solche immer in Spannung zum Recht. „Stärke schafft nicht Recht", Rousseau (Cs, I, 3. S. 10)[763]. Carl Schmitt, der Rousseau zitiert[764], hat das nicht akzeptiert, genausowenig, wie alle seine Epigonen. Recht ist eine transzendentale Vernunftkategorie, nämlich eine auf die Idee der allgemeinen Freiheit gegründeter Inbegriff von verbindlichen Sätzen des Handelns, eine Ordnung des Friedens unter den Menschen, der Freiheit in Sicherheit, für das gemeinsame Leben in Würde und somit in allgemeiner Freiheit. Recht nötigt gegebenenfalls, die Fakten zu ändern, weil sie rechtswidrig sind. Einen Maßstab des Rechts geben die Fakten nicht, wenn sie auch, nämlich die Wahrheit als die bestmögliche Theorie von der Wirklichkeit, der Rechtserkenntnis zu Grunde zu legen sind. Aber die Rechtssätze, die Sätze des Sollens, sind der Wirklichkeit, dem Sein, wie gesagt, nicht zu entnehmen.

Immer bestimmt Macht die Verhältnisse unter Menschen und Staaten und immer sind die Menschen und Staaten gehalten, das Recht gegen die Macht durchzusetzen. Keinesfalls hat die Macht als solche irgendein Recht für sich. Aber Menschen und Staaten bedürfen der Macht, um ihr Recht zu behaupten[765]. Der Bürger bedarf der

[760] Volkssouveränität als Verfahren, S. 629, trotz seines gewissermaßen freiheitlichen Ausgangspunktes S. 607: „Politische Herrschaft" – „eine Herrschaft der Freien und Gleichen über sich selbst".

[761] Dazu H. Krüger, Allgemeine Staatslehre, S. 186 ff., 831 ff.

[762] Wirtschaft und Gesellschaft, S. 28, 542; vgl. W. Hennis, Das Problem der Souveränität, S. 18; der Politikwissenschaftler M. Hättich, Demokratie als Herrschaftsordnung, 1967, S. 88 ff., 94 ff., 97 ff., 129 u. ö., identifiziert gar Freiheit mit Macht, Demokratie und Herrschaftsordnung, S. 173.

[763] Ganz so mit Hinweis auf Rousseau W. Mäder, Vom Wesen der Souveränität, S. 37.

[764] Politische Theologie, S. 26.

[765] H. Heller, Souveränität, S. 150; A. Emmerich-Fritsche, Recht und Zwang im Völkerrecht, insbesondere im Welthandelsrecht, S. 123 ff.; J. Isensee, Staat und Verfassung, HStR,

Selbständigkeit, auf die das Sozialprinzip, die Solidaritätspflicht oder besser die Brüderlichkeit das Gemeinwesen verpflichtet (FridR, S. 636 ff.). Der Staat bedarf der Macht, also der Möglichkeiten, sich gegen andere Staaten zu behaupten, d. h. die Freiheit seiner Bürger zu verteidigen, worauf diese Macht auch beruhen mag, auf eigenen Waffen oder auf den Waffen von Bündnispartnern u. a. Ohne Macht ist der Mensch genauso wenig wie der Staat rechtlos, aber ihr Recht findet keine Wirklichkeit oder hängt von dem brüchigen Respekt mächtiger Staaten vor dem Recht der schwächeren ab. Immerhin gibt es die Vereinten Nationen, deren Vereinigung den Zweck hat, den Weltfrieden zu sichern (Art. 1 Nr. 1 UN-Charta)[766]. Sie gewährleistet das aber mehr schlecht als recht. Das Recht soll Wirklichkeit sein. Darum muß es mit Macht, nämlich mit Möglichkeiten, es durchzusetzen, verbunden sein. Kant hat das mit dem Satz klargestellt, der das Recht von der Moral unterscheidet: „Das Recht ist mit der Befugnis zu zwingen verbunden" (MdS, S. 338). Der Zwang gehört zur Gewalt und damit auch und vor allem neben der Autorität zur Staatsgewalt (auctoritas und potestas)[767]. Staat und Bürger können entmachtet, aber nicht entrechtet werden. Darum geht Hermann Heller mit dem Satz: „Wer nicht auch über die das Recht garantierenden Machtmittel verfügt, ist niemals souverän"[768], zu weit. Danach wären nur die wenigsten Staaten und die wenigsten Bürger souverän. Insofern verbinden sich in der Souveränität Geltung und Faktizität[769].

IV. Recht und Zwang

Der Staat bedarf somit der Zwangsmöglichkeiten, um das Recht zu verwirklichen (PdR, S. 118 ff.). Eine andere Aufgabe hat er nicht. Diese Möglichkeiten müssen den Zwangsmöglichkeiten aller Menschen im Staat überlegen sein, damit sich der Staat um des Rechts willen durchsetzen kann (FridR, S. 100 ff.; PdR, S. 118 ff.). Man spricht, eher fragwürdig, vom Gewaltmonopol des Staates (PdR, S. 118, 120)[770];

Bd. I, § 13, Rdn. 72 (im Widerspruch zu seiner Wesenssicht des „modernen Staates", Rdn. 71); A. Randelzhofer, Staatsgewalt und Souveränität, HStR, Bd. I, § 15, Rdn. 39 ff.; i.d.S. auch W. Mäder, Vom Wesen der Souveränität, S. 161.

[766] Dazu R. Knieper, Nationale Souveränität, S. 223 ff. („Bemerkungen zum Golf-Krieg"); Ch. Seiler, Der souveräne Verfassungsstaat zwischen demokratischer Rückbindung und überstaatlicher Einbindung, S. 167 ff.

[767] F. A. von der Heydte, Vom Heiligen Reich zur geheiligten Volkssouveränität, S. 376 ff.

[768] Souveränität, S. 150.

[769] Vgl. Ch. Möllers, Souveränität, Evangelisches Staatslexikon, 2006, Sp. 2174.

[770] Etwa J. Isensee, Staat und Verfassung, HStR, Bd. I, § 13, Rdn. 34, 74 ff.; D. Merten, Rechtsstaat und Gewaltmonopol, 1975; nicht unkritisch, allein schon zum Wort, Ch. Möllers, Staat als Argument, S. 272 ff., 283 ff.; aber Ch. Seiler, Der souveräne Verfassungsstaat zwischen demokratischer Rückbindung und überstaatlicher Einbindung, S. 18 ff. (zu Bodin), 66 ff., 70, 100, der das Gewaltmonopol für die Kehrseite der Souveränität hält und damit zeigt, daß er von der freiheitlichen Souveränität nichts weiß, sondern unverdrossen von der Staatssouveränität handelt.

denn jeder Mensch hat Gewaltmöglichkeiten. David hat Goliath zu töten vermocht. Richtigerweise ist alles Handeln Gewaltausübung, besser Walten; denn es verändert die Welt, die Welt aller Menschen (Rprp, S. 218 ff., 318 ff., 480 f., 858 ff.; FridR, S. 460, 634; PdR, S. 119 ff.)[771]. Der Staat kann aber und muß die, wenn man so will, höchste Gewalt, die suprema potestas, beanspruchen.

Der Staat kann somit nicht auf Macht als Handlungsmöglichkeiten verzichten. Aber Macht steht nicht über dem Recht und Macht schafft nicht Recht[772]. Vielmehr ist, wie gesagt, Recht das Richtige für das gute Leben aller in allgemeiner Freiheit auf der Grundlage der Wahrheit. Darüber hilft kein Idealismus einer im Staat verwirklichten Sittlichkeit des absoluten Geistes als (vermeintlich) allgemeiner Freiheit, der Sache nach der Macht des Staates als Freiheit des Volkes, hinweg. Die hegelsche Staatsvergottung[773] (dazu im Zweiten Teil C.I.) ist vielmehr die Auslieferung des Volkes an den Monarchen, die Leugnung der Freiheit der Menschen, die ohne deren Sittlichkeit und Moralität nicht zu verwirklichen ist, um der Fiktion einer Wirklichkeit des „absoluten Geistes“ als der Vernunft, der „allgemeinen Freiheit“ im sittlichen Staat willen, die von der politischen Freiheit der Bürger nichts übrig gelassen hat, allenfalls eine wirtschaftliche Freiheit im „System der Bedürfnisse“ der „bürgerlichen Gesellschaft“[774]. Nein, die Verwirklichung der Freiheit bedarf der Verfahren, welche die Unabhängigkeit jedes Menschen von der nötigenden Willkür anderer bestmöglich gewährleisten, also demokratischer Verfahren der Republik, dem Gemeinwesen, in dem alle Bürger frei sind. Es gibt keine Brücke von der Freiheit zur Herrschaft. Es gibt keinen sittlichen Staat, der über dem Recht steht, wenn er noch so sehr als Wirklichkeit der allgemeinen Freiheit philosophiert wird. Vielmehr dient der Staat der Verwirklichung des Rechts, nach innen und nach außen. Das ist sein ganzer Zweck, den er freilich vielfach verfehlt, gegenwärtig wieder in besorgniserregendem Maße.

V. Grenzen des Rechts der Souveränität

1. Weil die Souveränität ein Rechtsprinzip des Staates im Innern und nach außen war und ist[775], unterlag sie immer rechtlichen Grenzen und unterliegt sie gegenwärtig

---

[771] K. A. Schachtschneider, Der Anspruch auf materiale Privatisierung, S. 274 ff., 284 ff., 289 ff. (294 f.).

[772] Klar H. Kelsen, Das Problem der Souveränität und die Theorie des Völkerrechts, S. 36 f.

[773] Rechtsphilosophie, §§ 257 ff., 270; so auch kritisch H. Kelsen, Das Problem der Souveränität und die Theorie des Völkerrechts, S. 254; ders., Der Wandel des Souveränitätsbegriffs, S. 172 f.

[774] Rechtsphilosophie, §§ 188 ff.

[775] Dazu W. Hennis, Das Problem der Souveränität, S. 11 ff.; Ch. Seiler, Der souveräne Verfassungsstaat zwischen demokratischer Rückbindung und überstaatlicher Einbindung, S. 101 ff.; U. Di Fabio, Das Recht offener Staaten, S. 124 f.; Ch. Hillgruber, Souveränität – Verteidigung eines Rechtsbegriffs, JZ 2002, 1072 ff., 1073.

rechtlichen Grenzen. Das ist keine Aporie des Verhältnisses von Freiheit und Bindung, wie Christoph Möllers meint[776], der seinen Freiheitsbegriff überdenken müßte. Das Recht wird stetig mißachtet, aber es hat sich trotz aller materiellen und prozeduralen Veränderungen, vor allem durch die Menschenrechte und die demokratische Willensbildung, als höchstes Prinzip der Menschheit im diesseitigen Leben nicht verändert. Nur Tyrannen haben die Macht über das Recht gestellt, einer von diesen war Adolf Hitler. Wenn Tyrannen sich auf Souveränität berufen, ist das Unrecht. Gewisse Souveränitätslehren haben die Grenzen der Souveränität möglichst zurückgedrängt oder, wie Carl Schmitt, verwirrt. Hegel hat sie in der Sittlichkeit des Staates und damit des Monarchen, in deren Christentum, institutionalisiert. Aber immer diente die Souveränität ihrer Idee und ihrem Prinzip nach der Verwirklichung des Rechts. Daß Herrschaftslehren das Recht nach der Zeitenwende der Aufklärung, die ihre Emanationen in der Französischen Revolution und den nachfolgenden Revolutionen, in Deutschland durchgreifend erst 1918, gefunden haben, nicht mehr zu begründen vermögen, ändert nichts an dem Prinzip Recht. Seit die Menschen das Recht nicht mehr von Gott, d. h., kritisch gesprochen, von seinen Priestern, entgegennehmen, jedenfalls in der westlichen Welt, kann es nur von den Menschen in gleicher Freiheit gegeben werden. Nicht alle haben das begriffen, schon gar nicht alle Rechtslehrer. Eine freiheitliche Rechtslehre, die auch eine freiheitliche Souveränitätslehre sein muß, ist der Beruf unserer Zeit, lange überfällig. Dem dient auch diese Schrift.

2. Die Erfahrung des Mißbrauchs der summa potestas, also der Möglichkeiten der Gewaltausübung und damit der Macht, durch die Fürsten als der Souveräne hat zur Entwicklung eines Systems der Gewaltentrennung und Gewaltenhemmung und damit zum Verfassungsstaat geführt. Die Aufklärer haben übereinstimmend die Gewaltenteilung zum Kriterium zwischen dem Rechtsstaat und der Despotie erklärt (MdS, S. 431 ff.; ZeF, S. 206 f.; Rprp, S. 168 ff., PdR, S 167 ff.)[777]. Art. 16 Déclaration des Droits de l'Homme et du Citoyen vom 26. August 1789, der Erklärung der Rechte des Menschen und des Bürgers Frankreichs formuliert: „Toute société dans laquelle la garantie des droits n'est pas assurée, ni la séparation des pouvoirs déterminée, n'a point de Constitution.“, übersetzt: Ein jedes Gemeinwesen, im dem die Garantie der Rechte nicht gesichert und die Teilung der Gewalten nicht festgelegt ist, hat keine Verfassung. Die Gewaltenteilung, die Bodin genauso wie Hobbes für unvereinbar mit der Souveränität gehalten haben, modifiziert im Interesse des Schutzes der Bürger vor der Despotie einzelner Machthaber die Machtausübung im Staat, hebt aber die Souveränität nicht auf.

---

[776] Ch. Möllers, Souveränität, Evangelisches Staatslexikon, Sp. 2175.

[777] Locke, Über die Regierung, 1690, XII ff.; Montesquieu, Vom Geist der Gesetze, 1748, XI. Buch, 6. Kapitel.

VI. Souveränität des Rechts

Die „Doctrinaires" der französischen Restaurationsmonarchie (Victor Cousin, François Guizot) haben die Souveränität im Recht gesehen und dieses auf die Vernunft gestellt[778]. Der Niederländer Hugo Krabbe hat um die vorige Jahrhundertwende die Souveränität des Rechts in stetiger Abgrenzung zur Staatssouveränität gelehrt und sich dafür einerseits auf den „altgermanischen Gedanken von der selbständigen Geltung des Rechts", und andererseits auf die volonté générale Rousseaus, die er als „Volksgeist" (miß)versteht und sich um der „Einheit der Norm" willen in der „Entscheidung der Mehrheit des Volkes verkörpere", berufen[779]. Also kennt er einen Souverän, den Willen des Volkes, dem eine gemeinsame Rechtsüberzeugung, die in dem Gesetzesgehorsam zum Ausdruck komme, zugrunde liege[780]. Dennoch stützt er die Gewalt, die immer „Rechtsgewalt" sei, auf „Normen" als dem „Willen" des Staates[781]. Die Rechtssouveränität als „unpersönliche Gewalt" verbindet er richtig mit der Autonomie im Gegensatz zu einer Heteronomie, ohne freilich die Autonomie als die des Willens im kantianischen Sinne anzusprechen[782]. Recht ist nach Kant, wie schon zitiert, der „Inbegriff der Bedingungen, unter denen die Willkür des einen mit der Willkür des anderen nach einem allgemeinen Gesetze der Freiheit zusammen vereinigt werden kann" (MdS, S. 337). Es regelt somit das Miteinander der Menschen in Freiheit aller Menschen. Sowohl Krabbes als auch und erst recht Kelsens Lehre sind in einem mißverstandenen Kantianismus formal. Kelsen meint das Recht vom Willen lösen zu können. Hugo Krabbe hält das nicht durch; denn er überantwortet die Entscheidung über das Recht als volonté générale der Mehrheit des Volkes. Es gibt kein Recht ohne Materie, d.h. ohne Sollenssätze, die verbieten, gebieten oder erlauben. Die Formalität des Gesetzes ist dessen Allgemeinheit und Notwendigkeit. Die Materie ist der jeweilige allgemeine Wille des Volkes, dessen Sittlichkeit, die der Erkenntnis bedarf, nicht nur der Erkenntnis bestimmter Amtswalter, sondern der Erkenntnis aller Bürger, welche diese nur in Moralität hervorzubringen vermögen (FridR, S. 67 ff., 83 ff., 153 f., 163 ff.)[783]. Darum ist die Sentenz

---

[778] Zur Lehre von der Souveränität des Rechts und der Vernunft H. Boldt, Geschichtliche Grundbegriffe, S. 141 f.; in gewisser Weise folgend P. Häberle, Zur gegenwärtigen Diskussion um die Probleme der Souveränität, AöR 92 (1967), S. 263, 270, wenn auch die Souveränität des Rechts sich nicht, wie Häberle meint, lediglich in der Rechtsprechung verwirklicht, sondern vor allem in der Gesetzgebung; Kritik C. Schmitt, Verfassungslehre, S 7 f., 146 f., 54 ff. (Souveränität der Verfassung, hilflos), auch S. 201.

[779] Die Lehre von der Rechtssouveränität, 1906, S. 82 f., 87, 91, 151 ff.

[780] Daselbst, S. 70 ff.; vgl. W. Hennis, Das Problem der Souveränität, S. 27 f.

[781] Die Lehre von der Rechtssouveränität, S. 244 ff.: vgl. M.W. Hebeisen, Souveränität in Frage gestellt, S. 26, 30.

[782] Die Lehre von der Rechtssouveränität, S. 151 ff., 187.

[783] J. Habermas, Volkssouveränität als Verfahren, Faktizität und Geltung, S. 627, sieht „den Bürger durch die Tugendzumutung seit eh und je moralisch überfordert", aber dieser Imperativ ist die Notwendigkeit der Republik als einem bürgerlichen Gemeinwesen. Habermas setzt an die Stelle die elitäre Kommunikation der Zivilgesellschaft (S. 612 ff., 626), eine moderne Form des Tugendterrors. Tugendlichkeit ist keinerlei Zumutung; denn sie gebietet nicht mehr als das

von der Herrschaft des Rechts sinnlos. Recht besteht aus Gesetzen. Diese sind der Wille des Volkes und bedürfen der Willensbildung der Bürger in äußerer und innerer Freiheit. Deren Verwirklichung gestaltet in Deutschland das Grundgesetz[784], das für seine Verletzungen, vor allem durch die Parteienoligarchie, nicht verantwortlich gemacht werden kann. Es gibt keinen Dualismus von Volks- und Rechtssouveränität[785]. Die von Krabbe und Kelsen betriebene Entpersonalisierung des Rechts[786] widerspricht dem Begriff des Rechts als Ordnung des gemeinsamen guten Lebens ohne Herrschaft.

VII. Souveränität als Rechtsprinzip

Souveränität ist ein Rechtsprinzip[787], mit allen Grenzen von Rechtsprinzipien. „Souveränität ist demnach nicht staatliche Allmacht. Sie ist rechtliche Macht und daher durch das Recht gebunden."[788]. Helmut Quaritsch: „Souveränität bedeutet

Handeln nach dem Rechtsprinzip; auch A. Fischer-Lescano, Globalverfassung, S. 23 ff., 70 ff., 97 ff., 256 ff., setzt auf die „globale Zivilgesellschaft", dem „demokratischen Hoffnungsträger in einer Weltgesellschaft", S. 257, ohne diese zu definieren, und deren „colère publique", die öffentliche Empörung, die „lebendiges Recht" im Sinne Emil Durkheims, S. 23, 97 f., „neo-spontanes Weltrecht", S. 70 im Anschluß u. a. an die „Skandalisierung"sdoktrin Gunther Teubners, Privatregimes: Neo-spontanes Recht und duale Sozialverfassungen in der Weltgesellschaft, in: D. Simon/M. Weiss (Hrsg.), Zur Autonomie des Individuums, Liber Amicorum Spiros Simitis, 2000, S. 437 ff., 444, „Der Skandal macht das Recht", „Ein Fülle von eigentlich nicht legitimierten Privatakteuern ist an diesem eigentümlichen Herbeireden des Rechts beteiligt: Medien, professionelle Vereinigungen, Nichtregierungsorganisationen und multinationale Unternehmungen". Diese Dokrin der Zivilgesellschaft, „zivilgesellschaftlicher Rechtssetzung", Fischer-Lescano, a. a. O., S. 23 f., gibt die Formen bürgerlicher, nämlich demokratischer, Gesetzgebung auf. Sein Moralismus, dessen Instrument die Empörung ist („Recht oder Unrecht – Humanität zählt", S. 24), verabschiedet den Rechtsstaat.

[784] In diesem Sinne W. Thieme, „Alle Staatsgewalt geht vom Volke aus", 1955, S. 396.

[785] P. Häberle, Zur gegenwärtigen Diskussion um die Probleme der Souveränität, AöR 92 (1967), S. 280.

[786] Richtige Kritik von C. Schmitt, Politische Theologie, S. 26 ff., 35 ff.

[787] Klar G. Jellinek, Allgemeine Staatslehre, S. 476 und ff.; P. Häberle, Zur gegenwärtigen Diskussion um die Probleme der Souveränität, AöR 92 (1967), S. 269; auch Ch. Seiler, Der souveräne Verfassungsstaat zwischen demokratischer Rückbindung und überstaatlicher Einbindung, S. 101 ff. („formelles Rechtsprinzip", S. 103); W. Leisner, Das Volk, S. 23 ff., 25 ff.; Ch. Hillgruber, Souveränität – Verteidigung eines Rechtsbegriffs, JZ 2002, 1072 ff., 1073, Souveränität „im Kern ein Rechtsbegriff".

[788] G. Jellinek, Allgemeine Staatslehre, S. 481 f.; folgend etwa Ch. Hillgruber, Souveränität – Verteidigung eines Rechtsbegriffs, JZ 2002, 1073, keine „faktische Allmacht der Staatsgewalt", die kein Staat jemals gehabt habe; vgl. W. Hennis, Das Problem der Souveränität, S. 13, 18 f., der das „kantische Selbstbegrenzung des Staates" bei Jellinek nennt. Das paßt schon nicht zur Herrschaftslehre Jellineks, der die „Staatsmacht" in einen Gegensatz zur „individuellen Freiheit" stellt. Das ist gar nicht kantianisch. Hennis ist ausweislich seiner Schrift kein Kenner der Rechtslehre Kants.

nicht nur tatsächliche, sondern zugleich rechtliche Macht"[789]. Das entspricht dem heutigen Völkerrecht und erst recht dem heutigen Staatsrecht. Insbesondere ergibt sich das aus den Texten. Wenn Art. 2 Nr. 1 UN-Charta von der „souveränen Gleichheit" spricht, ist schon dadurch ein Rechtssatz geschaffen, zumal die Staaten keinesfalls gleich an Macht sind. Sie sind vielmehr grundsätzlich als Völkerrechtssubjekte gleichberechtigt, koordiniert[790]. Nur über ein Rechtsprinzip der Souveränität läßt sich politisch, also rechtlich handeln. Walter Leisner: „Wer also von Souveränität spricht, kann nur einen hohen, aber zugleich wirksamen imperativen Grundsatz meinen"[791].

B. Souveränität als Herrschaft oder als Freiheit

I. Souveränität als Herrschaft

1. Fast durchgehend werden Staatlichkeit wie Souveränität als Herrschaft verstanden. Das gehört gewissermaßen zur Machtlehre der Souveränität, wird aber auch von denen vertreten, welche die Souveränität als rechtliche Befugnis verstehen[792]. Jean Bodin hat den neuzeitlichen Begriff der Souveränität mit der suprema potestas verbunden. Dieser Begriff der, wie er meist nicht falsch übersetzt wird, höchsten Gewalt, spricht zunächst die innere Souveränität an und paßt eigentlich nur zur absoluten Fürstenherrschaft. Allein schon wegen der Gewaltenteilung hätte Bodin in einem Rechtsstaat moderner Art niemanden als Souverän zu erkennen vermocht „La souveraineté est chose indivisible" (République 2, 1, p. 254), frei übersetzt: Die Souveränität ist unteilbar[793]. Bei Thomas Hobbes ist der Leviathan, der alle Gewalten

---

[789] Staat und Souveränität, S. 43; Ch. Hillgruber, Souveränität – Verteidigung eines Rechtsbegriffs, JZ 2002, 1073, „notwendig begrenzte, nicht etwa schrankenlose Macht", „rechtlich geordnete Gewalt".

[790] Hinweise in Fn. 978; P. Häberle, Zur gegenwärtigen Diskussion um die Probleme der Souveränität, AöR 92 (1967), S. 261; dazu A. Emmerich-Fritsche, Vom Völkerrecht zum Weltrecht, S. 158 ff.

[791] Das Volk, S. 25, auch S. 28 f., der freilich die Volkssouveränität „unter Gesetzesvorbehalt" wähnt, zumal durch das Staatsangehörigkeitsrecht, welches „die Zusammensetzung des Volkssouveräns zur Sache des einfachen Gesetzgebers" mache, S. 29 ff., 30.

[792] Etwa G. Jellinek, Allgemeine Staatslehre, S. 183, 482; H. Heller, Die Souveränität, S. 57 ff.; F. A. von der Heydte, Vom Heiligen Reich zur geheiligten Volkssouveränität, S. 350 f. („Herrschaftsmonopol", „Herrschaftsanspruch"); K. Doehring, Internationale Organisationen und staatliche Souveränität, S. 108 f. (Staat „festliegendes Territorium", „Volk", „effektive Herrschaftsgewalt", „beteiligt sich am internationalen Verkehr"), S. 110 (Begriff der Souveränität „lebt vom Gegensatz zwischen Herrscher und Beherrschten", mitnichten); H. Quaritsch, Staat und Souveränität, S. 35, 43, 506; J. Isensee, Staat und Verfassung, HStR, Bd. I, § 13, Rdn. 34; R. Zippelius, Allgemeine Staatslehre, S. 44 ff. 93 ff.; W. Mäder, Vom Wesen der Souveränität, S. 52 ff., 161.

[793] H. Quaritsch, Staat und Souveränität, S. 259, 264 f., 266 ff., 269; ders., Souveränität, S. 57 f.; D. Klippel, Geschichtliche Grundbegriffe, S. 108; O. Beaud, Föderalismus und Sou-

in sich vereinigt (II, 18. Kap., S, 156 ff.), dieser Souverän. Carl Schmitt hat plakatiert: „Souverän ist, wer über den Ausnahmezustand entscheidet“[794], nicht wer entscheiden darf, sondern wer es tut. Die Krise des Euro etwa wird wie ein Ausnahmezustand behandelt, ohne einer zu sein. Die Eurorettungspolitik ist nicht Ausdruck von Souveränität, sondern schlicht Staatsstreich[795]. Für Helmut Quaritsch ist die „Souveränität das Kriterium des Staates“, der Staat ein „Herrschaftsverband“[796].

Abgesehen von der Jahrhunderte langen Herrschaftsgeschichte und der vermeintlichen historischen Legitimation von Herrschaft von Menschen über Menschen, sei es durch Fürsten oder durch Staaten, ist Vordenker weiter und einflußreicher Teile der heutigen Staatslehre mehr noch als der viel gelesene und noch mehr zitierte Georg Jellinek[797], der die staatsrechtliche Herrschaftsdoktrin des restaurierten, von Hegel in ein philosophisches System gebrachten (dazu Zweiter Teil C.I.) Monarchismus[798] tradiert hat, Carl Schmitt, der den Staat wie die Demokratie als Herrschaftssystem[799] entwickelt und vor allem die Repräsentation als Herrschaft vorstellt (kritisch Rprp, S. 735 ff.)[800]. Carl Schmitt definiert „Demokratie (als Staatsform wie als Regierungs- oder Gesetzgebungsform) als Identität von Herrscher und Beherrschten, Regierenden und Regierten, Befehlenden und Gehorchenden“[801]. Auf dieser Identifizierung, vielfach kritiklos abgeschrieben, baut er seine demokratistische Herrschaftslehre des repräsentierten unsichtbaren Volkes als politischer Einheit über das Volk als Vielheit der Menschen auf. Die Identität, eine ebenso suggestive wie legitimierende Vokabel, wird zur „substantiellen Gleichheit“, zur „Identität des homogenen Volkes“. Identität bezeichne „das Existentielle der politischen Einheit des Volkes“[802]. Dabei ist das Politische bei Schmitt immer durch das

veränität. Bausteine zu einer verfassungsrechtlichen Lehre der Föderation, Der Staat 35 (1996), S. 61.

[794] C. Schmitt, Politische Theologie. Vier Kapitel zur Lehre von der Souveränität, S. 13, 19.

[795] K. A. Schachtschneider, Die Rechtswidrigkeit der Euro-Rettungspolitik. Ein Staatsstreich der politischen Klasse, 2011.

[796] H. Quaritsch, Staat und Souveränität, S. 35, 506, 36 ff.

[797] Allgemeine Staatslehre, 1900, 3. Aufl., 5. Neudruck 1928; zu der der Tradition verbundenen Souveränitätsdoktrin im 19. Jahrhundert F. A. von der Heydte, Vom Heiligen Reich zur geheiligten Volkssouveränität, S. 358.

[798] Prägnant F. J. Stahl, Philosophie des Rechts nach geschichtlicher Ansicht, Bd. II, Abt. 2, 1833, 5. Aufl. 1878, S. 190 f.: Die Souveränität „ist der Herrscherwille, der im ganzen Bereich des Staates gegenwärtig und wirksam ist, seine innerste Persönlichkeit.“; vgl. W. Hennis, Das Problem der Souveränität, S. 14 f.

[799] C. Schmitt, Verfassungslehre, S. 3 ff., 223 ff., 234 ff.; zum Modernen Staat als System H. Krüger, Allgemeine Staatslehre, S. 83 ff.

[800] Verfassungslehre, S. 203, 209 f., 235 ff.; kritisch zur Identitätsdoktrin von „Geführten und Führern“ F. A. von der Heydte, Vom Heiligen Reich zur geheiligten Volkssouveränität, 1955, S. 384, der aber dem Parteienstaat das Wort redet.

[801] Verfassungslehre, S. 234; vgl. E.-W. Böckenförde, Demokratie als Verfassungsprinzip, HStR, Bd. I, 1987, § 22, Rdn. 49.

[802] Verfassungslehre, S. 235.

Freund-Feind-Schema gekennzeichnet[803]. Die Dogmatik des Bundesverfassungsgerichts bleibt unklar, wie dargelegt schwankend zwischen Herrschaft und Selbstbestimmung des Volkes in Freiheit und Gleichheit. Bemerkenswert hat es allerdings im Lissabon-Urteil zu Rn. 223 von „der Souveränität als ‚völkerrechtlich geordneter und gebundener Freiheit'" gesprochen, freilich noch in Anführungszeichen.

2. Eine Definition der Souveränität als Herrschaft ist in der Literatur unter dem Grundgesetz meist zu vermissen. Der Widerspruch zur Freiheit würde allzu bewußt. Friedrich August von der Heydte definiert Herrschaft gerade als Souveränität als „Verfügungsgewalt über Menschen: Verfügungsgewalt über menschliches Leben, menschliches Eigentum, menschliche Freiheit; Verfügungsgewalt über alles, was den Menschen ausmacht, was der Mensch durch seine Arbeitsleistung schafft, was dem Menschen gehört und ihm zugeordnet ist"[804]. Das ist offen und ehrlich und setzt die Herrschaftslehre von selbst ins Unrecht. Allerdings bindet von der Heydte auch heute noch die Herrschaft und Souveränität an das Sittengesetz, nicht das kantianische, sondern das katholische, naturrechtliche; denn seine Herrschaftslehre ist noch theistisch („Alle Herrschaftsgewalt ist von Gott", noch 1955!), also Herrschaft von „Gottes Gnaden"[805].

Meist werden die Handlungen des Staates, dem Souveränität beigemessen wird, schlicht als Herrschaft verstanden. Verborgen und meist nicht bewußt bleiben die Voraussetzungen dieser Doktrin, die personenhafte eigenständige von den Bürgern unabhängige Existenz des Staates und die Umwandlung der Bürgerlichkeit in Untertänigkeit. Nur ein Herr kann herrschen[806] (kritisch Rprp, S. 730 ff.), also eine Person. Der Staat wird μάκρο ἄνθρωπος. Allerdings zeigt sich die Herrschaftsdoktin in der fast durchgehend gelehrten hegelianischen Trennung oder Unterscheidung von Staat und Gesellschaft, die oben im Vierten Teil G.I.3. angesprochen ist, und, noch schmerzlicher, in der oben im Vierten Teil B.V. kritisierten liberalistischen Freiheitslehre, welche dem Bürger die politische Freiheit nicht zugesteht oder allenfalls als dualistische Freiheitslehre (Vierter Teil B.VI.) ein mehr als schmales Recht auf Demokratie aus Art. 38 Abs. 1 GG einräumt (BVerfGE 89, 155 (171 f.); 123, 267, Rn. 167 ff.). Das hat immerhin wichtigen Verfassungsprozessen die Grundlage gegeben, wie dem Maastricht- und dem Lissabonprozeß, aber auch den Prozessen um die Eurorettungspolitik.

3. Die suprema potestas, nach allgemeiner Meinung die Materie der Souveränität, ist freilich oberste oder höchste Herrschaft, wenn Staatsgewalt als Herrschaft ver-

---

803 Verfassungslehre, S. 214 ff.; ders., Der Begriff des Politischen, S. 20 ff., 26 ff.; scharfe Kritik von H. Heller, Staatslehre, S. 206 f., der Schmitt zu Recht den „einflußreichen Advokaten des dunklen Faschismus" nennt; ablehnend M. Kriele, Einführung in die Staatslehre, S. 242 ff., 246 f.; kritisch auch H. Krüger, Allgemeine Staatslehre, S. 681 ff.; neutral W. Leisner, Das Volk, S. 146, 186.

804 Vom Heiligen Reich zur geheiligten Volkssouveränität, S. 350.

805 Vom Heiligen Reich zur geheiligten Volkssouveränität, S. 350 ff., 355, 365.

806 Klar C. Schmitt, Verfassungslehre, S. 208 ff.; gestützt auf M. Weber, Wirtschaft und Gesellschaft, S, 172; auch G. Leibholz, Das Wesen der Repräsentation, S. 34, 64, 73, 140.

standen wird. Die Vorstellung von Herrschaft orientiert sich damit an der antiken Herrschaft im Hause, der Despotie, δεσποτεία, oder der patria potestas[807], dem Paternalismus, welche der staatlichen Herrschaft auch noch gemäß dem monarchischen Prinzip des Konstitutionalismus Orientierung gab[808]. Die Despotie ist durch die Rechtlosigkeit, nicht etwa Sittenlosigkeit, gekennzeichnet. Dieser Herrschaftsbegriff ist mehr am dominium, als am imperium ausgerichtet[809]. Die römische Republik kannte Herrschaft als dominium vor allem im Hause, nicht aber dauerhaft in politicis. Das Haus, οἶκος, domus, war nicht Ort der πόλις oder der res publica, nicht Ort des ius, sondern der mores. Potestas als eigentlich private Hausherrschaft wird, meint Wilhelm Henke, in das Amt eingebracht und im Politischen zur Amtsgewalt, die von der auctoritas der Senatoren gestärkt sein konnte und gegebenenfalls das imperium, die vornehmlich militärische Macht, umfaßte[810]. Diese Wandlung der potestas vom dominium in das imperium ist eher zweifelhaft. Sie mag für den Niedergang der Republik und den folgenden Cäsarismus, der aus privater Macht der Heerführer entstanden ist, zutreffen. „Römisch gesprochen: imperium ist nicht dominium" sagt Dolf Sternberger[811]. In der res publica ist die potestas die Amtsgewalt, die der Senat verleiht. Das Politische und Staatliche hat in der Antike eine eigene Sprache und ist im Gefüge der politischen Verfassung zu erfassen, also als Begriff der κοινωνία πολιτική oder der res publica. Die κοινωνία πολιτική war ebenso wie die res publica durch die Gleichheit der Bürger, die Gleichheit in der politischen Freiheit, gekennzeichnet[812]. Wer sich in Athen zum Herren des Gemeinwesens machte, wurde Tyrann, wenn er nicht schon vorher durch ein Scherbengericht verbannt war. Im cäsarischen Rom blieb er zwar der Imperator und hatte potestas, aber die Amtsgewalt

[807] Vgl. H. Günther, Herrschaft, in: O. Brunner/W. Conze/R. Koselleck, Geschichtliche Grundbegriffe, Historisches Lexikon zur politisch-sozialen Sprache in Deutschland, Bd. 3, 1982, S. 39 ff.; Ch. Meier, Macht, Gewalt, daselbst, S. 820 f.; M. Riedel, Der Begriff der „Bürgerlichen Gesellschaft" und das Problem seines geschichtlichen Ursprungs, S. 86 f.; D. Sternberger, Der alte Streit um den Ursprung der Herrschaft, 1977, in: ders., Herrschaft und Vereinbarung, Schriften Bd. III,1980, S. 9ff., S. 26 ff.

[808] Vgl. H. Günther, Herrschaft, S. 41 ff.; paternalistisch ist das Herrschaftsverständnis W. Henkes, Recht und Staat. Grundlagen der Jurisprudenz, 1988 S. 251 ff., noch heute und wohl unvermeidlich; zum monarchischen Prinzip grundlegend F. J. Stahl, Das monarchische Princip, 1845.

[809] Vgl. dazu K.H. Ilting, Herrschaft, in: O. Brunner/W. Conze/R. Koselleck (Hrsg.), Geschichtliche Grundbegriffe. Historisches Lexikon zur politisch-sozialen Sprache in Deutschland, Bd. 3, 1982, S. 36; G. Jellinek, Allgemeine Staatslehre, S. 398 ff., 405 f.; dazu auch H. Krüger, Allgemeine Staatslehre, S. 820 ff.; O. Höffe, Politische Gerechtigkeit, S. 207 f.; F. A. von der Heydte, Vom Heiligen Reich zur geheiligten Volkssouveränität, S. 351 ff., identifiziert die Herrschaft über Menschen mit der über Sachen jeweils als dominium, durchaus richtig, freilich rechtfertigt er sie auch als Gottes Herrschaft, sehr katholisch, sehr bayerisch, sehr restaurativ.

[810] W. Henke, Recht und Staat, S. 319 ff., 328 ff.; zur Begriffsgeschichte Ch. Meier, Macht, Gewalt, S. 817 ff., insb. S. 830 ff.; D. Sternberger, Der alte Streit um den Ursprung der Herrschaft, S. 21, 26; ders., Max Weber und die Demokratie, S. 152 f.

[811] Der alte Streit um den Ursprung der Herrschaft, S. 26; Max Weber und die Demokratie, S. 152; ebenso Ch. Meier, Macht, Gewalt, S. 830.

[812] M. Riedel, Die bürgerliche Gesellschaft, S. 13ff.

wurde zur Herrschaft, zum Cäsarismus, zum Kaisertum. Das hat die politischen Verhältnisse nachhaltig für Jahrhunderte verändert, aber die europäischen Revolutionen haben diese allmählich wieder republikanisiert. Revolutionen sind nicht Rechtsbruch, wie Carl Schmitt, Ulrich Scheuner und die meisten Rechtslehrer meinen[813], sondern Befreiungen zum Recht[814], im Gegensatz zu Umstürzen.

Aus dem aus dem Griechischen stammenden Wort Demokratie wird versucht, Herrschaft zu rechtfertigen. Aber κρατεϊν heißt nicht herrschen, sondern in etwa das Sagen, Kraft, Macht haben[815]. In keinem der klassischen Texte, schon gar nicht bei Aristoteles, läßt sich κρατεϊν mit herrschen übersetzen. Demokratie bedeutet somit: Das Volk hat das Sagen. Ebenso wird αρχή meist irreführend mit Herrschaft übersetzt[816], um aus der Sprache der Athener Demokratie Legitimation für eine (vermeintliche) Volksherrschaft zu gewinnen. Das Wort αρχή besagt schlicht Amtsgewalt. Die politischen Begriffe anderer, zumal alter Zeiten müssen im Kontext der politischen Verhältnisse, die wir freilich nur aus den Schriften der klassischen Autoren kennen, verstanden werden. Keinesfalls dürfen sie in zeitgebundene etwa deutsche Verhältnisse eingepaßt werden, um den alten Worten Legitimation abzugewinnen. Vor allem die Texte des Aristoteles zur κοινωνία πολιτική[817] und Ciceros zur res publica sind klärend.

4. Die politischen Begriffe des Kaisertums und der Monarchie können nach einer Revolution keinen Bestand haben. Die Sprache und erst recht die Dogmatik der deutschen Staatsrechtslehre haben die Revolution im November 1918, die das monarchische Prinzip wie die Souveränität des Monarchen aufgehoben[818] und die Republik verfaßt hat, bis heute nicht umgesetzt, jedenfalls nicht hinreichend oder gar vollständig, insbesondere nicht das Bundesverfassungsgericht. Der wichtigsten Sätze der Weimarer Reichsverfassung standen und stehen in Art. 1: „Das Deutsche Reich ist ein Republik. Die Staatsgewalt geht vom Volke aus". Auch das Grundgesetz ist in seinem System, aber auch in seiner historischen Lage zu interpretieren. Dabei darf die systembestimmende Veränderung der politischen Verfassung 1918 nicht übersehen werden. Das Grundgesetz schreibt gewissermaßen die Weimarer Reichsverfassung von 1919 fort, verstärkt aber nach den bitteren Erfahrungen des Dritten Reiches und des Zusammenbruchs 1945 den Schutz der Menschenwürde und

---

[813] C. Schmitt, Politische Theologie, S. 31 f.; U. Scheuner, Die nationale Revolution – Eine staatsrechtliche Untersuchung, AöR 63 (1938), S. 166 ff., 261 ff., S. 173 f. (kein Recht zur Revolution).

[814] K. A. Schachtschneider (O. Gast), Sozialistische Schulden nach der Revolution, S. 50 ff.; i.d.S. auch M. Kriele, Die demokratische Weltrevolution, S. 19 ff., 36 ff., 79 ff., 133 ff.; i.d.S. auch M. W. Hebeisen, Souveränität in Frage gestellt, S. 620 ff.

[815] V. Hösle, Moral und Politik. Grundlagen einer politischen Ethik für das 21. Jahrhundert, 1997, S. 94 ff.

[816] Etwa C. Schmitt, Verfassungslehre, S. 216.

[817] Dazu grundlegend M. Riedel, Bürgerliche Gesellschaft, S. 13 ff.; H. Seubert, Was wir wollen können. Bürgerliche Identität im 21. Jahrhundert, S. 57 ff.

[818] W. Hennis, Das Problem der Souveränität, S. 13.

der Menschenrechte, aber auch den Föderalismus und Kommunalismus[819]. Zudem stabilisiert es das parlamentarische Regierungssystem. Das Grundgesetz ist aber auch und wesentlich der UN-Charta und der Menschenrechtserklärung mit deren Weltrechtsprinzip des im Vierten Teil A.I. zitierten Art. 1 verpflichtet. Schließlich bedürfte es der Genehmigung der (westlichen) Besatzungsmächte. Das Weltrechtsprinzip ist aber die Freiheit und damit die Gleichheit in der Freiheit verbunden mit der Brüderlichkeit, stoisch und christlich[820]. Das ist kein Hegelianismus, sondern uneingeschränkter Kantianismus. Demgemäß kann auch die Souveränität des Staates nur freiheitlich konzipiert werden. Die Staatsgewalt mag man in alter Tradition und durchaus sachgerecht potestas nennen. Sie ist jedenfalls eine freiheitliche Einrichtung und erfaßt die Befugnisse des Staates als Organisation des Volkes für die Verwirklichung des gemeinen Wohls, also der praktischen Vernunft, der Sittlichkeit, des Rechts. Den Befugnissen des Staates, die durch das Verfassungsgesetz und die Gesetze geregelt sind, müssen die Handlungsmöglichkeiten des Staates genügen, damit er die Befugnisse ausüben kann. Auch die Mittel des Staates sind gesetzlich geregelt und haben ihre Grenzen in der Verfassung und dem Verfassungsgesetz. In der Republik, dem Staat der Freiheit, im Rechtsstaat, besteht ein umfassender Gesetzesvorbehalt (PdR, S. 94 ff., 110 ff.); denn anders ist die Verwirklichung der allgemeinen Freiheit als der Autonomie des Willens nicht möglich.

5. Zu den Methoden der Herrschaft in der Demokratie gehört das verfassungswidrige Verhältniswahlsystem mit der 5 %-Sperrklausel (Rprp, S. 1147 ff.)[821]. Ein solches Verfahren der Souveränitätsausübung sichert die Freiheit des Volkes nicht. Die Wahlen bestimmen allein die Auswahl der Amtswalter, welche die Parteien den Wählern andienen, jedenfalls in Deutschland. Die Abgeordneten sind wegen ihrer notorischen Mittelmäßigkeit austauschbar. Die Wahlen entscheiden in einer festgefügten Parteienoligarchie ohne wirkliche Opposition, wie sie derzeit in Deutschland besteht, politisch so gut wie nichts. Sie geben entgegen der Auffassung des Bundesverfassungsgerichts der Politik auch keine von der jeweiligen Mehrheit bestimmte Richtung (BVerfGE 123, 267, Rn. 213, 215, 250, 268, 281, 286). Das sollen sie nicht einmal. Die schicksalhaften Weichenstellungen werden regelmäßig von allen Parteien des Bundestages und des Bundesrates, zurzeit abgesehen von der einflußlosen Linken, getragen. Es gibt allenfalls den Schein einer Opposition; denn allen Parteigängern

---

[819] Dazu W. Leisner, Das Volk, S. 90 ff. („kleine Völker").

[820] P. Graf Kielmansegg, Volkssouveränität, S. 69, 102, zur stetigen mehr metaphysischen als sozialpolitischen Maxime des Mittelalters und auch der frühen Neuzeit vom freien und gleichen Wesen der Menschen, auch S. 73 zu N. Cusanus, S. 92 zu J. Altusius, S. 99 ff. zu S. Pufendorf, S. 103 zu Th. Hobbes und B. Spinoza, S. 104 zu J. Locke, S. 109 ff. zu den amerikanischen Kolonisten, zu Virginia, Connecticut und Rhode Island, auch S. 158 ff.

[821] Anders BVerfGE 1, 208 (247 ff.); 4, 31 (40); 4, 375 (380); 24, 300 (341); 34, 81 (98 ff.); 41, 399 (421); 51, 222 (234 ff.); 82, 322 (338); so auch die sich anschließende h. L. etwa K. Stern, Staatsrecht I, S. 31, 967; richtig K. Jaspers, Wohin treibt die Bundesrepublik? Tatsachen. Gefahren. Chancen, 1966, 10. Aufl. 1988, S. 134: „Die Klausel ist eine Sicherung der herrschenden Parteien gegen neu Parteien"; richtig aber gegen die 5 % Sperrklausel für die Europawahl BVerfGE 129, 300 (316 ff.).

geht es um Posten und Pfründen, um nichts anderes. Es gibt dennoch Entscheidungen, aber die werden von Außen, von anderen Staaten, von der vor allem internationalisierten Wirtschaft, von Verbänden usw., in der Europäischen Union durch die Organe derselben, bestimmt von den Interessen der Mehrheit der Mitgliedstaaten oder Frankreichs, meist zu Lasten Deutschlands, aber wesentlich auch durch den Integrationismus des Europäischen Gerichtshofs, den Parteien in gleicher Weise vorgegeben, jedenfalls aufgedrängt. Keine Partei vermag nach der Wahl politische Versprechen umzusetzen, wenn das die Lage nicht zuläßt, und die Lage ändert sich ständig und oft schnell. Gegenwärtig ist das besonders augenfällig. Ein deprimierendes Beispiel ist die Eurorettungspolitik, die nicht nur vertrags- und verfassungswidrig ist, sondern jede ökonomische Vernunft vermissen läßt. Sie wird um der Integration der Union zu einem (föderalisierten) Einheitsstaat willen von allen Bundestagsparteien mit überbordendem Eifer verfolgt[822]. Die Demokratiedogmatik des Bundesverfassungsgerichts ignoriert, daß Deutschland keine Demokratie (im freiheitlichen Sinne), sondern ein Parteienstaat ist, die Verfallserscheinung der Republik.

6. Die Herrschaftsdoktrin versucht die innere Souveränität zu erfassen, hat aber auch Bedeutung für die äußere Souveränität. Im Staatenverkehr wird erwartet, daß die Regierungen der vertragschließenden Staaten sich in ihren Staaten kraft ihrer Herrschaft durchsetzen. So ist die regelmäßige Wirklichkeit, aber selten die Rechtslage. Der Internationalismus stärkt systemisch die Macht der Regierungen erheblich, zu Lasten der anderen Staatsorgane. So mußte erst das Bundesverfassungsgericht die Selbstentmachtung des Deutschen Bundestages gegenüber der Bundesregierung, näherhin gegenüber dem Finanzminister, durch die Einrichtung eines neunköpfigen Unterausschusses des Haushaltsausschusses, von dem wegen seiner Besetzung zu erwarten war, daß er jedweder Haushaltspolitik zum Zwecke der Eurorettung im Rahmen der globalen Verpflichtungsermächtigungen des Bundestagsplenums zustimmen werde, durch einstweilige Anordnung vom 27. Oktober 2011 (BVerfG DÖV 2012, 75) und Urteil vom 28. Februar 2012 (BVerfGE 130, 318 (341 ff.)) stoppen und auch die Selbstentmachtung durch die Europäische Finanzstabilitätsfaszilität (EFSF) und den Europäischen Stabilitätsmechanismus (ESM) unterbinden (Urteil vom 7. September 2011, BVerfGE 129, 124 (166 ff., 176 ff.) bzw. Eilurteil vom 12. September 2012, BVerfGE 132, 195 (232 ff.)). Das Parlament möchte seine schwer zu bewältigende Verantwortung für die Eurofinanzpolitik möglichst abschieben, ein Ausdruck der parteienstaatlichen, republikwidrigen Oligarchie, in dem sich die Parlamentsabgeordneten, statt das Volk bestmöglich zu vertreten, darauf beschränken, ihre Wiederwahl zu sichern. Die aber hängt von der Gefolgschaft zur Führung der Partei ab. Der Bundeskanzler ist regelmäßig der Vorsitzende der stärksten Bundestagspartei und hat die Macht der Ämterzuteilung, die wichtigste Befugnis im Machtsystem, aber auch erheblichen Einfluß auf die Kandidatenaufstellung seiner Partei. Das führt systemisch zur Negativauslese der Abgeordneten, schon weil kein Machthaber Konkurrenten duldet. Folglich sitzen im Parlament vornehmlich Mit-

---

[822] Dazu K. A. Schachtschneider, Die Rechtswidrigkeit der Euro-Rettungspolitik. Ein Staatsstreich der politischen Klasse, 2011.

läufer ohne hinreichende politische Substanz und meist ohne besonderes Interesse am gemeinen Wohl. Die wenigen Ausnahmen, die mit Sachverstand ihrem Gewissen folgen, sind an der Hand zu zählen. Die Pflichtvergessenheit der Abgeordneten, welche die schicksalhaften Verträge und Gesetze, über die sie abstimmen, zum großen Teil nicht einmal kennen, erleichtert die Herrschaft ungemein[823].

Nach den Verfassungsgesetzen der meisten Staaten müssen die Parlamente und in einigen Staaten sogar die Völker den völkerrechtlichen Verträgen zustimmen. Wenn diese Organe der mittelbaren oder unmittelbaren Demokratie Schwierigkeiten bei der vertraglichen Durchsetzung der Interessen der Oligarchie, die gegenwärtig von hohnlachenden (Videobeweise im Juni 2013 aus Irland) Machthabern der Finanzindustrie gesteuert wird, machen, werden sie mit harten Maßnahmen zur Räson gebracht. Öffentlich werden meist nur die Disziplinierungsmaßnahmen der koordinierten Medien. Die Mediatisierung entmachtet die Bürger, den eigentlichen Souverän. „Die eigentlich dem Volk zukommende Souveränität ist auf die politische Klasse übergegangen", stellt Hans Herbert von Arnim nicht dogmatisch, aber faktisch richtig fest[824].

7. Auch die übliche völkerrechtliche Definition des Staates verbindet den Staatsbegriff außer mit Gebiet und Volk mit Herrschaft. Das Bundesverfassungsgericht hat diesen Begriff im Lissabon-Urteil insofern nicht benutzt, sondern den der Staatsgewalt, aber seine Dogmatik der Staatsgewalt mit dem Herrschaftsbegriff oder dem der Volksherrschaft verbunden (BVerfGE 123, 267, Rn. 210, 212, 231 u. ö.). Es spricht sogar von „Parlamentsherrschaft" (Rn. 214), vom „demokratischen Herrschaftssystem" (Rn. 244), vom „Herrschaftsverband" (Rn. 268), von „politischer Herrschaft" der Europäischen Union (Rn. 233) und gar von „supranationaler Herrschaftsmacht" (Rn. 262) und steigert die Fiktionalität seiner Dogmatik durch den Satz, daß „eine Mehrheitsentscheidung im Parlament zugleich die Mehrheitsentscheidung des Volkes repräsentiere" (Rn. 214). Die Mehrheit im Parlament ist eine Koalition von Abgeordneten, welche von unterschiedlichen Minderheiten als Kandidaten bestimmter Parteien gewählt wurden, die insgesamt regelmäßig eine Minderheit der Wählerschaft, allemal des Volkes ausmachen. Die republikwidrige, von Carl Schmitt und Gerhard Leibholz übernommene, Repräsentationsdoktrin im Sinne einer „wesensmäßigen Vergegenwärtigung" des Volkes[825] hat keine Legitimations-

[823] Dazu H. H. von Arnim, Die Deutschlandakte, 3. Aufl. 2008, S. 26 ff., 92 ff., 138 ff.

[824] Die Deutschlandakte, S. 28.

[825] C. Schmitt, Verfassungslehre, S. 203, 209 f., 235 ff.; G. Leibholz, Das Wesen der Repräsentation und der Gestaltwandel der Demokratie im Zwanzigsten Jahrhundert, S. 25 ff.; krass P. Badura, Die parlamentarische Demokratie, HStR, Bd. I, 1987, Rdn. 34 ff. („Demokratie als Staatsform ist egalitär kontrollierte und legitimierte Volksvertretung durch frei gewählte und selbständig entscheidende Volksvertretung. Nur eine repräsentative Ausübung politischer Gewalt ermöglicht eine Herrschaft nach Rechtsgesetzen", Rdn. 35; „Die parlamentarische Repräsentation ist ein die Verwirklichung der Volkssouveränität näher bestimmendes Verfassungsprinzip", Rdn. 36; Textzitat Rdn. 37); Kritik K. A. Schachtschneider, Res publica res populi, S. 735 ff.

kraft, zumal die Mehrheit des Volkes nichts rechtfertigt. Rechtlichkeit kann nur der Erkenntnis des Richtigen für das Gemeinwohl auf der Grundlage der Wahrheit erwachsen. Jede andere Dogmatik legitimiert Herrschaft und verletzt mit dem Republikprinzip die Freiheit.

Nach der Rechtlage hängt auch die Geltung der Verträge, von der deren Anwendbarkeit im Innern des Staates abhängt, an der Zustimmung des Parlaments oder des Volkes. Der Wille des Volkes, also der allgemeine Wille der Bürger, verschafft den Verträgen Verbindlichkeit, völkerrechtlich und staatsrechtlich. Richtig ist die Lehre vom umgekehrten Monismus (PdR, S. 61, 125)[826], nach der der Wille der Bürgerschaft Geltungsgrund der Verträge mit anderen Staaten ist, nicht der praktizierte Dualismus[827], nach dem die Staaten die Verträge mit völkerrechtlicher Verbindlichkeit schließen und die innerstaatliche Verbindlichkeit von der Transformation der Verträge durch staatliches Gesetz in innerstaatliches Recht abhängt (BVerfGE 111, 307 (318)). Auch der völkerrechtliche Dualismus dogmatisiert den Staat als eigenständige Existenz, getrennt von seinen Bürgern. Das Bundesverfassungsgericht sieht in dem Zustimmungsgesetzen zu den Verträgen, die nach Art. 59 Abs. 2 GG oder im Rahmen der europäischen Integration nach Art. 23 Abs. 1 S. 2 GG erforderlich sind, jeweils den parlamentarischen „Rechtsanwendungsbefehl", von dem die innerstaatliche Verbindlichkeit der Verträge abhänge (BVerfGE 45, 142 (169); 52, 187 (199); 73, 339 (367 f., 375); 89, 155 (190); 111, 307 (318): 23, 267, Rn. 242, 333, 335, 339, 343; PdR, 75 ff.)[828]. Das Wort ist verräterisch. Das Parlament

[826] K. A. Schachtschneider, Existentielle Staatlichkeit der Völker Europas, S. 111; Chr. Amrhein-Hofmann, Monismus und Dualismus in den Völkerrechtslehren, 2003; A. Emmerich-Fritsche, Vom Völkerrecht zum Weltrecht, S. 95 ff., 102, 262, 625. Der Monismus fingiert die Einheit der Rechtsordnung aus Völkerrecht und Staatsrecht (das ist richtig), und fingiert im Sinne eines Stufenbaus des Rechts, daß der Geltungsgrund des Staatsrechts im Völkerrecht liege (das ist unrichtig). Die Geltung des Rechts ist nicht von oben, etwa von einer Grundnorm, für die man auch Gott sagen könnte, begründet, sondern einzig durch den Willen der Bürger, wenn man so will, von unten. Hauptvertreter des Monismus ist H. Kelsen, Das Problem der Souveränität und die Theorie des Völkerrechts, S. 102 ff., insb. S. 204 ff.; ders., Reine Rechtslehre. Einleitung in die rechtswissenschaftliche Problematik, 1934, 2. Aufl. 1960, S. 288 ff., 332 ff., der seine Lehre normlogisch zu fundieren versucht und den Primat des Völkerrechts vor dem Staatsrecht im Interesse einer weltstaatlichen Ordnung präferiert, weil „die Souveränität des einen Staates mit der Souveränität jedes anderen Staates unvereinbar" sei (?); ders., Allgemeine Staatslehre, 1925, S. 119 ff., Zitat S. 123; ders., Die Einheit von Völkerrecht und staatlichem Recht, ZaöRV 19 (1958), S. 234 ff.; ders., Der Wandel des Souveränitätsbegriffes, S. 177 f.; monistisch im Kelsenschen Sinne auch J. Kokott, Die Staatsrechtslehre und die Veränderung ihres Gegenstandes, VVDStRL 63 (2004), S. 21 f., mit Hinweis auf den fragwürdigen „Verfassungsverbund", wie diesen I. Pernice, Europäisches und nationales Verfassungsrecht, VVDStRL 60 (2001), S. 172 ff. vertritt; gegen jede Art von Monismus H. Heller, Souveränität, S. 178 ff.; dazu K. Stern, Staatsrecht I, §§ 14 I, S. 474 ff.; M. W. Hebeisen, Souveränität in Frage gestellt, S. 250 ff., 257 ff., 267 ff., 270 ff., 466 ff.; A. Emmerich-Fritsche, a. a. O., S. 92 ff.; dazu im Zweiten Teil D.

[827] Hauptvertreter H. Triepel, Völkerrecht und Landesrecht, 1899, S. 63 ff., zur Transformation S. 118 f.; dazu A. Emmerich-Fritsche, Vom Völkerecht zum Weltrecht, S. 98 ff.

[828] Richtig Th. Schmitz, Integration in der Supranationalen Union, S. 295 ff.; dazu auch Ch. Möllers, Staat als Argument, S. 394, auch S. 426 f., der allerdings meint, mit dem

befiehlt. Befehl ist das Instrument des Herrschers[829]. Es wird befohlen, fremdes Recht, Recht, welches das Volk nicht beschlossen hat, unmittelbar oder mittelbar, anzuwenden, also die Unterwerfung unter den Willen fremder Staaten, jedenfalls wenn für die Rechtsakte, wie meist, nicht die Einstimmung aller vergemeinschafteter „Herren der Verträge" (BVerfGE 89, 155 (190, 199); 123, 267, Rn. 231, 235, 271, 298, 334) erforderlich ist. Richtig dogmatisiert beschließt das Zustimmungsgesetz im Namen des Volkes die Erkenntnis, daß der Vertrag der Wille des Volkes und darum für das Volk verbindlich ist.

II. Souveränität als Freiheit

Aus der Kritik der herrschaftlichen Souveränität ergibt sich, daß Souveränität nur freiheitlich konzipiert werden kann. Die Freiheit des Bürgers ist die Souveränität. Nur der Bürger ist souverän, nicht der Staat. Der Staat übt für die Bürger deren Souveränität aus; denn der Staat ist die Organisation der Bürger für deren gemeinsames Wohl, das allgemeine Wohl.

1. Die Souveränität ist nicht spezifisch Macht des Staates, obwohl der Staat um der Souveränität willen der Möglichkeiten, das Recht zu verwirklichen, also der Macht bedarf. Sie ist auch nicht Herrschaft des Staates, wenn der Staat freiheitlich ist, also eine durch die Freiheit der Bürger definierte Republik. Sie ist ein Rechtsprinzip eines Staates, sowohl völkerrechtlich als auch staatsrechtlich, selbst wenn der Staat menschenrechtswidrig ein Herrschaftssystem ist. Die politische Freiheit der Bürger, die Bürgerlichkeit der Bürger, bestimmt alle politischen Begriffe der Republik. Deswegen ist es für die politische Wirklichkeit des deutschen Parteienstaates, der keine Republik im freiheitlichen Sinne und nicht allein schon wegen der parteien-

---

„Übertragungsakt" werde ein Teil der „Gebietshoheit abgegeben", mitnichten, die „Hoheitsgewalt" oder Staatsgewalt" verbleibe aber dem Staat, der nur auf die „Ausübung" „einzelner Hoheitsrechte verzichte", obwohl diesem die „Hoheitsgewalt" „in letzter Instanz nach wie vor zustehe", nicht nur unklar, sondern auch unrichtig, weil die Staatsgewalt weiter von den verbundenen Völkern ausgeübt wird, freilich gemeinschaftlich, S. 395 ff. zum kelsenschen grundnormdogmatischen Geltungsdualismus, der die „Letztentscheidungsbefugnis" (dazu auch S. 403 ff.) zwischen dem Bundesverfassungsgericht und dem Europäischen Gerichtshof unentschieden lasse und „gewissermaßen eine doppelte Souveränität im Verhältnis von Nationalstaat und europäischen Hoheitsträger zugrundelege", mehr als fragwürdig; Möllers, a. a. O. S. 399, ringt sich, pragmatisch, dazu durch, am „Souveränitätsdogma allein für die Nationalstaaten" festzuhalten, ohne nähere Besinnung auf den Begriff der Souveränität; zum Rechtsanwendungsbefehl auch D. König, Die Übertragung von Hoheitsrechten im Rahmen des europäischen Integrationsprozesses, S. 76 ff., die den Bund dazu richtig durch die „Integrationsöffnungsklauseln" in Art. 24 Abs. 1 GG und jetzt in Art. 23 Abs. 1 S. 2 GG (S. 294 f.), ermächtigt sieht; M. Kaufmann, Europäische Integration und Demokratieprinzip, S. 440, 469, 473 u. ö.

[829] Kritisch zur Befehlsdogmatik K. A. Schachtschneider, Die existentielle Staatlichkeit der Völker Europas, S. 99 f.; ders., Die Republik der Völker Europas, S. 165; ders., Prinzipien des Rechtsstaates, S. 75 ff.; zum Rechtsanwendungsbefehl Ch. Seiler, Der souveräne Verfassungsstaat zwischen demokratischer Rückbindung und überstaatlicher Einbindung, S. 262 ff.

staatlichen Wahlen demokratisch ist, kennzeichnend, daß bisher kein Gericht die politische Freiheit als Grundrecht anerkannt hat, obwohl sie nicht nur die Würde des Menschen ausmacht (GzMdS, S. 67 ff., 69; KpV, S. 210; FridR, S. 34 ff., 87, 274 ff., 405 ff.), sondern auch das Recht des Menschen an und für sich ist, wie Art. 1 der Allgemeinen Erklärung der Menschenrechte von 1948 beweist. Fraglos demokratische Elemente eines Gemeinwesens machen noch keine Demokratie aus, rechtsstaatliche noch keine Republik.

2. Das Procedere der freiheitlichen Souveränität, die politische Willensbildung einer Republik wie die Ausübung der Staatsgewalt des Volkes, muß strikt demokratisch sein. Sie muß, wie Art. 21 Abs. 1 S. 1 GG erweist, „Willensbildung des Volkes" sein. Der Wortlaut des Grundgesetzes ist richtig, nicht die herrschaftliche Dogmatik der Staatsrechtslehre und Verfassungsrechtsprechung. In diesem Sinne ist die Souveränität Volkssouveränität. Der Wille ist, wenn nicht die uneingeschränkte (absolute und zeitlich unbegrenzte) Macht wie bei Bodin, der Begriff, welcher die Souveränität definiert, auch bei Hobbes[830], auch bei Hegel, auch bei Carl Schmitt, vor allem bei Kant. Aber der Begriff des Willens ist in all den Souveränitätslehren ganz unterschiedlich, je nach seiner Konnotation mit den anderen Begriffe der Staatslehren und deren Paradigmen, seien diese religiös, christlich, jüdisch oder islamisch, seien diese herrschaftlich, monarchisch, aristokratisch oder demokratisch, oder seien diese freiheitlich, liberalistisch oder republikanisch, sei der Wille Befehl oder verbindliche Erkenntnis. Carl Schmitt klassifiziert ihm in einer seiner suggestiven Vereinfachungen zum „politischen Gesetzesbegriff", den er, fragwürdig, vom „juristischen Gesetzesbegriff" unterscheidet: „Gesetz in einem Staat des monarchischen Prinzips ist der Wille des Königs; Gesetz in einer Demokratie ist der Wille des Volkes: lex est quod populus jussit". „An die Stelle des Volkes wurde ganz selbstverständlich und meist stillschweigend der Wille der Volksvertretung, des Parlamentes gesetzt"[831], wie das gegenwärtig auch das Bundesverfassungsgericht macht (BVerfGE 123, 267, Rn. 214), gegen die Souveränität der Bürger. Das monarchische Gesetz gilt meist als der Wille Gottes, das republikanische Gesetz ist nicht Befehl, sondern verbindender Beschluß der Erkenntnis des Rechts im verfassungsgeregelten Verfahren. Der Wille manifestiert sich aber durchgehend vor allem im Gesetz oder ist das Gesetz. Das Gesetz ist ein „Akt der Souveränität"[832]. Souverän ist, so gesehen, der Willensträger, in der Republik also der Bürger, d. h. alle Bürger in Gemeinsamkeit. Bei Hobbes gibt der Souverän die Gesetze durch seinen Willen und nach seiner Willkür. Die bürgerlichen Gesetze würden sich nicht von den natürlichen Gesetzen unterscheiden, weil sie diese aufnähmen. Der Souverän selbst sei durch seine Gesetze nicht gebunden, weil er sie aufheben und ändern kann, eben nach

---

[830] Th. Hobbes, Leviathan, etwa II, 26. Kap., S. 229, 231.

[831] Verfassungslehre, S. 146 f.; vgl. auch Ch. Möllers, Evangelisches Staatslexikon, 2006, Sp. 2177 f.

[832] C. Schmitt, Verfassungslehre, S. 146, auch S. 7 f. zur „Souveränität der Vernunft" liberaler Rechtstaatlichkeit, die auf das „rational Richtige, Vernunft und Gerechtigkeit" abhebe, auch S. 147.

seiner Willkür[833]. Auch Hegel begreift den Willen als das „Prinzip des Staates" zum „an und für sich seyenden Göttlichen und dessen absolute Autorität und Majestät". „Es ist der Gang Gottes in der Welt, daß der Staat ist: sein Grund ist die Gewalt der sich als Wille verwirklichenden Vernunft"[834]. Der Wille des Volkes als der Bürgerschaft ist der Gemeinwille, die volonté générale (Rousseau)[835], oder der „allgemeine Wille des Volkes" (Kant)

3. Wer einen Willen fingiert, den es nicht gibt, will Herrschaft der Wenigen über die Vielen, die ewige rechtlose Wirklichkeit unter den Menschen[836], legitimieren. Der Wille ist bei Kant transzendentale Kategorie der Vernunft. „Von dem Willen gehen die Gesetze aus;" (MdS, S. 332). Gesetz des Volkes ist der allgemeine Wille, die volonté générale, der Wille aller Bürger, der vereinigte Wille des Volkes, nicht der Wille des Volkes als politischer Einheit wie bei Carl Schmitt, nicht der Wille des sittlichen, des politischen Staates, also die „fürstliche Gewalt", die „Spitze und der Anfang des Ganzen" der „konstitutionellen Monarchie", der die „gesetzgebende Gewalt" und die „Regierungsgewalt" zur „individuellen Einheit zusammen faßt", wie bei Hegel[837], nicht der Wille des gottgleichen Stellvertreters des Volkes, des Leviathan, wie bei Hobbes. Es ist wirklicher Wille, dessen Richtigkeit oder eben Sittlichkeit freilich von der Moralität der Bürger und ihrer Vertreter abhängt. Die aber ist nicht Fiktion, sondern als Pflicht jedes Menschen schlichte Bürgerlichkeit, die jeder ohne große Mühe leisten kann.

4. Die vom Staat ausgeübte Souveränität ist somit die wirkliche Freiheit des Volkes. Wie die Freiheit des Menschen ist diese freiheitsgemäß zu entfalten. Sie hat eine innere und eine äußere Seite. Sie hat Grenzen und muß Schranken hinnehmen. Sie ist weder absolute Gewalt noch ist ihre Ausübung ungeteilt[838].

Nicht die Souveränität ist frei, sondern wer frei ist, ist souverän. Frei ist nur der Mensch als Bürger. Aber unglücklich formuliert Felice Battaglia: „Die Souveränität ist frei, und zwar um dessentwillen, weil sie ein Wesensmerkmal des vollständigen Wollens ist, sie ist Befugnis und Macht, aber sie ist nicht absolut im Sinne der Willkür, sie ist nicht unbeschränkt im Sinne der Ablehnung eines jeden Gesetzes"[839].

---

833 Daselbst, S. 228 ff.

834 Hegel, Rechtsphilosophie, § 257, S. 237, § 258, S. 237 ff.

835 Insofern richtig F. A. von der Heydte, Vom Heiligen Reich zur geheiligten Volkssouveränität, S. 358 f., weil das die Logik der Gleichheit in der Freiheit ist.

836 Zum Macht-Masse-Gefälle H.-P. Raddatz, Mastermind – Masse, Macht und Magie der Moderne, durchgehend.

837 Hegel, Rechtsphilosophie, § 273, S. 264 f.

838 P. Häberle, Zur gegenwärtigen Diskussion um die Probleme der Souveränität, AöR 92 (1967), S. 262, 266 f.

839 Die Souveränität und ihre Grenzen, S. 238; ganz so H. Krüger, Souveränität und Staatengemeinschaft, S. 3, 16, 19 Fn. 37; P. Häberle, Zur gegenwärtigen Diskussion um die Probleme der Souveränität, AöR 92 (1967), S. 269, 275.

Sechster Teil

Volks- und Bürgersouveränität

Einleitung

Der Satz, der die Welt verändert hat, steht in Art. 3 der Déclaration des Droits de l'Homme et du Citoyen vom 26. August 1789 „Le principe de toute souveraineté réside essentiellement dans la nation. Nul corps, nul individu ne peut exercer d'autorité qui n'en émane expressément", übersetzt: Der Ursprung jeder Souveränität liegt ihrem Wesen nach bei der Nation. Keine Körperschaft und kein einzelner kann eine Gewalt ausüben, die nicht ausdrücklich von ihr ausgeht. Art. 25 der Verfassung der Französischen Republik von 24. Juni 1793 stellt klar: „La souveraineté réside dans le peuple; elle est une et indivisible, imprescriptible et inaliénable", übersetzt: Die Souveränität ruht im Volk; sie ist einheitlich und unteilbar, unwandelbar und unveräußerlich[840]. Bereits die Verfassung der Vereinigten Staaten von Amerika von 17. September 1787 spricht im Sinne der Volkssouveränität in der Präambel von „We the people of the United States ..."[841]

Seit den Revolutionen, die dem kraftlos gewordenen monarchischen Prinzip die Wirkung und schließlich die Geltung genommen haben, ist die Dogmatik der Souveränität des Volkes unabweisbar; denn, meint Siegfried Landshut 1953, es „gibt heute keine andere Quelle der Legitimität für die Ausübung der Hoheitsgewalt"[842]. An die Stelle der von Gott legitimierten herrschaftlichen Souveränität hat die Aufklärung die menschheitlichen Prinzipien der Freiheit und Gleichheit durchgesetzt, an die Stelle der Christianitas die Humanitas, an die Stelle des göttlichen Sittengesetzes den kategorischen Imperativ, das, wie Friedrich August von der Heydte resignierend sagt, „das Sittengesetz in der menschlichen Brust"[843]. Aber: „Auch seine (sc.: des „Volkes als Souverän") Herrschaft ist von Gottes Gnaden"; auch „seine Souveränität wird erst durch die Bindung an Gott geheiligt"; denn „die

---

840 Dazu P. Graf Kielmansegg, Volkssouveränität, S. 162 ff.

841 K. Stern, Staatsrecht Bd. II, S. 22.

842 Volkssouveränität und öffentliche Meinung, S. 301; W. Thieme, „Alle Staatsgewalt geht vom Volke aus", S. 395; E.-W. Böckenförde, Demokratie als Verfassungsprinzip, HStR, Bd. I, § 22, Rdn. 2 ff.

843 Vom Heiligen Reich zur geheiligten Volkssouveränität, S. 357 f., der, S. 358 ff., die bestimmende Kraft von Freiheit und Gleichheit für das Souveränitätsverständnis seit dem 19. Jahrhundert entgegen seiner Herrschaftslehre herausstellt, ohne den Widerspruch anzusprechen.

Freiheit hat Gott dem Menschen gegeben"[844]. Aufklärer sagen, die Freiheit kommt dem Menschen von Natur zu, kraft seiner Menschheit (MdS, S. 345). Diese Differenz kann die Rechtslehre hinnehmen.

Das Bundesverfassungsgericht sieht in dem Fundamentalprinzip des Art. 20 Abs. 2 S. 1 GG „Alle Staatsgewalt geht vom Volke aus" die Volkssouveränität verankert (BVerfGE 83, 37 (50); 83, 60 (70); 93, 37 (66))[845].

Richtigerweise geht es nicht um Legitimität von Herrschaft[846] als vielmehr um die Wirklichkeit der Freiheit. Die Volkssouveränität hat verschiedene Ausprägungen, die, soweit sie Herrschaftslehren sind, alle darauf ausgerichtet sind, dem Volk nach Möglichkeit die Souveränität streitig zu machen und weiterhin die Herrschaft von ‚Eliten' über das Volk zu rechtfertigen. Eine der am meisten verbreiteten Lehren beschränkt die Souveränität des Volkes auf den pouvoir constituant, nimmt aber den pouvoir constitué von dem Souveränitätsbegriff aus[847]. Eine ebenfalls weit verbreitete Lehre unterscheidet im Anschluß an Carl Schmitt zwei Volksbegriffe, nämlich das Volk als politische Einheit, unsichtbar, aber repräsentiert, und das Volk als die Vielheit der Bürger, die aber als Untertanen behandelt werden. Souverän ist danach die politische Einheit Volk mit der Folge, daß die eigentliche Souveränität bei der parteienstaatlichen Oligarchie liegt. Die Repräsentation wird dabei als Herrschaft und der souveräne Staat als Herrschaftsordnung begriffen. Eine freiheitliche Souveränitätslehre, welche alle Bürger eines Staates als souverän, nämlich politisch frei, dogmatisiert, also eine Lehre von der Bürgersouveränität, gibt es bisher genauso-

---

844 F. A. von der Heydte, Vom Heiligen Reich zur geheiligten Volkssouveränität, S. 366, „hier Glauben an Gott, hier Glauben an die Menschen". S. 365, 381; vgl. auch W. Leisner, Das Volk, S. 231, „in einem übertragenen Sinne" „Volksouveränität von ‚Gottes Gnaden'", S. 269.

845 Auch R. Herzog, in: Maunz/Dürig, Grundgesetz, Art. 20, II, Rdn. 33 ff.; E.-W. Böckenförde, Demokratie als Verfassungsprinzip, HStR, Bd. I, § 22, Rdn. 2, 4; P. Badura, Die parlamentarische Demokratie, HStR, Bd. I, § 23, Rdn. 27; Ch. Seiler, Der souveräne Verfassungsstaat zwischen demokratischer Rückbindung und überstaatlicher Einbindung, S. 133 f., meint, dadurch sei der „Ausschließlichkeitsanspruch der Staatssouveränität nicht verdrängt, weil durch Art. 20 Abs. 2 S. 1 GG die „Volkssouveränität nicht in das positive Recht überführt" worden sei; i.d.S. für die „vor-verfassungsrechtliche, ja überhaupt vor-rechtliche, ihrerseits verfassende Volkssouveränität" im Unterschied zur „verfassungsrechtlichen Volkssouveränität" gemäß Art. 20 Abs. 1 S. 1 GG auch M. Jestaedt, Demokratieprinzip und Kondominialverwaltung, S. 157 („keine rechtliche Kategorie des Verfassungsrechts"); M. Kaufmann, Europäische Integration und Demokratieprinzip, S. 38 ff.

846 E.-W. Böckenförde Demokratie als Verfassungsprinzip, HStR Bd. I, § 22, Rdn. 3, 5; weitere Hinweise in Fn. 517.

847 M. Kriele, Einführung in die Staatslehre, S. 63, 65, 101 ff., 105, 237, 239, 241(dazu im Dritten Teil D.); vgl. K. Stern, Staatsrecht II, S. 22 f.; vgl. auch D. Murswiek, Die verfassungsgebende Gewalt nach dem Grundgesetz für die Bundesrepublik Deutschland, S. 134 ff., 176 ff., 205 ff.; Ch. Hillgruber, Souveränität – Verteidigung eines Rechtsbegriffs, JZ 2002, 1073 f.; kraß Ch. Seiler, Der souveräne Verfassungsstaat zwischen demokratischer Rückbindung und überstaatlicher Einbindung, S. 132 ff.; richtig dagegen E.-W. Böckenförde, Demokratie als Verfassungsprinzip, HStR Bd. I, § 22, Rdn. 5 ff., 8, der allerdings immer noch (wie auch Kant, MdS, S. 431) von „Herrschergewalt" des Volkes spricht, Herrschaft aber freiheitlich zu begreifen sucht, Rdn. 35 ff.

wenig wie eine breitere freiheitliche Bürgerlehre. Eine solche Souveränitätslehre versuche ich in dieser Schrift zu begründen. Aber ein guter Satz von Friedrich August von der Heydte am Schluß seiner in sich widersprüchlichen Abhandlung: „Freiheit erst gibt der Volkssouveränität ihren Sinn“[848].

A. Pouvoir constituant als Souveränität des Volkes

Vielfach, wenn nicht meist wird die Souveränität des Volkes auf den pouvoir constituant, die verfassungsgebende Gewalt, beschränkt[849]. Martin Kriele hat sich in seinem Lehrbuch zur Einführung in die Staatslehre eigentlich nur mit dieser These befaßt. Das habe ich oben im Dritten Teil zu G. dargelegt und kritisiert. Eine weitere Kritik dieser von der Herrschaftsdoktrin abgenötigten dogmatischen Entmachtung des Volkes, die mit dessen Souveränität als der Freiheit der Bürger nichts anzufangen weiß, erübrigt sich. Die Souveränität ist, wie schon Bodin gelehrt hat, perpétuelle, beständig, stetig, nicht nur als permanente Befugnis zur Verfassungsgebung im Sinne der grundlegenden politischen Entscheidungen[850]. Die Souveränität des Volkes bleibt stetig beim Volk, auch, wenn man so will, als pouvoir constitué. Wer die Souveränität auf den pouvoir constituant reduziert, eliminiert sie aus dem praktischen Verfassungsrecht und nimmt der Freiheit der Bürger die politische Substanz.

B. Volk als Quelle der Staatsgewalt

Üblich ist die Metapher, das Volk sei die Quelle aller Staatsgewalt, ja sogar „aller Herrschaftsgewalt“, weil ja nach Art. 20 Abs. 2 S. 1 GG „alle Staatsgewalt vom Volk ausgeht“[851]. Derartige Bilder sind in der Rechtslehre selten hilfreich. Sie trüben den

---

[848] Vom Heiligen Reich zur geheiligten Volkssouveränität, S. 389.

[849] Etwa Ch. Seiler, Der souveräne Verfassungsstaat zwischen demokratischer Rückbindung und überstaatlicher Einbindung, S. 135 f.; vgl. M. Jestaedt, Demokratieprinzip und Kondominialverwaltung, S. 156 ff.; Ch. Hillgruber, Souveränität – Verteidigung eines Rechtsbegriffs, JZ 2002, 1073 f.; M. Kaufmann, Europäische Integration und Demokratieprinzip, S. 43 f.; weitergehend richtig E.-W. Böckenförde Demokratie als Verfassungsprinzip, HStR Bd. I, § 22, Rdn. 5 ff., 8 („Volkssouveränität als Staats- und Regierungsform ausgestaltet“).

[850] So Th. Maunz, Die verfassungsgebende Gewalt im Grundgesetz, 1953, in: H. Kurz, Volkssouveränität und Staatssouveränität, 1970, S. 311 ff.

[851] F. A. von der Heydte, Vom Heiligen Reich zur geheiligten Volkssouveränität, S. 365 f.; J. Isensee, Staat und Verfassung, HStR Bd. I, § 13, Rdn. 13 („Volk Ursprung aller Staatsgewalt“); W. Thieme, „Alle Staatsgewalt geht vom Volke aus“, S. 390 ff., 393 ff., der allerdings S. 395 vertritt, daß die Staatsgewalt nicht nur vom Volk, sondern auch „von dem Gesetz und Recht und nur diesem verpflichteten Gericht, insbesondere dem Verfassungsgericht ausgeht“; S. Landshut, Volkssouveränität und öffentliche Meinung, S. 301; deutlich beschränkt sieht U. Scheuner, Art. 146 GG und das Problem der verfassungsgebenden Gewalt, 1953, in: H. Kurz, Volks-

Blick für das Richtige. Das Volk als die Vielheit der Bürger hat somit die Staatsgewalt oder die Souveränität inne, sonst niemand, zumal nicht die Staatsorgane, und übt sie mittels der staatlichen Organisation, des Staates im engeren Sinne, aus. Das verkennt das Bundesverfassungsgericht im Lissabon-Urteil (Rn. 209): „Die Wahl der Abgeordneten ist auf der Bundesebene des vom Grundgesetz verfassten Staates die Quelle der Staatsgewalt – diese geht mit der periodisch wiederholten Wahl immer wieder neu vom Volke aus (Art. 20 Abs. 2 GG)“, oder: „Die Staatsgewalt ist auf den Volkswillen zurückführbar“[852]. Nein, die Staatsgewalt wird vom Volke „in Wahlen und Abstimmungen und durch besondere Organe der Gesetzgebung, der vollziehenden Gewalt und der Rechtsprechung“ ausgeübt, nicht ‚von‘ Organen. Art. 20 Abs. 2 S. 1 GG ist nicht lediglich „ein Legitimations- und Verantwortungsprinzip“[853], sondern die Feststellung der Inhaberschaft der Souveränität. Die unmittelbare und die mittelbare Demokratie sind zumindest gleichrangig. Die verbreitete Skepsis gegen plebiszitäre Elemente der Verfassung, die nur „ergänzenden Charakter“ haben sollen[854], ist eine parteienstaatliche Verzerrung der politischen Freiheit

souveränität und Staatssouveränität, 1970, S. 288 ff., 294 ff., die verfassungsgebende Gewalt des Volkes, insbesondere auf die Neuschaffung der Verfassung, aber auch durch überpositives Recht, Naturrecht, letzteres mit gewissem Recht; K. Doehring, Allgemeine Staatslehre, S. 260; M. Jestaedt, Demokratieprinzip und Kondominialverwaltung, S. 159 f. (Volk „Willensursprung“ gemäß Art. 20 Abs. 2 S. 1 GG, als „Herrschaft“ des Volkes bezeichnet), S. 162 Böckenfördes unten zitierter Sentenz folgend; U. Di Fabio, Der neue Art. 23 des Grundgesetzes, Der Staat 32 (1993), S. 200; M. Kaufmann, Europäische Integration und Demokratieprinzip, S. 43 f., 69 f.; Ch. Hillgruber, Souveränität – Verteidigung eines Rechtsbegriffs, JZ 2002, 1073 f.; weitergehend richtig E.-W. Böckenförde, Demokratie als Verfassungsprinzip, HStR, Bd. I, 1987, § 22, Rdn. 2 ff., 5 ff., 8 („Das Volk herrscht nicht nur, es regiert auch.“), aber auch in der Demokratie „Herrschaft von Menschen über Menschen“, Rdn. 9, sieht, die er mit der individuellen und demokratischen Freiheit zu versöhnen trachtet. Rdn 35 ff.; vgl. auch ders., Die verfassungsgebende Gewalt des Volkes – ein Grenzbegriff des Verfassungsrechts, 1986, S. 11, 17.

[852] BVerfGE 47, 253 (275); 83, 60 (71 ff.); 93, 37 (66 f.); 107, 59 (87): „Die unterschiedlichen Formen der institutionellen, funktionellen, sachlich-inhaltlichen und der personellen Legitimation haben für die Beurteilung, ob ein hinreichender Gehalt an demokratischer Legitimation erreicht wird, nicht je für sich Bedeutung, sondern nur in ihrem Zusammenwirken“: vgl. B. Grzeszick, in: Maunz/Dürig, Grundgesetz, Art. 20 II, 2010, Rdn 61.

[853] So aber B. Grzeszick, in: Maunz/Dürig, Grundgesetz, Art. 20 II, 2010, Rdn 63; auch U. Schliesky, Souveränität und Legitimität von Herrschergewalt, S. 149 ff., 389 ff., 588 ff. (dazu Dritter Teil O.); fragwürdig auch Ch. Seiler, Der souveräne Verfassungsstaat zwischen demokratischer Rückbindung und überstaatlicher Einbindung. S. 71: „Hinter dem Staat steht sein Träger (sc.: das Volk), der Staat ist Inhaber der Staatsgewalt, die durch seine Organe ausgeübt wird“, das offenbart einen freiheitsfernen Begriff des Volkes wie des Staates, vgl. S. 79 f. („mit eigenständiger, nicht abgeleiteter Herrschaftsmacht versehene Organisationsform“).

[854] B. Grzeszick, in: Maunz/Dürig, Grundgesetz, Art. 20 II, 2010, Rdn 64 f.; für die „repräsentative Demokratie“ insb. E.-W. Böckenförde, Mittelbare/repräsentative Demokratie als eigentliche Form der Demokratie, in: G. Müller (Hrsg.), Staatsorganisation und Staatsfunktion im Wandel, FS Kurt Eichenberger (60.), 1982, S. 301 ff.; ders., Demokratie als Verfassungsprinzip, HStR, Bd. II, § 24, Rdn. 1 ff., 9 ff.; ders., Demokratische Willensbildung und Re-

des Volkes. Wenn es um Schicksalsfragen geht, hat die unmittelbare Entscheidung durch Abstimmung, die auf Bundesebene verfassungswidrig dem Volk vorenthalten wird, wegen des erhöhten Legitimations-, besser Verbindlichkeitsbedarfs den Vorrang (vgl. PdR, S. 95 f., 185 f.). Eine Entscheidung des Grundgesetzes für die repräsentative Demokratie ist nicht auszumachen[855]. Das Grundgesetz hat eine Bundesrepublik verfaßt, die sozialer und demokratischer Bundesstaat sein soll, also zunächst einmal eine Republik, ein Gemeinwesen der Freiheit (dazu Rprp, S. 279 ff., 325 ff., 411 ff., 519 ff., 637 ff., PdR, S. 5 ff., 42 ff., 92 ff.; FridR, S. 440 ff.) und damit für größtmögliche Teilhabe der Bürgerschaft an der Politik. Daraus ist ein Parteienstaat gemacht worden (kritisch PdR, S. 45 ff., 176 ff., 297 ff.; Rprp, S. 1054 ff.), der mit Vorbehalten als repräsentative Demokratie bezeichnet werden kann. Die reale Parteienoligarchie ist die Verfallserscheinung der Republik (PdR, S. 264, 178)[856]. Die Verfassungswirklichkeit vermag die fundamentalen Prinzipien der Verfassung der Freiheit nicht zu verdrängen.

Richtig erfaßt das Bundesverfassungsgericht die Souveränität als „völkerrechtlich geordnete und gebundene Freiheit“, mit Hinweis auf von Martitz, Internationale Rechtshilfe in Strafsachen, Bd. I, 1888, S. 416 (BVerfGE 123, 267, Rn. 223). Die Souveränität ist die Staatsgewalt. Das Volk ist trotz des tradierten, bildhaften Wortlauts „geht vom Volke aus“ nicht lediglich Quelle der Staatsgewalt[857], sondern hat diese inne und übt sie in der genannten Weise unmittelbar oder mittelbar aus. Die Quellenmetapher nährt sich noch immer von der hegelschen Trennung/Unterscheidung von Staat und Gesellschaft, welche den Bürger zum Untertanen macht, aber seinem republikanischen/demokratischen Status nicht gerecht wird. Es wäre abwegig, den Staatsorganen Freiheit zuzusprechen. Das Gericht verkennt die Organlehre gründlich (dazu Rprp, S. 707 ff.). Organe sind keine Subjekte. Die Organe

präsentation, HStR, Bd. III, § 34, Rdn. 13 ff.; dazu kritisch K. A. Schachtschneider, Res publica res populi, S. 14 ff., 23 ff., 685 ff., 692 ff.

[855] Anders BVerfGE 44, 308 (315 ff.); 56, 396 (405); 80, 188 (217 ff.); 118, 277 (338 ff.), Erkenntnis der vier nicht entscheidenden Richter; P. Badura, Die parlamentarische Demokratie, HStR Bd. I, § 23, Rdn. 34 ff.; auch W. Leisner, Das Volk, S. 145; K. Doehring, Allgemeine Staatslehre, S. 260; B. Grzeszick, in: Maunz/Dürig, Grundgesetz, Art. 20 II, 2010, Rdn 66 ff.; M. Kloepfer, Verfassungsrecht Band I, Grundlagen, Staatsorganisationsrecht, Bezüge zum Völker- und Europarecht, 2011, S. 169 ff., Rdn. 85; M. Kaufmann, Europäische Integration und Demokratieprinzip, S. 63 f. („antiplebiszitärer Effekt“), 71 ff., 75 ff.

[856] Zu meiner Republiklehre M. Kloepfer, Verfassungsrecht I, S. 222 ff., zurückhaltend ablehnend; weniger sachlich R. Gröschner, Freiheit und Ordnung in der Republik des Grundgesetzes. Für eine republikanische, nicht aber republikanistische Rechts- und Staatslehre, JZ 1966, 637 ff.; berichtend, letztlich ablehnend, St. Huster, Republikanismus als Verfassungsprinzip? Der Staat 34 (1995), S. 606 ff.

[857] So, wenn auch nicht recht klar, P. Badura, Die parlamentarische Demokratie, HStR, Bd. I, 1987, § 23. Rdn. 27 ff., 30, unter Berufung auf U. Scheuner, Das repräsentative Prinzip in der modernen Demokratie, in: FS Hans Huber, 1961, S. 379 ff., 380; ebenso unklar D. Murswiek, Die verfassungsgebende Gewalt nach dem Grundgesetz für die Bundesrepublik Deutschland, S. 22 f. (nicht Ausübung der Staatsgewalt durch das Volk, sondern nur Herleitung der Staatsgewalt vom Volk, unter fragwürdigem Hinweis auf BVerfGE 47, 253 (275)).

sind Einrichtungen, mittels derer das Volk vertreten wird. Sie dienen dem Volk für dessen Zwecke, das gemeine Wohl nach Maßgabe der Verfassung und des Verfassungsgesetzes. Sie handeln im Namen des Volkes, die Bundesorgane im Namen der Bundesrepublik Deutschland, des Rechtssubjekts, mittels dem die Deutschen sich zum Bundesstaat vereint haben. Um der Demokratie und um des Rechtsstaates willen ist der ‚pouvoir constitué' durch das Verfassungsgesetz als Staat organisiert und haben die Organe verfassungsgesetzlich definierte Zuständigkeiten, Befugnisse und Mittel. Anders kann die allgemeine Freiheit der Republik keine Wirklichkeit finden. Keinesfalls sind die Vertreter des Volkes dessen Herren, wie sich diese auch aufspielen mögen.

Irreführend kann auch die Formulierung sein, das Volk sei „Träger der Staatsgewalt", auf das diese sich „zurückführen" lasse oder lasen können müsse, die das Bundesverfassungsgericht vielfach verwendet hat (BVerfGE 47, 253 (275); 52, 95 (130); 77, 1 (40); 83, 60 (71); auch BVerfGE 107, 59 (87)). Das Gericht scheint das mit der Metapher „Ursprung des Staatsgewalt" gleichzusetzen, die meist im gleichen Satz benannt wird. Trägerschaft wird von Inhaberschaft der Souveränität unterschieden[858]. Die Bürger sind aber in ihrer Freiheit die Inhaber der Staatsgewalt und sie üben sie auch aus. Das Grundgesetz ist völlig klar. Das Volk übt die Staatsgewalt nach Art. 20 Abs. 2 S. 2 GG aus, organisiert in seinem Staat. Wer sollte sonst deren Inhaber sein? Wenn man einmal von der Fragwürdigkeit der Metaphern absehen will, ist das Volk Träger und Inhaber der Staatsgewalt, besser: Die Bürger sind souverän und üben ihre Souveränität gemeinschaftlich als Staat aus.

Die Verfassung des Freistaates Bayern vom 2. Dezember 1946 formuliert in Art. 2: „Bayern ist ein Volksstaat. Träger des Staatsgewalt ist das Volk", und in Art. 4 „Die Staatsgewalt wird ausgeübt durch die stimmberechtigten Staatsbürger selbst, durch die von ihnen gewählte Volksvertretung und durch die mittelbar oder unmittelbar von ihr bestellten Vollzugsbehörden und Richter". In Art. 70 der Verfassung des Landes Hessen vom 1. Dezember 1946 steht: „Die Staatsgewalt liegt unveräußerlich beim Volke." In Art. 2 der Verfassung von Berlin vom 1. September 1950 heißt es: „Träger der öffentlichen Gewalt sind die Gesamtheit der Deutschen, die in Berlin ihren Wohnsitz haben." Art. 74 Abs. 2 der Verfassung für Rheinland-Pfalz vom 18. Mai 1947 lautet: „Träger der Staatsgewalt ist das Volk." Einige der alten Länder, zumal die, deren Verfassungsgesetze nach dem Grundgesetz geschrieben sind, benutzen wie das Grundgesetz die Formulierung, die Staatsgewalt gehe vom Volk aus, einige enthalten keinen Satz zur Staatsgewalt. Die Verfassungen der neuen Länder greifen beide Formulierungsweisen der Volkssouveränität auf. Keinesfalls können die Völker der Länder einen anderen Status haben als das Bundesvolk. Die Quellenmetapher hat das Grundgesetz von Art. 1 Abs. 2 WRV übernommen. Gerhard Anschütz stellt in seinem Kommentar „Die Verfassung des Deutschen Reiches

[858] K. Doehring, Allgemeine Staatslehre, S. 260, wegen der Repräsentation nicht Inhaber der „Letztentscheidungskompetenz im konkreten Fall"; i.d.S. wohl auch M. Jestaedt, Demokratieprinzip und Kondominialverwaltung, S. 160; weitere Hinweise in Fn. 853.

vom 11. August 1919", 14. Aufl. 1933, in Anmerkung 2, S. 38, heraus, daß mit dem „Fundamentalsatz aller Demokratie" „das Prinzip der Volkssouveränität" „ausgesprochen" sei und: „Das deutsche Volk in diesem Sinne" („die Gesamtheit aller politisch vollberechtigten Deutschen, ‚die Aktivbürgerschaft des allgemeinen und gleichen Wahl- und Stimmrechts', m.a.W. die Wählerschaft") ist Träger des Staatsgewalt des Reichs". Der ‚Anschütz' war den Vätern des Grundgesetzes rechtsdogmatischer Leitfaden.

C. Bürgersouveränität versus Souveränität des Volkes als politischer Einheit

Keinesfalls hat das Volk als politische Einheit eine übermenschliche, gewissermaßen transzendentale Existenz; es ist kein „menschliches Subjekt"[859]. Es gibt kein Volk unabhängig von den Bürgern als „politische Einheit", als Existenz, als „eigenes existentielles Sein", als „menschliches Subjekt", als „Nation, das Volk als Ganzes"[860]. Das ist eine Doktrin, welche die Herrschaft der Repräsentanten dieses Volkes, der Nation, über die Bürgerschaft, die dem Volk untergeordneten Menschen, die Untertanen, legitimieren soll. Sie ersetzt herrschaftliche Staatssouveränität durch herrschaftliche Volkssouveränität, macht aber den Schritt zur Souveränität der Bürger, zu deren Freiheit, nicht. Das Volk ist als die Vielheit der Bürger (BVerfGE 123, 267, Rn. 229)) nicht eine von den einzelnen Bürgern unabhängige politische Einheit. Es hat auch keine von den jeweiligen Bürgern unabhängige Existenz. Das Volk ändert ständig seine Zusammensetzung und Erscheinung. Menschen sterben und werden geboren. Menschen wandern ein und wandern aus.

Jürgen Habermas: „Das Volk, von dem alle staatlich organisierte Gewalt ausgehen soll, bildet kein Subjekt mit Willen und Bewußtsein", ist „weder beschluß- noch

---

[859] So aber E.-W. Böckenförde, Demokratie als Verfassungsprinzip, HStR, Bd. I, § 22, Rdn. 7, in nicht recht klarer Berufung auf Rousseau in Rdn. 3; auch P. Graf Kielmansegg, Volkssouveränität, S. 156 (fälschlich für Rousseau), S. 231 u. ö.

[860] So aber federführend C. Schmitt, Verfassungslehre, S. 1 ff., 95 ff., 205, 212 ff., durchgehend; folgend etwa K. Stern, Staatsrecht I, S. 961 ff.; ders., Staatsrecht II, S. 4 ff.; P. Badura, Die parlamentarische Demokratie, HStR, Bd. I, Rdn. 28; auch J. Isensee, Verfassungsrecht als „politisches Recht", HStR Bd. VII, 1992, S. 159 ff. (Volk – „politische Einheit"); ders., Staat und Verfassung, HStR Bd. I, § 13, Rdn. 27; G. Roellecke, Souveränität, Staatssouveränität, Volkssouveränität, S. 15 ff., 26 ff. („unsichtbares Volk als Ganzes"); auch E.-W. Böckenförde, Die sozialen und politischen Ordnungsideen der Französischen Revolution, S. 11 ff., 18 f., 22; ders., Demokratie als Verfassungsprinzip, HStR, Bd. I, § 22, Rdn. 3, 7; M. Jestaedt, Demokratieprinzip und Kondominialverwaltung, S. 507 (Volk als „Subjekt" einer „kollektiv-demokratischen Freiheit", mit H. Kelsen); M. Kaufmann, Europäische Integration und Demokratieprinzip, S. 31 u. ö.; dagegen H. Heller, Staatslehre, S. 190 ff.; W. Henke, Recht und Staat, S. 370 f.; D. Sternberger, Kritik der dogmatischen Theorie der Repräsentation, 1971, in: ders., Herrschaft und Vereinbarung, Schriften Bd. III, 1980, S. 173 ff., 175, 202, 214, 215; W. Maihofer, Die Legitimation des Staates aus der Funktion des Rechts, in: ARSP, Beiheft Nr. 15, 1981, S. 19 ff., 22 ff.; auch Ch. Seiler, Der souveräne Verfassungsstaat zwischen demokratischer Rückbindung und überstaatlicher Einbindung, S. 74 mit Fn. 62.

handlungsfähig"[861], richtig. Die ideologisierte politische Einheit ist auch nicht der Volksbegriff des Grundgesetzes, aber Habermas zielt auf Entpersonalisierung politischer Herrschaft, um Platz zu schaffen für „intellektuelle Wortführer", die „Avantgarde"[862]. Auch dieses Ziel ist demokratiewidrig.

Das Volk ist republikanisch ein Begriff, der die Vielheit der Bürger, die Bürgerschaft, erfaßt, die sich zu einem Staat verfaßt haben (Rprp, S. 94, 653 f.; PdR, S. 58; i.d.S. BVerfGE 83, 37 (50 ff.); 83, 60 (71 f.); 89, 155 (184 ff.); 107, 59 (87); 123, 267, Rn. 229)[863]. Der Staat ist eine Einrichtung der Menschen, eine Institution, republikanisch begriffen, die Organisation der Vielheit der Bürger, des Volkes, für näher in dem Verfassungsgesetz bestimmte Zwecke, zusammengefaßt für ein gutes Leben aller Bürger in allgemeiner Freiheit (PdR, S. 19, 20, 55 ff.)[864]. Dieser Zweck wird durch die Verwirklichung des Rechts bestmöglich erreicht; denn zur Rechtlichkeit als der Einheit von Freiheit, Gleichheit und Brüderlichkeit gehört ausweislich des Sozial(staats)prinzips auch die allgemeine Wohlfahrt (FridR, S. 636 ff.)[865].

Die allgemeine Freiheit ist die Wirklichkeit des Rechts. Das gemeinsame Leben im Recht ist die Freiheit der Bürger (FridR, S. 405 ff.). Dafür bedarf es der bestmöglichen Organisation. Diese ist der Staat. „Der Staat (civitas) ist die Vereinigung einer Menge von Menschen unter Rechtsgesetzen", definiert republikanisch, wie schon zitiert, Kant (MdS, S. 431). Der Staat im weiteren Sinne ist das zum Staat verfaßte Volk, die Bürgerschaft, der existentielle Staat, existentiell nicht wegen eines eigenen Seins des Staates, sondern weil er für die Bürger schicksalhaft ist, weil sie um ihrer Existenz willen nicht auf die Organisation von Freiheit und Sicherheit verzichten können. Kant definiert: „Volk, d.i. eine Menge von Menschen, ... die, im wechselseitigen Einfluß gegen einander stehend, des rechtlichen Zustandes unter einen sie vereinigenden Willen, einer Verfassung (constitutio) bedürfen, um dessen, was Rechtens ist, teilhaftig zu werden". „Dieser Zustand der einzelnen im Volke, im Verhältnis untereinander, heißt der bürgerliche (status civilis), und das Ganze derselben, in Beziehung auf seine eigene Glieder, der Staat (civitas)" (MdS, S. 429). Der

[861] Volkssouveränität als Verfahren, Faktizität und Geltung, S. 607.

[862] Daselbst; wohl davon angesteckt Ch. Möllers, Evangelisches Staatslexikon, 2006, Sp. 2175 („Entpersonalisierung der Souveränität der Staatsgewalt").

[863] Näher K. A. Schachtschneider, Die Existentielle Staatlichkeit der Völker Europas, S. 76 f.; ders., Deutschland nach dem Konventsentwurf einer „Verfassung für Europa", FS W. Nölling, S., 269 ff.; vgl. auch O. Beaud, Föderalismus und Souveränität, Der Staat 35 (1996), S. 64 f., der äußert, die Volkssouveränität schaffe Einheit durch das Volk., besser wäre zu sagen, das Verfassungsgesetz schaffe die Einheit des Volkes, in der die Souveränität der Bürger ausgeübt wird.

[864] Auch H. Preuß, der ‚Vater' der Weimarer Reichsverfassung, sieht in: Das deutsche Volk und die Politik, 1915/1916, S. 110, sein politisches Ziel im „freien Volksstaat" als „die vollkommene Identität des Staates und des politisch organisierten Volkes".

[865] Ganz so H. Krüger, Allgemeine Staatslehre, S. 796 ff.; K. Doehring, Internationale Organisationen und staatliche Souveränität, S. 108 („Allzweck des Staates": „Wohlfahrt seiner Bürger", „bestimmte Zwecke" internationaler Organisationen).

Staat im engeren Sinne, der gern als der eigentliche Staat, getrennt von der Gesellschaft, dogmatisiert wird, ist die Menge der Organe des Volkes, des Staates im weiteren Sinne, zur Verwirklichung der Staatlichkeit, des gemeinen Wohls. Dazu gehören auch die Organe der Europäischen Union, die zum Zwecke der gemeinsamen Ausübung der Staatsgewalt der Mitgliedstaaten in die Organisation der Einzelstaaten integriert sind (PdR, S. 66ff., insb. S. 70f.).

Demgemäß stellt Art. 20 Abs. 2 S. 2 GG klar: „Sie (sc. die Staatsgewalt) wird vom Volke in Wahlen und Abstimmungen und durch besondere Organe der Gesetzgebung, der vollziehenden Gewalt und der Rechtsprechung ausgeübt". Auch in der Weimarer Reichsverfassung hieß es in Artikel 2: „Die Staatsgewalt wird in Reichsangelegenheiten durch die Organe des Reichs auf Grund der Reichsverfassung, in Landesangelegenheiten durch die Organe der Länder auf Grund der Landesverfassungen ausgeübt".

Auch die πόλις des Aristoteles war identisch mit der Bürgerschaft, der κοινωνία πολιτική. Ihr wird aber wegen der Vielheit der Bürger Existenz und Bestand unabhängig von dem einzelnen Bürger zugesprochen[866]. Bei Hegel (Rechtsphilosophie, § 279, Zusatz, S. 275) und bei Carl Schmitt (Verfassungslehre, S. 3ff., durchgehend) ist der Staat gänzlich unabhängig von der Bürgerschaft. Noch in der aristotelischen Polislehre ist die πόλις auch sakrale Institution, Kultstätte zur Verehrung der Götter, gewissermaßen, wenn auch weniger als in alten Zeiten der Griechen ein Heiligtum[867]. Das läßt sich nicht mehr, allenfalls sehr verändert auf den areligiösen Modernen Staat übertragen, schon gar nicht auf einen Staat als politische Einheit im Gegensatz zur Vielheit der Bürger genannten Untertanen, aber die freiheitliche und damit im griechischen Sinne politische Identität des als Staat verfaßten Gemeinwesens mit der Vielheit der Bürger ist aristotelische, wie auch rousseausche und kantianische Philosophie, Philosophie der Freiheit.

Wenn es keine Menschen mehr gibt, die ein Volk und einen Staat bilden, gibt es freilich auch kein Volk und keinen Staat mehr. Auch aus anderen Gründen kann ein Volk wie auch ein Staat untergehen oder in einem anderen Volk aufgehen. Das ist sogar die Integrationspolitik der politischen Klasse in Deutschland und in der Europäischen Union gegen die Völker und Staaten der Union, zumal gegen das Deutsche Volk und Deutschland. Es geht in diesen Sätzen um republikanische Begriffe, nicht schon um Fragen der Verfassungsmäßigkeit. Nur system-, also freiheitsgerechte Begriffe können zur Klarheit in den Rechtsfragen führen. Der Staat im weiteren Sinne ist somit identisch mit dem Volk. Er ist die organisierte Gesamtheit des Volkes, die Republik. Res publica est res populi. Republikanisch, also freiheitlich, sind somit Volkssouveränität und Staatssouveränität insoweit identisch als die Souveränität des Bürgers nur in der Gemeinsamkeit des Volkes als Staat Wirk-

---

[866] M. Riedel, Bürgerliche Gesellschaft, S. 13ff. 33ff., 43ff., 55ff.; ders., Gesellschaft, bürgerliche, Geschichtliche Grundbegriffe, Bd. 2, S. 721ff.

[867] M. Riedel, Bürgerliche Gesellschaft, S. 50f.; vgl. auch H. Seubert, Polis und Nomos. Untersuchungen zu Platons Rechtslehre, 2003, S. 166f., 203.

lichkeit hat. Als Staat in seiner jeweiligen Gestaltung verwirklicht das Volk die Freiheit und ist darin souverän. Es gibt aber keine Staatssouveränität oder Volkssouveränität, die nicht Bürgersouveränität wäre.

Ein Volk kann nicht herrschen, sondern nur frei sein. Meist wird es beherrscht, zurzeit von einer internationalen Finanz-, Medien und Parteienoligarchie. Die Freiheit des Volkes verwirklicht sich in der Rechtlichkeit der Lebensverhältnisse, welche nur in einer sittlichen Republik denkbar sind, deren Willensbildung demokratisch sein muß. Davon hat sich das parteienstaatliche Deutschland in der Europäischen Union weit entfernt. Die Freiheit aller Bürger, der Bürgerschaft oder des Volkes, verwirklicht sich als Souveränität in deren freiheitlichem Gemeinwesen, der Republik, des Freistaates eben. Die Republik oder der Freistaat ist die Institution der allgemeinen Freiheit nach innen und nach außen und damit die Institution der bürgerlichen Souveränität. Ohne den Staat kann die Bürgerschaft, das Volk, nicht frei sein, weder im Innern des Staates noch im Verhältnis zu andern Staaten, nach außen also; denn die Freiheit verwirklicht sich in der Rechtlichkeit des gemeinsamen Lebens, auch im Außenverhältnis. Der Bürger ist in seiner Freiheit „sui iuris", also „sein eigener Herr" (MdS, S. 345). Er hat somit keinen Herren über sich, jedenfalls nicht in der diesseitigen Welt, und darf um seiner Menschheit willen auch keinen Herren über sich dulden. Er ist selbständig und muß stets um diese Selbständigkeit bemüht sein. Die Selbständigkeit hat er, wenn niemand anderes Gewalt über ihn hat, außer der Gesamtheit der Bürger als Staat, freilich nur nach den Gesetzen, die er selbst sich und allen anderen gegeben hat. Sonst verliert er die Möglichkeit der Willensautonomie, die Fähigkeit, sich selbst das Gesetz zu geben. Das ist die Bürgerlichkeit der Bürger.

Demgemäß ist die äußere Freiheit, wie dargelegt, die „Unabhängigkeit von eines anderen nötigender Willkür" (MdS, S. 345). Die allgemeine Freiheit kann nur durch allgemeine Gesetze Wirklichkeit finden, durch Gesetze, welche sich die Bürgerschaft, das Volk, gemeinsam gibt, durch den allgemeinen Willen[868], die volonté générale. Die Gesetze müssen, wie gesagt, dem Recht genügen, Rechtsgesetze sein. Die Rechtlichkeit als Gesetzlichkeit ist die Wirklichkeit der allgemeinen Freiheit, der Bürgerlichkeit aller Bürger. Sie macht den Bürgerstaat aus. Die Freiheit findet somit im Staat ihre Institution der Verwirklichung. Das klingt fast hegelianisch, ist aber das Gegenteil, weil der republikanische, freiheitliche Staat im Gegensatz zu Hegels sittlichem Staat kein eigenes Sein, keine Existenz hat (PdR, S. 97), nicht herrscht, nicht die Wirklichkeit der Freiheit und der Sittlichkeit, nicht als solcher die Wirklichkeit der Vernunft ist, sondern der Verwirklichung der praktischen Vernunft, der Sittlichkeit, der Freiheit durch die Bürger, durch deren Gesetze, institutionell dient. Er ist eine Organisation, die dem Zweck der Bürgerlichkeit der Bürger, der allgemeinen Freiheit durch praktische Vernunft, Sittlichkeit, zur Wirklichkeit verhilft. Er ist dafür notwendig. Dafür ist er eingerichtet. Das ist sein Begriff. Aber er hat, wie gesagt, keine Existenz, nicht einmal eigene Rechte, keine Freiheit, keine Privatheit.

[868] I.d.S. auch H. Krüger, Souveränität und Staatengemeinschaft, S. 3 f.

Als bloße Organisation hat der Staat keine Sittlichkeit. Frei, sittlich, staatlich und privat, sind die Bürger.

Die vermeintlichen Rechte des Staates sind Befugnisse, die aus rechtstechnischen Gründen als Rechte gehandhabt werden. Es sind die Rechte der Bürgerschaft, welche diese gemeinschaftlich durch ihren Staat wahrnehmen. Der Staat wird seit den „positivistischen“ Staatslehren Carl Friedrich von Gerbers und Paul Labands als willens- und handlungsfähige Rechtspersönlichkeit, als juristische Person, behandelt[869]. Wilhelm Eduard Albrecht hatte zuvor in vereinfachendem Hegelianismus den Staat als eine „nicht den Interessen des Herrschers und der Untertanen“, sondern „einem höheren allgemeinem Gesamtinteresse“ dienenden Anstalt definiert[870]. Nur als Rechtstechnik ist die Konstruktion des Staates als juristischer Person richtig[871]. Er wird dadurch nicht Person, die sich gar auf Art. 2 Abs. 1 GG berufen könnte, das Grundrecht, welches das Recht auf die freie Entfaltung der Persönlichkeit gemäß dem näheren Begriff der Freiheit schützt. Schon gar nicht ist er oder hat er entgegen Hegels seinsmäßiger Personifizierung des Staates Persönlichkeit oder „Subjektivität“ als „Gewißheit seiner selbst“[872]. Er hat auch keinen Willen[873], den haben nur Menschen. Konsequent weist das Bundesverfassungsgericht Grundrechtsschutz des Staates in welcher Funktion auch immer zurück (BVerfGE 21, 362 (367); 61, 82 (105); 75, 192 (197)), wenn es auch weitgehend zuläßt, daß der Staat wie ein Mensch, wie eine Person, behandelt wird, vor allem gemäß der Fiskusdoktrin wie eine Unternehmer[874].

Die mittels des Staates organisierte Verwirklichung der allgemeinen Freiheit ist und bleibt die Freiheit der Bürger. Sie ist die Hoheit der als Staat verfaßten Bürgerschaft, des Staates also, der zur Bewältigung seiner Aufgaben außer den Handlungsbefugnissen auch der Handlungsmöglichkeiten bedarf. Beides zusammen, die Befugnisse und die Möglichkeiten sind die Staatsgewalt. Die Hoheit ist identisch mit der Freiheit der Bürger. Diese Hoheit ist die Souveränität, die die Staatsorgane namens der Bürgerschaft wahrnehmen, wenn und insoweit die Bürger das nicht selber

[869] C. F. von Gerber, Grundzüge eines Systems des deutschen Staatsrechts, S. 222, 225; P. Laband, Das Staatsrecht des Deutschen Reiches, 2 Bde, Bd. 1, 1883, 5. Aufl. 1911, S. 58, 94 ff., 218; P. Pernthaler, Allgemeine Staatslehre und Verfassungslehre, S. 33; St. Hobe, Der offene Verfassungsstaat zwischen Souveränität und Interdependenz. S. 60 f.; M. Kaufmann, Europäische Integration und Demokratieprinzip, S. 36.

[870] Rezension Maurenbrecher, Romeo, Grundsätze des heutigen deutschen Staatsrechts, Göttingische gelehrte Anzeigen 1837, Bd. 3, S. 1489–1504, 1508–155; M. Kaufmann, Europäische Integration und Demokratieprinzip, S. 36.

[871] Ch. Möllers, Staat als Argument, S. 151 ff., 162 („Kunstbegriff juristischer Technik“), auch S. 170; dazu Ch. Seiler, Der souveräne Verfassungsstaat zwischen demokratischer Rückbindung und überstaatlicher Einbindung, S. 89 ff.

[872] Hegel, Rechtsphilosophie, § 279, S. 271 ff.

[873] Hegel, daselbst.

[874] Kritik K. A. Schachtschneider, Staatsunternehmen und Privatrecht. Kritik der Fiskustheorie, exemplifiziert an § 1 UWG, 1986; ders., Anspruch auf materielle Privatisierung, 2005, S. 190 ff., 300 ff.; ders., Prinzipien des Rechtsstaates, S. 240 ff.

tun. „Wir sind der Staat", bringt diese Lehre auf die kürzestmögliche Formel. Die Staatsorgane stehen im Dienst der Bürgerschaft. Darum sind seine Amtswalter, Abgeordneten, Minister, Beamten und Angestellten, Richter, Soldaten („Bürger in Uniform") als Staatsdiener Volksdiener, wenn sie sich wieder auch mehr und mehr so gebärden, als seine sie die Herren des Volkes, ja die Amtswalter der Europäischen Union gar die Herren der verbundenen Völker. Das wird ihnen durch die irrige Staatsrechtslehre von der Herrschaftlichkeit des Staates auch geradezu aufgedrängt. Wer sollten denn die Herren sein, wenn nicht sie, die eigentlich Diener des Volkes sind.

D. Bürgersouveränität

I. Souveränität der Bürger

Der Bürger übernimmt Verantwortung für sein Gemeinwesen, er sorgt sich um die Rechtlichkeit des gemeinsamen Lebens, er ist Politiker, nicht nur die Abgeordneten. Diese sind lediglich die „Vertreter des ganzen Volkes" (Art. 38 Abs. 1 S. 2 GG), also gewissermaßen dessen Diener, keinesfalls dessen Herren. Dazu haben sie sich aber aufgeschwungen und sind darin vom Bundesverfassungsgericht größtmöglich gestärkt worden. Damit hat die politische Klasse die Republik in einen Parteienstaat verwandelt[875] und die Bürgerschaft, den Souverän, weitgehend entmachtet. Freilich ist das kein Souveränitätswechsel, sondern rechtlose Usurpation von Macht. Der Staat der Bürger ist von einer „Räuberbande" (Augustinus, Benedict XVI.[876]) übernommen worden. Ich rede von bürgerlichen Bürgern, nicht von Bürger genannten Untertanen.

Aufgabe der Abgeordneten und des Parlaments ist die Erkenntnis dessen, welche Politik richtig für das gute Leben des Volkes auf der Grundlage der Wahrheit ist, also zu erkennen, was in der jeweiligen Lage Recht ist (Rprp, S. 567 ff., 573 ff.; FridR, S. 423, 432 f.; PdR, S. 19 f., 55 ff.)[877], nicht aber das Volk zu beherrschen, ja zunehmend mit allen Mitteln moderner Herrschaft, zumal mittels der Medien und des Verfassungsschutzes, zu unterdrücken, vornehmlich um ein Ziel zu erreichen, die Auflösung Deutschlands als eines souveränen Staates freier Bürger und die Integration der Deutschen in entbürgerlichte Vereinigte Staaten von Europa, einen Großstaat, in dem die politische Klasse die Bevölkerung leicht beherrschen kann, weil diese, degradiert zu bloßen Arbeitern und Verbrauchern, das bürgerliche Ethos

---

[875] Dazu K. A. Schachtschneider, Der republikwidrige Parteienstaat, S. 151 ff.; weitere Hinweise in Fn. 726.

[876] Augustinus, Der Gottesstaat (De Civitate Dei), hrsg. v. H.U. v. Balthasar, 1960, IV, 4–6, S. 115: „Was anders sind also Reiche, wenn ihnen Gerechtigkeit fehlt, als große Räuberbanden?"; Papst Benedict XVI., Rede vor dem Deutschen Bundestag vom 22. September 2011.

[877] So auch K. Jaspers, Vom Ursprung und Ziel der Geschichte, 1949, S. 197 ff.; J. Habermas, Erläuterungen zur Diskursethik, in: ders., Erläuterungen zur Diskursethik, 1991, S. 119 ff., insb. S. 142 ff.

nicht mehr verwirklichen können, wenn nicht gänzlich, mehr noch als gegenwärtig in den Nationalstaaten, vergessen haben. Je größer der Staat ist, desto schwächer sind Demokratie und Rechtsstaat. Das erweist das demokratischste Land dieser Welt, wenn nicht das einzig wirklich demokratische Land, die Schweiz mit den vielen Kantonen, denen die Souveränität nicht abgesprochen werden kann[878].

Für den Anspruch auf Demokratie setze ich mich seit 1970 ein[879]. Einen kleinen Ausschnitt dieses Rechts des Bürgers, nämlich den Anspruch auf demokratiegemäße Befugnisse des Parlaments, der Sache nach auf ein Stück Souveränität des Volkes, vertreten durch das Parlament, habe ich beim Bundesverfassungsgericht durchsetzen können (BVerfGE 89, 155 (171 ff., 182, 188); 123, 267, Rn. 172 ff., 207 ff., 241 f.; 129, 124, Rn. 98 ff.). Aber wesentliche Schritte zum Rechtsstaat, der zur Demokratie gehört (Rprp, S. 14 ff., 654 ff., 685 ff., 735 ff.; PdR, S. 94 ff.)[880], sind noch zu gehen, werden aber beharrlich verweigert, nämlich das Recht des Bürgers, daß das Parlament sich, wenn es seine Befugnisse wahrnimmt, im Rahmen des Verfassungsgesetzes bewegt, wenigstens im Rahmen der Verfassung, die mit dem Menschen geboren ist, also der Verfassungsidentität, die durch Art. 79 Abs. 3 GG vor Änderungen durch den Gesetzgeber auch mit verfassungsändernder Mehrheit geschützt ist. Entgegen der Verfassung hat das Parlament schlechterdings keine Vertretungsmacht. Aber das Bundesverfassungsgericht lehnt diese Rechtmäßigkeitskontrolle stur ab, ohne jede Begründung (BVerfGE 129, 124, Rn. 99). Es versagt in der Krise des Rechtsstaates. Das hat verheerende Folgen für die Freiheit der Bürger und damit für die Souveränität Deutschlands, nämlich die Einführung des Euro und die ruinösen Versuche, ihn zu retten[881]. Weil die politische Freiheit des Bürgers geleugnet wird, wird weiterhin sein Recht auf Recht aus dem Freiheitsprinzip des Art. 2 Abs. 1 GG, das insoweit durch das Menschenwürdeprinzip des Art. 1 Abs. 1 S. 1 GG fundiert ist, zurückgewiesen, das ebenfalls eine verfassungsgerichtliche Prüfung der Politik an den Grundprinzipien des Grundgesetzes, also an der mit den Menschen geborenen Verfassung, einzufordern berechtigt. Diese an sich selbstverständlichen Rechte des Bürgers in einem Bürgerstaat, einer Republik, würden die Freiheit der Bürger als deren Souveränität zu verteidigen und deren Schädigungen durch die europäische Integrationspolitik abzuwehren erlauben; denn diese ist weitestgehend nicht nur vertrags-, sondern auch verfassungswidrig. Sie unterläuft, wie ich in der Schrift über die Souveränität Deutschlands, 2012, näher dargelegt habe, die Souveränität als die

---

[878] Dazu W. Leisner, Das Volk, S. 153 f.

[879] K. A. Schachtschneider, Anspruch auf Demokratie. Überlegungen zum Demokratierechtsschutz des Bürgers, JR 1970, 401 ff.

[880] Zur Einheit von Demokratie und Rechtsstaat J. Habermas, Faktizität und Geltung, S. 151 ff.; 154; ders., Die Einbeziehung des Anderen, S. 251 („Normativ gesehen gibt es keinen Rechtsstaat ohne Demokratie"), S. 277 ff., 293 ff.; anders C. Schmitt, Verfassungslehre, S. 214 ff., 238 ff. (243, 247), 258 ff.; abwehrend M. Kaufmann, Europäische Integration und Demokratieprinzip, S. 63 f.

[881] Dazu K. A. Schachtschneider, Die Rechtswidrigkeit der Euro-Rettungspolitik, 2011, S. 86 ff., 182 ff., 237 ff.

existentielle Staatlichkeit des freiheitlichen Gemeinwesens. Der Bürger bleibt ohne diese Rechte Untertan, dem gewisse klägliche Grundrechte zur Abwehr von Eingriffen des Staates, des vermeintlichen Souveräns und Herrschers, besondere Freiheitsrechte, etwa die Religionsgrundrechte, die Meinungsäußerungsrechte, die Berufsrechte und ein enger Eigentumsschutz, alle mehr und mehr Einschränkungen im Herrschaftsinteresse des Staates unterworfen, zugestanden werden, nicht aber die genannten politischen Rechte, die ihn erst zum Bürger machen.

Was nicht Wille des Souveräns ist, verletzt dessen Souveränität. Was somit nicht Wille des Volkes ist, verletzt das Volk in dessen Souveränität, in dessen Freiheit. Der Wille des Volkes wird im demokratischen Verfahren ermittelt, erkannt und beschlossen. Das heißt: Jede Politik, die dem demokratischen Prinzip der politischen Willensbildung nicht genügt, verletzt die Souveränität des Volkes. Sie ist nicht der Wille des Volkes, das allein die Staatsgewalt innehat, also souverän ist. Das ist denn auch die Substanz des Begriffs Demokratie. Die Souveränität des Volkes als dessen Freiheit verlangt strikte Einhaltung des demokratischen Prinzips. Die Souveränität des Volkes ist nicht auf die Verfassungsgebung, den pouvoir constituant, beschränkt, wie das Martin Kriele und andere vertreten (dazu Dritter Teil G.). So könnte der Satz des Bundesverfassungsgerichts im Lissabon-Urteil BVerfGE 123, 267, Rn. 340 mißverstanden werden: „Es (sc. das Grundgesetz) verzichtet aber nicht auf die in dem letzten Wort der deutschen Verfassung liegende Souveränität als Recht eines Volkes, über die grundlegenden Fragen der eigenen Identität konstitutiv zu entscheiden“[882]. Das ist ein wesentlicher Gehalt der Souveränität, aber die Souveränität des Volkes muß stetig verwirklicht werden. Das gebietet durchgehend die strikte demokratische Legalität allen staatlichen Handelns. Nur dadurch wird die Staatsgewalt vom Volke ausgeübt, wie das Art. 20 Abs. 2 S. 2 GG vorschreibt. Nur dadurch ist das Volk souverän[883]. „La souveraineté est la puissance absolute et perpétuelle

[882] Zur Problematik des Begriffs der Verfassungsidentität R. Grawert, Homogenität, Identität, Souveränität, Der Staat 51 (2012), S. 195 ff., der in seiner verwirrenden, wenn nicht verwirrten Abhandlung die vermeintliche „Souveränitätsdiffusion“ des Bundesverfassungsgerichts S. 208 ff. gründlich verkennt, das die „Volkssouveränität“ als „Organkompetenzen“ „gewaltenteilend organisiert“ dogmatisiert habe, und aus BVerfGE 123, 267 (364, Rn. 263) aus Angst vor einer Nationalisierung des Souveränitätsbegriffs, der angesichts „der Komplexität, Mobilität und Internationalisierungen der europäischen Gesellschaft der Gegenwart“ „das Programm der europäischen Union, die auf eine Integration von Völkern, auf eine Kohärenz von Mitgliedstaaten und auf die Entscheidungsfähigkeit der Union angelegt“ sei, herausliest, das Gericht habe dem „‚Volk jenseits der gegenwärtigen Geltungskraft des Grundgesetzes‘ die Legitimation abgesprochen, über die Entwicklung der Union zu einem Bundesstaat und über einen korrespondierenden Souveränitätsverzicht in einer ‚freien Entscheidung‘ zu beschließen. Das Gegenteil steht im Urteil. Das Bundesverfassungsgericht hat zudem die Souveränität nicht zur Disposition eines Programms gestellt. Zu einem solchen Integrationismus hat es sich noch nicht verirrt.

[883] I.d.S. andeutungsweise P. Häberle, Zur gegenwärtigen Diskussion um die Probleme der Souveränität, AöR 92 (1967), S. 263; auch E.-W. Böckenförde, Demokratie als Verfassungsprinzip, HStR, Bd. I, 1987, § 22, Rdn. 12; i.d.S. auch J. Kokott, Souveräne Gleichheit und Demokratie im Völkerrecht, ZaöVR 64 (2004), S. 517 ff., 530 f.

d'une République" (Bodin, République, I, 8, p. 111), also stetig, nicht lediglich bei der Verfassungsgebung des pouvoir constituant. Der Monarch handelte souverän in seiner Willkür als seinem Willen. Das Volk handelt souverän entweder durch Abstimmungen oder durch Beschlüsse seiner Vertreter in den Staatsorganen. Diese bringen den allgemeinen Willen des Volkes zur Geltung, wenn sie denn Erkenntnisse des Rechtes verbindlich machen. Außer dem demokratischen Verfahren der staatlichen Willensbildung müssen die Verfassung und das Verfassungsgesetz, ja alle Gesetze, eingehalten werden; denn in diesen hat das Volk seinen Willen als Souverän geäußert.

Dennoch kann Souveränität nicht als „Verfahren des Ausgleichs zwischen Freiheit und Gleichheit" und damit als „eine Institution der gemeinschaftsweiten Kommunikation" entsubjektiviert werden, wofür Michael W. Hebeisen Jürgen Habermas ohne Seitenangabe zitiert[884]. Souveränität hat ein Subjekt, freiheitliche Souveränität die Bürger, jeden einzelnen und alle zusammen, auch für Habermas: „Das substantialistische Verständnis von Volkssouveränität bezieht ‚Freiheit' wesentlich auf die äußere Unabhängigkeit der Existenz eines Volkes, das prozeduralistische Verständnis auf die allen gleichmäßig gewährleistete private und öffentliche Autonomie innerhalb einer Assoziation freier und gleicher Rechtsgenossen"[885]. Das unterscheidet sich nicht von der hier entwickelten Bürgersouveränität.

Auch Peter Häberle lehrt eine „menschen- und bürgerorientierte Volkssouveränität". „Von ihnen (sc.: den Bürgern) geht letztlich alle (Staats-)Gewalt aus. ... Insofern ist Art. 1 GG ‚Staatsform': Begründung des Staates. In der Menschenwürde hat Volkssouveränität ihren ‚letzten' und ersten (!) Grund. Volk ist keine mystische Größe, sondern eine Zusammenfassung vieler Menschen mit je eigener Würde"[886]. Nicht anders konzipiert Erhard Denninger, hoffentlich nicht falsch verstanden, Souveränität: „Souveränität des Staates und die Freiheit des einzelnen Menschen sind nicht wesensverschieden; vielmehr entsprechen sie einander als die Fähigkeit zur Autonomie, zum Selbstwirksamsein der Person"[887].

---

[884] M. W. Hebeisen, Souveränität in Frage gestellt, S. 30, unter Verweis auf J. Habermas, Volkssouveränität als Verfahren, Faktizität und Geltung, S. 600 ff., 607, 627.

[885] J. Habermas, Die Einbeziehung des Anderen, S. 160 ff. (Staatsrechtliche Konstruktion der Volkssouveränität), Zitat S. 166 f., auch S. 175 ff. (Demokratie und staatliche Souveränität: der Fall humanitärer Interventionen), aber fragwürdig ders., Volkssouveränität als Verfahren, Faktizität und Geltung, S. 600 ff., 607, 627, vgl. das Zitat zu Fn. 759.

[886] Die Menschwürde als Grundlage der staatlichen Gemeinschaft, HStR, Bd. I, § 20, Rdn. 65; i.d.S. auch W. Maihofer, Abschließende Äußerungen der Herausgeber, HVerfR, 2. Aufl. 1994, Rdn. 77 ff., S. 1722 f.; auch I. Pernice, Europäisches und nationales Verfassungsrecht, VVDStRL 60 (2001), S. 148 ff., 162, 190, LS. 7 („Souveränität ist die in der Menschwürde wurzelnde Selbstbestimmung des einzelnen").

[887] E. Denninger, Rechtsperson und Solidarität – Ein Beitrag zur Phänomenologie des Rechtsstaates unter besonderer Berücksichtigung der Sozialtheorie Max Schelers, 1967, S. 278.

II. Rechtlichkeit als bürgerliche Souveränität

Die Freiheit des Volkes ist ein Rechtsprinzip. Aber die Prinzipien des Rechts müssen verwirklicht werden, damit die Menschen im Recht leben. Rechtlichkeit ist die Wirklichkeit der Gesetze des Rechts, also Gerechtigkeit. Wie im Fünften Teil zu A. dargelegt bedarf es der Macht, um das Recht erzwingen zu können. Darum kann die Souveränität der Macht nicht entsagen. Ohne Macht wird sie zu einem hohlen Begriff, verfällt zu einer Chimäre. Jedes Gesetz, jedes Recht, das nicht durchgesetzt wird oder werden kann, verliert die Wirksamkeit als seine Substanz und damit letztlich auch die Substanz seiner Normativität. Rechtsprinzipien gelten, aber sie müssen auch wirken. Nicht schon die Verletzung kostet die Geltung, aber doch die stetige Nichtbeachtung. Das Gesetz wird hinfällig, schließlich obsolet. Ohne Wirksamkeit vermögen die Gesetze die Menschen nicht zur Freiheit zu verhelfen. Freiheit ist die Rechtlichkeit als die Wirklichkeit des Rechts. Wenn die Machtlehre der Souveränität das zum Ausdruck bringen will, hat sie Recht. Die Mißachtung des Rechts ist Rechtsverletzung. Dagegen gibt es den Rechtschutz, ein wesentliches Prinzip des Rechtsstaates (PdR, S. 118 ff.). Der bürgerlichen Souveränität genügt allein Gerechtigkeit.

Der Schutz vor Verletzung der Souveränität im Innern und von Außen ist besonders schwierig. Er bedarf der Macht der Bürger und der Macht des Staates. Um beide ist es meist schlecht bestellt. Den Bürgern wird der Rechtsschutz ihrer Bürgerrechte wenn nicht verweigert, so doch schwer gemacht[888]. Ihre Vertreter in den staatlichen Ämtern, deren vornehmste Aufgabe die Verwirklichung der bürgerlichen Freiheit ist, sind deren größte Bedrohung. Das ist das ewige Problem der Macht, ihr Mißbrauch. Der Parteienstaat schirmt die Bürger weitgehend und zunehmend von der Politik ab und nimmt ihnen damit die politische Freiheit. Nicht die Bürger haben im Parteienstaat die souveräne Macht, nicht das Volk, sondern die Parteienoligarchie im Verbund mit der Medien- und der Finanz- und Industrieoligarchie.

Das parteiliche Führungs- und Gefolgschaftsprinzip (Rprp, S. 1069 ff.) führt dazu, daß nur noch die Vorsitzenden und allenfalls der Vorstand einer Partei Macht haben. Das bringt eine außerordentliche Macht des Vorsitzenden der Partei mit sich, die den Kanzler stellt, weil das Grundgesetz durch das konstruktive Mißtrauensvotum auf der Grundlage des gesetzlich geschaffenen und verfassungsrechtlich mehr als bedenklichen Verhältniswahlsystems und der daraus folgenden parteienstaatlichen Fraktionierung des Parlaments den Kanzler übermäßig in seinem Amt stützt. In der Kanzlerdemokratie hat der Kanzler nicht die ganze Macht, aber eine große Macht. Man ist versucht zu sagen, der Kanzler ist souverän, nicht das Volk, faktisch, nicht rechtlich.

Das gilt im besonderen Maße in der Außenpolitik, also für die äußere Souveränität. Die Absprachen der Staats- und Regierungschefs haben eine hohe politische Verbindlichkeit, der sich weder das Parlament noch das Bundesverfassungsgericht zu

---

[888] Dazu K. A. Schachtschneider, Die Rechtswidrigkeit der Euro-Rettungspolitik, S. 182 ff.

entziehen vermögen, wie vor allem die jüngere Praxis der Europolitik zeigt. Wieder behauptet sich das hegelsche Prinzip, daß die Souveränität in einer Person vereinigt sein müsse[889]. Es ist aber das Ergebnis republikwidriger Strukturen des Parteienstaates und des Internationalismus. Der oligarchische Parteienstaat ist die ärgste Verletzung der Souveränität der Bürger. Die Freiheit wird nicht gelebt. Es ist das Amt der Bürger, sie zu verteidigen. Die Arten, die Souveränität oder eben die Freiheit des Volkes zu verletzen, sind vielfältig. Es sind die Verletzungen im Innern des Staates und die Verletzungen von Außen. Vor allem sind es verdeckte, schleichende Mißachtungen der Souveränität, etwa die Eingriffe der Nachrichtendienste. Mag die Souveränität Deutschlands nach außen noch weitgehend bestehen, das Deutsche Volk als der eigentliche Souverän ist entmachtet und somit faktisch nicht mehr souverän[890]. Sonst gäbe es keinen Euro und wäre Deutschland nicht faktisch zum Einwanderungsland gemacht worden. Vor allem die übermäßige Übertragung der Hoheitsrechte des Deutschen Volkes auf die Europäische Union zur gemeinsamen Ausübung höhlt mit der Demokratie die Freiheit der Deutschen in einer Weise aus, welche die menschheitliche Verfassung verletzt.

Das Verfahren der allgemeinen Freiheit der Bürger, der Freiheit des Volkes, ist das der Demokratie[891]. Nur die Menschen haben einen Willen. Vom Willen gehen die Gesetze aus, der Bürger hat sie zu erkennen und unmittelbar oder mittelbar zu beschließen. In dem Sinne gibt er die Gesetze. Wenn es denn ein freiheitlicher Wille ist, ist er die praktische Vernunft, deren Erkenntnis bestmöglich gestaltet sein muß. Alle Bürger sind daran im öffentlichen Diskurs beteiligt (Rprp, S. 560 ff., 584 ff.), jedenfalls sollen sie sich daran beteiligen und beteiligen können. Sie werden durch die politische Klasse, vornehmlich durch die Medien entgegen deren republikanischer Aufgabe[892], erheblich darin behindert, vor allem durch Desinformation. Die Vertreter des Volkes in den verschiedenen Ämtern und Organen des Staates haben die Aufgabe, namens des Volkes zu erkennen, welches der Wille des Volkes ist, nämlich das Recht als das, was für das Gemeinwesen gut ist. Verbindlichkeit des als richtig Erkannten begründet allein der Wille des Volkes als der Vielheit der Bürger; denn nur unter dem eigenen Gesetz ist der Mensch frei, das Gesetz, das als Gesetz allgemeiner Wille, volonté générale, sein muß. „Die gesetzgebende Gewalt kann nur dem vereinigten Willen des Volkes“ zukommen (MdS, S. 432, 449, 462). Weder der Staat noch die Staatsorgane, etwa der Deutsche Bundestag, haben einen Willen. Die Amtswalter, zumal die Abgeordneten, haben als Menschen und Bürger fraglos einen Willen, aber sie haben nicht ihren Willen zur Geltung zu bringen, sie sind nicht die

---

[889] Hegel, Rechtsphilosophie, § 275, S. 268 f., § 279, S. 279 ff.

[890] Ganz so W. Mäder, Vom Wesen der Souveränität, S. 143 ff.

[891] M. Jestaedt, Demokratieprinzip und Kondominialverwaltung, S. 161 f., behandelt demgegenüber die Demokratie als „Herrschaftstechnik“.

[892] Dazu Th. Koch, Die Zeitung in der Republik, 2006; E. Herman, Das Medienkartell, 2012.

Herren des Volkes, sondern als Vertreter des Volkes eine je nach Zuständigkeit definierte Erkenntnisaufgabe (Rprp, S. 584 ff.; PdR, S. 32; FridR, S. 154, 164 f.)[893].

Für die Richter ist das leicht einsichtig. Der Richter hat im Richterspruch nicht seinen Willen, sein Gesetz, zur Geltung zu bringen, sondern das Gesetz des Volkes anzuwenden, zu erkennen, welche Entscheidung dem Gesetz entspricht. Nichts anderes ist für den Gesetzgeber richtig. Er hat zu erkennen, welches Gesetz in der jeweiligen Lage das Richtige für das gute Leben aller Menschen im Lande ist, freilich im Rahmen der Verfassung und des Verfassungsgesetzes. Das setzt auch die Erkenntnis der Wirklichkeit voraus. Das Recht ist objektiv, nicht willkürlich und schon gar nicht dezisionistisch. Die praktische Vernunft bestimmt die Materie der Gesetze. Wer die Kognitivität der Rechtssetzung nicht erfaßt oder angesichts der herrschaftlichen und damit willkürhaften Wirklichkeit des Parteienstaates nicht zugestehen will, muß freiheitswidrige Fiktionen einsetzen, um irgendeine Art Volkssouveränität zu dogmatisieren.

Alle Gesetze materialisieren das Recht oder eben die Rechtsordnung. In einer Republik werden sie nicht gesetzt, sondern erkannt und beschlossen. Der normative Spielraum hebt die Objektivität der Normen nicht auf. Jeder Richterspruch ist ein Erkenntnis des Rechts und versteht sich so. Die Rechtsetzung unterscheidet sich insofern nicht von der Rechtsprechung. Nur ist die Gesetzgebung allgemein und nicht auf den Einzelfall begrenzt, wenn auch nur im Regelfall. Auch Rechtsprechung ist wegen ihrer allgemeinen Wirkung funktionale Rechtsetzung (Rprp, S. 819 ff.), die Verfassungsrechtsprechung sogar weitgehend institutionell; denn ihre Entscheidungen (alle entscheidenden Begründungssätze[894]) binden alle Verfassungsorgane, Gerichte und Behörden (§ 31 Abs. 1 BVerfGG).

Die Gesetzgebung muß wie die Rechtsprechung und Verwaltung, ja wie alles sittliche Handeln, auf der Wahrheit gründen, d. h. sie muß die Wirklichkeit zu Grunde legen. Sonst kann sie diese nicht sachgerecht ordnen. Die Leugnung der Wirklichkeit führt zu fehlerhaften Gesetzen. Das ist im Vierten Teil zu E.II. schon dargelegt. Ein Exempel ist die Währungsunion, welche die ökonomischen Gesetze, die die Wirklichkeit beschreiben, um politischer, zudem verfassungswidriger, Ziele willen, zu ignorieren versucht. Ohne Erfolg. Auf der Erkenntnis der Wirklichkeit, des Seins, wird der Sollenssatz aufgebaut, die allgemeinverbindliche Handlungsmaxime. Die Sollenssätze, zumal die Gesetze, sind aber nicht nur durch die Wirklichkeit determiniert, sondern durch vielfältige rechtliche, also normative Vorgaben, vorrangig die Verfassung, somit alle Rechtsprinzipien, die mit dem Menschen geboren sind, nämlich die Freiheit und alle aus dieser folgenden Rechtssätze, die Gleichheit in der Freiheit, die Brüderlichkeit (Sozialprinzip), die Menschen- und Grundrechte, die

[893] J. Habermas, Faktizität und Geltung, S. 109 ff., 329 ff., 516 ff.; ders., Die Einbeziehung des Anderen, S. 277 ff., 293 ff.; demgegenüber dezisionistisch, von Entscheidungen abhängig, C. Schmitt, Politische Theologie, S. 16, 37 f.

[894] BVerfGE 1, 14 (37); 3, 261 (264 f.); 20, 56 (87); 24, 289 (297); 36, 1 (3); 40, 83 (93); 79, 256 (264); st. Rspr.; K. A. Schachtschneider, Res publica res populi, S. 953 f.

Staatsform der Republik, die demokratisch und rechtsstaatlich sein muß, das föderale Prinzip der kleinen Einheit, aber auch die zwingenden Rechtssätze des Völkerrechts, weiterhin die Verfassungsgesetze, also die näheren vorrangigen Normen, welche nicht im Widerspruch zur Verfassung stehen dürfen, die internationalen Vereinbarungen, also völkerrechtliche Verträge, somit das gesamte Rechtssystem, das nicht widersprüchlich sein darf, zusammengefaßt: die Sittlichkeit auf der Grundlage der Wahrheit, die praktische Vernunft. Das engt die Rechtsetzung stark ein und erfordert die rechtswissenschaftliche Erkenntnis möglicher Gesetze. Hinzu kommen die Erkenntnisse der vielen Wissenschaften, zumal die der Ökonomik, die beachtet werden müssen, damit die Gesetze die bezweckte Wirkung nicht verfehlen, also wiederum die Beachtung der wissenschaftlich erfaßten Wirklichkeit. Gesetzgebung ist somit um der Sachlichkeit willen eine wissenschaftliche Aufgabe und somit kognitivistisch, eine Erkenntnisaufgabe. Wie die Vernunft ist das Recht objektiv. Subjektiv sind die Neigungen, die auch Werten verpflichtet sein können, aber nicht das Recht und nicht dessen Erkenntnis bestimmen dürfen. Sie tun es fraglos, aber das ist menschliche Schwäche.

Wären Normen, also Gesetze, nicht derart gebunden, daß ihre Richtigkeit der Erkenntnis fähig ist, könnte es keine Gerichtsbarkeit über diese geben. Die Verfassungsgerichtsbarkeit, die als Hüter des Rechts Gesetze verwerfen kann und soll, wenn diese nicht dem Recht genügen, wäre nicht demokratisch und verstieße gegen die Gewaltenteilung. Ihre Erkenntnisse mißlingen vielfach. Oft ist die Judikative gerade der Verfassungsrichter wegen deren politischen Opportunismus Willkür. Sie darf das aber nicht sein. Meist ist der Erkenntnisspielraum, den das Bundesverfassungsgericht Regierung und Parlament läßt, entgegen dem Recht zu groß, zumal in der Wirtschafts-, Währungs- und Sozialpolitik. Im Prinzip läßt sich jede Vorschrift, jedenfalls deren Rechtlichkeit, wissenschaftlich ermitteln. Das ist eine Sache von scientia und prudentia. Gesetzgebung ist jedenfalls nicht Sache der Mehrheit des Volkes oder gar der Mehrheit der Parlamentarier, zunehmend durch die Regierung mittels deren parteilichen Macht gegängelt. Dadurch wird die Demokratie nicht nur Oligarchie, sondern Ochlokratie, Pöbelherrschaft. Die Vertretung des ganzen Volkes ist Amt des gesamten Parlaments. Sie läßt sich nur diskursiv verwirklichen, als größtmögliche Mühe aller Abgeordneten um die bestmögliche Erkenntnis des Wahren und Richtigen, des Seins und des Sollens.

Die Gesetzgebung läßt keine Spielräume der Willkür. Ganz im Gegenteil: Das Willkürverbot ist Grundprinzip des bürgerlichen Gemeinwesens, der Republik (PdR, S. 329 ff.). Es folgt aus der allgemeinen äußeren Freiheit, nämlich der „Unabhängigkeit von eines anderen nötigender Willkür" (MdS, S. 345). Willkür ist grobes Unrecht[895], also eklatante Mißachtung der praktischen Vernunft, des rechten Maßes, das schon Aristoteles gelehrt hat[896]. „Alle subjektive Willkür ist eine Sünde wider den

[895] P. Kirchhof, Der allgemeine Gleichheitssatz, HStR, Bd. V, Allgemeine Grundrechtslehren, 1992, § 124, Rdn. 92.

[896] Aristoteles, Nikomachische Ethik, 2. Buch, 1106 a 11.

heiligen Geist des Rechts“, hat Heinrich Triepel, einer der wenigen Rechtslehrer mit praktischer Vernunft in der Weimarer Zeit, deklariert[897]. Die meisten waren Ideologen, allen voran Carl Schmitt. Nichts anderes besagt das verfassungsrangige Verhältnismäßigkeitsprinzip (PdR, S. 337 ff.; FridR, S. 436 ff.)[898].

---

[897] H. Triepel, Goldbilanzverordnung und Vorzugsaktien, 1924, S. 30.

[898] P. Kirchhof, Der allgemeine Gleichheitssatz, HStR, Bd. V, § 124, Rdn. 161 ff.

Siebenter Teil

Freiheitliche Souveränität

A. Die innere Souveränität

I. Ausübung der Staatsgewalt als Ausübung der Souveränität

Im Modernen Staat, in der Republik als dem freiheitlichen Gemeinwesen, dem Staat freier Bürger, geht „alle Staatsgewalt vom Volk aus" (Art. 20 Abs. 2 S. 1 GG), nach innen und nach außen, und sie wird „vom Volke in Wahlen und Abstimmungen und durch besondere Organe der Gesetzgebung, der vollziehenden Gewalt oder der Rechtsprechung ausgeübt (Art. 20 Abs. 2 S. 2 GG). Das Volk ist nicht etwa nur die „Quelle der Staatsgewalt"[899], sondern hat diese inne (dazu im Sechsten Teil B.). Sonst könnte es diese nicht ausüben. Staatsgewalt ist die Hoheit des Volkes. Staatsgewalt ist der republikanische Begriff für den ursprünglich monarchischen Begriff der Souveränität[900]. Der Fürst hatte die Souveränität inne, war der Souverän, hat diese aber auch ausgeübt. Dafür benötigte es auch einer Organisation, der Beamten und der Soldaten, nicht anders als das Volk, das seine Souveränität selbst unmittelbar oder mittelbar ausübt[901]. Ernst-Wolfgang Böckenförde: „Es ist der Kernsatz aller Demokratie, daß das Volk Träger und Inhaber der Staatsgewalt ist"[902]. Die innere Souveränität gibt dem Volk, der Bürgerschaft organisiert als Staat, das letzte Wort in der Politik, deren Gegenstand die Verwirklichung des Rechts ist, die „Letztentscheidungsgewalt", die, wenn man so will, „Rechtsmacht"[903]. Es übt dieses unmittelbar durch Abstimmungen oder vertreten durch die Organe in der Gesetzgebung, vollziehenden Gewalt und Rechtsprechung (Art. 20 Abs. 2 S. 2 GG) aus. Das Volk hat das Sagen.

Der Begriff Souveränität ist auch in der Republiklehre gebräuchlich und nicht falsch, wenn er republikanisch verstanden und nicht versucht wird, mehr oder weniger das monarchische Prinzip oder diesem ähnliche Herrschaftsformen in die

---

[899] So aber wie viele K. Stern, Staatsrecht II, S. 22; M. Kaufmann, Europäische Integration und Demokratieprinzip, S. 43 f.

[900] P. Häberle, Zur gegenwärtigen Diskussion um die Probleme der Souveränität, AöR 92 (1967), S. 261, für „große Mächte"; so auch, wenn auch ablehnend, H. Kelsen, Der Wandel des Souveränitätsbegriffs, S. 175.

[901] E.-W. Böchenförde, Demokratie als Verfassungsprinzip, HStR, Bd. I, § 22, Rdn. 8.

[902] Ebenda, Rdn. 10 f.

[903] M. Kaufmann, Europäische Integration und Demokratieprinzip, S. 32, 37 f., 43.

Republik zu transportieren. Die Souveränität besteht aus den Handlungsbefugnissen und Handlungsmöglichkeiten des Volkes insgesamt, welche gemäß der Verfassung und den Gesetzen vom Volk selbst oder von den Organen des Volkes in dessen Namen gehandhabt werden. Niemand kann die Staatsgewalt des Volkes rechtens schmälern; denn sie ist Teil der allgemeinen Freiheit der Bürger. Das darf nicht dahin mißverstanden werden, daß Souveränität uneingeschränkte Gewalt des Volkes wäre, welche zu all und jedem berechtigt. Sie ist Freiheit und demgemäß die Sittlichkeit des Volkes. Sie dient einzig und allein der Verwirklichung des Rechts, wenn man so will, dem Staatszweck innerer Sicherheit und des Friedens (BVerfGE 44, 125 (142); 80, 315 (334)). Dieser Staatszweck wird durch die Rechtlichkeit des gemeinsamen Lebens verwirklicht. Das Recht bedarf der Materialisierung durch lagegemäße Gesetze[904], der Vollziehung, weil viele Gesetze nicht nur durch deren Achtung im menschlichen Handeln verwirklicht werden, sondern des verwaltungsmäßigen Vollzugs bedürfen, aber auch, weil nicht alle Menschen das Recht aus Moralität („pflichtmäßig, aus Pflicht“, Kant, MdS, S. 521) achten, sondern dazu gezwungen werden müssen, und der Rechtsklärung durch die Rechtsprechung, weil Gesetze und zumal das Recht selten eindeutig sind. Zudem ist der Sozialstaat als Verteilungsstaat wesentlich Verwaltungsstaat. Der Staat ist die Organisation der Bürgerschaft, des Volkes, für die Verwirklichung des Rechts, dies und nichts anderes. Das durch das Verfassungsgesetz organisierte Volk ist der Staat im weiteren Sinne. Der Staat im engeren Sinne ist dessen Organisation, also die Organe des Staates mit allen Ämtern und Amtswaltern. Mittels dieser Organisation übt das Volk als der Staat seine Staatsgewalt oder Souveränität aus[905].

II. Grenzen der inneren Souveränität

Jean Bodin und Thomas Hobbes haben wie die Literatur im 17. und 18. Jahrhundert allgemein, die auch von maiestas, summa potestas oder summum imperium sprach[906], die Souveränität an das Naturrecht, „die Befehle Gottes“ (Hobbes) und damit gewissermaßen an die Gebote der christlichen Religion gebunden (Zweiter Teil A.I. und II.)[907]. Im Konstitutionalismus des 19. Jahrhunderts wird die Bindung der Souveränität an das Naturrecht wie schon in der Literatur des späten 18. Jahrhunderts liberal verstärkt und näher materialisiert. Freiheit und Freiheitsrechte werden Merkmal des Bürgers, nicht des Staates. Der wird durch Herrschaftlichkeit

[904] In diesem Sinne schon G. Jellinek, Allgemeine Staatslehre, S. 238.

[905] Ganz so im Ergebnis A. Somek, Rechtssystem und Republik, S. 564 ff.

[906] Vgl. D. Klippel, Geschichtliche Grundbegriffe, S. 111 f., 115 ff.

[907] J. Bodin, République 1, 8, p. 133, *122*; 3, 4, p. 413 ff., *286*; Th. Hobbes, Leviathan, I, 14. und 15. Kap., S. 118 ff., II, 18. Kap., S. 160, 26. Kap., S. 230, 30. Kap., S. 294 f., 31. Kap., S. 295; H. Krüger, Allgemeine Staatslehre, S. 833 ff.; ders., Souveränität und Staatengemeinschaft, S. 19 Fn. 37; das verkennt, wer Hobbes als Lehrer unbegrenzten Absolutismus hinstellt, etwa K. Stern, Staatsrecht II, S. 22.

gekennzeichnet. Zunehmend wird der Herrscher an die Gesetze, die er gegeben hat, privat und öffentlich, gebunden[908]. Die Idee der bürgerlichen Volkssouveränität, die Rousseau und Kant schon klar ausgearbeitet haben, bahnt sich den Weg, wenn auch vielfach nur als pouvoir constituant, als verfassungsgebende Gewalt[909].

Bis heute ist die Volkssouveränität nur unvollkommen verwirklicht. Das hat seinen Grund vor allem darin, daß die politische Freiheit der Bürger nicht in die Staatslehre einbezogen, geschweige denn praktiziert wird. Sie wird nicht einmal als Grundrecht anerkannt. Hegel hat die Entwicklung mit seiner Lehre vom sittlichen Staat, der in sich christlich ist und somit Gottes Wille verwirklicht, ja mehr noch die Wirklichkeit der Vernunft, des Weltgeistes, ist, hinter die aufklärerische und republikanische Klassik zurückgeworfen. „Volks-Souverainetät" „im gewöhnlichen Sinne" „im Gegensatz zur Souverainetät des Monarchen" weist er als „verworrenen Gedanken" zurück (Rechtsphilosophie, § 279, S. 273). Seine herrschaftliche Machtstaatslehre hat entgegen der Verfassung und dem Verfassungsgesetz, dem Grundgesetz, immer noch mehr Einfluß auf die Praxis und Lehre als die Freiheitslehre Rousseaus und Kants. Bekanntlich ist die herrschende Lehre meist die Lehre der Herrschenden. Walter Leisner: „Nur was der Kritik entzogen ist, bedeutet wirklich Macht – und zugleich verliert dieses selbstverständlich Gewordene die ‚Wahrheit'"[910].

Die Vernunft gebietet nach Hobbes den Frieden, dessen Formel gemäß der lex aurea die allgemeine und gegenseitige Freiheit nach dem Reziprozitätsprinzip, dem Prinzip der Gegenseitigkeit, ist, um den Naturzustand eines Rechtes aller auf alles zu überwinden (Leviathan, I, 14. Kap., S. 119 f.)[911]. Dazu gehört das Recht, Verträge zu schließen, und die Pflicht, die Verträge einzuhalten (I, 14, S. 121 ff., I, 115, S. 129 ff.) und „jedem das Seinige" zu geben, also das Eigentum zu respektieren; denn das sei Gerechtigkeit (I, 15, S. 130 ff.). Die mannigfachen anderen natürlichen Gesetze, die Hobbes im 15. Kapitel des ersten Teils aufführt (S. 129 ff.), machen recht gut eine Rechtsordnung der praktischen Vernunft aus, welche der Souverän durch die bürgerlichen Gesetze verbindlich machen soll. Zu den „leges divinae ac naturalis"

---

[908] G. Jellinek, Allgemeine Staatslehre, S. 475 ff.; D. Klippel, Geschichtliche Grundbegriffe, S. 122 ff.

[909] D. Klippel, Geschichtliche Grundbegriffe, S. 124 ff.; so noch wie viele K. Stern, Staatsrecht II, S. 22 f.; vgl. auch W. Henke, Die verfassungsgebende Gewalt des Volkes. Lehre und Wirklichkeit, Der Staat 7 (1968), S. 166 ff., der S. 171 äußert, die verfassungsgebende Gewalt des Volkes habe mit Demokratie nichts zu tun; auch M. Kaufmann, Europäische Integration und Demokratieprinzip, S. 43 f.

[910] Das Volk, S. 20.

[911] Die Annahme dieses Naturzustandes ist eine allgemeine Position der Aufklärung, vgl. außer Hobbes J. Locke, Über die Regierung, VI, 57, VIII, 95, XI, 134, S. 42 f., 73 ff., 101 ff.; Rousseau, Vom Gesellschaftsvertrag, I, 8. Kap., S. 22 f.; Kant sieht den Naturzustand als den der Rechtsunsicherheit, Zum ewigen Frieden, S. 203; ders., Metaphysik der Sitten, S. 430 f., auch S. 365 ff., 374 ff.; dazu K. A. Schachtschneider, Freiheit in der Republik, S. 46 ff. u. ö. ; vgl. auch M. Kriele, Einführung in die Staatslehre, S. 52 f., der ihn zu den „Legitimationsbedingungen des Völkerrechts" rechnet.

rechnen sowohl Bodin als auch Hobbes insbesondere das Eigentum[912]. Dem ist John Locke, der die Legislative als die höchste Gewalt einstuft, vor allem im Eigentumsschutz gefolgt (Über die Regierung, XI, S. 101 ff.).

Hegel verbindet auf der Grundlage der Familien, die sich zu einem Volk erweitern, den sittlichen Staat mit der bürgerlichen Gesellschaft als einer zum Gemeinwesen gehörigen Wirklichkeit der Sittlichkeit (Rechtsphilosophie, § 181, S. 191 f.). Als das „System der Bedürfnisse" (§§ 188 ff., S. 197 ff.), sei die bürgerliche Gesellschaft eine Arbeits-/Erwerbs- und Konsumgesellschaft (§ 196 ff., S. 201 ff.) und eine Eigentumsgesellschaft (§§ 188, S. 197, § 208 S. 208)[913]. Die Sittlichkeit hat in den Familien, der bürgerlichen Gesellschaft und dem Staat Wirklichkeit (§ 157, S. 175). Die Souveränität bedarf somit in Hegels Staatslehre keiner sittlichen Grenzen. Sie ist sittlich.

Die innere Souveränität des Volkes als dessen Freiheit, ausgeübt vom Staat im engeren Sinne als Einrichtung des Volkes als des Staates im weiteren Sinne zur Verwirklichung der allgemeinen Freiheit durch Rechtlichkeit des gemeinsamen Lebens, hat ihre sittliche Grenze in der Verfassung der Menschheit des Menschen, also im Recht, welches durch das Verfassungsgesetz und die Gesetze näher materialisiert wird. Außer den materialen Prinzipien der Menschenwürde und damit den Menschenrechten sind das die Verfahren der Verwirklichung der allgemeinen Freiheit, also die Gesetzlichkeit durch Gesetzgebung und Rechtsprechung, aber auch Verwaltung gemäß dem Recht als die Wirklichkeit des allgemeinen Willens des Volkes. Das hat schon John Locke 1690 in seinem wegweisenden Werk The Second Treatise of Government (Über die Regierung, IV, S. 19, VI, S. 43, XI, S. 101 ff.), dem die Amerikaner in ihrer Verfassung von 17. September 1787 weitgehend gefolgt sind, so konzipiert: „... where there is no law there is no freedom", zu Deutsch: „Gibt es kein Gesetz, so gibt es auch keine Freiheit", und: „The society, over whom nobody can have a power to make laws but by their own consent and by authority received from them", übersetzt: „Der Gesellschaft (besser, der πόλις oder der civitas, dem Gemeinwesen[914]) Gesetze zu geben, kann niemand Gewalt haben, es sei denn kraft

[912] J. Bodin, République I, 8, p. 133, *122*; III, 4, p. 413 ff., *286*; Th. Hobbes, Leviathan, I, 15. Kap., S. 130.

[913] Zur Modernität der Lehre Hegels von der bürgerlichen Gesellschaft H. Seubert, Jenseits von Sozialismus und Liberalismus, S. 107 ff., insb. S. 131 ff., 147 ff.

[914] Die Übersetzungen, hier die von Dorothee Tidow in der Reclam-Ausgabe 1966/1974, sind vielfach durch Verständnisweisen belastet, welche den Sinn entstellen. Society im Text von Locke ist keinesfalls die Gesellschaft im heutigen durch Hegel bestimmten Verständnis einer Trennung von Staat und Gesellschaft, sondern die bürgerliche Gesellschaft im Sinne vorhegelianischer Philosophie und Rechtslehre, also römisch die civitas oder griechisch die πόλις, die als Gemeinwesen, in dem der Staat die Gesamtheit der Bürger ist, erfaßt werden sollte. So übersetzt D. Tidow „absolutely arbitrary" in § 135 mit „willkürlicher Gewalt". Das ist mehr als irreführend. Die philologischen Fehlleistungen auf Grund mangelnder Kenntnisse der rechtlichen Gegebenheiten in der Geschichte richten im politischen Diskurs großen Schaden an. Stetig werden freedom und liberty schlicht mit Freiheit übersetzt und die präzise Unterscheidung J. Lockes wird ignoriert. Freedom ist die politische Freiheit, die mit dem Menschen

ihrer eigenen Zustimmung, und die Autorität, die ihr von ihren Gliedern verliehen wurde"[915].

Darum genügt es abgesehen von der freiheitlichen Fundierung, die er nicht kennt, dem Rechtsstaatsprinzip, wenn Georg Jellinek in seiner Allgemeinen Staatslehre, S. 481, definiert: „In eine kurze Formel zusammengefaßt bedeutet daher Souveränität die Eigenschaft einer Staatsgewalt, kraft deren sie die ausschließliche Fähigkeit rechtlicher Selbstbestimmung und Selbstbindung hat"[916]. Jellinek versteht die Staatsgewalt als Herrschaft, stellt sie aber nicht über das Recht, das freilich ohne Bindung „durch äußere Mächte" selbst zu bestimmen die Fähigkeit habe[917]. Freiheitliche Souveränität ergibt insoweit nichts anders. Dennoch wäre die Formel als freiheitlicher Rechtssatz nicht tragfähig, weil sie nicht einbezieht, daß Träger der Souveränität die Bürger sind, nicht ein Monarch. Wer die gewissermaßen mittels der „Eigenschaft" der Souveränität personalisierte Staatsgewalt innehat und ausübt, läßt die Formel offen. Die sittliche und damit rechtliche Bindung des Menschen folgt aus dem Freiheitsbegriff selbst, mit dem die Menschen, die unter Menschen leben, ge-

---

geboren ist. Dazu gehört vor allem die Autonomie des Willens, die Gesetzgeberschaft jeden Bürgers. Liberty sind die Handlungsrechte unter dem Gesetz, bei Locke gewissermaßen die Rechte des Beliebens (to do what he lists, to live as he pleases). Die Unklarheit des Freiheitsbegriffs belastet schwerstens die politische Diskussion. Ich kann freilich nicht bei jeder Stelle Übersetzungskritik leisten und zitiere deshalb vielfach den Originaltext. Wegen seiner Unkenntnis des aufklärerischen Freiheitsbegriffs kommt wohl auch P. Graf Kielmansegg, Volkssouveränität, S. 139 ff., 156, nicht mit der Philosophie John Lockes zurecht. Er meint gar, „individuelle Autonomie verwandele sich, herrschaftsbegründend, in kollektive Souveränität", bewahre aber, herrschaftsbegrenzend, „natürliche Rechte". Locke hat das nicht gelehrt.

[915] Dazu P. Graf Kielmansegg, Volkssouveränität, S. 139 ff.; auch U. Schliesky, Souveränität und Legitimität von Herrschergewalt, S. 204 ff.; keinesfalls ist das Volk als pouvoir constituant, als Verfassungsgeber, ungebunden, a. A. die überwiegende deutsche Staatsrechtslehre, etwa R. Zippelius, Allgemeine Staatslehre, S. 50; Ch. Starck, Präambel, in H. von Mangoldt/F. Klein/Ch. Starck, Das Bonner Grundgesetz, Bd. I, 3. Aufl. 1985, Rdn. 8 ff.; 6. Aufl. 2010, Rdn. 14 ff.; M. Jestaedt, Demokratieprinzip und Kondominialverwaltung, S. 157 f., 162; alle C. Schmitt, Verfassungslehre, S. 75 ff. 79, 84, folgend; auch M. Kaufmann, Europäische Integration und Demokratieprinzip, S. 43 f.

[916] Schon ders., Die Lehre von den Staatenverbindungen, 1882, Nachdruck 1969, S. 30 ff.; folgend noch jüngst etwa Ch. Seiler, Der souveräne Verfassungsstaat zwischen demokratischer Rückbindung und überstaatlicher Einbindung, S. 50, auch S. 120 ff. zur Selbstbestimmung; auch Th. Schmitz, Integration in der Supranationalen Union, S. 189 f.; zur Formel kritisch auch H. Krüger, Allgemeine Staatslehre, S. 856 in Fn. 53; H. Quaritsch, Staat und Souveränität, S. 39, 408 ff.

[917] Allgemeine Staatslehre, S. 476 ff., 481 f.; schon ders., Die Lehre von den Staatenverbindungen, S. 34 („Souveränität ist demnach die Eigenschaft eines Staates, kraft welcher er nur durch den eigenen Willen gebunden werden kann", „mit der Möglichkeit der Selbstbeschränkung", S. 36, zur Souveränität S. 16 ff. (unklar117, Anm. 2); so auch klar H. Krüger, Allgemeine Staatslehre, S. 855 ff.; dazu mit wenig verständiger Kritik W. Hennis, Das Problem der Souveränität, S. 18 f., der „Macht" mit Souveränität zu identifizieren und „Formalität" als Leerheit zu mißverstehen scheint; M.W. Hebeisen, Souveränität in Frage gestellt, S. 134 ff., 139 ff., zum Zweck des Staates und den Grenzen staatlicher Tätigkeit bei Jellinek S. 144 ff.; kritisch zur Eigenschaftsdoktrin H. Quaritsch, Staat und Souveränität, S. 408 ff.

boren sind. Jellinek aber stellt die „individuelle Freiheit" der herrschaftlichen Staatsgewalt entgegen[918].

Die allgemeine Freiheit kann nur mittels einer bürgerlichen Willensbildung, die um bestmögliche Erkenntnis dessen bemüht ist, was Recht ist, verwirklicht werden. Das bürgerliche Gemeinwesen ist dadurch Rechtsstaat im substantiellen Sinne. Rechtsstaat und Demokratie können nicht auseinander gerissen werden. Es gibt keine Demokratie ohne Rechtsstaat, d. h. auch und wesentlich größtmöglichen Schutz der politischen Freiheit der Bürger, vor allem der Redefreiheit, aber auch keinen Rechtsstaat ohne Demokratie, d. h. ohne bestmögliche Verwirklichung des allgemeinen Willens[919]. Nicht ganz falsch identifiziert Jürgen Habermas Menschenrechte und Volkssouveränität in öffentlich-diskursiver Willensbildung[920]. Gesetze, die nicht strikt an die Verfassung der Freiheit gebunden sind und folglich bestmöglich den Willen des Volkes zur Geltung bringen, verletzen die Freiheit jedes Bürgers und die Souveränität des Volkes. Aus der Freiheit folgt das schon mehrfach hervorgehobne Willkürverbot, das den Staat und damit alle seine Organe bindet. Es wurde schon in der Weimarer Staatsrechtslehre als Grenze der Souveränität diskutiert[921] und ist Grundprinzip der Rechtsprechung des Bundesverfassungsgerichts, freilich gestützt auf den Gleichheitssatz des Art. 3 Abs. 1 GG[922].

In der Republik als dem freiheitlichen Gemeinwesen ist die Achtung des demokratischen Prinzips und zugleich des Rechtsprinzips die innere Grenze der Souveränität; denn das Volk ist souverän, nicht irgendein vom Volk gelöster, also absoluter, Staat, schon gar nicht dessen Organe[923] oder gar ein Organ, etwa der Bundeskanzler oder auch nur das Parlament. Von einer Parlamentssouveränität wie in Großbritannien[924] kann in einer freiheitlichen Demokratie nicht die Rede sein. Wenn das Parlament die Verfassung oder auch nur das Verfassungsgesetz verletzt,

---

918 Allgemeine Staatslehre, S. 482.

919 Zur „Verschränkung" von „Demokratie und Rechtsstaat" zurückhaltender E.-W. Böckenförde, Demokratie als Verfassungsprinzip, HStR, Bd. I, § 22, Rdn. 81 ff.

920 J. Habermas, Volkssouveränität als Verfahren, Faktizität und Geltung, S. 616; wiederum mißverstehend reduziert Ch. Seiler, Der souveräne Verfassungsstaat zwischen demokratischer Rückbindung und überstaatlicher Einbindung, S. 127 f., den Diskurs auf die Stärkung des „hinreichenden Legitimationsniveaus".

921 E. von Hippel, Das richterliche Prüfungsrecht, HdDStR, Bd. 2, 1932, § 99, S. 546 ff., S. 549 ff. („Die Zuständigkeit auch des Verfassungsgesetzgebers ist frei nur innerhalb der Grenzen des Rechtsbegriffs. Willkürliche Maßnahmen sind daher rechtswidrig und grundsätzlich unverbindlich", auch des „‚souveränen' Gesetzgebers", S. 549); zu den Grenzen der Verfassungsänderung W. Jellinek, Grenzen der Verfassungsgesetzgebung, 1931, S. 3; vgl. M. W. Hebeisen, Souveränität in Frage gestellt, S. 595 ff.

922 Dazu K. A. Schachtschneider, Prinzipien des Rechtsstaates, S. 329 ff.

923 So aber K. Stern, Staatsrecht II, S. 21, Fn. 94; richtig K. Doehring, Allgemeine Staatslehre, S. 261.

924 Vgl. M. Kriele, Einführung in die Staatslehre, S. 104; H. Boldt, Geschichtliche Grundbegriffe, S. 134 f.; H. Quaritsch, Staat und Souveränität, S. 458 ff.; vgl. auch W. Leisner, Das Volk, S. 126 ff., 157.

was es in der europäischen Integrationspolitik fortwährend tut, ist das eine Verletzung der Souveränität des Volkes. Die Folge ist, daß diese Akte das Volk nicht binden; denn sie sind nicht der Wille des Volkes. Der politische Wille des Volkes ist im Verfassungsgesetz ausgesprochen. Dieses muß, wie schon gesagt, mit der Verfassung der Menschheit des Menschen, mit der Verfassung, die mit dem Menschen geboren ist, übereinstimmen[925].

Entgegen dieser Verfassung kann der Mensch sich nicht binden, weil das seiner Vernunft widerspräche. Einen Willen hat der Mensch nur als homo noumenon, als Vernunftwesen. Neigungen, sprich Interessen, welche diese und jene Maßnahme zu tragen vermögen, können Mehrheiten finden, aber nicht zu rechtlicher Geltungskraft kommen, weil Mehrheiten keinerlei Recht für sich haben, sondern nur der übereinstimmende Wille des Volkes, die volonté générale, der meist verkannte Gemeinwille, den Rousseau in den Mittelpunkt seiner Freiheitslehre gestellt hat (Cs., Zweites Buch, S. 27 ff.)[926]. Dieser ist der Erkenntnis fähig und bedürftig und die Verfahren der politischen Willensbildung müssen bestmöglich darauf ausgerichtet sein.

Ein Parteienstaat ist wenig geeignet, den Willen des Volkes zur Geltung zu bringen, obwohl die Parteien Mittler des Volks- und des Staatswillens sein sollen, gar (gegen alle Erfahrung) „vom Volk zu den Staatsorganen hin, nicht umgekehrt von den Staatsorganen zum Volk hin" (BVerfGE 20, 56 (98 f.); Rprp, S. 1045 ff.). Die Parteien als politische Vereinigungen der Bürger als Bürger sind staatlich, nicht privat (Rprp, S. 1045 ff.). Sie gehören nicht zum Bereich der Gesellschaft, wenn man in der republikwidrigen Dichotomie von Staat und Gesellschaft dogmatisiert[927], sondern zum Staat im weiteren Sinne. Darum muß nach Art. 21 Abs. 1 S. 3 GG ihre „innere Ordnung demokratischen Grundsätzen entsprechen" und ist nach Art. 21 Abs. 2 S. 2 GG die Entscheidung über ihre Verfassungswidrigkeit dem Bundesverfassungsgericht vorbehalten. Die Topoi der Staatsferne und der Staatsfreiheit der Parteien (BVerfGE 20, 56 (102, 105); 85, 264 (287); vgl. auch zur Parteienfreiheit BVerfGE 44, 125 (140 ff.); 63, 230 (243 ff.); 84, 290 (299))[928] sind ein Fehlgriff. Trotz ihrer Staatlichkeit können sich Parteien auf Grundrechte berufen (BVerfGE 7, 99 (103); 84, 290 (299)), weil sie Bürger vereinigen. Der Parteienstaat ist zwangsläufig Oligarchie, eine Form der sanften Despotie, die mehr oder weniger durch liberalistische Rechte der Untertanen moderiert ist. Der Mehrparteienstaat wahrt immerhin die Chance, einen Rest an Privatheit zu verteidigen, weil der Wettbewerb der Parteien den Wählern einen gewissen Einfluß verschafft. Wenn allerdings dieser Wettbewerb nur noch Schein der politischen Klasse ist, um den Wählern ihre Ohnmacht zu

[925] I.d.S. H. Ehmke, Grenzen der Verfassungsänderung, S. 89 f., 136 f., i.S. von verfassungsimmanenten Werten; dazu M.W. Hebeisen, Souveränität in Frage gestellt, S. 599 ff., S. 602 ff. zur Diskussion über die Grenzen der Verfassungsänderung in der Schweiz.

[926] Vgl. F. A. von der Heydte, Vom Heiligen Reich zur geheiligten Volkssouveränität, S. 358 ff.

[927] Hinweise in Fn. 492; vgl. Ch. Möllers, Staat als Argument, S. 334 ff.

[928] Nicht unkritisch Ch. Möllers, Staat als Argument, S. 342 ff.

verschleiern oder es der Parteienoligarchie im Verbund mit den Oligarchien in der Wirtschaft und vor allem in den Medien gelingt, die Opposition nicht zur Geltung kommen zu lassen (Wahlunrecht, Redeverbote, Verfassungsschutz) wie weitgehend in der Unionspolitik, wird das Mehrparteiensystem in der Substanz zum Einheitsparteiensystem, das von Führung und Gefolgschaft bestimmt ist. Die Bürger sind dann trotz aller Wahlen entmachtet. Die Souveränität ist ihnen faktisch genommen. Das ist die Lage in Deutschland. Die freiheitliche Souveränität des Volkes ist durch eine illegitime und illegale faktische Kanzlersouveränität weitestgehend verdrängt, nicht einmal durch eine Parlamentssouveränität. Das wird durch den resignierenden Satz fast aller Bürger verdeutlicht: Ich kann ja nichts tun.

Verantwortung dafür trägt das Bundesverfassungsgericht, das den umfassenden Schutz der politischen Freiheit des Volkes ablehnt und diesen auf ein kleines Recht auf Demokratie aus Art. 38 Abs. 1 GG beschränkt (BVerfGE 89, 155 (171 f.); 123, 267, Rn. 167 ff.; 129, 124, Rn. 100 f.), das lediglich dem Parlament ein hinreichendes Maß an Befugnissen in der Politik, zumal der Integrationspolitik, vorbehält. Insbesondere lehnt es das Gericht ab, auf Bürgerklage hin die Übereinstimmung der Maßnahmen des Parlaments mit den Grundprinzipien des Grundgesetzes, der Verfassungsidentität, zu prüfen (BVerfGE 123, 267, Rn. 183; 129, 124, Rn. 99). Damit sind die Bürger entmachtet. Regelmäßig setzt sich die Politik, welcher das von den Parteiführungen abhängige fraktionierte Parlament zustimmt, durch. Dem Volk ist dadurch die Ausübung seiner Souveränität aus der Hand gewunden. Wieder ist es gelungen, einem guten Verfassungsgesetz durch Verweigerung des Rechtsschutzes derart die Wirksamkeit (nicht die Geltung) zu nehmen, daß Herrschaft an die Stelle von Freiheit treten konnte. Das Volk behält aber die Souveränität, weil niemand den Bürgern die Freiheit nehmen kann; denn die Freiheit ist mit dem Menschen geboren.

Die Bürger müssen allerdings ihre Freiheit gegen die Herrschaft verteidigen. Dafür haben sie ein Recht, das zu nutzen sittliche Pflicht ist, das Widerstandsrecht[929]. Dieses hat noch niemand wirklich einzusetzen versucht. Allerdings ist zu mahnen: Sein Einsatz, der Schutz der Gerichte der Natur der Sache nach nicht erwarten kann, muß dem Verhältnismäßigkeitsprinzip genügen und sollte, solange die Oligarchie den Menschen die elementaren Menschenrechte, zumal das Lebensrecht, nicht streitig macht, gewaltlos sein. Das Menschheitsprinzip, das Aristoteles wie kein anderer herausgestellt hat, das Prinzip des rechten Maßes, ist ebenfalls mit dem Menschen geboren. Es ist nichts anderes als die praktische Vernunft selbst, die Sittlichkeit als die innere Freiheit.

Zusammengefaßt ist die Sittlichkeit die innere Grenze der inneren Souveränität. Aber sie ist nicht, wie Hegel das spekuliert hat, im wenn auch christlichen Staat als solchem verwirklicht, sondern muß im Handeln eines jeden Menschen Tag für Tag

---

[929] P. Graf Kielmansegg, Volkssouveränität, S. 163, weist darauf hin, daß der Widerstand gegen die Verletzung des Volkes durch die Regierung in der Französischen Verfassung von 1793 zum „heiligsten Recht" und zur „ersten Pflicht" erklärt worden ist (Art. 35); vgl. auch W. Leisner, Das Volk, S. 172 f.

Wirklichkeit finden, vor allem in der politischen Willensbildung und damit in den Gesetzen.

Die äußeren Souveränitätsgrenzen haben Rückwirkung auf die Ausübung der inneren Souveränität. Innere und äußere Souveränität sind eine Einheit[930]. Was immer Recht sei, es ist die Grenze staatlichen Handelns und damit auch der Souveränität, also innere Grenze derselben, die mehr und mehr weltrechtlich auch zur äußeren Grenze wird, etwa gewisse elementare Menschenrechte. Das war nie anders. Lange wurde diese Grenze als Naturrecht oder göttliches Recht respektiert. Freilich ist diese Grenze auch stets mißachtet worden. Recht und dessen Wirklichkeit sind zweierlei. Das Recht definiere ich als das Richtige für das gute Leben aller Bürger auf der Grundlage der Wahrheit (Vierter Teil E.I.). Es kann nur in allgemeiner Freiheit erkannt und beschlossen werden. Es wird, das sei wiederholt, durch Gesetze der praktischen Vernunft vom Volk und dessen Vertretern in den staatlichen Organen, national also, materialisiert.

Die Grenzen der inneren Souveränität des Staates werden ständig mißachtet, indem die Verfassung, der Kern des Verfassungsgesetzes, deren Strukturprinzipien und die Menschenrechte, verletzt werden. Gegenwärtig geschieht das insbesondere durch die Euro-Rettungspolitik, einem Staatsstreich. Ohnehin kann man sich nicht des Eindrucks erwehren, daß die deutsche Politik weniger das Wohl Deutschlands verfolgt als fremden Interessen dient. Freilich werden diese als deutsches Interesse, gar als Staatsräson Deutschlands, ausgegeben, insbesondere die überzogene Integration Deutschlands in die Europäische Union. Aber das „vereinte Europa" im Sinne der Präambel und des Art. 23 Abs. 1 S. 1 des Grundgesetzes ist nicht der zentralistische Großstaat, sondern ein Europa des äußeren und inneren Friedens, das nur ein Europa der Völker, ein europäisches Europa sein kann, im übrigen ganz Europa, zu dem auch Rußland, nicht aber die Türkei gehören. Das vereinte Europa sind nicht die zu einem Bundesstaat entwickelten Vereinigten Staaten von Europa, die mit dem Euro und jetzt dessen Scheitern erzwungen werden sollen.

III. Verletzung der inneren Souveränität

1. Die Mißachtung des Rechts verletzt die Freiheit und damit die Souveränität des freien Volkes. Rechtsverletzung ist Gewalt ohne Recht, also Unrecht, eine Form der Herrschaft, der Despotie. Herrschaft, zumal Unrecht, aber ist nicht der gemeine Wille des Volkes, sondern Macht Einzelner oder von Gruppen, sei das auch die Mehrheit des Volkes. Letzteres wird oft behauptet, kommt aber nie vor. Die Macht ist stets bei wenigen nur gewesen[931]. Das Volk kann nicht herrschen, sondern nur frei oder be-

---

[930] Ganz so H. Kelsen, Allgemeine Staatslehre, S. 106 f.; K. Doehring, Internationale Organisationen und staatliche Souveränität, S. 110.

[931] Grundlegend H.-P. Raddatz, Mastermind – Masse, Macht und Magie der Moderne, durchgehend.

herrscht sein. Die Freiheit aber ist überaus schwer zu verwirklichen, muß aber stetig angestrebt werden. Frei ist das Volk, wenn es im Recht lebt. Der Rechtsstaat ist das freiheitliche Gemeinwesen. Aber das Gemeinwesen ist nur ein Rechtsstaat, wenn die Gesetze, wie dargelegt, der Wille des Volkes sind. Deswegen muß die politische Willensbildung demokratisch sein. Jede Abweichung vom demokratischen Prinzip verletzt nicht nur das Rechtsstaatsprinzip, sondern mit der Freiheit auch die Souveränität des Volkes[932]. Das ist ein anspruchsvolles Staatsprinzip. Es wird ständig verletzt, aber die Verletzungen der Freiheit werden auch als schmerzlich empfunden. Sie nehmen den Bürgern die Würde; denn die Würde ist ihre Freiheit, die Autonomie des Willens, das Urrecht, Herr seiner selbst, niemandem Untertan zu sein.

Nicht jede Gesetzesverletzung stellt den Rechtsstaat und damit Freiheit und Souveränität des Volkes in Frage. Gegen Gesetzesverletzungen gibt es Rechtsschutz. Das Rechtsschutzprinzip ist Essentiale des Rechtsstaates (PdR, S. 118 ff.). Rechtlichkeit als Gerechtigkeit besteht in der materialen und prozeduralen Gesetzlichkeit (BVerfGE 2, 380 (403 ff.); 3, 225 (237 f.); 15, 313 (319 f.); 35, 41 (47)), vorausgesetzt, die Gesetze genügen dem Recht, sind also demokratisch legalisiert und mit der Menschheit des Menschen vereinbar (PdR, S. 94 ff., 142 f.). Solange der Rechtsschutz nicht nur wie durch Art. 19 Abs. 4 GG und des Grundrecht der Justizgewährleistung (PdR, S. 130 ff., 138 ff.) garantiert, sondern gewährleistet ist, soweit also mittels der Gerichte die Gesetzesverletzungen hinreichend zuverlässig behoben werden, ist die Freiheit gewahrt und kann von einer Souveränitätsverletzung nicht gesprochen werden. Alle Rechtsverwirklichung ist mit dem Irrtumsrisiko behaftet. Die Wahrheit liegt im Verborgenen (Φύσιζ κρύπτεσθαι φιλεϊ, Heraklit, Fragment 123; PdR, S. 143 f.) und die Rechtlichkeit des Handelns ist nicht immer leicht zu beurteilen. Darum gibt es Rechtsgelehrte als Richter. Jedenfalls sollten die Juristen Rechtsgelehrte sein. Zudem gab es und gibt es weiterhin anspruchsvolle, immer noch vielfach mehrinstanzliche Rechtsschutzverfahren. Auch diese Sicherung der Rechtlichkeit ist in den letzten Jahrzehnten beschädigt worden, vermeintlich aus Kostengründen. Die Willkür der Einzelrichter, die keiner Kontrolle durch weitere Instanzen unterliegen, nimmt bedenklich zu, aber auch die der Obersten Gerichte bis hin zum Bundesverfassungsgericht. Die Rechtsschutzverweigerung, die um sich greift, ist eine schwere Beeinträchtigung des Rechtsstaates. Wenn somit das Rechtsschutzniveau übermäßig absinkt, so daß keine hinreichende Rechtssicherheit mehr besteht, sind Freiheit und Souveränität des Volkes verletzt. Dann ist diese Ordnung, die Art. 20 GG geschaffen hat und schaffen mußte, beseitigt. Das ist die Widerstandslage des Absatzes 4 dieser Fundamentalnorm des Grundgesetzes.

Die innere Souveränitätsverletzung ist somit mit der Widerstandslage zu identifizieren[933]. Diese Position hat Nähe zu der des Bundesverfassungsgerichts, das die Identität der Verfassung der Disposition des verfassungsändernden Gesetzgebers

---

[932] I.d.S. E.-W. Böckenförde, Demokratie als Verfassungsprinzip, HStR, Bd. I, § 22, Rdn. 11 ff., 26 ff., 37 ff., 40 ff.

[933] I.d.S. W. Leisner, Das Volk, S. 173.

vorenthält und diese Identität an der Unabänderlichkeitsklausel des Art. 79 Abs. 3 GG mißt (i.d.S. BVerfGE 123, 267 (343 f., Rn. 218)[934]. Diese Regelung stimmt materiell mit dem Begriff der „Ordnung“ in der Widerstandsregelung überein. Wenn die Bürger zum Widerstand aufgerufen sind, ist die Freiheit als Rechtlichkeit in einem Maße verletzt, daß die Souveränität des Volkes aufgehoben ist, nicht notwendig umfassend, aber doch in einem Maße, das die Verteidigung der allgemeinen Freiheit durch Widerstand rechtfertigt und den Bürgern um ihrer Bürgerlichkeit willen sittlich gebietet.

Entsprechend handelt das Bundesverfassungsgericht vom „demokratischen Legitimationsniveau“, das nicht unterschritten werden dürfe (BVerfGE 83, 60 (71); 89, 155 (172); 93, 37 (66 ff.); 123, 267, Rn. 262 f., 274 ff., 317, 319; PdR, S. 216, 263)[935]. Wird es unterschritten, wie fast durchgehend durch die Maßnahmen der Europäischen Union[936], so ist das Verletzung der Freiheit und Souveränität des Volkes. Dagegen gibt das Bundesverfassungsgericht mehr als zurückhaltend Rechtsschutz, gestützt auf Art. 38 Abs. 1 GG[937]. Die innere Souveränität erweist sich somit als die Verfassung, die mit den Menschen geboren ist, als die Freiheit des Menschen, als dessen Würde. Dies ist die eigentliche Identität des Grundgesetzes. Was sollte Souveränität nach der Aufklärung anderes sein?

Diese Definition der Verletzung der inneren Souveränität ist denkbar allgemein, aber notwendig. Die Rechtsverletzungen, welche gegen die Identität des Grundgesetzes gerichtet sind, können sehr unterschiedlich und vielfältig sein, so wie das Recht selbst. Zwei besondere innere Souveränitätsverletzungen seien angesprochen, der Verzicht auf einen Teil des Souveränitätsgebietes eines Volkes und die Veränderung des Volkes als des Trägers der Souveränität. Der Verzicht auf die alleinige Ausübung von Teilen existentieller Staatsgewalt, also auf die alleinige Wahrnehmung der wesentlichen Hoheit oder eben der Souveränität des Volkes als die suprema potestas, zugunsten der Europäischen Union habe ich in der Schrift „Die Souveränität Deutschlands“, 2012, erörtert, wird aber auch im Zehnten Teil abgehandelt.

2. a) Die Aufgabe eines Teiles des Souveränitätsgebietes bedarf der unmittelbaren Zustimmung des Volkes, wenn diese nicht lediglich Grenzbegradigungen sind.

---

[934] Kritisch R. Grawert, Homogenität, Identität, Souveränität, Der Staat 51 (2012), S. 213.

[935] Ch. Seiler, Der souveräne Verfassungsstaat zwischen demokratischer Rückbindung und überstaatlicher Einbindung, S. 317; M. Kaufmann, Europäische Integration und Demokratieprinzip, S. 430 ff.

[936] Dazu K. A. Schachtschneider, Die Souveränität Deutschlands, S. 201 ff.; ders., Die Aushöhlung der Demokratie durch Europäische Union und Währungsunion, S. 99 ff.; anders, wenn auch zurückhaltend, Ch. Seiler, Der souveräne Verfassungsstaat zwischen demokratischer Rückbindung und überstaatlicher Einbindung. S. 232 ff., 283 f. („Fehlen einer europäischen Bewußtseinsgesamtheit“), aber S. 285 f. („künftiger Wandel“), S. 297 ff. („kein rechtliches Demokratiedefizit“ der Europäischen Union), S. 300 („größtmögliches Legitimationsniveau“).

[937] Dazu näher K. A. Schachtschneider, Die Rechtswidrigkeit der Euro-Rettungspolitik, S. 182 ff.

Gebietsannexionen fremder Mächte sind völkerrechtswidrig[938]. Aber für völkervertragliche Abtretungen eines Teils des Staatsgebietes reichen die Verträge der Regierung und die Zustimmung der gesetzgebenden Häuser (gemäß Art. 59 Abs. 2 GG) nicht[939]. Diese dem Selbstbestimmungsrecht der Völker verpflichtete Doktrin hat der Präsident der Vereinigten Staaten von Amerika Woodrow Wilson in der Kongreßrede vom 11. Februar 1918 begründet und die jüngere Völkerrechtspraxis, welche Gebietsänderungen an Volksabstimmungen bindet, hat sie bestätigt, wie im Falle der Zuordnung des Saarlandes[940], freilich auch immer wieder mißachtet, schon nach dem Ersten Weltkrieg im Vertrag von Saint-Germain vom 16. Juli 1920 unter dem Einfluß Wilsons selbst, um den Zusammenschluß Österreichs mit dem Deutschen Reich zu unterbinden, aber etwa auch um die Annexion Südtirols durch Italien zu „legalisieren". Das Staatsgebiet ist der Lebensraum des Volkes. Wenn ein erheblicher Teil desselben aufgegeben wird, verändert das die Lebensbedingungen des Volkes tiefgreifend, zumal wenn die Bürger, die das Gebiet, das aufgegeben werden soll, bewohnt haben, weiter zum Staatsvolk gehören und nicht ihre Volks- und Staatsangehörigkeit wechseln. Prinzipiell muß das Grundeigentum neu verteilt werden. Der Staat ist völkerrechtlich die Einheit des Staatsvolkes, des Staatsgebietes und der Staatsgewalt. Diese Einheit ist auch die Grundlage des staatsrechtlichen Staatsbegriffs. Der Staat wird somit in seiner Identität verändert, wenn sein Gebiet nicht unwesentlich verkleinert wird. Das ist eine Angelegenheit der Souveränität des Volkes. Sie gehört zum Selbstbestimmungsrecht des Volkes im Sinne des Art. 1 Nr. 2 der Charta der Vereinten Nationen.

b) Als Beispiel sei die zunehmend tabuisierte Problematik der Ostgebiete des Deutschen Reiches in den Grenzen von 1937 angesprochen: Das gegenwärtige Staatsgebiet der Deutschen ist in der Präambel des Grundgesetzes durch die Nennung der Länder, in denen die Deutschen im Wesentlichen leben, beschrieben, aber diese Beschreibung bezieht die annektierten Ostgebiete des Deutschen Reiches nicht ein. Deutschland ist nicht nur ein Personalverband, sondern wesentlich wie alle modernen Staaten ein Territorialstaat[941] und war das in seiner Identität seit der Reichsgründung.

---

[938] W. Graf Vitzthum, Staatsgebiet, HStR, Bd. I, § 16, Rdn. 10; M. Schweitzer, Die Verträge Deutschlands mit den Siegermächten, in: HStR, Bd. VIII, Die Einheit Deutschlands – Entwicklung und Grundlagen, 1995, § 190, S. 199 ff., Rdn. 27; V. Epping, Das Staatsgebiet, in: K. Ipsen, Völkerrecht, 4. Aufl. 1999, § 23, Rdn. 43 ff., S. 262 ff.; K. Stern, Staatsrecht V, S. 1120.

[939] Dazu, selbst a.A., A. Verdross, Völkerrecht, S. 289 f.; wie der Text Präsident W. Wilson, Kongreßrede vom 11. Februar 1918 (vgl. A. Verdross a. a. O.) und die jüngere Praxis, welche Gebietsänderungen an Volksabstimmungen bindet, wie auch im Falle der Zuordnung des Saarlandes; dazu auch V. Epping, Das Staatsgebiet, § 23, Rdn. 56, S. 267, ohne Position.

[940] A. Verdross, Völkerrecht, S. 289 f.

[941] Dazu W. Graf Vitzthum, Staatsgebiet, in: HStR, Bd. I, § 16, Rdn. 1 ff.; M. Kriele, Einführung in die Staatslehre, S. 66 ff.; H. Krüger, Allgemeine Staatslehre, S. 858 ff.

Das Bundesverfassungsgericht hat in mehreren Urteilen festgestellt, daß das Deutsche Reich nicht untergegangen sei, sondern, trotz des Fehlens von Organen des Gesamtstaates, geteilt in zwei Staaten, in den Grenzen vom 31. Dezember 1937 fortbestehe (BVerfGE 2, 266 (277); 3, 288 (319 f.); 5, 85 (126); 6, 309 (336, 363); 11,150 (158 f.); 36, 1 (15 f., 19); 77, 137 (155 ff.))[942]. Die Bundesrepublik Deutschland hat das Gericht als identisch mit dem Deutschen Reich, wenn auch räumlich nur als „teilidentisch" dogmatisiert und erklärt, daß die Deutsche Demokratische Republik zu Deutschland gehöre (BVerfGE 36, 1 (15 ff., Grundlagenvertragsurteil)[943]. Art. 116 Abs. 1 GG spricht das Gebiet des Deutschen Reiches an. Der wesentliche Vertrag, welcher in Art. 1 das Gebiet des vereinigten Deutschlands als die Gebiete der Bundesrepublik Deutschland und der Deutschen Demokratischen Republik anerkennt und damit die schon in anderen Verträgen geregelte Grenze der Bundesrepublik Deutschland zu Polen, ist der Zwei-plus-Vier-Vertrag vom 12. September 1990 (BGBL 1990 II, S. 1318 ff.)[944]. Er ist nicht unmittelbar vom Deutschen Volk beschlossen worden, sondern von der Bundesregierung, der Regierung der DDR und den vier Besatzungsmächten und hat gemäß Art. 59 Abs. 2 GG die Zustimmung des Deutschen Bundestages und des Bundesrates gefunden. Der Vertrag enthält keine vom allgemeinen Willen des Deutschen Volkes getragene Zession, sondern die Hinnahme, ja erneute politische Anerkennung einer durch die Sowjetunion und das von dieser abhängige Polen betriebenen Annexion eines großen Teils des deutschen Staatsgebietes gegen den jahrzehntelang erklärten Willen jedenfalls der Deutschen in der Bundesrepublik Deutschland und der Westmächte[945].

Demgemäß umfaßte auch das Wiedervereinigungsgebot des Grundgesetzes in der ursprünglichen Präambel in Verbindung mit dem im Zuge der Wiedervereinigung aufgehobenen Beitrittsartikel 23 GG (BVerfGE 5, 85 (126 ff.); 12, 45 (51 f.); 36, 1 (17 ff., 24); 77, 137 (149 ff.)) die Ostgebiete des Deutschen Reiches[946], die, wie gesagt, gemäß der Identitätslehre, wonach das Deutsche Reich fortbestehe und sowohl die Bundesrepublik Deutschland als auch die DDR dessen Teilstaaten ohne

[942] Hinweise in Fn. 1228; dazu R. Bernhardt, Die deutsche Teilung und der Status Gesamtdeutschlands, HStR Bd. I, § 8, Rdn. 27 ff., 34 ff., insb. zum Grundlagenvertragsurteil vom 31. Juli 1973 Rdn, 28 f., 31 ff.; zur Geschichte der Grenzbestimmung vom 31. Dezember 1937 K. Stern, Staatsrecht V, S. 1116 ff.; dazu auch D. Blumenwitz, Der Vertrag vom 12. 9. 1990 über die abschließende Regelung in bezug auf Deutschland, NJW 1990, 3043 ff.

[943] R. Bernhardt, Die deutsche Teilung und der Status Gesamtdeutschlands, HStR I § 8, Rdn. 29, kritisch Rdn. 32 f.

[944] K. Stern, Staatsrecht V, S. 1119 ff., 2000 ff., 2051 ff.; M. Rensmann, Besatzungsrecht im wiedervereinten Deutschland. Abbauprobleme und Restbestände, 2002, S. 153 f. („endgültig festgeschrieben", ja vielleicht politisch, aber eben nicht rechtswirksam).

[945] M. Schweitzer, Die Verträge Deutschlands mit den Siegermächten, HStR, Bd. VIII, § 190, Rdn. 25 ff.; vgl. auch K. Stern, Staatsrecht V, S. 1119 ff., 2000 ff., 2051 ff.

[946] So E. Klein, Die territoriale Reichweite des Wiedervereinigungsgebots, 2. Aufl. 1984; R. Bernhardt, Die deutsche Teilung und der Status Gesamtdeutschlands, HStR I § 8, Rdn. 36, 41 f.; sogar J. A. Frowein, Die Verfassungslage Deutschlands im Rahmen des Völkerrechts, VVDStRL 49 (1990), S. 20.

Auslandsverhältnis seien (BVerfGE 11, 150 (158); 18, 353 (354); 36, 1 (15 ff.); u.ö)[947], aber auch nach der Lehre von den deutschen „Teilordnungen" unter dem „Reichsdach" des weiterbestehenden Deutschen Reiches weiterhin zu Deutschland gehören würden[948], also Gebiete Deutschlands im Sinne der Vorschrift waren.

Die verschiedenen Verträge und Willensbekundungen deutscher Staatsorgane genügen nicht für den Wechsel von fast einem Drittel des Staatsgebietes eines Volkes zu einem Staatsgebiet eines anderen Volkes. Bedacht werden muß, ob die Deutschen nicht stillschweigend mit der Politik des Zwei-plus-Vier-Vertrages einverstanden waren und/oder jetzt sind, weil er den Machtverhältnissen 1989/1990 entsprach und eine Revision der östliche Grenzverschiebung schwer vorstellbar geworden war, nachdem die Ostdeutschen zum großen Teil aus ihrer Heimat vertrieben waren, freilich völkerrechtswidrig, und Polen in diesen deutschen Ostgebieten angesiedelt worden waren. Diese Polen kamen meist aus den polnischen Ostgebieten, welche die Sowjetunion, abgesprochen unter den drei Mächten USA, Großbritannien und Sowjetunion in Jalta[949], annektiert hatte. Grundlage dieser Maßnahmen war das Potsdamer Protokoll der Siegermächte USA, Großbritannien, Frankreich und der Sowjetunion vom 2. August 1945, das die Oder-Neiße-Linie[950] (anders als noch das Londoner Protokoll vom 12. September 1944) festgelegt hat, ohne damit verbindliche Gebietsverschiebungen vorzunehmen[951] oder auch nur vornehmen zu können.

---

[947] Dazu kritisch R. Bernhardt, Die deutsche Teilung und der Status Gesamtdeutschlands, HStR I § 8, Rdn. 23 f. („eindeutig völkerrechtliche Elemente" des Grundlagenvertrages), Rdn. 26, 27 ff., 34 ff.

[948] Zu diesen Lehren vom Status Deutschlands nach 1948 W. Grewe, Ein Besatzungsstatut für Deutschland, 1948, S. 47 ff.; E. Kaufmann, Deutschlands Rechtslage unter der Besatzung, 1948, in ders., Gesammelte Schriften, Bd. 2, 1960, S. 304 ff., 308 ff.; G. Dürig, Der deutsche Staat im Jahre 1945 und seither, VVDStRL 13 (1955), S. 51 ff., der sich gegen die Identitätslehre ausspricht; auch F. A. von der Heydte, daselbst zum nämlichen Thema, S. 19 ff.; für eine Identität der Bundesrepublik Deutschland mit dem Deutschen Reich, aber eigenes Völkerrechtsubjekt DDR R. Bernhardt, Deutschland nach 30 Jahren Grundgesetz, VVDStRL 38 (1980), S. 13 ff.; ders., Die deutsche Teilung und der Status Gesamtdeutschlands, HStR I § 8, Rdn. 33, 43; überblicksartig zu den verschiedenen Lehren vom völkerrechtlichen Status Deutschlands nach dem Zweiten Weltkrieg R. Geiger, Grundgesetz und Völkerrecht. Die Bezüge des Staatsrechts zum Völkerrecht und Europarecht, 2. Aufl. 1994, S. 46 ff.; D. Blumenwitz, Feindstaatenklauseln. Die Friedensordnung der Sieger, 1972, S. 49, bedenkt: „Die Bundesrepublik erscheint als die Staatsgründung der westlichen Alliierten in ihrem Verantwortungsbereich auf deutschem Boden, die DDR als die Staatsgründung der östlichen Siegermacht", aber die Teilstaaten sind jeweils deutsche Organisationen unter Hoheit der Besatzungsmächte, die freilich ihre völkerrechtlichen Befugnisse weit überschritten haben.

[949] Zu der für die deutsche Geschichte wesentlichen Krimkonferenz der „Großen Drei" vom 4. bis 11. Februar 1945 K. Stern, Staatsrecht V, S. 924 ff.

[950] Zu deren Geschichte K. Stern, Staatsrecht V, S. 929 f., 937 ff., 1121 ff., 2000 ff., 2051 ff.

[951] K. Stern, Staatsrecht V, S. 937 ff., 1116, 1118 f. („faktische Herrschaftsausübung", „Inbesitznahme"); B. Kempen, Die deutsch-polnische Grenze nach der Friedensregelung des Zwei-plus-Vier-Vertrages, 1997, S. 50 ff. zur Vertragsgeschichte, S. 161 ff. zum rechtlichen Status der Ostgebiete nach dem Zwei-plus-Vier-Vertrag, S. 248 ff. zu diesem Status vor dem Zwei-plus-Vier-Vertrag; R. Bernhardt, Die deutsche Teilung und der Status Gesamtdeutschlands, HStR I § 8, Rdn. 42; J. A. Frowein, Die Verfassungslage Deutschlands im Rahmen des

Im Laufe von fast zwei Dritteln eines Jahrhunderts sind durch die faktische Staatsgewalt, die Polen und die Sowjetunion/Rußland wenn auch kriegsfolgenrechtlich nur als besondere Verwaltungen („administration") über die fraglichen Gebiete ausgeübt haben[952] und ausüben, Fakten geschaffen, die mangels Widerspruchs Deutschlands in jüngerer Zeit, ja sogar explizit (wenn auch unwirksam) Anerkennung durch die deutschen Staatsorgane, den völkerrechtlichen Tatbestand der Ersitzung trotz völkerrechtswidrigen Erwerbs erfüllen könnten[953]. Die einschlägigen Verträge, außer dem Zwei-plus-Vier-Vertrag[954] der Görlitzer Vertrag der DDR mit Polen vom 6. Juli 1950, der die Oder-Neiße-Grenze formell anerkannt hat, aber nicht im Namen von Gesamtdeutschland, und der Warschauer Vertrag der Bundesrepublik Deutschland mit Polen vom 7. Dezember 1970, welche die Oder-Neiße-Grenze als westliche Staatsgrenze der Volksrepublik Polen festgestellt, aber nicht anerkannt hat, weil, abgesehen vom Wortlaut, auch die Bundesrepublik Deutschland vor einem Friedensvertrag nicht für Gesamtdeutschland handeln konnte[955].

Als die Annexion heilende Zession[956] könnten diese Abkommen, abgesehen von den Regelungsgegenständen und den damaligen Vorbehalten und Widersprüchen der westlichen Seite, nur aufgefaßt werden, wenn sie mit der Souveränität des Deutschen Volkes, dessen Selbstbestimmungsrecht, vereinbar wären. Beide Argumentationen dienen der Befriedung, ein Interesse Deutschlands wie auch Polens und zugleich der

---

Völkerrechts, VVDStRL 49, (1990), S. 16f.; M. Schweitzer, Die Verträge Deutschlands mit den Siegermächten, HStR, Bd. VIII, § 190, Rdn. 7.

[952] M. Schweitzer, Die Verträge Deutschlands mit den Siegermächten, HStR, Bd. VIII, § 190, Rdn. 7; K. Stern, Staatsrecht V, S. 1118 f., der darauf hinweist, daß „administration" „die Gesamtheit des staatlichen Handelns einschließlich Legislative und Judikative beinhaltet".

[953] Dazu A. Verdross, Völkerrecht, S. 287 f.; V. Epping, Das Staatsgebiet, § 23, Rdn. 47, S. 264 f., Rdn. 57 ff., S. 267 ff.; zu Recht ablehnend M. Schweitzer, Die Verträge Deutschlands mit den Siegermächten, HStR, Bd. VIII, § 190, Rdn. 26; K. Stern, Staatsrecht V, S. 1120 f.

[954] Vgl. auch die gleichlautenden Erklärungen des Deutschen Bundestages und der Volkskammer vom 21. Juni 1990 auf der Grundlage der Beschlußempfehlung der Volkskammer Drucksache Nr. 91 vom 20. Juni 1990, in der „die Unverletzlichkeit der zwischen ihnen (Deutschland und Polen) bestehenden Grenze jetzt und in Zukunft (der Oder-Neiße-Grenze gemäß dem Görlitzer Vertrag) bestätigt wird", Deutschland und Polen „sich gegenseitig zur uneingeschränkten Achtung ihrer Souveränität und territorialen Integrität verpflichten" und „beide Seiten erklären, daß sie gegeneinander keinerlei Gebietsansprüche haben und solche auch in Zukunft nicht erheben werden", die Endgültigkeit der Oder-Neiße-Grenze zwischen Deutschland und Polen erklärt haben (BTDrucks. 11/7465; Volkskammer der DDR, Stenogr. Niederschrift, 10. WP, 16. Tagung vom 21. Juni 1990, S. 565 f.); dazu M. Schweitzer, Die Verträge Deutschlands mit den Siegermächten, HStR, Bd. VIII, § 190, Rdn. 9.

[955] So J. A. Frowein, Die Verfassungslage Deutschlands im Rahmen des Völkerrechts, VVDStRL 49, (1990), S. 19; M. Schweitzer, Die Verträge Deutschlands mit den Siegermächten, HStR, Bd. VIII, § 190, Rdn. 8, 9; R. Bernhardt, Die deutsche Teilung und der Status Gesamtdeutschlands, HStR I § 8, Rdn. 19 ff.; K. Stern, Staatsrecht V, S. 1121 ff., 1984 f.

[956] Zur Zession von Staatsgebiet V. Epping, Das Staatsgebiet, § 23, Rdn. 49 ff., S. 265 ff.; dagegen M. Schweitzer, Die Verträge Deutschlands mit den Siegermächten, HStR, Bd. VIII, § 190, Rdn. 27, 28; vgl. auch K. Stern, Staatsrecht V, S. 1121 ff., 2051 ff.

europäischen Integration. Nach der Hoover-Stimson-Dokrin kann aber die gewaltsame Annexion nicht durch Ersitzung und auch nicht durch Anerkennung geheilt werden, weil dadurch das strikte Gewaltverbot des Art. 2 Nr. 4 UN-Charta relativiert würde[957]. Im Wahlprogramm der CDU und CSU von 1986 etwa hieß es: „Wir halten fest ... an dem Fortbestand des Deutschen Reiches nach geltendem Völker- und Verfassungsrecht ... die Ostverträge sind keine Grenzanerkennungsverträge, sie haben nichts an der völkerrechtlichen Lage Deutschlands geändert..."[958].

Die Gebietsfrage ist trotz des Grenzvertrages zwischen der Bundesrepublik Deutschland und der Republik Polen vom 14. November 1990, der in Art. 1 die näher definierte Oder-Neiße-Grenze bestätigt, in Art. 2 erklärt, daß „die zwischen ihnen bestehende Grenze jetzt und in Zukunft unverletzlich ist", in Art. 3, daß sie „sich gegenseitig zur uneingeschränkten Achtung ihrer Souveränität und territorialen Integrität verpflichten" und in Art. 4, daß „sie gegeneinander keinerlei Gebietsansprüche haben und solche auch in Zukunft nicht erheben werden", völkerrechtlich unbefriedigend; denn dieser Vertrag hat vor allem einen Gewaltverzicht zum Gegenstand, der selbstverständlich ist, aber keine Gebietsübertragung. Das kann er auch wegen der Wilson-Doktrin ohne unmittelbare Zustimmung des Deutschen Volkes nicht. Er ist wiederum nichts anderes als eine an sich unwirksame Anerkennung der Annexion[959] oder, mit Klaus Stern, eine Art „Streitbeilegung"[960]. Das Gleiche gilt für den deutsch-polnischen Nachbarschaftsvertrag vom 17. Juni 1991, der in Art. 2 S. 2

[957] V. Epping, Das Staatsgebiet, § 23, Rdn. 42 ff., 63; M. Schweitzer, Die Verträge Deutschlands mit den Siegermächten, HStR, Bd. VIII, § 190, Rdn. 27; D. Rauschning, Beendigung der Nachkriegszeit durch den Vertrag über die abschließende Regelung in bezug auf Deutschland, DVBl 1990, S. 1275 ff., 1280; auch A. Verdross, Völkerrecht, S. 552 f., der allerdings S. 288 f. eine Legalisierung durch „dauernden und ungestörten Besitzstand" vertritt; B. Kempen, Die deutsch-polnische Grenze nach der Friedensregelung des Zwei-plus-Vier-Vertrages, S. 273 ff. (S. 275 ff. klarer Fall der Annexion, S. 278 ff. zur Stimson-Doktrin, S. 288 kein „Erwerbstitel"); zum Gewaltverbot K. Stern, Staatsrecht V, S. 1120.

[958] Vgl. R. Bernhardt, Die deutsche Teilung und der Status Gesamtdeutschlands, HStR Bd. 1, 1987, § 8, Rn. 2 mit Fn. 3, zu den Ostverträgen Rdn. 19 ff.; B. Kempen, Die deutsch-polnische Grenze nach der Friedensregelung des Zwei-plus-Vier-Vertrages, S. 309 ff., 351 ff., aber pro futuro keine Geltendmachung von Gebietsansprüchen, Anerkennung der Gebietssouveränität von Polen und der Sowjetunion, Rechtsnachfolger Russische Föderation; K. Stern, Staatsrecht V, S. 1119, 1122 ff.; vgl. im Sinne dieses Wahlprogramms BVerfGE 49, 141 (166 ff.).

[959] D. Blumenwitz, Der Vertrag vom 12. 9. 1990 über die abschließende Regelung in bezug auf Deutschland, NJW 1990, 3044 (keine Ersitzung, keine Zession, gegen Anerkennung der Annexion, für pragmatische Lösungen); dazu, rechtlich unentschieden, K. Stern, Staatsrecht V, S. 2051 ff.; umfassend B. Kempen, Die deutsch-polnische Grenze nach der Friedensregelung des Zwei-plus-Vier-Vertrages, insb. S. 273 ff., 289 ff. zur Anerkennung der Annexion, nicht Vertragsinhalt des Zwei-plus-Vier-Vertrages S. 301 ff., keine Dereliktion Deutschlands und gleichzeitige Okkupation durch die Sowjetunion und Polen S. 306 ff., im Ergebnis: pro futuro werden keine Gebietsansprüche erhoben, Polen und die Sowjetunion sollen als „territoriale Souveräne" gelten, S. 354 f. (zusammengefaßt), m. E. völkerrechtswidrige vertragliche Anerkennung der Annexion.

[960] K. Stern, Staatsrecht V, S. 2056.

vereinbart: „Die Vertragsparteien achten gegenseitig ihre souveräne Gleichheit, ihre territoriale Integrität, die Unantastbarkeit ihrer Grenzen, ihre politische Unabhängigkeit sowie den Grundsatz des Verbots der Drohung mit oder Anwendung von Gewalt", und in Art. 5 erneut einen Gewaltverzicht ausspricht[961].

Es ist aber mehr als zweifelhaft, ob eine Revision der Verlagerung der Gebietshoheit über die Ostgebiete des Deutschen Reiches überhaupt noch die Zustimmung der Deutschen finden würde, die der Polen sicher nicht. Der erklärte Wille des Deutschen Volkes in einer Volksabstimmung jedoch würde die Gebietsfrage beruhigen. Die Staatsorgane haben die Vollmacht nicht, weil das Gebiet zur Identität Deutschlands gehört, welche die Staatsorgane wegen Art. 20 Abs. 1 GG nicht substantiell zu ändern befugt sind. Aber das Deutsche Volk kann und darf das, jedenfalls wenn die betroffenen Deutschen, auch die, die in Polen leben, hinreichend geschützt sind, etwa, wenn sie wollen, in das Gebiet ziehen dürfen, welches deutscher Hoheit unterliegt. Art. 116 Abs. 1 GG trägt in der weiten Auslegung der Praxis (vgl. BVerfGE 8, 81 (84 ff.); 17, 224 (227 ff.); 40, 141 (171 ff.); 59, 128 (150 f.); BVerwGE 112, 112 (114 ff.); BGHZ 121, 305 (313 ff.)), daß diese Menschen als Statusdeutsche behandelt werden. Sie wären als Spätaussiedler gemäß § 4 BVFG zu behandeln, die nach Absatz 3 dieser Vorschrift den Status des Deutschen haben.

In der Problematik der Ostgebiete des Deutschen Reiches, das, wie gesagt nicht untergegangen ist, sondern mit der Bundesrepublik Deutschland identisch ist, bewahrheitet sich die Erkenntnis Georg Jellineks von der (brüchigen) normativen Kraft des Faktischen[962]. Nur noch sehr wenige Deutsche wollen die Fakten, die Flucht und Vertreibung am Ende des Zweiten Weltkrieges und die faktische Annexion der deutschen Ostgebiete geschaffen haben[963], revidieren, zumal sich die Lage durch die offenen Grenzen und das gemeinsame Leben in der Europäischen Union wesentlich verändert hat. Die volksabgewandte Politik aber scheut sich, den wirklich befriedenden Schritt zu gehen, die Abstimmung des Deutschen Volkes über sein Staatsgebiet durchzuführen. Klaus Stern, immer abgewogen: „Das gewählte völkerrechtliche Instrumentarium der Grenzveränderung im Osten Deutschlands bleibt freilich nicht bedenkenfrei. Gleichwohl ist die Grenzfestlegung nach dem deutsch-polnischen Grenzvertrag kein Streitpunkt mehr"[964].

---

[961] Dazu D. Blumenwitz, Der Vertrag vom 12. 9. 1990 über die abschließende Regelung in bezug auf Deutschland, NJW 1990, 3044 f. („Geschäftsgrundlage des Zwei-plus-Vier-Vertrages" und „wesentlicher Bestandteil der Friedensordnung in Europa"), 3045 (Gewaltverzicht selbstverständlich); auch ders., Die Souveränität der Bundesrepublik Deutschland, FS Peter Lerche, S. 394 ff.; K. Stern, Staatsrecht V, S. 2056 ff.

[962] Allgemeine Staatslehre, S. 337 ff.; richtige Kritik an dem Begriff H. Heller, Souveränität, S. 146, weil das Faktische nie normativ sei, es gehe vielmehr um Gewohnheitsrechtbildung; vgl. auch Ch. Möllers, Staat als Argument, S. 15 f.

[963] Dazu K. Stern, Staatsrecht V, S. 937 ff., 994 ff., 1116 ff.

[964] K. Stern, Staatsrecht V, S. 2053.

Für das Gebiet Königsberg, welches das Potsdamer Abkommen der Verwaltung der Sowjetunion unterstellt hat[965], gilt Entsprechendes wie für die Gebiete, die in polnischer Hand sind.

Es ist bemerkenswert, daß die deutschen Lehrbücher des Völkerrechts anders als das Spezialschrifttum diese Problematik, die das Schicksal Deutschlands und natürlich auch Polens tief berührt, nicht erörtern. Tabuisierung ist keine Rechtsklärung.

c) Die private Eigentumslage an den Grundstücken, die prinzipiell durch völkerrechtliche Grenzverschiebungen nicht verändert wird, ist damit nicht angesprochen. Auch sie ist prekär[966]. Die nach wie vor verbindliche Haager Landkriegsordnung von 1899 und 1907 (Abkommen, betreffend die Gesetze und Gebräuche des Landkrieges vom 18. Oktober 1907) enthält sowohl ein Vertreibungs- als auch ein Enteignungsverbot. Art. 46 Abs. 2 lautet in deutscher Fassung: „Das Privateigentum darf nicht eingezogen werden". Die Vertreibung verschafft der Landnahme kein Recht[967]. Die Lösung des Problems wäre eine angemessene Entschädigung der deutschen Eigentümer durch Deutschland, gegebenenfalls finanziert durch die Eigentümer, deren Eigentum durch die Kriegsfolgen nicht beeinträchtigt ist. Für den Krieg sollten alle Deutschen gleich haften.

3. Die Freiheit verwirklicht sich im Volk; denn die Gesetze sind, wie dargelegt, der allgemeine Wille des Volkes. Aber auch die Lebensweise des Volkes, vor allem

---

[965] Vgl. den Moskauer Vertrag vom 12. August 1970, Art. 3:

„In Übereinstimmung mit den vorstehenden Zielen und Prinzipien stimmen die Bundesrepublik Deutschland und die Union der Sozialistischen Sowjetrepubliken in der Erkenntnis überein, daß der Friede in Europa nur erhalten werden kann, wenn niemand die gegenwärtigen Grenzen antastet. – Sie verpflichten sich, die territoriale Integrität aller Staaten in Europa in ihren heutigen Grenzen uneingeschränkt zu achten; – sie erklären, daß sie keine Gebietsansprüche gegen irgend jemand haben und solche in Zukunft auch nicht erheben werden; – sie betrachten heute und künftig die Grenzen aller Staaten in Europa als unverletzlich, wie sie am Tage der Unterzeichnung dieses Vertrages verlaufen, einschließlich der Oder-Neiße-Linie, die die Westgrenze der Volksrepublik Polen bildet, und der Grenze zwischen der Bundesrepublik Deutschland und der Deutschen Demokratischen Republik".

Dazu M. Schweitzer, Die Verträge Deutschlands mit den Siegermächten, HStR, Bd. VIII, § 190, Rdn. 7, 10; R. Bernhardt, Die deutsche Teilung und der Status Gesamtdeutschlands, HStR I § 8, Rdn. 19 ff.

[966] Ablehnend Gutachten im Auftrag der Regierungen der Bundesrepublik Deutschland und der Republik Polen von Jan Barcz, Warschau, und Jochen Abraham Frowein, Heidelberg, zu Ansprüchen aus Deutschland gegen Polen im Zusammenhang mit dem Zweiten Weltkrieg vom 2. November 2004 (http://www.mpil.de/shared/data/pdf/anspr_dt.pdf; auch ZfaöRV 2005, 625 ff., die zwar die völkerrechtswidrige Enteignung nicht in Frage stellen (S. 13), aber keine deutschen oder polnischen Ansprüche erkennen, das Eigentum einzufordern; a.A. das Gutachten zur Rechtslage des im heutigen Polen entzogenen Privateigentums Deutscher von Eckart Klein, Potsdam, im Auftrage des Deutschen Bundestages vom 15. Februar 2005, der jedoch die Durchsetzung der Ansprüche der Konfiskationsopfer gegen Polen für aussichtslos hält.

[967] D. Blumenwitz, Flucht und Vertreibung und ihre Ächtung im modernen Völkerrecht, in: ders. Hrsg., Flucht und Vertreibung, 1987, S. 48 ff., 57 ff.; Ch. Raap, Die Souveränität der Bundesrepublik Deutschland unter besonderer Berücksichtigung des militärischen Bereichs und der deutschen Einheit, S. 54 f., 81.

dessen Kultur einschließlich der Religion oder der Religionen und dessen Wirtschaft bestimmen das Leben jeden einzelnen Menschen. Die Solidarität im Gemeinwesen ist lebensbestimmend. Es ist schicksalhaft, in welche Familie und in welches Volk ein Mensch hineingeboren wird. Darum ist die Entwicklung des Volkes zentrales Politikum, zumal die demographische Ausgewogenheit. Allgemein wird die Homogenität des Volkes als Voraussetzung freiheitlicher Lebensverhältnisse angesehen (Rprp, S. 1177 ff.)[968]. Nur multikulturalistische Ideologen versuchen, den Völkern eine andere Sichtweise aufzudrängen. Diese Ideologie setzt auf liberalistische Vereinzelung der Menschen in einer egalitaristischen Welt, die von elitären Bürokratien beherrscht wird. Vor der „Tyrannei der Mehrheit“ und „Despotismus“ hat schon Alexis de Tocqueville 1835 gewarnt[969], zu Recht, wenn Demokratie als Herrschaft der Mehrheit zu Lasten von Freiheit und Eigentum mißverstanden wird. Sicher erleichtert es die Herrschaft, wenn die Untertanen eines Zusammenhaltes gar nicht fähig sind. Dieser utilitaristische Individualismus, den Martin Kriele richtig kritisiert, führt zum Hobbesschen Leviathan[970]. Demokratisch und damit freiheitlich kann eine solche Welt nicht sein.

Somit ist die Eigenart des Volkes ein wesentliches Merkmal der Souveränität des Volkes. Wenn die Souveränität monarchisch oder sonstwie herrschaftlich begriffen wird, kommt es für ihren Begriff nicht auf die Eigenart des Volkes, die Menge der Untertanen, an. In Deutschland ist Träger und Inhaber der Souveränität, nämlich der Staatsgewalt, das Deutsche Volk. Der staatsrechtliche Begriff des Volkes, so wie ihn Kant ausweislich des oben angeführten Zitats definiert hat, ist nicht von einer Homogenität abhängig, aber die Rechtsgemeinschaft, die es nach Kant bilden soll, ist

[968] BVerfGE 89, 155 (184 ff.), „soziale Homogenität“ mit Bezug auf H. Heller; vgl. auch BVerfGE 123, 267 (358 f., Ls. 4, Rn. 218 f., 239 ff., 332, 336, 339, 343, 364) zur Verfassungsidentität; H. Heller, Politische Demokratie und soziale Homogenität, S. 421 ff., 429 („soziale Homogenität); W. Hennis, Das Problem der Souveränität, S. 114 f.; C. Schmitt, Verfassungslehre, S. 231 ff. („nationale Homogenität“); E.-W. Böckenförde, Demokratie als Verfassungsprinzip, HStR, Bd. I, 1987, § 22, Rdn. 47 f., 63 ff. („relative Homogenität“); K. Doehring, Allgemeine Staatslehre, S. 275; M. Kaufmann, Europäische Integration und Demokratieprinzip, S. 50 f., 55 f., 261 ff.; Th. Schmitz, Integration in der Supranationalen Union, S. 301 ff., zu den verschiedenen Aspekten notwendiger Homogenität; auch Ch. Seiler, Der souveräne Verfassungsstaat zwischen demokratischer Rückbindung und überstaatlicher Einbindung, S. 138, 142; kritisch R. Grawert, Homogenität, Identität, Souveränität, Der Staat 51 (2012), S. 189 ff.; Ch. Möllers, Staat als Argument, S. 407 f.; a. A. J. Habermas, Volkssouveränität als Verfahren, Faktizität und Geltung, S. 612 („moderne Gesellschaften sind nicht homogen“); U. Schliesky, Souveränität und Legitimität von Herrschaftsgewalt, S. 237 f., 272 f., 409 ff., 679 („Schimäre“); U. Haltern, Was bedeutet Souveränität? S. 114 f.; A. Emmerich-Fritsche, Vom Völkerrecht zum Weltrecht, S. 632 ff.; K. F. Gärditz, Der Bürgerstatus im Lichte von Migration und europäischer Integration, VVDStRL 72 (2013), S. 109 f. mit Fn. 202.

[969] Über die Demokratie in Amerika, 1835, 12. Aufl. 1848, übersetzt von Hans Zbinden, Erster Teil, II. Teil, S. 375 ff., Zweiter Teil, IV. Teil, 6. und 7. Kap, S. 460 ff.: „Welche Art von Despotismus die demokratischen Völker zu befürchten haben“; vgl. C. Schmitt, Verfassungslehre, S. 201.

[970] M. Kriele, Einführung in die Staatslehre, S. 17 ff.; vgl. auch P. Graf Kielmansegg, Volkssouveränität, S. 211 ff. im Sinne von Relativismus und Mehrheitsprinzip.

das, zumal diese im modernen Sozialstaat unausweichlich auch Solidargemeinschaft ist. Sonst kann das demokratische Prinzip allenfalls eine formale Verwirklichung erreichen, nicht aber zur „lebendigen Demokratie“ führen, die auch das Bundesverfassungsgericht für verfassungsgeboten hält (BVerfGE 89, 155 (Ls. 3 b, 213, Rn. 100, 165; 123, 267, Rn. 351). Eine solche setzt hinreichende Kommunikationsmöglichkeiten, insbesondere die Spracheinheit, voraus. Aber auch die religiöse Einheit ist notwendig und sei es wegen des Religionspluralismus die einheitliche Säkularität des Politischen[971]. Wenn ein Teil der Bevölkerung in einer Theokratie und unter einer religiös in alten Texten festgelegten Rechtsordnung, wie der Scharia, leben will und der andere Teil in einem aufklärerischen Gemeinwesen, in dem die Religion Privatsache ist, ist wegen der nicht disponiblen Verbindlichkeit der politischen Religion eine Rechtsgemeinschaft nicht möglich. Die Assimilation jedenfalls an die Weltlichkeit des Politischen ist Voraussetzung eines freiheitlichen Gemeinwesens, einer Republik, in der die Bürger souverän sind, nicht ein Gott und damit dessen Priester.

Das Volk, welches das Grundgesetz zum Staat verfaßt und in Deutschland verfassen mußte und verfassen muß, ist deutsch, wie das oben belegt ist. Das ist ausweislich Art. 1 Abs. 2, Art. 20 und Art. 79 Abs. 3 GG, aber auch ausweislich der Präambel des Grundgesetzes, ein unabänderliches Verfassungsprinzip Deutschlands. Das gehört zur Definition der Souveränität in Deutschland. Es ist die Souveränität des Deutschen Volkes. Dieses Charakteristikum der deutschen Souveränität kann allenfalls das deutsche Volk ändern, indem es sich in ein europäisches Volk einbringt oder sich für eine Veränderung der Volkseigenschaften öffnet und Deutschland zu einem Einwanderungsland erklärt. Das bedarf nicht anders als die Begründung eines europäischen Bundesstaates einer unmittelbaren Entscheidung des Deutschen Volkes, also der verbindlichen Feststellung des allgemeinen Willens des Volkes. Die Vertreter des ganzen Volkes haben nicht die Befugnis, das Volk auszutauschen, das sie vertreten, oder auch nur substantiell zu verändern. Das Grundgesetz verfaßt kein Einwanderungsland[972]. Deutschland darf auch nicht durch ein Staatsangehörigkeitsgesetz oder dessen Praxis, das die Naturalisation im Übermaß fördert, zu einem Einwanderungsland gemacht werden. Dadurch wird die Souveränität des Deutschen Volkes verletzt, letztlich aufgehoben. Aus dem Deutschen Volk wird eine bunte Bevölkerung. Das begrüßen, ja propagieren viele, zumal der an seinem persönlichen Unvermögen gescheiterte Bundespräsident Christian Wulff, aber die Souveränität des Volkes läßt es nicht zu[973]. Udo Di Fabio: „Staatsbürgerschaftsfragen sind staatliche Fundamentalentscheidungen“[974].

---

[971] K. A. Schachtschneider, Grenzen der Religionsfreiheit am Beispiel des Islam, S. 31 ff.; auch U. Haltern, Was bedeutet Souveränität? S. 27.

[972] H. Quaritsch, Einwanderungsland Bundesrepublik Deutschland? Aktuelle Reformfragen des Ausländerrechts, 1981.

[973] Richtig W. Mäder, Vom Wesen der Souveränität, S. 128 f.; R. Scholz/A. Uhle, Staatsangehörigkeit und Grundgesetz, NJW 1999, 1510 ff., 1516.

B. Die äußere Souveränität

I. Begriff der äußeren Souveränität

Die äußere Souveränität ist vor allem die mit allen anderen Staaten gleichberechtigte Völkerrechtssubjektivität[975]. Die souveränen Staaten und der Heilige Stuhl sind die ursprünglichen Völkerrechtssubjekte[976]. Der „Grundsatz der souveränen Gleichheit der Staaten ist ein Konstitutionsprinzip des gegenwärtigen allgemeinen Völkerrechts" (BVerfGE 46, 342 (Ls. 14, S. 344, S. 402 f.))[977]. Diese Gleichheit ist zunächst einmal die Berechtigung und Verpflichtung aus dem Völkerrecht, d. h. die Sätze des Völkerrechts, die wesentlich Sätze des Völkergewohnheitsrechts sind, haben für alle Staaten gleiche Verbindlichkeit[978]. Zu den verbindlichen Prinzipien des

---

[974] Der neue Art. 23 des Grundgesetzes, Der Staat 32 (1993), S. 201 f. (auch gegen die Einführung einer neuen Staatsbürgerschaft, die gleichartig oder übergeordnet neben die deutsche tritt)

[975] Dazu (historisch) H. Boldt, Geschichtliche Grundbegriffe, S. 149 ff.; K. Doehring, Internationale Organisationen und staatliche Souveränität, S. 114 ff.; J. Kokott, Souveräne Gleichheit und Demokratie im Völkerrecht, ZaöVR 64 (2004), S. 517 ff., 524; dies., Die Staatsrechtslehre und die Veränderung ihres Gegenstandes, VVDStRL 63 (2004) S. 18 f.; Ch. Seiler, Der souveräne Verfassungsstaat zwischen demokratischer Rückbindung und überstaatlicher Einbindung, S. 68; dagegen H. Heller, Souveränität, S. 154 ff., 154 („logisches Konstruktionsprinzip des Rechts", „tautologische Umschreibung der Völkerrechtssubjektivität", was sonst? So ist der Gleichheitssatz und gerade wegen seiner Formalität Grundlage des Rechts) S. 157 („typische Argumentationsweise des individualistischen Rechtsrationalismus" (?)), der aber „souveräne Gebietsentscheidungseinheiten" als Völkerrechtssubjekte versteht, S. 166 ff., auch S. 140; vgl. auch M. Kaufmann, Europäische Integration und Demokratieprinzip, S. 32 ff.; Ch. Hillgruber, Souveränität – Verteidigung eines Rechtsbegriffs, JZ 2002, 1074, „unabgeleitete, umfassende Rechtsmacht der voneinander unabhängigen, einander gleichberechtigten und völkerrechtlich unmittelbaren Staaten", mit „Gebiets- und Personalhoheit, Rechtsetzungs- und -durchsetzungshoheit", mit „Verfassungsautonomie", „Selbstregierung", „Interventionsverbot" in das „politische, soziale und kulturelle System"; Ch. Möllers, Evangelisches Staatslexikon, 2006, Sp. 2178 ff.; Ch. Raap, Die Souveränität der Bundesrepublik Deutschland unter besonderer Berücksichtigung des militärischen Bereichs und der deutschen Einheit, 1992, S. 17 ff., 19 ff.

[976] A. Verdross, Völkerrecht, S. 189 ff.; Ch. Hillgruber, Souveränität – Verteidigung eines Rechtsbegriffs, JZ 2002, 1076; A. Emmerich-Fritsche, Vom Völkerrecht zum Weltrecht, S. 104 f.; zum Apostolischen Stuhl H. Heller, Souveränität, S. 167 („souveränitätsanaloge, gebietsuniversale Entscheidungseinheit"); zu weiteren Völkerrechtssubjekten mit begrenzten Rechten J. Kokott, Souveräne Gleichheit und Demokratie im Völkerrecht, ZaöVR 64 (2004), S. 524.

[977] Ch. Hillgruber, Souveränität – Verteidigung eines Rechtsbegriffs, JZ 2002, 1076.

[978] E. Vattel, Droit des gens ou principes de la loi naturelle (Das Völkerrecht oder Grundsätze des Naturrechts, angewandt auf das Verhalten und die Angelegenheiten der Staaten und Staatsoberhäupter, hrsg. von W. Schätzel, 1959), prél. 18, livre II, S. 161; H. Heller, Souveränität. S. 142, 146 f., 151 ff., 160, nur bei Einwilligung der „universalen Entscheidungs- und Wirkungseinheit" Staat, die aber stillschweigend durch willentliche Übung oder Verträge erfolgen könne; im Sinne eines stillschweigenden Vertrages A. Verdross, Völkerrecht, S. 137 ff., 191 ff.; H. Krüger, Allgemeine Staatslehre, S. 853; O. Kimminich, Einführung in das Völkerrecht, S. 288 ff.; R. Zippelius, Allgemeine Staatslehre, S. 55; V. Epping, Völker-

Völkerrechts gehören auch die principes généraux des droit reconnus par les nations civilisées, die von den Kulturvölkern anerkannten allgemeinen Rechtsgrundsätze, des Art. 38 Abs. 1 lit c des Statuts des Internationalen Gerichtshofs im Haag, jedenfalls soweit diese durch Urteile dieses Gerichts materialisiert sind[979]. Die Rechtserkenntnisse des Gerichts sind nicht „Rechtsschöpfung", wie Hermann Heller meint, sondern Rechtsentwicklung, nämlich Erkenntnisse des Rechts, wenn auch nicht Rechtsquelle, wie Heller richtig feststellt[980]. Heller meint hingegen, „daß die universale Gebietsentscheidungsgewalt kraft Souveränität sich auch gegen das

---

rechtssubjekte, § 5, Rdn. 7, S. 57; H.-J. Heintze, Träger des Selbstbestimmungsrechts der Völker, § 28, Rdn. 1, S. 355; W. Graf Vitzthum, Begriff, Geschichte und Quellen des Völkerrechts, in: ders., Völkerrecht, I, Rdn. 45 f., S. 33 f, Rdn. 73, S. 47 f.; K. Hailbronner, Der Staat und der Einzelne als Völkerrechtssubjekte, daselbst, III, Rdn. 69 ff., S. 206 f.; H. Steiger, Geht das Zeitalter des souveränen Staates zu Ende, Der Staat 41 (2002), S. 335; Th. Schmitz, Integration in der Supranationalen Union, S. 190; Ch. Hillgruber, Souveränität – Verteidigung eines Rechtsbegriffs, JZ 2002, 1074 f.; J. Kokott, Souveräne Gleichheit und Demokratie im Völkerrecht, ZaöVR 64 (2004), S. 522; A. Emmerich-Fritsche, Vom Völkerrecht zum Weltrecht, S. 158 ff.; differenzierend G. Jellinek, der nur „Selbstbestimmung und Selbstbindung", aber auch eine Rechtsordnung anerkennt, Lehre von den Staatenverbindungen, S. 30 ff.; ders., Allgemeine Staatslehre, S. 474 ff., insb. S. 481; dagegen insbesondere Hegel, Rechtsphilosophie, §§ 330 ff., S. 311 ff. (dazu Zweiter Teil C.I.); zur Leugnung der völkerrechtlichen Bindung der „Machttheoretiker und Neuhegelianer in Deutschland", insbesondere Heinrich von Treitschke, H. Boldt, Geschichtliche Grundbegriffe, S. 151; so auch Ph. Zorn in der Kritischen Vierteljahresschrift, NF. Bd. VIII H 3, S. 380, Hinweis von H. Preuß, Gemeinde, Staat, Reich als Gebietskörperschaften, 1889/1964, S. 122, gegen J. C. Bluntschli, Preuß, a.a.O., S. 128, der sich dem anschließt, um die Souveränität als Rechtsbegriff in Frage zu stellen; vgl. auch K. Doehring, Internationale Organisationen und staatliche Souveränität, S. 111, bis zum Ersten Weltkrieg Leugnung der äußeren Bindung, S. 114 ff. zur heutigen Bindung an das Völkerrecht; A. Fischer-Lescano, Globalverfassung, S. 197 f. spricht vom „Souveränitätsparadox", nämlich „gebundener Willkür", wie ihn überhaupt vermeintliche Paradoxien, ein typischer Luhmannismus, der Rechtslehre erregen, etwa S. 207 die, daß „das Völkerrecht die Staaten konstituiere", aber „zugleich die Staaten das Völkerrecht", oder, daß „die Weltgesellschaft die Individuen konstituiere", aber „zugleich die Individuen die Weltgesellschaft", oder S. 224 f. das ius cogens, das nach Art. 53 WVK über den Verträgen stehe und durch die Völkerrechtsgemeinschaft in ihrer Gesamtheit sowohl angenommen, aber auch geändert werden könne, und gar die „Ewigkeitsklausel des Art. 79 GG", die eben keine sei, sondern nur den verfassungsändernden Gesetzgeber binde. Zu einer tragfähigen Rechtsdogmatik hat Fischer-Lescano keinen Zugang. Freiheit ist durch das Sittengesetz gebundene Willkür (dazu Vierter Teil B.), Menschen werden geboren und Staaten von einer Menge von Menschen organisiert, S. 209 in irgendeiner Weise die von „pouvoir constituant und pouvoir constitué". Er weist S. 198, Fn. 14, auf Gustav Radbruch hin, der in seiner Rechtsphilosophie, S. 183, hier S. 296 f., in gleicher Unkenntnis des Freiheitsbegriffs die „Selbstbindung als Fremdbindung" denunziert. Wer eine Herrschaftslehre für richtig hält, Fischer-Lescano etwa S. 213 „Verrechtlichung von Herrschaft", wird nicht zu einer konsistenten Rechtslehre vordringen.

[979] Dazu H. Heller, Souveränität, S. 160 ff., widerborstig, der diese Prinzipien als „Rechtsgrundsätze" mit bloß sittlicher Verbindlichkeit einstuft, aus denen erst die internationalen Richter Rechtssätze positivieren, S. 162, ja, so wirken Rechtsgrundsätze als Recht; A. Verdross/B. Simma, Universelles Völkerrecht, §§ 601 f., S. 383 f.; vgl. auch R. Knieper, Nationale Souveränität, S. 71 f.; A. Emmerich-Fritsche, Vom Völkerrecht zum Weltrecht, S. 45 ff.

[980] Souveränität, S. 163 f.

Völkerrecht durchzusetzen vermöge[981], und stellt damit wiederum Macht über das Recht. Das Grundgesetz stellt jedenfalls Art. 25 dagegen, wonach die allgemeinen Regeln des Völkerrechts Bestandteil des Bundesrechts sind, den Gesetzen vorgehen und Rechte und Pflichten unmittelbar für die Bewohner des Bundesgebietes erzeugen.

Weiterhin ist die Souveränität die Vertragsfähigkeit der Staaten als Staaten mit allen Staaten. Der Leitsatz des Völkervertragsrechts, vielfach als die völkerrechtliche Grundnorm angesehen, ist: pacta sunt servanda (Art. 36 WVK)[982]. Das Rechtsprinzip, das auch das Verhältnis der Staaten zueinander bestimmt, ist der Geltungsgrund der Verträge (FridR, S. 508 ff.). Die Staaten sind unabhängig und gleich (Grundsatz der „souveränen Gleichheit aller Mitglieder" der Vereinten Nationen, Art. 2 Nr. 1 UN-Charta), gleich in ihrer Souveränität, also, wie gesagt, prinzipiell gleichberechtigte Subjekte des Völkerrechts (Gleichheit im/vor dem Recht)[983].

Die äußere Souveränität ist ebenso wesentlich die Unabhängigkeit von fremden Staaten und von Staatenverbünden oder auch nur von Machthabern jedweder Art[984] und gehört damit zum Selbstbestimmungsrecht der Völker gemäß Art 1 Nr. 2 der Charta der Vereinten Nationen und der Internationalen Pakte über bürgerliche und

---

[981] Souveränität, S. 176 f., 178 ff., der das Transformationsprinzip des Dualismus dafür bemüht, das aber nicht für die allgemeinen Regeln des Völkerrechts gilt, auch S. 144 ff.

[982] Vgl. A. Verdross, Völkerrecht, S. 22; K. Doehring, Allgemeine Staatslehre, S. 271; A. Emmerich-Fritsche, Vom Völkerrecht zum Weltrecht, S. 163; dagegen H. Heller, Souveränität, S. 155 ff. („nur logisches Konstruktionsprinzip des Rechts", „kein sittlicher Rechtsgrundsatz, geschweige denn ein Rechtssatz"? Die Vertragsverbindlichkeit ist das Rechtsprinzip selbst, K. A. Schachtschneider, Freiheit in der Republik, S. 508 ff.); zur Vertragsfähigkeit Ch. Möllers, Evangelisches Staatslexikon, 2006, Sp. 2178 ff.

[983] F. A. von der Heydte, Vom Heiligen Reich zur geheiligten Volkssouveränität, S. 359; kritisch zur dualistischen Konzeption der gleichberechtigten Unabhängigkeit H. Kelsen, Der Wandel des Souveränitätsbegriffs, S. 170 ff.; ders., Allgemeine Staatslehre, S. 122 f.; K. Doehring, Allgemeine Staatslehre, S. 269; ders., Internationale Organisationen und staatliche Souveränität, S. 115, 120 f.; Ch. Gloria, Die Grundprinzipien des Völkerrechts, in: K. Ipsen, Völkerrecht, 4. Aufl. 1999, § 26, Rdn. 7 ff., S. 328 ff.; Ch. Raap, Die Souveränität der Bundesrepublik Deutschland unter besonderer Berücksichtigung des militärischen Bereichs und der deutschen Einheit, S. 21.

[984] So etwa H. Heller, Souveränität. S. 65 („Souverän wird jene Entscheidungseinheit genannt, die keiner anderen Entscheidungseinheit untergeordnet ist"), auch S. 141 ff.; A. Verdross, Völkerrecht, S. 191 f.; K. Stern, Staatsrecht II, S. 21; J. Isensee, Staat und Verfassung, HStR Bd. I, § 13, Rdn. 34; H. Steiger, Geht das Zeitalter des souveränen Staates zu Ende, Der Staat 41 (2002), S. 335; K. Doehring, Allgemeine Staatslehre, S. 271 („Befehlsunabhängigkeit", aber „Ordnungsabhängigkeit"); ders., Internationale Organisationen und staatliche Souveränität, S. 109 („Entscheidungsgewalt gegenüber anderen souveränen Staaten"), S. 116 f.; Ch. Gloria, Die Grundprinzipien des Völkerrechts, § 26, Rdn. 13, S. 332; M. Kaufmann, Europäische Integration und Demokratieprinzip, S. 32; Ch. Hillgruber, Souveränität – Verteidigung eines Rechtsbegriffs, JZ 2002, 1074, „Befehlsunabhängigkeit von anderen Staaten"; J. Kokott, Souveräne Gleichheit und Demokratie im Völkerrecht, ZaöVR 64 (2004), S. 519; Ch. Raap, Die Souveränität der Bundesrepublik Deutschland unter besonderer Berücksichtigung des militärischen Bereichs und der deutschen Einheit, S. 19 ff.; vgl. W. Mäder, Kritik der Verfassung Deutschlands, S. 38 f.

politische sowie wirtschaftliche, soziale und kulturelle Rechte von 1966 (1976 in Kraft getreten), jeweils Art. 1 Abs. 1 S. 1[985], weil Völker im Sinne dieser Regelung auch die Staatsvölker sind. Par in parem non habet imperium. Das sieht das Bundesverfassungsgericht nicht anders. Im Lissabon-Urteil postuliert es unter Berufung auf eine Äußerung Carlo Schmids im Parlamentarischen Rat[986]: „Dagegen beansprucht die völker- und staatsrechtliche Souveränität gerade für ihre konstitutionellen Grundlagen die Unabhängigkeit von fremdem Willen" (BVerfGE 123, 267, Rn. 231). Dieser Unabhängigkeit und damit dem Frieden dient das Gewaltverbot des Art. 2 Nr. 4 UN-Charta, der dieses explizit zum Schutz der „territorialen Unversehrtheit und politischen Unabhängigkeit" der Staaten ausspricht. Gewalt muß mit „den Zielen der Vereinten Nationen" vereinbar sein.

Die äußere Unabhängigkeit des Volkes als Staat entspricht der äußeren Freiheit, der „Unabhängigkeit von eines anderen nötigender Willkür" in Kants Definition der Freiheit, die aber, wie zitiert, eine Einschränkung hat, nämlich: „sofern sie mit jedes anderen Freiheit nach einem allgemeinen Gesetz zusammen bestehen kann" (MdS. S. 345)[987]. Souveränität nach außen mag man als „umfassende Handlungsfreiheit" verstehen[988], wenn diese als Freiheit des Handeln begriffen wird, das dem Recht

---

[985] K. Stern, Staatsrecht V, S. 2013 ff.; M. Kaufmann, Europäische Integration und Demokratieprinzip, S. 34, 76; Th. Schmitz, Integration in der Supranationalen Union, S. 189 f.; Ch. Hillgruber, Souveränität – Verteidigung eines Rechtsbegriffs, JZ 2002, 1076 f., 1079, der das Selbstbestimmungsrecht aber zum einen auf die „(Staats)Völker" und zum anderen auf den „pouvoir constituant" beschränkt, S. 1073 f.

[986] Generalbericht in der Zweiten Sitzung des Plenums des Parlamentarischen Rates am 8. September 1948, in: Deutscher Bundestag/Bundesarchiv, Der Parlamentarische Rat 1948–1949, Akten und Protokolle, Bd. 9, 1996, S. 20 ff.

[987] Auch G. Jellinek, Allgemeine Staatslehre, S. 482 f., begründet die Einschränkung der äußeren Souveränität mit der Ethik Kants, sieht freilich „alle Staatsmacht auf Kosten der individuellen Freiheit bestehen", ganz gegen Kants Freiheitsbegriff.

[988] Th. Schmitz, Integration in der Supranationalen Union, S. 190: „Souveränität im Sinne des Völkerrechts ist die von niemandem abgeleitete oder abhängige, nur punktuell durch Schranken aus der Völkerrechtsgrundordnung begrenzte, ansonsten aber uneingeschränkte rechtliche Handlungsfähigkeit des Staats im Innern und nach außen", doch nur, wenn in „rechtlich" die Grenzen der Freiheit, ein Begriff der in seiner Schrift keine Rolle spielt, einbezogen wären; er verirrt sich S. 191 gar zur „völkerrechtlichen Fähigkeit zu völkerrechtswidrigen Handeln": „Der Staat darf zwar nicht, kann jedoch in den oben genannten weitgefaßten Grenzen – offen gegen geltendes Völkerrecht verstoßen", „Er hat zwar nicht das Recht, wohl aber die Rechtsmacht, innerstaatliche Maßnahmen zu ergreifen, die zu unterlassen es sich in völkerrechtlichen Verträgen verpflichtet hat, oder innerstaatliche Maßnahmen, die er seinerzeit zur Erfüllung vertraglicher Verpflichtungen ergriffen hatte, ohne Rücksicht auf des Fortbestehen dieser Verpflichtungen wieder rückgängig zu machen"; das macht äußere Souveränität nach der herrschenden dualistischen Geltungsdogmatik des Völkerrechts zum bloßen Machtprinzip, „völkerrechtlich" ist diese Fähigkeit sicher nicht, vielmehr schlicht Unrecht, auch wenn das Recht nicht erzwungen werden kann; der umgekehrte Monismus löst das Problem (dazu in und zu Fn. 826 u.ö.). Ausweislich seiner Belege verwechselt Schmitz im übrigen „Handlungsfähigkeit" mit „Hoheitsgewalt".

gemäß ist, kann sie aber nicht, wie Rolf Knieper[989], als Recht denunzieren, die eigenen „Interessen konsequent, rücksichtslos und ausdauernd zu verteidigen und zu verfolgen". Die Unabhängigkeit aller Staaten als die Freiheit der Völker muß durch allgemeine Gesetze gesichert sein. Davon ist das Völkerrecht weit entfernt, weil es kein wirksames System der Rechtsdurchsetzung hat und auch keines wie ein Staat haben kann. Die Vorkehrungen für den Weltfrieden, welche die Charta der Vereinten Nationen vorsieht (Art. 33 ff., 39 ff.), sind einerseits nicht hinreichend, anderseits nicht in die Tat umgesetzt. Vor allem die mächtigen Staaten, allen voran die USA, behindern die Entwicklung der Vereinten Nationen zu einer wirklichen Friedensmacht erheblich, angesichts der republikwidrigen Wirklichkeit der meisten Staaten der Welt manchmal aus guten Gründen. Die „allgemeinen Gesetze" sind die allgemeinen Regeln des Völkerrechts, die in Deutschland durch Art. 25 GG in das Bundesrecht inkorporiert sind und nach dieser Vorschrift den Gesetzen, nicht dem Grundgesetz, vorgehen und unmittelbar Rechte und Pflichten für die Bewohner des Bundesgebietes erzeugen. Kant hat die Republikanität der bürgerlichen Verfassungen, also der Staaten, als Voraussetzung des ewigen Friedens herausgestellt (ZeF, S. 204 ff.), richtig und weitsichtig.

Aber zur Republikanität als wirklicher Freiheit haben die Völker noch einen weiten Weg zu gehen. Daß sie jemals das Ziel erreichen werden, ist eher zweifelhaft. Zurzeit entfernen sich auch die europäischen Staaten mit großen Schritten davon, vor allem das europäistische Deutschland. Der Zusammenbruch des sowjetischen Imperiums in den Jahren 1989 bis 1991 hatte große Hoffnung geweckt. Aber Despotie und Tyrannei in der Welt nehmen zu. Die Einparteiendiktatur Chinas, welche nach der Tyrannei des Mao Zedong (Mao Tse-tung) dessen neue Führer mit kapitalistischen Elementen ausgestattet, für den Weltmarkt geöffnet und damit der chinesischen Wirtschaft vor allem wegen der sklavenartigen Arbeitsverhältnisse des Milliardenheeres von Arbeitnehmern eine außerordentliche Wettbewerbsfähigkeit am Weltmarkt verschafft haben, wird mehr und mehr als Vorbild für eine effiziente Wirtschaftsordnung gepriesen, geradezu ein Paradies kapitalistischer Ausbeutung, aber eben durch nichts menschenwürdig und menschenrechtlich, im übrigen schädlich für den Weltfrieden. Das Erstarken des Islamismus bedroht viele mehr oder weniger aufklärerisch republikanisierte Staaten, vor allem in Europa. Nordafrika läßt nicht erwarten, gegen die islamistischen Kräfte zur Freiheit im westlichen Sinne zu finden. Ohne ein hinreichendes Maß an Aufgeklärtheit ist das nicht möglich. Im Gegenteil: Die Umma hat sich in weite Teile Afrikas ausgedehnt. Samuel Huntington hat 1996 gutbegründet vor dem Clash of Civilization gewarnt. Gottesstaaten sind nicht die Republiken, die Kant vorgeschwebt haben, um den „Föderalism freier

[989] Nationale Souveränität, S. 37, unter Berufung auf einerseits A. Bleckmann, Zur Entwicklung des modernen Souveränitätsgedankens, APuZ B 43/1985, S. 3 ff., 6, andererseits auf D. Simo, Die dritte Welt – ein europäisches Projekt, in: ASA-Programm (Hrsg.), Nachfragen zur Entwicklungspolitik, Dokumentation der Tagung zum 25jährigen Bestehen des ASA-Programms, 1986, S. 47 ff., 52: „Ich glaube, daß die Stärke Europas auf seiner Fähigkeit beruht, seine Interessen konsequent, rücksichtlos und ausdauernd zu verteidigen und zu verfolgen".

Staaten" mit einem rechtssichernden Völkerbund zu entwickeln. Einer gewaltsamen ‚Demokratisierung' in ein westliches System, welche die USA mehrfach erfolglos betrieben haben und weiter betreiben (Ukraine), meist um wirtschaftliche Interessen, aber auch die geopolitische Macht zu sichern, steht mit dem Gewaltverbot das Verbot gewaltsamer Intervention, aber auch der humanitären Intervention[990], das zunehmend ignoriert wird, entgegen.

Die äußere Souveränität wird verletzt, wenn ein Staat und damit ein Volk unter die Botmäßigkeit fremder Mächte, seien dies Staaten und Völker oder seien dies Staatenverbünde, Staatenorganisationen oder nichtstaatliche Mächte gerät, welche die politische Willensbildung zu Lasten des betroffenen Staates und Volkes an sich ziehen, sei es auch auf Grund eines Vertrages (dazu C.II.). Die gemeinschaftliche Ausübung der Staatsgewalten der verbunden Völker mißachtet die äußere Souveränität noch nicht, wenn sie die existentielle Staatlichkeit der Völker und damit die Souveränität unberührt läßt. Auch wenn die Herrschaft über den Staat eines Volkes nur faktisch ganz oder zum Teil usurpiert wird, sei es mittels militärischer Gewalt, sei es mittels wirtschaftlichen Zwanges, ist das Verletzung der äußeren Souveränität. Ein Beispiel sind die Auflagen, die Griechenland, Irland, Portugal, Spanien und Zypern erfüllen müssen oder mußten, um von Mitgliedstaaten der Euro-Zone, von der EU und vom IWF kreditiert zu werden. Auch nichttransparenter Einfluß auf die Staatsorgane, insbesondere die Regierungen, verletzt die Souveränität, die Freiheit der Bürger und Völker. Das ist ein oft gebrauchtes Mittel der USA, aber auch anderer Staaten. Eine solche Herrschaft ist nicht mehr die Ausübung der freiheitlichen Staatsgewalt des Volkes, weil sie nicht vom Volk legitimiert oder gar legalisiert ist, ja entgegen der Souveränität nicht einmal legalisiert werden darf und kann. Weil sie nötigende Willkür Fremder gegen das Volk und dessen Staat ist, ist sie illegale Herrschaft. Nichts anderes gilt für die Überwachung der Kommunikation eines fremden Gemeinwesens.

Die äußere Souveränität erfordert wie die innere hinreichende Macht des Staates[991]. Macht sind, wie gesagt, die Handlungsmöglichkeiten und Handlungsbefug-

---

[990] A. Emmerich-Fritsche, Vom Völkerrecht zum Weltrecht, S. 387 f., 391; dazu auch J. Habermas, Die Einbeziehung des Anderen, S. 175 ff. (Demokratie und staatliche Souveränität: der Fall humanitärer Interventionen); vgl. auch Ch. Seiler, Der souveräne Verfassungsstaat zwischen demokratischer Rückbindung und überstaatlicher Einbindung, S. 168, 204, der sich bei schweren Menschenrechtsverletzungen" für die Intervention, also für den Krieg, dessen Unrecht meist weitaus größer ist, ausspricht; dagegen Th. Schilling, Die „neue Weltordnung" und die Souveränität der Mitglieder der Vereinten Nationen, ArchVR 33 (1995), S. 67 ff., 90 ff.; D. Murswiek, Souveränität und humanitäre Intervention. Zu einigen neueren Tendenzen im Völkerrecht, Der Staat 35 (1996), S. 31 ff., 39 ff.; auch A. Randelzhofer, Kommentierung des Art. 2 Ziff. 4 der Charta der Vereinten Nationen, in: B. Simma, Charta der Vereinten Nationen, Kommentar, 1991, S. 67 ff., Rdn. 49 ff., 51, auch nicht zum Schutz eigener Staatsangehöriger, umstritten, Rdn. 52 ff.; allgemein Ch. Hillgruber, Souveränität – Verteidigung eines Rechtsbegriffs, JZ 2002, 1074, in das „politische, soziale und kulturelle System".

[991] H. Krüger, Allgemeine Staatslehre, S. 853 ff., um der „Einzigkeit" der Staatsgewalt willen; Ch. Raap, Die Souveränität der Bundesrepublik Deutschland unter besonderer Berücksichtigung des militärischen Bereichs und der deutschen Einheit, S. 19 ff.

nisse des Staates. Die unverzichtbare Macht des Staates gehört zu dessen existentieller Staatlichkeit. Der Begriff der Souveränität hat somit nicht denselben Gehalt wie der der existentiellen Staatlichkeit, aber ohne die existentielle Staatlichkeit ist ein Staat faktisch nicht souverän. Die klassischen Lehrer der Souveränität haben Elemente staatlicher Macht aufgelistet, welche für die Souveränität unverzichtbar sind. Bodin hat die Gesetzgebung, die höchstrichterliche Entscheidung, die Entscheidung über Krieg und Frieden, die Ernennung von Beamten und Magistraten, die Steuererhebung, die Begnadigung, die Finanzen, d. h. die Entscheidungen über die Währung, den Geldwert, den Münzfuß, genannt (République I, 9, I, 10, p. 223 f., 162 f.)[992], Hobbes das Militär einschließlich der Entscheidung über Krieg und Frieden, die Finanzen einschließlich der Macht über das Geld, die Territorialgewalt und die Rechtsgewalt, d. h. die Gesetzgebung, die Verwaltung und das Richteramt sowie die Strafgewalt, und sogar die Meinungsgewalt (Leviathan, II, 18, S. 160 ff.)[993]. Hegel nennt in seiner frühen Schrift „Kritik der Verfassung Deutschlands", 1800/01, S. 25–60, die Kriegsmacht, die Finanzmacht, die Territorialgewalt und die Rechtsgewalt[994].

II. Grenzen der äußeren Souveränität

Die Integration von Staaten in die Gemeinschaft der Staaten läßt unbegrenzte Handlungsbefugnisse der Staaten allein schon wegen des Gewaltverbotes nicht zu. Folglich gibt die Souveränität nicht jedwedes Recht, die Interessen eines Staates ohne Rücksicht auf andere Staaten und das gemeinsame Leben der Völker in der Welt zu verfolgen. Mit den anderen Völkern im Frieden zu leben und den Frieden durch Verträge, notfalls auch Bündnisse, zu sichern ist souveränitätsbegrenzende Rechtspflicht.

Schon Bodin hat an der Bindung des Souveräns an die Verträge mit anderen Souveränen keinen Zweifel gehabt (République, I, 8, p. 152 f.; V, 6, p. 802 ff.)[995]. Hobbes bleibt insofern unklar und überläßt Krieg und Frieden dem Gutdünken des Souveräns (Leviathan, II, 18, S. 162), obwohl er im Vertrag das Mittel zur Befriedung des Krieges aller gegen alle sieht (Leviathan, I, 14., 15. Kap., II, 17. Kap., S. 118 ff., 129 ff., 151 ff., durchgehend). Immanuel Kant hat das in seiner wegweisenden Schrift ‚Zum ewigen Frieden' ausgearbeitet und den „Föderalism freier Staaten" postuliert (ZeF, S. 208 ff.), wie ich formuliere, die Republik der Republiken. Hegel dagegen respektiert keine Grenzen der äußeren Souveränität, weil er die Sittlichkeit im Staat als solchen verwirklicht sieht. „Der Staat ist die Wirklichkeit der sittlichen

992 Vgl. R. Knieper, Nationale Souveränität, S. 99, auch S. 150 f.; H. Quaritsch, Staat und Souveränität, S. 256.

993 Dazu W. Mäder, Vom Wesen der Souveränität, 2007, S. 57 ff., 63 ff.

994 Dazu W. Mäder, Kritik der Verfassung Deutschlands, S. 60 ff., ders., Vom Wesen der Souveränität, S. 117 ff., der an diesen Kriterien die Souveränität des heutigen Deutschlands in der Europäischen Union mißt und eine vernichtende Bilanz zieht.

995 H. Quaritsch, Staat und Souveränität, S. 368 ff., 375 f.

Idee, – …" (Rechtsphilosophie, § 257 ff., S. 237 ff.). Entgegen dem kantianisch geprägten Recht der Vereinten Nationen und den Verfassungen der aufklärerischen Republiken hat Hegel die Praxis der Staaten bis heute, vor allem die Deutschlands, weitgehend bestimmt und bestimmt sie weiter, wieder mehr als in der Nachkriegszeit, abgesehen von dem weltbestimmenden Kalten Krieg zwischen dem Westen und dem Osten, der beendet schien, aber wieder aufflackert. Hegel hat auch die deutsche Philosophie nach der Aufklärung in eine neue Irrationalität geführt. Seine Dialektik hat nicht nur Karl Marx auf seinen geschichtsphilosophischen Irrweg gebracht, sondern nachhaltig die deutsche Staatslehre dem freiheitlichen Rechtsprinzip entfremdet, bis in die Gegenwart. Auffälligster Ausdruck ist die perennierende Herrschaftsdoktrin im deutschen Staatsrecht, verbunden mit der die politische und damit bürgerliche Freiheit verdrängenden Doktrin der Trennung von Staat und Gesellschaft (Rechtsphilosophie, § 157, S. 175, §§ 182 ff., S. 192 ff.).

Zur Souveränität gehörte Jahrhunderte lang das ius ad bellum, das Recht zum Kriege. Dieses war aber doch nur das Recht zum bellum iustum, zum gerechten Krieg, zum Krieg gegen Unrecht, vor allem zum Verteidigungskrieg, nicht jedoch zum Eroberungskrieg[996]. Letzteren praktizieren Staaten, welche die Macht dazu haben, noch immer, freilich völkerrechtswidrig. Aber die Souveränität war doch niemals in dem Sinne unbegrenzt, daß sie jede Art von Politik gegenüber anderen Staaten zu rechtfertigen vermocht hätte. Kant hat im „Zum ewigen Frieden" das Verbot der Gewalt unter den Völkern und einen „Völkerstaat" postuliert: „Bei dem Begriffe des Völkerrechts, als eines Rechts zum Kriege, läßt sich eigentlich gar nichts denken (weil es ein Recht sein soll, nicht nach allgemein gültigen äußern, die Freiheit jedes einzelnen einschränkendes Gesetzes, sondern nach einseitigen Maximen durch Gewalt, was Recht sei, zu bestimmen)" (ZeF, S. 212). Hegel hat, wie meist gegen Kant gerichtet, den Sieg über das Recht unter den Staaten entscheiden lassen wollen, weil es keinen „Prätor zwischen den Staaten" gebe (Rechtsphilosophie, §§ 333 f., S. 313 ff.)[997]. Die Charta der Vereinten Nationen von 1945, die ein „partikuläres Völkerrecht" geschaffen hat[998], freilich mit universalem Anspruch[999], hat das ius ad bellum durch das Gewaltverbot des Art. 2 Nr. 4 jedenfalls für die Mitglieder der

---

[996] Dazu A. Verdross, Völkerrecht, S. 435 ff.; weitergehend K. Doehring, Allgemeine Staatslehre, S. 267 ff. unter Hinweis auf E. Kaufmann, Das Wesen des Völkerrechts und die clausula rebus sic stantibus, 1911, S. 153; auch O. Kimminich, Die Souveränität der Bundesrepublik Deutschland, S. 13; kritisch H. Krüger, Souveränität und Staatengemeinschaft, S. 19, Fn. 37, S. 23 f., der die Souveränität und den gerechten Krieg für unvereinbar hält, zumal alle Kriege in der Geschichte Verteidigungskriege gewesen seien, jedenfalls, wäre hinzuzufügen, als solche verteidigt wurden.

[997] Vgl. R. Knieper, Nationale Souveränität, S. 71.

[998] D. Blumenwitz, Feindstaatenklauseln, S. 73 ff.

[999] K. Ipsen, Zur Geschichte des Völkerrechts, in ders., Völkerrecht, 4. Aufl. 1999, § 2, Rdn. 68 ff., S. 38 ff.; A. Verdross und B. Simma, Universelles Völkerrecht, 3. Aufl. 1984, § 374, S. 221, erklären die Charta zur „gegenwärtigen Verfassung der universellen Völkerrechtsgemeinschaft", die auch über die Mitgliedstaaten der Vereinten Nationen hinaus absolute Geltung habe; vgl. A. Fischer-Lescano, Globalverfassung, S. 204.

Vereinten Nationen, fast alle Staaten der Welt, beendet[1000]. Das ist, wenn es auch schon immer, verstärkt in der Völkerbundszeit, letztlich wenig erfolgreiche Bemühungen, militärische Gewalt unter den Staaten zu unterbinden, gab[1001], der Paradigmenwechsel des modernen Völkerrechts, der aus dem freiheitlichen Souveränitätsverständnis folgt. Das Gewaltverbot gilt heute trotz ständiger Mißachtung als ius cogens und als Völkergewohnheitsrecht[1002]. Das „naturgegebene Recht zur individuellen oder kollektiven Selbstverteidigung" „im Falle eines bewaffneten Angriffs" anerkennt Art. 51 der Charta, aber auch nur „bis der Sicherheitsrat die zur Wahrung des Weltfriedens und der internationalen Sicherheit erforderlichen Maßnahmen getroffen hat"[1003]. Hinzu kommen nach der Charta der Vereinten Nationen das Recht zu kollektiven Zwangsmaßnahmen der Art. 42 und 53 und die von vornherein fragwürdigen, jedenfalls seit der Mitgliedschaft der beiden deutschen Staaten und jetzt des vereinten Deutschlands fragwürdig gewordenen Sonderrechte gegenüber Feindstaaten eines Unterzeichners der Charta im Zweiten Weltkrieg nach Art. 107 und Art. 53 Abs. 1 S. 2 und Abs. 2 (dazu Neunter Teil B.III.)[1004]. Die Vernunft gebietet, den Frieden zu suchen, welcher das Recht der Verteidigung einschließt. Nach wie vor trägt das Naturrecht, das nichts anderes ist als die für gläubige Christen durch die Autorität Gottes gestifteten und für aufgeklärte Christen die durch praktische Vernunft erkannten Gebote der Menschlichkeit, materialisiert in den Menschenrechten. Die Schrecken des Zweiten Weltkrieges haben zu einer gewissen Renaissance des Naturrechts in der Nachkriegszeit geführt, deren wichtigste

[1000] A. Verdross, Völkerrecht, S. 551 ff.; R. Knieper, Nationale Souveränität, S. 72 f.; W. Graf Vitzthum, Begriff, Geschichte und Quellen des Völkerrechts, in: ders., Völkerrecht, I Rdn. 52 ff., S. 37 f.; H. Fischer, Gewaltverbot, Selbstverteidigungsrecht und Intervention im gegenwärtigen Völkerrecht, in: K. Ipsen, Völkerrecht, 4. Aufl. 1999, § 59, S. 929 ff.; J. Kokott, Souveräne Gleichheit und Demokratie im Völkerrecht, ZaöVR 64 (2004), S. 519; A. Emmerich-Fritsche, Vom Völkerrecht zum Weltrecht, S. 175 ff., S. 178 ff. zum Gewaltbegriff; Ch. Möllers, Evangelisches Staatslexikon, 2006, Sp. 2178 ff.

[1001] Dazu H. Fischer, Gewaltverbot, Selbstverteidigungsrecht und Intervention im gegenwärtigen Völkerrecht, § 59, Rdn. 1 ff., S. 931 ff.; A. Verdross, Völkerrecht, S. 437 ff.; auch St. Hobe, Der offene Verfassungsstaat zwischen Souveränität und Interdependenz, S. 69 f., 183 ff.

[1002] H. Fischer, Gewaltverbot, Selbstverteidigungsrecht und Intervention im gegenwärtigen Völkerrecht, § 59, Rdn. 27, S. 943 f.

[1003] A. Verdross, Völkerrecht, S. 553 ff., 556; W. Graf Vitzthum, Begriff, Geschichte und Quellen des Völkerrechts, in: ders., Völkerrecht, I Rdn. 52 ff., S. 37 f.; H. Fischer, Gewaltverbot, Selbstverteidigungsrecht und Intervention im gegenwärtigen Völkerrecht, § 59, Rdn. 10, S. 935, Rdn. 28 ff. S. 944 ff.; St. Hobe, Der offene Verfassungsstaat zwischen Souveränität und Interdependenz, S. 194 ff., 205 f.; A. Emmerich-Fritsche, Vom Völkerrecht zum Weltrecht, S. 180 f.; Ch. Möllers, Evangelisches Staatslexikon, 2006, Sp. 2179.

[1004] Dazu umfassend D. Blumenwitz, Feindstaatenklauseln – Die Friedensordnung der Sieger, 1972, der die Besonderheit und Relevanz der Feindstaatenklausel in ihrer Komplexität darlegt; V. Epping, Die Vereinten Nationen, in: K. Ipsen, Völkerrecht, § 32, Rdn. 27 ff., S. 416 f.; W. Mäder, Vom Wesen der Souveränität, S. 123 ff.

Prinzipien im Grundgesetz positiviert sind[1005], insbesondere in Art. 1 Abs. 1 GG die Unantastbarkeit der Menschenwürde. Diese Renaissance sollte nicht beendet sein. Das Gewaltverbot ist durch Art. 2 Nr. 7 der UN-Charta durch ein Prinzip der Nichteinmischung in innere Angelegenheiten, gewissermaßen ein Verbot der Intervention, nicht der Interzession, ergänzt[1006].

Die Grenzen der äußeren Souveränität sind die Rechte der anderen Staaten aus deren gleichen Souveränität, wie die Freiheit des Menschen durch die gleiche Freiheit der anderen Menschen bereits begrifflich eingeschränkt ist. Insbesondere sind es das Recht aller Staaten auf Frieden und das Selbstbestimmungsrecht der Völker (Art. 1 Nr. 1 und 2 der UNO-Charta). Es ist der Wille (als kantianischer transzendentaler Kategorie) freier Völker, im Recht nach innen und außen zu leben. Sonst sind sie nicht souverän, nämlich nicht frei. Dagegen konstatiert Rolf Knieper mit Ingo von Münch: „Das Völkerrecht war damals und ist auch heute noch nicht das Recht der Völker“[1007]. Das ist eine Frage der Geltungsdogmatik des Völkerrechts, die der umgekehrte Monismus im Sinne der Freiheit der Bürger, also als „Recht der Völker“ beantwortet[1008]. Der Souveränitätslehre geht es aber um das Recht, nicht um Macht, und Recht ist Wirklichkeit der Freiheit. Das Bundesverfassungsgericht sagt im Lissabon-Urteil (BVerfGE 123, 267, Rn. 224) richtig:

„Das Grundgesetz schreibt demgegenüber die Friedenswahrung und die Überwindung des zerstörerischen europäischen Staatenantagonismus als überragende politische Ziele der Bundesrepublik fest. Souveräne Staatlichkeit steht danach für einen befriedeten Raum und die darin gewährleistete Ordnung auf der Grundlage individueller Freiheit und kollektiver Selbstbestimmung. Der Staat ist weder Mythos noch Selbstzweck, sondern die historisch gewachsene, global anerkannte Organisationsform einer handlungsfähigen politischen Gemeinschaft“.

Grenze der äußeren Souveränität ist weiterhin das zwingende Völkerrecht (ius cogens)[1009]. Hobbes hat das Völkerrecht mit dem Naturrecht identifiziert (Leviathan,

---

[1005] Vgl. Ch. Seiler, Der souveräne Verfassungsstaat zwischen demokratischer Rückbindung und überstaatlicher Einbindung, S. 54 mit Fn. 390, auch S. 56.

[1006] A. Verdross, Völkerrecht, S. 228 f.; Ch. Raap, Die Souveränität der Bundesrepublik Deutschland unter besonderer Berücksichtigung des militärischen Bereichs und der deutschen Einheit, S. 22.

[1007] R. Knieper, Nationale Souveränität, S. 72, 196; I. von Münch, Bewahrung und Veränderung im Völkerrecht, ArchVR 1982, 265 ff., 273 (Fundstelle des Zitats, von Knieper nicht angeführt).

[1008] Hinweise in Fn. 826.

[1009] Ch. Möllers, Evangelisches Staatslexikon, 2006, Sp. 2179; a. A. K. Doehring, Internationale Organisationen und staatliche Souveränität, S. 112 (Völkerrecht ist „Koordinationsrecht“, mit Regeln des ius cogens („Subordination“) unvereinbar, kritisch zur „Völkerrechtsunmittelbarkeit“ auch S. 114 f.; Recht beruht jedoch nicht auf Subordination, sondern auf Freiheit); dazu richtig A. Emmerich-Fritsche, Von Völkerrecht zum Weltrecht, S. 442 ff.; dazu auch A. Fischer-Lescano, Globalverfassung, S. 202, wieder eine seiner „Paradoxien“, weil er die völkerrechtliche Bindung der äußeren Souveränität als der Freiheit der Bürgerschaften nicht begreift.

30. Kap., S. 194). Dazu gehört insbesondere der Satz: pacta sunt servanda. Im Einzelnen ist streitig, welche Sätze zwingendes Völkerrecht sind. Deutschland bindet sich selbst durch Art. 25 GG an die allgemeinen Regeln des Völkerrechts, die Bestandteil des Bundesrechts sind, allen Gesetzen vorgehen und unmittelbar Rechte und Pflichten für alle Bewohner des Bundesgebietes erzeugen (BVerfGE 6, 309 (363); 23, 288 (316); 27, 253 (274); 46, 342 (403 f.))[1010]. Verfestigte und allgemein anerkannte Sätze des Völkergewohnheitsrechts und die allgemeinen Rechtsgrundsätze gehören zu diesen allgemeinen Regeln des Völkerrechts (BVerfGE 15, 25 (32 f.); 23, 288 (317); 66, 39 (64 f.); 94, 315 (328); 96, 68 (86); 109, 13 (27 f.)), das hergebrachte ius gentium[1011]. „Völkergewohnheitsrecht ist der Brauch, hinter dem die Überzeugung rechtlicher Verbindlichkeit steht („usage generally accepted as expressing principles of law“, so die ständige Formulierung des Ständigen Internationalen Gerichtshofs, PCIJ Series A 10 (1927), 18 – LotusFall). Seine Entstehung ist demnach an zwei Voraussetzungen geknüpft: erstens an das zeitlich andauernde und möglichst einheitliche Verhalten unter weit gestreuter und repräsentativer Beteiligung von Staaten und anderen, rechtsetzungsbefugten Völkerrechtssubjekten; zweitens an die hinter dieser Übung stehende Auffassung, im Rahmen des völkerrechtlich Gebotenen und Erlaubten oder Notwendigen zu handeln‘ (opinio iuris sive necessitatis, vgl. BVerfGE 66, 39 (64 f.); 96, 68 (86 f.); 109, 13 (27 f.)). Art. 25 GG ist ein starker Schutz der wesentlichen Regeln des Völkerrechts, der die innere und dadurch auch die äußere Souveränität bindet.

Die UN-Charta verpflichtet in Art. 2 Nr. 3 zur friedlichen Streitbeilegung: „Alle Mitglieder legen ihre internationalen Streitigkeiten durch friedliche Mittel so bei, daß der Weltfriede, die internationale Sicherheit und die Gerechtigkeit nicht gefährdet werden“[1012]. Näheres regelt das Kapitel VI in den Artikeln 33 bis 38. Nach Art. 36 Abs. 3 soll der Sicherheitsrat bei seinen Empfehlungen berücksichtigen, „daß die Rechtsstreitigkeiten im allgemeinen von den Parteien dem Internationalen Gerichtshof im Einklang mit dessen Statut zu unterbreiten sind“. Auf Grund des I. Haager Abkommens zur friedlichen Erledigung internationaler Streitfälle vom 18. Oktober 1907 wurde der Ständige Schiedshof in Den Haag gegründet, der aber noch kein Gericht im eigentlichen Sinne, sondern mehr Informations- und Vermittlungsorgan für die Einrichtung von Schiedsgerichten war. Er besteht weiter neben dem Internationalen Gerichtshof (IGH). Die Streitparteien können in einem Streit ad hoc-Schiedsgerichte vereinbaren, deren tatsächlichen oder rechtlichen

[1010] Dazu H. Steinberger, Allgemeine Regeln des Völkerrechts, HStR, Bd. VII, Normativität und Schutz der Verfassung – Internationale Beziehungen, 1992, § 173, S. 525 ff.; A. Emmerich-Fritsche, Vom Völkerrecht zum Weltrecht, S. 401 f.

[1011] A. Verdross, Völkerrecht, S. 22 ff., 146 ff.; W. Heintschel von Heinegg, Das Gewohnheitsrecht, in: K. Ipsen, Völkerrecht, 4. Aufl. 1999, § 16, S. 181 ff., S. 195; ders., Die allgemeinen Rechtsgrundsätze, daselbst, § 17, S. 198 ff.; A. Emmerich-Fritsche, Vom Völkerrecht zum Weltrecht, S. 403.

[1012] Dazu H. Fischer, Die friedliche Streitbeilegung, in: K. Ipsen, Völkerrecht, 4. Aufl. 1999, § 62, S. 1014 ff.; A. Emmerich-Fritsche, Vom Völkerrecht zum Weltrecht, S. 128 ff.

Streitstoff sie definieren können oder auch in unterschiedlichen Formen permanente Schiedsgerichtsvereinbarungen treffen. Der Schiedsspruch entscheidet den Streit verbindlich (Art. 81 des I. Haager Abkommens), es sei denn, er ist wegen schwerer Mängel nichtig. Es gibt mannigfache völkerrechtliche Verfahren der Streitbeilegung unter Staaten und der internationalen Gerichtsbarkeit, die in den unterschiedlichen Vereinbarungen geregelt zu sein pflegen, etwa in der Streitschlichtungsordnung der Welthandelsorganisation vom 15. April 1994 mit einem breiten Wirkungsbereich[1013], in dem Verfahren der Konvention zum Schutz der Menschenrechte und Grundfreiheiten vom 4. November 1950 in der Fassung vom 17. Mai 2002, auf Grund derer der Europäische Gerichtshof für Menschenrechte (EuGHM) zur Verteidigung der Menschenrechte der Konvention von jedermann angerufen werden kann, im Seerechtsübereinkommen der Vereinten Nationen vom 10. Dezember 1982, das den Internationalen Seegerichtshof in Hamburg eingerichtet hat, vor allem aber das Statut des Ständigen Internationalen Gerichtshofs vom 26. Juni 1945, der nach Art. 7 Abs. 1 UN-Charta ein Hauptorgan der Vereinten Nationen ist. Ein Urteil des IGH bindet nur die Streitparteien, die Staaten sein müssen, und nur in der entschiedenen Sache[1014]. Diese Verfahren dienen der Friedenssicherung vornehmlich durch Rechtsklärung. Sie erreichen nicht die Wirkung des innerstaatlichen Rechtsschutzes, weil das völkerrechtliche Gewaltverbot es nicht zuläßt, die Umsetzung der Rechtssprüche zu erzwingen. Durchgreifende Vollstreckung der Richtersprüche ist nicht möglich, weil es keine über den Streitparteien, den Staaten, stehende internationale Hoheit gibt. Der Europäische Gerichtshof für Menschenrechte kann die Staaten, welche die Menschenrechte verletzt haben, auch zu Schadensersatz an die Verletzten verurteilen, nicht aber die Maßnahmen des Staates aufheben. Die Souveränität wird gewahrt. In Betracht kommen sonst durchaus nicht unwirksame Repressalien und Retorsionen[1015].

Es werden harte Sanktionsmaßnahmen verhängt, wie die Handelssperren gegen den IRAK und noch gegen den IRAN, dem die Entwicklung atomarer Bewaffnung vorgeworfen wird, eine Bewaffnung, welche die Vormacht über andere Staaten verschafft und die eine stete Gefahr für selbst atomar gerüstete Staaten ist, erst recht

---

[1013] Dazu K. A. Schachtschneider, Wirtschaftsverfassung mit Welthandelsordnung, § 12, XI, S. 581 ff.; A. Emmerich-Fritsche, Recht und Zwang im Völkerrecht, insbesondere im Welthandelsrecht, S. 123 ff., insb. S. 173 ff.; dies., Vom Völkerrecht zum Weltrecht, S. 742 ff.; D. I. Siebold, Die Welthandelsorganisation und die Europäische Gemeinschaft, S. 122 ff.; zur „international institutionalisierten Wirtschaftskooperation" St. Hobe, Der offene Verfassungsstaat zwischen Souveränität und Interdependenz, S. 248 ff., der sich für die Entwicklung eines „Solidaritätswirtschaftsvölkerrecht" ausspricht, S. 274 ff.

[1014] Dazu H. Fischer, Die friedliche Streitbeilegung, § 62, Rdn. 35 ff., S. 1026 ff.; A. Emmerich-Fritsche, Recht und Zwang im Völkerrecht, insbesondere im Welthandelsrecht, S. 141 ff.; dies., Vom Völkerrecht zum Weltrecht, S. 136 ff.

[1015] Dazu A. Emmerich-Fritsche, Recht und Zwang im Völkerrecht, insbesondere im Welthandelsrecht, S. 144 ff.; dies., Vom Völkerrecht zum Weltrecht, S. 134 f.; H. Fischer, Gewaltverbot, Selbstverteidigungsrecht und Intervention im gegenwärtigen Völkerrecht, § 59, Rdn. 44 ff., S. 953 ff.

für Staaten ohne atomare Rüstung. Die atomare Ausrüstung als solche mißachtet die Grenzen der Souveränität, weil sie eine Gefahr für die Menschheit ist. Das hat sich im Kalten Krieg zwischen Ost und West erwiesen. Immerhin gab es nach mannigfachen Bemühungen seit dem frühen 19. Jahrhundert in der jüngeren Zeit, als die wirtschaftliche Kraft der Sowjetunion dem Rüstungswettlauf mit den USA nicht mehr standhielt, gewisse Fortschritte in der Abrüstungs- und Rüstungskontrollpolitik der Supermächte des Kalten Krieges, insbesondere zur Begrenzung der Herstellung und auch des Einsatzes der ABC-Waffen und der Antipersonenminen[1016]. Der Atomwaffensperrvertrag, der Vertrag über die Nichtverbreitung von Kernwaffen vom 1. Juli 1968 (Non-Proliferation-Treaty, NPT) mit 187 Vertragsparteien, der den Nichtkernwaffenstaaten verbietet, Kernwaffen herzustellen, zu erwerben oder die Verfügungsgewalt darüber zu übernehmen, den Kernwaffenstaaten aber nur Kernwaffen oder sonstige Kernsprengkörper oder die Verfügungsgewalt über diese weiterzugeben, alles außer Kontrolleinrichtungen (IAEO) ohne hinreichende Sanktionsvereinbarungen[1017], wird damit zu einer Begrenzung der Souveränität, die rechtens ist, weil sie eine natürliche Grenze derselben materialisiert. Erst die allseitige atomare Abrüstung, über die zu verhandeln sich die Kernwaffenstaaten in dem NPT verpflichtet haben, wird das Prinzip freiheitlicher Souveränität atomrechtlich verwirklichen. Andere Waffensysteme müssen in die allseitige Abrüstung einbezogen werden. Die Vereinigten Staaten von Amerika und die Europäische Union haben die Russische Föderation auf Grund des (unberechtigten) Vorwurfs, die Krim annektiert zu haben, 2014 mit Wirtschaftssanktionen belegt[1018].

Bereits die Haager Landkriegsordnung untersagt bestimmte Waffen. Aber von einem solchen Weltfrieden ist die Menschheit weit entfernt. Zum ewigen Frieden reicht die praktische Vernunft bislang nicht und wird sie wohl niemals reichen. Aber dieses Ziel zu erreichen, gebietet die Sittlichkeit der Menschheit. Die Vereinten Nationen vermögen den Frieden in der Welt nicht zu gewährleisten. Darum schafft die militärische Überlegenheit einiger Staaten, die sich gegenseitig in ihrer Macht begrenzen und im Sicherheitsrat, ausgestattet mit dem Vetorecht gegen Maßnahmen der Vereinten Nationen, organisiert sind, zwar nur eine mehr als labile Sicherheitslage, die viele Kriege nicht zu verhindern vermochte, aber erscheint in der Weltlage noch als die bestmögliche Institution. Jedenfalls ist ein neuer Weltkrieg seit dem Zweiten Weltkrieg verhindert worden, wenn auch mehr durch die Abschreckung der für die Menschheit tödlichen atomaren Bedrohung, aber doch auch mit Hilfe der Vereinten Nationen.

Nach dem umgekehrten Monismus ist der Staat verpflichtet, die völkerrechtlichen Verträge auch staatsrechtlich einzuhalten, soweit die Gegenseitigkeit gesichert ist.

[1016] Dazu H. Fischer, Abrüstung und Rüstungskontrolle, in: K. Ipsen, Völkerrecht, § 61, Rdn. 6 ff., S. 988 ff.

[1017] H. Fischer, daselbst, Rdn. 31 ff., S. 999 ff., auch zu weiteren Abkommen. Die friedliche Nutzung der Kernenergie bleibt erlaubt.

[1018] Dazu K. A. Schachtschneider, Der Kampf um die Krim als Problem des Staats- und Völkerrechts, Zeit-Fragen, 23. Jg. Nr. 9 vom 22. April 2014, S. 1, 2, 4.

Dieses Selbstschutzes bedarf die äußere Souveränität. Das genügt aber auch. Die Transformation der Verträge, von der der praktizierte Dualismus von Völkerrecht und Staatsrecht die innerstaatliche Anwendbarkeit der völkerrechtlichen Vereinbarungen abhängig macht, wird dem Geltungsgrund des Rechts, zu dem die völkerrechtlichen Verträge gehören, dem allgemeinen Willen des Volkes, nicht gerecht. Freilich muß der Wille des Volkes, den Vertrag für sich gelten zu lassen, mittelbar oder unmittelbar, vor der Ratifikation desselben festgestellt werden. Dem wird die Vollzugslehre des Bundesverfassungsgerichts durchaus gerecht, das gemäß Art. 59 Abs. 2 GG in politischen Angelegenheiten allgemein und gemäß Art. 23 Abs. 1 S. 3 GG in Unionsangelegenheiten insbesondere die Zustimmung der gesetzgebenden Häuser verlangt[1019], in denen es zugleich den „Rechtsanwendungsbefehl" für die Materie des jeweiligen Vertrages sieht (BVerfGE 89, 155 (190); 99, 145 (158); 111, 307 (318); 123, 267, Rn. 242, 333, 335, 339, 343; BVerwGE 110, 363 (366)).

Von den Grenzen der Souveränität sind deren Beschränkungen und deren Verletzungen zu unterscheiden. Beschränkungen sind die Verkürzungen der in sich begrenzten Souveränität. Sie beeinträchtigen die souveräne Gleichheit des in der Souveränität beschränkten Staates. Verletzungen verkürzen die Souveränität als Recht nicht, weil diese als die Freiheit der Bürger nicht zur Disposition steht. Aber Verletzungen mißachten die Souveränität und schaden dieser faktisch. Die Möglichkeiten der Souveränitätsverletzungen können wegen deren Vielfalt in dieser Schrift nicht alle aufgeführt werden. Vor allem ist auf die Gewalt gegen einen Staat hinzuweisen. Auch Gewalt ist ein offener Begriff, nicht anders als die Intervention, die grundsätzlich als Souveränitätsverletzung verboten ist. Verschiedene Souveränitätsverletzungen werden im Folgenden angesprochen.

III. Souveränität der Staaten und Selbstbestimmung der Völker

Das Völkerrecht unterscheidet die „souveräne Gleichheit" der Staaten nach Art. 2 Nr. 1 der Charta der Vereinten Nationen und die „Gleichberechtigung und Selbstbestimmung der Völker" nach Art. 1 Nr. 2 der Charta[1020]. Der gewohnheitsrechtliche Status des Selbstbestimmungsrechts der Völker ist anerkannt[1021]. Beide Prinzipien, die Souveränität und die Selbstbestimmung, sind die Freiheit der Bürger, deren Willensautonomie. Die Bürger üben ihre Souveränität gemeinsam als Bürgerschaft, als Volk, mittels ihres Staates aus, nach innen und nach außen. Sie bestimmen sich darin selbst gemäß der politischen Form der allgemeinen und gleichen Freiheit, der

[1019] Ch. Möllers, Staat als Argument, S. 398, der Art. 24 Abs. 1 GG a. F. als eine Spezialnorm gegenüber Art. 59 Abs. 2 ff. einstuft; dagegen zu Recht D. König, Die Übertragung von Hoheitsrechten im Rahmen des europäischen Integrationsprozesses, S. 76.

[1020] H. J. Heintze, Träger des Selbstbestimmungsrechts der Völker, § 28, Rdn. 1, S. 355.

[1021] H. J. Heintze, Völkerrechtssubjektivität von Völkern, in: K. Ipsen, Völkerrecht, § 27 Rdn. 5 ff., S. 341 ff., 343 ff.; K. Hailbronner, Der Staat und der Einzelne als Völkerrechtssubjekte, S. 214 ff., Rdn. 96, S. 214.

Republik, deren politische Willensbildung demokratisch verfaßt ist. Das ist Selbstbestimmung des als Staat verfaßten Volkes und somit Souveränität des Staates im bürgerlichen Sinne. Die Selbstbestimmung der Völker ist gleichfalls Ausübung der Souveränität als der Freiheit von Menschen, von einer Menge von Menschen, die ein Volk bilden oder bilden wollen. Das Selbstbestimmungsrecht der Völker gibt Völkern, die nicht als Staaten verfaßt sind, das Recht politischer Selbstbestimmung und damit das Recht, einen Staat zu bilden, in dem sie leben.

Dieses Recht richtet sich auch und insbesondere gegen Staaten, in welchen diese Völker Bürger eines größeren Staatsvolkes sind. Aber auch Völker, die staatsübergreifend leben, haben das Recht, einen eigenen Staat zu bilden. Sie nehmen dadurch ihre politische Freiheit wahr, die allen voran das Recht zum Inhalt hat, in einem selbstbestimmten, souveränen Staat zu leben. Den Unterschied beider Prinzipien macht der Volksbegriff. Die Souveränität des Staates hat das Staatsvolk als die Bürgerschaft des jeweiligen Staates[1022]. Das Selbstbestimmungsrecht hat ein Volk, wie immer das begriffen wird. Dieses Selbstbestimmungsrecht kollidiert mit dem Bestandsschutz, den die meisten Staaten in ihren Verfassungsordnungen verankert haben, Deutschland in Art. 21 Abs. 2 S. 1 GG. Danach sind Parteien verfassungswidrig, die darauf ausgehen, den „Bestand der Bundesrepublik Deutschland zu gefährden“, etwa mit einem Teil des Staatsvolkes, nämlich einem Volk, etwa ein Land des Bundes, zu separieren.

Der Volksbegriff des Selbstbestimmungsrechts der Völker ist streitig und streitbar[1023]. Er hat erhebliche politische Sprengkraft, wie gerade wieder (2014) der kriegstreibende Vorwurf gegen die Russische Föderation, sie habe die Krim von der Ukraine annektiert, erweist[1024]. Die Trennung der Krim, genauer des Volkes der Krim, von der Ukraine war jedoch eine Sezession, ein Fall der Selbstbestimmung eines Volkes[1025]. Das Volk der Krim ist nach der Sezession von der Ukraine von der Russischen Föderation aufgenommen worden. Die Ukraine hat mit Unterstützung der Vereinigten Staaten von Amerika und der Europäischen Union die Sezession der Krim illegalisiert und mit Gewalt zu unterbinden versucht. Dagegen hat die Russische Föderation die Krim geschützt und dadurch das Sezessionsreferendum ermöglicht. Daraufhin haben die Vereinigten Staaten und die Europäische Union empfindliche wirtschaftliche und persönliche Sanktionen gegen die Russische Föderation und einige deren Bürger verhängt. Der beiderseitige Schaden ist erheblich. Die Spannungen haben den Kalten Krieg wiederbelebt und grenzen an Kriegtreiberei. Entsprechende Sezessionsreferenden im Südosten der Ukraine, in den Re-

---

[1022] H. J. Heintze, Träger des Selbstbestimmungsrechts der Völker, § 28, Rn. 6, S. 357.

[1023] Vgl. H. J. Heintze, Träger des Selbstbestimmungsrechts der Völker, § 28, S. 355 ff.; K. Hailbronner, Der Staat und der Einzelne als Völkerrechtssubjekte, 1997, S. 214 ff.

[1024] K. A. Schachtschneider, Der Kampf um die Krim als Problem des Staats- und Völkerrechts, Zeit-Fragen, 23. Jg. Nr. 9 vom 22. April 2014, S. 1, 2, 4; ders., Ukraine im Separationskrieg, Pour Erika, http://www.pour-erika.de.

[1025] A. A. Luchterhandt, Otto, Der Anschluss der Krim an Russland aus völkerrechtlicher Sicht, Archiv des Völkerrechts, 2014, S. 137 ff.

gionen Donezk und Lugansk, haben zu Republikbildungen geführt. Die beiden neuen Republiken des Dombas haben zu Neurußland föderiert. Das bekämpft die Ukraine militärisch. Der Bürgerkrieg dürfte zugleich ein Stellvertreterkrieg zwischen den Großmächten und deren Verbündeten, zwischen Rußland und der NATO, sein. Ausgelöst hat die Sezessionen die Politik der Europäischen Union und der Vereinigten Staaten von Amerika, die Ukraine in die Europäische Union und später auch in die NATO zu integrieren. Das ist ein existentieller Vorgang, der auch nach der restriktiven Dogmatik der herrschenden Lehre eine Sezession rechtfertigt[1026]. Dem Assoziierungsvertrag der Ukraine mit der Europäischen Union war ein gewaltsamer Wechsel der politischen Führung vorangegangen, nachdem der frühere Staatspräsident nicht bereit war, das Assoziierungsabkommen zu unterzeichnen. Der Umsturz durfte von Kräften des Westens unterstützt, wenn nicht herbeigeführt worden sein, eine ‚schmutzige' Intervention.

Ein Volk kann ethnisch, religiös, kulturell, geschichtlich, sprachlich bestimmt sein. Der Volkscharakter ist jeweils konkret festzustellen. Einen allgemeinen materiellen Begriff des Volkes gibt es nicht und kann es nicht geben[1027]. Es sind formale Kriterien, die ein Volk ausmachen. Maßgeblich ist der Wille der Menschen, die in einem Staat zusammen leben wollen, ein Volk zu sein[1028]. Dafür ist ein besonderer Grund nicht erforderlich, schon gar nicht ein Grund, der allseits anerkannt wird. Es ist, um mit Rousseau zu sprechen, der contract social, der ein Volk bildet. Kant definiert das Volk als „eine Menge von Menschen, oder eine Menge von Völkern, die im wechselseitigen Einflusse gegen einander stehend, des rechtlichen Zustandes unter einem sie vereinigenden Willen, einer Verfassung (constitutio) bedürfen, um dessen, was Rechtens ist, teilhaftig zu werden" (MdS, S. 429). Das ist ebenso substantiell wie fundamental im freiheitlichen Sinne des Republikanismus. Es geht um das gemeinsame Leben von Menschen in Freiheit und damit in Rechtlichkeit. Notwendig ist die territoriale Einheit hinreichender Größe des Gebietes, in dem die Menschen leben[1029], die sich zu einem Staat verfassen, weil anders kein Frieden möglich ist. Kant spricht demgemäß, wie schon zitiert, vom einem „wirklichen Rechtsgesetz der Natur, ein Recht auf bürgerliche Verfassung" (MdS, S. 366, 374). Aber es können sich immer wieder neue Völker bilden, größere durch Staatenbildung, auch Bundesstaaten, und kleinere durch Separationen von Volksteilen zu neuen

---

[1026] Vgl. H. J. Heintze, Träger des Selbstbestimmungsrechts der Völker, § 28, Rdn. 10 f., 13, S. 368 f., 370; K. Hailbronner, Der Staat und der Einzelne als Völkerrechtssubjekte, Rdn.98 ff. S. 215, sehr restriktiv.

[1027] Vgl. H. J. Heintze, Träger des Selbstbestimmungsrechts der Völker, § 28, Rdn. 4 ff., 11, S. 355 ff., 359, „unbestimmter Rechtsbegriff", gegen Beschränkung auf ‚Völker unter Fremdherrschaft'.

[1028] H. J. Heintze, Träger des Selbstbestimmungsrechts der Völker, § 28, Rdn. 5, S. 356 f.

[1029] K. Hailbronner, Der Staat und der Einzelne als Völkerrechtssubjekte, Rdn. 97, S. 214 f.

Staaten. Maßgeblich ist die „Selbstidentifikation“ einer Menge von Menschen als Volk[1030].

Der Wille der zusammenlebenden Menschen, als Volk einen Staat zu bilden, muß manifestiert werden. Der Wille verwirklicht in praktischer Vernunft die Freiheit. Der Willensakt bedarf einer Abstimmung unter allen Menschen des neuen Volkes oder des Volksteiles eines Staates, der einen neuen Staat bilden will[1031]. Das Referendum bedarf einer eindeutigen Mehrheit, um Vergewaltigungen schweigender Mehrheiten durch aktive Minderheiten vorzubeugen. Erforderlich ist weiter ein hinreichendes Verfahren, das die Freiheit der Abstimmung sicherstellt. Dieses Verfahren sollte, wenn ein Volksteil sich von dem Staat, in dem er lebt, separieren will, der alte Staat einrichten.

Der alte Staat ist nicht berechtigt, die Sezession eines Volksteiles mit Gewalt zu unterbinden. Er würde das Selbstbestimmungsrecht des neuen Volkes und damit die politische Freiheit seiner Bürger verletzen. Der elementare Ausdruck dieser Freiheit ist, in diesem neuen Staat leben zu wollen. Dieser Willensakt ist revidierbar. Wenn nur einzelne Bürger den Staat, in dem sie leben, verlassen wollen, steht ihnen das Recht des freien Zuges zur Verfügung. Das ist ein unumstößliches Menschenrecht. Ohnehin muß die Sezession den Schutz der Minderheit, deren ius emigrandi, gewährleisten, aber auch das Verbleiben in der Heimat. Der Bestandsschutz des Staates kann sich gegen das völkerrechtliche Selbstbestimmungsrecht nicht behaupten. Zum einen ergibt das der Vorrang des Völkerrechts, der aus dem umgekehrten Monismus[1032] folgt, nämlich aus der Freiheit des Volkes, das das Völkerrecht anerkannt und damit zum eigenen Recht gemacht hat. Das Selbstbestimmungsrecht des Volkes verdrängt somit den Bestandsschutz des Staates. Dessen Schutz im Verfassungsgesetz muß sich die Grenze des Selbstbestimmungsrechtes gefallen lassen. Nach Art. 25 GG sind in Deutschland die allgemeinen Regeln des Völkerrechts vorrangiges Bundesrecht. Das relativiert den Bestandsschutz der Bundesrepublik Deutschland, der in Art. 21 Abs. 2 GG zugrunde gelegt ist, als gegenläufiges Verfassungsrecht. Bestand der Bundesrepublik ist nicht die Identität Deutschlands, die unabänderlich wäre. Zum anderen gründet das Selbstbestimmungsrecht der Völker auf der Menschheit des Menschen, auf der Freiheit des Menschen als dessen Würde. Die aber ist das oberste Rechtsprinzip der Menschheit.

Demgemäß hat die Erklärung der Generalversammlung der Vereinten Nationen Nr. 2625 vom 24. Oktober 1970 über Grundsätze des Völkerrechts betreffend freundschaftliche Beziehungen und Zusammenarbeit zwischen den Staaten im Einklang mit der Charta der Vereinten Nationen (Friendly Declaration) trotz allen Schutzes der Souveränität der Staaten und damit deren Bestandes das Sezessionsrecht anerkannt, Gewalt gegen Sezessionen verboten und alle Staaten berechtigt,

---

[1030] H. J. Heintze, Träger des Selbstbestimmungsrechts der Völker, § 28, Rdn. 9 f., S. 358.

[1031] Vgl. H. J. Heintze, Völkerrechtssubjektivität von Völkern, § 27 Rdn. 18, S. 350 f., Referendum nicht obligatorisch.

[1032] Hinweise in Fn. 826.

Sezessionen zu schützen. Die Deklaration wendet sich gegen die Unterstützung von Sezessionen von außen und begründet auch kein Sezessionsrecht, ändert aber nichts am Sezessionsrecht aus dem Selbstbestimmungsrecht der Völker von innen her. Sie verbietet ebenso eindeutig die Verhinderung einer Sezession mit Gewalt. Sie verurteilt derartige Gewalt wie eine gewaltsame Intervention in einen Staat. Der entstehende Staat wird wie ein bereits bestehender behandelt. Die Declaration ist insoweit nicht als Völkergewohnheitsrecht anerkannt[1033], vor allem weil ständig dagegen verstoßen wird und insbesondere die Vereinigten Staaten von Amerika Sezessionen seit dem Sezessionskrieg 1861 bis 1865 nicht akzeptieren. Die Rechtslage sei nicht allgemeine Überzeugung, heißt es. Eine Sezession nimmt die politische Freiheit in Anspruch. Politische Freiheit ist die Souveränität der Menschen, deren Würde. Das Recht zum Beistand ist das Recht zur Nothilfe gegen Unrecht. Dieses Recht ist uraltes allgemeines Menschheitsrecht. Es steht über dem Bestandsschutz des Staates. Der Staat besteht nur, weil die Menschen, die sich in diesem zur Verwirklichung des gemeinen Wohls vereinigt haben, ihn wollen. Sie können ganz oder in Teilen diesen Willen ändern. Staaten kommen und gehen. Sie haben keine eigenständige Existenz. Es gibt keine Staatssouveränität (mehr), sondern nur Bürgersouveränität als Freiheit des Menschen.

IV. Offener Staat

Die „Interdependenzen", die „immer engere Union der Völker Europas" (13. Erwägungsgrund der Präambel des Vertrages über die Europäische Union in der Fassung des Vertrages von Lissabon vom 13. Dezember 2007), die Integration der Staaten in aller Welt, zumal in Europa, hat zu einer Lehre vom „offenen Staat" geführt. Diese Lehre meint, einen neuen Staatsbegriff entdeckt zu haben, der sich von dem überkommenen, wesentlich durch die deutsche Staatsrechtslehre des 19. Jahrhunderts geprägten Staatsbegriff, der durch die drei Elemente, Gebiet, Volk, Herrschaft gekennzeichnet war und staatsleitend von Georg Jellinek in dessen Allgemeiner Staatslehre dargelegt worden ist, unterscheidet[1034]. Der neue, nämlich offene Staat, sei in seinem Wirken nicht auf sein Territorium beschränkt, er sei nicht mehr die Herrschaftsorganisation eines Volkes, nämlich wesentlich einer Nation, und Staatsgewalt werde in seinem Gebiet und über seine Bevölkerung nicht allein von dem Staat im engeren Sinne, sondern von vielen Gewalten, seien diese supranational, seien diese international, seien diese hoheitlich oder seien sie privat, unternehmerisch oder sportlich, kulturell, ausgeübt. Der Staat sei nicht mehr im herkömmlichen Sinne souverän, sondern teile die Staatsgewalt mit vielen anderen Herrschaftsgebilden.

[1033] Vgl. H. J. Heintze, Träger des Selbstbestimmungsrechts der Völker, § 28, Rdn. 9 ff., S. 368 ff.

[1034] Diese Staatslehre macht auch W. Hennis, Das Problem der Souveränität, S. 77 ff., zum politischen Problem.

Die Lehre vom offenen Staat als neuer Staatsform in der einen, pluralen Welt hat ihre Triebfeder in den Nöten der Integrationisten, die mit den Souveränitätsverletzungen der Integrationspolitik nicht zurechtkommen, vor allem weil sie unerschütterlich der Vision eines zum Staat vereinten Europas anhängen, dem aber unübersteigbare Barrieren entgegengestellt sind. Vor allem ist es das unüberwindliche Demokratiedefizit der Europäischen Union, das sie bekümmert. Zeitgeistversessen wollen sie den beiden gebieterischen Ideologien der (vermeintlich) postmodernen Welt, der Demokratie und dem Internationalismus dienen, ein Dienst, der ihnen reichlich Verdienst bringt, weil er der herrschenden Klasse, der global agierenden Oligarchie in Finanzen, Wirtschaft, Medien und Politik dienlich ist. Dem dürfen alte Begriffe nicht entgegenstehen. Sie werden umgedeutet, umformuliert oder, das ist der bequemste Weg, schlicht ignoriert. So nährt sich die Lehre vom offenen Staat von den vielen Erscheinungen der europäischen und weltweiten Zusammenarbeit der Menschen und Völker in den vielfältigen völkerrechtlichen und privatrechtlichen Formen, beschreibt diese und ist bemüht, sie auf den Begriff zu bringen. Als wirklichkeitsbeschreibenden Begriff ist gegen den des offenen Staates nichts einzuwenden. Immer schon waren die Staaten mehr oder weniger offen für die Welt. Nur Johann Gottlieb Fichte hat 1800 als junger Philosoph die Skizze eines „geschlossenen Handelsstaates“[1035] vorgelegt, ein eher weltfremder Versuch. Kant hat bereits Wesentliches zu dem Phänomen des offenen Staates gesagt: „Es ist der Handelsgeist, der mit dem Kriege nicht zusammen bestehen kann, und der früher oder später sich jedes Volks bemächtigt. Weil nämlich unter allen, der Staatsmacht untergeordneten, Mächten (Mitteln) die Geldmacht wohl die zuverlässigste sein möchte, so sehen sich Staaten (freilich nicht eben durch Triebfeder der Moralität) gedrungen, den edlen Frieden zu befördern, und, wo auch immer in der Welt Krieg auszubrechen droht, ihn durch Vermittlungen abzuwehren, gleich als ob sie deshalb im beständigen Bündnisse ständen; denn große Vereinigungen zum Kriege können, der Natur des Sache nach, sich nur höchst selten zutragen, und noch seltener glücken“ (ZeF, S. 226). Diese Erkenntnis hat ihn nicht von seinem präzisen Staatsbegriff abgelenkt. Wenn der Begriff des offenen Staates ein Rechtsbegriff sein soll, der als solcher die Wirklichkeit legalisiert, muß er als solcher dogmatisch nachgewiesen werden, sei es aus der Verfassung der Menschheit des Menschen, also der Freiheit, sei es aus Verfassungsgesetzen oder wenigstens einem Verfassungsgesetz, sei es aus dem Völkerrecht oder völkerrechtlichen Verträgen, sei es aus Gesetzen, die freilich dem Recht genügen müssen. Nichts dergleichen ist ersichtlich. Die Lehre vom offenen Staat ist nichts anderes als Empirismus, der zudem nichts Neues entdeckt hat und mit Rechtsprinzipien unvereinbar ist. „Eine bloß empirische Rechtslehre ist (wie der hölzerne Kopf in Phädrus' Fabel) ein Kopf, der schön sein mag, nur schade! daß er kein Gehirn hat“, hat Kant derartige Bemühungen ironisiert (MdS, S. 336), wie richtig.

[1035] Der geschlossene Handelsstaat. Ein philosophischer Entwurf als Anhang zur Rechtslehre und Probe einer künftig zu liefernden Politik, 1800, 7. Kapitel, in Fichtes Werke, hrsg. von F. Medicus, Dritter Band, Schriften von 1797–1801, 1922, S. 54 ff.

Heinhard Steiger meint, das „Modell des souveränen Staates in Europa gehe zu Ende", nicht als „primäre Form politisch-rechtlich-organisierter Einheitsbildung", aber doch „in funktional bestimmter Komplementarität und kooperativer und integrativer überstaatlicher Organisation" (S. 356 f.)[1036]. Die Staatsvölker seien wegen der Zu- und Einwanderung „zusammengezwungene Staatsangehörige", nicht einheitliche Nationen (S. 337 ff.), die Grenzen der Staatsgebiete seien „entfunktionalisiert", am stärksten in der Europäischen Union (S. 340 f.), die Staatsgewalt sei in überstaatliche Kooperation eingegliedert (S. 341 ff.). Das sind empirische Beobachtungen. Ohne bestimmende Rechtssätze wird die Lage, aber nicht die Rechtslage verändert. Ein ‚ius ad bellum et pacis' würden die Vereinten Nationen nicht mehr kennen (S. 344). Das ist nur zum Teil richtig, schmälert aber nicht die Souveränität, die schließlich nicht durch das Recht zum Kriege definiert ist, sondern durch die Freiheit der Bürger. Darauf ist Steiger in seiner hier herangezogenen Abschiedsvorlesung nicht verfallen. Die Mitgliedstaaten der Europäischen Union seien „je für sich keine souveränen Staaten mehr" (S. 346). Das Bundesverfassungsgericht sieht das, wie im ersten Teil zitiert, anders, zu Recht. Immerhin seien diese noch die „primären Staaten" (S. 347 ff.). Sie hätten ein Staatsvolk, ein Staatsgebiet und Staatsgewalt (S. 349 ff.). Aber die Unionsverträge könnten „nur gemeinsam geändert" werden (S. 350). Das ist bei Verträgen nun einmal so und sagt demgemäß nichts über deren staatsverändernde Relevanz. Entscheidend ist das Recht, die Union zu verlassen, das nicht nur der Souveränität erwächst, sondern auch in Art. 50 EUV kodifiziert ist. Wegen der Gegebenheiten der Union, nämlich einem Staatsvolk, einem „corps politique in Europa" unter „Rechtsgesetzen" (kantianisch verstanden S. 348, 351 f.), einem Staatsgebiet (S. 353) und einer Staatsgewalt, einer „überstaatlichen Hoheitsgewalt" (S. 353 f.), sei die Europäische Union nicht schon ein Staat, auch kein „komplementärer Staat", aber habe doch „komplementäre Überstaatlichkeit" (S. 354). Diese Erkenntnis der (vermeintlichen) Supranationalität[1037]

[1036] Geht das Zeitalter des souveränen Staates zu Ende, Der Staat 41 (2002), S. 331 ff., 356 f.; noch radikaler R. Knieper, Nationale Souveränität. Versuch über Ende und Anfang einer Weltordnung, 1991, wie im Dritten Teil zu E. dargestellt ist.

[1037] Dazu Th. Schmitz, Integration in der Supranationalen Union, S. 64 ff., 113 ff., 169 ff., 215 ff. (eigenständige Organisationsform, also gegenüber Bundesstaat und Staatenbund sui generis), S. 289 ff.; Ch. Seiler, Der souveräne Verfassungsstaat zwischen demokratischer Rückbindung und überstaatlicher Einbindung, S. 55, 242 ff., 302, 314, 318, 378 ff. u. ö., mit fragwürdiger Dogmatik, mit Recht kritisch aber zur nicht völkerrechtlichen, sondern „genuin europarechtlichen" Dogmatik „sui generis, der Geltung und Anwendbarkeit des Europarechts, S. 252 ff., einem Konstrukt ohne jede rechtliche Grundlage, schlicht Versuch der Dogmatisierung eines Zustandes (vermeintlicher) Autonomie des Europarechts, reiner Empirismus ohne jede rechtliche Fundierung; vor allem EuGH – Rs. 6/64 (Costa/ENEL), Slg. 1964, S. 1251 (1269 ff.); dazu schon H. Steiger, Staatlichkeit und Überstaatlichkeit, S. 44 ff., 60 (durch „die Verträge der Gemeinschaften" entstehen „in dem Augenblick des Inkrafttretens" „völkerrechtliche Gesamtrechtseinheiten"); H. P. Ipsen, Europäisches Gemeinschaftsrecht, 1972, S. 7, 58 ff. (62 f.), 260 ff.; H. Mosler, Die Übertragung von Hoheitsgewalt, HStR. Bd. VII, 1992, § 175, Rdn. 17 ff.; auch Th. Oppermann, Europarecht, S. 139 f. („Rechtsmasse eigener Art ‚zwischen nationalem Recht der Mitgliedstaaten und dem Völkerrecht'"); K. Doehring, Allgemeine Staatslehre, S. 274; i.d.S. noch BVerfGE 22, 293 (296); 31, 145 (173 f.); 37, 271

sagt wenig zur Souveränität der Mitgliedstaaten[1038]. Im Vierten Teil zu G.III.3. ist die institutionelle und funktionale Staatlichkeit der Union dargelegt, deren souveränitätsrechtlichen Grenzen überschritten sind, wenn sie existentielle Staatlichkeit der Völker auszuüben befugt wird oder sich anmaßt. Darum pflege ich mit dem Bundesverfassungsgericht zu ringen. Ohne eine Dogmatik der Souveränität, die unter freien Menschen nur Freiheit sein kann, sind Aussagen zur Souveränität schlicht substanzlos.

Stephan Hobe etwa vermeidet in seiner Schrift „Der offene Verfassungsstaat zwischen Souveränität und Interdependenz"[1039] jeden Begriff seiner zentralen Untersuchungsgegenstände. Er definiert weder den Staat noch die Staatsgewalt noch gar die Souveränität, obwohl er diese Begriffe als zentrale Begriffe des Staatsrechts erörtert und den des Staates im Sinne einer (vermeintlich) neuen Wirklichkeit der Interdependenz zum „offenen Staat" (S. 137 ff., 380 ff.) reformieren will[1040]. Die Konzepte der Dreielementenlehre (S. 381 f., 382 ff., 384 ff.; PdR, S. 60)[1041], das des Territoriums, das des Staatsvolkes und das der Staatsgewalt, seien gewandelt bzw. verändert, so daß ein „offener Verfassungsstaat" mit mehreren Ebenen („Aufgabenerfüllungsebenen") der drei Elemente, zumal der Staatsgewalt entstanden sei

---

(277 f.); folgend M. Kaufmann, Europäische Integration und Demokratieprinzip, S. 80 („Rechtsmasse eigener Art neben dem nationalen Recht der Mitgliedstaaten und dem Völkerrecht"), auch S. 182 ff., im Widerspruch zu S. 92 (Völkerrecht); anders BVerfGE 89, 155 ff., das Maastricht-Urteil, das den Begriff der „autonomen Rechtsquelle" nicht mehr enthält; kritisch P. Kirchhof, Der deutsche Staat im Prozeß der europäischen Integration, HStR, Bd. VII, § 183, Rdn. 38; dagegen K. A. Schachtschneider, Die existentielle Staatlichkeit der Völker Europas, S. 97 ff., 100 f.; ders., Die Republik der Völker Europas, ARSP-Beiheft 71 (1997), S. 163 ff., 164 f.; ders., Prinzipien des Rechtsstaates, S. 74 f.

[1038] Vgl. E. R. Huber, Nationalstaat und supranationale Ordnung, S. 272 ff., 286 ff., zur Entscheidung des Grundgesetzes für den Nationalstaat und die supranationale Gemeinschaft, die sich nicht widersprechen würden, S. 290.

[1039] Eine Studie zur Wandlung des Staatsbegriffs der deutschsprachigen Staatslehre im Kontext internationalisierter Kooperation, 1998 (Kieler Habilitationsschrift 1996/97).

[1040] Zum Begriff schon K. Vogel, Die Verfassungsentscheidung des Grundgesetzes für eine internationale Zusammenarbeit, S. 33 f., 42 ff., im Gegensatz zu Fichtes „geschlossenem" ein „offener", „weltoffener" Staat, S. 33, „‚offene' Staatlichkeit", S. 24, 44; M. Kaufmann, Europäische Integration und Demokratieprinzip, S. 220; U. Schliesky, Souveränität und Legitimität von Herrschaftsgewalt, S. 25 ff., 443 ff., durchgehend (dazu Dritter Teil O.); zu „Demokratie und offener Staatlichkeit" auch Ch. Seiler, Der souveräne Verfassungsstaat zwischen demokratischer Rückbindung und überstaatlicher Einbindung, S. 55, 352 ff., mit mehr als fragwürdiger Gleichordnung des Demokratieprinzips („kein Vorrang") und des Prinzips offener Staatlichkeit; Hobe folgend D. König, Die Übertragung von Hoheitsrechten im Rahmen des europäischen Integrationsprozesses, S. 533 ff., ebenfalls mit empiristischer Argumentation; auch J. Kokott, Die Staatsrechtslehre und die Veränderung ihres Gegenstandes, VVDStRL 63 (2004) S. 10; kritisch U. Di Fabio, Der Verfassungsstaat in der Weltgesellschaft, S. 33 ff., 62 ff.; ders. auch, Das Recht offener Staaten, S. 122 ff., dazu Fn. 14, 717.

[1041] Nach wie vor relevant, wenn auch relativiert, für H. Steiger, Geht das Zeitalter des souveränen Staates zu Ende, Der Staat 41 (2002), S. 332 ff.; grundlegend G. Jellinek, Allgemeine Staatslehre, S. 174 ff., 182 f., 394 ff.; st. Rspr. BVerfGE 123, 267, Rn. 198.

(S. 387, 390 ff., 426 ff.)[1042]. Die Allzuständigkeit des Staates oder dessen „exklusive Aufgabenerledigungskompetenz" greife nicht mehr, vielmehr müsse „der Grundsatz der Subsidiarität als Verteilungsprinzip für die Erledigung von Aufgaben" dienen (BVerfGE 89, 155 (189, 193, 210 ff.)) und die „Vermutung staatlicher Zuständigkeit zur Aufgabenerledigung" halte „der Subsidiaritätsgrundsatz für widerleglich"[1043]. Richtig ist, daß der Grundsatz der Subsidiarität (Rprp, S. 370 ff. (386 ff.); FridR, S. 213, 243 ff., 466 ff., 499, 567, 620 f.; PdR, S. 45, 63 f., 84, 230, 237, 270, 295 f., 356 f.[1044]) sich überhaupt nur entfalten kann und auch soll, wenn der Staat Hoheitsrechte zur gemeinsamen Ausübung auf supranationale Organisationen übertragen hat, und daß er diese Hoheitsrechte insgesamt (durch Austritt) oder auch im Einzelnen durch Änderung des Zustimmungsgesetzes zur eigenen Ausübung zurückholen kann (BVerfGE 123, 267, Rn. 343)[1045]. Das Bundesverfassungsgericht hat im Lissabon-Urteil klargestellt: „Solche Integrationsschritte (sc.: Übertragung von Hoheitsrechten) müssen von Verfassungs wegen durch den Übertragungsakt sachlich begrenzt und prinzipiell widerruflich sein. Aus diesem Grund darf – ungeachtet einer vertraglich unbefristeten Bindung – der Austritt aus dem europäischen Integrationsverband nicht von anderen Mitgliedstaaten oder der autonomen Unionsgewalt

---

[1042] Nicht anders U. Schliesky, Souveränität und Legitimität von Herrschaftsgewalt, S. 444 ff., 472 ff. (dazu Dritter Teil O.).

[1043] Daselbst, S. 392, 393 ff. (395, 399), 409, 414; vgl. Ch. Seiler, Der souveräne Verfassungsstaat zwischen demokratischer Rückbindung und überstaatlicher Einbindung, S. 320 ff., der S. 328 dem Subsidiaritätsprinzip im Völkerrecht nur eine „beschreibende Funktion" zumißt, diesem aber im Europarecht in „Verbindung mit der Demokratie" stärkere Relevanz zuspricht (S. 329 ff.) und richtig sieht, daß „die Marktfreiheiten" „der „Subsidiaritätsidee und damit den staatlichen Gestaltungsmöglichkeiten diametral entgegenwirken" (S. 348 ff.), jedenfalls in deren Umwandlung zum Herkunftslandprinzip (dazu Zehnter Teil E.).

[1044] H. Lecheler, Das Subsidiaritätsprinzip: Strukturprinzip einer europäischen Union, 1993, insb. S. 98 ff., 121 ff.; K. A. Schachtschneider, Der Anspruch auf materiale Privatisierung, S. 67 ff., 75 ff., 140 ff., 147 ff., 153 ff., 177 ff.; Ch. Seiler, Der souveräne Verfassungsstaat zwischen demokratischer Rückbindung und überstaatlicher Einbindung, S. 155 ff., 320 ff.; vgl. auch W. Leisner, Das Volk, S. 94 ff.

[1045] Th. Schmitz, Integration in der Supranationalen Union, S. 238 ff., 248, 257 ff., 272 ff., 295 ff.; M. Kaufmann, Europäische Integration und Demokratieprinzip, S. 144 ff., 181, 340, 425 f. (jedenfalls faktisch); St. Hobe, Der offene Verfassungsstaat zwischen Souveränität und Interdependenz, S. 395, gesteht nur eine „prinzipielle Rückübertragbarkeit von Aufgaben/Kompetenzen von der Gemeinschafts- auf die staatliche Ebene zu, souveränitätswidrig; sehr restriktiv auch Ch. Seiler, Der souveräne Verfassungsstaat zwischen demokratischer Rückbindung und überstaatlicher Einbindung, S. 258 ff., 262 ff., 354 f., S. 155 ff. allgemein zur Subsidiarität; Ch. Möllers, Staat als Argument, S. 399 f, lehnt ein auf den „Souveränitätsbegriff" gestütztes Recht zum Austritt aus der Europäischen Union ab (aber faktische Austrittsmöglichkeit (?)), weil die „völkerrechtliche Souveränität", die er im Grundsatz verkennt, „nur die rechtliche Fähigkeit von Staaten" bezeichne, „das zu tun, was ihnen nicht durch Selbstverpflichtung verboten" sei (auch S. 402, 416, jeweils mit einseitigen Belegen); daß die innere Souveränität der Bürgerschaft dem Staat verwehrt, die Grenzen, die das Grundgesetz, vor allem in Art. 79 Abs. 3 GG, zieht, zu überschreiten, wie das auch in Art. 23 Abs. 1 S. 3 GG klargestellt ist, ist ihm trotz der Rechtsprechung des Bundesverfassungsgerichts in seinem integrationistischen Eifer nicht in den Sinn gekommen.

unterbunden werden“ (BVerfGE 123, 267, Rn. 233). Der Staat bleibt somit souverän. Der Grundsatz der Subsidiarität verpflichtet ihn durch nichts, in supranationalen Organisationen mitzuwirken. Dem „offenen Verfassungsstaat“ mißt Hobe „im Ebenenmodell“ bestimmte Funktionen zu, die Übertragungsfunktion, die Kontrollfunktion, die Ausführungs- und Vollsteckungsfunktion, die Identifikationsfunktion. Es sei „Loyalitätsvermittler und Identitätsschaffer“ (S. 402 ff.). Der „offene Verfassungsstaat“ sei in die „internationale und supranationale Rechtsordnung“ ein- oder dieser untergeordnet. Hobe sieht das durch Art. 23 bis 25 GG vorgeschrieben (S. 409 f.), mitnichten. Der begrenzte Vorrang von Rechtsakten der Union vor solchen allein Deutschlands etwa beruht allein auf dem jederzeit änderbaren souveränen Willen der Deutschen (PdR, S. 82 ff.), nämlich dem Rechtsanwendungsbefehl der Zustimmungsgesetze zu den Verträgen (BVerfGE 123, 267, Rn. 343). Hobe versucht, seine Offenheitsdoktrin immer wieder mit der Feststellung zu rechtfertigen, daß „die wesentlichen Aufgaben sich nicht mehr rein staatlich erledigen lassen“ würden, daß „die nationale Staatsgewalt defizitär“ sein, und der „offene Verfassungsstaat“ die „eigene Insuffizienz“ erkannt habe (S. 413, 419, 420, 435 f., 438 f., 440 u. ö.)[1046]. Das mag für den einen oder anderen Staat richtig sein, für die meisten Staaten dieser Welt ist das eine Unterstellung, weder bewiesen noch beweisbar, jedenfalls nicht für Deutschland. Gewisse Abhängigkeiten von Rohstoffen bedeuten nicht, daß ein Staat seine Aufgaben nicht bewältigen kann. Schließlich kann er die Rohstoffe erwerben. Auch zur Verteidigung wäre jedenfalls Deutschland fähig. Es hat sich nur selbst vor allem waffentechnisch beschränkt. Die Offenheit wird ihm zum Staatszweck (S. 415 ff., 424, 428), d. h. die Bürger haben den Staat geschaffen, damit dieser für die „Internationalisierung und Europäisierung der Staatszwecke“ offen ist. Nein, sie haben den Staat aufgebaut, um ihr gemeinsames Leben zu bewältigen und der Entwicklung eines vereinten Europas im Interesse des Friedens der Welt eine verfassungsgesetzliche Grundlage, zunächst in der Präambel und Art. 24 GG und später (1992) in Art. 23 GG gegeben, im übrigen nicht ohne den Einfluß der alliierten Siegermächte, denen an der Einbindung Deutschlands gelegen war und gelegen ist. Hobe hält die auf Grund der Übertragung der Hoheitsrechte zur gemeinsamen Ausübung „abgeleitete Hoheitsgewalt auf überstaatlicher Ebene“ für „originär“, „verbunden mit dem Verzicht der Mitgliedstaaten, in den ‚übertragenen‘ Materien selbständig tätig zu werden“ und spricht gar von „fremder originärer Hoheit“, „die angesichts des bald vierzigjährigen europäischen Integrationsprozesses zur normativen und staatstheoretischen Realität der in der Europäischen Union zusammengeschlossenen Verfassungsstaaten geworden“ sei, eine „internationale Hoheitsgewalt“, eine „Integrationsgewalt“, der „Herrschaftsrechte zur Ausübung übertragen“ sind und die sich zunehmend verselbständige (S. 430 ff., 437, 439, 442), nicht nur ein

[1046] Zur „Autarkie als Voraussetzung des souveränen Staates“ eher zustimmend W. Hennis, Das Problem der Souveränität, S. 81 ff.; ablehnend zu Recht G. Jellinek, Allgemeine Staatslehre, S. 436 und ff. zur antiken Autarkielehre (Aristoteles, Politik, I 1252 b, 28 ff., κοινωνία αὐτάρκμς, VII, 4, 1326 b 2 f., 9, 24, 29); zum sufficientia-Begriff H. Rabe, Autarkie, Geschichtliche Grundbegriffe, S. 377 ff.

Widerspruch in sich, sondern auch einer gegen Art. 5 Abs. 1 und 2 EUV, vor allem aber gegen das demokratische Prinzip und die Freiheit der Bürger, die nicht übertragbar ist, sondern deren Verwirklichung nur durch ein neues Verfassungsgesetz auf ein neues Volk, etwa das der Europäer, übertragen werden könnte. Eine Realität schafft keine Normativität und eine „staatstheoretische Realität" ist ein Unding. „Souveränität" sei „für den Fall institutionalisierter internationaler Aufgabenerledigung nicht mehr das (alleinige) Zuhöchstsein staatlicher Gewalt, sondern hier nur noch im Zusammenwirken von Staatsgewalt und internationaler Hoheits- bzw. Integrationsgewalt herzustellen"[1047]. Der Satz besagt bestenfalls, daß die Souveränität der Bürger mittels einer internationalen Organisation verwirklicht wird, die Bürger also ihre Freiheit zum Teil gemeinschaftlich mit anderen Bürgerschaften verwirklichen. So ist die gemeinschaftliche Ausübung der Staatsgewalten zu dogmatisieren. Aber das bleibt die Ausübung der verschiedenen Staatsgewalten der Bürgerschaften/Völker und ergibt kein Argument für eine neue Staatsform, den „offenen Staat", schon gar nicht für eine besondere „Integrationsgewalt". Für Hobe „wird angesichts der staatlichen Interdependenz der souveräne Staat, der seine Entscheidungen in selbstverantworteter Herrlichkeit trifft, zunehmend zu einem Anachronismus; und es ist folglich der Gedanke der internationalen Gemeinschaft, die die internationale Rechtsordnung zunehmend prägt" (S. 449). Wann und wo hat es bloß diesen „anachronistischen" Staat mit einer solchen Souveränität gegeben? Immer war das Völkerrecht und waren die völkerrechtlichen Verträge verbindlich. Immer sind sie auch verletzt und gebrochen worden, wie auch gegenwärtig in der Europäischen Union.

Der fundamentale Begriff jeder Rechts- und Staatslehre, der der Freiheit, kommt in Hobes Schrift nicht vor, genausowenig wie übrigens in der seiner Doktrin vom offenen Staat folgenden Kompensationslehre von Doris König[1048], jedenfalls nicht mit Relevanz für seinen Staatsbegriff. Er kann sich nur Herrschaft, auch nur „überstaatliche Herrschaft" denken, meint sich aber auf Kants freiheitsbestimmte Republiklehre im „Zum ewigen Frieden" berufen zu können (etwa S. 420 f.). „Demokratie" ist ihm lediglich „das der Ausübung von Herrschaftsgewalt zugrunde-

[1047] St. Hobe, Der offene Verfassungsstaat zwischen Souveränität und Interdependenz, S. 439, 440 ff. zum „Verhältnis von Staatsgewalt und internationaler Hoheitsgewalt bzw. Integrationsgewalt"; kritisch „zur Teilhabe an einer gemeinsamen Souveränität" zu Recht Ch. Seiler, Der souveräne Verfassungsstaat zwischen demokratischer Rückbindung und überstaatlicher Einbindung, S. 212 f., S. 215 ff. auch kritisch zur „funktionalen Souveränität"; a.A. auch M. Kaufmann, Europäische Integration und Demokratieprinzip, S. 350 f. („Legitimation durch die völkerrechtlichen Verträge", „Übertragungsakte der Integrationsgewalt der mitgliedstaatlichen Parlamente").

[1048] D. König, Die Übertragung von Hoheitsrechten im Rahmen des europäischen Integrationsprozesses, S. 523 ff., näher S. 533 ff.; das Kompensationsargument (eine Ausrede) bemüht auch M. Kaufmann, Europäische Integration und Demokratieprinzip, S. 464 f., auch „praktische Konkordanz", S. 440. 464, 473, 481, als Argument zur Relativierung des demokratischen Prinzips zugunsten „integrierter Staatlichkeit" nicht besser, genausowenig wie das Argument „Legitimation eigener Art" für das Europäische Parlament, S. 447, das dogmatisch nichts hergibt.

liegende Legitimationsprinzip" (S. 441, 448). Auch um einen Rechtsbegriff kümmert er sich nicht. Obwohl ein Staatsbegriff nicht nur ein Begriff des Rechts ist und demgemäß dem Recht genügen muß, das nur der Wirklichkeit der allgemeinen Freiheit, der Menschheit des Menschen, zu gewährleisten hat, sondern die Rechtslage wesentlich bestimmt. Hobe stellt vielfältige inter- und, wenn man so will, übernationale mehr oder weniger verbindliche Einwirkungsmöglichkeiten auf das Gebiet, das (irgendwie national verstandene) Volk und die Ordnung des jeweiligen Staates zusammen, wie den Friedensschutz, die kollektive Selbstverteidigung, den Menschenrechtschutz, den Umweltschutz, die Wirtschaftskooperation, die Informationsordnung (S. 137 ff.)[1049], und folgert aus seiner Beschreibung einen neuen Staatsbegriff, eben den des offenen Staates. „Die Verfassungsordnung des Grundgesetzes zeichnet sich nach alledem durch eine besonders ausgeprägte Öffnung für die internationale Zusammenarbeit aus"[1050], zumal in der Völkerrechtsfreundlichkeit der deutschen Verfassungsordnung. Das ergäbe „das verfassungsrechtliche Bild des kooperationsoffenen Verfassungsstaates Deutschland" (S. 163 f.). Gut und schön, das führt nicht zu einem neuen Staatsbegriff oder auch nur Staatsverständnis. Daß ein viele Völker integrierender Großstaat weder freiheitlich, nämlich in freiheitlicher Weise demokratisch, noch rechtsstaatlich, nämlich Wirklichkeit allgemeiner Freiheit durch Recht, noch sozial, nämlich stabile Bürgerlichkeit der Lebensverhältnisse, sein kann, bedenkt er gar nicht erst. Mit einer freiheitlichen Grundlegung seiner Überlegungen würde Rechtswissenschaft beginnen, nämlich Rechtsdogmatik.

Schon Jürgen Habermas ist mit seinem Versuch einer demokratischen Legitimation einer postnationalen globalen oder auch nur europäischen Ordnung gescheitert[1051]. Ihm kann man nicht vorhalten, nicht um eine freiheitliche Grundlegung

[1049] Zur „Kooperationsöffnung anderer Verfassungsstaaten", nämlich Frankreich, Vereinigtes Königreich von Großbritannien und Nordirland, Vereinigte Staaten von Amerika, Rußland, Volksrepublik China, Japan, Indien, daselbst, S. 164 bis S. 178., ‚immerhin' 14 Seiten für die hochheterogene Verfassungslage der großen Staaten, um seinen fragwürdigen Begriff zu untermauern, dabei ist klar, daß die Globalisierung der Lebensverhältnisse so gut wie alle Völker zur Öffnung ihrer Staaten veranlaßt, wenn nicht zwingt, zu den Einwirkungsfeldern S. 183 ff., 207 ff., 216 ff., 231 ff., 248 ff., 286 ff., zu „Sonderorganisationen der Vereinten Nationen" für Gesundheit, Ernährung, Luftverkehr, satellitengestützte Telekommunikation S. 294 ff., zu „Nichtregierungsorganisationen auf den Gebieten des Sports, des Luftverkehrs, der Entwicklungszusammenarbeit, der Menschenrechte und des Umweltschutzes" S. 309 ff., zur Europäischen Union S. 330 ff.

[1050] Dazu Ch. Seiler, Der souveräne Verfassungsstaat zwischen demokratischer Rückbindung und überstaatlicher Einbindung, S. 147 f., 352 ff.

[1051] Die postnationale Konstellation und die Zukunft der Demokratie, in: ders., Die postnationale Konstellation. Politische Essays, 1998, S. 91 ff., 151 f.; ders., Demokratie oder Kapitalismus? Vom Elend der nationalstaatlichen Fragmentierung in einer kapitalistisch integrierten Weltwirtschaft, in: Blätter für deutsche und internationale Politik (Hrsg.), Demokratie oder Kapitalismus? Europa in der Krise, 2013, S. 75 ff.; überzeugende Kritik von W. Streeck, Vom DM-Nationalismus zum Euro-Patriotismus? Eine Replik auf Jürgen Habermas, daselbst, S. 87 ff.; ökonomisch richtige Kritik an der „neoliberalen Transformation des Nachkriegskapitalismus" ders., Was nun, Europa? Kapitalismus ohne Demokratie oder Demokratie ohne Kapitalismus, daselbst S. 19 ff.; kritisch zu Habermas' „schnellem Schritt zum europäischen

bemüht zu sein. Aber das gelingt auch ihm nicht. Er ändert kommunikationell die Demokratielehre, indem er den deliberativen Diskurs der Zivilgesellschaft aller von einer Politik betroffenen Gebiete als demokratisch ausgibt. Demokratie ist aber wegen der allgemeinen Freiheit unverzichtbar die Teilhabe aller Bürger an der politischen Willensbildung, nicht nur derer, die eine in der Kommunikation herausgehobene Stellung haben oder sich eine solche durch Bündnisse wie Parteiungen oder Nichtregierungsorganisationen verschaffen. Habermas hat um seines Internationalismus willen seinen demokratischen Impetus zurückgedrängt.

Das Bundesverfassungsgericht hat den Staatsbegriff richtig mit den drei Elementen Gebiet, Volk, Staatsgewalt verbunden und dem so begriffenen Staat die Souveränität zuerkannt. Diese Souveränität zieht der Integration Grenzen. Die völkerrechtlich vereinbarte Zusammenarbeit der Staaten muß die Souveränität wahren. Weder der Staatsbegriff noch der Souveränitätsbegriff werden wegen der vielen Interdependenzen verändert. Das integrationistische Argument, das ohnehin recht offene Unabänderlichkeitsprinzip des Art. 79 Abs. 3 GG müsse durch das Integrationsprinzip des Grundgesetzes im Sinne „praktischer Konkordanz" „flexibilisiert" werden, um weitere Integrationsschritte nicht zu behindern[1052], verkennt zum ersten die menschheitliche Substanz der unabänderlichen Prinzipien, der Verfassung nämlich, die mit dem Menschen geboren ist, zweitens, daß das Integrationsprinzip von vornherein im Grundgesetz stand, das dennoch die Unabänderlichkeitsklausel des Art. 79 Abs. 3 GG, die im übrigen nur den verfassungsändernden Gesetzgeber und als solche nicht das Volk als Verfassungsgeber bindet[1053], aufgenommen hat, und daß drittens Art. 23 Abs. 1 S. 3 GG, der Europaartikel, der das Integrationsprinzip zugunsten der Europäischen Union verstärkt hat, explizit Art. 79 Abs. 3 GG als Integrationsgrenze aufführt und damit der Integration eine klare Grenze zieht[1054]. Aber der Integrationseifer läßt derartige eindeutige politische Entscheidungen übersehen.

Bundesstaat, um ihn als Nationalstaat, als Sozialstaat wieder aufleben zu lassen" „als gefährliche Illusion" U. Di Fabio, Der Verfassungsstaat in der Weltgesellschaft, S. 66; auch O. Höffe, Demokratie im Zeitalter der Globalisierung, 2002, S. 9 ff., 184 ff., 206 ff., müht sich um eine globale postnationale Ordnung; vgl. A. Emmerich-Fritsche, Vom Völkerrecht zum Weltrecht, S. 629 ff., zur „kosmopolitischen Demokratie"; B. Grzeszick, in: Maunz/Dürig, Grundgesetz, Art. 20 II, Rdn. 105, für „Öffnung des Demokratieprinzips für internationale Kooperation und Ausübung der Staatsgewalt", wie eigentlich ohne civitas maxima?

[1052] Ch. Tomuschat, Die Europäische Union unter der Aufsicht des Bundesverfassungsgerichts, EuGRZ 1993, S. 489 ff., 494; D. König, Die Übertragung von Hoheitsrechten im Rahmen des europäischen Integrationsprozesses, S. 447 ff., 452, 453 ff., 460 ff., 519 ff., 528 ff., 535 f., die erwartungsgemäß die Kompensation in der Europäischen Union geleistet sieht, S. 572 ff.

[1053] Verkannt von D. König, Die Übertragung von Hoheitsrechten im Rahmen des europäischen Integrationsprozesses, S. 520, wie das Lissabon-Urteil BVerfGE 123, 267, Rn. 179, 228, 263, erweist.

[1054] R. Scholz, Mitverfasser des Europaartikels, Kommentierung des Art. 23 GG n. F., in: Maunz/Dürig, Grundgesetz, Kommentar, Stand 1999/2009, Rdn. 61 ff., 70 ff.

Dafür gibt es auch keinerlei Veranlassung, wenn das Recht gewahrt bleiben soll. Dazu gehört auch, daß der Staat und dessen Souveränität nicht verletzt werden. „Ein Staat (civitas) ist“ mit Kant freiheitlich begriffen „die Vereinigung einer Menge von Menschen unter Rechtsgesetzen“ (MdS, S. 431). Rechtsgesetze sind der allgemeine Wille eben dieser Menschen, die sich zum Staat vereinigt haben. Allgemeiner Wille ist nur als Wille freier Menschen denkbar, wie im Vierten Teil B.I.–IV. und E.I. dargelegt ist. Das Gebietsprinzip ist im Freiheitsprinzip angelegt, weil alle Menschen eines Gebietes in das bürgerliche Gemeinwesen, den Staat, einbezogen sein müssen, wenn ihre Freiheit nicht verletzt werden soll; denn alles Handeln hat Wirkung auf alle. Nur eine gebietliche Bestimmung des Staates ist möglich. Das schließt zum einen nicht aus, daß Handeln auch auf Menschen in anderen Gebieten Wirkung hat. Dann müssen entweder diese Menschen und mit ihnen alle, die mit ihnen zusammenleben, in den Staat einbezogen werden oder das Recht muß durch völkerrechtliche Verträge gesichert werden. In Betracht kommt auch die Teilung des Staatlichen durch einen Bundesstaat. In jedem Fall bleibt der Begriff des Staates unangefochten, der nur eine Einrichtung freier Menschen sein kann, wenn er die uneingeschränkte Souveränität oder eben Staatsgewalt hat; denn die Souveränität ist die Freiheit der Menschen als Bürger. Darum ist und bleibt richtig, was in Art. 20 Abs. 2 S. 1 GG, tradierter Formulierung gemäß, steht, nämlich: „Alle Staatsgewalt geht vom Volke aus.“ Ohne zum Staat verfaßtes Volk gibt es somit keine Staatsgewalt, jedenfalls keine freiheitliche Staatsgewalt und damit keine rechtmäßige Staatsgewalt. Alle Handlungen von internationalen Organisationen, die nicht Staat sind, also nicht demokratische Organisation eines Volkes für die Verwirklichung des Rechts sind, finden Legalität einzig in dem allgemeinen Willen der Völker, deren Staatsgewalt sie gemeinsam ausüben. Das bleibt Handeln der Staaten, die verbunden sind. Ein neuer Begriff eines offenen Staates ist dafür ohne zusätzlichen Gehalt.

V. Nationalstaat, Großstaat, Weltstaat

1. Das Demokratiedefizit der Europäischen Union[1055] ist nicht behebbar. Demokratie setzt die kleine, die in ihrer Größe den Lebensbedürfnissen angemessene,

---

[1055] Dazu K. A. Schachtschneider, Demokratiedefizite in der Europäischen Union, in: W. Nölling/K. A. Schachtschneider/J. Starbatty (Hrsg.), Währungsunion und Weltwirtschaft, FS W. Hankel, 1999, S. 119 ff.; ders., Die Aushöhlung der Demokratie durch Europäische Union und Währungsunion, S. 99 ff.; ders., Verfassungsbeschwerde Lissabon-Vertrag, 3. Teil, A, B, C, D, F, H, K; zum Problem auch B. Grzeszick, in: Maunz/Dürig, Grundgesetz, Art. 20 II, Rdn. 263 ff., 303 f.; a. A. D. König, Die Übertragung von Hoheitsrechten im Rahmen des europäischen Integrationsprozesses, S. 600 ff., 626; Ch. Seiler, Der souveräne Verfassungsstaat zwischen demokratischer Rückbindung und überstaatlicher Einbindung, S. 271 ff., 292 ff., 294 ff. („Demokratische Legitimation auf mitgliedstaatlicher“ und „europäischer Ebene“), S. 297 ff. („Zusammenwirken beider Legitimationsstränge“, Ergebnis: „kein rechtliches Demokratiedefizit“), 382 f.; M. Kaufmann, Europäische Integration und Demokratieprinzip, S. 159 ff., 454 ff., 481, S. 80 ff., 99 f. zum „unterbestimmten“ Demokratieprinzip in der Europäischen Union; seltsam O. Beaud, Föderalismus und Souveränität, Der Staat 35 (1996),

Einheit voraus[1056]. Die Polis müsse eine Einheit sein, „in der alles vorhanden ist und nichts vermißt wird", lehrt Platon und Aristoteles plädiert für „eine angemessene materielle Grundlage"[1057]. Aristoteles: „Es ist also klar, daß diese der beste Maßstab für einen Staat ist: die höchste Zahl der Einwohner, die noch überschaubar bleibt und ein Leben in Autarkie ermöglicht"[1058]. Zum Autarkiepostulat habe ich im Dritten Teil zu A. Stellung genommen. Die Angemessenheit der Größe muß auch den freiheitlichen, also politischen Anforderungen an die Republik entsprechen, nicht nur den ökonomischen Interessen bestimmter Unternehmen oder Finanziers. Große Staaten wie Deutschland müssen um des demokratischen Prinzips willen föderalisiert und kommunalisiert sein. Die Europäische Union hat, so wie sie strukturiert ist, keine Chance, zur Demokratie zu finden[1059], erst recht nicht, wenn sie noch weiter überdehnt wird. Der Wirklichkeit des demokratischen Prinzips dient auch das Subsidiaritätsprinzip, das sowohl als Kompetenzzuweisungs- wie als Kompetenzausübungsprinzip dem Prinzip der kleinen Einheit folgt[1060]. Die Integrationspraxis, vor allem die der Markfreiheiten (dazu Zehnter Teil B.III.5.), läuft diesem kraß zuwider. Allein Wahlen machen noch keine Demokratie aus, wenn sie auch der Kern der Demokratie sind. Zur Demokratie gehört die gelebte Öffentlichkeit (i.d.S. BVerfGE

S. 65, der meint, wer das demokratische Defizit bekämpfe, schaffe „Zentralismus der Quasi-Föderation". Richtig sieht U. Di Fabio, Das Recht offener Staaten, S. 143, daß die Behebung des Demokratiedefizits der Europäischen Union ein europäischer „Staatsgründungsakt" wäre, weil das Europäische Parlament „Hauptrechtsetzungsorgan" würde, gar mit einer „Kompetenz-Kompetenz"

[1056] Zum Prinzip der kleinen Einheit K. A. Schachtschneider, Die Republik der Völker Europas, ARSP Beiheft 71 (1997), S. 173; ders., Prinzipien des Rechtsstaates, S. 45, 58, 90f., 171, 229; wegweisend schon Platon, Politeia IV, 423; Aristoteles, Politik, VII, 4, 1326 a, 1327 a 1; J.-J. Rousseau, Vom Gesellschaftsvertrag, III, 4, S. 77, III, 15, S. 103, 105; eindrucksvoll K. Lorenz, Der Abbau des Menschlichen. 2. Aufl., 1983, S. 222 f.; G. Habermann, Nonzentralisation. Kleinstaat und Direktdemokratie. in: St. Brink/H. A. Wolff (Hrsg.), Gemeinwohl und Verantwortung, FS H.H. von Arnim, 2004, S. 327 ff.; auch W. Leisner, Das Volk, S. 75; auch H. Haug, Die Schranken der Verfassungsrevision, S. 239ff. zum schweizer Föderalismus und zum Existenzrecht der Kantone als „Realien der schweizerischen Eidgenossenschaft".

[1057] Aristoteles Politik, VII, 4, 1325 b 37 ; vgl. W. Hennis, Das Problem der Souveränität, S. 90.

[1058] Politik, VII, 4, 1326, 23ff.; dafür auch W. Hennis, Das Problem der Souveränität, S. 107ff.; B. Grzeszick, in: Maunz/Dürig, Grundgesetz, Art. 20 II, Rdn. 103; vgl. Ch. Seiler, Der souveräne Verfassungsstaat zwischen demokratischer Rückbindung und überstaatlicher Einbindung, S. 332ff.

[1059] M. Kaufmann, Europäische Integration und Demokratieprinzip, S. 86ff., sucht ein Strukturprinzip Demokratie im Unionsrecht und meint, ein solches durch Rückgriff auf die mitgliedstaatlichen Verfassungsüberlieferungen in allgemeinen Rechtsgrundsätzen zu finden, S. 89ff.; vor allem gestützt auf M. Zulegg, Demokratie in der Europäischen Gemeinschaft, JZ 1993, 1069ff.; ders., Der Verfassungsgrundsatz der Demokratie und die Europäischen Gemeinschaften, Der Staat 17 (1978), S. 27ff., 44; kritisch U. Di Fabio, Der Verfassungsstaat in der Weltgesellschaft, S. 33f.

[1060] Dazu Ch. Seiler, Der souveräne Verfassungsstaat zwischen demokratischer Rückbindung und überstaatlicher Einbindung, S. 155ff., 320ff., 329ff.; W. Leisner, Das Volk, S. 94ff.

89, 155 (185))[1061]. Demokratie erfordert die Möglichkeit, „effektiven Einfluß“ (BVerfGE 83, 60 (71)) auf die „offene“ (BVerfGE 20, 56 (98, 106); 44, 125 (142)) politische Willensbildung nehmen zu können[1062]. Zumindest muß die Bürgerschaft ihre Vertreter in den staatlichen Organen, vor allem die Abgeordneten des Parlamentes, kennen können und selbst wählen, in einem Verfahren, das dem demokratischen Prinzip genügt, also freiheitlich und gleichheitlich ist, möglichst im Mehrheitswahlsystem, weil das Verhältniswahlsystem unausweichlich zur Parteienoligarchie und zur Negativauslese der Abgeordneten führt[1063]. Die Wähler müssen auch die ihnen zur Wahl vorgeschlagenen Parlamentskandidaten wenigstens kennen können.

Der für die Demokratie unverzichtbare politische Diskurs erfordert eine einheitliche Sprache[1064]. Diese Sprache muß die Sprache des Volkes sein, nicht eine oktroyierte Fremdsprache, in der sich Eliten mehr oder weniger zu verständigen vermögen, nicht aber das Volk im für den politischen Diskurs erforderlichen substantiellen Sinne. Die politische Kommunikation in fremden Sprachen schließt das Volk von der Politik aus. Völker mit unterschiedlichen Sprachen können nicht in einer Republik leben, die demokratisch sein muß. Das Beispiel der Schweiz widerlegt dieses Argument nicht. Die Schweiz ist recht klein. Insbesondere leben die Eidgenossen in 26 Kantonen, welche nicht nur die wesentlichen politischen Einheiten (Staaten) der Schweizer, sondern auch in hohem Maße homogen sind, in Sprache, Religion, Kultur.

Die Rede muß zudem frei sein und frei sein dürfen, wie das die große freedom of speech in den Vereinigten Staaten von Amerika (First Amendment vom 15. Dezember 1791 zur Verfassung vom 17. September 1787) in der Kultur der Amerikaner gewährleistet. Eine wirklich gelebte Freiheit der Rede, Konstituens der Demokratie (BVerfGE 7, 198 (212); 42, 133 (141); 54, 129 (139); 60, 116 (150); 61, 1 (11); 68,

---

[1061] Zur demokratischen Öffentlichkeit (Publizitätsprinzip) Kant, Zum ewigen Frieden, Bd. 9, S. 244 ff.; K. Jaspers, Wohin treibt die Bundesrepublik? S. 194 f.; J. Habermas, Strukturwandel der Öffentlichkeit. Untersuchungen zu einer Kategorie der bürgerlichen Gesellschaft, 1962, 9. Aufl. 1978, S. 127 ff.; ders., Faktizität und Geltung, S. 435 ff., 532 ff.; O. Höffe, Demokratie im Zeitalter der Globalisierung, 1999, S. 320 ff.; K. A. Schachtschneider, Res publica res populi, S. 584 ff., 602 ff., 1073 f., 1141 ff.; auch M. Kaufmann, Europäische Integration und Demokratieprinzip, S. 60 ff., 268 ff.

[1062] B. Grzeszick, in: Maunz/Dürig, Grundgesetz, Art. 20 II, Rdn. 62 f.; M. Kaufmann, Europäische Integration und Demokratieprinzip, S. 77 f.

[1063] K. A. Schachtschneider, Res publica res populi, S. 772 ff., 1045 ff.; ders., Der republikwidrige Parteienstaat, FS H. Quaritsch, S. 151 ff.

[1064] W. Möschel, Politische Union für Europa: Wunschtraum oder Alptraum, JZ 1992, 877 ff.; D. Grimm, Braucht Europa eine Verfassung? JZ 1995, 581 ff., 588 f.; M. Kaufmann, Europäische Integration und Demokratieprinzip, S. 48 ff., 57, 269 ff. (Sprache, Kultur, Geschichtsmythos); H. Seubert, Der Deutsche Idealismus, S. 60 ff. zu Johann Gottlieb Fichte: „Sprache ist das Medium von Freiheit“, S. 61.

226 (232); 71, 206 (220))[1065], gibt es in Deutschland jedenfalls nicht, wenn es um nationale Fragen geht. Ein Gemeinwesen, in dem die öffentliche Meinung wesentlich durch staatliche, zumal integrationistische Propaganda und von oligopolistischen Medien[1066] bestimmt wird, in der kritische Meinungsäußerungen entweder nicht zur Geltung kommen oder mit Mitteln des Verfassungsschutzes und sogar des Strafrechts unterdrückt werden, ist nicht freiheitlich und folglich nicht demokratisch.

Ohne die kleinen Einheiten, ohne die nationalen Staaten, hat Europa keine Chance, die Prinzipien zu verwirklichen, welche die Menschheit des Menschen gebietet, nämlich Freiheitlichkeit, Gleichheitlichkeit und Brüderlichkeit, gelebte Rechtlichkeit durch freiheitliche demokratische Staatlichkeit, Republikanität[1067]. Die europäische Wertegemeinschaft, zu der die Demokratie gehört (Art. 2 EUV), findet in der Europäischen Union keine tragfähige Organisation. Durch die Entstaatlichung der Völker gerät vor allem die Demokratie in Gefahr. Der Staatsbegriff ist durch die Bürgerlichkeit der Bürger bedingt, die ein Recht auf Recht, ein Recht auf einen Staat haben, weil sie frei sind[1068]. Nur eine Rechtsgemeinschaft, welche die allgemeine Freiheit substantiell zu verwirklichen vermag, kann ein Staat des Rechts und damit ein Staat im existentiellen Sinne sein[1069]. Europa kann schon wegen seiner Größe und wegen der Vielfalt der Völker ein solcher Staat nicht sein[1070].

Der Großstaat nimmt allen Einrichtungen die Substanz, welche in den Nationalstaaten für die Verwirklichung der aufklärerischen Ziele der Menschheit des Menschen entwickelt worden sind. Insbesondere entzieht das großstaatliche Europa dem Prinzip Recht die demokratische und damit die freiheitliche Grundlage. Der Gesetzgeber ist kein freiheitlicher Gesetzgeber mehr; denn er ist nicht demokratisch legalisiert und verwirklicht nicht das Prinzip Recht. Die Exekutive ist nicht mehr die

---

[1065] Schon F. A. von der Heydte, Vom Heiligen Reich zur geheiligten Volkssouveränität, 1955, S. 374 ff.; K. A. Schachtschneider, Medienmacht versus Persönlichkeitsschutz, S. 268 ff. (280).

[1066] Dazu M. Bullinger, Freiheit von Presse, Rundfunk und Film, HStR, Bd. VI, Freiheitsrechte, 1989, § 142, Rdn. 45 ff.; K. A. Schachtschneider, Medienmacht versus Persönlichkeitsschutz, S. 294 ff.; vgl. auch BVerfGE 73, 118 (172 mit S. 157 ff.); vgl. H. Roper, Bewegung im Zeitungsmarkt 2004, Media Perspektiven 6/2004, 268 ff.; H. Meyn, Massenmedien in Deutschland, 2004, S. 75 ff., 185 ff.; Th. Koch, Die Zeitung in der Republik, 2007, S. 27 ff.; E. Herman, Das Medienkartell, 2012.

[1067] Ganz so V. Klaus, Freiheit für die Europäer, Handelsblatt 7.02.2011, S. 56.

[1068] K. A. Schachtschneider, Res publica res populi, S. 14 ff., 290 ff., 519 ff.; ders., Freiheit in der Republik, S. 44 ff., 288 ff., 546 ff., u. ö.; ders. (O. Gast), Sozialistische Schulden nach der Revolution, S. 27 ff., S. 50 ff.; ders., Prinzipien des Rechtsstaates, S. 50.

[1069] K. A. Schachtschneider, Res publica res populi, S. 14 ff., 519 ff.; ders., Freiheit in der Republik, S. 44 ff.; 49 ff.; ders. (O. Gast), Sozialistische Schulden nach der Revolution, S. 27 ff., S. 50 ff.; insbesondere ders., Prinzipien des Rechtsstaates, S. 50 ff., 94 ff.

[1070] Vgl. P. Kirchhof, Der Staat als Organisationsform politischer Herrschaft und rechtlicher Bindung – Kontinuität und Erneuerung des deutschen Verfassungsstaates in Freiheitlichkeit, Weltoffenheit und demokratischer Solidarität, DVBl. 1999, 649; zur „genetischen Verknüpfung von Demokratie, Staat und Nation vornehmlich im Nationalstaat" wegen des „Erfordernisses substantieller Identität einer politischen Einheit" M. Kaufmann, Europäische Integration und Demokratieprinzip, S. 48 ff., Nation „wirkungsmächtigste politische Sprachsymbolik", S. 57.

vollziehende Gewalt, die den Willen der Bürgerschaft verwirklicht, sondern hat sich zur Obrigkeit entwickelt, welche über die riesige Menge isolierter Untertanen herrscht.

Ein Großstaat Europa wird der freiheitlichen Souveränität der Bürger, der Volkssouveränität, keine Chance lassen, schon gar nicht ein Großstaat, der nach Asien und Afrika hineinragt. Das wird allenfalls ein mächtiges Reich wie einst das Römische Reich, das Reich Dschingis Khans, die Sowjetunion, früher und heute China und auch noch die Vereinigten Staaten von Amerika. Ein solches Reich ist das erklärte Ziel des europäischen Integrationismus. Dieses Reich wird wie all die genannten Reiche keine Republik, kein Gemeinwesen der Freiheit sein. Das können nur die Nationen sein, jedenfalls in Europa. Aber es gibt Politiker, Professoren und Journalisten, die träumen von dem großen Reich und der großen Macht, als könnten sie der neue Caesar werden.

2. Mehr und mehr wird, der wirtschaftlichen vom entgrenzten ‚neoliberalen' Kapitalismus getriebenen Globalisierung folgend[1071], der Weltstaat postuliert, sei es als minimaler Völkerstaat, sei es als Weltbundesstaat, sei es als Weltzentralstaat, eine Art one world mit global governance bis hin zu Formen einer „kosmopolitischen Demokratie", jedenfalls mit einer begrenzten oder auch staatsmäßigen Zwangsgewalt[1072]. Andreas Fischer-Lescano hält eine Weltregierung und einen Weltstaat für Illusion, versucht aber eine „Globalverfassung" nachzuweisen[1073]. Zu den „staatsbezogenen globalverfassungsrechtlichen Grundprinzipien" würden „zunächst die Grundsätze der souveränen Gleichheit, das Gewaltverbot, das Prinzip friedlicher Streitbeilegung und das Interventionsverbot" gehören[1074]. Das sind Ecksteine des Völkerrechts und der Charta der Vereinten Nationen. Angelika Emmerich-Fritsche

---

[1071] Beachtliche ökonomische und demokratiepolitische Kritik leistet W. Streeck, Was nun, Europa? S. 19 ff.; ders., Vom DM-Nationalismus zum Euro-Patriotismus? Eine Replik auf Jürgen Habermas, S. 87 ff.; kritisch auch U. Di Fabio, Der Verfassungsstaat in der Weltgesellschaft, S. 19 ff., insb. S. 26 ff., auch S. 41 ff., insb. S. 44 ff. zu „Standortwettbewerb und Steuergerechtigkeit", S. 130, Weltstaat nicht „in Sicht, praktisch nicht denkbar oder auch nur wünschenswert".

[1072] Dazu A. Emmerich-Fritsche, Von Völkerrecht zum Weltrecht, S. 573 ff.; E. Denninger, Menschenrechte, Menschenwürde und staatliche Souveränität, ZRP 2000, 192 ff., 195; W. Kersting, Probleme der politischen Philosophie der internationalen Beziehungen, in: Ch. Chwaszcza/W. Kersting (Hrsg.), Politische Philosophie der internationalen Beziehungen, 1998, S. 9 ff., 59 („Menschenrecht auf Grenzen"); auch O. Höffe, Für und Wider eine Weltrepublik, daselbst, S. 204 ff.; ders., Wirtschaftsbürger, Staatsbürger, Weltbürger. Politische Ethik im Zeitalter der Globalisierung, 2004, S. 163 ff.; schon F. A. von Hayek, Der Weg zur Knechtschaft, 1945, S. 286 ff. (ultraliberal); vgl. schon für die civitas maxima Christian Wolff, Jus gentium methodo scientifica pertractatum, 1749 (auch 1764) hrsg. von Otfried Nippold, 2 Bände, 1934, 1749, praefatio; ders. Institutiones iuris naturae et gentium, 1754, § 1090; D. Held, Kosmopolitische Demokratie und Weltordnung. Eine neue Tagesordnung, in: M. Lutz-Bachmann/J. Bohman, Frieden durch Recht. Kants Friedensidee und das Problem einer neue Weltordnung, 1996, S. 220 ff.

[1073] Globalverfassung, 195 ff., 247 ff.

[1074] A. Fischer-Lescano, Globalverfassung, S. 225.

hat in „Vom Völkerrecht zum Weltrecht“ eine Lehre des Weltrechts als eines „Rechts zwischen Menschen“, eines „Rechts aller Menschen“ entwickelt, zu dem auch die „minimale Weltrechtsverfassung“ des ius cogens gehört, soweit es innerstaatlich unmittelbar gilt und unmittelbar anwendbar ist[1075].

Der Weltstaat würde, meint man, die Welt befrieden und Kriege aus der Welt schaffen. Aber der Weltstaat wäre das Ende der Freiheit der Menschen[1076]. Er kann wegen der vielen Milliarden Menschen, die er vereinigen würde, nicht demokratisch und damit nicht rechtsstaatlich und damit nicht freiheitlich und auch nicht sozial sein. Er wäre unausweichlich die Herrschaft kleiner Eliten über die ganze Menschheit[1077], eine „Universalmonarchie“ oder „Weltherrschaft“, unausweichlich „Despotie“[1078]. Es sind denn auch Machteliten, die die Entwicklung zum Weltstaat betreiben. Die Globalität der Wirtschaft ist Interesse der internationalen oder international agierenden Unternehmen und noch mehr der internationalen Finanzoligarchie. Aber auch die sozialistische Internationale hat ihre Vision vom weltweiten Sozialismus nicht aufgegeben.

Beide internationalistisch ausgerichteten Kräfte werden durch freiheitliche Bürgerlichkeit in ihrem Interesse, die Welt in ihrem Sinne zu ordnen, gestört. Beide sind strukturell undemokratisch und unsozial. Sozialistischer Egalitarismus ist genauso wenig sozial wie der kapitalistische Elitarismus. Der Kapitalismus ideologisiert zu seiner Rechtfertigung Freihandel und Wettbewerb entgegen den realen Gegebenheiten, die weltweit weder eine Freihandelslage komparativer Vorteile noch gar eine Wettbewerbslage gleicher Chancen aufweist[1079]. Der Sozialismus verbirgt den Egalitarismus hinter der ebenso moralistischen wie gebieterischen Formel des Diskriminierungsverbots und hat die kraftvolle Unterstützung der Europäischen Union. Jede Unterscheidung diskriminiert, sei diese körperlich (Mann oder Frau,

---

[1075] S. 338 ff., 362 ff., 435 ff., 445, 459 ff., 1036 ff.

[1076] J. Rawls, The Law of Peoples, Critical Inquiry 20 (1993), S. 36 ff., 46; K. A. Schachtschneider, Die Würde des Menschen, Mut zur Ethik, 1997, in: ders., Freiheit-Recht-Staat, hrsg. von D. I. Siebold/A. Emmerich-Fritsche, 2005, S. 13 ff., 20; ders., Rechtsstaatlichkeit als Grundlage des inneren und äußeren Friedens, Mut zur Ethik, 2002, daselbst, S. 234 ff., 240 ff., 252 ff.; kritisch auch R. Zippelius, Allgemeine Staatslehre, S. 59 ff.; W. Hennis, Das Problem der Souveränität, S. 5, 77 spricht vom „ideologischen Utopismus“ der „Weltstaatsanhänger“, „der der Sentimentalität und dem Zynismus gleich nahe kommen kann“; ablehnend U. Di Fabio, Der Verfassungsstaat in der Weltgesellschaft, S. 32 („Unvereinbarkeit der Weltstaatsidee mit dem Demokratieprinzip“), S. 34 ff. („Illusion der Geborgenheit in großen Staaten“), auch S. 130; auch J. Isensee, Die vielen Staaten in der einen Welt – eine Apologie, ZSE 2003, 7 ff.; H. Seubert, Der Deutsche Idealismus, S. 62 zu Kant und Fichte; vgl. A. Emmerich-Fritsche, Vom Völkerrecht zum Weltrecht, S. 585 ff.; mit entgegengesetzter Tendenz J. Kokott, Die Staatsrechtslehre und die Veränderung ihres Gegenstandes, VVDStRL 63 (2004) S. 17 ff., 21 ff., 24 ff., 28 ff., 31 ff.

[1077] H.-P. Raddatz, Mastermind – Masse, Macht und Magie der Moderne, I 1.9.

[1078] So A. Feuerbach, Die Weltherrschaft als Grab der Menschheit, 1814/1833.

[1079] K. A. Schachtschneider, Wirtschaftsverfassung mit Welthandelsordnung, S. 430 ff., 624 ff.; die Freihandelspolitik, welche die Europäische Gemeinschaft und den Internationalen Währungsfonds betrieben hätten, genügt nicht R. Knieper, Nationale Souveränität, S. 92 ff.

hetero- oder homosexuell oder welche sexuelle Identität sonst), sei diese gesellschaftlich (Ober-, Mittel- oder Unterschicht, Ehe oder Nichtehe, Familie oder Single, gebildet oder ungebildet), sei diese ethnisch (heimisch oder fremd), sei diese religiös (christlich, islamisch oder was auch immer), sei diese charakterlich (gesetzestreu oder kriminell). Nur der politische Standpunkt ist ‚vorgeschrieben': für global, für bunt, gegen Rechts, also gegen bürgerlich und besonders gegen national. Die Finanzoligarchie sieht sich durch souveräne Völker in ihrem Bereicherungsinteresse behindert. Kapitalismus und Sozialismus streben Herrschaft an, ersterer mittels Kredit und Zins, zweiterer mittels totalitären Moralismus.

Beide vermögen die Freiheit anderer nicht zu respektieren. Die Linke hat das im sozialistischen Realismus bewiesen und beweist das gegenwärtig durch ihre Despotie der political correctness, die internationale Wirtschaft und die Finanzoligarchie durch ihren ‚Erfolg', die ständig wachsende Kluft zwischen reich und arm. Die so gut wie totale Überwachung, eine geradezu unausweichliche Folge des Internationalismus, weil auch Kriminalität und Terrorismus sich internationalisieren, ist die menschheitswidrige Begleiterscheinung der totalitären Ideologien. Die europäische Integration ist nur regionaler Teil dieser Politik.

Die Herrscher der Welt würden das Schicksal der Menschheit in ihrer Hand haben und der Erwartung nach dem Großteil der Menschen das Lebensrecht beschneiden, um das Wachstum der Menschheit zu begrenzen. Das geschieht entgegen der christlichen Religion schon gegenwärtig in vielfachen Formen, insbesondere durch die Förderung von Verhütung von Schwangerschaften und Geburten und durch die Behinderung der Mutterschaft, um die Arbeitskraft der Frauen ausbeuten zu können. Einen großen Teil der Menschen, der wenig zum Reichtum der Eliten beizutragen vermag, läßt man schlicht verhungern. Die Linke tut nichts dagegen, abgesehen von moralistischem Gerede. Nichts ist der Entfaltung sozialistischer Macht abträglicher als bürgerlicher Wohlstand. Nichts ist dem Kapitalismus abträglicher als bürgerliches Maß. Das Mittlere, das rechte Maß, ist der Garant der Republik als dem Gemeinwesen der Freiheit, zu dem die Selbständigkeit der Menschen als Bürger gehört, wie schon der κοινωνία πολιτική. Das wußten Aristoteles und alle Aufklärer, Rousseau, Montesquieu, Kant. „Wenn einem das Maß und die Mitte anerkanntermaßen das Beste sind, so ist auch in bezug auf die Glücksgüter der mittlere Besitz von allen der beste. Denn in solchen Verhältnissen gehorcht man am leichtesten der Vernunft." „Denn diese Gemeinschaft (sc. „der Mittleren") hat Freundschaftscharakter"[1080].

Das rechte Maß ist auch für die Staaten, deren Zweck es ist, die Freiheit aller Menschen durch Rechtlichkeit des gemeinsamen Lebens zu verwirklichen, nötig.

[1080] Aristoteles, Politik, S. 151, 1295 b 1 ff. bzw. S. 152, 1295 b 23 f; vgl. auch S. 143, 1292 a 30 ff. für die gleichheitliche Demokratie u. ö.; i.d.S. auch Rousseau, Vom Gesellschaftsvertrag, III, 4, S. 73; Montesquieu, Vom Geist der Gesetze, V, 3, 4, S. 139 ff.; i.d.S. noch heute H. F. Zacher, Das soziale Staatsziel, HStR, Bd. I, Grundlagen von Staat und Verfassung, 1987, § 25, Rdn. 68 f., HStR Bd. II, 3. Aufl., § 28, Rdn. 72 f. („Die ökonomische Mitte des ‚Sozialen'").

Großstaaten gefährden die Freiheit im Innern und nach außen. Ein Weltstaat läßt der Freiheit keine Chance.

Ein Weltstaat würde die wohl wichtigste Form der Gewaltenteilung aufheben, die territoriale Gewaltenteilung, die Teilung der Welt in Völker und Staaten. „Die Natur hat sich zweier Mittel bedient, um die Völker von der Vermischung abzuhalten und sie abzusondern, die Verschiedenheit der Sprache und der Religionen", sagt Kant (ZeF, S. 225). Ein freiheitlicher Diskurs der Politik, eine politische Willensbildung des Souveräns, nämlich der Menschen und Bürger, wäre ausgeschlossen, nicht nur wegen der Sprachenvielfalt, sondern allein schon wegen der ungeheuren Menge von Menschen. Voraussetzung des demokratischen Prinzips der Republikanität ist die kleine Einheit (Cs, III, 4, S. 73; PdR, 90 f., 171)[1081]. Wenn es viele Staaten gibt, können die Menschen vor der Tyrannei fliehen, schwer, aber doch. Sie können auswandern und einwandern, soweit das nicht mit Gewalt unterbunden wird. Freiheitliche Staaten geben ein Beispiel, das ein Stachel im Fleisch der Tyrannen ist. Der Wettbewerb der Staaten, wenn man so will, der der Systeme, ist ein wirksames Mittel, um zur Verbesserung der Lebensverhältnisse anzureizen. In einem Weltstaat wäre Stillstand, wenn nicht Rückschritte der Entwicklung zu erwarten, um die Einheitlichkeit der Lebensverhältnisse, das unvermeidliche Postulat des weltstaatlichen Egalitarismus, zu verteidigen. Verhärtete Machtverhältnisse und diktatorische Umverteilungsbürokratie wären der Alltag der Weltbevölkerung. Freie Entfaltung der Persönlichkeit würde blasse Erinnerung. Schon Kant hat die Behinderung der menschlichen Entwicklung im Weltstaat befürchtet (Idee, S. 44), nicht anders Anselm Feuerbach (Die Weltherrschaft als Grab der Menschheit, 1814). In Großstaaten ist eine Revolution, also die Befreiung zum Recht, viel schwerer als in kleinen Staaten, in einem Weltstaat wäre sie so gut wie unmöglich, zumal gegen moderne Herrschaftstechniken. George Orwell hat die Lebensverhältnisse in solchen Staaten beschrieben. Kant hat wie nach ihm Anselm Feuerbach vor dem „seelenlosen Despotismus" einer „in eine Universalmonarchie übergehenden Macht" gewarnt, die, „nachdem er die Keime des Guten ausgerottet hat, zuletzt doch in Anarchie verfällt" (ZeF, S. 225)[1082]. Die Europäische Union ist auf dem Weg in diesen ebenso kapitalistischen wie sozialistischen Despotismus weit vorangeschritten.

Kant hat in seiner wegweisenden Schrift „Zum ewigen Frieden" den „Föderalism freier Staaten" durch einen „Völkerbund, nach der Idee des ursprünglichen gesellschaftlichen Vertrages" vorgeschlagen (MdS, S. 467; näher ZeF, S. 208 ff.; auch

---

[1081] L. Kohr, The Breakdown of Nations, 1957; gewissermaßen auch W. Hennis, Das Problem der Souveränität, S. 90; weitere Hinweise in Fn. 1056; vgl. auch W. Leisner, Das Volk, S. 90 ff., 92 ff.; ders., Der unsichtbare Staat. Machtabbau oder Machtverschleierung, 1994, S. 267 ff., Tendenz zur „Mikro-Demokratie", „Klein-Demokratie", zur Mafia als „Staatsersatz", der wegen der Korruptivität vor allzu starker Verkleinerung, vor allzu großer Bürgernähe des Staats warnt, zu Recht; dazu ambivalent J. Kokott, Die Staatsrechtslehre und die Veränderung ihres Gegenstandes, VVDStRL 63 (2004), S. 30 f.

[1082] Zustimmung von H. Heller, Souveränität, S. 144.

Idee, S. 42; Rprp, S. 642 f.)[1083]. Jedenfalls haben die Völker und deren Staaten die Pflicht, mit den anderen Staaten befriedende Rechtsverhältnisse zu begründen, nicht anders als die Menschen durch den Staat; denn „die Völker als Staaten lädieren sich schon durch ihr Nebeneinander" und „deren jeder kann und soll, um seiner Sicherheit willen, von den andern fordern, mit ihm in eine, der bürgerlichen ähnliche, Verfassung zu treten, wo jedem sein Recht gesichert werden kann. Dies wäre ein Völkerbund, der aber gleichwohl kein Völkerstaat sein müßte" (ZeF, S. 208 f.). Freilich hat Kant die Vision eines „Völkerstaates (civitas gentium), der zuletzt alle Völker der Erde erfassen würde". Diesen würden aber die Völker nicht wollen, so daß „an die Stelle der positiven Idee einer Weltrepublik (wenn nicht alles verloren werden soll) nur das negative Surrogat eines den Krieg abwehrenden, bestehenden, und sich immer ausbreitenden Bundes den Strom der rechtsscheuenden, feindseligen Neigung aufhalten, doch mit beständiger Gefahr ihres Ausbruchs" (ZeF, S. 212 f.). Das Rousseausche Prinzip der kleinen Einheit als Voraussetzung der Demokratie hat Kant beim Postulat der Weltrepublik nicht im Auge und er vernachlässigt auch das von ihm selbst gelehrte Friedensprinzip wirklicher Republiken (vgl. ZeF, S. 204 ff., 211). Eine Weltrepublik, die auf die Verhinderung von Kriegen unter den Staaten beschränkt wäre, ist allemal ein Gebot der praktischen Vernunft, nicht aber ein Weltstaat mit umfassendem politischem Mandat. Ein solcher Friedensbund wollen die Vereinten Nationen sein, deren wesentlicher Gegenstand der Weltfrieden ist. Sie sind aber nicht der Kantische Völkerstaat, die civitas gentium, und sollten das um der Freiheit der Menschen willen auch nicht werden. Durch Staatenbünde oder wenigstens völkerrechtliche Verträge begeben sich die Staaten in Rechtsverhältnisse der Vertragspartner und verlassen gewissermaßen den Naturzustand, der ein Zustand des Krieges aller mit allen ist, nicht nur unter Menschen, sondern auch unter Staaten, in dem das „Recht des Stärkern" gilt (MdS, S. 467, 469). Die vertraglichen Bindungen verwirklichen die Souveränität.

Der Völkerbund, der der Menschheit der Menschen, dem Recht und damit der Freiheit aller Menschen, verpflichtet ist, die Republik der Republiken, ist das Postulat der praktischen Vernunft. Hegel verwirft Kants Vorschlag: „Die Kantische Vorstellung eines ewigen Friedens durch einen Staatenbund, welcher jeden Streit schlichtete, und als eine von jedem Staat anerkannte Macht jede Mißhelligkeit beilegte, und damit die Entscheidung durch Krieg unmöglich machte, setzt die Einstimmung der Staaten voraus, welche auf moralischen, religiösen oder welchen Gründen und Rücksichten, überhaupt immer auf besonderen souveränen Willen beruhte, und dadurch mit Zufälligkeiten behaftet bliebe" (Rechtsphilosophie, § 333, S. 313). Der Völkerbund soll gerade „keine souveräne Gewalt" haben, sondern ein „Friedensbund", eine „Genossenschaft, Föderalität" sein (MdS, S. 467; vgl. auch ZeF, S. 208 ff., 211), kein Weltstaat, sondern eine Stätte der praktischen Vernunft. Die Vereinten Nationen sind nach dem Entwurf Kants gebildet, wie schon ihr

[1083] Näher K. A. Schachtschneider, Die Republik der Völker Europas, 1997, in: ders., Freiheit-Recht-Staat, hrsg. von D. I. Siebold/A. Emmerich-Fritsche, 2005, S. 423 ff.

Vorgänger, der Völkerbund (1920 bis 1946)[1084]. Ihre Einrichtungen sind entwicklungsfähig, die Handlungsbefugnisse der Organe können verbessert werden. Sie spiegeln die Machtverhältnisse in der Welt wieder, die noch weit von der Sittlichkeit der Menschheit, also vom Recht der Völker zueinander entfernt sind, aber nach den verheerenden Weltkriegen im 20. Jahrhundert haben die Völker (nicht alle, aber doch maßgebliche) die richtigen Schritte in die richtige Richtung getan. Der Schritt über diesen weltweiten Bund der Völker hinaus zum Weltstaat wäre für die Menschheit ein großes Unglück, ein „seelenloser Despotismus" der „Universalmonarchie" (ZeF, 225; Über den Gemeinspruch, S. 169; auch Idee, S. 44; PdR, S. 171)[1085]. Unfreiheit der Menschen ist kein Frieden der Völker.

C. Souveränität und Verträge

I. Vertragliche Verwirklichung der Souveränität

Völkerrechtliche Verträge verwirklichen die Souveränität eines Volkes und schränken diese nicht ein (i.d.S. BVerfGE 68, 1 (96))[1086]. Immer haben die Souveräne, seien es Monarchen oder Völker und Staaten gewesen, Verträge mit anderen Souveränen geschlossen. Die Bindung an die völkerrechtlichen Verträge stand nie in Frage, wenn die Verträge auch fast so häufig, wie sie geschlossen wurden, wieder gebrochen worden sind. Aber die Souveränität läßt nicht jedwede Materie von Verträgen zu. Die existentielle Staatlichkeit des Volkes als existentiellem Staat steht nicht zur Disposition der Außenpolitik, weil die Verfassung, die mit den Menschen geboren ist, die Verfassungsidentität, nicht politisch disponibel ist. Dazu gehört die existentielle Staatlichkeit des existentiellen Staates (dazu Vierter Teil G.III.2.).

Bodin hat an der Bindung des Souveräns an die Verträge mit anderen Fürsten keinen Zweifel gehabt (République, I, 8, p. 152 f.; V, 6, p. 802 ff.). Hobbes lehrt den Vertrag als allgemeines Mittel gegen den Krieg aller gegen alle (Leviathan, I, 14., 15.

[1084] Sie sind keine Weltregierung und kein Weltstaat, K. Doehring, Internationale Organisationen und staatliche Souveränität, S. 119.

[1085] H. Seubert, Der Deutsche Idealismus, S. 62, auch zu Fichte, S. 69.

[1086] Ständiger Internationaler Gerichtshof, Urteil in Sachen des Dampfers „Wimbledon" vom 17. August 1923, StIGH Bd. I, 103 (113); auch Urteil vom 7. September 1927 in Sachen des Dampfers „Lotus", StIGH Bd. V, S. 71, 89; A. Randelzhofer, Staatsgewalt und Souveränität, HStR, Bd. I, § 15, Rdn. 31; Ch. Seiler, Der souveräne Verfassungsstaat zwischen demokratischer Rückbindung und überstaatlicher Einbindung, S. 69 mit Fn. 41; Ch. Hillgruber, Souveränität – Verteidigung eines Rechtsbegriffs, JZ 2002, 1075, „zwischenstaatlicher Konsens", „konsensuale Rechtsetzung", „Autonomie", keine Aufgabe und kein Teilverzicht, sondern Ausübung der Souveränität; anders K. Doehring, Allgemeine Staatslehre, S. 272 f., der die Souveränität für „freiwillig einschränkbar, verzichtbar, vertraglich abdingbar" und „nicht einseitig wiederherstellbar" hält; ders., Internationale Organisationen und staatliche Souveränität, FG Ernst Forsthoff (65.), 1967, S. 105 ff., 113, Freiheit heiße, sich binden zu können, ein „billiges Argument" (?).

Kap., II, 17. Kap., S. 118 ff., 129 ff., 151 ff., durchgehend), sowohl gegen den Bürgerkrieg als auch gegen den Völkerkrieg, ohne daß er diese Kriege ausdrücklich unterscheidet. Er handelt aber auch vom „Krieg gegen andere Staaten" und überläßt Krieg und Frieden dem Gutdünken des Souveräns, der beurteilen solle, ob der Krieg dem Staat vorteilhaft oder nachteilig sein wird (Leviathan II, 18, S. 162). Das Vertragsprinzip erklärt er mit dem Gegenseitigkeitsprinzip, das er mit der lex aurea verbindet. Die Bindung an die Verträge gehört ihm zu den natürlichen Gesetzen: „Die Ungerechtigkeit ist die Nichterfüllung des geschlossenen vertraglichen Abkommens, oder mit anderen Worten: die Verletzung der gegebenen Zusage" (Leviathan, I, 14., 15. Kap., II, 17. Kap., S. 118 ff., 129 ff., 151 ff., durchgehend; Zitat S. 129). Für Hegel „bleiben" die besonderen Traktate „beim Sollen" und, „weil aber deren Verhältniß ihre Souverainetät zum Prinzip hat, so sind sie insofern im Naturzustand gegen einander, und ihre Rechte haben nicht in einem allgemeinen zur Macht über sie konstituierten, sondern in ihrem besonderen Willen ihre Wirklichkeit". Er bezweifelt die rechtliche Verbindlichkeit mangels höherer Durchsetzungsmacht, einen allgemeinen Willen, also einem über den Staaten stehenden Staat: „Es gibt keinen Prätor, höchsten Schiedsrichter und Vermittler zwischen Staaten, und diese auch nur zufälligerweise, d.i. nach besonderem Willen" (Rechtsphilosophie, § 333, S. 312 f.)[1087]. Daraus folgert Hegel: „Der Streit der Staaten kann deswegen, insofern die besonderen Willen keine Übereinkunft finden, nur durch Krieg entschieden werden" (§ 334, S. 313). Das ist deutlich. Kant hat den Krieg zurückgewiesen, weil durch den „Sieg das Recht nicht entschieden werde" und „die Vernunft, vom Throne der höchsten moralisch gesetzgebenden Gewalt herab, den Krieg als Rechtsgang schlechterdings verdammt, den Friedenszustand dagegen zur unmittelbaren Pflicht macht, welcher doch, ohne einen Vertrag der Völker unter sich, nicht gestiftet oder gesichert werden kann". Darum fordert Kant den „Friedensbund (foedus pacificum), der vom Friedensvertrag (pactum pacis) darin unterschieden sein würde, daß dieser bloß einen Krieg, jener aber alle Kriege auf immer zu endigen suchte" (ZeF, S. 211).

Das Gewaltverbot des modernen Völkerrechts hat gegen Hegels Macht- und für Kants Friedensverfahren im Interesse von Freiheit und Recht entschieden, ohne daß die Vertragsverletzung hingenommen werden müßte. Es gibt die (wiederum vertragsverbindliche) Rechtsklärung und die Zwangsmittel der Retorsion und Repressalie, freilich nicht den Krieg, dessen Schaden zu groß ist. Der Krieg der Völker wäre unverhältnismäßig, solange die Vertragsverletzung nicht existenzbedrohend ist und damit dem bewaffneten Angriff gleichgestellt werden muß. Auch der Streit unter den Völkern oder Staaten gibt kein Recht, Menschen zu töten. Nur Notwehr und Nothilfe vermögen als letztes Mittel Tötung zu rechtfertigen. Manche Regierungen nehmen sich aber ständig das „Recht" heraus, Menschen töten zu lassen, vornehmlich durch ihre Geheimdienste oder durch Drohnen, ohne daß eine Notwehrlage (vgl. § 27 BGB) in ihren Staaten erkennbar wäre. „Notwehr ist diejenige Vereidigung, welche erforderlich ist, um einen gegenwärtigen rechtswidrigen Angriff von sich oder einem

---

[1087] Dazu berichtend, wenig kritisch, W. Mäder, Vom Wesen der Souveränität, S. 132 ff.

andern abzuwenden“, definiert § 227 Abs. 2 BGB klassisch. Waffentechnische Vorbereitungen sind noch keine Angriffe. Sie können der Verteidigung dienen. Vertragsverletzungen und Verbalinjurien sind auch keine Angriffe im Sinne des Kriegsrechts. Diese Problematik kennzeichnet auch die gegenwärtige den Weltfrieden bedrohende vertragswidrige Entwicklung von Nuklearwaffen und die militärischen Maßnahmen dagegen.

Hermann Heller anerkennt mit Heinrich Triepel nur Willenseinigungen oder Gemeinwillen der souveränen Staaten, also Verträge, als Quellen des Völkerrechts; denn „der ‚Rechtsgrund‘ der Geltung des Rechts ist kein Rechtlicher“[1088]. Der Rechtsgrund ist der stets vorhandene allgemeine Wille des Volkes, nämlich der Wille, in Freiheit und Frieden zu leben, nach innen und außen. Das ist ein „wirkliches Rechtsgesetz der Natur“ (MdS, S. 366, 374), also ein Rechtsprinzip. Martin Kriele sieht in der Vertragsbindung, die er durchaus befürwortet, einen Widerspruch zur Souveränität. „Völkerrechtliche Souveränität (sc.: „Verbindlichkeit der Grundnormen des Völkerrechts“) ist also ein Widerspruch in sich, sie bedeutet soviel wie Nichtsouveränität“ (S. 51). Das ist hegelianische Diktion, die den Souveränitätsbegriff zu eliminieren sucht.

Dogmatisch unterscheidet sich die souveräne Vertragsbindung nicht von der Gesetzlichkeit, also der Gesetzesbindung der Bürgerschaft. Die Gesetze verwirklichen die Freiheit und schränken diese nicht ein. Freiheit heißt, wie im Vierten Teil B. ausgeführt, unter dem eigenen Gesetz, das dem Gesetzesbegriff gemäß zugleich ein allgemeines Gesetz ist, zu leben. Das ist die Logik des kategorischen Imperativs, des Sittengesetzes, des Rechtsprinzips. Das gemeinsame Leben, wie es das Schicksal des Menschen, des „ungeselligen Gesellen“ (Idee, S. 37 f.), ist, ist nur durch die allgemeinen Gesetze, die sich die Menschen selbst geben, frei, durch den „allgemein übereinstimmenden und vereinigten Willen aller“ (MdS, S. 432), den des Volkes also. Die Souveränität ist die Freiheit des Volkes. Das Volk aber hat Nachbarn, ja lebt in einer allseitig verbundenen Welt, in einer Welt offener Staaten. Die Staaten sind nicht weniger „ungesellige Gesellen“ als die Menschen selbst. Sie haben keine Freunde, nur Interessen, soll Charles de Gaulle Viscount Palmerston (verkürzt) zitiert haben. Zur Befriedung der Staatenwelt, zumal der nachbarlichen Staaten, sind Verträge, die den Frieden zu stabilisieren versuchen, ein hilfreiches Mittel.

Völkerrechtliche Verträge verwirklichen die innere Souveränität und befrieden die Verhältnisse der vertraglich verbundenen Staaten und Völker, die durch deren äußere Souveränität bestimmt sind. Pacta sunt servanda ist das Prinzip der inneren und äußeren Souveränität, das die ‚ungesellige Geselligkeit‘ der Völker befriedet und diese in Freiheit miteinander leben läßt. Aber Verträge, welche die Staaten schließen, können die Völker in der bürgerlichen Souveränität verletzen. Die Mißachtung der inneren Souveränität der Bürger durch deren staatliche Vertreter verkürzt die äußere Souveränität der Völker, wenn anderen Staaten oder internationalen oder übernationalen Institutionen eine politische Macht über die Bürgerschaften eingeräumt

[1088] H. Triepel, Völkerrecht und Landesrecht, S. 82; H. Heller, Souveränität. S. 144 und ff.

wird, welche die Freiheit übermäßig verkürzt. Kein Mensch darf die Menschheit in seiner Person aufgeben, „welche die oberste einschränkende Bedingung der Freiheit der Handlungen eines jeden Menschen ist" (GzMdS, S. 63; MdS, S. 345 f., 381 f.; Rprp, S. 446), kein Staat die Souveränität seines Volkes als die substantielle Freiheit der Bürger, deren existentielle Staatlichkeit.

II. Vertragliche Verletzungen der Souveränität

1. Rechtlichkeit als Wirklichkeit der unbeschränkbaren Souveränität

Jede äußere wie auch innere Beschränkung der Souveränität verletzt die Freiheit der Bürger. Die politische Freiheit der Bürger verwirklicht sich in der Souveränität des Volkes als der Bürgerschaft. Die Freiheit hat ihre innere Bestimmtheit, nämlich das Rechtsprinzip, die Sittlichkeit oder praktische Vernunft. Rechtsprinzip, Sittlichkeit und praktische Vernunft sind aber nicht beschränkbar. Sie können nur verwirklicht oder verletzt werden. Sie werden durch allgemeine Gesetze und persönliche Maximen des Handelns verwirklicht, welche dem Recht genügen. Diesen Begriff der Freiheit kann man als Beschränkung der äußeren Freiheit, der Unabhängigkeit von eines anderen nötigender Willkür, durch die innere Freiheit, deren Gesetz das Sittengesetz, der kategorische Imperativ, das Liebesprinzip ist, erfassen. Besser ist die Sittlichkeit als die Bestimmung der Freiheit zu verstehen. Die äußere und die innere Freiheit lassen sich nicht trennen. Sie bedingen einander, weil die Freiheit allgemein und gleich ist. Nur wer die Freiheit mit dem Recht verwechselt, zu tun und zu lassen, was beliebt, eine Freiheit, die es nicht gibt und die es unter Menschen mit gleicher Freiheit nicht geben kann, kann in den Gesetzen Schranken der Freiheit sehen. Richtig ist, daß Grundrechte, welche bestimmte freiheitliche Handlungen verfassungsrangig schützen, durch Gesetze beschränkt werden können, wenn das vorgesehen ist. Diese Gesetze verwirklichen wiederum die Freiheit, der ein übermäßiger Grundrechtsschutz bestimmter Handlungen entgegenstehen würde, weil diese Handlungen anderen schaden würden. Die Freiheit und die Grundrechte, welche sie schützen, müssen unterschieden werden. Die Souveränität ist aber kein eigenständiges Grundrecht der Bürger oder des Volkes, sondern deren Freiheit selbst, die freilich durch den Grundrechtsschutz der Menschenwürde und der allgemeinen Freiheit aus Art. 1 Abs. 1 S. 1 und Art. 2 Abs. 1 GG in Verbindung mit Art. 93 Abs. 1 Nr. 4 a GG Rechtsschutz, zumal Verfassungsgerichtsschutz, genießt.

Die Souveränität verwirklicht sich durch Innen- und Außenpolitik, durch Gesetze und Verträge. Sie ist verletzt, wenn sie entweder von innen oder von außen, zumal durch Mißachtung der Verfassung und des Verfassungsgesetzes beschränkt wird oder wenn die demokratischen, rechtsstaatlichen Verfahren freiheitlicher Rechtsetzung mißachtet werden, also Demokratie und Rechtsstaat. Die Freiheit der Bürger als die Souveränität des Volkes kann nur verwirklicht werden, wenn der Wille des Volkes als der allgemeine und übereinstimmende Willen aller Bürger zur Geltung kommt. Das gewährleistet das demokratische, rechtsstaatliche Prinzip in seiner jeweiligen verfassungsgesetzlichen Gestalt. Durch undemokratische oder rechtsstaatswidrige Entscheidungen kommt nicht der Wille des Volkes zur Geltung, sondern der Wille der jeweiligen Entscheider. Rousseau würde von einem Sonderwillen sprechen, der die Souveränität des Volkes, die volonté générale, den Gemeinwillen, verletzt.

Das praktiziert das Bundesverfassungsgericht im Prinzip nicht anders, wenn auch mit wenig klarer, jedenfalls so gut wie nicht ausformulierter Dogmatik. Das Recht auf Demokratie, welches das Gericht auf Art. 38 Abs. 1 GG stützt, ist diese Souveränität des Volkes, aber eben nur zum kleinen Teil. Danach dürfen die Hoheitsrechte zum einen nur gemäß dem Prinzip der begrenzten Ermächtigung zur gemeinschaftlichen Ausübung auf die Europäische Union übertragen werden und zum anderen müssen substantielle Befugnisse Sache des nationalen Parlamentes bleiben (BVerfGE 89, 155 (171 f.), 123, 267, Rn. 167 ff.; PdR, S. 71 ff.), jedenfalls muß uneingeschränkt das demokratische Prinzip gewahrt sein, freilich mit der Ausnahme der Währungspolitik durch das System der Europäischen Zentralbanken (BVerfGE 89, 155 (199, 207 ff.)), zu Unrecht. Der Grundrechtsschutz der Souveränität kann nicht auf den des pouvoir constituant, gestützt auf Art. 38 Abs. 1 S. 2 in Verbindung mit Art. 146 GG begrenzt werden, wie das im Lissabon-Urteil anklingt (BVerfGE 123, 267, Rn. 203, 228). Wie aus der politischen Freiheit, dem Kern der unantastbaren Menschenwürde, folgt aus der Souveränität als der Freiheit der Bürger das Recht auf Recht, also das Recht darauf, daß bei jeder Politik, sei diese Innen- oder Außenpolitik, die Verfassung und das Verfassungsgesetz beachtet werden. Die Aktivierung allein des Art. 38 Abs. 1 GG für den Grundrechtsschutz des demokratischen Prinzips durch das Bundesverfassungsgericht verkürzt den verfassungsgerichtlichen Souveränitätsschutz entgegen der Verfassung der Freiheit.

2. Freiheit des Volkes als Grenze völkerrechtlicher Vertragsbindung

Das Vertragsprinzip der Souveränität hat Grenzen. Nicht jede vertragliche Regelung, welche allein schon durch die Vertragsbindung die weitere Willensbildung des Volkes einschränkt, ist mit der Souveränität verträglich. Wie kein Mensch die Menschheit in seiner Person (KrV, S. 323 f.: FridR, S. 11 f.), seine Würde und Freiheit, aufgeben darf (MdS, S. 345, 381 f.; GzMdS, S. 63; FridR, S. 166, 354, 376 f.; PdR, S. 86 ff.), sich etwa nicht vertraglich versklaven oder der Herrschaft eines anderen unterwerfen darf, so darf auch das Volk seine Freiheit nicht dadurch aufgeben, daß es sich seiner Möglichkeit rechtlich oder faktisch begibt, seine Hoheit auszuüben. Schon gar nicht dürfen das die Vertreter des Volkes in Regierung und Parlament beschließen oder auch nur praktizieren. Damit führt die Souveränität zu erheblichen Grenzen der Übertragung von Hoheitsrechten an sogenannte supranationale Organisationen, wie es die Europäische Union zu sein vorgibt. So kann rechtens das Volk auf sein Vetorecht gegenüber einer Unionsmaßnahme, sofern diese nicht im engen Sinne vertraglich determinierte Ausführung gemeinschaftlicher Politik ist, nicht verzichten, d.h. die Mehrheitsregel steht der völkervertraglichen

Organisation grundsätzlich nicht zu Gebote. Das Bundesverfassungsgericht hat demgegenüber das gemeinschaftsrechtliche Mehrheitsprinzip der Europäischen Union weitgehend zugelassen und dieses nur eingeschränkt, wenn „elementare Interessen" des eigenen Landes berührt werden (BVerfGE 89, 155 (184)). Danach können Rechtsakte zur Geltung kommen, die nicht der Wille des Volkes sind. Das verletzt die Souveränität. Effizienzinteressen helfen darüber nicht hinweg. Keinesfalls haben die Vertreter des Volkes die Befugnis, sich von dem Willen des Volkes durch Bündnisverträge unabhängig zu machen. Auch mit diesem Mittel dürfen sie die Souveränität des Volkes nicht an sich ziehen. Das wäre Verrat am Volk, an der Freiheit der Bürger.

Die Einbindung in einen Staatenbund oder Staatenverbund, wie es die Europäische Union nach Auffassung des Bundesverfassungsgerichts ist (BVerfGE 89, 155 (184, 186, 188 ff.); 123, 267, Rn. 229, 233, 294; PdR, S. 69 ff.), muß auflösbar sein und ist in der Praxis auflösbar. Sie ist eine, wenn auch begrenzte, Bindung des Gemeinwillens, die nicht unumkehrbar sein darf, wenn sie die Souveränität nicht verletzen soll. Derartige Mitgliedschaften unterliegen dem Prinzip der ständigen Freiwilligkeit, das ich im Maastricht-Prozeß vorgetragen habe, oder, wie das Gericht formuliert hat, dem Prinzip der „umkehrbaren Selbstbindung" (BVerfGE 123, 267, Rn. 233, auch Rn. 329 f.). Das Bundesverfassungsgericht hat das entgegen den politischen Zielen der Integrationisten und der herrschenden Lehre der Europarechtler akzeptiert und das Recht Deutschlands formuliert, die Mitgliedschaft in der Europäischen Union jederzeit zu beenden, indem der „Rechtsanwendungsbefehl", auf dem die innerstaatliche Geltung und Anwendbarkeit des Gemeinschaftsrechts in Deutschland beruht (BVerfGE 89, 155 (190); 99, 145 (158); 123, 267, Rn. 242, 333, 335, 339, 343; BVerwGE 110, 363 (366)), durch „gegenläufigen Akt" aufzuheben[1089]. „Deutschland wahrt damit die Qualität eines souveränen Staates aus ei-

[1089] Vgl. Ch. Seiler, Der souveräne Verfassungsstaat zwischen demokratischer Rückbindung und überstaatlicher Einbindung, S. 258 ff., 262, der in ‚souveräner' Ignoranz des von seiner Auffassung abweichenden Schrifttums (vgl. Fn. 77 ff.) das Recht zu „einvernehmlicher" Aufhebung der Gründungsverträge als „actus contrarius" der Mitgliedstaaten, die nur insoweit „‚Herren der Verträge'" seien, zu begrenzen versucht und von der Praxis und Art. 50 EUV in der Fassung des Lissabon-Vertrages widerlegt worden ist; richtig zur innerstaatlichen Verbindlichkeit der Rechtsakte der Union, die in der Souveränität der Mitgliedstaaten liege, Th. Schmitz, Integration in der Supranationalen Union, S. 295 ff.; allgemein und richtig zum actus contrarius Ch. Hillgruber, Souveränität – Verteidigung eines Rechtsbegriffs, JZ 2002, 1076, Rückholbarkeit der übertragenen Hoheitsbefugnisse, auch S. 1078, nach Art. 62 WRK für einzelne Mitgliedstaaten Kündigungsrecht, sonst aus Rechtsmacht der Union nicht lösbar (zu eng), Anwendungsvorrang nur durch Rechtsanwendungsbefehl auf Grund verfassungsrechtlicher Ermächtigung, sonst Rechtsmacht der Union; so auch schon H. Steiger, Staatlichkeit und Überstaatlichkeit, S. 134, der S. 136 seinen Integrationismus nicht bändigen konnte: „Die Staaten haben einen Prozeß in Gang gesetzt, der mit einer eigenen Gesetzlichkeit aus ihnen herausführt und den sie nur noch um den Preis des Chaos rückgängig machen können. Auch die Staaten können ihre Kinder nur durch Totschlag beseitigen", sic! Viele propagieren noch heute solche Ideologien. Einen erzwungenen Austritt eines Mitgliedstaates erklärt Steiger zu einem „revolutionären Akt", S. 139; allenfalls eine Kündigung nach der clausula rebus sic stantibus des Völkervertragsrechts will er einräumen, S. 138 ff.

genem Recht und den Status der souveränen Gleichheit mit anderen Staaten i.S. des Art. 2 Nr. 1 der Satzung der Vereinten Nationen vom 26. Juni 1945" (BVerfGE 89, 155 (190); PdR, S. 75 f.). Das Gericht hat diese Dogmatik im Lissabon-Urteil bestärkt (BVerfGE 123, 267, Rn. 233, 299, 329 f.). „Der Fortbestand souveräner Staatsgewalt zeigt sich auch in dem Recht zum Austritt aus der Europäischen Union" (Rn. 299).

Eine dauerhafte vertragliche Bindung der Willensbildung des Volkes an andere Staaten ist allein schon deswegen untragbar, weil das Volk sich stetig verändert und eine Generation nicht die nachfolgenden Generationen mehr als unvermeidlich binden darf. Aber die Lage kann sich auch derart verändern, daß die Einbindung nicht mehr hilfreich ist. Die Auflösung des Bundes bedarf keines wichtigen Grundes, der nötig ist, wenn völkerrechtliche Austauschverträge aufgelöst werden sollen (Art. 62 WVK), sondern lediglich einer neuen Willensbildung des Volkes. Der Lissabon-Vertrag hat das Austrittsrecht aus der Union jetzt in Art. 50 EUV anerkannt und näher geregelt. Im übrigen kann Deutschland nach dem Maastricht-Urteil „ultima ratio" auch die „Gemeinschaft", nämlich die Stabilitätsgemeinschaft, also die Währungsunion verlassen, wenn diese Stabilitätsgemeinschaft scheitert oder, füge ich hinzu, dies erwarten läßt (BVerfGE, 89, 155 (200 ff., 204))[1090]. Eine unumkehrbare Einbindung in einen Staatenbund oder Staatenverbund wäre eine Souveränitätsverletzung. Das wäre auch nach Auffassung des Bundesverfassungsgerichts ein Bundesstaat, der nur auf Grund eines neuen Verfassungsgesetzes des Volkes begründet werden könne. „Das Grundgesetz ermächtigt die für Deutschland handelnden Organe nicht, durch einen Eintritt in einen Bundesstaat das Selbstbestimmungsrecht des Deutschen Volkes in Gestalt der völkerrechtlichen Souveränität Deutschlands aufzugeben. Dieser Schritt ist wegen der mit ihm verbundenen unwiderruflichen Souveränitätsübertragung auf ein neues Legitimationssubjekt allein dem unmittelbar erklärten Willen des Deutschen Volkes vorbehalten" (BVerfGE 123, 267, Rn. 179, 228).

[1090] Näher K. A. Schachtschneider, Das Recht und die Pflicht zum Ausstieg aus der Währungsunion, S. 314 ff.; St. Hobe, Der offene Verfassungsstaat zwischen Souveränität und Interdependenz, S. 354 f., 379, 437 f., meinte 1996/97 nach der Klarstellung durch das Bundesverfassungsgericht mit einigen anderen Integrationisten noch das Austrittsrecht aus der Gemeinschaft/Union bestreiten, allenfalls „als pathologischen Ausnahmefall" erfassen zu können, in Verkennung der Souveränität, die er zwar thematisiert, aber weder begrifflich zu erfassen versucht noch gar als das, was sie ist, verstanden hat, als Freiheit der Bürger; nicht besser Ch. Seiler, Der souveräne Verfassungsstaat zwischen demokratischer Rückbindung und überstaatlicher Einbindung, S. 258 ff., 262 ff., der die „Gemeinschaft faktisch für kaum noch auflösbar" hält (S. 264), die Illusion der Europäisten, die durch die „alternativlosen" Rechtsbrüche, welche die Union über die Finanz- und Schuldenkrise retten sollen, desillusioniert seien dürften.

3. Existentielle Staatlichkeit als integrationsfeste Verfassungsidentität

Das Bundesverfassungsgericht hat zu Recht ausgesprochen, daß ein „unantastbarer Kerngehalt der Verfassungsidentität" der Politik des Deutschen Bundestages vorbehalten bleiben müsse und nicht zur gemeinschaftlichen Ausübung von Hoheitsrechten der Europäischen Union übertragen werden dürfe. Diese „integrationsfeste Identität" schütze Art. 79 Abs. 3 GG (BVerfGE 123, 267, Rn. 235 ff.)[1091]. Aber der Satz: „Die Ermächtigung zur Übertragung von Hoheitsrechten auf die Europäische Union oder andere zwischenstaatliche Einrichtungen erlaubt eine Verlagerung von politischer Herrschaft auf internationale Organisationen" (Rn. 231), ist mit der Souveränität eines Volkes, von der das Gericht handelt, unvereinbar. Zum einen hat niemand „politische Herrschaft", die verlagert werden könnte, zum anderen könnte diese nicht auf „internationale Organisationen" verlagert werden, weil sie, sei es Herrschaft oder sei es richtigerweise Freiheit, nicht übertragbar ist, wie schon Rousseau, aber auch Hobbes gelehrt haben (Cs., I, 7, S. 20, II, 1, S. 27; Leviathan, II, 18, S. 164 f., II. 29, S. 271). Hoheitsrechte können zwar nach Art. 23 Abs. 1 S. 2 GG und auch Art. 24 Abs. 1 GG[1092] auf die Europäischen Union bzw. auf „zwischenstaatliche Einrichtungen" „übertragen" werden, aber das sind lediglich Ausübungsbefugnisse, weder die Hoheit noch gar Herrschaft, schon gar nicht die Freiheit der Bürger. Das Gericht hat immerhin die integrationsfeste Verfassungsidentität beschrieben, freilich mit überaus weichen Begriffen, die alles Konkrete vermissen lassen, nämlich:

> „Die europäische Vereinigung auf der Grundlage einer Vertragsunion souveräner Staaten darf allerdings nicht so verwirklicht werden, dass in den Mitgliedstaaten kein ausreichender Raum zur politischen Gestaltung der wirtschaftlichen, kulturellen und sozialen Lebensverhältnisse mehr bleibt. Dies gilt insbesondere für Sachbereiche, die die Lebensumstände der Bürger, vor allem ihren von den Grundrechten geschützten privaten Raum der Eigen-

---

[1091] Zur Struktursicherung St. Hobe, Der offene Verfassungsstaat zwischen Souveränität und Interdependenz, S. 150 ff.; dazu auch D. König, Die Übertragung von Hoheitsrechten im Rahmen des europäischen Integrationsprozesses, S. 568 ff.; M. Kaufmann, Europäische Integration und Demokratieprinzip, S. 30, 221, 406 ff., S. 410 ff. „doppelte Struktursicherung", „verfassungswärtig" und „unionswärtig", was Kaumann verleitet, die „Verfassungsidentität" Deutschlands wie folgt zu definieren: „Die Bundesrepublik Deutschland ist ein demokratischer, sozialer Rechtsstaat im Verbund der Europäischen Union", S. 222, wohl kaum, wenn Deutschland die Union verläßt, bleibt seine Verfassungsidentität unberührt, trotz aller Völkerrechts- und Europarechtsfreundlichkeit (BVerfGE 31, 58 (75 f.), 111, 307 (317 f.); 112, 1 (26); 123, 267, Rn. 219, 225, 340).

[1092] Dazu St. Hobe, Der offene Verfassungsstaat zwischen Souveränität und Interdependenz, S. 149 ff. bzw. S. 143 ff., 155 ff., der die „Staatlichkeit der Bundesrepublik Deutschland" entgegen der Rechtsprechung und herrschenden Lehre durch Art. 23 Abs. 1 S. 3 und Art. 79 Abs. 3 GG nicht gesichert sieht, vielmehr eine verbleibende „(Glied)staatlichkeit" für hinreichend hält, weil der „deutsche Verfassungsstaat" im „Integrationsprozeß" nicht auf das „Bild des (National-)Staates" fixiert sein könne; die „in Art. 79 Abs. 3 GG geschützten Verfassungsgüter selbst, als in Konkurrenz zum Staatsziel der europäischen Integration stehend, können gewissen Modifikationen ausgesetzt sein" (S. 158); zu welcher Rechts- und Menschheitsferne doch der freiheitsvergessene Integrationismus führen kann.

verantwortung und der persönlichen und sozialen Sicherheit prägen, sowie für solche politische Entscheidungen, die in besonderer Weise auf kulturelle, historische und sprachliche Vorverständnisse angewiesen sind, und die sich im parteipolitisch und parlamentarisch organisierten Raum einer politischen Öffentlichkeit diskursiv entfalten. Zu wesentlichen Bereichen demokratischer Gestaltung gehören unter anderem die Staatsbürgerschaft, das zivile und militärische Gewaltmonopol, Einnahmen und Ausgaben einschließlich der Kreditaufnahme sowie die für die Grundrechtsverwirklichung maßgeblichen Eingriffstatbestände, vor allem bei intensiven Grundrechtseingriffen wie dem Freiheitsentzug in der Strafrechtspflege oder bei Unterbringungsmaßnahmen. Zu diesen bedeutsamen Sachbereichen gehören auch kulturelle Fragen wie die Verfügung über die Sprache, die Gestaltung der Familien- und Bildungsverhältnisse, die Ordnung der Meinungs-, Presse- und Versammlungsfreiheit oder der Umgang mit dem religiösen oder weltanschaulichen Bekenntnis" (Rn. 249).

Das Gericht hat die demokratische Sensibilität dieser Politikbereiche näher erörtert, ohne hinreichend klare Grenzen für die Übertragung von Hoheitsrechten zu benennen, und zudem (u. a.) die Budgethoheit als einen im besonderen Maße dem nationalen Parlament vorbehaltenen Verantwortungsbereich hervorgehoben.

Damit hat das Gericht Grenzen völkervertraglich begründeter gemeinsamer Souveränitätsausübung mehrerer Staaten durch Übertragung von Hoheitsrechten anerkannt. Besser sind diese Grenzen mit dem Begriff der existentiellen, also schicksalhaften, Staatlichkeit zu erfassen, die dem Volk als dem existentiellen Staat nicht aus der Hand genommen werden darf, auch nicht dadurch, daß andere Völker und Staaten an der Ausübung dieser Staatlichkeit beteiligt werden. Der Einfluß eines Staatenbundes oder -verbundes beeinflußt die existentielle Politik mit der Tendenz, Durchschnittsmaßnahmen zu treffen, die für alle Mitgliedstaaten schlecht sind. Ein schlimmes Beispiel ist die Zinspolitik der Europäischen Zentralbank, die auf die konjunkturelle Lage der Einzelstaaten und deren Inflation oder Deflation nicht spezifisch Rücksicht nehmen kann und für alle Staaten wegen der Einheitswährung den identischen Zinssatz festlegt. Notwenige Abwertungen und ebenso notwendige Aufwertungen sind wegen der einheitlichen Währung ohnehin nicht möglich. Das verstärkt die Divergenz der Volkswirtschaften und hat dazu geführt, daß die Mitglieder, die hätten abwerten müssen, sich, verführt durch die Zinssubventionen, übermäßig verschuldet haben und nunmehr von den anderen Staaten finanziert werden und zu Lasten ihre Souveränität durch abgenötigte Spardiktate in schwere Rezession gezwungen werden. Eine Antideflationspolitik, wie sie die Zentralbank zurzeit mit einer extremen Niedrigzinspolitik betreibt, um einigen Volkswirtschaften mit deflationärer und rezessiver Wirtschaftsentwicklung konjunkturelle Hilfestellung zu geben, hat für Sparer und Rentiers anderer Volkswirtschaften enteignende Wirkungen, begünstigt allerdings deren Staatshaushalte durch so gut wie zinslose Anleihemöglichkeiten. Eine für alle beteiligten Staaten sachgerechte Geldpolitik ist wegen der Heterogenität der Volkswirtschaften nicht möglich.

4. Existentielle Wirtschaftshoheit

Zu den Politiken existentieller Staatlichkeit gehört die Wirtschaftspolitik. Jede Volkswirtschaft hat ihre eigenen Gegebenheiten. Auf diese muß die Wirtschaftspolitik, die immer zugleich Sozialpolitik ist, reagieren. Nur ein hinreichend homogenes und konvergentes Wirtschaftsgebiet mehrerer Staaten kann eine einheitliche Wirtschaftspolitik vertragen. Das gilt insbesondere für die Außenwirtschaftspolitik, die Handelspolitik. Für eine stark exportorientierte Volkswirtschaft muß die Handelspolitik stärker die Grenzen öffnen als für eine überwiegend auf den Binnenmarkt orientierte Volkswirtschaft, die eines stärkeren Schutzes vor Importen bedarf, welche die Binnenstrukturen der Wirtschaft schädigen, insbesondere Arbeitsplätze kosten können. Keinesfalls ist für heterogene Volkswirtschaften eine einheitliche Wirtschaftspolitik sachgerecht. Das könnte sie allenfalls sein, wenn der offene Markt mit freiem Wettbewerb die bestmögliche Effizienz gewährleisten würde. Das ist ausweislich Art. 3 Abs. 5 EUV und Art. 120 S. 1 und Art. 127 Abs. 1 S. 3 AEUV die Erwartung des Unionsrechts, aber diese neoneoklassische Doktrin ist längst widerlegt. Die in diesen Regelungen zugrunde gelegte extreme Freihandelsdoktrin dient der Gewinnmaximierung bestimmter internationaler Unternehmen, insbesondere der Finanzindustrie, bewirkt aber zugleich die Ausbeutung der weniger entwickelten Völker, die kaum über wettbewerbsfähige Industrie verfügen, aber neben Landwirtschaft und Rohstoffen, ein großes Heer billiger Arbeitskräfte bieten, und ruiniert Unternehmen und Arbeitsplätze der entwickelten Volkswirtschaften mit hoher Konsumkraft und demgemäß hohen Löhnen. Die Entwicklung in den offenen Volkswirtschaften der USA und Europas beweisen diese Gesetzlichkeiten. Besondere Gegebenheiten, wie die Chinas, dessen Wirtschaft stark administriert ist, und Deutschlands, das im Verhältnis zur Produktivität geringe Lohnkosten aufweist, aber nicht nur hohe Produktqualität besonderer Güter, vor allem Maschinen und Autos, sondern kraft hoher Importanteile der Produkte auch günstige Stückkosten hat, bestätigen die Regel; denn die absoluten Vorteile Chinas lassen nach und große Bereiche der deutschen Industrie sind dem Geschäft der internationalen Unternehmen zum Opfer gefallen. Seit Antonio Serra (1613), als (vermeintlich) erster Nationalökonom gepriesen, ist bekannt, daß Industrien, nicht aber Landwirtschaft und Rohstoffe zu Reichtum führen[1093]. Es war ein Wahn des späten 20. Jahrhunderts, daß Dienstleistungen das ändern könnten.

5. Existentielle Währungshoheit

Zur existentiellen Staatlichkeit gehört vor allem die Währungspolitik. Sie ist nicht nur untrennbar mit der Wirtschaftspolitik verbunden, sondern muß zwingend der

[1093] Breve trattato delle Cause che possone far abbondare li regni d'oro, & argento dove non sono miniere, con applicazione al Regno di Napoli, Kurze Abhandlung über die Gründe, weshalb es in Königreichen ohne Minen reichlich Gold und Silber geben kann, mit besonderer Berücksichtigung des Königreiches Neapel, Napoli MDCXIII.

jeweiligen Lage der Volkswirtschaft angepaßt sein. Die Währungspolitik befindet durch Hochzins- oder Niedrigzinspolitik schicksalhaft über die Geldwertstabilität, aber auch über das Wachstum der Wirtschaft. Das Volk muß die Währungshoheit in eigenen Händen halten. Alle Souveränitätslehren haben die Geldpolitik für unübertragbar erklärt[1094]. Das Scheitern der europäischen Währungsunion beweist die Sachwidrigkeit eines solchen Währungsverbundes heterogener Volkswirtschaften. Die Währungsunion sollte erklärtermaßen als Hebel für die Überwindung der Souveränität der Mitgliedstaaten dienen und soll das weiter, jetzt mittels ihres Scheiterns, das außerordentliche, vertrags- und verfassungswidrige Anstrengungen der Politik provoziert, eine zentralistische Wirtschafts- und Finanzpolitik zu Lasten der Souveränität der Mitgliedstaaten durchzusetzen, vorgeblich, um die Währungsunion, den Euro, zu retten[1095]. In Wirklichkeit sollen Vereinigte Staaten von Europa erzwungen werden, ein Projekt, das insbesondere die existentielle Eigenstaatlichkeit Deutschlands beenden soll und wird, wenn es nicht noch unterbunden wird. Die bisherigen Auswüchse sind vor allem französischer Hegemoniepolitik geschuldet, aber auch US-amerikanischer Geopolitik. Aber den Franzosen ist längst klar geworden, daß auch ihre geheiligte Souveränität und nicht nur die Deutschlands in Gefahr ist, und die Bürger Frankreichs wenden sich zunehmend von der Politik ihrer staatlichen Elite ab.

Die Existentialität der Währungssouveränität wird sich in den schweren Schäden erweisen, welche die Vermögen der Deutschen, aber auch anderer Völker, und die Wirtschaft aller Mitglieder der Währungsunion erleiden werden. Die Staaten mit notleidenden Haushalten haben bereits große Schäden hinnehmen müssen, weil sie nicht abwerten konnten und ihre Schuldenlast nicht tragen können, und werden in eine ruinöse Rezession getrieben. Aber auch die Völker der noch kreditwürdigen Staaten wie vor allem Deutschland erleiden schwere Schäden, vor allem steigt die Kaufkraft der Bevölkerung wegen der starren Durchschnittswährung nicht. Gewinne machen nur die international agierenden Unternehmen, weil das mit der Einheitswährung erzwungene Lohndumping den Export begünstigt, zu Lasten der anderen Völker des Binnenmarktes, weil die Einheitswährung deren Produkte übermäßig verteuert, aber auch zu Lasten der eigenen Völker, denen der verdiente Wohlstand genommen wird. Die Währungsunion ist im Verbund mit dem Binnenmarkt der heterogenen Volkswirtschaften ein treffliches Ausbeutungssystem, dessen Vereinbarkeit mit den Wettbewerbsregeln der Welthandelsordnung zweifelhaft ist, zumal mit der Antidumpingregelung des Art. VI des GATT[1096]. Die wegen der Schuldenlasten, zumal derer, die von anderen Staaten übernommen werden, unvermeidliche Währungsreform wird die politische Stabilität auch Deutschlands weiter gefährden.

[1094] W. Mäder, Vom Wesen der Souveränität, S. 76 ff.; dazu historisch und kritisch R. Knieper, Nationale Souveränität, S. 98 ff.

[1095] Dazu K. A. Schachtschneider, Die Rechtswidrigkeit der Euro-Rettungspolitik, 2011.

[1096] Dazu K. A. Schachtschneider, Wirtschaftsverfassung mit Welthandelsordnung, S. 562 ff.

Diese aber ist der vornehmliche Zweck der Souveränität des Volkes, nämlich Freiheit und Sicherheit.

6. Existentielle Sicherheitshoheit

a) Zur existentiellen Staatlichkeit gehört die innere Sicherheitspolitik. Das Lissabon-Urteil hat die persönliche Sicherheit der demokratischen Gestaltung des eigenen Staates vorbehalten, freilich mit weicher Formulierung (BVerfGE 123, 267, Rn. 249). Diese wird durch den Vertrag von Lissabon mehr und mehr in die Verantwortung der Europäischen Union überführt. Sie ist aber Kern der Souveränität. „Der Zweck des Gehorsams ist Schutz", sagt Thomas Hobbes[1097]. Das ist geradezu der Leitsatz seines Leviathans. Die Sicherheit muß uneingeschränkt Sache des eigenen Staates sein. Fremde Sicherheitskräfte gewährleisten auch die in der Sicherheitspolitik besonders gefährdete Rechtsstaatlichkeit nicht, weil sie nicht zum Volk gehören. Polizisten anderer Länder, also Fremde, können kein Vertrauen in die Gesetzlichkeit ihres Handelns erwarten. Das ist schon für die Polizisten des eigenen Landes kritisch. Im fremden Land werden Polizisten quasi zu Soldaten. Sie wirken wie eine Besatzungsmacht.

Eurogendfor, Force de gendarmerie européenne (FGE), ist eine europäische militärische Polizeitruppe, die dem Krisenmanagement dienen soll. Sie ist seit 2006 vollständig einsatzfähig und hat ihren Hauptsitz im italienischen Vicenza. Die Militärtruppe kann dabei unter das Kommando der Europäischen Union, der Vereinten Nationen, der NATO sowie anderen internationalen Organisationen oder Ad-hoc-Koalitionen gestellt werden. Gegründet wurde die Eurogendfor von Frankreich, Italien, Spanien, Portugal und den Niederlanden. Polen ist seit 2007, Rumänien seit 2008, Litauen seit 2009 Mitglied. Deutschland ist bisher kein Teil der internationalen Militärtruppe für Polizeieinsätze. Die „Polizeitruppe mit Militärstatus" ist polizeilich und militärisch einsetzbar (Art 4 Treaty establishing the European Gendarmerie Force Eurogendfor) und soll in den Ländern der Vertragsstaaten bei Störungen der öffentlichen Ordnung, also Unruhen („public disturbances") eingesetzt werden. Das löst schwere Souveränitätsbedenken aus. Das kann kein freies Volk hinnehmen.

b) Zur existentiellen Staatlichkeit gehört im hervorragenden Maße die äußere Sicherheitspolitik. Die äußere Sicherheit kann gegenwärtig kein europäischer Staat außer allenfalls Rußland gewährleisten. Die militärische Macht der Vereinigten Staaten von Amerika ist überwältigend. Auch die Atommächte Frankreich und Großbritannien sind den USA weit unterlegen. Selbst gemeinsam ist die Europäische Union nicht verteidigungsfähig. Das ist die Lage der meisten Staaten. China scheint die eigene Verteidigungsfähigkeit erreichen zu können. Deutschland hat vertraglich auf eine Bewaffnung verzichtet, welche Voraussetzung einer Verteidigung gegen einen Angriff der USA, aber auch anderer Atommächte, wäre. Das ändert nichts an dem Souveränitätspostulat der Verteidigungsfähigkeit. Dieses Postulat hat immer bestanden, wie oben angesprochen ist.

[1097] Th. Hobbes, Leviathan, II, 21. Kap, S. 197.

Ein notdürftiger Ersatz sind die Verteidigungsbündnisse, für Deutschland und die meisten Staaten Europas die NATO[1098]. Derartige Bündnisse sind brüchig und verlangen Wohlverhalten, das die Souveränität arg belastet[1099]. Eine Einrichtung des Weltfriedens sind, wie dargelegt, die Vereinten Nationen. Freilich sind diese politisch schwach. Militärisch sind sie ohnmächtig. Ihre militärischen Einsätze hängen davon ab, daß ihnen die Mitglieder Streitkräfte gemäß Art. 43 UN-Charta zur Verfügung stellen. Es gibt nicht einmal die in dieser Regelung vorgesehen Sonderabkommen des Sicherheitsrates mit einzelnen Mitgliedern[1100]. Die Maßnahmen, welche der Sicherheitsrat zur Wahrung des Weltfriedens beschlossen hat, werden auf Grund des Art. 48 UN-Charta von Mitgliedern der Vereinten Nationen, die der Sicherheitsrat benennt, getroffen. Eine Entwicklung der militärischen Fähigkeiten der Vereinten Nationen ist bislang verhindert worden, vor allem von den USA, der einzigen Weltmacht[1101]. Zur deutschen militärischen Souveränitätslage wird unten Stellung genommen.

7. Existentielle Rechtshoheit

Die Rechtshoheit, nämlich die Gesetzgebungs- und die Rechtsprechungshoheit, wurde immer schon als unverzichtbarer Bestand der Souveränität behandelt[1102]. Die Entdemokratisierung der Gesetzgebung und der Rechtsprechung in der Europäischen Union, welche die Souveränität der Völker verletzt (dazu Zehnter Teil B. und D.), habe ich auch an anderer Stelle dargelegt[1103]. An dieser Stelle sei vermerkt:

Rousseau und Kant identifizieren die Gesetzgebungsgewalt mit der Souveränität (Cs, II, 1, S. 27 f., II, 4, S. 35, auch I, 7, S. 19 ff. u.ö; MdS, S. 461 f., 464). Kant: „... so repräsentiert das vereinigte Volk nicht bloß den Souverän, sondern es ist dieser selbst“ (MdS, S. 464). Die Gesetzgebungsgewalt ist wesentlicher Teil der existentiellen Staatlichkeit. Gesetze sind als der allgemeine Wille der Bürgerschaft Verwirklichung der allgemeinen Freiheit und somit die wichtigsten Akte der Souveränität des Volkes. Die Gesetzgebung darf das Volk nicht aus der Hand geben. Es ist

---

1098 Dazu St. Hobe, Der offene Verfassungsstaat zwischen Souveränität und Interdependenz, S. 207 ff., 209 ff.,215 f.

1099 Dazu M. Pehlke, Die Souveränität der Bundesrepublik Deutschland im westlichen Bündnis, S. 46 ff., 59 ff., 143 ff.

1100 H. Fischer, Kollektive Sicherheit und Verteidigungsbündnisse, in: K. Ipsen, Völkerrecht, 4. Aufl. 1999, § 60, Rdn. 18, S. 969; St. Hobe, Der offene Verfassungsstaat zwischen Souveränität und Interdependenz, S. 194 f., zum deutschen Parlamentsvorbehalt vor dem Einsatz der Streitkräfte S. 203.

1101 Z. Brzezinski, Die einzige Weltmacht. Amerikas Strategie der Vorherrschaft, 2. Aufl. 1999.

1102 So auch U. Di Fabio, Der neue Art. 23 des Grundgesetzes, Der Staat 32 (1993), S. 202, 206.

1103 Die Souveränität Deutschlands, S. 206 ff., 223 ff.; Die Aushöhlung der Demokratie durch Europäische Union und Währungsunion, S. 103 ff., 116 ff.; Euro-Rettungspolitik – unvernünftig, rechtlos und staatswidrig, in: W. Lachmann (Hrsg.), Die Zukunft des Euro, 2012, S. 90 ff., u. ö.

bereits eine erhebliche Gefahr für die allgemeine Freiheit, daß die Gesetzgebung weitestgehend nicht unmittelbar vom Volk, sondern aus Gründen der Praktikabilität mittelbar von Vertretern des Volkes in den Organen des Staates, gewissermaßen repräsentativ, wahrgenommen wird. Das führt zur ständigen Mißachtung des Gemeinwohls im Interesse der Oligarchien, die ihren Willen gegen den des Volkes durchsetzen. Die Entfremdung der politischen Klasse von der Bürgerschaft hat in den Parteienstaaten der integrierten Europäischen Union die Demokratie in eine bürgerferne Oligarchie verwandelt. Die diktatorische Eurorettungspolitik ist Beweis der rücksichtslosen Ausbeutung einzelner Völker im Interesse der Finanzindustrie, die die maßgeblichen Politiker fest im Griff zu halten scheint. Die Repräsentanten verstehen sich gar als die Herrscher.

Rousseau hat vor der Vertretung des Souveräns in der Gesetzgebung scharf gewarnt. „Wenn daher das Volk einfach verspricht, zu gehorchen, löst es sich durch diesen Akt auf und verliert seine Eigenschaft als Volk; in dem Augenblick, in dem es einen Herrn gibt, gibt es keinen Souverän mehr, und von da an ist der politische Körper zerstört" (Cs, II, 1, S. 27 f.). Er bekommt mehr und mehr Recht. Die Bürger werden vereinzelte Menschen ohne Zusammenhalt, bevormundet von Medien, Parteien, Banken und Managern. Es geht auch anders, wie das Beispiel der Schweiz zeigt. Kant hat sich freilich um der Gewaltenteilung willen für die Repräsentation ausgesprochen und darin den Unterschied der Republik zur Demokratie erkannt (MdS, S. 464 f., ZeF, S. 206 ff.)[1104].

Die Rechtsprechung entscheidet nicht nur, was im Einzelfall Recht ist, sondern auch, ob die Gesetze dem Recht genügen. Das ist Aufgabe jeden Gerichts, vor allem aber des Bundesverfassungsgerichts (vgl. Art. 100 Abs. 1 GG und Art. 93 Abs. 1 GG). Die Gerichte sind die letzte Instanz des Rechts und damit wesentlicher Teil der existentiellen Staatlichkeit des Volkes. Das Recht wird im Namen des Volkes gesprochen oder wie fragwürdig vom Europäischen Gerichtshof im Namen des Rechts, der das Recht oft genug verfehlt. Das Recht ist Sache des Volkes. Die Gerichte bedürfen einer starken Verankerung im Volk, wenn man so will, der starken demokratischen Legitimation, insbesondere die Verfassungsgerichte. Der Europäische Gerichtshof hat überhaupt keine demokratische Legitimation (dazu Zehnter Teil D.II., III.). Er ist Obrigkeit ohne jede Anbindung an die Völker, außer der Ernennung der Richter durch die Regierungen der Mitgliedstaaten. Das ist schon aus Gründen der Gewaltenteilung unzureichend, ganz abgesehen davon, daß aus jedem Mitgliedstaat ein Richter kommt, der den Völkern der anderen Staaten gänzlich fremd und unverbunden ist, ja im Regelfall nicht einmal deren Sprache versteht. Die Europäische Union achtet die Rechtshoheit der Mitgliedstaaten nicht. Sie ist schon darum mit der Souveränität der Völker unvereinbar. Es befinden fremde Richter über

[1104] So auch P. Graf Kielmansegg, Volkssouveränität, S. 165 f., der damaligen Staatslehre gemäß. Der Sprachgebrauch hat sich verschoben. Wie Rousseau (Contract social III, 4, S. 72 ff.) hat Kant den Begriff der Demokratie nur als unmittelbare Demokratie verwendet (ZeF, S. 207; MdS, S. 461) und den Gesetzesvollzug in die Aufgaben des unmittelbare handelnden Volkes einbezogen. Der Republikbegriff schließt Elemente unmittelbarer Demokratie nicht aus.

die Rechte und das Recht der Bürger und des Volkes. Das ist Despotismus. Mehr als völkerrechtsgemäße Vertragsklärung auf der Grundlage der allgemeinen Regelungen des Völkerrechts durch ein internationales Gericht läßt die Souveränität der Völker nicht zu[1105].

8. Existentielle Budgethoheit

a) Die Budgethoheit, die Hoheit des Volkes über die Einnahmen und Ausgaben des Staates, ist Wesensteil sowohl der inneren wie der äußeren Souveränität und als solche im Lissabon-Urteil vom 30. Juni 2009 vom Bundesverfassungsgericht herausgestellt (BVerfGE 123, 267, Rn. 256) und zur Grundlage des Urteils vom 7. September 2011 zur finanziellen Griechenlandhilfe der Euro-Länder und zur Eurorettungspolitik seit 2010 gemacht. Im Urteil zum permanenten Rettungsschirm, dem Europäischen Stabilitätsmechanismus (ESM) vom 18. März 2014 (2 BvR 1421/12(u. a.) hat das Gericht zu C I 2 Rn. 171 ff. das Folgende ausgeführt:

> „2. Art. 38 Abs. 1 GG wird insbesondere verletzt, wenn sich der Deutsche Bundestag seiner Haushaltsverantwortung dadurch entäußert, dass er oder zukünftige Bundestage das Budgetrecht nicht mehr in eigener Verantwortung ausüben können (BVerfGE 129, 124 <177>; 132, 195 <239>, Rn. 106). Die Entscheidung über Einnahmen und Ausgaben der öffentlichen Hand ist grundlegender Teil der demokratischen Selbstgestaltungsfähigkeit im Verfassungsstaat (vgl. BVerfGE 123, 267 <359>; 132, 195 <239>, Rn. 106). Der Bundestag muss deshalb dem Volk gegenüber verantwortlich über Einnahmen und Ausgaben entscheiden. Insofern stellt das Budgetrecht ein zentrales Element der demokratischen Willensbildung dar (vgl. BVerfGE 70, 324 <355 f.>; 79, 311 <329>; 129, 124 <177>; 132, 195 <239>, Rn. 106), das auch in einem System intergouvernementalen Regierens Beachtung verlangt (a). Die Haushaltsautonomie der nationalen Parlamente wird durch unionsrechtliche Vorkehrungen abgesichert (b) und nicht dadurch in Frage gestellt, dass sich die Mitgliedstaaten zu einer bestimmten Fiskalpolitik verpflichten (c). Die Überschreitung einer unmittelbar aus dem Demokratieprinzip des Grundgesetzes ableitbaren Obergrenze von Zahlungsverpflichtungen und Haftungszusagen kommt allenfalls in Betracht, wenn im Eintrittsfall die Haushaltsautonomie zumindest für einen nennenswerten Zeitraum nicht nur eingeschränkt würde, sondern praktisch vollständig leerliefe (d).
>
> a) Auch in einem System intergouvernementalen Regierens müssen die gewählten Abgeordneten des Deutschen Bundestages als Repräsentanten des Volkes die Kontrolle über grundlegende haushaltspolitische Entscheidungen behalten. Mit der Öffnung für die internationale Zusammenarbeit und die europäische Integration bindet sich die Bundesrepublik Deutschland nicht nur rechtlich, sondern auch finanzpolitisch. Selbst wenn solche Bindungen einen erheblichen Umfang annehmen, wird das Budgetrecht nicht ohne Weiteres in einer über Art. 38 Abs. 1 GG rügefähigen Weise verletzt. Für die Einhaltung des Demokratiegebots kommt es vielmehr entscheidend darauf an, dass der Bundestag der Ort bleibt, an dem eigenverantwortlich über Einnahmen und Ausgaben entschieden wird, auch im Hinblick auf internationale und europäische Verbindlichkeiten (vgl. BVerfGE 129, 124 <177>; 130, 318 <344>; 131, 152 <205 f.>; 132, 195 <239 f.>, Rn. 107). Würde über

[1105] Näher K. A. Schachtschneider, Die Aushöhlung der Demokratie durch Europäische Union und Währungsunion, 2011, S. 116 ff.

wesentliche haushaltspolitische Fragen ohne konstitutive Zustimmung des Bundestages entschieden oder würden überstaatliche Rechtspflichten ohne entsprechende Willensentscheidung des Bundestages begründet, so geriete das Parlament in die Rolle des bloßen Nachvollzugs und könnte die haushaltspolitische Gesamtverantwortung im Rahmen seines Budgetrechts nicht mehr wahrnehmen (BVerfGE 129, 124 <178 f.>; 130, 318 <344 f.>; 132, 195 <240>, Rn. 107).

aa) Der Bundestag darf seine Budgetverantwortung nicht durch unbestimmte haushaltspolitische Ermächtigungen auf andere Akteure übertragen. Je größer das finanzielle Ausmaß von Haftungsübernahmen oder Verpflichtungsermächtigungen ist, umso wirksamer müssen Zustimmungs- und Ablehnungsrechte sowie Kontrollbefugnisse des Bundestages ausgestaltet werden. Insbesondere darf dieser sich keinen finanzwirksamen Mechanismen ausliefern, die – sei es aufgrund ihrer Gesamtkonzeption, sei es aufgrund einer Gesamtwürdigung der Einzelmaßnahmen – zu nicht überschaubaren haushaltsbedeutsamen Belastungen ohne vorherige konstitutive Zustimmung führen können, seien es Ausgaben oder Einnahmeausfälle. Dieses Verbot, sich der Budgetverantwortung zu entäußern, beschränkt nicht etwa unzulässig die Haushaltskompetenz des Gesetzgebers, sondern zielt gerade auf deren Bewahrung (vgl. BVerfGE 129, 124 <179>; 132, 195 <240>, Rn. 108).

bb) Eine notwendige Bedingung für die Sicherung politischer Freiräume im Sinne des Identitätskerns der Verfassung (Art. 20 Abs. 1 und Abs. 2, Art. 79 Abs. 3 GG) besteht darin, dass der Haushaltsgesetzgeber seine Entscheidungen über Einnahmen und Ausgaben frei von Fremdbestimmung seitens der Organe und anderer Mitgliedstaaten der Europäischen Union trifft und dauerhaft „Herr seiner Entschlüsse" bleibt (vgl. BVerfGE 129, 124 <179 f.>; 132, 195 <240>, Rn. 109). Es ist zwar in erster Linie Sache des Bundestages selbst, in Abwägung aktueller Bedürfnisse mit den Risiken mittel- und langfristiger Gewährleistungen darüber zu befinden, in welcher Gesamthöhe Gewährleistungssummen noch verantwortbar sind (vgl. BVerfGE 79, 311 <343>; 119, 96 <142 f.>; 132, 195 <240 f.>, Rn. 109). Aus der demokratischen Verankerung der Haushaltsautonomie folgt jedoch, dass der Bundestag einem intergouvernemental oder supranational vereinbarten, nicht an strikte Vorgaben gebundenen und in seinen Auswirkungen nicht begrenzten Bürgschafts- oder Leistungsautomatismus nicht zustimmen darf, der – einmal in Gang gesetzt – seiner Kontrolle und Einwirkung entzogen ist (BVerfGE 129, 124 <180>; 132, 195 <241>, Rn. 109).

cc) Es dürfen zudem keine dauerhaften völkervertragsrechtlichen Mechanismen begründet werden, die auf eine Haftungsübernahme für Willensentscheidungen anderer Staaten hinauslaufen, vor allem wenn sie mit schwer kalkulierbaren Folgewirkungen verbunden sind. Jede ausgabenwirksame solidarische Hilfsmaßnahme des Bundes größeren Umfangs im internationalen oder unionalen Bereich muss vom Bundestag im Einzelnen bewilligt werden. Soweit überstaatliche Vereinbarungen getroffen werden, die aufgrund ihrer Größenordnungen für das Budgetrecht von struktureller Bedeutung sein können, etwa durch Übernahme von Bürgschaften, deren Einlösung die Haushaltsautonomie gefährden kann, oder durch Beteiligung an entsprechenden Finanzsicherungssystemen, bedarf nicht nur jede einzelne Disposition der Zustimmung des Bundestages; es muss darüber hinaus gesichert sein, dass weiterhin hinreichender parlamentarischer Einfluss auf die Art und Weise des Umgangs mit den zur Verfügung gestellten Mitteln besteht (BVerfGE 132, 195 <241>, Rn. 110; vgl. auch BVerfGE 129, 124 <180 f.>). Die den Bundestag im Hinblick auf die Übertragung von Kompetenzen auf die Europäische Union treffende Integrationsverantwortung (vgl. BVerfGE 123, 267 <356 ff.>) findet hierin ihre Entsprechung für haushaltswirksame Maßnahmen vergleichbaren Gewichts (BVerfGE 129, 124 <181>; 132, 195 <241>, Rn. 110).

dd) Der Deutsche Bundestag kann seine haushaltspolitische Gesamtverantwortung nicht ohne ausreichende Informationen über die von ihm zu verantwortenden Entscheidungen von haushaltsrechtlicher Bedeutung wahrnehmen. Das Demokratieprinzip des Art. 20 Abs. 1 und Abs. 2 GG gebietet daher, dass er an diejenigen Informationen gelangen muss, die er für eine Abschätzung der wesentlichen Grundlagen und Konsequenzen seiner Entscheidung benötigt (vgl. nur Art. 43 Abs. 1, Art. 44 GG sowie BVerfGE 67, 100 <130>; 77, 1 <48>; 110, 199 <225>; 124, 78 <114>; 131, 152 <202 f.>; 132, 195 <241 f.>, Rn. 111). Dieser Grundsatz gilt nicht nur im nationalen Haushaltsrecht (vgl. etwa Art. 114 GG), sondern auch in Angelegenheiten der Europäischen Union (vgl. Art. 23 Abs. 2 Satz 2 GG; vgl. BVerfGE 132, 195 <242>, Rn. 111).

b) Die haushaltspolitische Gesamtverantwortung des Deutschen Bundestages wird seit dem Eintritt in die dritte Stufe der Wirtschafts- und Währungsunion durch die Bestimmungen des Vertrages über die Europäische Union und des Vertrages über die Arbeitsweise der Europäischen Union abgesichert. Diese Bestimmungen stehen der nationalen Haushaltsautonomie als einer wesentlichen, nicht entäußerbaren Kompetenz der unmittelbar demokratisch legitimierten Parlamente der Mitgliedstaaten nicht entgegen, sondern setzen sie voraus (vgl. im Einzelnen BVerfGE 132, 195 <243>, Rn. 114 ff.).

c) Die Verpflichtung des Haushaltsgesetzgebers auf eine bestimmte Haushalts- und Fiskalpolitik ist – ungeachtet des auf prinzipielle rechtliche Reversibilität angelegten Demokratieprinzips aus Art. 20 Abs. 1 und Abs. 2 GG – nicht von vornherein demokratiewidrig (vgl. BVerfGE 79, 311 <331 ff.>; 119, 96 <137 ff.>; 132, 195 <244 f.>, Rn. 119 f.) (aa). Sie kann grundsätzlich auch durch die Übertragung wesentlicher haushaltspolitischer Entscheidungen auf Organe einer supra- oder internationalen Organisation oder die Übernahme entsprechender völkerrechtlicher Verpflichtungen erfolgen (bb). Die Entscheidung, ob und in welchem Umfang dies sinnvoll ist, obliegt in erster Linie dem Gesetzgeber (cc).

aa) Der verfassungsändernde Gesetzgeber hat durch die tatbestandliche Konkretisierung und sachliche Verschärfung der Regeln für die Kreditaufnahme von Bund und Ländern (insbesondere Art. 109 Abs. 3 und Abs. 5, Art. 109a, Art. 115 GG n.F., Art. 143d Abs. 1 GG) klargestellt, dass eine Selbstbindung der Parlamente und die damit verbundene fühlbare Beschränkung ihrer haushaltspolitischen Handlungsfähigkeit gerade im Interesse einer langfristigen Erhaltung der demokratischen Gestaltungsfähigkeit notwendig sein können (vgl. BVerfGE 129, 124 <170>). Mag eine derartige Bindung die demokratischen Gestaltungsspielräume in der Gegenwart auch beschränken, so dient sie doch zugleich deren Sicherung für die Zukunft. Zwar stellt auch eine langfristig besorgniserregende Entwicklung des Schuldenstandes keine verfassungsrechtlich relevante Beeinträchtigung der Kompetenz des Gesetzgebers zu einer situationsabhängigen diskretionären Fiskalpolitik dar. Dennoch führt sie zu einer faktischen Verengung von Entscheidungsspielräumen (vgl. BVerfGE 119, 96 <147>). Deren Vermeidung ist ein legitimes (verfassungs-)gesetzgeberisches Ziel (BVerfGE 132, 195 <245>, Rn. 120).

bb) Die Verpflichtung des Haushaltsgesetzgebers auf eine bestimmte Haushalts- und Fiskalpolitik kann grundsätzlich auch auf der Basis des Unions- oder Völkerrechts erfolgen.

(1) Die im Vertrag über die Arbeitsweise der Europäischen Union niedergelegten Anforderungen an eine tragfähige Haushaltswirtschaft (Art. 123 bis Art. 126, Art. 136 AEUV)

begrenzen den Spielraum des nationalen Gesetzgebers bei der Wahrnehmung seiner haushaltspolitischen Gesamtverantwortung. Vergleichbares gilt – seine Übereinstimmung mit dem Primärrecht, die hier nicht zu untersuchen ist, unterstellt – für das unionale Sekundärrecht (vgl. im Einzelnen BVerfGE 132, 195 <245 f.>, Rn. 122).

(2) Es steht den Mitgliedstaaten im Übrigen frei, über die bestehenden wirtschafts- und haushaltspolitischen Bindungen des Unionsrechts hinaus weitere Bindungen einzugehen, soweit diese nicht in Widerspruch zu den unionsrechtlichen Vorgaben geraten (vgl. Art. 4 Abs. 3 EUV). Die Bundesrepublik Deutschland kann daher innerstaatlich strengere Regelungen für ihre Haushaltspolitik einführen und sich auch entsprechend vertraglich verpflichten (vgl. BVerfGE 129, 124 <181 f.>; 132, 195 <246>, Rn. 123).

cc) Dabei ist es in erster Linie Sache des Gesetzgebers, abzuwägen, ob und in welchem Umfang zur Erhaltung demokratischer Gestaltungs- und Entscheidungsspielräume auch für die Zukunft Bindungen in Bezug auf das Ausgabeverhalten geboten und deshalb – spiegelbildlich – eine Verringerung des Gestaltungs- und Entscheidungsspielraums in der Gegenwart hinzunehmen ist. Das Bundesverfassungsgericht kann sich hier nicht mit eigener Sachkompetenz an die Stelle der dazu zuvörderst berufenen Gesetzgebungskörperschaften setzen (BVerfGE 129, 124 <183>). Es hat jedoch sicherzustellen, dass der demokratische Prozess offen bleibt, aufgrund anderer Mehrheitsentscheidungen rechtliche Umwertungen erfolgen können (vgl. BVerfGE 5, 85 <198 f.>; 44, 125 <142>; 123, 267 <367>) und eine irreversible rechtliche Präjudizierung künftiger Generationen vermieden wird (BVerfGE 132, 195 <246 f.>, Rn. 124).

d) Ob und inwieweit sich unmittelbar aus dem Demokratieprinzip darüber hinaus eine justiziable Begrenzung der Übernahme von Zahlungsverpflichtungen oder Haftungszusagen herleiten lässt, musste der Senat bislang nicht entscheiden. Eine unmittelbar aus dem Demokratieprinzip folgende Obergrenze könnte allenfalls überschritten sein, wenn sich die Zahlungsverpflichtungen und Haftungszusagen im Eintrittsfall so auswirkten, dass die Haushaltsautonomie jedenfalls für einen nennenswerten Zeitraum nicht nur eingeschränkt würde, sondern praktisch vollständig leerliefe. Dies kommt nur bei einer evidenten Überschreitung äußerster Grenzen in Betracht (vgl. BVerfGE 129, 124 <182 f.>; 132, 195 <242>, Rn. 112).

Bei der Prüfung, ob der Umfang von Zahlungsverpflichtungen und Haftungszusagen zu einer Entäußerung der Haushaltsautonomie des Bundestages führen könnte, verfügt der Gesetzgeber namentlich mit Blick auf die Frage der Eintrittsrisiken und die zu erwartenden Folgen für die Handlungsfreiheit des Haushaltsgesetzgebers über einen weiten Einschätzungsspielraum. Das gilt auch für die Abschätzung der künftigen Tragfähigkeit des Bundeshaushaltes und des wirtschaftlichen Leistungsvermögens der Bundesrepublik Deutschland (vgl. BVerfGE 129, 124 <182 f.>), einschließlich der Berücksichtigung der Folgen alternativer Handlungsoptionen (BVerfGE 132, 195 <242 f.>, Rn. 113)."

Zu II Rn. 201 f. hat das Gericht noch geäußert:

„(1) Nach Art. 110 Abs. 1 GG müssen alle zu erwartenden Ausgaben und Einnahmen des Bundes in den Haushaltsplan eingestellt werden. Der Haushaltsplan, der nach Art. 110 Abs. 2 Satz 1 GG durch Haushaltsgesetz festgestellt wird, ist Wirtschaftsplan und zugleich staatsleitender Hoheitsakt in Gesetzesform (BVerfGE 45, 1 <32>; 70, 324 <355 ff.>; 79, 311 <328 f.>; 129, 124 <178>). Er erfüllt eine demokratische Legitimations- und Kontrollfunktion im Hinblick auf sämtliche Einnahmen und Ausgaben des Staates und dient zugleich auch der Information der Öffentlichkeit. Vor diesem Hintergrund ist das Budgetrecht eines der wichtigsten Rechte des Parlaments und ein wesentliches Instrument der parlamentarischen Regierungskontrolle (vgl. BVerfGE 49, 89 <125>; 55, 274 <303>; 70, 324 <356>; 110, 199 <225>). Der besondere Gesetzesvorbehalt des Art. 110 Abs. 2 Satz 1 GG verpflichtet das Parlament dazu, sowohl sich selbst als auch der Öffentlichkeit Rechenschaft über die Einnahmen und Ausgaben des Staates abzulegen. Nicht zuletzt deshalb wird die parlamentarische Aussprache über den Haushalt – einschließlich des Maßes der Verschuldung – als politische Generaldebatte verstanden (BVerfGE 123, 267 <361>; 129, 124 <178>). Erweisen sich die vorhandenen Haushaltsansätze im Laufe des jeweiligen Haushaltsjahres als zu gering oder ergeben sich sachliche Bedürfnisse, die das Haushaltsgesetz nicht berücksichtigt hat, besteht für die Bundesregierung die verfassungsrechtliche Pflicht, eine Änderungsvorlage zum Haushaltsplan (Nachtragshaushalt) nach Maßgabe des Art. 110 Abs. 3 GG einzubringen, um die Vollständigkeit des Haushaltsplans zu gewährleisten (vgl. BVerfGE 45, 1 <34>; implizit auch BVerfGE 119, 96 <122 ff.>).

Da der Haushaltsplan nach Art. 110 Abs. 2 Satz 1 GG vor Beginn des jeweiligen Rechnungsjahres festgestellt werden muss, ist ihm ein Prognoseelement notwendig zu Eigen (vgl. BVerfGE 30, 250 <263>; 113, 167 <234>; 119, 96 <130>), so dass sich im Haushaltsvollzug immer Abweichungen vom Haushaltsplan ergeben werden. Das liegt in der Natur der Sache. Nicht mehr mit dem Grundsatz der Haushaltswahrheit vereinbar sind jedoch bewusst fehlerhafte oder auch „gegriffene" Haushaltsansätze, die trotz naheliegender Möglichkeiten besserer Informationsgewinnung ein angemessenes Bemühen um eine realitätsnahe und insoweit „gültige" Prognose der zu erwartenden Einnahmen oder Ausgaben vermissen lassen (vgl. BVerfGE 119, 96 <130>)."

b) Das Bundesverfassungsgericht sorgt sich um die „haushaltspolitische Gesamtverantwortung" des Bundestages, nicht aber um den Haushalt des Staates selbst, der „Eigentum" der Bürgerschaft ist, die ihn erwirtschaftet und durch ihren Staat verwalten läßt. Der Souveränität der Bürger wird die Überantwortung der Einnahmen und Ausgaben auf das Parlament nicht gerecht, wenn der Belastung der Bürger keine staatsmäßigen Grenzen gezogen werden. Es ist staatswidrig, wenn ein Volk gezwungen wird, fremde Völker zu finanzieren[1106]. Ein Volk organisiert sich in einem Staat, um sein Schicksal, das gute Leben aller Bürger in Freiheit, zu meistern, nicht um mit seiner Arbeit fremde Staaten zu finanzieren. Eine Politik, welche dem Volk die Finanzierung fremder Staaten, mögen diese auch in einem Staatenverbund eng verbunden sein, abverlangt, zumal gegen die Verträge des Verbundes, beutet die Völker nicht nur aus, sondern kann sich nicht auf den Willen der Bürgerschaften berufen. Die Hoheit des Volkes als der Freiheit und Souveränität der Bürger schützt als aller erstes das Eigentum der Bürger, deren Vermögen. Die Bürger bestimmen, wofür ihr Geld, das sie als Steuern zur Finanzierung ihres gemeinen Wohls ihrem Staat zur Verfügung stellen, ausgegeben werden soll. Die geradezu selbstverständliche Grenze ist die des Bedarfs dieses ihres Staates selbst, der sich aus den Aufgaben des Staates ergibt, die sie diesem durch ihre Gesetze auferlegt haben. Diese Ausgabengrenze, die zugleich die Grenzen der Einnahmen des Staates bestimmt, ist verfassungsimmanent. Sie ergibt sich aus dem Staatsprinzip selbst. Zweck des Staats ist das gute Leben seiner Bürger in Freiheit, das der eigenen Bürger, nicht das der

[1106] K. A. Schachtschneider, Die Rechtswidrigkeit der Euro-Rettungspolitik, S. 158 ff.

Bürger fremder Staaten. Durch völkerrechtliche Verträge kann dieser essentielle Staatszweck nicht auf die Finanierung fremder Völker ausgedehnt werden. Das Bundesverfassungsgericht hat souveränitätswidrig den Deutschen Bundestag in einer Art Parlamentssouveränität zum Herren des Volkes gemacht, der die Befugnis hat, das Vermögen des Volkes so weit in Anspruch zu nehmen, als dieses lebensfähig bleibt, d. h. auszubeuten, so weit die Bürger nicht existentiell gefährdet sind. Weil in der realen Parteienoligarchie keine wirkliche Opposition als Wahlalternative besteht, sind die Bürger dieser Herrschaft hilflos ausgeliefert. Ihnen bleibt nur der Widerstand gegen das Staatsunrecht, wenn und weil das Bundesverfassungsgericht die Souveränität der Bürger und damit die freiheitliche demokratische Ordnung des Grundgesetzes nicht schützt. Die Finanzierung fremder Staaten ist mit dem Staatsprinzip unvereinbar.

In einem Staatenverbund, wie ihn das Bundesverfassungsgericht in der Europäischen Union sieht, ist ein Finanzausgleich zwischen den Staaten staatswidrig. Er ist die Finanzierung der einen Staaten durch die anderen. Die Bürger der Geberländer werden genötigt, zur Finanzierung der Nehmerländer und deren Bürger Steuern zu entrichten. Das übersteigt die Grenze rechtmäßiger Besteuerung. Steuern dürfen jedenfalls in Rechtsstaaten nur für die Finanzierung des eigenen Staates erhoben werden. Der Staat ist die Einrichtung der Bürger für ihr allgemeines Wohl. Das ist die Verwirklichung der allgemeinen und gleichen Freiheit. Vornehmlicher Zweck des Staates ist die innere und äußere Sicherheit[1107], also müssen Polizei und Militär finanziert werden. Weiterer Zweck ist der innere Frieden, der nicht durch soziale Mißstände gefährdet werden darf, also ein gewisses Maß an Umverteilung, besser, eine gerechte Verteilung des Volkseinkommens nach den Kriterien des Bedarfs, der Leistung, des Eigentums auf der Grundlage der Gleichheit. Im klassischen Sinne ist auch das eine Aufgabe der Polizei. Auch die Infrastruktur als öffentliches Gut paßt gut in die Hände des Staates. Der Staat hat viele weitere Aufgaben an sich gezogen, die er auch privater Bewältigung überlassen könnte und sollte[1108], die Schulen und auch Hochschulen, die Kranken-, Alters- und Arbeitslosenversorgung. Die europäischen Staaten haben sich totalisiert, sicher auch eine Fehlentwicklung der auf Wahlen beschränkten Demokratien, die sich weit von durch Freiheit definierte Republiken entfernt haben. Aber das rechtfertigt noch lange nicht, die Finanzkraft einer Bürgerschaft für andere Völker und Staaten in Anspruch zu nehmen, solange nicht diese Bürgerschaften sich zu einen Staatsvolk verbunden haben. Erst der gemeinsame Staat rechtfertigt den internen Finanzausgleich, wie ihn Deutschland kennt. Die Finanzhilfen für fremde Staaten sind ein eklatanter Verstoß gegen das grundsätzlichste Prinzip der Haushaltsverfassung, die Verantwortung des Staates für den Haushalt des eigenen Volkes. Gerade weil die Konditionierung der Finanzhilfen

---

[1107] G. Ress, Staatszwecke im Verfassungsstaat – nach 40 Jahren Grundgesetz, VVDStRL 48 (1990), S. 56ff.; H. C. Link, Staatszwecke im Verfassungsstaat – nach 40 Jahren Grundgesetz, VVDStRL 48 (1990), S. 7 ff.

[1108] K. A. Schachtschneider, Der Anspruch auf materiale Privatisierung. Exemplifiziert am Beispiel des staatlichen und kommunalen Vermessungswesens in Bayern, 2005.

demokratiewidrig ist, ist diese Hilfe für fremde Staaten staatswidrig, im doppelten Sinne. Es ist durch nichts zu rechtfertigen, daß ein Volk die Kosten für die Mißwirtschaft, sei es wegen Korruption, sei es wegen Verschwendung, sei es wegen Rüstung oder was auch immer, eines anderen Volkes trägt, obwohl es auf diese Kosten keinen wirksamen Einfluß hat. Wenn ein anderes Land etwa durch ein Naturereignis in Not kommt, ist Hilfe Menschenpflicht und kann auch Kosten verursachen. Das sind Ausnahmefälle.

Einige der Mitgliedstaaten sind wegen des Binnenmarktes und der Währungseinheit vor allem mit Deutschland in wirtschaftliche Not geraten. Das rechtfertigt nicht deren Finanzierung. Vielmehr müssen sich die Staaten, deren Wirtschaft nicht die für Binnenmarkt und Währungseinheit erforderliche Homogenität aufweisen, aus diesen Einrichtungen lösen, in denen ihnen keine Wettbewerbschance bleibt. Der Euro-Verbund, mit dem man versucht, spezifisch die Souveränität der beteiligten Völker auszuhebeln, rechtfertigt die Finanzierung der Staten nicht, die mangels Möglichkeit der Abwertung ihre Wettbewerbsfähigkeit eingebüßt haben. Diese war bereits durch den Binnenmark unter ungleichen Partnern substantiell gefährdet. Nur unter strikter Wahrung der Souveränität war der Versuch einer Währungsunion, der ökonomisch von vornherein ein schwerer Fehlgriff war, staatsrechtlich tragfähig. Dem diente das Bail-out-Verbot. Aber dieses ist in der Euro-Krise ignoriert worden und wird vom System der Europäischen Zentralbanken (ESZB) und von der Europäischen Zentralbank umgangen, die damit ihre Aufgabe, die Preisstabilität zu sichern, aufgegeben und entgegen ihren Befugnissen die Staatsfinanzierung übernommen haben, freilich auf die Gefahr der großen Inflation hin.

Das Gericht erklärt „die Verpflichtung des Haushaltsgesetzgebers auf eine bestimmte Haushalts- und Fiskalpolitik“ und die „die Übertragung wesentlicher haushaltspolitischer Entscheidungen auf Organe einer supra- oder internationalen Organisation oder die Übernahme entsprechender völkerrechtlicher Verpflichtungen grundsätzlich nicht für demokratiewidrig“. Die Entscheidungen, „ob und in welchem Umfang das sinnvoll ist, obliegt in erster Linie dem Gesetzgeber“. Aber das Gericht weist auch auf die „prinzipielle rechtliche Reversibilität“ hin, die im Demokratieprinzip angelegt sei (Rn. 168 und ff.), und erinnert, daß „eine irreversible rechtliche Präjudizierung künftiger Generationen vermieden“ werde müsse (Abs. 173). Die Verpflichtungen haben einen solchen Umfang angenommen, daß sie angesichts der unausweichlichen Staatsausgaben in Generationen nicht erfüllt werden können. Folglich rechnet auch das Bundesverfassungsgericht mit einer Restrukturierung der Schulden und hebt immer wieder und zu Recht hervor, daß die Zustimmungsgesetze, welche die Verpflichtungen Deutschlands gegenüber fremden Staaten begründen, nach dem Prinzip der „umkehrbaren Selbstbindung“ auch wieder aufgehoben werden könnten. Das ist der wichtigste Aspekt haushaltspolitischen Gesamtverantwortung.

Es kann gute Gründe für begrenzte Geldtransfers in andere Staaten geben, etwa Gründe der Verteidigung, nicht aber für die Finanzierung von Banken, nur weil deren

Insolvenz auch eigene Banken in Mitleidenschaft ziehen würde. Soweit darf der Staat die internationale Verflechtung der Banken nicht kommen lassen, wenn dadurch fremde Banken „systemrelevant“ werden. Immer muß der Staat seine Souveränität wahren. Rechtlich kann ihm die Souveränität nicht genommen werden; denn sie ist die Freiheit der Bürger. Aber auch faktisch muß der Staat die Souveränität jederzeit achten, gerade weil sie die Freiheit der Bürger ist. Die internationalistische Aushöhlung der Souveränität ist eine verfassungswidrige Verletzung der Freiheit aller Bürger. Diese essentiellen Gesichtspunkte des Staatsrechts faßt das Bundesverfassungsgericht nicht ins Auge und übersieht damit seine eigentliche Aufgabe als Hüter der Verfassung. Dieses Defizit begleitet die Europarechtsprechung des Bundesverfassungsgerichts von deren Anfang an. Das Gericht will der europäischen Integration nicht das Ende bereiten, wie das die Rechtslage erfordert. Es moderiert, vornehmlich erinnert es den Deutschen Bundestag an dessen Verantwortung, aber es scheut vor der unerbittlichen Verteidigung des Rechts gegen das Integrationsunrecht zurück. Das gebietet ihm aber die Freiheit der Bürger, deren Souveränität. Längst leben wir in der Widerstandslage des Art. 20 Abs. 4 GG.

Die politische Form der allgemeinen und gleichen Freiheit der Bürger, die Demokratie, muß auch vor den Vertretern der Bürger im Parlament geschützt werden, die sich nicht immer oder immer weniger als Bürgervertreter, als die sie gewählt sind, betätigen. Auch das gehört zum Grundrechtsschutz des Wahlrechts. Die größte Gefahr für die Souveränität der Bürger und die Identität der Verfassung geht von der Parteienoligarchie aus, die unangefochten Parlament und Regierung beherrscht. Der Parteienstaat ist nicht die demokratische Republik, die das Grundgesetz verfaßt hat, sondern deren Verfallserscheinung. Die Abgeordneten sind rechtlich unabhängig, nicht aber faktisch. Sie machen sich vor allem aus Karrieregründen von den Parteiführern abhängig. Wem diese Gefolgschaft leisten, bleibt im Dunkeln. Die Abgeordneten sind fraglos gewählt, aber Wahlen allein sichern nicht die sittliche Vertretung der Bürgerschaft. Auch die freiheitliche Willensbildung des Volkes als Essentiale der Demokratie muß vom Verfassungsgericht geschützt werden, weitaus intensiver als bisher. Diese wird nicht gepflegt. Vielmehr wird mehr denn je die Bevölkerung durch Propaganda und Agitation gefügig gemacht. Diese darf nicht unter dem Deckmantel der Medienfreiheit von der Pflicht zur Wahrheit und Richtigkeit mehr als unvermeidlich abweichen dürfen. Der mediale Umgang mit der Integrationspolitik, die keinesfalls im Interesse der Völker ist, verfehlt die Aufgabe der Medien besonders krass. Aber das ist das Interesse der politischen Klasse. Längst wären sonst Volksabstimmungen über die großen Entscheidungen in der Europapolitik durchgeführt worden. Das Vertrauen in die politische Klasse, zu der viele der Medienverantwortlichen gehören, ist verlorengegangen. Aber das Bundesverfassungsgericht identifiziert nach wie vor im Leibholzschen Sinne die Mehrheitsbeschlüsse des Bundestages mit dem Willen des Volkes. Das ignoriert die zunehmende Bürgerferne der politischen Wirklichkeit. Die Beschlüsse des Bundestages sollten in stellvertretender Sittlichkeit die Erkenntnisse des Richtigen für das gute Leben aller Bürger auf der Grundlage der Wahrheit sein. Das können sie nur sein, wenn in das

Erkenntnisverfahren die Bürger bestmöglich einbezogen werden. Das ist vor allem Aufgabe eines freiheitlich gestalteten Medienwesens. Davon kann allein schon wegen der Oligarchisierung in den Medien keine Rede sein.

Diese eklatanten Schwächen der parteienstaatlichen Demokratie muß das Bundesverfassungsgericht als Hüter der Verfassung in seine Rechtsprechung gerade zur Demokratie in Rechnung stellen. Es genügt nicht, die Integrationsverantwortung des Parlaments zu stärken, das die Souveränitätsverantwortung als die Verantwortung für die Freiheit der Bürger zugunsten einer Europaideologie vernachlässigt. Das Gericht hat die haushaltspolitische Gesamtverantwortung des Parlaments, von dessen demokratischen Status es ausgeht, „in einem System intergouvernementalen Regierens" gestärkt. Es folgt damit seiner Doktrin von der repäsentativen Demokratie (BVerfGE 44, 308 (315 ff.); 56, 396 (405); 80, 188 (217 ff.)), in der „eine Mehrheitsentscheidung im Parlament zugleich die Mehrheitsentscheidung des Volkes repräsentiere" (BVerfGE 123, 267, Rn. 212 ff., Zitat Rn. 214), wodurch demokratische Legitimität geschaffen sei. Die „Mehrheitsentscheidung im Parlament" kann, demokratisch, freiheitlich verstanden, nur in Vertretung des ganzen Volkes die Erkenntnis des Richtigen auf der Grundlage der Wahrheit für das gute Leben der Bügerschaft beschließen. Die Identifizierung von Parlament und Bürgerschaft wird mehr und mehr Fiktion. Das gefährdet den Frieden im Lande und bedroht zunehmend das beste Verfassungsgesetz, das Deutschland jemals hatte, das Grundgesetz. Das Bundesverfassungsgericht, selbst Teil der politischen Klasse, ist blind gegenüber den inneren Gefahren für die Freiheit. Es ist eingerichtet, um Widerstand zu erübrigen. Mit Urteilen wie dem vom 18. März 2014 wird es dieser Verantwortung nicht gerecht.

Das Gericht erkennt durchaus, daß die laufenden Steuereinnahmen nicht ausreichen werden, um die von Deutschland übernommenen Verpflichtungen zu erfüllen, schon gar nicht derart kurzfristig, wie der ESM-Vertrag es vorschreibt, daß Deutschland also die Mittel nicht hat. Demgemäß „ermächtigt § 1 Abs. 2 Satz 1 ESMFinG den Bundesminister der Finanzen –gestützt auf Art. 115 Abs. 1 GG -, für das abrufbare Kapital des ESM in Höhe von etwa 168 Milliarden Euro „Gewährleistungen" zu übernehmen (206), also Kredite aufzunehmen. Das kann teuer werden.

Die aus dem Vertrag abgeleitete mittelbare Verpflichtung zur Kreditaufnahme, um fremde Staatshaushalte zu finanzieren, ist wiederum staatswidrig und verletzt zudem das Grundgesetz explizit, weil dadurch entgegen der verfassungsgesetzlichen Verpflichtung zur Schuldenbegrenzung, ja zum Schuldenabbau, aus Art. 115 Abs. 2 und Art. 143 d GG eine Vertragspflicht zur Verschuldung begründet ist. Ganz davon abgesehen, daß Deutschland dadurch die wirtschaftliche Stabilität einbüßen wird, ist das auch eine Verpflichtung, die innerdeutschen Staatsausgaben derart zu reduzieren, daß Deutschland überhaupt die Schuldentragfähigkeit wahrt. Auch diese ist nicht unbegrenzt. Das wird, sollte es praktisch werden, die Sozialhaushalte empfindlich belasten, aber die irregeleitete Europolitik auch veranlassen, die privaten Vermögen der Deutschen in Anspruch zu nehmen. Schließlich werden allein deren Nettogeldvermögen auf gut drei Billionen Euro veranschlagt. Dieses Vermögen dürfte die Begehrlichkeit der Politik seit langem geweckt haben und scheint mir die eigentliche Zugriffsmasse der wahnwitzigen Eurorettungspolitik zu sein.

c) Vom Bundesverfassungsgericht ist gegen Eingriffe in das Vermögen wenig Schutz zu erwarten, wenn Eingriffe erforderlich erscheinen, um das Gemeinwohl zu retten, das von der integrationsversessenen politischen Klasse in der Einheitswährung gesehen wird. Gegen Eingriffe in das Vermögen weigert sich das Gericht, den Grundrechtsschutz der Eigentumsgewährleistung zu aktivieren, obwohl das fraglos Enteignung ist. Freilich werden die inflationär aufgeblähten Vermögen schnell schmelzen, wenn die Rettungsmaßnahmen virulent werden. Immerhin hat das Gericht seine langjährige krasse Ablehnung jeden Eigentumsschutzes des Geldwertes zu Rn. 131 des Urteils relativiert: „Der Geldwert ist in besonderer Weise gemeinschaftsbezogen und gemeinschaftsabhängig. Es ist regelmäßig nicht Aufgabe des Bundesverfassungsgerichts, im Rahmen eines Verfassungsbeschwerdeverfahrens wirtschafts- und finanzpolitische Maßnahmen auf negative Folgewirkungen für die Geldwertstabilität zu überprüfen. Eine solche Kontrolle kommt allenfalls in Grenzfällen einer evidenten Minderung des Geldwerts durch Maßnahmen der öffentlichen Gewalt in Betracht. Tatsachen, die zu einer solchen Kontrolle Anlass geben könnten, sind nicht vorgetragen (§ 23 Abs. 1 Satz 2, § 92 BVerfGG)".

Das Bundesverfassungsgericht hat den Rechtsschutz gegen die rechtlosen Maßnahmen mit dem einem Satz verweigert, daß diese Maßnahmen keine verfassungsbeschwerdefähigen Rechtsakte der deutschen öffentlichen Gewalt seien (BVerfGE 129, 124, Rn. 116) – ein folgenschwere Rechtsverweigerung, welche das politische System insgesamt einer schweren Belastung aussetzen kann. Der Irrtum ist im laufenden Verfahren 2 BvR 1421/12 u. a., in dem es um die Staatsfinanzierung durch das ESZB und die EZB geht, in gewisser Weise korrigiert worden. Das Gericht hat das Unterlassen der Bundesregierung, Staatenklage gegen die monetäre Staats- und Haushaltsfinanzierung zu erheben, als Handeln der deutschen öffentlichen Gewalt, als Untätigkeit entgegen der Integrationsverantwortung, eingestuft, welches die Verfassungsbeschwerde nach Art. 93 Abs. 1 Nr. 4 a GG ermöglicht (Vorlagebeschluß vom 14. Januar 2014, BVerfG BvR 2739/13, Rn. 33, 44 ff.). Auch die Handlungen der Organe der Europäischen Union sind Rechtsakte der deutschen öffentlichen Gewalt; denn diese Organe üben ihnen zur gemeinsamen Ausübung übertragene deutsche und anderer Mitgliedstaaten Hoheitsrechte aus. Außerdem stand die folgenschwere Rechtsschutzverweigerung im Widerspruch zu den Rechtsschutzzusagen des Maastricht- und des Lissabon-Urteils.

9. Existentielle Ausbildungshoheit

Das Bundesverfassungsgericht rechnet auch die „Bildungsverhältnisse" zu den „bedeutsamen Sachbereichen", für deren „politische Gestaltung ausreichender

Raum" der Mitgliedstaaten in einer „Vertragsunion souveräner Staaten" bleiben müsse. Diese wie die anderen äußerst weichen Formulierungen bleiben gegenüber Eingriffen offen, aber irgendeine Grenze zieht die Souveränität der europäisch integrierten Bildungspolitik auch nach Auffassung des Gerichts. Mit Bildung ist wohl vornehmlich Ausbildung gemeint; denn die politische Gestaltung der Bildung steht dem Staat allenfalls insofern zu, als die Ausbildungspolitik unvermeidlich die Bildung der Auszubildenden beeinflußt, um nicht zu sagen beeinträchtigt. Verfassungswidrig kümmert sich der Staat zunehmend um die geistige Ausrichtung der Menschen und versucht einen Moralismus, political correctness, durchzusetzen, der die freie Entfaltung der Persönlichkeit und damit die Würde des Menschen verletzt. Bildung ist vornehmlich Sache der Familien und des Einzelnen. Unvermeidlich tragen jedoch Schule, Lehre und Hochschule zur Bildung bei. Jene müssen aber Eingriffe in die freie Entfaltung der Persönlichkeit möglichst vermeiden. Die Schule darf nicht zur Umerziehungsanstalt werden, sondern soll Grundfertigkeiten unterrichten, allerdings auch eine Arbeitsdisziplin vermitteln, die für eine bürgerliche Bewältigung des Lebens notwendig ist. Die Lehre ist Sache der Meister und damit der Unternehmen und der Kammern sowie Sache der begleitenden Schulen, die fachbezogen sein und bleiben muß.

Die Universitäten, weitgehend um des Egalitarismus willen und mit kräftiger Unterstützung der Europäischen Union zu schulischen Unterrichtsanstalten verkommen, sollten staatliche Einrichtungen der Forschung und Lehre sein, in die die Studenten einbezogen werden[1109]. Sie sind und sollen Stätten der Aufklärung sein, deren Wahlspruch mit Kant ist: „Sapere aude! Habe den Mut, dich des eigenen Verstandes zu bedienen" denn „Aufklärung ist der Ausgang des Menschen aus seiner selbstverschuldeten Unmündigkeit" (Beantwortung der Frage: Was ist Aufklärung? S. 53). Bürgerlichkeit ist Aufgeklärtheit. Im republikanischen Sinne gebildet ist, wer sein Leben in praktischer Vernunft, d. h. nach den Prinzipien der Wissenschaft, also aufklärerisch, zu bewältigen vermag. Universitäten sind seit jeher international, wie die Wissenschaften. Der Staat hat die staatlichen Universitäten zu finanzieren, mehr nicht. Ihre Gestaltung ist Sache der Selbstverwaltung, in die sich der Staat und zunehmend überstaatliche Organisationen zum Schaden der Wissenschaft seit langem im ökonomistischen Verwertungsinteresse einmischen. Bildung durch Wissenschaft (Wilhelm von Humboldt) hat der Staat fast vollständig aus der Universität, jedenfalls aus dem Studium, vertrieben. Das zeigt, daß der Staat, jedenfalls solange und soweit er Instrument der Wirtschaft und moralistischer Ideologien ist, zur Bildungspolitik denkbar ungeeignet ist. In jüngerer Zeit ist zudem die sogenannte Bildungspolitik, sowohl die Schul- wie die Hochschulpolitik, Sozialpolitik geworden. Die privatwirtschaftlich arbeitenden Hochschulen haben jedenfalls in Deutschland mangels hinreichender Forschungseinrichtungen nicht den Status von Universitäten, sondern sind wie meist die Fachhochschulen Unterrichtsunternehmen.

[1109] Dazu K. A. Schachtschneider, Die Universität in der Republik, 2000, in: ders., Freiheit – Recht – Staat, hrsg. v. D. I. Siebold/A. Emmerich-Fritsche, 2005, S. 259 ff.

Es versteht sich, daß Bildung im eigentlichen Sinne kein Gegenstand internationaler Politik sein kann, jedenfalls nicht mit Befugnissen zur Rechtsetzung. Hilfe für Entwicklungsländer ist eine andere Sache. Auch die Ausbildung muß und darf nicht im ökonomischen Interesse international vereinheitlicht werden, nicht nur, weil das die Standards nivelliert, sondern auch weil jeder Eingriff in die Ausbildungsverhältnisse auch Familienpolitik ist, die aber ist nur in engsten Grenzen Sache des Staates. Das Bundesverfassungsgericht hat demgemäß zu Recht die Bildungs- und die Familienverhältnisse in einem Atemzug genannt. Bildung jedenfalls ist essentiell Sache der einzelnen Menschen, der Familien und des Volkes. Sie gehört in keiner Weise in die Hände internationaler Organisationen. Im Interesse der Austauschbarkeit und zugleich Ausbeutbarkeit der Fachkräfte hat die Europäische Union die gegenseitige, im übrigen nivellierende Anerkennung von Ausbildungen nach dem Herkunftslandprinzip weit vorangetrieben. Dies zwingt, gemeinsame Standards vorzugeben, die notwendig international gesetzt werden müssen. Im Interesse der Hoheit der Völker über ihren Lebenszuschnitt und über ihre Sicherheit ist das Bestimmungslandprinzip gerade bei den fachlichen Anforderungen der Dienstleister vorzuziehen.

10. Zusammenfassende Bemerkung

Die Verletzungen der Souveränität durch völkerrechtliche Verträge, die in diesem Kapitel angesprochen sind, gehören weitestgehend zur Politik der europäischen Integration. Vertragsoktroy mittels souveränitätsvergessener Regierungen und Parlamente ist das wichtigste Mittel gegenwärtiger Intervention in die Freiheit der Bürger. Diese hat den Vorteil der Intransparenz, den Vorteil des Scheins der Freiheit. Diese Bevormundung der Bürger durch fremde Mächte, die wenig offen agieren, verbirgt sich hinter den Verträgen, die den Schein des Rechts für sich haben. Die agierenden Politiker sind gewählt. Wahlen in einer demokratiefernen Medienoligarchie aber sind eine raffinierte Form der Entmündigung. Wer die Medien beherrscht, beherrscht in der Parteiendemokratie die Wähler. Die Medien aber sind in der Hand weniger Unternehmer, die alles andere als demokratisch legitimiert sind. Oswald Spengler hat erkannt, daß „Demokratie und Plutokratie gleichbedeutend" seien[1110]. Das ist nach wie vor jedenfalls für Demokratien mit Verhältniswahlsystem und Sperrklauseln richtig, die sich geradezu zwangsläufig zu plutokratischen Parteienoligarchien entwickeln. Rechtsschutz ist von der politischen Klasse, zu der die Verfassungsrichter gehören, nur schwer, vielfach gar nicht zu erreichen.

Weitere Souveränitätsverletzungen durch die Integration in die Europäische Union behandelt der Zehnte Teil.

[1110] O. Spengler, Der Untergang des Abendlandes. Umrisse einer Morphologie der Weltgeschichte, Zweiter Band. II, 1922, S. 1061; auch ders., Preußentum und Sozialismus, 1919, in: ders., Politische Schriften 1919–1926, S. 15 ff., 77.

Achter Teil

Geteilte Souveränität im Bundesstaat

Den Gliedstaaten eines Bundesstaates, also auch den Ländern der Bundesrepublik Deutschland, wird meist die Souveränität abgesprochen[1111]. Vor allem wird das auf die Kompetenz-Kompetenz des Bundes gestützt, also seine Befugnis, die Zuständigkeiten von Bund und Ländern durch Änderung des Verfassungsgesetzes zu regeln[1112]. Aber das bedarf der Zustimmung des Bundesrates, in dem die Landesver-

---

[1111] H. Heller, Souveränität, S. 133 ff., 168 f., gegen eine Halbsouveränität; O. Kimminich, Der Bundesstaat, HStR, Bd. I, 1987, Grundlagen von Staat und Verfassung, § 26, Rdn. 12, 15 ff. (drastisch, mit Metaphern der Körperlichkeit (?)); A. Randelzhofer, Staatsgewalt und Souveränität. HStR, Bd. I. 1987, § 15, Rdn. 35; K. Stern, Staatsrecht II, S. 22 f.; vgl. auch P. Häberle, Zur gegenwärtigen Diskussion um die Probleme der Souveränität, AöR 92 (1967), S. 262 f.; auch H. Kelsen, der darin einen Fortschritt zur Auflösung der Souveränitätsdoktrin erblickt, Der Wandel des Souveränitätsbegriffs, S. 176 f.; ders., Das Problem der Souveränität und die Theorie des Völkerrechts, S. 59 ff., 280 ff.; O. Beaud, Föderalismus und Souveränität. Bausteine zu einer verfassungsrechtlichen Lehre der Föderation, Der Staat 35 (1996), S. 62 (weil sie Teile der Staatsgewalt aufgegeben hätten); nicht recht klar, mehr fragend W. Leisner, Das Volk, S. 90 ff., 92 ff.; nicht unkritisch H. Quaritsch, Staat und Souveränität, S. 408 ff., der aber den Ländern als Gliedstaaten jedenfalls des 19. Jahrhunderts die Souveränität mit Georg Jellinek und auch die Staatseigenschaft abzusprechen scheint; auch P. Pernthaler, Allgemeine Staatslehre und Verfassungslehre, S. 294 f.; St. Oeter, Integration und Subsidiarität im deutschen Bundesstaatsrecht, S. 381 ff.; anders die vom Republikanismus bestimmte amerikanische Verfassungsrechtsprechung seit 200 Jahren, vgl. Pernthaler, a. a. O., S. 292 ff.; dazu und zum Folgenden K. A. Schachtschneider, Verfassungsbeschwerde Lissabon-Vertrag, Teil 3, A II.

[1112] A. Haenel, Studien zum Deutschen Staatsrechte. Erste Studie: Die vertragsmäßigen Elemente der Deutschen Reichsverfassung, 1873, S. 149; richtige Kritik der Identifizierung von Kompetenz-Kompetenz und Souveränität C. Schmitt, Verfassungslehre, S. 102 f. („Kompetenz-Kompetenz ist, richtig verstanden, etwas anderes als Souveränität", die Befugnis zur Verfassungsänderung ist als Kompetenz begrenzt, die „Identität und Kontinuität der Verfassung als eines Ganzen" muß gewahrt bleiben), S. 387; R. Bartlsperger, Das Verfassungsrecht der Länder in der gesamtstaatlichen Verfassungsordnung, HStR, Bd. VI, § 128, Rdn. 45, stützt die Kompetenz-Kompetenz auf „bundesstaatliche Organzuständigkeit des Bundes aus der bundesstaatlichen Gesamtverfassung", ohne Souveränitätszuordnung, Bund kein „Oberstaat"; im Ergebnis folgend R. Grawert, Homogenität, Identität, Souveränität, Der Staat 51 (2012), S. 204, in Kritik an BVerfGE 89,155 (181 ff., 189); U. Di Fabio, Der neue Art. 23 des Grundgesetzes, Der Staat 32 (1993), S. 201; aber unklar ders., Der Verfassungsstaat in der Weltgesellschaft, 2001, S. 92, „eine ‚Teilung' der Souveränität ist daher nicht möglich, ohne den Begriff um seinen Sinn zu bringen", meint er nur die Teilung zwischen der Europäischen Union und den Mitgliedstaaten oder auch die zwischen Bund und Ländern?; das Übliche vertritt wie durchgehend Ch. Seiler, Der souveräne Verfassungsstaat zwischen demokratischer Rückbindung und überstaatlicher Einbindung, S. 48 f.; nicht anders Ch. Möllers, Evangelisches Staatslexikon, 2006, Sp. 2175 f.; fragwürdig relativierend im Interesse einer übertragenen Kompetenz der

treter weisungsgebunden abstimmen, wenn auch nur der Zweidrittelmehrheit (Art. 79 Abs. 2 GG). Das ist ein selbstbindender Kompromiß, der notwendig ist, um Änderungen des Grundgesetzes nicht an einzelnen, gegebenenfalls kleinen Ländern scheitern lassen zu müssen, und hebt die Souveränität der einzelnen Länder nicht auf. Nach Absatz 3 des Art. 79 GG ist eine „Änderung dieses Grundgesetzes, durch welche die Gliederung des Bundes in Länder, die grundsätzliche Mitwirkung der Länder bei der Gesetzgebung und die in den Artikeln 1 und 20 niedergelegten Grundsätze berührt werden", untersagt. Die Bundesstaatlichkeit und die Substanz der Landessouveränität sind somit unberührbar. Die Bundesstaatlichkeit ist gerade durch die Souveränität der Länder, nämlich die Freiheit der Landesvölker definiert. Nur der Bund als der „übergeordnete" (?; BVerfGE 13, 54 (78)) Zentralstaat soll aber souverän sein, zumal außenpolitisch. Carl Schmitt: Dann ist das „in Wahrheit ein souveräner Einheitsstaat"[1113]. Vorsichtig Carl Schmitt: „Es gehört zum Wesen des Bundes, daß die Frage der Souveränität zwischen Bund und Gliedstaaten immer offenbleibt, solange der Bund als solcher neben den Gliedern als solchen existiert", weil „das Wesen des Bundes in einem Dualismus der politischen Existenz liege"[1114]. Ein „existentieller Konflikt" zwischen Bund und Mitgliedstaaten sei nur politisch lösbar, nicht im „justizförmigen Verfahren"[1115]. Besser wäre zu sagen, in existentieller Lage erweist sich die Souveränität der Länder, aber auch des Bundes, deren „politische Existenz", wie Carl Schmitt sagt, freilich im Sinne seines Begriffs des Politischen, nämlich der Unterscheidung von Freund und Feind[1116]. Die Länder würden weder Völkerrechtssubjekte noch völkerrechtsfähig sein[1117]. Das Gegenteil zeigt Art. 32 Abs. 3 GG, wonach die Länder, soweit sie für die Gesetzgebung zuständig sind, mit auswärtigen Staaten Verträge abschließen können, wenn auch nur

Europäischen Union zur Hoheitsgewalt U. Schliesky, Souveränität und Legitimität von Herrschergewalt, S. 130 ff., 135 ff., 261 f., 334 ff., 368 ff., 555 f.

[1113] Verfassungslehre, S. 372 f.; i.d.S. auch R. Bartlsperger, Das Verfassungsrecht der Länder in der gesamtstaatlichen Verfassungsordnung, HStR, Bd. VI, § 128, Rdn. 27 ff., auch Rdn. 6 ff. kritisch zu Konrad Hesses Lehre vom „unitarischen Bundesstaat", insb. S. 26 ff., nur noch „vertikale Gewaltenteilung zur Zweckverwirklichung der verfassungsstaatlichen Prinzipien von Demokratie und sozialem Rechtsstaat", „bundesstaatliche Kompetenz- und Verfahrensnormen" lediglich „staatsorganisationsrechtliches Instrumentarium" („Trostpflastertheorien"); kritisch auch P. Lerche, Föderalismus als nationales und internationales Ordnungsprinzip, VVDStRL 21 (1964), S. 66 ff., 78 ff., Reduzierung auf Gewaltenteilung.

[1114] Verfassungslehre, S. 371 ff., Zitat S. 373; kritisch zu Schmitt O. Beaud, Föderalismus und Souveränität. Bausteine zu einer verfassungsrechtlichen Lehre der Föderation, Der Staat 35 (1996), S. 55 ff., aber S. 65 (in der Föderation gebe es „mehrere Völker", also „doppelte Souveränität", „doppelte Staatsbürgerschaft").

[1115] Verfassungslehre, S. 371 ff.; kritisch O. Beaud, Föderalismus und Souveränität. Bausteine zu einer verfassungsrechtlichen Lehre der Föderation, Der Staat 35 (1996), S. 57 ff., 63 f. (Richter entscheiden Konflikt).

[1116] Verfassungslehre, S. 363 ff., 378; Der Begriff des Politischen, S. 20 ff., insb. S. 26 ff.

[1117] O. Kimminich, Der Bundesstaat, HStR, Bd. I, § 26, Rdn. 20 f.; auch H. Steiger, Staatlichkeit und Überstaatlichkeit, S. 47.

mit Zustimmung der Bundesregierung (vgl. BVerfGE 2, 347 (369 ff.))[1118]. Die Zuständigkeit für völkerrechtliche Verträge des Bundesstaates ergibt sich wie jede Zuständigkeit aus der bundesstaatlichen Zuständigkeitsordnung des Verfassungsgesetzes. Weitestgehend ist in Deutschland die „auswärtige Gewalt“ durch Art. 32 Abs. 1 GG dem Bund übertragen. Das ist sachgerecht, sagt aber nichts über die Souveränität der Länder, genausowenig wie über deren Völkerrechtsfähigkeit. Sonst hätte Deutschland auch seine Völkerrechtsfähigkeit im Bereich der ausschließlichen Zuständigkeit der Europäischen Union, aber auch im Bereich deren konkurrierenden Zuständigkeit, soweit die Union diese wahrgenommen hat, also weitestgehend, aufgegeben.

Die herrschende Meinung stellt sogar die einzelnen Länder zur Disposition eines verfassungsändernden Gesetzes des Bundes, wenn nur die Bundesstaatlichkeit als solche erhalten bleibe („labiler Bundesstaat“; BVerfGE 1, 14 (48); 5, 34 (38))[1119]. Darin kommt eine rein funktionalistische Dogmatik des Bundesstaates zum Ausdruck[1120], welche der Souveränität der Landesvölker widerspricht. Die Vorstellung, daß eine Änderung des Grundgesetzes den Freistaat Bayern gegen den Willen des bayerischen Volkes abschafft und in einem großen Südstaat, etwa neben einem West-, einem Nord- und einem Oststaat Deutschlands aufgehen läßt, ist absurd. Bayern wie jedes andere Land wäre berechtigt, sich vom Bund zu trennen. Im übrigen wäre nach Art. 29 Abs. 3 GG grundsätzlich die mehrheitliche Zustimmung durch Volksentscheid erforderlich. Man sieht die Länder dem Bund nicht gleich-, sondern untergeordnet, zumal das Bundesrecht nach Art. 31 GG das Landesrecht

[1118] Ch. Seiler, Der souveräne Verfassungsstaat zwischen demokratischer Rückbindung und überstaatlicher Einbindung, S. 146.

[1119] Im Anschluß an R. Thoma, Das Reich als Bundesstaat, in: G. Anschütz/R. Thoma, HdbDStR, Erster Band, 1930, S. 169 ff., 183 f.; O. Kimminich, Der Bundesstaat, HStR, Bd. I, § 26, Rdn. 39; J. Isensee, Idee und Gestalt des Föderalismus im Grundgesetz, HStR, Bd. IV, § 98, Rdn. 262 ff., insb. Rdn. 278, nicht aber die Bundesstaatlichkeit Deutschlands als solche, auch Rdn. 90, insb. Rdn. 114 („praktisch äußerst wirksame Bestandsgarantie für die Länder“ wegen der schwierigen Verfahren einer Neugliederung, zumal nach den Neufassungen des Art. 29 GG); Th. Maunz, Staatlichkeit und Verfassungshoheit der Länder, HStR, Bd. IV, Finanzverfassung – Bundesstaatliche Ordnung, § 94, 1990, Rdn. 2 ff., 16, 25 ff., „(originäre) Staatsgewalt“ auch der Länder; begrenzte Kompetenz-Kompetenz des Bundes; „Verfassungshoheit“ der Länder; Ch. Seiler, Der souveräne Verfassungsstaat zwischen demokratischer Rückbindung und überstaatlicher Einbindung, S. 144 f., 158; St. Oeter, Integration und Subsidiarität im deutschen Bundesstaatsrecht, S. 400 ff.; ders., Souveränität und Demokratie als Problem in der „Verfassungsentwicklung“ der Europäischen Union, S, 677, der wohl auch den Bestand der einzelnen Länder gesichert sieht; „Existenz der Bundesglieder“ als „Herrschaftsverbänden eigenen Rechts“ mit „ursprünglicher Herrschaftsmacht“ sieht „rechtlich“ gesichert H. Haug, Die Schranken der Verfassungsrevision, S. 82.

[1120] St. Oeter, Integration und Subsidiarität im deutschen Bundesstaatsrecht, S. 393 ff. unter Hinweis auf K. Hesse, Der unitarische Bundesstaat, 1962, S. 27 ff. (Gewaltenteilung, Demokratie); kritisch R. Bartlsperger, Das Verfassungsrecht der Länder in der gesamtstaatlichen Verfassungsordnung, HStR, Bd. VI, § 128, Rdn. 6 ff., 27 ff.

breche[1121]. Art. 31 GG ist aber die Logik der Kompetenzordnung, kein Ausdruck von Unterordnung, sondern der „gesamtverfassungsrechtlichen Gleichordnung von Gesamtstaat und Einzelstaaten“[1122]. Staatseigenschaft und Staatsgewalt will man aber den Ländern nicht streitig machen, zu Recht (st. Rspr. BVerfGE 1, 14 (34); 36, 342 (360 f.); 72, 330 (388); 81, 310 (334); 82, 272 (282); 86, 148 (275); 87, 181 (196); 96, 345 (366))[1123]. Unterordnung ist eine herrschaftliche Doktrin, die unter freien Menschen unangebracht ist, erst recht unter den Staaten freier Menschen[1124].

[1121] O. Kimminich, Der Bundesstaat, HStR, Bd. I, § 26, Rdn. 40, 42, 48; A. Randelzhofer, Staatsgewalt und Souveränität, HStR, Bd. I, § 15, Rdn. 35; J. Isensee, Idee und Gestalt des Föderalismus im Grundgesetz, HStR, Bd. IV, § 98, Rdn. 91 f.; Ch. Seiler, Der souveräne Verfassungsstaat zwischen demokratischer Rückbindung und überstaatlicher Einbindung, S. 144; dagegen R. Bartlsperger, Das Verfassungsrecht der Länder in der gesamtstaatlichen Verfassungsordnung, HStR, Bd. VI, § 128, Rdn. 24 f., 30 ff., 33 ff., insb. Rdn 35, keine Unterordnung wegen der Weisungsbefugnisse des Bundes und wegen des Bundeszwanges; zum Deutschen Reich von 1871 P. Laband, Das Staatsrecht des deutschen Reichs, Bd. I, 1876, S. 78, die Einzelstaaten sind als „juristische Personen des öffentlichen Rechts“„die Unterthanen des Reichs“; vgl. kritisch H. Preuß, Gemeinde, Staat, Reich als Gebietskörperschaften, 1889/1964, S. 33 ff., 41 ff., selbst Gegner des Souveränitätsbegriffs, S. 135, 417 ff. u. ö.

[1122] R. Bartlsperger, Das Verfassungsrecht der Länder in der gesamtstaatlichen Verfassungsordnung, HStR, Bd. VI, Bundesstaat, § 128, Rdn. 30, 31, 32, 33, Rdn. 49 ff. für das Grundgesetz; i.d.S. differenzierend J. Pietzcker, Zuständigkeitsordnung und Kollisionsrecht im Bundesstaat, HStR, Bd. IV, Finanzverfassung – Bundestaatliche Ordnung, § 99, Rdn. 24 ff.; auch Th. Maunz, Staatlichkeit und Verfassungshoheit der Länder, HStR, Bd. IV, § 94, Rdn. 15 f.; O. Beaud, Föderalismus und Souveränität, Der Staat 35 (1996), S. 65, erklärt es für „unmöglich, daß die föderative Nation der staatlichen Nation übergeordnet“ sei, insofern richtig.

[1123] K. Stern, Staatsrecht I, S. 644 f., 651, 654, 660 ff., 666 ff.; O. Kimminich, Der Bundesstaat, HStR, Bd. I, § 26, Rdn. 14, 15 ff., insb. S. 19 f., 40; R. Herzog, in: Maunz/Dürig, GG, Kommentar, 1980, Art. 20 IV, Rdn. 2 ff.; J. Isensee, Idee und Gestalt des Föderalismus im Grundgesetz, HStR, Bd. IV, § 98, Rdn. 4, 64 ff., 68 („Staatlichkeit“ der Länder „im Sinne des Grundgesetzes“), Rdn. 69 ff., 268; A. Dittmann, Verfassungshoheit der Länder, HStR, Bd. VI., Bundesstaat, 3. Aufl. 2008, § 127, Rdn. 1; R. Bartlsperger, Das Verfassungsrecht der Länder in der gesamtstaatlichen Verfassungsordnung, HStR, Bd. VI, § 128, Rdn. 5, 30 ff., 44, „Länder haben Staatsqualität“; so auch E. Šarčevič, Das Bundesstaatsprinzip. Eine staatsrechtliche Untersuchung zur Dogmatik der Bundesstaatlichkeit des Grundgesetzes, 2000, S. 211 ff., 255 ff.; H. Steiger, Geht das Zeitalter des souveränen Staates zu Ende? Der Staat 41 (2002), S. 334; eher gegen die Staatseigenschaft der Länder Ch. Seiler, Der souveräne Verfassungsstaat zwischen demokratischer Rückbindung und überstaatlicher Einbindung, S. 144 ff. („Staat im engeren Sinne ist allein der Bund“, die Länder sind „lediglich rechtstechnisch verselbständigte Untereinheiten des einheitlichen Gesamtstaates“ S. 145), S. 277 ff. („lediglich aus primär historischen Gründen als Staat betitelt“, S. 278), auch S. 48 ff., 142; auch Ch. Möllers, Evangelisches Staatslexikon, 2006, Sp. 2176; schwankend ders., Staat als Argument, S. 350 ff., 361, 362 ff., 368 ff., 370 ff., der dem „verfassungstheoretischen Begriff der Staatlichkeit der Länder“ keinen „Beitrag zu dem vom Grundgesetz vorgegebenen normativen Strukturen“ abgewinnen kann (S. 375); Ph. Zorn hat in der Kritischen Vierteljahresschrift, NF. Bd. VIII H 3, S. 380, geleugnet, daß die Einzelstaaten des Deutschen Reiches Staaten seien, darauf weist H. Preuß, Gemeinde, Staat, Reich als Gebietskörperschaften, S. 125, Fn. 64, hin.

[1124] Richtig für Gesamtstaat und Einzelstaaten R. Bartlsperger, Das Verfassungsrecht der Länder in der gesamtstaatlichen Verfassungsordnung, HStR, Bd. VI, § 128, Rdn. 27, 30 ff., 31,

Auch die Irrungen und Wirrungen der Bundesstaatslehre rühren von der staatsrechtlichen Herrschafts- oder Machtdoktrin her. Diese hat auch zu der Dogmatik geführt, wegen der Einzigkeit und Einheitlichkeit, also Unteilbarkeit, der Souveränität[1125] die Staatseigenschaft von der Souveränität zu trennen und die Souveränität als eine besondere Eigenschaft eines Staates zu konzipieren, die nicht notwendig mit der Staatseigenschaft verbunden sei[1126]. Diese Dogmatik ist eine Notlösung und verkennt das Wesen jedenfalls freiheitlicher Souveränität, aber auch einer Staatssouveränität, wie Hans Nawiasky gezeigt hat. Richard Bartlsperger stellt im Anschluß an Nawiasky klar, daß ein Bundesstaat nur denkmöglich sei, wenn Gesamtstaat und Einzelstaaten „gleichgeordnete je für sich souveräne Träger staatlicher Herrschaft" seien, deren „Kompetenzteilung die konstituierende Gesamtverfassung", selbst nicht „eigener Souveränitätsträger im Bundesstaat", leiste[1127]. Die

32, unrichtig für das Verhältnis von Gesamtstaat und Einzelstaaten einerseits und den „ihrer Staatsgewalt unterworfenen Rechtsträgern" auf der anderen Seite, Rdn 32.

[1125] Hinweise in Fn. 1146, zu Jean Bodin zu und in Fn. 93; insb. G. Jellinek, Allgemeine Staatslehre, S. 489 und ff., 496; vgl. R. Bartlsperger, Das Verfassungsrecht der Länder in der gesamtstaatlichen Verfassungsordnung, HStR, Bd. VI, § 128, Rdn. 17 ff., 23, 24, der das auf die nationale Bewegung, die in der Frankfurter Reichsverfassung als Bruch mit der Tradition zumal des Deutschen Bundes Ausdruck gefunden und den monarchischen Bundesstaat und die republikanischen demokratischen Bundesstaaten der Weimarer Reichsverfassung und des Grundgesetzes überdauert habe, Rdn. 18, dagegen zu Recht Rdn. 16 ff., 27 ff., 42, 45.

[1126] P. Laband, Das Staatsrecht des Deutschen Reiches, 1883, 1. Bd., 4. Aufl. 1901, S. 55 ff.; G. Jellinek, Die Lehre von den Staatenverbindungen, S. 16; ders., Allgemeine Staatslehre, S. 484 ff., 496 f., 502 ff.; vgl. C. Schmitt, Politische Theologie, S. 17, 25; H. Heller, Souveränität, S. 134 ff., der sogar die Staatseigenschaft der Gliedstaaten in Zweifel zieht; richtig H. Nawiasky, Bundesstaat als Rechtsbegriff, 1920, S. 46 ff., 118, 248 ff., vgl. auch S. 197 ff., 212 f., 217, 226 ff., 230 ff., 237, für die Staatssouveränität; vgl. H. Boldt, Geschichtliche Grundbegriffe, S. 147; K. Doehring, Internationale Organisationen und staatliche Souveränität, S. 117; O. Kimminnich, Der Bundesstaat, HStR, Bd. I, § 26, Rdn. 17 ff.; ausführlich R. Bartlsperger, Das Verfassungsrecht der Länder in der gesamtstaatlichen Verfassungsordnung, HStR, Bd. VI, § 128, Rdn. 16 ff., selbst richtig Rdn. 27 ff., „Rechtskonstruktion der Souveränitätsordnung im Bundesstaat aus dessen kompetenzrechtlicher Gesamtverfassung"; A. Dittmann, Verfassungshoheit der Länder, HStR, Bd. VI, § 127, Rn. 9, spricht unklar von „verfassungspolitischer Souveränität der Länder"; vgl. zur Souveränitätsfrage im Staatenbund und Bundesstaat E. R. Huber, Deutsche Verfassungsgeschichte seit 1789, Bd. I, Reform und Restauration 1789 bis 1830, 1957, S. 666 ff., Bd. III, Bismarck und das Reich, 1963, S. 785 ff.; vgl. auch St. Hobe, Der offene Verfassungsstaat zwischen Souveränität und Interdependenz, S. 426 f., 433 ff. zur Teilung der Souveränität in der Europäischen Union; J. Kokott, Die Staatsrechtslehre und die Veränderung ihres Gegenstandes, VVDStRL 63 (2004) S. 17, 24; kritisch zur Unteilbarkeit auch D. König, Die Übertragung von Hoheitsrechten im Rahmen des europäischen Integrationsprozesses, S. 266 ff.

[1127] Das Verfassungsrecht der Länder in der gesamtstaatlichen Verfassungsordnung, HStR, Bd. VI, § 128, Rdn. 27, gegen Hans Kelsen, der die Gesamtverfassung (dazu Rdn. 29) mit „eigener juristischer Staatspersönlichkeit neben Zentralstaat und Einzelstaaten" verbinde, Rdn. 28; H. Haug, Die Schranken der Verfassungsrevision, S. 76 ff., sieht die Staatsgewalt als teilbar an, nicht aber die Souveränität, die der Bund, die Gliedstaaten und die Kommunalverbände im Sinne einer „Organsouveränität" als „Souveränität des einen Staates" haben würden, S. 81 f., die Gliedstaaten seien aber in ihrer Existenz gesichert, S. 82 f.

Länder haben eigene Völker[1128]. Die Länder sind Staaten und ihre Völker sind souverän. Die Landesvölker sind freie Bürgerschaften. Sie sind insbesondere eigenständig demokratisch legitimiert und haben originäre Staatsgewalt[1129], eine „nicht vom Bund abgeleitete, sondern von ihm anerkannte Hoheitsmacht" (BVerfGE 1, 14 (34); 6, 309 (346 f.); 34, 9 (19 f.); 60, 175 (207, 209); 81, 310 (331))[1130], nämlich ein eigenes Volk (Art. 28 Abs. 1 S. 2 GG; BVerfGE 8, 104 (116), „Staatsorgan Landesvolk"; BVerfGE 83, 37 (53), „territorial begrenzter Verband", „das (Landes)

[1128] B. Grzeszick, in: Maunz/Dürig, Grundgesetz, Art. 20 II, 2010, Rdn. 83, Art. 20 IV, 2006, Rdn. 30 ff., insb. Rdn. 42; R. Bartlsperger, Das Verfassungsrecht der Länder in der gesamtstaatlichen Verfassungsordnung, HStR, Bd. VI, § 128, Rdn. 20 f., Volk „gesamtstaatlich" und „einzelstaatlich" organisiert; St. Oeter, Integration und Subsidiarität im deutschen Bundesstaatsrecht, S. 384 f., 392 f.; Ch. Seiler, Der souveräne Verfassungsstaat zwischen demokratischer Rückbindung und überstaatlicher Einbindung, S. 145, vermag diese nicht auszumachen und weiß nicht einmal um das Staatsangehörigkeitsrecht Bayerns in Art. 6 der Bayerischen Verfassung; wegen der vermeintlich unteilbaren Souveränität allein des Bundes ablehnend J. Isensee, Idee und Gestalt des Föderalismus im Grundgesetz, HStR Bd. IV, § 98, Rdn. 45 ff., 60 f. (keine „eigenes Landesvolk"; „Teilvolk der Länder" nur „integraler Volksteil", Rdn 45, oder „Volksteile"; Rdn. 60, grundgesetzliche Bundesstaat „unitarisch"); auch W. Leisner, Das Volk, S. 90 ff.; M. Jestaedt, Demokratieprinzip und Kondominialverwaltung, S. 210 ff., 525 ff.,

[1129] Ganz so H. Nawiasky, Bundesstaat als Rechtsbegriff S. 46 ff.; R. Bartlsperger, Das Verfassungsrecht der Länder in der gesamtstaatlichen Verfassungsordnung, HStR, Bd. VI, § 128, Rdn. 5, 7, 10, Rdn. 42, „originäre Staatsgewalt im zugeordneten rechtsinhaltlichen Bereich", „repräsentieren föderal gegliedertes Staatsleben", „Verfassungshoheit im Rahmen der Kompetenzen und staatliche Souveränität", Rdn. 44, „originäre Verfassungshoheit", „eigene originäre Verfassungsräume von Bund und Ländern", „Souveränität in kompetenzrechtlicher Teilung", „Länder in föderal eigenem Bereich von Staatsgewalt und Staatsleben"; auch St. Oeter, Souveränität und Demokratie als Problem in der „Verfassungsentwicklung" der Europäischen Union, S. 676 ff.; vgl. O. Kimminich, Der Bundesstaat, HStR, Bd. I, § 26, Rdn. 19 f.; dagegen mit fragwürdigem „Kompetenz-Kompetenz"-Argument Ch. Seiler, Der souveräne Verfassungsstaat zwischen demokratischer Rückbindung und überstaatlicher Einbindung, S. 144; für das Deutsche Reich von 1871 H. Triepel, Unitarismus und Föderalismus im Deutschen Reiche. Eine staatsrechtliche und politische Studie, 1907, S. 3 f. („Deutschland wird ‚bündisch' geeint sein, – oder es wird nicht sein", zitiert Triepel Constantin Frantz, der Österreich und Preußen verbunden sehen wollte), S. 8 ff. zum Bundesstaat und Staatenbund, Unitarismus und Föderalismus, insb. 24 ff., S. 9, kompetentiell geteilte Staatlichkeit zwischen Bundesstaat und „den eingeordneten Staaten", für den Unitarismus, „für die Stärkung des preußisch-deutschen Kaisertums", S. 125, Schlußbemerkung.

[1130] Th. Maunz, Staatlichkeit und Verfassungshoheit der Länder, HStR, Bd. IV, § 94, Rdn. 3; R. Herzog, in: Maunz/Dürig, GG, Komm., Art. 20 IV, Rdn. 10; K. Stern, Staatsrecht I, S. 667, 669; dazu E. Šarčevič, Das Bundesstaatsprinzip, S. 111 ff., 255 ff.; R. Bartlsperger, Das Verfassungsrecht der Länder in der gesamtstaatlichen Verfassungsordnung, HStR, Bd. VI, § 128, Rdn. 44; A. Dittmann, Verfassungshoheit der Länder, HStR, Bd. VI, Rdn. 9; Ch. Möllers, Staat als Argument, S. 362 ff.; anders wohl D. Murswiek, Die verfassungsgebende Gewalt nach dem Grundgesetz für die Bundesrepublik Deutschland, S. 24, der die verfassungsgebende Gewalt dem Gesamtvolk, nicht den Teilvölkern zuspricht, auch S. 60 ff.; anders auch Ch. Seiler, Der souveräne Verfassungsstaat zwischen demokratischer Rückbindung und überstaatlicher Einbindung, S. 145.

Volk"))[1131]. „Volk im Sinne dieser Verfassungsnormen ist die Gesamtheit der in dem jeweiligen Wahlgebiet ansässigen Deutschen ..." (BVerfGE 83, 60 (71)). Richard Bartlsperger spricht, weil er sich auf den Begriff der Souveränität nicht einläßt und wohl Staats- oder Volkssouveränität, nicht Bürgersouveränität meint, von „real existierender Willensmacht" und „Rechtsperson des Gesamtstaates" sowie von „real existierender Willensmacht" und „Rechtsperson der Einzelstaaten"[1132]. Die Länder wahren auch im unechten Bundesstaat ihren pouvoir constituant, der nicht etwa vom Gesamtvolk der Bundesrepublik Deutschland delegiert ist, sondern die Souveränität der Landesbürger[1133]. Spezifisch das verfassungsstaatliche Homogenitätsprinzip des Art. 28 Abs. 1 GG[1134] bestätigt in Satz 2 die Eigenständigkeit der Völker in den Ländern, wie auch in den Kreisen und Gemeinden dadurch, daß „das Volk eine Vertretung haben muß, die aus allgemeinen, unmittelbaren, freien, gleichen und geheimen Wahlen hervorgegangen ist". Das kann nur das jeweilige Volk sein, weil, wäre es das gesamte Deutsche Volk, dieses die Vertretungen in den Ländern, Kreisen und Gemeinden wählen müßte. Das Gesamtvolk wird gerade in den Körperschaften nicht vertreten. Das wäre auch absurd und mit der Eigenständigkeit der Länder, Kreise und Gemeinden unvereinbar. Diese würden fremdbestimmt, das Gegenteil des demokratischen Grundsatzes, dem diese Körperschaften nach Satz 1 verpflichtet sind. Es gibt keine Demokratie ohne eigenes Volk. Der Wortlaut ist nicht nur richtig, sondern auch eindeutig[1135].

Die Länder haben weder im unechten Bundesstaat und erst recht nicht im echten Bundesstaat ihre politische Freiheit abgelegt. Das können sie nicht, weil sie Bürgerstaaten, Freistaaten, Republiken sind. Der unechte Bundesstaat, wie es

---

[1131] K. Stern, Staatsrecht I, S. 669; R. Herzog, in: Maunz/Dürig, GG, Art. 20 II, Rdn. 101; M. Herdegen, Strukturen und Institute des Verfassungsrechts der Länder, HStR, Bd. IV, Finanzverfassung-Bundestaatliche Ordnung, 1990, § 97, Rdn. 8; J. Isensee, Idee und Gestalt des Föderalismus im Grundgesetz, HStR, Bd. IV, § 98, Rdn. 45 ff., 60 f., ohne C. Schmitt zu zitieren; auch zurückhaltend Ch. Möllers, Staat als Argument, S. 362 ff.

[1132] R. Bartlsperger, Das Verfassungsrecht der Länder in der gesamtstaatlichen Verfassungsordnung, HStR, Bd. VI, § 128, Rdn. 37.

[1133] Ganz so St. Oeter, Integration und Subsidiarität im deutschen Bundesstaatsrecht, S. 392 f.; R. Bartlsperger, Das Verfassungsrecht der Länder in der gesamtstaatlichen Verfassungsordnung, HStR, Bd. VI, § 128, Rdn. 42; kritisch und relativierend Ch. Möllers, Staat als Argument, S. 365 ff., der die „Verfassungsautonomie" der Länder auf das Grundgesetz stützt, nicht auf deren Staatscharakter, der aber wird vom Grundgesetz zugrundegelegt, und für einen pouvoir constituant der Länder keinen Platz sieht (S. 368).

[1134] Dazu P. Lerche, Föderalismus als nationales und internationales Ordnungsprinzip, VVDStRL 21 (1964), S. 85 ff.; A. Dittmann, Verfassungshoheit der Länder, HStR, Bd. VI, § 127, Rdn. 2 ff., 9, 11 ff.; R. Bartlsperger, Das Verfassungsrecht der Länder in der gesamtstaatlichen Verfassungsordnung, HStR, Bd. VI, § 128, Rdn. 37, 38, 39 ff., Rdn. 46 ff. zur „bundesstaatlichen Verfassungshomogenität", Rdn., 44 „bundesstaatliche Homogenität Grundlage und rechtskonstruktive Voraussetzung".

[1135] M. Jestaedt, Demokratieprinzip und Kondominialverwaltung, S. 210 ff., 525 ff., versucht, dem Satz 2 des Art. 28 Abs. 1 GG das Gegenteil abzugewinnen, weil er von der Lehre seines Doktorvaters Josef Isensee von den „Teilvölkern" oder „Volksteilen" in den Ländern nicht abzuweichen wagt, so scheint es jedenfalls.

Deutschland einer ist, wird durch ein staatsrechtliches Verfassungsgesetz begründet, welches das Gemeinwesen in Bund und Länder gliedert und diese Staaten in vielfältiger Weise verbindet. Der echte Bundesstaat wird durch völkerrechtlichen Bündnisvertrag souveräner Staaten geschaffen und teilt vertraglich die Befugnisse, welche gemeinschaftlich die Hoheitsrechte der Bündnisstaaten (übertragene Hoheitsrechte) ausüben[1136]. Der unechte Bundesstaat verfaßt ein Volk, das neben den mit diesem Bundesvolk teilidentischen Völkern der Länder besteht[1137]. Im echten Bundesstaat gibt es nur die Völker der Mitgliedstaaten, weil ein Bundesvolk nicht verfaßt ist. Der echte Bundesstaat, meist mit Georg Jellinek als Staatenbund verstanden, wie typisch der Deutsche Bund von 1815, den Olivier Beaud (irritierend) genauso als „Föderation" versteht wie den auf Verfassung oder mit Richard Bartelsperger „bundestaatlicher Gesamtverfassung" beruhenden und kompetenzteilenden (unechten) Bundesstaat[1138]. Der echte Bundesstaat also ist selbst auch nach den herrschaftlichen Souveränitätslehren nicht souverän, aber eine „politische Einheit", welche die Staaten aber „nicht absorbiert"[1139]. Die Verfassung eines Bundesvolkes setzt ein Verfassungsgesetz voraus. Durch Vertrag kann kein Volk aus mehreren Völker geschaffen werden. Wenn somit ein Bundesvolk mit originärer Hoheit verfaßt werden soll, kommt nur der unechte Bundesstaat in Betracht. Diese Bundesstaatsdogmatik, die der Logik der politischen Freiheit der Bürger folgt, ist nur wegen der perennierenden Herrschaftsideologie streitig. Im unechten Bundesstaat gibt es mehrere Souveräne, nämlich die Landesvölker und das Bundesvolk. Man kann von einer „Doppelsouveränität" sprechen[1140]. Aber zugleich ist die Ausübung der Souveränität zwischen Bund und Ländern gemäß der Zuständigkeitsverfassung geteilt

---

[1136] Dazu und zum Folgenden K. A. Schachtschneider, Deutschland nach dem Konventsentwurf einer „Verfassung für Europa", FS W. Nölling, S. 289 ff., insb. S. 289 ff.

[1137] So auch R. Bartlsperger, Das Verfassungsrecht der Länder in der gesamtstaatlichen Verfassungsordnung, HStR, Bd. VI, § 128, Rdn. 20 f.; zweifelnd W. Leisner, Das Volk, S. 95.

[1138] O. Beaud, Föderalismus und Souveränität, Der Staat 35 (1996), S. 52 f., 62 f., 65; R. Bartlsperger, Das Verfassungsrecht der Länder in der gesamtstaatlichen Verfassungsordnung, HStR, Bd. VI, § 128, Rdn. 27 ff., 37 ff., 45.

[1139] O. Beaud, Föderalismus und Souveränität, Der Staat 35 (1996), S. 49 ff., 52 f., der eine Gegensatz von Föderation und Souveränität herausstellt.

[1140] So auch schon G. Waitz, Das Wesen des Bundesstaates, Allgemeine Monatsschrift für Wissenschaft und Literatur, 1853, S. 494 ff.; ders., Grundzüge der Politik nebst einzelnen Ausführungen, S. 43 ff., 164 ff., insb. S. 166, Souveränität Essentiale des Staatsbegriffs, gegen „Einheit und Unteilbarkeit der Souveränität", „nur der Umfang, nicht der Inhalt" der Souveränität sei beschränkt, S. 166 weitere Hinweise in Fn.147; gegen Waitz H. Preuß, Gemeinde, Staat, Reich als Gebietskörperschaften, S. 21 ff., der auf die Position von G. Waitz hinweist, S. 11 ff. zur Begriffsgeschichte der Souveränität, S. 100 ff. „Analyse des Souveränitätsbegriffs", selbst Gegner des Souveränitätsbegriffs, S. 417, „dogmatisch inhaltsloses Wort", S. 419, „Krücken der Fiktion Souveränität", S. 135, „Die Eliminierung des Souveränitätsbegriffs aus der Dogmatik des Staatsrechts ist demgemäß nur ein kleiner Schritt vorwärts auf der von unserer Wissenschaft längst eigeschlagenen Bahn"; vgl. H. Boldt, Geschichtliche Grundbegriffe, S. 145 f.; O. Beaud, Föderalismus und Souveränität, Der Staat 35 (1996), S. 45 ff., 46 f. („res publica composita"); jetzt R. Bartlsperger, Das Verfassungsrecht der Länder in der gesamtstaatlichen Verfassungsordnung, HStR, Bd. VI, § 128, Rdn. 27 ff., 44.

(„geteilte Souveränität), wie das schon in den Federalist Papers (Madison: „föderal und national“) konzipiert war[1141]. Die Staatsrechtslehre hat die von Bismarck offen gelassene Frage der Souveränität der Länder und/oder des Bundes im Norddeutschen Bund von 1867 überwiegend im Sinne geteilter Souveränität beantwortet[1142]. Nach der Reichsgründung 1871 wurde unter Führung von Paul Laband durchaus ergebnisorientiert die Lehre von der Teilung der Souveränität zwischen Reich und Ländern zurückgewiesen und meist nur dem Reich Souveränität zugesprochen, obwohl die Verfassung des Deutschen Reiches vom 16. April 1871 vertraglich ausweislich der Präambel als „ewiger Bund“ von den deutschen Fürsten begründet war[1143]. Der

---

[1141] A. Hamilton, Die Federalist-Artikel. Politische Theorie und Verfassungskommentar der amerikanischen Gründerväter, hrsg. von A. Adams/W. P. Adams, 1994, 32. Artikel vom 2. 1. 1788, S. 179 ff.; J. Madison, daselbst, 39. Artikel vom 16. 1. 1788, S. 225 ff.; Alexis de Tocqueville, Über die Demokratie in Amerika, Erster Teil, 8. Kap., S. 171, 178, 208, 211 f.; auch der Supreme Court der USA, vgl. Ch. Möllers, Evangelisches Staatslexikon, 2006, Sp. 2175 f.; so auch H. Nawiasky, Bundesstaat als Rechtsbegriff, S. 47 ff.; P. Pernthaler, Allgemeine Staatslehre und Verfassungslehre, S. 292 ff.; dagegen H. Kelsen, Das Problem der Souveränität und die Theorie des Völkerrechts, S. 62 ff.; ders., Der Wandel des Souveränitätsbegriffs, S. 176 f.; ders., Allgemeine Staatslehre, S. 164 f., 195 f.; ders., Reine Rechtslehre, S. 315 ff.; zu Hans Kelsens von der Einheit der Rechtsordnung bestimmter souveränitätsrechtlicher Bundesstaatslehre M. W. Hebeisen, Souveränität in Frage gestellt, S. 278 ff.; vgl. H. Boldt, Geschichtliche Grundbegriffe, S. 145 f.; Th. Schmitz, Integration in der Supranationalen Union, S. 190 f.; vgl. auch Ch. Seiler, Der souveräne Verfassungsstaat zwischen demokratischer Rückbindung und überstaatlicher Einbindung, S. 48 f.

[1142] G. Waitz, Grundzüge der Politik nebst einzelnen Ausführungen, S. 42 ff., 44, 162 ff., insb. S. 166; G. Meyer, Staatsrechtliche Erörterungen über die Deutsche Reichsverfassung, 1872, S. 12 ff., 74 ff.; C. J. K. Bluntschli, Allgemeine Staatslehre (Lehre vom modernen Staat), 6. Aufl. 1886, S. 560 ff.; vgl. A. Haenel, Deutsches Staatsrecht, Bd. 1, 1892, S. 201 ff.; dagegen H. Preuß, Gemeinde, Staat, Reich als Gebietskörperschaften, S. 11 ff., 33 ff., S. 47: „Für den Staatsbegriff ist nicht wesentlich die Souveränität; sondern es sind für ihn wesentlich drei andere Begriffe: Territorium, Unterthanen, Hoheitsrechte. Jeder Vasallen- und Gliedstaat ist daher Staat“; anders P. Zorn, Streitfragen des deutschen Staatsrechts, Zf. d. ges. Staatswissenschaft, Bd. 37, 1881, S. 305: „Staatscharakter und Souveränität sind identisch; denn Souveränität ist nicht nur eine, Souveränität ist vielmehr die Eigenschaft des Staates. Jeder Staat ist souverän und nur der Staat ist souverän“, wegen der „Competenz-Competenz“ im Bundesstaat „ausschließliche Kompetenz des Gesamtstates“, „im strengen Sinne des Wortes sind die Einzelstaaten ... keine Staaten mehr; weil ihnen das erste Essentiale des Staatsbegriffs, die Souveränität, fehlt“; ders., Das Staatsrecht des deutschen Reichs, 2. Aufl. 1895, S. 59, 60, zitiert nach Preuß a. a. O. S. 49 f.; M. Stolleis, Geschichte des öffentlichen Rechts in Deutschland, Bd. II, Staatsrechtslehre und Verwaltungswissenschaft 1800–1914, 1992, S. 365 ff.; St. Oeter, Souveränität und Demokratie als Problem in der „Verfassungsentwicklung“ der Europäischen Union, ZaöRV 1995, S. 659 ff., 664 ff.; dagegen O. Beaud, Föderalismus und Souveränität. Bausteine zu einer verfassungsrechtlichen Lehre der Föderation, Der Staat 35 (1996), S. 64 f. („circulus vitiosus“, dagegen stehe die „Volkssouveränität“, der „Republikanismus“).

[1143] P. Laband, Das Staatsrecht des Deutschen Reichs, Bd. I, 1876, S. 73 ff. („Die deutschen Staaten sind als Gesamtheit souverän“ S. 97); P. Zorn, Das Staatsrecht des Deutschen Reichs, S. 61 ff.; kritisch zu Laband O. von Gierke, Labands Staatsrecht und die deutsche Rechtswissenschaft, Schmollers Jahrbuch, 7 (1883), S. 1097 ff., 1100 ff.; E. R. Huber, Deutsche Verfassungsgeschichte, Bd. III, Bismarck und das Reich, 1963, S. 786 f., S. 788 kritisch zur Präambel, weil diese den „nationalunitarischen Anteil an der Reichsgründung geflissentlich überging“, S. 791 kritisch zu Labands Formel, weil die Gliedstaaten als Gesamtstaat weder mit

Gewaltmonismus in den monarchischen Souveränitätslehren Bodins und Hobbes' hat der Anerkennung geteilter Souveränität im Weg gestanden. In der absoluten Monarchie waren Monarch und Staat identisch[1144]. Ludwig XIV.: „L'Etat c'est moi". Hans Kelsen zerrt gegen eine geteilte Souveränität den freiheitsfernen Souveränitätsbegriff einer Weltrechtsordnung als Argument für seine Lehre von der „Einheit der universalen Rechtsgemeinschaft, sowie das Prinzip ihrer Differenzierung innerhalb des gesamten Rechtssystems" heran, um einer „Einheit des rechtlichen Weltbildes" das Wort zu reden[1145]. Nach wie vor wird die Unteilbarkeit gegen die Souveränität der Länder gewandt[1146].

Eigentlich gibt es so viel Souveräne wie Bürger. Aber die Bürger leben ihre Souveränität, nämlich ihre Freiheit, gemeinschaftlich als Staat. Sie sind Bürger ihres Landes und Bürger des Bundes. Demgemäß wählen sie auf Landes- und auf Bundesebene und nehmen in sonstiger Weise an der politischen Willensbildung sowohl in ihrem Land wie im Bund teil. Im unechten Bundesstaat sind sowohl der Bund als auch die Länder existentielle Staaten mit eigenständiger Staatsgewalt und beide souverän, während im echten, vertraglichen Bundesstaat der Bund mangels originärer Hoheit, die nur ein Volk hat, nicht souverän ist. Erst recht ist eine supranationale Organisation, ein Staatenverbund, wie das die Europäische Union zu sein vorgibt, nicht souverän. Es gibt kein Unionsvolk (BVerfGE 123, 267, Rn. 346 ff.).

Die Völker der Länder geben ihre Eigenständigkeit und ihr Selbstbestimmungsrecht, also ihre Freiheit als Landesbürger, nicht auf, wenn sie ein Bundesverfassungsgesetz mittragen, das einen Bund als Staat mit einem Bundesvolk verfaßt; denn sie bleiben Staaten. Den Ländern verbleibt ausweislich Art. 30 GG in

---

dem Reich identisch noch ein Reichsorgan gewesen seien, S. 794 ff. scharf gegen Teilung der Souveränität als höchster Staatsgewalt, auch wegen der „Überordnung" des Reiches über die Länder (?); a.A. M. von Seydel, Der Bundesstaatsbegriff, ZgesStW 28 (1872), S. 185 ff. (Souveränität der Staaten, darum das Reich Staatenbund); dazu St. Oeter, Souveränität und Demokratie als Problem in der „Verfassungsentwicklung" der Europäischen Union, S. 665 ff., 670 ff.; M. Stolleis, Geschichte des öffentlichen Rechts in Deutschland, Bd. II, Staatsrechtslehre und Verwaltungswissenschaft 1800–1914, S. 366 f.; Ch. Seiler, Der souveräne Verfassungsstaat zwischen demokratischer Rückbindung und überstaatlicher Einbindung, S. 48 f.; dazu auch R. Bartlsperger, Das Verfassungsrecht der Länder in der gesamtstaatlichen Verfassungsordnung, HStR, Bd. VI, § 128, Rdn. 23, Reich „Träger eigener Staatlichkeit und Souveränität", auch Rdn. 20 f., wegen der vermeintlichen Unteilbarkeit der Souveränität.

[1144] St. Oeter, Souveränität und Demokratie als Problem in der „Verfassungsentwicklung" der Europäischen Union, S. 670 ff.

[1145] H. Kelsen, Allgemeine Staatslehre, S. 116 f.; ders., Der Wandel des Souveränitätsbegriffs, S. 177 f.

[1146] Ch. Seiler, Der souveräne Verfassungsstaat zwischen demokratischer Rückbindung und überstaatlicher Einbindung, S. 142, auch S. 70 f.; vgl. G. Jellinek, Allgemeine Staatslehre, S. 496 ff., 502 ff.; ders., Die Lehre von den Staatenverbindungen, S. 34 ff.; in der Sache auch H. Heller, Die Souveränität, S. 133 ff.; auch U. Di Fabio, Der Verfassungsstaat in der Weltgesellschaft, S. 92, für die Europäischen Union; dazu H. Krüger, Allgemeine Staatslehre, S. 120, 186 f.; zu Recht ablehnend R. Bartlsperger, Das Verfassungsrecht der Länder in der gesamtstaatlichen Verfassungsordnung, HStR, Bd. VI, § 128, Rdn. 24, 42, 45.

Deutschland grundsätzlich die Ausübung der staatlichen Befugnisse und die Erfüllung der staatlichen Aufgaben. Das umfaßt Gesetzgebung, vollziehende Gewalt und Rechtsprechung. Der Bund muß jeweils eine Kompetenzzuweisung im Grundgesetz nachweisen, wenn er handeln will. Diese Souveränitätsteilung und zugleich föderale Gewaltenteilung zwischen Ländern und Bund wird im übrigen von den übermäßigen Befugnissen, zu denen die Europäische Union durch die Integrationsverträge ermächtigt ist, unterlaufen. Die Souveränität der Länder erweist sich spezifisch in deren Staatseigenschaft, die in jeder der Landesverfassungen Deutschlands steht und, wie oben zitiert, vom Bundesverfassungsgericht anerkannt ist. Die Länder können nicht Staaten sein, wenn sie kein Gebiet, kein Volk, keine Staatsgewalt haben. Die drei vornehmlich völkerrechtlichen Staatskriterien, die aber auch staatsrechtlich relevant sind (BVerfGE 123, 267, Rn. 198), erfüllen sie. Ihre Staatseigenschaft beruht auf der Freiheit der Landesbürger und die Bürger verwirklichen ihre Freiheit und Souveränität als Volk und Staat.

Die Länder können entgegen fast allgemeiner Auffassung in existentieller Lage auch vom unechten, auf Verfassungsgesetz beruhenden, Bundesstaat separieren[1147], gerade weil deren Völker ihre Souveränität wahren. Allemal folgt das Separationsrecht der Länder aus Art. 20 Abs. 4 GG, dem Widerstandsrecht; denn was jeder Deutsche darf, dürfen auch viele Deutsche und erst recht deren Staaten. Der Bundesstaat ist an das Verfassungsgesetz gebunden und die Staaten geben das Recht ihrer Bürger, ihre Existenz zu sichern, nicht auf. Sie können das rechtens nicht aufgeben, weil sie vornehmlich zu diesem Zweck geschaffen sind. Wenn der Bund zumal im Rahmen seiner Außenpolitik, zu der die Unionspolitik gehört, den Bestand der Länder oder die Existenz deren Bürger gefährdet, müssen die Länder, wenn der Bund diese Politik nicht einstellt, um ihres Bestandes und um ihrer Bürger willen den Bund verlassen. Derartige Lagen entstehen durch Verletzungen des Bundesverfassungsgesetzes, welche die Verfassung der Menschheit des Menschen der Landesvölker mißachten, wie weitgehend durch die europäische Unionspolitik, zumal diese sich zunehmend zu einer auch militärischen Interventionspolitik in fremde Staaten entwickelt. Diese Politik verletzt nicht nur die Souveränität des Deutschen Volkes, wie ich schon in der Schrift zur Souveränität Deutschlands dargelegt habe, sondern auch die der Ländervölker. Die Europäische Union zehrt an der Substanz der Staatlichkeit der deutschen Länder. Art. 4 Abs. 2 S. 1 EUV ordnet sie der „regionalen Selbstverwaltung“ zu, das Gegenteil des Staates oder gar existentiellen Staates, mit „föderalen Grundsätzen“ im Sinne des Art. 23 Abs. 1 S. 1 GG unvereinbar (vgl. BVerfGE 34, 9 (19 f.))[1148].

[1147] Dazu K. A. Schachtschneider, Das Recht auf Eigenstaatlichkeit oder das Recht Bayerns, von der Bundesrepublik Deutschland zu separieren, 2006; ders., Deutschland nach dem Konventsentwurf einer „Verfassung für Europa“, FS W. Nölling, S. 294 ff.; so auch H. Steiger, Staatlichkeit und Überstaatlichkeit, S. 101, 143 in Nebenbemerkungen.

[1148] Th. Maunz, Staatlichkeit und Verfassungshoheit der Länder, HStR, Bd. IV, § 94, Rdn. 2 ff.; K. Stern, Staatsrecht I, S. 645; O. Kimminich, Der Bundesstaat, HStR, Bd. I, § 26, Rdn. 39; J. Isensee, Idee und Gestalt des Föderalismus im Grundgesetz, HStR, Bd. IV, § 98,

Die existentielle Staatseigenschaft und existentielle Staatlichkeit der Länder, die Souveränität deren Bürger, gehört zum demokratischen Prinzip Deutschlands; denn die Bundesrepublik Deutschland ist „ein demokratischer … Bundesstaat" (Art. 20 Abs. 1 GG). Die Entstaatlichung der Länder verletzt die politische Freiheit der Deutschen und auch ihr Wahlrecht, das durch die Gliederung Deutschlands in Bund und Länder verdoppelt und verstärkt wird. Das gibt den Bürgern wegen des Bundesrates als des Bundesorgans der Länder (Art. 50 GG) einen wichtigen machtbeschränkenden Einfluß gerade im Parteienstaat, zumal in den Ländern häufig auch bundespolitisch relevante Wahlen stattfinden. Diese Bundesstaatlichkeit ist zudem die demokratisch fundierte territoriale Gewaltenteilung, die wohl wichtigste Art der Gewaltenteilung[1149].

Die Entdemokratisierung der Politik etwa durch die Europäische Union ist auch eine Verletzung der Freiheit der Landesbürger, zumal diese sich wegen der Mehrheitsregeln im Bundesrat gegen diese gegebenenfalls nicht wehren können. Für jeden Schritt dieser Entdemokratisierungspolitik bedarf es nur der Zweidrittelmehrheit im Bundesrat. Die Begründung eines Unionsbundesstaates auf Grund eines neuen Verfassungsgesetzes nach Art. 146 GG, in dem Deutschland sich für einen solchen Unionsbundesstaat öffnet, verletzt die Länder in der Souveränität ihrer Völker, weil die Länder im Bundesstaat Bundesrepublik Deutschland zu leben zugestimmt haben, nicht aber in einem Unionsbundesstaat, der die Lebensverhältnisse allein schon wegen des Prinzips der Einheitlichkeit der Lebensverhältnisse im ganzen Unionsgebiet existentiell verändern würde. Im deutschen Bundesstaat hat der Egalitarismus, der im Prinzip der Einheitlichkeit der Lebensverhältnisse eine Materialität findet, den ursprünglich starken Föderalismus zugunsten des Unitarismus verdrängt[1150]. Die Europäische Union ist den gleichen Zwängen ausgesetzt, welche, verschärft durch die Währungseinheit der Eurostaaten, deren Bestand eine hinreichende Homogenität auch der wirtschaftlichen und vor allem der sozialen Verhältnisse notwendig macht, zur Sozialunion drängt, also wiederum zum Unitarismus entgegen dem Föderalismus. Nicht allein ein Referendum des Deutschen Volkes in seiner Gesamtheit vermag rechtens eine derartige Integration zu ermöglichen, sondern nur neue Verfassungs-

---

Rdn. 64 ff., der zu einer einheitsstaatlichen (unitaristischen) Dogmatik der Staatlichkeit der Länder tendiert, allerdings wenig klar.

[1149] Vor allem K. Hesse, Der unitarische Bundesstaat, S. 26 ff.; Ch. Seiler, Der souveräne Verfassungsstaat zwischen demokratischer Rückbindung und überstaatlicher Einbindung, S. 144, hält das Bundesstaatsprinzip trotz der ihm immerhin bekannten gewaltenteiligen Effekts nicht für ein „Wesensmerkmal des legitimen Verfassungsstaates", „sondern für ein tradiertes und zweckmäßiges Organisationsprinzip deutscher Staatlichkeit", welche Ignoranz gegenüber der Staatseigenschaft der Länder und gegenüber dem freiheitlichen Prinzip der territorialen Gewaltenteilung; zur „funktionengegliederten Demokratie" M. Jestaedt, Demokratieprinzip und Kondominialverwaltung, S. 168 ff., der nur die funktionale Gewaltenteilung ins Auge faßt; weitere Hinweise in Fn. 1113.

[1150] Zur unitaristischen Wirkung des Prinzips einheitlicher Lebensverhältnisse als egalitaristisches Leitprinzip der Finanzverfassung P. Selmer, Grundsätze der Finanzverfassung im vereinten Deutschland, VVDStRL 52 (1993), S. 11 ff., 19 ff.; St. Oeter, Integration und Subsidiarität im deutschen Bundesstaatsrecht, S. 532 ff.

gesetze und damit Referenden aller Länder. Die Bayern etwa müssen sich nicht gefallen lassen, von den anderen Landesvölkern überstimmt zu werden.

Auch wenn der Bund völkerrechtswidrige und verfassungswidrige Kriege führt, entsteht die existentielle Lage, welche die Länder zur Separation berechtigt. Weiterhin kann eine Notlage, welche das Leben oder die Gesundheit der Menschen in einem Lande in Gefahr bringt und der das Land nur abhelfen kann, wenn es nicht an den Bund, der keine Abhilfe leistet, gebunden ist, die Separationslage schaffen.

Das Bündnis der Länder, das auch dem Verfassungsgesetz zugrunde liegt, mit dem der unechte Bundesstaat begründet ist, also die stete Bündnishaftigkeit des Bundesstaates, ist wie jedes Bündnis aus wichtigem Grund lösbar. Das Bundesverfassungsgericht praktiziert ein bündisches Prinzip der Bundesrepublik Deutschland: „Die Rechtskreise zwischen Gesamtstaat und Gliedstaaten und zwischen den Gliedstaaten werden durch das Bündnis der Gliedstaaten geschaffen, das der Bundesstaat begrifflich voraussetzt" (BVerfGE 13, 54 (78); vgl. auch BVerfGE 6, 309 (361 f.) zum „Bündnis" zwischen Bund und Ländern und dem daraus folgenden Grundsatz der „Bundestreue"). Es spricht in BVerfGE 60, 175 (209); 64, 301 (317) vom „betont föderal gestalteten Bundesstaat des Grundgesetzes". Das Grundgesetz ist kein Bundesvertrag oder Bundesverfassungsvertrag, sondern eine tendenziell unitarische Bundesstaatsverfassung[1151]. Aber der Freistaat Bayern hat in Art. 178 seiner Verfassung die Freiwilligkeit des Bundes zum Ausdruck gebracht: „Bayern wird einem künftigen deutschen demokratischen Bundesstaat beitreten. Er soll auf einem freiwilligen Zusammenschluß der deutschen Einzelstaaten beruhen, deren staatsrechtliches Eigenleben zu sichern ist". Der wichtige Grund für die Sezession eines Landes ist die existentielle Lage. Die Bundesrepublik Deutschland ist eben kein föderalisierter Einheitsstaat, wenn sie sich auch mehr und mehr so geriert und zunehmend dahin gedrängt wird, sondern ein Bundesstaat. Das Austrittsrecht aus dem Bund folgt aus der in normaler Lage latenten Souveränität der Landesbürger. Das Sezessionsrecht der Länder begrenzt jedenfalls in existentieller Lage den Bestandsschutz der Bundesrepublik Deutschland, der in Art. 21 Abs. 2 S. 1 GG, der die Verfassungswidrigkeit von Parteien regelt, zum Ausdruck kommt.

Der echte Bundesstaat, der auf Vertrag beruht, kann durch Kündigung des Bundesvertrages, durch Austritt aus dem Bund eben, beendet werden. Es bedarf dafür keiner existentiellen Lage. Das gilt erst recht für die Europäische Union, die längst funktional ein Bundesstaat ist, freilich ohne Legitimation oder gar Legalität (dazu Zehnter Teil). Der Austritt ist in Art. 50 EUV geregelt und mit einem Austrittsverfahren verbunden. Spezifisch diese Verfahrensregelung spricht für den Bundesstaatsstatus der Union, zumal sie einen Vertragsschluß impliziert. Auch ohne

[1151] Zum unitarischen Bundesstaat K. Hesse, Der unitarische Bundesstaat, 1962; ders., Grundzüge des Verfassungsrechts der Bundesrepublik Deutschland, 20. Aufl. 1995, S. 99, Rdn. 221; J. Isensee, Idee und Gestalt des Föderalismus im Grundgesetz, HStR, Bd. IV, § 98, Rdn. 4; O. Kimminich, Der Bundesstaat, HStR, Bd. I, § 26, Rdn. 10, 49 ff., 56; E. Šarčevič, Das Bundesstaatsprinzip, S. 13 f.; grundlegend H. Triepel, Unitarismus und Föderalismus im Deutschen Reiche, 1907.

diese Regelung konnte die Zusammenarbeit in der Union wegen deren ständiger Freiwilligkeit oder „umkehrbaren Selbstbindung“ jederzeit von jedem Mitgliedstaat beendet werden (BVerfGE 89, 155 (190); 123, 267, Rn. 233, 299, 329 f.).

Keinesfalls gibt es eine im Europäischen Parlament „verkörperte gesamteuropäische Volkssouveränität“, wie diese Stefan Oeter phantasiert[1152]. Abgesehen davon, daß die Wahlen zu diesem „Parlament“[1153] nicht gleichheitlich sind[1154] und darum die Unionsbürger in ihrer wegen der gleichen Freiheit gleichen Souveränität verletzen würden, gibt es kein Unionsvolk (BVerfGE 123, 267, Rn. 346 ff.), das souverän sein könnte. Es müßte erst verfaßt werden. „Vielleicht hat man sich ‚Verfassungsgebung‘ in der Europäischen Union ganz anders vorzustellen, eher als Prozeß schleichender Akkumulation wichtiger Grundentscheidungen im Stil der englischen Verfassungsentwicklung und nicht als formelle Betätigung des pouvoir constituant durch eine Verfassunggebende Versammlung“, hofft wie manch anderer postnational ideologisierter Integrationist Stefan Oeter[1155]. Das Bundesverfassungsgericht dürfte ihn im Lissabon-Urteil aus seinen Träumen geweckt haben, als es für die Staatswerdung der Union das Verfahren des Art. 146 GG gefordert hat, also die Volksabstimmung (BVerfGE 123, 267, Rn. 179, 228, 263).

[1152] St. Oeter, Souveränität und Demokratie als Problem in der „Verfassungsentwicklung“ der Europäischen Union, S. 678 ff., 688 ff.

[1153] Dazu K. A. Schachtschneider, Verfassungsbeschwerde Lissabon-Vertrag, 3. Teil J I.

[1154] Hinweise in Fn. 1334.

[1155] Souveränität und Demokratie als Problem in der „Verfassungsentwicklung“ der Europäischen Union, S. 688 ff., Zitat S. 689.

Neunter Teil

Die Souveränität Deutschlands

A. Deutschland als Staat

Allemal ist die Bundesrepublik Deutschland so, wie sie sich ausweislich Art. 20 Abs. 1 GG versteht, ein Staat. Sie ist es nach den Kriterien des Völkerrechts; denn sie besteht aus den oben dargelegten drei erforderlichen Elementen, Staatsvolk, Staatsgebiet, Staatsgewalt (so auch BVerfGE 123, 267, Rn. 198), und ist von der Völkergemeinschaft als Staat anerkannt. Sie ist auch staatsrechtlich ein Staat; denn sie ist „eine Vereinigung einer Menge von Menschen unter Rechtsgesetzen", die republikanische Definition Kants des freiheitlichen Staates (MdS, S. 431). Deutschland ist auch ein Verfassungsstaat. Das Grundgesetz ist sein Verfassungsgesetz, funktional fraglos, weil es Deutschland als Staat mit allen Elementen einer neuzeitlichen Verfassung, insbesondere mit den Grundrechten, ordnet, als auch legitimatorisch, weil es trotz des Einflusses der Besatzungsmächte 1949 im Laufe der Jahrzehnte von den Deutschen als ihre Staatsverfassung angenommen ist[1156]. Es gibt kein höheres Gesetz über die Entstehung eines Verfassungsgesetzes. Insofern hat die normative Kraft des Faktischen, die Georg Jellinek gelehrt hat[1157], bestimmende Relevanz.

Das vielfache staatliche Unrecht nimmt Deutschland nicht den Staatscharakter, obwohl die politische Klasse Deutschland zunehmend in einen Unrechtsstaat, in ein latrocinium (eine Räuberbande) im Sinne des Kirchenvaters Augustinus verwandelt, weil ihm mehr und mehr die Gerechtigkeit mangelt, vornehmlich durch die Integration in die Europäische Union. Insbesondere will die politische Klasse Deutschland als Gliedstaat in einem europäischen Bundesstaat aufgehen lassen, ohne das Volk, die Deutschen, um deren Zustimmung zu fragen. Das ist ein gestreckter

---

[1156] J. Isensee, Schlußbestimmungen des Grundgesetzes: Artikel 146, HStR, Bd. VII, Normativität und Schutz der Verfassung – Internationale Beziehungen, 1992, § 166, Rdn. 32 ff., 36 ff.; M. Heckel, Die Legitimation des Grundgesetzes durch das deutsche Volk, HStR, Bd. VIII, Die Einheit Deutschlands – Entwicklung und Grundlagen, 1995, § 197, S. 489 ff., Rdn. 42 ff., beide zur „Geburtsmakel-These", ablehnend; K. Stern, Staatsrecht V, S. 1971 ff.; kritisch zur Schaffung des Grundgesetzes durch das deutsche Volk D. Murswiek, Die verfassungsgebende Gewalt nach dem Grundgesetz für die Bundesrepublik Deutschland, S. 57 ff., 80 ff., 88 und ff.

[1157] Allgemeine Staatslehre, S. 337 ff.; W. Leisner, Das Volk, S. 23 f., sieht in der normativen Kraft des Faktischen die Volkssouveränität verankert (?).

Staatsstreich. Dem dient auch und wesentlich die geplante, weitgehend bereits verwirklichte europäische Fiskalunion.

All das Gerede, daß dem Grundgesetz seit der Aufhebung des alten Beitrittsartikels 23 GG der Geltungsbereich fehle und noch die Verfassung des Deutschen Reiches von 1919 oder gar die Bismarcksche Reichsverfassung von 1871 gelte, ist ohne Substanz. Richtig ist, daß Deutschland seit 1871 seine Identität gewahrt hat (BVerfGE 2, 266 (277); 3, 288 (319 f.); 5, 85 (126); 6, 309 (336, 363); 11, 150 (158); 36, 1 (15 f.); 77, 137 (155 ff.))[1158]. Aber es hat sein Verfassungsgesetz geändert. Ein Verfassungsgesetz gilt nicht, weil dessen Entstehung einem bestimmten Verfahren gefolgt ist, sondern weil sie gelebt wird, vorausgesetzt, sie genügt der Verfassung der Menschheit des Menschen, der Verfassung der allgemeinen Freiheit, die mit uns geboren ist. Das Verfassungsgesetz muß das Rechtsprinzip verwirklichen. Sonst ist das Verfassungsgesetz rechtswidrig und unverbindlich. Ein solches Verfassungsgesetz würde die Revolution herausfordern, die Befreiung zum Recht (FridR, S. 369)[1159]. Die steten Verletzungen des Verfassungsgesetzes durch den Staat, auch durch dessen Judikative, nehmen dem Verfassungsgesetz oder gar der Verfassung nicht schon die Geltung, sondern behindern deren Wirksamkeit. Es gilt, die Verfassung der Deutschen und deren Verfassungsgesetz, das Grundgesetz, zu verteidigen, notfalls durch Widerstand der Bürger gegen die Politiker. Das Gerede von der „Deutschland GmbH", die kein Staat sei, ist allenfalls schlechte Satire.

Das Deutsche Volk hat, zum Staat, nämlich zur Bundesrepublik Deutschland, verfaßt, existentielle Staatseigenschaft und das Selbstbestimmungsrecht des Art. 1 Nr. 2 der Charta der Vereinten Nationen. Diese steht in keiner Weise zur Disposition der Politik der Volksvertreter. Wenn die Europäische Union neugestaltet, etwa aus den einzelstaatlichen europäischen Völkern ein Volk der Unionsbürger geschaffen werden soll, müssen sich alle beteiligten Völker dafür durch Volksabstimmungen öffnen (so für Deutschland BVerfGE 123, 267, Rn. 179, 228, 263, 346). Zudem müssen, wie oben dargelegt ist, die Länder Deutschlands in einen solchen Unionsstaat durch Volksabstimmungen einwilligen, weil sie in diesem ihre Eigenstaatlichkeit verlieren, jedenfalls weitestgehend einbüßen werden. Die funktionale Staatlichkeit kann nach Art. 23 Abs. 1 GG begrenzt zur gemeinsamen Ausübung Organen der Europäischen Union übertragen werden. Die Hoheit bleibt dabei die der Völker. Sie verlieren diese nicht – dogmatisch. Die Hoheit ist die Freiheit und Macht des Volkes, die Souveränität seiner Bürger.

[1158] K. A. Schachtschneider (O. Gast), Sozialistische Schulden nach der Revolution, S. 45, 64 ff., 91 f.

[1159] Dazu K. A. Schachtschneider (O. Gast), Sozialistische Schulden nach der Revolution, S. 50 ff.

Hoheitsrechte sind in einem solchen Maß zur Ausübung an die Union übertragen, daß die Union faktisch längst ein Staat, ein Bundesstaat im funktionalen Sinne ist[1160]. Das Bundesverfassungsgericht teilt mit mir die Auffassung, daß der Umfang der übertragenen Hoheitsrechte und der Grad der politischen Verselbständigung bei der Wahrnehmung der übertragenen Hoheitsrechte Kriterium des Verlustes an demokratischem Legitimationsniveau ist (BVerfGE 123, 267, Rn. 262), räumt aber nicht ein, daß dessen verfassungswidriger Verlust, genauer der der Legalität der Ausübung der Staatsgewalt durch die Organe der Europäischen Union, längst Realität ist (Rn. 275).

Die Europäische Union ist funktional ein vertraglicher Bundesstaat, ein echter Bundesstaat, der auf Vertrag, nicht wie Deutschland, das begrifflich ein unechter Bundesstaat ist, auf einem Verfassungsgesetz beruht. Sie ist aber kein existentieller Staat. Sie hat auch keine eigenständige, originäre Legitimation und vermag eine solche, besser: die notwendige eigenständige Legalität, mangels eines Volkes auch nicht hervorzubringen[1161]. Eigentlich lebt sie nur von der Ideologie und dem elitären Willen der politischen Klasse, zu der die meisten Medien gehören, in Deutschland, in der Union und in der Welt, daß das große Europa eine gute Sache sei. In Wirklichkeit wird die zum Staat vereinte Europäische Union niemals demokratisch, rechtsstaatlich und sozial sein, wie auch jetzt schon nicht. Sie wäre genauso wie ein Volk der Unionsbürger ein ungeeigneter Souverän. Die verstaatlichte Union wird ein bürokratisierter, wirtschaftlich unterentwickelter Rand Asiens mit einer multiethnischen Bevölkerung sein, in dem nach ihrer Erweiterung nach Vorderasien und in das nördliche Afrika hinein religiöse Bürgerkriege das Leben vergiften. Aber die Menschen lassen sich in einem Großstaat leichter beherrschen und leichter ausbeuten. Das ist die Triebfeder der herrschenden Klasse, deren eigener Wohlstand ihr gesichert erscheint und die das Wohl der Untertanen allenfalls um der Machterhaltung willen interessiert. Die Europäische Union ist ein Staat ohne Legitimation, ohne Legalität. Die Integration in die Europäische Union nimmt Deutschland weitgehend die demokratische und soziale Rechtsstaatlichkeit, nicht aber die Staatseigenschaft und Staatlichkeit der souveränen Bürgerschaft der Deutschen.

B. Souveränitätsbeschränkungen der Besatzungszeit

I. Die Zeit des geteilten Deutschland

1. a) Die Staatsgewalt oder die Souveränität über deren Grenzen hinaus einzuschränken ist Verrat an der Freiheit, Verrat am Recht, Verrat am Volk, wie dargelegt

[1160] M. Kaufmann, Europäische Integration und Demokratieprinzip, S. 151 ff. zur überwiegenden Einstufung der Gemeinschaften als „strukturelle Bundesstaatlichkeit", als „partieller Bundesstaat", als „bundesstaatsähnlich" in der Frühphase der europäischen Integration.

[1161] Zum Ganzen K. A. Schachtschneider, Verfassungsbeschwerde gegen den Vertrag von Lissabon, Homepage, downloads.

ist. Einschränkung ist von Begrenzung der Souveränität, innerer oder auch äußerer, zu unterscheiden. Nicht einmal Besatzungsmächte können einem Volk die Freiheit nehmen; denn die Freiheit ist mit den Menschen geboren. Sie können das Volk nur militärisch unterdrücken, nach einem Sieg zum Schutz ihrer Truppen nach dem Kriegsrecht mit gewissem, wie es heißt originärem, Recht[1162]. Das ist nach der Kapitulation der Wehrmacht am 7./8. Mai 1945 (act of military surrender), nicht des Deutschen Reiches[1163], durch weitgehende Debellation Deutschlands geschehen[1164], freilich weit über die völkerrechtlichen Grenzen hinaus[1165] und damit als interventionistisches Unrecht[1166], vor allem durch die Sowjetunion in der von ihr besetzten Zone entgegen den Menschenrechten. Die Besatzungsgewalt ist nicht die Staatsgewalt des besetzten Volkes (offengelassen von BVerfGE 3, 368 (375)), sondern die (wesensmäßig vorläufige[1167]) gemeinschaftliche Okkupationsgewalt der Besatzer, also von Feindstaaten, als „Territorialgewalt" in Deutschland[1168] nach dem Zweiten Weltkrieg der vier Besatzungsmächte als „völkerrechtlicher Vereinigung" oder auch der drei westlichen Besatzungsmächte als „völkerrechtliches Kollektivorgan" (BVerfGE 1, 351 (362 f.)[1169]. Diese üben in Kooperation die Souveränität ihrer

---

[1162] R. Stödter, Deutschlands Rechtslage, 1948, S. 183 ff.; D. Schröder, Die Reste des Besatzungsrechts in der Bundesrepublik Deutschland, ROW 1989, 73 ff., 74; M. Rensmann, Besatzungsrecht im wiedervereinten Deutschland, 2002, S. 143, 153.

[1163] R. Stödter, Deutschlands Rechtslage, S. 27 ff. (30 ff., 34 f.), 197 u. ö.; D. Blumenwitz, Feindstaatenklauseln, S. 44 f.; K. Stern, Staatsrecht V, S. 891 f., 913 ff.

[1164] Dazu R. Stödter, Deutschlands Rechtslage, S. 52 ff., der Debellation als „Staatsuntergang", nicht nur militärische Niederlage versteht; O. Kimminich, Die Souveränität der Bundesrepublik Deutschland, 1970, S. 30 ff.; R. Geiger, Grundgesetz und Völkerrecht, S. 47.

[1165] D. Blumenwitz, Intertemporales und interlokales Verfassungskollisionsrecht, HStR, Bd. IX, Die Einheit Deutschlands – Festigung und Übergang, 1977, § 211, Rdn. 29, 31; M. Rensmann, Besatzungsrecht im wiedervereinten Deutschland, S. 40; auch H. Rumpf, Land ohne Souveränität. Kritische Betrachtungen zur Deutschlandpolitik von Adenauer bis Brandt, 2. Aufl. 1973, S. 8, „Siegermächte verhielten sich wie souveräne Gebietsherrn", nicht wie „Inhaber völkerrechtlicher Besatzungsgewalt".

[1166] Dazu R. Stödter, Deutschlands Rechtslage, S. 133 ff., der eine Intervention im engeren völkerrechtlichen Sinne auf Grund eines „Interventionskrieges" zu Recht ablehnt.

[1167] R. Stödter, Deutschlands Rechtslage, S. 51; O. Kimminich, Die Souveränität der Bundesrepublik Deutschland, S. 40, 42, 48.

[1168] R. Stödter, Deutschlands Rechtslage, S. 215 ff.; auch H. Rumpf, Land ohne Souveränität, S. 9, Besatzungsrecht „Sonderrecht fremden Ursprungs".

[1169] R. Stödter, Deutschlands Rechtslage, 1948, S. 38, auch S. 88, 121, S. 123 ff. zur „normativen Kraft des Faktischen", S. 146 ff. zur Geltung der Haager Landkriegsordnung für die Besatzung, S. 171, 181 bejahend, S. 181 ff., 198 ff., 203 ff. zur Okkupationsgewalt als gemeinschaftlichen Gewalt der Besatzer; W. Grewe, Ein Besatzungsstatut für Deutschland, 1948, S. 85 („Der Kontrollrat ist auch als Träger des deutschen Staatsgewalt ein interalliiertes Besatzungsorgan; seine Herrschaftsgewalt gründet letztlich in fremder Staatsgewalt, kraft deren die deutschen Regierungsbefugnisse übernommen wurden. Er übt kraft der eigenen Souveränität der Besatzungsmächte die von diesen übernommenen und ihm übertragenen deutschen Staatsfunktionen aus"). O. Kimminich, Die Souveränität der Bundesrepublik Deutschland, S. 30 ff., 41 ff., 79 („verbindliche Kraft ... der alliierten Besatzungsgewalt"); K. Stern, Staatsrecht V, S. 948, auch S. 1393; H. Fischer, Schutz der von bewaffneten Kon-

Staaten und Völker, ihre „eigene Autorität“, auf fremdem Staatsgebiet, exterritorial, aus, nicht die des besetzten Landes[1170], nicht etwa deutsche Regierungs- oder Staatsgewalt[1171], „Herrschaftsgewalt *in* Deutschland“ „unter formeller Fortdauer des Kriegszustandes“ (BVerfGE 1, 351 (367), nicht „Herrschaftsgewalt“ Deutschlands. Diese ist völkerrechtlich bestimmt, erläßt nicht staatsrechtliche „deutsche Hoheitsmaßnahmen“, sondern „Gemeinschaftsakte“ der völkerrechtlich verbundenen Siegermächte, wenn auch „ergänzend“ an die Ordnung der jeweiligen Besatzungsmacht gebunden[1172]. Sie nimmt den Bürgern die politische Freiheit und hat demgemäß keinerlei demokratische Legitimation oder gar Legalität durch das Volk, dessen Land besetzt ist. Ihre Legalität findet sie in engen Grenzen durch das Kriegsvölkerrecht, als occupatio bellica nach Art. 42 ff. HLKO[1173], welche die Waffenstillstandsbesetzung einschließt, oder durch friedensvölkerrechtliche Stationierungsverträge, ius ad praesentiam[1174]. Trotz aller „freundschaftlichen“ Nähe,

---

flikten betroffenen Personen und Gebiete, in: K. Ipsen, Völkerrecht, 4. Aufl. 1999, § 69, Rdn. 22, S. 1097; M. Rensmann, Besatzungsrecht im wiedervereinten Deutschland, S. 39 ff., 42, 44 ff., 112 f.; klar R. Bernhardt, Die deutsche Teilung und der Status Gesamtdeutschlands, HStR I § 8, Rdn. 39; D. Schröder, Besatzungsgewalt und Personalhoheit. Zur Staatsangehörigkeit der Berliner im Völkerrechtsverkehr, ArchVR 21 (1983), S. 409 ff., 410 („Gebietshoheit des besetzten Staates überlagernde originäre Gewalt des besetzenden Staates“); a.A. gegen H. Kelsens Auffassung vom Untergang Deutschlands als Staat, G. A. Zinn, Das staatsrechtliche Problem Deutschland, SJZ 1947, 4 ff., nicht nur Okkupation, sondern auch Intervention, Revolution, S. 8, Kontrollrat und Militär-Regierungen „treuhänderische Inhaber einer eigenständigen deutschen Staatsgewalt“, S. 11; i.d.S. Court of Berlin Decision in United States v. Tiede and Ruske zum Fall der Entführung eines polnischen Flugzeugs in: International Legal Materials (ILM) 1980, 179 ff. (Jury nach amerikanischem Recht in Westberlin); nach BVerfGE 1, 351 (362, 367) war das Petersburger Abkommen kein Vertag mit „auswärtigen Staaten“.

[1170] O. Kimminich, Die Souveränität der Bundesrepublik Deutschland, S. 45, 194 f.; R. Stödter, Deutschlands Rechtslage, vertritt S. 38, daß die Besatzungsmächte „die Souveränität in Deutschland übernommen“ hätten, nicht aber „deutsche Regierungsgewalt, sondern eigene Hoheitsrechte ausgeübt“ hätten (S. 38), aber wie der Text S. 66 ff., 182 ff. (184 f.), 204; fragwürdig kompromishaft K. Stern, Staatsrecht V, S. 948, der den Kontrollrat als „höchstes deutsches Staatsorgan“ mit „‚plenitudo potestatis‘ für Deutschland“, das „gewissermaßen alle Staatsgewalt in Deutschland ausübte“, die allerdings nicht aus deutschen Recht von deutschen Volk abgeleitet war, sondern aus der völkerrechtlich legitimierten Besatzungshoheit“, keine „deutsche Staatsgewalt“ (S. 1114).

[1171] R. Stödter, Deutschlands Rechtslage, S. 203 f.; K. Stern, Staatsrecht V, S. 918, 919 ff., 1109, 1114.

[1172] R. Stödter, Deutschlands Rechtslage, S. 48, 181 ff., 185 ff., 194 f., 203 ff.; K. Stern, Staatsrecht V, S. 1114 f.

[1173] R. Stödter, Deutschlands Rechtslage, S. 88, 146 ff., 228 ff.; D. Blumenwitz, Intertemporales und interlokales Verfassungskollisionsrecht, HStR Bd. IX, § 211, Rdn. 31; Ch. Raap, Die Souveränität der Bundesrepublik Deutschland unter besonderer Berücksichtigung des militärischen Bereichs und der deutschen Einheit, S. 67 ff.; M. Rensmann, Besatzungsrecht im wiedervereinten Deutschland, S. 36 ff., 39 ff., 44, auch zu den (sehr interessierten) Kontroversen um die Anwendbarkeit der Art. 42 ff. HLKO.

[1174] Dazu M. Pehlke, Die Souveränität der Bundesrepublik Deutschland im westlichen Bündnis, S. 59 ff., 152 ff., zum NATO-Truppenstatut und zum Zusatzabkommen; Ch. Raap, Die Souveränität der Bundesrepublik Deutschland unter besonderer Berücksichtigung des militä-

die zwischen den Westmächten und der Bundesrepublik Deutschland entwickelt wurde, war deren Besatzung, nur weil sie über die Grenzen des Art. 43 HLKO hinausging[1175] und völkerrechtswidrig die Verfassungsstruktur Deutschlands verändert hat[1176], kein Treuhandverhältnis im Interesse Deutschlands[1177]. Diese wurde verschiedentlich als eine geradezu „Willkür" der Alliierten, zumal die grundlegende

---

rischen Bereichs und der deutschen Einheit, S. 161, 163 ff., 179 ff., 184 ff., 236 ff.; M. Rensmann, Besatzungsrecht im wiedervereinten Deutschland, S. 36 ff.

[1175] R. Stödter, Deutschlands Rechtslage, S. 228 ff.; O. Kimminich, Die Souveränität der Bundesrepublik Deutschland, S. 42; D. Blumenwitz, Intertemporales und interlokales Verfassungskollisionsrecht, HStR Bd. IX, § 211, Rdn. 31; Ch. Raap, Die Souveränität der Bundesrepublik Deutschland unter besonderer Berücksichtigung des militärischen Bereichs und der deutschen Einheit, S. 69, 79 ff.

[1176] Kritisch D. Blumenwitz, Intertemporales und interlokales Verfassungskollisionsrecht, HStR Bd. IX, § 211, Rdn. 31 („nur faktisch bedeutsam"); ders., Deutschlandvertrag 1955–1985. Zur Souveränität der Bundesrepublik Deutschland und ihrer Beschränkung im Wandel dreier Jahrzehnte -, ROW 1985, 317 ff., aber S. 318, kein „Superverfassungsrecht"; berichtend K. Stern, Staatsrecht V, S. 942 ff.; vgl. auch Ch. Raap, Die Souveränität der Bundesrepublik Deutschland unter besonderer Berücksichtigung des militärischen Bereichs und der deutschen Einheit, S. 79 ff.; weitergehend R. Stödter, Deutschlands Rechtslage, S. 246 ff., weil die „Reichsgewalt" wiederhergestellt worden sei, wenn auch neu geordnet (insb. S. 258 ff.), und „der Grundsatz des Fortbestands des deutschen Rechts sich nur auf das allgemeine Reichsrecht beziehe, nicht aber „auf die verfassungsrechtlichen Grundlagen des Reiches erstreckt" (S. 260).

[1177] BVerfGE 36, 1 (19); 77, 137 (153 ff.) zur Viermächte-Verantwortung für Gesamtdeutschland,; dagegen R. Stödter, Deutschlands Rechtslage, S. 76 ff.; H. Nawiasky, Die Grundgedanken des Grundgesetzes für die Bundesrepublik Deutschland. Systematische Darstellung und kritische Würdigung, 1950, S. 13 ff., „Intervention"; dazu D. Blumenwitz, Intertemporales und interlokales Verfassungskollisionsrecht, HStR Bd. IX, § 211, Rdn. 31; ders., Deutschlandvertrag 1955–1985, ROW 1985, 318, der S. 319, 322 f. von einer „Treuhänderschaft der vier Siegermächte", bzw. einem „Treuhandverhältnis für Deutschland als Ganzem" spricht, aber auch auf die „Interventionsmöglichkeit" der Siegermächte in Deutschland und die Gefahr einer „permanenten Internationalisierung des deutschen Raumes" hinweist; vgl. weitgehend zustimmend Ch. Raap, Die Souveränität der Bundesrepublik Deutschland unter besonderer Berücksichtigung des militärischen Bereichs und der deutschen Einheit, S. 69 ff., 84, 85 ff.; ablehnend K. Stern, Staatsrecht V, S. 1114; M. Rensmann, Besatzungsrecht im wiedervereinten Deutschland, S. 38 f., 43 f., 45 ff., 71 ff.; anders aber W. Grewe, Ein Besatzungsstatut für Deutschland, 1948, S. 87 ff.; G. A. Zinn, Das staatsrechtliche Problem Deutschland, SJZ 1947, 4 ff., 11; K. Pfeiffer, Zur Rechtsnatur der alliierten Vorbehaltsrechte, DVBl 1973, 57 ff., 60 ff.; aus spezifischen Gründen eines Weststaatsprinzips dagegen H. Rumpf, Land ohne Souveränität, S. 9, 12, 102, für Treuhandschaft, „materiell deutsche Staatsgewalt"; weitgehend auch F. A. Mann, Deutschlands heutiger Status, SJZ, 1947, 465 ff., 479, Deutschland ist ein Staat, aber kein „unabhängiger, souveräner Staat im völkerrechtlichen Sinne"; ders., Deutschlands Rechtslage 1947–1967, JZ 1967, 585 ff., 587 f. (Oberbefehlshaber Regierung Deutschlands, ihre Gesetzgebung deutsche Gesetzgebung, Treuhänderschaft, Deutschland weiter ein Staat, aber nicht souverän, Haager Landkriegsordnung nicht anwendbar); O. Kimminich, Die Souveränität der Bundesrepublik Deutschland, S. 47 f., 50; Th. Oppermann, „Deutschland als Ganzes". Sinnwandel eines völkervertragsrechtlichen Begriffes, FS für Friedrich Berber, 1973, S. 377 ff., 381 ff. „„doppelfunktionale"" Gewaltausübung", „militärische Besatzungshoheit auf Grund des Völkerrechts und die treuhänderische Wahrnehmung der über die Debellation im Wege des Zwanges erworbenen deutschen Staatsgewalt", alles Apologeten der faktischen Fremdherrschaft.

Umwälzung der Ordnung Deutschlands rechtfertigende occupatio sui generis[1178] eines Landes, welches sich im „Chaos", das die Haager Landkriegsordnung unanwendbar mache, befand und wegen seines (vermeintlichen) Sonderweges[1179] den Schutz des Völkerrechts, zumal den der Haager Landkriegsordnung verwirkt hätte und habe, zu legalisieren versucht[1180], bekanntlich eine Position, die sich in der deutschen ‚Schuldkultur', aber auch in den Feindstaatenklauseln der Charta der Vereinten Nationen (dazu III.) verfestigt hat. Keine völkerrechtliche Grundlage hatte insbesondere der Internationale Militärgerichtshof, der in Nürnberg vom 20. November 1945 bis zum 30. September 1946 gegen die „Hauptkriegsverbrecher" tagte und die meisten von diesen, gestützt auf die Besatzungsgewalt, zum Tode verurteilt hat[1181]. Der Nürnberger Prozeß hat die richtige Entwicklung persönlicher Verantwortung für menschheitswidriges staatliches Handeln eingeleitet. Aus „Faktizität kann nicht Normativität" geschlossen werden[1182], eine stete Verführung für jeweiliger Herrschaft verpflichtete Juristen, der ‚Hofschranzen', gegenwärtig im Europarecht. Aber auch eine „doppelfunktionale Gewaltausübung" der Alliierten wurde vertreten, einerseits Befugnisse aus der occupatio bellica, andererseits aus der (angemaßten) treuhänderischen obersten Regierungsgewalt, deutsche Staatsgewalt, quasi „janusköpfig" in „Doppelfunktion" (Klaus Stern)[1183]. Das sogenannte Besatzungsrecht ist somit kein deutsches Recht[1184], sondern eine Besatzungsordnung in

---

[1178] Dazu kritisch R. Stödter, Deutschlands Rechtslage, S. 152 ff., S. 175 f. zur „Willkür"; O. Kimminich, Die Souveränität der Bundesrepublik Deutschland, S. 38; D. Blumenwitz, Intertemporales und interlokales Verfassungskollisionsrecht, HStR Bd. IX, § 211, Rdn. 46; ders., Deutschlandvertrag 1955–1985, ROW 1985, 318, kritisch, aber kein „Superverfassungsrecht"; K. Stern, Staatsrecht V, S. 1112 f. (insb. zu Churchills Standpunkt zur „unconditional surrender" mit „free hand of the Victors" „only baunded by our own conscience to civilisation"); Ch. Raap, Die Souveränität der Bundesrepublik Deutschland unter besonderer Berücksichtigung des militärischen Bereichs und der deutschen Einheit, S. 72 f.; M. Rensmann, Besatzungsrecht im wiedervereinten Deutschland, S. 39 f., 71; D. Schröder, Zweck und Grenzen des Besatzungsrechts in Berlin, ROW 1985, 181 ff., der vielfältige Vorschriften der Besatzungsmächte aufführt, S. 184, „Verfassungsreform von Jahrhundertrang".

[1179] Dazu D. Losurdo, Die Deutschen. Sonderweg eines unverbesserlichen Volkes? Deutsch 2010.

[1180] Dazu kritisch R. Stödter, Deutschlands Rechtslage, S. 146 ff., S. 169 ff. zum Chaosargument.

[1181] Dazu K. Stern, Staatsrecht V, S. 964 ff.

[1182] R. Stödter, Deutschlands Rechtslage, S. 121, 228.

[1183] K. Stern, Staatsrecht V, S. 948; auch Ch. Raap, Die Souveränität der Bundesrepublik Deutschland unter besonderer Berücksichtigung des militärischen Bereichs und der deutschen Einheit, S. 76 ff., 85 ff.; ablehnend (zu Recht) R. Stödter, Deutschlands Rechtslage, 1948, S. 76 ff., 137 ff., 185 ff.; dazu M. Rensmann, Besatzungsrecht im wiedervereinten Deutschland, S. 73 f.; Th. Oppermann, Deutschland als Ganzes, FS Friedrich Berber, 1973, S. 381 ff.; O. Kimminich, Die Souveränität der Bundesrepublik Deutschland, S. 47 f., 50; dagegen, für occupatio bellica, auch BVerfGE 27, 253 (273).

[1184] R. Stödter, Deutschlands Rechtslage, S. 209 ff., 212 ff.; i.d.S. O. Kimminich, Die Souveränität der Bundesrepublik Deutschland, S. 79; K. Stern, Staatsrecht V, S. 1429 (kein „Recht, das von deutscher Staatsgewalt erlassen wurde"); M. Rensmann, Besatzungsrecht im wiedervereinten Deutschland, S. 47, 109 ff., 121 u.ö., zum System des Besatzungsrechts

Deutschland. Seine Wirksamkeit hängt von der faktischen Besetzung ab, von der „Tatsache des Sieges über Deutschland“[1185], und begründet eine spezifisch besatzungsmäßige Geltung, nicht etwa eine freiheitliche Geltung aus dem Willen der Bürger des besetzten Landes. Die deutsche Staatsgewalt bestand nach der Besetzung fort und war gewissermaßen „suspendiert“[1186]. Sie wurde durch die Okkupationsgewalt überlagert, nicht aufgehoben, „beiseite geschoben, aber nicht beseitigt“[1187], auch nicht „vertreten“[1188].

Die Herrschaft der Besatzungsmächte[1189] war zunächst durch den Oberkommandierenden der Alliierten Streitkräfte, Dwight D. Eisenhower, in den sogenannten SHAEF-Gesetzen geregelt. SHAEF ist die Abkürzung von Supreme Headquarters, Allied Expeditionary Force. In der Weisung des Joint Chiefs of Staff an ihn hieß es im ersten Satz. (JCS/1067): „Deutschland wird nicht besetzt zum Zwecke seiner Befreiung, sondern als besiegter Feindstaat“[1190]. In der Proklamation Nr. 1 vom 18. September 1944 verkündete Eisenhower für die von den westlichen Truppen besetzten Teile Deutschlands, daß er die oberste gesetzgebende Gewalt übernommen habe (Amtsblatt der Militärregierung S. 1)[1191]. Gemäß dem Londoner Abkommen

S. 48 ff., 53 ff., 69 ff., 109 ff., S, 50 f. zum „verdeckten“, „indirekten“, „gewöhnlichen“, „derivativen“, „Quasi-“ Besatzungsrecht, S. 53 ff., 69 ff. zur Entwicklung des Besatzungsrechts, S. 118 ff. zum vom deutschen Gesetzgeber abgeänderten und ergänzten Besatzungsrecht i.e.S.

[1185] D. Blumenwitz, Die Souveränität der Bundesrepublik Deutschland, FS Peter Lerche (65), S. 385 ff., S. 392; ders., Intertemporales und interlokales Verfassungskollisionsrecht, HStR Bd. IX, § 211, Rdn. 29, 37; auch R. Stödter, Deutschlands Rechtslage, S. 66, 182 ff. u. ö.

[1186] BVerfGE 77, 137 (154); allgemein A. Verdross, Völkerrecht, S. 193, 463; O. Kimminich, Die Souveränität der Bundesrepublik Deutschland, S. 41; R. Geiger, Grundgesetz und Völkerrecht, S. 46 ff. (kurz zu den verschiedenen Lehren); Ch. Raap, Die Souveränität der Bundesrepublik Deutschland unter besonderer Berücksichtigung des militärischen Bereichs und der deutschen Einheit, S. 60 ff.; vgl. auch R. Stödter, Deutschlands Rechtslage, S. 85 f., 182 ff., 246.

[1187] R. Stödter, Deutschlands Rechtslage, S. 88, 246; D. Blumenwitz, Die Souveränität der Bundesrepublik Deutschland, FS Peter Lerche, S. 389 („überdeckt“); K. Stern, Staatsrecht V, S. 1392, 1115 („deutsche Staatsgewalt trat wieder in Funktion“); M. Rensmann, Besatzungsrecht im wiedervereinten Deutschland, S. 47.

[1188] R. Stödter, Deutschlands Rechtslage, S. 88 ff.; D. Blumenwitz, Intertemporales und interlokales Verfassungskollisionsrecht, HStR Bd. IX, § 211, Rdn. 31; allgemein A. Verdross, Völkerrecht, S. 193, 463.

[1189] Dazu O. Kimminich, Die Souveränität der Bundesrepublik Deutschland, S. 30 ff., 38 ff., 52 ff., 66 ff. 73 ff. (zum „versteinerten Besatzungsrecht“); K. Stern, Staatsrecht V, S. 1115 ff., 1376 ff.; ders., Staatsrecht I, S. 483 f.; D. Schröder, Die Reste des Besatzungsrechts in der Bundesrepublik Deutschland, ROW 1989, 73 ff., 75 ff.; M. Rensmann, Besatzungsrecht im wiedervereinten Deutschland, S. 28 ff., 36 ff., 48 ff., durchgehend.

[1190] R. Stödter, Deutschlands Rechtslage, S. 239; K. Stern, Staatsrecht V, S. 976; O. Kimminich, Die Souveränität der Bundesrepublik Deutschland, S. 40; Text A. Hillgruber, Deutsche Geschichte 1945–1972. Die „deutsche Frage“ in der Weltpolitik, 1974, 6. Aufl. 1987, S. 22.

[1191] M. Rensmann, Besatzungsrecht im wiedervereinten Deutschland, S. 136; Ch. Raap, Die Souveränität der Bundesrepublik Deutschland unter besonderer Berücksichtigung des militärischen Bereichs und der deutschen Einheit, S. 55.

über Kontrolleinrichtungen in Deutschland vom 14. November 1944, zunächst vereinbart von den Vereinigten Staaten von Amerika, dem Vereinigten Königreich von Großbritannien und Nordirland und der Union der Sozialistischen Sowjetrepubliken, wurden Besatzungsbehörden für Deutschland vereinbart[1192]. Frankreich trat dem Londoner Abkommen auf Grund des Abkommens vom 1. Mai 1945 betreffend die Änderung des Abkommens vom 14. November 1944 über die Kontrolleinrichtungen in Deutschland bei. Die oberste Gewalt, Gesetzgebungs- und Regierungsgewalt, in Deutschland sollte von den Befehlshabern der Vier Mächte in den jeweiligen Besatzungszonen und für die Angelegenheiten, die Deutschland als Ganzes betrafen, gemeinsam in Kontrollrat (Art. 1), „als Einheit handelnd" (Art. 3), also einstimmig mit Vetorecht jedes der vier Oberbefehlshaber (Nr. 2 der Feststellung über das Kontrollverfahren in Deutschland vom 5. Juni 1945), ausgeübt werden[1193]. Zuvor waren im Protokoll über die Besatzungszonen in Deutschland und die Verwaltung von „Groß-Berlin" vom 12. September 1944, das am 7./8. Mai 1945 in Kraft trat, die Besatzungszonen Deutschlands festgelegt worden[1194]. Die Kontrollratsproklamation Nr. 1 vom 30. August 1945 hat in Anbetracht der Niederlage Deutschlands die Übernahme der obersten Regierungsgewalt in Deutschland und die Einsetzung des Kontrollrates verkündet[1195]. Die Besatzungsbehörden mit mehr als 10.000 Mitarbeitern haben das deutsche Volk der Gewalt des alliierten Militärs unterworfen. Nach der Direktive Nr. 10 des Kontrollrates vom 22. September 1945, mit Wirkung zum 1. Mai 1947 durch die Direktive Nr. 51 ersetzt, erfolgte die Kontrollratsgesetzgebung durch Proklamationen an das deutsche Volk, Gesetze in wichtigen Angelegenheiten, Befehle in Angelegenheiten sachlich oder zeitlich begrenzter Relevanz und Direktiven an betroffenen Personen[1196]. Klaus Stern: „Die jeweiligen Oberbefehlshaber fühlten sich durchaus wie römische Prokonsuln in den von ihren Truppen besetzten Territorien"[1197].

[1192] K. Stern, Staatsrecht V, S. 915 f., 923 f., 942 f., 972 ff.; D. Blumenwitz, Intertemporales und interlokales Verfassungskollisionsrecht, HStR Bd. IX, § 211, Rdn. 29; dazu auch O. Kimminich, Die Souveränität der Bundesrepublik Deutschland, S. 30 ff.

[1193] K. Stern, Staatsrecht V, S. 942 ff., S. 953 ff. zur Politik der Zonengewalten; M. Rensmann, Besatzungsrecht im wiedervereinten Deutschland, S. 28 ff., 32 ff. zur Arbeitsweise und Entwicklung nach Beendigung der Mitarbeit der Sowjetunion am 1. Juli 1948 in den Westzonen Bundesrepublik Deutschland), der Ostzone (DDR) und Berlin, geteilt in West- und Ostberlin, von 13. August 1961 an durch eine Mauer geteilt.

[1194] K. Stern, Staatsrecht V, S. 915 f., 922 f., 942 f.; D. Blumenwitz, Intertemporales und interlokales Verfassungskollisionsrecht, HStR Bd. IX, § 211, Rdn. 29.

[1195] Th. Schweisfurth, Deutschland – noch immer ein besetztes Land? FS für Ignaz Seidl-Hohenfelden, S. 542; M. Rensmann, Besatzungsrecht im wiedervereinten Deutschland, S. 29 ff., 143.

[1196] D. Schröder, Zweck und Grenzen des Besatzungsrechts in Berlin, ROW 1985, 181 ff., der die wichtigsten Regelungen, welche die Ordnung in Deutschlang grundlegend verändert haben, aufführt; M. Rensmann, Besatzungsrecht im wiedervereinten Deutschland, S. 29 ff.

[1197] K. Stern, Staatsrecht V, S. 973.

Die Anordnungen des Kontrollrates und der Militärregierungen auf Zonenebene sowie der Alliierten Hohen Kommission von 1944 bis 1955 haben die Ordnung in Deutschland grundlegend neu gestaltet, insbesondere waren sie gegen den Nationalsozialismus und den Militarismus gerichtet. Auch die bundesdeutsche Währungsreform vom 20. Juni 1948 erfolgte in der Verantwortung der Drei Westmächte (Militärregierungen: Währungsgesetz, Nr. 61 vom 20. Juni 1948, Umstellungsgesetz, Nr. 63 vom 27. Juni 1948, Amtsblatt der US-Militärregierung Ausg. J S. 21)[1198]. Die Alliierte Hohe Kommission hat bis zum 5. Mai 1955, als das Besatzungsstatut vom 21. September 1949[1199] aufgehoben und die Alliierte Hohe Kommission aufgelöst wurde, also der Besatzungszustand in den alten Ländern der Bundesrepublik Deutschland, abgesehen von Vorbehalten, beendet war (Proklamation vom 5. Mai 1955)[1200], vielfach Besatzungsvorschriften aufgehoben[1201]. Für Berlin gab es Besonderheiten[1202]. Der Ost-West-Konflikt lähmte zunehmend die Zusammenarbeit der Alliierten im Kontrollrat und führte zum „Eisernen Vorhang" und damit zur Entwicklung der zwei deutschen Staaten, der Bundesrepublik Deutschland und der Deutschen Demokratischen Republik[1203].

Die Berliner Vier-Mächte-Erklärung vom 5. Juni 1945, Erklärung in Anbetracht der Niederlage Deutschlands und der Übernahme der obersten Regierungsgewalt, die „supreme authority", hinsichtlich Deutschlands durch die Regierungen des Vereinigten Königreichs, der Vereinigten Staaten von Amerika und der Union der Sozialistischen Sowjet-Republiken und durch die Provisorische Regierung der Französischen Republik (Amtsblatt des Kontrollrats in Deutschland, Supplement Nr. 1,

[1198] Dazu, auch zur Geschichte, K. Stern, Staatsrecht V, S. 1162 ff.; M. Rensmann, Besatzungsrecht im wiedervereinten Deutschland, S. 157 f., auch zur bundesrepublikanischen Weiterentwicklung.

[1199] Dazu O. Kimminich, Die Souveränität der Bundesrepublik Deutschland, S. 30 ff., 52 ff., 66 ff., 73 ff.; genau, auch zur Entwicklungsgeschichte, K. Stern, Staatsrecht V, S. 1376 ff., S. 1388 der Text, S. 1394 ff. zu den Bemühungen Konrad Adenauers, der auch das Auswärtige Amt bis zum 7. Juni 1955 geleitet hat, den Handlungsspielraum der Bundesorgane, zumal außenpolitisch, zu erweitern, S. 1402 ff. zur Adenauerschen Integrationspolitik (Schuman-Plan, Jean Monnet, Montanunion, Europäische Verteidigungsgemeinschaft (S. 1412 ff., 1417 ff.), Stalin-Note vom 10. März 1952 zu einem Friedensvertrag und zur Einheit Deutschlands (S. 1416 f.).

[1200] R. Bernhardt, Die deutsche Teilung und der Status Gesamtdeutschlands, HStR, Bd. I, 1987, § 8, Rdn. 38 ff ; K. Stern, Staatsrecht V, S. 1424 ff.; M. Rensmann, Besatzungsrecht im wiedervereinten Deutschland, S. 141 u. ö.

[1201] Näher K. Stern, Staatsrecht V, S. 1424 ff.: M. Rensmann, Besatzungsrecht im wiedervereinten Deutschland, S. 136 ff., auch zur weiteren Entwicklung.

[1202] K. Stern, Staatsrecht V, S. 951, 1032 f., 1166 ff. (auch zur Berlinblockade der Sowjetunion als Reaktion auf die Währungsreform) u. ö.; M. Rensmann, Besatzungsrecht im wiedervereinten Deutschland, S. 139 ff., 169 ff.

[1203] Dazu K. Stern, Staatsrecht V, S. 940 ff., 1160 ff., auch S. 1169 zum „bi- und trizonalen Interregnum", S. 1199 ff. zur Entwicklung der Bundesrepublik Deutschland (§ 133), S. 1579 ff. zur Geschichte der DDR (§ 134).

Berlin 1946, S. 7–9))[1204], und das Potsdamer Abkommen vom 2. August 1945, das Protokoll über die Dreimächtekonferenz von Berlin (Sowjetunion, Vereinigtes Königreich, Vereinigte Staaten, ohne Frankreich (Amtsblatt des Kontrollrats in Deutschland, Ergänzungsblatt Nr. 1, S. 13–19))[1205], haben in Materialisierung des Londoner Abkommens detaillierte Regelungen für das besetzte Deutschland getroffen, in Art. 13 der Vier-Mächte-Erklärung auch Regelungen über die Ausübung der obersten Regierungsgewalt in Deutschland und über „Proklamationen, Befehle, Verordnungen und Anweisungen" der Alliierten und der „von diesen ermächtigten Personen und Dienststellen"[1206]. „Alle deutschen Behörden und das deutsche Volk hatten allen Forderungen der Alliierten Vertreter bedingungslos nachzukommen und alle solche Proklamationen, Befehle, Anordnungen und Anweisungen uneingeschränkt zu befolgen" (Art. 13 b S. 3).

Durch die Berliner Vier-Mächte-Erklärung haben die Regierungen der vier Staaten USA, Großbritannien, Frankreich und UdSSR die oberste Regierungsgewalt („supreme authority") in Deutschland an sich gezogen haben, freilich ohne Deutschland zu annektieren[1207]. Es heißt in der Präambel der Erklärung: „Die Übernahme zu den vorstehend genannten Zwecken der besagten Regierungsgewalt und Befugnisse bewirkt nicht die Annektierung Deutschlands". Im Potsdamer Abkommen heißt es u. a.:

> „Entsprechend der Übereinkunft über das Kontrollsystem in Deutschland wird die höchste Regierungsgewalt in Deutschland durch die Oberbefehlshaber der Streitkräfte der Vereinigten Staaten von Amerika, des Vereinigten Königreichs, der Union der Sozialistischen Sowjetrepubliken und der Französischen Republik nach den Weisungen ihrer entsprechenden Regierungen ausgeübt, und zwar von jedem in seiner Besatzungszone, sowie gemeinsam in ihrer Eigenschaft als Mitglieder des Kontrollrates in den Deutschland als Ganzes betreffenden Fragen"[1208].

Die „supreme authority", die oberste Regierungsgewalt, welche die Rechtsetzungs- und die Rechtsprechungsgewalt einschloß, war nicht die Souveränität Deutschlands[1209]; denn die lag (und liegt) beim Volk als dem Träger und Inhaber derselben. Vielmehr ist dem Volk die Ausübung seiner Souveränität aus der Hand

---

[1204] K. Stern, Staatsrecht V, S. 919 ff.; D. Blumenwitz, Intertemporales und interlokales Verfassungskollisionsrecht, HStR Bd. IX, § 211, Rdn. 29.

[1205] Dazu K. Stern, Staatsrecht V, S. 933 ff.

[1206] R. Bernhardt, Die deutsche Teilung und der Status Gesamtdeutschlands, HStR, Bd. I, 1987, § 8, Rdn. 5.

[1207] R. Stödter, Deutschlands Rechtslage, S. 52 ff.; O. Kimminich, Die Souveränität der Bundesrepublik Deutschland, S. 34, 42 ff.; K. Stern, Staatsrecht V, S. 920, 923 f., 1114, 1118; Ch. Raap, Die Souveränität der Bundesrepublik Deutschland unter besonderer Berücksichtigung des militärischen Bereichs und der deutschen Einheit, S. 60; M. Rensmann, Besatzungsrecht im wiedervereinten Deutschland, S. 45, 53; so auch BVerfGE 77, 137 (154).

[1208] Dazu R. Stödter, Deutschlands Rechtslage, S. 198 ff.

[1209] R. Stödter, Deutschlands Rechtslage, S. 61 ff., 66 ff., anders S. 38; anders wohl K. Stern, Staatsrecht V, S. 1424.

genommen worden und Organen überantwortet worden, welche die Souveränität ihrer Staaten und Völker in Deutschland ausgeübt haben[1210]. Rolf Stödter hat vertreten, daß die Besatzungsmächte „die Souveränität in Deutschland übernommen" hätten, nicht aber „deutsche Regierungsgewalt, sondern eigene Hoheitsrechte ausgeübt" hätten[1211]. Stödter trennt richtig die Trägerschaft von der Ausübung der Souveränität[1212]. Die Ausübung der Staatsgewalt ist aber nicht die Souveränität. Stödter ging augenscheinlich wie fast alle Staatsrechtslehrer davon aus, daß das Volk die Souveränität nicht ausüben kann. Eine Vertretungsdogmatik kommt mit dem Grundgesetz zu einer anderen Lehre.

Am 20. Juni 1949, nachdem Deutschland mit dem Inkrafttreten des Grundgesetzes am 23. Mai 1949 als Bundesrepublik Deutschland, mit Wirkkraft zunächst in den Westzonen und unter Vorbehalten in Westberlin, verfaßt war, haben die drei Westmächte die Alliierte Hohe Kommission gebildet[1213]. Diese hat dort die „supreme allied authority" ausgeübt. Damit wurden die Befugnisse der Zonenbefehlshaber zur Ausübung der obersten Regierungsgewalt aufgehoben und deren Befugnisse gingen auf die Kommission über. Ihre Aufgabe war nach Art. II Abs. 1 ihrer Charta „die Kontrolle über die Bundesregierung und die Regierungen der zum Bund gehörenden Länder gemäß den Bestimmungen des Besatzungsstatuts"[1214]. Die Alliierte Hohe Kommission und die einzelnen Landeskommissare wurden durch den Deutschlandvertrag aufgelöst[1215].

Die SHAEF-Gesetze haben durch die Berliner Vier-Mächte-Erklärung, welche das Londoner Abkommen vom 14. November 1944 in die Praxis umgesetzt hat, ihren besatzungsmäßigen Geltungsgrund, die Befehlsgewalt Eisenhowers, verloren, jedenfalls durch die Bildung der Alliierten Hohen Kommission, allemal durch die verschiedenen Verträge wie den Deutschlandvertrag und erst recht den Zwei-plus-Vier-Vertrag, weil sie als Befehlsakte nicht aufrechterhalten wurden. Damit bestand für die weitere Wirksamkeit der SHAEF-Gesetze als solchen keine Grundlage mehr. Der Oberkommandierende der Alliierten Streitkräfte war der „obersten gesetzgebenden Gewalt", die er, gestützt auf seine Befehlsgewalt, an sich gezogen und ausgeübt hatte, enthoben. Die SHAEF-Gesetze als seine Befehle konnten neben den späteren Maßnahmen keine Wirksamkeit behalten, soweit sie nicht durch die neuen Besatzungsstellen aufrechterhalten wurden. Es sind neue Verantwortlichkeiten geschaffen, neue Verfahren eingerichtet und neue Regelungen getroffen worden.

[1210] O. Kimminich, Die Souveränität der Bundesrepublik Deutschland, S. 45.

[1211] Deutschlands Rechtslage, S. 38, dazu näher S. 61 ff., 66 ff.

[1212] Deutschlands Rechtslage, S. 45 ff., 183 ff.

[1213] Dazu K. Stern, Staatsrecht V, S. 1393 ff.

[1214] K. Stern, Staatsrecht V, S. 1392 ff.; M. Rensmann, Besatzungsrecht im wiedervereinten Deutschland, S. 35; vgl. O. Kimminich, Die Souveränität der Bundesrepublik Deutschland, S. 30 ff., 52 ff.

[1215] K. Stern, Staatsrecht V, S. 1424; M. Rensmann, Besatzungsrecht im wiedervereinten Deutschland, S. 54.

b) Nach überwiegender Auffassung bleibt das „Besatzungsrecht“ in Geltung, soweit es nicht nach der Besetzung von dem vormals besetzten Land aufgehoben wird[1216], in welcher Technik auch immer, etwa lediglich dadurch, daß es nicht beseitigt wurde, obwohl etwa der Deutschlandvertrag es zur Disposition der Bundesrepublik Deutschland gestellt hatte, also die Besatzungsgewalt insoweit zurückgenommen war[1217]. Die Lehre vom Fortbestand des „Besatzungsrechts“ ohne Besetzung überzeugt nicht, weil die Besatzungsregelungen Befehle zunächst des Feindes und nach Beendigung des Kriegszustandes einer fremden Macht sind, nicht aber Rechtsakte des Volkes des besetzten Landes. „Besatzungsrecht“ gibt es nur auf der Grundlage der Besatzungsgewalt und im Rahmen der Besatzung. Die Besatzer üben die Staatsgewalt ihres Herkunftslandes aus, nicht die des besetzten Landes, zumal ohne demokratische Legitimation der Gewaltunterworfenen[1218] oder gar republikanisch legalisierende Ermächtigung von Vertretern des Volkes. Für das betroffene Volk haben die Besatzungsvorschriften die Geltungskraft von Befehlen fremder Herrschaft, welche die Gewalt im Lande zu Lasten der Souveränität der Bürger hat. Die Bürger sind gezwungen, diese Befehle zu befolgen, weil sie sonst befürchten müssen, getötet oder sonstwie sanktioniert zu werden. Recht der Bürger entsteht durch diese Gewaltsamkeit nicht. Recht kann nur auf Freiheit gründen. Nicht jede Ordnung, die sich durchsetzt, ist eine Rechtsordnung. Wer Recht als Herrschaftsordnung begreift, wie die meisten, weil sie Republikanität nicht verstehen, mag zu einer anderen Dogmatik finden[1219]. Die Besatzer sehen sich freilich im Recht, weil und insoweit sie im Rahmen der Staatsgewalt ihres Landes handeln, das seine Gewalt auf das besetzte Land ausgedehnt hat, in Grenzen auf völkerrechtlicher Rechtsgrundlage. Deswegen ist, dogmatisch formuliert, die Souveränität des besetzten Landes, auf der allein Recht dieses Landes gründen kann, eingeschränkt, eben gewaltsam, militärisch, überlagert (vgl. BVerfGE 3, 368 (375)). Eine Einheit des Rechts gibt es nur im Staat als der Organisation der Bürger für ihr gemeines Wohl, die allgemeine Freiheit. Zu diesem Recht gehören die Herrschaftsakte der Besatzer nicht. Eine dem Recht des Souveräns widerstreitende Ordnung entfaltet ihre Wirkung durch Gewaltherrschaft, nicht als allgemeiner Willen der Bürgerschaft. Um es zu wiederholen: Die Besatzungsmächte haben keine deutsche Staatsgewalt ausgeübt,

[1216] H. Maier, Fortgeltung und Fortwirkung von Besatzungsakten, JZ 1955, 408 ff., 408; K. Stern, Staatsrecht V, S. 1425 ff.; M. Rensmann, Besatzungsrecht im wiedervereinten Deutschland, S. 109 ff., 173 f., der allerdings das Besatzungsrecht als solches nicht als „deutsches Recht“ einstuft (S. 111, 119, 174 u. ö.); BVerfGE 3, 368 (376) hat offengelassen, ob das „Besatzungsrecht“ „subsidiäres Bundesrecht“ sein könne.

[1217] I.d.S. H. Maier, Fortgeltung und Fortwirkung von Besatzungsakten, JZ 1955, 408; O. Kimminich, Die Souveränität der Bundesrepublik Deutschland, S. 79; dagegen nicht überzeugend M. Rensmann, Besatzungsrecht im wiedervereinten Deutschland, S. 111 ff., 113 ff., 117, 189.

[1218] So auch M. Rensmann, Besatzungsrecht im wiedervereinten Deutschland, S. 120 f., im Widerspruch zur Behandlung der Besatzungsvorschriften als „Besatzungsrecht“.

[1219] Vgl. M. Rensmann, Besatzungsrecht im wiedervereinten Deutschland, S. 123, der aus der Haager Landkriegsordnung folgert, daß deren Zustandsregelung Rechtsetzungsbefugnisse der Besatzungsmacht begründet, auch S. 173 f.

also auch kein deutsches Recht gesetzt, das ohne die Besatzung Geltungskraft behalten kann.

Keinesfalls ist das „Besatzungsrecht“ auf Grund der Art. 124 f. GG Bundesrecht geworden, weil es gar kein Recht im Sinne des Grundgesetzes war, jedenfalls kein „Bundesrecht“ (BVerfGE 3, 368 (375))[1220]. Besatzungsvorschriften können aber materiell durch geeignete Rechtsakte Deutschlands in das deutsche Recht inkorporiert worden sein[1221]. Michael Rensmann führt diese S. 156 ff. näher auf. Soweit sie von Deutschland nach der Besatzung aufgehoben worden sind, war das nicht konstitutiv, sondern deklaratorisch, allemal für die völkerrechtswidrigen Besatzungsvorschriften[1222]. Der verfassungsgebotene Vertrauensschutz von durch die Besatzungsgewalt zugewiesenen Positionen ist Sache der nationalen Gesetzgebung[1223].

Nach Art. 139 GG „werden die zur ‚Befreiung des deutschen Volkes vom Nationalsozialismus und Militarismus‘ erlassenen Rechtsvorschriften von den Bestimmungen des Grundgesetzes nicht berührt“[1224]. Aus dieser Vorschrift läßt sich kein anderer Status des „Besatzungsrechts“ herleiten, obwohl dieses vielfältige Vorschriften der genannten Materie enthielt. Das ergibt sich schon daraus, daß die von der Geltung des Grundgesetzes freigestellten Vorschriften nach allgemeiner Meinung nur deutsche Gesetze der Länder sind; denn das „Besatzungsrecht“ unterlag ohnehin nicht dem Grundgesetz[1225].

2. a) In der unmittelbaren Nachkriegszeit, in der es vielfältige Maßnahmen der Siegermächte gegen Deutschland und die Deutschen gegeben hat, war sowohl von den Siegermächten, ausgenommen Frankreich[1226], und den deutschen Stellen[1227] als

---

[1220] Im Ergebnis auch M. Rensmann, Besatzungsrecht im wiedervereinten Deutschland, S. 113 ff., der den Streitstand darlegt.

[1221] Dazu M. Rensmann, Besatzungsrecht im wiedervereinten Deutschland, S. 118 ff.; vgl. auch BVerwG DVBl 1973, 408, 409, zu § 3 Satz 2 Wärungsgesetz.

[1222] Anders M. Rensmann, Besatzungsrecht im wiedervereinten Deutschland, S. 121 ff.; zu den völkerrechtswidrigen Besatzungsvorschriften W. Wengler, Völkerrecht Band II, 1964, S. 1429.

[1223] Dazu M. Rensmann, Besatzungsrecht im wiedervereinten Deutschland, S. 122 ff.

[1224] Insb. Kontrollrats-Gesetz Nr. 104 zur Befreiung von Nationalsozialismus und Militarismus vom 5. März 1946 („Befreiungsgesetz“), weitgehend übernommen von der Kontrollratsdirektive Nr. 38 vom 12. Oktober 1946 „betreffend die Verhaftung und Bestrafung von Kriegsverbrechern, Nationalsozialisten und die Internierung, Kontrolle und Überwachung von möglicherweise gefährlichen Deutschen“; dazu K. Stern, Staatsrecht I, S. 483; ders., Staatsrecht V, S. 979 ff.

[1225] G. Lübbe-Wolff, Zur Bedeutung des Art. 139 GG für die Auseinandersetzung mit neonazistischen Gruppen, NJW 1988, 1289 ff., 1291 f.; D. Blumenwitz, Intertemporales und interlokales Verfassungskollisionsrecht, HStR Bd. IX, § 211, Rdn. 30 ff (restriktiv, obsolet, begrenzt änderbar); M. Rensmann, Besatzungsrecht im wiedervereinten Deutschland, S. 127 ff., der Art. 139 GG für obsolet hält (S. 135, 189); vgl. richtig BVerwG NJW 1990, 134 f.

[1226] K. Stern, Staatsrecht V, S. 1096, 1105, 1138, S. 1997 ff. zur späteren Opposition Frankreichs gegen die Wiedervereinigung Deutschlands, noch stärker die Großbritanniens unter Margaret Thatcher, S. 1999 f.

auch von der ganz überwiegenden Staatsrechtslehre anerkannt, daß das Deutsche Reich nicht untergegangen ist (BVerfGE 2, 266 (277); 3, 288 (319 f.); 5, 85 (126); 6, 309 (336, 363); 11, 150 (158); 36, 1 (15 f.); 77, 137 (155 ff.))[1228], vor allem weil das deutsche Volk als Träger der Staatsgewalt fortbestand[1229]. Das Deutsche Reich wurde nicht annektiert[1230], jedenfalls nicht insgesamt, und, soweit das geschehen ist, nicht

---

[1227] K. Stern, Staatsrecht V, S. 1096.

[1228] Grundlegend R. Stödter, Deutschlands Rechtslage, 1948, S. 36 ff. (S. 39 ff., 41 ff. gegen Kelsens These vom Untergang Deutschlands), S. 45 ff., 91 ff., 121; F. A. von der Heydte, Der deutsche Staat im Jahre 1945 und seither, VVDStRL 13 (1955), S. 6 ff., 24, 25 f.; G. Dürig, Der deutsche Staat im Jahre 1945 und seither, VVDStRL 13 (1955), S. 27 ff., 58; O. Kimminich, Die Souveränität der Bundesrepublik Deutschland, S. 31 ff., 47; R. Bernhardt, Die deutsche Teilung und der Status Gesamtdeutschlands, HStR, Bd., 1987, § 8, Rdn. 5, 27 ff., 37 f.; D. Blumenwitz, Intertemporales und interlokales Verfassungskollisionsrecht, HStR Bd. IX, § 211, Rdn. 31 (Kontinuität als Völkerrechtssubjekt); ders., Feindstaatenklauseln, S. 45, 46 ff.; J. Abr. Frowein, Die Identität der Bundesrepublik Deutschland als Völkerrechtssubjekt, HStR, Bd. VIII, Die Einheit Deutschlands – Entwicklung und Grundlagen, 1995, § 196, Rdn. 3 f., 8 f.; H. Quaritsch, Wiedervereinigung in Selbstbestimmung – Recht, Realität, Legitimation, HStR Bd. VIII, Die Einheit Deutschlands – Entwicklung und Grundlagen, 1995, § 193, Rdn. 35; umfassend K. Stern, Staatsrecht V, S. 1093 ff., S. 1100 ff. zu den Teilungsplänen der Alliierten, S. 1106 ff. zur Diskussion und zum Grundvertrags-Urteil, S. 1108 Ergebnis, S. 1108 ff. zu den alliierten Positionen seit der Berliner Erklärung vom 5. Juni 1945 und ausländischer Judikatur, insbesondere das Obergericht des Kantons Zürich vom 1. Dezember 1945, DRZ 1947, 31 ff.; im Unterschied zur überwiegenden ausländischen Literatur, vor allem H. Kelsen, The International Legal Status of Germany to be Establishes Immediately upon Termination of the War, American Journal of International Law, Vol 38 (1944), S. 689 ff.; ders., The Legal Status of Germany According to the Declaration of Berlin, American Journal of International Law, Vol. 39 (1945), S. 518 ff.; H. Nawiasky, Die Grundgedanken des Grundgesetzes für die Bundesrepublik Deutschland, S. 3 ff. mit Problemerörterung; kritisch zur Identitätslehre H. Rumpf, Land ohne Souveränität, S. 99 ff., 142 u. ö., für ein „Weststaatsprinzip" im Sinne der Dismembrationslehre; H. Ridder, Die „deutsche Staatsangehörigkeit" und die beiden deutschen Staaten, GS für Friedrich Klein, 1977, S. 437 ff., „Staat mit dem Namen ‚Deutsches Reich' tatsächlich durch Debellation am 8. Mai 1945 untergegangen", „Theorien über den ‚Fortbestand' dieses Staates juristische Fiktionen", S. 444, für zwei deutsche Staaten; dazu M. Stolleis, Besatzungsherrschaft und Wiederaufbau deutscher Staatlichkeit 1945–1949, HStR Bd. I, 1987, § 5, S. 173 ff., Rdnr. 34 ff.; R. Bernhardt, Die deutsche Teilung und der Status Gesamtdeutschlands, daselbst, § 8, Rdn. 5, 37 f.; auch R. Mußgnug, Zustandekommen des Grundgesetzes und Entstehen der Bundesrepublik Deutschland, daselbst, § 6, S. 219 ff., Rdn. 2; R. Geiger, Grundgesetz und Völkerrecht, S. 46 ff., auch zu den fragwürdigen Debellations- und Dismembrationslehren vom Untergang Deutschlands; K. A. Schachtschneider (O. Gast), Sozialistische Schulden nach der Revolution, S. 66 mit Fn. 311; B. Diestelkamp, Rechtsgeschichte als Zeitgeschichte. Historische Betrachtungen zur Entstehung und Durchsetzung der Theorie vom Fortbestand des Deutschen Reiches als Staat nach 1945, ZNR 1985, 181 ff., historisierend, dogmatisch offen; zur „Völkerrechtssubjektivität als faktische Identität" und „staatlichen Kontinuität" als „Ergebnis rechtlicher Normierung" Ch. Möllers, Staat als Argument, S. 163 ff., 170.

[1229] R. Stödter, Deutschlands Rechtslage, S. 41 ff., 47; D. Blumenwitz, Die Souveränität der Bundesrepublik Deutschland, FS Peter Lerche, S. 389; K. Stern, Staatsrecht V, S. 1108.

[1230] R. Stödter, Deutschlands Rechtslage, S. 52 ff., 66 ff.; O. Kimminich, Die Souveränität der Bundesrepublik Deutschland, S. 34, 42 ff.; D. Blumenwitz, Intertemporales und interlokales Verfassungskollisionsrecht, HStR Bd. IX, § 211, Rdn. 31; ders., Feindstaatenklauseln,

rechtens. Trotz aller von der Sowjetunion und von Frankreich betriebenen und von den USA und Großbritannien hingenommenen Teilung Deutschlands in heterogene politische und wirtschaftliche Systeme, schließlich national und international als zwei deutsche Staaten gelebt, blieb die Einheit des deutschen Volkes und des Deutschen Reiches völkerrechtlich und auch staatsrechtlich gewahrt[1231]. In den alten und in den späteren neuen Ländern Deutschlands wurde lediglich die Regierungsgewalt, wie zitiert, von den Siegern ausgeübt, manche sagen auch: treuhänderisch die deutsche Staatsgewalt[1232]. Zu den Ostgebieten des Deutschen Reiches ist im Siebenten Teil zu A.III.1.b) Stellung genommen. Die weitere Entwicklung Deutschlands hat, so wie es die Siegermächte vorgeschrieben haben, wie es aber auch dem Willen des Deutschen Volkes entsprach, zu einem neuen Verfassungsgesetz Deutschlands, dem Grundgesetz, geführt. In einer der frühesten Entscheidungen, nämlich zum Petersburger Abkommen zwischen den Alliierten Hohen Kommissaren und dem Deutschen Bundeskanzler vom 22. November 1949[1233], hat das Bundesverfassungsgericht ausgeführt:

> „Das Grundgesetz will seinem gesamten Inhalt nach die Verfassung eines souveränen Staatswesens sein. Es war zwar entsprechend den Beschlüssen der Koblenzer Ministerpräsidenten-Konferenz vom 8.–10.7.1948 zunächst lediglich als Organisationsstatut eines besetzten Landes gedacht, hat dann aber schließlich doch die Gestalt der Verfassungsurkunde eines souveränen Staates angenommen. Keine seiner Bestimmungen nimmt auf die Tatsache der Besetzung Bezug; insbesondere regeln sie nicht die Beziehungen zur Besatzungsmacht. Es geht ausnahmslos von der Gleichberechtigung der Bundesrepublik in der Völkerrechtsgemeinschaft aus. Der Parlamentarische Rat beabsichtigte lange Zeit hindurch, in die Präambel zum Grundgesetz einen klaren Hinweis auf die Beschränkung der Unabhängigkeit der Bundesrepublik durch die Besatzungsmächte aufzunehmen. Das sollte in die Formulierung geschehen: ‚die Besetzung Deutschlands durch fremde Mächte hat die Ausübung dieses Rechts (nämlich auf die freie Gestaltung seines nationalen Lebens) schweren Einschränkungen unterworfen'. Dieser Wortlaut wurde zunächst allseitig gebilligt und kehrte längere Zeit hindurch in allen Formulierungsvorschlägen für die Präambel wieder. Als dann der Allgemeine Redaktionsausschuß meinte, daß der Hinweis auf die Beschränkung der Souveränität durch die Besetzung zu sehr nach Resignation klänge, vielmehr der Wille zur Überwindung dieser Beschränkung zum Ausdruck kommen sollte, verzichtete man endgültig darauf, das Besatzungsregime und das rechtliche Verhältnis zu ihm im Grundgesetz überhaupt zu erwähnen." (BVerfGE 1, 351 (368 f.); auch BVerfGE 4, 157 (169)).

Das Deutsche Volk in den alten Ländern hat „kraft seiner verfassungsgebenden Gewalt dieses Grundgesetz der Bundesrepublik Deutschland beschlossen". „Es hat" nach der ursprünglichen Präambel auch für „jene Deutschen gehandelt, denen mit-

---

S. 45; K. Stern, Staatsrecht V, S. 1108 f.; M. Rensmann, Besatzungsrecht im wiedervereinten Deutschland, S. 45.

[1231] Dazu ausführlich K. Stern, Staatsrecht V, S. 948 ff., 1093 ff., 1209 ff., 1592 ff.

[1232] O. Kimminich, Die Souveränität der Bundesrepublik Deutschland, S. 36; dazu R. Stödter, Deutschlands Rechtslage, S. 173 ff.; weitere Hinweise in Fn. 1177.

[1233] Dazu K. Stern, Staatsrecht V, S. 1396 ff.

zuwirken versagt war", vornehmlich die Deutschen in der Sowjetisch besetzten Zone/ DDR. Im übrigen war das „Deutsche Volk" nach dieser Präambel „von dem Willen beseelt, seine nationale und staatliche Einheit zu wahren und als gleichberechtigtes Glied in einem vereinten Europa dem Frieden der Welt zu dienen", nicht nur letzteres, wie es die neue Präambel seit der Vereinigung der beiden deutschen Staaten entgegen dem Willen der meisten Deutschen formuliert. Vor allem den jetzigen neuen Ländern wurde durch Art. 23 GG a.F. der Beitritt zur Bundesrepublik Deutschland ermöglicht. Gemäß dem Einigungsvertrag erfolgte der Beitritt „der Deutschen Demokratischen Republik zur Bundesrepublik Deutschland" gemäß Artikel 23 des Grundgesetzes am 3. Oktober 1990[1234]. Er bestimmte, daß mit diesem Zeitpunkt die durch das sogenannte Ländereinführungsgesetz der (untergehenden) DDR vom 22. Juli 1990 reföderalisierten Länder der DDR Länder der Bundesrepublik Deutschland werden (Art. 1 EV)[1235]. Zugleich trat für diese das Grundgesetz in Kraft (Art. 3 EV). Das Grundgesetz wurde das Verfassungsgesetz des vereinten Deutschland[1236]. Die Präambel des Grundgesetzes spricht seither in Satz 3 davon, daß „dieses Grundgesetz für das gesamte Deutsche Volk gilt", seit nach Satz 2 „die Deutschen in den Ländern ... in freier Selbstbestimmung die Einheit und Freiheit Deutschlands vollendet haben", Art. 146 GG übereinstimmend davon, daß „dieses Grundgesetz (‚das) nach Vollendung der Einheit und Freiheit Deutschlands für das gesamte Deutsche Volk gilt, ..." Das ist nicht die ganze Wahrheit. Die Deutschen sind unmittelbar als pouvoir constituant nicht gefragt worden, sondern nur ihre Vertreter in den Staatsorganen als pouvoir constitué, aber deren Entscheidungen entsprachen dem Willen der großen Mehrheit der Deutschen in beiden deutschen Staaten. Zur Einheit Deutschlands gehörten jahrzehntelang auch die Ostgebiete, die ausgeklammert sind, aus guten Gründen, aber souveränitätsrechtlich in fragwürdiger Weise (dazu Siebenter Teil A.III.2.)[1237]. Ein Staat ändert seine Identität nicht dadurch, daß das Volk sich ein neues Verfassungsgesetz gibt (BVerfGE 36, 1 (13 ff.)). Der Einfluß der Siegermächte des Westens auf das Grundgesetz bedeutet nicht, daß das Grundgesetz nicht das Verfassungsgesetz der Deutschen ist. Zum einen ist das Grundgesetz in den Wahlen Westdeutschlands quasi plebiszitär von der Bürgerschaft anerkannt worden und als Verfassungsgesetz Deutschlands jahrzehntelang mit fast uneingeschränkter Zustimmung in den alten Ländern Deutschlands gelebt worden[1238] und wird jetzt auch schon

---

[1234] Dazu K. Stern, Staatsrecht V, S. 1879 ff., 1920 ff., 1948 f., 1962 ff.

[1235] Dazu K. Stern, Staatsrecht V, S. 1963, 1965 ff.

[1236] K. Stern, Staatsrecht V, S. 1967 ff., der, mehr als skeptisch gegenüber Art. 146 GG, S. 1970 eine Verfassungsrevision nach Art. 146 GG an eine Verfassungsgesetzänderung nach Art. 79 Abs. 2 GG bindet. Richtig ist, daß bisher entgegen Art. 20 Abs. 2 S. 2 und Art. 146 GG das Verfahren der Verfassungsgebung unmittelbar durch das Volk nicht gesetzlich geregelt ist. Aber der pouvoir constituant kann schlechterdings nicht vom Gesetzgeber als Teil des pouvoir constitué abhängen.

[1237] Dazu K. Stern, Staatsrecht V, S. 1967 ff.

[1238] R. Mußgnug, Zustandekommen des Grundgesetzes und Entstehen der Bundesrepublik Deutschland, HStR, Bd. I, 1987, § 6, Rdn. 100 ff.; folgend R. Bernhardt, Die deutsche Teilung und der Status Gesamtdeutschlands, HStR, Bd. I, 1987, § 8, Rdn. 8.

25 Jahre in den neuen Ländern ohne relevanten Widerspruch gelebt, zum anderen stellt die Präambel klar, daß „sich das Deutsche Volk kraft seiner verfassungsgebenden Gewalt dieses Grundgesetz gegeben“ hat. Des weiteren genügt das Grundgesetz der Verfassung, die mit den Deutschen geboren ist, nämlich der Menschheit des Menschen jedes Deutschen, der Freiheit, Gleichheit und Brüderlichkeit, und verfaßt einen Staat, der demokratisch, rechtstaatlich und sozial sein soll. Das Grundgesetz steht in der Tradition der Frankfurter Reichsverfassung vom 28. März 1849, der Paulskirchenverfassung, und der Weimarer Reichsverfassung vom 11. August 1919. Deutschland ist als Staat identisch mit dem Deutschen Reich, das mit der Bismarckschen Reichsverfassung vom 1871, der Verfassung des Deutschen Kaiserreichs vom 16. April 1871, als Werk Bismarcks gegründet wurde. Der Verfall des Grundgesetzes durch Parteienstaat und Europäismus beeinträchtigt nicht die Geltung des Grundgesetzes, zumal es in den Verfassungsprozessen um die europäische Integrationspolitik von den Beschwerdeführern mit Unterstützung eines Großteils der Deutschen und durch das Bundesverfassungsgericht in aller Klarheit gegen die Integrationsverträge in Stellung gebracht wird. Es ist Aufgabe unserer Zeit, das Grundgesetz der Deutschen gegen die politische Klasse, die Parteienoligarchie und deren Integrationismus zu verteidigen, d. h. wieder zur uneingeschränkten Wirkung zu bringen.

b) Durch das WWW geistern Äußerungen, daß die SHAEF-Gesetze nach wie vor gelten und die Verhältnisse des Deutschen Reiches bestimmen, weil die Bundesrepublik Deutschland nicht oder nicht mehr bestehe. Sie sei entweder gar nicht entstanden oder durch die Aufhebung des früheren Beitrittsartikels 23 des Grundgesetzes verschwunden; denn wegen dieser Aufhebung habe das Grundgesetz seinen Geltungsbereich verloren. Diese Auffassung ist abwegig. Ich spreche sie an, weil sie viele Menschen besorgt. Der Geltungsbereich des Grundgesetzes ist völlig klar und im übrigen im Grundgesetz und in vielen Gesetzestexten und auch in Vertragstexten angesprochen. Deutschland und das Staatsgebiet Deutschlands gemäß dem Zwei-plus-Vier-Vertrag (dazu II.) sind von allen Staaten anerkannt. Die neue Präambel des Grundgesetzes nennt mit den „Ländern der Deutschen“ auch das Staatsgebiet Deutschlands und das „gesamte Deutsche Volk“, für das „das Grundgesetz“ gilt, und damit den Geltungsbereich des Grundgesetzes. Jedenfalls ist es, weltweit anerkannt, das Staatsgebiet der Bundesrepublik Deutschland. Art. 144 Abs. 2 GG, der auf Art. 23 GG a.F. Bezug nimmt und Berlin im Auge hatte (i.d.S. BVerfGE 4, 157 (175 f.)), ist obsolet, zum einen weil Art. 23 GG durch den europäischen Integrationsartikel ersetzt worden ist, zum anderen, weil es kein Gebiet der Bundesrepublik Deutschland mehr gibt, in dem die Anwendung des Grundgesetzes trotz dessen Geltung, wie es diese Vorschrift voraussetzt, Beschränkungen unterliegt. Gewisse militärrechtliche Besonderheiten für die neuen Länder beruhen auf völkerrechtlichen Verträgen, welche die Geltung des Grundgesetzes nicht beschränkt.

c) Der Besatzungsstatus Deutschlands, welcher Deutschland, gemäß der Note an den Parlamentarischen Rat vom 10. April 1949 am 12. Mai 1949 von den drei Militärgouverneuren und Oberbefehlshabern förmlich verkündet, die Ausübung der

Souveränität, trotz wichtiger und zunehmend erweiterter deutscher Befugnisse für die westlichen Besatzungszonen Deutschlands und die Bundesrepublik Deutschland, zugunsten der Herrschaft der drei westlichen Alliierten Frankreich, Großbritannien und den USA wie nach der Kapitulation weiter vorenthalten hatte, wurde in der Bundesrepublik 1955 durch den Deutschlandvertrag vom 26. Mai 1952 in der Fassung vom 23. Oktober 1954, in Kraft getreten am 5. Mai 1955, den Vertrag über die Beziehungen zwischen der Bundesrepublik Deutschland und den Drei Mächten (die Vereinigten Staaten von Amerika, das Vereinigte Königreich von Großbritannien und Nordirland und die Französische Republik, Generalvertrag, BGBl 1955 II S. 305), weitgehend (vgl. BVerfGE 12, 281 (281 ff.) zum Gesetz betreffend das Protokoll vom 23. Oktober 1954 über die Beendigung des Besatzungsregimes in der Bundesrepublik Deutschland vom 24. März 1955, BGBl II, 213; „nach Beendigung des Besatzungsregimes im Jahre 1955“, S. 283; auch BVerfGE 15, 337 (346 ff.), vertragliche Fortgeltung von Besatzungsrecht), aber nicht gänzlich beendet, nicht für die vorbehaltende Viermächte-Verantwortung[1239]. Die „Rechte und Verantwortlichkeiten“ der Drei Mächte (in der Bundesrepublik Deutschland), die sie „behalten“ haben, wurden auf eine vertragliche Grundlage gestellt[1240]. In Art. 1 und Art. 2 heißt es:

> „Mit dem Inkrafttreten dieses Vertrags werden die Vereinigten Staaten von Amerika, das Vereinigte Königreich von Großbritannien und Nordirland und die Französische Republik (in diesem Vertrag und in den Zusatzverträgen auch als „Drei Mächte“ bezeichnet) das Besatzungsregime in der Bundesrepublik beenden, das Besatzungsstatut aufheben und die Alliierte Hohe Kommission sowie die Dienststellen der Landeskommissare in der Bundesrepublik auflösen. Die Bundesrepublik wird demgemäß die volle Macht eines souveränen Staates über ihre inneren und äußeren Angelegenheiten haben“.

> „Im Hinblick auf die internationale Lage, die bisher die Wiedervereinigung Deutschlands und den Abschluß eines Friedensvertrags verhindert hat, behalten die Drei Mächte die bisher von ihnen ausgeübten oder innegehabten Rechte und Verantwortlichkeiten in bezug auf Berlin und auf Deutschland als Ganzes einschließlich der Wiedervereinigung Deutschlands und einer friedensvertraglichen Regelung. Die von den Drei Mächten beibehaltenen Rechte und Verantwortlichkeiten in bezug auf die Stationierung von Streitkräften in Deutschland

---

[1239] R. Bernhardt, Die deutsche Teilung und der Status Gesamtdeutschlands, HStR, Bd. I, 1987, § 8, Rdn. 38 ff., zum Vertrag Rdn. 10 f.; D. Blumenwitz, Intertemporales und interlokales Verfassungskollisionsrecht, HStR Bd. IX, § 211, Rdn. 32 („Beendigung des Besatzungsregimes“, der auf das Protokoll über die Beendigung des Besatzungsregimes in der Bundesrepublik Deutschland (BGBl II, 1955 S. 215) und das Gesetz vom 24. März 1955 betreffend das Protokoll (BGBl II, 1955 S. 213) und die Bekanntmachung vom 5. Mai 1955 (BGBl II, 1955 S. 628) hinweist; vgl. auch ders., Die Souveränität der Bundesrepublik Deutschland, FS Peter Lerche, S. 387 ff.; zum Deutschlandvertrag, vor allem geschichtlich, K. Stern, Staatsrecht V, S. 1410 ff., 1421 ff., der die entscheidende Formel des Art. 1 Abs. 2 um die Passage „eines souveränen Staates“ verkürzt (auch S. 1430), S. 1422 ff. zu den Zusatzverträgen; M. Rensmann, Besatzungsrecht im wiedervereinten Deutschland, S. 141.

[1240] D. Blumenwitz, Intertemporales und interlokales Verfassungskollisionsrecht, HStR Bd. IX, § 211, Rdn. 33.

und der Schutz der Sicherheit dieser Streitkräfte bestimmen sich nach den Artikeln 4 und 5 dieses Vertrags"[1241].

„Die volle Macht eines souveränen Staates" ist schon dem Wortlaut nach nicht die Souveränität[1242], d. h. die Souveränität blieb weiterhin durch die Besatzungshoheit, soweit diese vorbehalten blieb, beschränkt.

Das Stationierungsrecht der Drei Westmächte wurde durch den Vertrag über den Aufenthalt ausländischer Streitkräfte in der Bundesrepublik Deutschland vom 23. Oktober 1954 (BGBl. 1955 S. 253) vertraglich geregelt. Der Charakter der Rechtsgrundlage der Stationierung war vor allem wegen des differenzierten Status Deutschlands als Deutsches Reich und als Bundesrepublik Deutschland sowie als Deutsche Demokratische Republik streitbar und streitig (entweder außervertraglich, vertraglich oder gemischt)[1243].

Das Bundesverfassungsgericht hat ausgesprochen, daß mit dem Deutschlandvertrag „allgemein ein Zustand erreicht wurde, der erheblich ‚näher beim Grundgesetz steht' als der vorausgehende" (BVerfGE 15, 337 (348 f.), unter Berufung auf das Urteil zum Saarabkommen in BVerfGE 4, 157 (168 ff., 170)). „Unverzichtbare Grundsätze des Grundgesetzes", „also etwa die in den Art. 79 Abs. 3 oder Art. 19 Abs. 2 GG bezeichneten Grundsätze" oder „unverzichtbare Grundprinzipien der Verfassung" dürften freilich durch völkerrechtliche Verträge nicht preisgegeben werden (BVerfGE 4, 157 (170); 14, 1 (7 f.); 15, 337 (349)). „Einschränkungen anderer Verfassungsnormen können für eine Übergangszeit hingenommen werden, wenn sie in einem unmittelbaren Zusammenhang mit der Regelung stehen, die in ihrer gesamten Tendenz darauf gerichtet ist, dem der Verfassung voll entsprechenden Zustand näherzukommen" (BVerfGE 4, 157 (170); 14, 1 (7 f.)).

3. Im Überleitungsvertrag[1244], dem Vertrag zur Regelung der aus Krieg und Besatzung entstandenen Fragen, einem Zusatzvertrag zum Deutschlandvertrag (vom 26. Mai 1952, in Kraft getreten am 5. Mai 1955, BGBl II 1955 S. 405), war die „volle Macht eines souveränen Staates" nach dem Deutschlandvertrag relativiert, nämlich u. a. durch Art. 1 Abs. 1 S. 3. Artikel 1 des Überleitungsvertrages lautet:

„(1) Die Organe der Bundesrepublik und der Länder sind gemäß ihrer im Grundgesetz festgelegten Zuständigkeit befugt, von den Besatzungsbehörden erlassene Rechtsvorschriften aufzuheben oder zu ändern, sofern im Vertrag über die Beziehungen zwischen der Bundesrepublik Deutschland und den Drei Mächten oder in den in dessen Artikel 8 auf-

---

[1241] Zu den Vorbehaltsrechten und deren Bedeutung für die weitere Deutschlandpolitik D. Blumenwitz, Deutschlandvertrag 1955–1985, ROW 1985, 320 ff.; vgl. auch M. Rensmann, Besatzungsrecht im wiedervereinten Deutschland, S. 54 ff., 61, 75 ff.

[1242] D. Blumenwitz, Deutschlandvertrag 1955–1985, ROW 1985, 319.

[1243] M. Rensmann, Besatzungsrecht im wiedervereinten Deutschland, S. 61, 75 ff.

[1244] Dazu D. Blumenwitz, Intertemporales und interlokales Verfassungskollisionsrecht, HStR Bd. IX, § 211, Rdn. 33; K. Stern, Staatsrecht V, S. 1422, 1425 ff.; M. Rensmann, Besatzungsrecht im wiedervereinten Deutschland, S. 66 f., 141 ff., 175 ff.; vgl. BVerfGE 12, 281 ff.; 15, 337 (346 ff.); 36, 146 (169 ff.).

geführten Zusatzverträgen nichts anderes bestimmt ist. Bis zu einer solchen Aufhebung oder Änderung bleiben von den Besatzungsbehörden erlassene Rechtsvorschriften in Kraft. Vom Kontrollrat erlassene Rechtsvorschriften dürfen weder aufgehoben noch geändert werden. Rechtsvorschriften, durch welche die vorläufigen Grenzen der Bundesrepublik festgelegt worden sind, oder die nach anderen Bestimmungen des Vertrags über die Beziehungen der Bundesrepublik Deutschland und den Drei Mächten oder der Zusatzverträge in Kraft bleiben, dürfen nur mit Zustimmung der Drei Mächte geändert oder aufgehoben werden.

(2) Die Drei Mächte übertragen hiermit auf die Bundesrepublik das Recht, nach jeweiliger Konsultation mit den Drei Mächten die Rechtsvorschriften des Kontrollrats innerhalb des Bundesgebietes außer Wirksamkeit zu setzen, die nicht nach anderen Bestimmungen des Vertrags über die Beziehungen zwischen der Bundesrepublik Deutschland und den Drei Mächten oder der Zusatzverträge oder auf Verlangen der Drei Mächte in Ausübung ihrer Rechte hinsichtlich Berlins und Deutschlands als Ganzem, einschließlich der Wiedervereinigung Deutschlands und einer Friedensregelung, auf die im Vertrage über die Beziehungen zwischen der Bundesrepublik Deutschland und den Drei Mächten Bezug genommen ist, in Kraft bleiben, und die in einer Mitteilung im Namen der Regierungen der Drei Mächte an den Bundeskanzler vom Tage der Unterzeichnung dieses Vertrags aufgeführt sind.

(3) Der in diesem Vertrag verwendete Ausdruck „Rechtsvorschriften" umfaßt Proklamationen, Gesetze, Verordnungen, Entscheidungen (mit Ausnahme gerichtlicher Entscheidungen), Direktiven, Durchführungsbestimmungen, Anordnungen, Genehmigungen oder sonstige Vorschriften ähnlicher Art, die amtlich veröffentlicht worden sind. Die Bezugnahme auf eine einzelne Rechtsvorschrift schließt alle und jeden ihrer Teile, einschließlich der Präambel, ein, sofern nicht ausdrücklich etwas anderes bestimmt ist.

(4) Die amtlichen Texte der in diesem Artikel erwähnten Rechtsvorschriften sind diejenigen Texte, die zur Zeit des Erlasses maßgebend waren.

(5) Der Ausdruck „Besatzungsbehörden", wie er in diesem Teil verwendet wird, bedeutet den Kontrollrat, die Alliierte Hohe Kommission, die Hohen Kommissare der Drei Mächte, die Militärgouverneure der Drei Mächte, die Streitkräfte der Drei Mächte in Deutschland, sowie Organisationen und Personen, die in deren Namen Befugnisse ausüben oder im Falle von internationalen Organisationen und Organisationen anderer Mächte (und der Mitglieder solcher Organisationen) – mit deren Ermächtigung handeln, schließlich die bei den Streitkräften der Drei Mächte dienenden Hilfsverbände anderer Mächte".

„Vom Kontrollrat erlassene Rechtsvorschriften" dürften also weder aufgehoben noch geändert werden", aber nach Absatz 2 durch die Bundesrepublik Deutschland nach Konsultationen mit den Drei Mächten „außer Wirksamkeit" gesetzt werden. In einem Briefwechsel haben die drei Außenminister der Westmächte dem Bundeskanzler, gestützt auf Art. 2 des Deutschlandvertrages, die Kontrollratsvorschriften und Vorschriften der Alliierten Hohen Kommission benannt, die von der Bundesrepublik Deutschland nicht oder nur nach Konsultation mit den Drei Mächten außer Wirksamkeit gesetzt werden durften („‚versteinertes' Besatzungsrecht"), insbesondere die Kontrollratsproklamation Nr. 1 über die Übernahme der obersten Regierungsgewalt in Deutschland (Amtsblatt des Kontrollrats S. 1)[1245].

[1245] O. Kimminich, Die Souveränität der Bundesrepublik Deutschland, S. 71, 73 ff.; D. Blumenwitz, Intertemporales und interlokales Verfassungskollisionsrecht, HStR Bd. IX,

Der Hauptgrund war, daß die Kontrollratsvorschriften auch von der Sowjetunion erlassen waren, welche den Deutschlandvertrag nicht geschlossen hatte, also in der fortbestehenden Vier-Mächte-Verantwortung für Deutschland insgesamt standen[1246]. Alle anderen Vorschriften der Besatzungsmächte hatten, so Otto Kimminich, ihre Wirksamkeit verloren[1247]. Aber bestimmte Entscheidungen der Besatzungsmächte wurden durch Art. 2 des Ersten Teils des Überleitungsvertrages der nachträglichen Prüfung durch deutsche Stellen entzogen. Die Vorschrift lautet:

> „(1) Alle Rechte und Verpflichtungen, die durch gesetzgeberische, gerichtliche oder Verwaltungsmaßnahmen der Besatzungsbehörden oder auf Grund solcher Maßnahmen begründet oder festgestellt worden sind, sind und bleiben in jeder Hinsicht nach deutschem Recht in Kraft, ohne Rücksicht darauf, ob sie in Übereinstimmung mit anderen Rechtsvorschriften begründet oder festgestellt worden sind. Diese Rechte und Verpflichtungen unterliegen ohne Diskriminierung denselben künftigen gesetzgeberischen, gerichtlichen und Verwaltungsmaßnahmen wie gleichartige nach innerstaatlichem deutschem Recht begründete oder festgestellte Rechte und Verpflichtungen.
>
> (2) Alle Rechte und Verpflichtungen, die aus den Verträgen und internationalen Abkommen herrühren, die von den Besatzungsbehörden oder von einer oder mehreren der Regierungen der Drei Mächte vor Inkrafttreten dieses Vertrags für eine oder mehrere der drei westlichen Besatzungszonen abgeschlossen wurden und die in der Anlage zu der Mitteilung der Alliierten Hohen Kommissare im Namen der Regierungen der Drei Mächte an den Bundeskanzler vom Tage der Unterzeichnung dieses Vertrags aufgeführt sind, sind und bleiben in Kraft, als ob sie aus gültigen, von der Bundesrepublik abgeschlossenen Verträgen und internationalen Abkommen herrührten“[1248].

Das war mit dem Grundgesetz aus den soeben zitierten Gründen vereinbar (BVerfGE 14, 1 (7 f.); auch 15, 337 (340 f., 346 ff.)), weil die Gesetzeslage in Deutschland durch den Überleitungsvertrag näher an das Grundgesetz herangeführt werden konnte. Die Ordnung, welche die Besatzungsstellen in den alten Ländern Deutschlands geschaffen hatten, blieb somit weitgehend auf völkervertraglicher Grundlage, also mit Willen der Bürger Westdeutschlands, bestehen. Das war auch wegen der neu gestalteten oder geschaffenen „Rechte“ und „Pflichten“ im Interesse

§ 211, Rdn. 42 ff., auch Rdn. 33; ders., Die Souveränität der Bundesrepublik Deutschland, in: P. Badura/R. Scholz (Hrsg.), Wege und Verfahren des Verfassungslebens, FS Peter Lerche (65), 1993, S. 390 f.; K. Stern, Staatsrecht V, S. 1428; Ch. Raap, Die Souveränität der Bundesrepublik Deutschland unter besonderer Berücksichtigung des militärischen Bereichs und der deutschen Einheit, S. 147 ff.; mit verändertem Begriffsgehalt von „versteinert“ M. Rensmann, Besatzungsrecht im wiedervereinten Deutschland, S. 141 ff., 175 f., S. 143 ff. Auflistung der versteinerten Besatzungsvorschriften, S. 176 ff. Auflistung der fortgeltenden Bestimmungen des Überleitungsvertrages.

[1246] Dazu O. Kimminich, Die Souveränität der Bundesrepublik Deutschland, S. 73 ff.; D. Blumenwitz, Deutschlandvertrag 1955–1985 – Zur Souveränität der Bundesrepublik Deutschland und ihrer Beschränkung im Wandel dreier Jahrzehnte –, ROW 1985, 317 ff., 320; M. Rensmann, Besatzungsrecht im wiedervereinten Deutschland, S. 142 ff.

[1247] Die Souveränität der Bundesrepublik Deutschland, S. 75 f.

[1248] Dazu K. Stern, Staatsrecht V, S. 1428 ff.; M. Rensmann, Besatzungsrecht im wiedervereinten Deutschland, S. 176 ff.

der Rechtssicherheit geboten, etwa im Bereich des öffentlichen Dienstes, im Vermögensbereich usw. Die Menschen hatten sich darauf eingerichtet. Diese Ordnung stand nunmehr zur Disposition der Bundesrepublik Deutschland.

Weiterhin soll auf Art. 5 und Art. 7 Abs. 1 des Ersten Teils des Überleitungsvertrages hingewiesen werden:

Art. 5: „(1) Alle Urteile und Entscheidungen in nichtstrafrechtlichen Angelegenheiten, die von einem Gericht oder einer gerichtlichen Behörde der Drei Mächte oder einer derselben bisher in Deutschland erlassen worden sind oder später erlassen werden, bleiben in jeder Hinsicht nach deutschem Recht rechtskräftig und rechtswirksam und sind von den deutschen Gerichten und Behörden demgemäß zu behandeln und auf Antrag einer Partei von diesen in der gleichen Weise wie Urteile und Entscheidungen deutscher Gerichte und Behörden zu vollstrecken.

(2) Die Rechtskraft wird, soweit sie sich nicht bereits aus der Ausfertigung des Urteils ergibt, durch eine Bescheinigung der zuständigen Behörde der betreffenden Macht schlüssig nachgewiesen.

(3) Im Zusammenhang mit der Vollstreckung von Urteilen können Einwendungen gegen einen durch Urteil festgestellten Anspruch durch ein Verfahren nach § 767 der deutschen Zivilprozeßordnung vor dem zuständigen deutschen Gericht geltend gemacht werden."

Art. 7: „(1) Alle Urteile und Entscheidungen in Strafsachen, die von einem Gericht oder einer gerichtlichen Behörde der Drei Mächte oder einer derselben bisher in Deutschland gefällt worden sind oder später gefällt werden, bleiben in jeder Hinsicht nach deutschem Recht rechtskräftig und rechtswirksam und sind von den deutschen Gerichten und Behörden demgemäß zu behandeln."

Das Bundesverfassungsgericht hat in BVerfGE 15, 337 (349) zum Überleitungsvertrag zu Recht festgestellt:

„Insbesondere im Verhältnis zum Besatzungsrecht war ein großer Schritt in Richtung auf eine grundgesetzgemäße Ordnung getan, da der deutsche Gesetzgeber seit dem 5. Mai 1955 Rechtsvorschriften der Besatzungsbehörden aufheben und ändern oder (beim Kontrollratsrecht) außer Wirksamkeit setzten konnte. Damit wurde er weitgehend in die Lage versetzt, das umfangreiche, dem deutschen Recht oft wesensfremde Besatzungsrecht in eine der deutschen Rechtsordnung entsprechenden und vom Grundgesetz geforderte Regelung überzuleiten. Demgegenüber bedeutet das zeitweiße Fortbestehen eines verhältnismäßig kleinen Bestandes von verfassungswidrigen Besatzungsnormen nur eine geringe Beschränkung."

In BVerfGE 95, 39 (46 f.) hat das Gericht ausgeführt:

„Politische Verträge, die eine besatzungsrechtliche Ordnung schrittweise abbauen, befinden sich mit dem Grundgesetz bereits dann im Einklang, wenn der durch sie geschaffene Zustand der Verfassung näher steht als der frühere und wenn ein besseres Verhandlungsergebnis nicht erzielt werden konnte. Das Grundgesetz gestattet in diesem zeitgeschichtlichen Zusammenhang eine schrittweise Annäherung an die volle Verwirklichung der verfassungsrechtlichen Gebote, solange eine uneingeschränkte Beachtung nicht möglich ist". „Um eine solche Regelung geht es hier: die Stationierungsverträge stehen in unlösbarem Zusammenhang mit dem Abbau der besatzungsrechtlichen Ordnung nach dem Zweiten

Weltkrieg." „Daß seit dem Ende der Besatzungshoheit rund 40 Jahre vergangen sind und die Bundesrepublik Deutschland inzwischen uneingeschränkte Souveränität erlangt hat, ändert an dieser Betrachtungsweise nichts." (...). „Insofern unterliegt die Bundesregierung bei derartigen Verhandlungen außenpolitischen Zwängen, die aus verfassungsrechtlicher Sicht nicht anders bewertet werden können als die Lage, in der sie sich bei den Verhandlungen befand, die unmittelbar dem Abbau der besatzungsrechtlichen Ordnung dienten"[1249]

Wichtige Regelungen des Überleitungsvertrages gelten auch nach dem Zwei-plus-Vier-Vertrag fort. Sie sind in Ziffer 3 des Notenwechsels vom 27./28. September 1990 (BGBl II 1990 S. 1386) aufgeführt, „ohne Rücksicht darauf, ob sie in Übereinstimmung mit anderen Rechtsvorschriften begründet oder festgestellt worden sind". Michael Rensmann hat diese Regelungen, die er für „endgültig" (S. 188) hält, S. 175 ff. aufgeführt. Es geht um den Bestand der Maßnahmen der Besatzungsbehören, um Reparationsfragen, insbesondere um Einwendungsverzichte, um Maßnahmen wegen des Kriegszustandes, wiederum um Anspruchsverzichte und Klageverbote, um besatzungsgerichtliche Urteile[1250] u.a.m. Die Bundesregierung hat dazu ausgeführt: „Einige Bestimmungen des Überleitungsvertrages müssen im Interesse der Rechtssicherheit weitergelten" (BR-Drucksache 658/90 vom 25. September 1990, S. 11 ff.)[1251]. Unrecht muß und sollte keinen Bestand haben. Rensmann befürwortet ein „grundlegendes Bereinigungs- bzw. Aufhebungsgesetz" (S. 191 f. unter Hinweis auf BVerfGE 15, 337 (350); 62, 169 (181 ff., 187 f.); 95, 39 (46)). Eine klarstellende Gesetzgebung wäre allemal hilfreich. Die durchaus konstitutiven Regelungen sind vor allem mit der Eigentumsgewährleistung des Art. 14 Abs. 1 GG schwerlich vereinbar[1252]. Dem Notenwechsel der Regierungen haben entgegen Art. 59 Abs. 2 GG die „für die Bundesgesetzgebung zuständigen Körperschaften" nicht „in der Form eines Bundesgesetzes" zugestimmt, obwohl er in der Sache ein

---

[1249] Unter Bezug auf BVerfGE 4, 157 (168 ff.); 15, 337 (348 ff.); dazu M. Rensmann, Besatzungsrecht im wiedervereinten Deutschland, S. 189 f.

[1250] Vgl. D. Blumenwitz, Intertemporales und interlokales Verfassungskollisionsrecht, HStR Bd. IX, § 211, Rdn. 42 ff.; zur Problematik M. Rensmann, Besatzungsrecht im wiedervereinten Deutschland, S. 185 ff., 190 f.

[1251] Zu den rechtlosen Konfiskationen in der Sowjetzone und der DDR (sog. Bodenreform) und zum rechtsfernen Restitutionsverbot des Art. 41 Einigungsvertrages (Vertrag zwischen der Bundesrepublik Deutschland und der Deutschen Demokratischen Republik über die Herstellung der Einheit Deutschlands) vom 20. September 1990 in Verb. mit Art. 143 Abs. 3 GG BVerfGE 84, 90 ff.; zu den Konfiskationen in der Sowjetzone und der DDR D. Blumenwitz, Intertemporales und interlokales Verfassungskollisionsrecht, HStR, Bd. IX, § 211, Rdn. 45; K. Stern, Staatsrecht V, S. 985 ff., 1938, 1945 ff., 1978, 2125 ff., zum Bodenreformurteil des Bundesverfassungsgerichts S. 2142 ff.; nicht unkritisch M. Rensmann, Besatzungsrecht im wiedervereinten Deutschland, S. 185 ff.;

[1252] D. Blumenwitz, Intertemporales und interlokales Verfassungskollisionsrecht, HStR, Bd. IX, § 211, Rdn. 43; vgl. M. Rensmann, Besatzungsrecht im wiedervereinten Deutschland, S. 181 f.

Vertrag ist, der „die politischen Beziehungen des Bundes regelt" und sich auf „Gegenstände der Bundesgesetzgebung bezieht"[1253].

4. In Art. 7 Abs. 1 und 2 des Deutschlandvertrages heißt es:

> „Die Unterzeichnerstaaten sind darüber einig, daß ein wesentliches Ziel ihrer gemeinsamen Politik eine zwischen Deutschland und seinen ehemaligen Gegnern frei vereinbarte friedensvertragliche Regelung für ganz Deutschland ist, welche die Grundlage für einen dauerhaften Frieden bilden soll. Sie sind weiterhin darüber einig, daß die endgültige Festlegung der Grenzen Deutschlands bis zu dieser Regelung aufgeschoben werden muß".
>
> „Bis zum Abschluß der friedensvertraglichen Regelung werden die Unterzeichnerstaaten zusammenwirken, um mit friedlichen Mitteln ihr gemeinsames Ziel zu verwirklichen: Ein wiedervereinigtes Deutschland, das eine freiheitlich-demokratische Verfassung, ähnlich wie die Bundesrepublik, besitzt und das in die europäische Gemeinschaft integriert ist"

Die äußere und die innere Souveränität Deutschlands waren somit durch die Besatzungsgewalt weiter beschränkt[1254]. Ein Friedensvertrag ist bis heute nicht geschlossen[1255].

5. Die Sowjetisch besetzte Zone wurde mit der Verfassung vom 7. Oktober 1949 zur DDR, die sich als Ordnung Gesamtdeutschlands verstand[1256]. Dieses Verfassungsgesetz wurde durch die wesentlich geänderte Verfassung des „sozialistischen Staates" vom 6. April 1968 aufgehoben, die noch einen Hinweis auf die deutsche Nation („sozialistischer Staat deutscher Nation", Art.1 Abs. 1; „deutsches Volk", Art. 6 Abs. 1; „sozialistisches Wiedervereinigungsgebot", Art. 8 Abs. 2 S. 2) ent-

---

[1253] D. Blumenwitz, Intertemporales und interlokales Verfassungskollisionsrecht, HStR, Bd. IX, § 211, Rdn. 43; ders., Die Souveränität der Bundesrepublik Deutschland, FS Peter Lerche (65), 1993, S. 392 Fn. 39; M. Rensmann, Besatzungsrecht im wiedervereinten Deutschland, S. 183 f.

[1254] R. Bernhardt, Die deutsche Teilung und der Status Gesamtdeutschlands, HStR, Bd. I, 1987, § 8, Rdn. 10; M. Rensmann, Besatzungsrecht im wiedervereinten Deutschland, S. 56 f., zu den Vorbehalten und deren Entwicklung näher S. 53 ff., 136 ff., zum gesetzlichen Abbau der Besatzungsvorschriften in der Bundesrepublik Deutschland S. 147 ff. (Übersicht über den Stand 1956 in Beilage zum Bundesanzeiger 1956 Nr. 3 vom 5. Januar 1956, Stand 1958, Beilage zum Bundesanzeiger 1958 Nr. 212 vom 4. November 1958, Stand 1961, Beilage zum Bundesanzeiger 1961 Nr. 187 vom 28. September 1961), in der DDR S. 148 f., in Berlin 149 ff., zum Stand der Besatzungsvorschriften im wiedervereinten Deutschland S. 151 ff., zum Stand im wiedervereinten Deutschland 1990 die Liste S. 193 ff.(Anhang).

[1255] M. Schweitzer, Die Verträge Deutschlands mit den Siegermächten, in: HStR, Bd. VIII, § 190, S. 199 ff., Rdn. 21 f.; M. Rensmann, Besatzungsrecht im wiedervereinten Deutschland, S. 60; ausführlich zur Frage, ob der Zwei-plus-Vier-Vertrag als Friedensvertrag gelten kann oder einen solchen ersetzt, B. Kempen, Die deutsch-polnische Grenze nach der Friedensregelung des Zwei-plus-Vier-Vertrages, S. 208 ff.

[1256] G. Ress, Grundlagen und Entwicklung der innerdeutschen Beziehungen, HStR, Bd. I, 1987, § 11, Rdn. 20; R. Bernhardt, Die deutsche Teilung und der Status Gesamtdeutschlands, HStR, Bd. I, 1987, § 8. Rdn. 14; vgl. auch D. Blumenwitz, Intertemporales und interlokales Verfassungskollisionsrecht, HStR, Bd. IX, § 211, Rdn. 34 ff.

hielt, der aber in der Verfassungsrevision vom 7. Oktober 1974 getilgt wurde[1257]. Die Sowjetunion hat in einem Staatsvertrag vom 20. September 1955 (Vertrag über die Beziehung zwischen der Deutschen Demokratischen Republik und der Union der Sozialistischen Sowjetrepubliken, Moskau) die volle Souveränität der DDR bestätigt[1258]. Sie hatte sich durch die Deklaration der sowjetischen Regierung vom 25. März 1954 und durch den genannten Moskauer Vertrag ähnliche „Rechte" vorbehalten wie die Drei Mächte des Westens durch den Deutschlandvertrag[1259]. Das Amt des Hohen Kommissars wurde aufgehoben, auch das Kontrollratsrecht[1260]. Zunächst hatte die DDR im Einverständnis der Sowjetunion an der deutschen Einheit festgehalten, dann aber mit dem Staatsbürgerschaftsgesetz von 1967 eine eigene Staatsbürgerschaft der Deutschen Demokratischen Republik als „Ausdruck der Souveränität" derselben begründet[1261]. Sie hatte von dieser Zeit an die Dokrin, das Deutsche Reich sei untergegangen[1262]. Die DDR blieb bis zur „friedlichen Revolution" im Oktober/November 1989 in Abhängigkeit von der Sowjetunion (Führungsrolle der KPDSU, Breschnew-Doktrin, sozialistischer Internationalismus)[1263] eine sozialistische Diktatur. Sie fand mit dem Beitritt zum „Geltungsbereich des Grundgesetzes der Bundesrepublik Deutschland" und der (Re)Konstituierung der Länder Brandenburg, Mecklenburg-Vorpommern, Sachsen-Anhalt, Sachsen und Thüringen durch Beschluß der Volkskammer vom 20. September 1990 und der Erweiterung Berlins um den Ostteil der Stadt am 3. Oktober 1990 ihr formales Ende.

6. Durch die Aufteilung Deutschlands in Besatzungszonen war der preußische Staat zerrissen worden und hatte faktisch zu bestehen aufgehört. Am 25. Juli 1947 war Preußen durch den Alliierten Kontrollrat per Kontrollratsgesetz Nr. 46 formal,

---

[1257] G. Ress, Grundlagen und Entwicklung der innerdeutschen Beziehungen, HStR, Bd. I, 1987, § 11, Rdn. 20; R. Bernhardt, Die deutsche Teilung und der Status Gesamtdeutschlands, HStR Bd. 1, 1987, § 8. Rdn. 14.

[1258] R. Bernhardt, Die deutsche Teilung und der Status Gesamtdeutschlands, HStR, Bd. I, 1987, § 8. Rdn. 12; D. Blumenwitz, Intertemporales und interlokales Verfassungskollisionsrecht, HStR, Bd. IX, § 211, Rdn. 34 ff., 45 (1954, Aufhebung der Befehle und Anordnungen der sowjetischen Militäradministration).

[1259] D. Blumenwitz, Intertemporales und interlokales Verfassungskollisionsrecht, HStR, Bd. IX, § 211, Rdn. 34; G. Ress, Grundlagen und Entwicklung der innerdeutschen Beziehungen, HStR, Bd. I, 1987, § 11, Rdn. 9; M. Rensmann, Besatzungsrecht im wiedervereinten Deutschland, S. 55.

[1260] D. Blumenwitz, Intertemporales und interlokales Verfassungskollisionsrecht, HStR, Bd. IX, § 211, Rdn. 44.

[1261] R. Bernhardt, Die deutsche Teilung und der Status Gesamtdeutschlands, HStR, Bd. I, 1987, § 8. Rdn. 13

[1262] R. Bernhardt, Die deutsche Teilung und der Status Gesamtdeutschlands, HStR, Bd. I, 1987, § 8. Rdn. 14.

[1263] D. Blumenwitz, Intertemporales und interlokales Verfassungskollisionsrecht, HStR, Bd. IX, § 211, Rdn. 34 ff., 44.

völkerrechtlich mehr als fragwürdig, aufgelöst worden (Amtsblatt des Kontrollrates S. 262)[1264].

II. Der Zwei-plus-Vier-Vertrag und begleitende Vereinbarungen

1. a) Mit dem Zwei-plus-Vier-Vertrag vom 12. September 1990, dem „Vertrag über die abschließende Regelung in Bezug auf Deutschland", in Kraft getreten am 15. März 1991 (BGBl 1990 II S. 1318)[1265] wurden die „Rechte und Verantwortlichkeiten in bezug auf Berlin[1266] und Deutschland als Ganzes" der vier Siegermächte USA, Sowjetunion, Vereinigte Königreich und Frankreich beendet[1267]. Vor dem vertraglichen Vollzug der Deutschen Einheit am 3. Oktober 1990 haben die Vier Mächte am 1. Oktober 1990 durch ihre Außenminister mit Bezug auf den Zwei-plus-Vier-Vertrag durch die „Erklärung zur Aussetzung der Wirksamkeit der Vier-Mächte-Rechte und -Verantwortlichkeiten", welche von den Regierungen der beiden deutscher Staaten in New York „durch Unterzeichnung zur Kenntnis genommen wurde" (BGBl. II, S. 1331), „die Wirksamkeit ihrer Rechte und Verantwortlichkeiten in Bezug auf Berlin und Deutschland als Ganzes mit Wirkung vom Zeitpunkt der Vereinigung Deutschlands bis zum Inkrafttreten des Vertrages über die abschließende Regelung in Bezug auf Deutschland ausgesetzt"[1268]. Am 15. März 1991 trat der Vertrag nach der Ratifikation durch alle Vertragsstaaten in Kraft[1269]. Die entsprechenden, damit zusammenhängenden vierseitigen Vereinbarungen, Beschlüsse und Praktiken wurden beendet und alle entsprechenden Einrichtungen der Vier Mächte aufgelöst (Art. 7 Abs. 1). Das „vereinte Deutschland hat demgemäß volle Souveränität über seine inneren und äußeren Angelegenheiten", heißt es in Absatz 2 des Artikels 7, freilich nach Art. 1 in neuen territorialen Grenzen. Der Vertrag ist ausweislich der Präambel u. a. in dem „Bewußtsein" geschlossen, „daß ihre Völker seit 1945 miteinander in Frieden leben", „eingedenk der jüngsten historischen

[1264] K. Stern, Staatsrecht V, S. 947, auch S. 103 f. mit Fn. 106; M. Rensmann, Besatzungsrecht im wiedervereinten Deutschland, S. 138, 154 f.

[1265] Zur Geschichte ausführlich K. Stern, Staatsrecht V, S. 1831 ff. (§ 135), S. 1980 ff. zu den „völkerrechtlichen Rechtsakten zur Wiederherstellung der Deutschen Einheit", S. 2034 f. zum Vertragsabschluß in Moskau, S. 2040 ff. zum Vertragsinhalt, S. 2045 ff. zu dem begleitenden „Vertragsgeflecht".

[1266] Dazu BVerfGE 7, 1 (7 ff.); 19, 377 (384 f.); 36, 1 (32 f.); 37, 57 (62); 49, 329 (335 f.); R. Scholz, Berlin – Status und nationale Aufgabe, DÖV 1987, 358 ff.; R. Bernhardt, Die deutsche Teilung und der Status Gesamtdeutschlands, HStR, Bd. I, § 8, Rdn. 49 ff.; M. Rensmann, Besatzungsrecht im wiedervereinten Deutschland, S. 60 f., 74, 86.

[1267] D. Blumenwitz, Der Vertrag vom 12. 9. 1990 über die abschließende Regelung in bezug auf Deutschland, NJW 1990, 3047; M. Rensmann, Besatzungsrecht im wiedervereinten Deutschland, S. 62 ff., 152 f., der die „beendeten Vereinbarungen, Beschlüsse und Praktiken" S. 63, 136 ff., 147 ff. auflistet.

[1268] K. Stern, Staatsrecht V, S. 2042 f.

[1269] K. Stern, Staatsrecht V, S. 2043.

Veränderungen in Europa, die es ermöglichen, die Spaltung des Kontinents zu überwinden", „entschlossen in Übereinstimmung mit ihren Verpflichtungen aus der Charta der Vereinten Nationen freundschaftliche, auf der Achtung vor dem Grundsatz der Gleichberechtigung und Selbstbestimmung der Völker beruhende Beziehungen zwischen den Nationen zu entwickeln und andere geeignete Maßnahmen zur Festigung des Weltfriedens zu treffen", „in Anerkennung, daß diese Prinzipien feste Grundlagen für den Aufbau einer gerechten und dauerhaften Friedensordnung in Europa geschaffen haben", „in Würdigung dessen, daß das deutsche Volk in freier Ausübung des Selbstbestimmungsrechts[1270] seinen Willen bekundet hat, die staatliche Einheit Deutschlands herzustellen, um als gleichberechtigtes und souveränes Glied in einem vereinten Europa dem Frieden der Welt zu dienen", und „in der Überzeugung, daß die Vereinigung Deutschlands als Staat in endgültigen Grenzen ein bedeutsamer Beitrag zu Frieden und Stabilität in Europa ist".

Mit dem Zwei-plus-Vier-Vertrag hat die Besatzungszeit ihr endgültiges Ende gefunden und es gibt kein „Besatzungsrecht" oder „Viermächterecht" mehr[1271]. Mancherlei Vorschriften des Besatzungsrechts haben auf Grund anderer Rechtsgrundlagen, als „vertraglich vereinbarte Nachwirkung des Besatzungsrechts" und damit als deutsches Recht materiellen Bestand[1272]. Die „Restbestände des versteinerten Besatzungsrechts des Überleitungsvertrages" sind deutsches Recht ohne „Ausnahmecharakter"[1273]. Die Souveränität der Deutschen ist nicht mehr durch die vorbehaltene Besatzungshoheit, die occupatio bellica, der Vier Mächte einge-

[1270] Zum Gewicht des Selbstbestimmungsrechts der Deutschen im Wiedervereinigungsprozeß vor allem für die Vereinigten Staaten von Amerika, aber auch für die Sowjetunion, weniger für das Vereinigte Königreich und noch weniger für Frankreich K. Stern, Staatsrecht V, S. 1986 ff., 2011 ff.

[1271] D. Rauschning, Beendigung der Nachkriegszeit durch den Vertrag über die abschließende Regelung in bezug auf Deutschland, DVBl 1990, 1275 ff., 1283; D. Blumenwitz, Intertemporales und interlokales Verfassungskollisionsrecht, HStR Bd. IX, § 211, Rdn. 37 f., 39 f., 46, der die außer Kraft getretenen Rechte aufführt; ders., Die Souveränität der Bundesrepublik Deutschland, FS Peter Lerche, S. 389 ff.; ders., Der Vertrag vom 12. 9. 1990 über die abschließende Regelung in Bezug auf Deutschland, NJW 1990, 3041 ff., 3043, 3047 f.; Ch. Raap, Die Souveränität der Bundesrepublik Deutschland unter besonderer Berücksichtigung des militärischen Bereichs und der deutschen Einheit, S. 229 ff.; vgl. M. Rensmann, Besatzungsrecht im wiedervereinten Deutschland, S. 26 f., 62 ff., insb. S. 64 f., 125 ff. (Relativierungen), 152 f. u. ö.

[1272] D. Blumenwitz, Intertemporales und interlokales Verfassungskollisionsrecht, HStR, Bd. IX, § 211, Rdn. 43; W. Wengler, Völkerrecht, Bd. II, 1964, S. 1429; dazu M. Rensmann, Besatzungsrecht im wiedervereinten Deutschland, S. 175 ff., 193 ff.

[1273] D. Blumenwitz, Intertemporales und interlokales Verfassungskollisionsrecht, HStR, Bd. IX, § 211, Rdn. 46; dazu ders., Die Souveränität der Bundesrepublik Deutschland, FS Peter Lerche, S. 389 ff., der S. 392 als Geltungsgrund des Überleitungsvertrages nicht mehr den „Willen der Siegermächte" dogmatisiert, den die Bundesrepublik Deutschland nicht als Rechtsquelle akzeptiert habe, sondern bis auf weiteres als „unabänderliche Tatsache", und den Überleitungsvertrag mit dem „Stellenwert einer Rechtsverordnung am Grundgesetz zu messen für richtig erklärte, nicht aber als „Überbleibsel der occupatio sui generis" zu behandeln, eine eher verschrobene Dogmatik.

schränkt oder überlagert. Die Siegermächte haben nicht etwa den Deutschen die Souveränität eingeräumt oder gar „übertragen“[1274]; die hatten die Deutschen rechtlich immer, aber faktisch nur eingeschränkt. Die Siegermächte haben vielmehr die faktischen Einschränkungen durch Beendigung ihrer restlichen Okkupation/ Besatzung weggeräumt. Die Erklärung, daß das „vereinte Deutschland demgemäß volle Souveränität über seine inneren und äußeren Angelegenheiten hat“, ist deklaratorisch, nicht konstitutiv[1275], und ist demgemäß mehr am Rande des Vertrages in Art. 7 Abs. 2 festgestellt. Eines völkerrechtlichen Vertrages, der die vermeintlichen Besatzungsrechte der Siegermächte aufhob, bedürfte es nicht[1276], sondern allenfalls zur Klarstellung der Erklärung der Beendigung der Okkupation/Besatzung; denn faktisch war mit allen Besatzungsmächten ein Friedenszustand des vereinten Deutschland erreicht, der im Zwei-plus-Vier-Vertrag dokumentiert wurde. Die drei Westmächte hatten bereits 1951, die Sowjetunion 1955 den Kriegszustand mit Deutschland für beendet erklärt (vgl. BK(O (51) 45; BK/O(52) 12)[1277]. Damit war

---

[1274] So aber O. Kimminich, Die Souveränität der Bundesrepublik Deutschland, S. 65, 73, 81 (durch den Deutschlandvertrag); H. Rumpf, Land ohne Souveränität, S. 13 ff., S. 15 Übertragung der Souveränität unter Vorbehalten auf Westdeutschland durch den Deutschlandvertrag vom 5. Mai 1955; i.d.S. auch K. Stern, Staatsrecht V, S. 1393, der von „eingeschränkter Rückgewinnung deutscher Souveränität“ durch das Besatzungsstatut spricht und damit nur die faktische Souveränität meinen kann, von „beabsichtigter Gewährung der Souveränität an die Bundesrepublik Deutschland“ durch den Deutschlandvertrag handelt (S. 1416), und S. 2034 formuliert: „Deutschland wurde, ..., zum Zeitpunkt der Wiederherstellung seiner Einheit am 3. Oktober 1990 souverän“, S. 2040 ff. von der „Wiederherstellung der vollen Souveränität“ handelt und S. 2044 vom „Abbau der letzten Reste besatzungsrechtlich bedingter Souveränitätseinbußen“ spricht; richtig D. Blumenwitz, Die Souveränität der Bundesrepublik Deutschland, FS Peter Lerche, S. 389 („keine von den Siegermächten abgeleitete Kompetenz“); zur vollen Souveränität Deutschlands durch den Zwei-plus-Vier-Vertrag (nicht konstitutiv, sondern deklaratorisch, S. 243) Chr.-M. Brand, Souveränität für Deutschland, Grundlagen, Entstehungsgeschichte und Bedeutung des Zwei-plus-Vier-Vertrages vom 12. September 1990, 1993, insb. S. 243 ff.

[1275] D. Blumenwitz, Der Vertrag vom 12. 9. 1990 über die abschließende Regelung in Bezug auf Deutschland, NJW 1990, 3047 („Die Souveränität eines Staates kann sich nicht aus Erklärungen anderer Staaten herleiten (richtig), sondern ergibt sich aus dem Faktum seiner effektiven Unabhängigkeit“, mehr als fragwürdig; J. A. Frowein, Die Verfassungslage Deutschlands im Rahmen des Völkerrechts, VVDStRL 49 (1990), S. 21; Ch. Raap, Die Souveränität der Bundesrepublik Deutschland unter besonderer Berücksichtigung des militärischen Bereichs und der deutschen Einheit, 1992, S. 236 ff.; M. Rensmann, Besatzungsrecht im wiedervereinten Deutschland, S. 65, der allerdings Art. 7 Abs. 1 S. 1 des Vertrages konstitutive Wirkung für den „Untergang“ der Viermächterechte zumißt; so wohl auch H. Fischer, Schutz der von bewaffneten Konflikten betroffenen Personen und Gebiete, § 69, Rdn. 22, S. 1097; a.A. auch O. Kimminich, Die Souveränität der Bundesrepublik Deutschland, S. 65, 73.

[1276] A. A. M. Schweitzer, Die Verträge Deutschlands mit den Siegermächten, in: HStR, Bd. VIII, § 190, Rdn. 39, Art. 7 Abs. 1 S. 1 Zwei-plus-Vier-Vertrag konstitutiv; M. Rensmann, Besatzungsrecht im wiedervereinten Deutschland, S. 65.

[1277] Großbritannien, Erklärung vom 9. Juni 1951, Frankreich vom 13. Juni 1951, Vereinigte Staaten vom 19. bzw. 24. Oktober 1951, als letzter ehemaliger Feindstaat die Sowjetunion am 25. Januar 1955; vgl. J. A. Frowein, Die Verfassungslage Deutschlands im Rahmen des Völkerrechts, VVDStRL 49 (1990), S. 21; K. Stern, Staatsrecht V, S. 1112 f.; Ch. Raap, Die

eigentlich die occupatio bellica beendet und damit die Grundlage der Besetzung Deutschlands[1278]. Nach Beendigung der Besetzung vermochte auch das sogenannte Besatzungsrecht keine Wirkung mehr in Deutschland zu entfalten, soweit es nicht auf eine deutsche Rechtsgrundlage gestützt war, seien das Gesetze oder seien das Verträge Deutschlands. Richtig hat Günther Jaenicke in den Worten von Otto Kimminich entwickelt: „Da die verpflichtende Kraft der Kontrollratsgesetze ausschließlich auf der Besatzungsgewalt beruhte, sind diese Gesetze für die Bundesrepublik und ihre Bevölkerung nicht mehr verbindlich, wenn sie von den Besatzungsmächten nicht mehr mit ihrer Besatzungsgewalt gedeckt werden. Wenn der Deutschlandvertrag der Bundesrepublik Deutschland die Pflicht auferlegt, trotzdem bestimmte Teile der Kontrollratsgesetzgebung unangetastet zu belassen, so handelt es sich hierbei lediglich um völkerrechtliche Verpflichtungen“[1279].

b) Folglich sind wegen der nunmehr uneingeschränkten Souveränität Deutschlands auch die restlichen „Rechte“ der Westalliierten aus dem Deutschland- und dem Überleitungsvertrag (vorbehaltlich der Ziffer 3[1280]) sowie dem dazugehörigen Truppenvertrag (BGBl II 1955 S. 321) gegenstandslos; denn sie haben den wenn auch reduzierten Besatzungsstatus (occupatio bellica) vorausgesetzt[1281]. Das stellt der Notenwechsel zwischen der Bundesregierung und den Regierungen der drei Westmächte vom 27./28. September 1990 klar (BGBl II 1990 S. 1386)[1282]. Die Haager Landkriegsordnung regelt zwar in Art. 42 ff. die Besetzung, aber bezweckt, die Befugnisse des Besatzers einzuschränken. Sie wird durch das IV. Genfer Abkommen von 1949 ergänzt[1283]. Diese Verträge geben aber dem Besetzenden gegenüber dem Volk des besetzten Landes kein „Recht“ zur Okkupation, ganz abgesehen vom Überschreiten der besetzungsrechtlichen Grenzen; denn das in der Souveränität beschränkte Volk stimmt der Besetzung nicht zu und wird nicht einmal danach gefragt. Der Gewaltakt der Besetzung, der wegen des Gewaltverbotes al-

---

Souveränität der Bundesrepublik Deutschland unter besonderer Berücksichtigung des militärischen Bereichs und der deutschen Einheit, S. 87; M. Rensmann, Besatzungsrecht im wiedervereinten Deutschland, S. 140.

[1278] Ch. Raap, Die Souveränität der Bundesrepublik Deutschland unter besonderer Berücksichtigung des militärischen Bereichs und der deutschen Einheit, S. 87.

[1279] O. Kimminich, Die Souveränität der Bundesrepublik Deutschland, S. 71.

[1280] D. Blumenwitz, Intertemporales und interlokales Verfassungskollisionsrecht, HStR, Bd. IX, § 211, Rdn. 42 ff.; dazu M. Rensmann, Besatzungsrecht im wiedervereinten Deutschland, S. 68 ff., 175 ff.

[1281] D. Blumenwitz, Intertemporales und interlokales Verfassungskollisionsrecht, HStR, Bd. IX, § 211, Rdn. 39 („dem Dreimächterecht der Westalliierten Rechtsgrundlage entzogen); i.d.S. M. Rensmann, Besatzungsrecht im wiedervereinten Deutschland, S. 65 f., auch S. 78 ff.

[1282] D. Blumenwitz, Intertemporales und interlokales Verfassungskollisionsrecht, HStR, Bd. IX, § 211, Rdn. 40 und 41 ff.; K. Stern, Staatsrecht V, S. 2061 („durch Vereinbarung außer Kraft gesetzt“ (?)); M. Rensmann, Besatzungsrecht im wiedervereinten Deutschland, S. 66 f.

[1283] H. Fischer, Schutz der von bewaffneten Konflikten betroffenen Personen und Gebiete, § 69, Rdn. 21 ff., S. 1097 f.

lenfalls als Verteidigungsmaßnahme gerechtfertigt ist, schafft faktisch eine Okkupation (ex factis occupationis ius ad praesentiam oritur)[1284], die völkerrechtlich möglichster Befriedung bedarf. Michael Rensmann meint demgegenüber, durch den Zwei-plus-Vier-Vertrag sei Deutschland lediglich im Sinne des ius postliminium (gewissermaßen: frühere Rechtlage) berechtigt, Vorschriften des „Besatzungsrechts", soweit diese noch Bestand haben, aufzuheben oder zu ändern, d.h. die „Versteinerung" des „Besatzungsrechts" sei beendet und dieses stehe zur „vollen Disposition" Deutschlands[1285]. Rensmann hat freilich keinen Geltungsgrund für ein „Besatzungsrecht" aufgezeigt. Eine solche Dogmatik ist mit der „vollen Souveränität" unvereinbar, weil im Lande Vorschriften gelten würden, die nicht auf dem Willen der Bürgerschaft beruhen. Das verletzt die Freiheit jedes Bürgers. Zwar könnten diese Vorschriften aufgehoben werden, das aber setzt Verfahren und Mehrheiten voraus, ohne die der freiheitswidrige Zustand Bestand hat. Richtigerweise beruht die Verbindlichkeit von sogenanntem Besatzungsrecht, das nach der Besetzung fortgilt, nicht auf der (früheren) Besatzungshoheit, sondern auf der nationalen, also deutschen, Gesetzgebungsgewalt. Das impliziert das richterliche Prüfungsrecht. Aufgehobene Vorschriften bleiben außer Kraft[1286].

c) Stationierungsrechte (ius in praesentia) sind seither auf völkervertragliche Rechtsgrundlagen gestützt (occupatio pacifica), nämlich das NATO-Truppenstatut (BGBl II 1961 S. 1190) und das Zusatzabkommen zum NATO-Truppenstatut speziell für Truppen im Bundesgebiet (ohne Berlin), welche dem ursprünglich besatzungsmäßigen Status mit dem NATO-Beitritt der Bundesrepublik Deutschlands ohne wesentliche materielle Änderungen, also mit heimischen Befugnissen ausgestattet, einen vertragliche Grundlage verschafft haben (BGBl II 1961 S. 1218)[1287]. Seit dem Zwei-plus-Vier-Vertrag hat die Stationierung (ius ad praesentiam) der Westalliierten auf dem Gebiet (nur) der zehn alten Länder neue vertragliche Grundlagen, nämlich zwei Vereinbarungen vom 25. September 1990 (BGBl II 1990 S. 1390) und vom 16. November 1990 (BGBl. II, S. 1696), eine mit den USA und Großbritannien sowie mit Belgien, Kanada und den Niederlanden und eine mit Frankreich[1288]. Der Materie nach gilt also der Vertrag über den Aufenthalt ausländischer Streitkräfte in der Bundesrepublik Deutschland vom 23. Oktober 1954 zwischen der Bundesrepublik Deutschland und acht Vertragspartnern (Belgien, Dänemark, Frankreich, Kanada,

1284 Th. Schweisfurth, Deutschland – noch immer ein besetztes Land? S. 537 ff., 541; M. Rensmann, Besatzungsrecht im wiedervereinten Deutschland, S. 73.

1285 H. Maier, Fortgeltung und Fortwirkung von Besatzungsakten, JZ 1955, 408 ff.; M. Pehlke, Die Souveränität der Bundesrepublik Deutschland im westlichen Bündnis, S. 59 ff. M. Rensmann, Besatzungsrecht im wiedervereinten Deutschland, S. 125 f., 189; auch D. Blumenwitz, Intertemporales und interlokales Verfassungskollisionsrecht, HStR, Bd. IX, § 211, Rdn. 33, 42, 44, 46.

1286 H. Maier, Fortgeltung und Fortwirkung von Besatzungsakten, JZ 1955, 408 ff.

1287 M. Rensmann, Besatzungsrecht im wiedervereinten Deutschland, S. 69 ff., 75 ff., 78 ff., 87 ff., 101 ff.

1288 Dazu K. Stern, Staatsrecht V, S. 2061.

Luxemburg, Niederlande, Vereinigtes Königreich, USA), der eine vertragliche Grundlage für den Aufenthalt der Stationierungsstreitkräfte in Westdeutschland geschaffen hat, weiter. Er gilt auch weiterhin nicht in den neuen Ländern und Berlin. Aber nach dem Notenwechsel vom 25. September 1990 (BGBl II 1990 S. 1250), geänderte Fassung vom 12. September 1994 (BGBl II 1994 S. 3717) haben die Truppen der Entsendestaaten, ihr ziviles Gefolge, ihre Mitglieder und Angehörigen in den neuen Ländern und Berlin die gleiche Rechtsstellung, die ihnen in den alten Ländern gewährt wird. Ihre dienstliche Tätigkeit in den neuen Ländern bedarf der Zustimmung der Bundesregierung[1289]. Diese Vereinbarungen sind nunmehr mit einer Frist von zwei Jahren kündbar[1290]. Die Sowjetunion hat seit dem im Verbund mit anderen Verträgen, welche gute Nachbarschaft, Partnerschaft und Zusammenarbeit fördern[1291], vertraglich geregelten und gemäß einem Überleitungsvertrag von Deutschland bezahlten Abzug (Abzugsvertrag, BGBl II 1991 S. 258)[1292] ihre Streitkräfte aus den neuen Ländern keine Aufenthaltsrechte mehr für ihre Truppen in Deutschland. Ihre Verträge mit der DDR waren durch deren Untergang als Völkerrechtssubjekt an sich hinfällig geworden, wurden aber im Interesse eines schonenden Übergangs weitgehend aufrechterhalten[1293]. Im übrigen hat Art. 12 Abs. 1 Einigungsvertrag für die völkerrechtlichen Verträge der DDR differenzierende Regelungen ermöglicht, um dem Vertrauensschutz und der Interessenlage der beteiligten Staaten entgegenkommen zu können, soweit die Prinzipien einer freiheitlichen, demokratischen und rechtsstaatlichen Grundordnung und die Befugnisse der Europäischen Gemeinschaften das zulassen[1294]. Ein Notenwechsel vom 25. September 1990 hat Berlin in die Vertragslage für die alten Länder einbezogen (BGBl II 1990 S. 1251). Das Gesetz zur Überleitung von Bundesrecht nach Berlin(-West) mit Wirkung ab Fortfall oder Suspendierung der Vorbehaltsrechte vom 25. September 1990 hat insbesondere den Grundsatz geregelt, daß Bundesrecht uneingeschränkt in Berlin(-West) gilt (BGBl. I, S. 2160)[1295]. Das Zusatzabkommen zum NATO-Truppenstatut wurde am 18. März 1993 geändert (BGBl II 1994 S. 2594). Das Abkommen ist am 29. März 1998 in Kraft getreten. Das ius in praesentia wurde vor allem wegen der „vollen Souveränität" Deutschlands neu geregelt. Die Sonderregelungen

---

[1289] M. Rensmann, Besatzungsrecht im wiedervereinten Deutschland, S. 106.

[1290] M. Rensmann, Besatzungsrecht im wiedervereinten Deutschland, S. 82 f., 106.

[1291] Dazu K. Stern, Staatsrecht V, S. 2048 ff.

[1292] Dazu K. Stern, Staatsrecht V, S. 2047, 2050 f.; D. Blumenwitz, Die Souveränität der Bundesrepublik Deutschland, FS Peter Lerche, S. 396 ff.

[1293] D. Blumenwitz, Der Vertrag vom 12. 9. 1990 über die abschließende Regelung in bezug auf Deutschland, NJW 1990, 3048; vgl. auch M. Rensmann, Besatzungsrecht im wiedervereinten Deutschland, S. 83 ff.

[1294] K. Stern, Staatsrecht V, S. 2091.

[1295] K. Stern, Staatsrecht V, S. 2061 f.; M. Rensmann, Besatzungsrecht im wiedervereinten Deutschland, S. 86.

für das Bundesgebiet wurden weitgehend abgeschafft und im Grundsatz gemäß dem Prinzip der Gegenseitigkeit normalisiert[1296].

2. a) Die Präambel beschreibt einen Friedenszustand zwischen dem vereinten Deutschland und den Vertragspartnern und es spricht viel dafür, den Zwei-plus-Vier-Vertrag angesichts des faktischen Friedens als Ersatz eines Friedensvertrages oder als „friedensvertragliche Regelung, aber kein Friedensvertrag“[1297] einzustufen, jedenfalls zwischen den Vertragspartnern. Im übrigen waren nicht alle Staaten, die im Zweiten Weltkrieg dem Deutschen Reich den Krieg erklärt haben, an dem Vertragsschluß beteiligt. Genausowenig wie seit dem Zweiten Weltkrieg (und vielfach schon davor) Kriege formell erklärt zu werden pflegen, um das Gewaltverbot nicht offen zu verletzen, sondern von bewaffneten Konflikten gesprochen wird, begnügt sich die Staatenpraxis mit der Faktizität friedlichen Miteinanders vormaliger Kriegsgegner und verzichtet auf formelle Friedensverträge, zumal deren Gestaltung, etwa die Reparationen, sehr schwierig ist. Mit der Staatenpraxis wandelt sich das Völkerrecht, soweit nicht die Grundsätze des Rechts mißachtet werden.

b) Die weitgehenden Einschränkungen der Bewaffnung Deutschlands[1298] und des Rechts Deutschlands zur Kriegsführung in den Artikeln 2f. des Zwei-plus-Vier-Vertrages sind eine vertragliche Beschränkung der Handlungsmöglichkeiten Deutschlands, wie sie ähnlich viele Staaten auf sich genommen haben. Es ist fragwürdig, dies als Einschränkung der Souveränität anzusehen, weil das Recht zur individuellen und kollektiven Selbstverteidigung, das in der UNO-Charta in Art. 51 als „naturgegebenes Recht“ verankert ist und aus dem Rechtsprinzip und damit auch aus den allgemeinen Regeln des Völkerrechts folgt, unberührt bleibt. Allerdings ist Deutschland, wenn es lediglich im Rahmen des Vertrages gerüstet ist, nicht allein verteidigungsfähig und auf Bündnisse angewiesen. Aber die wenigsten Staaten sind, insbesondere gegen die USA, verteidigungsfähig. So darf Deutschland nach Art. 6 des Zwei-plus-Vier-Vertrages auch Bündnisse eingehen; gemeint ist vor allem die NATO[1299]. Immerhin dienen die Vereinten Nationen dem Weltfrieden, in der Praxis

---

[1296] M. Rensmann, Besatzungsrecht im wiedervereinten Deutschland, S. 87 ff., 103 ff., der zu Recht kritisch darauf hinweist, daß die Todesstrafe weiterhin auf deutschen Boden verhängt, wenn auch in Friedenszeiten nicht vollstreckt werden darf (S. 92 f., 105).

[1297] So M. Schweitzer, Die Verträge Deutschlands mit den Siegermächten, in: HStR, Bd. VIII, § 190, S. 199 ff., Rdn. 21 f., weil mangels Erforderlichkeit nicht die Gegenstände, die in einen Friedensvertrag gehören, aber doch eine „abschließende Regelung in bezug auf Deutschland“ vereinbart worden sind; K. Stern, Staatsrecht V, S. 2069 ff.; folgend M. Rensmann, Besatzungsrecht im wiedervereinten Deutschland, S. 60; B. Kempen, Die deutsch-polnische Grenze nach der Friedensregelung des Zwei-plus-Vier-Vertrages, S. 208 ff., Friedensregelungen weitgehend durch Zwei-plus-Vier-Vertrag oder schon vorher getroffen oder erledigt, S. 252 f.

[1298] Dazu D. Blumenwitz, Der Vertrag vom 12. 9. 1990 über die abschließende Regelung in bezug auf Deutschland, NJW 1990, 3046 (Verzicht auf ABC-Waffen).

[1299] Zur NATO-Zugehörigkeit des vereinigten Deutschlands K. Stern, Staatsrecht V, S. 2004 ff., 2029 ff., 2034 ff. u. ö., der Michael Gorbatschow in den Gesprächen mit Helmut

mehr schlecht als recht. Weiter als zur Verteidigung gehen die Rechte eines uneingeschränkt souveränen Staates ohnehin nicht. Der Angriffskrieg ist jedem Staat schon durch das heutige völkerrechtliche Gewaltverbot untersagt (Art. 1 Nr. 1, Art. 2 Nr. 4 und Art. 39 ff. UNO-Charta), Deutschland zusätzlich durch Art. 2 des Zwei-plus-Vier-Vertrages und Art. 26 Abs. 1 GG, wiewohl er von mächtigen Staaten praktiziert wird, freilich rechtswidrig.

c) Zudem sind die den Zwei-plus-Vier-Vertrag begleitende Vereinbarung des Notenwechsels vom 27./28 September 1990 zwischen der Bundesrepublik Deutschland und den Drei Mächten (Französischen Republik, Vereinigte Staaten von Amerika und Vereinigtes Königreich Großbritannien und Nordirland) sowie der Vertrag zur Regelung aus Krieg und Besatzung entstandener Fragen (in geänderter Fassung vom 8. Oktober 1990, BGBl II S. 1386) und das Übereinkommen zur Regelung bestimmter Fragen in Bezug auf Berlin vom 25. September 1990 (Berlin-Übereinkommen, BGBl II S. 1274)[1300] geschlossen worden. Die erste Vereinbarung setzt im Wesentlichen den Deutschlandvertrag und den dazugehörigen Überleitungsvertrag außer Kraft, hält aber verschiedene Regelungen des Überleitungsvertrages aufrecht[1301]. Die Vereinbarung schützt vor allem gesetzgeberische, richterliche und Verwaltungsmaßnahmen der drei Besatzungsmächte davor, von Deutschland als Unrecht behandelt zu werden. Sie werden behandelt als seien sie rechtmäßige Maßnahmen Deutschlands gewesen, d. h. insbesondere, daß neue Gesetze sie ändern können und müssen, wenn sie verfassungswidrig sind[1302], soweit der Gesetzgeber ändernde Maßnahmen treffen kann. So kann er nicht rechtskräftige Urteile aufheben. Die Vereinbarung verfestigt den Status quo (dazu zu I.4.). Einzelfragen zu beantworten, erfordert ein genaues Studium des Textes. Bemerkenswert ist Art. 1 des neunten Teils, nämlich:

> „Vorbehaltlich der Bestimmungen einer Friedensregelung mit Deutschland dürfen deutsche Staatsangehörige, die der Herrschaftsgewalt der Bundesrepublik unterliegen, gegen die Staaten, welche die Erklärung der Vereinten Nationen vom 1. Januar 1942 unterzeichnet haben oder ihr beigetreten sind oder mit Deutschland im Kriegszustand waren oder in Artikel 5 des Fünften Teils dieses Vertrags genannt sind, sowie gegen deren Staatsangehörige keine Ansprüche irgendwelcher Art erheben wegen Maßnahmen, welche von den Regierungen dieser Staaten oder mit ihrer Ermächtigung in der Zeit zwischen dem

---

Kohl und Hans-Dietrich Gentscher vom 14.bis 16. Juli in Moskau und im Kaukasus nach langem Zögern zugestimmt hat.

[1300] D. Blumenwitz, Intertemporales und interlokales Verfassungskollisionsrecht, HStR, Bd. IX, § 211, Rdn. 39. Überleitung des Bundesrechts nach Berlin (West) durch Gesetz zur Überleitung von Bundesrecht nach Berlin (West) vom 25. September 1990 (BGBl I 1990, S. 2106).

[1301] D. Blumenwitz, Intertemporales und interlokales Verfassungskollisionsrecht, HStR, Bd. IX, § 211, Rdn. 42 ff.; dazu M. Rensmann, Besatzungsrecht im wiedervereinten Deutschland, S. 175 ff.

[1302] D. Blumenwitz, Intertemporales und interlokales Verfassungskollisionsrecht, HStR, Bd. IX, § 211, Rdn. 33; BVerfGE 15, 337 (349 ff.), aber keine Entschädigungspflicht, BVerfGE 2, 181 (193); 27, 253 (287); 35, 324 (337 f.).

1. September 1939 und dem 5. Juni 1945 wegen des in Europa bestehenden Kriegszustandes getroffen worden sind; auch darf niemand derartige Ansprüche vor einem Gericht in der Bundesrepublik geltend machen".

Die innerstaatliche Verbindlichkeit der Vereinbarung, die bekannt gemacht, aber nicht durch Gesetz in innerstaatliches Recht transformiert wurde, ist zweifelhaft. Wenn sie innerstaatlich verbindlich ist, nimmt sie Rechten, welche durch die Eigentumsgewährleistung des Art. 14 Abs. 1 GG geschützt sind, die gerichtliche Durchsetzbarkeit und damit den Anspruchscharakter. Das ist eine Enteignung, die nur gegen angemessene Entschädigung dem Grundgesetz genügt.

d) Das vereinte Deutschland ist somit rechtlich souverän[1303], freilich in den Grenzen freiheitlicher Souveränität und vorbehaltlich der Feindstaatenklauseln, denen Deutschland gewissermaßen durch die Mitgliedschaft in den Vereinten Nationen zugestimmt hat (dazu III.). Faktisch ist kaum ein Staat so unabhängig wie es frühere Staaten waren, noch einige, keineswegs alle. Nur Großmächte hatten die Fähigkeit, große Kriege zu führen, heute nur Weltmächte und diese auch nur begrenzt, wenn sie sich nicht selbst der Zerstörung ausliefern wollen[1304]. Die Verletzungen der Souveränität schränken die faktische Souveränität ein, wie jede Rechtsverletzung dem geschützten Recht die Faktizität nimmt, aber sie schmälern nicht die Souveränität, die Freiheit des Volkes; denn Souveränität ist ein Rechtsprinzip, wie dargetan ist (Fünfter Teil A.), nicht ein Machtphänomen außerhalb des Rechts. Deutschland, nämlich das Deutsche Volk, die Deutschen sind somit souverän[1305]. Diese Souveränität ist die Freiheit der Bürger, die man diesen trotz aller Verletzungen und Bedrängnisse nicht absprechen kann; denn die Freiheit ist mit dem Menschen geboren. Niemand gibt sie den Menschen und niemand kann sie den Menschen nehmen. Die Deutschen sind ein Volk. Die Souveränität Deutschlands ist die freiheitliche Volkssouveränität. Freilich muß Freiheit auch gelebt werden. Sonst fehlt die innere Souveränität der Menschen, die Bürgerlichkeit der Bürger, die sittliche Persönlichkeit. Voraussetzung ist, daß Freiheit als das, was sie ist, ver-

---

[1303] M. Rensmann, Besatzungsrecht im wiedervereinten Deutschland, S. 26 f., 64 f.; D. Rauschning, Beendigung der Nachkriegszeit durch den Vertrag über die abschließende Regelung in bezug auf Deutschland, DVBl 1990, S. 1278, 1283; M. Pehlke, Die Souveränität der Bundesrepublik Deutschland im westlichen Bündnis. Historische und aktuelle Aspekte, 1994, S. 18 (beschränkt schon mit dem Deutschlandvertrag), S. 55, 59, 108 ff. u. ö.; Ch. Raap, Die Souveränität der Bundesrepublik Deutschland unter besonderer Berücksichtigung des militärischen Bereichs und der deutschen Einheit, S. 229 ff.

[1304] Vgl. schon K. Doehring, Internationale Organisationen und staatliche Souveränität, S. 118 ff., zur „Vorherrschaft der Großmächte" in den Vereinten Nationen, S. 120, nur noch Großmächte faktisch souverän.

[1305] Skeptisch W. Mäder, Vom Wesen der Souveränität, S. 143 ff., weil „von einer eigenbestimmten Militärmacht, Finanzmacht, Territorialgewalt und Rechtsgewalt keine Rede sein könne". Das stimmt nur zum Teil, aber es kommt darauf an, ob Deutschland sie in Anspruch nehmen kann. Deutschland ist gegenüber allen Staaten berechtigt, all die Bindungen abzuschütteln, soweit diese nicht allgemeines Völkerrecht sind. Daran kann es nur mittels Gewalt gehindert werden. Die vielfältige Mißachtung der Souveränität durch die deutsche Politik beklagt Mäder zu Recht.

standen wird, als politische Verantwortung für das Gemeinwesen, nicht das Recht, Habsucht, Herrschsucht und Ehrsucht zu befriedigen. Weitere Voraussetzung ist ein Bewußtsein der Deutschen von ihrer deutschen Identität, die Werner Mäder schmerzlich vermißt[1306]. Diese ist von Verantwortung für Europa und die Welt nicht zu trennen. Aber die kapitalistische, politische und mediale Klasse will eine europäische Identität erzwingen und setzt für ihre Umerziehungspolitik alle Mittel der political correctness ein, mit gewissem Erfolg, aber nur bei den Opportunisten und ewigen Untertanen. Leider ist das die große Masse. Opportunisten sind unsichere Kantonisten.

In Art. 7 Abs. 2 des Zwei-plus-Vier-Vertrages ist von „voller Souveränität" des vereinten Deutschland die Rede. Der Begriff der „souveraineté pleine et entière" ist eine alte Formel des Staats- und Völkerrechts. Napoleon hat sie in den Verträgen, mit denen er die Rheinbundfürstentümer ausstattete neben der Formel „la plénitude de la souveraineté" verwendet, um die von ihm abhängigen neuen Fürstentümer gegen das Reich, die Stände und die deutsche Nation auszurichten[1307]. Souveränität ist, wie gesagt, begrenzt, nach innen durch die Verfassungsidentität, die nach Art. 79 Abs. 3 GG nicht zur Disposition des verfassungsgesetzändernden Gesetzgebers steht, aber um der Verfassung der Menschheit des Menschen willen auch nicht zur Disposition des Volkes, nach außen durch die allgemeinen Regeln des Völkerrechts, welche nach der „Inkorporationsregel"[1308] des Art. 25 GG den Gesetzen vorgehen, insbesondere das Friedensprinzip. Die Materie der Souveränität hängt von dem jeweiligen Souveränitätsbegriff ab. Deutschlands Souveränität ist freiheitlich, also die Souveränität des Volkes. Es gibt völkerrechtliche Verpflichtungen allgemeiner Art und aus besonderen Verträgen. Dazu gehören auch die Verträge über die Europäische Union. Diese haben bisher kein Unionsvolk geschaffen und können das ohne Zustimmung der Völker in Referenden nicht (BVerfGE 123, 267, Rn. 179, 224, 263). Ohne Unionsvolk gibt es keinen neuen Träger der Staatsgewalt oder eben einer Souveränität der Europäischen Union. Damit hat Deutschland auch keinerlei Hoheit, Staatsgewalt oder Souveränität durch die europäische Integration eingebüßt. Das erweist sich vor allem in dem jederzeitigen Recht, die Union zu verlassen, im Austrittsrecht, dessen Anerkennung ich im Namen Manfred Brunners gegen die allgemeine Meinung und gegen die Ideologie der Unumkehrbarkeit der Integration im Maastricht-Prozeß 1992/93 durchgesetzt habe (BVerfGE 89, 155 (190)) und das jetzt in Art. 50 EUV steht und mit einem gewissen Verfahren ausgestattet ist. Richtig spricht das Bundesverfassungsgericht jetzt die vor mir „ständige Freiwilligkeit der Mitgliedschaft" in einer völkerrechtlichen Organisation genannte Rechtslage als Prinzip „umkehrbarer Selbstbindung im Staatenverbund" an (BVerfGE 123, 267, Rn. 233, 299, 329 f.)). Allerdings kann ein Austritt aus der Europäischen Union, der die Einbindung Deutschlands in diese zum westlichen Großraum gehörende Staa-

[1306] Vom Wesen der Souveränität, S. 147 ff.

[1307] H. Quaritsch, Souveränität, S. 108 ff.

[1308] K. Stern, Staatsrecht I, S. 485 ff.

tenorganisation beenden würde, den Feindstaatenklauseln der Charta der Vereinten Nationen Relevanz geben, wenn die Siegermächte darin eine „Wiederaufnahme der Angriffspolitik“ sehen (dazu III.). Die Verletzungen der Souveränität durch die europäische Integration, welche die Souveränität Deutschlands nicht aufhebt, habe ich bereits in „Die Souveränität Deutschlands“ erörtert, aber auch in dem Beitrag „Die Aushöhlung der Demokratie durch Europäische Union und Währungsunion“, 2011, dargelegt. Sie wird im Zehnten Teil erörtert werden.

III. Feindstaatenklauseln

In einem formellen Friedensvertrag der Siegermächte mit Deutschland könnte auf die Anwendung der diskriminierenden Feindstaatenklauseln der Charta der Vereinten Nationen verzichtet oder könnten die Feindstaatenklauseln zwischen den Vertragspartnern für unanwendbar erklärt werden[1309]. Klarer wäre eine Satzungsänderung der Vereinten Nationen, mittels derer die Feindstaatenklauseln aus der Charta entfernt werden. Deutschland ist ausweislich Art. 107 der UN-Charta nach wie vor Feindstaat des Zweiten Weltkrieges, der einzige verbliebene[1310]. Die Feindstaatenklauseln stellen (nur noch) Deutschland außerhalb wesentlicher Regelungen der UN-Charta, wenn „hierfür verantwortliche Regierungen Maßnahmen als Folge des Zweiten Weltkrieges in bezug auf einen Staat ergreifen oder genehmigen, der während dieses Krieges Feind eines Unterzeichnerstaats dieser Charta war“ (Art. 107 der Charta). Damit ist vor allem das Gewaltverbot des Art. 2 Nr. 4 der Charta gegen „neue Angriffe“ eines Feindstaates (Art. 53 Abs. 1 S. 2 der Charta) nicht einschlägig und über die Verwirklichung dieses Tatbestandes kann jeder ursprüngliche Unterzeichnerstaat der Charta eigenmächtig entscheiden, ohne etwa ein Streitbeilegungsverfahren gemäß Art. 33 der Charta bemühen zu müssen[1311]. Die ehemaligen Feinde gehören damit nicht in die Völkerfamilie, die sich geeinigt hat, ihr Miteinander ausschließlich am Recht auszurichten und dieses Recht in friedlichen Verfahren zu klären. Für die Feindstaaten entscheiden hegelianisch, gar im

[1309] D. Blumenwitz, Feindstaatenklauseln. Die Friedensordnung der Sieger, 1972, 106 ff., der S. 131 f. vertritt, daß (erst) die Aufnahme in die Vereinten Nationen oder die Streichung der Art. 53 Abs. 1 S. 3 und Art. 107 aus der Charta der Vereinten Nationen die „politische Bedeutung“ der Feindstaatenklauseln beenden werde, auch S. 30. Die Artikel stehen nach wie vor in der Charta und der Zwei-plus-Vier-Vertrag, der Deutschland die „volle Souveränität“ zuspricht, erwähnt die Feindstaatenklauseln nicht. Ein Deutschland, daß von den Siegermächten als „aggressiv“ eingestuft wird, also ein anderes Deutschland, als es in die Vereinten Nationen Aufnahme gefunden hat, ist weiterhin den Feindstaatenklauseln ausgeliefert.

[1310] D. Blumenwitz, Feindstaatenklauseln, S. 36, 96, zählt auch noch Bulgarien, Finnland, Italien, Japan, Rumänien und Ungarn auf, obwohl diese Staaten sich gegen Ende des Weltkrieges auf die Seite der Siemächte gegen Deutschland gestellt hätten; K. Stern, Staatsrecht V, S. 2027; W. Mäder, Vom Wesen der Souveränität, S. 123 ff.; M. Rensmann, Besatzungsrecht im wiedervereinten Deutschland, S. 63; a.A. R. Bernhardt, Die deutsche Teilung und der Status Gesamtdeutschlands, HStR, Bd. 1, 1987, § 8. Rdn. 10 (keine „Fortgeltung“).

[1311] D. Blumenwitz, Feindstaatenklauseln, S. 52 ff., 66 ff.

Sinne Oswald Spenglers, die Sieger über Krieg und Frieden und insofern über Recht und Unrecht[1312].

Die europäische Integration ist nicht anders als die NATO eine „Maßnahme als Folge des zweiten Weltkrieges", nämlich die dauerhafte Einbindung Deutschlands in den Westen. Zur Integrationspolitik gehören nach allen Regierungserklärungen die Währungsunion und damit der Euro. Bundeskanzler Helmut Kohl wiederholt: „Der Euro ist eine Frage von Krieg und Frieden", Bundeskanzlerin Angela Merkel: „Scheitert der Euro, scheitert Europa". Wenn man diese Sätze ernst nimmt, denkt man an die Feindstaatenklauseln. Es ist ein Desiderat der deutschen Außenpolitik, insofern keine Klarheit geschaffen zu haben, wenn sich dahinter nicht geheime Vorbehalte verbergen, die Deutschland zu der nicht nachvollziehbaren europäischen Integrationspolitik veranlassen, welche, wie noch darzustellen ist, mit der Souveränität des Deutschen Volkes schwerlich vereinbar ist. Aber geheime Vorbehalte zu Verträgen sind völkerrechtlich und souveränitätsrechtlich ohne Relevanz, schon weil sie nicht verfassungsgemäß ratifiziert worden sind. Sie binden das Volk, den Souverän, nicht. Aber es kann auch der offene Vorbehalt der Feindstaatenklauseln sein, dessen europapolitische Relevanz lediglich der deutschen Öffentlichkeit verborgen ist. Dieser Vorbehalt ist eine Maßnahme der Sieger und bedarf keines Vertrages, der ratifiziert werden müßte, sondern schränkt die „souveräne Gleichheit" Deutschlands ein, die die Charta der Vereinten Nationen in Art. 2 Nr. 1 eigentlich allen Mitgliedern zuerkennt. Im übrigen hat Deutschland den Feindstaatenklauseln, die sich gegen das eigene Land richten, durch seine Mitgliedschaft in den Vereinten Nationen selbst zugestimmt. Sonst wäre Deutschland wohl nicht in die Völkerfamilie aufgenommen worden. Dennoch ist das eine Mißtrauenserklärung der politischen Klasse gegen das eigene Volk.

Es können somit nach Art. 53 der Charta ohne Zustimmung des Sicherheitsrates auch regionale Zwangsmaßnahmen gegen die Wiederaufnahme der Angriffspolitik, ein dehnbarer Begriff, eines solchen Feindstaates ergriffen werden[1313]. Das ist völkerrechtswidrig, weil jedes Volk allein schon auf Grund seines Selbstbestimmungsrechts, das nichts anderes ist als die Freiheit seiner Bürger, Souveränität, nämlich uneingeschränkte Staatsgewalt nach innen und nach außen, freilich in den Grenzen des Rechts, und damit den Friedenszustand, also den Friedensvertrag, beanspruchen kann. Ziel und Zweck der Vereinten Nationen ist nach Art. 1 Nr. 1 der UN-Charta der „Weltfrieden", aber der Frieden unter den Völkern ist auch Gebot der Menschheit des Menschen. Kein Volk muß es sich gefallen lassen, von anderen Völkern oder gar der Völkergemeinschaft als Feindstaat bezeichnet zu werden, wenn auch nur als Feindstaat des Zweiten Weltkrieges. So wird Deutschland, das und weil es sich der europäischen Integration verpflichtet hat, auch nicht oder jedenfalls nur

---

[1312] G. F. W. Hegel, Rechtsphilosophie, § 334, S. 313; O. Spengler, Der Untergang des Abendlandes. Umrisse einer Morphologie der Weltgeschichte, Zweiter Band. II, 1922, S. 1011; auch ders., Jahre der Entscheidung. Erster Teil: Deutschland und die weltgeschichtliche Entwicklung, 1933, S. 24.

[1313] D. Blumenwitz, Feindstaatenklauseln, S. 52 ff., 96.

moralistisch behandelt. Es ist Mitglied der Vereinten Nationen und war schon verschiedentlich nichtständiges Mitglied des Sicherheitsrates (Art. 23 UNO-Charta). Der Bundeskanzler Willy Brandt hat nach Abschluß des Moskauer Vertrages erklärt, daß „der Vertrag jede einseitige Berufung auf die Interventionsvorbehalte nach Art. 53 und 107 … ausschließt. Damit sind diese Vorbehalte im Verhältnis zwischen der Sowjetunion und der Bundesrepublik Deutschland ebenso gegenstandslos wie bereits zwischen der Bundesrepublik Deutschland und den Westmächten auf Grund der Erklärung, die sie am 3. Oktober 1954 abgegeben haben“. Aber der Moskauer Vertrag gibt das nicht her, wie Dieter Blumenwitz herausgestellt hat[1314]. Derartige Erklärungen ändern den Vertrag nicht, der völkerrechtliche Rechte für viele Staaten begründet.

Die Feindstaatenklauseln in der Charta der Vereinten Nationen werden meist wegen der realen Friedenslage[1315], jedenfalls aber nach dem Zwei-plus-Vier-Vertrag, als obsolet angesehen[1316]. Das Auswärtige Amt will der Öffentlichkeit weismachen, daß die Vier Siegermächte mit Art. 7 Abs. 1 Zwei-plus-Vier-Vertrag die Feindstaatenklauseln der Charta der Vereinten Nationen für erledigt erklärt haben. Art. 7 Abs. 1 des Vertrages lautet:

> „Die Französische Republik, die Union der Sozialistischen Sowjetrepubliken, das Vereinigte Königreich Großbritannien und Nordirland und die Vereinigten Staaten von Amerika beenden hiermit ihre Rechte und Verantwortlichkeiten in bezug auf Berlin und Deutschland als Ganzes. Als Ergebnis werden die entsprechenden, damit zusammenhängenden vierseitigen Vereinbarungen, Beschlüsse und Praktiken beendet und alle entsprechenden Einrichtungen der Vier Mächte aufgelöst.“

Die Regelung erfaßt ersichtlich nicht die Feindstaatenklauseln, die Vertragsbestandteil der Charta der Vereinten Nationen sind. Ein Anwendungsverzicht ist nicht

---

[1314] Feindstaatenklauseln, S. 114 ff., Zitat nach Blumenwitz, a. a. O., S. 114 f.

[1315] U. Scheuner, Art. 146 GG und das Problem der verfassungsgebenden Gewalt, 1953, S. 288 ff., 292, sprach schon während der Besatzungszeit von „einem des facto Friedenszustand“; E. Bahr, Souveränität – Lebenslüge der Bundesrepublik, Interview mit der Jungen Freiheit, 14. Oktober 2011, S. 3.

[1316] D. Blumenwitz, Der Vertrag vom 12. 9. 1990 über die abschließende Regelung in bezug auf Deutschland, NJW 1990, 3047; ders., Die Souveränität der Bundesrepublik Deutschland, FS Peter Lerche, S. 388 (vom Zwei-plus-Vier-Vertrag nicht erfaßt, aber „endgültig obsolet“); anders noch ders. vor der Aufnahme der beiden deutschen Staaten in die Vereinten Nationen, zumal vor der deutschen Einheit und dem Zwei-plus-Vier-Vertrag in: Feindstaatenklauseln, S. 83 ff., 131 f., in einer präzisen Untersuchung, zumal gegen eine „Obsoletität“ S. 90 ff.; für eine solche auch G. Ress, in: B. Simma, Charta der Vereinten Nationen, Kommentar, 1991, Art. 53, Rdn. 47, S. 695, weil alle ehemaligen Feindstaaten inzwischen Mitglieder der VN geworden sind; H. Heberlein, Die Geltungsbeendigung der Feindstaatenklausel – ein äußerer Aspekt der deutschen Einheit, ArchVR 29 (1991), S. 85 ff., 101, „Substanz verloren“, „obsolet“ mit Zwei-plus-Vier-Vertrag; K. Stern, Staatsrecht V, S. 2044 („vielleicht“); M. Rensmann, Besatzungsrecht im wiedervereinten Deutschland, S. 63 f. („endgültig obsolet, aber wegen „deklaratorischer Wirkung“ Streichung gefordert, auch S. 189); M. Schweitzer, Die Verträge Deutschlands mit den Siegermächten, HStR Bd. VIII, § 190, Rdn. 40 (Streichung nur noch deklaratorische Wirkung, weil obsolet).

ausgesprochen. Nur „die Rechte und Verantwortlichkeiten in bezug auf Berlin und Deutschland als Ganzes“ werden beendet. Das erfaßt die besatzungsrechtlichen Vorbehalte. Völkerrechtliche Verträge pflegen ihre Gegenstände präzise zu benennen. Es kann lege artis nicht mehr in sie hineingelesen werden als hinein geschrieben worden ist. Nichts anders ergibt sich aus der New Yorker „Suspendierungserklärung“ der Alliierten vom 1. Oktober 1990 zu ihren Vorbehaltsrechten. Die in der soeben zitierten Literatur ist nirgends die Rede von einem Verzicht der Vier Siegermächte auf die Anwendung der Feindstaatenklauseln.

Die Feindstaatenklauseln bleiben mehr als ein Stachel im Fleisch der Souveränität Deutschlands[1317]. Insbesondere ist die „souveräne Gleichheit“ (Art. 2 Nr. 1 Charta der Vereinten Nationen, auch Art. 78 der Charta) Deutschlands nicht uneingeschränkt anerkannt. Von der „souveränen Gleichheit“ ist im Zwei-plus-Vier-Vertrag nicht die Rede. Die Feindstaatenklauseln aber sind mit dem Prinzip der „souveränen Gleichheit“ unvereinbar[1318]. Deutschland bestätigt in den Erwägungsgründen der Präambel des Vertrages, wie schon zitiert, seine besondere Interessenlage, nämlich: „In Würdigung dessen, daß das deutsche Volk in freier Ausübung des Selbstbestimmungsrechts seinen Willen bekundet hat, die staatliche Einheit Deutschlands herzustellen, um als gleichberechtigtes und souveränes Glied in einem vereinten Europa dem Frieden der Welt zu dienen“. Das deutsche Volk ist nicht nach seinem Willen gefragt worden. Vielmehr haben ausweislich der Präambel des Grundgesetzes seine Vertreter im Parlamentarischen Rat und in den Landtagen unter der Vormundschaft der westlichen Besatzungsmächte im Namen des „Deutschen Volkes“, zunächst nur der westlichen Bundesrepublik, bekundet, daß das Deutsche Volk „im Bewußtsein seiner Verantwortung vor Gott und den Menschen von dem Willen beseelt“ sei, „als gleichberechtigtes Glied in einem vereinten Europa dem Frieden der Welt zu dienen“.

Die „Gleichberechtigung und Selbstbestimmung“, die nach Art. 1 Nr. 2 und Art. 55 der Charta der Vereinten Nationen Grundsatz der „Beziehung zwischen den Nationen“ ist, ist im Vertragstext des Zwei-plus-Vier-Vertrages von den vier Siegermächten im Unterschied zur „vollen Souveränität“ Deutschlands nicht anerkannt, obwohl Deutschland ausweislich der Präambel spezifisch die Gleichberechtigung des deutschen Volkes anstrebt. Das kann nur heißen, daß einerseits die Feindstaatenklauseln die Selbstbestimmung und Gleichberechtigung Deutschlands für den Fall einschränken, in dem die Feindstaatenklauseln greifen, und daß andererseits deren Tatbestand nicht relevant sein soll, solange Deutschland seinem im Zwei-plus-Vier-Vertrag bestätigten Willen genügt, „als gleichberechtigtes und souveränes Glied in einem vereinten Europa dem Frieden der Welt zu dienen“. Solange Deutschland diesem seinem verfassungsgesetzlich verankerten Willen nachkommt, worüber

---

1317 D. Blumenwitz, Die Souveränität der Bundesrepublik Deutschland, FS Peter Lerche, S. 388, empfiehlt die Streichung; M. Rensmann, Besatzungsrecht im wiedervereinten Deutschland, S. 63 f., 189.

1318 D. Blumenwitz, Feindstaatenklauseln, S. 117.

freilich die Siegermächte, nicht etwa ein neutrales Gericht, befinden, kann es erwarten, als „gleichberechtigtes und souveränes Glied“, das in einem vereinten Europa dem Frieden der Welt dient, behandelt zu werden. Wenn nicht, werden die Feindstaatenklauseln relevant. In einer anderen Politik Deutschlands kann die „Wiederaufnahme der Angriffspolitik“ vermuten werden. Deutschlands „volle Souveränität“ ist anerkannt, aber die souveräne Gleichheit, die Gleichberechtigung mit den Siegerstaaten des Zweiten Weltkrieges und das Selbstbestimmungsrecht nur, solange es in die Europäische Union und wohl auch in die mit der europäischen Integration eng verbundene NATO eingebunden ist.

Welche Vertragsgestaltung sonst hätte Deutschland nach seiner Vereinigung, die jedenfalls Frankreich und Großbritannien zu verhindern gesucht haben, erwarten dürfen. Deutschland ist einem Sonderrecht der Charta ausgesetzt, wenn ehemalige Siegermächte „neue Angriffe“ des früheren Feindstaates Deutschland zu „verhüten“ (Art. 53 Abs. 1 S. 2) die Absicht haben oder das „als Richter in eigener Sache“ (Dieter Blumenwitz, Feindstaatenklauseln, 1972, S. 66) auch nur vorgeben. Ob jede Siegermacht allein oder nur alle zusammen oder nur die vier ehemaligen Besatzungsmächte, also kollektiv, wie das die Westmächte gegen die Sowjetunion vertreten haben, die Feindstaatenklauseln nutzen dürfen, ist streitig[1319]. Jedenfalls ist die Einschätzung über die „Wiederaufnahme der Angriffspolitik“ durch Deutschland allein den Siegerstaaten, allein oder gemeinsam, überlassen[1320]. Solange die Feindstaatenklauseln in der Charta nicht gestrichen sind, ist Deutschland zu einer Politik gehalten, welche ihm die Einschätzung der früheren Feinde sichert, ein friedliebender und ungefährlicher Staat zu sein. Das gewährleistet die feste Einbindung in die Europäische Union und die NATO. Diese aber hängt davon ab, daß Deutschland seine integrationsorientierte Politik nicht ändert, etwa dadurch, daß es Art. 23 GG, in dem sich die Bundesrepublik Deutschland verpflichtet, „ein vereintes

[1319] Vgl. D. Blumenwitz, Feindstaatenklauseln, S. 110 ff.

[1320] D. Blumenwitz, Feindstaatenklauseln, S. 66 ff.; zu den außerordentlich weit reichenden Befugnissen der Siegermächte aus den Feindstaatenklauseln S. 52 ff., auch die Führung eines Präventivkrieges, S. 79, überhaupt zu Maßnahmen, die das allgemeine Völkerrecht verbietet, S. 78, zu wirtschaftlichem und politischem Druck, S. 117, zu den Menschenrechten als Rechten von Individuen, gegen die als solche sich die Feindstaatenklauseln nicht richten, S. 63 ff., aber die Menschen sind als Staatsbürger betroffen. Blumenwitzens Unterscheidung zwischen dem Staat und dessen Bürgern, auch S. 40, ist fragwürdig, auch seine Auffassung, „eine von außen diktierte Identifikation eines Neustaates mit dem Status eines untergegangenen Völkerrechtssubjekts“ stelle „einen rechtswidrigen Eingriff in die freie Selbstbestimmung des neu entstandenen Staates dar“, S. 42, überzeugt nicht. Das Selbstbestimmungsrecht hat das Volk, das aber bleibt identisch und hat die Verantwortung für seine Vergangenheit. Eine neue Verfassung macht keinen neuen Staat aus. Darum überzeugt auch die Auffassung nicht, ein Staat könne untergegangen sein, etwa durch Debellation, solange das Volk existiert, das als Volk seine Eigenständigkeit wahrt oder auch nur wahren will. Im Falle der Dismembration teilen sich die beiden neuen Staaten die Identität und damit die Verantwortung. Die DDR hatte allerdings sowohl die Identität mit dem Deutschen Reich als auch die Verantwortung für dessen Handlungen abgelehnt. Die völkerrechtliche Bindung bleibt auch im Falle der Staatensukzession bestehen, so K. Doehring, Internationale Organisationen und staatliche Souveränität, S. 107 f.

Europa zu verwirklichen", freilich nur in einer Europäischen Union, welche die im Europaartikel genannten Strukturprinzipien erfüllt (dazu Zehnter Teil), aufhebt oder gar die Präambel ändert.

Das Recht, aus der Europäischen Union auszuscheiden, ist somit mit der Hypothek der Feinstaatenklauseln belastet. Das Austrittsrecht ist der Ausdruck der Souveränität, hat das Bundesverfassungsgericht befunden (BVerfGE 123, 267, Rn. 150, 299, 329), aber nicht auch der souveränen Gleichheit mit den Siegerstaaten. Die Mitgliedschaft in den Vereinten Nationen ändert an dieser Vertragslage nichts[1321]. Die beiden deutschen Staates sind als „friedliebende Staaten" gemäß Art. 4 der Charta als Mitglieder der Vereinten Nationen aufgenommen worden. Jetzt ist das vereinte Deutschland als „friedliebender Staat" Mitglied. Deutschland wird durch sein Verfassungsgesetz identifiziert. Die Strukturprinzipien des Grundgesetzes bestimmen auch in der Judikatur des Bundesverfassungsgerichts die Identität Deutschlands (BVerfGE 89, 155 (174 f., 184, 187 ff., 191 ff., 210 ff.); 123, 267, Rn. 219, 235, 240 f.). Dazu gehört in spezifischer Weise auch das europäische Integrationsprinzip, die Völkerrechts- und Europarechtsfreundlichkeit des Grundgesetzes (vgl. BVerfGE 31, 58 (75 f.); 111, 307 (317); 112, 1 (26); 123, 267, Rn. 219). Das Bundesverfassungsgericht hat im Lissabon-Urteil BVerfGE 123, 267, Rn. 219 ff., wie schon oben zitiert, ausgesprochen:

> „Die deutsche Verfassung ist auf Öffnung der staatlichen Herrschaftsordnung für das friedliche Zusammenwirken der Nationen und die europäische Integration gerichtet. Weder die gleichberechtigte Integration in die Europäische Union noch die Einfügung in friedenserhaltende Systeme wie die Vereinten Nationen bedeuten eine Unterwerfung unter fremde Mächte. Es handelt sich vielmehr um freiwillige, gegenseitige und gleichberechtigte Bindung, die den Frieden sichert und die politischen Gestaltungsmöglichkeiten durch gemeinsames koordiniertes Handeln stärkt. Das Grundgesetz schützt individuelle Freiheit – als Selbstbestimmung des Einzelnen – nicht mit dem Ziel, bindungslose Selbstherrlichkeit und rücksichtslose Interessendurchsetzung zu fördern. Gleiches gilt für das souveräne Selbstbestimmungsrecht der politischen Gemeinschaft. Der Verfassungsstaat bindet sich mit anderen Staaten, die auf demselben Wertefundament der Freiheit und Gleichberechtigung stehen und die wie er die Würde des Menschen und die Prinzipien gleich zustehender personaler Freiheit in den Mittelpunkt der Rechtsordnung stellen. Gestaltenden Einfluss auf eine zunehmend mobile und grenzüberschreitend vernetzte Gesellschaft können demokratische Verfassungsstaaten nur gewinnen durch sinnvolles, ihr Eigeninteresse wie ihr Gemeininteresse wahrendes Zusammenwirken. Nur wer sich aus Einsicht in die Notwendigkeit friedlichen Interessenausgleichs und in die Möglichkeiten gemeinsamer Gestaltung bindet, gewinnt das erforderliche Maß an Handlungsmöglichkeiten, um die Bedingungen einer freien Gesellschaft auch künftig verantwortlich gestalten zu können. Dem trägt das Grundgesetz mit seiner Offenheit für die europäische Integration und für völkerrechtliche Bindungen Rechnung. Die Präambel des Grundgesetzes betont nach den Erfahrungen verheerender Kriege, gerade auch unter den europäischen Völkern, nicht nur die sittliche Grundlage verantworteter Selbstbestimmung, sondern auch den Willen, als gleichberech-

---

[1321] Anders die herrschende Meinung, vgl. Fn. 1316; D. Blumenwitz, Feindstaatenklauseln, S. 131 f.

tigtes Glied in einem vereinten Europa dem Frieden der Welt zu dienen. Dies wird konkretisiert durch die Ermächtigungen zur Integration in die Europäische Union (Art. 23 Abs. 1 GG), zur Beteiligung an zwischenstaatlichen Einrichtungen (Art. 24 Abs. 1 GG) und zur Einfügung in Systeme gegenseitiger kollektiver Sicherheit (Art. 24 Abs. 2 GG) sowie durch das Verbot von Angriffskriegen (Art. 26 GG). Das Grundgesetz will die Mitwirkung Deutschlands an internationalen Organisationen, eine zwischen den Staaten hergestellte Ordnung des wechselseitigen friedlichen Interessenausgleichs. In den Zielen der Präambel wird dieses Souveränitätsverständnis sichtbar. Das Grundgesetz löst sich von einer selbstgenügsamen und selbstherrlichen Vorstellung souveräner Staatlichkeit und kehrt zu einer Sicht auf die Einzelstaatsgewalt zurück, die Souveränität als ‚völkerrechtlich geordnete und gebundene Freiheit' auffaßt. Es bricht mit allen Formen des politischen Machiavellismus und einer rigiden Souveränitätsvorstellung, die noch bis zu Beginn des 20. Jahrhunderts das Recht zur Kriegsführung – auch als Angriffskrieg – für ein selbstverständliches Recht des souveränen Staates hielt, wenngleich mit den auf der Haager Friedenskonferenz am 29. Juli 1899 unterzeichneten Abkommen noch unter Bekräftigung des ius ad bellum eine allmähliche Ächtung der Gewalt zwischen Staaten einsetzte" (Rn. 219–223). „Der aus Art. 23 Abs. 1 GG und der Präambel folgende Verfassungsauftrag zur Verwirklichung eines vereinten Europas bedeutet insbesondere für die deutschen Verfassungsorgane, dass es nicht in ihrem politischen Belieben steht, sich an der europäischen Integration zu beteiligen oder nicht. Das Grundgesetz will eine europäische Integration und eine internationale Friedensordnung: Es gilt deshalb nicht nur der Grundsatz der Völkerrechtsfreundlichkeit, sondern auch der Grundsatz der Europarechtsfreundlichkeit" (BVerfGE 123, 267, Rn. 225, auch Rn. 240).

Wenn das deutsche Volk die Einbindung in die Europäische Union aufgibt, ist es, weil es den Zweck des Staates ändert, nicht mehr der Staat, wie er in die Vereinten Nationen aufgenommen wurde. Das ist die Raffinesse der Identitätsdogmatik, die den völkerrechtlichen Staatsbegriff modifiziert, nämlich die zweckneutralen drei Elemente Gebiet, Volk, Ordnung (oder, wie meist vertreten wird, Herrschaft) durch materielle Identitätsmerkmale ergänzt, wie das europäische Integrationsprinzip. Günter Dürig hat, wie oben berichtet, die „objektive geistige Tradition" als das „Schöpfungs- und Erhaltungsmoment jeder sozialen Einheit" und auch des Staates als weiteres materielles Element des Staatsbegriffs vorgeschlagen[1322]. Deutschlands Selbstbestimmungsrecht ist eben nicht als gleichberechtigt anerkannt, sondern auf seine Einbindung in bestimmte Organisationen, sprich den Westen, beschränkt. Das ist die Vertragswirkung der Feindstaatenklauseln. Deutschland ist Mitglied der Vereinten Nationen, deren Charta die Feindstaatenklauseln enthält. Erst wenn diese aus der Charta entfernt sind, ist auch Deutschland gleichberechtigtes und selbstbestimmtes Mitglied der Vereinten Nationen. Bis dahin bleibt es als Feindstaat diskriminiert. Diese Dogmatik ergibt sich aus dem partikularen Völkerrecht der Vereinten Nationen, nicht aus dem völkerrechtlichen Gewohnheitsrecht, dessen wichtigstes Rechtsprinzip die Gleichberechtigung der Staaten ist[1323]. Aber im Streitfall wird die Charta der Vereinten Nationen herangezogen werden, wenn überhaupt das

---

[1322] G. Dürig, Der deutsche Staat im Jahre 1945 und seither, VVDStRL 13 (1955), S. 34 ff., 37 ff.

[1323] Hinweise in Fn. 975.

Völkerrecht geachtet wird. Das ist gegenwärtig nicht üblich, wenn ein Staat die Macht hat, es zu brechen.

Die Unterwürfigkeit der deutschen Politik unter die Vereinigten Staaten von Amerika und die „Alternativlosigkeit" des Euro als vermeintliches Essentiale der europäischen Integration kann in den Feindstaatenklauseln eine Erklärung finden. Wohlgemerkt, das ist die Vertragslage der Vereinten Nationen, nicht die Rechtslage. Der Krieg ist vor knapp 70 Jahren beendet, die Besetzung Deutschlands auch schon vor etwa 60 Jahren. Die weitere Diskriminierung Deutschlands als Feindstaat, trotz Mitgliedschaft in den Vereinten Nationen, ist eine Mißachtung der Souveränität der Deutschen. Schlimmer noch ist, daß die deutsche Politik das hinnimmt.

Zehnter Teil

Souveränitätsverletzungen der europäischen Integration

A. Allgemeines

Die Übertragung der Hoheitsrechte auf die Europäische Union nach Art. 23 Abs. 1 S. 2 GG (früher nach Art. 24 Abs. 1 GG), die nur zur gemeinschaftlichen Ausübung der „Souveränität" übertragen werden (so schon das Maastricht-Urteil, BVerfGE 89, 155 ((188 f.); jetzt in diesem Sinne das Lissabon-Urteil, BVerfGE 123, 267, Rn. 233, 248; vgl. PdR, 66 ff., u. ö.)[1324], darf allenfalls in engen Grenzen der Verantwortbarkeit und Voraussehbarkeit der nationalen Parlamente erfolgen (BVerfGE 89, 155 (185 ff., 191 ff.); 123, 267, Rn. 236 ff.). Von diesem Prinzip der begrenzten Einzelermächtigung (BVerfGE 89, 155 (181 ff., 191 ff.); 123, 267, Rn. 226, 234 ff., 262, 265, 272, 275, 298 ff., 300 ff., 326: PdR, S. 71 ff.) kann in der Praxis keine Rede sein. Das ist eine Verletzung nicht nur des demokratischen Prinzips, sondern auch der existentiellen Staatlichkeit und damit der inneren und äußeren Souveränität des Volkes. Das Bundesverfassungsgericht stellt im Lissabon-Urteil (Rn. 228) an sich richtig klar:

„Integration setzt den Willen zur gemeinsamen Gestaltung und die Akzeptanz einer autonomen gemeinschaftlichen Willensbildung voraus. Integration in eine freiheitliche Ge-

[1324] Richtig U. Di Fabio, Der Verfassungsstaat in der Weltgesellschaft, S. 93 f.; dazu M. Kaufmann, Europäische Integration und Demokratieprinzip, S. 425 ff., der dafür richtig auf die kantianische Idee der Freiheit des Bürgers und dessen Selbstbestimmung hinweist (S. 426, 468, zu Kants Souveränitätslehre S. 40 ff.), ohne daraus die notwendige herrschaftskritische Konsequenz zu ziehen; sehr unpräzise Ch. Hillgruber, Souveränität – Verteidigung eines Rechtsbegriffs, JZ 2002, 1077 f.: im „vereinten Europa"„Teil der umfassenden staatlichen Hoheitsmacht ausgegliedert und auf der europäischen Ebene auf ‚zwischenstaatliche Einrichtungen' verlagert"; ohne hinreichende Dogmatik B. Grzeszick, in: Maunz/Dürig, Grundgesetz, Art. 20 II, 2010, Rdn. 270 ff. (Maastricht-Urteil), Rdn. 281 ff. (Lissabon-Urteil), Kritik Rdn. 291 ff., 300 („überschießende Souveränitätsbetonung"); Ch. Möllers, Staat als Argument, S. 408 f., erkennt richtig, daß „das Gebot, daß alles staatliche Handeln demokratischer Legitimation" bedürfe, „gleichgesetzt mit dem staatstheoretischen Begriff der Rechtseinheit", ergeben würde, daß „das Handeln europäischer Hoheitsgewalt auf deutschen Boden Staatsgewalt im Sinne von Art. 20 Abs. 2 S. 1 GG" wäre, was sonst, weist das aber zurück, weil „zwischenstaatliche Hoheitsgewalt nicht Staatsgewalt im Sinne des Grundgesetzes" sei, nein und ja, sie ist Staatsgewalt aller Mitgliedstaaten, die gemeinschaftlich ausgeübt wird, und damit auch deutsche, S. 412 ff. kritisch zur Aktivierung des Art. 38 Abs. 1 S. 2 GG und S. 415 zum „Gebot bestimmter und voraussehbarer Integrationsnormen".

meinschaft verlangt aber weder eine der verfassungsrechtlichen Begrenzung und Kontrolle entzogene Unterwerfung noch den Verzicht auf die eigene Identität. Das Grundgesetz ermächtigt die für Deutschland handelnden Organe nicht, durch einen Eintritt in einen Bundesstaat das Selbstbestimmungsrecht des Deutschen Volkes in Gestalt der völkerrechtlichen Souveränität Deutschlands aufzugeben. Dieser Schritt ist wegen der mit ihm verbundenen unwiderruflichen Souveränitätsübertragung auf ein neues Legitimationssubjekt allein dem unmittelbar erklärten Willen des Deutschen Volkes vorbehalten".

Es hat schon im Maastricht-Urteil im Absatz Rn. 109 ausgesprochen:

„Die Mitgliedstaaten haben die Europäische Union gegründet, um einen Teil ihrer Aufgaben gemeinsam wahrzunehmen und insoweit ihre Souveränität gemeinsam auszuüben. In ihrem am 11. und 12. Dezember 1992 in Edinburgh gefaßten Beschluß (Teil B Anlage 1, BullBReg. Nr. 140 vom 28. Dezember 1992 S. 1290) betonen die im Europäischen Rat vereinigten Staats- und Regierungschefs, daß im Rahmen des Vertrages über die Europäische Union unabhängige und souveräne Staaten aus freien Stücken beschlossen haben, im Einklang mit den bestehenden Verträgen einige ihrer Befugnisse gemeinsam auszuüben. Dementsprechend nimmt der Unions-Vertrag auf die Unabhängigkeit und Souveränität der Mitgliedstaaten Bedacht, indem er die Union zur Achtung der nationalen Identität ihrer Mitgliedstaaten verpflichtet (Art. F Abs. 1 EUV; vgl. auch die Schlußfolgerungen des Vorsitzes des Europäischen Rates in Birmingham am 16. Oktober 1992, BullBReg. Nr. 115 vom 23. Oktober 1992 S. 1057), die Union und die Europäischen Gemeinschaften nach dem Prinzip der begrenzten Einzelzuständigkeit nur mit bestimmten Kompetenzen und Befugnissen ausstattet (Art. E EUV, Art. 3 b Abs. 1 EGV) und sodann das Subsidiaritätsprinzip für die Union (Art. B Abs. 2 EUV) und für die Europäische Gemeinschaft (Art. 3 b Abs. 2 EGV) zum verbindlichen Rechtsgrundsatz erhebt".

Es hat die schweren Souveränitätsverletzungen der Praxis bisher aber nicht zu erkennen und auszusprechen für opportun gehalten:

„Das Legitimationsniveau der Europäischen Union entspricht im Hinblick auf den Umfang der übertragenen Zuständigkeiten und den erreichten Grad von Verselbständigung der Entscheidungsverfahren *noch* (Hervorhebung von mir) verfassungsrechtlichen Anforderungen, sofern das Prinzip der begrenzten Einzelermächtigung verfahrensrechtlich über das in den Verträgen vorgesehene Maß hinaus gesichert wird". „Mit dem Vertrag von Lissabon wird weder die für die Verfassungsorgane unverfügbare verfassungsgebende Gewalt übertragen noch die staatliche Souveränität der Bundesrepublik Deutschland aufgegeben" (Rn. 275 des Lissabon-Urteils).

Das Gericht sieht aber die Grenze der Ermächtigungen der Union beinahe als erreicht an. „Noch" würden dem Deutschen Bundestag „eigene Aufgaben und Zuständigkeiten von hinreichendem Gewicht" verbleiben (Rn. 275). Die jetzt vereinbarte Fiskalunion und der Europäische Stabilitätsmechanismus, der ESM, hätten nach der bisherigen Rechtsprechung auch dem Gericht zu weit gehen müssen, weil sie die Grenze zum Bundesstaat um einen weiteren großen Schritt überschreiten, aber es hat beide passieren lassen (BVerfG 2 BvR 1421/12 u.a., Urteil vom 18. März 2014, Rn. 158 ff.).

Wenn die gemeinschaftliche Ausübung der Staatsgewalt auf Grund der übertragenen Hoheitsrechte die Grenzen existentieller Staatlichkeit und damit der Souveränität nicht einhält, wird die Ausübung der Staatsgewalt, die das Bundesverfassungsgericht mit der Souveränität verbindet, staats- und souveränitätswidrig, zumal demokratiewidrig, ausgehöhlt. Die Souveränität gebietet als Freiheit der Bürger den Staatsorganen nicht nur die strikte Achtung vor dem Recht, zumal dem Verfassungsrecht und den demokratisch-rechtsstaatlichen Verfahren, sondern ausweislich der Judikatur des Bundesverfassungsgerichts auch substantielle „Souveränitätsvorbehalte" bei der Übertragung von Hoheitsrechten zur gemeinschaftlichen Ausübung auf internationale Organisationen einschließlich der Europäischen Union (BVerfGE 111, 307 (319); 123, 267, Rn. 249 f.)[1325].

Wenn diese „Souveränität" nur noch das Recht ist, die Europäische Union zu verlassen, ist sie angesichts der Lage und der Machtverhältnisse in Deutschland, Europa und in der Welt so gut wie wertlos. Der gebotene Austritt Deutschlands aus der Europäischen Union oder auch nur aus dem Euro-Verbund dürfte schwere internationale Verwerfungen nach sich ziehen, wenn nicht, wie Helmut Kohl sibyllinisch gewarnt hat, Krieg. Der Bundeskanzler, der die Währungsunion vereinbart und in Deutschland durchgesetzt hat, war sicher besser informiert als das Deutsche Volk. Zudem stehen die Feindstaatenklauseln der Charta der Vereinten Nationen einer

---

[1325] A.A. M. Kaufmann, Europäische Integration und Demokratieprinzip, S. 418 ff., der nur die demokratische Willensbildung für „integrationsresistent" hält, diese aber dennoch zugunsten der „integrierten Staatlichkeit" im Interesse „praktischer Konkordanz" und zur „Kompensation" relativiert, S. 440, 444, 447, 464 f., 466 ff., 473, 481, ohne den Widerspruch zu bemerken. Schon E. R. Huber, Nationalstaat und supranationale Ordnung, S. 289 f., hat konstatiert, daß, auch weil „Teile der Souveränität" „abgetreten" würden, es keine „souveränen Nationalstaaten alten Stils mehr" gebe, sondern einen „Großraum-Materialismus", „hegemonialen Imperialismus der wenigen Großmächte ersten Ranges", die „Unterwerfung und Ausbeutung der Völker durch herrschende Imperien"; zur Großraumpolitik mit dem das neue Völkerrecht bestimmenden Begriff des „Reiches", der den völkerrechtlichen Leitbegriff des Staates ablöse, C. Schmitt, Völkerrechtliche Großraumordnung mit Interventionsverbot für raumfremde Mächte, 1939, 4. Aufl. 1941, insb. S. 49 ff., 64 ff., geschrieben, als das Deutsche Reich Hitlers den europäischen Raum weitgehend militärisch beherrschte, aber gegenwärtig wegen der Grundsätzlichkeit angesichts der US-amerikanischen, transozeanischen Großraumpolitik, getrieben vom globalen Wirtschaftsimperialismus, aber auch der Großraumpolitik Chinas und Rußlands von großer Aktualität. Noch immer aber ist der Staat das Völkerrechtssubjekt an und für sich und sollte es aus Gründen der Freiheit und des Rechts, die sich nur demokratisch, also in kleinen Einheiten, die Schmitt ironisiert hat, verwirklichen lassen, bleiben. Das „Reich" verbindet „Großraum, Volk und politische Idee", S. 51, dieses Volk aber beherrscht auch die Staaten seines Großraums jenseits der Grenzen des eigenen Staatsgebietes, läßt jedenfalls keine Intervention in diesen Raum zu, S. 22 ff., 49 ff. Den betroffenen Völkern kleinerer Staaten wird die politische Freiheit genommen. Freilich muß jeder Staat, auch der kleinere, die Grenzen der politischen Freiheit respektieren. Dazu gehört, daß er keine Bündnissse eingeht, welche der benachbarte Großstaat als Bedrohung empfinden muß. Gegebenenfalls ist eine Politik der Neutralität zwischnen den Großmächten angezeigt. Menschheitswidriges Großraumdenken leitet zunehmend die Europäische Union, die freilich noch zum transatlantischen Großraum der Vereinigten Staaten von Amerika gehört.

Lösung Deutschlands aus der Einbindung Deutschlands in die Europäische Union und die NATO entgegen (dazu Neunter Teil B.III.).

Die Teilhabe aller Bürger, auch der Minderheit, an der Staatsgewalt muß hinreichend gewährleistet sein. Das folgt aus dem Recht auf Demokratie, welches aus Art. 38 Abs. 1 GG in Verbindung mit Art. 20 Abs. 1 GG folgt (BVerfGE 89, 155 (171 f.), 123, 267, Rn. 167 ff.). Die politische Klasse, die das Parlament mittels fragwürdiger (Verhältniswahlsystem mit 5 % Sperrklausel, Parteienfinanzierung, Propaganda der Medien, u. a.) Wahlen in der Hand hat, hat nicht das Recht, die Bürger, schon gar nicht die (vermeintliche) Minderheit der Wähler und Nichtwähler dadurch von der Teilhabe an der Ausübung der Staatsgewalt, der politischen Willensbildung, auszuschließen, daß sie die Politiken durch übermäßige Übertragung der Hoheitsrechte auf die Europäische Union Organen überantwortet, die nicht wesentlich vom jeweiligen Volk, sondern überwiegend von anderen Völkern legitimiert sind. Das ist nur in engen Grenzen tragfähig, Grenzen, die schon der Vertrag von Maastricht 1992 weit überschritten hat. Schließlich ist die Teilhabe an der Ausübung der Staatsgewalt das wichtigste Recht der Bürger, nämlich die politische Freiheit (dazu K. A. Schachtschneider, Freiheit in der Republik, 2007). Die Agenda existentieller Staatlichkeit müssen in der Hand des existentiell betroffenen Volkes bleiben. Das gilt insbesondere für die Wirtschafts-, Währungs- und Sozialpolitik, aber auch für die Sicherheits-, die Gesundheits-, die Bildungs- und andere Politiken. Das gilt aber auch für die Rechtsprechung und weitestgehend auch für die Gesetzgebung. Das größte Übel für die allgemeine Freiheit der Bürger und Völker ist der Europäische Gerichtshof, der sich Gericht nennt, aber keines ist. Dafür fehlt im die demokratische Dignität. Seine usurpatorische Judikatur beweist, daß er ein Machtinstrument der politischen Klasse ist. Ohne demokratische Legitimation kann ein ‚Gericht' nicht im Namen eines Volkes oder mehrerer Völker Recht sprechen, sondern allenfalls im Interesse derer, welche die ‚Richter' für nur sechs Jahre und mit der Möglichkeit der Wiederwahl in das überbezahlte Amt heben, nämlich die Regierungen der Mitgliedstaaten der Union, die erfahrungsgemäß größten Gefahren für die Freiheit der Völker und für das Recht. Die Staatsgewalt der Völker ist durch die internationalen Organisationen, denen die Ausübung der Staatsgewalt der Völker überantwortet wird, nicht (etwa im Sinne einer quasi-dinglichen Übertragung von Hoheitsrechten; insoweit richtig schon BVerfGE 37, 271 (280); 58, 1 (28); 68, 1 (90); 73, 339 (374): „Art. 24 Abs. 1 GG ermöglicht es, die Rechtsordnung der Bundesrepublik Deutschland derart zu öffnen, daß der ausschließliche Herrschaftsanspruch der Bundesrepublik Deutschland für ihren Hoheitsbereich zurückgenommen und der unmittelbaren Geltung und Anwendbarkeit eines Rechts aus anderer Quelle innerhalb dieses Hoheitsbereichs Raum gelassen wird".)[1326], aufgehoben, sondern wird

---

[1326] Richtig Th. Schmitz, Integration in der Supranationalen Union, S. 238 ff., 240 f., der das zu Recht auf die Souveränität stützt, welche den „Verzicht eines Staates auf einen Teil seiner Hoheitsgewalt, eine ‚wirkliche Ausgliederung von Souveränitätsrechten auf die überstaatliche Ebene', ausschließe; D. König, Die Übertragung von Hoheitsrechten im Rahmen des euro-

unterlaufen und ausgehöhlt. Ihre Ausübung ist entdemokratisiert und entrechtlicht. Die rechtsstaatliche Gewaltenteilung ist so gut wie beseitigt[1327]. Das beschädigt auch die Souveränität der Völker. Das Bundesverfassungsgericht hat zwar für die Übertragung der Hoheitsrechte mannigfache Grenzen genannt (BVerfGE 123, 267, Rn. 249 ff.), diese aber bisher nicht durch ein Urteil durchgesetzt. Die Souveränität läßt keine Übertragung von Hoheitsrechten an einen Staatenverbund zu, welche die existentielle Staatlichkeit des Volkes als dem existentiellen Staat schmälert (in diesem Sinne auch BVerfGE 123, 267, Rn. 226), erst recht nicht die Entwicklung eines Bundesstaates, der augenscheinlich die Souveränität verletzt und demokratie- und rechtsstaatswidrig agiert[1328]. Das Bundesverfassungsgericht hat im Lissabon-Urteil (Rn. 229) Grenzen eines Staatenverbundes benannt:

> „Der Begriff des Verbundes erfasst eine enge, auf Dauer angelegte Verbindung souverän bleibender Staaten, die auf vertraglicher Grundlage öffentliche Gewalt ausübt, deren Grundordnung jedoch allein der Verfügung der Mitgliedstaaten unterliegt und in der die Völker – das heißt die staatsangehörigen Bürger – der Mitgliedstaaten die Subjekte demokratischer Legitimation bleiben".

Es hat zumindest den Kern der Verfassungsidentität, der sich begrifflich nicht wesentlich, allerdings in der Anwendung doch weitgehend von der existentiellen Staatlichkeit, wie ich sie zu verteidigen bemüht bin, unterscheidet, der Übertragung zur gemeinschaftlichen Ausübung der Staatsgewalt vorenthalten (Rn. 249 f.).

Die europäische Integration darf die Verfassung der Menschheit des Menschen, die Verfassung, die mit jedem Menschen geboren ist, nicht mißachten. Diese schützt im wesentlichen Art.79 Abs. 3 GG, der „eine Änderung des Grundgesetzes, durch welche die Gliederung des Bundes in Länder, die grundsätzliche Mitwirkung der Länder bei der Gesetzgebung oder die in den Artikeln 1 und 20 niedergelegen Grundsätze berührt" für „unzulässig" erklärt. Auch ohne diese Unabänderlichkeitsklausel, die als solche nur den verfassungsändernden Gesetzgeber bindet, würden zumindest die Grundsätze des Art. 1 GG gelten, nämlich die Unantastbarkeit der Würde des Menschen und die Verpflichtung aller staatlichen Gewalt, sie zu achten und zu schützen, das Bekenntnis des Deutschen Volkes zu den unverletzlichen und unveräußerlichen Menschenrechten als Grundlage jeder menschlichen Gemeinschaft, des Friedens und der Gerechtigkeit in der Welt, sowie die Bindung der Gesetzgebung, der vollziehenden Gewalt und der Rechtsprechung an die Grundrechte als unmittelbar geltendes Recht, wahrhaft große Worte, und auch die des

---

päischen Integrationsprozesses, S. 59 ff., 80; M. Kaufmann, Europäische Integration und Demokratieprinzip, S. 156, 427.

[1327] Typisch für supranationale Organisationen, E. R. Huber, Nationalstaat und supranationale Ordnung, S. 287; kritisch auch U. Schliesky, Souveränität und Legitimität von Herrschergewalt, S. 405 ff.: a.A. Ch. Seiler, Der souveräne Verfassungsstaat zwischen demokratischer Rückbindung und überstaatlicher Einbindung, S. 300 f., durch „Verhältnis von Rat, Europäischen Parlament und Kommission" (und der Gerichtshof ?).

[1328] I.d.S. U. Di Fabio, Der Verfassungsstaat in der Weltgesellschaft, S. 86 ff., der ein „neues Denken für die Verfassung übernationaler Gemeinschaften" empfiehlt, S. 99.

Art. 20 GG, nämlich die aus Art. 1 GG folgende politische Form der Bundesrepublik Deutschland als demokratischer und sozialer Bundesstaat, in dem alle Staatsgewalt vom Volke ausgeht und vom Volke in Wahlen und Abstimmungen und durch besondere Organe der Gesetzgebung, der vollziehenden Gewalt und der Rechtsprechung ausgeübt wird, die Gesetzgebung an die verfassungsmäßige Ordnung, die vollziehende Gewalt und die Rechtsprechung an Gesetz und Recht gebunden sind und alle Deutschen gegen jeden, der es unternimmt, diese Ordnung zu beseitigen, das Recht zum Widerstand haben, wenn andere Abhilfe nicht möglich ist. Diese Verfassung steht auch nicht zur Disposition des Volkes, weil sie das Rechtsprinzip formuliert, das jedem Menschen eignet. Darum ist sie zu verteidigen, auch gegen eine fehlgeleitete europäische Integration. Nichts anders sichern Art. 23 Abs. 1 S. 3 GG, die Struktursicherungsklausel (BVerfGE 37, 271 (279); 73, 339 (376); 123, 267, Rn. 261, 266; vgl. auch BVerfGE 89, 155 (187 f.))[1329], welche die Geltung auch des Art. 79 Abs. 3 GG „für die Begründung der Europäischen Union sowie für Änderungen ihrer vertraglichen Grundlagen und vergleichbare Regelungen, durch die dieses Grundgesetz seinem Inhalt nach geändert oder ergänzt wird oder solche Änderungen oder Ergänzungen ermöglicht werden", klar stellt, und auch Art. 23 Abs. 1 S. 1 GG, der Deutschland im Sinne der Präambel des Grundgesetzes „zur Verwirklichung eines vereinten Europas an der Entwicklung der europäischen Union mitzuwirken" verpflichtet. Die menschheitliche Integrationsgrenze wird durch die Integrationspraxis schwerwiegend verletzt. Dagegen und nur dagegen haben sich all meine Verfassungsbeschwerden seit dem Maastricht-Prozeß gerichtet, mit Erfolg, wenn auch begrenztem. Zumindest die zitierten Rechtsgrundsätze machen die Souveränität jedes Menschen als seine Freiheit und damit die Souveränität der Deutschen in Deutschland aus. Zur integrationsfesten Identität Deutschlands gehört insbesondere seine existentielle Staatseigenschaft und die existentielle Staatlichkeit (PdR, S. 58 f.; i.d.S. auch BVerfGE 83, 37 (50 ff.); 83, 60 (71 f.); 89, 155 (184 ff.))[1330]. Art. 2 EUV handelt von „Werten", die mehr oder weniger das Gleiche meinen, aber Wesentliches weglassen, insbesondere das Sozialprinzip, das mit einer „Solidarität" in der „Gesellschaft" nicht identisch ist, aber auch das Demokratieprinzip derart offen läßt, das fast jede politische Form darunter subsumiert werden kann. Es gibt in der Gegenwart kein politisches System, das sich nicht als Demokratie auszeichnet. Aber nur die wenigsten sind demokratisch, jedenfalls im freiheitlichen Sinne bür-

[1329] Hinweise zur Struktursicherung in Fn. 1091.

[1330] G. Jellinek, Allgemeine Staatslehre, S. 426, der lehrt, daß ein „Volk im Rechtssinne außerhalb des Staates gar nicht denkbar" sei; P. Kirchhof, Der deutsche Staat im Prozeß der europäischen Integration, HStR Bd. VII, § 183, Rdn. 57 ff.; K. A. Schachtschneider, Die existentielle Staatlichkeit der Völker Europas, S. 76 f.; ders., Die Republik der Völker Europas, ARSP-Beiheft 71 (1997), S. 162; ders., Deutschland nach dem Konventsentwurf einer „Verfassung für Europa", FS W. Nölling, S. 269 ff.; i.d.S. auch U. di Fabio, Der neue Art. 23 des Grundgesetzes, Der Staat 32 (1993), S. 200 ff.; dazu zustimmend M. Kaufmann, Europäische Integration und Demokratieprinzip, S. 414 ff.

gerlicher Souveränität. Es wird von „homogenen Werten“ gesprochen[1331], von „Wertegemeinschaft“. Wert ist bekanntlich eine rechtlich unbrauchbare Vokabel.

Die Bürokratie hat aber die Tendenz zur Ausweitung ihrer Macht, zumal in bündischen Systemen, die zur „kollektiver Verantwortungslosigkeit“ tendieren[1332]. Ihr Hebel ist die Propagierung und Etablierung der Einheitlichkeit der Lebensverhältnisse in der ganzen Union, auch durch den Euro, entgegen der Wirtschaftskraft der Mitgliedstaaten, letztlich die globale Ideologie des Egalitarismus. Diese wird und soll augenscheinlich zur allgemeinen Untertänigkeit der Bevölkerung, zur Entbürgerlichung der Völker, führen, durchaus ein Interesse der Oligarchen und Profiteure. Weil sie nicht demokratisch legitimiert und rechtsstaatlich defizitär ist, entwickelt sie sich zur Diktatur. Für das friedliche Miteinander der Völker in Europa ist die Brüsseler Bürokratie gänzlich unnötig, erst recht der Europäische Gerichtshof. Die Vereinheitlichung der Lebensverhältnisse ist geradezu europawidrig. Gemeinsame Politik kann und sollte, soweit sie nötig ist, völkervertraglich vereinbart werden. Solche Verträge schmälern weder die Staatsgewalt noch die Souveränität des Volkes oder Staates. Die Parlamente können übereinstimmende Gesetze beschließen, wenn sie übereinstimmendes Recht in der Union herbeiführen wollen.

Die Souveränitätsverletzungen durch die Europäische Union sind näher darzustellen[1333]:

B. Entdemokratisierte Rechtsetzung

I. Europäisches Parlament

1. Vor allem ist die politische Willensbildung der Europäischen Union entdemokratisiert. Das Europäische Parlament ist nicht demokratisch legitimiert oder gar republikanisch legalisiert, erstens weil es mangels eines Unionsvolkes kein Volk vertritt, zweitens weil die Wahl dieses Parlaments nicht gleichheitlich, sondern „degressiv proportional“ ist (Art. 14 Abs. 2 S. 3 EUV)[1334]. Diese Versammlung (so

---

[1331] M. Kaufmann, Europäische Integration und Demokratieprinzip, S. 408 ff.

[1332] M. Weber, Parlament und Regierung im neugeordneten Deutschland. Zur politischen Kritik des Beamtentums und Parteiwesens, 1918, S. 99 ff., 131 ff.; St. Oeter, Souveränität und Demokratie als Problem in der „Verfassungsentwicklung“ der Europäischen Union, S. 694 ff.

[1333] Richtige Kritik W. Mäder, Vom Wesen der Souveränität, S. 60 ff., insb. S. 86 ff., 132 zur „Rechtsgewalt“; kritikfern St. Hobe, Der offene Verfassungsstaat zwischen Souveränität und Interdependenz, S. 330 ff.

[1334] Beschwichtigend D. König, Die Übertragung von Hoheitsrechten im Rahmen des europäischen Integrationsprozesses, S. 611 ff. (Volk sei die „Gesamtheit der Unionsbürger“, „ausschlaggebend für die Identifikation mit der Europäischen Union ist die Befürwortung gemeinsamer Werte“, S. 608, ein mehr als fragwürdiges Kriterium angesichts der zunehmenden Ablehnung der Union; die „Abweichung von Grundsatz der Wahlrechtgleichheit nicht so gravierend“, S. 615); U. Schliesky, Souveränität und Legitimität von Herrschergewalt, S. 686 ff., der auf die Staatengleichheit hinweist, ein Grundsatz der demokratierechtlich nur Verträge trägt, nicht aber gemeinschaftlichen Parlamentarismus; richtiger M. Kaufmann, Eu-

noch Art. 137 EWGV) der „Vertreter der Völker" (so noch Art. 189 Abs. 1 EGV; i.d.S. das Lissabon-Urteil BVerfGE 123, 267, Rn. 280 ff., 286) ist kein Parlament[1335]: Es wird nur so genannt, zum einen, um der Öffentlichkeit Demokratie vorzutäuschen, zum anderen, um den Status der Abgeordneten, insbesondere deren übermäßige Diäten[1336], zu rechtfertigen. Dem Europäischen Parlament komme für die Legitimation der Rechtsakte der Gemeinschaft „eine stützende Funktion" zu, hat das Bundesverfassungsgericht im Maastricht-Urteil (BVerfGE 89, 155 (186)) ausgesprochen und das im Lissabon-Urteil (BVerfGE 123, 267, Rn. 262, 271, „eine eigenständige zusätzliche Quelle für demokratische Legitimation", S. 276 ff., 280 ff., 289 ff., insb. Rn. 262, 271) nicht verstärkt, mehr also nicht[1337]. Das ändert der Lissabon-Vertrag trotz sprachlicher Aufwertung des Europäischen Parlaments zum Gesetzgeber (gemeinsam mit dem Rat, Art. 14 Abs. 1 S. 1 EUV) in der Sache nicht, jedenfalls nicht wesentlich. Das für das Parlament konstitutive und für die allgemeine Freiheit unverzichtbare Prinzip der Repräsentation des Volkes als Volksvertretung (Art. 20 Abs. 2 S. 2 GG) erfüllt das Europäische Parlament keinesfalls.

Dem Europäischen Parlament wird durch den Lissabon-Vertrag trotz des größeren Einflusses im ordentlichen Gesetzgebungsverfahren (Art. 289 Abs. 1, Art. 294 AEUV) keine eigenständige Gesetzgebungsbefugnis eingeräumt, nicht einmal ein Gesetzesinitiativrecht im eigentlichen Sinne. Das Gesetzesvorschlagsmonopol hat abgesehen von einigen Ausnahmen die Kommission (Art. 17 Abs. 2 EUV, Art. 289 Abs. 4 und Art. 293 AEUV). Das Parlament soll an den Rechtsetzungsverfahren mit Rechten zur Anhörung und zur Stellungnahme beteiligt werden, bis hin zum Recht, im ordentlichen Gesetzgebungsverfahren den Standpunkt des Rates (nach Vorschlag

---

ropäische Integration und Demokratieprinzip, S. 251 ff., der einsieht, daß das Europäische Parlament „in seiner gegenwärtigen Struktur die Funktion parlamentarisch-demokratischer Repräsentation nicht erfüllen kann", S. 260, 337, 475 (Wahlen nicht egalitär, also nicht hinreichend legitimierend); auch J. Kokott, Die Staatsrechtslehre und die Veränderung ihres Gegenstandes, VVDStRL 63 (2004) S. 28 ff., die einer „postnationalen Demokratie" in einem „Weltstaat, Europastaat" das Wort redet.

1335 Dazu K. A. Schachtschneider, Verfassungsbeschwerde Lissabon-Vertrag, 3. Teil J I; J. Ott, Das Europäische Parlament als Parlament, i. V.; anders, wenn auch nicht ohne Bedenken, Ch. Seiler, Der souveräne Verfassungsstaat zwischen demokratischer Rückbindung und überstaatlicher Einbindung, S. 288 ff.; zum Europäischen Parlament, gemessen am „Maßstab des Verfassungsstaates" M. Kaufmann, Europäische Integration und Demokratieprinzip, S. 229 ff., 342 ff., der von „quasi-parlamentarischen Gremien", „Staatenversammlungen" der „internationalen Organisationen" spricht.

1336 Dazu H. H. von Arnim, Diätenwildwuchs im Europäischen Parlament – Verschleierte Einkommen und Doppelversorgungen: unangemessen und rechtswidrig, NJW 2004, 1422 ff.

1337 Demgegenüber EGMR, EuGRZ 1999, 200 (204), das dem „Europäischen Parlament als das grundlegende Instrument der demokratischen und politischen Kontrolle in dem System der Europäischen Gemeinschaft" zumißt, weil „dessen demokratische Legitimation auf unmittelbarer allgemeiner Wahl beruht" und das Parlament „derjenige Bestandteil in der Europäischen Gemeinschaftsstruktur anzusehen ist, der dem Bemühen, ‚wirksame politische Demokratie' sicherzustellen, am meisten entspricht"; das ist eine euphemistische, aber auch decouvrierende Formulierung; vgl. U. Schliesky, Souveränität und Legitimität von Herrschergewalt, S. 687 Fn. 517.

der Kommission) mit der Mehrheit seiner Mitglieder (Art. 294 Abs. 7 lit. b AEUV) oder im Vermittlungsverfahren sogar den gemeinsamen Entwurf des Vermittlungsausschusses mit der Mehrheit der abgegebenen Stimmen (Art. 294 Abs. 8 lit. b und Abs. 10–14 AEUV) abzulehnen. Maßgebliche Rechtsetzungsorgane in der Europäischen Union bleiben wie in der bisherigen Europäischen Gemeinschaft (Art. 251, 252 EGV) die Kommission und der Rat (Art. 289, 294 AEUV), also prinzipiell zur Gesetzgebung nicht legitimierte Exekutivorgane, denen an sich nur Gesetzesinitiativrechte zukommen. Zwar ist der Einfluß des Europäischen Parlaments gestärkt, doch ist dies auf das ordentliche Gesetzgebungsverfahren begrenzt, welches nur in bestimmten Politikbereichen durchgeführt werden soll. In existentiellen Politikbereichen, wie insbesondere der Bestimmung der Grundzüge der Wirtschaftspolitik der Mitgliedstaaten nach Art. 121 Abs. 2 ff. AEUV und im Haushaltsdisziplinierungsverfahren nach Art. 126 AEUV soll das Parlament lediglich von Beschlüssen über Sanktionsmaßnahen unterrichtet werden (Abs. 11 Unterabs. 2). In die Gemeinsame Außen- und Sicherheitspolitik ist das Parlament nur marginal eingebunden. Der Hohe Vertreter der Union für Außen- und Sicherheitspolitik hört es regelmäßig zu den „wichtigsten Aspekten und den grundlegenden Weichenstellungen der Gemeinsamen Außen- und Sicherheitspolitik und der Gemeinsamen Sicherheits- und Verteidigungspolitik und unterrichtet es über die Entwicklung der Politik in diesen Bereichen. Er achtet darauf, daß die Auffassungen des Parlaments gebührend berücksichtigt werden“. Das Parlament „kann Anfragen und Empfehlungen an den Rat und den Hohen Vertreter richten“. „Zweimal jährlich führt es eine Aussprache über die Fortschritte bei der Durchführung“ dieser Politiken (Art. 36 EUV). Kein Politikbereich ist in der globalisierten Welt wichtiger als der der Außen- und Sicherheitspolitik. Für wichtige Agenden ist das besondere Gesetzgebungsverfahren vorgesehen (Art. 289 Abs. 2 AEUV), an denen das Parlament lediglich beteiligt ist, d. h. es wird nur angehört, beispielsweise bei der Festlegung der Bestimmungen über das System der Eigenmittel, die auch neue Kategorien von Eigenmitteln, also Unionssteuern, einführen können (Art. 311 Abs. 3 AEUV), prinzipiell immer, wenn der Rat einstimmig zu entscheiden hat.

Kommission und Rat wären allenfalls in engen Grenzen gemäß einem wirklichen Prinzip der begrenzten Ermächtigung (BVerfGE 89, 155 (181 ff., 191 ff.); 123, 267, Rn. 226, 234 ff., 262, 265, 272, 275, 298 ff., 300 ff., 326; PdR, S. 71 ff.) [1338] demo-

---

[1338] K. A. Schachtschneider, Die existentielle Staatlichkeit der Völker Europas, S. 96; ders./A. Emmerich-Fritsche/Th. C. W. Beyer, Der Vertrag über die Europäische Union und das Grundgesetz, JZ 1993, 751 f.; ders., Verfassungsbeschwerde Lissabon-Vertrag, 3. Teil, B, C, D, F, H, K; grundlegend H.-P. Krauser, Das Prinzip begrenzter Ermächtigung im Gemeinschaftsrecht als Strukturprinzip des EWG-Vertrages, 1991; P. Kirchhof, Der deutsche Staat im Prozeß der europäischen Integration, HStR, Bd. VII, § 183, Rdn. 47 (sachbereichsbezogen, keine „Querschnittskompetenz“, gegen Finalität der Kompetenzbegriffe Rdn. 49); ders., Europäische Einigung und Verfassungsstaat der Bundesrepublik Deutschland, S. 89; E. Klein, Der Verfassungsstaat als Glied einer europäischen Gemeinschaft, VVDStRL 50 (1991), S. 61 ff.; dazu auch M. Kaufmann, Europäische Integration und Demokratieprinzip, S. 149 f., 217 f.; 316 f.

kratisch legitimiert oder legal ermächigt, nicht aber für ihre umwälzende, so gut wie alle Lebensbereiche erfassende Integrationspolitik. Die Ermächtigungen in den Unionsverträgen durch die Übertragung von Hoheitsrechten (Art. 23 Abs. 1 S. 2 GG), welche die Zustimmung der nationalen Gesetzgeber gefunden haben (vgl. Art. 59 Abs. 2 und Art. 23 Abs. 1 S. 2 GG), sind einerseits zu weit und zu offen[1339] und andererseits haben die Legislativorgane ihre Zustimmung nicht wirklich an dem Willen der Völker orientiert, sondern sich dem Integrationsdruck, aber auch den Vereinbarungen der Exekutiven gebeugt[1340].

2. Nach Art. 10 Abs. 2 EUV sollen die „Bürgerinnen und Bürger auf Unionsebene unmittelbar im Europäischen Parlament vertreten" sein. Das Parlament soll somit nicht mehr Versammlung der Vertreter der Völker, sondern Gesetzgebungsorgan der Bürger der Europäischen Union, der Unionsbürgerschaft, sein, welche dadurch gewissermaßen als Unionsvolk konstituiert werden soll, freilich vergeblich (BVerfGE 123, 267, Rn. 346 ff.). Damit soll dem Europäischen Parlament und dessen Gesetzgebungsakten eine bürgerschaftliche demokratische Legitimationskraft zugesprochen werden, als wäre dieses Unionsvolk souverän. Das ist aber nichts als wirklichkeitswidrige Fiktion. Souverän sind ausschließlich die Bürgerschaften/ Völker der Mitgliedstaaten. Die Fiktion des Lissabon-Vertrages wirft unüberwindliche demokratierechtliche Verfassungsprobleme auf, solange der demokratische Fundamentalsatz des Art. 20 Abs. 2 S. 1 GG: „Alle Staatsgewalt geht vom Volke aus", geachtet wird. Das Volk in diesem Satz ist das Deutsche Volk (BVerfGE 83, 37 (50 ff.); 83, 60 (71 f.)); vgl. auch BVerfGE 89, 155 (184 ff.); i.d.S. auch BVerfGE 123, 267, Rn. 228); denn das Volk ist staatsrechtlich die Bürgerschaft eines existentiellen Staates, wie es Deutschland (noch) ist (Rprp, S. 16 f.; PdR, S. 58 ff.)[1341]. Weil dieser, im übrigen menschheitliche, Grundsatz unabänderlich ist, wie Art. 79 Abs. 3 GG, aber auch Art. 23 Abs. 1 S. 3 GG klarstellen, bedarf es der Staatsgründung eines neuen existentiellen Staates, also der Europäischen Union als eines existentiellen Staates, der dann kein Staatenverbund mehr ist, sondern ein existentieller Bundesstaat, um durch die Konstituierung eines neuen Staatsvolkes, des Unionsvolkes, dem fundamentalen Prinzip der Demokratie die Geltung und auch die Wirkung zurückzugeben.

[1339] K. A. Schachtschneider, Verfassungsbeschwerde Lissabon-Vertrag, 3. Teil, B, auch C, F, H.

[1340] Kritisch auch U. Di Fabio, Das Recht offener Staaten, S. 59 f.: „Der souveräne Machtanspruch des Parlaments wird dabei zur Ausnahme, die einseitig auferlegte Regelung wird seltener".

[1341] K. A. Schachtschneider, Die existentielle Staatlichkeit der Völker Europas, S. 76 ff.; ders., Verfassungsbeschwerde Lissabon-Vertrag, 3. Teil, A, I, II, IV; diesen Volksbegriff sieht St. Hobe, Der offene Verfassungsstaat zwischen Souveränität und Interdependenz, S. 337 ff., zunehmend durch den des Unionsvolkes abgelöst (S. 341), ganz ohne neues Verfassungsgesetz, ganz ohne Dogmatik, schlicht, weil das Unionsrecht ein Kommunalwahlrecht und einige andere unionsbezogene Bürgerrechte begründet hat.

Ohne Volksentscheid, der die existentielle Staatlichkeit des existentiellen Staates zugunsten eines europäischen Bundesstaates als existentiellem Staat (wie das in Deutschland der Bund, aber auch die Länder sind[1342]) einschränkt, wenn auch nicht gänzlich aufhebt, ist eine so verordnete (existentielle) Staatswerdung der Europäischen Union mit dem Grundgesetz nicht vereinbar, zumal damit neben dem jeweiligen Volk des Mitgliedstaates, etwa der Deutschen, ein neues Volk im existentiellen Sinne, das Unionsvolk, geschaffen wird. Eine Nationalisierung der Europäischen Union zu einem existentiellen Staat ist ohne ein Verfassungsreferendum der Deutschen mit dem Verfassungsprinzip der existentiellen deutschen Staatlichkeit und damit der Souveränität der Bürger Deutschlands unvereinbar[1343]. Für einen solchen Volksentscheid ist ein Verfahren noch gar nicht erörtert, geschweige denn geklärt. Die Integrationspolitik des Lissabon-Vertrages gefährdet den „Bestand der Bundesrepublik Deutschland" und ist, wie Art. 21 Abs. 2 S. 1 GG, der die Verfassungswidrigkeit von Parteien regelt, erweist, verfassungswidrig. Solange jedenfalls in Deutschland alle Staatsgewalt vom Volke und das heißt: vom Deutschen Volke ausgeht, kann es rechtens in Deutschland keine Gesetzgebung geben, welche ihre Legitimation, genauer: ihre Verbindlichkeit (Rprp, S. 637 ff., insb. S. 707 ff.), nicht vom Deutschen Volk, sondern von einem europäischen Unionsvolk herleitet. Das hat das Bundesverfassungsgericht zu der Dogmatik von der „begrenzten Einzelermächtigung" (BVerfGE 89, 155 (181, 191 ff.); BVerfGE 123, 267, Rn. 226, 234 ff., 262, 265, 272, 275, 298 ff., 300 ff., 326)) gezwungen (PdR, S. 71 ff.)[1344], die zumindest fingieren kann, daß die Rechtsakte der Gemeinschaft, jetzt der Union, durch die nationalen Parlamente demokratisch legitimiert oder legalisiert seien, weil diese die Politik der Gemeinschaft verantworten können würden, die im Wesentlichen in den Gemeinschafts/Unionsverträgen, denen die nationalen Parlamente zugestimmt hätten, vereinbart wäre. Einen meßbaren Einfluß haben die Abgeordneten der nationalen Parlamente auf die Verträge, die herrschend als Verfassung der Europäi-

---

1342 K. A. Schachtschneider, Deutschland nach dem Konventsentwurf einer „Verfassung für Europa", FS W. Nölling, S. 289 ff.; ders., Verfassungsbeschwerde Lissabon-Vertrag, 3. Teil, A, II.

1343 K. A. Schachtschneider, Die existentielle Staatlichkeit der Völker Europas, S. 87 ff.; ders., Die Republik der Völker Europas, ARSP Beiheft 71 (1997), S. 153 ff., 170 ff.; auch Th. Schmitz, Integration in der Supranationalen Union, S. 212 ff.; gegen einen „großen Nationalstaat" Europäische Union auch M. Kaufmann, Europäische Integration und Demokratieprinzip, S. 284, 330, 337; zu Recht befürchtet D. Murswiek, Maastricht und der Pouvoir constituant. Zur Bedeutung der verfassungsgebenden Gewalt im Prozeß der europäischen Integration, Der Staat 32 (1993), S. 161 ff., 183 f., daß die Eingliederung in einen übernationalen Bundesstaat das Staatsvolk auflöse; Ch. Hillgruber, Souveränität – Verteidigung eines Rechtsbegriffs, JZ 2002, 1078 f., scheint, wie viele, einen Verfassungsgebungsakt der Union mittels der „verfassungsgebenden Gewalt der Unionsbürger", so daß die „Mitgliedstaaten nicht mehr ‚Herren der Verträge'" wären, genügen zu lassen, den er freilich, genauso unbedacht, als „revolutionär" bezeichnet. Ein solcher Akt wäre eher ein Umsturz; denn eine Revolution ist die Befreiung zum Recht, das im Großstaat Europa nicht zu erwarten wäre.

1344 Hinweise in Fn. 1338.

schen Union dogmatisiert werden[1345], nicht, weil die Materie der Verträge völkervertraglich festgelegt ist und die nationalen Regierungen sich bereits gebunden haben[1346]. Jedenfalls nehmen sich die durch ihre Parteiführer disziplinierten und im parteiengeprägten parlamentarischen Regierungssystem (BVerfGE 11, 77 (85); 26, 338 (395 f.); 45, 1 (46); PdR, S. 176 ff.)[1347] leicht zu disziplinierenden Abgeordneten den Einfluß nicht. Sie pflegen ihren Führern zu akklamieren. Das Bundesverfassungsgericht hat im Lissabon-Urteil Art. 10 Abs. 1 S. 1 EUV als Anmaßung zurückgewiesen (BVerfGE 123, 267, Rn. 280): „Das Europäische Parlament ist auch nach der Neuformulierung in Art. 14 Abs. 2 EUV-Lissabon und entgegen dem Anspruch, den Art. 10 Abs. 1 EUV-Lissabon nach seinem Wortlaut zu erheben scheint, kein Repräsentationsorgan eines souveränen europäischen Volkes", und damit ein Stück Souveränität gegen die Integrationspolitik verteidigt. Das Gericht ist meiner staatsrechtlichen Dogmatik gefolgt, daß der Schritt zum europäischen Bundesstaat einer neuen Verfassung Deutschlands gemäß Art. 146 GG bedarf (BVerfGE 123, 267, Rn. 203, 228). Ein echter Parlamentarismus der Union, indem ein Parlament die Befugnis hätte, allein Gesetze zu geben, wäre funktional Ausübung von Staatsgewalt, der nicht nur egalitär von den Unionsbürgern gewählte Abgeordnete, welche das Unionsvolk vertreten, haben müßte, sondern dem Souveränitätsvorbehalt der Völker widerspräche. Er wäre Ausdruck eigener Souveränität, welche die Union nicht hat[1348]. Freilich hat das Gericht bisher nicht zugestanden, daß die Union funktional längst ein Bundesstaat ist (BVerfGE 123, 267, Rn. 228, 277, 296), wenn auch ohne, wenn man so will, Legitimation, jedenfalls außerhalb der

---

[1345] EuGH, Gutachten 1/91, EWR, Slg. 1991, S. I-6979 (6102), „Verfassungsurkunde"; Gutachten 2/94, EMRK, Slg., 1996, S. I-1789; vgl. auch BVerfGE 22, 293 (296); schon H. P. Ipsen, Europäisches Gemeinschaftsrecht, S. 40 ff.; Ch. Calliess, Kommentierung von Art. 1 EUV, in: Calliess/Ruffert, EUV/EGV, 2. Aufl. 2002, Rdn. 24 ff.; I. Pernice, Europäisches und nationales Verfassungsrecht, VVDStRL 60 (2001), S. 148 ff., 149 ff., 163 ff. („Verfassungsverbund"); P. M. Huber, Europäisches und nationales Verfassungsrecht, VVDStRL 60 (2001), S. 194 ff. 234 f. („Verfassungsvertrag"); ausführlich zu einer „Verfassung der Supranationalen Union" Th. Schmitz, Integration in der Supranationalen Union, S. 361 ff.; nicht unkritisch Ch. Seiler, Der souveräne Verfassungsstaat zwischen demokratischer Rückbindung und überstaatlicher Einbindung, S. 305 ff.

[1346] Kritisch auch U. Di Fabio, Das Recht offener Staaten, S. 101, „weil Verhandlungspakete ohne Inkaufnahme politischer Desaster nicht mehr aufzulösen sind", auch S. 59.

[1347] Dazu K. Stern, Staatsrecht II, S. 677 ff.; P. Badura, Die parlamentarische Demokratie. HStR, Bd. I, 1987, § 23, Rdn. 10 ff.; H. H. Klein, Aufgaben des Bundestages, HStR, Bd. II, Demokratische Willensbildung – Staatsaufgaben des Bundes, 1987, § 40, Rdn. 30 ff.; M. Schröder, Bildung, Bestand und parlamentarische Verantwortung der Bundesregierung. HStR, Bd. II, Demokratische Willensbildung – Staatsaufgaben des Bundes, 1987, § 51, Rdn. 49 ff.

[1348] Ganz so P. Kirchhof, Brauchen wir ein neues Grundgesetz, 1992, S. 38; M. Kaufmann, Europäische Integration und Demokratieprinzip, S. 279 ff., 429, der eine Demokratisierung der Europäischen Union nur durch eine „Revolution", durch einen neuen „pouvoir constituant" für möglich hält.

Legalität[1349]. Nach der Entwicklung der Währungsunion zur Finanz- und Transferunion wird es schwer, das weiterhin abzustreiten.

3. Nach wie vor hält das Bundesverfassungsgericht daran fest, daß die Rechtsakte der Union wesentlich von den nationalen Parlamenten legitimiert werden (BVerfGE 89, 155 (184, 186, 188 ff.); 123, 267, Rn. 262, 263)[1350]. Dafür genügt die Bestimmtheit der Ermächtigungen der Union, die vom Prinzip der begrenzten Ermächtigung postuliert wird, keinesfalls. Die Ermächtigungen sind weit und offen und umfassen fast den gesamten Bereich möglicher Politik[1351]. Die Grenzen zieht der Zuständigkeitskatalog der Art. 3 bis 6 AEUV. Der ist umfassend. Das Subsidiaritätsprinzip des Art. 5 EUV ist, geschwächt durch das Verfahren des Protokolls über die Anwendung der Grundsätze der Subsidiarität und der Verhältnismäßigkeit, ein mehr als klägliches Instrument der nationalen Parlamente und hat noch so gut wie keine Wirkung entfaltet[1352]. Aber die Parlamente der Völker hätten die Möglichkeit, ihre Integrationsverantwortung weitaus wirkungsvoller wahrzunehmen, als sie es zu tun pflegen. Sie haben nicht nur die Ausübung der Hoheitsrechte der Völker weitestgehend aus der Hand gegeben, sondern sich bereitwillig aus der politischen Verantwortung verabschiedet, weil die meisten Abgeordneten dieser nicht gewachsen sind und sich mehr um ihre Karriere als um das Wohl des Volkes kümmern. Die nationalen Parlamente werden von jedem Entwurf eines Gesetzgebungsaktes unterrichtet (Art. 12 lit a EUV), allein schon um die Subsidiaritätsverantwortung (lit b) wahrnehmen zu können. Sie könnten somit das Subsidiaritätsprinzip zur Geltung bringen. Das aber pflegt auch der Deutsche Bundestag nicht zu tun, obwohl Deutschland allemal in der Lage ist, die Politik, welche die Union macht, selbst zu bewerkstelligen. Für Deutschland hat die Europäische Union keinerlei Notwendigkeit. Vielmehr dient diese der Einbindung Deutschlands und damit der Einschränkung der Souveränität der Deutschen und zugleich der Umverteilung vornehmlich deutscher Wirtschaftsleistungen auf die Mitgliedstaaten der Union, wie sich in der Finanz- und Staatsschuldenkrise erweist. Der Export der deutschen Unternehmen in die Unionsländer ist durch die Freihandelsregelungen der Weltwirtschaftsordnung (WTO) gesichert[1353] Darüber hinaus hat der Bundestag die

---

[1349] Erneute Kritik K. A. Schachtschneider, Das Urteil des Bundesverfassungsgerichts vom 30. Juni 2009 zum Vertrag von Lissabon, FS H. Herrmann, 2011, S. 345 ff.

[1350] Vgl. M. Kaufmann, Europäische Integration und Demokratieprinzip, S. 347 ff., durch Parlamente und, wie er hinzufügt, den Rat, S. 338 ff. zur „Legitimation zwischenstaatlicher internationaler Organisationen", aber S. 479 Demokratie „national basiert" und „Kern deutscher Staatlichkeit; zu abweichenden Auffassungen vor allem Dritter Teil O.

[1351] Dazu K. A. Schachtschneider, Verfassungsbeschwerde Lissabon-Vertrag, 3. Teil, B bis H.

[1352] K. A. Schachtschneider, Verfassungsbeschwerde Lissabon-Vertrag, 3. Teil, H V; zum Subsidiaritätsprinzip auch St. Hobe, Der offene Verfassungsstaat zwischen Souveränität und Interdependenz, S. 151 f., der daraus ein Argument für den „offenen Staatsbegriff" herleitet; auch Ch. Seiler, Der souveräne Verfassungsstaat zwischen demokratischer Rückbindung und überstaatlicher Einbindung, S. 155 ff.; weitere Hinweise in und zu Fn. 1044.

[1353] K. A. Schachtschneider, Wirtschaftsverfassung mit Welthandelsordnung, S. 478 ff.

Möglichkeit, jeden Rechtsetzungsakt der Union politisch zurückzuweisen. Seine Stellungnahmen hat die Bundesregierung bei ihren Verhandlungen in der Union aber nur zu berücksichtigen (Art. 23 Abs. 3 GG). Die ernsthafte auch öffentliche Befassung des Bundestages wie auch des Bundesrates mit der Politik der Union würde das demokratische Defizit der Unionsrechtsetzung für Deutschland deutlich mindern. Aber es fand trotz mancher Beteuerungen der Fraktionen auch vor dem Bundesverfassungsgericht nicht einmal vor den Beschlüssen über die gigantischen Gewährleistungen für die Kredite einzelner Mitgliedstaaten des Euroverbundes, welche nach Art. 115 Abs. 1 GG der formellgesetzlichen Ermächtigung bedürfen, statt. Weiterhin könnte der deutsche Gesetzgeber, was fast immer übersehen wird, das Zustimmungsgesetz zu den Verträgen nicht nur aufheben (BVerfGE 89, 155 (190); PdR, S. 75 f. mit w. H. in Fn. 303), sondern auch ändern und einschränken[1354]. Der Sache nach wird das Zustimmungsgesetz aus Verfassungsgründen auch in jeder Entscheidung des Bundesverfassungsgerichts über die Grenzen der Integration eingeschränkt, ohne daß das völkerrechtliche Probleme bereitet. Die Verträge haben in Deutschland eine andere Materie als in anderen Mitgliedstaaten. Das kann auch der Gesetzgeber bewirken; denn er vertritt das Deutschen Volkes in dessen Hoheit oder Souveränität. Die Völker, pflegt das Bundesverfassungsgericht zu sagen, sind „Herren der Verträge“ (BVerfGE 89, 155 (190); 123, 267 ff., Rn. 231, 235, 271, 298, 334), nicht nur alle zusammen, sondern jedes einzelne[1355]. Die Souveränität ist keinesfalls mehr oder weniger auf die Gemeinschaft übergegangen[1356]. Eine Politik, die Deutschland nicht will, muß es nicht hinnehmen. Es ist der überzogene Europäismus der politischen Klasse, der dieser die Fähigkeit nimmt, Politik im Interesse Deutschlands zu machen. Das demokratische Defizit der Unionspolitik ist wesentlich ein Verantwortungsdefizit des Bundesgesetzgebers, ganz abgesehen von dem der Bundesregierung.

4. Die Politik wird von den wenigen Parteiführern bestimmt, nicht wirklich von den Abgeordneten, die zwar formal, nicht jedoch hinreichend material Vertreter des Volkes sind. Parteienstaaten sind eben nicht demokratisch, weil die Abgeordneten nicht unabhängig nach ihrem Gewissen entscheiden, wie das Art. 38 Abs. 1 S. 2 GG,

---

[1354] Richtig Th. Schmitz, Integration in der Supranationalen Union, S. 295 ff. („Aufgrund ihres engen Bezugs zur Souveränität des Staates ist sie (sc.: die Transformation) im übrigen jederzeit widerruflich, auch wenn dadurch der Gründungsvertrag verletzt wird“).

[1355] Anders etwa K. Doehring, Allgemeine Staatslehre, S. 274, der vertritt, die Mitgliedstaaten seien unter dem „Mehrheitsprinzip nur zur gesamten Hand“ „Herren der Verträge“.

[1356] So aber K. Doehring, Allgemeine Staatslehre, S. 274, darum sei die Gemeinschaft ein „bundesstaatliches Gebilde“, mit Hinweis auf R. Grawert, Der Deutschen supranationaler Nationalstaat, in: FS für E.-W. Böckenförde, 1995, S. 125 ff., relativierend im Sinne „offener Staatlichkeit“, S. 142 f.; dagegen dem Sinn nach BVerfGE 123, 267, Rn. 232 f., 239, 278, 293, 322, 324, 328, 332, 347, 349 (keine eigenständige Legitimation der Europäischen Union), schon BVerfGE 89, 155 (181, 192 ff.); auch BVerfGE 75, 223 (242), keine Kompetenz-Kompetenz der Union als „Kern der Souveränität“, diese kein „souveräner Staat“; folgend etwa Ch. Hillgruber, Souveränität – Verteidigung eines Rechtsbegriffs, JZ 2002, 1077 f.

die Magna Charta echter Volksvertretung, gebietet[1357], sondern fraktionsgebunden, wie es ihre Parteiführer wollen. Das ist die Logik der Geschlossenheit der Parteien. Im Parteienstaat fehlt der Vertretung des Volkes die demokratische Substanz (Rprp, S. 772 ff., 1060 ff., 1184 ff., 1113 ff.; PdR, S. 45 ff., 176). Mag die politische Willensbildung in Deutschland und in anderen Ländern Europas formal demokratisch sein, material ist sie es nicht. Bloß formale Demokratie entartet zur Parteiendiktatur[1358]. Schon den Gemeinschafts- und Unionsverträgen fehlte bzw. fehlt somit die demokratische Legitimation im freiheitlichen Sinne. Erst recht mangelt der sekundären und tertiären Gesetzgebung der Union diese Legalität. Damit verletzen das primäre und sekundäre Unionsrecht die Souveränität des Deutschen Volkes; denn die Freiheit des Volkes als dessen Souveränität kann nur demokratisch verwirklicht werden. Wenn die freiheitliche Legalität gewonnen werden soll, müssen alle Völker, auch das Deutsche Volk, über die europäische Integration entscheiden können. Dem deutschen Volk wird aber die unmittelbar demokratische Abstimmung über sein Schicksal entgegen Art. 20 Abs. 2 S. 2 GG von der Parteienoligarchie verweigert. Solange die Deutschen über die Integrationsverfassung nicht direktdemokratisch abstimmen, ist die Integration nicht demokratisch legalisiert, abgesehen von den demokratischen Defiziten der europäischen Organisation selbst. Die Volksvertretungen entbehren somit in den Angelegenheiten der Union in den Strukturen der europäisch integrierten Parteienstaaten der Macht, die nach dem demokratischen Prinzip die politische Freiheit der Bürger gewährleistet (Rprp, S. 637 ff.), so daß sie die Integrationsverantwortung wahrnehmen könnten, die ihnen das Bundesverfassungsgericht im Lissabon-Urteil zu Recht zuspricht (BVerfGE 123, 267, Rn. 236 ff., 264, 365, 375, 409 ff.). Die Deutschen werden nach wie vor nicht als Bürger geachtet, sondern von der obrigkeitlichen Parteienoligarchie zu Untertanen degradiert. Es ist allerdings Sache der Deutschen selbst, die Unmündigkeit abzuschütteln und ihre Bürgerlichkeit zu behaupten[1359]. Die selbstverschuldete Unmündigkeit der Menschen ist die Chance der Parteienoligarchie, die sich gar erdreistet, ihre propagandistische Desinformation Aufklärung zu nennen.

II. Europäische Kommission

Die Kommission (Art. 17 EUV, Art. 244 ff. AEUV), von Korruption belastet, entwickelt die europäische Integration zugunsten der Interessen, welche wirkungsmächtig vertreten werden, vor allem zugunsten ihres eigenen Interesses an der Ausweitung ihrer Macht. Dieser teuer bezahlte Behördenapparat, zentralistisch und bürokratisch wie ein sowjetisches Politbüro, ist die eigentlich treibende Kraft in der Europäischen Union. Die Kommission sollte als „unabhängige Sachwalterin" „des

---

[1357] Dazu K. A. Schachtschneider, Res publica res populi, S. 810 ff.

[1358] K. Jaspers, Wohin treibt die Bundesrepublik? S. 141 ff., 146 ff., 194 ff.

[1359] Zum Postulat der Aufklärung Kant, Beantwortung der Frage: Was ist Aufklärung? ed. Weischedel, Bd. 9, S. 53 ff.

Gemeinschaftsinteresses" fungieren und in die Regierungsrolle der Gemeinschaft hineinwachsen[1360]. Das ist ihr gründlich mißlungen, wegen ihrer Zusammensetzung, wegen ihres Legitimationsmangels, wegen der begrenzten Befugnisse und vor allem, weil es das Gemeinwohl der heterogenen Union nicht gibt[1361]. Eine Regierung muß bei jeder Handlung die ganze Politik im Auge haben und haben können. Das gilt nicht minder für einen Sachwalter. Für bloße technokratische Hilfen wiederum sind die Kommissare, die jeweils einem Mitgliedstaat nicht rechtlich, aber persönlich verpflichtet sind, zu sehr interessierte Politiker und zu wenig dienende Beamte. Die Kommission ist zudem der Dominanz des Rates und dessen Hilfsorgans der ständigen Vertreter der Regierungen der Mitgliedstaaten (Coreper, Art. 16 Abs.7 EUV, Art. 240 AEUV) erlegen, durch welche einige nationale Regierungen und deren Ministerialbürokratien bestimmenden Einfluß auch die Politik der Union ausüben[1362].

Die Kommission hat ein prinzipiell exklusives Vorschlagsrecht für Gesetzgebungsakte der Union (Art. 17 Abs. 2 S. 1 EUV, Art. 294 Abs. 2 AEUV), die vom Rat unter abgestufter Beteiligung des Parlaments beschlossen werden. Nach Art. 293 Abs. 1 und Art. 294 Abs. 9 AEUV kann der Rat Vorschläge der Kommission, von Ausnahmefällen abgesehen, nur einstimmig ändern. Die Bürokratie hat zwar nicht allein die Gesetzgebungsbefugnis, aber doch die wesentliche Rechtsetzungsmacht der Union, wie die Bürokratie in exekutivistischen Staatsorganisationen immer. Besondere Interessen der Mitgliedstaaten, der Länder und Regionen, namentlich besondere Unternehmensinteressen, durch ein Heer von Lobbyisten mit oft fragwürdigen Mitteln durchgesetzt, bestimmen die Bürokratie Brüssels in hohem Maße. Die Verträge, deren Anwendung die Kommission nach Art. 17 Abs. 1 S. 2 und 3 EUV verantwortet, werden eingehalten, soweit das opportun ist, wie (u. a.) die Duldung der Haushaltsdefizite und Staatsschulden der Mitgliedstaaten und die krassen Vertragsverletzungen durch die gegenwärtigen Eurorettungsversuche zeigen[1363].

Die demokratische Legitimation und die demokratische Kontrolle der Kommission sind unzureichend, obwohl die Kommission des Vertrauens des Europäischen Parlaments bedarf und obwohl dieses (selbst nicht hinreichend demokratische) Parlament die Kommission durch Mißtrauensvotum stürzen kann (Art. 17 Abs. 7 und

---

[1360] Th. Oppermann, Europarecht, § 5, Rdn. 76, S. 101, Rdn. 91 f., S. 105 f.; M. Kaufmann, Europäische Integration und Demokratieprinzip, S. 302 ff., 332 ff.

[1361] K. Doehring, Internationale Organisationen und staatliche Souveränität, S. 125.

[1362] M. Kaufmann, Europäische Integration und Demokratieprinzip, S. 365 f.

[1363] Dazu die Verfassungsbeschwerden der Professoren Dres. W. Hankel, W. Nölling, K. A. Schachtschneider, D. Spethmann, J. Starbatty gegen die Griechenlandhilfe und gegen den vorläufigen Rettungsschirm vom 7. Mai und vom 5. Juli 2010, Aktenzeichen 2 BvR 987/10 und 1485/10, Homepage: www.KASchachtschneider.de, unter Downloads; dazu das weitgehend den Rechtsschutz verweigernde Urteil des Bundesverfassungsgerichts vom 7. September 2011, BVerfGE 129, 124 ff.; K. A. Schachtschneider, Die Rechtswidrigkeit der Euro-Rettungspolitik, 2011.

8 EUV, Art. 234 AEUV)[1364]. Jeder Mitgliedstaat stellt zurzeit einen Kommissar (Art. 17 Abs. 4 EUV), Malta nicht anders als Deutschland. Gemäß Art. 17 Abs. 5 EUV sollte die Kommission ab dem 1. November 2014 nur noch „aus einer Anzahl von Mitgliedern, die zwei Drittel der Zahl der Mitgliedstaaten entspricht", bestehen, sofern der Europäische Rat nicht einstimmig eine Änderung dieser Anzahl beschließt" (Unterabs. 1), und sollten die Kommissare „in einem System der strikt gleichberechtigten Rotation zwischen den Mitgliedstaaten so ausgewählt" werden, „dass das demografische und geografische Spektrum der Gesamtheit der Mitgliedstaaten zum Ausdruck kommt" (Unterabs. 2 S. 1). Erwartungsgemäß hat der Europäische Rat am 11./12. Dezember 2008 beschlossen, daß auch nach dem 1. November 2014 jeder Mitgliedstaat einen Kommissar stellt. Die Posten und der mit jedem Kommissar verbundene personelle Apparat sind allzu einträglich, als daß die Mitgliedstaaten darauf verzichten wollen. Die Kommission hat demgemäß zurzeit 28 Mitglieder. Kleine Mitgliedstaaten werden nicht anders berücksichtigt als große, insbesondere als der größte, nämlich Deutschland. Der Europäische Rat schlägt dem Europäischen Parlament mit qualifizierter Mehrheit einen Kandidaten für das Amt des Präsidenten der Kommission vor. Das Parlament wählt diesen Kandidaten mit der Mehrheit seiner Mitglieder zum Präsidenten. Im Einvernehmen mit dem gewählten Präsidenten nimmt der Rat (mit qualifizierter Mehrheit, Art. 16 Abs. 3 EUV) die Liste der anderen Persönlichkeiten an, die er als Mitglieder der Kommission vorschlägt. Als Kollegium stellen sich der Präsident, der Hohe Vertreter für Außen- und Sicherheitspolitik und die übrigen Mitglieder der Kommission einem Zustimmungsvotum des Europäischen Parlaments. Wenn dieses zustimmt, wird die Kommission von Europäischen Rat mit qualifizierter Mehrheit ernannt (Art. 17 Abs. 7 EUV). Dem Präsidenten der Europäischen Kommission ist eine ähnliche Macht über die Mitglieder der Kommission zugedacht (Art. 17 Abs. 6 Unterabs. 2 EUV) wie den Staats- und Regierungschefs über ihre Minister und Beamten.

Eine tragfähige demokratische Legalisierung der Kommission zumal durch die großen Völker der Union ist in diesem Besetzungsverfahren nicht zu erkennen. Sie dürfte auch nicht bezweckt sein. Die Kommissare sind eine Art Europaminister, aber den Völkern meist fremd. Sie haben keine Legalität durch demokratische Wahl, weil das Parlament sie mangels egalitärer Wahl nicht legalisieren kann und der Rat, dessen Mitglieder jeweils nur einen Mitgliedstaat vertreten, keine Legalisierungskraft für alle Unionsbürger hat, schon gar nicht die der Völker, die, würde das Rotationsverfahren angewandt, nicht repräsentiert wären. Hinzu kommt, daß alle Auswahlbeschlüsse mit Mehrheit gefaßt werden. Wegen der substantiellen Demokratiedefizite der europäischen Integration haben die Interessen der Völker und Bürger wenig Rückhalt in den Brüsseler Ämtern. Die Wirkung des demokratischen Defizits ist augenscheinlich. Der Spiegel hat (zu Recht) die „Diktatur der Bürokraten" getitelt[1365]. Art. 10 Abs. 3 S. 1 EUV spricht „allen Bürgerinnen und Bürgern das Recht"

[1364] A.A. typisch U. Schliesky, Souveränität und Legitimität von Herrschergewalt, S. 705, der alles gutheißt, was die europäische Integration bietet.

[1365] Nr. 23/2005, S. 94 ff., 104 ff., 106 ff., Nr. 24/2005, S. 114 ff.

zu, „am demokratischen Leben der Union teilzunehmen." Diese obrigkeitliche Gewährung verhöhnt die politische Freiheit, aus der das fundamentale demokratische Prinzip folgt. Die Bürger geben ihren staatlichen Organen Befugnisse. Aber die politische Freiheit ist mit dem Menschen geboren und Substanz der Bürgerlichkeit des Bürgers[1366] und damit der Souveränität des Volkes. Sie muß ihnen nicht als kleines Teilhaberecht am demokratischen Leben, das aussagegemäß von der Unionselite beherrscht wird, zugesprochen werden, schon gar nicht von der Union, die eine Organisation der Völker und deren Bürger ist und nicht die eines eigenen Unionsvolkes. Alles staatliche Handeln ist Handeln der Bürger oder Bürgerschaften, in deren Namen die Vertreter des Volkes oder der Völker agieren. Diese Vertreter haben keine quasimonarchische, herrschaftliche Hoheit, an der sie die Bürger gnädigst teilhaben lassen. Die stetig propagierte Bürgernähe (Art. 10 Abs. 3 S. 2 EUV), die bereits als Begriff die demokratiewidrige Ferne des obrigkeitlichen Apparats zu den Menschen einräumt, kann im Großstaat Europa nicht hergestellt werden, schon gar nicht durch integrationistische Propaganda. Nach Art. 9 S. 1 EUV soll den „Bürgerinnen und Bürgern" „ein gleiches Maß an Aufmerksamkeit seitens der Organe, Einrichtungen und sonstigen Stellen der Union zuteil" werden; das dürfte sich als die neue Formel einer weitentwickelten Bürokratisierung, des vormundschaftlichen Staates also, erweisen.

III. Rat, Europäischer Rat

Der Rat (Art. 16 EUV, Art. 237 ff. AEUV) der Minister der Mitgliedstaaten (sogenannter Ministerrat)[1367] wird grundsätzlich auf Vorschlag der Kommission gemeinsam mit dem Europäischen Parlament als Gesetzgeber tätig und übt gemeinsam mit diesem die Haushaltsbefugnisse aus (Art. 14 Abs. 1 S. 1 EUV). Das schon angesprochene ordentliche Gesetzgebungsverfahren ist in Art. 294 AEUV näher geregelt. Allerdings nimmt der Rat nur die Rechtsakte wirklich zur Kenntnis, über die in der Bürokratie, nämlich im Ausschuß der ständigen Vertreter der Regierungen der Mitgliedstaaten (Art. 16 Abs. 7 EUV, Art. 240 Abs. 1 AEUV, „kleiner Ministerrat"), dem Coreper (Commission des representants permanente), keine Einigung erzielt wurde[1368]. Jedenfalls ist die wesentliche Rechtsetzung in der Europäischen Union Sache der Exekutive geworden[1369], zu der der Rat fraglos gehört. Allenfalls die Minister des jeweiligen Mitgliedstaates sind von deren Volk (mittel-

---

[1366] Dazu K. A. Schachtschneider, Die Bürgerlichkeit des Bürgers, Zeit-Fragen 18. Jg. Nr. 45/46, 22. November 2010, S. 8–12; ders., Die Bürgerlichkeit des Bürgers. Der Kampf um den Freiheitsbegriff, S. 23 ff.

[1367] Dazu legitimationsrechtlich M. Kaufmann, Europäische Integration und Demokratieprinzip, S. 353 ff.

[1368] Dazu Th. Oppermann, Europarecht. Rdn. 291, 295, S. 122, 123 f.

[1369] E. R. Huber, Nationalstaat und supranationale Ordnung, S. 287, zur Exekutivstaatlichkeit supranationaler Organisationen.

bar) legalsiert, nicht aber der Rat insgesamt; denn der Rat besteht aus je einem Vertreter jedes Mitgliedstaates auf Ministerebene (Art. 16 Abs. 2 EUV). Das wäre in einem Konsenssystem demokratierechtlich gerade noch tragfähig, nicht aber im Mehrheitssystem, in dem der Wille ganzer Völker entgegen dem Prinzip der Willensautonomie, der Freiheit also, überstimmt werden kann[1370], freilich nicht gegen „elementare Interessen der Mitgliedstaaten" (BVerfGE 89, 155 (184)). Der Rat beschließt, soweit in den Verträgen nichts anderes bestimmt ist, mit qualifizierter Mehrheit (Art. 16 Abs. 3 EUV). Die Rechtsetzungsbefugnisse der Union sind allzu weit, als daß diese Art von Fremdbestimmung unter Freiheitsgesichtspunkten hinnehmbar wäre.

Das demokratische Defizit ändert sich durch die neuen Kriterien der qualifizierten Mehrheit im Rat nach Art. 16 Abs. 4 EUV, die ab dem 1. November 2014 greifen, nicht merklich. Danach muß die Mehrheit nicht nur der Mehrheit der Mitglieder des Rates (mindestens 55 % und mindestens 15 Mitglieder) entsprechen, sondern auch 65 % Bevölkerung der Union ausmachen[1371]. Für die Sperrminorität sind dann mindestens vier Mitglieder des Rates erforderlich.

Im Europäischen Rat (Art. 15 EUV) haben nach dem Vertrag von Lissabon außer den Staats- und Regierungschefs die Präsidenten des Europäischen Rates und der Kommission (Art. 15 Abs. 2 S. 1 EUV) Sitz. Stimmrecht haben die beiden Präsidenten nicht (Art. 235 Abs. 1 Unterabs. 2 S. 2 AEUV). Bislang haben die Außenminister der Mitgliedstaaten den Europäischen Rat unterstützt, nach dem Lissabon-Vertrag nimmt (nur noch) der Hohe Vertreter der Union für die Außen- und Sicherheitspolitik (Art. 18 EUV) an der Arbeit des Europäischen Rates teil (Art. 15 Abs. 2 S. 2 EUV). Der Europäische Rat „gibt der Union die für ihre Entwicklung erforderlichen Impulse und legt die allgemeinen politischen Zielvorstellungen und Prioritäten hierfür fest" (Art. 15 Abs. 1 S. 1 EUV). Nach Satz 2 des Absatz 1 von Art. 15 EUV wird der Europäische Rat nicht gesetzgeberisch tätig. Er hat aber mannigfache besondere Befugnisse zumal im Bereich der Gemeinsamen Außen-, Sicherheits- und Verteidigungspolitik, d.h. den Entscheidungen über Krieg und Frieden (Art. 22, 24 Abs. 2, Art. 26, 31 EUV), bis hin zu der Befugnis, das Vertragswerk weitestgehend im vereinfachten Änderungsverfahren nach Art. 48 Abs. 6 EUV umzugestalten, die ihn auch nach seinen Befugnissen zum mächtigsten Organ

[1370] Dazu K. A. Schachtschneider, Die existentielle Staatlichkeit der Völker Europas, S. 75 ff., 106 f.; Bedenken wegen der Minderung des demokratischen Legitimationsniveaus trägt auch vor M. Kaufmann, Europäische Integration und Demokratieprinzip, S. 342 ff., 389 f., 393 ff., 399 ff., der aber die Abkehr vom durch die Staatengleichheit gebotenen Einstimmigkeitsprinzip (S. 394 ff., auch S. 339 f.) wegen der Möglichkeit des Austritts aus der Union letztlich gutheißt.

[1371] Das gilt nur, wenn der Rat auf Vorschlag der Kommission oder des Hohen Vertreters der Union für die Außen- und Sicherheitspolitik beschließt, sonst ist eine Mehrheit von 72 % der Mitglieder des Rates nötig, die aber auch Mitgliedstaaten vertreten müssen, die mindestens 65 % der Bevölkerung ausmachen (Art. 238 Abs. 2 AEUV).

der Union machen[1372]. Er bündelt die Macht der Führer Europas, die sich in ihren Staaten und deren Regierungen und Parlamenten regelmäßig durchzusetzen vermögen, durch Absprachen derart, daß die unmittelbar demokratisch legalisierten Parlamente der Völker so gut wie jeden bestimmenden Einfluß auf die Politik einbüßen. Weil die Minister und leitenden Amtswalter der Mitgliedstaaten von ihren Staats- oder Regierungschefs allein schon durch deren regelmäßiges Entlassungsrecht (von Koalitionszwängen abgesehen) abhängig sind (etwa Art. 64 Abs. 1 GG), hat sich gegen das demokratische Prinzip wieder das Führerprinzip durchgesetzt, gestützt durch die Parteiendemokratie und den Integrationismus. Absprachen der führenden Politiker ersetzen den demokratischen Diskurs der Völker und Bürger. Zur demokratischen Legalität oder auch nur Legitimation tragen Europäischer Rat und Rat nicht bei, obwohl sie im Leben der Unionsvölker außerordentlich mächtig sind.

C. Souveränitätswidrig entgrenzte Ermächtigungen

„Alle Staatsgewalt geht vom Volke aus“ (Art. 20 Abs. 2 S. 1 GG), auch die Staatsgewalt, die auf Grund der übertragenen Hoheitsrechte von den Unionsorganen gemeinschaftlich ausgeübt wird (BVerfGE 89, 155 (188 f.); PdR, S. 74 ff.)[1373]. Gestützt auf das grundrechtsgleiche Recht des Art. 38 Abs. 1 S. 2 GG haben alle Deutschen einen Verfassungsanspruch darauf, daß die wesentliche Politik von den von ihnen gewählten Vertretern im Deutschen Bundestag (und auch im Bundesrat) beschlossen wird (BVerfGE 89, 155 (181 f.); 123, 267, Rn. 172 ff.) [1374]; Wesentlichkeitslehre; BVerfGE 33, 1 (10 f.); 33, 125 (157 ff.); 33, 303 (336 ff.); 34, 165 (192 f.); 40, 237 (249 f.); 41, 251 (259 f.); 45, 400 (418); 47, 46 (78 ff.); 49, 89 (126 f.); 53, 30 (56 f.); 88, 103 (116); PdR, S. 116 ff.)[1375]. Die Unionspolitik ist

[1372] I.d.S. auch M. Kaufmann, Europäische Integration und Demokratieprinzip, S. 357 ff., der den Europäischen Rat fragwürdig nicht als internationales, sondern als „supranationales Organ“ einstuft, S. 359.

[1373] K. A. Schachtschneider, Verfassungsbeschwerde gegen das Zustimmungsgesetz vom 7.02.1992 zum Vertrag über die Europäische Union vom 18.12.1993, namens Manfred Brunners (Maastricht-Verfassungsbeschwerde), in: I. Winkelmann, I. (Hrsg.): Das Maastricht-Urteil des Bundesverfassungsgerichts vom 12.10.1993, 1994, S. 115 ff., 129 ff., 142 ff.; ders., Die existentielle Staatlichkeit der Völker Europas, S. 97 ff.; ders., Die Republik der Völker Europas, S. 163 ff.

[1374] K. A. Schachtschneider, Maastricht-Verfassungsbeschwerde, S. 115 ff., 380 ff.; zur Legitimation der Ratsentscheidungen durch den Deutschen Bundestag und die Ratskontrolle durch die nationalen Parlamente M. Kaufmann, Europäische Integration und Demokratieprinzip, S. 362 ff., 381 ff.

[1375] Kritisch zu dieser Bürger- und vermeintlich zugleich Staatsschutzrechtsprechung Ch. Möllers, Staat als Argument, S. 412 ff., auch. weil das eine „Popularklage“ ermögliche; wenn jeder ein Recht hat und dieses geltend macht, ist das keine Popularklage; richtig M. Kaufmann, Europäische Integration und Demokratieprinzip, S. 424 ff. („demokratischer Ausschließlichkeitsanspruch des Volkes als Legitimationssubjekt), zum Wesentlichkeitsprinzip S. 438, 450 f., 458, gegen parlamentarischen Totalvorbehalt S. 437 f., 479.

demgemäß nur demokratisch legitimiert, besser: legalisiert, wenn sie von den Abgeordneten des Bundestages verantwortet werden kann und verantwortet wird. Das setzt voraus, daß sie „hinreichend voraussehbar normiert" ist, und das hängt davon ab, daß die vom Bundestag verabschiedete Politik hinreichend bestimmt ist[1376]. Der Bundestag (wie der Bundesrat) verabschiedet aber nur das Zustimmungsgesetz zu dem Unionsvertrag, welches die deutschen Hoheitsrechte zur gemeinschaftlichen Ausübung auf die Europäische Union überträgt (Art. 23 Abs. 1 S. 2 und 3 GG). Die Ermächtigungen der Union müssen demnach um der Demokratie willen begrenzt sein. Nur in dem Umfang, in dem das Parlament die parlamentarische Verantwortung mit dem Zustimmungsgesetz für die Politik der Union übernimmt, entspricht letztere dem (vermittelten) Willen des Deutschen Volkes. Den demokratie- und souveränitätsrechtlich zwingenden „Grundsatz der begrenzten Einzelermächtigung" (BVerfGE 89, 155 (181 ff., 191 ff.); 123, 267, Rn. 226, 234 ff., 262, 265, 272, 275, 298 ff., 300 ff., 326) hat der Vertrag von Lissabon in Art. 5 Abs. 1 und 2 EUV und Art. 7 AEUV aufgenommen, aber nur in die deutschsprachigen Texte, und der Sache nach in Absatz 2 des Art. 5 EUV wieder aufgehoben.

Unmittelbar durch eine Unionsbürgerschaft legitimierte Gesetzgebung beeinträchtigt den Status der einzelstaatlichen Bürger als Souverän, weil diese, soweit das Europäische Parlament an der Gesetzgebung der Union mitwirkt, nicht mehr durch die nationalen Parlamente vertreten sind, die Union aber mangels Unionsvolkes keine originäre Hoheit, schon gar keine Souveränität, hat, aus der sich eine unabgeleitete, eigenständige Gesetzgebungsbefugnis ergeben könnte. Die unmittelbare Vertretung der Unionsbürger im Europäischen Parlament (Art. 10 Abs. 2 EUV) schließt die zusätzliche Vertretung der Bürger der Mitgliedstaaten in deren nationalen Parlamenten auch in Angelegenheiten der Union zwar nicht gänzlich aus (vgl. Art. 23 Abs. 2 bis 6, Art. 45 GG), ist aber widersprüchlich, weil die Rechtsakte, die als Akte der nationalen Staatsgewalt Akte eines gemeinschaftlich mit den Vertretern der anderen Völker handelnden Organs jedes einzelstaatlichen Volkes, also Akte eines gemeinschaftlichen in die nationalen Organisationen integrierten Organs[1377], sein müssen, nunmehr Akte eines unmittelbar die Unionsbürger, also gewissermaßen ein freilich nicht verfaßtes Unionsvolk vertretenden Unionsorgans sind. Subjekt des politischen Willens, das die Verbindlichkeit der Rechtsakte begründet, kann aber nur ein bestimmtes Volk sein, nicht zwei verschiedene Völker, das jeweils nationale Volk zum einen und das Unionsvolk zum anderen, weil die Willen der beiden Willensträger, der zwei Volkskörper, unterschiedlich sein können. Welcher Wille soll maßgeblich sein, wenn beide Willensträger nicht abgeleitete Willensmacht haben, nämlich Völker oder eben Bürgerschaften sind? Dieser essentielle legitimatorische (legalistische) Widerspruch wird durch das Mehrheitsprinzip nicht aufgehoben, weil nicht die Mehrheit den Willen des Volkes bildet, sondern das Vertretungsorgan (so BVerfGE 80, 188 (217, 221); 84, 304 (321); 90, 286 (342 f.); auch BVerfGE 44, 308

[1376] M. Kaufmann, Europäische Integration und Demokratieprinzip, S. 351 f., 449 f., 480.

[1377] Dazu K. A. Schachtschneider, Die existentielle Staatlichkeit der Völker Europas, S. 87 ff.

(316); Rprp, S. 714 ff.; FridR, S. 150 ff.) den Willen des Volkes erkennt und nach der Mehrheitsregel, die vom Mehrheitsprinzip zu unterscheiden ist ((Rprp, S. 119 ff.; FridR, S. 163 ff.), beschließt, also das nationale Parlament, etwa der Deutsche Bundestag mit dem Bundesrat, zum einen und zum anderen das Europäische Parlament. Allein die Dogmatik der begrenzten Ermächtigung der gemeinschaftlichen Rechtsetzungsorgane, welche die nationale Verantwortbarkeit der Unionspolitik mit der Bestimmtheit der die Hoheitsrechte übertragenden Unionsverträge verbindet, hat die wesentliche Legalisierung des Unionsrechts durch die nationalen Parlamente und damit durch die Völker der Mitgliedstaaten zu dogmatisieren vermocht und damit den Widerspruch vermieden; denn dem Europäischen Parlament wurde nur eine die demokratische Legitimation „stützende Funktion" zugemessen (BVerfGE 89,155 (185 f.); auch BVerfGE 123, 267, Rn. 262, 271)[1378]. Die Gesetzgebungsbefugnis des Europäischen Parlaments (gemeinsam mit dem Rat) nach Art. 14 Abs. 1 S. 1 und Art. 16 Abs. 1 S. 1 EUV will dieses Parlament zu dem verantwortlichen und entscheidenden Verfassungsorgan der Unionsbürger, als seien diese ein Unionsvolk, im Bereich der gesetzgeberischen Befugnisse des Parlaments machen. Mit Art. 20 Abs. 2 S. 1 GG und der Souveränität der Deutschen ist das schlechterdings unvereinbar, weil die Gesetze nicht der Wille des Deutschen Volkes wären (vgl. zur Vertretungsdogmatik Rprp, S. 637 ff., insb. S. 707 ff.), sondern (bestenfalls) Wille der Unionsbürger, abgesehen von dem exekutivistischen Einfluß der Kommission und des Rates[1379], und damit, wenn der deutsche Ratsvertreter den Rechtsakt ablehnt, ausschließlich fremder Wille; denn eine Zustimmung der deutschen Vertreter im Europäischen Parlament ist keine Vertretung des Deutschen Volkes, sondern gehört zur Vertretung der Unionsbürger. Die deutschen Stimmen werden auch gar nicht eigens gezählt. Allenfalls übereinstimmende Beschlüsse der nationalen Parlamente und des Europäischen Parlaments könnten über das Legalitätsproblem hinweghelfen, weil kein Widerspruch der durch die jeweiligen Organe vertretenen Willens des vermeintlichen Volkes der Unionsbürger und des nationalen Volkes bestünde.

Die demokratierechtlich widersprüchliche Konzeption wäre tolerierbar, wenn die im wesentlichen exekutive Unionsrechtsetzung sich in engen Grenzen, gemäß einem wirklichen Prinzip der begrenzten Ermächtigung (BVerfGE 89, 155 (181 ff., 191 ff.); 123, 267, Rn. 226, 234 ff., 262, 265, 272, 275, 298 ff., 300 ff., 326), hielte und darum durch den Lissabon-Vertrag wie schon durch die bisherigen Grün-

---

[1378] Vgl. zur Bestimmtheit des Grundvertragswerkes schon BVerfGE 58, 1 (37); 68, 1 (98 f.); dazu K. A. Schachtschneider, Die existentielle Staatlichkeit der Völker Europas, S. 111 ff., 113, 117; kritisch H. P. Ipsen, Die Bundesrepublik Deutschland in den Europäischen Gemeinschaften. HStR, Bd. VII, 1992, § 181, Rdn. 91.

[1379] Kritisch auch U. Schliesky, Souveränität und Legitimität von Herrschergewalt, S. 400 ff., der das mehr als fragwürdig durch eine „output-Legitimation" ausgleichen will, dazu Dritter Teil O.; zur „Regierungsrechtssetzung" M. Kaufmann, Europäische Integration und Demokratieprinzip, S. 434 ff., der diese wegen hinreichend bestimmter Ermächtigungen und personeller parlamentarischer Legitimation der Regierungsmitglieder als Kollegium trotz des Mehrheitsprinzips für demokratisch unbedenklich erachtet, S. 440 f., 443 ff., 447 ff., 454, 462 ff., 481.

dungsverträge demokratisch legalisiert wäre, ähnlich den exekutiven Rechtsverordnungen gemäß Art. 80 GG durch die Ermächtigungsgesetze, die nach Inhalt, Zweck und Ausmaß hinreichend bestimmt sein müssen, derart, daß Gegenstand, Programm und Tendenz der Rechtsverordnung schon aus der Ermächtigung erkennbar werden (BVerfGE 1, 14 (60); 5, 71 (77); 8, 274 (307 ff.); 41, 251 (266); 56, 1 (12); 58, 257 (277); 62, 203 (210); 85, 97 (105); auch BVerwGE 80, 1 (20); 89, 121 (131); PdR, S. 193, 275 f.). Die Unionspolitik ist aber in der Sache fast unbegrenzte Integrationspolitik, zumal die als Rechtsprechung konzipierte (funktionale) Rechtsetzung des Europäischen Gerichtshofs (näher PdR, S. 207 ff.)[1380]. Die Ermächtigungen schon in den Gemeinschaftsverträgen und erst recht im Vertrag von Lissabon[1381], die Übertragung der Hoheitsrechte also (Art. 23 Abs. 1 S. 2 GG), welche die Zustimmung der nationalen Gesetzgeber gefunden haben (vgl. Art. 23 Abs. 1 S. 3 GG), sind weit und offen. Sie lassen allenfalls den Gegenstand, nicht aber Programm und Tendenz der Gesetzgebung der Union erkennen, so daß deren Politik durch die nationalen Parlamente (Gesetzgeber) „verantwortbar" sein könnte, wie dies das demokratische Prinzip gebietet (BVerfGE 89, 155 (185 ff., 191 ff.); 123, 267, Rn. 236 ff.; PdR, S. 71 f.)[1382]. Diese demokratisch unabdingbare Dogmatik des Prinzips der „begrenzten Einzelermächtigung" steht denn auch nur im deutschsprachigen Vertragstext des Vertrages von Lissabon (Art. 5 Abs. 1 und 2 EUV, Art. 7 AEUV), wohl mit Rücksicht auf das Maastricht-Urteil des Bundesverfassungsgerichts. Im britischen Vertragstext steht „principle of conferral", im französischen „le principe d'attribution". Das spricht lediglich aus, daß die Union keine originären Kompetenzen (competences, compétences) hat, sondern nur übertragene, abgeleitete Kompetenzen. Der entscheidende demokratierechtliche Aspekt der Begrenztheit der Ermächtigungen, deren Bestimmtheit und damit der Verantwortbarkeit der Unionspolitik für die nationalen Parlamente kommt in diesen gegenüber dem deutschen Text nicht minder verbindlichen Formulierungen des Vertrages nicht zum Ausdruck. Allemal sind die britische und die französische Formulierung ehrlicher; denn der Vertrag überträgt die Hoheitsrechte weit und offen, nicht aber begrenzt und bestimmt, so daß die Politik der Union von den nationalen Parlamenten erwartet und verantwortet werden könnte. Daß der „Grundsatz der begrenzten Einzelermächtigung" in Art. 5 Abs. 1 EUV auch nicht mehr benennen soll, als das Prinzip nicht der originären, sondern der derivativen Hoheitsgewalt der Union, erweist auch Absatz 2 dieser Vertragsregelung, der den Grundsatz dahin definiert, daß „die Union innerhalb der Grenzen der Zuständigkeiten tätig" werden soll, „die die Mitgliedstaaten ihr in

[1380] Dazu auch K. A. Schachtschneider, Verfassungsbeschwerde Lissabon-Vertrag, 3. Teil, F.

[1381] Dazu näher K. A. Schachtschneider, Verfassungsbeschwerde Lissabon-Vertrag, 3. Teil, B und C, D, H.

[1382] K. A. Schachtschneider, Die existentielle Staatlichkeit der Völker Europas, S. 111 ff.; St. Hobe, Der offene Verfassungsstaat zwischen Souveränität und Interdependenz, S. 342 ff., sucht im Grundsatz der Subsidiarität eine „Vermutung für ein Handeln auf Gemeinschaftsebene", das dieser Kompetenzausübungsschranke (BVerfGE 89,155 (189, 193, 210 ff.)) widerspricht.

den Verträgen zur Verwirklichung der darin niedergelegten Ziele übertragen haben". Diese Definition, die dem britischen und französischen Text entspricht, läßt von demokratierechtlicher Bestimmtheit und damit von einer von den nationalen Parlamenten verantwortbaren Unionspolitik nichts übrig, wie das auch der Praxis entspricht. Der Lissabon-Vertrag ist unverbesserlich demokratiewidrig und damit mit der Souveränität jedenfalls der Deutschen nicht vereinbar.

Die Kompetenz-Kompetenzen, welche die Unionsorgane, insbesondere den Europäischen Rat, ohne nähere Bestimmtheit und damit eindeutig gegen das Prinzip der begrenzten Ermächtigung zu autonomen Vertragsänderungen ermächtigt haben, hat das Bundesverfassungsgericht im Lissabon-Urteil jedenfalls für Deutschland dadurch näher an das demokratische Prinzip herangeführt, daß es diese unter Art. 23 Abs. 1 S. 2 und 3 GG subsumiert und damit von der Zustimmung sowohl des Deutschen Bundestages als auch des Bundesrates abhängig macht (BVerfGE 123, 267, Rn. 306 ff., 322 ff.). Das war ein wesentlicher Erfolg der Kritik an dem Vertrag von Lissabon in den Verfassungsbeschwerden gegen diesen Vertrag, die ich namens eines Bundestagsabgeordneten der CSU und im eigenen Namen erhoben habe[1383]. Ohne diese vertragsändernde verfassungskonforme Interpretation wären diese Befugnisse Ermächtigungen zur Diktatur des Europäischen Rates gewesen. Es handelt sich neben den verschiedenen Brückenklauseln, welche das Rechtsetzungsverfahren zu ändern (sprich: weiter zu entdemokratisieren) erlauben, u. a. um das vereinfachte Vertragsänderungsverfahren nach Art. 48 Abs. 6 EUV, das alle wichtigen Politiken der Union außer der Außen- und Sicherheitspolitik erfaßt. Davon hat der Europäische Rat im Dezember 2010 Gebrauch gemacht, um Art. 136 AEUV so umzugestalten, daß Eurorettungsmaßnahmen jedenfalls in der Zukunft eine freilich allzu wenig bestimmte Vertragsgrundlage finden[1384]. Dadurch sind jedoch derartige Maßnahmen nicht schon rechtmäßig. Sie entwickeln vielmehr die Union endgültig zu einem Bundesstaat, der jedenfalls solange mit dem Grundgesetz unvereinbar ist, als sich nicht die Deutschen nach Art. 146 GG ein Verfassungsgesetz gegeben haben, das Deutschland für einen solchen Bundesstaat öffnet. Das bedarf, wie schon zur Volkskonstituierung gesagt, einer verfassungsgebenden Volksabstimmung, wie das Gericht ausgesprochen hat (BVerfGE 123, 267, Rn. 179, 228, 263). Weiterhin ist es die Ermächtigung des Art. 311 Abs. 2 S. 2 AEUV, „neue Kategorien von Eigenmitteln" der Union einzuführen, also die Befugnis der Union zu begründen, eigene Steuern zu erheben. Hinzu kommt die Ermächtigung des Art. 352 Abs. 1 AEUV, neue Befugnisse zu begründen, wenn diese erforderlich erscheinen, um eines der (grenzenlosen) Ziele der Union zu verwirklichen (sog. Flexibilisierungsklausel)[1385].

[1383] Vgl. K. A. Schachtschneider, Verfassungsbeschwerde Lissabon Vertrag, 3. Teil, H III.

[1384] Dazu näher K. A. Schachtschneider, Die Rechtswidrigkeit der Euro-Rettungspolitik, S. 145 ff.; ders., Verfassungsbeschwerde der Professoren Dres. W. Hankel, W. Nölling, K. A. Schachtschneider, J. Starbatty und Dr. B. Bandulets gegen die Zustimmungsgesetze zu Art. 136 Abs. 3 AEUV, ESM und Fiskalvertrag vom 29. Juli 2012 usw., 2 BvR 1421/12, Homepage: www.KASchachtschneider. de, unter Downloads.

[1385] K. A. Schachtschneider, Verfassungsbeschwerde Lissabon Vertrag, 3. Teil, H I, II.

Ohne auf die unterschiedlichen Verfahren der Ermächtigungen einzugehen, ist zu kritisieren, daß die Verträge der Union durchgehend keine relevante Beteiligung der nationalen Parlamente an den Vertragsänderungen vorgeschrieben und diese dadurch weitestgehend zu entmachten versucht haben. Das hat das Bundesverfassungsgericht nicht durchgehen lassen, allerdings sich zur Steuererhebungsermächtigung verschwiegen. Wie die anderen Mitgliedstaaten mit den Ermächtigungen zu autonomen Vertragsänderungen verfahren werden, insbesondere Irland, das jede Vertragsänderung an eine Volksabstimmung bindet, steht dahin.

D. Souveränitätswidrige Unionsrechtsprechung

I. Usurpierte Integrationsmacht des Europäischen Gerichtshofs

Der Europäische Gerichtshof hatte, orientiert an der Europäischen Konvention zum Schutze der Menschenrechte, aber auch an den „gemeinsamen Verfassungsüberlieferungen der Mitgliedstaaten“ (vgl. Art. 6 Abs. 2 EUV a.F.), eine gemeinschaftliche Grundrechteverantwortung in Anspruch genommen und Rechtsgrundsätze entwickelt, die keine textliche Grundlage hatten[1386]. Die Lebens- und vor allem die Wirtschaftsordnung ist in hohem Maße vergemeinschaftet, aber über die Vereinbarkeit der europäischen Rechtsakte (Richtlinien und Verordnungen u. a.) mit den Grundrechten läßt das Bundesverfassungsgericht den Europäischen Gerichtshof entscheiden, soweit nicht der Grundrechtestandard, der Wesensgehalt der Grundrechte, allgemein mißachtet wird (BVerfGE 89, 155 (174 f.); 102, 147 (160 ff.); 123, 267, Rn. 331, grundrechtlicher Substanzschutz; vgl. auch die Solange-Entscheidungen BVerfGE 37, 271 (277 f.); 73, 339 (374 ff.)). Die richterliche Verantwortung für die Rechtsgrundsätze hat der Europäische Gerichtshof an sich gezogen. Es kann in einem Staatenverbund, in dem die Gemeinschaftsorgane in die staatliche Organisation der Mitgliedstaaten integriert sind, nicht zweifache Maßstäbe des Rechts geben. Die Rechtsgrundsätze, die mit den Grundrechten verbunden werden, erheischen ein einheitliches Verständnis[1387]. Der Vorrang und die unmittelbare Anwendbarkeit des Gemeinschafts-/Unionsrechts in den Mitgliedstaaten, die erst der Gerichtshof kreiert hat[1388], in Verbindung mit den aus den Grundfreiheiten, dem Binnenmarktprinzip, folgenden weiten Möglichkeiten, Harmonisierungsinteressen

[1386] Z. B. EuGH v. 14. 5. 1974 – Rs. 4/73 (Nold/Kommission), Slg. 1974, S. 491 (507, Rdn. 13); EuGH v. 13.12.1979 – Rs. 44/79 (Hauer/Rheinland-Pfalz), Slg. 1979, S. 3727 (3745, Rdn. 15); EuGH v. 11. 7. 1989 – Rs. 265/87 (Schräder/Hauptzollamt Gronau), Slg. 1989, S. 2237 (2267, Rdn. 14); EuGH v. 13. 7. 1989 – Rs. 5/88 (Wachauf/Bundesamt für Ernährung und Forstwirtschaft), Slg. 1989, S. 2633; dazu Th. Oppermann, Europarecht, § 6, Rdn. 20 ff., S. 144 ff., Rdn. 26 ff., 33 ff., S. 146 ff.

[1387] K. A. Schachtschneider, Verfassungsbeschwerde Lissabon Vertrag, 3. Teil, F, V.

[1388] EuGH v. 05. 02. 1963 – Rs. 26/62 (van Gend & Loos/Niederländische Finanzverwaltung), Slg. 1963, 1 (25 f., Rdn. 7 ff).

im Klagewege durchzusetzen, welche auch erst der Gerichtshof zu subjektiven Rechten der Unionsbürger[1389] entwickelt hat, hat dem Europäischen Gerichtshof eine außerordentliche Gestaltungsmacht gegeben. Die Vorabentscheidungsbefugnis des Gerichtshofs aus Art. 267 AEUV hatte (und hat) dem Gerichtshof zusätzlich weite politische Möglichkeiten verschafft, die ihn zu einem außerordentlich mächtigen Akteur der europäischen Integration hat werden lassen. Diese Befugnis(Macht) erweiterung des Gerichtshofs, eine Usurpation, der eigentliche Wechsel der Europäischen Gemeinschaft von einem völkerrechtlichen Staatenbund zum staatsrechtlichen Bundesstaat, haben die Mitgliedstaaten bei der Vertragsentwicklung zugrunde gelegt und folglich stillschweigend als gemeinschaftlichen Besitzstand in die Verträge aufgenommen, also akzeptiert. Seit dem Vertrag von Amsterdam 1997 folgte die Befugnis des Gerichtshofs zur Grundrechtejudikatur aus Art. 46 lit. d EUV i.V. mit Art. 6 Abs. 2 EUV a.F. Es hat die Integration erleichtert und befördert, daß der Gerichtshof die Grundrechte judikativ ohne Verträge und damit an den Völkern und den Volksvertretern vorbei, insbesondere ohne Kontrolle einer (demokratischen) Öffentlichkeit[1390], vorangetrieben hat. Diese Entwicklung war demokratiewidrig und allemal souveränitätswidrig. Die Grundrechtecharta der Europäischen Union, die in Nizza im Dezember 2001 deklariert[1391] und so gut wie unverändert zunächst als Teil II des Verfassungsvertrages und schließlich mit dem Vertrag von Lissabon (Art. 6 Abs. 1 EUV) als Charta der Grundrechte der Europäischen Union übernommen wurde, formuliert den bisher vermißten Grundrechtetext, den die Union und die Mitgliedstaaten „bei der Durchführung des Rechts der Union", in Unionssachen also, judizieren sollen (Art. 51 Abs. 1 S. 1 der Charta).

II. Richter ohne demokratische Legalität

Ein Gemeinschaftsorgan eines Staatenverbundes muß eine gewisse Minderung der demokratischen Legitimation ihrer Amtswalter hinnehmen, die nicht in gleicher Weise gewählt oder berufen sein können, wie es das demokratische Prinzip eines Volkes an sich verlangt (vgl. BVerfGE 47, 253 (275); 83, 60 (71); 89, 155

[1389] EuGH v. 5.02.1963 – Rs. 26/62 (van Gend & Loos/Niederländische Finanzverwaltung), Slg. 1963, 1 (25 f., Rdn. 7 ff.); EuGH v. 15.7.1964 – Rs. 6/64 (Costa/ENEL), Slg. 1964, 1251 (1273).

[1390] Zur demokratischen Öffentlichkeit Hinweise in Fn. 453.

[1391] Zur Charta der Grundrechte der Europäischen Union (kritisch) K. A. Schachtschneider, Eine Charta der Grundrechte für die Europäische Union. Recht und Politik 1/2001, 16 ff.; ders., Eine Charta der Grundrechte für die Europäische Union, in: Aus Politik und Zeitgeschichte, B 52–53/2000, 13 ff.; R. Streinz, Charta der Grundrechte der Europäischen Union, in: ders., EUV/EGV, 2003, S. 2571 ff.; C. Calliess, Die Europäische Grundrechts-Charta, in: D. Ehlers (Hrsg.): Europäische Grundrechte und Grundfreiheiten, 2003, § 19, S. 447 ff.; nicht unkritisch U. Di Fabio, Der Verfassungsstaat in der Weltgesellschaft, S. 71 ff.

(183 ff.))[1392]. Aber die Legitimation der Gerichte der Europäischen Union unterschreitet das demokratische Minimum, zumal im Verhältnis zu ihrer politischen Macht. Ein Gericht bedarf in der Funktion des Verfassungsgerichts einer starken demokratischen Legitimation (PdR, S. 210 ff.)[1393], weil vor allem die Verfassungsgerichte Menschheitsfragen entscheiden, die ihre Antwort in der Sittlichkeit des Volkes finden müssen. Deren Vertretung ist die Substanz der demokratischen Legitimation (Rprp, S. 64 ff., 666 ff., 725 ff.; FridR, S. 424 ff.)[1394], besser der souveränen Legalität.

Für die große politische Verantwortung, insbesondere die Grundrechteverantwortung, fehlt es dem Europäischen Gerichtshof an der (notwendig starken) demokratischen Legitimation (PdR, S. 130 ff., 210 ff.)[1395] oder besser republikanischen Ermächtigung. Die Rechtsgrundsätze, welche der Europäische Gerichtshof praktiziert, sind allzu offen, als daß sie den Gerichtshof im Sinne der die Rechtsprechung definierenden Gesetzesunterworfenheit (vgl. Art. 97 Abs. 1 GG) zu binden und allein durch diese Bindung zu legalisieren vermöchten. Durch Bestimmtheit dieser Rechtsprinzipien wird jedenfalls das „demokratische Legitimationsniveau“ (zu diesem Topos BVerfGE 83, 60 (71 f.); 89, 155 (182); 93, 37 (66 f.); 123, 267, Rn. 262, 274 ff., 290 ff.; PdR, S. 216, 263; Rprp, S. 970 ff.)[1396] der Gemeinschaftsrechtsprechung nicht gestärkt.

Die Richter des Gerichtshofs werden „im gegenseitigen Einvernehmen von den Regierungen der Mitgliedstaaten … auf sechs Jahre ernannt“ (Art. 19 Abs. 2 Unterabs. 3 S. 2 EUV, Art. 253 Abs. 1 Halbsatz 2 AEUV) und finden dadurch nur eine mehr als mäßige Akzeptanz aller Mitgliedstaaten, eben nur die der Regierungen. Zunächst einmal vermag die Exekutive Richter nicht zu legitimieren oder Rechtsprechung zu legalisieren, zumal nicht Grundrechterichter oder Grundrechterechtsprechung, schon gar nicht die Regierungen, von denen die größten Gefahren für die Grundrechte auszugehen pflegen und die sich darum nicht selbst ihre Richter auswählen dürfen. Die Richter sollen aber nach den Ernennungsregelungen vornehmlich

---

1392 G. Lübbe-Wolff, Europäisches und nationales Verfassungsrecht, VVDStRL 60 (2001), S. 247 ff., 261 f., kritisch zum „Nichtübertragbarkeitsgrundsatz“.

1393 K. A. Schachtschneider, Verfassungsbeschwerde Lissabon Vertrag, 3. Teil, F, VI; ders., Demokratierechtliche Grenzen der Gemeinschaftsrechtsprechung, in: Brink, St./Wolff, H. A. (Hrsg.), Gemeinwohl und Verantwortung. FS Hans Herbert v. Arnim, 2004, S. 779; nicht unkritisch M. Kaufmann, Europäische Integration und Demokratieprinzip, S. 318 f. („integrationsfreundliche Rechtsprechung“).

1394 K. A. Schachtschneider, Sittlichkeit und Moralität, S. 44 ff.

1395 K. A. Schachtschneider, Sittlichkeit und Moralität, S. 49 ff.; T. Mähner, Der Europäische Gerichtshof als Gericht, 2005, S. 184 ff. (194); wenig demokratisch F. C. Mayer, Europäische Verfassungsgerichtsbarkeit, Gerichtliche Letztentscheidung im europäischen Mehrebenensystem, in: A. v. Bogdandy (Hrsg.), Europäisches Verfassungsrecht, 2003, S. 229 ff., 276.

1396 G. Lübbe-Wolff, Europäisches und nationales Verfassungsrecht, VVDStRL 60 (2001), S. 280 f., kritisch („Verdünnung repräsentativ-demokratischer Legitimationszusammenhänge“).

das Vertrauen der Staats- und Regierungschefs, die sich als Führer Europas verstehen, haben, nicht das Vertrauen der Völker. Die erforderliche starke Legitimation oder tragfähige Legalisierung ist das nicht. Jeder Mitgliedstaat, Malta wie Deutschland, stellt einen Richter (Art. 19 Abs. 2 Unterabs. 2 EUV), der durch den Vorschlag der jeweiligen Regierung allenfalls die schwache demokratische Legitimation seines Staates hat. Die Richter der anderen Staaten haben nur eine eingeschränkte demokratische Legitimation des Mitgliedstaates, dessen Regierung sie benannt hat, und keinerlei demokratische Legitimation der Völker, aus denen sie nicht stammen. Freiheitliche Legalität kann so nicht erreicht werden. Die Legislativen und die Judikativen der Mitgliedstaaten sind an der Auswahl der Richter im Gegensatz zur innerstaatlichen Richterauswahl in Deutschland (vgl. etwa Art. 95 Abs. 2 GG, § 4 RiWahlG, Art. 34 ff. BayRichterG) meist nicht beteiligt, nicht einmal das Europäische Parlament. Die Richter des Bundesverfassungsgerichts werden demgegenüber „je zur Hälfte vom Bundestage und Bundesrate gewählt" (Art. 94 Abs. 1 S. 2 GG; Kritik Rprp, S. 939 f., 964 f., 975 ff.)[1397]. Weil in den Gerichten der Europäischen Union ein Richter aus jedem Mitgliedstaat stammt und somit allenfalls erwarten läßt, dessen Rechtsordnung und das Unionsrecht hinreichend zu kennen, fehlt dem Gerichtshof auch die notwendige Fachkompetenz, welche die Legitimation stärken könnte. Die Richter sind gegebenenfalls auf die Vorarbeit der Generalanwälte angewiesen, deren Voten sie denn auch meist in ihre Urteile übernehmen, freilich kurz gefaßt. Richterliche Unabhängigkeit ist diese fachliche und geistige Abhängigkeit nicht. Demokratierechtlich ist eine Gerichtsbarkeit wie die der Europäischen Union angesichts der Verantwortung für die Grundsatzfragen des Rechts untragbar. Vor der Ernennung der Richter gibt ein Ausschuß „zur Eignung der Bewerber für die Ausübung des Amtes eines Richters oder Generalanwaltes beim Gerichtshof" eine Stellungnahme ab. In dem Ausschuß sitzen sieben Persönlichkeiten aus dem Kreis der ehemaligen Mitglieder des Gerichtshofs und des Gerichts, der Mitglieder der höchsten einzelstaatlichen Gerichte und der Juristen von anerkannt hervorragender Befähigung (Art. 253 Abs. 1 2. Halbsatz, Art. 255 AEUV). Dieser Ausschuß mag krasse Fehlberufungen verhindern können, irgendeine demokratische Legitimation vermittelt er nicht. Für das Gericht gilt nach Art. 254 AEUV das gleiche Auswahlverfahren wie für den Gerichtshof.

III. Europäischer Gerichtshof kein Gericht eines Volkes

Der Gerichtshof der Europäischen Union, der Gerichtshof und auch das Gericht, sind mangels demokratischer Legalität in der jeweiligen Gesamtheit des Spruchkörpers nicht Gerichte eines Volkes. Sie können nicht namens eines Volkes und damit letztlich auch nicht namens der Völker Europas Recht sprechen. Richter eines Volkes

[1397] Zur Kritik der übermäßigen Einbindung der Richter in die Parteienoligarchie W. K. Geck, Wahl und Status der Bundesverfassungsrichter, HStR, Bd. II, 1987, § 55, Rdn. 2 ff., 13 ff.

kann nicht sein, wer das Volk nicht kennt, wen das Volk nicht kennt und wer nicht im Volk lebt, schon gar nicht, wer die Sprache des Volkes nicht spricht und dessen Gesetze nicht kennt. Die unzureichende Legitimation oder Legalität der Gemeinschaftsrichter wird nicht dadurch gerechtfertigt, daß sie für viele Völker Recht sprechen sollen. Ein Gericht muß das Vertrauen des Volkes dahinein haben, daß es Recht spricht, ein Unionsgericht das Vertrauen aller verbundenen Völker. Ein solches Vertrauensverhältnis kann nur demokratisch institutionalisiert werden[1398]. Aber das Bundesverfassungsgericht hat den Europäischen Gerichtshof zum „gesetzlichen Richter" im Sinne des Art. 101 Abs. 1 S. 2 GG erhoben (BVerfGE 73, 339 (366 ff.)). 75, 223 (233 f., Rn. 40; PdR, S. 78)[1399], ein schmerzlicher Beitrag zur Entdemokratisierung und Entrechtlichung Deutschlands.

Ohne demokratische Legitimation, besser Legalität ist eine Institution der verbindlichen Rechtsklärung, also der Rechtsprechung (zum Begriff Rprp, S. 870 ff., 885 ff., 1037 ff.; PdR, S. 135 ff., 210 ff.)[1400], kein Gericht im republikanischen Sinne, sei sie Gericht genannt, sei sie wie ein Gericht ausgestattet, zumal mit Unabhängigkeit der Richter, verfahre sie wie ein Gericht und sei sie um Rechtserkenntnis mit rechtswissenschaftlichen Methoden bemüht. Sie ist kein Organ eines Volkes, das allein die Staatsgewalt des Volkes auszuüben befugt sein kann, wie Art. 20 Abs. 2 S. 2 GG klarstellt (Rprp, S. 707 ff.). Nur das Volk oder Organe des Volkes können Staatsgewalt ausüben, wenn das Gemeinwesen freiheitlich, also eine Republik oder eine Demokratie im freiheitlichen Sinne, sein soll. Auch die Rechtsprechung ist staatlich und kann nur vom Staat als Organisation des Volkes für die Verwirklichung des gemeinen Wohls, des guten Lebens aller in allgemeiner Freiheit (Rprp, S. 519 ff., 573 ff.; PdR, S. 19 ff., 58 ff.), ausgeübt werden. Die europäischen Gerichte sind keine Organe des Volkes im Sinne des Art. 20 Abs. 2 S. 2 GG, weil sie weder ein Volk vertreten noch demokratisch in die Organisation der Völker integriert sind (PdR, S. 212)[1401]. Gemeinschaftsorgane können Organe der Mitgliedstaaten sein, wenn die

---

[1398] I.d.S. Montesquieu, Vom Geist der Gesetze. ed. Karl Weigand, Reclam, 1965, XI, 6 (S. 214): „Richterliche Befugnis darf nicht einem unabsetzbaren Senat verliehen werden, vielmehr muß sie von Personen ausgeübt werden, die nach einer vom Gesetz vorgeschriebenen Weise zu gewissen Zeiten im Jahr aus dem Volkskörper ausgesucht werden". Ähnlich Kant, Metaphysik der Sitten, S. 436; dazu T. Mähner, Der Europäische Gerichtshof als Gericht, S. 106 ff., 184 ff.

[1399] Vgl. P. Kirchhof, Rechtsschutz durch Bundesverfassungsgericht und Europäischen Gerichtshof, in: D. Merten, Föderalismus und Europäische Gemeinschaften unter besonderer Berücksichtigung von Umwelt und Gesundheit, Kultur und Bildung, 1990, S. 118 ff.; K. A. Schachtschneider, Die existentielle Staatlichkeit der Völker Europas, S. 126 ff.

[1400] Zum Begriff der Rechtsprechung K. A. Bettermann, Die rechtsprechende Gewalt. HStR, Bd. III, 1988, § 73, Rdn. 33, 38; T. Mähner, Der Europäische Gerichtshof als Gericht, S. 41 ff.

[1401] K. A. Schachtschneider, Demokratiedefizite in der Europäischen Union, FS W. Hankel, 1999, S. 137 ff.; ders., Sittlichkeit und Moralität, S. 49 ff.; T. Mähner, Der Europäische Gerichtshof als Gericht, S. 106 ff., 184 ff.

jeweilige Staatsgewalt der Völker gemeinschaftlich ausgeübt wird[1402]. Das ist die Struktur der europäischen Integration. Ein derart integriertes Organ darf aber um der demokratischen Legalität willen nur mit begrenzten Befugnissen ausgestattet sein (BVerfGE 89, 155 (181 ff., 191 ff.); 123, 267, Rn. 226, 234 ff., 262, 265, 272, 275, 298 ff., 300 ff., 326; PdR, S. 71 ff.). Diese Begrenzung respektiert die Grundsatz- und vor allem die Grundrechterechtsprechung der Unionsrechtsprechung gerade nicht. Jeder Unionsrichter hat die uneingeschränkte Verantwortung für das Recht jedes mitgliedstaatlichen Volkes. Während das Mehrheitsprinzip im Rat als ein (begrenzt) hinnehmbares Kompromißprinzip demokratierechtlich tragfähig ist, rechtfertigt die Mehrheitsregel[1403] in Gerichten keinen Kompromiß, sondern trifft eine Entscheidungsregel bei divergenten Erkenntnissen der Richter. Die Beschlüsse des Rates sind durch die Mitwirkung des mitgliedstaatlichen Regierungsvertreters in gewisser Weise, wenn auch nur begrenzt, demokratisch legalisiert. Eine solche Dogmatik ist für Richtersprüche eines Kollegialgerichts nicht möglich, weil richterliche Erkenntnisse nicht ausgehandelt werden dürfen. Ohne spezifisch rechtsprechungsgemäßen demokratischen Organstatus der Gerichte gibt es keine Rechtsprechung des Volkes und auch keine Rechtsprechung der verbundenen Völker. Die Gerichte der Union können die Rechtsprechungsgewalt der Völker nicht ausüben. Sie können aus demokratischen Gründen nur völkerrechtliche Einrichtungen der Streitschlichtung sein[1404]. Damit wird der Anwendungsvorrang des Unionsrechts insgesamt fragwürdig. Er wird durch den Willen der verbundenen Völker getragen[1405]. Die Völker können auch nach der Vollzugslehre den Rechtsanwendungsbefehl, der nach Auffassung des Bundesverfassungsgerichts die Geltung und Anwendung des Gemeinschafts-/Unionsrechts in Deutschland trägt (BVerfGE 73, 339 (367 f., 375); 89, 155 (190); 123, 267, Rn. 242, 333, 335, 339, 343))[1406], aufheben (BVerfGE 89, 155 (190))[1407] oder einschränken. Die Rechtsprechungsgewalt darf wegen Art. 20 Abs. 2 GG nicht entdemokratisiert werden, weil die Gerichte des Volkes das letzte

[1402] K. A. Schachtschneider, Die existentielle Staatlichkeit der Völker Europas, S. 87 ff. (97 ff.); ders., Die Republik der Völker Europas, S. 163 ff.; ders., Prinzipien des Rechtsstaates, S. 74 ff.

[1403] Zur Mehrheitsregel (im Unterschied zum Mehrheitsprinzip) K. A. Schachtschneider, Res publica res populi, S. 106 ff., 119 ff.; ders., Freiheit in der Republik, S. 150 ff.; zum Mehrheitsprinzip im Rat M. Kaufmann, Europäische Integration und Demokratieprinzip, S. 462 ff. („geradezu Gebot", S. 464 (?)); weitere Hinweise in Fn. 677.

[1404] K. A. Schachtschneider, Verfassungsbeschwerde Lissabon-Vertrag, 3. Teil, F, VIII; allgemein zu völkerrechtlichen Streitschlichtung A. Emmerich-Fritsche, Recht und Zwang im Völkerrecht, insbesondere im Welthandelsrecht, S. 176 ff.; D. I. Siebold., Die Welthandelsorganisation und die Europäische Gemeinschaft, S. 131 ff.

[1405] Das ist auch völkerrechtlich richtig, aber nur auf der Grundlage des umgekehrten Monismus, der keinesfalls die Praxis des EuGH stützt; vgl. K. A. Schachtschneider, Die existentielle Staatlichkeit der Völker Europas, S. 110 ff.; C. Amrhein-Hofmann, Monismus und Dualismus in den Völkerrechtslehren, S. 261 ff.

[1406] Vgl. die Hinweise in Fn. 829.

[1407] Hinweise in Fn. 20.

Wort in Sachen des Rechts haben müssen[1408]. Die Judikatur des Europäischen Gerichtshofes ist Fremdherrschaft.

Der Europäische Gerichtshof hat sich zu einer geradezu obrigkeitlichen Ordnungsmacht entwickelt. Er pflegt mit aller Härte die Integrationspolitik der Kommission gegen die Mitgliedstaaten und deren Bürger durchzusetzen, hatte aber in dem gut ersten halben Jahrhundert seiner Tätigkeit nicht einmal einen Rechtsetzungsakt der Gemeinschaft wegen Mißachtung der Grundrechte verworfen. Erst in jüngster Zeit hat der Gerichtshof zweimal in wenig wichtigen Fällen Grundrechte gegen Rechtsetzungsakte der Union durchgesetzt[1409]. Der Gerichtshof ist bemüht, den Schein des Rechts zu wahren. Jedoch: „Die höchste Ungerechtigkeit ist, daß man gerecht scheine, ohne es zu sein“[1410].

E. Souveränitätswidriges Herkunftslandprinzip

Diskriminierungsverbote, insbesondere das allgemeine des Art. 3 Abs. 2 Unterabs. 2 EUV und das besondere des Art. 18 AEUV „aus Gründen der Staatsangehörigkeit“, gebieten, die Rechtsvorschriften des Bestimmungslandes auf die Staatsangehörigen aller Mitgliedstaaten der Europäischen Union unterschiedslos anzuwenden (Inländerbehandlung). Das führt zum Bestimmungslandprinzip[1411]. Werden die Grundfreiheiten nicht nur als Diskriminierungsverbote, sondern auch als

---

[1408] Dazu Ch. Möllers, Staat als Argument, S. 405 ff., der „eine Überprüfung europäischer Hoheitsakte durch staatliche Gerichte aus dem Titel staatlicher Souveränität“ ausschließt, weil „der Akt staatlicher Souveränität, die die Übertragung von Hoheitsrechten ermöglicht“ habe, „auf diese Weise nicht rückgängig gemacht werden“ könne; eine Übertragung von Hoheitsrechten entgegen dem Grundgesetz und damit gegebenenfalls auch entgegen dem Wesensgehalt der Grundrechte ist nichtig und bindet jedenfalls Deutschland nicht, abgesehen von der stetigen „Umkehrbarkeit der Selbstbindung“ (BVerfGE 123, 267, Rn. 233, 299, 329 f.).

[1409] Urteil vom 3. 9. 2008 – Rs. C-402/05 P und C-415/05 P (Kadi und Barakaat International Foundation/Rat und Kommission): Die VO (EG) Nr. 881/2002 des Rates vom 27. 5. 2002 über die Anwendung bestimmter spezifischer restriktiver Maßnahmen gegen bestimmte Personen und Oganisationen, die mit Osama bin Laden, dem Al-Qaida-Netzwerk und den Taliban in Verbindung stehen, und zur Aufhebung der VO (EG) Nr. 467/2001 des Rates über das Verbot der Ausfuhr bestimmter Waren und Dienstleistungen nach Afghanistan, über die Ausweitung des Flugverbots und des Einfrierens von Geldern und anderen Finanzmitteln betreffend die Taliban von Afghanistan wird für nichtig erklärt, soweit sie Herrn Kadi und die Al Barakaat International Foundation betrifft. Urteil vom 9. 11. 2010 – Rs. C-92/09 u.C-93/09 (V. und M. Schecke GbR bzw. H. Eifert/Land Hessen), zur Vorratsdatenspeicherung von Subventionen im Agrarbereich.

[1410] Platon, Politeia/Der Staat, in: G. Eigler (Hrsg.) Werke in acht Bänden, griechisch und deutsch, Bd. 4, Übersetzung von F. Schleiermacher und H. Müller, bearbeitet von D. Kurz, 2. Aufl. 1990, 361 a.

[1411] Th. C. W. Beyer, Rechtsnormanerkennung im Binnenmarkt. Zur Interpretation von Art. 100b des Vertrages zur Gründung der Europäischen Gemeinschaft im Spannungsfeld von Äquivalenzgrundsatz, Prinzip des gemeinschaftsrechtlichen Mindestrechtsgüterschutzes und mitgliedstaatlicher Regelungskompetenz, 1998, S. 28.

allgemeine Beschränkungsverbote praktiziert[1412], wie das inzwischen, angestoßen durch die ständige Rechtsprechung des Gerichtshofs, für die Kapital- und Zahlungsverkehrsfreiheit (seit dem Maastricht-Vertrag) und für die Niederlassungs- und die Dienstleistungsfreiheit (seit dem Vertrag von Amsterdam) in das Vertragswerk geschrieben wurde, werden trotz Inländerbehandlung aller Unionsbürger und damit auch der Unionsunternehmen mitgliedstaatliche Beschränkungen der Grundfreiheiten (Warenverkehrs-, Niederlassungs-, Dienstleistungs- und Kapitalverkehrsfreiheit, sowie Arbeitnehmerfreizügigkeit nach Art. 34 ff., Art. 49 ff., Art. 56 ff., Art. 63 ff. und nach Art. 45 ff AEUV) als Vertragsverletzung behandelt. Wenn in den Staaten unterschiedliche Standards, etwa im Lebensmittelrecht, im Handelsrecht (usw.) und sogar im Arbeitsrecht bestehen, können höhere Standards als die Grundfreiheiten beschränkende Maßnahmen die Rechte der Marktteilnehmer verletzen, wenn die Unterschiede nicht nach der sogenannten Cassis-Formel durch „zwingende Gründe des Allgemeininteresses" geboten sind und die Beschränkungen sich nicht als verhältnismäßig rechtfertigen lassen, worüber im Streitfall der Europäische Gerichtshof entscheidet[1413]. Ein Weg, solche Beschränkungen zu minimieren, ist die Rechtsangleichung, ein anderer die Anerkennung der Standards nach dem Herkunftslandprinzip[1414]. Während die Rechtsangleichung auf eine Harmonisierung zielt, führt das Prinzip der gegenseitigen Anerkennung zum Wettbewerb der Standards, in dem sich einheitliche Regelungen (nur) durch faktische Angleichung aufgrund der Präferenzen der Marktteilnehmer gemeinschaftsweit herauszubilden vermögen[1415].

Seit den 80-er Jahren setzt man in Anlehnung an die Cassis-de-Dijon-Rechtsprechung[1416], einem Prinzip gegenseitigen Vertrauens folgend[1417], auf die gegenseitige Anerkennung der mitgliedstaatlichen Regelungen, also auf das Herkunftslandprinzip. Ob dieses Vertrauen besteht und gerechtfertigt ist, ist angesichts der unterschiedlichen Gepflogenheiten der Mitgliedstaaten mehr als fraglich. Das

---

[1412] Dazu Th. Oppermann, Europarecht. § 19, Rdn. 2 ff., S. 407 ff., § 26, Rdn. 40, S. 547; kritisch K. A. Schachtschneider, Verfassungsbeschwerde Lissabon-Vertrag, 3. Teil, B.

[1413] EuGH v. 20. 2. 1979 – Rs. 120/78 (Rewe/Bundesmonopolverwaltung für Branntwein/ Cassis de Dijon), Slg. 1979, 649 (662, Rdn. 8); EuGH v. 31. 3. 1993 – Rs. C-19/92 (Kraus), Slg. 1993, I-1663 (Rdn. 32); EuGH v. 30. 11. 1995 – Rs. C-55/94 (Gebhard), Slg. 1995, I-4165 (Rdn. 37); dazu Th. Oppermann, Europarecht, § 19, Rdn. 3, S. 407 ff., § 26, Rdn. 15, S. 538; A. Emmerich-Fritsche, Der Grundsatz der Verhältnismäßigkeit als Direktive und Schranke der Gemeinschaftsrechtsetzung. Mit Beiträgen zu einer gemeineuropäischen Grundrechtslehre sowie zum Lebensmittelrecht, 2000, S. 421 ff.; K. A. Schachtschneider, Verfassungsbeschwerde Lissabon-Vertrag, 3. Teil, B, III.

[1414] Dazu K. A. Schachtschneider, Verfassungsbeschwerde Lissabon-Vertrag, 3. Teil, B, IV; umfassend Th. C. W. Beyer, Rechtsnormanerkennung im Binnenmarkt, S. 25 ff., 55 ff.

[1415] Th. C. W. Beyer, Rechtsnormanerkennung im Binnenmarkt, S. 33 f.

[1416] EuGH v. 20. 02. 1979 – Rs. 120/78 (REWE/Bundesmonopolverwaltung für Branntwein), Slg. 1979, 649 (664, Rdn. 14); dazu weitgehend das Weißbuch der Kommission, Kom (85) 310 endg., S. 22 Nr. 77.

[1417] Th. Oppermann, Europarecht, § 19, Rdn. 28, S. 417, § 26, Rdn. 14, S. 538, Rdn. 41, S. 548.

Prinzip der gegenseitigen Anerkennung fördert die Integration, aber auch die existentielle Staatlichkeit der Europäischen Union, also deren Staatswerdung, größtmöglich. Das Herkunftslandprinzip führt aus ökonomischen Zwängen zu einer faktischen Angleichung der Standards auf dem unionsweit niedrigsten Niveau[1418]. Insbesondere werden, wenn die Standardwahl der Präferenz der Unternehmer oder Verbraucher überlassen wird, die Gesetze des Bestimmungsstaates unterlaufen und damit dessen Rechtsordnung marginalisiert.

Das Herkunftslandprinzip[1419] läßt sich aus den Ermächtigungen oder aus sonstigen Vereinbarungen des Gemeinschaftsvertrages nicht herleiten. Auch der Vertrag von Lissabon enthält keine Bestimmung, welche eine Verpflichtung der Mitgliedstaaten zur Anerkennung von Rechtsakten anderer Unionsstaaten ausspricht. Eine solche Pflicht aus dem Prinzip zur gegenseitigen Treue, dem Grundsatz der loyalen Zusammenarbeit, abzuleiten (Art. 4 Abs. 3 EUV)[1420] wäre zu bedenken, wenn die Europäische Union ein existentieller Bundesstaat wäre[1421]. Die Praxis ist aber Ausdruck eines solchen Integrationsstandes, dem freilich die Verfassungsgrundlage fehlt. Sie widerspricht kraß dem für eine demokratische Integration unverzichtbaren Prinzip der begrenzten Ermächtigung der Gemeinschaft. Die Fülle der anzuerkennenden Vorschriften aus 28 und irgendwann mehr Mitgliedstaaten, die sich jederzeit ändern können, ohne daß hierauf die anderen Staaten Einfluß nehmen können, war in keiner Weise „voraussehbar" und „verantwortbar". Wegen des Herkunftslandprinzips gelten in Deutschland vornehmlich, aber nicht nur im Bereich der Wirtschaft, nämlich in dem des Binnenmarktes, 28 Rechtsordnungen, nicht die eine Rechtsordnung, die sich die Deutschen gegeben haben. Im übrigen ist eine Rechtsvereinheitlichung durch Angleichung der mitgliedstaatlichen Rechts- und Verwaltungsvorschriften gemäß Art. 114 ff. AEUV für das Funktionieren des Binnenmarktes durchaus entbehrlich[1422].

Der Europäische Gerichtshof hat in seinem weichenstellenden Urteil Cassis de Dijon den Grundsatz aufgestellt, daß jede Ware, die in einem Mitgliedstaat legal hergestellt oder auch nur legal in Verkehr gebracht wurde, im gesamten Gemeinschaftsgebiet verkehrsfähig sei[1423]. Das Bestimmungslandprinzip wird seit der Keck-Rechtsprechung immerhin (wieder) für Maßnahmen praktiziert, die den Marktzu-

---

[1418] So schon die Bundesregierung in ihrer Stellungnahme zu EuGH v. 20.02.1979 – Rs. 120/78 (REWE/BfB), Slg. 1979, 649 (656); entsprechende Bedenken äußerte der Bundesrat im Rahmen der Beratungen des Weißbuchs der Kommission über den Binnenmarkt und die EEA, BR-Drs. 289/85 v. 14.3.1986, Rdn. 15; BR-Drs. 150/86 v. 16.5.1986, S. 7.

[1419] Dafür schon E. Steindorf, Gemeinsamer Markt als Binnenmarkt, ZHR 150 (1986), S. 687 (689).

[1420] Th. Oppermann, Europarecht, § 6, Rdn. 23, S. 145.

[1421] Vgl. BVerfGE 11, 6 (19 ff.); Th. C. W. Beyer, Rechtsnormanerkennung im Binnenmarkt, S. 46 f.

[1422] W. Frenz, Handbuch Europarecht. Bd. 1. Europäische Grundfreiheiten, 2004, S. 70.

[1423] Hinweis in Fn. 421.

gang nicht behindern[1424]. Im Interesse der Personenfreizügigkeit müßten, judiziert der Gerichtshof, ausländische Diplome und sonst erworbene Kenntnisse und Fähigkeiten anerkannt werden, außer sie würden mit den inländisch geforderten Qualifikationen nicht übereinstimmen; dann bedürfe es zumindest deren adäquater Berücksichtigung[1425]. Im Falle der Gleichwertigkeit der Qualifikation dürfe ein Mitgliedstaat Angehörige anderer Mitgliedstaaten nicht durch irgendwie mit mangelnder Qualifikation begründete Entscheidungen belasten. Für die Niederlassungsfreiheit hat der Gerichtshof entschieden, daß in einem anderen Mitgliedstaat rechtmäßig gegründete Unternehmen auch im Inland als rechts- und handlungsfähig anzusehen seien[1426]. Diese Rechtsprechung versetzt der deutschen Unternehmensmitbestimmung, für die die Gewerkschaften seit den Anfängen der Industrialisierung gekämpft haben[1427], den Todesstoß[1428], weil die Unternehmen in ausländischer Rechtsform nicht der deutschen Mitbestimmungspflicht unterliegen und Deutschland den ausländischen Gesetzgebern die Mitbestimmungspflicht ihrer Unternehmen nicht vorschreiben kann. Aus der Rechtsprechung des Europäischen Gerichtshofs läßt sich zwar kein Grundsatz formeller Anerkennung oder ein bedingungsloses Herkunftslandprinzip herleiten, weil die Anerkennung von Standards anderer Mitgliedstaaten von einer Äquivalenzkontrolle abhängig gemacht und, falls erforderlich, mit zusätzlichen Anforderungen verbunden wird. Der Gerichtshof setzt aber das Herkunftsland- gegenüber dem Bestimmungslandprinzip weitestgehend und folgenreich durch[1429].

Diese Rechtsprechung erübrigt die schwierige Rechtsangleichung durch die Politik. Die Befugnis zur formellen Anerkennung von Rechtsvorschriften der anderen Mitgliedstaaten, die der Rat nach Art. 100 b EGV beschließen konnte, ist durch den Vertrag von Amsterdam aus dem Vertragswerk herausgenommen worden, weil die Rechtsprechung die heikle Politik im Sinne einer „neuen Strategie" ohne demokratische Hemmnisse bewerkstelligt[1430]. Sicherheitsstandards, deren Regelungen und deren Beachtung die Verbraucher nicht erkennen können, dürfen nicht der Marktregulierung überlassen bleiben. Der Markt orientiert sich vornehmlich am

---

[1424] EuGH v. 24. 11. 1993 – Rs. C-267 u. 268/91 (Keck), Slg. 1993, I-6097 (6131, Rdn. 16); W. Frenz, Handbuch Europarecht. Bd. 1. Europäische Grundfreiheiten, Rdn. 177 ff., S. 74.

[1425] EuGH v. 07. 05. 1991 – Rs. C-340/89 (Vlassopoulou), Slg. 1991, I-2357 (2382 ff., Rdn. 10 ff.).

[1426] EuGH v. 05. 11. 2002 – Rs. C-208/00 (Überseering), Slg. 2002, I-9919 (9968, Rdn. 72 ff.); EuGH v. 30. 09. 2003 – Rs. 167/01 (Inspire Art), Slg. 2003, I-10155 (Rdn. 99 ff.); dazu K. A. Schachtschneider, Verfassungsbeschwerde Lissabon-Vertrag, 3. Teil, B, II, 4.

[1427] Vgl. BVerfGE 50, 290 ff.

[1428] K. A. Schachtschneider, Verfassungsbeschwerde Lissabon-Vertrag, 3. Teil, B, II, 4.

[1429] Vgl. W. Frenz, Handbuch Europarecht. Bd. 1. Europäische Grundfreiheiten. Rdn. 175 ff., S. 73 f.; K. A. Schachtschneider, Verfassungsbeschwerde Lissabon-Vertrag, 3. Teil, B, IV.

[1430] Vgl. Th. Oppermann, Europarecht, § 26, Rdn. 37 ff., S. 546 ff., mit Hinweis auch EuGH v. 21. 6. 1974 – Rs. 2/74 (Reyners), Slg. 1974, 631 (652); EuGH v. 3. 12. 1974 – Rs. 33/74 (van Binsbergen), Slg. 1974, 1299.

Preis. Die Nivellierung der Standards auf das niedrigste Niveau ist die Konsequenz dieser Politik. Die Souveränität des Volkes erfaßt vor allem dessen gesundheitliche Sicherheit. Um der Sicherheit der Bürger willen hat Hobbes vorgeschlagen, dem Leviathan die Souveränität des Volkes zu übertragen.

Für Banken erstreckt sich das Anerkennungs- oder Herkunftslandprinzip sogar auf Aufsichtsmaßnahmen, für die der Herkunftsstaat zuständig bleibt[1431]. Gleiches ist weitgehend für die Versicherungen geregelt. Das hat erwartungsgemäß die Banken- und Versicherungsaufsicht erheblich geschwächt und wesentlich zur Finanzmarktkrise beigetragen. Jetzt ist folgerichtig eine unionale Bankenaufsicht für große Banken eingerichtet worden. Diese ist der Europäischen Zentralbank übertragen worden. Das kollidiert mit deren eigentlichen Aufgabe, die „Preisstabilität zu gewährleisten" (Art. 127 Abs. 1 S. 1 AEUV)[1432]. Aus dem Herkunftslandprinzip folgt insbesondere im Bereich der Finanzdienstleistungen das fragwürdige Prinzip der Sitzlandkontrolle.

Die Entsenderichtlinie[1433] verhindert nur für einen schmalen Bereich der Wirtschaft, daß die deutschen Arbeitsrechts- und Sozialstandards durch das Herkunftslandprinzip ausgehöhlt werden. Zwar sieht die Entsenderichtlinie vor, daß für die in Art. 3 der Richtlinie genannten arbeitsrechtlichen Standards (Höchstarbeitszeiten und Mindestruhezeiten, bezahlter Mindestjahresurlaub, Mindestlohnsätze, Bedingungen für die Überlassung von Arbeitskräften, insbesondere durch Leiharbeitsunternehmen, Sicherheit, Gesundheitsschutz und Hygiene am Arbeitsplatz, Schutzmaßnahmen im Zusammenhang mit den Arbeits- und Beschäftigungsbedingungen für Schwangere, Wöchnerinnen, Kinder und Jugendliche, Gleichbehandlung von Männern und Frauen sowie andere Nichtdiskriminierungsbestimmungen) die Rechts- und Verwaltungsvorschriften und die für allgemein verbindlich erklärten Tarifverträge oder Schiedssprüche des Bestimmungslandes gelten sollen, jedoch betreffen die tarifrechtlichen Regelungen (gemäß Art. 3 Abs. 1 2. Spstr. in Verbindung mit dem Anhang der Richtlinie) bisher nur den Bereich des Bauhaupt- und Nebengewerbes (z.B. Aushub, Erdarbeiten, Bauarbeiten i.e.S., Umbau, Renovierung ...).

Wenn in allen wesentlichen Aspekten auf das Recht des Herkunftslandes verwiesen wird, tritt das Recht des Volkes des Bestimmungslandes, in seinem Staat das Recht zu geben, der Kern der Freiheit, die Staatsgewalt und Souveränität der Bürger nämlich, deren Hoheit, hinter die Gesetzgebungsmacht oder eben die Staatsgewalt des Volkes des Herkunftslandes zurück. Eine demokratische Legitimation oder

---

[1431] **Art. 4, 6, 49 der Kreditinstitutsrichtlinie (Richtlinie 2013/36/EU des Europäischen Parlaments und des Rates vom 26. Juni 2013).**

[1432] J. Stark, Bankenaufsicht ja – aber nicht bei der EZB, Interview Wirtschaftsmagazin vom 17. Juli 2012 mit A. Kunz und K. Handschuh.

[1433] Richtlinie 96/71/EG des Europäischen Parlaments und des Rates v. 16. 12. 1996 über die Entsendung von Arbeitnehmern im Rahmen der Erbringung von Dienstleistungen, ABl. Nr. L 18/1.

besser republikanische Legalität hat nur das Recht des Bestimmungslandes, nicht auch das des Herkunftslandes im Bestimmungsland. Nur das Bestimmungslandprinzip ist mit dem Subsidiaritätsprinzip sowohl des Art. 23 Abs. 1 S. 1 GG wie mit Art. 5 EUV vereinbar[1434]. Die Grundfreiheiten sind zur Ermächtigung gemacht worden, andere Völker fremdzubestimmen, das Gegenteil der Freiheit als Selbstbestimmung, nämlich Heteronomie anstelle von Autonomie des Willens. Die Grundfreiheiten werden durch die Praxis des Herkunftslandprinzips gegen das demokratische Prinzip und damit gegen den Kern der existentiellen Staatlichkeit und Souveränität gewendet. Die Bürger eines Mitgliedstaates, die hohe Standards geschaffen hatten, wie etwa Deutschland, verlieren durch das Herkunftslandprinzip den politischen Einfluß auf ihr Land, eine schmerzliche und souveränitätswidrige Entdemokratisierung. Ein hohes Gemeinschaftsniveau ist augenscheinlich nicht gewollt. Es wäre auch für die weniger entwickelten Mitgliedstaaten schwer erreichbar und würde die bezweckten arbeits- und wettbewerbspolitischen Wirkungen, vor allem den Zwang zu Lohnsenkungen, vereiteln. Die Praxis der Dienstleistungsfreiheit setzt die neoneoliberale Umwandlung der Arbeitsverhältnisse in Warenverhältnisse (Arbeit als Ware, Menschen als Humankapital) fort. Die Würde der Menschen wird durch den Preis für Menschen verdrängt.

Die Grundfreiheiten sind entgegen ihrer eigentlichen Materie von der Rechtsprechung zu Deregulierungsprinzipien umgewandelt[1435] und weitgehend, vertrags- und demokratiewidrig, vom Europäischen Gerichtshof als Grundlage eines Herkunftslandprinzips genutzt worden, das den Weg zum Unionsstaat zügig weiterschreitet, freilich einem Unionsstaat nivellierter Lebensverhältnisse, in dem eine elitäre Bürokratie über entrechtete Untertanen herrscht, denen das wichtigste Recht aus der Hand gewunden wurde, das Recht, unter eigenen Gesetzen zu leben. Václav Klaus, der frühere Präsident Tschechiens, hat die „künstliche Unifizierung" der Union kritisiert und für die Freiheit der Europäer plädiert[1436].

Aus der genannten Treuepflicht der Mitgliedstaaten und aus der Integrationsoffenheit und Europarechtsfreundlichkeit des Grundgesetzes (BVerfGE 123, 267, Rn. 240 f.) folgt durchaus die Pflicht, die Rechtsordnungen anderer Mitgliedstaaten grundsätzlich zu „achten"[1437]. Dieses Vertrauen darf aber nicht dazu führen, daß Schutzpflichten vernachlässigt werden und daß das demokratische Prinzip durch das Integrationsprinzip verdrängt wird. Das Volk verliert den Einfluß auf die Schutz-

---

[1434] Dagegen EuGH, Rs. C-415/93, Bosman, Slg. 1995, S. I-4921, Rdn. 81 ff., 92 ff., insb. Rdnn. 95 ff., 105 ff., auch Rdn. 115 ff., S. I-5065 ff.; dazu nicht unkritisch Ch. Seiler, Der souveräne Verfassungsstaat zwischen demokratischer Rückbindung und überstaatlicher Einbindung, S. 348 ff., der freilich Art. 23 Abs. 1 S. 1 GG in diesem Zusammenhang nicht einmal erwähnt.

[1435] Dazu näher K. A. Schachtschneider, Verfassungsbeschwerde Lissabon-Vertrag, 3. Teil, B, II.

[1436] Freiheit für die Europäer, Handelsblatt, Montag, 7. Februar 2011, S. 56.

[1437] Vgl. BVerfGE 18, 112 (117 f., 120 f.) zur Todesstrafe (!?) in Staaten völkerrechtlicher Vertragspartner (Frankreich).

standards, insbesondere für Lebensmittel, sogar entgegen den grundrechtlichen Schutzpflichten[1438], und für das Arbeitsleben. Grundlage der gegenseitigen Anerkennung ist das Vertrauen in die Rechtsstaatlichkeit der anderen Mitgliedstaaten. Immerhin dürfen nur demokratische Rechtsstaaten, welche die Menschenrechte achten, Mitglied in der Europäischen Union sein (Art. 49 i.V.m. Art. 2 EUV), aber was heißt das schon angesichts des demokratischen Niveaus der europäischen Integration? Grund des Demokratieprinzips ist, ganz im Gegensatz zur Hobbesschen Lehre vom Leviathan, nicht das Vertrauen in die Obrigkeit, sondern das Mißtrauen gegenüber Menschen, welche sich die Herrschaft über andere Menschen anmaßen. Es muß Staatsdiener geben. Die aber müssen Diener des Volkes sein. Das sicherzustellen erfordert Institutionen, welche die Wandlung der Staatsdiener in Herren des Volkes wenn schon nicht ausschließen, so doch wenigstens erschweren. Der Parteienstaat ist dafür, wie die Erfahrung lehrt, ungeeignet. Wirksame Gewaltenteilung und Amtszeitbeschränkungen vor allem der Abgeordneten sind unverzichtbar. Im übrigen sind die Schutzpflicht des Staates und das Wahlrecht der Bürger untrennbar verbunden. Das weitgespannte Anerkennungsprinzip ist Ausdruck der existentiellen Staatlichkeit der Europäischen Union, aber demokratiewidrig und souveränitätswidrig. Es verletzt die politische Freiheit des Art. 2 Abs. 1 GG, aber auch das Wahlprinzip des Art. 38 Abs. 1 GG, welches der Freiheit erwächst.

F. Führerstaatliche Rechtlosigkeit

Die Staatsgewalt haben die Staats- und Regierungschefs, die Führer Europas, weitgehend usurpiert. Im „vereinfachten Änderungsverfahren betreffend die internen Politikbereiche der Union" gibt der Vertrag von Lissabon in Art. 48 Abs. 6 EUV den Führern Europas, nämlich dem Europäischen Rat, die Befugnis, „alle oder einen Teil der Bestimmungen des Dritten Teils des Vertrages über die Arbeitsweise der Europäischen Union über die internen Politikbereiche der Union zu ändern". Dieser Dritte Teil umfaßt alle wichtigen Politiken der Union, nämlich den Binnenmarkt, die Wirtschafts- und Währungsunion, die Politik in anderen Bereichen (Beschäftigung, Sozialpolitik, wirtschaftlicher, sozialer und territorialer Zusammenhalt, Landwirtschaft und Fischerei, Umwelt- und Verbraucherschutz, Verkehr, transeuropäische Netze, Forschung, technologische Entwicklung und Raumfahrt), den Raum der Freiheit, der Sicherheit und des Rechts sowie weitere Bereiche (öffentliche Gesundheit, Industrie und Kultur, Tourismus, allgemeine Bildung, Jugend, Sport und berufliche Bildung, Katastrophenschutz und Verwaltungszusammenarbeit). Der Beschluß des Europäischen Rates über die Vertragsänderung bedarf zwar „der Zustimmung der Mitgliedstaaten im Einklang mit den jeweiligen verfassungsrechtli-

[1438] Th. C. W. Beyer, Rechtsnormanerkennung im Binnenmarkt, S. 40; K. A. Schachtschneider, Demokratiedefizite in der Europäischen Union, S. 142 ff.; zur Schutzpflichtdogmatik ders., Umweltschutz, in: ders.: Fallstudien zum Öffentlichen Wirtschaftsrecht, 4. Aufl., Nürnberg 2005, S. 303 ff., Homepage www.KASchachtschneider.de, unter Downloads.

chen Vorschriften", nicht aber der Ratifikation und damit nach dem Vertrag nicht der Zustimmung der Gesetzgebungsorgane, jedenfalls in Deutschland, schon gar nicht nach Art. 59 Abs. 2 GG, weil der Beschluß kein völkerrechtlicher Vertrag ist. Die Zustimmung der Bundesregierung oder auch nur des Bundesaußenministers genügt völkerrechtlich[1439]. Diese ungeheuerliche Entmachtung der Völker und ihrer Parlamente erinnert an das nationalsozialistische Ermächtigungsgesetz vom 24. März 1933, das Gesetz zur Behebung der Not von Volk und Reich, das der Hitlerschen Reichsregierung unumschränkte Gesetzgebungsgewalt eingeräumt hat. Das Bundesverfassungsgericht hat im Lissabon-Urteil dieser Machtusurpation die Spitze abgebrochen und die Vertragsänderungen gemäß Art. 23 Abs. 1 S. 3 GG dem Verfahren der Art. 79 Abs. 2 und 3 GG unterworfen, also von der Zustimmung mit verfassungsgesetzändernder Mehrheit des Deutschen Bundestages und des Bundesrates abhängig gemacht. Aber was bedeuten diese Zustimmungserfordernisse von Gesetzgebungsorganen, die ihrer Entmachtung durch weitere Integrationsschritte schlimmer noch als der Reichstag der Machtergreifung Adolf Hitlers 1933 zuzujubeln pflegen. Damals haben sich immerhin die Sozialdemokraten widersetzt. Die Kommunisten wurden an der Abstimmung gehindert. Fraglos führt die europäische Integration nicht in eine satanische Tyrannis, aber doch in eine Despotie, einen Unrechtsstaat. Das innerstaatliche Demokratiedefizit des Parteienstaates hat ohnehin den faktischen Verlust der nationalen Hoheit möglich gemacht. Erst eine andere Besetzung der gesetzgebenden Häuser vermöchte dem ein Ende zu bereiten. Das wiederum ist ein Problem der demokratiefernen Medienunternehmer, die in der politischen Klasse eine herausragende Macht und auf die die Deutschen nur geringen Einfluß haben. Die Parteigänger im Parlament pflegen ihren Führern zu folgen. Die Republik, wie sie das Grundgesetz verfaßt hat, ist längst ein demokratiewidriger Parteienstaat, ein Staat der Parteien, geworden (Rprp, S. 772 ff., 1945 ff.; PdR, S. 45 ff., 176 ff.)[1440]. Parteienstaaten sind Führerstaaten[1441]. Der Kanzler hat als der mächtigste Politiker, gestützt durch das Kanzlerprinzip des Grundgesetzes (Art. 64 ff.) und die illegale Ämterpatronage (Rprp, S. 1113 ff., 1120)[1442] auch im Staat die Macht eines Führers, weil er Vorsitzender der stärksten Partei ist. Die Macht der Führer Europas ist immerhin dadurch beschränkt, daß sie einstimmig entscheiden

[1439] Vgl. BVerfGE 90, 286 (Ls. 7a, S. 287, S. 357 ff.) zur Entwicklung der NATO-Doktrin; auch schon BVerfGE 68, 1 (84 ff.).

[1440] W. Maihofer, Abschließende Äußerungen der Herausgeber, HVerfR, 2. Aufl. 1994, S. 1709 ff.; K. A. Schachtschneider, Der republikwidrige Parteienstaat, FS H. Quaritsch, S. 141 ff.; H. H. v. Arnim, Fetter Bauch regiert nicht gern. Die politische Klasse – selbstbezogen und abgehoben, 1997, S. 21 ff., passim.

[1441] C. Schmitt, Verfassungslehre, S. 243, 247, 314 f., 319, 325; W. Leisner, Der Führer – Persönliche Gewalt – Staatsrettung oder Staatsdämmerung, 1983, insb. S. 183 ff., 186 ff.; K. A. Schachtschneider, Res publica res populi, S. 1122 ff.; ders., Der republikwidrige Parteienstaat, FS H. Quaritsch, S. 151 ff. (158).

[1442] Dazu K. A. Schachtschneider, Der republikwidrige Parteienstaat, FS M. Quaritsch, S. 151; H. H. v. Arnim, Fetter Bauch regiert nicht gern, S. 226 ff., 230 ff.; R. Wassermann, Die Zuschauerdemokratie, 1986/1989, S. 133 ff., 174 ff.; schon J.-J. Rousseau, Vom Gesellschaftsvertrag, Teil 2, 2. Kapitel.

müssen. Zusammen aber könnten die Führer Europas die Verfassung der Europäischen Union[1443] umwälzen und wenn sie einig sind, pflegen ihre Gefolgsleute keinen Widerspruch zu wagen. Um wirtschaftlicher Vorteile willen pflegen allerdings die meisten Mitgliedstaaten der Politik der großen Mitgliedstaaten zu folgen, Frankreich und Deutschland, das regelmäßig, wenn auch manchmal zögerlich, der französischen Politik folgt.

Gerade wegen einer „Kompetenz-Kompetenz" hatte das Bundesverfassungsgericht im Maastricht-Urteil dem Art. F Abs. 3 EUV (Art. 6 Abs. 4 EUV), der in weiter Interpretation die gleiche verfassungsgebende Macht begründet hätte wie Art. 48 Abs. 6 EUV des Lissabon-Vertrages als Bekundung „politisch-programmatischer Absicht" die Verbindlichkeit abgesprochen (BVerfGE 89, 155 (194, 197 f., vgl. auch 181, 193, 199))[1444]. Das Subsidiaritätsprinzip des Art. 5 EUV kommt gegenüber dieser Ermächtigung nicht zum Tragen[1445]. Im Lissabon-Urteil hat das Gericht dieses Verdikt gegen Art. 311 Abs. 1 AEUV, der zwar denselben Wortlaut wie Art. F Abs. 3 EUV a.F. hat, aber durch seine Stellung auf die Finanzverfassung beschränkt ist, aufrechterhalten (BVerfGE 123, 267, Rn. 323 f.).

Die pluralen Parteienoligarchien der Europäischen Union haben sich die Möglichkeit eines unionsweiten Führerstaates geschaffen. In der Eurokrise wird das Führerprinzip hart praktiziert. Die Führerschaft in den Parteien und durch die Parteien ist nicht freiheitlich, sondern herrschaftlich, also rechtlos (Rprp, S. 71 ff.; PdR, S. 115 ff.). Rechtlosigkeit ist das Definiens von Despotie. Gewaltenteilung unterscheidet seit der Aufklärung die Republik von der Despotie. Zwischen der Regierung und der Gesetzgebung fehlt im Parteienstaat des parlamentarischen Regierungssystems das nötige Maß an Unabhängigkeit ausgerechnet dem Gesetzgeber. Der Europäische Gerichtshof ist trotz mancher nachvollziehbarer Rechtserkenntnisse kein Gericht im freiheitlichen, demokratischen Sinne und stellt deswegen keine gewaltenteilige Gegenmacht dar. Er trägt als Motor der Integration[1446] tatkräftig zur Entdemokratisierung der Lebensverhältnisse bei.

Die Deutschen werden nach wie vor nicht als Bürger geachtet, schon gar nicht in ihrer Souveränität, sondern von der obrigkeitlichen Oligarchie zu Untertanen de-

---

[1443] EuGH v. 23.04.1986 – Rs. 294/83 (Les Verts/Parlament), Slg. 1986, 1339 (1365); EuGH, Slg. 1991, I-6079 (I-6102)). Zum Verfassungscharakter der Gründungsverträge der Europäischen Union Ch. Seiler, Der souveräne Verfassungsstaat zwischen demokratischer Rückbindung und überstaatlicher Einbindung, S. 305 ff., den er trotz Relativierungen bejaht.

[1444] Dazu U. Di Fabio, Der neue Art. 23 des Grundgesetzes, Der Staat 32 (1993), S. 201 (Ausübung der Kompetenz-Kompetenz „Konkretisierung von Souveränität").

[1445] Zu den Generalermächtigungen des Verfassungsvertrages, nämlich die Flexibilitätsklausel des Art. 352 AEUV, die Generalermächtigung zur Mittelbeschaffung in Art. 311 Abs. 1 AEUV und die vereinfachten Vertragsänderungsverfahren nach Art. 48 Abs. 7 (Passerelleverfahren) und dem genannten Art. 48 Abs. 6 EUV für die vereinfachte Vertragsänderung sowie das wirkungslose und verfahrensmäßig entwertete Subsidiaritätsprinzip vgl. K. A. Schachtschneider, Verfassungsbeschwerde Lissabon-Vertrag, 3. Teil, H.

[1446] Kritisch auch U. Di Fabio, Das Recht offener Staaten, S. 55.

gradiert. Es ist allerdings Sache der Deutschen selbst, die Unmündigkeit abzuschütteln und ihre Bürgerlichkeit zu behaupten[1447]. Die selbstverschuldete Unmündigkeit der Menschen ist die Chance der Parteienoligarchie, die sich gar erdreistet, ihre propagandistische Desinformation Aufklärung zu nennen.

G. Erweiterung der Europäischen Union nach Asien

Die großstaatliche Erweiterung wird die Europäische Union über die gegenwärtig 28 Mitgliedstaaten hinausführen. 2007 sind Bulgarien und Rumänien Mitglieder der Union geworden, obwohl dieser Mitgliedschaft wirtschaftlich und politisch große Bedenken entgegenstanden und entgegenstehen. Kroatiens ist 2013 in die Europäische Union aufgenommen worden. Andere Balkanstaaten drängen in die Union, in nicht allzu ferner Zukunft, trotz der gegenwärtigen Diktaturen, die Ukraine, vielleicht sogar Weißrußland, und, bereits in finalen Verhandlungen gemäß den Kopenhagener Kriterien, die Türkei, danach Israel, folgend die Staaten des Nahen Ostens und Nordafrikas, irgendwann vielleicht auch die GUS-Staaten, vielleicht sogar, falls es die Vereinigten Staaten von Amerika zulassen, das große Rußland, ein ebenso europäischer wie asiatischer Großstaat[1448]. Die Europäische Union ist um die Aufnahme dieser Staaten bemüht, außer freilich die Russische Föderation, an deren Mitgliedschaft in der Union die Vereinigten Staaten kein Interesse haben. Sie könnten die Union mit Rußland nicht beherrschen. Die Europäische Union hat sogar die friedliche Koexistenz mit Rußland in Gefahr gebracht, um im engen Verbund mit den Vereinigten Staaten die Ukraine in die Union zu ziehen. Ein Assoziierungsabkommen ist bereits geschlossen. Die Krim hat sich wegen der Westorientierung von der Ukraine separiert. Sie hat in der Russischen Föderation Aufnahme gefunden. Auch ein Teil des Südostens der Ukraine, die Regionen Donezk und Lugansk, die sich jetzt, föderiert, Neurußland nennen, hat die Sezession beschlossen. Diese versucht die Ukraine militärisch zu unterbinden. Zurzeit tobt dort ein Bürgerkrieg, in den der Westen einerseits und Rußland andererseits involviert sind. Der Westen hat Rußland uni sono Annexion der Krim vorgeworfen und deswegen schwere persönliche und wirtschaftliche Sanktionen gegen Rußland verhängt. Dieser Vorwurf ist unbegründet. Eine Sezession und der Anschluß an einen anderen Staat sind keine Annexion durch den Aufnahmestaat, der die Sezession auch militärisch gestützt hat. Rußland hat die Wirkungen der schmutzigen Intervention des Westens im Interesse der großen Mehrheit der Bewohner der Krim, aber auch im eigenen Interesse begrenzt. Ein Verstoß gegen das Völkerrecht kann Rußland nicht angelastet werden[1449].

[1447] Zum Postulat der Aufklärung Kant, Beantwortung der Frage: Was ist Aufklärung? Bd. 9, S. 53 ff.

[1448] Dazu zukunftsoffen U. Di Fabio, Der Verfassungsstaat in der Weltgesellschaft, S. 61.

[1449] K. A. Schachtschneider, Der Kampf um die Krim als Problem des Staats- und Völkerrechts, Zeit-Fragen, 23. Jg. Nr. 9 vom 22. April 2014, S. 1, 2, 4; ders., Ukraine im Separationskrieg, Pour Erika, http://www.pour-erika.de; a. a. O. Luchterhandt, Der Anschluss der

Es hat gute Gründe, seinen Großraum, die Ukraine gehörte bis in den Sommer 2014 zur Gemeinschaft Unabhängiger Staaten (GUS), gegen die agressive Ausdehnung der Europäischen Union und der NATO zu verteidigen.

Die Erweiterung der Europäischen Union ist auch eine Rechtsfrage, weil jedenfalls Deutschland sich durch das Grundgesetz, sowohl in der Präambel als auch in dem Integrationsartikel, entschieden und verpflichtet hat, „als gleichberechtigtes Glied in einem vereinten Europa dem Frieden der Welt zu dienen" bzw. „zur Verwirklichung eines vereinten Europas ... bei der Entwicklung der Europäischen Union" mitzuwirken (Art. 23 Abs. 1 S. 1). Nach Art. 49 EUV kann „jeder Europäische Staat, der die in Artikel 2 genannten Werte (sc.: Achtung der Menschenwürde, Freiheit, Demokratie, Gleichheit, Rechtsstaatlichkeit und die Wahrung der Menschenrechte, einschließlich der Personen, die Minderheiten angehören) achtet und sich für ihre Förderung einsetzt", beantragen, Mitglied der Union zu werden. Nicht jedes Gebiet dieser Welt gehört zu Europa. Der Europabegriff ist wenn nicht schlicht politisch, also formal, geographisch[1450] und bezeichnet einen Erdteil, nicht eine Kultur und schon gar nicht ein strategisches Gebiet.

Die Türkei ist ein asiatischer Staat, der seit der Eroberung Konstantinopels im Jahre 1453 mit dem kleineren Teil des jetzigen Istanbul nach Europa hineinragt. Das verschafft keinen europäischen Status, wenn auch der Türkei seit dem Assoziierungsvertrag vom 12. September 1963 die spätere Mitgliedschaft zunächst in der Europäischen Wirtschaftsgemeinschaft versprochen und in der Regierungskonferenz vom 13. Dezember 2002 ihr Status als Beitrittskandidat zur Europäischen Union begründet wurde. Über den Beitritt wird ergebnisoffen, politisch weitestgehend gebunden, seit dem 3. Oktober 2005 verhandelt. Die Verhandlungen sind zähflüssig. Die Bereitschaft der Türkei, der Europäischen Union beizutreten, ist in jüngerer Zeit zweifelhaft geworden. Die Versprechen der Regierungen verpflichten nicht die Völker, die gemäß ihren Verfassungsgesetzen über den Beitritt der Türkei zur Europäischen Union zu entscheiden und damit auch zu befinden haben, ob die Türkei zu Europa gehört[1451]. Der Idee der europäischen Integration entspricht die Aufnahme der Türkei keinesfalls, weil trotz aller (mißverstandener[1452]) Religionsgrundrechte die kulturelle Bindung der Europäer aus dem gemeinsamen Christentum erwächst, sei dies auch noch so sehr säkularisiert und durch Aufklärung überlagert. Die Türkei ist ihrerseits trotz des säkularisierenden Kemalismus, dessen Wirkung schwächer und schwächer wird, ein islamisches Land. Wenn die Europäische Union den Weg

---

Krim an Russland aus völkerrechtlicher Sicht, ArchVR, 2014, S. 137 ff., einseitig, nicht lege artis.

[1450] Th. Oppermann, Europarecht, § 21, Rdn. 8, S. 699 („grundsätzlich" (?); D. Murswiek, Der Europa-Begriff des Grundgesetzes, in: J. Brohmer u. a. (Hrsg.): Internationale Gemeinschaft und Menschenrechte, FS G. Ress, 2005, S. 657 ff.

[1451] Dazu Th. Oppermann, Europarecht, § 32, Rdn. 31 f., S. 710, selbst skeptisch („Schicksalsfrage des europäischen Einigungsprozesses").

[1452] Dazu K. A. Schachtschneider, Grenzen der Religionsfreiheit am Beispiel des Islam, 2010, 2. Aufl. 2011.

zum existentiellen Bundesstaat weitergeht, den der Vertrag von Lissabon beschreitet, ist ein Mindestmaß an religionspolitischer Homogenität unverzichtbar[1453]. Die Religionsgrundrechte verpflichten nicht, bei der Entscheidung über die gemeinsame existentielle Staatlichkeit, die Religion des beitretenden Volkes zu ignorieren. Die Mitgliedstaaten der Europäischen Union sind berechtigt, ihre religiöse Homogenität zu wahren, wenn sie auch die Religionsgrundrechte jedes einzelnen Menschen in ihrem Staat (Art. 18 AEMR, Art. 9 EMRK, Art. 4 Abs. 1 und 2 GG) zu achten verpflichtet sind. Kein Mensch muß jedoch die Hand dafür reichen, daß aus seinem christlichen und/oder aufklärerischen ein islamisches Land wird. Wenn freilich die Integration auf eine Wirtschaftsgemeinschaft und die Grundfreiheiten, wie sie ursprünglich vereinbart waren, auf völkerrechtliche Verpflichtungen zurückgeführt werden, welche vor allem das Bestimmungslandprinzip respektieren, stellt sich die Frage nach dem Beitritt der Türkei anders, jedenfalls ist das Problem der unterschiedlichen Religionen dann weniger bedeutsam. Maßgeblich ist jedoch der Begriff Europa.

Ein Großstaat Europa wird der freiheitlichen Souveränität der Bürger, der Volkssouveränität, keine Chance lassen, schon gar nicht ein Großstaat, der nach Asien und Afrika hineinragt. Das wird vielleicht ein mächtiges Reich wie einst das Römische Reich, das Reich Dschingis Khans, die Sowjetunion, früher und heute China und auch noch die Vereinigten Staaten von Amerika, aber dieses Reich wird wie all die genannten Reiche außer in Grenzen das zuletzt genannte, keine Republik, kein Gemeinwesen der Freiheit sein. Das können nur die Nationen sein, jedenfalls in Europa[1454]. Aber es gibt Politiker und Autoren, die träumen von dem großen Reich und der großen Macht, als könnten sie der neue Caesar werden.

H. Souveränitätswidrige Währungsunion

I. Existentielle nationale Währungshoheit

Zur Souveränität und existentiellen Staatlichkeit eines Volkes gehört die Währungshoheit[1455]. Geld ist gesetzliches Zahlungsmittel, nämlich, wie das Reichsgericht

[1453] Zur republikanischen Homogenität K. A. Schachtschneider, Res publica res populi, S. 1177 ff.; zum Homogenitätsaspekt weitere Hinweise in Fn. 968.

[1454] Die nationale Essens Deutschlands hebt auch K. Stern, Staatsrecht V, S. 343 ff., 349 ff., 1708 f., 2158, 2163 hervor; nicht unkritisch zur „Herrschaftsausdehnung durch Auflösung von Staatsgrenzen" und der „europäischen Integration" als „gewagtem Spiel mit Staatsgrenzen" U. Di Fabio, Der Verfassungsstaat in der Weltgesellschaft, S. 54 ff.

[1455] J. Bodin, République I, 10, p. 162 f, 223 f.; vgl. E.-W. Böckenförde, Die Zukunft politischer Autonomie. Demokratie und Staatlichkeit im Zeichen von Globalisierung, Europäisierung und Individualisierung, in: ders., Staat, Nation, Europa, 2000, S. 103 ff., 118; P. Häberle, Europa als werdende Verfassungsgemeinschaft, DVBl 2000, 840 ff., 846; D. Murswiek, Maastricht und der Pouvoir constituant, Der Staat 32 (1993), S. 161 ff., 181; H. Quaritsch, Über Gegenwart und Zukunft des deutschen Nationalstaats, S. 83 ff., 94 und ff.;

1919 ausgesprochen hat, „Wertmesser und Zahlungsmittel nur kraft staatlicher Anerkennung, also nur in den Grenzen des eigenen Staatsgebiets. Im Auslande nimmt das inländische Geld die Natur einer Ware an, deren Preis sich nach dem Devisenkurs bestimmt“[1456]. Geld ist, wenn auch andere Wertmesser und Zahlungsmittel, wie Gold, Zigaretten, in Betracht kommen, demgemäß kraft Gesetzes eine Institution des Staates und von größter politischer, also freiheitlicher Relevanz. Mittels der Währungspolitik wird das Geld- und Kreditwesen gesteuert. Die Währungspolitik ist essentiell für die wirtschaftliche Entwicklung eines Gemeinwesens[1457]. Sie hat wesentlichen Einfluß auf die wirtschaftliche Stabilität einer Volkswirtschaft, nicht nur auf die Preisstabilität, sondern auch auf die Beschäftigungslage, das Wachstum und das außenwirtschaftliche Gleichgewicht[1458]. Das Bundesverfassungsgericht hat im Maastricht-Urteil die außerordentliche Bedeutung der Währungspolitik für die Stabilität Deutschlands herausgestellt und dies im Euro-Beschluß unterstrichen (BVerfGE 89, 155 (200 ff.); 97, 350 (370 ff.))[1459]. Im Urteil zur Griechenlandhilfe und zum vorläufigen Rettungsschirm vom 7. September 2011, 2 BvR 987, 1485, 1099/10, BVerfGE 129, 124 ff., hat das Gericht im Leitsatz 4 noch einmal klargestellt:

> „Die vertragliche Konzeption der Währungsunion als Stabilitätsgemeinschaft ist Grundlage und Gegenstand des deutschen Zustimmungsgesetzes (BVerfGE 89, 155 <205>)“,

und zu Rn. 129 (BVerfGE 129, 124 (181 f.); vgl. auch BVerfGE 132, 195 (243, Rn. 115); BVerfG BvR 2728 ff./13, Beschluß vom 14. Januar 2014, Rn. 43) ausgeführt:

> „Die Bestimmungen der europäischen Verträge stehen dem Verständnis der nationalen Haushaltsautonomie als einer wesentlichen, nicht entäußerbaren Kompetenz der unmit-

---

T. Stein, Europäische Union. Gefahr oder Chance für den Föderalismus in Deutschland, Österreich und der Schweiz? VVDStRL 53 (1994), S. 26 ff., 31.

[1456] RGZ 96, 262 (265); dazu R. Knieper, Nationale Souveränität, S. 99 ff.

[1457] H. Tietmeyer, Währungsunion, ein Weg ohne Umkehr, Integration 15 (1972), S. 17 ff.; ders., Probleme einer Europäischen Währungsunion und Notenbank, in: J. Isensee (Hrsg.), Europa als politische Idee und als rechtliche Form, 1993, S. 45 ff., 49, 54 f.; F. U. Willeke, Die Europäische Währungsunion als ordnungspolitische und stabilitätspolitische Fehlkonstruktion, in: E. Kantzenbach/O. G. Mayer, Europäische Gemeinschaft – Bestandsaufnahme und Perspektiven, 1993, S. 41 ff.; H. Steinberger, Der Verfassungsstaat als Glied einer europäischen Gemeinschaft, VVDStRL 50 (1991), S. 16, Fn. 20; K. A. Schachtschneider, Die existentielle Staatlichkeit der Völker Europas, S. 129 f.; ders., Wirtschaftliche Stabilität als Rechtsprinzip, in: W. Hankel/W. Nölling/K. A. Schachtschneider/J. Starbatty, Die Euro-Illusion. Ist der Euro noch zu retten? 2001, S. 314 ff.; ders., Verfassungsbeschwerde Lissabon-Vertrag, 3. Teil, C II, auch zum Folgenden.

[1458] Dazu W. Hankel/W. Nölling/K. A. Schachtschneider/J. Starbatty, Die Euro-Klage. Warum die Währungsunion scheitern muß, 1998, insb. die volkswirtschaftliche Analyse, S. 25 ff., aber auch die rechtliche Würdigung, S. 192 ff.; dies., Die Euro-Illusion, insb. J. Starbatty, Euro – der Stabilitätsbruch, S. 53 ff., W. Hankel, Euro – der Integrationsbruch, S. 191 ff.

[1459] Dazu K. A. Schachtschneider, Die existentielle Staatlichkeit der Völker Europas, S. 129 ff.; ders., Wirtschaftliche Stabilität als Rechtsprinzip, S. 314 ff.

telbar demokratisch legitimierten Parlamente der Mitgliedstaaten nicht entgegen, sondern setzen sie voraus. Ihre strikte Beachtung gewährleistet, dass die Handlungen der Organe der Europäischen Union in und für Deutschland über eine hinreichende demokratische Legitimation verfügen (BVerfGE 89, 155 <199 ff.>; 97, 350 <373>). Die vertragliche Konzeption der Währungsunion als Stabilitätsgemeinschaft ist Grundlage und Gegenstand des deutschen Zustimmungsgesetzes (BVerfGE 89, 155 <205>). Die Verträge laufen dabei nicht nur hinsichtlich der Währungsstabilität mit den Anforderungen des Art. 88 Satz 2 GG, gegebenenfalls auch des Art. 14 Abs. 1 GG, parallel, der die Beachtung der Unabhängigkeit der Europäischen Zentralbank und das vorrangige Ziel der Preisstabilität zu dauerhaft geltenden Verfassungsanforderungen einer deutschen Beteiligung an der Währungsunion macht (vgl. Art. 127 Abs. 1, Art. 130 AEUV). Auch weitere zentrale Vorschriften zur Ausgestaltung der Währungsunion sichern unionsrechtlich verfassungsrechtliche Anforderungen des Demokratiegebots. Zu nennen sind in diesem Zusammenhang insbesondere das Verbot des unmittelbaren Erwerbs von Schuldtiteln öffentlicher Einrichtungen durch die Europäische Zentralbank, das Verbot der Haftungsübernahme (Bail-out-Klausel) und die Stabilitätskriterien für eine tragfähige Haushaltswirtschaft (Art. 123 bis 126, Art. 136 AEUV). Ohne dass es hier auf die Auslegung dieser Bestimmungen im Einzelnen ankäme, lässt sich ihnen doch entnehmen, dass die Eigenständigkeit der nationalen Haushalte für die gegenwärtige Ausgestaltung der Währungsunion konstitutiv ist, und dass eine die Legitimationsgrundlagen des Staatenverbundes überdehnende Haftungsübernahme für finanzwirksame Willensentschließungen anderer Mitgliedstaaten – durch direkte oder indirekte Vergemeinschaftung von Staatsschulden – verhindert werden soll".

Die außerordentliche Relevanz der Währungspolitik für die existentielle Staatlichkeit hat zur fast allgemeinen Erkenntnis geführt, daß eine einheitliche Währung die Wirtschafts- und Sozialunion, letztlich die Politische Union, erzwinge[1460]. Demgemäß ist die Einführung der Währungsunion als der Hebel zur Politischen Union, zur Entwicklung des existentiellen Unionsstaates, angesehen und eingesetzt worden[1461]. Derzeit, nach dem Scheitern des Euro in der Konzeption des Maastricht-Vertrages, wird dieser Hebel offen angesetzt. Die Mitgliedstaaten, deren Währung der Euro ist, haben als solche keine währungspolitischen Befugnisse mehr, vielmehr hat die Europäische Union nach Art. 3 Abs. 1 lit c AEUV die ausschließliche Zuständigkeit für deren Währungspolitik. Dennoch ist den Euroländern ein wesentlicher Einfluß auf die Währungspolitik geblieben, wie die Maßnahmen erweisen,

---

[1460] H. Steinberger, Der Verfassungsstaat als Glied einer europäischen Gemeinschaft, VVDStRL 50 (1991), S. 16 Fn. 20; i.d.S. H. Tietmeyer, Probleme einer europäischen Währungsunion und Notenbank, S. 45, 53 ff. (Währungsunion erfordert die politische Union); auch J. Basedow, Von der deutschen zur europäischen Wirtschaftsverfassung 1992, S. 39; K. A. Schachtschneider/A. Emmerich-Fritsche/Th. C. W. Beyer, Der Vertrag über die Europäische Union und das Grundgesetz, JZ 1993, 752; klar W. Hankel, Europas Währungsunion kommt zu früh, in: M. Brunner (Hrsg.), Kartenhaus Europa? 1993, S. 69 ff.; W. Hankel/W. Nölling/K. A. Schachtschneider/J. Starbatty, Die Euro-Klage, S. 27 ff., 247 ff.; W. Hankel/J. Starbatty, Nizza: Es wird keine politische Union geben, in: W. Hankel u. a., Die Euro-Illusion, S. 241 ff.; auch W. Hankel, Euro – der Integrationsbruch, daselbst, S. 191 ff., insb. S. 225 ff.

[1461] Dazu (kritisch) W. Hankel/J. Starbatty, Nizza: Es wird keine politische Union geben, S. 241 ff.

welche den Euro zu retten versuchen[1462]. Die Währungsunion ist dem eigenständigen Europäischen System der Zentralbanken und insbesondere der Europäischen Zentralbank überantwortet (Art. 127 ff. AEUV). Nach Art. 130 AEUV dürfen weder die Europäische Zentralbank noch die nationalen Zentralbanken noch ein Mitglied ihrer Beschlußorgane Weisungen von Organen, Einrichtungen, sonstigen Stellen der Union, Regierungen der Mitgliedstaaten oder anderen Stellen einholen oder entgegennehmen. Die Unabhängigkeit des Zentralbanksystems mit allen ihren Einrichtungen ist in der Erwartung, daß dadurch das vorrangige Ziel der Währungspolitik, die Preisstabilität, bestmöglich gefördert wird, extrem weit getrieben, durchaus weiter als vormals die Unabhängigkeit der Deutschen Bundesbank. Das Europäische System der Zentralbanken und die Europäische Zentralbank sind lediglich an die Unionsverträge (einschließlich der Protokolle) über ihre Satzung (Art. 129 Abs. 2 AEUV) gebunden[1463]. Die währungspolitisch erfolgreiche Deutsche Bundesbank war zwar nach § 12 BbankG ebenfalls unabhängig, aber diese Unabhängigkeit beruhte auf Gesetz, nicht auf einem schwer änderbaren völkerrechtlichen Vertrag und im übrigen war die Bundesbank dem einfachen Gesetz unterworfen, das seine Ziele, seine Aufgaben, seine Befugnisse und seine Instrumente ändern konnte. Die außerordentliche Unabhängigkeit des Zentralbanksystems und zumal der Europäischen Zentralbank ist mit dem demokratischen Prinzip unvereinbar, wie mehr oder weniger auch das Bundesverfassungsgericht im Maastricht-Urteil eingeräumt hat (BVerfGE 89, 155 (199, 207 ff.))[1464]. Die Entdemokratisierung der Währungspolitik ist nicht mit der fachlichen Aufgabe der Zentralbank zu rechtfertigen. In der Republik muß jede Aufgabe fachgerecht, meist wissenschaftlich, bewältigt werden. Gerade im Interesse größtmöglicher Fachlichkeit und Sachlichkeit ist das demo-

[1462] Dazu die von mir vertretenen Verfassungsbeschwerden der Professoren W. Hankel, W. Nölling, K. A. Schachtschneider, D. Spethmann, J. Starbatty gegen die Griechenlandhilfe und den Eurorettungsschirm zu den Aktenzeichen 2 BvR 987 und 1485/10 und der Professoren W. Hankel, W. Nölling, K. A. Schachtschneider, J. Starbatty und Dr. Bruno Bandulets gegen die Zustimmungsgesetze zum Art. 136 Abs. 3 AEUV, zum ESM und zum Fiskalvertrag, gegen das ESM-Finanzierungsgesetz, gegen den Euro-Plus-Pakt, gegen die sechs Rechtsakte der EU zur Einrichtung einer Wirtschaftsregierung und gegen die Maßnahmen des ESZB und der EZB zur Staatsfinanzierung zum Aktenzeichen 2 BvR 1421/12, Homepage www.KASchachtschneider.de, unter Downloads; näher K. A. Schachtschneider, Die Rechtswidrigkeit der Euro-Rettungspolitik, 2011; vgl. das Urteil des Bundesverfassungsgerichts vom 7. September 2011 zu den Aktenzeichen 2 BvR 987 und 1485/10, BVerfGE 129, 124 ff.

[1463] Absatz 3 des Art. 129 AEUV ermöglicht die Änderung gewisser Satzungsbestimmungen gemäß dem ordentlichen Gesetzgebungsverfahren entweder auf Empfehlung der Kommission und nach Anhörung der Europäischen Zentralbank oder auf Empfehlung der Europäischen Zentralbank nach Anhörung der Kommission. Absatz 4 dieser Vorschrift ermöglicht dem Rat nach Anhörung des Europäischen Parlaments auf Vorschlag der Kommission und nach Anhörung der Europäischen Zentralbank oder auf Empfehlung der Europäischen Zentralbank und nach Anhörung der Kommission die in bestimmten Artikeln genannten Bestimmungen zu erlassen.

[1464] Dazu K. A. Schachtschneider, Die existentielle Staatlichkeit der Völker Europas, S. 130 f.

kratische Prinzip entwickelt (Rprp, S. 560 ff., insb. S. 567 ff.)[1465]. Art. 48 Abs. 6 EUV ermöglicht freilich im vereinfachten Vertragsänderungsverfahren auch die Unabhängigkeit der Europäischen Zentralbank aufzuheben[1466]. Die Unabhängigkeit der Europäischen Zentralbank hat schon die erste Bewährungsprobe nicht bestanden. Die Bank unterstützt entgegen Art. 123 AEUV die Eurorettungsversuche der Regierungen mit Ankäufen von wertlosen Anleihen überschuldeter Euroländer[1467] und entgegen Art. 127 Abs. 1 AEUV mit außerordentlicher Geldmengenerweiterung durch Kredite an die Geschäftsbanken, die zurzeit nur noch mit 0, 05 % zu verzinsen sind, deren inflationäre Wirkung langfristig unvermeidlich sein dürfte. Eine hinreichende Theorie der monetären Geldmengenerweiterung in einer golobalen Finanzwelt, in der die private Geldschöpfung so gut wie unbegrenzt ist und die Geldmenge die realwirtschaftlich erforderliche Menge um das zwölffache übersteigt, hat niemand zur Hand. Die Vermögensinflation ist allerdings offenkundig. Niedrigzinspolitik und Erwerb von Staatsanleihen dienen jedenfalls vornehmlich der Staatsfinanzierung, nicht aber der Preisstabilität. Die gegenwärtige Preisstabilität ist die Folge der Deflation in einigen Euroländern, die mit der Austeritätspolitik geradezu erzwungen worden ist. Die Investitionen in diesen Ländern, welche die Zentralbank mit der Niedrigzinspolitik zu beleben vorgibt, bleiben aus, weil sie den Unternehmern nicht erfolgversprechend zu sein scheinen, aus guten Gründen. Der Binnenmarkt läßt Unternehmen in diesen Ländern keine Wettbewerbschance auf dem europäischen und erst recht nicht auf dem globalen Markt[1468].

Ein Staat hat die Ausübung seiner Souveränität im Wesentlichen aufgegeben, wenn er die Währungspolitik aus der Hand gegeben hat. Er kann dann die Wirtschaft nicht mehr geld- und kreditpolitisch, also nicht mehr wirksam steuern. Auch die Sozialpolitik wird dadurch erheblich behindert, wie die reale (nicht die statistisch vorgetäuschte) Entwicklung der Arbeitslosigkeit, zunehmend in Form niedrig entlohnter Teilzeitarbeit, und der Armut in Deutschland, in dem sich eine Neue Soziale Frage[1469] entwickelt (hat), zeigt. Nicht allein die Zahl der Arbeitsverhältnisse, die gestiegen ist, ist maßgeblich, sondern die Qualität der Arbeitsverhältnisse. Der Lohn für die Arbeit muß einem Arbeitnehmer und seiner Familie nach Art. 23 Abs. 3 der Allgemeinen Erklärung der Menschenrechte eine menschenwürdige Existenz si-

---

[1465] K. A. Schachtschneider, Die existentielle Staatlichkeit der Völker Europas, S. 130 f.

[1466] Dazu K. A. Schachtschneider Verfassungsbeschwerde Lissabon-Vertrag, 3. Teil, H II.

[1467] Dazu die Verfassungsbeschwerden gegen den Eurorettungsschirm zum Aktenzeichen 2 BvR 987/10 und 1485/10 vom 7. Mai 2010 bzw. vom 5. Juli 2010 und 2 BvR 1421/12 vom 29. Juni 2012.

[1468] K. A. Schachtschneider, Europa neu denken. Restrukturierung der Volkswirtschaften, http://www.pour-erika.de; ders. Unechter Freihandel, http://www.pour-erika.de.

[1469] Zur sozialen Frage des 19. Jahrhunderts grundlegend L. von Stein, Geschichte der sozialen Bewegung in Frankreich von 1789 bis auf unsere Tage, in drei Bänden, 1850, 1921/1959; dazu kurz. Ch. Seiler, Der souveräne Verfassungsstaat zwischen demokratischer Rückbindung und überstaatlicher Einbindung, S. 41 ff.; K. A. Schachtschneider, Flächentarife und die soziale Frage, 2004, in: ders., Freiheit – Recht – Staat, hrsg. v. D. I. Siebold/A. Emmerich-Fritsche, 2005, S. 324 ff.

chern, „gegebenenfalls ergänzt durch andere soziale Schutzmaßnahmen". Mit letzteren sind nicht Lohnergänzungsmaßnahmen gemeint, wie die nähere Regelung in Art. 7 des Internationalen Paktes über wirtschaftliche, soziale und kulturelle Rechte erweist. Von einem Arbeitseinkommen kann nur noch selten eine Familie leben, schon gar nicht eine große. Die Frauen sind wirtschaftlich zur Arbeit gezwungen und haben deswegen immer weniger Kinder. Das wird als Selbstverwirklichung ideologisiert. In den durch die Währungseinheit und deren Verteidigung in die Rezession getriebenen Peripheriestaaten der Union ist die Arbeitslosigkeit extrem hoch, in Spanien 25 %, die der jungen Menschen, die nach Arbeit suchen, mehr als 50 %. Soziale Unruhen sind an der Tagesordnung.

II. Währungsunion als Integrationshebel

Währungspolitik ist Vertrauenssache. Es ist viel Geld aufgewandt worden, um Vertrauen in den Euro zu erschleichen. Diese das demokratische Prinzip der Transparenz[1470] tief verletzenden Täuschungsversuche waren erfolglos. Agitation und Propaganda können kein Vertrauen begründen. Das Bundesverfassungsgericht hätte im Euro-Prozeß 1998 ein Minimum an Vertrauen in die Rechtlichkeit der Politik wieder herstellen können. Es hat diese Chance nicht wahrgenommen, weil daran das Projekt Währungsunion gescheitert wäre. Die reale Konvergenz der mitgliedstaatlichen Volkswirtschaften für eine einheitliche Währung fehlte und ist in absehbarer Zeit nicht erreichbar[1471]. Seit der Währungseinheit hat sich, wie die ökonomischen Gesetze das erwarten ließen, die Divergenz der beteiligten Volkswirtschaften verstärkt. Der Wille der Führer Europas und der Opportunismus der Verfassungsorgane, jedenfalls in Deutschland, genügten, um der Währungsunion den Weg zu ebnen. Das erweist, daß es den Parteiführern in den staatlichen Organen nicht auf die Stabilität der Währung ankam und ankommt, sondern auf ein anderes Ziel, nämlich den existentiellen Staat Europa zu Lasten der Souveränität der Mitgliedstaaten, welches, wenn die Völker gefragt würden, nicht zu erreichen zu sein dürfte. Darum ist der Hebel der Währungsunion, welcher die weitere Integration Europas erzwingen soll, angesetzt worden. Es geht darum, Deutschland, das gar keinen Sonderweg in Europa gehen will und auch nicht gehen kann, institutionell einzubinden, koste es, was es wolle. Die materielle Souveränität Deutschlands wird nicht geduldet, die formelle soll möglichst genommen werden. Entgegen dem Amtseid, seine „Kraft dem Wohle des deutschen Volkes zu widmen, dessen Nutzen zu mehren, Schaden von diesem zu wenden", hat der damalige Bundeskanzler Helmut Kohl nicht nur seine Hand zu dieser Politik gereicht, sondern sich zum eifrigsten Aktivisten der gegen die deutschen und der Sache nach auch gegen die

---

[1470] Zum Transparenzdefizit der europäischen Union M. Kaufmann, Europäische Integration und Demokratieprinzip, S. 273 f.

[1471] W. Hankel/W. Nölling/K. A. Schachtschneider/J. Starbatty, Die Euro-Klage, S. 25 ff., 63 ff., 214 ff.

europäischen Interessen gerichteten Maastricht-Politik gemacht. Sein Nachfolger Gerhard Schröder hat genauso wie dessen Nachfolgerin Angela Merkel die Politik des Vorgängers fortgesetzt, die schon von Kohls Vorgänger Helmut Schmidt tatkräftig betrieben worden war und von diesem mit seiner großen Altersautorität und mit all seinem schauspielerischen Talent weiter unterstützt wird. Die Pflichten aller anderen Organwalter sind keine anderen als die des Bundeskanzlers nach Art. 56 i. V. m. Art. 64 Abs. 2 GG. Auch sie haben „das Grundgesetz und die Gesetze des Bundes zu wahren und zu verteidigen, ihre Pflichten gewissenhaft zu erfüllen und Gerechtigkeit gegen jedermann zu üben". Die Erwartung, daß diese Organwalter diese ihre Verpflichtung erfüllen würden, haben die meisten von ihnen, vor allem Abgeordnete des Deutschen Bundestages, gründlich enttäuscht und damit dem Deutschen Volk schweren Schaden zugefügt. Die Schäden des von vornherein zum Scheitern verurteilten Projekts Währungsunion[1472], die ins Unermeßliche wachsen, müssen die betroffenen Völker, vornehmlich das Deutsche Volk, tragen. Die Währungsunion, wie sie die Unionsverträge gestaltet haben, ist gescheitert. Um die Währungsunion zu verwirklichen, wird jetzt die Union umgewälzt, gegen die Verträge und gegen die Verfassungsgesetze.

Der Weg von einer politischen Union und damit vor allem von einer Wirtschafts- und Sozialunion zur Währungsunion, den die Ökonomen als Krönungstheorie konzipieren[1473], war nicht durchsetzbar. Darum versucht die Politik, Deutschland gedrängt von den Mitgliedstaaten, die sich davon vor allem wirtschaftliche Vorteile versprechen, wie schon im Maastricht-Vertrag angelegt, den umgekehrten Weg zu gehen, nämlich den von der Währungsunion zur Wirtschafts- und Sozialunion, letztlich zur politischen Union. Der Hebel ist gut angesetzt; denn die Währungsunion erzwingt die Wirtschafts- und vor allem die Sozialunion. Sonst kann eine solche nur scheitern und die der Union ist gescheitert. Die volkswirtschaftlichen Leistungsunterschiede konnten und können nicht mehr durch Veränderungen der Währungsverhältnisse (Abwertungen/Aufwertungen administrativer oder faktischer Art) ausgeglichen werden. Der Faktor Arbeit ist nicht wie in den Vereinigten Staaten von Amerika derart flexibel, daß er das zu kompensieren vermag[1474], im übrigen ein

---

[1472] W. Hankel/W. Nölling/K. A. Schachtschneider/J. Starbatty, Die Euro-Klage. Warum die Währungsunion scheitern muß, 1998. In dieser Schrift ist das Scheitern des Euro, das sich gegenwärtig vollzieht, in seinem Ablauf vorausgesagt, bereits mit den lange tabuisierten Aspekten wie Finanzunion und Transferunion, die unvermeidbar werden, wenn die Währungsunion eine Chance haben soll (Euro-Klage, ökonomisch S. 130 ff., rechtlich S. 252 ff.). Die Bedenken haben die Autoren in der Schrift: Die Euro-Illusion. Ist Europa noch zu retten, 2001, weiterentwickelt.

[1473] Dazu J. Starbatty, Die politische Dimension der EURO – Zehn Thesen, in: R. Hasse/ders. (Hrsg.), Wirtschafts- und Währungsunion auf dem Prüfstand, 1997, S. 41 ff., 43 ff.; auch C. Watrin, Währungsunion und supranationale Staatlichkeit, daselbst, S. 31 ff., 35 ff.; K. Biedenkopf, Das Euro-Experiment – Vollendung der Integration oder Überforderung der Union? in: H.-U. Jörges (Hrsg.), Der Kampf um den Euro. Wie riskant ist die Währungsunion? 1998, S. 41.

[1474] Zur Belastung des Arbeitsmarktes durch eine einheitliche Währung J. Starbatty, Die politische Dimension des EURO – Zehn Thesen, S. 55 ff.; zur Notwendigkeit eines flexiblen

ökonomisches Postulat, welches das Menschenrecht der Freizügigkeit zu einer existenzsichernden Pflicht umwandelt. Jeder Mensch ist berechtigt, in seinem Land zu leben, dessen Sprache er spricht, in dem seine Familie und seine Freunde leben und dessen Lebensverhältnisse er gewohnt ist, in seiner Heimat also, ein Prinzip, das Integrationisten gern tabuisieren. Auch das Recht zu bleiben gehört zu den Menschenrechten[1475]. Niemand darf aus seinem Gemeinwesen herausgedrängt werden, auch nicht ökonomisch. Solche Maßnahmen sind mit dem Solidarprinzip oder Sozialprinzip des Art. 20 Abs. 1 GG, ja mit dem Staatsprinzip eines Volkes unvereinbar. Jetzt dient die gescheiterte Währungsunion als Hebel zur politischen Union. Aber er besteht nur noch aus der unbegründeten Verängstigung der Menschen, der Schritt zurück zu nationalen Währungen werde den Wohlstand ruinieren. Ökonomisch ist das Gegenteil richtig, wenn auch erhebliche Umstellungsschäden nicht zu vermeiden sein werden. Diesen Schaden hat die politische Klasse verschuldet und der Schaden, den die Währungsunion bereits verursacht hat und weiter verursachen wird, ist weitaus größer, nicht nur für Deutschland und die anderen Euroländer mit tragfähiger Zahlungsbilanz, sondern auch und vor allem für die Euroländer, die sich entgegen ihrer Leistungsfähigkeit auf Grund der Zinssubvention in nicht tragbare Schulden gestürzt haben und zudem gerade wegen der einheitlichen Währung nicht in der Lage waren, ihre Wirtschaft weltmarktfähig zu entwickeln. Die politische Klasse will keinesfalls das politische Projekt „Europa", d. h. die Integration der Union zum Bundesstaat, aufgeben, durch wen und wodurch auch immer motiviert, jedenfalls ohne Rücksicht auf die wirtschaftliche Vernunft und ohne die Völker gefragt zu haben. Der politische Hebel kann halten, wenn er nicht am Recht bricht, weil das Bundesverfassungsgericht dem verfassungswidrigen Unternehmen Einhalt gebietet. Sonst bleibt dem Volk nur der Widerstand, den Art. 20 Abs. 4 GG als Grundrecht schützt und der gegen das große Unrecht sittliche Pflicht ist.

Die Währungsunion hat auch Reparationsfunktion und dient wie die Union überhaupt der souveränitätswidrigen Einbindung Deutschlands. Sie wird aber ihren politischen Zweck, den Unionstaat herbeizuzwingen, der den Kampf um den Euro bestimmt, verfehlen, aus wirtschaftlichen und aus rechtlichen Gründen. Die Währungsunion dient gerade durch ihr Scheitern als Hebel zur Staatswerdung der Europäischen Union und ist dadurch ein Instrument der Entdemokratisierung und damit das griffigste Instrument, die Souveränität der Mitgliedstaaten der Union und damit Deutschlands zu beenden. Diese Politik ist ein Umsturzversuch.

Arbeitsmarktes, wenn Abwertungen nicht möglich sind, W. Hankel, Europa wird am EURO scheitern, in: H.-U. Jörges (Hrsg.), Der Kampf um den Euro. Wie riskant ist die Währungsunion? 1998, S. 149 ff.

[1475] K. Hailbronner, Freizügigkeit, HStR, Bd. VI, Freiheitsrechte, 1989, § 131, Rdn. 31, S. 156.

III. Euro als souveränitätswidrige Staatsräson der Europäischen Union

Mit dem Vertrag zur Errichtung des Europäischen Stabilitätsmechanismus vom 20. Februar 2012 (ESM) und dem Vertrag über die Stabilität, Koordinierung und Steuerung in der Wirtschafts- und Währungsunion vom 2. März 2012, der meist verkürzt Fiskalpakt genannt wird, will die Europäische Union einen permanenten Schutzmechanismus für die Währungsunion schaffen und diesen mit einem Haushaltsregime verbinden, das die Mitgliedstaaten zwingt, ihre Verschuldung mittels einer Schuldenbremse einzuschränken und zurückzuführen. Das absurde Argument für diese Politik ist das Scheitern des Euro und damit der Währungsunion ohne politische Union, die neben der Wirtschafts- vor allem eine Sozialunion wäre. Diese Entwicklung war jedem, der mit der ökonomischen Gesetzlichkeit vertraut ist, von Anfang an klar. Jetzt soll der Strukturfehler der Währungsunion behoben und die politische Union geschaffen werden, die Haftungs-, Schulden- und Finanzunion. Die Transferunion wird geradezu vollendet. Aber das ist endgültig der europäische Bundesstaat, ja der zum Zentralismus führende Unionsstaat, dessen wesentliche Agenda die Umverteilung des in den Mitgliedstaaten erwirtschafteten Vermögens in der ganzen Union mit dem Ziel einheitlicher Lebensverhältnisse ist. Wirtschaftlich ist das nicht zu schultern, aber es fehlen auch die für eine solche Politik erforderlichen verfassungsrechtlichen Schritte.

Die wirtschaftliche Verantwortung für die durch die Einheitswährung verbundenen Staaten tragen auf Grund des permanenten Schutzmechanismus ESM wie vorübergehend schon durch den temporären Schutzmechanismus EFSF alle Mitglieder der Euro-Zone gemeinsam. Das schafft eine einheitliche Volkswirtschaft, die strukturell weiterentwickelt werden muß, wenn sie Bestand haben soll. Dem dienen der Fiskalpakt und auch der Euro-Plus-Pakt, welche die Politiken aller Euro-Länder derart auszurichten versuchen, daß sie die Schulden-, Finanz- und Sozialunion bilden können, welche eine einheitliche Währung zu tragen vermag, nämlich den währungstheoretisch notwendigen optimalen Währungsraum hervorbringen will, sicherlich vergeblich. Demgemäß fordert Frankreich immer wieder eine einheitliche Wirtschaftsregierung für das Eurogebiet. Der Fiskal- und der Euro-Plus-Pakt enthalten Elemente eines einheitlichen Wirtschaftsstaates. Das ist, selbst wenn die staatlichen Strukturen nur föderalisiert sind wie in der Europäischen Union, allemal in der Euro-Zone, eine einheitliche Volkswirtschaft. Darauf zielt die europäische Integration seit ihrem Beginn, nur entgegen den Verfassungsgesetzen der Mitgliedstaaten, jedenfalls Deutschlands, und entgegen dem Willen und der Souveränität der Völker. Kein Volk ist bisher aufgefordert worden, darüber abzustimmen, ob es in einer bundesstaatlichen Volkswirtschaft mit den anderen Völkern und zwar mit allen anderen 28 Völkern der Union oder auch nur mit den 19 Völkern des Euro-Verbundes (Stand Januar 2015) leben will. Ein Bundesstaat ist regelmäßig eine wirtschaftliche Schicksalsgemeinschaft und strebt einheitliche Lebensverhältnisse an, die ohne eine einheitliche und damit einheitsstaatliche Politik nicht herbeigeführt und nicht aufrechterhalten werden können. Es mag Interessen geben, am (vermeintlichen) Wohlstand Deutschlands und einiger dessen Nachbarländer teilzuhaben, den einige Mitgliedstaaten dank der Union längst erreicht und übertroffen haben, zumal Frankreich, nicht aber die Bereitschaft, in einer politischen Union mit all den anderen Völkern zu leben[1476] und schon gar nicht die Bereitschaft, durch die Vereinheitlichung der politischen Strukturen Demokratie, Rechts- und Sozialstaat aufzugeben. Das aber ist die unvermeidliche Folge dieser Politik, die im übrigen schon weit gediehen ist. Deutschland und andere Mitgliedstaaten der Union werden ausgebeutet, weil sie sich mittels ihrer entweder stupiden oder korrupten Politiker ausbeuten lassen. Diese Politik kann nicht einmal eine ordentliche Vertragsordnung begründen. Es bedarf des durch Volksabstimmungen ermittelten Willens der Völker, ihre Eigenstaatlichkeit zugunsten einer europäischen Schicksalsgemeinschaft, also eines Unionsbundesstaates, aufzugeben, also eines Verfassungsaktes des Deutschen Volkes. So hat das auch das Bundesverfassungsgericht ausgesprochen (BVerfGE 123, 267, Rn. 179, 228, 263)[1477]. Davor kann man um der Freiheit willen nur warnen.

Die Politik der Eurorettung, zumal der permanente Schutzmechanismus des ESM mit dem Fiskalpakt und der Wirtschaftsaufsicht auf Grund der sechs Rechtsakte der Union[1478] verletzt die Staatseigenschaft und Souveränität Deutschlands, welche durch Art. 20 Abs. 1 GG und Art. 146 GG geschützt werden. Auch diese Souveränität ist ausweislich des Lissabon-Urteils des Bundesverfassungsgerichts vom 30. Juni 2009 (BVerfGE 123, 267, Rn. 228, 277, 296) in den Schutzbereich des Art. 38 Abs. 1 GG einbezogen. Der Europäische Finanzstabilisierungsmechanismus (EFSF) und der Europäische Stabilitätsmechanismus (ESM) schaffen die Finanz-

---

[1476] K. Doehring, Internationale Organisationen und staatliche Souveränität, S. 123, meint, nach der Präambel des Grundgesetzes werde eine „politische Union" angestrebt, im gewissen Widerspruch zur „Einheit Deutschlands als Nationalstaat".

[1477] So richtig D. Murswiek, Maastricht und der Pouvoir constituant, Der Staat 32 (1993), S. 161 ff., 165 ff.; dagegen mit kläglichen faktizistischen Argumenten Ch. Möllers, Staat als Argument, S. 409 ff.

[1478] 1. VO (EU) Nr. 1177/2011 des Rates vom 8. November 2011 zur Änderung der Verordnung (EG) Nr. 1467/1997 über die Beschleunigung und Klärung bei einem übermäßigen Defizit.

2. Verordnung des Rates zur Änderung der Verordnung (EG) Nr. 1466/97 über den Ausbau der haushaltspolitischen Überwachung und die Überwachung und Koordinierung der Wirtschaftspolitiken vom 16. November 2011, VO (EU) Nr. 1175/2011.

3. Verordnung des Europäischen Parlaments und des Rates über die wirksame Durchsetzung der haushaltspolitischen Überwachung im Euroraum vom 16. November 2011, VO (EU) Nr. 1173/2011 vom 28. September 2011 (C7–0298/2010).

4. Richtlinie des Rates über die Anforderungen an die haushaltspolitischen Rahmen der Mitgliedstaaten, Richtlinie 2011/85/EU des Rates vom 8. November 2011, Abl. 2011 Nr. L 306/33.

5. Verordnung über die Vermeidung und Korrektur makroökonomischer Ungleichgewichte, VO (EU) Nr. 1176/2011 des Europäischen Parlaments und des Rates vom 16. November 2011.

6. Verordnung des Europäischen Parlaments und des Rates über Durchsetzungsmaßnahmen zur Korrektur übermäßiger makroökonomischer Ungleichgewichte im Euro-Währungsgebiet vom 16. November 2011, VO (EU) Nr. 1174/2011.

union, die zugleich eine Haftungs-, Schulden- und Sozialunion ist. Sie erweitern die Transferunion, die mittels Direktzahlungen der Union auf Kosten der Nettozahler, Zinssubventionen durch die Währungseinheit, investiven und spekulativem Kapitaltranfer, Zahlungsbilanztechniken des Europäischen Systems der Zentralbanken (TARGET 2) u. a. schon weitentwickelt ist. Die Transferleistungen Deutschlands in andere Unionsländer hat Dieter Spethmann schon jetzt mit mehr 10 % des deutschen BIP oder seit Einführung des Euro mit gut einem BIP Deutschlands berechnet[1479]. Es werden die Kosten der Mitgliedstaaten, die über ihre Leistungsfähigkeit hinaus mittels Krediten übermäßige Leistungen an ihre Bürger erbracht haben, von anderen Mitgliedstaaten, zumal Deutschland übernommen, falls dies von den leistungsschwachen Staaten beantragt wird. Griechenland, Irland, Portugal und Zypern sahen sich dazu schon gezwungen. Auch Spanien hat Hilfe benötigt. Zur mittelbaren Bankenrettung über die Staatsfinanzierung ist, nachdem Spanien 100 Milliarden Euro zur Rekapitalisierung seiner Banken zugesprochen worden waren, die unmittelbare Bankenrettung hinzugekommen, wenn auch wegen der Vertragsregelungen im EFSF Spanien als Staat dafür haftet. Aber die Konditionen sind bereits erleichtert, wenn nicht mit den Rettungsmaßnahmen beendet. Ein derartiger Finanztransfer kommt in einem Bundesstaat in Betracht, wenn er in der Bundesstaatsverfassung oder dem Bundesstaatsvertrag geregelt ist. Jedenfalls ist er Ausdruck eines Bundesstaates, zu dem die finanzielle Solidarität gehört. Die Europäische Union ist richtigerweise zumindest funktional längst ein Bundesstaat. Das Bundesverfassungsgericht hat das aber bisher nicht zugegeben und zuletzt im Lissabon-Urteil in Abrede gestellt (BVerfGE 123, 267, Rn. 228, 277, 296). Es hat aber eingeräumt, daß die Union sich dem Bundesstaat sehr genähert habe, sich an „der Schwelle zum Bundesstaat“ bewege (daselbst Rn. 263). Der Finanztransfer macht die Union, abgesehen davon, daß dieser keine Ermächtigungsgrundlage in den Verträgen hat, funktional zum Bundesstaat, zum, weil vertraglich begründet, echten Bundesstaat. Diese Politik verletzt mangels eines dahingehenden Verfassungsschrittes Deutschlands den Kern der Verfassungsidentität Deutschlands als Deutschlands Souveränität und damit das Grundrecht der Deutschen aus Art. 38 Abs. 1 S. 1 GG. Die Öffnung des Verfassungsgesetzes der Deutschen für die Integration Deutschlands als Gliedstaat in einen Unionsbundesstaat oder eben einem Bundesstaat Europa kann und darf ohne Volksabstimmung der Deutschen gemäß Art. 146 nicht gegangen werden (Lissabon-Urteil BVerfGE 123, 267, Rn. 179, 228, 277, 296). Eine solche Politik findet, abgesehen von den verschiedenen Verfassungsverletzungen, auch keine demokratische Legitimation oder gar Legalität durch Gesetze, denen der Deutsche Bundestag und der Bundesrat, mit welcher Mehrheit auch immer, zugestimmt haben; denn die Vertreter des Deutschen Volkes sind nicht

---

[1479] Ideologie und Realwirtschaft. Anmerkungen eines Unternehmers zu EU und Euro, in: W. Hankel u. a., Das Euro-Abenteuer geht zu Ende. Wie die Währungsunion unsere Lebensgrundlagen zerstört, 2. Aufl. 2011, S. 188 ff., 202 ff.; Der Euro plündert Deutschland, Kopp – Online vom 3. Februar 2012.

befugt, einen europäischen Bundesstaat zu praktizieren, dem das Deutsche Volk nicht zugestimmt hat.

Die stetige Euro-Rettungspolitik ist mit fundamentalen Grundsätzen des Grundgesetzes unvereinbar, nämlich erstens mit dem Sozial(staats)prinzip, zu dessen Kern die Verpflichtung des Staates gehört, die wirtschaftliche Stabilität zu wahren und zu fördern, die aber durch die Schulden-, Haftungs- und Finanzunion, die zur enteignenden Inflation, wenn nicht zur Währungsreform führen wird, ruiniert werden wird, zweitens mit dem demokratischen Prinzip, weil die Völker weiter existentiell entmachtet und entstaatlicht werden und der Union, insbesondere dem ESM, die keine demokratische Legalität haben, weitestgehend die schicksalhafte Währungs-, Wirtschafts- und Finanzpolitik übertragen wird, drittens mit dem Rechtsstaatsprinzip, weil der Verpflichtungen und finanziellen Belastungen Deutschlands durch die Gewährleistung der Refinanzierung des ESM und die Ermächtigungen der internationalen Gremien so gut wie unbestimmt sind, viertens mit der Eigentumsgewährleistung, weil die Vermögen der Deutschen, der Reichen und der Armen, durch die Finanzierung fremder Völker entwertet werden, und fünftens, weil das Recht der Deutschen auf Recht, nämlich auf Achtung des Grundgesetzes jedenfalls im Verfassungskern, mißachtet wird.

Die politische Klasse läßt sich von der global wirksamen, geradezu religionshaften Ideologie der Gleichheit aller Untertanen, des Egalitarismus, bestimmen, die eine Unterschiedlichkeit der Lebensverhältnisse und eine Unterschiedlichkeit der Völker nicht mehr zulassen will. Die kapitalistische, politische und mediale Klasse gehört nicht zu den Opfern. Sie herrscht und weiß sich ihren Wohlstand zu sichern. Das Geschäft der politischen und auch medialen mit der wirtschaftlichen kartellierten Elite[1480] funktioniert. Die eine Seite fördert die Gewinne der anderen, welche die erstere reichlich entlohnt, gegebenenfalls mit gutbezahlten Aufgaben in der Wirtschaft, die keine besondere Befähigung voraussetzen. Das Prinzip ist die Gegenseitigkeit in der Elite, das do ut des. Das Entertainment in Kultur, Unterhaltung und Sport unterstützt sie und darf dafür abkassieren. Die Opfer sind die Untertanen, auch Arbeitnehmer und Verbraucher, Menschen im Lande oder heuchlerisch gar Bürger und Bürgerinnen genannt. Deren Lasten werden erhöht und deren Einkommen werden geschmälert. Ohne diese ebenso elitäre wie egalitäre Gleichheitsideologie ist die Euro-Rettungspolitik mit all ihren staatswidrigen Maßnahmen nicht zu begreifen. Aber sie ist noch immer verfassungswidrig und ökonomisch zum Scheitern verurteilt. Die von internationalistischer Ideologie bestimmte Politik wird stetig von den oligarchischen und wirtschaftlich abhängigen sogenannten Leitmedien propagiert.

Die Europäische Union ist längst nicht mehr demokratisch oder gar rechtsstaatlich. Sie ist eine bürokratische Diktatur und zeigt das erneut durch die Novellierung des Art. 136 AEUV, bezeichnenderweise durch einen Beschluß der Staats- und Regierungschefs der Europäischen Union, näherhin des Europäischen Rates. Dessen

[1480] Dazu E. Herman, Das Medienkartell. Wie wir täglich getäuscht werden, 2012.

neuer Absatz 3 soll die Eurorettungspolitik, zumal den ESM tragen. Die Parlamente, die allenfalls noch einen Schein von Demokratie beitragen, beweisen mit ihrer Zustimmung zu dieser autonomen Vertragsänderung ihre Ohnmacht, aber auch ihren ideologischen Integrationseifer, vor allem der Deutsche Bundestag in seiner übergroßen Mehrheit. Das Verhältniswahlrecht des Parteienstaates ist dermaßen repressiv, daß das Volk keinen relevanten Einfluß auf die Auswahl der Abgeordneten hat[1481]. Darum nehmen zunehmend weniger Bürger an der Wahlfarce teil.

Das deutsche Volk und auch andere Völker der Union wagt man nicht um das Einverständnis mit der europäischen Integrationspolitik zu bitten, schon gar nicht, seit der Verfassungsvertrag in Frankreich und den Niederlanden 2005 in Volksabstimmungen (welche die Politik mittels des Lissabon-Vertrages zutiefst undemokratisch überspielt hat) abgelehnt wurde. Eines weiteren Beweises bedarf es für die Illegitimität des Elitenprojekts Euro und Europäische Union eigentlich nicht. Die einzige Sorge der Integrationspolitiker ist, daß das Bundesverfassungsgericht ein Referendum über ein neues Verfassungsgesetz Deutschlands als Voraussetzung der stetigen Eurostabilisierungspolitik vorschreiben könnte. Die Sorge ist hoffentlich begründet. Die Mitglieder des Gerichts sind an sich sorgfältig auf ihre innere Abhängigkeit von den ideologisierten Parteien ausgewählt und in die politische Klasse eingebunden, die das Volk unterdrückt, aber viele Richter pflegen im Laufe ihrer Amtszeit die Unabhängigkeit zu entwickeln, die ihr Amt, das sie im Namen des Volkes ausüben, erfordert.

Nachdem das Bundesverfassungsgericht den Primat des Rechts in der Europolitik weitgehend durch Rechtsschutzverweigerung hat leerlaufen lassen, haben die Europolitiker den Ausfall der gerichtlichen Kontrolle rücksichtslos gegen das Recht ausgenutzt. Der Rettungsschirm ist auf dem Eurogipfel zunächst auf 750 Milliarden Euro für „Notmaßnahmen" zugunsten von Euro-Ländern einschließlich notwendiger „Rekapitalisierung von Finanzinstituten" fast verdoppelt. Der EFSF verfügt über ein Volumen von 440 Milliarden Euro gewährleisteter Kreditaufnahme und -ausgaben. Seine Instrumente sind um den „Ankauf von Staatsanleihen am Primärmarkt oder Sekundärmarkt" erweitert worden. Deutschland gewährleistet jetzt gut 211 Milliarden Euro. „Zinsen und Kosten (auf welchen Betrag ist unklar) sind auf den Ermächtigungsrahmen nicht anzurechnen". Der Deutsche Bundestag hat am 29. September 2011 mittels des Gesetzes zur Änderung des Stabilisierungsmechanismusgesetzes, des EFSF-Gesetzes, die Erweiterung der Gewährleistung Deutschlands bei wenigen Gegenstimmen akzeptiert. Der Bundesrat ist einstimmig gefolgt. Wenig später wurde beim Euro-Gipfel am 27. Oktober 2011, wohlwissend, daß dieser Finanzierungsrahmen für die Finanzierungsbedarfe auch von Spanien und Italien und irgendwann Frankreich keinesfalls ausreichen werden, ein Hebelungsmechanismus des Rettungsfonds beschlossen, der diesem in gewissem Sinne Bankfunktionen verschafft. Er soll die ersten 20 % von Staatsanleihen der Euro-Länder in Finanznot garantieren und des weiteren Zweckgesellschaften einrichten

[1481] Vgl. H. H. von Arnim, Das System, S. 60 ff., 256 ff.

dürfen, welche die Finanzierung der notleidenden Staatshaushalte stützen sollen. Das Risiko, zahlen zu müssen, hat sich dadurch zumindest verfünffacht. Die dadurch zum Teil durch den Fonds gesicherte Kreditsumme ist nach Abzug der bereits verauslagten Kredite an Irland und Portugal auf etwa 1,3 Billionen Euro erweitert. Freilich hat der EFSF die erwarteten Schwierigkeiten, am Kapitalmarkt Kredite aufzunehmen. Sein Rating ist längst abgesenkt. Die Griechenlandhilfe hat der Euro-Gipfel um 100 Milliarden Euro erhöht. Weil die Finanzlage Griechenlands trotz all dieser Gewährleistungen und Direktkredite nicht mehr haltbar war (und weiter ist), wurde mit Vertretern der Gläubiger ein „freiwilliger" Verzicht letzterer auf 53 % von 200 Milliarden Euro Forderungen gegen Griechenland ausgehandelt, die den Rest der Altforderungen gegen Griechenland in Staatsanleihen mit 30jähriger Laufzeit (Hellas-Bonds) umtauschen konnten, für welche der EFSF bis zu 30 Milliarden Euro zu jeweils einem Drittel einsteht, angesichts des vernichteten Markwertes der griechischen Anleihen ein gutes Geschäft. Die Banken sollen im übrigen ihre Eigenkapitalquote von durchschnittlich 5 % auf 9 % aufstocken, was mehr als 100 Milliarden Euro erfordern soll. Im übrigen sollen sie die Staatsanleihen mit dem Marktwert verbuchen. Die Europäische Zentralbank kauft weiterhin am Sekundärmarkt Staatsanleihen zur Finanzierung notleidender Euro-Länder und hat angekündigt, diese vertragswidrigen und inflationstreibenden Maßnahmen fortzusetzen, erneut am 26. Juli 2012. Sie hatte bislang schon Staatsanleihen mit einem Nominalwert von mehr als 214 Milliarden Euro übernommen, die kaum noch einen Marktwert haben. Seit dem März 2015 praktiziert sie ein ‚quantitative easing', vermeintlich um deflationären Tendenzen entgegenzuwirken. Es umfaßt ein Volumen von 1, 14 Billionen Euro. Monatlich werden am Sekundärmarkt Staatsanleihen der Euroländer je nach deren Anteilen an der Zentralbank im Volumen von insgesamt 60 Milliarden Euro übernommen, wenn diese Anleihen eine gewisse Bonität haben. Die Anleihen Griechenlands haben diese nicht. Der hellenischen Zentralbank hat sie erlaubt, dem griechischen Staat Nothilfekredite (ELA) von bisher 80 Milliarden Euro für Sicherheiten jedweder Art auszureichen, für die die hellenische Zentralbank selbst einzustehen hat.

Weitere Käufe von Staatsanleihen, die der Präsident der EZB Mario Draghi Anfang August 2012 angekündigt hatte, hat die EZB im Beschluss ihres Rates vom 6. September 2012 über Technical features of Outright Monetary Transactions, des OMT-Programms, zugesagt. Sie ist bereit, dauerhaft und unbegrenzt Staatsanleihen der Staaten, welche sich unter einen Rettungsschirm, sei es die Europäische Finanzstabilisierungsfazilität (EFSF) oder der Europäische Stabilitätsmechanismus (ESM), begeben haben, am Sekundärmarkt anzukaufen, wenn diese Staaten die ihnen von EFSF oder vom ESM auferlegten strengen Konditionen erfüllen. Das hat die Kreditmärkte beruhigt und zunächst einmal den betroffenen Staaten die Schuldentragfähigkeit dadurch ermöglicht, daß das ESZB und die EZB die Schulden über den Ankauf der Staatsanleihen zu geringen Zinssätzen zu übernehmen und letztlich als Verluste abzuschreiben in Aussicht stellt. Das Bundesverfassungsgericht hat am 14. Januar 2014, bekanntgegeben am 7. Februar 2014, die europarechtlichen Fragen, welche das OMT-Programm aufwirft, gemäß Art. 267 AEUV dem Europäischen Gerichtshof (EuGH) zur Vorabentscheidung vorgelegt, das Verfahren insoweit von den anderen Verfahren abgetrennt und bis zur Entscheidung des Europäischen Gerichtshofs ausgesetzt[1482]. Das Bundesverfassungsgericht hat klargestellt, daß das Programm, so wie es formuliert ist, ein ausbrechender Rechtsakt ist. Er mißachte das demokratierechtlich für die europäische Integration wesentliche Prinzip der begrenzten Einzelermächtigung (Art. 5 Abs. 1 und 2 EUV), d.h. er geht über die Befugnisse hinaus, welche der EU zur gemeinschaftlichen Ausübung der mitgliedstaatlichen Hoheit übertragen sind, ist somit ultra vires. Es hat klargestellt, daß die von mir u.a. vorgetragene Verfassungsbeschwerde „voraussichtlich begründet" sei, wenn nicht der Europäische Gerichtshof das OMT-Programm derart restringiere, d.h. dessen Selektivität, Konditionalität, Parallelität, das unbegrenzte Volumen des Staatsanleihekaufs, den Einfluß auf die Markpreisbildung, den Eingriff in die Marktlogik, das Ausfallrisiko, die Ungleichbehandlung der EZB beim Schuldenschnitt, die Ermunterung zum Ersterwerb von Staatsanleihen und insbesondere die Umgehung des Verbots der Staatsfinanzierung korrigiere. Der Gerichtshof hat über die Vorlage des Bundesverfassungsgerichts am 10. Oktober 2014 mündlich verhandelt[1483], am 10. Januar 2015 hat der Generalanwalt sein Votum vorgelegt[1484] und am 16. Juni 2015 wird der Europäische Gerichtshof seine Entscheidung fällen, eine schwierige Aufgabe, weil, wenn er der Restriktion des OMT-Programms nicht vornimmt, das Bundesverfassungsgericht sein Urteil und das OMT-Programm in Deutschland für unanwendbar erklären wird, so daß die Deutsche Bundesbank an dem Programm nicht mitwirken darf. Das Bundesverfassungsgericht beansprucht, zu Recht, das letzte Wort in Sachen des Rechts in Deutschland. Die Europäische Zentralbank hat auf das durchaus restriktive Votum des Generalanwalts mit dem ‚quantitative easing" reagiert, kontinuierliche Maßnahmen, gegen die effektiver Rechtsschutz nicht greift, weil er immer zu spät kommt.

Zu den anderen Beschwerdegegenständen hat das Bundesverfassungsgericht am 18. März 2014 ein insgesamt abweisendes Urteil verkündet[1485].

[1482] Dazu K. A. Schachtschneider, Bundesverfassungsgericht erklärt die Staatsfinanzierung der Europäischen Zentralbank für offensichtliches Unrecht. Stellungnahme zum Vorlagebeschluß des Bundesverfassungsgerichts vom 14. Januar 2014, Homepage www.KASchachtschneider.de; auch NWiR 2014, Heft 23, Frühjahr 2014.

[1483] Dazu K. A. Schachtschneider, Der OMT-Prozeß. Meine Antworten auf die Fragen des Bundesverfassungsgerichts an den Europäischen Gerichtshof, http://www.pour-erika.de

[1484] Dazu K. A. Schachtschneider, Das OMT-Programm der Europäischen Zentralbank. Schlußanträge des Generalanwalts des Europäischen Gerichtshofs vom 14. Januar 2015, http://www.pour-erika.de

[1485] Dazu K. A. Schachtschneider, Das Urteil des Bundesverfassungsgerichts vom 18. März 2014 zur Eurorettungspolitik, Homepage www.KASchachtschneider.de; auch NWiR 2014, Heft 23, Herbst 2014.

Die Europäische Zentralbank finanziert zudem die Banken der Euro-Zone, die in Schwierigkeiten sind, durch Ankauf deren Papiere, bisher, soweit bekannt, in einem Umfang von etwa 200 Milliarden Euro. Sie ist bereit, auch verbriefte Forderungen, also Schrottpapiere, zu erwerben. Die TARGET 2-Forderungen der Deutschen Bundesbank waren auf etwa 727, 2 Milliarden Euro (7. August 2012) angestiegen und sind trotz gewisser Schwankungen weiter hoch.

„Die Notmaßnahmen werden an strenge Auflagen gebunden, …“. Die „strengen Auflagen“ haben sich für Griechenland und auch für Portugal, die sich unter den „Rettungsschirm“ begeben mußten, als verheerend erwiesen. Die beiden Länder sind in eine Rezession gezwungen, die ihnen großen Schaden zufügt, im besonderen Maße Griechenland, dessen Wirtschaftslage jetzt depressiv und deflationär ist. Widerstand ist die Antwort der Hellenen. Sie haben Parteien gewählt, die die Austeritätspolitik ablehnen, aber im Euroverbund verbleiben wollen. Ihr Erfolg ist derzeit ungewiß. Auch Spanien und Italien stöhnen unter den rezessiven Sparmaßnahmen, welche auf Druck der Union national beschlossen wurden, um nicht unter den vergifteten Rettungsschirm ‚Schutz‘ zu suchen genötigt zu werden. Die Praxis geht über die vorgeschriebene Konditionierung mehr und mehr hinweg, erstens weil die Auflagen nicht eingehalten werden (können), vor allem nicht von Griechenland, zweitens weil sie in die Rezession der Nehmerländer, aber auch der Geberländer führen, und drittens weil sie die politische Stabilität gefährden. Folglich wird schlicht subventioniert, unmittelbar und mittelbar, vor allem durch das ESZB und die EZB mit Zentralbankgeld, das diese vertragswidrig und letztlich inflationstreibend ohne wirtschaftlich tragfähige Sicherheiten ausgeben. Ökonomisch vernünftig wäre es allein, daß all die Länder aus der Währungsunion ausscheiden, ihre eigene Währung vom Markt leistungsgerecht bewerten lassen und sich von ihren Schulden zu Lasten der Banken und anderer Gläubiger ganz oder teilweise lossagen. Das ist die normale harte oder weiche Schuldbefreiung insolventer Staaten. Wenn die betroffenen Banken dadurch in Schwierigkeiten geraten, folgt das dem Risiko, das sie eingegangen sind. Vornehmlich werden durch die Eurorettungsmaßnahmen Banken, Versicherungen und Fonds, auch und insbesondere solche mit staatlicher Beteiligung, vor Schaden geschützt, welche im Übermaß Kredite an Staaten und an Private ausgereicht haben, die erwartungsgemäß, ja geradezu zwangsläufig notleidend geworden sind. Systemrelevant ist keine Bank, Versicherung oder sonstige Gläubiger als solche, weil es genug solide Kreditinstitute, Versicherungen usw. gibt, welche die Bank- und Versicherungsaufgaben übernehmen können. Durch Insolvenzen notleidenden Pensionären usw. kann (und sollte) mit geringerem Geldeinsatz geholfen werden. Die Gläubigerstaaten gehen durch den Verlust nicht unter. Das Vermögen der Einleger ist teilweise, wenn auch nicht hinreichend, gesichert. Die außerordentliche Staatsverschuldung macht über kurz oder lang ohnehin eine entschuldende Währungsreform unvermeidlich. Diese Politik wird zur Verarmung großer Massen der Deutschen, aber auch anderer Völker führen. Sie kann Unruhen nach sich ziehen, die entweder in einer Revolution oder in einem Umsturz enden. Die Revolution als Befreiung zum Recht wäre die Auflösung der Europäischen Union oder besser deren Rückbau zu einem wirklichen Staatenbund[1486], der Umsturz die weitere Festigung der bürokratischen Diktatur derselben.

1486 Ganz so V. Klaus, Es ist Zeit umzukehren, Handelsblatt Nr. 144 vom 27./28./29. Juli 2012, S. 72.

Literaturverzeichnis

Acta Borussica, Die Behördenorganisation und die allgemeine Staatsverwaltung Preußens im 18. Jahrhundert, Bd. 2, Berlin 1898

Albrecht, Wilhelm Eduard, Rezension Maurenbrecher, Romeo, Grundsätze des heutigen deutschen Staatsrechts, Göttingische gelehrte Anzeigen, 1837, Bd. 3, S. 1489 ff., 1508 ff.

Altusius, Johannes, Politica methodice digesta, 1603, 1614, hrsg. von C. J. Friedrich, Altusius, Politica methodice digesta, Harvad Political Classics II, 1932

Amrhein-Hoffmann, Christine: Monismus und Dualismus in den Völkerrechtslehren, 2003

Anschütz, Gerhard, Die Verfassung des Deutschen Reiches vom 11. August 1919, Ein Kommentar für Wissenschaft und Praxis, 14. Aufl. 1933

Apel, Karl-Otto, Das Apriori der Kommunikationsgemeinschaft, 2. Aufl. 1984

Arendt, Hannah, Wahrheit und Politik, in: dies., Wahrheit und Lüge in der Politik, 2. Aufl. 1987

Aristoteles, Politik, übersetzt und hrsg. von Olof Gigon, 1973, 6. Aufl. 1986

– Die Nikomachische Ethik, übersetzt und herausgegeben von Olof Gigon, 1972, 6. Aufl. 1986

Arnim, Hans Herbert von, Fetter Bauch regiert nicht gern. Die politische Klasse – selbstbezogen und abgehoben, 1997

– Diätenwildwuchs im Europäischen Parlament – Verschleierte Einkommen und Doppelversorgungen: unangemessen und rechtswidrig, NJW 2004, 1422 ff.

– Ämterpatronage durch politische Parteien, 1980

– Entmündigen die Parteien das Volk? Parteienherrschaft und Volkssouveränität, in: Aus Politik und Zeitgeschichte B 21/1990, S. 25 ff.

– Staat ohne Diener. Was schert die Politiker das Wohl des Volkes? 1993

– Das System. Die Machenschaften der Macht, 2001/2004

– Die Deutschlandakte. Was Politiker und Wirtschaftsbosse unserem Land antun, 3. Aufl. 2008

Augustinus, Aurelius: Der Gottesstaat. De Civitate Dei, hrsg. v. H. U. v. Balthasar, 1960

Badura, Peter, Bewahrung und Veränderung demokratischer und rechtsstaatlicher Verfassungsstrukturen in den internationalen Gemeinschaften, VVDStRL 23 (1966), S. 34 ff.

– Die parlamentarische Demokratie, in: J. Isensee/P. Kirchhof (Hrsg.), Handbuch des Staatsrechts der Bundesrepublik Deutschland, Bd. I, Grundlagen von Staat und Verfassung, 1987, § 23, S. 953 ff.

Bahr, Egon, Souveränität – Lebenslüge der Bundesrepublik, Interview mit der Jungen Freiheit, JF vom 14. Oktober 2011, S. 3

Barcz, Jan/*Frowein*, Jochen A., Gutachten im Auftrag der Regierungen der Bundesrepublik Deutschland und der Republik Polen zu Ansprüchen aus Deutschland gegen Polen im Zusammenhang mit dem Zweiten Weltkrieg vom 2. November 2004, http://www.mpil.de/shared/data/pdf/ansprdt.pdf; auch ZfaöRV 2005, 625 ff.

Bartlsperger, Richard, Das Verfassungsrecht der Länder in der gesamtstaatlichen Verfassungsordnung, in: J. Isensee/P. Kirchhof (Hrsg.), Handbuch des Staatsrechts der Bundesrepublik Deutschland, Bd. VI, Bundesstaat, 3. Aufl. 2008, § 128, S. 231 ff.

Basedow, Jürgen, Von der deutschen zur europäischen Wirtschaftsverfassung 1992

Battaglia, Felice, Die Souveränität und ihre Grenzen, 1938/39, in: H. Kurz, Volkssouveränität und Staatssouveränität, 1970, S. 195 ff.

Bauch, Jost, Motiv und Zweck. Studien zum Verhältnis von Individuum und bürgerlicher Gesellschaft, 1981

– Der lange Abschied vom Nationalstaat. Anmerkungen zur Destruktion der Nation, in: M. Stahl (Hrsg.), Deutschland 1813–2013. Deutsche Identität am Beginn der Moderne und in der Gegenwart, 2013, S. 97 ff.

Beaud, Olivier, Föderalismus und Souveränität. Bausteine zu einer verfassungsrechtlichen Lehre der Föderation, Der Staat 35 (1996), S. 45 ff.

Benda, Ernst, Menschenwürde und Persönlichkeitsrecht, in: E. Benda/W. Maihofer/H.-J. Vogel (Hrsg.), Handbuch des Verfassungsrechts der Bundesrepublik Deutschland, 1983, 2. Aufl. 1994, § 6, S. 161 ff.

Bernhardt, Rudolf, Deutschland nach 30 Jahren Grundgesetz, VVDStRL 38 (1980), S. 7 ff.

– Die deutsche Teilung und der Status Gesamtdeutschlands, in: J. Isensee/P. Kirchhof (Hrsg.), Handbuch des Staatsrechts der Bundesrepublik Deutschland Bd. I, Grundlagen von Staat und Verfassung, 1987, § 8, S. 321 ff.

– Verfassungsrecht und völkerrechtliche Verträge, in: J. Isensee/P. Kirchhof (Hrsg.), Handbuch des Staatsrechts der Bundesrepublik Deutschland, Bd. VII, Normativität und Schutz der Verfassung – Internationale Beziehungen, 1992, § 174, S. 571 ff.

Bettermann, Karl August, Die rechtsprechende Gewalt, in: J. Isensee/P. Kirchhof (Hrsg.), Handbuch des Staatsrechts der Bundesrepublik Deutschland, Bd. III, Das Handeln des Staates, 1988, § 73, S. 775 ff.

Beyer, Thomas C. W., Rechtsnormanerkennung im Binnenmarkt. Zur Interpretation von Art. 100b des Vertrages zur Gründung der Europäischen Gemeinschaft im Spannungsfeld von Äquivalenzgrundsatz, Prinzip des gemeinschaftsrechtlichen Mindestrechtsgüterschutzes und mitgliedstaatlicher Regelungskompetenz, 1998

Biedenkopf, Kurt, Das Euro-Experiment – Vollendung der Integration oder Überforderung der Union? in: H.-U. Jörges (Hrsg.), Der Kampf um den Euro. Wie riskant ist die Währungsunion? 1998, S. 33 ff.

Bleckmann, Albert, Zur Entwicklung des modernen Souveränitätsgedankens, APuZ B 43/1985, S. 3 ff.

– Europarecht. Das Recht der Europäischen Gemeinschaft, 5. Aufl. 1990, 6. Aufl. 1997

Blumenwitz, Dieter, Feindstaatenklauseln. Die Friedensordnung der Sieger, 1972

– Deutschlandvertrag 1955–1985. Zur Souveränität der Bundesrepublik Deutschland und ihrer Beschränkung im Wandel dreier Jahrzehnte, ROW 1985, 317 ff.

– Flucht und Vertreibung und ihre Ächtung im modernen Völkerrecht in: ders., Hrsg., Flucht und Vertreibung, 1987, S. 48 ff.

– Der Vertrag vom 12. 9. 1990 über die abschließende Regelung in bezug auf Deutschland, NJW 1990, 3041 ff.

– Die Souveränität der Bundesrepublik Deutschland, in: P. Badura/R. Scholz (Hrsg.), Wege und Verfahren des Verfassungslebens, Festschrift für Peter Lerche (65), 1993, S. 385 ff.

– Intertemporales und interlokales Verfassungskollisionsrecht, in: J. Isensee/P. Kirchhof (Hrsg.), Handbuch des Staatsrechts der Bundesrepublik Deutschland, Bd. IX, Die Einheit Deutschlands – Festigung und Übergang, 1997, § 211, S. 455 ff.

Bluntschli, Johann Caspar, Allgemeines Staatsrecht, Bd. 2, 4. Aufl. 1868

– Allgemeine Staatslehre, 1875, 6. Aufl. 1886 (Lehre vom modernen Staat)

Bodin, Jean, Les six livres de la république, 1576/1583, Edition Paris 1583, Nachdruck 1961, leicht verkürzte Ausgabe von Gérard Mairet, 1993

– De Republica libri sex, 1577/1586/1596, 7. Aufl. 1641

– Sechs Bücher über den Staat. Übersetzt und mit Anmerkungen versehen von Bernd Wimmer. Eingeleitet und herausgegeben von Peter Cornelius Mayer-Tasch, Buch I–III, 1981, Buch IV–VI, 1986

Böckenförde, Ernst-Wolfgang, Die Entstehung des Staates als Vorgang der Säkularisation, 1967, in: ders., Der säkularisierte Staat. Sein Charakter, seine Rechtfertigung und seine Probleme im 21. Jahrhundert, 2006, S. 43 ff., auch in: ders, Recht, Staat, Freiheit. Studien zur Rechtsphilosophie, Staatstheorie und Verfassungsgeschichte, 1991, S. 92 ff.

– Der verdrängte Ausnahmezustand. Zum Handeln der Staatsgewalt in außergewöhnlichen Lagen, NJW 1978, 1881 ff.

– Gesetz und gesetzgebende Gewalt, Von den Anfängen der deutschen Staatsrechtslehre bis zur Höhe des staatsrechtlichen Positivismus, 1958, 2. Aufl. 1981

– Mittelbare/repräsentative Demokratie als eigentliche Form der Demokratie, in: G. Müller (Hrsg.), Staatsorganisation und Staatsfunktion im Wandel, Festschrift für Kurt Eichenberger (60.), 1982, S. 301 ff.

– Die verfassungsgebende Gewalt des Volkes – ein Grenzbegriff des Verfassungsrechts, 1986

– Der Begriff des Politischen als Schlüssel zum staatsrechtlichen Werk von Carl Schmitt, in: Helmut Quaritsch (Hrsg.), Complexio Oppositorum – Über Carl Schmitt, 1988, S. 283 ff.

– Die Nation – Identität und Differenz, 1995, in: ders., Staat, Nation, Europa, Studien zur Staatslehre, Verfassungstheorie und Rechtsphilosophie, 2. Aufl. 2000, S. 34 ff.

– Die sozialen und politischen Ordnungsideen der Französischen Revolution, 1989, in: ders., Staat, Nation, Europa, Studien zur Staatslehre, Verfassungstheorie und Rechtsphilosophie, 2. Aufl. 2000, S. 11 ff.

– Staat und Gesellschaft, Staatslexikon, Görres-Gesellschaft, Sp. 228, 7. Auflage, 1989/95, Bd. 5, 228–235

– Staatsbürgerschaft und Nationalkonzept, 1995, in: ders., Staat, Nation, Europa, Studien zur Staatslehre, Verfassungstheorie und Rechtsphilosophie, 2. Aufl. 2000, S. 59 ff.

– Welchen Weg geht Europa? 1997, in: ders., Staat, Nation, Europa, Studien zur Staatslehre, Verfassungstheorie und Rechtsphilosophie, 2. Aufl. 2000, S. 68 ff.

– Die Zukunft politischer Autonomie. Demokratie und Staatlichkeit im Zeichen von Globalisierung, Europäisierung und Individualisierung, in: ders., Staat, Nation, Europa, Studien zur Staatslehre, Verfassungstheorie und Rechtsphilosophie, 2. Aufl. 2000, S. 103 ff.

– Demokratie als Verfassungsprinzip, in: J. Isensee/P. Kirchhof (Hrsg.), Handbuch des Staatsrechts der Bundesrepublik Deutschland, Bd. I, Grundlagen von Staat und Verfassung, 1987, § 22, S. 887 ff.; Bd. II, Verfassungsstaat, 3. Aufl. 2004, § 24, S. 429 ff.

– Demokratische Willensbildung und Repräsentation, in: J. Isensee/P. Kirchhof (Hrsg.), Handbuch des Staatsrechts der Bundesrepublik Deutschland, Bd. II, Demokratische Willensbildung – Die Staatsorgane des Bundes, 1987, § 30, S. 29 ff., Bd. III, Demokratie – Bundesorgane, 3. Aufl. 2005, § 34, S. 31 ff.

– Der säkularisierte Staat. Sein Charakter, seine Rechtfertigung und seine Probleme im 21. Jahrhundert, 2006, S. 11 ff.

Böhm, Franz, Privatrechtsgesellschaft und Marktwirtschaft, ORDO XVII, 1966, S. 75 ff.

Böhner, Martina Martha, Integration und Legitimität in der Europäischen Union (Über Prozesse des Legitimationserwerbs. Ein Beitrag im Lichte der Theorie von Karl W. Deutsch), 1998

Bogdandy, Arnim von, Europäische und nationale Identität: Integration durch Verfassungsrecht? VVDStRL 62 (2003), S. 156 ff.

Boldt, Hans, Staat und Souveränität, in: Brunner/Conze/Koselleck (Hrsg.), Geschichtliche Grundbegriffe. Historischen Lexikon zur politisch-sozialen Sprache in Deutschland, Band 6, St–Vert, 1990, S. 1 ff.

– Ausnahmezustand, necessitas publica, Belagerungszustand, Kriegszustand, Staatsnotstand, Staatsnotrecht, in: Geschichtliche Grundbegriffe. Historischen Lexikon zur politisch-sozialen Sprache in Deutschland, Band 1, A–D, 1972, S. 343 ff.

Bourgeois, Jacques J. H., Kommentierung des Art. 133 EG, in: v. d. Groeben/Schwarze (Hrsg.), EU-/EG-Vertrag, Kommentar zum Vertrag über die Europäische Union und zur Gründung der Europäischen Gemeinschaft, Band. 3, Art. 98–188 EGV, 6. Aufl. 2003, S. 672 ff.

Brand, Christoph-Matthias, Souveränität für Deutschland, Grundlagen, Entstehungsgeschichte und Bedeutung des Zwei-plus-Vier-Vertrages vom 12. September 1990, 1993

Brandt, Peter, Demokratisch, patriotisch, kulturell verankert. Die nationale Identität der Deutschen zu Beginn des 21. Jahrhunderts, Forschung und Lehre, 10/2011, S. 754 f.

Brunner, Emil, Gerechtigkeit. Eine Lehre von den Grundgesetzen der Gesellschaftsordnung, 1943

Brunner, Otto, Land und Herrschaft, 4. Aufl. 1959

Brzezinski, Zbigniew, Die einzige Weltmacht, Amerikas Strategie der Vorherrschaft, 2. Aufl. 1999

Bullinger, Martin, Freiheit von Presse, Rundfunk und Film, in: J. Isensee/P. Kirchhof (Hrsg.), Handbuch des Staatsrechts der Bundesrepublik Deutschland, Bd. VI, Freiheitsrechte, 1989, § 142, S. 667 ff.

Calliess, Christian, Die Europäische Grundrechts-Charta, in: D. Ehlers (Hrsg.), Europäische Grundrechte und Grundfreiheiten. 2003, § 19, S. 447 ff.

– Kommentierung von Art. 1 EUV, in: Calliess/Ruffert, Kommentar des Vertrages über die Europäische Union und des Vertrages zur Gründung der Europäischen Gemeinschaft, EUV/EGV, 2. Aufl. 2002, S. 3 ff.; von Art. 5 EGV 1. Aufl. 1999; von Art. 2 AEUV 4. Aufl. 2010

Canaris, Claus-Wilhelm, Die Vertrauenshaftung im deutschen Privatrecht, 1971

Cicero, Marcus Tullius, De re publica. Vom Gemeinwesen, ed. Büchner, Reclam, 1979

Combothecra, X. S., La Conception de la Souveraineté, Der Begriff der Souveränität, 1897, in: H. Kurz, Volkssouveränität und Staatssouveränität, 1970, S. 1 ff.

Conze, Werner, Sicherheit, Schutz, in: Brunner/Conze/Koselleck (Hrsg.), Geschichtliche Grundbegriffe. Historischen Lexikon zur politisch-sozialen Sprache in Deutschland, Bd. 5, Pro–Soz, 1984, S. 831 ff.

– Staat und Souveränität, I–II, in: Brunner/Conze/Koselleck (Hrsg.), Geschichtliche Grundbegriffe. Historisches Lexikon zur politisch-sozialen Sprache in Deutschland, Bd. 6, St–Vert, 1990, S. 5 ff.

Dann, Otto, (Hrsg.), Emmanuel Joseph Sieyès, Was ist der Dritte Stand?, 1789, 1988

Denninger, Erhard, Rechtsperson und Solidarität. Ein Beitrag zur Phänomenologie des Rechtsstaates unter besonderer Berücksichtigung der Sozialtheorie Max Schelers, 1967

– Menschenrechte, Menschenwürde und staatliche Souveränität, ZRP, 2000, 192 ff.

Di Fabio, Udo, Der neue Art. 23 des Grundgesetzes. Positivierung vollzogenen Verfassungswandels oder Verfassungsneuschöpfung? Der Staat 32 (1993), S. 191 ff.

– Das Recht offener Staaten. Grundlinien einer Staats- und Rechtstheorie, 1998

– Der Verfassungsstaat in der Weltgesellschaft, 2001

Diestelkamp, Bernhard, Rechtsgeschichte als Zeitgeschichte. Historische Betrachtungen zur Entstehung und Durchsetzung der Theorie vom Fortbestand des Deutschen Reiches als Staat nach 1945, ZNR 1985, 181 ff.

Dittmann, Armin, Verfassungshoheit der Länder, in: J. Isensee/P. Kirchhof (Hrsg.), Handbuch des Staatsrechts der Bundesrepublik Deutschland, Bd. VI., Bundesstaat, 3. Aufl. 2008, § 127, S. 201 ff.

Doehring, Karl, Internationale Organisationen und staatliche Souveränität, Festgabe Ernst Forsthoff zum 65. Geburtstag, 1967, S. 105 ff.

– Allgemeine Staatslehre. Eine systematische Darstellung, 3. Aufl. 2004

– Der Mensch in einer veränderten Staatenwelt, ZaöRV 64 (2004), S. 659 ff.

Dürig, Günter, Der deutsche Staat im Jahre 1945 und seither, VVDStRL 13 (1955), S. 27 ff.

– Kommentierung des Artikel 3 Absatz 1, in: Maunz/Dürig, Grundgesetz, Kommentar, 1973

Ehmke, Horst, Grenzen der Verfassungsänderung, 1953/1981 (Beiträge zur Verfassungstheorie und Verfassungspolitik, S. 21 ff.)

Elert, Werner, Das christliche Ethos. Grundlinien der lutherischen Ethik, hrsg. von E. Kinder, 2. Aufl. 1961

Emmerich-Fritsche, Angelika: Der Grundsatz der Verhältnismäßigkeit als Direktive und Schranke der EG-Rechtsetzung. Mit Beiträgen zu einer gemeineuropäischen Grundrechtslehre sowie zum Lebensmittelrecht, 2000

– Recht und Zwang im Völkerrecht, insbesondere im Welthandelsrecht, in: K. A. Schachtschneider (Hrsg.), Rechtsfragen der Weltwirtschaft, 2002, S. 123 ff.

– Vom Völkerrecht zum Weltrecht, 2007

Epping, Volker, Völkerrechtssubjekte, in: K. Ipsen, Völkerrecht, 4. Aufl. 1999, § 5, S. 51 ff., § 6, S. 71 ff.

– Das Staatsgebiet, in: K. Ipsen, Völkerrecht, 4. Aufl. 1999, § 23, S. 242 ff.

– Die Vereinten Nationen, in: K. Ipsen, Völkerrecht, 4. Aufl. 1999, § 32, S. 408 ff.

Erhard, Ludwig: Wohlstand für alle, 1957, bearbeitet v. W. Langer, 2000

Ermacora, Felix, Allgemeine Staatslehre – Vom Nationalstaat zum Weltstaat, 1970, Bd. 1

Everling, Ulrich, Sind die Mitgliedstaaten der Europäischen Gemeinschaft noch Herren der Verträge? 1983, in: ders., Das Europäische Gemeinschaftsrecht im Spannungsfeld von Politik und Wirtschaft, 1985, S. 86 ff.

Feuerbach, Anselm, Die Weltherrschaft als Grab der Menschheit, Kleine Schriften, 1814/1833

Fichte, Johann Gottlieb, Der geschlossene Handelsstaat. Ein philosophischer Entwurf als Anhang zur Rechtslehre und Probe einer künftig zu liefernden Politik, 1800, 7. Kapitel, in Fichtes Werke, hrsg. von F. Medicus, Dritter Band, Schriften von 1797–1801, 1922, S. 54 ff.

Fischer, Horst, Gewaltverbot, Selbstverteidigungsrecht und Intervention im gegenwärtigen Völkerrecht, in: K. Ipsen, Völkerrecht, 4. Aufl. 1999, § 59, S. 928 ff.

– Die friedliche Streitbeilegung, in: K. Ipsen, Völkerrecht, 4. Aufl. 1999, § 62, S. 1014 ff.

– Abrüstung und Rüstungskontrolle, in: K. Ipsen, Völkerrecht, 4. Aufl. 1999, § 61, S. 685 ff.

– Kollektive Sicherheit und Verteidigungsbündnisse, in: K. Ipsen, Völkerrecht, 4. Aufl. 1999, § 60, S. 962 ff.

– Schutz der von bewaffneten Konflikten betroffenen Personen und Gebiete, in: K. Ipsen, Völkerrecht, 4. Aufl. 1999, § 69, S. 1090 ff.

Fischer-Lescano, Andreas, Globalverfassung. Die Geltungsbegründung der Menschenrechte, 2005

Fleiner-Gerster, Thomas, Allgemeine Staatslehre, 1980

Forsthoff, Ernst, Zur heutigen Situation der Verfassungslehre, in: H. Barion/E.-W. Böckenförde/E. Forsthoff/W. Weber (Hrsg.), Epirrhosis, Festgabe für Carl Schmitt zum 80. Geburtstag, 1968, S. 185 ff.

Franck, Thomas M., The Emerging Right to Democratic Governance, AJIL, Bd. 86 (1992), 46 ff.

Freitag, Wolfgang: Unternehmen in der Republik, 2001

Frenz, Walter, Handbuch Europarecht, Bd. 1, Europäische Grundfreiheiten, 2004

Friedrich der Große, Das Politische Testament von 1752

Frowein, Jochen Abraham, Die Verfassungslage Deutschlands im Rahmen des Völkerrechts, VVDStRL 49 (1990), S. 7 ff.

– Die Identität der Bundesrepublik Deutschland als Völkerrechtssubjekt, in: J. Isensee/P. Kirchhof (Hrsg.), Handbuch des Staatsrechts der Bundesrepublik Deutschland, Bd. VIII, Die Einheit Deutschlands – Entwicklung und Grundlagen, 1995, § 196, S. 477 ff.

Fuchs, Dieter, Der Wille zur Macht: Die Geburt des „Hauptwerks“ aus dem Geiste des Nietzsche-Archivs, in: Nietzsche-Studien 26 (1997), S. 384 ff.

Gärditz, Klaus Ferdinand, Der Bürgerstatus im Lichte von Migration und europäischer Integration, VVDStRL 72 (2013), S. 49 ff.

Geck, Wilhelm Karl, Wahl und Status der Bundesverfassungsrichter, in: J. Isensee/P. Kirchhof (Hrsg.), Handbuch des Staatsrechts der Bundesrepublik Deutschland, Bd. II, Demokratische Willensbildung – Staatsaufgaben des Bundes, 1987, § 55, S. 697 ff.

Gehrig, Norbert, Parlament – Regierung – Opposition. Dualismus als Voraussetzung einer parlamentarischen Kontrolle der Regierung, 1969

Geiger, Rudolf, Grundgesetz und Völkerrecht. Die Bezüge des Staatsrechts zum Völkerrecht und Europarecht, 2. Aufl. 1994

Geismann, Georg, Kant als Vollender von Hobbes und Rousseau, Der Staat 21 (1982), S. 161 ff.

Gerber, Carl Friedrich von, Grundzüge eines Systems des deutschen Staatsrechts, 2. Aufl. 1869, 3. Aufl. 1880

Gierke, Otto von, Das Wesen der menschlichen Verbände, 1902

– Das deutsche Genossenschaftsrecht, Bd. 1, Rechtsgeschichte der deutschen Genossenschafts,1868, Nachdruck der 1. Ausgabe, 1954

– Labands Staatsrecht und die deutsche Rechtswissenschaft, Schmollers Jahrbuch, 7 (1883), S. 1097 ff.

– Die Grundbegriffe des Staatsrechts und die neuesten Staatsrechtstheorien, 1915, Nachdruck 1973

Gloria, Christian, Die Grundprinzipien des Völkerrechts, in: K. Ipsen, Völkerrecht, 4. Aufl. 1999, § 26, S. 325 ff.

Grawert, Rolf, Gesetz, II, in: Brunner/Conze/Koselleck (Hrsg.), Geschichtliche Grundbegriffe. Historischen Lexikon zur politisch-sozialen Sprache in Deutschland, Bd. 2, E–G, 1975, S. 863 ff.

– Staatsvolk und Staatsangehörigkeit, in: J. Isensee/P. Kirchhof (Hrsg.), Handbuch des Staatsrechts der Bundesrepublik Deutschland, Bd. I, Grundlagen von Staat und Verfassung, 1987, § 14, S. 663 ff.

– Der Deutschen supranationaler Nationalstaat, in: ders. (Hrsg.), Offene Staatlichkeit, Festschrift für E.-W. Böckenförde zum 65. Geburtstag, 1995, S. 125 ff.

– Homogenität, Identität, Souveränität. Positionen jurisdiktioneller Begriffsdogmatik, Der Staat 51 (2012), S. 189 ff.

Grewe, Wilhelm, Ein Besatzungsstatut für Deutschland, 1948

Grimm, Dieter, Braucht Europa eine Verfassung? JZ 1995, 581 ff.

Gröschner, Rolf, Freiheit und Ordnung in der Republik des Grundgesetzes. Für eine republikanische, nicht aber republikanistische Rechts- und Staatslehre, JZ 1966, 637 ff.

Grotius, Hugo, De jure belli et pacis libri tres in quibus jus naturae et gentium, item juris publici praecipua explicantur, MDCIC, 1625

Grzeszick, Bernd, Kommentar zu Art. 20 II, in: Maunz/Dürig, Grundgesetz, 2010, zu Art. 20 IV, 2006.

Gschnitzer, Fritz, Volk, Nation II, in: Brunner/Conze/Koselleck (Hrsg.), Geschichtliche Grundbegriffe. Historischen Lexikon zur politisch-sozialen Sprache in Deutschland, Band 7, Verw–Z, 1978, S. 151 ff.

Günther, Horst, Herrschaft, in: O. Brunner/W. Conze/R. Koselleck, Geschichtliche Grundbegriffe, Historisches Lexikon zur politisch-sozialen Sprache in Deutschland, Bd. 3, 1982, S. 39 ff.

Habermann, Gerd, Nonzentralisation. Kleinstaat und Direktdemokratie. in: St. Brink/H. A. Wolff (Hrsg.), Gemeinwohl und Verantwortung, Festschrift für Hans Herbert von Arnim, 2004, S. 327 ff.

Habermas, Jürgen, Strukturwandel der Öffentlichkeit. Untersuchungen zu einer Kategorie der bürgerlichen Gesellschaft, 1962, 9. Aufl. 1978

– Theorie des kommunikativen Handelns, Band 2, Zur Kritik der funktionalistischen Vernunft, 1981, 4. Aufl, 1987, 1988

– Moralbewußtsein und kommunikatives Handeln, 1983

– Treffen Hegels Einwände gegen Kant auch auf die Diskursethik zu? 1986, in: ders., Erläuterungen zur Diskursethik, 1991, S. 9 ff.

– Vom pragmatischen, ethischen und moralischen Gebrauch der praktischen Vernunft, in: ders., Erläuterungen zur Diskursethik, 1991, S. 100 ff.

– Erläuterungen zur Diskursethik, in: ders., Erläuterungen zur Diskursethik, 1991, S. 119 ff.

– Faktizität und Geltung. Beiträge zur Diskurstheorie des Rechts und des demokratischen Rechtsstaates, 1992

– Volkssouveränität als Verfahren, 1988, in: ders., Faktizität und Geltung, Beiträge zur Diskurstheorie des Rechts und des demokratischen Rechtsstaates, 1992, S. 600 ff.

– Die Einbeziehung des Anderen. Studien zur politischen Theorie, 1996

– Die postnationale Konstellation und die Zukunft der Demokratie, in: ders., Die postnationale Konstellation. Politische Essays, 1998, S. 91 ff.

– ders., Demokratie oder Kapitalismus? Vom Elend der nationalstaatlichen Fragmentierung in einer kapitalistisch integrierten Weltwirtschaft, in: Blätter für deutsche und internationale Politik (Hrsg.), Demokratie oder Kapitalismus? Europa in der Krise, 2013, S. 75 ff.

Häberle, Peter, Zur gegenwärtigen Diskussion um die Probleme der Souveränität, AöR 92 (1967), S. 259 ff.

– Verfassungsrechtliche Fragen im Prozeß der europäischen Einigung, EuGRZ 1992, 429 ff.

– Europa als werdende Verfassungsgemeinschaft, DVBl 2000, 840 ff.

– Das Menschenbild im Verfassungsstaat, 2. Aufl. 2001

– Die Menschwürde als Grundlage der staatlichen Gemeinschaft, in: J. Isensee/P. Kirchhof (Hrsg.), Handbuch des Staatsrechts der Bundesrepublik Deutschland, Bd. I, Grundlagen von Staat und Verfassung, 1987, § 20, S. 815 ff.; 3. Aufl. 2004, Bd. 3, § 22, S. 317 ff.

Haenel, Albert, Studien zum Deutschen Staatsrechte. Erste Studie: Die vertragsmäßigen Elemente der Deutschen Reichsverfassung, 1873

– Deutsches Staatsrecht, Bd. 1, 1892

Hättich, Michael, Demokratie als Herrschaftsordnung, 1967

Hahn, Michael J., Kommentierung des Art. 133 EGV, in: Ch. Calliess/M. Ruffert (Hrsg.), EUV/EGV, Das Verfassungsrecht der Europäischen Union mit Europäischer Grundrechtecharta, Kommentar zu EU-Vertrag und EG-Vertrag, 3. Aufl. 2007, S. 1482 ff.

Hailbronner, Kay, Freizügigkeit, in: J. Isensee/P. Kirchhof (Hrsg.), Handbuch des Staatsrechts der Bundesrepublik Deutschland, Bd. VI, Freiheitsrechte, 1989, § 131, S. 137 ff.

– Der Staat und der Einzelne als Völkerrechtssubjekte, Dritter Abschnitt, in: W. Graf Vitzthum (Hrsg.), Völkerrecht, 1997, S. 181 ff.

Haller, Carl Ludwig von, Restauration der Staats-Wissenschaft oder Theorie des natürlich-geselligen Zustandes; der Chimäre des künstlich-bürgerlichen entgegengesetzt, Bd. 1–6, 1816–1834

Haltern, Ulrich, Was bedeutet Souveränität? 2007

Hamilton, Alexander, Die Federalist-Artikel. Politische Theorie und Verfassungskommentar der amerikanischen Gründerväter, hrsg. von A. Adams/W. P. Adams, 1994, 32. Artikel vom 2. 1. 1788, S. 179 ff.

Hankel, Wilhelm, Europas Währungsunion kommt zu früh, in: M. Brunner (Hrsg.), Kartenhaus Europa? 1993, S. 69 ff.

– Europa wird am EURO scheitern, in: H.-U. Jörges (Hrsg.), Der Kampf um den Euro. Wie riskant ist die Währungsunion? 1998, S. 149 ff.

– Euro – der Integrationsbruch, in: ders./W. Nölling/K. A. Schachtschneider/Joachim Starbatty, Die Euro-Illusion. Ist Europa noch zu retten? 2001, S. 191 ff.

– Was kommt nach dem Euro? in: B. Bandulet/W. Hankel/B.-T. Ramb/K. A. Schachtschneider/U. Ulfkotte, Gebt uns unsere D-Mark zurück! Fünf Experten beantworten die wichtigsten Fragen zum kommenden Staatsbankrott, 2012, S. 79 ff.

Hankel, Wilhelm/*Nölling*, Wilhelm/*Schachtschneider*, Karl Albrecht/*Starbatty*, Joachim, Die Euro-Klage. Warum die Währungsunion scheitern muß, 1998

– Die Euro-Illusion. Ist Europa noch zu retten? 2001

Hankel, Wilhelm/*Starbatty*, Joachim, Nizza: Es wird keine politische Union geben, in: ders./W. Nölling/K. A. Schachtschneider/Joachim Starbatty, Die Euro-Illusion. Ist Europa noch zu retten? 2001, S. 241 ff.

Hartmann, Volker, Repräsentation in der politischen Theorie und Staatslehre in Deutschland. Untersuchung zur Bedeutung und theoretischen Bestimmung der Repräsentation in der liberalen Staatslehre des Vormärz, der Theorie des Rechtspositivismus und der Weimarer Staatslehre, 1979

Haug, Hans, Die Schranken der Verfassungsrevision. Das Postulat der richtigen Verfassung als normative Schranke der souveränen verfassungsgebenden Gewalt (Betrachtungen zum Wiederaufbau einer materialen Rechtslehre), 1947

Haverkate, Görg, Verfassungslehre – Verfassung als Gegenseitigkeitsordnung, 1992

Hayek, Friedrich August von, Der Weg zur Knechtschaft, 1945

– Der Wettbewerb als Entdeckungsverfahren, 1968

Hebeisen, Michael W., Souveränität in Frage gestellt. Die Souveränitätslehren von Hans Kelsen, Carl Schmitt und Hermann Heller im Vergleich, 1995

Heberlein, Horst, Die Geltungsbeendigung der Feindstaatenklausel – ein äußerer Aspekt der deutschen Einheit, ArchVR 29 (1991), S. 85 ff.

Heckel, Martin, Die Legitimation des Grundgesetzes durch das deutsche Volk, in: J. Isensee/P. Kirchhof (Hrsg.), Handbuch des Staatsrechts der Bundesrepublik Deutschland, Bd. VIII, Die Einheit Deutschlands – Entwicklung und Grundlagen, HStR Bd. VIII, 1995, § 197, S. 489 ff.

Hegel, Georg Friedrich Wilhelm, System der Sittlichkeit, Reinschriftentwurf, 1802/3, in: Gesammelte Werke Bd. 5, Schriften und Entwürfe (1799–1808), hrsg. in Verbindung mit der Deutschen Forschungsgemeinschaft von der Nordrhein-Westfälischen Akademie der Wissenschaften unter Mitarbeit von Th. Ebert von M. Baum und K. R. Meist, Werke, Bd. 5. Felix Meiner Verlag Hamburg, 1998, S. 277 ff.

– Über die wissenschaftlichen Behandlungsarten des Naturrechts, seine Stelle in der praktischen Philosophie, und sein Verhältniß zu den positiven Rechtswissenschaften, 1802, in: Gesammelte Werke, hrsg. im Auftrag der Deutschen Forschungsgemeinschaft von H. Buchner und O. Pöggeler, Felix Meiner Verlag Hamburg, Bd. 4, 1968, S. 417 ff. auch in: Werke in 20 Bänden, suhrkamp, Band 2, Jenaer Schriften 1801–1807, 1986

– Grundlinien der Philosophie des Rechts oder Naturrecht und Staatswissenschaft im Grundrisse, Bd. 2, Rechtsphilosophie, 1821, ed. K. Löwitz/M. Riedel, 1968

– Phänomenologie des Geistes, in Werke, Bd. 2, hrsg. von J. Schulze, 1832

– Encyklopädie der philosophischen Wissenschaften im Grundriß, Teil III (die Philosophie des Geistes), in: Werke, Bd. 7, Abt. II (hrsg. von L. Boumann, 1845)

– Vorlesungen über die Philosophie der Geschichte, in: Werke, hrsg. von E. Gans, 1848, 3. Aufl. (besorgt von Karl Hegel)

Heidegger, Martin, Sein und Zeit, 1927

Heintschel von Heinegg, Wolff, Das Gewohnheitsrecht, in: K. Ipsen, Völkerrecht, 4. Aufl. 1999, § 16, S. 181 ff.

– Die allgemeinen Rechtsgrundsätze, in: K. Ipsen, Völkerrecht, 4. Aufl. 1999, § 17, S. 198 ff.

Heintze, Hans-Joachim, Träger des Selbstbestimmungsrechts der Völker, in: K. Ipsen, Völkerrecht, 4. Aufl. 1999, § 28, S. 354 ff.

– Völkerrechtssubjektivität von Völkern, in: K. Ipsen, Völkerrecht, 4. Aufl. 1999, § 27, S. 341 ff.

Held, David, Kosmopolitische Demokratie und Weltordnung. Eine neue Tagesordnung, in: M. Lutz-Bachmann/J. Bohman, Frieden durch Recht. Kants Friedensidee und das Problem einer neue Weltordnung, 1996, S. 220 ff.

Heller, Hermann, Die Krisis der Staatslehre, ASSP 55 (1926), S. 289 ff., auch in: ders., Gesammelte Schriften, Zweiter Band, Recht, Staat, Macht, hrsg. von Ch. Müller, 2. Aufl. 1992, S. 3 ff.

– Die Souveränität. Ein Beitrag zur Theorie des Staats- und Völkerrechts, 1927, in: ders., Gesammelte Schriften, Zweiter Band, Recht, Staat, Macht, hrsg. von Ch. Müller, 2. Aufl. 1992, S. 31 ff.

– Hegel und der nationale Machtstaatsgedanke in Deutschland. Ein Beitrag zur politischen Geistesgeschichte, 1921, in: ders., Gesammelte Schriften, Erster Band, Orientierung und Entscheidung, hrsg. von Ch. Müller, 2. Aufl. 1992, S. 21 ff.

– Politische Demokratie und soziale Homogenität, 1928, in: ders., Gesammelte Schriften, Zweiter Band, Recht, Staat, Macht, hrsg. von Ch. Müller, 2. Aufl. 1992, S. 421 ff.

– Politische Ideenkreise der Gegenwart. IV Der demokratische Ideenkreis, V Der liberale Ideenkreis, in: Gesammelte Schriften, hrsg. von Ch. Müller, Bd. I, 2. Aufl. 1992, S. 309 ff.

– Staatslehre, 1934, 2. Aufl. 1961

– Der Begriff des Gesetzes in der Reichsverfassung, VVDStRL 4 (1928), S. 98 ff.

Henke, Wilhelm, Die verfassungsgebende Gewalt des Volkes. Lehre und Wirklichkeit, Der Staat 7 (1968), S. 166 ff.

– Recht und Staat. Grundlagen der Jurisprudenz, 1988

Hennis, Wilhelm, Das Problem der Souveränität. Ein Beitrag zur neueren Literaturgeschichte und gegenwärtigen Problematik der politischen Wissenschaften, 1951/2003

Herdegen, Mathias, Die Belastbarkeit des Verfassungsgefüges auf dem Weg zur Europäischen Union, EuGRZ 1992, 589 ff.

– Strukturen und Institute des Verfassungsrechts der Länder, in: J. Isensee/P. Kirchhof (Hrsg.), Handbuch des Staatsrechts der Bundesrepublik Deutschland, Bd. IV, Finanzverfassung – Bundesstaatliche Ordnung, 1990, § 97, S. 479 ff.

Herman, Eva, Das Medienkartell. Wie wir täglich getäuscht werden, 2012

Herrmann, Christoph/*Weiß*, Wolfgang/*Ohler*, Christoph, Welthandelsrecht, 2. Aufl. 2007

Herzog, Roman, Allgemeine Staatslehre, 1971

– Kommentar zu Art. 20 II, in: Maunz/Dürig, Grundgesetz, 1987

Hesse, Konrad, Der unitarische Bundesstaat, 1962

– Bundesstaatsreform und Grenzen der Verfassungsänderung, AöR 98 (1973), S. 1 ff.

– Grundzüge des Verfassungsrechts der Bundesrepublik Deutschland, 20. Aufl. 1995

Heydte, Friedrich August von der, Der deutsche Staat im Jahre 1945 und seither, VVDStRL 13 (1955), S. 6 ff.

– Vom Heiligen Reich zur geheiligten Volkssouveränität, 1955, in: H. Kurz, Volkssouveränität und Staatssouveränität, 1970, S. 350 ff.

Hillgruber, Andreas, Deutsche Geschichte 1945–1972. Die „deutsche Frage“ in der Weltpolitik, 1974, 6. Aufl. 1987

Hillgruber, Christian, Souveränität – Verteidigung eines Rechtsbegriffs, JZ 2002, 1072 ff.

Hippel, Ernst von, Das richterliche Prüfungsrecht, in: G. Anschütz/R. Thoma (Hrsg.), Handbuch des Deutschen Staatsrechts, HdDStR, Bd. 2, 1932, § 99, S. 546 ff.

Hobbes, Thomas, Leviathan, 1651, ed. Mayer/Diesselhorst, 1970/80

Hobe, Stephan, Der offene Verfassungsstaat zwischen Souveränität und Interdependenz. Eine Studie zur Wandlung des Staatsbegriffs der deutschsprachigen Staatslehre im Kontext internationalisierter Kooperation, 1998 (Kieler Habilitationsschrift 1996/97)

Höffe, Otfried, Politische Gerechtigkeit. Grundlegung einer kritischen Philosophie von Recht und Staat, 1987

– Demokratie im Zeitalter der Globalisierung, 1999

– Für und Wider eine Weltrepublik, in: Ch. Chwaszcza/W. Kersting (Hrsg.), Politische Philosophie der internationalen Beziehungen, 1998, S. 204 ff.

– Wirtschaftsbürger, Staatsbürger Weltbürger. Politische Ethik im Zeitalter der Globalisierung, 2004

Hösle, Vittorio, Moral und Politik. Grundlagen einer politischen Ethik für das 21. Jahrhundert, 1997

Hofmann, Hasso, Legitimität gegen Legalität – Der Weg der politischen Philosophie Carl Schmitts, 1964, 4. Aufl. 2002

– „Souverän ist, wer über den Ausnahmezustand entscheidet“, Der Staat 44 (2005), S. 171 ff.

Huber, Ernst-Rudolf, Deutsche Verfassungsgeschichte seit 1789, Bd. I, Reform und Restauration 1789 bis 1830, 1957, Bd. III, Bismarck und das Reich, 1963

– Nationalstaat und supranationale Organisation, in: ders., Nationalstaat und Verfassungsstaat, Studien zur Geschichte der modernen Staatsidee, 1965, S. 272 ff.

– Das Kaiserreich als Epoche verfassungsstaatlicher Entwicklung, in: J. Isensee/P. Kirchhof (Hrsg.), Handbuch des Staatsrechts der Bundesrepublik Deutschland, Bd. I, Historische Grundlagen, 3. Aufl. 2003, § 4, S. 129 ff.

Huber, Max, Grundlagen nationaler Erneuerung, 1934

– Soziologische Grundlagen des Völkerrechts sowie Aufgaben der Schweizer Schule gegenüber dem Staat, Gesellschaft und Humanität, Vermischte Schriften, Bd. III, 1948, S. 49 ff., 120 ff.

Huber, Peter Michael, Europäisches und nationales Verfassungsrecht, VVDStRL 60 (2001), S. 194 ff.

Huster, Stefan, Republikanismus als Verfassungsprinzip? Der Staat 34 (1995), S. 606 ff.

Ilting, Karl-Heinz, Herrschaft, in: O. Brunner/W. Conze/R. Koselleck (Hrsg.), Geschichtliche Grundbegriffe. Historisches Lexikon zur politisch-sozialen Sprache in Deutschland, Bd. 3, 1982, S. 33 ff.

Ipsen, Hans Peter, Europäisches Gemeinschaftsrecht, 1972

– Über Supranationalität, in: H. Ehmke u. a. (Hrsg.), Festschrift für Ulrich Scheuner, 1973, S. 211 ff.

– Die Bundesrepublik Deutschland in den Europäischen Gemeinschaften, in: J. Isensee/P. Kirchhof (Hrsg.), Handbuch des Staatsrechts der Bundesrepublik Deutschland, Bd. VII,

Normativität und Schutz der Verfassung – Internationale Beziehungen, 1992, § 181, S. 767 ff.

– Zehn Glossen zum Maastricht-Urteil, EuR 1994, S. 1 ff.

Ipsen, Knut, Zur Geschichte des Völkerrechts, in: ders., Völkerrecht, 4. Aufl. 1999, § 2, S. 16 ff.

Isensee, Josef, Subsidiaritätsprinzip und Verfassungsrecht. Eine Studie über das Regulativ des Verhältnisses von Staat und Gesellschaft, 1968

– Der Dualismus von Staat und Gesellschaft. Subsidiaritätsprinzip und Verfassungsrecht, 1968, in: E.-W. Böckenförde (Hrsg.), Staat und Gesellschaft, 1976, S. 317 ff.

– Staat und Verfassung, in: J. Isensee/P. Kirchhof (Hrsg.), Handbuch des Staatsrechts der Bundesrepublik Deutschland, Bd. I, Grundlagen von Staat und Verfassung, 1987, § 13, S. 591 ff.

– Gemeinwohl und Staatsaufgaben im Verfassungsstaat, in: J. Isensee/P. Kirchhof (Hrsg.), Handbuch des Staatsrechts der Bundesrepublik Deutschland, Bd. III, Das Handeln des Staates, 1988, § 57, S. 3 ff.

– Idee und Gestalt des Föderalismus im Grundgesetz, in: J. Isensee/P. Kirchhof (Hrsg.), Handbuch des Staatsrechts der Bundesrepublik Deutschland, Bd. IV, Finanzverfassung – Bundesstaatliche Ordnung, 1990, § 98, S. 517 ff.

– Das Grundrecht als Abwehrrecht und als staatliche Schutzpflicht, in: J. Isensee/P. Kirchhof (Hrsg.), Handbuch des Staatsrechts der Bundesrepublik Deutschland, Bd. V, Allgemeine Grundrechtslehren, 1992, § 111, S. 143 ff.

– Verfassungsrecht als „politisches Recht“, in: J. Isensee/P. Kirchhof (Hrsg.), Handbuch des Staatsrechts der Bundesrepublik Deutschland, Bd. VII, Normativität und Schutz der Verfassung – Internationale Beziehungen, 1992, § 162, S. 103 ff.

– Schlußbestimmungen des Grundgesetzes: Artikel 146, in: J. Isensee/P. Kirchhof (Hrsg.), Handbuch des Staatsrechts der Bundesrepublik Deutschland, Bd. VII, Normativität und Schutz der Verfassung – Internationale Beziehungen, HStR Bd. VII, 1992, § 166, S. 271 ff.

– Nachwort. Europa – die politische Erfindung eines Erdteils, in: ders., Europa als politische Idee und als rechtliche Form, 1993, S. 122 ff.

– Das Volk als Grund der Verfassung, 1995

– Die vielen Staaten in der einen Welt – eine Apologie, ZSE 2003, 7 ff.

Jaspers, Karl: Existenzerhellung, 1932

– Vom Ursprung und Ziel der Geschichte, 1949

– Wohin treibt die Bundesrepublik? Tatsachen. Gefahren. Chancen, 1966, 10. Aufl. 1988

Jellinek, Georg, Die Lehre von den Staatenverbindungen, 1882

– Allgemeine Staatslehre, 1900, 3. Aufl. 1914, Siebenter Neudruck 1960

Jellinek, Walter, Grenzen der Verfassungsgesetzgebung, 1931

Jesch, Dieter, Gesetz und Verwaltung, Eine Problemstudie zum Wandel des Gesetzmäßigkeitsprinzips, 1961, 2. Aufl. 1968

Jestaedt, Matthias, Demokratieprinzip und Kondominialverwaltung – Entscheidungsteilhabe Privater an der öffentlichen Verwaltung auf dem Prüfstand des Verfassungsprinzips Demokratie, 1993

Kaiser, Joseph H., Konkretes Ordnungsdenken, in: Helmut Quaritsch (Hrsg.), Complexio Oppositorum – Über Carl Schmitt, 1988, S. 319 ff.

Kant, Immanuel: Kritik der reinen Vernunft, 1781/1787, in: Werke in zehn Bänden, hrsg. v. W. Weischedel, Bd. 3 und 4, 1968, S. 11 ff. bzw. 307 ff.

– Idee zu einer allgemeinen Geschichte in weltbürgerlicher Absicht, 1784, in: Werke in zehn Bänden, hrsg. v. W. Weischedel, Bd. 9, 1968, S. 31 ff.

– Grundlegung zur Metaphysik der Sitten, 1785/1786, in: Werke in zehn Bänden, hrsg. v. W. Weischedel, Bd. 6, 1968, S. 7 ff.

– Kritik der praktischen Vernunft, 1788, in: Werke in zehn Bänden, hrsg. v. W. Weischedel, Bd. 6, 1968, S. 103 ff.

– Der Streit der Fakultäten, 1789, in: Werke in zehn Bänden, hrsg. v. W. Weischedel, Bd. 9, 1968, S. 260 ff.

– Über den Gemeinspruch: Das mag in der Theorie richtig sein, taugt aber nicht für die Praxis, 1793, in: Werke in zehn Bänden, hrsg. v. W. Weischedel, Bd. 9, 1968, S. 125 ff.

– Zum ewigen Frieden. Ein philosophischer Entwurf, 1795/1796, in: Werke in zehn Bänden, hrsg. v. W. Weischedel, Bd. 9, 1968, S. 191 ff.

– Über ein vermeintes Recht aus Menschenliebe zu lügen, 1797, in: Werke in zehn Bänden, hrsg. v. W. Weischedel, Bd. 7, 1968, S. 637 ff.

– Beantwortung der Frage: Was ist Aufklärung? in: Werke in zehn Bänden, hrsg. v. W. Weischedel, 1968, Bd. 9, S. 53 ff.

– Metaphysik der Sitten, 1797/1798, in: Werke in zehn Bänden, hrsg. v. W. Weischedel, Bd. 7, 1968, S. 303 ff.

Kaufmann, Erich, Das Wesen des Völkerrechts und die clausula rebus sic stantibus, 1911

– Deutschlands Rechtslage unter der Besatzung, 1948, in ders., Gesammelte Schriften, Bd. 2, 1960, S. 304 ff.

Kaufmann, Marcel, Europäische Integration und Demokratieprinzip, 1997

Kaufmann, Matthias, Recht ohne Regel? Die philosophischen Prinzipien in Carl Schmitts Staats- und Rechtslehre, 1988

Kelsen, Hans, Das Problem der Souveränität und die Theorie des Völkerrechts. Ein Beitrag zu einer reinen Rechtslehre, 1920, 2. Aufl. 1928

– Der soziologische und der juristische Staatsbegriff. Kritische Untersuchung des Verhältnisses von Recht und Staat, 1922, 2. Aufl. 1928

– Allgemeine Staatslehre, 1925

– Vom Wesen und Wert der Demokratie, 2. Aufl. 1929

– Der Wandel des Souveränitätsbegriffs, 1931, in: Hanns Kurz (Hrsg.), Volkssouveränität und Staatssouveränität, 1970, S. 173 ff.

– Reine Rechtslehre, Einleitung in die rechtswissenschaftliche Problematik, 1934, 2. Aufl. 1960

– The International Legal Status of Germany to be Establishes Immediately upon Termination of the War, American Journal of International Law, Vol 38 (1944), S. 689 ff.

– The Legal Status of Germany according to the Declaration of Berlin, American Journal of International Law, Vol 39 (1945), S. 518 ff.

– Was ist die Reine Rechtslehre, in: Demokratie und Rechtsstaat, Festschrift für Zaccaria Giacometti, 1953, S. 143 ff.

– Die Einheit von Völkerrecht und staatlichem Recht, ZaöRV 19 (1958), S. 234 ff.

Kempen, Bernhard, Die deutsch-polnische Grenze nach der Friedensregelung des Zwei-plus-Vier-Vertrages, 1997

Kersting, Wolfgang, Wohlgeordnete Freiheit, Immanuel Kants Rechts- und Staatsphilosophie, 1984

– Probleme der politischen Philosophie der internationalen Beziehungen, in: Ch. Chwaszcza/W. Kersting (Hrsg.), Politische Philosophie der internationalen Beziehungen, 1998, S. 9 ff.

Kielmansegg, Peter Graf, Volkssouveränität. Eine Untersuchung der Bedingungen demokratischer Legitimation, 1977

Kimminich, Otto: Die Souveränität der Bundesrepublik Deutschland, 1970

– Der Bundesstaat, in: J. Isensee/P. Kirchhof (Hrsg.), Handbuch des Staatsrechts der Bundesrepublik Deutschland, Bd. I, Grundlagen von Staat und Verfassung, 1987, Bd. I, § 26, S. 1113 ff.

– Einführung in das Völkerrecht, 1976, 6. Aufl. 1997

Kirchhof, Paul: Gegenwartsfragen an das Grundgesetz, JZ 1989, 453 ff.

– Rechtsschutz durch Bundesverfassungsgericht und Europäischen Gerichtshof, in: D. Merten, Föderalismus und Europäische Gemeinschaften unter besonderer Berücksichtigung von Umwelt und Gesundheit, Kultur und Bildung, 1990, S. 109 ff.

– Deutsches Verfassungsrecht und Europäisches Gemeinschaftsrecht, EuR Beiheft 1 (1991), S. 22 ff.

– Der allgemeine Gleichheitssatz, in: J. Isensee/P. Kirchhof (Hrsg.), Handbuch des Staatsrechts der Bundesrepublik Deutschland, Bd. V, Allgemeine Grundrechtslehren, 1992, § 124, S. 837 ff.

– Der deutsche Staat im Prozeß der europäischen Integration, in: J. Isensee/P. Kirchhof (Hrsg.), Handbuch des Staatsrechts der Bundesrepublik Deutschland, Bd. VII, 1992, Normativität und Schutz der Verfassung – Internationale Beziehungen, § 183, S. 855 ff.

– Brauchen wir ein neues Grundgesetz? 1992

– Europäische Einigung und der Verfassungsstaat der Bundesrepublik Deutschland, in: J. Isensee (Hrsg.), Europa als politische Idee und als rechtliche Form, 1993, S. 63 ff.

– Verfassungsgerichtlicher und internationaler Schutz der Menschenrechte. Konkurrenz oder Ergänzung? EuGRZ 1994, 16 ff.

– Der Staat als Organisationsform politischer Herrschaft und rechtlicher Bindung – Kontinuität und Erneuerung des deutschen Verfassungsstaates in Freiheitlichkeit, Weltoffenheit und demokratischer Solidarität, DVBl. 1999, 649 ff.

Klaus, Václav, Europa? Ausgewählte Reden, Vorträge und Texte des Präsidenten der Tschechischen Republik 2005–2010, 2011

– Freiheit für die Europäer, Handelsblatt, Montag, 7. Februar 2011, S. 56

– Es ist Zeit umzukehren, Handelsblatt Nr. 144 vom 27./28./29. Juli 2012, S. 72

Klein, Eckard, Die territoriale Reichweite des Wiedervereinigungsgebots, 2. Aufl. 1984

– Der Verfassungsstaat als Glied einer europäischen Gemeinschaft, VVDStRL 50 (1991), S. 56 ff.

– Gutachten zur Rechtslage des im heutigen Polen entzogenen Privateigentums Deutscher vom 15. Februar 2005, im Auftrage des Deutschen Bundestages

Klein, Hans Hugo, Aufgaben des Bundestages, in: J. Isensee/P. Kirchhof (Hrsg.), Handbuch des Staatsrechts der Bundesrepublik Deutschland, Bd. II, Demokratische Willensbildung – Staatsaufgaben des Bundes, 1987, § 40, S. 341 ff.

Klippel, Diethelm, Staat und Souveränität, VI–VIII in: Brunner/Conze/Koselleck (Hrsg.), Geschichtliche Grundbegriffe. Historisches Lexikon zur politisch-sozialen Sprache in Deutschland, Band 6, St–Vert, 1990, S. 98 ff.

Kloepfer, Michael, Verfassungsrecht Band I, Grundlagen, Staatsorganisationsrecht, Bezüge zum Völker- und Europarecht, 2011

Knieper, Rolf, Nationale Souveränität. Versuch über Ende und Anfang einer Weltordnung, 1991

Koch, Thomas: Die Zeitung in der Republik, 2007

Koellreutter, Otto, Die Staatslehre Oswald Spenglers. Eine Darstellung und eine kritische Würdigung, 1924

König, Doris, Die Übertragung von Hoheitsrechten im Rahmen des europäischen Integrationsprozesses – Anwendungsbereich und Schranke des Art. 23 des Grundgesetzes, 2000.

Kohr, Leopold, The Breakdown of Nations, 1957

Kokott, Juliane, Souveräne Gleichheit und Demokratie im Völkerrecht, ZaöVR 64 (2004), S. 517 ff.

– Die Staatsrechtslehre und die Veränderung ihres Gegenstandes: Konsequenzen von Europäisierung und Internationalisierung, VVDStRL 63 (2004), S. 7 ff.

Koselleck, Reinhart, Staat und Souveränität, Vorbemerkung, in: Brunner/Conze/Koselleck (Hrsg.), Geschichtliche Grundbegriffe. Historisches Lexikon zur politisch-sozialen Sprache in Deutschland, Band 6, St–Vert, 1990, S. 1 ff.

Krabbe, Hugo, Die Lehre von der Rechtssouveränität. Beitrag zur Staatslehre, 1906

Krauser, Hans-Peter, Das Prinzip begrenzter Ermächtigung im Gemeinschaftsrecht als Strukturprinzip des EWG-Vertrages, 1991

Kremer, Jürgen, Grundlagen der Ökonomie. Geldsysteme, Zinsen, Wachstum und die Polarisierung der Gesellschaft, 2012

Kriele, Martin, Einführung in die Staatslehre. Die geschichtlichen Legitimationsgrundlagen des demokratischen Verfassungsstaates, 6. Aufl. 2003

– Die demokratische Weltrevolution. Warum sich die Freiheit durchsetzen wird, 1987

Krüger, Herbert, Die geistigen Grundlagen des Staates, 1940

– Zum Problem der Souveränität. Souveränität und Staatengemeinschaft, Verhandlungen der Tagung der Gesellschaft für Völkerrecht in Frankfurt am 31. März und 1. April 1955, in: Berichte der Deutschen Gesellschaft für Völkerrecht Heft 1, 1957, S. 1 ff.

– Allgemeine Staatslehre, 1964, 2. Aufl. 1966

Krugman, Paul R./*Obstfeld*, Maurice, Internationale Wirtschaft. Theorie und Politik der Außenwirtschaft, 7. Aufl. 2006

Laband, Paul, Das Staatsrecht des Deutschen Reiches, 1876–1882, 1883, 1. Bd., 4. Aufl. 1901, 5. Aufl. 1911.

Landshut, Siegfried, Volkssouveränität und öffentliche Meinung, 1953, in: H. Kurz, Volkssouveränität und Staatssouveränität, 1970, S. 301 ff.

Lecheler, Helmut, Das Subsidiaritätsprinzip: Strukturprinzip einer europäischen Union, 1993

Leibholz, Gerhard, Das Wesen der Repräsentation und der Gestaltwandel der Demokratie im Zwanzigsten Jahrhundert, 1929, 3. Aufl. 1966, 4. Aufl. 1974 unter dem Titel: Die Repräsentation in der Demokratie

– Die politischen und juristischen Hauptformen der Repräsentation, 1956, in: ders., Verfassungsstaat – Verfassungsrecht, 1973, S. 48 ff.

Leisner, Walter, Der Gleichheitsstaat – Macht durch Nivellierung, 1980

– Die demokratische Anarchie – Verlust der Ordnung als Staatsprinzip? 1982

– Der Führer – Persönliche Gewalt – Staatsrettung oder Staatsdämmerung, 1983

– Volk und Nation als Rechtsbegriff der französischen Revolution. Zur „tradition révolutionaire", in: ders., Staat, Schriften zur Staatslehre und Rechtsstaat, 1957–1991, hrsg., von J. Isensee, 1994, S. 150 ff.

– Der unsichtbare Staat. Machtabbau oder Machtverschleierung, 1994

– Das Vok. Realer oder fiktiver Souverän? 2005

Lepsius, Oliver, Steuerungsdiskussion, Systemtheorie und Parlamentarismuskritik, 1999

Lerche, Peter, Föderalismus als nationales und internationales Ordnungsprinzip, VVDStRL 21 (1964), S. 66 ff.

Link, Heinz-Christoph: Staatszwecke im Verfassungsstaat – nach 40 Jahren Grundgesetz, VVDStRL 48 (1990), S. 7 ff.

List, Friedrich: Das nationale System der politischen Ökonomie, 3. Aufl. 1920

Locke, John: Über die Regierung. The Second Treatise of Government, 1690, ed. P. C. Mayer-Tasch, 1974/1982, Übersetzung 1966/74 Dorothee Tidow, Reclam

Löwer, Wolfgang, Zuständigkeiten und Verfahren des Bundesverfassungsgerichts, in: J. Isensee/P. Kirchhof (Hrsg.), Handbuch des Staatsrechts der Bundesrepublik Deutschland, Bd. II, Demokratische Willensbildung – Staatsaufgaben des Bundes, 1987, § 56, S. 737 ff.

Lorenz, Konrad, Der Abbau des Menschlichen, 2. Aufl. 1983

Losurdo, Domenico, Die Deutschen. Sonderweg eines unverbesserlichen Volkes? Deutsch 2010

Luchterhandt, Otto, Der Anschluss der Krim an Russland aus völkerrechtlicher Sicht, ArchVR, 2014, S. 137 ff.

Lübbe-Wolff, Gertrude, Zur Bedeutung des Art. 139 GG für die Auseinandersetzung mit neonazistischen Gruppen, NJW 1988, 1289 ff.

– Europäisches und nationales Verfassungsrecht, VVDStRL 60 (2001), S. 247 ff.

Lukácz, Georg, Geschichte und Klassenbewußtsein, 1922

Madison, James, Die Federalist-Artikel. Politische Theorie und Verfassungskommentar der amerikanischen Gründerväter, hrsg. von A. Adams/W. P. Adams, 1994, 39. Artikel vom 16. 1. 1788, S. 225 ff.

Mäder, Werner, Kritik der Verfassung Deutschlands. Hegels Vermächtnis 1801 und 2001, 2002

– Vom Wesen der Souveränität. Ein deutsches und europäisches Problem, 2007

Mähner, Tobias, Der Europäische Gerichtshof als Gericht, 2005

Maier, Hedwig, Fortgeltung und Fortwirkung von Besatzungsakten, JZ 1955, 408 ff.

Maihofer, Werner, Rechtsstaat und menschliche Würde, 1968

– Legitimation des Staates aus der Funktion des Rechts, in: ARSP, Beiheft Nr. 15, 1981, S. 19 ff.

– Realität der Politik und Ethos der Republik, in: K.-O. Apel/M. Kettner, Zur Anwendung der Diskursethik in Politik, Recht und Wissenschaft, 1992, 2. Aufl. 1993, S. 84 ff.

– Prinzipien freiheitlicher Demokratie, in: E. Benda/W. Maihofer/H.-J. Vogel (Hrsg.), Handbuch des Verfassungsrechts der Bundesrepublik Deutschland (HVerfR), 1983, 2. Aufl. 1994, S. 427 ff.

– Abschließende Äußerungen der Herausgeber, in: E. Benda/W. Maihofer/H.-J. Vogel (Hrsg.), Handbuch des Verfassungsrechts der Bundesrepublik Deutschland (HVerfR), 1983, 2. Aufl. 1994, S. 1709 ff.

Mann, Frederick Alexander, Deutschlands heutiger Status, SJZ 1947, 465 ff.

– Deutschlands Rechtslage 1947 – 1967, JZ 1967, 585 ff.

Mantl, Wolfgang, Repräsentation und Identität, Demokratie im Konflikt. Ein Beitrag zur modernen Staatsformenlehre, 1975

Marcic, René, Vom Gesetzesstaat zum Richterstaat, Recht und Maß der Macht. Gedanken über den demokratischen Rechts- und Sozialstaat, 1957

Maritain, Jacques, The Concept of Sovereingty, Der Begriff der Souveränität. 1950, in: H. Kurz, Volkssouveränität und Staatssouveränität, 1970, S. 244 ff.

Martitz, Ferdinand von, Internationale Rechtshilfe in Strafsachen, Bd. 1 f., 1888 ff.

Marx, Karl, Das Elend der Philosophie, Antwort auf Proudhons „Philosophie des Elends 1847, Marx Engels Werke, Bd. 4, 1977 (Dietz), S. 65 ff.

Maunz, Theodor, Die verfassungsgebende Gewalt im Grundgesetz, 1953, in: H. Kurz, Volkssouveränität und Staatssouveränität, 1970, S. 311 ff.

– Staatlichkeit und Verfassungshoheit der Länder, in: J. Isensee/P. Kirchhof (Hrsg.), Handbuch des Staatsrechts der Bundesrepublik Deutschland, Bd. IV, Finanzverfassung – Bundesstaatliche Ordnung, 1990, § 94, S. 427 ff.

Maus, Ingeborg, Heller und die Staatsrechtslehre der Bundesrepublik, in: Chr. Müller/Ilse Staff, Staatslehre der Weimarer Republik, Hermann Heller zu ehren, 1985, S. 194 ff.

– Zur Aufklärung der Demokratietheorie. Rechts- und demokratietheoretische Überlegungen im Anschluß an Kant, 1992

Mayer, Franz C., Europäische Verfassungsgerichtsbarkeit, Gerichtliche Letztentscheidung im europäischen Mehrebenensystem, in: A. v. Bogdandy (Hrsg.), Europäisches Verfassungsrecht, 2003, S. 229 ff.

Meier, Christian, Macht, Gewalt, in: O. Brunner/W. Conze/R. Koselleck, Geschichtliche Grundbegriffe, Historisches Lexikon zur politisch-sozialen Sprache in Deutschland, Bd. 3, H–Me, 1982, S. 817 ff.

Merkl, Adolf J., Kelsens System einer reinen Rechtslehre, AöR 41 (1921), S. 171 ff.

Merten, Detlef, Rechtsstaat und Gewaltmonopol, 1975

Meyer, Georg, Staatsrechtliche Erörterungen über die Deutsche Reichsverfassung, 1872

Meyer, Georg/*Anschütz*, Gerhard, Lehrbuch des deutschen Staatsrechts, 7. Aufl. 1919

Meyn, Hermann, Massenmedien in Deutschland, 2004

Michels, Robert: Zur Soziologie des Parteiwesens in der modernen Demokratie. Untersuchungen über die oligarchischen Tendenzen des Gruppenlebens, 1911, 2. Aufl. 1925/70

Mögele, Rudolf, Kommentierung des Art. 300 EGV, in: R. Streinz (Hrsg.), EUV/EGV, Vertrag über die Europäische Union und Vertrag zur Gründung der Europäischen Gemeinschaft, 2003, S. 2470 ff.

Möllers, Christoph, Staat als Argument, 2000

– Souveränität, Evangelisches Staatslexikon, Neuausgabe, hrsg. von W. Heun/M. Honecker/M. Morlock/J. Wieland, 2006, Sp. 2174 ff.

Möschel, Wernhard, Politische Union für Europa: Wunschtraum oder Alptraum, JZ 1992, 877 ff.

Montesquieu, Charles, Vom Geist der Gesetze, 1748, ed. Weigand, 1965, Reclam

Mosler, Hermann, Die Übertragung von Hoheitsgewalt, in: J. Isensee/P. Kirchhof (Hrsg.), Handbuch des Staatsrechts der Bundesrepublik Deutschland, Bd. VII, Normativität und Schutz der Verfassung – Internationale Beziehungen, 1992, § 175, S. 599 ff.

Müller, Adam, Elemente der Staatskunst, 1809, ed. Jakob Baxa, 1. Halbbd. 1922

Münch, Ingo von, Grundgesetz, Kommentar, Bd. I, 3. Aufl. 1985, Art. 1

– Bewahrung und Veränderung im Völkerrecht, ArchVR 1982, 265 ff.

Murswiek, Dietrich, Die verfassungsgebende Gewalt nach dem Grundgesetz für die Bundesrepublik Deutschland, 1978

– Maastricht und der Pouvoir constituant. Zur Bedeutung der verfassungsgebenden Gewalt im Prozeß der europäischen Integration, Der Staat 32 (1993), S. 161 ff.

- Souveränität und humanitäre Intervention – Zu einigen neueren Tendenzen im Völkerrecht, Der Staat 35 (1996), S. 31 ff.
- Der Europa-Begriff des Grundgesetzes, in: J. Brohmer u. a. (Hrsg.): Internationale Gemeinschaft und Menschenrechte. Festschrift für Georg Ress, 2005, S. 657 ff.

Mußgnug, Reinhard, Zustandekommen des Grundgesetzes und Entstehen der Bundesrepublik Deutschland, in: J. Isensee/P. Kirchhof (Hrsg.), Handbuch des Staatsrechts der Bundesrepublik Deutschland, Bd. I, Grundlagen von Staat und Verfassung, 1987, § 6, S. 219 ff.

Nastanzky, H. J., Existenzphilosophie, in J. Mittelstraß (Hrsg.) Enzyklopädie Philosophie und Wissenschaftstheorie, Bd. 1, 1995, S. 620 f.

Nawiasky, Hans, Bundesstaat als Rechtsbegriff, 1920

- Allgemeine Staatslehre, Bd. 1, 1945
- Die Grundgedanken des Grundgesetzes für die Bundesrepublik Deutschland. Systematische Darstellung und kritische Würdigung, 1950

Nettesheim, Martin/*Duvigneau*, Johann Ludwig, Kommentierung des Art. 133 EGV, in: R. Streinz (Hrsg.), EUV/EGV, Vertrag über die Europäische Union und Vertrag zur Gründung der Europäischen Gemeinschaft, 2003, S. 1445 ff.

Nida-Rümelin, Julian, Zur Philosophie einer globalen Zivilgesellschaft, in: Ch. Chwaszcza/W. Kersting (Hrsg.), Politische Philosophie der internationalen Beziehungen, 1998, S. 223 ff.

Nicolaysen, Gerd, Europarecht I, 1991

Nölling, Wilhelm: Unser Geld. Der Kampf um die Stabilität der Währung in Europa, 1993

- Euro – der Sozialstaatsbruch, in: W. Hankel/W. Nölling/K. A. Schachtschneider/J. Starbatty, Die Euro-Illusion. Ist Europa noch zu retten? 2001, S. 107 ff.

Nölling, Wilhelm/*Hankel*, Wilhelm/*Schachtschneider*, Karl Albrecht/*Starbatty*, Joachim, Die Euro-Klage. Warum die Währungsunion scheitern muß, 1998

Oeter, Stefan, Souveränität und Demokratie als Problem in der „Verfassungsentwicklung" der Europäischen Union. Fragen aus Verfassungstheorie und Verfassungsgeschichte an die deutsche Debatte um Souveränität, Demokratie und die Verteilung politischer Verantwortung im geeinten Europa, ZaöRV 1995, S. 659 ff. (http://www.zaoerv.de)

- Integration und Subsidiarität im deutschen Bundesstaatsrecht. Untersuchungen zur Bundesstaatstheorie unter dem Grundgesetz, 1998

Oexle, Otto Gerhard, Stand, Klasse, in: Brunner/Conze/Koselleck (Hrsg.), Geschichtliche Grundbegriffe. Historisches Lexikon zur politisch-sozialen Sprache in Deutschland, Bd. 6, St–Vert, 1990, S. 183 ff. (Stände und Ständelehren im Mittelalter)

Ophüls, Carl Friedrich, Staatshoheit und Gemeinschaftshoheit. Wandlungen des Souveränitätsbegriffs, in: C. H. Ule u. .a., Festschrift 150 Jahre Carl Heymanns Verlag, 1965, S. 519 ff.

Oppermann, Thomas, Deutschland als Ganzes. Sinnwandel eines völkervertragsrechtlichen Begriffes, Festschrift für Friedrich Berber, 1973, S. 377 ff.

- Europarecht. Ein Studienbuch, 2. Aufl. 1999, 3. Aufl. 2005

Ott, Jens, Das Europäische Parlament als Parlament, Diss. Erlangen-Nürnberg, i. E.

Padua, Marsilius von, Defensor Pacis, Der Verteidiger des Friedens, übersetzt von Walter Kunzmann, bearbeitet von Horst Kusch, Reclam 1971

Papst Benedict XVI., Rede vor dem Deutschen Bundestag vom 22. September 2011

Pehlke, Michael, Die Souveränität der Bundesrepublik Deutschland im westlichen Bündnis. Historische und aktuelle Aspekte, 1994

Penski, Ulrich, Staatsraison und Widerstandsrecht bei Hermann Heller, in: Ch. Müller/Ilse Staff (Hrsg.), Der soziale Rechtsstaat, Gedächtnisschrift für Hermann Heller 1891–1933, 1984, S. 603 ff.

Pernice, Ingolf, Maastricht, Staat und Demokratie, Die Verwaltung 26 (1993), S. 449 ff.

– Europäisches und nationales Verfassungsrecht, VVDStRL 60 (2001), S. 148 ff.

Pernthaler, Peter, Allgemeine Staatslehre und Verfassungslehre, 1986, 2. Aufl. 1996

Peters, Anne, Elemente einer Theorie der Verfassung Europas, 2001

Pfeiffer, Karl, Zur Rechtsnatur der alliierten Vorbehaltsrechte, DVBl 1973, 57 ff.

Pieper, Josef, Über das christliche Menschenbild, 6. Aufl. 1955

Pietzcker, Jost, Zuständigkeitsordnung und Kollisionsrecht im Bundesstaat, in: J. Isensee/ P. Kirchhof (Hrsg.), Handbuch des Staatsrechts der Bundesrepublik Deutschland, Bd. IV, Finanzverfassung – Bundesstaatliche Ordnung, 1990, § 99, S. 693 ff.

Pisani-Ferry, Jean, Wirtschaftsforschungsinstitut Bruegel, Brüssel, Das Lehmann-Gespenst, Handelsblatt vom 8. Juni 2011, S. 56

Platon, Politeia/Der Staat, in: G. Eigler (Hrsg.) Werke in acht Bänden, griechisch und deutsch, Bd. 4, Übersetzung von F. Schleiermacher und H. Müller, bearbeitet von D. Kurz, 2. Aufl. 1990

– Nomoi/Gesetze, übersetzt von H. Müller, ed. W. F. Otto/E. Grassi/G. Plamböck, Platon, Sämtliche Werke, Rowohlts, 1959

Popper, Karl Raimund, Die offene Gesellschaft und ihre Feinde I, Der Zauber Platons, II, Falsche Propheten, Hegel, Marx und die Folgen, 6. Aufl. 1980

– Das Elend des Historizismus, 1965, 7. Aufl. 2003

– Objektive Erkenntnis. Ein evolutionärer Entwurf, 4. Aufl. 1984

Preuß, Hugo, Gemeinde, Staat, Reich als Gebietskörperschaften. Versuch einer deutschen Staatskonstruktion auf der Grundlage der Genossenschaftstheorie, 1889

– Das deutsche Volk und die Politik, 1915/1916

Pufendorf, Samuel von, De jure naturae et gentium libri octo, 1672

– De officio hominis et civis, 1673, Über die Pflicht des Menschen und des Bürgers nach dem Gesetz der Natur, hrsg. und übersetzt von Klaus Luig, 1994

Putin, Wladimir, Rußland und die Welt im Wandel, Dokumentation in deutscher Übersetzung, Zeit-Fragen Nr. 13 vom 26. März 2012, S. 9 ff.

Quaritsch, Helmut, Staat und Souveränität, Bd. 1, Die Grundlagen, 1970

– Einwanderungsland Bundesrepublik Deutschland? Aktuelle Reformfragen des Ausländerrechts, 1981

– Souveränität. Entstehung und Entwicklung des Begriffs in Frankreich und Deutschland vom 13. Jahrhundert bis 1806, 1986

– Wiedervereinigung in Selbstbestimmung – Recht, Realität, Legitimation, in: J. Isensee/ P. Kirchhof (Hrsg.), Handbuch des Staatsrechts der Bundesrepublik Deutschland, Bd. VIII, Die Einheit Deutschlands – Entwicklung und Grundlagen, 1995, § 193, S. 321 ff.

– Souveränität im Ausnahmezustand. Zum Souveränitätsbegriff im Werk Carl Schmitts, Der Staat 35 (1996), S. 1 ff.

– Über Gegenwart und Zukunft des deutschen Nationalstaats, in R. Morsey u. a. (Hrsg.), Staat, Politik, Verwaltung in Europa, Gedächtnisschrift Roman Schnur, 1997, S. 83 ff.

Raap, Christian, Die Souveränität der Bundesrepublik Deutschland unter besonderer Berücksichtigung des militärischen Bereichs und der deutschen Einheit, 1992

Rabe, Hannah, Autarkie, in: Brunner/Conze/Koselleck (Hrsg.), Geschichtliche Grundbegriffe. Historisches Lexikon zur politisch-sozialen Sprache in Deutschland, Bd. 1, A–D, 1972, S. 377 ff.

Radbruch, Gustav, Rechtsphilosophie, 4. Aufl. 1950, 8. Aufl. hrsg. von E. Wolf und H.-P. Schneider, 1973

Raddatz, Hans-Peter, Mastermind – Masse, Macht und Magie der Moderne, i. E.

Ramb, Bernd Thomas, Der Zusammenbruch unserer Währung – und wie man sich darauf vorbereitet, 2010, 7. Aufl. 2011

Randelzhofer, Albrecht, Staatsgewalt und Souveränität, in: J. Isensee/P. Kirchhof (Hrsg.), Handbuch des Staatsrechts der Bundesrepublik Deutschland, Bd. I, Grundlagen von Staat und Verfassung, 1987, § 15, S. 691 ff.

– Kommentierung des Art. 2 Ziff. 4 der Charta der Vereinten Nationen, in: B. Simma, Charta der Vereinten Nationen, Kommentar, 1991, S. 67 ff.

Rausch, Heinz, Marsilius von Padua, Der Verteidiger des Friedens, Nachwort der edition Reclam, 1971, S. 213 ff.

Rauschning, Dieter, Beendigung der Nachkriegszeit mit dem Vertrag über die abschließende Regelung in bezug auf Deutschland, DVBl 1990, S. 1275 ff.

Rawls, John, Eine Theorie der Gerechtigkeit, 1975

– The Law of Peoples, Critical Inquiry 20, 1993

Renan, Ernest, Qu'est-ce qu'une nation? 1882

Rensmann, Michael, Besatzungsrecht im wiedervereinten Deutschland. Abbauprobleme und Restbestände, 2002

Ress, Georg, Das Souveränitätsverständnis in den Europäischen Gemeinschaften, 1980

– Grundlagen und Entwicklung der innerdeutschen Beziehungen, in: J. Isensee/P. Kirchhof (Hrsg.), Handbuch des Staatsrechts der Bundesrepublik Deutschland, Bd. I, Grundlagen von Staat und Verfassung, 1987, § 11, S. 449 ff.

– Staatszwecke im Verfassungsstaat – nach 40 Jahren Grundgesetz, VVDStRL 48 (1990), S. 56 ff.

– Kommentierung des Art. 53 der Charta der Vereinten Nationen, in: B. Simma, Charta der Vereinten Nationen, Kommentar, 1991

Ridder, Helmut, Die „deutsche Staatsangehörigkeit" und die beiden deutschen Staaten, Gedächtnisschrift für Friedrich Klein, 1977, S. 437 ff.

Riedel, Manfred, Bürger, Staatsbürger, Bürgertum, in: Brunner/Conze/Koselleck (Hrsg.), Geschichtliche Grundbegriffe. Historisches Lexikon zur politisch-sozialen Sprache in Deutschland, Bd. 1, 1972/79, S. 672 ff.

– Der Begriff der „Bürgerlichen Gesellschaft" und das Problem seines geschichtlichen Ursprungs, 1962/1969, in: E.-W. Böckenförde (Hrsg.), Staat und Gesellschaft, 1976, S. 77 ff.

– Bürgerliche Gesellschaft. Eine Kategorie der klassischen Politik und des modernen Naturrechts, 1969 aus dem Nachlaß hrsg. von H. Seubert, 2011

Roellecke, Gerd, Souveränität, Staatssouveränität, Volkssouveränität, in: D. Murswiek/ U. Storost/H. A. Wolff, Staat – Souveränität – Verfassung, Festschrift für Helmut Quaritsch (70.), 2000, S. 15 ff.

Röper, Bewegung im Zeitungsmarkt 2004. Media Perspektiven 6/2004, 268 ff.

Rousseau, Jean-Jacques: Du Contract Social ou Principes du Droit Politique, 1762, Vom Gesellschaftsvertrag oder Grundsätze des Staatsrechts, ed. Brockard, Reclam, 1986

Rumpf, Helmut, Land ohne Souveränität. Kritische Betrachtungen zur Deutschlandpolitik von Adenauer bis Brandt, 2. Aufl. 1973

Rupp, Hans-Heinrich, Grundlagen der heutigen Verwaltungsrechtslehre. Verwaltungsnorm und Verwaltungsrechtsverhältnis, 1965, 2. Aufl. 1991

– Die Unterscheidung von Staat und Gesellschaft, in: J. Isensee/P. Kirchhof (Hrsg.), Handbuch des Staatsrechts der Bundesrepublik Deutschland, Bd. I, Grundlagen von Staat und Verfassung, 1987, § 28, S. 1187 ff.

Saladin, Peter, Verantwortung als Staatsprinzip – Ein neuer Schlüssel zur Lehre vom modernen Rechtsstaat, 1984

Samuelson, Paul A., Where Ricardo and Mill Rebut and Confirm Arguments of Mainstream Economists Supporting Globalization, in: The Journal of Economic Perspectives, Vol. 18, Nb. 3, Summer 2004, Page 135 ff.

Šarčevič, Edin, Das Bundesstaatsprinzip. Eine staatsrechtliche Untersuchung zur Dogmatik der Bundesstaatlichkeit des Grundgesetzes, 2000

Schachtschneider, Karl Albrecht, Anspruch auf Demokratie. Überlegungen zum Demokratierechtsschutz des Bürgers, JR 1970, 401 ff.

– Neubescheidung nach Rechtskraft im Sozialrecht und im allgemeinen Verwaltungsrecht, Verwaltungsarchiv 63, 1972, S. 112 ff., 277 ff.

– Das Sozialprinzip. Zu seiner Stellung im Verfassungssystem des Grundgesetzes, 1974

– Staatsunternehmen und Privatrecht. Kritik der Fiskustheorie. Exemplifiziert an § 1 UWG, 1986

– Frei – sozial – fortschrittlich, in: Die Fortentwicklung des Sozialstaates – Verfassungsauftrag und administrative Implementation, Symposium zu Ehren von Werner Thieme, Hamburg, 24. Juni 1988, 1989, S. 6 ff.

– Der Rechtsbegriff „Stand von Wissenschaft und Technik“ im Atom- und Immissionsschutzrecht, in: W. Thieme (Hrsg.), Umweltschutz im Recht, 1988, S. 81 ff.

– Das Hamburger Oppositionsprinzip. Zum Widerspruch des entwickelten Parteienstaates zur republikanischen Repräsentation, Der Staat 28 (1989), S. 173 ff.

– Aussprache zum Thema: Der Verfassungsstaat als Glied der Europäischen Gemeinschaft, VVDStRL 50 (1991), S. 178

– Verfassungsbeschwerde vom 18. Dezember 1992 gegen das Zustimmungsgesetz zum Vertrag über die Europäische Union vom 7. Februar 1992, namens Manfred Brunners, mit Schriftsätzen vom 29. März 1993 und vom 22. Juni 1993, in: I. Winkelmann (Hrsg.), Das Maastricht-Urteil des Bundesverfassungsgerichts vom 12. Oktober 1993, Dokumentation des Verfahrens mit Einführung, 1994, S. 108 ff., 367 ff., 437 ff.

– Die Staatlichkeit der Europäischen Gemeinschaft, in: M. Vollkommer (Hrsg.), Auf dem Weg in ein vereintes Europa, Atzelsberger Gespräche 1992, Erlanger Forschungen Reihe A, 1994, S. 81 ff., auch in: M. Brunner (Hrsg.), Kartenhaus Europa? Abkehr vom Zentralismus – Neuanfang durch Vielfalt, 1993, S. 117 ff.

– Die Europäische Union und die Verfassung der Deutschen. Aus Politik und Zeitgeschichte, B 28/93, S. 3 ff.

– Res publica res populi. Grundlegung einer Allgemeinen Republiklehre. Ein Beitrag zur Freiheits-, Rechts- und Staatslehre, 1994

– Die existentielle Staatlichkeit der Völker Europas und die staatliche Integration der Europäischen Union. Ein Beitrag zur Lehre vom Staat nach dem Urteil des Bundesverfassungsgerichts zum Vertrag über die Europäische Union von Maastricht, in: W. Blomeyer/ K. A. Schachtschneider (Hrsg.), Die Europäische Union als Rechtsgemeinschaft, 1995, S. 75 ff.

– (Gast, Olaf), Sozialistische Schulden nach der Revolution. Kritik der Altschuldenpolitik. Ein Beitrag zur Lehre von Recht und Unrecht, 1996

– Die Würde des Menschen, aus: Mut zur Ethik. Die Würde des Menschen, 1997, in: ders., Freiheit – Recht – Staat, hrsg. von D. I. Siebold/A. Emmerich-Fritsche, 2005, S. 13 ff.

– Die Republik der Völker Europas, in: R. Gröschner/M. Morlok (Hrsg.), Rechtsphilosophie und Rechtsdogmatik in Zeiten des Umbruchs, ARSP, Beiheft 71 (1997), S. 153 ff.; auch in: Freiheit – Recht – Staat, hrsg. von D. I. Siebold/A. Emmerich-Fritsche, 2005, S. 423 ff.

– Das Recht am und das Recht auf Eigentum, in: J. Isensee/H. Lecheler (Hrsg.), Freiheit und Eigentum, Festschrift Walter Leisner (70.), 1999, S. 743 ff.

– Demokratiedefizite in der Europäischen Union, in: W. Nölling/K. A. Schachtschneider/ J. Starbatty (Hrsg.), Währungsunion und Weltwirtschaft, Festschrift Wilhelm Hankel, 1999, S. 119 ff.

– Der republikwidrige Parteienstaat, in: D. Murswiek/U. Storost/H. A. Wolff (Hrsg.), Staat – Souveränität – Verfassung, Festschrift Helmut Quaritsch (70.), 2000, S. 151 ff.

– Die Universität in der Republik, 2000, in: ders., Freiheit – Recht – Staat, hrsg. v. D. I. Siebold/ A. Emmerich-Fritsche, 2005, S. 259 ff.

– Eine Charta der Grundrechte für die Europäische Union, in: Aus Politik und Zeitgeschichte, B 52–53/2000, S. 13 ff.

– Eine Charta der Grundrechte für die Europäische Union. Recht und Politik 1/2001, S. 16 ff.

– Rechtsstaatlichkeit als Grundlage des inneren und äußeren Friedens, aus: Mut zur Ethik. Grundrechte, Rechtsstaatlichkeit und Völkerrecht versus Krieg, 2002, in: ders., Freiheit – Recht – Staat, hrsg. von D. I. Siebold/A. Emmerich-Fritsche, 2005, S. 234 ff.

– Eigentümer globaler Unternehmen, in: B. N. Kumar/M. Osterloh/G. Schreyögg (Hrsg.), Unternehmensethik und die Transformation des Wettbewerbs: Shareholder Value, Globalisierung, Hyper-Wettbewerb, Festschrift für Horst Steinmann (65.), 1999, S. 409 ff.; auch in: K. A. Schachtschneider, Freiheit – Recht – Staat, hrsg. V. D. I. Siebold/A. Emmerich-Fritsche, 2005, S. 633 ff.

– Euro – der Rechtsbruch, in: W. Hankel/W. Nölling/K. A. Schachtschneider/J. Starbatty, Die Euro-Illusion. Ist Europa noch zu retten? 2001, S. 25 ff.

– Ohne Sozialunion keine erfolgreiche Währungsunion, in: W. Hankel/W. Nölling/K. A. Schachtschneider/J. Starbatty, Die Euro-Illusion. Ist Europa noch zu retten? 2001, S. 47 ff.

– Die Rechtsverweigerung im Euro-Beschluss des Bundesverfassungsgerichts, in: W. Hankel/W. Nölling/K. A. Schachtschneider/J. Starbatty, Die Euro-Illusion. Ist Europa noch zu retten? 2001, S. 274 ff.

– Das Recht und die Pflicht zum Ausstieg aus der Währungsunion, in: W. Hankel/W. Nölling/K. A. Schachtschneider/J. Starbatty, Die Euro-Illusion. Ist Europa noch zu retten? 2001, S. 314 ff.

– Wirtschaftliche Stabilität als Rechtsprinzip, in: W. Hankel/W. Nölling/K. A. Schachtschneider/J. Starbatty, Die Euro-Illusion. Ist Europa noch zu retten? 2001, S. 314 ff.

– Ausstiegsrecht, Ausstiegspflicht und Ausstiegsverfahren, in: W. Hankel/W. Nölling/K. A. Schachtschneider/J. Starbatty, Die Euro-Illusion. Ist Europa noch zu retten? 2001, S. 320 ff.

– Grenzen der Kapitalverkehrsfreiheit, in: ders. (Hrsg.), Rechtsfragen der Weltwirtschaft, 2002, S. 253 ff.

– Verantwortlichkeit der multinationalen Unternehmen, 2002, in: ders., Freiheit – Recht – Staat, hrsg. von D. I. Siebold/A. Emmerich-Fritsche, 2005, S. 655 ff.

– Demokratie versus Kapitalismus, Zeit-Fragen Nr. 24 vom 10. Juni 2002, S. 5 ff., auch Homepage: www.KASchachtschneider.de, unter Downloads

– Deutschland nach dem Konventsentwurf einer „Verfassung für Europa, in: W. Hankel/K. A. Schachtschneider/J. Starbatty (Hrsg.), Der Ökonom als Politiker – Europa, Geld und die soziale Frage, Festschrift für Wilhelm Nölling, 2003, S. 279 ff.

– Demokratierechtliche Grenzen der Gemeinschaftsrechtsprechung, in: Brink, St./Wolff, H. A. (Hrsg.), Gemeinwohl und Verantwortung. Festschrift für Hans Herbert v. Arnim, 2004, S. 779 ff.

– Demokratische und soziale Defizite der Globalisierung, in: H. Neuhaus (Hrsg.), Der Mensch in der globalisierten Welt, Atzelsberger Gespräche 2003, 2004, S. 9 ff., auch in: ders., Freiheit – Recht – Staat, hrsg. v. D. I. Siebold/A. Emmerich-Fritsche, 2005, S. 668 ff.

– Sittlichkeit und Moralität – Fundamente von Ethik und Politik in der Republik, 2004, in: ders., Freiheit – Recht – Staat, hrsg. v. D. I. Siebold/A. Emmerich-Fritsche, 2005, S. 23 ff.

– Flächentarife und die soziale Frage, 2004, in: ders., Freiheit – Recht – Staat, hrsg. v. D. I. Siebold/A. Emmerich-Fritsche, 2005, S. 324 ff.

– Medienmacht versus Persönlichkeitsschutz, in: ders., Freiheit – Recht – Staat, hrsg. v. D. I. Siebold/A. Emmerich-Fritsche, 2005, S. 268 ff.

– Der Anspruch auf materiale Privatisierung. Exemplifiziert am Beispiel des staatlichen und kommunalen Vermessungswesens in Bayern, 2005

– Umweltschutz, in: ders.: Fallstudien zum Öffentlichen Wirtschaftsrecht, 4. Aufl., Nürnberg 2005, S. 303 ff., Homepage www.KASchachtschneider.de, unter Downloads

– Organklage, Verfassungsbeschwerde, Antrag auf andere Abhilfe, Antrag auf einstweilige Anordnung (Verfassungsklage) gegen das Zustimmungsgesetz der Bundesregierung zum Vertrag vom 29. Oktober 2004 über eine Verfassung von Europa vom 27. Mai 2005

– Prinzipien des Rechtsstaates, 2006

– Das Recht auf Eigenstaatlichkeit oder das Recht Bayerns, von der Bundesrepublik Deutschland zu separieren, 2006

– Freiheit in der Republik, 2007

– Verfassungsbeschwerde gegen den Vertrag von Lissabon vom 13. Dezember 2007 zur Änderung des Vertrages über die Europäische Union und des Vertrages zur Gründung der Europäischen Gemeinschaft, Antrag auf andere Abhilfe, Antrag auf einstweilige Anordnung vom 25. Mai 2008, 2 BvR 1094/08, Homepage: www.KASchachtschneider.de, unter Downloads

– Verfassungsbeschwerden der Professoren Dres. W. Hankel, W. Nölling, K. A. Schachtschneider, D. Spethmann, J. Starbatty gegen die Griechenlandhilfe und gegen den vorläufigen Rettungsschirm vom 7. Mai und vom 5. Juli 2010, Aktenzeichen 2 BvR 987/10 und 1485/10, Homepage: www.KASchachtschneider.de, unter Downloads

– Verfassungsrecht der Europäischen Union, Teil 2, Wirtschaftsverfassung mit Welthandelsordnung, 2010

– Die Bürgerlichkeit des Bürgers, Zeit-Fragen 18. Jg. Nr. 45/46, 22. November 2010, S. 8 ff.

– Das Urteil des Bundesverfassungsgerichts vom 30. Juni 2009 zum Vertrag von Lissabon, Festschrift für Harald Herrmann, 2011, S. 345 ff.

– Grenzen der Religionsfreiheit am Beispiel des Islam, 2010, 2. Aufl. 2011

– Die Aushöhlung der Demokratie durch Europäische Union und Währungsunion, in: H. H. von Arnim (Hrsg.), Systemmängel in Demokratie und Marktwirtschaft, 2011, S. 99 ff.

– Die Rechtswidrigkeit der Euro-Rettungspolitik. Ein Staatsstreich der politischen Klasse, 2011

– Eine „mataphysikfreie" Moral? Eine Erwiderung auf Christian Müller. Zugleich Bemerkungen zur Nähe der päpstlichen und der kantianischen Rechtslehre, in: Wirtschaft und Ethik, 22. Jg. Nr. 2, Dezember 2011, S. 12 ff.

– Euro-Rettungspolitik – unvernünftig, rechtlos und staatswidrig, in: W. Lachmann (Hrsg.), Die Zukunft des Euro. Zerbruch der Gemeinschaftswährung oder Aufbruch zur politischen Union? Marktwirtschaft und Ethik, Band 16, 2012, S. 90 ff.

– Verfassungsbeschwerde der Professoren Dres. W. Hankel, W. Nölling, K. A. Schachtschneider, J. Starbatty und Dr. B. Bandulets gegen die Zustimmungsgesetze zu Art. 136 Abs. 3 AEUV, ESM und Fiskalvertrag, gegen den Euro-Plus-Pakt, gegen die sechs Rechtsakte der EU zur Einrichtung einer Wirtschaftsregierung und gegen die Maßnahmen des ESZB und der EZB zur Staatsfinanzierung vom 29. Juli 2012, Aktenzeichen 2 BvR 1421/12, Homepage: www.KASchachtschneider.de, unter Downloads

– Die Bürgerlichkeit des Bürgers. Der Kampf um den Freiheitsbegriff, in: H. Seubert/J. Bauch (Hrsg.) Deutschland und Europa in einer veränderten Welt, Weikersheimer Dokumentation, Bd. I (XXXV), 2013 S. 23 ff.; auch homepage www.KASchachtschneider.de, unter Downloads

– Der Kampf um die Krim als Problem des Staats- und Völkerrechts, Zeit-Fragen, 23. Jg. Nr. 9 vom 22. April 2014, S. 1, 2, 4

– Bürgerlichkeit und deren Gefährdungen, in: R. Breuninger, Der erschöpfte Bürger. Ambivalenzen der Demokratie, Bausteine der Philosophie, 33, 2014, S. 25 ff.

– Die Verträge der Union, in: ders., Verfassungsrecht der Europäischen Union, Teil I, Organisationsverfassung, i. V.

– Europa neu denken. Restrukturierung der Volkswirtschaften, http://www.pour-erika.de

– Ukraine im Separationskrieg, http://www.pour-erika.de

– Europäischer Binnenmarkt – Grundfehler der Integration. Wider die Freihandelsdoktrin, Zeit-Fragen Nr. 11/2013 vom 11. März 2013, S. 3 f.

– Freihandel, aber vernünftig, Junge Freiheit Nr. 12/13 vom 15. März 2013, S. 22 (Forum)

– Unechter Freihandel, Aufklärung und Kritik, 22.Jg., 1/2015, 514 ff., auch, http://www.pour-erika.de

– Bundesverfassungsgericht erklärt die Staatsfinanzierung der Europäischen Zentralbank für offensichtliches Unrecht. Stellungnahme zum Vorlagebeschluß des Bundesverfassungsgerichts vom 14. Januar 2014, Homepage www.KASchachtschneider.de; auch (online) NWiR 2014, Heft 23, Frühjahr 2014

– Der OMT-Prozeß. Meine Antworten auf die Fragen des Bundesverfassungsgerichts an den Europäischen Gerichtshof, http://www.pour-erika.de

– Das Urteil des Bundesverfassungsgerichts vom 18. März 2014 zur Eurorettungspolitik, Homepage www.KASchachtschneider.de; auch (online) NWiR 2014, Heft 23, Herbst 2014

– Die Rechts- und Staatslehre Oswald Spenglers, 2014, i. E.

Schachtschneider, Karl Albrecht/*Emmerich-Fritsche*, Angelika, Das Verhältnis des Europäischen Gemeinschaftsrechts zum nationalen Recht Deutschlands, Teil II und III, DSWR 1999, S. 81 ff., 116 ff.

– Rechtliche Begründung, in: W. Hankel/dies., Revolution der Krankenversicherung. Prinzipien, Thesen und Gesetz, 2002, S. 17 ff.

Schachtschneider, Karl Albrecht/*Emmerich-Fritsche*, Angelika/*Beyer*, Thomas C. W., Der Vertrag über die Europäische Union und das Grundgesetz, JZ 1993, 751 ff.

Schachtschneider, Karl Albrecht/*Hankel*, Wilhelm/*Nölling*, Wilhelm/*Starbatty*, Joachim, Die Euro-Klage. Warum die Währungsunion scheitern muß, 1998

Scheuner, Ulrich, Die nationale Revolution – Eine staatsrechtliche Untersuchung, AöR 63 (1938), S. 166 ff., 261 ff.

– Art. 146 GG und das Problem der verfassungsgebenden Gewalt, 1953, in: H. Kurz, Volkssouveränität und Staatssouveränität, 1970, S. 288 ff.

– Das repräsentative Prinzip in der modernen Demokratie, in: Festschrift für Hans Huber, 1961, S. 379 ff.

– Das Wesen des Staats und der Begriff des Politischen in der neueren Staatslehre, in: Staatsverfassung und Kirchenordnung, Festgabe für Rudolf Smend, 1962, S. 225 ff.

– Verantwortung und Kontrolle in der demokratischen Verfassungsordnung, in: Festschrift für Gebhard Müller, 1970, S. 379 ff.

Schilling, Theodor, Die „neue Weltordnung“ und die Souveränität der Mitglieder der Vereinten Nationen, ArchVR 33 (1995), S. 67 ff.

Schliesky, Utz, Souveränität und Legitimität von Herrschergewalt. Die Weiterentwicklung von Begriffen der Staatslehre und des Staatsrechts im europäischen Mehrebenensystem, 2004

Schmid, Carlo, Generalbericht in der Zweiten Sitzung des Plenums des Parlamentarischen Rates am 8. September 1948, in: Deutscher Bundestag/Bundesarchiv, Der Parlamentarische Rat 1948–1949, Akten und Protokolle, Bd. 9, 1996, S. 20 ff.

– Die Opposition als Staatseinrichtung, 1955, in: H.-G. Schumann (Hrsg.), Die Rolle der Opposition in der Bundesrepublik Deutschland, 1976, S. 59 ff.

Schmitt, Carl: Politische Romantik, 1919, 1924, 3. Aufl. 1968

– Die Diktatur. Von den Anfängen des modernen Souveränitätsgedankens bis zum proletarischen Klassenkampf, 1921, 3. Aufl. 1964

– Politische Theologie. Vier Kapitel zur Lehre von der Souveränität, 1922, 2. Aufl. 1934, 7. Aufl. 1996

– Die geistesgeschichtliche Lage des heutigen Parlamentarismus, 1923, 4. Aufl. 1969

– Römischer Katholizismus und politische Form, 2. Aufl. 1925/1984

– Die Diktatur des Reichspräsidenten nach Artikel 48 der Weimarer Verfassung, Anhang zur Schrift, Die Diktatur, 1927, 3. Aufl. 1963; auch VVDStRL 1 (1924), S. 63 ff.

– Verfassungslehre, 1928, 4. Aufl. 1965

– Der Hüter der Verfassung, 1931

– Das Zeitalter der Neutralisierungen und Entpolitisierungen, 1931, in: ders., Der Begriff des Politischen, 1932, 1963, S. 79 ff.

– Der Begriff des Politischen. Text von 1932 mit einem Vorwort und drei Corollarien, 1963, 7. Aufl. 2002

– Staat, Bewegung, Volk. Die Dreigliederung der politischen Einheit, 1933

– Über die drei Arten des rechtswissenschaftlichen Denkens, 1933/34, 3. Aufl. 2006

– Der Führer schützt das Recht, Deutsche Juristen-Zeitung. 39, 1934, S. 945 ff.

– Der Leviathan in der Staatslehre des Hobbes, Sinn und Fehlschlag eines politischen Symbols, 1938

– Völkerrechtliche Großraumordnung mit Interventionsverbot für raumfremde Mächte. Ein Beitrag zum Reichsbegriff im Völkerrecht, 1939, 4. Aufl. 1941, Nachdruck 1991

Schmitz, Thomas, Integration in der Supranationalen Union. Das europäische Organisationsmodell einer prozeßhaften geo-regionalen Integration und seine rechtlichen und staatstheoretischen Implikationen, 2001

Schneider, Peter, Ausnahmezustand und Norm – Eine Studie zur Rechtslehre von Carl Schmitt, 1957

Scholz, Rupert, Berlin – Status und nationale Aufgabe, DÖV 1987, 358 ff.

– Kommentierung des Art. 23 GG n. F., in: Maunz/Dürig, Grundgesetz, Kommentar, Stand 1999/2009

Scholz, Rupert/*Uhle*, Arnd, Staatsangehörigkeit und Grundgesetz, NJW 1999, 1510 ff.

Schotte, Dietrich, Auctoritas, non veritas, facit legem! Zur angeblichen Politischen Theologie in Thomas Hobbes' *Leviathan*, DZPhil, Akademie Verlag, 57 (2009) S. 709–724

Schröder, Dieter, Besatzungsgewalt und Personalhoheit. Zur Staatsangehörigkeit der Berliner im Völkerrechtsverkehr, ArchVR 21 (1983), S. 409 ff.

– Zweck und Grenzen des Besatzungsrechts in Berlin, ROW 1985, 181 ff.

– Die Reste des Besatzungsrechts in der Bundesrepublik Deutschland, ROW 1989, 73 ff.

Schröder, Meinhard, Staatsrecht an den Grenzen des Rechtsstaates, AöR 103 (1978), S. 121 ff.

– Bildung, Bestand und parlamentarische Verantwortung der Bundesregierung, in: J. Isensee/ P. Kirchhof (Hrsg.), Handbuch des Staatsrechts der Bundesrepublik Deutschland, Bd. II, Demokratische Willensbildung – Staatsaufgaben des Bundes, 1987, § 51, S. 603 ff.

Schütt-Wetschky, Eberhard, Gewaltenteilung zwischen Legislative und Exekutive?, in: Aus Politik und Zeitgeschichte, B 28/2000, S. 5 ff.

Schumpeter, Joseph A., Kapitalismus, Sozialismus und Demokratie, 1942

Schweisfurth, Theodor, Deutschland – noch immer ein besetztes Land?, in: Völkerrecht, Recht der internationalen Organisationen, Weltwirtschaftsrecht, Festschrift für Ignaz Seidl-Hohenfelden, 1988, S. 537 ff.

Schweizer, Michael, Die Verträge Deutschlands mit den Siegermächten, in: J. Isensee/ P. Kirchhof (Hrsg.), Handbuch des Staatsrechts der Bundesrepublik Deutschland, Bd. VIII, Die Einheit Deutschlands – Entwicklung und Grundlagen, 1995, § 190, S. 199 ff.

Seiler, Christian, Der souveräne Verfassungsstaat zwischen demokratischer Rückbindung und überstaatlicher Einbindung, 2005

Selmer, Peter, Grundsätze der Finanzverfassung im vereinten Deutschland, VVDStRL 52 (1993), S. 11 ff.

Serra, Antonio, Breve trattato delle Cause che possone far abbondare li regni d'oro & argento, dove non sono miniere, con applicazione al Regno di Napoli, Kurze Abhandlung über die Gründe, weshalb es in Königreichen ohne Minen reichlich Gold und Silber geben kann, mit besonderer Berücksichtigung des Königreiches Neapel, Napoli MDCXIII

Seubert, Harald, Polis und Nomos. Untersuchungen zu Platons Rechtslehre, 2003

– Was wir wollen können. Bürgerliche Identität im 21. Jahrhundert, 2011

– Jenseits von Sozialismus und Liberalismus. Ethik und Politik am Beginn des 21. Jahrhunderts, 2011

– Der Deutsche Idealismus, in: M. Stahl (Hrsg.), Deutschland 1813–2013. Deutsche Identität am Beginn der Moderne und in der Gegenwart, 2013, S. 52 ff.

Seydel, Max von, Der Bundesstaatsbegriff, ZgesStW 28 (1872), S. 185 ff.

Siebold, Dagmar Ingeborg, Die Welthandelsorganisation und die Europäische Gemeinschaft. Ein Beitrag zur globalen wirtschaftlichen Integration, 2003

Sieyès, Emmanuel Joseph, Meinung über die Grundverfassung der Konvention in der Sitzung des 2. Thermidor (20. Juli 1795) im dritten Jahr der Republik, 1795, Politische Schriften, hrsg. von K E. Oelsner, Bd. 2, 1796, S. 375 f.

– Qu'est ce que le Tiers-Etat, Was ist der Dritte Stand? 1789, hrsg. von O. Dann, 1924/1988

Simma, Bruno, Charta der Vereinten Nationen, Kommentar, 1991

Simo, David, Die dritte Welt – ein europäisches Projekt, in: ASA-Programm (Hrsg.), Nachfragen zur Entwicklungspolitik, 1986

Simson, Werner von, Die Souveränität im rechtlichen Verständnis der Gegenwart, 1965

Sinn, Hans-Werner/*Wollmershäuser*, Timo, Target-Kredite, Leistungsbilanzsalden und Kapitalverkehr: Der Rettungsschirm der EZB, Ifo Working Paper Nr. 105 vom 24. Juni 2011, ifo-Website www.cesifo-group.de

Smend, Rudolf, Verfassung und Verfassungsrecht, 1928, in: ders., Staatsrechtliche Abhandlungen und andere Aufsätze, 1955, 2. Aufl. 1968, S. 119 ff.

– Bürger und Bourgeois im deutschen Staatsrecht, 1933, in: ders., Staatsrechtliche Abhandlungen und andere Aufsätze, 1955, 2. Aufl. 1968, S. 309 ff.

– Staat und Kirche nach dem Bonner Grundgesetz, ZevKR 1 (1951), S. 4 ff.

Somek, Alexander, Rechtssystem und Republik. Über die politische Funktion des systematischen Rechtsdenkens, 1992

Spengler, Oswald, Der Untergang des Abendlandes. Umrisse einer Morphologie der Weltgeschichte, Erster Band, 1919, Zweiter Band, 1922

– Preußentum und Sozialismus, 1919, in: ders., Politische Schriften 1919–1926, S. 15 ff.

– Jahre der Entscheidung. Erster Teil: Deutschland und die weltgeschichtliche Entwicklung, 1933

Spethmann, Dieter, Ideologie und Realwirtschaft. Anmerkungen eines Unternehmers zu EU und Euro, in: W. Hankel/W. Nölling/K. A. Schachtschneider/D. Spethmann/J. Starbatty., Das Euro-Abenteuer geht zu Ende. Wie die Währungsunion unsere Lebensgrundlagen zerstört, 2. Aufl. 2011, S. 188 ff.

– Der Euro plündert Deutschland, Kopp – Online vom 3. Februar 2012

Stahl, Friedrich Julius, Philosophie des Rechts nach geschichtlicher Ansicht, 1833, 5. Aufl. 1878

– Das monarchische Princip, 1845

Starbatty, Joachim: Die politische Dimension der EURO – Zehn Thesen, in: R. Hasse/ders. (Hrsg.), Wirtschafts- und Währungsunion auf dem Prüfstand, 1997, S. 41 ff.

– Euro – Der Stabilitätsbruch, in: W. Hankel/W. Nölling/K. A. Schachtschneider/J. Starbatty, Die Euro-Illusion. Ist Europa noch zu retten? 2001, S. 53 ff.

Starbatty, Joachim/*Hankel*, Wilhelm/*Nölling*, Wilhelm/*Schachtschneider*, Karl Albrecht, Die Euro-Klage. Warum die Währungsunion scheitern muß, 1998

Starck, Christian, Der Gesetzesbegriff des Grundgesetzes. Ein Beitrag zum juristischen Gesetzesbegriff, 1970

– Präambel, in H. von Mangoldt/F. Klein/Ch. Starck, Das Bonner Grundgesetz, Bd. I, 3. Aufl. 1985, 6. Aufl. 2010, S. 7 ff.

Starcke, Carl Nikolai, Bemerkungen zum Souveränitätsgedanken, 1928 in: Hanns Kurz (Hrsg.), Volkssouveränität und Staatssouveränität, 1970, S. 109 ff.

Stark, Jürgen, Bankenaufsicht ja – aber nicht bei der EZB, Interview Wirtschaftsmagazin vom 17. Juli 2012 mit A. Kunz und K. Handschuh

– Auf dem Weg in eine andere Geldordnung, Handelsblatt Nr. 166 vom 28. August 2012, S. 1, 6

Steiger, Heinhard, Staatlichkeit und Überstaatlichkeit. Eine Untersuchung zur rechtlichen und politischen Stellung der europäischen Gemeinschaften, 1966

– Geht das Zeitalter des souveränen Staates zu Ende, Der Staat 41 (2002), S. 331 ff.

Stein, Lorenz von, Geschichte der sozialen Bewegung in Frankreich von 1789 bis auf unsere Tage, in drei Bänden, 1850, 1921/1959, Bd. 3: Das Königtum, die Republik und die Souveränität der französischen Gesellschaft seit der Februarrevolution 1848 (1850), hrsg. von Gottfried Salomon, 1921, auch Nachdruck 1959

Stein, Torsten, Europäische Union. Gefahr oder Chance für den Föderalismus in Deutschland, Österreich und der Schweiz? VVDStRL 53 (1994), S. 26 ff.

Steinberger, Helmut, Der Verfassungsstaat als Glied einer europäischen Gemeinschaft, VVDStRL 50 (1991), S. 9 ff.

– Allgemeine Regeln des Völkerrechts, in: J. Isensee/P. Kirchhof (Hrsg.), Handbuch des Staatsrechts der Bundesrepublik Deutschland, Bd. VII, Normativität und Schutz der Verfassung – Internationale Beziehungen, 1992, § 173, S. 525 ff.

Steindorf, Ernst, Gemeinsamer Markt als Binnenmarkt, ZHR 150 (1986), S. 687 ff.

Stern, Klaus, Das Staatsrecht der Bundesrepublik Deutschland, Bd. I, Grundbegriffe und Grundlagen des Staatsrechts, Strukturprinzipien der Verfassung, 2. Aufl. 1984

– Das Staatsrecht der Bundesrepublik Deutschland, Bd. II, Staatsorgane, Staatsfunktionen, Finanz- und Haushaltsverfassung, Notstandsverfassung, 1. Aufl. 1980

– (Sachs, Michael), Das Staatsrecht der Bundesrepublik Deutschland. Allgemeine Lehren der Grundrechte, Bd. III/1, 1. Aufl. 1988

– Das Staatsrecht der Bundesrepublik Deutschland, Bd. V, Die geschichtlichen Grundlagen des deutschen Staatsrechts (Die Verfassungsentwicklung vom Alten Deutschen Reich zur wiedervereinigten Bundesrepublik Deutschland), 2000

Sternberger, Dolf, Der alte Streit um den Ursprung der Herrschaft, 1977, in: ders., Herrschaft und Vereinbarung, Schriften Bd. III,1980, S. 9 ff.

– Max Weber und die Demokratie, in: ders., Herrschaft und Vereinbarung, Schriften Bd. III,1980, S. 135 ff.

– Kritik der dogmatischen Theorie der Repräsentation, 1971, in: ders., Herrschaft und Vereinbarung, Schriften Bd. III, 1980, S. 173 ff.

– Verfassungspatriotismus, in: ders., Schriften, hrsg. von P. Haungs, Bd. X, 1990, S. 13 ff.

Stiglitz, Joseph E., Die Schatten der Globalisierung (aus dem Englischen von Schmidt, Thorsten), 2002

– Die Chancen der Globalisierung (aus dem Englischen von Schmidt, Thorsten), 2006

Stödter, Rolf, Deutschlands Rechtslage, 1948

Stolleis, Michael, Besatzungsherrschaft und Wiederaufbau deutscher Staatlichkeit 1945–1949, in: J. Isensee/P. Kirchhof (Hrsg.), Handbuch des Staatsrechts der Bundesrepublik Deutschland, Bd. I, Grundlagen von Staat und Verfassung, 1987, § 5, S. 173 ff.

– Geschichte des öffentlichen Rechts in Deutschland, Bd. II, Staatsrechtslehre und Verwaltungswissenschaft 1800–1914, 1992

Streeck, Wolfgang, Was nun, Europa? Kapitalismus ohne Demokratie oder Demokratie ohne Kapitalismus, in: Blätter für deutsche und internationale Politik (Hrsg.), Demokratie oder Kapitalismus? Europa in der Krise, 2013, S. 19 ff.

– Vom DM-Nationalismus zum Euro-Patriotismus? Eine Replik auf Jürgen Habermas, in: Blätter für deutsche und internationale Politik (Hrsg.), Demokratie oder Kapitalismus? Europa in der Krise, 2013, S. 87 ff.

Streinz, Rudolf, Bundesverfassungsgerichtlicher Grundrechtsschutz und Europäisches Gemeinschaftsrecht, 1989

– Der Vollzug des Europäischen Gemeinschaftsrechts durch deutsche Staatsorgane, in: J. Isensee/P. Kirchhof (Hrsg.), Handbuch des Staatsrechts der Bundesrepublik Deutschland, Bd. VII, Normativität und Schutz der Verfassung – Internationale Beziehungen, 1992, § 182, S. 817 ff.

– Charta der Grundrechte der Europäischen Union, in: ders., EUV/EGV, Kommentar, 2003, S. 2571 ff.

– Europarecht, 7. Aufl. 2005

Suhr, Dieter, Entfaltung der Menschen durch die Menschen. Zur Grundrechtsdogmatik der Persönlichkeitsentfaltung, der Ausübungseigenschaften und des Eigentums, 1976

Teubner, Gunther, Privatregimes: Neo-spontanes Recht und duale Sozialverfassungen in der Weltgesellschaft, in: Simon/Weiss (Hrsg.), Zur Autonomie des Individuums, Festschrift Spiros Simitis, 2000, S. 437 ff.

– Globale Zivilverfassungen: Alternativen zur staatszentrierten Verfassungstheorie, ZaöRV 63 (2003), S. 1 ff.

Tiefel, Thomas, Von der offenen zur abstrakten Gesellschaft, 2003

Thieme, Werner, „Alle Staatsgewalt geht vom Volke aus“, 1955, in: H. Kurz, Volkssouveränität und Staatssouveränität, 1970, S. 390 ff.

Thoma, Richard, Das Reich als Bundesstaat, in: G. Anschütz/R. Thoma, Handbuch des Deutschen Staatsrechts (HdbDStR), Erster Band, 1930, S. 169 ff.

Tietmeyer, Hans, Währungsunion, ein Weg ohne Umkehr, Integration 15 (1972), S. 17 ff.

– Probleme einer Europäischen Währungsunion und Notenbank, in: J. Isensee (Hrsg.), Europa als politische Idee und als rechtliche Form, 1993, S. 45 ff.

Tocqueville, Alexis de, Über die Demokratie in Amerika, Erster und Zweiter Teil, 1835, 12. Aufl. 1848, übersetzt von Hans Zbinden

Tomuschat, Christian, Kommentierung des Art. 24 GG, in: Kommentar zum Bonner Grundgesetz (Bonner Kommentar), Zweitbearbeitung 1981

– Die staatliche Entscheidung für die internationale Offenheit, in: J. Isensee/P. Kirchhof (Hrsg.), Handbuch des Staatsrechts der Bundesrepublik Deutschland, Bd. VII, Normativität und Schutz der Verfassung – Internationale Beziehungen, 1992, § 172, S. 483 ff.

– Die Europäische Union unter der Aufsicht des Bundesverfassungsgerichts, EuGRZ 1993, S. 489 ff.

– Völkerrechtliche Aspekte bewaffneter Konflikte, Leviathan 31 (2003), S. 450 ff.

Treitschke, Heinrich von, Politik, Vorlesungen 1897–1898, gehalten an der Universität zu Berlin, hrsg. von Max Cornicelius, 2 Bde, Bd. 1, 1897

Triepel, Heinrich, Völkerrecht und Landesrecht, 1899

– Unitarismus und Föderalismus im Deutschen Reiche. Eine staatsrechtliche und politische Studie, 1907

– Die Reichsaufsicht. Untersuchungen zum Staatsrecht des Deutschen Reiches, 1917

– Streitigkeiten zwischen Reich und Ländern. Beiträge zur Auslegung des Art. 19 der Weimarer Reichsverfassung, Festgabe für Wilhelm Kahl, 1923, Neudruck 1965

– Goldbilanzverordnung und Vorzugsaktien, 1924

– Die Hegemonie. Ein Buch von führenden Staaten, 1938, 2. Aufl. 1943; Erster Teil, Neudruck, hrsg. mit Vorwort von G. Leibholz, 1961

Tugendhat, Ernst, Der Wille zur Macht. Macht und Anti-Egalitarismus bei Nietzsche und Hitler – Einspruch gegen den Versuch einer Verharmlosung, Zeit Online, 14.09.2000, Die Zeit 38/2000

Vattel, Emeric (Emar) de, Le droit des Gens ou principes de la loi neturelle. Appliqués à la conduite et aux affaires des Nations et des Souverains, 1758, Das Völkerrecht oder Grundsätze des Naturrechts, angewandt auf das Verhalten und die Angelegenheiten der Staaten und Staatsoberhäupter, hrsg. von W. Schätzel, 1959

Vedder, Christoph/*Lorenzmeier*, Stefan, Kommentierung des Art. 133 EGV (EL 35/2008), in: Grabitz/Hilf/Nettesheim (Hrsg.), Das Recht der Europäischen Union, Bd. II, EUV/EGV, Mai 2008

Verdross, Alfred, Völkerrecht, 5. Aufl. 1964

Verdross, Alfred/*Simma*, Bruno, Universelles Völkerrecht. Theorie und Praxis, 3. Aufl. 1984

Vesting, Thomas, Die Staatsrechtslehre und die Veränderung ihres Gegenstandes: Konsequenzen von Europäisierung und Internationalisierung, VVDStRL 63 (2004), S. 41 ff.

Vitzthum, Wolfgang Graf, Staatsgebiet, in: J. Isensee/P. Kirchhof (Hrsg.), Handbuch des Staatsrechts der Bundesrepublik Deutschland, Bd. I, Grundlagen von Staat und Verfassung, 1987, § 16, S. 709 ff.

– Begriff, Geschichte und Quellen des Völkerrechts, in: ders. (Hrsg.), Völkerrecht, 1997, Erster Abschnitt, S. 1 ff.

Vogel, Klaus, Die Verfassungsentscheidung des Grundgesetzes für eine internationale Zusammenarbeit. Recht und Staat in Geschichte und Gegenwart, 292/293, 1964

Wahl, Rainer, Die Entwicklung des deutschen Verfassungsstaates bis 1866, in: J. Isensee/P. Kirchhof (Hrsg.), Handbuch des Staatsrechts der Bundesrepublik Deutschland, Bd. I, Historische Grundlagen, 3. Aufl. 2003, § 2, S. 45 ff.

Waitz, Georg, Das Wesen des Bundesstaates, Allgemeine Monatsschrift für Wissenschaft und Literatur, 1853, S. 494 ff.

– Grundzüge der Politik nebst einzelnen Ausführungen, 1862

Wassermann, Rudolf, Die Zuschauerdemokratie, 1986/1989

Watrin, Christian, Währungsunion und supranationale Staatlichkeit, in: R. Hasse/ders. (Hrsg.), Wirtschafts- und Währungsunion auf dem Prüfstand, 1997, S. 31 ff.

Weber, Max: Parlament und Regierung im neugeordneten Deutschland. Zur politischen Kritik des Beamtentums und Parteiwesens, 1918

– Wirtschaft und Gesellschaft. Grundriß der verstehenden Soziologie, 1921, ed. Johannes Winckelmann, 5. Aufl. 1972/76

Weischedel, Wilhelm, Hegel oder Der Weltgeist in Person, in: ders., Die philosophische Hintertreppe, 1975, 11. Aufl. 1984, S. 209 ff.

Welzel, Hans, Naturrecht und materiale Gerechtigkeit, 4. Aufl. 1990

Wengler, Wilhelm, Völkerecht, Band II, 1964

Wenzel, Max, Der Begriff des Gesetzes in der Reichsverfassung, VVDStRL 4 (1928), S. 136 ff., Aussprache S. 204 f.

Willeke, Franz-Ulrich, Die Europäische Währungsunion als ordnungspolitische und stabilitätspolitische Fehlkonstruktion, in: E. Kantzenbach/O. G. Mayer, Europäische Gemeinschaft – Bestandsaufnahme und Perspektiven, 1993, S. 41 ff.

Wolff, Christian, Ius gentium methodo scientifica pertractatum, 1749 (auch 1764) hrsg. von Otfried Nippold, 2 Bände, 1934

– Institutiones iuris naturae et gentium, 1754

Würtenberger, Thomas, Legitimität, Legalität, in: Brunner/Conze/Koselleck (Hrsg.), Geschichtliche Grundbegriffe. Historisches Lexikon zur politisch-sozialen Sprache in Deutschland, Bd. 3, H–Me, 1982, S. 677 ff.

Zachariä, Heinrich Albert, Deutsches Staats- und Bundesrecht, Bd. 1, 3. Aufl. 1865

Zacher, Hans Friedrich, Das soziale Staatsziel, in: J. Isensee/P. Kirchhof (Hrsg.), Handbuch des Staatsrechts der Bundesrepublik Deutschland, Bd. I, Grundlagen von Staat und Verfassung, 1987, § 25, S. 1045 ff.; Bd. II, 3. Aufl., § 28, S. 659 ff.

Ziemske, Burkhard, Die deutsche Staatsangehörigkeit nach dem Grundgesetz, 1995

Zinn, Georg August, Das staatsrechtliche Problem Deutschland, SJZ 1947, 4 ff.

Zippelius, Reinhold, Allgemeine Staatslehre. Politikwissenschaft, 15. Aufl. 2007

Zorn, Philipp, Streitfragen des deutschen Staatsrechts, Zeitschrift für die gesamte Staatswissenschaft, Bd. 37, 1881

– Das Staatsrecht des Deutschen Reichs, 2. Aufl. 1895

Zuck, Rüdiger, Das Gerede vom gerichtlichen Kooperationsverhältnis, NJW 1994, 978 f.

Zuleeg, Manfred, Der Verfassungsgrundsatz der Demokratie und die europäischen Gemeinschaften, Der Staat 17 (1978), S. 27 ff.

– Demokratie in der Europäischen Gemeinschaft, JZ 1993, 1069 ff.

Stichwortverzeichnis

Abbé Sieyès 162
ABC-Waffen 353
Abendland, christliches 139
Abgeordnete 294, 369
– Amtszeitbeschränkung 496
– Bürgervertreter 397
– Erkenntnis des Rechts 312
– Negativauslese 295
– Repräsentanten des Volkes 390
– Vertreter des ganzen Volkes 312
Abkommen
– dritte Länder 41
– internationale Organisationen 41
Abrüstung atomare 353
Abrüstungs-, Rüstungskontrolle 353
Absolutismus 19, 54
Abwägungsvorgang 176
Abwertung 384, 507
Abzugsvertrag 447
Administrationsstaat 132
Agitation und Propaganda 234, 397
Akklamation 248
Albrecht, Wilhelm Eduard 311
Allgemeine Erklärung der Menschenrechte 299
Allgemeines Landrecht 70
Allgemeininteresse, zwingende Gründe 491
Alliierte Hohe Kommission 425
– drei Westmächte 427
Alliierte Regierungsgewalt in Deutschland 426
Alliierte Streitkräfte 423
Allkompetenz, Souverän 146
Alternativlosigkeit, Euro 459
Ämterpatronage 497
Amtsgewalt 292
Amtsprinzip, republikanisch 194
Amtswalter
– der Erkenntnis 217
– EU, Herren der Völker 312
– Vertreter des Volkes 317
Anarchie 63
– demokratische 222
Änderungsverfahren, vereinfachtes 478, 496
Anerkennung, gegenseitige 491
Anerkennungsprinzip, EU existentielle Staatlichkeit 496
Angleichung, faktische, Standards 491
Angriff 377
Angriffskrieg 31, 140, 273, 449, 458
Angriffspolitik, Wiederaufnahme 452
Anleihekauf, EZB 505
Annexion
– Deutschlands 426
– faktische, deutsche Ostgebiete 337
– heilende Zession 335
– Südtirol 332
Anschütz, Gerhard 102, 306
Anspruch auf Demokratie 313
Ansprüche Kriegshandlungen, Geltendmachung 449
Anspruchsverzichte 439
Antagonismus, Markt Wettbewerb 84
Antideflationspolitik 384
Antidumpingregelung 386
Antinomie, dritte, Kant 238
Anwendungsverzicht 454
Anwendungsvorrang
– Gemeinschaftsrecht 184
– Unionsrecht 257
Apel, Karl-Otto 252
Arbeit, Flexibilität 507
Arbeit als Ware 495
Arbeitnehmer und Verbraucher 512
Arbeits-/Erwerbs- und Konsumgesellschaft 324
Arbeitsdisziplin 400
Arbeitskraft der Frauen, Ausbeutung 373
Arbeitskräfte, billige 154, 385
Arbeitsplätze 385

Arbeitsrechts- und Sozialstandards 494
Arbeitsverhältnisse
– Warenverhältnisse 495
– Zahl und Qualität 505
Argument, Zwang 228
Aristokratie 54f., 62
Aristoteles 251, 293, 309, 319, 368, 373
– politische Gemeinschaft 258
Arkana versus Dialog 234
Armut 154
Arnim, Hans-Herbert von 296
Art. 139 GG 429
Assimilation 340
Assoziierungsvertrag 356
Atomwaffensperrverträge 230
Auctoritas 292
– veritas 106, 159, 205, 252
Aufklärer 373
Aufklärung 18, 147, 162, 212, 233, 238, 301, 400
– Französische Revolution 286
– revolutionär 275
– Schmitt Carl 101
– totalitär 143
Auflagen 346, 516
Auflösung Deutschlands 312
Aufwertung 507
Augustinus 83, 269
Ausbeutung 385
Ausgaben 30
Ausgaben und Einnahmen, Haushaltsplan 393
Ausnahmezustand 96, 99, 193, 215, 290
Ausrüstung atomare, Mißachtung der Souveränität 353
Außen- und Sicherheitspolitik 483
– EU 468
Außenbefugnisse, handelspolitische 40
Außenpolitik des Bundes, Existenzgefährdung der Landesbürger 412
Außenwirtschaftspolitik 385
Austauschverträge, völkerrechtliche 382
Austeritätspolitik 149, 505
Austritt aus EU 382, 414
Austrittsrecht, EU 32, 182, 360, 451
– Souveränität 457
Austrittsrecht aus dem Bund, Souveränität der Landesbürger 414
Ausübung von Hoheitsrechten, gemeinschaftliche EU 383
Auswärtige Gewalt 404
Auswärtiges Amt 454
Autarkie *128*, 368
Autonomie
– Anarchie 143
– Jellinek 88
– private und öffentliche 315
– Selbstbindung 223
Autonomie des Willens 144, 208, 258, 294, 495
Autorität Gottes 349
Avantgarde, intellektuelle Wortführer 308

Badura, Peter *166*
Bail-out-Verbot 396, *503*
Banken 494
– Insolvenz 396
– staatliche Finanzierung 396
Banken- und Versicherungsaufsicht 494
Bartholomäusnacht 50
Bartlsperger, Richard *406*
Battaglia, Felice 300
Befehl, Herrschaft 298
Befehlsgewalt 427
Befehlshaber Vier Mächte, oberste Gewalt Deutschland 424
Befreiungskriege 82
Befugnis, ausschließliche 40
Befugnisse 249
Begrenzte Ermächtigung, EU 185
Begriffe
– Staats- und Völkerrecht 236
– staatsrechtliche, wandelbar 179
Begriffsjurisprudenz 178
Beitritt, neue Länder 441
Beitrittsartikel 432
– 23 GG 333
– Aufhebung 417, 433
Bekenntnisfreiheit 56
Belastungen, Überschaubarkeit 391
Bellum iustum 138, 348
Bereinigungs- bzw. Aufhebungsgesetz 439
Berlin und Deutschland als Ganzes 442, 454
Berliner Vier-Mächte-Erklärung 425, 427
Berufsbeamtentum 221

Berufsrechte 314
Besatzung
– endgültiges Ende 443
– Fortbestand deutscher Staatsgewalt 423
– Gewaltherrschaft 428
– interventionistisches Unrecht 419
Besatzung der Westalliierten, kein Treuhandverhältnis 421
Besatzungsbehörden 424
Besatzungsgerichtliche Urteile 439
Besatzungsgewalt *419*
– Fremdherrschaft 420
– keine deutsche Staatsgewalt 420
– Verbindlichkeit Besatzungsrecht 445
Besatzungsmächte 294, *419*, 456
– Grundgesetz 416
– völkerrechtliches Kollektivorgan 419
– Vormundschaft 455
Besatzungsrecht *422, 428, 443*
– Bundesrecht 429
– Fortbestand 428
– Geltungsgrund Befehlsgewalt 427
– grundgesetzgemäße Ordnung 438
– versteinertes 443
– vertragliche Nachwirkungen 443
– Wirksamkeit 423
Besatzungsregime, Beendigung 434
Besatzungsstatus Deutschlands *433*
Besatzungsstatut Deutschlands 425
Besatzungsvorschriften, Inkorporation in deutsches Recht 429
Besatzungszonen 424
Besatzungszustand, Beendigung 425
Besetzung, Verteidigungsmaßnahme 445
Besetzung Deutschlands
– nicht Befreiung, als Feindstaat 423
– schwere Einschränkungen 431
Besitzstand, gemeinschaftlicher 485
Besonderheiten der neuen Länder, militärrechtlich 433
Bestandsschutz des Staates, Grenze Selbstbestimmungsrecht 357
Bestenauslese 195, 224
Bestimmungslandprinzip 401, *490*, 492, 501
– Subsidiaritätsprinzip 495
Bestimmungsstaat, Marginalisierung der Gesetze 492
Bevölkerung
– Arbeiter und Verbraucher 312
– bunte 340
Bevormundung
– Bürger 401
– elitäre, Habermas 283
Bewaffnung Deutschlands, Einschränkungen 448
Bildung, Ausbildung 400
Bildung durch Wissenschaft 400
Bildungspolitik
– Souveränität 399
– Sozialpolitik 400
Binnenmarkt 385, 396, 505
Binnenmarktprinzip 36, 192, 484
Bismarck, Otto von 171, 278
Bismarcksche Reichsverfassung 417
Blumenwitz, Dieter 454, 456
Böckenförde, Ernst-Wolfgang *102*, 117, 227, 259
Bodin, Jean 19, *50*, 188, 280, 347, 376
Bourgeois, politische Nullität 71
Bourgeoisie 261
Brandt, Willy 454
Brückenklauseln 483
Brüderlichkeit 251, 284
Budgethoheit *390*
– Wesensteil der Souveränität 390
Budgetrecht *390*
Budgetverantwortung *391*
Bulgarien, Rumänien 499
Bund
– Kompetenzzuweisungen 412
– übergeordneter Zentralstaat 403
Bund als Staat, Bundesvolk 411
Bund ewiger deutscher Fürsten 410
Bund und Länder, existentielle Staaten 411
Bundesrat, Parteienstaat 413
Bundesrecht Landesrecht 404
Bundesrepublik Deutschland, Deutsches Reich 333
Bundesstaat 29, 367, 382, *402*
– Bündnishaftigkeit 414
– demokratischer, sozialer 465
– Egalitarismus 413
– europäischer 340
– Finanzausgleich 511
– funktionalistische Dogmatik 404

– Gleichordnung Gesamtstaat Einzelstaaten 406
– labiler 404
– Selbstbestimmungsrecht 461
– staatsrechtlich 36
– wirtschaftliche Schicksalsgemeinschaft 509
– Zuständigkeitsordnung 404
Bundesstaat, echter *408*
– Bündnisvertrag 409
– kein Bundesvolk 409
– politische Einheit, nicht souverän 409
– Staatenbund, Georg Jellinek 409
Bundesstaat, EU 509
– funktional 471
– neues Verfassungsgesetz Deutschlands 471
– Staatsgründung 469
– Volksentscheid 470
Bundesstaat, unechter *408*
– Bundesvolk und Landesvölker souverän 409
– Verfassungsgesetz 408
Bundesstaatlichkeit, unberührbar 403
Bundesstaatsdogmatik 409
Bundesstaatslehre, Herrschafts-, Machtdoktrin 406
Bundesstaatsprinzip 169
Bundestreue 414
Bundesverfassungsgericht
– Erkenntnisspielraum 319
– Europarechtsprechung 397
– Hüter der Verfassung 397
– parteiennah 276
– Souveränitätsbegriff 25
– Teil der politischen Klasse 398
Bundesverfassungsvertrag 414
Bundesvertrag 414
– Kündigung 414
Bundesvolk
– originäre Hoheit 409
– Verfassungsgesetz 409
Bundesvolk und Landesvölker
– teilidentisch 409
Bündnis der Länder, unechter Bundesstaat 414
Bündnisvertrag, echter Bundesstaat 409
Bündnisverträge 381
Bürger *57, 61,* 87, 237, 248, *258, 312*
– Amtswalter des Staates 259
– Betroffene 145
– Bevormundung 389
– citoyen 259
– eigener Herr 310
– EU 260
– Figuren des Staates 258
– frei und souverän 212
– funktionale Privatheit 259
– Hegel 82
– Herrschaftsunterworfener 180
– Inhaber der Staatsgewalt 306
– nicht Untertanen 261
– Politiker 312
– Privatperson 170
– Selbständigkeit 283
– souverän 298, 340
– Souveränitätsträger 69
– staatliche Figur 184
– Subjekt des Staatsrechts 246
– Untertanen 218, 261, 305
Bürger und Amtswalter 269
Bürger und Volk 188
Bürgerferne
– EU 192
– Politik 397
Bürgerfreiheit 218
– versus Volk 220
Bürger-Freiheit, Grund-Norm 217
Bürgerklage, Verfassungsidentität 328
Bürgerkrieg 18, 50, 55, 95, 280, 356
Bürgerlehre, freiheitliche 303
Bürgerliche Gesellschaft 80, 84
– System der Bedürfnisse 285
Bürgerliche Verfassung, Recht auf 256
Bürgerlichkeit 83, 300
– Aufgeklärtheit 400
– freiheitliche versus Weltherrschaft 372
– Untertänigkeit 291
Bürgerlichkeit der Bürger 183, 259, 298, 310, 370, 450, 477
Bürgerlichkeit der Deutschen, Unmündigkeit 499
Bürgernähe EU, Propaganda 477
Bürgerschaft *61,* 188, 261, 270
– existentieller Staat 270
– Nation 259

– Schicksalsgemeinschaft 270
– Souverän, entmachtet 312
– Teilhabe an der Politik 305
– verfaßte 270
– versammelte 211
– Vielheit der Bürger 209
– Willensträger 217
Bürgersouveränität 23, 60, 142, 302, 310, 315, 358, 408
Bürgerstaat 261, 310, 313
– Republik 221
Bürgschafts-, Leistungsautomatismus 391
Bürokratie *475*
– Ausweitung der Macht 466
– Brüssels 466
– elitäre 339, 495
– EU 475

Caesar, neuer 371
– EU als Großreich 501
Cäsarismus 69, 292
Cassis-Formel *491*
China 198, 207, 371
– Einparteiendiktatur 345
– kapitalistische Ausbeutung 345
– Weltmarkt 345
Christentum, politische Macht, Ideologie 227
Christianitas, Humanitas 301
Cicero 293
– zur Republik 257
Citoyen und bourgeois 160
Civitas 324
Civitas gentium 64
Civitas maxima 98, 116, 120
Coreper 475
– kleiner Ministerrat 477

Dasein 237
Daseinsanalyse, Martin Heidegger 238
DDR
– Beitritt GG 441
– sozialistische Diktatur 441
– Völkerrechtsubjekt 447
Debellation Deutschlands 419
Defizit sozialer Legitimation 235
Deflation 505
Dekalog 53
Demagogie *215*
– Verfassungsinstitution 216
Demokratie 55, 62, 299
– formale 474
– gelebte Öffentlichkeit 368
– Herrschaft für das Volk 187
– Herrschaftssystem 290
– integrationistische Einbußen 207
– kosmopolitische 371
– lebendige 340
– Legitimationsprinzip 364
– ohne Volkssouveränität 200
– Plutokratie 401
– politische Form allgemeiner Freiheit 184
– Recht auf 238
– repäsentativ, mittelbar, parlamentarisch 168
– repräsentative 305, 398
– unmittelbare 62
– unmittelbare und mittelbare 304
– Vertreter der Bürger, Gefahr 397
– Völkerrechtsnorm 172
– Volksherrschaft 187, 218, 293
– volkssouveräne 221
– Wahlen 395
– Wort 293
Demokratie und Volk 408
Demokratiebegriff 366
Demokratiedefizit 207
– EU 190, 235, 359, 367, 476
Demokratielehre, Carl Schmitt 109
Demokratieprinzip 29, 274
– keine Regel 176
– Mißtrauen in die Obrigkeit 496
– offen 465
Demokratische Legitimation 512
Demokratische Willensbildung 390
Demokratisches Defizit
– EU 478
– Unionsrechtsetzung 473
Demokratisches Prinzip 242, 269, 314, 413
– EU Verletzung 460
– existentielle Staatlichkeit 495
– EZB Unabhängigkeit 504
– nicht abwägungsfähig 177
– Transparenz und Kontrolle 171
– versus Integrationsprinzip 495
Demokratismus, parteienstaatlich 214

Demonstrationsfreiheit 214
Denationalisierung, Volkswirtschaft 154
Denninger, Erhard, Souveränität 315
Deontische Formel, Sittengesetz 243
Desinformation 317, 474
Desinformationsprozeß 282
Despotie 63, 292
– oligarchische EU 389
– Rechtlosigkeit 498
– sanfte 183, 215
– Weltherrschaft 372
Despotismus 62, 390
– kapitalistisch, sozialistisch, EU 374
Determiniertheit des Menschen 240
Deutsche, Untertanen 474
Deutsche Bundesbank 504
Deutsche Einheit 442
Deutsche öffentliche Gewalt 399
Deutsche Politik, Unterwürfigkeit 459
Deutscher Bund 409
Deutscher Bundestag
– Herr des Volkes 395
– Selbstentmachtung 295
Deutsches Reich 87
– Fortbestand 332, 430
– nicht annektiert 430
– Republik 293
– Untergang DDR-Doktrin 441
Deutsches Volk 213, 260, 264, *431*
– Beseelung 432
– Beseelung durch europäische Vereinigung 455
– Einheit 431
– existentielle Staatseigenschaft 417
– Fortbestand nach Zweitem Weltkrieg 430
Deutschheit, Verfassungsprinzip 340
Deutschland 213
– alliierte Umwälzung 422
– Einbindung 472, 508
– Einbindung EU 456
– Einbindung in den Westen 453
– einziger Feindstaat 452
– elementare Interessen 39
– friedliebend, ungefährlich 456
– Gleichberechtigung 431
– Gliedstaat EU 416
– Identität GG 457
– Identität seit 1871 417
– Mitglied des Sicherheitsrates 454
– nationale Fragen 370
– säkularistisch 213
– Sonderweg 506
– Sprachnation 213
– Staatsgebiet 433
– Teilung 431
– unechter Bundesstaat 409
– Vereinte Nationen 453
– vereintes, friedliebender Staat 457
– Verfassungsstaat 416
– Staat 416
Deutschland GmbH, schlechte Satire 417
Deutschlandvertrag *427, 434,* 445
– Zusatzvertrag 435
Dezision *100*, 205
Dezisionismus 59
– Machtlehre 106
Di Fabio, Udo 270, 340
Dialektik, Hegel 74
Dienstleistungen 41, 385
Diktatur 466
– Diskussion 107
– Napoleons 278
– souveräne 111
Diktatur, bürokratische 517
– EU 207, 512
Disjunktion, Hume 74
Diskriminierung Deutschlands, Feindstaat 459
Diskriminierungsverbote 372, *490*
Diskurs
– freiheitlich 282, 374
– öffentlicher 317
– politischer, einheitliche Sprache 369
Divergenz Volkswirtschaften 384, 506
Doehring, Karl 79
Dogmatik
– liberalistische 237
– republikanische 237
Dominium 292
Doppelsouveränität 409
Draghi, Mario 514
Dreielementelehre 68, 199, *267*, 358, 361, 366, 412, 416, 458
– Staat 155
Dritte Welt *149*

Dschingis Khan 371
Dualismus
– freiheitliche Rechtslehre 92
– Kant 74
– parteienstaatlich 167
– republikanisch 224
Dualismus der dritten Antinomie, Kant 240
Durchschnittswährung 386
Dürig, Günter 267, 458

Ebenbild Gottes 52
Edikt von Nantes 54, 159
Effizienz 189, 194, 207, 385
– ohne Maßstab 196
Effizienz der Herrschaft, Legitimation 193
Effizienzinteressen 381
Effizienzlegitimation 196
EFSF *509*
Egalitarismus *153,* 156, 339, 400, 512
– globale Ideologie 466
– sozialistischer 372
– weltstaatlicher 374
Egalität 229
Eigenkapitalquote, Banken 514
Eigenmittel, EU 468, 483
Eigenstaatlichkeit, Deutschland 169
Eigenstaatlichkeit der Völker 510
Eigentum 25, 53, 255, 314, 324
– Grenzverschiebung 338
Eigentum der Bürger 394
Eigentumsgewährleistung 399, 439, 450, 512
Eigentumsschutz, Geldwert 399
Ein Volk, ein Reich, ein Führer 221
Einbindung, unumkehrbare, Staaten(ver) bund 382
Einbindung Deutschlands 451
– souveränitätswidrig 508
Einbindung EU *458*
Einbindungswille Deutschlands 455
Einfluß auf Staatsorgane, nicht transparent 346
Einheit
– große 136
– kleine 59, 131, 133, 269, 273, *368*
– politische *209*
Einheit und Freiheit Deutschlands, Vollendung 432
Einheitlichkeit der Lebensverhältnisse 509
Einheitsparteiensystem 328
Einheitsstaat, föderalisiert 414
Einheitswährung *509*
– Produktverteuerung 386
Einnahmen 30
Einnahmen und Ausgaben, öffentliche Hand 390
Einschätzungsspielraum, Haushaltsgesetzgeber 393
Eintracht 84
Einwanderungsland Deutschland 265, 340
Einwanderungsländer 263
Einzelermächtigung, begrenzte 33, *380, 460, 468, 480,* 515
– EU 492
– Fiktion 470
– nur im deutschsprachigen Vertragstext 482
Einzelne politische Existenz, keine 72
Einzelrichter, Willkür 330
Einzelstaat 132
Einzigkeit unwiderstehlicher Gewalt 266
Eiserner Vorhang 425
Elitarismus 224
– kapitalistischer 372
Elite, kartelliert 512
Eliten, Fremdsprachen 369
Emmerich-Fritsche, Angelika 371
Empirismus 197
Entbürgerlichung der Völker 466
Entdemokratisierung 177
– EU 413
– Gesetzgebung und Rechtsprechung 388
Enteignung 399
Enteignungsverbot, Haager Landkriegsordnung 338
Entertainment 512
Entmachtung des Volkes, dogmatische 303
Entmündigung, Medien 401
Entpersonalisierung des Rechts 288
Entrechtlichung Deutschlands 488
Entscheidungs- und Wirkungseinheit *88,* 200
Entsenderichtlinie *494*
Entstaatlichung der Länder 413
Entstaatlichung der Völker 370
Entwicklungshilfe, Unrecht 158

Entwicklungsländer *149*, 401
Entwicklungspolitik 154, *155*
Erkenntnis
– Gemeinwillen 327
– politische 143
Erkenntnis und Irrtum 94
Erkenntnisse der Wissenschaften 319
Erkenntnisverfahren, bürgerlich 398
Ermächtigung Art. 311 Abs. 1 EUV, politisch-progammatisch 498
Ermächtigungen 249
– begrenzte 472, 480
– Diktatur, Europäischer Rat 483
– EU weit und offen 482
– unbestimmte haushaltspolitische 391
Ermächtigungsgesetz, nationalsozialistisches 497
Eroberungskrieg 348
Ersitzung 335
Erweiterung großstaatliche, EU 499
Erzählungen 230
ESM *390, 509*
ESZB 396, *504*
Ethik
– Lehre der Freiheit 212
– Lehre des Sollens 212
Ethik der Freiheit 245
Ethnie, homogen 264
EU
– Austrittsrecht 272
– Bundesstaat 272, 508
– demokratisches Defizit 272
– diktatorische Administration 418
– echter Bundesstaat 511
– eigene Steuern 483
– existentielle Staatlichkeit 272, 492
– existentieller Bundesstaat 492, 501
– faktisch Bundesstaat 418
– funktional Bundesstaat 414, 511
– funktional echter Bundesstaat 418
– funktional vertraglicher Bundesstaat 418
– funktionale Staatlichkeit 272
– Gemeinwohl 475
– großstaatliche Erweiterung 499
– institutionell Staat 272
– kein existentieller Staat 418
– keine originäre Legitimation 418
– multiethnische Bevölkerung 418
– originäre Hoheitsgewalt 272
– Rückbau zum Staatenbund 516
– Souveränität 480
– Umverteilung 509
– Umwälzung 507
– vom Statenverbund zum Bundesstaat 485
– Währungsgewalt 272
EuGH
– funktional Verfassungsgericht 486
– Generalanwälte 487
– gesetzlicher Richter 488
– Gestaltungsmacht 485
– Grundrechteverantwortung 484
– harte Integrationspolitik 490
– keine gewaltenteilige Gegenmacht 498
– Machtusurpation 485
– obrigkeitliche Ordnungsmacht 490
– Rechtsgrundsätze 484
– Richter, Auswahl durch Regierungen 486
– Richtereignung 487
– Schein des Rechts 490
Euro 466, *503*
– Elitenprojekt 513
– Scheitern 503
– Trennung der Völker 260
Euro und Eurorettung 313
Euro-Krise 396
Euro-Plus-Pakt 509
Euro-Verbund 396
Euro-Zone 346
Eurogendfor *387*
Europa
– europäisches 234
– existentieller Staat 506
– nicht staatsfähig 370
– vereintes 465
Europa als Staat, Vision 359
Europa der Völker 329
Europa des Marktes 234
Europabegriff des Grundgesetzes *500*
Europaidee 140
Europaideologie 398
Europäische Integration *390,* 397
– Grenze Verfassung 257
– Unrechtsstaat 497

Europäische Union
– aus Katastrophe geboren 233
– Bundesstaat 469
– Nationalisierung 470
– offene Grenzen 337
– Verfassung 46
Europäische Zentralbank 152, *503*
– Unabhängigkeit 503
Europäischer Gerichtshof 389, 463, *484*
– Machtinstrument politische Klasse 463
– Motor der Integration 498
– Obrigkeit ohne Legitimation 389
– ohne demokratische Legitimation 463
– Rechtsetzung 482
– umstürzlerische Judikatur 257
Europäischer Rat *478*
– Impulsgeber, Zielsetzer 478
– Krieg und Frieden 478
– mächtigstes Unionsorgan 478
– Staats- und Regierungschefs, Präsidenten des ER und der Kommission 478
Europäischer Stabilitätsmechanismus *390*, 461, *509*
Europäisches Parlament 415, *466*
– Gesetzgebungsbefugnisse 481
– kein Parlament 260
– stützt demokratische Legitimation 481
– unmittelbare Vertretung 260
– Verfassungsorgan der Unionsbürger 481
Europäisches System der Zentralbanken *504*
Europäismus *174*
– Legitimierung der Diktatur 192
– neue Religion 235
– politische Klasse 473
Europarechtsfreundlichkeit 495
– Strukturprinzip Deutschlands 457
Eurorettung 386, *505*
– Vertragsverletzung 475
Eurorettungsmaßnahmen, Vertragsgrundlage 483
Eurorettungspolitik 180, 295, *390*, 399, *510*
– diktatorisch 389
– Staatsstreich 290, 329
Ewiger Frieden 353
Exekutive, Obrigkeit 370
Existentialismus, Carl Schmitt 238
Existentielle Staatlichkeit 256
Existenz
– Leben des Menschen 238
– menschenwürdige 505
– politische 237
– Realität 238
Existenz Gottes 238
Existenzphilosophie 238
EZB 396, *504*

Fachhochschulen private, Unterrichtsunternehmen 400
Fachkräfte, Ausbeutbarkeit 401
Faktizität, normative Kraft 263
Faktizität und Normativität 422
Faktum des Sollens 240
Familien 324
Familienpolitik 401
Federalist Papers 410
Feindstaaten, kein Rechtsschutz 452
Feindstaatenklauseln 349, 450, *452*
– Anwendungsverzicht 452
– dikriminierend 452
– Mißtrauen politischer Klasse gegen Volk 453
– nicht erledigt 454
– offener Vorbehalt 453
– Souveränität Deutschlands 455
– Zustimmung Deutschlands 453
Feuerbach, Anselm 374
Fichte, Johann Gottlieb 129
– geschlossener Handelsstaat 359
Fiktion, Rechtsbegriff 208
Fiktionalität der Souveränität, Walter Leisner 227
Finanzausgleich, weltweit 153
Finanzhilfen, Konditionierung 395
Finanzhilfen für fremde Staaten, Haushaltsverfassung 395
Finanzierung fremder Völker, staatswidrig 394
Finanzindustrie 385
– Ausbeutung 389
Finanzkrise 472
Finanzmarktkrise 494
Finanzoligarchie 282, 373
– internationale 372
Finanzsicherungssysteme 391
Finanzstabilitätsfaszilität 295

Finanztransfers *511*
Finanzunion *509*
Fischer-Lescano, Andreas 230, 371
Fiskalpakt 509
Fiskalpolitik *390*
– diskretionär 392
Fiskalunion 417, 461
Flexibilisierungsklausel 483
Flucht und Vertreibung 337
Föderalism freier Staaten 346, 374
– Kant 258
Föderalismus 294, 368
– Unitarismus 413
Formalität 206
Formalität des Gesetzes 287
Forschung und Lehre 400
Fraktionierung des Parlaments 316
Französische Revolution 217
Frauen, wirtschaftlicher Arbeitszwang 506
Freie Rede 255
Freier Zug 357
Freihandel 129
– kapitalistische Ideologie 372
– komperative Vorteile 372
– WTO 472
Freihandelsdoktrin 385
Freiheit 20, 163, *239*
– Abwehrrechte 219
– aller Menschen, Rechtlichkeit 373
– allgemein und gleich 354
– äußere *240, 310,* 344, 379
– Autonomie des Willens 228, 241, 250, 330
– dynamischer Vorbehalt 222
– Faktum des Sollens 240
– Fundamentalprinzip 200
– gegen Herrschaft 328
– Gesetze Schranken 379
– gesetzliche 62
– Herr seiner selbst 330
– individuelle 87
– liberalistisch *245*
– Menschheit des Menschen 66, 249
– Menschheitsrecht 240
– mit Herrschaft unvereinbar 247
– Natur des Menschen 66
– politisches Formprinzip 108
– praktische Vernunft 205, 240
– Recht zur Beliebigkeit 379
– Rechte Menschen, Bürger 239
– Rechtlichkeit 241, 324
– republikanische 239
– Schein 401
– Sittengesetz, Rechtsprinzip, praktische Vernunft 379
– sittliche und rechtliche Bindung 325
– Sittlichkeit 379
– soziales Kollektivum 119
– staatsbürgerliche 199
– Unabhängigkeit 240, 241
– Vernunftbegriff 240
– Verwirklichung 143
– volksauflösend 217
– Walter Leisner 217
– wilde gesetzlose 62
– Wirklichkeit des Rechts 316
– Würde 330
Freiheit, allgemeine 237
– Grundrechtsschutz 379
– Wirklichkeit des Rechts 308
Freiheit, Gleichheit, Brüderlichkeit 131, 244, 250, 263, 265, 308, 370, 433
Freiheit, Idee 238, 240
– transzendentale 66
Freiheit, innere *242,* 379
– Sittlichkeit 240
Freiheit, politische 83, 123, 168, 238, 285, 291, 313, 323, 326, 328, 379, 463, 477
– Grundrecht 299
– Kern der Menschenwürde 380
– Leugnung 276
Freiheit, Recht, Staat *269*
– Einheit 108
Freiheit als politisches Prinzip 281
Freiheit der Bürger 157, 171, *298*
– allgemein und gleich 397
– Hoheit des Staates 311
– Verfahren Demokratie 317
Freiheit der Rede 369
Freiheit des Denkens. werteauflösend 220
Freiheit des Menschen Identität des Grundgesetzes 331
Freiheit des Staates 84
Freiheit in der Republik 243
Freiheit und Bindung, Aporie 286
Freiheit und Eigentum 165, 261

Freiheit und Gleichheit 201, 301
Freiheit und Grundrechte 379
Freiheit und Ordnung 223
Freiheit und Recht 223
Freiheit und Sicherheit, Souveränität 387
Freiheit und Tugend 143
Freiheit und Vernunft 143
Freiheiten, Grundrechte 246
Freiheitliche demokratische Grundordnung 199
Freiheitlichkeit, Rechtlichkeit 269
Freiheitsbegriff 236, 378
– dualistischer 199
Freiheitslehre 323
– dualistische 246, 291
– herrschaftliche 92
– Kants 208
– liberalistische 84, 291
– republikanische 160
Freiheitsprinzip 274
Freiheitsrechte, Merkmale des Bürgers 322
Freiheitsverwirklichung, keine Legitimation 250
Freistaat 120, 162, 269, 310
Freiwilligkeit, Mitgliedschaft 28
Freiwilligkeit, ständige 381, 451
– EU 415
Freizügigkeit, Menschenrecht 508
Fremdbestimmung 145, 391
Fremdherrschaft *346*
Fremdsprache, oktroyierte 369
Freund und Feind *112,* 235
Freund-Feind-Schema 291
Frieden 63
– Europa 132
– faktischer 448
– globale Rechtsordnung 273
– Kant 63
– Verwirklichung des Rechts 279
Frieden durch Verträge 347
Frieden und Sicherheit 201
Friedensbund 80, 375
– Stätte praktischer Vernunft 375
Friedenslage, reale 454
Friedensordnung 30
– Europa 443
Friedensprinzip 451
– Republiken 375
– Völkerbund 78
Friedensvertrag 377, 440, *448*
– formeller 452
– Recht auf 453
Friedenszustand
– Deutschland 448
– faktisch 444
Friedrich der Große 70, 278
Friendly Declaration *357*
Führer 111, 248
– Europas 487, 496, 506
– Umwälzung der EU 498
Führerprinzip 479, 498
Führerstaat, unionsweit 498
Führertum 109
Führerwille 215, 228
Führung
– autoritäre 222
– demokratische 215
– geistige 215
Führungselite, globale 155
Fundamentalprinzip, demokratisches 256
Fundamentalsatz, demokratischer 469
Fürst, Organ Staat 68
Fürstenherrschaft, absolute 289
Fürstensouveränität 55, 141, 183
– organschaftlich 70
– von Gottes Gnaden 278
Fürstenstaat 54

Gebiet, Volk und Gewalt, Einheit 267
Gebietsannexion 332
Gebietsansprüche Deutschlands 336
Gebietshoheit 44, 176, 266
– europäische 49
– Revision der Verlagerung 337
– Staatsgewalt 266
Gebietsprinzip, freiheitlich 367
Gebietsübertragung 336
Gebietszession Deutschlands 333
Gebote der Menschlichkeit, praktische Vernunft 349
Gebote Gottes 322
Gedankenfreiheit 220
Gegenseitigkeit 323, 353, 448
– Elite 512
Geheimdienste 377

Gehorsam 56
– in Unfreiheit 180
Gehorsam und Schutz 387
Geld
– gesetzliches Zahlungsmittel 501
– Ware im Ausland 502
Geldmacht 359
Geldmengenerweiterung 505
Geldpolitik 384
– unübertragbar 386
Geldsouveränität 152
Geldtransfers, begrenzte in andere Staaten 396
Geldwertstabilität 386, 399
Geltung, Rechtsätze 94
Geltung des Rechts 210
Geltung und Anwendbarkeit, Gemeinschaftsrecht 381
Geltung und Wirksamkeit 417
Gemeininteresse 31, 457
Gemeinschaftsautorität 90
Gemeinschaftsgewalt *45*
Gemeinschaftsinteresse 475
Gemeinschaftsniveau, hohes 495
Gemeinschaftsorgane, demokratische Legitimation 485
Gemeinschaftsrecht 29, 35
– Geltungsgrenzen 37
– Vorrang 37
– Vorrang und unmittelbare Anwendbarkeit 36
Gemeinschaftstreue 39
Gemeinschaftsverfassung 48
Gemeinwesen *257*
Gemeinwille *57,* 224, 327
Gemeinwohl
– formaler Begriff 201
– Interessen, Staaten 138
Generalanwalt 515
Gerber, Carl Friedrich von 65, 248, 311
Gerechtigkeit 316
– Rechtlichkeit durch Gesetzlichkeit 253
– Sittlichkeit 253
Gerechtigkeit und Vernunft 230
Gerichte, letzte Instanz des Rechts 389
Gerichte des Volkes, letztes Wort im Recht 489
Gesamtdeutschland 335
Gesamtstaat, Einzelstaaten 405
– reale Willensmacht 408
Gesamtverantwortung, haushaltspolitische 391
Gesamtverfassung, konstituierend 406
Geschichtsphilosophie, dialektisch 74
Geselle, ungeselliger 378
Gesellschaft *261*
– Gesetzgebungsgewalt 324
– Inbegriff des Freiheitlichen 199
– Konstitutionalismus 261
– multikulturelle 211
Gesellschaftsvertrag 59, 119
Gesetz
– allgemein 188
– allgemeiner Willen 239
– Geltungsgrund 118
– republikanisches 299
– Richtigkeit 318
– Wille des Volkes 109
Gesetz und Recht 254
– Wirksamkeit 316
Gesetze
– Gott des Volkes 73
– Materialisierung des Rechts 318
– Richtigkeit erkenntnisfähig 319
– Schranken der Freiheit 379
– Wille der Bürger 258
– Wille des Volkes 338
Gesetze und Verträge, Freiheitsverwirklichung 378
Gesetzesbegriff, politischer 299
Gesetzesinitiativrecht, EP 467
Gesetzespositivismus 156, 254
– Heller 93
Gesetzesverletzung *330*
Gesetzesvorbehalt 294
– konstitutioneller 262
Gesetzesvorschlagsmonopol, Kommission 467
Gesetzgeber
– außerhalb des Volkes 58
– freiheitlicher 370
Gesetzgebung
– Erkenntnis 58
– EU, exekutivistisch 468
– EU ohne Legitimation 474
– oberste, Recht 63

– repräsentativ 389
– Spielräume der Willkür 319
– Verbindlichkeit vom Deutschen Volk 470
– Wahrheit 318
– wissenschaftliche Aufgabe 319
Gesetzgebungsgewalt
– existentiell 388
– nationale 446
Gesetzgebungshoheit 49
Gesetzgebungsorgane, Entmachtung 497
Gesetzgebungsverfahren
– EU besonderes 468
– EU ordentliches 467, 477
Gesetzlichkeit 144, *253,* 324
– freiheitliche Durchsetzung 266
– gesicherte 266
– rechtliche, Ethos der Freiheit 248
Gettysburg-Formel 187
Gewährleistungen, Kredite der Mitgliedstaaten 473
Gewährleistungssummen, Gesamthöhe 391
Gewalt
– europäische öffentliche 44, 48
– feindliche, Fremdherrschaft 428
– militärische 230
– öffentliche 45
– persönliche 215
– rechtsprechende 61
– staatliche 44
– supranationale, öffentliche 44
– vollziehende 61
Gewalt als Wille sich verwirklichende Vernunft 300
Gewalt des Volkes, Handlungsmöglichkeiten 166
Gewaltausübung, doppelfunktionale, Alliierte 422
Gewaltbegriff 219
– funktionaler 45
Gewaltenteilung 19, 269, 289, 319, 389, 464, 496, 498
– Ende 222
– föderale 412
– kooperative 190
– Rechtsstaat 286
– Repräsentation 389
– territoriale 374, 413
– unvereinbar mit Souveränität 286
– vertikale 139, 153
Gewaltentrennung, Gewaltenhemmung 286
Gewaltmöglichkeiten jedes Menschen 285
Gewaltmonismus, monarchische Souveränitätslehren 411
Gewaltmonopol 30, 126, 138, 163, 182, 201, 205, 284
Gewaltverbot 80, 141, 273, *348,* 371, *377, 448*
– ius cogens 349
– nicht gegen Feindstaat 452
– striktes, UN-Charta 336
– UN-Charta 344
– Völkergewohnheitsrecht 349
Gewaltverzicht 336 f.
Gewinnmaximierung, internationale Unternehmen 385
Gewissen, Abgeordnete 473
Gewissensfreiheit 245
Gewohnheitsrecht 55
Glaube, Hoffnung, Liebe 225
Glaube, privatum 228
Glauben und Recht 213
Glaubensgenealogie, Ulrich Haltern 226
Gleichberechtigung 255
– deutsches Volk 455
Gleichberechtigung und Selbstbestimmung 443, 455
Gleichheit
– bürgerliche 62
– politische Freiheit 292
– staatsbürgerliche 168
– substantielle 108
– Untertanen 56
Gleichheit, souveräne 138, 141, 174, 371, 382
– Deutschlands 453
Gleichheit aller Menschen 237
Gleichheit aller Untertanen 512
Gleichheit der Bürger 292
Gleichheit in der Freiheit 164, 220, 237, 243, 255, 283, 294
– Weltrechtsprinzip 237
Gleichheitsfeindlichkeit, Feudalismus 214
Gleichheitsideologie 512
Gleichheitssouveränität 220

Gleichheitsstaat 222
Gliedstaat, kein Staat im engeren Sinne 203
Gliedstaaten *402*
– unechter Bundesstaat 275
Global governance 371
Globalisierung 371
– Weltwirtschaft 211
Globalität der Wirtschaft 372
Globalverfassung 230, 371
Good governance 173
Görlitzer Vertrag 335
Gott ist tot, Friedrich Nietzsche 280
Gott ohne Wirklichkeit 279
Gottesebenbildlichkeit 237
Gottesglauben 229
Gottesgnadentum 213
Gottesstaat, Hegel 83
Gottesstaaten 345
Göttliches Recht 329
Gouvernanz, internationale 233
Government, nicht Herrschaft 187
Grenzen der Souveränität, rechtliche 285
Grenzverschiebung, östliche 334
Grenzvertrag Deutschland Polen 336
Griechenland, Irland, Portugal 511
Griechenland, Portugal 516
Griechenland, Schuldenrestrukurierung 514
Griechenlandhilfe 390, 514
Groß-Berlin 424
Große Reiche 274
Großmächte 450
Großraum, westlicher, Einbindung Deutschlands 451
Großreiche, künstliche 180
Großstaat 139, 312, *370*
– Europa 501
– Herrschaft 418
– Revolution 374
– vieler Völker 365
– zentralistisch 49
– zentralistische EU 329
Großstaaten, keine Republiken 269
Grotius, Hugo 65
Grundfreiheiten 36, 192, 484, *490*
– Beschränkungsverbote 491
– Deregulierungsprinzipien 495
– Ermächtigung zur Fremdbestimmung 495
Grundgesetz 427
– anerkannt als Verfassungsgesetz 416
– Geltungsbereich 433
– kantianisch 228
– Menschheit des Menschen 433
– plebiszitäre Anerkennung 432
– Tradition Frankfurter und Weimarer Reichsverfassung 433
– Verfall Parteienstaat, Europäismus 433
– Verfassungsgesetz 416
– Verfassungsgesetz des vereinten Deutschland 432
– Verfassungsgesetz Deutschlands 431
Grundgesetz der Deutschen versus politische Klasse 433
Grundkonsens, Legitimation 192
Grundlagenvertragsurteil 267, 333
Grundnorm
– Freiheit, fiktiv 210
– Hans Kelsen 115, 205
– inhaltsleer 210
Grund-Norm der Freiheit 222
Grundordnung, freiheitliche demokratische 236
Grundprinzipien der Verfassung, unverzichtbare 435
Grundrechte
– Abwehrrechte 246
– Gesetze als Schranken 379
– negative Kompetenzvorschriften 202
Grundrechte der Untertanen, Abwehr des Staates 314
Grundrechtecharta, EU 485
Grundrechterechtsprechung 489
Grundrechtestandard 484
Grundrechteverantwortung 486
– EuGH 484
Grundrechtseingriffe 30
Grundrechtsschutz, übermäßiger 379
Gründungsverträge, EU unterschiedlich 473
Gute Sitten 245

Haager Abkommen 351
Haager Landkriegsordnung 338, 353, 422, 445

Häberle, Peter 102, 124
– Souveränität 315
Habermas, Jürgen 234, 282, 315, 326, *365*
– Volk, kein Wille, kein Bewußtsein 307
Haftungsübernahme
– Verbot 503
– Willensentscheidungen anderer Staaten 391
Haftungsunion *509*
Haftungszusagen, Obergrenze 390
Haller, Carl Ludwig von 80
Haltern, Ulrich *225*
Handeln
– Gewaltausübung 126, 202, 285
– staatliches, Handeln der Bürger 477
– weltverändernd 258
– Wirkung auf alle 367
Handeln der Bürger, funktional staatlich 259
Handelsgeist 359
Handlungen, EU deutsche öffentliche Gewalt 399
Harmonisierung 484
Haug, Hans 127
Hauptkriegsverbrecher 422
Haus, römisch, mores 292
Haushalt des Staates 394
Haushalte nationale, Eigenständigkeit 503
Haushalts- und Fiskalpolitik
– Reversibilität 392
– Unions- und Völkerrecht 392
Haushaltsaussprache, Generaldebatte 394
Haushaltsautonomie *391*
– Entäußerung 393
– nationale 502
– nationale Parlamente 390
Haushaltsbefugnisse, EU 477
Haushaltsdefizite, Duldung 475
Haushaltshoheit
– Übertragbarkeit 392
– Übertragung 396
Haushaltskompetenz, Gesetzgeber 391
Haushaltsnöte 386
Haushaltsplan *393*
– Legitimations-, Kontrollfunktion 393
– Prognoseelement 394
Haushaltspolitik, Sache des Gesetzgebers 393
Haushaltssouveränität *394*
Haushaltsverantwortung, Deutscher Bundestag 390
Haushaltswahrheit 394
Hausherren 237
Hebeisen, Michael W. 62, 112, 122, 315
Hebelungsmechanismus, Rettungsfonds 513
Hegel 20, 309, *324,* 328, 347
– antiaufklärerisch 278
– Verträge 377
Hegel, Georg Friedrich Wilhelm *70,* 275
Hegelianismus 21
– Carl Schmitt 105
– Heller 92
– Nationalsozialismus 83
Hegemonie 141
Hegemoniepolitik, französische 386
Heiligkeit des Rechts, Heinrich Triepel 226
Heimat 508
Hellas-Bonds 514
Heller, Hermann 21, 67, 72, *88,* 104, 124, 126, 200, 270, 284, 342, 378
– Herrschen 248
Henke, Wilhelm 292
Hennis, Wilhelm 54, 106, 109, *125*
Herkunftslandprinzip *491*
– Ausbildung 401
– Entdemokratisierung 495
– souveränitätswidrig 494
Herren der Verträge 28, 36, 41, 207, 271, 298, 473
Herrenmenschen, Untermenschen 282
Herrschaft 20, *85*
– Begriff 68
– Bodeneigentum 149
– elitäre 83
– Entscheidung 143
– Legitimation 290
– Max Weber 84
– monarchische Legitimität 249
– nicht legitimierbar 148, 179
– oder Freiheit 236
– Ordnung 90
– politische Klasse 209
– rechtlose Wirklichkeit 300

– Rechtlosigkeit 160
– Rechtsschöpfung 146
– religiöse Rechtfertigung 226
– Repräsentanten 307
– staatlich 142
– Unrecht 329
– Verfassungsorgane 210
Herrschaft, politische 151, 168
– internationale Organisationen 383
Herrschaft des Rechts 288
Herrschaft für das Volk 192
Herrschaft im Hause, antike 292
Herrschaftsabbau 222
Herrschaftsanspruch 29
Herrschaftsbefugnisse 52
Herrschaftsbetätigung, Mehrwert 192
Herrschaftsdoktrin 64, 199, 219 f., *247*, 348
– äußere Souveränität 295
– demokratistisch 168
Herrschaftseffizienz 194
Herrschaftsgewalt *85, 174, 247*
– Georg Jellinek 181
– Legitimationsobjekt 180
– supranationale 176
– Träger 187
Herrschaftsideologie 409
Herrschaftslehre, theistisch 291
Herrschaftslosigkeit 143
Herrschaftsmacht, supranationale 296
Herrschaftsordnung 236
Herrschaftsorganisation 60
– Gesellschaft 186
Herrschaftssouveränität 223
Herrschaftssystem, demokratisches 296
Herrschaftsträger, natürliche 210
Herrschaftszwecke 177, *192*
– EU 180
Herrschen *90*
– Georg Jellinek 248
Herrscher der Welt 373
Herrscher und Beherrschte, Identität 290
Herrschergewalt 61 f.
Heterogenene Bevölkerung ohne innere Solidarität 264
Heterogenität
– religiöse 264
– Volkswirtschaften 384
Heteronomie 495
– allgemeiner Willen 85
Heydte, Friedrich August von der 291, 301
Hilfsmaßnahme, solidarische 391
Hirnforschung 240
Historizismus, Hegel 73
Hitler, Adolf 101, 195, 282, 286
– Präsens des Heiligen 228
– Rechtlosigkeit 184
– Volk und Souverän 228
Hobbes, Thomas 19, *55*, 164, 252, 280, 289, *323*, 347, 376, 387
– Völkerrecht Naturrecht 350
Hobe, Stephan *361*
Hochfinanz 156
– Souverän 282
Höffe, Otfried 230
Hofmann, Hasso *100*
Hohe Vertreter der Union, Außen- und Sicherheitspolitik 478
Hoheit
– Freiheit und Macht des Volkes 417
– originäre, EU 363
– originäre, Volk 411
– Souveränität der Bürger 417
Hoheit des Volkes
– Freiheit, Souveränität der Bürger 394
– Handlungsmöglichkeiten 270
– nicht übertragbar 417
– unaufgebbar 380
Hoheitsgewalt 45, 175
– abgeleitete 363
– außerstaatliche 45
– autonome supranationale 45
– internationale 363
– originäre, EU 271
– überstaatliche, EU 360
Hoheitsrechte
– deutsche, Ausübung EU-Organe 399
– gemeinschaftliche Ausübung 460, 479
– Grenzen der Übertragbarkeit 380, 464
Hoheitsrechte, übertragene
– Ausübungsbefugnisse 383
– gemeinschaftliche Ausübung 409
Hoheitsrechte, Übertragung 29, 38, 46, 317, 362, 460
– EU 418
– hinreichend bestimmt 480

– Verantwortbarkeit, Voraussehbarkeit 460
– weit und offen 469
Homo noumenon 74, 92, 231
Homo oeconomicus 259
Homo phaenomenon 74, 92
Homogenität 108, 147 f., 179, 196
– nationale 260
– religiöse 501
– soziale 132, 202
– sprachliche 264
– wirtschaftlich, sozial 413
– wirtschaftliche 396
Homogenität des Volkes 263, 339
Homogenitätsprinzip, verfassungsstaatlich 408
Hoover-Stimson-Dokrin 336
Hösle, Vittorio 187
Hugenotten 54
Humankapital Mensch 495
Humboldt, Wilhelm von 400
Huntington, Samuel 345
Hüter der Verfassung 101, 105

Idealismus 94
Idee der Freiheit 240
Ideen 238
– Ethik 230
Identität 179
– Carl Schmitt 290
– europäische 451
– integrationsfeste 383
– kollektive 196
– nationale, EU-Mitgliedstaaten 461
– Verzicht 461
Identität, deutsche 265
– Bewußtsein 451
Identität Deutschlands
– integrationsfest 465
– mit Deutschem Reich 433
Identitätsdogmatik 458
Identitätskern der Verfassung *391*
Identitätslehre 333
Identitätsmerkmale materielle 458
Ideologien, totalitäre 373
Ikonographie, EU 235
Imperialismus, Napoleon 79
Imperium 292
– sowjetisches, Zusammenbruch 345
Importe, Schutz 385
Individualfreiheit 82
Individualismus 144
– utilitaristischer 339
Individuum, autonomes 143
Industriestaaten 157
Inflation 396, 512
Informationen, Bundestag 392
Infrastruktur, öffentliches Gut 395
Inkorporationsregel 451
Inländerbehandlung 490
Innenbefugnisse 40
Input-Legitimation 183, 191
Institutionen, supranationale 150
Integration, europäische 30, *460*
– der Deutschen, Vereinigte Staaten von Europa 312
– Deutschland 329
– Grenzen 464, 473
– keine Hoheitsübertragung 451
– Maßnahme infolge Weltkrieg 453
– Rechtsbruch 178
– Welt, kein Selbstzweck 173
Integrationismus 295, 433, 479
Integrationisten 170, 260, 359
Integrationsartikel 257, 433
Integrationseifer 366, 513
Integrationsermächtigung 458
Integrationsgewalt 43, 363
Integrationsgrenze, menschheitliche 465
Integrationslehre Rudolf Smend 220
Integrationsoffenheit 171, 457, 495
Integrationspolitik 309, 328, 433
– Bestand Deutschland 470
– europäische 176, 313
– gegen die Völker 513
– geheime Vorbehalte 453
– Medien 397
– postnational 171
Integrationsprinzip 176, 366
Integrationsunrecht 191, 397
Integrationsverantwortung 27
– Bundestag 391
– Parlament 398
– Parlamente der Völker 472
Interessen, elementare, Grenze des Mehrheitsprinzips 381

Interessenausgleich
– friedlicher 457
– unionsweiter 48
Interessenverwirklichung, Parteienstaat 224
Intergouvernementales Regieren *390*
Internationaler Gerichtshof 351
Internationalismus 152, 155, 209, 295, 317, 359, 366, 373, 512
– parteienstaatlicher 238
– profitorientiert 150
Internationalisten, keine Demokraten 158
Interpretation, vertragsändernde 483
Intervention 172, 354
– Freiheit der Bürger 401
– gewaltsame 346
– humanitäre 31, 346
– Menschlichkeit 173
– schmutzige 356
Interventionspolitik
– militärische 412
– weltherrschaftlich 173
Interventionsverbot 141, 350, 371
Interventionsvorbehalte 454
Interzession 350
Intransparenz 401
Investitionen 505
Ipsen Hans Peter 45
Irrationalismus, Staatsrecht 209
Irreführung und Bestechung 234
Irrtum, Privileg der Souveränität 215
Isensee, Josef *163,* 207
Islamismus 345
Istanbul 500
Ius ad bellum 31, 140, *348,* 458
Ius ad praesentiam 420
Ius cogens 372
Ius emigrandi 357
Ius gentium 53, 351
Ius in praesentia *446*
Ius loci 213
Ius postliminium 446
Ius sanguinis 213, 263

Jakobinerverfassung 69
Jalta 334
Jaspers, Karl 238, 248
Jellinek, Georg 22, 68, *85,* 127, 129, 180, 197, *198,* 222, 248, 279, 290, *325,* 337, 358, 409, 416
Jenseits zweite Welt 239
Judikatur usurpatorische, EuGH 463
Justizgewährleistung 330

Kaisertum 293
Kalter Krieg 348, 353, 355
Kant 20, 248, 373 f.
– Staatsbegriff 258
Kant, Immanuel *61,* 347
Kantianismus 294
Kanzlerdemokratie 316
Kanzlerprinzip 497
Kanzlersouveränität 316
– faktische 328
Kapital, internationalistisch 149
Kapitalimporte 150
Kapitalismus 280
– globaler 234
– internationaler 151
– neoliberaler 371
Kapitalismus und Sozialismus 158
Karlsbader Beschlüsse 278
Karlspreis 235
Kategorischer Imperativ 76, 241 f., 253, 378
– Subjektformel 145
Katholizismus 222
Kaufkraft der Bevölkerung 386
Kaufmann, Erich 79
Kausalität der Freiheit 240
Kelsen, Hans 21, 74, *88,* 94, *114,* 171, 210, 218, 287, 411
Kernwaffenstaaten 353
Kielmansegg, Peter Graf *142*
Kierkegaard Sören 238
Kimminich, Otto *139,* 437, 445
Kirche 54, 206
Kirchhof, Paul 208
Klageverbote 439
Klasse, politische 451
Klaus, Václav 495
Kleine Einheit 188
Knieper, Rolf 73, *148,* 280, 345, 350
Kognitivismus 59, 107
Kohl, Helmut 453, 506

κοινωνία πολιτική 373
Kokott, Juliane *171*
Kollektivismus 145
Kolonialismus 155
Kolonien 148
Kommissare *476*
– Europaminister 476
– Politiker der Mitgliedstaaten 475
– Rotation 476
Kommission *474*
– Diktatur der Bürokraten 476
– Legitimation, Kontrolle 475
– Mißtrauen Parlament 475
– Politbüro 474
– Präsident 476
– Regierung EU 475
– Vorschlagsrecht Gesetzgebung 475
– zentralistisch, bürokratisch 474
– Zustimmung des EP 476
Kommissionsbürokratie, Gesetzgebungsmacht EU 475
Kommunalismus 294, 368
Kommunikation
– Spracheinheit 340
– Überwachung 346
– Zeitalter 215
Kompensationslehre 364
Kompetenz-Kompetenz 32, 69, 124, 190, 202 f., *483,* 498
– Bund, gegen Ländersouveränität 402
Kompetenzausübungsschranke 39
Kompetenzen
– abgeleitete, EU 482
– originäre 482
Kompromißprinzip 489
Konditionalität, Hilfen 172
Konditionierung 516
Konfessionskrieg 50
Konflikte, bewaffnete 448
Kongruenz, Legitimationssubjekte, Herrschaftsgewalt 195
König, Doris *364*
Königsberg 338
Konkordanz, praktische 176, 366
Konsenssystem 478
Konstantinopel, Eroberung 500
Konstitutionalismus 20, 107, 261, 292, 322
Konsumismus vom Abendmahl zum Geld als Leitmedium 234
Konsumkraft 385
Kontrollbefugnisse Bundestag 391
Kontrollrat 424, *436*
Kontrollratsproklamation Nr. 1 424
Kontrollratsrecht 438
Kontrollratsvorschriften 437
Konvention Menschenrechte und Grundfreiheiten 352
Konvergenz Volkswirtschaften 506
Kooperationsverhältnis 37, 190
Koordination 182
Korruption 149 f., 192
Krabbe, Hugo *114, 287*
κρατεῖν 293
Kreditaufnahme Bund und Länder 392
Kredite, ESM-Finanzierung 398
Krieg 63, 132, *377,* 414, 462
– aller gegen alle 56, 164, 347
– gerechter 348
– Streit der Staaten, Hegel 377
– Streitentscheidung 78
– totaler 229
– Tötungspotential 230
Krieg und Frieden 347, 377, 453
Kriegserklärung 448
Kriegsrecht 419
Kriegsverbot 140
Kriegsvölkerrecht 420
Kriegszustand 420
– Beendigung 444
Kriele, Martin 21, 54, 124, *159,* 303, 314, 339, 378
Krim, Annexion, Sezession 355
Kriminalität 373
Krisenmanagement 387
Krönungstheorie 507
Krüger, Herbert *137,* 166
Krugman, Paul R. 130
Kultur, christliche 279
Kulturgemeinschaft, atlantische 132
Kulturnation Deutschland 265

Laband Paul 67 f., 311, 410
Länder
– Ausübung staatlicher Befugnisse 411

– Bürgerstaaten, Freistaaten, Republiken 408
– dem Bund untergeordnet 404
– Deutschlands 402
– Disposition des Bundes 404
– eigene Völker 407
– Gebiet, Volk, Staatsgewalt 412
– keine Souveränität 402
– neue, Beitritt 441
– regionale Selbstverwaltung 412
– Selbstbestimmungsrecht 411
– Souveränität 66
– Staaten 203
– Staatseigenschaft, Staatsgewalt 405
– Völkerrechtssubjekte 403
Ländereinführungsgesetz der DDR 432
Landessouveränität, Substanz unberührbar 403
Landesvolk, Begriff 408
Landesvölker
– originäre Staatsgewalt 407
– souverän 404
– souveräne Bürgerschaften 407
Landeswahlen Bundespolitik 413
Landnahme, Vertreibung 338
Landshut, Siegfried 282, 301
Landwirtschaft 385
Latrocinium 269
Leben im Vaterland, absolute Sittlichkeit 72
Lebensverhältnisse
– einheitliche 49, 152, 156, 466
– Unterschiedlichkeit 512
Lebensverhältnisse, Einheitlichkeit 374
– EU 413
Legalisierung
– Ausübung der Staatsgewalt 249
– nicht Legitimation 249
Legalität 181, *249,* 268
– allgemeiner Wille des Volkes 367
– freiheitliche 194, 196, 266
– Kant 245
Legalitätsgebiet 267
Leges divinae ac naturalis 323
Legitimation 181, *249*
– Amtswalter 195
– demokratische 142
– durch das Volk 183
– funktionell, institutionell 194
– für das Volk, sachlich-inhaltlich 183
– institutionell, funktionell 183
– Staatsgewalt 166
Legitimations- und Verantwortungsprinzip 304
Legitimationsdefizit, demokratisches 183
Legitimationskette 191
Legitimationskonzept
– monistisch 190
– plurales 191
Legitimationsniveau 187, 191, 193
– demokratisches 418, 486
– EU 461
Legitimationsstränge, plurale 183
Legitimationssubjekt 32, 34
– demokratiefähig 202
– Volk 176
Legitimationssubjekte *183,* 187
– Pluralität 179
Legitimität *174,* 181, *249*
– demokratische 398
– Herrschaft 302
Legitimitätsglaube 192
Leibholz, Gerhard 81, 111, 167
Leisner, Walter 69, *208,* 289
Leitmedien 512
Letztentscheidungsgewalt des Volkes 321
Letztentscheidungsrecht 32
Letztes Wort in Sachen des Rechts, Deutschland 515
Leviathan *55,* 339
Lex aurea 56, 244, 251, 323, 377
Liberalismus 261
Liebesprinzip 128, 244, 379
Lincoln, Abraham 187
List, Friedrich 130
Lobbyisten 475
Lobbysystem 192
Locke, John 20, 324
Lohndumping, Einheitswährung 386
Löhne, hohe 385
Lohnergänzungsmaßnahmen 506
Lohnsenkungen, Zwang 495
Londoner Abkommen 423, 427
Londoner Protokoll 334
Ludwig XIV. 411

Luther, Martin, Rechtfertigungslehre 229
Luxemburger Kompromiß 39

Maastricht-Urteil 37
Machiavelli 20
Machiavellismus 458
Macht
– Minderheit 329
– Mißbrauch 316
– Möglichkeiten des Handelns 277
– Recht 78
– volle eines souveränen Staates 434
Macht, Staat 118
– Freiheit des Volkes 285
Macht ohne Recht 277
Macht über Recht 343
– Tyrannei 286
Macht und Freiheit 283
Macht und Recht 123, 163
Machtbegriff 346
Machtergreifung 101
– Adolf Hitlers 497
Machtlehre der Souveränität, Carl Schmitt 279
Machtstaat 21, 323
– Rechtsstaat 281
Machtstaatsdenken, imperialistisch 121
Machtusurpation 497
Mäder, Werner 21, 31, 451
Maiestas 322
Maihofer, Werner 124
Majoritätsprinzip 91
Makroanthropos 187
Malberg, Caré de 69
Manipulation, Propaganda 506
Mao, Zedong 345
Markt und Recht, Verwandtschaft 232
Marsilius von Padua 19
Marx, Karl 348
Marxismus 85
Maß, rechtes 373
Materie des Gesetzes, Wille des Volkes 287
Maxime 243
Maximen, religiöse, Maximen des Rechts 239
Maximenbildung 245
Mediatisierung der Bürger 296
Medien 312
– Einpeitschung 214
– koordiniert 296
– Macht 282
– neue Gewalt 220
– Oligarchisierung 398
– oligopolistisch 370
Medien-, Finanz-, Industrieoligarchie 316
Medienfreiheit, Wahrheit, Richtigkeit 397
Medienoligarchie, demokratiefern 401
Medienunternehmer, demokratiefern 497
Mehrebenenlegitimation 203
Mehrebenenmodell 363
Mehrebenensystem 170, *174*, 183, *189*
– Herrschaftsorganisation EU 181
Mehrheit 161
– schweigende 283
Mehrheiten 145
Mehrheitsentscheidung 211, 296
– Parlament gleich Volk 398
Mehrheitsprinzip 59, 116, 145, 213, 237, 264, 319, 327, 480
– Bundestag 397
– EU 381
– gemeinschaftsrechtlich 39
– Rat 489
Mehrheitsregel 59, 145, 214, 224, 380, 481
– Bundesrat 413
– Gerichte 489
Mehrheitssystem, Rat 478
Mehrheitswahlsystem 369
Mehrheitswillkür 59
Mehrparteienstaat 327
Mehrparteiensystem 328
Meinung, öffentliche
– Akklamation 109
– politische Betätigung 238
Meinungen und Lehren, Uneinigkeit und Bürgerkrieg 220
Meinungsäußerungsrechte 314
Menschenbild 24
Menschenrechte 251, 256, 484
– Achtung innere Angelegenheit 172
– Ökonomie 232
Menschenwürde 256, 350
– Grundrechtsschutz 379
Menschenwürdeprinzip 313

Menschheit des Menschen 117, 222, 330, 370, 412
– Frieden 453
Merkel, Angela 453, 507
Merkl, Adolf 115, 122
Metternich 278
Migrationen 211
Militärgerichtshof 422
Militärische Macht USA 387
Militarismus 425
Minderheit, Wählerschaft 296
Minderheitenschutz 357
Ministerialbürokratie 475
Ministerpräsidenten-Konferenz 431
Mitbürger, ausländische 211
Mitgliedschaft in EU beendbar 381
Mitgliedstaaten, elementare Interessen 478
Mitgliedstaaten der EU, nicht mehr souverän 360
Mittelmaß als Ideal 215
Mittleres 373
Moderner Staat 206, 280, 309, 321
Modernität, Argument 143
Möllers, Christoph 286
Monarch und Staat, identisch 411
Monarchie 55, 62, *293*
Monarchie, konstitutionelle 71, 77
– Hegel 300
Monarchisches Prinzip 67, 107, 180, 301, 321
Monarchismus 290
Monetarisierung 155
Monismus, umgekehrter 120, 207, 232, 297, 350, 353, 357
Montesquieu 131
Moral
– Pflichtgefühl 245
– Selbstzwang 245
– Triebfeder guten Handelns 245
Moralischer Politiker, politischer Moralist 253
Moralismus 245, 400
– totalitärer 373
Moralität 116, 241, *245,* 322
– formales Prinzip 245
Moralität und Legalität 245
Moskauer Vertrag 441
Müller, Adam 164
Multikulturalistische Ideologen 339
Münch, Ingo von 350
Mutterschaft, Behinderung 373

Nachbarschaftsvertrag, deutsch-polnisch 336
Nachkriegszeit *429*
Nachrichtendienste 317
Nachtragshaushalt 394
Napoleon 20, 64
– Souveränitätsformeln 451
– Weltgeist zu Pferde 76
Narration *231*
Nation 60, 202, *301*
– Frankreich 69
– französischer Begriff 263
– Volk als Ganzes 307
Nationalbewußtsein 260, 267
Nationale Einheit 267
Nationalismus 133, 140
– Imperialismus 74
Nationalität *148,* 211
Nationalprinzip 19
Nationalsozialismus 222, 281
Nationalstaat 77, 132, 141, 159, 209
– Deutschland 265
– souveräner 178
– Überwindung 221
Nationalstaaten 313, *370*
NATO 45, 132, 388, 448, *456*
NATO-Truppenstatut 446
Naturalisation 213, 265, 340
Naturereignis, Nothilfe 396
Naturgesetze 52, 56
Naturgesetzformel, Sittengesetz 243
Naturrecht 19, 53, 72, 78, 92, 119, 143, 147, 205, 231, 322, 329, 349
– Aufklärer 251
– Renaissance 349
– Vernunftrecht 84
Naturrechtstheorie 119
Naturzustand 56, 112, 323
Naturzustand unter Staaten, Krieg aller mit allen 375
Nawiasky, Hans 406
Negativauslese 59
– Abgeordnete 369
Neigungen 66, 259, 277

Neminem laedere 144
Neoklassik 385
Nettogeldvermögen 399
Neurußland 356
Nichteinmischung, innere Angelegenheiten 350
Nichtkernwaffenstaaten 353
Nichtregierungsorganisationen 171, 262, 366
Niederlassungsfreiheit 493
Niedrigzinspolitik 384, 386, 505
Nomos, Narration 233
Nordafrika 345
Norddeutscher Bund 410
Norm und Normlage 117
Normalität *100*
– Norm 96
– Normativität 96
Normative Kraft des Faktischen 337, 416
Normenhierarchie 119
Nothilfe gegen Unrecht 358
Notrecht 100
Notstandsverfassung 102, 112, 193
Notwehr, Nothilfe 377
Novellierung Art. 136 AEUV 512
Nürnberger Prozeß 422

Objektivität des Rechts 119
Obrigkeit 246
– elitäre 264
– EU, demokratiewidrige Ferne 477
Obrigkeitsstaat 199
Obstfeld, Maurice 130
Occupatio bellica 420, 443, *445*
Occupatio pacifica 446
Occupatio sui generis 422
Oder-Neiße-Grenze *334*
– unverletzlich 336
Oeter, Stefan *170*
Offenbarungstheologie, Carl Schmitt 226
Offene Staaten *378*
Offener Markt mit freiem Wettbewerb 385
Offener Staat
– kein Rechtsbegriff 359
– neuer Staatsbegriff 358
Offenheitsdoktrin 363
Öffentliche Meinung
– Souverän 282
– Zwang 245
Öffentliche Unternehmen 194
Öffentliches Recht, Ende 221
Okkupation *445*
– Beendigungserklärung 444
Okkupationsgewalt 423
– Besatzer 419
Ökonomik 319
Ökonomismus 259
Oligarchie 168, 296, 310
– globale 359
– obrigkeitlich 498
Oligarchien, Interessen 389
OMT-Programm *514*
One world *371*
Opferansprüche 230
Opinio iuris sive necessitatis 351
Opportunisten, ewige Untertanen 451
Opposition 294, 328
Ordnung
– nicht Herrschaft 218
– postnationale 275
Ordnung der Besatzung, völkervertragliche Grundlage 437
Ordnungsdezisionismus 113
Organe der EU, Staatsorgane 309
Organe des Staates 181, 465
Organisation
– supranational, EU 380
– supranationale 362, 411
– überstaatlich 360
– völkervertragliche Mehrheitsregel 381
– zwischenstaatliche 49
Organisationen
– internationale 463
– supranationale 173
Organlehre 305
Organsouveränität 70, 91, *168,* 326
Organwalter, Vertreter des Volkes 249
Orwell, George 374
Ost-West-Konflikt 425
Ostgebiete des Deutschen Reiches 333, *337,* 431 f.
Ostpolitik, neue 268
Ostverträge, keine Grenzanerkennung 336
Output-Legitimation 177, *192*

Pacta sunt servanda 343, 351
Pantheismus, juristischer 122
Papst, auctoritas 239
Paradigmenwechsel, Völkerrecht 349
Parlament
– Volk im Kleinen 216
– Volksvertretung 467
Parlament, Europäisches
– Gesetzgeber 467
– Gesetzgebungsorgan der Bürger 469
– kein Repräsentationsorgan souveränen Volkes 471
– nicht demokratisch 466
– übermäßige Diäten 467
– unmittelbare Vertretung 469
– Versammlung der Vertreter der Völker 466
– wichtige Sachen, ohne Macht 468
Parlament und Bürgerschaft, Identifizierung Fiktion 398
Parlament und Regierung 167
Parlamentarisches Regierungssystem 498
Parlamentarismus EU 471
Parlamente
– Mitgliedstaaten, unmittelbar demokratisch legitimiert 392
– nationale, substantielle Befugnisse 380
– Schein von Demokratie 513
– Selbstbindung 392
– Völker, EU, ohne politischen Einfluß 479
Parlamentsherrschaft 296
Parlamentsmehrheit, Mehrheitsentscheidung des volkes 237
Parlamentssouveränität 216, 326, 328, 395
Parteien 59, 366
– Ämterpatronage 276
– fest gefügt 216
– Führung, Gefolgschaft 295, 316, 397
– Führung, Geschlossenheit 474
– Gewaltenteilung 276
– innere Demokratie 276
– innere Ordnung 327
– innerer Grundrechtsschutz 276
– Kryptogewalt 216
– Lüge Lebensprinzip 216
– Mittler des Volks- und Staatswillens 327
– staatlich 327
– Staatsferne, Staatsfreiheit 327
– Wettbewerb 327
Parteien, Medien, Verbände 216
Parteien-Koalitionen 216
Parteiendemokratie 216, 401, 479
– Ochlokratie 319
Parteiendiktatur 474
Parteienfinanzierung 463
Parteienoligarchie 170, 209, 218, 282, 288, 294, 316, 328, 369, 433, 471, 473 f.
– Gefahr für Bürgersouveränität 397
– ohne Opposition 395
– plurale, EU 498
– plutokratisch 401
– Usurpation von Macht 312
– Verfallserscheinung der Republik 305
Parteienstaat 111, 259, 298, 305, 312, 317, *327, 473,* 496
– Demokratiedefizit 497
– demokratiewidrig 497
– demokratischer Rechtsstaat 277
– herrschaftlich 247
– herrschaftliches Machtsystem 276
– nicht demokratische Republik 397
– Oligarchie 327
– oligarchisch 276
– Opposition 276
– republikwidrig 167
– Verfallsform der Republik 224, 295
– Verletzung der Bürgersouveränität 317
– willkürhaft 318
Parteienstaaten 131, 389
– europäisch integriert 474
– Führerstaaten 497
Parteienstaatliche Gesetze 276
Parteiführer 397, *473*
Parteigänger, führerabhängig 497
Partizipationsrechte, innere Angelegenheit 172
Paternalismus 292
Paulskirche, Reichsverfassung 278
Penski, Ulrich 253
Personalität 18
Personenfreizügigkeit 493
Persönlichkeit, freie Entfaltung 311, 400
Petersburger Abkommen, Bundesverfassungsgericht 431
Pflichterfüllung, Amtlichkeit 196

Philosophie, Irrationalität, Hegel 348
Plebiszite 304
Polen *334*
– Grenze 333
Polis 368
– Heiligtum 309
πόλις 324
– Bürgerschaft 309
Polislehre 309
Political correctness 220, 245, 373, 400, 451
Politik 116
– ausübende Rechtslehre 113, 230
– Beruf 215
– denationalisiert 149
– Unterscheidung Freund Feind 403
– Verarmung 516
Politische Klasse 312, 317, *397,* 463, 508, 512
– Entfremdung 389
– EU 418
– integrationsversessen 399
– Medien 497
– Rechtsschutz 401
Politische Union *503, 507, 509*
Politischer Wille, Subjekt bestimmtes Volk 480
Polizeitruppe, militärische 387
Polizisten, fremde, Besatzungsmacht 387
Pontifex Maximus 239
Positivismus 148, 170, 205
– Kelsen 114
– platter 221
– staatsrechtlicher 70
Positivität des Rechts 205
Potestas 292
Potsdamer Abkommen 338, *426*
Potsdamer Protokoll 334
Pouvoir constituant 21, 69, 111, 160, 271, 302, 323, 380, 408, 415
– Unionsbürger 272
Pouvoir constituant der Deutschen 432
Pouvoir constitué 162, 302
– Staat 306
– Staatsorgane Deutschlands 432
Präambel Grundgesetz 264
Präjudizierung künftiger Generationen 393
Praktische Vernunft 161
– theoretische Vernunft 253
Praktisches Gesetz 243
Prätor 78
Preisstabilität 396, 502, *503*
Preuß, Hugo 22, 278
Preußen 441
Primat des Rechts, Rechtsschutzverweigerung 513
Prinzip, monarchisches 19, 261, 292
Prinzip und Regel 177
Privatautonomie 122
Privatheit 223, 246
– Lebensbewältigung 395
Privatpersonen 82
Privatrechtsgesellschaft, Franz Böhm 262
Probierstein Kants 204
Produktionsverhältnisse 151
Produktivität, Lohnkosten 385
Propaganda, integrationistische 370, 477
Propaganda der Medien 463
Protektorat, amerikanisches, EU 234
Protestanten 54
Protestantismus, Wahrheit 229
Prüfungsrecht, richterliches 446
Pufendorf, Samuel 65

Qualifikation, Anerkennung 493
Quaritsch, Helmut 52, 68, 104, 288, 290
Quellenmetapher 305 f.

Radbruch, Gustav 254
Radbruchsche Formel 254
Randelzhofer, Albrecht *165*
Rat *477*
– Gesetzgeber mit EP 477
– Minister der Mitgliedstaaten 477
– qualifizierte Mehrheit 478
Rationalität, säkulare 233
Räuberbande 416
– Augustinus, Benedikt XVI. 312
Realismus, sozialistischer 373
Realität
– Normativität 364
– soziale 94
Recht 18, *250*
– allgemeines, übereinstimmendes 466
– Begriff 47, 285

– bürgerliche Verfassung 61
– Deutschland zur Kriegsführung 448
– heilig 73, 250
– Heller 89
– Materialisierung durch Gesetze 322
– objektiv 318
– praktische Vernunft 277
– Richtigkeit und Wahrheitlichkeit 251
– Sache des Volkes 389
– Sittlichkeit 58
– Stimme des Souveräns 230
– Vernunftkategorie 283
– Wirklichkeit der Freiheit 236, 350
Recht, Definition 329
– Kant 250
Recht auf Demokratie 238, *380,* 463, *479*
– Souveränität des Volkes 380
Recht auf Frieden 350
Recht auf Recht 25, 257, 265, 370, 380, 512
– Freiheitsprinzip 313
Recht auf Staat 266, 370
Recht aus anderer Quelle 463
Recht des Stärkeren 375
Recht und Fakten 283
Recht und Macht *285,* 316
Recht und Religion, Glaubenssysteme 226
Recht und Wahrheit *251*
Recht und Zwang 165, *284*
– Kant 284
Recht zum Kriege 458
Rechte der Menschheit, Leerheit 77
Rechte der Untertanen, liberalistisch 327
Rechtes Maß 319
– Menschheitsprinzip 328
Rechtlichkeit 464
– Erkenntnis des Richtigen 297
– ethisch neutralisiert 205
– innen und außen, Willen aller Völker 350
– Staatszweck 192
– Wirklichkeit der Gesetze des Rechts 316
Rechtlichkeit als Gerechtigkeit, Gesetzlichkeit 330
Rechtmäßigkeitskontrolle 313
Rechtsakte
– europäische 48
– gemeinschaftliche 46
Rechtsangleichung 491
– politische 493
Rechtsanwendungsbefehl 28, 43, 182, 297, 354, 381, 489
Rechtsbegriff Kants 287
Rechtsbruch, Heller 96
Rechtsdurchsetzung 188
Rechtsentwicklung 342
Rechtserkenntnis 107
– Rechtsprechung 24
Rechtsetzung, EU
– entdemokratisiert 466
– exekutivistisch 477
– Fremdbestimmung
Rechtsetzung, kognitiv 318, 478
Rechtsetzungsorgane, EU, Kommission, Rat, EP 468
Rechtsfindung, schöpferische des Richters 254
Rechtsgelehrte, Richter 330
Rechtsgemeinschaft 370
– globale 273
– territoriale 263
– universale 411
Rechtsgesetz der Natur 61, 161, 164, 212, 249, 256, 356, 378
Rechtsgesetze 244, 251, 310
Rechtsgewalt 287
Rechtsgrundsätze *92*
– allgemeine, Regeln des Völkerrechts 351
– EuGH 484
– Heller 89
Rechtsgrundsätze von Kulturvölkern, allgemein anerkannte 342
Rechtshoheit, Kern der Souveränität 388
Rechtshoheit der Mitgliedstaaten, Mißachtung durch EU 389
Rechtsklärung 377
Rechtskraft 94
– formelle 94
Rechtslehre 116
– empirische 359
– freiheitliche 286
– ohne Recht 116
Rechtslehrer, Nachwuchs 180
Rechtsordnung 165
– Einheit 118
– globale 233

Rechtspflichten 245
– überstaatliche 391
Rechtspositivismus, Kelsen 116
Rechtsprechung *389*
– funktionale Rechtsetzung 318
– Gesetzesunterworfenheit 486
– verbindliche Rechtsklärung 488
Rechtsprechungshoheit 49
Rechtsprinzip 119, 251
– Geltungsgrund der Verträge 343
Rechtsprinzipien 67
Rechtsquelle, autonome 29, 35, 47
Rechtsrationalismus 88
Rechtsscheinsprinzip 252
Rechtsschöpfung 342
Rechtsschutz
– Bürgerrechte 316
– gegen Unrecht 399
– Verweigerung 328
Rechtsschutzniveau 330
Rechtsschutzprinzip *330*
Rechtsschutzverweigerung 330
Rechtssicherheit 330
Rechtssouveränität *114*
– ohne Recht 88
Rechtsstaat 113, 251, 269
– freiheitliches Gemeinwesen 330
– gewaltenteilig 95
– Kant 62
– Krise 313
– Wirklichkeit der Freiheit 160
Rechtsstaat und Demokratie 326
Rechtsstaaten, demokratische, EU Mitgliedstaaten 496
Rechtsstaatlichkeit 254
– Vertrauen 496
Rechtsstaatsprinzip 512
Rechtssystem 118
Rechtsverhältnisse zwischen Staaten, befriedende Pflicht 375
Rechtsverletzung 316
– Gewalt ohne Recht 329
Rechtsverordnungen 482
Rechtsverweigerung 399
Rechtsverwirklichung, Irrtumsrisiko 330
Rechtszweck, gutes Leben aller in Freiheit 268
Rede, freie *369*
Redefreiheit 326
Redeverbote 328
Referendum, Eurostabilisierungspolitik 513
Reformationsprozeß des Politischen 233
Regeln, allgemeine, Völkerrecht 351
Regierungsart 62
Regierungsgewalt, oberste, Vier-Mächte 425
Regierungskontrolle, parlamentarische 394
Regierungssystem, parlamentarisches 294, 471
Reich, Ziel europäischer Integration 371
Reichsdeputationsschluß 64
Reichsfürsten 139
Reichsgründung 1871 410
Reichsverfassung, Weimarer 293
Reine Rechtslehre *114*
Religion
– politische 340
– politische Herrschaft 226
– Privatsache 239, 340
Religionen, Verschiedenheit 63
Religionsfreiheit 264
Religionsfreiheiten 500
Religionsgrundrechte 239, 255, 314, 501
Religionspluralismus 156, 238, 340
Remonstrationsrecht 53
Renaissance 20
Renan, Ernest, Nation 259
Rensmann, Michael 429, 439, 446
Reparationen 439, 448
Repräsentant, Herr des Volkes 109
Repräsentation 91, *110*, 145, 162, 209
– Carl Schmitt 279
– etwas Existentielles 279
– existentiell 110
– Herrschaft 290, 302
– parlamentarische 167
Repräsentationsdoktrin, republikwidrig 296
Repräsentationstheorie, unvollziehbar 217
Repressalien, Retorsionen 352
Republik 269
– allgemeine Freiheit 239
– Carl Schmitt 108
– demokratisch 244
– Demokratie 389

– Freiheit 395
– freiheitliches Gemeinwesen 326
– Grundgesetz 305
– Kant 63
– sittliche, Freiheit des Volkes 310
– Staat freier Bürger 321
– Staatsform der Aufklärung 180
Republik der Republiken 212, 258, 273 f., 347
Republikanismus 356
Republikanität
– ewiger Frieden, Kant 270, 345
– Gewaltenteilung 62
– kleine Einheit 374
– wirkliche Freiheit 345
Republiklehre 249
Res publica 257
Restauration 20, 65, 164, 275
– Metternich 65
Restaurationsmonarchie, französische 287
Restrukturierung der Schulden 396
Retorsion, Repressalie 377
Rettungsfonds, Bankenfunktion 513
Rettungsschirme *513*
– vergiftet 516
Revokationsedikt 54
Revolution 516
– Befreiung zum Recht 221, 227, 293, 374, 417
– friedliche 441
– Offenbarung 227
– republikanische 19, 180
Revolution 1848 20
Revolution 1918 124, 293
– republikanische 276
Revolution und Rechtsirrtümer 222
Revolutionen 301
– europäische 293
Rezession 384, 386, 506, 516
Reziprozitätsprinzip 323
Rhetorik ohne Dogmatik, Isensee 164
Richter
– Bundesverfassungsgericht 487
– EuGH 486
– fremde 389
– Vertrauen des Volkes 487
Richterauswahl Deutschland 487
Richterspruch, Erkenntnis des Rechts 318
Richtige für das gute Leben aller 24
Richtlinien und Verordnungen 484
Roellecke, Gerd *170*
Rohstoffe 385
Römisches Reich 371
Rousseau, Jean-Jacques 20, *57*, 241, 356, 389
Rücksichtnahme, wechselseitige 39
Russische Föderation *355*

Saarabkommen 435
Sachlichkeit, Unparteilichkeit 254
Sachlichkeitsprinzip 253
Saint-Germain Vertrag 332
Säkularisation 128, 205, 238
– Souveränität 227
Säkularisierung 54
– des Rechts 156
– liberale 229
Säkularität 264
– des Politischen 340
Sanktionen 355
SBZ/DDR 440
Schadensersatz 352
Scharia 206, 340
Schattengewalt 216
Scheuner, Ulrich 168
Schicksalsgemeinschaft 165
Schiedsgerichte 351
Schiedsspruch 352
Schliesky, Utz *174*
Schmid, Carlo 344
Schmidt, Helmut 507
Schmitt, Carl 21, 81, 91 f., *99*, 115, 123 f., 127, 137, 146, 186, 207, 218, 227 f., 232, 281, 283, 286, *290*, 299, 302, 309, 320
– Bundesstaat 403
– Herrschaft des Volkes 248
– Hobbes 253
– Repräsentation 209
– Verfassung Gesamtentscheidung 255
Schneider, Peter 112
Schopenhauer, Arthur 85
Schranken der Freiheit 243
Schrankentrias 243
Schröder, Gerhard 507
Schulden-, Finanz- und Sozialunion *509*
Schuldenabbau 398

Schuldbefreiung insolventer Staaten 516
Schuldenbegrenzung, verfassungsgesetzliche Pflicht 398
Schuldenbremse 509
Schuldenstand, Entwicklung 392
Schuldentragfähigkeit 514
– Deutschland 398
Schuldenunion 149, *509*
Schule, Umerziehung 400
Schutzmechanismus
– permanenter 509
– temporärer 509
Schutzpflicht des Staates, Wahlrecht der Bürger 496
Schutzpflichten, grundrechtliche 495
Schwangerschaften, Verhütung 373
Schweiz 389
– demokratischstes Land 313
– Sprachenvielfalt 369
Schwellenländer 156
Scientia und prudentia 319
Seerechtsübereinkommen, Vereinte Nationen 352
Seiler, Christian *198,* 246
Sein und Sollen 74, 94, 99, 117, 204, 240, *252,* 318
Seinsbegriffe, empirisch 74
Seinstatsache und Sollgeltung 117
Selbständigkeit 25, 255, 310
– Bildung und Besitz 258
– Bürger 373
– bürgerliche 62
Selbstbefehl des Volkes 215
Selbstbestimmung
– demokratische 30
– Fremdbestimmung 144
– kollektive 350
Selbstbestimmung der Völker *354*
– Ausübung der Souveräntät 355
– des Einzelnen 457
– des Volkes 237
Selbstbestimmungsrecht 158, 172, 335, *443*
– Bestandsschutz 355
– Deutsches Volk 382, 417
– Deutschland, nicht gleichberechtigt 458
– freie Ausübung 455
– Freiheit der Bürger 453
– souveränes 457
Selbstbestimmungsrecht der Völker 125, 274, *332, 343,* 350
– Freiheit und Würde 357
– Völkergewohnheitsrecht 354
– Volksbegriff 355
Selbstbindung 146
– Staat 198
– umkehrbare 33, 381, 396, 451
– umkehrbare, EU 185, 415
Selbstgestaltungsfähigkeit, demokratische 390
Selbstregierung des Volkes 168
Selbstverteidigung 448
Selbstverteidigungsrecht 349
– Gewaltverbot 232
Selbstverwaltung 133
– kommunale 194
Selbstverwaltungen 223
Selbstverwirklichung 506
Selbstzweckformel
– Bundesverfassungsgericht 243
– Kant 75
– kategorischer Imperativ 84
– Sittengesetz 243
Separation 414
– Länder 412
– Recht der Länder 412
Serra, Antonio 385
Seßhaftigkeit, Nomaden 155
Seubert, Harald 83
Sezession 219
– existentielle Lage 414
– Gewaltverbot 357
– Krim 355
– Referendum 357
– restriktive Dogmatik 356
– Schutz 358
– Verfahren 357
Sezessionskrieg 358
Sezessionsreferendum 355
SHAEF-Gesetze 423, 427, 433
Sicherheit 281
– gesundheitliche 494
– Rechtlichkeit 206
– Staatszweck 395
– Staatszweck der Länder 412

Sicherheitskräfte, fremde 387
Sicherheitspolitik
– äußere, existentiell 387
– innere, existentiell 387
– Kern der Souveränität 387
Sicherheitsrat 351, 353, 388
Sicherheitsstandards, Marktregulierung 493
Sicherheitszweck 206
Sieg gibt nicht Recht, Kant 377
Sieg gibt Recht, Hegel 348
Siegermächte *429,* 456
– alliierte 363
Siegermächte des Westens, Grundgesetz 432
Sieyès, Emmanuel 60, 69
Simson, Werner von *134*
Sittengesetz 75, 241, *242,* 253, 301
– Brüderlichkeit 244
– drei Formeln 243
– Gesetz des Sollens 243
– katholisch, naturrechtlich 291
– Rechtsprinzip 75, 378
Sittlicher Staat 323
Sittlichkeit 116,*242*
– absoluter Geist 285
– autonome 86
– bürgerliche 145
– Gesetze, Verantwortung 254
– gesetzliche Materialisierung 244
– innere Grenze der Souveränität 328
– Logik des Rechtsprinzips 243
– materiale 118
– praktische Vernunft 243
– privater Maximen 259
– Rechtlichkeit 93
– Rechtsprinzip 145
– Sitten des Volkes 73
– Staat, christlich 127
– Staat, Hegel 286
– stellvertretende, Wahrheit, Richtigkeit 397
– System der Gesetzgebung 73
– Wille 203
– Wirklichkeit des Rechts 223
Sittlichkeit und Moralität 205, 224
Sitzlandkontrolle, Finanzdienstleistungen 494
Six pack 510
Smend, Rudolf 111
Solange-Entscheidungen
– BVerfG 484
Solange II-Entscheidung 38
Soldatenkönig 64
Solidarität 192, 244, 251, 339, 465
– EU 235
Solidarprinzip 508
Sollen und Sein 166, 283
Sollensbegriffe, imperativisch 74
Sollenssätze, Determinierung 318
Sonderrecht der Charta, Deutschland 456
Sonderweg Deutschlands 422
Sonderwillen, Rousseau 380
Souverän 147
– Ausnahmezustand 215, 280
– Bürgermasse 211
– Deutsches Volk entmachtet 317
– fiktiver 208
– Gleichzeitigkeit Unendliches, Endliches 227
– legibus solutus 279
– Macht, Bodin, Hobbes 280
– mehr als Summe der Individuen 229
– nach Herrschaftswillen 210
– natürliche Person 213
– parteienstaatliche Oligarchie 302
– realer 208
– schweigender 214
– sittlicher Staat, Hegel 279
– Stellvertreter Gottes 277
– unter dem Recht 279
– vereinigtes Volk, Kant 388
– Vertretung in der Gesetzgebung 389
– wer Recht hat 215
– Willensträger 299
– Zweck, Hobbes 251
Souveräne Gleichheit 26, 28, 274, 289, *341,* 354, *455*
Souveränität *354*
– absolute 151
– Absolutismus 79, 159
– Allgegenwart, Allmacht 227
– Anarchie, internationale 138
– Ausgleich Freiheit und Gleichheit 315
– Ausnahmezustand 99
– Ausübung 426

– Autorität 159
– begriffliche Einschränkung 350
– Beschränkung 379
– Beschränkungen 354
– Beständigkeit 303
– Bundesstaat 87
– Bürger 325
– bürgerliche 282, 310, 466
– Bürgerschaft 169
– DDR 441
– delegiert an Einzelstaaten 172
– Demokratie und Rechtsstaat 379
– deutscher Fürsten 140
– Deutsches Volk 340
– Deutsches Volk Träger 339
– Deutschlands freiheitlich 451
– Eigenschaft 88
– Eigenschaft, Staatsgewalt, Staat 65 f., 86, 137, 198
– Eigenschaft der Herrschaftsgewalt 174, 190
– Eigenschaft der Staatsgewalt 182
– Eigenschaft des Landesherrn 140
– Eigenschaft des Souveräns 186
– Eigenschaft eines Staates 406
– Eigenschaft nur von Menschen 187
– Einseitigkeit, Einzigkeit, Einheitlichkeit 182, 406
– Einzelstaat 121, 128, 133
– Entleerung, nudum ius 202
– Entsakralisierung, Säkularisierung 279
– EU Austrittsrecht 462
– EU gemeinsame Ausübung 461
– Europarecht 207
– faktische 397, 450
– faktische Einschränkungen 444
– Frankreich 69
– Freiheit 23, 31, 219, 298, 379
– Freiheit der Bürger 207, 298, 367
– Fürsorge des Staates 172
– gebundene Freiheit 458
– geheiligte 386
– Geltung und Faktizität 284
– Geltungsgrund positiven Rechts 203
– gemeinsame EU und Mitgliedstaaten 186
– Gerechtigkeit 316
– Gesamtheit 143
– Geschichte 17
– geschichtlicher Begriff 275
– Gesetze und Verträge 379
– Gesetzgebungsgewalt 388
– Gesetzgebungshoheit 188
– Gesetzgebungsmacht 95
– Gewaltmonopol 206
– Glaubenssache 226
– Gleichheit und Freiheit 138
– Gliedstaaten 95
– Gottes, König, Volk, Mensch 228
– Grenzen 451
– Grenzen der Integration 366
– Grundprinzip der Staatenwelt 281
– Grundrechtsschutz 380
– Handlungsbefugnisse und -möglichkeiten 322
– Herrschaft 23, 127, 134, 160, 238, 276, 289
– herrschaftliche 301
– höchste Gewalt 277
– Hoheit der Bürger 311
– Idee 225
– Identitätsentscheidungen des Volkes 314
– Ideologie 227
– im Kleinen 222
– imperativer Grundsatz 289
– in einer Person vereinigt 317
– Innen- und Außenpolitik 379
– innere 321
– innere des Menschen 450
– innere Grenze, Demokratie, Rechtsstaat 326
– innere Macht 163
– innerstaatlich 126
– internationalistische Aushöhlung 397
– Interpretationsmaxime 126
– Kehrseite Gewaltmonopol 201
– kein Völkerrechtskonzept mehr 174
– keine Übertragung 444
– Kelsen 118
– Kompetenz-Kompetenz 182
– konkurrierende 206
– Landesbürger 413
– Landesvölker 404
– Letztentscheidungskompetenz 169
– Leugnung 275
– Logik der Freiheit 67

– Macht 23, 70, 88, 99, 123, 159, 207, 281, 289
– Macht über Recht 278
– Machtlehre 169
– materielle Deutschlands 506
– Mitwirkungsbefugnis 172
– Moderner Staat 141, 280
– monarchische 278
– Mystifizierung 228
– Nationalstaat 140
– Negation des Rechts 278
– nicht Herrschaft des Staates 298
– nicht Macht des Staates 298
– nicht mehr Zuhöchstsein staatlicher Gewalt 364
– nicht Staatsgewalt 87
– oberste Gewalt nach Innen 140
– ohne Normativität 226
– ohne Souverän 147, 198, 200
– Personalität 147
– pluralistisch 185
– politische Klasse 296
– Positivität 94
– postnationale Kritik 173
– pouvoir constituant 169
– Rechtfertigungsprinzip 170
– rechtliche Macht 288
– rechtliche Ungebundenheit 168
– Rechtsbegriff 86
– Rechtsetzung, Rechtsdurchsetzung 182
– Rechtsordnung 114, 135
– Rechtsprinzip 281, 288
– Rechtsprinzip des Staates 298
– relativ, dialektisch 127
– religiös 226
– republikanisch 218
– republikanisch/bürgerlich 57
– Säkularisation 227
– Schnittstelle von Kirche und Staat 227
– Selbstbestimmung 86, 142
– Selbstbestimmung, Selbstbindung, Staatsgewalt 325
– Sittlichkeit 121
– Staat Inhaber 199
– Staatengruppen 134
– Staatenverbund 234
– Staatsgesinnung 131
– Staatsgewalt 281, 305, 321
– Staatsgewalt der Bürger 222
– Staatsorgane Ausübung 199
– Subjekt 91
– Subjekt Bürger 315
– Subjekt Organisation 89
– subjektlose Kommunikationsformen 282
– suprema potestas 19, 289
– Träger Volk 89
– Trägerschaft, Inhaberschaft 306
– transnational 231
– Über- und Unterordnung 199
– Überwindung des Todes 227
– Unabhängigkeit einer Willensmacht 95
– Unabhängigkeit nach außen 140
– uneingeschränkte 439
– uneingeschränkte Staatsgewalt 453
– unübertragbar 184
– Verfassungsstaat 159
– Verletzung 316, 354
– Vertragsdoktrin 278
– Vertragsfähigkeit der Staaten 343
– Verwirklichung des Rechts 286
– Verzicht, modern 233
– vieler Herschaftsgebilde 358
– Volk als Subjekt 20
– Volk Träger 199
– Völkerrecht 125
– völkerrechtlich geordnete Freiheit 305
– völkerrechtliche, Widerspruch 378
– Wahrheit 135
– Währungshoheit 185
– Wille des Volkes 379
– Willensbegriff 299
– Willkür 134
– Wunder 227
– Zersetzung 98
– Zu-Höchst-Sein 137, 182
Souveränität, äußere 54, *316, 341*
– Bindungen 169
– Botmäßigkeit 346
– gemeinschaftliche Ausübung der Staatsgewalt 346
– Grenze zwingendes Völkerrecht 350
– Grenzen 347
– innere Macht 346
– Unabhängigkeit von fremden Staaten 343
Souveränität, freiheitliche 371, 406, 450
– Procedere 299

Souveränität, geteilte 88, 410
– EU 171
Souveränität, Gewalt 135
– beschränkbar 86
– unter dem Recht 86
Souveränität, innere, mit dem Menschen geborene Verfassung 331
Souveränität, Recht 88, 123, 170198, 279
– Befugnis 277
– Grenze 329
– und Wirklichkeit 137, 165
– zum Kriege 360
Souveränität, volle 451
– vereintes Deutschland 442
Souveränität der Bürger 222, 307, 501
– der Deutschen 465
– Demokratie politische Form 172
– staatliche Ausübung 306
Souveränität der Länder
– existentielle Lage 403
– Staatseigenschaft 412
Souveränität des besetzten Landes, überlagert durch Besatzungsordnung 428
– des Rechts *287*
Souveränität des Staates
– Freiheit des Volkes 300
– statt Freiheit der Person 120
Souveränität des Volkes 120, *301*
– auch pouvoir constitué 303
– Eigenart des Volkes 339
– Fiktionalität 208
– pouvoir constituant 159, 302, 303, 314
– Selbstbestimmungsrecht 202
– verfassungsgebende Gewalt 303
– von Gottes Gnaden 301
Souveränität Deutschlands 461
– durch EU nicht aufgegeben 461
– Gottes 128
Souveränität und Legitimität, Herrschaftsgewalt 174
Souveränität und Staat 139
Souveränitätsanarchie 140
Souveränitätsausübung, gemeinsame 384
Souveränitätsbegriff
– Bundesverfassungsgericht 22
– Carl Schmitt 96
– Kritiker 22
– Moderner Staat 275
– obsolet 275
Souveränitätsdogmatik, integrationistisch 139
Souveränitätsdoktrin, katholisch, protestantisch 226
Souveränitätseinschränkungen, Besatzungszeit 418
Souveränitätserklärung, deklaratorisch 444
Souveränitätsfiktion *210*
Souveränitätsgebiet
– Aufgabe, Zustimmung des Volkes 331
– Verzicht 331
Souveränitätsgrenzen, äußere und innere 329
Souveränitätskonkurrenz 141
Souveränitätslehre
– absolutistische 171
– deutsche 276
– Diktaturdoktrin 107
– freiheitliche 124, 171
– integrationistisch 184
– spätreligiöse, Hegel 279
Souveränitätsmodifikation 171
Souveränitätsschutz, verfassungsgerichtlich 380
Souveränitätsträger Volk, Veränderung 331
Souveränitätsübertragung
– neues Legitimationssubjekt 461
– unwiderrufliche 382
Souveränitätsusurpation, EuGH 34
Souveränitätsverletzung 354, 450
– EU 460, 466
– Integrationspolitik 359
Souveränitätsverletzung, innere 329
– Widerstandslage 330
Souveränitätsverständnis, Präambel 458
Souveränitätsvorbehalt 27, 38, 173, 202, 383
– EU 462
Sowjetisch besetzte Zone/DDR 432
Sowjetunion 371, 419, 437
– Abzug der Streitkräfte 447
Sozial(staats)prinzip 258
Soziale Frage neue 505
Sozialhaushalte 398
Sozialismus 85
– internationaler 152

– internationalistisch 222
– weltweiter 372
Sozialistischer Staat deutscher Nation 440
Sozialpolitik 157, 385, 505
Sozialprinzip 244, 250 f., 284, 465, 508
– wirtschaftliche Stabilität 512
Sozialstaat, Solidargemeinschaft 340
Sozialunion 413
Soziologismus, Heller 94
Spanien 511, 516
– Italien 516
Spardiktate 384
Spätaussiedler 337
Spätdemokratie 216, 222
Spengler, Oswald 401, 453
Sperrminorität, Rat 478
Spethmann, Dieter 511
Spontaneität 240
Sprache des Volkes *369*
Sprachen, Verschiedenheit 63
Sprachenvielfalt 374
Staat
– absoluter 80
– Akteur im Mehrebenensystem 175
– Allzuständigkeit 201, 362
– an und für sich vernünftig 75
– Anstalt, höheres Gemeininteresse 311
– Befugnisse 294, 311
– Einheit in Gefahr 221
– Einnahmen 155
– EU, vormundschaftlich 477
– Europa 48
– existentieller 270, 308
– Existenz 100, 291
– fiktiver Zurechnungspunkt 221
– Funktion, nicht Wert 232
– Gang Gottes in der Welt 300
– Gebietsentscheidungseinheit 95
– Heller Empirismus 97
– Herrschaft 322
– Herrschaft über Menschen 201
– Herrschaftsgebilde 276, 282
– Herrschaftsordnung 302
– Herrschaftsorganisation eines Volkes 358
– Herrschermacht ursprüngliche 68
– Inhaber der Souveränität 199
– Integrationsebene 175
– Irrationalität 98
– Jellinek 85
– juristische Person, Rechtstechnik 311
– kein Begriff 164
– kein Grundrechtsschutz 311
– kein Herrschaftsgebilde 247
– kein Willen 311
– keine Existenz, keine Freiheit, keine Privatheit 310
– keine Persönlichkeit 204
– keine Privatheit 270
– Kirche des Redens 228
– Körper des Souveräns 227
– moderner, höchste Macht 163
– moralistische Ideologien 400
– nicht Selbstzweck 350
– Objektivität des Vernunftbegriffs 76
– Organisation 66
– Organisation der Bürger 249, 308, 322, 428
– Organisation des Volkes 200, 488
– Organisationsform politischer Gemeinschaft 350
– organisierte Gesamtheit des Volkes 309
– Organismus 81
– Person des Monarchen 77
– Personifizierung 88, 90, 150
– Personifizierung, Hegel 311
– Räuberbande 83, 108
– Rechtspersönlichkeit 311
– Religion 74
– sakral 232
– Selbstorganisation 164
– sittlicher, bürgerliche Gesellschaft 324
– sittlicher, Hegel 132, 310
– Sittlichkeit höchste 72
– souveräner, Anachronismus 364
– souveräner, Modell am Ende 360
– Sphäre der Demokratie 199
– Subjekt der Souveränität 96
– Subjekt Staatsgewalt 68
– Subjektivierung Person 67
– über dem Recht 95
– Überleben 232
– unabhängig von Bürgerschaft 309
– Unionsbürger 189
– Vergöttlichung 278
– Willenseinheit 90
– Wirkeinheit der sittlichen Idee 164

– Wirklichkeit der sittlichen Idee 75, 347
– Zwangsbefugnis 266
Staat des Rechts 370
Staat im engeren Sinne 265
– Menge der Organe 309
– Organisation des Volkes 268
Staat im existentiellen Sinne 370
Staat im weiteren Sinne 265, 308
Staat und Gesellschaft 80, 84, 90, 160, 163, 168, 197, 199, 220, 246, 261, 291, 305, 327, 348
Staat und Mensch
– Carl Schmitt 113
– Grundgesetz 113
Staat und Recht 99, *100,* 115, 120, 137
Staat und Staatsgewalt 280
Staat und Verfassung 163
Staat und Volk 123, 199
Staaten
– Exekutive des Völkerrechts 174
– Integration 358
– Interessen 378
– keine Existenz 358
– nationale 370
– zwei deutsche 333
Staatenantagonismus 350
Staatenbund 381
– Hegel 375
– völkerrechtlich 36
Staatengemeinschaft, Ordnung, Frieden, Gerechtigkeit 138
Staatengleichheit 173
Staatenklage 399
Staatenpraxis und Völkerrecht 448
Staatenverbund 28, 44, 271, 381
– EU 411
– Finanzausgleich 395
– Grenzen 464
– Rechtsmaßstäbe 484
Staatenwelt, Befriedung durch Verträge 378
Staatlichkeit 268
– äußere, Macht 283
– freiheitliche, demokratische 370
– Gebiet 266
– gemeinschaftliche 45
– Herrschaft 289
– institutionelle, funktionale EU 361
– offene 273
– rechtliche Gesetzlichkeit 249
– territoriale Grenzen 267
– Verfassungsgesetz 268
Staatlichkeit, Demokratie, Souveränität, Einheit 270
Staatlichkeit, existentielle 37, 237, 265, 347, 376, 465
– EU Verletzung 462
Staatlichkeit, funktionale 265
– begrenzte Übertragbarkeit 417
Staatlichkeit ohne Souveränität 220
Staats- und Haushaltsfinanzierung, monetäre 399
Staatsangehörigkeit 165, 263, 265, 267, 340
Staatsanleihekauf 513
Staatsanleihen *514*
– EZB Käufe 514
Staatsbegriff 258, *265,* 365, 367, 416
– juristischer 68
– Kant 308
– postulatorisch 269
– staatsrechtlicher 265, 332
– völkerrechtlicher 265, 269, 296, 332
Staatsbürger 62
Staatsbürgerschaft 30
– DDR 441
Staatsbürgerschaftsgesetz DDR 441
Staatscharakter 44
Staatsdefinition, Günter Dürig 267
Staatsdiener
– Diener des Volkes 496
– Herren des Volkes 496
– Volksdiener 312
Staatseigenschaft
– existentielle 265, 465
– existentielle Deutschlands 171
– funktionale 265
Staatseigenschaft der Länder, Freiheit der Landesbürger 412
Staatsfinanzierung 505
– ESZB, EZB 396, 399
Staatsformen, klassische 213
Staatsfreiheit, Hegel 85
Staatsfunktion, Rechtsfunktion 97
Staatsgebiet, Wechsel, Voraussetzungen 334

Staatsgewalt 66, *85*
– auctoritas und potestas 284
– Ausschließlichkeit 266
– Ausübungsteilung 184
– Befugnisse und Möglichkeiten 311
– des Volkes 269
– Despotie, Tyrannis 219
– deutsche, Treuhand der Alliierten 431
– Einzigkeit, Einseitigkeit 166
– europäische 48
– faktische 335
– Freiheit 138
– Führer Europas 496
– Geltung der Rechtsordnung 118
– gemeinschaftliche Ausübung, EU 189, 271
– Herrschaft 238
– Herrschaftsgewalt 175
– höchste Gewalt nach innen 166
– Mitgliedstaaten 45
– nationale 480
– nicht Herrschaftsgewalt 181
– nicht mehr souverän 186
– Notwendigkeit 146
– potestas 294
– souveräne, demokratische Legitimation 200
– Souveränität 321
– Teilhabe aller Bürger 463
– überstaatliche Kooperation 360
– Unteilbarkeit 183
– vieler Gewalten 358
– Volksherrschaft 296
Staatsgewalt, Ausübung 161, 309
– durch das Volk 321
– EU entdemokratisiert 464
– Organe EU 271
– vom Volk 314
Staatsgewalt der Länder, nicht vom Bund abgeleitet, anerkannt 407
Staatsgewalt des Volkes, Organe des Volkes 488
Staatsgewalt und Souveränität *165*
Staatsgewalten, gemeinschaftliche Ausübung 364
Staatsgründung 263
Staatshaushalte 384
Staatsidentität, Verfassungsgesetzänderung 432
Staatslehre, Wirklichkeitswissenschaft 99
Staatslehre und Theologie 227
Staatslehren, positivistische 311
Staatsorgane
– Ausübung der Souveränität 199
– Dienst für die Bürger 312
– Staatsgewalt 304
Staatsorganisation, exekutivistisch 475
Staatsrecht
– Sterben 221
– Völkerrecht 120
Staatsrecht ohne Staat 116
Staatsrechtslehre, deutsche, Niedergang 208
Staatsschulden 475
– Vergemeinschaftung 503
Staatsschuldenkrise 472
Staatssouveränität *64, 88, 123,* 197, *226,* 358, 406
– Doktrin Deutschlands 67
– Hegel 70
Staatsstreich 102
– Integration EU 417
Staatsvergottung 126, 197
– Hegel 285
Staatsverschuldung 516
Staatsverständnis, monarchisch 221
Staatsvolk 202
– Bürgerschaft 355
Staatsvolk, Staatsgebiet, Staatsgewalt
– EU-Mitgliedstaaten 360
Staatsvölker, nicht mehr Nationen 360
Staatswille 89, 204
– Souverän 97
– Volkswille 204
Staatswillensbildung versus politische Willensbildung 203
Staatszweck 66, 308, *394*
– Offenheit 363
– Schutz und Frieden 281
– Sicherheit und Frieden 322
– Verwirklichung des Rechts 322
Stabex- und Sysmin-Systeme 153
Stabilitätsgemeinschaft 32, *502*
– Währungsunion 186
Stabilitätsmechanismus, ESM 295
Stabilitätsprinzip 177
Stammeskultur 158

Stand, Grundbesitzer 72
Standards
– Angleichung niedrigstes Niveau 492
– unterschiedliche 491
Stände 54
– bürgerliche Gesellschaft 72
Ständestaat, feudalistisch 280
Stationierungsrechte *446*
– Drei Westmächte 435
Stationierungsverträge 420
Statusdeutsche 337
Steiger, Heinhard 360
– Rechtsetzen Herrschaft 248
Stellvertreter des Volkes, gottgleich, Hobbes 300
Stellvertreterkrieg 356
Stern, Klaus 337, 422, 424
Sternberger, Dolf 292
Steuerhoheit 56
Steuern 54
– Finanzierung Gemeinwohl 394
– Grenze, Bedarf des Staates 394
– Rechtsstaaten 395
Stödter, Rolf 427
Strategie, neue 493
Strauß, Franz Josef 268
Streitbeilegung friedliche *351*, 371
Streitbeilegungsverfahren, Feindstaat 452
Streitkräfte
– ausländische, Deutschland 446
– Sicherheit 435
– Stationierung in Deutschland 434
Streitschlichtungsordnung, WTO 352
Strukturprinzipien 38
– Europaartikel 457
– Identität Deutschlands 457
Struktursicherungsklausel 465
Stückkosten 385
Subjekt der Staatsgewalt, Volkswille 167
Subjekt des Völkerrechts Einzelner 173
Subordination 182
Subsidiaritätsprinzip 32, *39*, 193, 362, 498
– EU 461, 472
– Kompetenzausübungsschranke 201, 368
– Kompetenzzuweisung 368
Substanz der Landesstaatlichkeit, EU 412
Subventionen, unmittelbar, mittelbar 516
Subvölker 211
Summa potestas 322
Summum imperium 322
Supranationalität *42*, 360
– EU 191, 234
Suprema potestas 184, 190, 266, 285, *289*
Supreme authority, nicht Souveränität Deutschlands 426
System der Bedürfnisse 324
Systeme gegenseitiger kollektiver Sicherheit 458
Systemrelevanz 397
– von Banken 516

Tabuisierung, keine Rechtsklärung 338
TARGET 2 511
TARGET 2-Forderungen 516
Teilhabeanspruch 243
Teilung Deutschlands 431
Teilzeitarbeit 505
Territoriale Einheit, Sezession 356
Territorialgewalt 419
Territorialität 18
Territorialstaaten *149*, 156
Territorium 265
Terror-Regime, Jakobiner 219
Terrorismus 373
Teubner, Günther 230
Theismus 18
Theokratie 340
Theologie, politische, Souveränität 226
Tocqueville, Alexis de 339
Tomuschat, Christian 232
Totalitarismus 59
– Hegel 85
Totalität, sittliche 82
Transferunion *509*
Transformation der Verträge 354
Transparenz, demokratische 506
Transsubstantiation, mysticum tremendum 229
Transzendentalphilosophie 208, 240
Transzendenz, Souverän 107
Treitschke, Heinrich von 77
Treuepflicht, Mitgliedstaaten 495
Triepel, Heinrich 93, 320, 378
TRIPS 41
Truppen der Entsendestaaten, neue Länder, Berlin 447

Truppenvertrag 445
Tugendpflichten 245
Türkei 500
– Assoziierung EU 500
– Beitrittskandidat EU 500
– Kemalismus 500
Tyrann 292
Tyrannei, Flucht 374
Tyrannis
– globale 153
– satanische, Adolf Hitler 497

Über- und Unterordnung 200
Überlegenheit militärische 353
Überleitung, Bundesrecht nach Berlin 447
Überleitungsvertrag *435*, 443, 449
Überschuldung 154
Überstaat 133
Überstaatlichkeit, komplementäre 360
Übertragung der Hoheitsrechte 190
Überwachung, totale 373
Ukraine 346
– Integration EU, NATO 356
Ultra-vires-Lehre 39
Umdeutung der Begriffe 359
Umerziehungspolitik 451
Umsturz 516
– Adolf Hitler 120
– Willkürherrschaft 227
Umsturzversuch, Europolitik 508
Umverteilung 395
– EU 472, 509
Umverteilungsbürokratie, diktatorische 374
Unabänderlichkeitsklausel 176, 256, 464
Unabänderlichkeitsprinzip 366
Unabhängigkeit 126
– Amtswalter 194
– EZB 193
– richterliche 487
– Volk, äußere 344
– Zentralbanken 504
Unifizierung, künstliche 495
Union
– politische 30
– Völker Europas 44
Unionsangelegenheiten 354
Unionsbundesstaat 510
– Deutschland Gliedstaat 511
– Eurorettung 483
– neues Verfassungsgesetz 413
– Zustimmung der Länder 413
Unionsbürger 415
– kein Volk 260
– subjektive Rechte 485
– Teilhaberecht 477
– unmittelbare Vertretung 480
– Volk 417
Unionsbürgerschaft 469
– Legitimation Gesetzgebung 480
Unionsgerichte
– keine Gerichte der Völker 487
– Rechtsprechungsgewalt der Völker 489
– Streitschlichtung 489
– undemokratisch 486
Unionsorgane
– integriert in nationale Staatsorganisation 480
– Organe der Mitgliedstaaten 488
Unionsorganisation, Fremdherrschaft 261
Unionspolitik
– fast unbegrenzte Integration 482
– vom Bundestag verantwortet, voraussehbar 479
Unionsrecht
– Anwendungsvorrang 234
– primäres 46
– sekundäres 46
– unmittelbare Anwendbarkeit 484
– Vorrang 484
Unionsrechtsakte, Legitimierung 472
Unionsrechtsetzung
– exekutivistisch 481
– fremder Wille 481
Unionsrechtsprechung, souveränitätswidrig 484
Unionssachen 485
Unionsstaat
– existentieller 180
– nivellierte Lebensverhältnisse 495
– zentralistisch 509
Unionssteuern 468
Unionstreue 190
Unionsvertrag, Zustimmungsgesetz 480

Unionsvolk 177, 189, 415, 451, 481
- EU 411
- Gründung 470
- originäre Hoheit 480
- souverän, Fiktion 469
Unitarismus 413
Universalismus 79
- religiöser 156
- weltlicher 156
Universalität der Vernunft 229
Universalmonarchie 63, 372
- seelenloser Despotismus 374
Universitäten 400
- schulische Unterrichtsanstalten 400
Unmündigkeit 474
Unrechtsstaat 146, 269
- Staatscharakter 416
Unruhen 387
- soziale 506
Unteilbarkeit, Souveränität 411
Unternehmen, transnationale 152
Unternehmensmitbestimmung 493
Unterordnung, herrschaftliche Doktrin 405
Untertanen 57, 339, 371
- Opfer 512
Untertänigkeit der Bevölkerung 466
Unumkehrbarkeit
- EU 451
- Wirtschafts-und Währungsunion 185
Unverletzlichkeit der Grenze, Oder-Neiße 336
Urteil, Willensakt des Volkes 118
USA, einzige Weltmacht 174, 388
Usurpation, Macht 40
Utilitarismus 215

Vattel, Emar de 65
Verantwortungsdefizit, Bundesgesetzgeber 473
Verantwortungslosigkeit
- kollektive 466
- organisierte 191
Verantwortungszurechnung 191
Verarmung 158
Verbindlichkeit 35
- Durchsetzung 377
Verbund demokratischer Staaten 44
Vereinigte Staaten von Amerika 371
Vereinigte Staaten von Europa 386
Vereinigung Deutschland, endgültige Grenzen 443
Vereinte Nationen 80, 273
- Friedensmacht 345
- Völkerbund Kants 375
- Weltfrieden 388
Vereintes Europa 329
- Verfassungsauftrag 458
Vereinzelung der Menschen, liberalistische 339
Verfassung *255, 327,* 329
- Berlin 306
- bürgerliche 61, 212, 266
- EU, Gründungsverträge 470
- Freistaat Bayern 306
- Hessen 306
- Identität 29
- Menschheit des Menschen 124, 161, 164
- Rheinland-Pfalz 306
Verfassung der Freiheit 164
Verfassung der Menschheit des Menschen 359
Verfassungen
- Kapitulationen 233
- neue Länder 306
Verfassungsändernder Gesetzgeber 177
Verfassungsbegriffe, säkularisierte Theologie 110
Verfassungsbeschwerden 465
Verfassungsgebende Gewalt 160, 177, 323
Verfassungsgebung EU, schleichende Akkumulation 415
Verfassungsgerichtsbarkeit 93, 268
- Hüter des Rechts über den Gesetzen 319
Verfassungsgesetz 49, *255*
- DDR 440
- Materialisierung der Verfassung 256
- politischer Wille des Volkes 327
- Rechtsprinzip 417
- unechter Bundesstaat 409
Verfassungsgewalt Volk 222
Verfassungshoheit 44, 271
- europäische 49
Verfassungsidentität 30, 176, 202, 330, 464
- Deutschland, Integration EU 511
- nicht disponibel 376
- unantastbarer Kerngehalt 383

Verfassungsidentität, Deutschlands 189
Verfassungsillusion 209
Verfassungsorgane 161
– Opportunismus 506
Verfassungspatriotismus 259
Verfassungsreferendum 470
Verfassungsrichter
– Opportunismus 319
– politische Klasse 513
Verfassungsschutz 312, 328
Verfassungsstaat 102, *268*
– demokratischer 159, 457
– Deutschland, kooperationsoffen 365
– kein Souverän 160
– offener 361
– souveräner 208
– Volk nicht souverän 200
Verfassungsüberlieferungen, Mitgliedstaaten 484
Verfassungswirklichkeit 179
Verhältnismäßigkeit, Beschränkung der Grundfreiheiten 491
Verhältnismäßigkeitsprinzip 320, 328
Verhältniswahlrecht, Parteienstaat 513
Verhältniswahlsystem 316, 463
– Negativauslese 369
– Sperrklauseln 195, 294, 401
Veritas, auctoritas 106
Veritas, non auctoritas 252
Verkehrsfähigkeit, legale Waren 492
Vermischung der Völker 374
Vermittlungsverfahren, EP und Rat 468
Vermögen
– Einleger, Sicherung 516
– private 398
– Schutz vor Eingriffen 399
Vernunft 75
– a priori 63
– praktische 75
Vernunft und Markt 234
Vernunft und Wille 282
Vernunftnaturrecht 131
Vernunftwesen, Dualität 225
Versicherungen 494
Verteidigung 232, 378
Verteidigungsbündnisse 388
Verteidigungsfähigkeit 387
– Deutschlands 448
Verteidigungskrieg 348
Vertrag, Vielfalt 139
Verträge, Staaten 72
Verträge, völkerrechtliche 296
– Dualismus 297
– Geltung 297
Vertragsänderungen
– autonome 483
– EU nationale Parlamente 484
– vereinfachte 483, 505
Vertragsbindung *376*
– Gesetzlichkeit 378
Vertragsklärung, völkerrechtsgemäße 390
Vertragsoktroy 401
Vertragsprinzip
– Gegenseitigkeit 377
– Souveränität, Grenzen 380
Vertragsrecht 55
Vertragsrechtssatz 121
Vertragstreue 53
Vertragsunion 30
– souveräner Staaten 383
Vertragsverbindlichkeit 122
Vertrauen, gegenseitiges, EU 491
Vertrauensschutz 429, 447
Vertreibung 334
Vertreter des ganzen Volkes 161
Vertreter des Volkes 181, 477
– Repräsentanten 256
Vertretung
– der Bürgerschaft 224
– des ganzen Volkes 195
– des Volkes 187, 268
– Erkenntnis des Rechts 217
– nicht Repräsentation 167
Vertretungsdogmatik 55, 161, 205, 427, 481
Vertretungslehre 167
Verwahlrechtlichung 221
Verwaltungshoheit 49
Vetorecht des Volkes, Unionsmaßnahmen 380
Vier Mächte *442*, 454
Vier-Mächte-Rechte und Verantwortlichkeiten 442
Vier-Mächte-Verantwortung, Berlin und Deutschland als Ganzes 434
Vier-Mächte-Verantwortung für Deutschland 437

Volk *208, 262, 270*
– Austausch 340
– Ausübung der Staatsgewalt 304
– Begriff Kant 262
– beherrschte Vielzahl 211
– Bürgerschaft 160, 249, 308, 469
– Deutschlands, deutsch 340
– dogmatische Entmachtung 303
– Einheit 91
– Feind der Freiheit 220
– fiktiver Ersatz für Gott 209
– geleitet, geführt 214
– Gesamtheit 57
– Gott 225
– Gottes 225
– Kant 61
– Machtträger der Demokratie 219
– nach Herrschaft 213
– natürliches 209
– ohne Souveränitätsfähigkeit 224
– pouvoir constituant 123
– Quelle aller Staatsgewalt 303
– Quelle der Staatsgewalt 321
– Selbstbestimmung 291
– Selbstidentifikation 357
– Subjekt der Souveränität 91
– Summe der Individuen 186
– Träger der Staatsgewalt 199, 306
– Träger und Inhaber der Staatsgewalt 321
– Unionsbürger, ungeeigneter Souverän 418
– unsichtbare politische Einheit 290
– Ursprung der Staatsgewalt 306
– Veränderung 331
– Verfassungsgeber 366
– Verfassungsorgan 210
– Vielheit 91
– Vielheit der Bürger 262, 302, 304, 307
– Wille 356
Volk, politische Einheit 81, 83, 110, 238
– transzentale Existenz 307
Volk, souveränes 209
– herrschaftslegitimierend 210
Volk als Ganzes 170
Volk als politische Einheit 302
Volk als Souveränitätsträger, rechtliche Fiktion 209
Volk und Staat 125, 156
Völker
– Bürger, Subjekte demokratischer Legitimation 464
– Europas, immer engere Union 358
– Hüter der Gemeinschaft 35
– Legitimationssubjekte 174
Völkerbund 346, *374*
– keine souveräne Gewalt 375
– Republik der Republiken 375
Völkerfamilie, nicht Feindstaaten 452
Völkergemeinschaft 177
Völkergemisch 211
Völkergewohnheitsrecht 93, 139, 341
– Entstehung 351
– Menschheitsrecht 231
– Regeln des Völkerrechts 351
Völkermorde 230
Völkerrecht 80, *232*
– allgemeine Regeln 343, 357
– äußeres Staatsrecht 120
– Geltungsdogmatik 350
– Grundnorm 121
– Idee 63
– partikulares 458
– partikulares, UN-Charta 348
– Rechtsdurchsetzung 345
– Weltrecht 120, 173
Völkerrechtliche Verträge *376*
Völkerrechtsfreundlichkeit 30, 33, 178, 365, 458
Völkerrechtssubjekte 157, 270, 341
– gleichberechtigt 289
Völkerrechtssubjektivität, gleichberechtigte 341
Völkerstaat 64, 348
– Kant, civitas gentium 375
– minimaler 371
Volks- und Rechtssouveränität 288
Volksabstimmung 59, 415, 510
– Unionsbundesstaat 483
Volksabstimmungen 222
– EU als Bundesstaat 417
– Europapolitik 397
– Frankreich, Niederlande 513
Volksanzweiflung, Sakrileg 210
Volksbegriff *355 f.*
– Gebietszugehörigkeit 263
– Homogenität 339

– Kant 308
– Kants 212, 356
– menschheitlich 262
– offener Friedensprinzip 263
Volkseinheit
– Auflösung 211
– natürliche 209
Volkseinkommen, Verteilung 395
Volksfreiheit 82
– Bürger-Freiheit 222
– Herrschaft der Repräsentanten 218
– kollektive 218
Volksführertum 215
Volksführung *215*, 224
Volksgewalt 62
Volkslegitimation, Herrschaft 142
Volksleitung 214
Volksschmeichelei 215
Volkssouverän
– corpus mysticus des Staates 229
– natürlicher, zusammengesetztes Volk 211
– Quelle des Staates 228
– Selbstoffenbarung 227
Volkssouveränität 20, 23, 25, 57, 59, *88*, 90, 123, 141, *142*, 176, 256, 299, *301*, 371, 408
– aufklärerisch 278
– Auflösung Freiheitschance 220
– außerirdische Gewalt 212
– bürgerliche 323
– freiheitliche 450
– Fundamentalprinzip 302
– gesamteuropäische 415
– herrschaftliche 307
– Herrschaftslegitimation 218
– Irrationalität 225
– Legitimation 123
– Legitimation staatlicher Herrschaft 166
– legitimierende Funktion 202
– legitimierende Kraft aus dem Dunkeln 170
– Legitimität, nicht Legalität 200
– moderne Demokratie 230
– Organisationsprinzip der Freiheit 217
– rational unfaßbar 210
– Rechtsprinzip 210
– Staatsgrundnorm der Demokratie 210
– Staatssouveränität 309
– Umdeutung 282
– versus Freiheit 218
– Wirklichkeit des Rechts 160
Volkssouveränität als Norm 209
Volks-Souverainetät, verworrener Gedanke, Hegel 323
Volksstaat 54
Volkstribun 215
Volksverführung 215
Volksvertretung 408
– Magna Charta 474
– parlamentarische Repräsetation 167
Volkswille 214
– Alibi des Herrschaftswillens 214
– allgemein vereinigt 61
– Fiktion 214
– präexistent 167
– Quelle der Legitimierung 168
Volkswille des als ob 214
Volkswillen, Bürgerwillen 223
Volks-Willens-Bildung
– Fiktion 210, 214
Volkswillensbildung, Willensbildung der Bürger 204
Volkswirtschaft, einheitliche 509
Volkszugehörigkeit, natürliche 213
Vollzugslehre 489
– völkerrechtliche 354
Volonté des tous 144
Volonté générale 59, 69, 91, 94, 144, 204, 214, 287, 300, 310, 317, 327, 380
Vorabentscheidung 36, 485, 515
Vorbehalte, geheime 453
Vorbehaltsrechte, Suspendierung 447
Vorrang
– Gemeinschaftsrecht 37
– Unionsrecht 484
– Völkerrecht 357
Vorteile absolute 385
Vox populi vox dei 209

Wachstum
– Menschheit 373
– Wirtschaft 386
Waffenstillstandsbesetzung 420
Wahl, Quelle der Staatsgewalt 304
Wahlen 27, 218, 294, 368, 397
– Abstimmungen 256, 465
– Stimme Gottes 170

Wahlprinzip 496
Wahlrecht
– Grundrechtsschutz 397
– Hegel 71
Wahlunrecht 328
Wahrheit
– Begriff 283
– Verborgenheit 252, 330
– Wirklichkeit 318
Wahrheit und Richtigkeit, Diskurs 216
Wahrheitlichkeit *252*
Währungen, nationale, gefahrenlos 508
Währungseinheit 396, 413, 506
Währungshoheit 386
– existentielle Staatlichkeit 501
– Souveränität 501
Währungspolitik *385, 502*
– Entdemokratisierung 504
– EU ausschließliche Zuständigkeit 503
– nicht demokratisch 380
– Preisstabilität 504
– Stabilität 502
– Vertrauenssache 506
Währungsraum, optimaler 177, 509
Währungsreform 386, 512, 516
Währungsreform 1948 425
Währungssouveränität, existentiell 386
Währungsunion 180, 318
– Ausscheiden 516
– Binnenmarkt, Ausbeutungssystem 386
– Essentiale der Integrationspolitik 453
– Finanz-, Transferunion 472
– gescheitert 386
– gescheiterte, Hebel politische Union 508
– Hebel zum Großstaat 506
– Instrument der Entdemokratisierung 508
– Politische Union 503
– politisches Projekt 506
– Reparation 508
– Souveränität 396
– Stabilitätsgemeinschaft 382, 502, 503
– ultima ratio Austrittsrecht 382
Ware, illegale 154
Warschauer Vertrag 335
Weber Max 84, 126
– Herrschaft 248
– Machtbegriff 283
Wehrmacht, Kapitulation 419
Weimarer Reichsverfassung 417
Welt
– plurale 359
– postmoderne 359
– Republiken 221
– Teilung in Völker und Staaten 374
Weltbundesstaat 371
Weltbürger 230
Weltfrieden 273, 345, 349, 353, 375, 443, 448, 453
– Vereinte Nationen 284
Weltgeist 73, 79, 209, 323
– Preußen 73
Weltgeld 150
– anational 150
Weltgemeininteresse 157
Weltgemeinschaft 273
Weltgeschichte
– Gang des Weltgeistes 73
Weltgesellschaft 141, 230 f., 233
Welthandelsorganisation 151
Weltherrschaft 372
Weltinnenpolitik 141
Weltkriege 353, 376
Weltlichkeit des Politischen 340
Weltmacht, einzige 273
Weltmächte 450
Weltökonomie 149
– integrierte 149
Weltordnung 138
– anational 149
Weltparlamentarismus 157
Weltrechtslehre, Recht aller Menschen 372
Weltrechtsordnung 121, 411
Weltrechtsprinzip 60, 83, 124, 239, 294
Weltrechtsverfassung, minimale 372
Weltregierung 152, 371
– diktatorisch 142
Weltrepublik 64
– Leerheit 77
– positive Idee, Kant 375
Weltstaat 98, 116, 121, 132, 150, *152,* 159, 273, *371*
– Despotie 64
– Elitenherrschaft 372
– Ende der Freiheit 372
– föderalisiert 274
– Gewaltenteilung 374

– Revolution 374
– Stillstand 374
– Unglück für die Menschheit 376
Weltsteuern 150
Weltwirtschaft 153, 157
Weltwirtschaftsordnung 156
Weltzentralstaat 371
Werte 465
– absolute 116
– gemeinsame 220
Wertegemeinschaft 132, 466
– europäische 370
Wertekonsens 220
Werteverlust 220
Wesensgehalt der Grundrechte 484
Wesensphilosophie, Hegel 238
Wesentlichkeitslehre 479
Westbindung Deutschlands 458
Westmächte 421
Wettbewerb, gleiche Chancen 372
Wettbewerb der Staaten 374
Wettbewerb der Standards 491
Wettbewerbsfähigkeit, Abwertung 396
Wettbewerbsregeln, WTO 386
Widerstand 395, 398, 417, 508
– Hellenen 516
Widerstandslage 330, 397
Widerstandsrecht 53, 98, 103, 173, 193, 256, 264, 328, 412
– Bürgersouveränität 103
Wiedervereinigung Deutschlands 434
Wiedervereinigungsgebot 267, 333
Wiener Kongreß 278
Wille
– allgemein, vereinigt 378
– Allgemeinheit und Göttlichkeit 76
– an und für sich vernünftig 76
– freiheitlicher, praktische Vernunft 317
– Gesetz 241
– Gottes 299, 323
– Hegel 76
– Heller 89
– Kant 93, 203
– Kategorie der Vernunft 300
– Parlament 299
– praktische Vernunft 93, 144, 223
– Prinzip des Staates, Hegel 300
– Rechtsprinzip 134
– Rechtsquelle 117
– Richter 318
– Sittlichkeit 300
– Staatsorgane 317
– Ulrich Haltern 231
– vereinigt 62
– Vernunftwesen 327
– Volk, vereinigtes 61
– Volksvertretung 299
– Willkür 94
Wille, allgemeiner 76
– Gesetze 388
– Rechtsgesetze 367
– Wille aller Bürger 300
Wille aller Bürger, allgemeine Gesetze 250
Wille des Monarchen, Wille Gottes 279
Wille des Souveräns 314
Wille des Volkes *109,* 167, 249
– allgemeiner 300
– als politischer Einheit 300
– Erkenntnis 314
– Gemeinwille 300
– metaphorisch 166
– praktische Vernunft 217
– Rechtsgrund der Vertragsgeltung 378
– Staatsgewalt 167
– Verbindlichkeit der Gesetze 317
– Verletzung 314
– Wille der Demagogen 214
– wissenschaftliche Erkenntnis 224
Wille und Gesetz *89*
Wille und Willkür 224
Willen zur Macht 281
Willensautonomie 250, *354*
Willensbegriff 167, 299
– empiristisch 217
– Kants 223
Willensbildung 327
– bürgerliche 326
– freiheitliche 224, 269
– gemeinschaftliche 460
– öffentlich-diskursiv 326
– politische 299, 369, 374, 463
– politische, demokratisch 314, 330
Willensbildung des Volkes 269, 299
– freiheitliche 397
– natürliche 210

– Parteien 167
– vertragliche Bindung 382
Willens-Fiktion 217
Willenslehre
– Freiheit 117
– Rousseaus 224
Willensträger, konkurrierende Subjekte 480
Willkür 161
Willkürverbot 105, 253, 326
– Begründbarkeit 107
Wilson, Woodrow 332
Wilson-Doktrin 336
Wir-Bewußtsein 259
Wirklichkeit der Freiheit 302
Wirtschaft, Internationalität 151
Wirtschafts- und Finanzpolitik, zentralistisch 386
Wirtschafts- und Sozialunion *503, 507, 509*
Wirtschafts- und Währungsunion, dritte Stufe 392
Wirtschafts-, Währungs- und Sozialpolitik 463
Wirtschaftsflüchtlinge, Sklavenkauf 211
Wirtschaftspolitik, existentielle Staatlichkeit 385
Wirtschaftsregierung, EU 509
Wissenschaft
– scientia und prudentia 212
– Unabhängigkeit 194
– Verwertungsinteresse 400
Wohlfahrt 308
Wohlfahrtsstaat 251
Wohlstand, bürgerlicher 373
Wohlstand Deutschlands 510
Wolff, Christian 65, 121
Wulff, Christian 340
Würde 241
– fundamentales Rechtsprinzip 229
– Vernunft 229
Würde des Menschen 119, 457, 464
Würde und Freiheit, unaufgebbar 380

Zahlungsverpflichtungen, Haftungszusagen, justiziable Begrenzung 393
Zahlungsverpflichtungen, Obergrenze 390
Ziele, aufklärerische 370
Zinspolitik der EZB 384
Zinssubventionen 384, 508
Zippelius, Reinhold *168*
Zivilgesellschaft 157, 262
– internationale 233
– Jürgen Habermas 283, 366
Zonenbefehlshaber 427
Zu-Höchst-Sein 51
Zuhöchstsein 95, 190
Zurückhaltungsgebot 254
Zusammenarbeit
– internationale 390
– loyale 492
Zuständigkeit, ausschließliche 40
Zuständigkeitskatalog EU 472
Zustimmungsgesetz 473
– EU-Verträge aufhebbar und änderbar 473
Zwang *266*
– Freiheit 266
– Freiheitsverwirklichung 219
Zwangsbefugnisse 45, 266
Zwangsmaßnahmen, kollektive 349
Zwangsmöglichkeiten 266
Zweckgesellschaften 513
Zweckverband, funktioneller Integration 45
Zwei deutsche Staaten 425
Zwei-plus-Vier-Vertrag 333, 433, 439, *442, 454*
Zweiter Weltkrieg 353, 419, 448
Zwischengewalten 220